南京大学中央高校基本科研业务费专项资助

田 雁 主编

汉译日文图书
总书目 1719-2011

第二卷（1949.10—1999）

〔日〕樋口谦一郎 姜仁杰 李 斌 吕 彬 袁琳艳／参编

社会科学文献出版社
SOCIAL SCIENCES ACADEMIC PRESS(CHINA)

目　录

1949.10—1954

00001　扁桃腺手术图解
〔日〕山本常市编　赵力之译　0.58 元　广协
54-8　2

00002　玻璃及搪瓷工业（增订化学工业大全 14）
〔日〕田端耕造、内田十喜治著　章继南原译
吕克明补译修订　1.40 元　商务　52-1　5

00003　不！我们要活下去！
〔日〕岩佐氏寿等著　梅韬译　0.41 元　平明
52-8　18

00004　产科钳子手术图解
〔日〕真柄正直编　赵力之译　1.60 元　中美
53-3　2

00005　车螺丝比数挂轮表（旋盘换齿轮割出表）
〔日〕远藤可幸著　刘同炘译　0.85 元　首都
51-12　9

00006　初等几何学作圆不能问题（算学丛书）
〔日〕林鹤一著　任诚等译　0.65 元　商务
35-3　16.5

00007　初等英文典
〔日〕神田乃武编　0.30 元　商务　33-1　75

00008　大代数学讲义
〔日〕上野清著　王家荬、张廷华译　6.00 元
商务　33-23

00009　代数学——对数及利息算（算学小丛书）
〔日〕山根新次郎著　骆师曾译　1.00 元　商
务　33-3　6

00010　代数学、顺列组合及级数（算学小丛书）
〔日〕佐藤充、水田文平著　崔朝庆译　0.60
元　商务　34-5　7

00011　氮固定工业及肥料工业（增订化学工业大全 6）
〔日〕内田俊一、庄司务著　罗雄才等原译　吕
克明补译修订　1.40 元　商务　51-12　5

00012　稻热（瘟）病
〔日〕石山哲尔著　李成栋译　0.95 元　中华
53-1　3

00013　地底下的人们
〔日〕松田解子著　金芷、关衡译　1.48 元　泥
土社　54-8　13

00014　地形学（自然科学小丛书）
〔日〕花井重次郎著　谌亚达译　1.20 元　商
务　36-9　2.5

00015　电池及电化学工业
〔日〕龟山直人著　朱季炜原译　吕克明补译修
订　2.30 元　商务　51-12　5

00016　俄语动词的体
〔日〕井桁贞敏编　舒重野译　0.48 元　中华
54-1　8

00017　儿童结核
〔日〕中江亮一著　施葆光译　0.27 元　健康
54-1　5

00018　翻译与研究五十年
〔日〕升曙梦著　文之译　0.30 元　上杂　53-
9　4

00019　反抗着暴风雨
〔日〕小岛进等著　周丰一译　0.55 元　文化生
活　54-11　3

00020　防水防火物料制造法（实用工艺丛书）
〔日〕藤田龙藏著　蔡叶民译　1.20 元　商务
38-7　5

00021　肥皂及甘油工业（附脂肪酸及蜡烛工业）（增订化学工业大全 19）
〔日〕三云次郎原著　高铦原译　张声补译修
订　1.49 元　商务　52-6　3

00022　分光化学及应用 X 射线化学（增订化学工业大全 33）
〔日〕植村琢、志村繁隆原著　张定钊原译　吕
克明补译修订　2.20 元　商务　52-4　5

00023　妇产科医师临床手册
〔日〕久慈直太郎编　赵力之译　2.35 元　广
协　52-8　7

00024　古生代前之地球历史（自然科学小丛书）
〔日〕早坂一郎著　黄士弘译　0.45 元　商务
36-4　3

00025　管乐编曲法
〔日〕山口常光著　冷津译　0.80 元　万叶

53-1 5

0.31 元　中国青年　54-8　11

00026　管乐器及打击乐器演奏法
〔日〕春日嘉藤治著　丰子恺译　0.70 元　万叶　52-7　6

00038　急性传染病的豫后及治疗
〔日〕阿部实、村山达三著　赵力之译　0.75 元　中美　53-4　2

00027　罐头及食品制造法（实用工艺丛书）
〔日〕星忠太郎著　舒贻上译　1.20 元　商务　38-12　4.8

00039　几何学·轨迹及作图（算学小丛书）
〔日〕柳原吉次著　崔朝庆译　0.70 元　商务　34-4　10.5

00028　害虫及益虫（自然科学小丛书）
〔日〕矢野宗干著　褚乙然译　0.30 元　商务　40-7　3

00040　几何学讲义（平面部）
〔日〕上野清著　张廷华译　2.50 元　商务　33-10　8.2

00029　呼吸循环系病的诊断（临床诊断学第二分册）
〔日〕坂本秀夫著　孙莲白译　1.10 元　健康　53-5　4

00041　加工纸及赛璐珞制造法（实用工艺丛书）
〔日〕黑川美雄著　曹沉思译　1.00 元　商务　39-5　4.5

00030　化石人类学（自然科学小丛书）
〔日〕鸟居龙藏著　张资平译　3.00 元　商务　35-8　3

00042　家畜有毒植物学
〔日〕宫本三七郎、大川德太郎著　罗伏根译　2.20 元　畜牧兽医　53-12　1.5

00031　化学工程学（增订化学工业大全 2）
〔日〕八田四郎次著　唐汉三译　张声、吕克明补译修订　1.40 元　商务　51-12　5

00043　胶接剂制造法（实用工艺丛书）
〔日〕古桥进三郎著　沐箕香译　0.70 元　商务　40-8　2.7

00032　化学工业概论（附工厂测定及操作自动化）（增订化学工业大全 1）
〔日〕田中芳雄等著　聂汤谷等原译　1.40 元　商务　52-6　4

00044　接触反应（增订化学工业大全 34）
〔日〕田中芳雄、小林良之助原著　张定钊原译　吕克明补译修订　1.90 元　商务　52-3　5

00033　化学工业药品（增订化学工业大全 5）
〔日〕越智主一郎著　罗雄才、舒贻上原译　吕克明补译修订　2.00 元　商务　52-3　5

00045　结核及其防治（防疫手册第 3 辑）
〔日〕隈部英雄著　孙莲白译　0.50 元　健康　52-6　4

00034　化学热力学（增订化学工业大全 31）
〔日〕箕作新六著　陆志鸿原译　吕克明补译修订　1.70 元　商务　52-2　5

00046　结晶体（自然科学小丛书）
〔日〕渡边万次郎著　张资平译　1.00 元　商务　35-9　1.5

00035　皇帝的新衣
〔日〕龙平二郎作著　1.70 元　人民美术　53-9　1

00047　金工展开图法
〔日〕堀口甚吉著　张伯陶译　精 1.90 元　工学　52-8　2.8

00036　绘画颜料蜡笔墨汁制造法（实用工艺丛书）
〔日〕渡边忠一著　蔡叶民译　1.00 元　商务　38　7

00048　金属冶炼及合金工业（增订化学工业大全 12）
〔日〕后藤正治著　郝新吾原译　吕克明补译修订　1.70 元　商务　51-12　5

00037　基地儿童
〔日〕清水几太郎等编　汪向荣、文军选译

00049　金属着色法及电镀法（实用工艺丛书）
〔日〕福井幸雄著　蔡叶民译　1.00 元　商务　38-11　3.3

00050　静静的群山
〔日〕德永直著　萧萧译　1.90 元　文化生活
53-12　12

00051　救急疗法与应急手段（医药丛书）
〔日〕富永哲夫著　任一碧译　1.20 元　商务
38-11　10

00052　口腔与齿牙（医学小丛书）
〔日〕石原久著　任一碧译　0.35 元　商务
36-10　9

00053　矿床生因论（大学丛书）
〔日〕加籐武夫著　张资平译　2.40 元　商务
35-6　3

00054　昆虫学通论（大学丛书）
〔日〕三宅恒方著　缪端生、于景让译　2.50
元　商务　37-5　3

00055　理论化学精义
〔日〕鲛岛实三郎原著　薛德炯译　1.40 元　商
务　41-2　4.4

00056　力织机构学
〔日〕大住吾八著　曹骥才译　2.00 元　商务
36-3　6.3

00057　临床检验技术图解
〔日〕乡晃太郎著　朱桓译　1.80 元　广协
54-2　3

00058　临床诊断学
〔日〕坂本秀夫著　孙莲白译　精 6.60 元　健
康　53-11　3.5

00059　煤及煤气工业（附燃料概论、煤之低温、
干馏工业、煤溚工业）（增订化学工业大全 9）
〔日〕大岛义清等原著　郝新吾、吕克明原译
吕克明补译修订　2.40 元　商务　52-6　5

00060　泌尿系血液病的诊断（临床诊断学第四
分册）
〔日〕坂本秀夫著　孙莲白译　2.10 元　健康
53-8　3.5

00061　明天
〔日〕黑井力等著　周丰一译　0.71 元　文化生
活　53-11　14

00062　酿造工业（附清凉饮料工业）（增订化
学工业大全 22）
〔日〕高桥侦造、桑田勉著　周建侯、舒贻上
译　张声修订　1.86 元　商务　52-6　4

00063　皮革工业（增订化学工业大全 25）
〔日〕清水诚原著　阮觉施原译　吕克明修订
1.58 元　商务　52-4　3.6

00064　贫血的临床治疗
〔日〕小宫悦造著　赵力之译　0.50 元　广协
53-6　2

00065　平面几何学——比例及相似（算学小丛书）
〔日〕山地哲太郎、林鹤一等著　崔朝庆译
0.75 元　商务　24-9　2

00066　平面几何学——面积（算学小丛书）
〔日〕林鹤一、武田登三著　黄元吉译　0.45
元　商务　33-5　9.3

00067　平面几何学——圆（算学小丛书）
〔日〕东利作著　黄元吉译　0.50 元　商务
33-6　9.5

00068　葡萄酒及果酒酿造法（实用工艺丛书）
〔日〕下濑川一郎著　曹沉思译　0.75 元　商
务　39-5　3.5

00069　气焊技术学习手册
〔日〕斋藤哲夫、村松隆一著　王长龄译　1.24
元　工学　51-11　9

00070　气体工业及冷冻冷藏工业（增订化学工
业大全 7）
〔日〕内田俊一、西泽勇夫智原著　吴思敬、舒
贻上原译　吕克明补译修订　1.10 元　商务
52-5　3

00071　清凉饮料制造法（实用工艺丛书第 1 集）
〔日〕安乐冈清造著　曹深思译述　谭勤余校
订　0.85 元　商务　39-1　6.3

00072　染料及染色工业（增订化学工业大全 17）
〔日〕牧锐夫原著　薛德炯译述　吕克明、张声
修订　2.23 元　商务　52-7　3.1

00073　染色学纲要（技术学校用书）
〔日〕中岛武太郎、老田他鹿铁著　李文译

0.85 元 商务 33-1 6.5

00074 染色用药剂（现代工业小丛书）
〔日〕田部井省三著 张声译 0.50 元 商务
52-11 2.5

00075 人造液体燃料工业（附木材干馏工业、酸性白土及活性炭）（增订化学工业大全 11）
〔日〕永井雄三郎、小林久平原著 张资平原译 张声补译修订 1.40 元 商务 52-6 3.5

00076 妊产妇的结核性疾病
〔日〕藤森速水著 邓日诰、曹天衡译 0.47
元 健康 54-3 3

00077 日本共产党斗争小史
〔日〕市川正一著 田舍译 0.42 元 世界知识 54-4 30

00078 日本资本主义发展史
〔日〕守屋典郎著 丁未译 基 4.50 元 世界知识 50-7 5

00079 日本资本主义发展史
〔日〕野吕荣太郎著 张廷铮译 1.38 元 五十年代 53-2 6

00080 乳幼儿粪便图
〔日〕内藤寿七郎著 王重生译 1.00 元 健康 53-8 5.6

00081 三角法——三角函数（算学小丛书）
〔日〕林鹤一著 骆师曾译 0.75 元 商务
33-5 7.5

00082 三角法——三角形之性质及其解法（算学小丛书）
〔日〕森吉太郎著 崔朝庆译 0.80 元 商务
33-8 7

00083 山彦学校（日本山形县山元村中学校学生的生活记录）
〔日〕无着成恭著 汪向荣译 0.60 元 光明
53-12 10

00084 神经衰弱与眼（医学小丛书）（修订本）
〔日〕前田珍男子著 任一碧译 0.50 元 商务 34-3 10.5

00085 神经系病的诊断（临床诊断学第 2 分册）
〔日〕坂本秀夫著 孙莲白译 2.00 元 健康
53-11 2.5

00086 石油及页岩油工业（附土沥青工业）（增订化学工业大全 10）
〔日〕田中芳雄、市川良正原著 张资平原译 张声补译修订 1.95 元 商务 52-5 4

00087 实用护病学
〔日〕西川义方著 王宝山译 3.60 元 中华
51-7 6.5

00088 实用计算技术
〔日〕坂入俊雄著 郭寿铎编译 0.84 元 商务 51-10 15

00089 实用矿山机电手册
〔日〕上田秀雄著 黄志元译 2.15 元 建新
53-10 5.5

00090 实用助产学
〔日〕川添正道原著 程翰章译述 3.50 元 商务 33-12 12.5

00091 食物与营养
〔日〕樱井芳人著 朱建霞译 0.84 元 商务
51-7 7.5

00092 食物滋养品及调味品
〔日〕铃木梅太郎、佐桥佳一著 舒贻上原译
1.49 元 商务 52-7 2.5

00093 食盐及碱工业（增订化学工业大全 4）
〔日〕松井元太郎著 李敦化原译 吕克明补译修订 1.30 元 商务 51-12 5

00094 输血实施法（医学小丛书）（修订本）
〔日〕佐伯重治著 李墀身译 0.40 元 商务
34-2 5.5

00095 水泥工业（增订化学工业大全 15）
〔日〕永井彰一郎原著 何鼎译 吕克明补译修订 1.50 元 商务 52-1 5

00096 塑料工业（附照相材料工业）（增订化学工业大全 27）
〔日〕厚木胜基、铃木庸生原著 舒维岳、郝新吾原译 吕克明修订 1.49 元 商务 52-1 5.5

00097 胎产问题（医学小丛书）
〔日〕长谷川茂治著 程浩译 钱大保校订
0.90 元 商务 36-9 6

00098 糖及淀粉工业（增订化学工业大全 21）
〔日〕友田宜男原著　周键侯原译　张声修订
1.86 元　商务　52-7　3.6

00099 陶瓷及耐火物料工业（增订化学工业大
全 13）
〔日〕近藤清治、吉冈藤作原著　汪璠、章继南
译　吕克明补译修订　1.40 元　商务　52-1　5

00100 天然纤维及人造纤维工业（增订化学工
业大全 26）
〔日〕厚木胜基原著　马味仲原译　吕克明补译
修订　1.60 元　商务　52-1　5

00101 微生物（医学小丛书）（修订本）
〔日〕竹内松次郎著　魏岩寿译　0.55 元　商
务　35-8　9.7

00102 无机酸工业（增订化学工业大全 3）
〔日〕松井元太郎著　李敦化原译　吕克明补译
修订　1.80 元　商务　51-12　5

00103 香料工业（增订化学工业大全 29）
〔日〕桑田勉原著　黄开绳原译　张声补译修
订　1.20 元　商务　52-3　5

00104 香料及化妆品制造法（实用工艺丛书）
〔日〕大槻广著　曹沉思译　0.75 元　商务
39-7　3.5

00105 箱根风云录
〔日〕高仓辉著　萧萧译　1.42 元　文化生活
54-11　2

00106 橡胶工业（增订化学工业大全 24）
〔日〕君岛武雄原著　阮觉施原译　吕克明修
订　1.58 元　商务　52-3　6.7

00107 橡胶原料和药品的知识
〔日〕凑谷祝三郎著　张本振译　1.00 元　中
联　53-12　3

00108 消化系病的诊断（临床诊断学第三分册）
〔日〕坂本秀夫著　孙莲白译　1.00 元　健康
53-6　4

00109 小儿科（增订本）
〔日〕三轮信太郎著　宋虞琪、牟鸿彝译　上
册　8.00 元　商务　39-3　8

00110 新的力量在生长（原名　村八分）
〔日〕新籐兼人著　梅韬译　0.42 元　平明

54-12　45

00111 新推理研究化学解法
〔日〕兹贺多喜雄著　岑维球译　1.50 元　商
务　35-5　14.5

00112 新外科手术学（总论）
〔日〕铃木五郎著　胡公明译　精 4.80 元　健
康　54-5　3

00113 新撰处方
〔日〕黑田昌惠、本多芳太郎著　牟鸿彝译
1.60 元　锦章修　54-5　2

00114 血的九月
〔日〕江马修等著　周丰一译　0.77 元　文化生
活　54-5　6

00115 血液型之新研究（医学小丛书）（修订本）
〔日〕富士山著　祖照基译　0.40 元　商务
40-6　4

00116 岩矿化学（自然科学小丛书）
〔日〕渡边万次郎著　张资平译　0.90 元　商
务　36-11　1.5

00117 颜料及涂料工业（附树脂及漆、油毡及
油布）（增订化学工业大全 20）
〔日〕酒见恒太郎等著　黄开绳原译　张声修
订　2.33 元　商务　52-2　3.6

00118 药物工业（增订化学工业大全 31）
〔日〕近藤平三郎著　舒贻上原译　吕克明补译
修订　0.93 元　商务　52-4　4

00119 医学史话（自然科学小丛书）
〔日〕石川光昭著　沐绍良译　0.90 元　商务
39-5　2.8

00120 艺术中的阶级性与民族性
〔日〕藏原惟人著　文之译　0.42 元　上志
53-9　4

00121 异烟肼的临床应用
〔日〕坂口康藏等著　朱桓等译　1.80 元　广
协　53-10　4

00122 异烟肼的应用
〔日〕滕治六郎等著　孙莲白译　0.44 元　健
康　54-6　3

00123 音乐通论
〔日〕真篠俊雄著 张虔译 1.10元 万叶
52-3 15

00124 应用胶体化学（增订化学工业大全32）
〔日〕原木胜基原著 陆志鸿原译 吕克明补译
修订 2.20元 商务 52-6 3.5

00125 油墨及墨水制造法（实用工艺丛书）
〔日〕黑龙慎三郎著 李克农译 1.10元 商
务 39-2 5

00126 油漆制造及使用法（实用工艺小丛书）
〔日〕酒见恒太郎著 李克农译 0.70元 商
务 35-12 4.2

00127 油脂工业（附硬化油工业）（增订化学
工业大全18）
〔日〕田中芳雄、上野诚原著 高铦、张声修
订 2.00元 商务 52-6 4

00128 原动机及电机概论（现代工程小丛书）
〔日〕内田浩、东条喜一著 范致远、郝新吾
译 1.40元 商务 36-3 8.5

00129 原子物理学概论（大学丛书）
〔日〕三村刚昂、助川已之七著 余潜修译
2.80元 商务 41-3 4.9

00130 原子物理学概论（自然科学小丛书）
〔日〕菊池正士著 夏隆坚译 0.60元 商务
40-11 2

00131 运搬机械学
〔日〕江渊藤彦著 崔明思译 1.85元 首都
53-12 3

00132 造纸工业（附墨水工业）（增订化学工
业大全28）
〔日〕丸泽常哉、牧锐夫原著 阮觉施、马味伸
等译 吕克明修订 1.49元 商务 52-1 6.6

00133 炸药工业（增订化学工业大全16）
〔日〕西松唯一原著 郝新吾原译 吕克明补译
修订 1.10元 商务 52-4 3

00134 诊断技术（临床诊断学第一分册）
〔日〕坂本秀夫著 孙连白译 0.40元 健康
53-4 6

00135 中国北部之药草（修订本）
〔日〕石户谷勉著 沐绍良译 0.55元 商务
46-3 4.5

00136 中国近世戏曲史
〔日〕青木正儿著 王古鲁译 3.80元 中华
54-10 2.6

00137 中生代后之地球历史（自然科学小丛书）
〔日〕早坂一郎著 黄士弘译 0.35元 商务
36-4 3

00138 紫外线（自然科学小丛书）
〔日〕山田幸五郎著 程思进编译 0.47元 商
务 39-11 9.5

1955

00139 长沙证汇（皇汉医学丛书）
〔日〕田中荣信编 0.26元 人民卫生 新55-
12 3.5

00140 方机（皇汉医学丛书）
〔日〕吉益东洞口授 乾守业编 0.25元 人民
卫生 新55-11 2.5

00141 方剂辞典（皇汉医学丛书）
〔日〕平冈嘉言编 0.75元 人民卫生 新55-
11 6

00142 妇产科医师临床手册（增订版）
〔日〕久慈直太郎著 赵力之译 2.35元 广
协 55-4 9

00143 妇人输送船
〔日〕杉村光子等著 李延龄译 0.40元 上出
公司 55-7 8

00144 古书医言（皇汉医学丛书）
〔日〕吉益东洞著 0.28元 人民卫生 新55-
12 2.5

00145 汉药良劣鉴别法（皇汉医学丛书）
〔日〕一色直太郎著 0.22元 人民卫生 新
55-11 3.5

00146 汉药研究纲要（皇汉医学丛书）
〔日〕久保田晴光著 0.22元 人民卫生 新
55-11 4

00147 金匮玉函要略辑义（皇汉医学丛书）
〔日〕丹波元简著 1.42元 人民卫生 新55-12 3

00148 经络之研究
〔日〕长滨善夫、丸山昌郎著 承淡安译 1.10元 千顷堂 55-11 3

00149 经穴纂要（皇汉医学丛书）
〔日〕小坂元祐编 0.64元 人民卫生 新55-12 7

00150 救急选方、医略抄（皇汉医学丛书）
〔日〕丹波元简编 0.57元 人民卫生 新55-11 5.5

00151 类聚方（皇汉医学丛书）
〔日〕吉益东洞编 0.31元 人民卫生 新55-11 4

00152 临床检验技术图解（修订版）
〔日〕乡晃太郎原著 〔日〕斋藤正行改订 朱桓译 林椿年等校 1.80元 广协 55-2 4

00153 脉学辑要（皇汉医学丛书）
〔日〕丹波元简著 0.25元 人民卫生 新55-12 6

00154 名家方选（皇汉医学丛书）
〔日〕元伦维亨、村上图基编 0.43元 人民卫生 新55-11 6.5

00155 内科肾脏的诊断与治疗
〔日〕佐佐廉平著 戴庆麟译 0.40元 人民卫生 55-11 5

00156 破戒
〔日〕岛崎藤村著 平白译 1.25元 平明 55-11 5.5

00157 青囊琐探（皇汉医学丛书）
〔日〕片仓元周著 0.29元 人民卫生 新55-12 3.5

00158 日本劳动者
〔日〕春川铁男著 梅韬、文洁若译 精0.68元 作家 55-5 1.1 平 0.40 55-4 22.2

00159 日本资本主义发展史
〔日〕野吕荣太郎著 吕明译 0.78元 三联

55-10 4.6

00160 伤寒论辑义（皇汉医学丛书）
〔日〕丹波元简著 1.46元 人民卫生 新55-11 4

00161 伤寒论述义（皇汉医学丛书）
〔日〕丹波元坚编 0.32元 人民卫生 新55-12 3.2

00162 神农本草经（中国古典医学丛刊）
〔日〕森立之重辑 0.70元 群联 55-4 3

00163 素问绍识（皇汉医学丛书）
〔日〕丹波元坚著 0.68元 人民卫生 新55-11 2

00164 素问识（皇汉医学丛书）
〔日〕丹波元简著 1.26元 人民卫生 新55-12 2

00165 藤氏医谈（皇汉医学丛书）
〔日〕近藤明隆昌著 0.14元 人民卫生 新55-11 2.2

00166 温病之研究（皇汉医学丛书）
〔日〕源元凯著 0.26元 人民卫生 新55-11 3.5

00167 西洋乐器图说
〔日〕菅原明朗、近卫秀麿著 罗傅开译 1.31元 音乐 55-3 2.1

00168 箱根风云录
〔日〕高仓辉著 萌子画 0.57元 美术读物 新55-8 17

00169 蟹工船
〔日〕小林多喜二著 楼适夷译 0.66元 作家 55-3 20.2

00170 药征及药征续编（皇汉医学丛书）
〔日〕吉益东洞、村井杶著 0.42元 人民卫生 新55-11 2.5

00171 药治通义（皇汉医学丛书）
〔日〕丹波元坚编 0.87元 人民卫生 新55-11 3

00172 医胜（皇汉医学丛书）
〔日〕丹波元简编 0.47元 人民卫生 新55-11 2

00173 医事起源（皇汉医学丛书）
〔日〕今邨亮只卿著 0.15元 人民卫生 新
55-11 2.5

00174 医心方（上、下册）
〔日〕丹波康赖编 6.27元 人民卫生 55-
6 4.5

00175 幼科证治大全（皇汉医学丛书）
〔日〕摄扬下津编 0.48元 人民卫生 新55-
11 5

00176 战后日本
〔日〕井上清等著 张廷铮等节译 1.14元 世
界知识 55-9 5.1

00177 针灸学纲要（皇汉医学丛书）
〔日〕摄都管周桂著 0.20元 人民卫生 新
55-11 7

00178 证治摘要（皇汉医学丛书）
〔日〕中川成章编 0.60元 人民卫生 新55-
11 3

00179 中国儿科医鉴（皇汉医学丛书）
〔日〕汤本求真阅、大塚敬节著 0.15元 人民
卫生 新55-11 5.5

00180 中国接骨图说（皇汉医学丛书）
〔日〕二宫献彦可著 0.42元 人民卫生 新
55-11 4.5

00181 中国内科医鉴（皇汉医学丛书）
〔日〕汤本求真阅、大塚敬节著 0.72元 人民
卫生 新55-11 6

00182 中国药物学大纲（皇汉医学丛书）
〔日〕伊豫专安著 0.37元 人民卫生 新55-
11 5

00183 猪的歌（文学初步读物）
〔日〕高仓辉著 铃木贤二插图 萧萧译 0.15
元 人民文学 55-3 30.2

**00184 最初的抵抗——基地六〇五号（电影剧
本丛书）**
〔日〕山形雄策著 陈笃忱译 0.49元 艺术
55-11 2.7

00185 作物病害图说
〔日〕中田觉五郎著 泷元清透校订 贺峻峰等
译 3.41元 中华 55-9 2.5

1956

00186 不在地主
〔日〕小林多喜二著 震先译 0.42元 作家
56-8 10.1

00187 春天的花圈
〔日〕半田义之著 翟麦译 0.11元 少年儿
童 56-4 80

00188 从医学观点论原子弹的灾害
〔日〕都筑正男著 霍儒学译 0.90元 人民卫
生 56-4

00189 二十四颗眼珠
〔日〕壶井荣著 孙青译 0.48元 新文艺
56-11 20

00190 愤怒吧，富士（日本斗争诗抄）
〔日〕山岸外史等著 楼适夷译 0.38元 作
家 56-6 12.1

00191 皇汉医学
〔日〕汤本求真编著 周子叙译 精3.90元
人民卫生 56-5 12

00192 活下去！
〔日〕山田歌子著 文洁若译 0.47元 作家
56-3 19.1

00193 经络之研究
〔日〕长滨善夫、丸山昌朗著 承淡安译 1.00
元 上海卫生 新56-8 3

00194 静静的群山（第一部）
〔日〕德永直著 萧萧译 1.20元 作家 56-
12 10.1

00195 狼
〔日〕高仓辉著 金福译 0.50元 新文艺
56-10 17

00196 没有太阳的街（电影剧本丛书）
〔日〕德永直原著 立野三郎改编 电影艺术编
译社编 李正伦译 0.39元 艺术 56-4 3.7

00197 内科医师临床手册（上、下册）
〔日〕山男诗朗著 赵力之译 精6.10元 上
海卫生 56-1 3.7

00198 农民之歌
〔日〕高仓辉著 金福译 0.36 元 新文艺 56-10 16

00199 侵略中国的英美财阀
〔日〕萍叶登著 李公绰、陈真译 0.38 元 三联 56-5 6.4

00200 日本现代史（第一卷 明治维新）
〔日〕井上清著 吕明译 精 1.50 元 三联 56-5 7

00201 日本小史
〔日〕伊豆公夫著 杨辉译 0.40 元 湖北人民 56-5 7

00202 日本刑法
〔日〕末川博编著 吉蒂译 0.18 元 法律 56-9 3

00203 伤寒论阶梯
〔日〕奥田谦藏著 叶心铭译 0.44 元 上海卫生 56-12 17

00204 水产细菌学（科学译丛）
〔日〕谷川英一著 薛廷耀、李爱杰译 1.26 元 科学 56-2 1.4

00205 雪舟
〔日〕雪舟作 精 14.20 元 人民美术 56-8 3.4

00206 掌握主诉诊断法
〔日〕山品寿著 盛佩葱等译 精 3.90 元 上海卫生 新 56-11 3

00207 针灸处方集
〔日〕松元四郎平、代田文志著 杨医亚编译 0.26 元 上海卫生 新 56-8 13

00208 针灸秘开
〔日〕玉森贞助著 杨医亚译 0.19 元 上海卫生 新 56-8 10

00209 真空地带
〔日〕野间宏著 萧萧译 李芒校 1.20 元 作家 56-8 10.1

00210 知热感度测定法针灸治疗学
〔日〕赤羽幸兵卫著 刘芸卿等合译 0.55 元 上海卫生 56-6 11

00211 志贺直哉小说集
〔日〕志贺直哉著 适夷等译 0.80 元 作家 56-7 10.1

00212 中医临症处方入门
〔日〕龙野一雄著 星东、白羊译 精 2.30 元 人民卫生 56-7 20

00213 竹筋混凝土
〔日〕细田贯一著 高履泰译 0.95 元 建筑工程 56-9 5.5

1957

00214 暗无天日（电影文学剧本）
〔日〕桥本忍著 李正伦译 0.32 元 中国电影 57-10 2.9

00215 北山医案（皇汉医学丛书）
〔日〕北山友松著 0.36 元 人民卫生 57-6 8.0

00216 变成花呀、变成路！
〔日〕川崎大治著 立石铁臣绘图 瞿麦译 0.16 元 少年儿童 57-10 7.0

00217 长安与洛阳（地图）（附图 30 幅）
〔日〕平冈武夫著 杨励三译 5.50 元 陕西人民 57-10 2.0

00218 痘科辨要（皇汉医学丛书）
〔日〕池田瑞仙著 0.70 元 人民卫生 57-6 7.0

00219 敦煌琵琶谱的解读研究
〔日〕林谦三著 潘怀素译 0.50 元 上海音乐 57-9 0.9

00220 恶魔的遗产
〔日〕阿川弘之著 颜华译 0.55 元 作家 57-3 15.0

00221 二化螟（十大病虫害文献选译）
〔日〕深谷昌次著 盛沛东译 0.85 元 科学技术 57-4 2.3

00222 放射性同位素在医学上的应用
〔日〕吉川春寿等著 张玉阁译 0.65 元 人民

卫生　57-9　2.1

00223　关于竹筋混凝土的研究论文集
〔日〕岩田恒等著　建筑科学研究院等译　1.10
元　建筑工程　57-5　5.4

00224　广岛的一家
〔日〕大田洋子等著　周丰一译　0.46 元　新文
艺　57-2　15.0

00225　活下去
〔日〕山男歌子著　周大勇译　0.46 元　新文
艺　57-3　6.0

00226　"煎黄连"笑了
〔日〕上野英信著　孙光宇译　0.19 元　新文
艺　57-5　9.5

00227　脚气钩要（皇汉医学丛书）
〔日〕今村亮著　0.28 元　人民卫生　57-
6　7.0

00228　街
〔日〕德永直著　李克异、王振仁译　0.55 元
新文艺　57-11　12.5

00229　金匮玉函要略述义（皇汉医学丛书）
〔日〕丹波元坚著　0.44 元　人民卫生　57-
6　5.5

00230　近代美术史潮论
〔日〕板垣鹰穗著　鲁迅译　4.10 元　人民文
学　57-4　10.0

00231　经络治疗讲话
〔日〕本间祥白著　九芝译　0.60 元　江苏人
民　57-7　15.0

00232　晶体管的理论和应用
〔日〕大胁健一、有住彻弥著　于间译　0.95
元　人民邮电　57-11　2.7

00233　静静的群山（第二部）
〔日〕德永直著　萧萧译　1.40 元　作家　57-
7　13.6

00234　狼（电影文学剧本）
〔日〕新藤兼人著　李正伦译　0.24 元　中国电
影　57-8　2.2

00235　脉原
〔日〕大西葆光编　著　0.26 元　上海卫生
57-7　12.0

00236　明乐八调研究（东方音乐研究丛书）
〔日〕林谦三著　张处译　0.26 元　上海音乐
57-6　1.5

00237　明治维新讲话
〔日〕服部之总著　舒贻上译　0.32 元　三联
57-1　15.0

00238　耐震结构概论
〔日〕佐野利器、谷口忠著　高履泰译　0.95
元　建筑工程　57-12　1.6

00239　难经疏证（皇汉医学丛书）
〔日〕丹波元胤编著　0.40 元　人民卫生　57-
6　11.0

00240　乒乓球
〔日〕野村尧之著　戴桐荫、隋宗述等译　林仲
珌校　0.42 元　人民体育　57-11　25.0

00241　奇正方（皇汉医学丛书）
〔日〕贺古寿编著　0.34 元　人民卫生　57-
6　7.0

00242　日本历史（"国史"批判）
〔日〕井上清著　阎伯纬译　1.20 元　三联
57-3　9.5

00243　日本民族资本的现状与趋势
〔日〕藤田敬三等著　王叔吉译　0.34 元　世界
知识　57-5　5.0

00244　日本农民运动史
〔日〕井上清等著　松筠、高锡译　0.90 元　三
联　57-11　3.3

00245　日本文字改革史料选辑
〔日〕南部义筹等著　陈青今编译　0.36 元　文
字改革　57-9　0.9

00246　伤寒广要（皇汉医学丛书）
〔日〕丹波元坚著　1.10 元　人民卫生　57-
6　8.0

00247　伤寒论集成（皇汉医学丛书）
〔日〕山田宗俊著　1.30 元　人民卫生　57-

6 5.5

00248 伤寒用药研究（皇汉医学丛书）
〔日〕川越正淑著 0.18 元 人民卫生 57-
6 6.5

00249 伤寒之研究（皇汉医学丛书）
〔日〕中西惟忠著 0.55 元 人民卫生 57-
6 8.0

00250 梳棉机装置法
〔日〕水利清著 姜建译 1.60 元 纺织工业
57-5 2.5

00251 太阳热水器
〔日〕谷下市松著 洪傅沪译 0.17 元 上海科
普 57-5 9.0

00252 体操（上集）
〔日〕竹本正男、滨田靖一合著 赵钟译 0.50
元 人民体育 57-12 7.2

00253 无线电数学（上）
〔日〕谷村功著 张绍高译 1.20 元 人民邮
电 57-6 5.5

00254 小儿病的诊断和治疗
〔日〕清水茂松著 邓日诰、曹天衡译 精 2.90
元 上海卫生 57-2 12.0

00255 小木偶拉大提琴
〔日〕宫泽贤治原著 高山良策绘图 洪炘意
译 俞世伟临摹 0.26 元 少年儿童 57-
12 7.0

00256 小企鹅历险记
〔日〕乾富子著 周维权译 0.15 元 少年儿
童 57-9 7.0

00257 写山要法
〔日〕高岛北海著 傅抱石编译 0.90 元 上海
人美 57-7 6.5

00258 幸福的结婚
〔日〕马岛僴著 祝羊川译 0.16 元 人民卫
生 57-9 10.1

00259 续占领下日本情况的分析
日本共产党调查委员会编 康大川等译 0.75

元 世界知识 57-4 6.0

00260 音频放大器的设计与调整
〔日〕岛山鹤雄著 陈贵民译 2.70 元 人民邮
电 57-10 1.8

00261 元人杂剧概说
〔日〕青木正儿著 隋树森译 0.48 元 中国戏
剧 57-7 6.5

00262 针灸临床治疗学
〔日〕代田文志原著 胡武光编译 精 2.00 元
人民卫生 57-3 40.0

00263 正是为了爱（电影文学剧本）
〔日〕新藤兼人、山形雄策著 白帆译 0.22
元 中国电影 57-1 9.5

00264 植物地理景观图谱
〔日〕竹内亮编著 祝廷成译 精 1.60 元 科
学 57-4 6.6

00265 中医学基础简释
〔日〕杉原德行著 白羊译 0.65 元 人民卫
生 57-12 7.0

00266 铸字（出版印刷技术丛书）
〔日〕山本健二、林米雄著 章士佼译 0.24
元 商务 57-12 1.8

1958

00267 阿信坐在云彩上
〔日〕石井桃子著 梅韬译 0.32 元 少年儿
童 58-6

00268 巴赫的小提琴曲
〔日〕佐藤谦三著 杨博译 0.12 元 音乐 58-6

00269 贝多芬的小提琴曲
〔日〕佐藤谦三著 杨博译 0.11 元 音乐 58-6

00270 冰河（第一部）
〔日〕江马修著 力生译 1.20 元 新文艺 58-8

00271 病机撮要辩证
〔日〕森岛玄胜著 承为奋译 0.32 元 江苏人
民 58-6 73

00272 玻璃纤维及其应用
〔日〕久野清、宗像元介著 魏共、贾智译

0.55 元　建筑工程　58-4

00273　薄荷
〔日〕井上弘著　王家经译　0.25 元　热带作物　58-11

00274　常用收信电子管应用手册
日本无线电实验杂志社编　张树松译　1.00 元　人民邮电　58-9

00275　船型学（阻力篇）
〔日〕山县昌夫著　魏东升译　精 2.00 元　人民交通　58-4

00276　磁性录音机
〔日〕多田正信著　吴振坤译　0.75 元　中国电影　58-8

00277　从考古学看中日古文化的关系（北京大学历史问题讲座第四讲）
〔日〕原田淑人著　姚鉴译　0.04 元　高等教育　58-5

00278　大波斯菊盛开的人家
〔日〕小池富美子著　王延龄译　0.19 元　新文艺　58-1

00279　稻作病害
〔日〕铸方末彦著　欧阳骁等译　2.00 元　农业　58-7

00280　动物学精义（全三册）
〔日〕惠利惠著　杜亚泉等译　精 11.90 元　商务　58-3

00281　断层摄影读片法（以肺结核特别以肺空洞为中心）（改订版）
〔日〕田坂皓著　中国防痨协会总会主译　1.75 元　防痨协会　58-9

00282　二化螟发生预测（十大病虫害文献选译）
〔日〕深谷昌次、中塚宪次著　忻介六译　1.00 元　科学技术　58-4

00283　肥猪的歌（注音本）
〔日〕高仓辉著　路瑛译　文字改革出版社注音　0.16 元　文字改革　58-9

00284　浮世澡堂
〔日〕式亭三马著　周启明译　0.63 元　人民文学　58-9

00285　关于海粘土的研究
〔日〕彬二郎、田中纯生著　章文译　0.19 元　轻工业　58-10

00286　广岛日记
〔日〕蜂谷道彦著　晓萌、王无为译　0.65 元　世界知识　58-2

00287　海岸防沙造林
〔日〕原胜著　刘峻山译　0.10 元　中国林业　58-7

00288　海洋科学
〔日〕须田晥次著　郑焕宇译　3.70 元　科学　58-6

00289　合金状态图的解说
〔日〕清水要藏著　金宪真、艾廉签译　0.48 元　国防工业　58-8

00290　家畜中毒学
〔日〕大川德太郎原著　罗伏根译　0.55 元　畜牧兽医　58-9

00291　井点系统的施工技术
〔日〕濑古新助著　张家铭译　0.75 元　科技卫生　58-10

00292　流下式盐田的构造与计算
〔日〕大场信邦著　章文译　0.29 元　轻工业　58-10

00293　毛织物整理法
〔日〕加藤雅树著　方基水、朱恒昌译　1.60 元　纺织工业　58-11

00294　米
〔日〕八木保太郎著　陈笃忱译　0.24 元　中国电影　58-4

00295　蔷薇何处开
〔日〕真山美保著　陈北鸥译　0.28 元　中国戏剧　58-5

00296　氢离子浓度的意义和测定法
〔日〕板野新夫著　曹立夫译　0.22 元　农业　58-9

00297 劝学篇
〔日〕福泽谕吉著 群力译 0.44 元 商务 58-11

00298 日本的甘薯、马铃薯栽培技术
〔日〕儿玉敏夫讲述 中国农学会译 0.14 元 农业 58-9

00299 日本的军国主义（第 2 册 军国主义和帝国主义）
〔日〕井上清著 尚永清译 0.75 元 商务 58-7

00300 日本妇女史
〔日〕井上清著 周锡卿译 0.73 元 三联 58-9

00301 日本工人运动史话
〔日〕服务之总主编 长风译 0.62 元 工人 58-9

00302 日本人民史
〔日〕羽仁五郎著 马斌等译 0.60 元 三联 58-4

00303 日本史概说（1）
〔日〕石母田正、松岛荣一著 吕明译 1.00 元 三联 58-2

00304 伤寒论新解
〔日〕杉原德行著 白羊译 1.30 元 人民卫生 58-7

00305 声乐的鉴赏
〔日〕伊庭孝著 凌崇孟译 0.17 元 音乐 58-1

00306 石川啄木小说集
〔日〕石川啄木著 丰子恺等译 1.05 元 人民文学 58-11

00307 石川啄木小说集
〔日〕石川啄木著 丰子恺等译 精 1.50 元 人民文学 58-11 252

00308 实用制材技术
〔日〕土居祯夫著 金连缘译 0.95 元 森林工业 58-3

00309 收信电子管及其应用
〔日〕森田孝一编 王雪村译 0.69 元 人民邮电 58-11

00310 台风论（气象学讲座第 11 卷）
〔日〕笠原彰、增田善信著 朱抱真译 0.55 元 科学 58-11

00311 体操（下集）
〔日〕竹本正南、滨田靖一合著 赵钟译 0.60 元 人民体育 58-3

00312 天总会亮的
〔日〕山田清三郎著 李统汉译 0.95 元 新文艺 58-8

00313 通风网的计算和通风测定
〔日〕平松良雄著 王恒岐译 0.60 元 煤炭工业 58-4

00314 同位素在医学上的应用
〔日〕山下久雄著 张玉阁译 0.75 元 上海卫生 58-4

00315 微波电子管
〔日〕冈村总吾著 庄明夫译 吴鸿适校 0.50 元 人民邮电 58-4

00316 我的世界观的转变
〔日〕柳田谦十郎著 李丙盛等译 0.38 元 三联 58-9

00317 我们是日本人
〔日〕野间宏等著 北京大学东方语言系日本语专业同学集体译 0.23 元 人民文学 58-10

00318 无线电数学（下册）
〔日〕谷村功著 张绍高译 1.70 元 人民邮电 58-1

00319 夏目漱石选集（第 1 卷）
〔日〕夏目漱石著 胡雪、由其译 精 1.80 元 人民文学 58-11

00320 夏目漱石选集（第 2 卷）
〔日〕夏目漱石著 开西、丰子恺译 0.80 元 人民文学 58-6

00321 纤维板
〔日〕村田藤桔、佐野弥三郎著 王维平等译 0.40 元 中国林业 58-11

00322　箱根风云录
〔日〕高仓辉著　萧萧译　0.95元　作家　58-3

00323　小林多喜二选集（第2卷）
〔日〕小林多喜二著　金中等译　1.20元　人民文学　58-6

00324　小林多喜二选集（第1卷）
〔日〕小林多喜二著　适夷等译　1.05元　人民文学　58-12

00325　小型水电设计图表
〔日〕织田史郎著　农业部农田水利局水电科译　0.30元　水利电力　58-8

00326　眼科临床手册
〔日〕大桥孝平著　王导先、赵力之译　精1.90元　科技卫生　58-11

00327　一九二八年三月十五日（文学小丛书31）
〔日〕小林多喜二著　适夷译　0.23元　人民文学　58-9

00328　医余（皇汉医学丛书）
〔日〕尾台逸编　0.22元　人民卫生　58-5

00329　应用烟雾剂防治森林害虫
〔日〕清永健介著　杨畔农译　0.50元　中国林业　58-9

00330　元曲概说（修订本）
〔日〕盐谷温著　隋树森译　0.28元　商务　58-3

00331　运气论奥谚解
〔日〕冈本为竹编著　承为奋译　1.00元　江苏人民　58-7

00332　杂病广要
〔日〕丹波元坚编　精3.40元　人民卫生　58-8

00333　在喷烟之下
〔日〕间宫茂辅著　张萝麟译　0.90元　中国青年　58-8

00334　粘土电泳处理法
〔日〕驹形作次、岩坂良以著　郭子春译　0.27元　轻工业　58-10

00335　昭和史
〔日〕远山茂树等著　吴文译　0.65元　三联　58-7

00336　照相制版用药品手册
〔日〕永松元太郎编　丁一译　0.48元　商务　58-7

00337　针灸真髓（泽田派见闻录）
〔日〕代田文志著　承淡安、承为奋译　0.65元　江苏人民　58-2

00338　针术的近代研究
〔日〕间中喜雄著　〔德〕H.许米特编　萧友山、钱稻孙译　精1.50元　人民卫生　58-5

00339　植木枝盛的生平及其思想
〔日〕家永三郎著　马斌、童柯译　0.44元　商务　58-9

00340　制盐工业图表集
日本专卖公社中央研究所编　章文译　1.26元　轻工业　58-9

00341　中国东北裸子植物研究资料
〔日〕竹内亮著　张俊良译　钱家驹校　0.90元　中国林业　58-1

1959

00342　船型学（推进篇）
〔日〕山县昌夫著　魏东升等译　精3.00元　人民交通　59-9　372

00343　岛（三幕四场话剧）
〔日〕堀田清美著　萝回、陈北鸥译　0.35元　中国戏剧　59-7　67

00344　到泉水去的道路
〔日〕广津和郎著　生生译　1.10元　上海文艺　59-6　227

00345　稻作综合研究
〔日〕佐佐木乔主编　廉平湖译　2.05元　农业　59-10　439

00346　德永直选集
第2卷　萧萧译　精1.60元　人民文学　59-12　280　平1.10元　59-12
第3卷　萧萧译　精1.70元　人民文学　59-11　312　平1.25元　59-11
第4卷　刘仲平译　精1.55元　人民文学　59-

10　266　平 1.05 元　59-11

00347　对华回忆录
日本东亚同文会编　胡锡年译　2.20 元　商务
59-11
本书据 1936 年日本东亚同文会编《对支回顾
录》一书译出。

00348　纺织工业用油脂和洗涤剂的试验
〔日〕宫坂和雄著　应寿纪译　0.22 元　纺织工
业　59-9　24

00349　浮草日记（根据真山保美小说改编）
〔日〕八住利雄著　李正伦译　0.24 元　中国电
影　59-5　50

00350　哥儿（文学小丛书 110）
〔日〕夏目漱石著　开西译　0.25 元　人民文
学　59-12　76

00351　宫本百合子选集
第 1 卷　萧萧译　平 1.05 元　人民文学　59-
12　256
第 2 卷　冯淑兰、石坚白译　精 1.45 元　人民
文学　59-12　233　平 0.97 元　59-10
第 3 卷　叔昌、张萝麟译　精 1.15 元　人民文
学　59-11　152　平 0.69 元　59-11
第 4 卷　储元熹译　平 0.82 元　人民文学　59-
4　179

00352　共产国际关于日本问题方针、决议集
日本共产党史资料委员会编　林放译　0.46 元
世界知识　59-6
本书编集 1922—1940 年有关日本共产党方针任
务的一些重要文件，包括共产国际的几次指示。
据日本五月书房 1955 年 3 月版译出。

00353　合成纤维的性能
〔日〕辻和一郎著　史锦图、王兴贤合译　0.22
元　化学工业　59-8　39

00354　黑潮
〔日〕德富芦花著　金福译　1.00 元　上海文
艺　59-8　218

00355　壶井荣小说集
〔日〕壶井荣著　舒畅、肖肖译　0.60 元　人民
文学　59-8　120

00356　化学肥料的性质与用法
〔日〕松木五楼著　金连缘译　0.75 元　商务
59-5　158

00357　脊椎动物解剖学
〔日〕渡部正雄等著　关贵武译　1.40 元　科
学　59-2　134

00358　金属材料的光度定量法
〔日〕后藤秀弘等著　宋克复译　0.83 元　冶金
工业　59-8　160

00359　静脉心导管检查术
〔日〕田坂定孝、大矢岩著　李鸿璞、张续祖
译　0.68 元　上海科技　59-5　100

00360　拉丁字母绘写手册
〔日〕佐藤敬之辅　文字改革出版社译注　精
1.80 元　文字改革　59-4

00361　菱镁矿工业
〔日〕成田亮一著　傅杰甫译　0.85 元　地质
59-12　140

00362　泌尿系外科手术
〔日〕楠隆光著　吴士绥译　1.30 元　人民卫
生　59-4　111

00363　耐震结构物设计法
〔日〕冈本舜三著　袁汝诚译　0.88 元　建筑工
程　59-12　120

00364　尿素肥料详说
〔日〕镰仓武富著　马复祥译　1.30 元　农业
59-4　283

00365　日本的工人运动
〔日〕片山潜、西川光次郎合著　王雨译　1.20
元　三联　59-5　262

**00366　日本的军国主义（第 1 册　天皇制军队
和军部）**
〔日〕井上清著　姜晚成译　0.75 元　商务
59-2　168

00367　日本对华投资
〔日〕樋品弘著　北京编译社译　1.10 元　商
务　59-6　194

00368　日本画家丸木位里·赤松俊子作品选集
李平凡编　4.00 元　人民美术　59-8　12

00369　日本近代史
〔日〕井上清、铃木正四著　杨辉译　精 2.20

元　商务　59-12　338

00370　日本民间故事
梅韬译　张非插图　0.38元　百花文艺　59-3　79

00371　日本史研究入门
〔日〕远山茂树、佐藤进一编　吕永清译　1.25元　三联　59-7　346

00372　生丝的品质及其与织物的关系
〔日〕木暮慎太主编　周晦若等译　2.60元　纺织工业　59-10　390

00373　水产动物化学（上册）
〔日〕大岛幸吉著　刘纶译　1.10元　科学　59-1　214

00374　水稻生理
〔日〕户苅义次、松尾孝岭原著　安克贵译　0.74元　上海科技　59-12　133

00375　水稻无机营养施肥和土壤改良
〔日〕三井进午著　朱光琪、万传斌译　0.48元　上海科技　59-3　70

00376　台湾地质构造发展史
〔日〕小林贞一著　刘兴义译　0.16元　地质　59-5　25

00377　太平洋战争史（第1卷　九·一八事变）
日本历史学研究会编　金锋等译　1.10元　商务　59-12　205　大32开

00378　陶瓷器化学
〔日〕桧山真平著　李永森、刘可栋译　1.60元　建筑工程　59-1　234

00379　天工开物研究论文集
〔日〕薮内清等著　章熊、吴杰译　精1.60元　商务　59-1　183

00380　天气图分析基础
〔日〕泽田龙吉著　侯宏森译　0.80元　科学　59-10　139

00381　细胞遗传学（第1卷）
〔日〕木原均主编　杜竹铭译　1.60元　科学　59-2　257

00382　小林多喜二选集
第1卷　楼适夷等译　精1.40元　人民文学　59-2　248　平1.05元　58-12
第2卷　金中等译　精1.70元　人民文学　58-6　266
第3卷　舒畅等译　精1.35元　人民文学　59-9　192　平0.89元　59-4

00383　岩石磁学
〔日〕永田武著　丁鸿佳译　1.10元　地质　59-8　190

00384　羊毛与人造纤维混纺
〔日〕大野一郎著　纺织工业部技术司毛纺织处译　0.92元　纺织工业　59-12　138

00385　养猪技术
〔日〕松下道夫著　金连缘编译　0.35元　农业　59-12　72

00386　窑炉（陶瓷器、耐火材料、砖瓦研磨材料等用）
〔日〕铃木巳代三著　刘可栋、谢宗辅合译　1.20元　建筑工程　59-3　190

00387　渔捞物理学
〔日〕田内森三郎著　上海水产学院水产资源教研组译　0.44元　科技卫生　59-1　72

00388　怎样走上战斗道路的
〔日〕德永直著　储元熹、林玉波译　0.52元　上海文艺　59-4　190

00389　粘土矿物
〔日〕须藤俊男著　李夷译　1.10元　科学　59-2　170

00390　蔗渣纤维及其利用
〔日〕加藤晴治著　廖伟译　0.75元　轻工业　59-3　110

00391　真空地带（亚非文学丛书）
〔日〕野间宏著　肖肖译　精1.70元　人民文学　59-9　288

00392　植物成分化学
〔日〕刘米达夫著　杨季秋译　1.60元　上海科技　59-7　328

00393　植物细胞渗透生理
〔日〕坂村彻著　金连缘译　1.30元　科学　59-4　194

00394 制材技术人员手册
〔日〕武田正三著 李世维译 0.95 元 中国林业 59-2 200

00395 制盐与苦卤工业
〔日〕福永范一著 唐汉三、曲惠新合译 1.05 元 轻工业 59-2 160

00396 中国经济史考证 （第 1 卷）
〔日〕加藤繁著 吴杰译 2.00 元 商务 59-9 376

00397 铸造用铝合金
〔日〕森永卓一著 金宪真译 0.76 元 国防工业 59-2 98

00398 《资本论》入门 （上册）
〔日〕河上肇著 仲民译 1.65 元 三联 59-9 406

00399 组合箱梁桥的应力解析和设计计算法
〔日〕小西一郎等著 尹家骅译 0.35 元 人民交通 59-8 53

00400 组织培养术
〔日〕胜田甫著 李彦译 1.30 元 科学 59-12 97

1960

00401 巴拿赫空间论
〔日〕中野秀五郎著 洪声贵译 0.96 元 科学 165

00402 玻璃的精密加工
〔日〕久本方著 金边缘译 0.72 元 国防工业 94

00403 德永直选集 （第 1 卷）
〔日〕德永直著 李芒译 精 1.05 元 平 0.69 元 人民文学

00404 电子电路集
日本无线电与实验社编 张松译 1.40 元 人民邮电 252

00405 动力气象学
〔日〕正野重方著 吴伯雄译 1.90 元 科学 344

00406 浮游生物学实验法
〔日〕小久保清治著 华汝成译 0.48 元 人民教育 89

00407 浮游矽藻类
〔日〕小久保清治著 华汝成译 2.45 元 上海科技 429

00408 跨径 40 米预应力混凝土桥梁的设计与施工
〔日〕田原保二等著 尹家骅、张寰译 0.90 元 人民交通 123

00409 离子交换树脂
〔日〕清水博著 许景文编译 1.05 元 上海科技 195

00410 论理学纲要 （逻辑丛刊）
〔日〕十时弥著 田吴炤译 0.47 元 三联 73

00411 碾米机
〔日〕佐竹利市著 粮食部粮食科学研究所组译 0.31 元 轻工业 42

00412 日本童话
庄泽义、韩珍重译 0.42 元 百花文艺 55

00413 水产动物化学 （下册）
〔日〕大岛幸吉著 刘纶译 1.40 元 科学 270

00414 童年的故事
〔日〕德永直著 刘仲平等译 0.22 元 少年儿童 50

00415 显微镜的用法
〔日〕田中克己著 金连缘编译 0.95 元 人民教育 172

00416 盐及其化学
〔日〕岩濑荣一著 郭欲立译 0.95 元 轻工业 130

1961

00417 731 细菌部队
〔日〕秋山浩著 北京编译社译 116 千字 群众 0.46 元

00418 八木天线
〔日〕S. Uda、Y. Mushiake 著 张善谋、王裕昆译 142 千字 人民邮电 0.97 元

00419　板车之歌
〔日〕山代巴著　钱稻孙、叔昌译　120千字
作家　0.58元

00420　变分法及其应用（现代应用数学丛书）
〔日〕加藤敏夫著　周怀生译　95千字　上海科
技　0.72元

00421　冰河（第2部）
〔日〕江马修著　力生译　269千字　上海文艺
1.35元

**00422　富里哀变换与拉普拉斯变换（现代应用
数学丛书）**
〔日〕河田龙夫著　钱端壮译　149千字　上海
科技　1.10元

00423　广义函数（现代应用数学丛书）
〔日〕岩村联著　杨永芳译　116千字　上海科
技　0.86元

00424　海藻工业（精装）
〔日〕高桥武雄著　纪明侯译　300千字　轻工
业　2.50元

00425　集合·拓扑·测度（现代应用数学丛书）
〔日〕河田敬义著　赖英华译　83千字　上海科
技　0.64元

00426　几何学（现代应用数学丛书）
〔日〕矢野健太郎著　孙泽瀛译　94千字　上海
科技　0.70元

00427　家畜病理解剖学（精装）
〔日〕江本修著　李金璋、刘风岗译　232千字
科学　3.40元

**00428　量子力学中的数学方法（散射问题）
（现代应用数学丛书）**
〔日〕朝永振一郎等著　周民强、贾弃瞀译　91
千字　上海科技　0.68元

00429　马体解剖图（精装）
〔日〕田中宏、大泽竹次郎著　张鹤宇、刘理
译　243千字　人民教育　2.00元

00430　偏微分方程（现代应用数学丛书）
〔日〕南云道夫著　钱端壮译　150千字　上海
科技　1.10元

00431　妻呵，安息吧
〔日〕德永直著　周丰一译　112千字　上海文
艺　0.56元

00432　日本的音乐
〔日〕山根银二著　丰子恺译　36千字　音乐
0.36元

00433　日本帝国主义史（共三卷）
〔日〕小山弘健、浅田光辉著　许国偌等译　三
联　2.30元

00434　日本浮世绘木刻
李平凡编　人民美术　精10.00元

**00435　日本歌曲集（第2集　日本中央合唱团
来华访问演出歌曲特辑）**
音乐出版社编辑部编　音乐　0.14元

00436　日本问题文件汇编（第3集）
世界知识出版社编　373千字　世界知识
1.55元

00437　塑性论（现代应用数学丛书）
〔日〕鹫津久一郎著　刘亦珩译　51千字　上海
科技　0.40元

00438　随机过程（现代应用数学丛书）
〔日〕伊藤清著　刘璋温译　193千字　上海科
技　1.40元

00439　太平洋战争史（第2卷　中日战争）
日本历史学研究会编　金锋等译　大32开　商
务　1.10元

00440　统计分析（现代应用数学丛书）
〔日〕森口繁一著　刘璋温译　79千字　上海科
技　0.60元

00441　夕鹤（剧本）
〔日〕木下顺二著　陈北鸥译　17千字　中国戏
剧　精装本1.00元，平装本0.25元

00442　显微镜标本的制作法
〔日〕田中克己著　长伯译　264千字　科学
1.35元

00443　现代日本垄断资本
日本垄断资本研究会著　倪虹译　246千字　世
界知识　1.00元

00444　养鸡技术（最新养鸡法）
〔日〕高野守雄著　金连缘译　105千字　农业
0.53元

00445 有限变位弹性论变形几何学（现代应用数学丛书）
〔日〕山本善之、近藤一夫著 刘亦珩译 66 千字 上海科技 0.56 元

00446 植物生理学（上卷）
〔日〕坂村彻著 廉源译 1062 千字 科学 6.20 元

00447 《资本论》入门（下册）
〔日〕河上肇著 仲民译 230 千字 三联 0.87 元

00448 自由的哲学
〔日〕柳田谦十郎著 李丙盛、肖良译 121 千字 三联 0.51 元

1962

00449 安子
〔日〕小林多喜二著 楼适夷译 上海文艺出版社 32 开 100 千字 0.50 元
本书是一部未完成的长篇小说。据日本改造社版《地区的人人》译出。

00450 板车之歌
〔日〕山代巴著 钱稻孙、叔昌译 作家出版社 32 开 120 千字 精装本 0.81 元
本书已于 1961 年出版过平装本。

00451 彩色照相
〔日〕宫本五郎、奥泽和夫著 李直译 中国电影出版社 大 32 开 206 千字 1.80 元
本书据日本共立出版株式会社 1956 年版原著译出。

00452 蚕的发育机制
〔日〕诸星静次郎著 葛景贤译 科学出版社 大 32 开 88 千字 0.56 元
本书据东京明文堂版原著译出。

00453 差分方程
〔日〕福田武雄著 穆鸿基译 上海科学技术出版社 大 32 开 47 千字 0.38 元

00454 常微分方程
〔日〕福原满洲雄等著 张庆芳、张继贞译 上海科学技术出版社 大 32 开 209 千字 1.50 元

00455 代数学
〔日〕弥永昌吉、杉浦光夫著 熊全淹译 上海科学技术出版社 大 32 开 225 千字 1.60 元

00456 东亚乐器考
〔日〕林谦三著 音乐出版社 26 开 356 千字 精装本 7.20 元
本书据作者手稿译出。

00457 东洋朴素主义的民族和文明主义的社会
〔日〕宫崎市定著 刘永新、韩润棠译 商务印书馆 大 32 开 86 千字 0.65 元

00458 二叶亭四迷小说集
石坚白、秦柯译 人民文学出版社 大 32 开 324 千字 平装本 1.45 元，精装本 1.95 元

00459 泛函分析
〔日〕吉田耕作著 程其襄译 上海科学技术出版社 大 32 开 200 千字 1.45 元

00460 非金属矿物工学
〔日〕吉木文平著 张绶庆译 科学出版社 18 开 753 千字 精装本 6.20 元
本书据东京技报堂 1959 年版原著译出，中译时对个别地方有删节和修改。

00461 非线性振动论
〔日〕古屋茂、南云仁一著 吕绍明译 上海科学技术出版社 大 32 开 88 千字 0.66 元

00462 妇产科诊疗之实际
〔日〕真柄正直著 肖怡伦编译 上海科学出版社 44 开 481 千字 精装本 1.75 元
本书据原著 1953 年版译出，于 1958—1959 年先后由上海卫生出版社和上海科学技术出版社出版过。这次是第 2 版，由译者做了修订补充。

00463 工程力学系统
〔日〕近藤一夫等著 刘亦珩译 上海科学技术出版社 大 32 开 42 千字 0.36 元

00464 黑岛传治短篇小说集
李芒等译 上海文艺出版社 32 开 83 千字 0.42 元

00465 壶井繁治诗钞
楼适夷、李芒译 作家出版社 32 开 40 千字 0.34 元

00466 回转群和对称群的应用
〔日〕山内恭彦、堀江久著 张质贤译 上海科

学技术出版社　大 32 开　82 千字　0.62 元

00467　结晶统计与代数
〔日〕伏见康治、庄司一郎著　孙泽瀛译　上海
科学技术出版社　大 32 开　42 千字　0.34 元

00468　惊雷集 （日本人民反美爱国斗争诗集）
诗刊社编　作家出版社　大 32 开　145 千字
平装本 0.80 元，精装本 1.05 元
本书包括壶井繁治等 46 位日本诗人和群众所写
的 72 首诗。

00469　可压缩流体理论
〔日〕河村龙马著　刘亦珩译　上海科学技术出
版社　大 32 开　92 千字　0.70 元

00470　李群论
〔日〕岩堀长庆著　孙泽瀛译　上海科学技术出
版社　大 32 开　177 千字　1.25 元

00471　力学系与映射理论
〔日〕岩田义一著　孙泽瀛译　上海科学技术出
版社　大 32 开　41 千字　0.34 元

00472　农药应用知识概要
〔日〕田中彰一著　胡端译　上海科学技术出版
社　大 32 开　131 千字　0.82 元
本书据日本东京养贤堂 1958 年原著第 2 版译出。

00473　农业气象学通论
〔日〕大后美保著　王正春译　科学出版社　大
32 开　234 千字　1.40 元
本书据日本东京养贤堂 1955 年版原著译出。

00474　跑道
〔日〕中本高子著　金福译　上海文艺出版社
大 32 开　284 千字　1.35 元
本书是一部长篇小说，据东京宝文馆 1958 年版
原著译出。

00475　平面弹性论
〔日〕森口繁一著　刘亦珩译　上海科学技术出
版社　大 32 开　64 千字　0.50 元

00476　群体遗传学的数学理论
〔日〕木村资生著　刘祖洞译　上海科学技术出
版社　大 32 开　47 千字　0.38 元

00477　日本的警察机关
〔日〕神户正雄著　北京编译社译　群众出版

社　大 32 开　110 千字　0.62 元
本书具体介绍了日本首都警察机关自 1873 年成
立以来的组织沿革及其活动情况。

00478　日本歌曲集 （第 3 集）
音乐出版社编辑、出版　32 开　0.14 元

00479　日本共产党的四十年
人民出版社　大 32 开　40 千字　0.20 元

**00480　日本共产党第八次代表大会文件 （1961
年 7 月 25 日至 31 日） （各国共产主义政党文丛）**
世界知识出版社编辑、出版　大 32 开　233 千
字　1.10 元

**00481　日本哲学 （1　古代之部） （东方哲学史
资料选集）**
北京大学哲学系东方哲学史教研组编　商务印书
馆　大 32 开　101 千字　平装本 0.46 元，精装
本 1.00 元
本书包括《古事纪》、《日本书纪》和圣德太子
等 13 人的著作各 1 篇，共 15 篇，每篇由编者加
了注释和按语。

00482　石川啄木诗歌集
〔日〕石川啄木著　周启明、卞立强译　人民文
学出版社　大 32 开　138 千字　平装本 0.86 元，
精装本 1.40 元
本书据东京岩波书店版《啄木全集》第 1—3 卷
选译。

00483　随机过程的应用
〔日〕河田龙夫著　刘璋温译　上海科学技术出
版社　大 32 开　82 千字　0.64 元

00484　太平洋战争史 （第 3 卷　太平洋战争前期）
日本历史学研究会编　金锋等译　商务印书馆
大 32 开　204 千字　1.20 元
本书据日本东洋经济新报社 1953 年版译出。

00485　太平洋战争史 （第 4 卷　太平洋战争后期）
日本历史学研究会编　金锋等译　商务印书馆
大 32 开　177 千字　1.10 元
本书据日本东洋经济新报社 1954 年版译出。

00486　特殊函数
〔日〕小谷正雄、桥本英典著　钱端壮译　上
海科学技术出版社　大 32 开　174 千字
1.25 元

00487 樋口一叶选集
肖肖译 人民文学出版社 大 32 开 241 千字
平装本 1.05 元，精装本 1.60 元
本书据东京创元社 1953 年版《樋口一叶作品集》选译。

00488 唯物论十年
〔日〕柳田谦十郎著 王郭旭、刘永鑫译 三联书店 32 开 94 千字 0.50 元
本书据东京创文社 1960 年版原著译出。本书前篇《我的世界观的转变》已于 1958 年出版。

00489 我们的一伙儿和他（文学小丛书）
〔日〕石川啄木著 叔昌译 人民文学出版社 36 千字 32 开，0.22 元 50 开，0.14 元
本书是一篇小说。据东京岩波书店 1954 年版《啄木全集》第 7 卷译出。

00490 信息论
〔日〕喜安善市、室贺三郎著 李文清译 上海科学技术出版社 大 32 开 85 千字 0.64 元

00491 粘性流体理论
〔日〕谷一郎著 刘亦珩译 上海科学技术出版社 大 32 开 87 千字 0.66 元

00492 自动控制理论
〔日〕喜安善市、池野信一著 翟立林译 上海科学技术出版社 大 32 开 57 千字 0.46 元

00493 作物的生理生态
〔日〕户苅义次等编 崔继林等译 科学出版社 大 32 开 464 千字 3.00 元
本书据东京朝仓书店 1957 年原著第 4 版译出。

1963

00494 辩证法的观点和思想方法（预见的逻辑学）
〔日〕山崎谦著 王郭旭等译 商务印书馆 大 32 开 112 千字 0.70 元
本书据日本三一书房 1960 年版译出。

00495 博弈论（现代应用数学丛书）
〔日〕宫泽光一著 张毓椿译 上海科学技术出版社 大 32 开 62 千字 0.48 元

00496 冲绳岛
〔日〕霜多正次著 金福译 上海文艺出版社 大 32 开 204 千字 1.05 元

本书是一部长篇小说，据东京筑摩书房 1959 年版译出。

00497 大矶随感
〔日〕吉田茂著 刘德有、郑文译 世界知识出版社 大 32 开 22 千字 0.16 元
本书据日本雪华社 1962 年版日文部分译出。

00498 大山郁夫传
〔日〕北泽新次郎等主编 萧敦译 商务印书馆 32 开 263 千字 1.60 元
本书据日本中央公论社 1957 年版译出。

00499 稻作集论
周拾禄编译 上海科学技术出版社 大 32 开 385 千字 2.05 元
本书据十三种日本稻作专著选译而成。有编译者前言。

00500 稻作研究（日本稻作研究论文综合摘要）
周拾禄编译 上海科学技术出版社 大 32 开 189 千字 1.05 元

00501 东洋史
〔日〕和田清著 何宁译 商务印书馆 大 32 开 84 千字 0.60 元
本书据东京宝文馆 1956 年版译出。

00502 复变函数论（现代应用数学丛书）
〔日〕功力金二郎著 刘书琴译 上海科学技术出版社 大 32 开 186 千字 1.35 元

00503 概率论
〔日〕伊藤清著 刘璋温译 科学出版社 大 32 开 322 千字 精装本 2.60 元
本书据日本东京岩波书店 1958 年第三版译出。

00504 高举四面旗帜，为早日实现中间阶段目标而奋斗（日本共产党中央委员会政治局向全国积极分子会议所作的报告，1962 年 11 月 13 日）
〔日〕宫本显治著 人民出版社 大 32 开 22 千字 0.15 元
本书据日本《前卫》杂志 1962 年 12 月临时增刊译出。

00505 古事记
〔日〕安万侣著 周启明译 人民文学出版社 大 32 开 128 千字 平装本 0.63 元，精装本 0.91 元

本书是一部日本古代传记集。中译本有译者的引言和思行的《关于〈古事记〉》一文。

00506　鬼无鬼岛
〔日〕堀田善卫著　李芒、文洁若译　作家出版社　32开　92千字　平装本0.44元，精装本1.55元
本书是一部中篇小说。

00507　河上肇自传（上卷）
〔日〕河上肇著　储元熹译　商务印书馆　大32开　392千字　精装本2.80元
本书据日本岩波书店1959年版译出。

00508　家蚕眠性和化性的生理遗传学研究（有关生长的激素拮抗平衡新学说）
〔日〕诸星静次郎著　蒋猷龙译　上海科学技术出版社　大32开　143千字　0.82元
本书据日文书的英文本译出。

00509　蹇蹇录
〔日〕陆奥宗光著　伊舍石译　商务印书馆　大32开　156千字　1.00元
本书据1941年日本岩波书店版译出。本书另有旧译本，书名为《日本帝国主义侵略中国外交秘史》，1929年商务版。

00510　经济理论中的数学方法（平衡解存在问题）（现代应用数学丛书）
〔日〕安井琢磨、二阶堂副包著　谈祥柏译　上海科学技术出版社　大32开　57千字　0.46元

00511　民间故事剧
〔日〕木下顺二著　钱稻孙等译　作家出版社　32开　57千字　平装本0.32元，精装本1.05元
本书包括五个剧本，是从作者的戏剧集中选译的。

00512　农业气象学基础
日本农业气象学会编　侯宏森译　科学出版社　大32开　358千字　2.20元
本书据日本养贤堂发行的《农业气象新典（灾害防除）》一书1957年麋下第二版译出。

00513　日本初中数学课本（第1册）
〔日〕河口商次主编　北京景山学校译　人民教育出版社　大32开　153千字　1.20元
本书据日本教育出版株式会社1958年出版的

《标准中学数学》第一册译出。

00514　日本初中数学课本（第2册）
〔日〕河口商次主编　北京景山学校译　人民教育出版社　大32开　158千字　1.20元
本书据日本教育出版株式会社1958年出版的《标准中学数学》第二册译出。

00515　日本初中数学课本（第3册）
〔日〕河口商次主编　北京景山学校译　人民教育出版社　大32开　140千字　1.10元
本书据日本教育出版株式会社1958年出版的《标准中学数学》第三册译出。

00516　日本电影史
〔日〕岩崎昶著　钟理译　中国电影出版社　大32开　316千字　1.65元
本书据日本东洋经济新报社1961年版译出。

00517　日本"结构改革"论
世界知识出版社编　世界知识出版社　大32开　301千字　1.45元
本书收集了日共和日本社会党有关结构改革论的文章。

00518　日本经济史
〔日〕守屋典郎著　周锡卿译　三联书店　大32开　328千字　1.90元
本书据日本东洋经济新报社1961年版《日本现代史大系：经济史》一书译出。

00519　日本十年后的农业技术
日本农林省办公厅计划室编　中国科学技术情报研究所译　中国科学技术情报研究所　16开　0.50元

00520　日本十年后的农业技术（摘要）
中国科学技术情报研究所编译　中国科学技术情报研究所　16开　0.20元　（国外农业参考资料之六）

00521　日本哲学（2　德川时代之部）（东方哲学史资料选集）
北京大学哲学系东方哲学史教研组编　商务印书馆　大32开　167千字　平装本0.85元，精装本1.40元
本书选编日本德川时代各重要哲学派别的文章二十二篇。《日本哲学》第一册《古代之部》已于1962年出版。

00522　日本资本主义的发展
〔日〕楫西光速等著　阎静先译　商务印书馆

大 32 开　400 千字　精装本 3.10 元

本书据 1956 年日本东京大学出版会出版的由楫西光速、大岛清、加藤俊彦、大内力合著的日文原版译出。

00523　社会主义神髓

〔日〕幸德秋水著　马采译　商务印书馆　大 32 开　54 千字　0.38 元

本书据《岩波文章》版本译出，另加附录五篇，并有平野义太郎的题解。

00524　社会主义政治经济学研究——《政治经济学教科书》批判

〔日〕副岛种典著　孙尚清等译　三联书店　大 32 开 151 千字　0.84 元

本书据日本青术书店 1961 年版译出。

00525　声工原理（上册）

〔日〕伊藤毅著　马智远等译　科学出版社　18 开　388 千字　2.90 元

00526　十年回忆（第 1 卷）

〔日〕吉田茂著　韩润棠等译　世界知识出版社　大 32 开　142 千字　0.80 元

00527　试验设计法（设计的理论）（现代应用数学丛书）

〔日〕增山元三郎著　刘璋温译　上海科学技术出版社　大 32 开　85 千字　0.64 元

00528　数值计算法（现代应用数学丛书）

〔日〕森口繁一、高田胜著　阎昌龄译　上海科学技术出版社　大 32 开　141 千字　1.05 元

00529　太平洋战争史（第 5 卷　旧金山对日和约）

日本历史学研究会编　金锋等译　商务印书馆　大 32 开　204 千字　1.20 元

本书据日本东洋经济新报社 1954 年版译出。

00530　天平之甍

〔日〕井上靖著　楼适夷译　作家出版社　32 开　85 千字　平装本 0.41 元，精装本 0.72 元

本书是一部历史小说，据日本中央公论社 1962 年版译出。

00531　铜及铜合金

〔日〕森永卓一著　金宪真译　国防工业出版社　大 32 开　119 千字　0.85 元

本书据日本共立出版株式会社 1955 年版译出。

00532　网络理论（现代应用数学丛书）

〔日〕喜安善市等著　陆志刚译　上海科学技术出版社　大 32 开　114 千字　0.84 元

00533　网络拓扑学（现代应用数学丛书）

〔日〕近藤一夫、小野寺力男著　张设译　上海科学技术出版社　大 32 开　57 千字　0.46 元

本书根据日本岩波书店版《现代应用数学讲座》编译。

00534　微分几何学

〔日〕佐佐木重夫著　苏步青译　上海科学技术出版社　大 32 开　169 千字　1.20 元

本书据日本共立出版株式会社 1956 年版《基础数学讲座》中的原本译出。

00535　我们党斗争的道路

〔日〕宫本显治著　人民出版社　大 32 开　174 千字　平装本 1.10 元，精装本 1.50 元

本书包括作者 1956—1961 年所做的报告和文章，共十三篇，据日共中央出版部 1961 年版原本译出。

00536　稀有金属制取

日本化学会编　董万堂译　中国工业出版社　大 32 开　475 千字　3.00 元

本书据日本化学会编纂，丸善株式会社 1957 年出版的《实验化学讲座》第十卷《稀有金属的制造》译出。

00537　线性规划（现代应用数学丛书）

〔日〕森口繁一、宫下藤太郎著　刘源张译　上海科学技术出版社　大 32 开　57 千字　0.46 元

00538　小林多喜二传

〔日〕手塚英孝著　卞立强译　作家出版社　32 开　194 千字　平装本 0.85 元，精装本 1.10 元

本书据日本东京筑摩书房 1958 年版译出，又据东京新日本出版社 1963 年版修订本校改。

00539　野坂参三选集（战后篇　一九四六年一月至一九六一年二月）

人民出版社　大 32 开　313 千字　平装本 1.70 元，精装本 2.20 元

本选集（战时篇和战后篇）据日共中央出版部 1962 年版译出。

00540　野坂参三选集（战时篇　一九三三年至一九四五年）

人民出版社　大 32 开　294 千字　平装本 1.60

元，精装本 2.10 元

00541　植物生理学（下卷）
〔日〕坂村彻著　廉源译　罗宗洛校　科学出版社　18 开　551 千字　平装本 3.30 元，精装本 3.90 元
本书据东京裳华房 1959 年增订第八版译出。

00542　中国经济史考证（第 2 卷）
〔日〕加藤繁著　吴杰译　商务印书馆　大 32 开　263 千字　1.60 元
本书包括关于我国宋代经济的论文二十篇，是从日本东洋文库 1953 年版《支那经济史考证》下卷中选译的。

1964

00543　北京的星星
〔日〕龟井胜一郎著　李芒、祖秉和译　作家出版社　32 开　39 千字　精装本 0.57 元，平装本 0.28 元
本书是一部散文集，据日本讲谈社 1962 年版作者著《中国纪行》和《赤旗报》等书刊选译。

00544　穿孔卡计算机（现代应用数学丛书）
〔日〕森口繁一著　刘源张译　上海科学技术出版社　大 32 开　60 千字　0.44 元
本书据日本岩波书店 1957 年版译出。

00545　东欧纪行（节译）
〔日〕大宅壮一著　曼坚、有川译　世界知识出版社　大 32 开　116 千字　0.75 元
本书据日本东京文艺春秋新社 1962 年版译出。

00546　负反馈放大器
〔日〕斋藤彰英著　陈贵民译　上海科学技术出版社　大 32 开　312 千字　1.65 元
本书据日本近代科学社 1959 年版译出。

00547　格论（格的代数理论）
〔日〕中山正著　董克诚译　上海科学技术出版社　大 32 开　115 千字　0.75 元
本书据日本岩波书店版《格论》（1）译出。

00548　耕牛的使役与饲养
〔日〕吉田武纪著　刘恒译　农业出版社　32 开　93 千字　0.46 元
本书据日本富民社版译出。

00549　果树的营养生理
〔日〕小林章著　曲泽洲等译　曲泽洲校　农业出版社　大 32 开　277 千字　2.00 元

本书据日本朝仓书店 1962 年原本第五版译出。

00550　果树栽培的新技术（上册）
〔日〕永泽胜雄等著　北京市编译社译　北京出版社　32 开　47 千字　0.24 元

00551　河上肇自传（下卷）
〔日〕河上肇著　储元熹译　商务印书馆　大 32 开　387 千字　精装 2.80 元

00552　聚合与解聚合反应
〔日〕水谷久一等著　李福绵译　上海科学技术出版社　大 32 开　252 千字　1.50 元
本书据日本共立出版株式会社 1957 年版《高分子实验学讲座》第十册译出。

00553　肯尼迪和美帝国主义（日共《赤旗报》评论员文章，1964 年 3 月 10 日）
人民出版社　大 32 开　39 千字　0.17 元

00554　肯尼迪和美帝国主义（日共《赤旗报》评论员文章，1964 年 3 月 10 日）（英文版）
外文出版社

00555　黎曼几何学
〔日〕佐佐木重夫著　苏步青译　科学出版社　大 32 开　127 千字　0.80 元
本书据日本共立出版株式会社 1957 年版译出。

00556　氯铵的肥效
侯德榜、何熙曾编译　科学出版社　大 32 开　66 千字　0.48 元
本书据日本氯铵肥料协会编的《氯铵》（1958）和《氯铵的肥效》（1962）二书译出，并由译者根据该协会的其他书籍做了增补。

00557　氯和氯漂白剂
〔日〕中村隆寿著　裴敬译　随松瑞、毛希同校　中国工业出版社　大 32 开　143 千字　0.90 元
本书据日本技报堂 1957 年原本第三版译出。

00558　螟虫生理生态
〔日〕忻介六编　上海市科学技术编译馆　16 开　200 千字　1.00 元
本书是一本论文集，据《日本应用动物昆虫学会会志》等杂志选译。

00559　气候学（关于近代气候学的若干问题）
〔日〕矢泽大二著　侯宏森译　农业出版社　大

32 开　97 千字　0.65 元
本书据日本地人书馆 1956 年版译出。

00560　日本的黎明（组歌）
〔日〕窪田亨、门仓诀作词　寺原伸夫作曲　禹昌夏等译词　关天荣、竹漪配歌　音乐出版社　16 开　0.24 元

00561　日本的排球技术和战术
〔日〕前田丰编著　金龙哲、周国明译　郑必达整理　人民体育出版社　大 32 开　30 千字　0.48 元
本书据原著《百万人的排球运动》节译。

00562　日本放射性工作法规汇编
日本工业技术研修会编　李树德译　中国工业出版社　50 开　195 千字　精装 1.20 元
本书据日本公众卫生社 1960 年版《放射线管理必携》节译。

00563　日本高中数学课本（第 1 册　代数部分）
〔日〕河口商次等编　北京景山学校译　人民教育出版社　大 32 开　200 千字　1.40 元

00564　日本高中数学课本（第 1 册　几何部分）
〔日〕河口商次等编　北京景山学校译　人民教育出版社　大 32 开　200 千字　1.40 元

00565　日本高中数学课本（第 2 册）
〔日〕河口商次等编　北京景山学校译　人民教育出版社　大 32 开　142 千字　1.00 元

00566　日本歌曲选（中、日文对照）
音乐出版社编辑、出版　32 开　0.41 元

00567　日本革命的展望
〔日〕宫本显治著　人民出版社　大 32 开　231 千字　精装本 1.75 元，平装本 1.30 元
本书据日共中央出版部 1961 年版译出。

00568　日本历史讲座（第 8 卷　日本史学史）
日本历史学研究会、日本史研究会编　北京编译社译　商务印书馆　大 32 开　173 千字　1.10 元
本书据 1958 年 10 月东京大学出版会出版的日文本译出。

00569　日本历史讲座（第 1 卷　原始—古代）
日本历史学研究会、日本史研究会编　北京编译社译　商务印书馆　大 32 开　141 千字

0.90 元
本书据 1956 年 9 月东京大学出版会出版的日文本译出。

00570　日本农村阶级分析
〔日〕甘野与次郎著　梁汀译　谷仁天校　世界知识出版社　大 32 开　238 千字　1.20 元
本书据新日本出版社 1961 年版译出。

00571　日本人文科学现状
日本学术会议编　中国科学院哲学社会科学部学术资料研究室译　商务印书馆　大 32 开　88 千字　0.55 元
本书据日本大藏省印刷局 1962 年 3 月出版《基础科学白皮书（第 2 集）——人文科学（A）》译出。

00572　日本小学算术课本（四年级上册）
〔日〕辻正次等编　郭恩译　人民教育出版社　大 32 开　43 千字　0.50 元

00573　日本小学算术课本（四年级下册）
〔日〕辻正次等编　郭恩译　人民教育出版社　大 32 开　46 千字　0.55 元

00574　日本哲学史
朱谦之著　三联书店　大 32 开　338 千字　1.50 元

00575　日共中央给苏共中央的复信
人民出版社　大 32 开　106 千字　0.38 元
本书包括日共中央对苏共中央 1964 年 4 月 18 日和 7 月 11 日两次来信的复信以及日苏两党举行会谈以前日共中央给苏共中央的三封复信，据 1964 年 7 月 20 日、22 日和 9 月 2 日《赤旗报》译出。

00576　十年回忆（第 2 卷）
〔日〕吉田茂著　阎静先、王维平译　世界知识出版社　大 32 开　149 千字　0.90 元
本卷据日本新潮社 1958 年 4 月第 4 次印刷本译出。

00577　守礼之民
〔日〕霜多正次著　迟叔昌译　作家出版社上海编辑所　大 32 开　180 千字　0.84 元
本书是一部长篇小说，据日本筑摩书房 1960 年版译出。

00578　微分方程的近似解法（现代应用数学丛书）
〔日〕加藤敏夫等著　张毓椿等译　蒋尔雄校

上海科学技术出版社　大 32 开　200 千字
1.45 元
本书据日本岩波书店 1958 年版译出。原本分三
册，中译本合订为一册。

00579　水稻译丛（第 10 辑　稻白叶枯病综述）
水稻译丛编译委员会编　上海市科学技术编译
馆　16 开　160 千字　0.75 元
本辑据日本田上义也和水上武幸合著的《稻白
叶枯病综述》译出。

00580　水稻译丛（第 9 辑　水稻的集团育种法）
水稻译丛编译委员会编　上海市科学技术编译
馆　16 开　200 千字　0.90 元
本辑据日本酒井宽一等汇编的《植物的集团育
种法研究》译出。

**00581　我们党的革命传统和目前的前进道路
（日本共产党成立四十二周年纪念文集）**
人民出版社　大 32 开　28 千字　0.14 元
本书包括野坂参三在纪念日本共产党成立四十
二周年的中央集会上的开幕词和宫本显治的报
告，均据《赤旗报》译出。

**00582　现代修正主义者的社会民主主义政党论
（日共《赤旗报》文章，1964 年 8 月 2 日）**
人民出版社　大 32 开　49 千字　0.20 元

00583　新娘子和一匹马
〔日〕江口涣著　张梦麟译　作家出版社　32
开　115 千字　精装本 1.40 元，平装本 0.54 元
本书是一部小说，据日本新理论社 1955 年版
译出。

00584　异民族统治中国史
日本东亚研究所编　韩润棠等译　商务印书馆
大 32 开　240 千字　1.60 元
本书据东京 1944 年 6 月版译出。

00585　宇宙医学
余贻倜译　贾司光校　人民卫生出版社　大 32
开　155 千字　1.00 元

00586　中国史概说
〔日〕和田清著　吉林大学历史系翻译组、吉林
师范大学历史系翻译组译　商务印书馆　大 32
开　191 千字　1.30 元
本书据日本岩波书店于 1968 年 11 月和 1959 年 1
月出版的《中国史概说》上、下卷译出。

00587　作物生理讲座（第 1 卷　发育生理）
〔日〕户苅义次等主编　小河原公司等执笔　余
友浩译　罗宗洛校　上海科学技术出版社　27
开　182 千字　1.00 元
本书据日本朝仓书店 1962 年原本第二版译出。

1965

00588　1963 年高级特殊钢钢种手册
日本特殊钢有限公司编　冶金工业部科学技术情
报产品标准研究所书刊编辑室译　中国工业出版
社　32 开　150 千字　0.75 元

00589　D80 推土机保养须知（钢索控制式）
人民铁道出版社　32 开　229 千字　0.80 元
本书据日本有关技术资料译出。

00590　搬运（1）（日本搬运专业考察团报告书）
周达译　机械工业出版社　大 32 开　110 千字
0.60 元
本书原本是日本搬运专业考察团于 1956 年考察
美国厂内运输问题的报告书，译文略有删节。

00591　东京—华盛顿会谈秘录
〔日〕宫泽喜一著　谷耀清译　世界知识出版
社　32 开　136 千字　0.70 元
本书据日本实业之日本社 1956 年版译出。

00592　柑桔栽培生理
〔日〕松本和夫著　张宇和译　上海科学技术出
版社　大 32 开　219 千字　1.30 元
本书据东京朝仓书店《柑桔》第 3 版译出。原
书是小林章主编的《果树栽培生理新书》之一。

00593　高分子物质的精制与化学反应
〔日〕大野秦雄等著　吴东侪译　上海科学技术
出版社　大 32 开　344 千字　2.00 元
本书据日本共立出版株式会社 1958 年版原本译
出。原书为《高分子实验学讲座》第 12 册。

00594　关于新基本粒子观的对话
〔日〕坂田昌一著　张质贤译　庆承瑞、柳树滋
注释　李光田校　三联书店　大 32 开　24 千
字　0.18 元
本书据《日本物理学会志》第 16 卷第 4 号附册
译出。书前有我国《红旗》杂志编者按语。

00595　计算技术（现代应用数学丛书）
〔日〕高桥秀俊著　姚晋译　郑守淇校　上海科
学技术出版社　大 32 开　106 千字　0.70 元

本书据日本岩波书店 1958 年版原本译出。原书分二册，中译本合为一册。

00596 季莫费耶夫和美帝国主义（对于他对《肯尼迪和美帝国主义》一文的反驳的批判）（日共《赤旗报》评论员文章，1965 年 2 月 26 日）
人民出版社　大 32 开　52 千字　0.21 元

00597 架空送电线路的弛度（弛度和拉力的理论及其计算）
〔日〕竹下英世著　王伟兴译　中国工业出版社　大 32 开　161 千字　1.00 元
本书据东京电力社 1962 年版原本译出。

00598 经济学大纲（上卷　资产阶级社会的解剖）
〔日〕河上肇著　仲民译　三联书店　大 32 开　240 千字　精装本 1.55 元，平装本 1.10 元
本书据日本青木书店 1949 年版原本第 1、2 分册译出，参考了改造社 1928 年版《经济学全集》第 1 卷和筑摩书房 1965 年版《河上肇著作集》第 3 卷。

00599 聚丙烯
〔日〕井上辰雄、川上茂著　唐汉三、唐士培译校　中国工业出版社　大 32 开　114 千字　0.65 元
本书据日本日刊工业新闻社 1962 年原著第 3 版译出。

00600 老年病学（第 3 卷）
〔日〕滨口荣祐等编　祝振纲、储天任译　徐敬业等校　人民卫生出版社　16 开　445 千字　4.10 元
本书据日本金原出版株式会社 1959 年版原本译出。

00601 林业架空索道设计法
〔日〕加藤诚平著　张德义、关承儒译　农业出版社　大 32 开　200 千字　1.50 元
本书据日本金原出版株式会社 1959 年版原本译出。

00602 论赫鲁晓夫的"和平共处"路线的本质（日共《赤旗报》评论员文章，1964 年 11 月 22 日）
人民出版社　大 32 开　27 千字　0.13 元

00603 论赫鲁晓夫的"和平共处"路线的本质（日共《赤旗报》评论员文章，1964 年 11 月 22 日）（英文版）
外文出版社

本书据日共刊行的英文月刊 *Bulletin* 1964 年 12 月号所载文本排印。

00604 木偶净琉璃
〔日〕有吉佐和子著　钱稻孙、文洁若译　作家出版社　32 开　74 千字　精装本 0.82 元，平装本 0.39 元
本书包括《木偶净琉璃》和《黑衣》两篇小说，前者据东京筑摩书房《有吉佐和子集》1961 年版译出，后者据东京新潮社《三个老太婆》1961 年版译出。

00605 农业物理学
〔日〕八锹利助著　郭养淳译　郭寿铎校　上海科学技术出版社　大 32 开　208 千字　1.20 元
本书据东京养贤堂 1961 年版原本译出，略有删节。

00606 怒吼吧，富士！（日本人民反美爱国斗争诗选）
〔日〕渡边顺三等著　李芒等译　作家出版社上海编辑所　32 开　33 千字　0.21 元

00607 偏微分方程的应用（现代应用数学丛书）
〔日〕犬井铁郎等著　杨永芳译　张质贤等校　上海科学技术出版社　大 32 开　229 千字　1.50 元
本书据日本岩波书店 1958 年版原本译出。原书分三册，中译本合为一册。

00608 评苏共领导从三月一日起在莫斯科召开的会议（日共《赤旗报》文章）（英文版）
外文出版社
本书包括日共《赤旗报》1965 年 4 月 13 日和 5 月 7 日发表的两篇文章：《评苏共领导从三月一日起在莫斯科召开的会议》和《对苏共领导无理攻击的答复——再评从三月一日起在莫斯科召开的会议》，分据日共刊行的英文月刊 *Bulletin* 1965 年 4 月号和 5 月号所载文本排印。

00609 善的研究
〔日〕西田几多郎著　何倩译　商务印书馆　大 32 开　112 千字　0.65 元
本书据日本 1959 年版祖父江宽等编著的《纤维素手册》编译，并有增补。

00610 日本部落解放运动史
〔日〕井上清等著　吕永清编译　三联书店　32 开　152 千字　0.65 元

本书选编有关论著，分9章。第1—8章据日本部落问题研究所编刊的《部落的历史和解放运动》1958年版译出，第9章据理论社1959年版《部落史》译出，并做了删节。

00611   日本的黑雾
〔日〕松本清张著   文洁若译   作家出版社   32开   224千字   精装本1.30元，平装本0.98元
本书据东京文艺春秋新社1962年版译出。

00612   日本高中数学课本（第三册）
〔日〕河口商次等编   北京景山学校译   人民教育出版社   大32开   160千字   1.10元

00613   日本共产党第九次代表大会文件（1964年11月24—30日）
人民出版社   大32开   206千字   0.70元
本书所收文件据日共刊行的《前卫》杂志1965年1月号临时增刊译出。

00614   日本人民的英雄气概（日本报告文学集）
〔日〕中本高子等著   李芒等译   作家出版社   32开   76千字   精装本0.82元，平装本0.30元
本书包括报告文学8篇，据日共《赤旗报》和《文化评论》杂志译出。

00615   日共中央给苏共中央的复信（越、俄、英、德、法、西班牙文6种文版）
外文出版社

00616   熔成钙镁磷肥的制造及其肥效的研究
〔日〕中川正男著   何熙曾译   侯德榜校   农业出版社   32开   80千字   0.65元

00617   十年回忆（第3卷）
〔日〕吉田茂著   韩润棠等译   世界知识出版社   大32开   151千字   0.90元
本卷据日本新潮社1957年10月版译出。

00618   十年回忆（第4卷）
〔日〕吉田茂著   韩润棠译   世界知识出版社   大32开   174千字   1.10元
本卷据日本新潮社1958年3月版译出。

00619   石油化学工业常识
〔日〕森正树著   于百溪译   中国工业出版社   32开   81千字   0.36元
本书据1958年版原本节译。

00620   水田耕作原理
〔日〕泉清一等编著   湖南农学院粮油教研组耕作课小组译   上海科学技术出版社   大32开   113千字   0.60元
本书据日本东京农山渔村文化协会1958年版《水田耕作之理论与实践》节译。

00621   缩聚与聚加成反应
〔日〕岩仓义男等著   李福绵译   上海科学技术出版社   大32开   317千字   1.80元
本书据日本共立出版株式会社1958年版原本译出。原书为《高分子实验学讲座》第11册。

00622   钛酸钡及其应用
〔日〕田中哲郎著   贺玉生译   国防工业出版社   32开   131千字   0.90元
本书据日本欧姆社1955年版原本译出。

00623   天然气化学工业
〔日〕佐佐木一雄著   赵汉、廖国成译   徐伯鋆校   中国工业出版社   大32开   118千字   0.65元
本书据日本日刊工业新闻社《工业化学全书》（19）译出，并做了删节和调整。

00624   统计方法在畜牧上的应用（畜牧兽医专著选译）
〔日〕山田淳三著   刘瑞三译   刘祖洞校   上海科学技术出版社   大32开   91千字   0.50元
本书据日本养贤堂《畜产之研究》译出。

00625   为了制定党对电影的政策和方针
〔日〕山形雄策等著   钟程译   中国电影出版社   大32开   98千字   0.55元
本书包括山形雄策和山田和夫的论文14篇，据《赤旗报》和《文化评论》译出。

00626   纤维素物理化学
李之工编译   中国财政经济出版社   大32开   264千字   1.60元

00627   小林多喜二小说选
适夷等译   人民文学出版社   大32开   167千字   精装本1.30元，平装本0.78元
本书包括《一九二八年三月十五日》、《蟹工船》（适夷译）和《地下党员》（李克异译）三篇小说。这些作品都曾由人民文学出版社和作家出版社出版过单行本。本版修订了译文。

00628   辛酸
〔日〕城山三郎著   王敦旭译   作家出版社   32开   101千字   平装本0.49元，精装本1.00元

本书是一部长篇小说。

00629 新编制版印刷配方

〔日〕伊东亮次著 北京印刷技术研究所译 轻工业出版社 大 32 开 181 千字 1.10 元
本书据 1959 年版原本译出，并据 1963 年新版校订、补充。

00630 杂病广要

〔日〕丹波元坚编 人民卫生出版社 大 32 开 824 千字 精装本 4.10 元
本书据日本跻寿馆聚珍本排印，据我国所藏抄本或所引原书增补、校改，并有删节。本书于 1958 年第 1 版，系节本，包括原编本 3 篇 30 卷；本版是第 2 版，系全本，包括原编本 4 篇 40 卷。

00631 职业性慢性放射线损伤

〔日〕后藤五郎著 刘赓年译 中国工业出版社 32 开 55 千字

00632 作物病害图说（修订本）

〔日〕中田觉五郎原著 吉井甫等修订 尹莘耘等译 农业出版社 大 32 开 600 千字 精装本 4.60 元
本书于 1955 年由中华书局第 1 版，并于 1958 年转由农业出版社出版，据原著 1950 年修订版译出。本版是第 2 版，据原著 1957 年增订版修订。

00633 作物生理讲座（第 2 卷 营养生理）

〔日〕户苅义次等主编 高桥治助等执笔 余友浩译 上海科学技术出版社 大 27 开 275 千字 1.60 元
本卷据东京朝仓书店 1962 年原书第 2 版译出。

00634 作物生理讲座（第 3 卷 水分生理）

〔日〕户苅义次等主编 小田桂三郎等执笔 余友浩译 上海科学技术出版社 大 27 开 167 千字 1.00 元
本卷据东京朝仓书店 1961 年版原本译出。

00635 作物生理讲座（第 4 卷 细胞与酶）

〔日〕户苅义次等主编 相见灵三等执笔 上海科学技术出版社 大 27 开 215 千字 1.30 元
本卷据东京朝仓书店 1961 年版原本译出。

00636 作物生理讲座（第 5 卷 呼吸作用与光合作用）

〔日〕户苅义次等主编 松中昭一等执笔 上海科学技术出版社 大 27 开 192 千字 1.20 元
本卷据东京朝仓书店 1962 年版原本译出。第 1

卷于 1964 年出版，全书 5 卷已出齐。

1966

00637 船舶运动力学

〔日〕元良诚三著 杨学明、戚心源译 国防工业出版社 1966.5 大 32 开 126 千字 0.80 元
本书据日本共立出版株式会社 1957 年版原本译出。

00638 关于苏共领导及其领导下的机关团体对我国民主运动和我们党的干涉和破坏活动（日共《赤旗报》无署名文章，一九六五年六月二十二日）

人民出版社 1966.1 大 32 开 22 千字 0.12 元

00639 果树栽培的生理和技术

〔日〕小林章著 孙云蔚等译 农业出版社 1966.4 大 32 开 180 千字 1.10 元

00640 化学纤维手册（基础篇）

日本纤维学会编 《化学纤维手册》编译小组译 中国财政经济出版社 1966.3 大 32 开 185 千字 1.10 元
本书据日本丸善株式会社 1963 年《化纤便览》第 1 版译出。原书共 7 篇，中译本分为 7 册出版。

00641 化学纤维手册（人造纤维篇）

日本纤维学会编 《化学纤维手册》编译小组译 中国财政经济出版社 1966.3 大 32 开 209 千字 1.20 元

00642 集成电路入门

〔日〕田渊诚一等著 《国外电子技术》编辑部译 科学出版社 1966.10 大 32 开 235 千字 1.00 元

00643 历史的教训对现时代提出了什么任务（在"纪念战争结束二十周年、反对侵略战争、争取独立与和平集会"上的讲话，一九六五年八月二十九日）

〔日〕宫本显治著 人民出版社 1966.2 大 32 开 15 千字 0.10 元
本书据 1965 年 8 月 29 日《赤旗报》所载原文译出。

00644 日本共产党第八届中央委员会历次全体会议主要文件

人民出版社 1966.2 大 32 开 288 千字

0.97 元

本书据《日本共产党决议决定集》第 8 集、某些文件的单行本及日共中央机关刊《前卫》杂志所载原文译出。

00645　石油化学工业手册（上册　总论·烃类资源·烃类的裂化与转化）

〔日〕安东新午等编纂　化学工业出版社　1966.5　大 32 开　382 千字　1.10 元

00646　特种硅酸盐材料

〔日〕河岛千寻等著　张绶庆译　中国工业出版社　1966.3　32 开　191 千字　精装本 1.40 元

本书据东京日刊工业新闻社 1960 年原书第 2 版译出，原书是《工业化学全书》第 38 册。

00647　微生物生理学（上册）

〔日〕植村定治郎等主编　李知正等译　上海科学技术出版社　1966.3　大 32 开　451 千字　精装本 3.00 元

00648　细菌利用工业

〔日〕朝井勇宣等编著　平安译　轻工业出版社　1966.4　大 32 开　279 千字　1.60 元

本书据日本共立出版株式会社 1956 年版本译出，原书系友田宜孝等编著的《微生物工学讲座》第 6 卷。中译本做了一些删节。

00649　现代修正主义者的战争与和平理论和历史对它的审判（日共《赤旗报》无署名文章，一九六五年八月十四日）

人民出版社　1966.3　大 32 开　40 千字　0.18 元

00650　序盘战术和打入要点（吴清源围棋全集　第三卷）

吴清源著　吴清仪译　中国围棋协会审校人民体育出版社　1966.1　32 开　120 千字　1.10 元

00651　珍珠的研究

〔日〕小林新二郎、渡部哲光著　熊大仁译　农业出版社　1966.1　大 32 开　230 千字　1.50 元

本书据日本东京技报堂 1960 年版译出。

00652　中盘战术死活和收官（吴清源围棋全集　第四卷）

吴清源著　吴清仪译　中国围棋协会审校人民体育出版社　1966.1　32 开　110 千字　1.00 元

1970

00653　晶体管电路设计

〔日〕池原典利等著　《晶体管电路设计》翻译组译　国防工业出版社　1970.7　大 32 开　2.30 元

00654　石油化学工业手册

〔日〕安东新午等编纂　化学工业出版社

中册　石油化学工业的第二性加工产品　1970.3　大 32 开　1.05 元

下册　石油化学合成的最终品　1970.3　大 32 开　0.95 元

1971

00655　半导体电路理论（《半导体手册》第 7 编）

《半导体手册》翻译组译　科学出版社　1971.1　127 千字　32 开　0.45 元

本书据日本半导体手册编委会所编《半导体手册》1963 年版译出。

00656　半导体制备与应用

戚林山节译　科学出版社　1971.11　32 开　0.17 元

本书据日文版《电子材料手册》一书摘译。

00657　电子计算机译文集

《国外电子计算机动态》编辑部译　科学出版社　1971.2　167 千字　32 开　0.55 元

本书译自英、日文杂志刊载的有关文章 15 篇。

00658　激光和它的未来

金华电机厂技术资料室译　国防工业出版社　1971.8　97 千字　32 开　0.40 元

本书系据 1970 年日本出版的《激光和它的未来》译出。

00659　晶体二极管和晶体三极管（《半导体手册》第 4 编）

《半导体手册》翻译组译　科学出版社　1971.9　111 千字　32 开　0.38 元

本书据日本半导体手册编委会所编《半导体手册》1963 年版译出。

00660　晶体二极管和晶体三极管的工作原理（《半导体手册》第 3 编）

《半导体手册》翻译组译　科学出版社

1971.1 95 千字 32 开 0.34 元
本书据日本半导体手册编委会所编《半导体手册》1963 年版译出。

00661 晶体二极管和晶体三极管的特性（《半导体手册》第 6 编）
《半导体手册》翻译组译 科学出版社 1971.4 129 千字 32 开 0.44 元
本书据日本半导体手册编委会所编《半导体手册》1963 年版译出。

00662 天人五衰（《丰饶之海》第 4 部）
〔日〕三岛由纪夫著 北京人民文学出版社 1971.12 大 32 开 1.35 元

00663 忧国
〔日〕三岛由纪夫著 人民文学出版社 1971.11 大 32 开 0.45 元

1972

00664 城市煤气供应
日本煤气协会编 天津市建筑设计院译 中国建筑工业出版社 1972.12 大 32 开 1.50 元
本书选译自日本煤气协会编的《城市煤气工业》一套书中有关章节。

00665 东条英机传
〔日〕伊东峻一郎著 辽宁大学历史系翻译组译 商务印书馆 1972.1 115 千字 大 32 开 0.85 元
本书原名为《至诚的铁人东条英机传》。

00666 聚丙烯树脂
向阳等译 科学出版社 1972.8 大 32 开 0.65 元

00667 日本近代史（上、下册）
〔日〕井上清、铃木正四著 杨辉译 商务印书馆 1972.11 1 版 2 次印 315 千字 大 32 开 2.10 元
本书据 1957 年日本合同出版社版本译出。中译本于 1959 年 12 月初版，公开发行；此次重印，做了一些小的改动，并改为内部发行。

00668 日本列岛改造论
〔日〕田中角荣著 秦新译 商务印书馆 1972.9 120 千字 32 开 0.70 元
本书据日刊工业新闻社发行（1972 年 6 月出版）的《日本列岛改造论》一书译出。

00669 日本自由民主党及其政策的制订
〔日〕福井治弘著 复旦大学历史系等译 上海人民出版社 1972.8 179 千字 大 32 开 0.52 元
本书是由复旦大学历史系等据日本东京福村出版社 1969 年版原著的第一、二编及结论部分译出。

00670 田中角荣传
〔日〕户川猪佐武著 复旦大学历史系等译 上海人民出版社 1972.8 150 千字 大 32 开 0.45 元
本书据东京鹤书房 1972 年版译出。

00671 田中角荣其人
〔日〕马弓良彦著 复旦大学历史系等译 上海人民出版社 1972.9 116 千字 大 32 开 0.36 元
本书据日本钻石杂志社 1972 年 6 月出版的《人间田中角荣》一书译出。

00672 微波集成电路
《微波集成电路》编译组译 国防工业出版社 1972.1 32 开 0.60 元
本书选译自日本《电子通信学会杂志》1969 年第 11 期。

00673 我的履历书
〔日〕田中角荣著 秦新译 商务印书馆 1972.8 58 千字 32 开 0.37 元

00674 晓寺（《丰饶之海》第 3 部）
〔日〕三岛由纪夫著 人民文学出版社 1972.8 大 32 开 2.10 元

00675 战后日本史（上、下册）
〔日〕井上清著 天津市历史研究所、南开大学历史系译校 天津人民出版社 1972.9 大 32 开 1.52 元
本书据日本现代评论社 1967 年第 7 版译出。

1973

00676 奔马（《丰饶之海》第 2 部）
〔日〕三岛由纪夫著 人民文学出版社 1973.5 大 32 开 2.66 元

00677 表面活性剂
〔日〕矶田孝一、藤本武彦著 天津市轻工业化学研究所译 轻工业出版社 1973.12 32 开

0.53 元

本书据日本三洋化成工业株式会社 1967 年第 5
版译出。

00678　春雪（《丰饶之海》第 1 部）
〔日〕三岛由纪夫著　人民文学出版社　1973.12
大 32 开　2.20 元

00679　大臣日记
〔日〕田中角荣著　吉林师范大学日本研究室
译　商务印书馆　1973.5　66 千字　32 开
0.37 元
本书据日本新潟日报事业社昭和 47 年 9 月版
译出。

00680　关于钓鱼岛等岛屿的历史和归属问题
〔日〕井上清著　三联书店　1973.12　大 32 开
0.56 元

00681　脉冲编码通信概论
〔日〕熊谷传六著　《脉冲编码通信概论》翻译
组译　科学出版社　1973.10　大 32 开　1.35 元
本书据日本丸善株式会社 1967 年版译出。

00682　日本社会党史
〔日〕小山弘健、清水慎三编著　上海人民出版
社　1973.5　262 千字　大 32 开　1.06 元
本书据日本东京芳贺书店 1969 年版译出。

00683　石油发酵
日本石油发酵研究会编　天津工业微生物研究
所资料组译　科学出版社　1973.6　大 32 开
2.30 元
本书据日本幸书房 1970 年版译出。

00684　体效应半导体器件
〔日〕片冈照荣、馆野博著　钟治澄、魏任民
译　科学出版社　1973.10　32 开　0.45 元
本书据日刊工业新闻社 1969 年版译出。

00685　蟹工船
〔日〕小林多喜二著　叶渭渠译　人民文学出版
社　1973.10　32 开　精装本 0.68 元，平装本
0.28 元
本书据东京青木书店 1953 年版译出，本版是新
编译本。另一中译本曾于 1930 年初版，1955 年
重新出版。

00686　新地球观
〔日〕上田诚也著　常子文译　科学出版社

1973.11　32 开　0.30 元
本书据日本岩波书店 1971 年 12 月版译出。

00687　新基本粒子观对话
〔日〕坂田昌一著　庆承瑞、柳树滋注释　张质
贤译　三联书店　1973.4　大 32 开　0.24 元
本书编选了日本著名物理学家坂田昌一的两篇
有关自然辩证法的文章。其中《新基本粒子观
对话》一文，已在 1965 年《红旗》杂志刊登
过，1965 年 7 月三联书店出版了单行本；《原子
物理学的发展及其方法》一文，是这次新译出
的。本书还附了坂田昌一教授简介和若干注释。

**00688　星定式和对局精解（吴清源围棋全集第
5 卷）**
吴清源著　吴清仪译　中国围棋协会审校人民体
育出版社　1973.9　32 开　1.06 元
《吴清源围棋全集》共五卷，其中第一、二、
三、四卷分别于 1962、1965、1966 年翻译出版。

00689　在外地主
〔日〕小林多喜二著　李芒译　人民文学出版
社　1973.10　32 开　精装本 0.75 元
本书据东京青木书店 1953 年版译出。

00690　在烟雾中生活
〔日〕外山敏夫、香川顺著　燃料化学工业部化
学工业设计院译　燃料化学工业出版社
1973.6　120 千字　大 32 开　0.61 元

00691　沼尾村
〔日〕小林多喜二著　李德纯译　人民文学出版
社　1973.5　32 开　精装本 0.65 元，平装本
0.25 元
本书据东京青木书店 1953 年版译出。

00692　中国经济史考证（第 3 卷）
〔日〕加藤繁著　吴杰译　商务印书馆
1973.11　191 千字　大 32 开　0.90 元
本书据 1953 年日本东洋文库出版的加藤繁著
《支那经济史考证》下卷译出。

1974

00693　彩色照相加工配方集
〔日〕笹井明著　《彩色照相加工配方集》翻译
小组译　燃料化学工业出版社　1974.9　36 开
0.25 元

00694　电力系统潮流计算
〔日〕关根泰次著　水利电力部科学研究所译
河北省电力勘测设计院校　水利电力出版社

1974.5 大32开 0.57元

本书选译自《电力系统解析理论》的二、三、四章，并定名为《电力系统潮流计算》。

00695 电视接收机的电路设计
〔日〕曾田纯夫著 北京东风电视机厂、太原工学院无线电技术教研组译 科学出版社
上册 1974.12 32开 1.10元
下册 1974.2 32开 0.43元

00696 东鞑纪行
〔日〕间宫林藏著 《黑龙江日报》（朝鲜文报）编辑部、黑龙江省哲学社会科学研究所译 商务印书馆 1974.12 33千字 大32开 0.90元

00697 东南亚与日本
〔日〕丸山静雄著 石宇译 上海人民出版社
1974.5 143千字 大32开 0.47元
本书据日本亚洲经济出版会1968年初版译出。

00698 公害引起的疾病
〔日〕和田攻编 许征帆、杨鸿勋节译 人民卫生出版社 1974.10 124千字 32开 0.38元

00699 故乡——日本的五个电影剧本
〔日〕山田洋次等著 石宇译 上海人民出版社 1974.6 284千字 大32开 0.91元
本书据日本《电影旬报》1972后第576、578、579、582、591期译出。

00700 轨道电路计算法
〔日〕河边一著 梁绍明译 人民交通出版社
1974.11 大32开 0.85元

00701 国际经济战中的日本
日本《东方经济学家》杂志编 复旦大学经济系世界经济教研组译 上海人民出版社
1974.1 125千字 大32开 0.46元
本书据日本《东方经济学家》杂志1971年8月—1972年1月号译出。

00702 谋略战争——可怕的国际间谍暗斗的舞台
〔日〕小山内宏著 秦新译 商务印书馆
1974.4 110千字 32开 0.55元
本书据日本产报株式会社昭和48年1月版译出。

00703 气动元件及其应用回路
〔日〕久津见舜一著 王序农译 国防工业出版社 1974.11 32开 0.77元

00704 日本财界集团及其人物
〔日〕木村武雄等著 复旦大学历史系日本史组译 上海人民出版社 1974.7 121千字 大32开 0.59元
本书据日本《中央公论》1971年7月、8月、11月号及《经济往来》1973年1月号译出。

00705 日本历史（上册）
〔日〕井上清著 天津市历史研究所译校 天津人民出版社 1974.10 160千字 大32开 1.00元
本书据日本岩波书店《岩波新书》1968年版译出。

00706 日本男子体操队技术图解（二十届奥运会）
〔日〕深井一三等著 曲世奎等译 人民体育出版社 1974.8 16开 0.96元
本书原名《向C组难度挑战——日本男子体操队在慕尼黑二十届奥运会获得优胜》。

00707 日本专利分类简表
中国科学技术情报研究所编 科学技术文献出版社 1974.1 16开 0.33元

00708 萨摩亚史（上）
〔日〕岩佐嘉亲著 马采译 广东人民出版社
1974.4 大32开 0.55元
本书据东京大陆书店1970年12月初版本译出。

00709 实用晶体管电路设计
〔日〕高桥健二编著 赵长奎等译 国防工业出版社 1974.12 32开 0.83元

00710 特种合成橡胶
日本橡胶协会编 江伟、纪奎江译 燃料化工业出版社 1974.7 大32开 1.30元

00711 同轴电缆工程手册
日本电气通信协会编著 《同轴电缆工程手册》翻译小组译 人民邮电出版社 1974.12 32开 1.60元

00712 围棋攻逼法
〔日〕坂田荣男著 志弈译 人民体育出版社
1974.1 32开 0.67元
本书是《坂田围棋六卷集》中的第一卷。

00713 卫星通信工程
〔日〕宫宪一编著 人民邮电出版社译 人民邮电出版社 1974.12 312千字 大32开

1.50 元

00714　细胞融合
〔日〕冈田善雄著　杨畔农译　科学出版社
1974.7　32 开　0.56 元

00715　信号轨道电路（上）
日本铁道技术研究所、〔日〕板仓荣治著　交通
部电务工程总队信号编译组译　人民交通出版
社　1974.12　大 32 开　0.74 元

00716　油缸
〔日〕村冈虎雄著　李宗国译　机械工业出版
社　1974.9　大 32 开　0.54 元

00717　中苏战争——中国新战略的目标是什么
〔日〕小山内宏著　吉林省哲学社会科学研究所
译　商务印书馆　1974.11　227 页　32 开
0.60 元
本书据日本东京新闻中心株式会社昭和 48 年 7
月版译出。

1975

00718　NDS 日本防卫厅规格目录（1971 年）
中国科学技术情报研究所编辑　科学技术文献
出版社　1975.7　192 千字　16 开　0.75 元

00719　测量误差计算
〔日〕冈积满著　长沙铁道学院工程系测量教研
组译　人民铁道出版社　1975.7　32 开
0.80 元

00720　超导电技术及其应用
焦正宽等编译　国防工业出版社　1975.2　16
开　2.20 元

00721　大气污染防治技术
〔日〕坂部孜等著　屠文定译　中国建筑工业出
版社　1975.7　大 32 开　0.64 元

00722　第三次世界大战
〔日〕小山内宏著　上海外国语学院日阿语系日
语翻译组译　上海人民出版社　1975.3　209 千
字　大 32 开　0.72 元
本书据日本文艺社 1971 年 2 月再版本译出。

00723　电子设备的屏蔽设计（干扰的产生及其克服办法）
〔日〕荒木庸夫著　赵清译　叶宗林校　国防工
业出版社　1975.6　32 开　0.93 元

本书据日刊工业新闻社 1970 年版译出。

00724　福田赳夫其人
复旦大学历史系日本史组编译　上海人民出版
社　1975.3　94 千字　大 32 开　0.38 元

00725　钢轨绝缘
〔日〕宫本诚、新岛勋著　《钢轨绝缘》编译组
译　人民铁道出版社　1975.4　大 32 开
0.50 元

00726　高聚物单体（石油化工译文集第 3 集）
朱洪法译　石油化学工业出版社　1975.8　32
开　0.80 元
本文原载日本高分子学会刊物《高分子》第
18—20 卷。

00727　恍惚的人
〔日〕有吉佐和子著　秀丰、渭慧译　人民文学
出版社　1975.4　182 千字　32 开　0.95 元
本书据东京新潮社 1972 年版译出。

00728　基本粒子
〔日〕汤川秀树等编著　张质贤译　科学出版
社　1975.8　32 开　0.42 元
本书据日本岩波书店 1972 年第 2 版《素粒子》
译出。

00729　建筑吸声材料
〔日〕子安胜著　高履泰译　中国建筑工业出版
社　1975.8　32 开　0.55 元
本书据日本技术书院 1972 年版译出。

00730　沥青混凝土路面
〔日〕铃木康一、山本信明著　韩绍如译　中国
建筑工业出版社　1975.6　32 开　0.38 元
本书据日本理工图书株式会社 1972 年版译出。

00731　农药公害问题与对策
〔日〕八田贞义著　中国农林科学院科技情报研
究所译　石油化学工业出版社　1975.5　32 开
0.10 元

00732　日本沉没
〔日〕小松左京著　李德纯译　人民文学出版
社　1975.6　210 千字　32 开　1.05 元
本书据东京光文社 1972 年版译出。

00733　日本改造法案——北一辉之死（二幕七场话剧）
〔日〕松本清张著　吉林师大日本研究室文学组
译　人民文学出版社　1975.4　63 千字　32 开

0.37 元

本书据《群像》杂志 1972 年 5 月号译出。

00734　日本历史（中册）
〔日〕井上清著　天津市历史研究所译校　天津
人民出版社　1975.9　132 千字　大 32 开
0.85 元

00735　三木武夫及其政见
〔日〕芳贺绥等著　复旦大学历史系日本史组编
译　上海人民出版社　1975.4　65 千字　32 开
0.26 元
本书据日本《经济往来》、《中央公论》等杂志
摘译。

00736　砷化镓及其应用
峨嵋半导体材料研究所译　国防工业出版社
1975.12　32 开　0.50 元
本书原载日刊《电子学》1971 年第 5、6 两期，
译文系摘译。

00737　数字控制系统
〔日〕藤泽道雄著　沈阳市日用机械研究所译
江文校　国防工业出版社　1975.11　大 32 开
0.96 元

00738　水稻的生长发育
〔日〕松岛省三、藤井义典著　吴尧鹏译　申宗
坦校　上海人民出版社　1975.11　32 开
0.30 元
本书据日本养贤堂版《作物大系——稻编》
译出。

00739　天皇制
〔日〕井上清著　辽宁大学哲学研究所译　商务
印书馆　1975.7　138 千字　32 开　0.55 元
本书据日本东京大学出版会 1953 年 1 月初版，
1966 年 12 月第 15 次印刷本译出。

00740　卫生通信工程
〔日〕宫宪一编著　人民邮电出版社译　人民邮
电出版社　1975.1　大 32 开　1.50 元

00741　文镜秘府论
〔日〕遍照金刚著　周维德校点　人民文学出版
社　1975.5　大 32 开　0.85 元
本书系作者直接用汉文写的关于汉语文和诗律
方面的著作。

00742　武谷三男物理学方法论论文集
〔日〕武谷三男著　商务印书馆编辑部编译　商

务印书馆　1975.7　190 千字　大 32 开　0.78 元

00743　现代战略论
〔日〕小山内宏著　吉林省哲学社会科学研究所
译　吉林人民出版社　1975.1　32 开　0.80 元
本书据日本产报株式会社昭和 47 年 9 月版译出。

00744　箱形框架设计实例
〔日〕渡边健、手塚民之祐著　张德礼等译　中
国建筑工业出版社　1975.5　大 32 开　0.80 元

00745　信号轨道电路（下）
日本铁道技术研究所、〔日〕板仓荣治著　交通
部电务工程总队信号编译组译　人民交通出版
社　1975.1　大 32 开　0.62 元

00746　液压技术基本理论
〔日〕市川常雄著　鸡西煤矿机械厂译　煤炭工
业出版社　1975.10　32 开　0.54 元
本书据日本工业出版株式会社 1970—1971 年出
版的《油压技术》上连载的《油压工学概论》
译出。

00747　有限单元法结构分析及程序
〔日〕三本木茂夫、吉村信敏著　北方交通大学
铁道建筑系《有限单元法结构分析及程序》翻
译组译　中国建筑工业出版社　1975.12　32
开　0.66 元
本书据日本培风馆 1970 年版译出。

**00748　原子吸收分光光度分析（附　原子荧光
分光光度分析）**
〔日〕武内次夫、铃木正己著　王玉珊译　科学
出版社　1975.3　32 开　1.05 元
本书据日本南江堂 1972 年版译出。

**00749　摘译（外国文艺〔日〕）（一九七五年
第五期）**
《摘译》编译组编　上海人民出版社　1975.8
114 千字　大 32 开　0.39 元

00750　真空热处理
〔日〕山中久彦著　李贻锦、郭耕三译　机械工
业出版社　1975.11　32 开　0.43 元
本书据日刊工业新闻社 1973 年版译出。

00751　植物生理学讲座（第 1 卷　光合作用）
〔日〕古谷雅树等主编　薛德榕译　科学出版
社　1975.6　32 开　1.00 元
本书据东京朝仓书店 1971 年版译出。

00752 转炉炼钢

〔日〕土居襄著 《转炉炼钢》翻译组译 冶金工业出版社 1975.2 32 开 0.83 元

本书据 1971 年俄文译本转译。

00753 佐藤政权

〔日〕冈本文夫著 复旦大学历史系日本史组译 上海人民出版社 1975.7 263 千字 大 32 开 1.05 元

本书据白马出版株式会社 1972 年 2 月 15 日初版本译出。

1976

00754 泵图集

日本泵图集分科会编 关醒凡译 机械工业出版社 1976.8 16 开 0.61 元

本书据日本机械学会 1971 年版译出。

00755 船用发动机的故障及应急处理（船舶轮机小丛书 2）

《船用发动机的故障及应急处理》翻译组译 人民交通出版社 1976.7 32 开 0.44 元

本书据日本成山堂书店 1964 年版节译。

00756 存储程序控制式电子交换机基础

〔日〕式场英编 黑龙江省邮电科学研究所译 人民邮电出版社 1976.5 32 开 0.83 元

00757 党人山脉（小说《吉田学校》第 2 部）

〔日〕户川猪佐武著 上海人民出版社 1976.6 204 千字 32 开 0.69 元

本书据日本流动社 1972 年 4 月 5 日 3 版本译出。

00758 电视晶体管电路

日本电视学会编 刘友学译 国防工业出版社 1976.6 大 32 开 1.05 元

00759 高频大功率晶体管

〔日〕入江俊昭等著 《高频大功率晶体管》翻译组译 国防工业出版社 1976.5 大 32 开 0.90 元

00760 密封元件 O 形密封圈

〔日〕近森德重著 朱仁杰译 机械工业出版社 1976.6 32 开 0.39 元

00761 农田生态学

〔日〕小田桂三郎等合著 姜恕译 科学出版社 1976.3 32 开 0.90 元

00762 日本历史（下册）

〔日〕井上清著 天津市历史研究所译校 天津人民出版社 1976.9 155 千字 大 32 开 0.97 元

00763 日野 KM400 型载重汽车修理手册

西安公路学院译 人民交通出版社 1976.9 32 开 0.80 元

本书据日本日野自动车工业株式会社出版的英文版《KM 和 BM 型汽车修理手册》译出。

00764 《沙器》《望乡》（日本电影剧本）

北京 人民文学出版社 1976.1 110 千字 32 开 0.60 元

《沙器》〔日〕桥本忍、山田洋次著 叶渭渠译（据日本《电影剧本》1975 年第 1 期译出）《望乡》〔日〕广泽荣熊井启著 高慧勤译（据日本《电影旬报》1974 年 11 月下旬号译出）

00765 手套箱技术

〔日〕井上武一郎等著 朱勤生等译 原子能出版社 1976.8 32 开 0.60 元

本书摘译日本原子能学会密闭系统研究会举办的专题讲座稿（发表于 1972 年 5 月—1973 年 6 月的日本《原子力工业》上）。

00766 水稻的生态

山田登著 吴尧鹏译 申宗坦校 上海人民出版社 1976.2 32 开 0.28 元

00767 水力公式集（下集）（1971 年修订版）

日本土木学会编 铁道部科学研究院水工水文研究室译 人民铁道出版社 1976.12 16 开 1.15 元

00768 台式电子计算机（基础编）

复旦大学计算机教研组译 上海人民出版社 1976.2 32 开 0.93 元

本书据日本佐佐木正主编《电卓技术教科书》（基础编）1972 年版译出。翻译过程中删去了与主题无关的段落和词句。

00769 特殊航行方法与航行计划

广东省航道管理局编译组译 人民交通出版社 1976.3 32 开 0.66 元

本书据日本海文堂昭和 40 年版译出。

00770 微波半导体器件

〔日〕植之原道行编著 魏策军、邢益荣译 科学出版社 1976.11 32 开 0.80 元

00771 无线电导航仪器
上海船舶运输科学研究所情报室译 人民交通出版社 1976.6 32 开 0.73 元
本书据日本成山堂 1972 年初版《电波航法计器》译出。

00772 现代控制工程
〔日〕绪方胜彦著 卢伯英等译 科学出版社 1976.9 16 开 4.00 元
本书据 Katsuhiko Ogata, *Modern Control Engineering* (Prentice Hall, 1970) 一书译出。

00773 现代日本文学史
〔日〕吉田精一著 齐干译 上海人民出版社 1976.1 166 千字 32 开 0.51 元
本书据日本筑摩书房 1972 年第 8 版译出。

00774 现代石油化学
〔日〕功刀泰硕主编 中山国男、藤井茂编集 王林译 王伯英校 石油化学工业出版社 1976.1 大 32 开 1.47 元

00775 虚构的大义——一个关东军士兵的日记
〔日〕五味川纯平著 人民文学出版社翻译组译 人民文学出版社 1976.3 165 千字 32 开 0.83 元

00776 用油、气制造煤气与合成气
日本煤气协会编 天津市建筑设计院译 石油化学工业出版社 1976.8 大 32 开 1.50 元
本书原名《城市煤气工业（油气篇）》，译时改为现名。

00777 油断
〔日〕堺屋太一著 渭文、慧梅译 北京人民文学出版社 1976.8 181 千字 32 开 0.91 元

00778 在烟雾中生活
〔日〕外山敏夫、香川顺著 石油化学工业部化学工业设计院译 北京石油化学工业出版社 1976.1 120 千字 大 32 开 0.61 元

00779 造船数控技术
日本造船学会、数字控制委员会编 上海造船工艺研究所译 上海人民出版社 1976.9 32 开 0.67 元

00780 炸药与爆破
〔日〕须藤秀治等著 丁瑞生、黄世衡译 陆庆武、张金城校 国防工业出版社 1976.7 32 开 0.74 元

00781 战后国际通货危机与世界经济危机
〔日〕林直道著 朱绍文译 商务印书馆 1976.6 216 千字 32 开 0.74 元
本书据 1973 年 2 月日本天月书店出版的林直道著《国际通货危机上世界恐慌》译出。

00782 战后日本同亚洲各国的关系（不包括中国和朝鲜半岛）
〔日〕吉泽清次郎主编 上海外国语学院日语专业工农兵学员集体翻译 上海人民出版社 1976.3 62 千字 32 开 0.22 元
本书据日本《日本外交史》（1973 年版）第 29 卷第 6 章译出。

00783 植物激素
〔日〕增田芳雄等著 辽宁铁岭农学院《植物激素》翻译小组译 科学出版社 1976.4 32 开 1.45 元

00784 植物免疫化学实验法
〔日〕坂口进著 《植物免疫化学实验法》翻译小组译 上海人民出版社 1976.3 32 开 0.28 元

00785 植物生理学讲座
〔日〕古谷雅树等主编 科学出版社
第四卷 生活周期的控制 王永潮译 1976.4 32 开 1.10 元
第五卷 物质交换与运输 程炳嵩译 1976.12 32 开 1.10 元

1977

00786 北方的墓标
〔日〕夏堀正元著 南京大学外文系欧美文化研究室译 江苏人民出版社 1977.12 32 开 0.36 元
本书据日本文艺春秋社 1975 年版译出。

00787 彩色电视接收机原理
王明臣编译 北京 人民邮电出版社 1977.7 338 千字 32 开 1.20 元
本书主要据日本奈良裕司著的《彩色电视机电路初级读本》编译而成。

00788 城市煤气制造
日本煤气协会编 天津市建筑设计院译 中国建筑工业出版社
上册 1977.6 578 页 大 32 开 1.70 元
下册 1977.8 366 页 大 32 开 1.05 元

00789　除尘技术
日本通商产业省公害保安局主编　李金昌译　中国建筑工业出版社　1977.6　169 页　32 开　0.42 元

00790　船舶制冷装置及其管理
〔日〕富冈节著　大连海运学院轮机系《船舶制冷装置及其管理》翻译组译　人民交通出版社　1977.12　365 页　32 开　1.30 元

00791　磁工学
胡超、郑保山译　施承运校　国防工业出版社　1977.7　420 页　大 32 开　1.65 元

00792　从序幕开始（附　转椅）
〔日〕中田润一郎著　共工译　人民文学出版社　1977.1　90 千字　32 开　0.52 元
本书据《流城》杂志第 2 号（1973 年）译出。

00793　搭接电阻焊
〔日〕浜崎正信著　尹克里等译　王其隆校　国防工业出版社　1977.8　255 页　大 32 开　1.40 元

00794　道口信号
日本信号保安协会编著　铁道部电化工程局电务勘测设计处译　人民铁道出版社　1977.11　238 页　大 32 开　0.65 元

00795　第三次世界大战会发生
〔日〕松冈洋子著　辛冬柏译　商务印书馆　1977.3　39 千字　32 开　0.22 元

00796　电子显微镜的世界
〔日〕东升著　董炯明译　科学出版社　1977.2　135 页　32 开　0.33 元

00797　镀锡薄钢板
日本东洋钢板公司著　周其良译　冶金工业出版社　1977.3　302 页　大 32 开　0.93 元

00798　福田赳夫论——福田的政治路线及其人事关系
〔日〕佐藤雄一等著　北京大学东语系日语专业译　人民出版社　1977.7　145 千字　32 开　0.60 元

00799　工程船舶设计基准
日书工程船舶设计标准编订委员会编　《工程船舶设计基准》翻译小组译　国防工业出版社

1977.2　233 页　16 开　1.55 元

00800　工业机械人的结构与应用
〔日〕高井宏幸等编著　第一机械工业部技术情报所编译　机械工业出版社　1977.9　301 页　32 开　0.77 元

00801　官僚们的夏天
〔日〕城山三郎著　共工译　人民文学出版社　1977.4　156 千字　32 开　0.78 元
本书据日本新潮社 1975 年版译出。

00802　吉田学校
〔日〕户川猪佐武著　上海人民出版社　1977.11　190 千字　32 开　0.65 元

00803　角福火山（小说《吉田学校》第 3 部）
〔日〕户川猪佐武著　上海人民出版社　1977.1　216 千字　32 开　0.73 元
本书据日本流动社 1974 年 6 月初版本译出。

00804　结构稳定手册（公路技术资料 9）
日本长柱研究委员会编　四川省交通局勘察设计院、北京市建筑工程学校道桥教研组节译　人民交通出版社　1977.6　485 页　32 开　1.25 元

00805　井上靖小说选
〔日〕井上靖著　唐月梅译　人民文学出版社　1977.11　162 页　32 开　精装 0.86 元　平装 0.36 元

00806　聚合物制造工艺
〔日〕佐伯康治著　杨大海译　石油化学工业出版社　1977.12　474 页　32 开　1.20 元

00807　抗菌素的作用机制（抗菌和抗癌作用的分子生物学）
〔日〕田中信男著　《抗菌素的作用机制》翻译组译　科学出版社　1977.2　261 页　32 开　0.80 元

00808　可靠性基础数学
〔日〕高木升主编　斋藤嘉博著　广五所译　国防工业出版社　1977.11　301 页　32 开　0.77 元
本书据东京电机大学出版局 1972 年版译出。

00809　流态化工程
〔日〕国井大藏、〔美〕O. 列文斯比尔编著　华东石油学院、上海化工设计院等译　石油化学工

业出版社 1977.12 522 页 大 32 开 2.10 元
本书据 Daizo Kunii, O. Levenspiel, *Fluidization engineering*（John Wiley and Sons, Inc., 1969）一书译出。

00810 脉码调制通信解说
〔日〕斋藤仁著 《脉码调制通信解说》翻译组译 人民邮电出版社 1977.1 142 页 32 开 0.39 元

00811 密封元件唇形密封圈
〔日〕近森德重著 朱仁杰译 机械工业出版社 1977.9 173 页 32 开 0.46 元

00812 能量原理
〔日〕鹫津久一郎著 尹泽勇、江伯南译 中国建筑工业出版社 1977.6 134 页 32 开 0.34 元

00813 热应力
郭廷玮、李安定译 张质贤校 科学出版社 1977.8 446 页 32 开 1.50 元

00814 日本 1977 年度科技预算
中国科学技术情报研究所 1977.11 16 开

00815 日本对蔬菜病毒病的研究
上海科学技术情报研究所 1977.10 152 页 16 开 1.40 元

00816 日本政府机构
《日本政府机构》编写组编 上海人民出版社 1977.6 110 千字 大 32 开 0.40 元
本书据日本松冈事务所 1976 年 7 月版译出。

00817 射流工程学
〔日〕原田正一、尾崎省太郎编 陆润林、郭秉荣译 科学出版社 1977.5 417 页 32 开 1.30 元

00818 水泵水轮机的特性
〔日〕深栖俊一著 徐树斌译 沈祝平、庞埥校 水利电力出版社 1977.11 186 页 32 开 0.50 元

00819 水稻小苗的生理及其育秧技术
〔日〕星川清亲著 沈若谦译 科学出版社 1977.11 200 页 32 开 0.61 元

00820 水力公式集（上集）（1971 年修订版）
日本土木学会编 铁道部科学研究院水工水文研究室译 人民铁道出版社 1977.2 329 页 16 开 1.70 元

00821 塑料的老化
〔日〕栗原福次著 吴三硕译 国防工业出版社 1977.2 330 页 32 开 0.84 元

00822 随机振动分析
〔日〕星谷胜著 常宝琦译 王松樵校 地震出版社 1977.11 247 页 大 32 开 1.00 元

00823 田中角荣的三百天
〔日〕柳田邦男著 北京大学亚非研究所译 商务印书馆 1977.9 33 千字 32 开 0.19 元
本书据日文杂志《文艺春秋》1976 年 12 月号译出。

00824 五十铃 TXD50 型载重汽车修理手册
中国对外贸易运输公司天津分公司译 人民交通出版社 1977.2 560 页 32 开 1.55 元
本书据日本五十铃自动车株式会社出版的英文版《TX 系列柴油载重汽车修理手册》译出。

00825 养路机械及使用方法
〔日〕坂芳雄、椎名公一著 《养路机械及使用方法》编译小组译 人民铁道出版社 1977.5 265 页 32 开 0.68 元

00826 液压传动装置
〔日〕香良光雄、中村峻著 吴伦楷等译 国防工业出版社 1977.7 297 页 大 32 开 0.91 元

00827 有吉佐和子小说选
〔日〕有吉佐和子著 文洁若、叶渭渠译 人民文学出版社 1977.11 220 页 32 开 精装 0.95 元 平装 0.45 元

00828 战后日美关系
〔日〕吉泽清次郎主编 上海无线电三厂业余日语学习班等译 上海人民出版社 1977.6 151 页 32 开 0.33 元

00829 战后日苏关系
〔日〕吉泽清次郎主编 叶冰译 上海人民出版社 1977.6 94 千字 32 开 0.31 元
本书据 1973 年版日本鹿岛和平研究所编的《日本外交史》第 29 卷第 5 章译出。

00830 植物生理学讲座（第 3 卷 生长与运动）
〔日〕古谷雅树等主编 廉平湖、周永春译 科

学出版社　1977.10　307 页　32 开　1.00 元

00831　重油燃烧技术
〔日〕国井大藏主编　东方锅炉厂《重油燃烧技术》翻译组译　石油化学工业出版社　1977.5　270 页　32 开　0.71 元

1978

00832　彩色电视的微波传输
〔日〕松本高士著　金得洙译　北京　人民邮电出版社　1978.7　74 页　32 开　0.28 元

00833　冲压技术 100 例
〔日〕吉田弘美等著　第一汽车制造厂车身分厂技术科译　长春　吉林人民出版社　1978.3　294 页　32 开　0.64 元
本书译自日本《冲压技术》杂志 1973 年第 4 号。

00834　稻瘟病的抗病育种
〔日〕清泽茂久等合著　朱奇武译　北京　农业出版社　1978.9　50 页　32 开　0.15 元
本书据日本《农业与园艺》（1975 年 1—5 期）翻译，有删节。

00835　地壳运动假说——从大陆漂移到板块构造
〔日〕竹内均等著　牟维国译　北京　地质出版社　1978.3　224 页　32 开　0.60 元
本书据英译本译出。

00836　地震与建筑
〔日〕久田俊彦编著　姜敦超译　北京　地震出版社　1978.8　238 页　大 32 开　0.90 元

00837　地震预报——固体地球物理学进展（9）
〔日〕力武常次著　冯锐、周新华译　北京　地震出版社　1978.7　236 页　16 开　1.50 元
本书据英文版译出。

00838　动力转辙机
〔日〕松木孝正、菊地得夫著　铁道部电化工程局电务勘测设计处译　北京　人民铁道出版社　1978.3　178 页　大 32 开　0.50 元

00839　粉末冶金学
〔日〕松山芳治等著　周安生等译　北京　科学出版社　1978.4　434 页　32 开　1.70 元

00840　丰田的秘密
〔日〕若山富士雄、杉本忠明著　李孙华等译

北京出版社　1978.11　198 页　32 开　0.52 元

00841　感光性树脂
〔日〕角田隆弘著　丁一译　北京　科学出版社　1978.2　186 页　32 开　0.75 元

00842　钢铁及原材料的原子吸收光谱分析
中国科学技术情报研究所编　北京　科学技术文献出版社　1978.6　237 页　16 开　2.60 元
本书据 1975 年日本钢铁协会出版的《钢铁及原材料原子吸光分析法》一书译出。

00843　高强度螺栓摩擦连接概论
〔日〕田岛二郎著　铁道部基建局编译组译　北京　人民铁道出版社　1978.5　136 页　16 开　0.83 元

00844　高速轨检车的运用
日本中部铁道学院工务科编　广钟岩译　北京　人民铁道出版社　1978.5　87 页　32 开　0.26 元

00845　工业用水及其水质管理
〔日〕丰田环吉著　吴自迈译　北京　中国建筑工业出版社　1978.10　370 页　16 开　1.70 元
本书据原著修订版译出。

00846　公害与毒物、危险物（有机篇）
〔日〕堀口博著　刘文宗等译　北京　石油化学工业出版社　1978.10　748 页　大 32 开　2.90 元

00847　国木独步选集
金福译　北京　人民文学出版社　1978.9　268 页　32 开　精装 1.05 元　平装 0.55 元
作者是日本明治时代的诗人和小说家，本书选入作者于 1897—1908 年所写的短篇小说 15 篇。据日本筑摩书房 1956 年版《现代日本文学全集》第 57 卷选译。

00848　黑潮
〔日〕德富芦花著　金福译　上海　上海译文出版社　1978.6　286 页　大 32 开　0.91 元
本书据日本改造社《德富芦花集》1927 年版译出。原上海文艺出版社 1959 年 3 月第 1 版。这次重印，书前有丁永写的《论略黑潮》。

00849　化工泵
〔日〕好川纪博著　兰州石油机械研究所、甘肃工业大学译　北京　机械工业出版社　1978.1

274 页　32 开　0.71 元

00850　环境的科学
〔日〕馆稔等编　薛德榕等译　北京　科学出版社　1978.8　540 页　32 开　2.10 元

00851　活塞环
上海内燃机配件厂译　北京　人民交通出版社　1978.5　350 页　32 开　1.15 元

00852　活性污泥生物学
〔日〕高桥俊三等著　张自杰译　北京　中国建筑工业出版社　1978.12　246 页　32 开　0.59 元
本书译自《水处理技术》1969 年第 10 卷第 1 期—1970 年第 11 卷第 3 期。

00853　火山及火山岩
〔日〕久野久著　刘德泉、常子文译　北京　地质出版社　1978.8　219 页　32 开　0.60 元
本书据原著 1971 年第 17 版译出。

00854　集材索道索系图
日本林业机械化协会编　中国林业科学研究院科技情报研究所编译　北京　农业出版社　1978.9　135 页　16 开　1.50 元

00855　几种主要作物的光合作用和产量形成
〔日〕村田吉男著　郑丕尧译　北京　农业出版社　1978.7　56 页　32 开　0.18 元
本书是日本村田吉男等著《作物的光合作用和生态》一书（1976 年版）第五章的摘译。

00856　浆状炸药的性能和使用
〔日〕木村真著　潘祖民译　北京　煤炭工业出版社　1978.10　159 页　32 开　0.45 元

00857　今井武夫回忆录
〔日〕今井武夫著　《今井武夫回忆录》翻译组译　上海译文出版社　1978.5　260 千字　大 32 开　1.40 元
本书原名《中国事变回忆录》。

00858　科学并不神秘（围绕伽利略落体运动法则的对话）
〔日〕板仓圣宣著　何益汉译　北京　科学出版社　1978.2　137 页　32 开　0.34 元

00859　抗震工程学
〔日〕冈本舜三著　孙伟东译　北京中国建筑工业出版社　1978.11　391 页　16 开　1.80 元
本书译自日本 1971 年版《耐震工学》一书。

00860　可靠性的初级教程
日本可靠性研究委员会编　韩有悌译　北京　人民邮电出版社　1978.12　216 页　32 开　0.57 元
本书据日科技连出版社 1973 年 1 月第 8 版译出。

00861　鳗鲡生物学和人工养殖
〔日〕松井魁等著　刘海金、张世义译　北京科学出版社　1978.10　218 页　32 开　1.10 元
本书据松井魁等著《鳗鲡》（日本养鱼讲座第 7 卷）1971 年版译出。

00862　摩擦
〔日〕曾田范宗著　丁一译　北京　科学出版社　1978.8　174 页　32 开　0.48 元

00863　喷镀技术
〔日〕莲井淳著　《喷镀技术》翻译组译校　北京　国防工业出版社　1978.9　306 页　大 32 开　0.97 元

00864　日本北方领土
〔日〕吉田嗣延等著　吉林师范大学外国问题研究所日本研究室编译　上海　上海译文出版社　1978.6　101 千字　32 开　0.45 元
本书据日本时事通信社 1973 年修订版节译。

00865　日本的经济发展和教育
日本文部省调查局编　吉林师大外研所日本教育研究室译　长春　吉林人民出版社　1978.5　133 千字　大 32 开　0.68 元

00866　日本地志（地志概论）
〔日〕藤冈谦二郎等著　辽宁大学外语系日语 72 班师生、辽宁大学哲学研究所翻译小组合译　沈阳　辽宁人民出版社　1978.10　180 千字　16 开　0.92 元

00867　日本调度集中
〔日〕长崎邦夫、中岛晃一著　铁道部电化工程局电务勘测设计处译　北京　人民铁道出版社　1978.8　628 页　大 32 开　2.85 元
本书据日本信号保安协会 1977 年改订 3 版译出。

00868　日本对欧洲共同体的考察——扩大的欧洲共同体经济调查团调查报告
〔日〕堀江重雄编　吉林省哲学社会科学研究所

外国问题研究室译　北京　商务印书馆
1978.9　356页　32开　1.10元

00869　日本绘画史
〔日〕秋山光和著　常任侠、袁音译　北京　人民美术出版社　1978.8　284页　32开　1.10元
本书据作者所著《日本绘画》（《亚洲绘画》丛书之一）1961年英文版译出。

00870　日本经济图说
〔日〕大内兵卫等著　吉林省哲学社会科学研究所日本问题研究室译　长春　吉林人民出版社
1978.8　201页　32开　0.64元
本书据原著第五版译出。

00871　日本食品卫生法规（1978年版）（上册）
中华人民共和国商品检验局、中国科学技术情报研究所编　北京　科学技术文献出版社
1978.12　443页　16开　2.90元

00872　日本土木工程抗震设计
日本土木工程师协会编　铁道部基建局编译组译　北京　人民铁道出版社　1978.3　170页
16开　0.90元

00873　日本文学史——日本文学的传统和创造
〔日〕西乡信纲等著　佩珊译　北京　人民文学出版社　1978.3　284千字　大32开　1.50元
本书根据东京厚文社1954年版译出。

00874　日本小型计算机公司 NOVAFORTRANIV 使用说明
熊继光译　上海科学技术情报研究所　1978.3
103页　16开　0.85元

00875　日本哲学思想史
〔日〕永田广志著　版本图书馆编译室译　商务印书馆　1978.6　311页　大32开　1.10元
本书据日本法政大学出版局东京1972年10月初版译出。

00876　日中友好运动史
日本中国友好协会（正统）中央本部编　吴晓新等译　北京　商务印书馆1978.7　200千字
大32开　0.74元
本书记录了一九四九年到一九七四年日中友好运动的史实。

00877　三井和三菱——日本资本主义与财阀
〔日〕柴垣和夫著　复旦大学历史系日本史组

译　上海　上海译文出版社　1978.9　151　千字　32开　0.65元

00878　生命起源的化学基础
〔日〕原田馨著　庚镇城译　上海　上海科学技术出版社　1978.4　242页　大32开　0.77元

00879　数据传输系统
〔日〕广田宪一郎等著　《数据传输系统》翻译组译　北京　人民邮电出版社　1978.4　404
页　大32开　1.45元

00880　水稻栽培新技术
〔日〕松岛省三著　肖连成译　长春　吉林人民出版社　1978.12　395页　大32开　1.20元

00881　天平之甍（历史剧）
〔日〕井上靖原著　依田义贤、河原崎长十郎改编　陈德文译　南京　江苏人民出版社
1978.12　88页　32开　0.23元
本书据日本《舞曲扇林》1974年第20、21合刊号译出。

00882　调频广播用发射机与接收机
虞星译　北京　国防工业出版社　1978.10　176
页　16开　1.25元
本书据日本《FM放送用送·受信机》一书译出。

00883　铁路信号名词术语
上海铁道学院电信系译　北京　人民铁道出版社　1978.4　87页　大32开　0.35元
本书译自日本工业标准《铁路信号名词术语及文字代号、图形符号》。

00884　通信系统与传输方式
〔日〕高桥敏朗著　《通信系统与传输方式》编译组译　北京　人民邮电出版社　1978.9　608
页　32开　1.80元

00885　统计图形识别导论
〔日〕福永圭之介著　陶笃纯译　北京　科学出版社　1978.12　400页　32开　1.55元
本书据 K. Fukunaga, *Introductionto Statistical Pattern Recognition*（Academic Press，1972）一书译出。

00886　斜梁桥
〔日〕高岛春生著　张德礼译　北京　中国建筑工业出版社　1978.12　156页　大32开
0.47元

本书选译自《道路桥横分配实用计算法（后编）》一书。

00887　新科学（第一部分·上）（初中理化）
〔日〕茅诚司等主编　陈耀亭等译　长春　吉林人民出版社　1978.12　120千字　32开　0.52元
本书据东京书籍株式会社1977年版译出。

00888　新科学（第一部分·下）（初中理化）
〔日〕茅诚司等主编　丁明新等译　长春　吉林人民出版社　1978.12　89千字　32开　0.41元
本书据东京书籍株式会社1977年版译出。

00889　新数学（初中数学　1）
〔日〕弥永昌吉等编　张述宜等译　长春　吉林人民出版社　1978.9　13千字　32开　0.79元
本书据日本东京书籍株式会社1977年版译出。

00890　新数学（初中数学　2）
〔日〕弥永昌吉等编　任永太等译　长春　吉林人民出版社　1978.9　160千字　32开　0.76元
本书据日本东京书籍株式会社1977年版译出。

00891　新数学（初中数学　3）
〔日〕弥永昌吉等编　高绪珏等译　长春　吉林人民出版社　1978.9　164千字　32开　0.74元
本书据日本东京书籍株式会社1977年版译出。

00892　旋耕拖拉机基本设计理论
〔日〕长广仁藏著　洛阳拖拉机研究所译　北京　机械工业出版社　1978.4　202页　16开　1.10元

00893　有源滤波器的设计
〔日〕柳泽健、金光磐著　北京邮电学院数字通信专业译　北京　人民邮电出版社　1978.2　219页　32开　0.67元

00894　鸠山一郎回忆录
〔日〕鸠山一郎著　复旦大学历史系日本史组译　上海译文出版社　1978.3　146千字　32开　0.73元

00895　植物生理学讲座（第2卷　代谢生理）
〔日〕古谷雅树等主编　崔继林译　北京　科学出版社　1978.12　295页　32开　1.20元
本书据朝仓书店东京1973第3版译出。

00896　纸色谱法及其应用
〔日〕柴田村治、寺田喜久雄著　王敬尊译　北京　科学出版社　1978.12　181页　32开　0.62元
本书据原著1971年增订再版译出。

00897　质量管理的统计方法
中国科学技术情报研究所编　北京　科学技术文献出版社　1978.3　199页　32开　0.70元
本书译自日本标准协会出版的质量管理讲座《统计的方法》一书。

00898　自动操舵装置
〔日〕茂在寅男、小林实著　徐春举、李德凡译　北京　国防工业出版社　1978.3　246页　32开　0.64元

00899　最新金属接合技术（科学技术用书）
〔美〕Mel M. Schwartz　〔日〕寺井清著　饶焕钦、寇立人译　广州光华出版社　1978.9　420页　大32开　2.30元

1979

00900　1978年日本全国大学考试化学题解
日本旺文社编　吉林师范大学化学系翻译组译　长春　吉林人民出版社　1979.8　285页　32开　0.73元

00901　1978年日本全国大学往常考试物理题解
日本旺文社编　王士升等译　长春　吉林人民出版社　1979.10　298页　32开　0.77元

00902　白围裙和白山羊
〔日〕加藤多一著　高烈夫译　北京　人民文学出版社　1979.11　120页　32开　精装1.10元　平装0.26元
本书据东京偕成社1978年版译出。

00903　蚕桑生产技术图说
日本全国养蚕农业协同组合联合会、《蚕系之光》编辑部编　中业国农科学院蚕业研究所译　上海科学技术出版社　1979.9　208页　32开　0.56元
本书据日本《蚕系之光》杂志社编辑的《图说实用养蚕读本》一书译出。

00904　城市煤气管理
日本煤气协会编　天津市建筑设计院译　北京　中国建筑工业出版社　1979.3　364页　大32开　1.00元
本书译自日本煤气协会编《城市煤气工业》一

套书有关城市煤气管理的章节。

00905　大学入学考试数学试题选
日本圣文社编　刘远图、魏群译　北京　人民教育出版社　1979.12　121页　32开　0.29元

00906　岛弧
〔日〕上田诚也、杉村新著　谢鸣谦、谢鸣一译　北京　地质出版社　1979.2　129页　大32开　0.50元

00907　稻作的理论与技术
〔日〕松岛省三著　庞诚译　北京　农业出版社　1979.8
本书1966年第1版，本版是第2版。据1968年日文版和1970年英文版译出。

00908　点与线
〔日〕松本清张著　晏洲译　北京　群众出版社　1979.1　117千字　32开　0.47元

00909　电工学习题选
日本电气教育研究会编　王作民译　沈阳　辽宁人民出版社　1979.12　168页　32开　0.39元
本书据日本学艺出版社1976年9月版译出。

00910　电力牵引区段铁路信号防干扰
日本信号保安协会编　铁道部电化工程局电务勘测设计处译　北京　人民铁道出版社　1979.2　227页　32开　0.70元

00911　电梯
〔日〕木村武雄、木村利雄著　郗小森、郗小林译　北京　中国建筑工业出版社　1979.11　354页　大32开　1.45元
本书据日本OHM社出版的《建筑设备用电梯和扶梯》一书1973年新版译出。

00912　电子计算机软件基础
〔日〕萩原宏等著　应群、守文译　北京　科学出版社　1979.11　182页　32开　0.65元

00913　电子线路入门
〔日〕山根武彦著　董炯明译　北京　科学出版社　1979.1　347页　32开　0.90元
本书据东京电机大学出版局日文版译出。

00914　东山魁夷画选
〔日〕东山魁夷作　北京　人民美术出版社

1979.7　18张　8开　3.20元

00915　发酵与微生物
〔日〕植村定治郎、相田浩编　天津市工业微生物研究所《发酵与微生物》翻译组译　北京　科学出版社　1979.10
（Ⅰ）328页　32开　1.10元
（Ⅲ）336页　32开　1.10元

00916　丰田生产方式
〔日〕大野耐一著　李长信等译　北京　北京出版社　1979.10　162页　32开　0.45元

00917　丰田生产方式
〔日〕大野耐一著　齐协译　太原　山西人民出版社　1979.7　146页　32开　0.35元

00918　港口建筑物设计标准（第二分册　第三篇材料·第四篇混凝土预制件）
日本港湾协会编　南京水利科学研究所译　北京　人民交通出版社　1979.6　153千字　16开　0.50元

00919　港口建筑物设计标准（第六分册　第十篇疏浚与填筑）
日本港湾协会编　南京水利科学研究所等译　北京　人民交通出版社　1979.7　126千字　16开　0.43元

00920　港口建筑物设计标准（第七分册　附录专业名词、术语中日文对照索引）
日本港湾协会编　南京水利科学研究所等译　北京　人民交通出版社　1979.12　200千字　16开　0.85元

00921　港口建筑物设计标准（第三分册　第五篇基础）
日本港湾协会编　南京水利科学研究所等译　北京　人民交通出版社　1979.7　755千字　16开　0.73元

00922　港口建筑物设计标准（第四分册　第六篇水域设施·第七篇港外防护设施）
日本港湾协会编　南京水利科学研究所等译　北京　人民交通出版社　1979.10　134千字　16开　0.54元

00923　港口建筑物设计标准（第五分册　第八篇系船设施·第九篇其它设施）
日本港湾协会编　南京水利科学研究所等译　北

京　人民交通出版社　1979.10　355 千字　16
开　1.10 元

00924　港口建筑物设计标准（第一分册　第一篇总论・第二篇设计条件）
日本港湾协会编　南京水利科学研究所等译　北
京　人民交通出版社　1979.3　472 千字　16
开　1.40 元
本书共分七个分册，均据日本港湾协会出版的
《港湾构造设计基准》一书译出。

00925　高中入学考试数学试题选
日本旺文社编　魏群、刘远图译　北京　人民教
育出版社　1979.5　134 页　32 开　0.29 元

00926　汞的分析方法
〔日〕浮田忠之进等编　黄致远等译　北京　太
阳能出版社　1979.3　120 页　32 开　0.56 元

00927　古事记
〔日〕安万侣著　邹有恒、吕元明译　北京　人
民文学出版社　1979.10　193 页　大 32 开
0.65 元
本书 1963 年 2 月第 1 版。本版是第 2 版。

00928　固体酸碱及其催化性质
〔日〕田部浩三著　赵君生、张嘉郁译　北京
化学工业出版社　1979.5　168 页　32 开
0.58 元

00929　关东军和苏联远东军
〔日〕林三郎编著　吉林省哲学社会科学研究所
日本问题研究室译　长春　吉林人民出版社
1979.1　156 千字　大 32 开　0.70 元

00930　管道及其设备的腐蚀与防蚀
〔日〕星野九平、山室富士雄著　张宴译　北
京　石油工业出版社　1979.12　98 页　32 开
0.26 元

00931　海洋油污染处理
〔日〕濑尾正雄著　上海船舶运输研究所译　北
京　人民交通出版社　1979.6　200 页　32 开
0.53 元

00932　函数论习题集
〔日〕远木幸成著　蒋增荣译　长沙　湖南科学
技术出版社　1979.9　347 页　32 开　1.04 元
本书据日本共立出版公司《数学演习讲座"函
数论"》1957 年第 1 版译出。

00933　化工设备的检查和维修
上海石油化工总厂资料编译组译　上海科学技术
文献出版社　1979.1　50 页　16 开　0.45 元
本书译自日本化学工场杂志 1976 年 5 月号"化
工设备的检查和维修"专辑。

00934　化学（Ⅰ　日本高中化学）
〔日〕长仓三郎等编　陈耀亭等译　长春　吉林
人民出版社　1979.10　230 页　32 开　0.62 元

00935　化学（Ⅱ　日本高中化学）
〔日〕长仓三郎等编　赵世良等译　长春　吉林
人民出版社　1979.10　220 页　32 开　0.59 元

00936　化学
〔日〕长仓三郎等著　程能林等译　长沙　湖南
人民出版社
上　1979.3　234 页　32 开　0.56 元
下　1979.9　217 页　32 开　0.51 元
上、下册均据东京书籍株式会社 1977 年 2 月版
译出。

00937　恍惚的人
〔日〕有吉佐和子著　秀丰、渭惠译　北京　人
民文学出版社　1979.6　315 页　32 开　精装
1.44 元　平装 0.66 元
本书 1975 年 4 月第 1 版，为内部发行，本版改
为公开发行。据东京新潮社 1972 年版译出。

00938　机械手图册
〔日〕加藤一郎编著　上海交通大学机械手及机
器人研究室译　上海　上海科学技术出版社
1979.9　200 页　16 开　1.30 元

00939　机械振动学
〔日〕井町勇编著　尹传家、黄怀德译　北京
科学出版社　1979.5　468 页　32 开　1.55 元
本书据日本朝仓书店 1964 年版译出。

00940　吉林大学社会科学论丛（日本经济专辑）
吉林大学社会科学学报编辑部编　长春　吉林大
学社会科学委员会　1979.7　253 页　32 开

00941　计算机制图法——绘图机的使用方法
〔日〕山口正雄著　刘钦圣、王树杰译　北京
测绘出版社　1979.9　125 页　大 32 开　0.55 元

00942　减数分裂
〔日〕伊藤道夫著　王瑞丰译　北京　科学出版

社　1979.12　127页　32开　0.55元
本书据东京大学出版会1975年版译出。

00943　简明计算机入门
〔日〕马目洋一著　潘福美译　北京　国防工业
出版社　1979.9　194页　大32开　0.83元
本书据日刊《电子技术》1976年版译出。

00944　结构与物性
〔日〕细矢治夫、丸山有成著　方小钰译　上
海　上海科学技术出版社　1979.6　202页　32
开　0.63元

00945　经纱上浆
〔日〕深田要、一见辉彦著　刘冠洪译　北京
纺织工业出版社　1979.3　401页　32开
1.05元

00946　净水厂排水处理设备设计
日本水道协会编著　伊承勋译　北京　中国建筑
工业出版社　1979.11　138页　32开　0.38元

00947　矿山工厂排水分析
〔日〕梅崎芳美著　全浩译　北京　中国建筑工
业出版社　1979.12　249页　32开　0.67元
本书据日本株式会社讲谈社1977年版译出。

00948　冷害与水稻（《世界农业》丛刊）
〔日〕石冢喜明等著　金人一等译　北京　农业
出版社　1979.7　96页　16开　0.52元

00949　量子生物学入门
〔日〕永田亲義著　陶宗晋、江寿平译　上海
上海科学技术出版社　1979.5　184页　32开
0.51元
本书据东京大学出版会1975年版译出。

00950　论技术革新的历史作用
〔日〕星野芳郎著　陶建明译　北京　科学技术
文献出版社　1979.11　160页　大32开
0.55元
本书据《技术革新的根本问题》1975年第2版
译出。

00951　罗生门
北京　中国电影出版社　1979.10　74千字　大
32开　0.54元　（外国影片研究丛书）
《罗生门》是五十年代日本著名影片。本书收入
根据该影片改编的小说《筱竹丛中》的电影文
学剧本及分镜头剧本。

00952　齐格勒—纳塔聚合动力学
〔日〕庆伊富长著　王杰译　北京　化学工业出
版社　1979.7　233页　32开　1.15元

00953　气动机构及回路设计
〔日〕中岛弘行著　王琦洋译　北京　机械工业
出版社　1979.1　201页　32开　0.68元
本书据日本日刊工业新闻社1970年出版的《空
气丘应用机构回路设计》一书译出。

00954　汽车发动机的润滑
〔日〕古滨庄一著　徐志伟译　北京　人民交通
出版社　1979.4　395页　32开　1.30元

00955　曲线梁桥
〔日〕高岛春生著　张德礼译　北京　中国建筑
工业出版社　1979.1　182页　大32开
0.53元
本书据《道路桥的横向分配实用计算法》一书
第8章译出。

00956　人癌细胞培养
〔日〕大星章一、菅野晴夫主编　吴政安等译
北京　科学出版社　1979.2　373页　16开
4.90元

00957　人生的证明（日本电影文学剧本）
〔日〕森村诚一原作　松三善三编剧　南京大学
外国文学研究所译　杭州　浙江人民出版社
1979.12　283页　32开　0.82元

00958　人性的证明
〔日〕森村诚一著　王智新译　南京　江苏人民
出版社　1979.11　356页　32开　0.78元
本书据日本"角川文库"1977年第1版译出。

00959　日本电影剧本选（当代外国文学）
北京　外国文学出版社　1979.9　367页　32
开　0.82元

00960　日本东海道新干线轨道研究
〔日〕佐藤裕等著　《日本东海道新干线轨道研
究》翻译组译　北京　人民铁道出版社
1979.1　118页　32开　0.38元

00961　日本经济奇迹的终结
〔日〕都留重人著　马成三译　北京　商务印书
馆　1979.6　96页　32开　0.27元
本书据日本《经济学人》杂志译出。

00962　日本科学技术厅白皮书纲要——日本面临的技术发展新考验
程德扬译　北京　科学技术文献出版社
1979.12　31页　16开　0.22元

00963　日本民间故事
〔日〕坪田让治著　陈志泉译　北京　人民文学
出版社　1979.9　155页　32开　0.53元
本书据东京偕成社1976年版选译。

00964　日本排球技术和战术
〔日〕丰田博等著　朱如兰等编译　北京　人民
体育出版社　1979.2　270页　大32开
1.10元

00965　日本外务省研究
〔日〕永野信利著　复旦大学历史系日本史组等
译　上海译文出版社　1979.3　214千字　32
开　0.80元

00966　日野KL系列载重汽车修理手册
孙昌民译　北京　人民交通出版社　1979.9
280页　16开　1.45元

00967　三菱DC系列柴油发动机修理手册
王光祥译　北京　中国建筑工业出版社
1979.11　256页　大32开　1.00元
本书据日本三菱汽车有限公司出版的英文版
《三菱DC系列柴油发动机修理手册》译出。

00968　生活在海上的人们
〔日〕叶山嘉树著　徐汲平译　上海　上海译文
出版社　1979.12　219页　32开　0.57元
本书据日本改造社1929年版译出。

00969　生物药剂学
〔日〕村田敏郎、有田隆一编　朱家璧等译　北
京　人民卫生出版社　1979.10　378页　大32
开　1.35元

00970　石油炼制工艺方法手册
日本石油学会编　石油化工科学研究院九室译
北京　石油工业出版社　1979.7　494页　大32
开　1.90元

00971　数学（2A　日本高中数学）
〔日〕小平邦彦编　姜儒明、苏明礼译　长春
吉林人民出版社　1979.4　130千字　32开
0.59元

本书据日本东京书籍株式会社1977年版译出。

00972　数学（2B　日本高中数学）
〔日〕小平邦彦编　马忠林等译　长春　吉林人
民出版社　1979.4　166千字　32开　0.75元
本书据日本东京书籍株式会社1977年版译出。

00973　数学（3　日本高中数学）
〔日〕小平邦彦编　孙福元等译　长春　吉林人
民出版社　1979.5　148千字　32开　0.69元
本书据日本东京书籍株式会社1977年版译出。

00974　水的分析
日本分析化学会北海道分会编　孙铁珩等译　北
京　中国建筑工业出版社　1979.2　347页　大
32开　0.97元
本书据原著1971年版译出。

00975　苏军在日本登陆（第三次世界大战·日本篇）
日本久留岛龙夫军事研究小组著　星灿译　北
京　新华出版社　1979.12　235页　32开
0.60元

00976　探鱼仪的有效使用方法
〔日〕加藤增夫著　张占基译　北京　农业出版
社　1979.8　142页　32开　0.40元

00977　唐大和上东征传（中外交通史籍丛刊）
〔日〕真人元开著　汪向荣校注　北京　中华书
局　1979.8　131页　32开　0.47元

00978　统计力学
〔日〕阿部龙藏著　楚珏辉译　北京　科学出版
社　1979.11　172页　32开　0.60元

00979　图解药物的相互作用
〔日〕石桥丸应著　孙友乐编译　重庆　科学技
术文献出版社重庆分社　1979.12　254页　32
开　1.15元

00980　土壤物理性测定法
日本土壤物理性测定委员会编　翁德衡译　重
庆　科学技术文献出版社重庆分社　1979.6
700页　32开　2.50元

00981　望乡诗——阿倍仲麻吕与唐代诗人
〔日〕依田义贤著　李正伦译　北京人民文学出
版社　1979.8　65页　32开　精装0.73元　平

装 0.23 元

00982　微波电路例题解算
〔日〕藤泽和男、冈本尚道著　杨逢春译　北京　国防工业出版社　1979.12　238 页　32 开　0.81 元

00983　为党生活的人
〔日〕小林多喜二著　卞立强译　北京　人民文学出版社　1979.9　123 页　32 开　精装 0.78 元　平装 0.27 元
本书据东京青木书店 1953 年版译出。

00984　围棋治孤法
〔日〕坂田荣男著　志弈译　北京　人民体育出版社　1979.8　249 页　大 32 开　0.83 元

00985　我的履历书
〔日〕大平正芳著　辛华、雅飞译　北京　北京出版社　1979.7　128 页　32 开　0.37 元
本书据 1978 年《日本经济新闻社》第 1 版译出。

00986　物理学常用数表
〔日〕饭田修一等编　张质贤等译　北京　科学出版社　1979.8　330 页　大 32 开　1.05 元

00987　袭击珍珠港
〔日〕渊田美津雄著　许秋明译　北京　商务印书馆　1979.3　136 页　32 开　0.37 元

00988　新理科（1　小学一年级自然常识）（日本小学教科书）
〔日〕藤井隆、莲沼宏等编　孙文龙译　长春吉林人民出版社　1979.4　32 开　0.46 元

00989　新理科（2　小学二年级自然常识）（日本小学教科书）
〔日〕藤井隆、莲沼宏等编　孙文龙译　长春吉林人民出版社　1979.4　80 页　32 开　0.60 元

00990　新理科（3　小学三年级自然常识）（日本小学教科书）
〔日〕藤井隆等编　何子岚译　长春　吉林人民出版社　1979.11　108 页　32 开　0.78 元

00991　新算术（1　小学一年级算术）（日本小学教科书）
〔日〕小平邦彦等编　孙世路译　长春　吉林人民出版社　1979.4　91 页　32 开　0.68 元

00992　新算术（2 上　小学二年级算术）（日本小学教科书）
〔日〕小平邦彦等编　梁忠义译　长春　吉林人民出版社　1979.4　88 页　32 开　0.66 元

00993　新算术（2 下　小学二年级算术）（日本小学教科书）
〔日〕小平邦彦等编　王桂译　长春　吉林人民出版社　1979.4　88 页　32 开　0.66 元

00994　新算术（3 上　小学三年级算术）（日本小学教科书）
〔日〕小平邦彦等编　梁忠义译　长春　吉林人民出版社　1979.12　104 页　32 开　0.77 元

00995　新珠
〔日〕菊池宽著　冯度译　福州　福建人民出版社　1979.12　358 页　32 开　0.92 元

00996　一镐渠
〔日〕上野英信著　何平译　北京　人民文学出版社　1979.6　72 页　32 开　0.18 元
本书据东京未来社 1959 年版短篇小说集《亲子夜》译出。

00997　一九七八年日本全国大学往常考试数学题解（上、中、下共三册）
日本旺文社编　李开成、刘正一译　长春　吉林人民出版社　1979.11　897 页　32 开　2.30 元

00998　一年有半·续一年有半
〔日〕中江兆民著　吴藻溪译　北京　商务印书馆　1979.10　117 页　大 32 开　0.41 元

00999　伊索童话
〔日〕立原改写　吴朗西译　成都　四川人民出版社　1979.8　45 页　32 开　0.16 元

01000　釉及色料
〔日〕素木洋一著　刘可栋、刘光跃译　北京　中国建筑工业出版社　1979.12　801 页　大 32 开　2.40 元

01001　预防热处理废品的措施
〔日〕吉田亨等著　张克俭译　北京　机械工业出版社　1979.11　192 页　32 开　0.69 元

01002　早期教育和天才
〔日〕木村久一著　河北大学日研所教育组译　石

家庄 河北人民出版社 1979.12 32开 0.50元
本书据日本玉川大学1977年7月25日重版的同
书名译出。

01003 战后日本钢铁工业
日本垄断分析研究会著 盛继勤、周启乾译 天
津 天津人民出版社 1979.8 205千字 大32
开 0.69元
本书是由日本《经济》杂志1977年1月号至6
月号连载的《战后日本钢铁工业》辑译的。

01004 昭和五十年
〔日〕井上清著 北京大学亚非研究所译 天
津 天津人民出版社 1979.4 118千字 大32
开 0.39元
本书据1976年日本讲谈社出版的历史小丛书。
《昭和五十年——日本史新书8》译出。

01005 直流稳定电源
〔日〕大塚严著 王玉珊等译 北京 科学出版
社 1979.3 291页 32开 0.76元

01006 直线电机及其应用技术
〔日〕山田一著 胡德元译 长沙 湖南科学技
术出版社 1979.9 135页 大32开 0.47元

01007 质粒
〔日〕松原谦一著 程光胜、王清海译 北京
科学出版社 1979.10 214页 32开 0.87元

01008 质量管理
〔日〕石川馨著 中国人民大学工业经济系工业
技术学教研室译 北京 中国人民大学出版社
1979.6 134页 32开 0.44元

01009 质量管理讲座
〔日〕三浦新等编 陕西机械学院译 兰州 甘
肃人民出版社 1979.8 118页 16开 0.57元

01010 质量管理入门
〔日〕石川馨著 刘灯宝译 北京 机械工业出
版社 1979.9 440页 32开 1.05元

01011 稚鱼的摄饵和发育
日本水产学会编 蔡完其、李思发译 上海 上
海科学技术出版社 1979.10 120页 32开
0.33元
本书据日本恒星社厚生阁1975年版译出。

**01012 中华民国史资料丛稿（译稿）第五辑·
中国事变陆军作战史（第一卷第一分册）**
日本防卫厅防卫研究所战史室著 田琪之译 北

京 中华书局 1979.10 238页 16开
1.50元

01013 中途岛海战
〔日〕渊田美津雄、奥宫正武合著 许秋明译
北京 商务印书馆 1979.5 282页 32开
0.70元

01014 自动化仓库堆垛机设计
〔日〕吉国宏编著 第一机械工业部第四设计院
《堆垛机设计》翻译组译 北京 人民铁道出版
社 1979.12 217页 32开 0.84元

01015 自动控制理论
〔日〕上泷致孝等编著 张洪钺译 北京 国防
工业出版社 1979.2 434页 大32开
1.70元
本书据日本电气学会1970年出版的大学讲座
《自动制御理论》（改订版）一书译出。

01016 自动控制中的矩阵理论
〔日〕须田信英等著 曹长修译 北京 科学出
版社 1979.9 443页 16开 2.90元

01017 作物的光合作用与物质生产
〔日〕户苅义次主编 薛德榕译 北京 科学出
版社 1979.7 536页 16开 3.50元

1980

01018 78年度日本高考化学入学试题选
罗盛祖译 长沙 湖南人民出版社 1980.3
153页 32开 0.38元
本书据日本圣文社出版的《1978年度全国大学
（化学）入学考试试题详解》一书选译。

01019 岸信介
〔日〕田尻育三等著 北京大学亚非研究所译
长春 吉林人民出版社 1980.10 203页 32
开 0.58元

01020 暗杀斯大林的计划
〔日〕桧山良昭著 童心译 北京 新华出版
社 1980.10 294页 32开 0.70元

01021 包装知识110条（国外商业丛书）
〔日〕石田修著 孙凯译 北京 中国商业出版
社 1980.12 112页 32开 0.40元

01022 表面分析
〔日〕染野檀、安盛岩雄编 郑伟谋译 北京
科学出版社 1980.12 362页 32开 1.80元

本书据日本讲谈社 1976 年版译出。

01023 材料力学 500 题详解
〔日〕冲岛喜八著 伍洪泽译 长沙 湖南科学
技术出版社 1980.2 689 页 大 32 开
2.06 元

01024 蚕病防治指导手册
日本农林省蚕丝园艺局编 熊季光译 成都 四
川人民出版社 1980.8 136 页 32 开 0.39 元

01025 超声波探伤 A
〔日〕无损检测学会编 李衍译 南京 江苏科
学技术出版社 1980.6 450 页 32 开 1.57 元
本书据原书 1975 年版译出。

01026 城山三郎小说选（当代外国文学）
王敦旭、施人举译 北京 外国文学出版社
1980.11 432 页 32 开 1.00 元

01027 冲压模具结构与设计图解
〔日〕太田哲著 张玉良等译 北京 国防工业
出版社 1980.5 238 页 16 开 1.60 元

01028 初中入学考试数学试题选
日本旺文社编 魏群译 北京 人民教育出版
社 1980.4 110 页 32 开 0.27 元
本书据日本旺文社编的《中学入试问题正解》
1978 年 4 月版译出。

01029 稻的科学（关于高产技术的见解）
〔日〕津野幸人著 蒋彭炎译 杭州 浙江科学
技术出版社 1980.9 173 页 32 开 0.66 元
本书据日本农山渔村文化协会出版的同名原著
译出。

01030 稻的生长（解剖图说）
〔日〕星川清亲著 蒋彭炎、许德海译 上海科
学技术出版社 1980.1 297 页 大 32 开
1.10 元

01031 地基与震害
〔日〕田治米辰雄等著 张振中等译 北京 地
震出版社 1980.11 266 页 大 32 开 1.05 元

01032 地震动的谱分析入门
〔日〕大崎顺彦著 吕敏申、谢礼立译 北京
地震出版社 1980.3 283 页 大 32 开 1.10 元

01033 地震理论及其应用
〔日〕松泽武雄著 黄兴建、唐贤书译 北京

地震出版社 1980.3 237 页 大 32 开 0.90 元

01034 地震前兆
〔日〕铃木次郎、〔美〕C. 基斯林格主编 柳百
琪等译 北京 地震出版社 1980.9 161 页
16 开 1.10 元
本书据 C. Kissllnger, Z. Suzuki, *Earthquake pre-
cursors* （Center for Academic Publications Japan,
Japan Scientific Societies Press, 1978）一书选译。

01035 电磁波测距仪
〔日〕须田教明著 赵怀珍、梁蕴华译 北京
测绘出版社 1980.5 275 页 大 32 开
0.86 元
本书据日本森北出版株式会社《电磁波测距仪
（改订版）》译出。

01036 电工基础知识（钢铁厂技术培训参考丛书）
潘清波等译 北京 冶金工业出版社 1980.12
139 页 16 开 1.00 元
本书译自一套日本的技术培训教材。

01037 电力系统的分层控制系统
日本供电常设委员会编 杨蒔百、王锡凡译 北
京 电力工业出版社 1980.3 228 页 32 开
0.80 元

01038 电子交换机程序技术入门
〔日〕高村真司等著 吴忠译 北京 人民邮电
出版社 1980.3 435 页 32 开 1.10 元
本书据 1976 年 3 月第 1 版翻译，并据 1977 年 7
月第 3 版做了修改。

01039 动平衡试验
〔日〕明石和彦等著 金荣民、申英慧译 长
春 吉林人民出版社 1980.11 290 页 32 开
0.84 元

01040 动物的故事
〔日〕小原秀雄著 新峰、秀臣译 北京 新华
出版社 1980.12 212 页 32 开 0.57 元
本书据日本《产经新闻》连载的《动物的故事》
译出。

01041 儿童心理学
〔日〕堀内敏编著 谢艾群译 长沙 湖南人民
出版社 1980.6 210 页 32 开 0.56 元

01042 发酵与微生物（Ⅱ）
〔日〕植村定治郎、相田浩编 天津市工业微生
物研究所《发酵与微生物》翻译组译 北京

科学出版社　1980.3　327 页　32 开　1.30 元
本书据日本朝仓书店 1970 年版译出。

01043　发明与专利
〔日〕神保弁吉、市桥明著　魏启学译　北京
中国财政经济出版社　1980.11　167 页　32 开
0.54 元

01044　伐木歌（管弦乐总谱）
〔日〕小山清茂曲　北京　人民音乐出版社
1980.10　41 页　大 16 开　0.65 元

01045　反应堆安全工程学
〔日〕村主进编著　李学德、易敬源译　北京
原子能出版社　1980.12　252 页　32 开
1.25 元

01046　飞碟与宇宙人
〔日〕中岗俊哉著　于明学译　长春　吉林人民
出版社　1980.9　150 页　32 开　0.40 元
本书据日本图书印刷株式会社小学馆 1976 年第
10 版译出。

01047　辐射生物化学（第 1 卷　细胞）
〔美〕K.I. 奥尔特曼等著　葛忠良等译　北京
原子能出版社　1980.5　360 页　大 32 开　1.55 元
本书由 K.I. 奥尔特曼、G.B. 格伯、冈田重文合
著。全书共分两卷，第一卷由冈田重文编著。原
著书名为 *Radiation Biochemistry*（*Volume 1：Cells*）
（Academic Press New York and London，1970）。

01048　福泽谕吉自传
〔日〕福泽谕吉著　马斌译　北京　商务印书
馆　1980.7　342 页　大 32 开　1.70 元
本书据岩波文库 1978 年富田正文校订新版译出。

**01049　复合力量的时代——大平正芳、田中洋
之助对谈**
赵力群译　北京　商务印书馆　1980.11　91
页　大 32 开　0.44 元

01050　钢锭浇注（钢铁厂技术培训参考丛书）
张信昭译　北京　冶金工业出版社　1980.12
88 页　16 开　0.67 元
本书译自一套日本的技术培训教材。

01051　钢桥
〔日〕小西一郎编　北京　人民铁道出版社
第一分册　朱立冬等译　1980.9　190 页　16
开　1.30 元
第二分册　宋慕兰、董其震译　1980.9　272

页　16 开　1.80 元
第三分册（设计篇之四）　朱立冬等译
1980.10　220 页　16 开　1.50 元

01052　钢铁冶炼基础（钢铁冶金学讲座第 1 卷）
〔日〕盛利贞等著　陈襄武等译　北京　冶金工
业出版社　1980.4　207 页　16 开　1.55 元

01053　港湾设施技术标准修订要点
日本运输省港湾局编　石朝辉译　北京　人民交
通出版社　1980.10　45 页　32 开　0.27 元

**01054　高度生产率的秘密（巴克制——工作效
率分析与管理）**
〔日〕门田武治著　广东省哲学社会科学研究所
世界经济研究组译　上海译文出版社　1980.6
189 页　32 开　0.53 元

01055　高炉解体研究
〔日〕神原健二郎等著　刘晓侦译　北京　冶金
工业出版社　1980.3　133 页　32 开　0.50 元
本书译自日本《铁钢》1976 年第 5 期中的 5 篇
文章。

01056　高炉设备（钢铁厂技术培训参考丛书）
罗振才、徐德译　北京　冶金工业出版社
1980.12　53 页　16 开　0.43 元
本书译自一套日本的技术培训教材。

01057　高频电路故障处理
〔日〕岩田光信著　赵长奎、舒华英译　北京
人民邮电出版社　1980.3　314 页　大 32 开
1.10 元

01058　高水头转桨式水轮机内的水流动态
〔日〕清水孝著　于开泉、伊宗海译　北京　水
利出版社　1980.12　136 页　大 32 开　0.65 元

01059　高速液相色谱法概要
〔日〕山道武郎编　文重、季颖译　长沙　湖南
科学技术出版社　1980.2　303 页　大 32 开
1.00 元

01060　割捆机和联合收割机
〔日〕江崎春雄著　姜喆雄译　北京　机械工业
出版社　1980.6　371 页　16 开　2.45 元

01061　公路桥伸缩装置手册
日本道路协会编　沈华春译　北京　人民交通出
版社　1980.10　179 页　32 开　0.63 元

本书据原书 1970 年版译出。

01062　公明党论
〔日〕堀幸雄著　辽宁外语专科学校 72 级学员译　上海译文出版社　1980.11　184 千字　32 开　0.74 元
本书据日本青木书店 1973 年版译出。

01063　骨肉至亲
〔日〕石川达三著　金中译　长沙　湖南人民出版社　1980.11　198 页　32 开　0.50 元

01064　光导纤维
〔日〕长尾和美著　邮电 532 厂技术情报室译　北京　人民邮电出版社　1980.8　196 页　32 开　0.52 元

01065　"光神"转子会战——转子发动机开发记
〔日〕梶谷善久著　张振译　北京　科学普及出版社　1980.4　140 页　32 开　0.42 元

01066　光学纤维基础
〔日〕大越孝敬编　刘时衡、梁民基译　北京　人民邮电出版社　1980.7　285 页　大 32 开　0.87 元

01067　国际金融
〔日〕酒井健三编　羊子林译　北京　中国财政经济出版社　1980.8　286 页　32 开　0.90 元

01068　国民收入倍增计划（1961—1970 年度）
日本经济企划厅编　孙执中、郭士信译　北京　商务印书馆　1980.3　104 页　大 32 开　0.36 元

01069　海洋地球物理
〔日〕渡部晖彦等著　陆书玉译　北京　科学出版社　1980.12　478 页　32 开　2.50 元

01070　海洋电子学
〔日〕小林正次等编著　李春宝译　北京　海洋出版社　1980.2　219 页　大 32 开　1.30 元

01071　海洋底地球科学
〔日〕小林和男著　袁家义、吕先进译　北京　海洋出版社　1980.12　194 页　16 开　1.50 元

01072　和教师、家长、学生谈怎样学好自然常识
〔日〕岸博幸著　张嘉林编译　上海教育出版社　1980.7　143 页　32 开　0.41 元

原书共有 26 章，中译本选译了其中的 22 章。

01073　滑坡和斜坡崩坍及其防治
〔日〕山田刚二等著　《滑坡和斜坡崩坍及其防治》翻译组译　北京　科学出版社　1980.3　390 页　16 开　3.85 元

01074　化工数学
〔日〕河村祐治等编　张克、孙登文译　北京　化学工业出版社　1980.8　560 页　大 32 开　2.20 元
本书据日本化学工业社 1972 年 3 月《化工数学入门（工业化学数学）》改订增补本译出。

01075　化学 1·2 问题 700 选——日本历届高考化学试题
〔日〕竹林保次编　蔡可芬译　西安　陕西科学技术出版社　1980.7　357 页　82 开　0.80 元

01076　化学（1979 日本国高考题解选译）
黄庆安、蒋夏林编译　郑州　河南人民出版社　1980.11　270 页　32 开　0.73 元
本书选译自 1979 年日本旺文社出版的《全国大学入试问题正解》中的化学部分。

01077　化学 1 基本 300 题
〔日〕中山雄一等编　蔡可芬译　西安　陕西科学技术出版社　1980.9　198 页　32 开　0.55 元
本书据学生社 1979 年版译出。

01078　化学（1）
〔日〕田村三郎等编著　陈耀亭、魏庆藩译　北京　文化教育出版社　1980.11　183 页　32 开　0.46 元

01079　化学实验基本操作
日本《化学同人》编辑部编　陈琼译　南宁　广西人民出版社　1980.9　98 页　32 开　0.36 元

01080　化学注浆法的实际应用
〔日〕坪井直道著　吴永宽译　北京　煤炭工业出版社　1980.2　226 页　大 32 开　0.95 元

01081　环境工学
〔日〕佐佐木忠义等编著　吴锦等译　石家庄　河北人民出版社　1980.9　330 页　32 开　0.90 元

01082　环境化学
〔日〕川北公夫、藤田四三雄著　吴锦等译　昆明　云南人民出版社　1980.7　203 页　32 开

0.56 元

01083　回旋曲线手册
日本道路协会著　交通部公路局编译组译　北
京　人民交通出版社　1980.10　403 页　32 开
精装 1.45 元

01084　混凝土的特性
〔日〕岩崎训明著　尹家辛、李景星译　北京
中国建筑工业出版社　1980.12　232 页　32 开
0.62 元

01085　混凝土化学外加剂
日本材料学会编　唐必豪译　北京　中国建筑工
业出版社　1980.9　234 页　32 开　0.61 元

01086　机械化养鸡
〔日〕斋藤道雄等著　吉林省农业机械研究所
《机械化养鸡》翻译组译　长春　吉林人民出版
社　1980.12　211 页　32 开　0.54 元
本书据日本恒星厚生阁 1964 年版译出。

01087　基础物理学
〔日〕金原寿郎编　郭永江译　北京人民教育出
版社　1980.1
上卷 1980.12　446 页　32 开　1.05 元
下卷 1980.1　511 页　32 开　1.20 元
本书据日本裳华房出版，金原寿郎编的《基础
物理学》1977 年第 27 版译出。

**01088　激荡的百年史——我们的果断措施和奇
迹般的转变**
〔日〕吉田茂著　孔凡、张文译　北京　世界知
识出版社　1980.7　95 页　32 开　0.29 元
本书据日本白川书院 1978 年 11 月第 3 次印刷本
译出。

01089　集合与逻辑（日本中学生数学丛书　1）
〔日〕横地清著　马忠林译　长春　吉林人民出
版社　1980.8　128 页　32 开　0.56 元

01090　几何学辞典（解析几何分册）
〔日〕笹部贞市郎著　王家序等译　重庆　科学
技术文献出版社重庆分社　1980.8　32 开
1.10 元

01091　计算机制图学教程
〔日〕芳田刚等著　李睿谟译　北京　人民教育
出版社　1980.8　138 页　大 32 开　0.47 元

01092　建筑机械液压元件手册
日本建设机械化协会编　刘恒兴译　北京　中国
建筑工业出版社　1980.8　208 页　18 开
1.40 元

01093　建筑生产与施工管理
〔日〕金高庆三著　岳宗译　北京　中国建筑工
业出版社　1980.5　221 页　32 开　0.58 元

01094　交通工程
〔日〕渡边新三等著　赵恩棠、张文魁译　北
京　人民交通出版社　1980.11　417 页　32 开
1.40 元

01095　教育工艺学简述
〔日〕坂元昂编　钟启泉译　北京　人民教育出
版社　1980.2　120 页　32 开　0.29 元

01096　教育心理学
〔日〕大桥正夫编　钟启泉译　上海　上海教育
出版社　1980.2　190 页　大 32 开　0.68 元
本书据原著 1977 年 6 月第 3 次印本译出。

01097　教育与日本现代化
〔日〕麻生诚、天野郁夫著　刘付忱译　北京
人民教育出版社　1980.8　70 页　32 开
0.19 元

01098　结构试验和结构设计
〔日〕梅村魁等著　林亚超译　北京　人民交通
出版社　1980.11　179 页　16 开　1.25 元
本书据日本技报堂 1973 年版译出。

01099　芥川龙之介小说十一篇
〔日〕芥川龙之介著　楼适夷译　长沙　湖南人
民出版社　1980.5　171 页　32 元　简精装
0.51 元

01100　今后的日本——向八十年代挑战
日本八十年代政策委员会编　福田赳夫、稻叶秀
三等修订　孙汉超等译　北京　商务印书馆
1980.7　253 页　32 开　0.67 元

01101　金环蚀
〔日〕石川达三著　金中译　长沙　湖南人民出
版社　1980.9　399 页　32 开　0.96 元

01102　金鱼的科学饲养
〔日〕熊谷孝良著　韩先朴译　北京　农业出版
社　1980.11　163 页　32 开　0.63 元

本书据东京书店 1978 年版译出。

01103　经静脉心脏起搏器的临床应用
〔日〕松本进作著　孟繁超译　哈尔滨　黑龙江人民出版社　1980.1　100 页　32 开　0.31 元

01104　晶体管及其电路
〔日〕川上正光等编　尹达衡译　北京　人民邮电出版社　1980.4　339 页　32 开　1.00 元

01105　精密测定器的机构设计
〔日〕味岗成庚著　秦曾志、国洪志译校　北京　国防工业出版社　1980.3　243 页　大 32 开　0.99 元

01106　科学史上的九十九个谜
〔日〕市场泰男著　李耕新译　太原　山西人民出版社　1980.8　158 页　32 开　0.41 元

01107　科学之谜
〔日〕田中实著　黄梦平、杨国光等译　北京　科学普及出版社　1980.2　128 页　32 开　0.36 元

01108　可靠性技术——设计、制造和使用
〔日〕高木升主编　〔日〕市田嵩著　五所译　北京　国防工业出版社　1980.8　878 页　32 开　1.25 元

01109　炼钢技术（钢铁冶金学讲座第 3 卷）
〔日〕三本木贡治等著　王舒黎等译　北京　冶金工业出版社　1980.10　179 页　16 开　1.25 元
本书原名《钢铁冶炼技术》，据日本朝仓书店 1977 年版译出。

01110　炼铁技术（钢铁冶金学讲座第 2 卷）
〔日〕三本木贡治等著　范显玉等译　北京　冶金工业出版社　1980.9　180 页　16 开　1.25 元

01111　龙子太郎
〔日〕松谷美代子著　柯毅文译　南京　江苏人民出版社　1980.8　93 页　36 开　0.25 元
本书据日本讲谈社 1979 年新版译出。

01112　鲁迅的印象
〔日〕增田涉著　钟敬文译　长沙　湖南人民出版社　1980.5　140 页　32 开　0.43 元

01113　路透其人和路透社
〔日〕仓田保雄著　回瑞岩、任长安译　北京

新华出版社　1980.10　244 页　32 开　0.63 元

01114　氯丁橡胶加工技术
〔日〕乡田兼成著　刘登祥译　北京　化学工业出版社　1980.1　214 页　32 开　0.75 元
本书译自日文版《合成橡胶加工技术全书》的第 6 卷。

01115　猫和老鼠（日本民间故事）
〔日〕坪田让治著　陈志泉译　呼和浩特　内蒙古人民出版社　1980.11　162 页　32 开　0.33 元

01116　猫知道
〔日〕仁木悦子著　金冈译　北京　群众出版社　1980.9　201 页　32 开　0.48 元

01117　迷宫之门
〔日〕横沟正史著　王纪卿译　长沙　湖南人民出版社　1980.7　219 页　32 开　0.53 元

01118　"明斯克号"出击（第三次世界大战·日本篇续篇）
日本久留岛龙夫军事研究小组著　齐协译　北京　新华出版社　1980.3　279 页　大 32 开　1.05 元

01119　木下顺二戏剧集（当代外国文学）
高慧勤等译　北京　外国文学出版社　1980.9　341 页　32 开　0.84 元
本书据东京未来社 1961 年版《木下顺二作品集》（共七卷）译出。

01120　牛顿的故事
〔日〕大冢诚造著　战宪斌译　哈尔滨　黑龙江人民出版社　1980.1　121 页　32 元　0.34 元

01121　培养作业长入门
〔日〕十时昌著　复旦大学世界经济研究所日本经济研究室译　北京企业管理出版社　1980.12　171 页　32 开　0.50 元

01122　企业素质的改善
日本经营系统股份公司编　吉林大学日本研究所《企业素质的改善》翻译小组译　北京　企业管理出版社　1980.12　213 页　32 开　0.65 元

01123　浅海地质学
〔日〕大森昌卫等著　常子文译　北京　科学出版社　1980.11　486 页　32 开　2.40 元

01124　人兽共患传染病
〔日〕滨田辅一著　陈志平、王志译　成都　四川人民出版社　1980.12　61页　32开　0.25元

01125　日本当代短篇小说选
沈阳　辽宁人民出版社　1980.10　632页　大32开　1.75元

01126　日本的黑雾（当代外国文学）
〔日〕松本清张著　文洁若译　北京　外国文学出版社　1980.4　406页　32开　0.95元
本书据东京文艺春秋新社1962年版译出。

01127　日本的建筑界
〔日〕尾岛俊雄著　《日本的建筑界》编译委员会译　北京　中国建筑工业出版社　1980.10　389页　大32开　1.30元

01128　日本的经验——环境政策成功了吗？（经济合作与发展组织报告）
日本环境厅国际课主编　李金昌译　北京　化学工业出版社　1980.5　130页　32开　0.49元

01129　日本钢铁工业
〔日〕渡边公平著　吴杰译　上海　上海译文出版社　1980.11　120千字　32开　0.47元
本书据日本教育社1975年版译出。

01130　日本公路技术标准的解说与运用
日本道路协会编　王治中等译　北京　人民交通出版社　1980.6　643页　32开　1.65元
本书据日本道路协会1972年第3版译出。

01131　日本国有铁道混凝土结构设计标准和解释
日本土木学会　铁道部基建总局编译组译　北京　人民铁道出版社　1980.1　431页　16开　2.85元

01132　日本教育的现代化
日本国立教育研究所编　张渭城等译　北京　教育科学出版社　1980.8　105页　32开　0.48元

01133　日本经济统计项目的涵义和用法
日本银行、经济企划厅等编著　吉林大学日本研究所编译小组译　商务印书馆　1980.2　157页　32开　0.44元

01134　日本经济增长讲话
〔日〕金森久雄著　萧明伟译　北京　中国社会科学出版社　1980.6　155页　32开　0.42元

01135　日本科学技术情报手册
日本科学技术情报中心编　翟云等译　北京　科学技术文献出版社　1980.3　249页　16开　1.50元

01136　日本狂言选
申非译　北京　人民文学出版社　1980.2　246页　大32开　精装1.75元　平装0.84元
本书据《日本古典文学大系·狂言集》（岩波书店1960年版）选译。

01137　日本沥青路面规范
日本道路协会著　周庆桐等译　北京　人民交通出版社　1980.9　207页　32开　1.10元

01138　日本民间故事选
李威周等编译　济南　山东人民出版社　1980.12　245页　32开　0.56元
本书据1975年东京角川书店陆续出版的宫本常一等主编、濑川拓男等编著的12卷本《日本民间故事》选译。

01139　日本民间故事选
〔日〕永田义直编著　马兴国编译　沈阳　辽宁人民出版社　1980.6　107页　32开　0.24元
本书据《日本民话400选》（金园社1977年版）选译。

01140　日本企业对管理人员的要求
〔日〕本山多喜二著　中国机械工程学会技术经济和管理现代化研究会（筹）编译　北京　地震出版社　1980.11　62千字　32开　0.34元

01141　日本山岭隧道技术规范及解释
日本土木学会编著　关宝树译　北京　中国铁道出版社　1980.6　209页　32开　0.70元
本书据原书1977年版译出。

01142　日本推理小说选
〔日〕松本清张等著　吴树文、文朴译　秦龙插图　北京　群众出版社　1980.1　231页　32开　0.63元

01143　日本外交史（上、下册）
〔日〕信夫清三郎编　天津社会科学院日本问题研究所译　北京　商务印书馆　1980.8　739千字　大32开　3.50元

01144　日本自动停车
〔日〕樋口清治著　翟国理译　北京　人民铁道

出版社 1980.1 373 页 大 32 开 1.50 元

01145 日中两千年——人物往来与文化交流
〔日〕中村新太郎著 张柏霞译 长春 吉林人
民出版社 1980.5 272 页 32 开 0.85 元

01146 日中文化交流史
〔日〕木宫泰彦著 胡锡年译 北京 商务印书
馆 1980.4 808 页 大 32 开 精装 3.70 元

01147 山民（第 1 部 飞骅国）
〔日〕江马修著 卞立强译 上海译文出版社
1980.2 366 页 32 开 0.96 元

01148 深海地质学
〔日〕星野通平等著 王德文等译 北京 科学
出版社 1980.12 314 页 32 开 1.60 元
本书据日本东海大学出版会 1972 年版译出。

01149 生理光学（眼的光学与视觉）
日本应用物理学会、光学讨论会编 杨雄里译
北京 科学出版社 1980.11 322 页 32 开
1.70 元

01150 生理学实习
日本生理学会编 王佩等译 北京 人民卫生出
版社 1980.3 365 页 16 开 2.25 元

01151 生物流变学
〔日〕冈小天著 吴云鹏、陶祖莱译 北京 科
学出版社 1980.11 576 页 32 开 2.85 元

01152 石油产品添加剂
〔日〕樱井俊男编著 石油产品添加剂翻译组
译 北京 石油工业出版社 1980.11 565 页
大 32 开 2.30 元
本书据原书 1973 年版译出。

01153 实用电子公式手册
〔日〕阿部节次著 张德春译 长春 吉林人民
出版社 1980.9 301 页 大 32 开 1.10 元

01154 实用经营管理技术特辑
日本能率协会编 吉林师范大学外国研究所译
北京 企业管理出版社 1980.12 227 页 32
开 0.70 元

01155 世界资源之战
〔日〕那须圣著 齐力译 北京 新华出版社
1980.1 153 页 大 32 开 0.59 元

本书原名为《第三次世界大战已经开始》。

01156 视觉生理与仿生学
〔日〕福岛邦彦著 马万禄等译 北京 科学出
版社 1980.1 246 页 32 开 1.00 元

01157 售货基础知识（国外商业丛书 1）
北京 中国商业出版社 1980.10 32 页 32
开 0.10 元

01158 售货员守则（国外商业丛书 2）
北京 中国商业出版社 1980.10 53 页 32
开 0.16 元
本书根据《日本三越百货公司售货员守则》
选译。

01159 树影
〔日〕佐多稻子著 文洁若等译 长沙 湖南人
民出版社 1980.2 257 页 大 32 开 0.76 元
本书据东京讲谈社 1972 年版译出。

01160 数据通信技术简说
〔日〕长谷川寿彦著 裘古庵、申在明译 北
京 人民邮电出版社 1980.4 213 页 32 开
0.57 元

01161 数控软件
〔日〕岸甫编著 沈阳市日用机械研究所译 北
京 国防工业出版社 1980.3 354 页 16 开
2.35 元

01162 水稻小苗中苗的生理与育秧技术
〔日〕星川清亲著 翟凤林译 北京 农业出版
社 1980.5 176 页 32 开 0.50 元

01163 水中超微量成分分析
〔日〕高桥武雄编著 吴景学等译 北京 中国
建筑工业出版社 1980.11 269 页 大 32 开
0.83 元
本书据日本产业图书株式会社 1972 年 2 月版
译出。

01164 太阳黑点
〔日〕森村诚一著 刘柏青、李成宰译 长春
吉林人民出版社 1980.8 292 页 32 开
0.82 元
本书译自日本 1979 年《小说时代》。

01165 泰勒展开
〔日〕渡部隆一著 胡复译 北京 科学普及出

版社　1980.5　132 页　32 开　0.39 元

01166　体育译文（10　幼儿体育基础理论）
〔日〕胜部笃美著　杨更生译　北京人民体育出版社　1980.5　51 页　16 开　0.58 元

01167　天平之甍
〔日〕井上靖著　楼适夷译　北京　人民文学出版社　1980.2　115 页　大 32 开　精装 1.30 元
平装 0.40 元
本书 1963 年 4 月作家出版社曾有中译本出版，是据日本中央公论社 1962 年版翻译的，这次新 1 版据日本中央公论社原作 1977 年新版重译。

01168　天平之甍（话剧剧本、电影脚本）
〔日〕井上靖原著　〔日〕依田义贤改编　陈德文、张和平译　南京　江苏人民出版社　1980.3　192 页　32 开　0.56 元
本书话剧剧本据日本《舞曲扇林》1974 年第 20、21 合刊号译出，电影脚本据日本《电影旬报》2 月上旬号译出。

01169　天体和宇宙（日本少年博物馆丛书）
〔日〕日下实男著　李季安译　北京出版社　1980.12　179 页　32 开　0.76 元

01170　偷袭珍珠港前的 365 天
〔日〕实松让著　史人译　上海　上海译文出版社　1980.10　286 千字　32 开　1.10 元
本书据日本光人社 1971 年第 4 版译出。

01171　透视图法在公路设计中的应用（增订版）
〔日〕岩间滋、七宫大著　任力译　北京　人民交通出版社　1980.3　137 页　32 开　0.41 元

01172　微分　积分（工科数学丛书之一）
〔日〕田岛一郎等著　刘俊山译　沈阳　辽宁人民出版社　1980.10　346 页　大 32 开　1.40 元

01173　围棋基本技术
〔日〕杉内雅男著　陈岱、储元熹编译　北京人民体育出版社　1980.10　293 页　32 开　0.98 元

01174　围棋死活题集锦——死活与手筋
〔日〕关山利夫、关山利一著　天一译　北京人民体育出版社　1980.11　404 页　32 开　1.35 元

01175　卫星航法
〔日〕木村小一著　杨守仁等译　北京　人民交

通出版社　1980.10　244 页　32 开　0.82 元

01176　我的战后经历——个前共产党干部的证言
〔日〕袴田里见著　周斌译　商务印书馆　1980.8　110 千字　32 开　0.45 元

01177　污水的生物处理
〔日〕洞泽勇著　张自杰译　北京　中国建筑工业出版社　1980.5　249 页　32 开　0.65 元

01178　无机化学例题与习题
〔日〕宫崎正藏著　王秉济等译　北京　人民教育出版社　1980.12　403 页　32 开　0.94 元
本书据槙书店东京 1976 年 5 月第 1 版译出。

01179　无缺点计划
日本能率协会编　盛继勤译　北京　工人出版社　1980.6　139 页　32 开　0.40 元

01180　无线电应用数学
〔日〕石上彦一著　黄宗成译　北京　科学普及出版社　1980.5
上册　1—157 页　32 开　0.41 元
下册　159—330 页　32 开　0.44 元

01181　物理（1979 日本国高考题解选译）
崔元日译　郑州　河南人民出版社　1980.10　319 页　32 开　0.87 元

01182　物理地学
〔日〕力武常次、荻原幸男著　郑建中译　北京　地震出版社　1980.3　266 页　大 32 开　1.10 元

01183　物理学题解（高等学校理工科参考书）
〔日〕松平升等著　王嘉新、谢邦新译　长沙湖南科学技术出版社　1980.10　449 页　32 开　1.50 元

01184　系统工程学
〔日〕寺野寿郎编　张宏文译　北京　机械工业出版社　1980.9　283 页　大 32 开　1.10 元

01185　仙鹤女儿（日本童话选）（小学生文库）
郑万鹏等译　吴玉朴插图　长春　吉林人民出版社　1980.11　93 页　32 开　0.24 元

01186　现代日本经济
〔日〕都留重人编　马成三译　北京　北京出版社　1980.2　348 页　32 开　0.70 元
本书据朝日新闻社 1977 年版译出。

01187　现代日语
〔日〕吉田弥寿夫主编　上海外语电化教学馆译　上海　上海译文出版社　1980.1　462页　大32开　1.45元
本书据日本学研社1973年版译出。

01188　相对论浅说——宇宙时代的常识
〔日〕猪木正文著　董炯明译　北京科学出版社　1980.5　141页　32开　0.40元

01189　小学生计算游戏——趣味难题
〔日〕矢野健太郎、高木茂男编　金东淑、李长声译　长春　吉林人民出版社　1980.11　163页　32开　0.42元

01190　斜长石光学图表
〔日〕坪井诚太郎等著　苏树春译　北京　地质出版社　1980.4　247页　16开　2.00元

01191　斜拉桥的影响线
〔日〕渡边升著　廖顺庠、吴在辉译　北京　人民交通出版社　1980.7　139页　32开　0.37元

01192　蟹工船（文学小丛书）
〔日〕小林多喜二著　叶渭渠译　北京人民文学出版社　1980.3　104页　32开　0.23元
本书据东京青木书店1953年版译出。人民文学出版社1973年曾出版过。

01193　新理科（4上　小学四年级自然常识）（日本小学教科书）
〔日〕藤井隆等著　何子岚译　长春　吉林人民出版社　1980.4　68页　32开　0.51元

01194　新理科（4下　小学四年级自然常识）（日本小学教科书）
〔日〕藤井隆等编　何子岚译　长春　吉林人民出版社　1980.4　64页　32开　0.48元

01195　新理科（5上　小学五年级自然常识）（日本小学教科书）
〔日〕藤井隆等著　何子岚译　长春　吉林人民出版社　1980.12　78页　32开　0.34元

01196　新理科（5下　小学五年级自然常识）（日本小学教科书）
〔日〕藤井隆等著　何子岚译　长春　吉林人民出版社　1980.12　74页　32开　0.33元

01197　新理科（6上　小学六年级自然常识）（日本小学教科书）
〔日〕藤井隆等著　何子岚译　长春　吉林人民出版社　1980.12　80页　32开　0.35元

01198　新理科（6下　小学六年级自然常识）（日本小学教科书）
〔日〕藤井隆等著　马利民译　长春　吉林人民出版社　1980.12　76页　32开　0.34元

01199　新数学习题集（日本初中数学教材）
日本东京书籍编辑部编　长春　吉林人民出版社　1980.12
（1）李铸译　151页　32开　0.41元
（2）何子岚译　148页　32开　0.39元
（3）何子岚译　165页　32开　0.43元

01200　新算术（3下　小学三年级算术）（日本小学教科书）
〔日〕小平邦彦等编　孙世路译　长春　吉林人民出版社　1980.4　108页　32开　0.78元

01201　新算术（4上　小学四年级算术）（日本小学教科书）
〔日〕小平邦彦等编　薛凤德译　长春　吉林人民出版社　1980.4　120页　32开　0.50元

01202　新算术（4下　小学四年级算术）（日本小学教科书）
〔日〕小平邦彦等编　王桂译　长春　吉林人民出版社　1980.5　124页　32开　0.52元

01203　新算术（5上　小学五年级算术）（日本小学教科书）
〔日〕小平邦彦等编　赵新华译　长春　吉林人民出版社　1980.12　116页　32开　0.49元

01204　新算术（5下　小学五年级算术）（日本小学教科书）
〔日〕小平邦彦等编　苗振华译　长春　吉林人民出版社　1980.12　120页　32开　0.50元

01205　新算术（6上　小学六年级算术）（日本小学教科书）
〔日〕小平邦彦等编　王桂译　长春　吉林人民出版社　1980.12　112页　32开　0.47元

01206　新算术（6下　小学六年级算术）（日本小学教科书）
〔日〕小平邦彦等编　孙文龙译　长春　吉林人民出版社　1980.12　108页　32开　0.46元

01207　学习珠算可以增强脑力
〔日〕荒木勋著　殷长生编译　北京　科学普及出版社　1980.6　128页　32开　0.38元

本书以翻译为主，撰补为辅，除据原著翻译外，增补丁"算盘的起源"等五篇附录，并将原著前三章做了些小的删节。

01208 岩体力学与测定
〔日〕铃木光著 杨其中等译 北京 煤炭工业出版社 1980.7 321页 大32开 1.30元
本书据东京内田老鹤圃新社1973年版译出。

01209 养鱼饲料学
〔日〕桥本芳郎编 蔡完其译 北京 农业出版社 1980.10 323页 32开 1.05元

01210 夜声
〔日〕井上靖著 文洁若等译 上海 上海译文出版社 1980.10 379页 32开 0.88元
本书据《井上靖小说全集》第30卷新潮社1974年版译出。

01211 液压流体力学
〔日〕竹中利夫、浦田暎三著 温立中、贺正辉译 北京科学出版社 1980.1 321页 32开 1.10元

01212 伊东深水人物画选辑
南京 江苏人民出版社 1980.5 12幅 16开 0.75元

01213 异戊橡胶加工技术
〔日〕小室经治等著 盛德修译 北京 化学工业出版社 1980.11 152页 32开 0.53元

01214 抑制电子电路噪声的方法
〔日〕北大路刚著 刘宗惠译 北京 人民邮电出版社 1980.2 162页 32开 0.43元

01215 阴谋·暗杀·军刀——个外交官的回忆
〔日〕森岛守人著 赵连泰译 哈尔滨 黑龙江人民出版社 1980.10 163页 32开 0.55元
本书据原著1958年2月第7版译出。

01216 印度逻辑学的基本性质
〔日〕梶山雄一著 张春波译 商务印书馆 1980.7 56页 大32开 0.27元
本书据日本应考哲学会编《哲学研究》第40卷第10—11册（1960年7、8月号）译出。

01217 油缸和气缸的故障分析
〔日〕门泰一著 柴志浦译 北京 煤炭工业出版社 1980.2 210页 32开 0.57元

01218 雨宫明历险记
〔日〕石森章太郎编绘 霍郁华等译文 杨明等改绘 天津人民美术出版社 1980.7 162页 32开 0.40元

01219 源氏物语（上）（日本文学丛书）
〔日〕紫式部著 丰子恺译 北京 人民文学出版社 1980.12 430页 大32开 1.50元

01220 怎样学习ALGOL（电子计算机学习丛书）
〔日〕高宫英郎著 李国纲译 北京 中国人民大学出版社 1980.1 112页 32开 0.59元
本书据日本东京电机大学出版局1973年藏译出。

01221 植物病毒图鉴
〔日〕保坂康弘等编 梁训生、张成良译 北京 农业出版社 1980.8 342页 大32开 1.40元

01222 植物病毒与分子生物学
〔日〕冈田吉美著 梁训生译 北京 科学出版社 1980.8 126页 32开 0.68元
本书据东京大学出版会1977年版译出。

01223 植物的休眠与发芽
〔日〕藤伊正著 刘瑞征译 北京 科学出版社 1980.10 95页 32开 0.30元

01224 中国人留学日本史
〔日〕实藤惠秀著 谭汝谦、林启彦译 北京 三联书店 1980.8 490页 大32开 1.90元

01225 中华民国史资料丛稿（译稿）土肥原秘录
日本土肥原贤二刊行会编 天津市政协编译组译 北京 中华书局 1980.11 146页 16开 0.96元

01226 中学生常用英语习语
吴孟奇译 长沙湖南人民出版社 1980.7 195页 64开 0.23元
本书据日本考试研究出版社版译出。

01227 重磁异常解释方法的理论基础
〔日〕加藤元彦著 石正礼等译 北京 地质出版社 1980.10 183页 大32开 1.30元

01228 铸钢铸铁焊接要点
〔日〕副岛一雄、仁熊贤次著 张锐译 哈尔滨 黑龙江人民出版社 1980.4 176页 32

开　0.48元

01229　专利法概论
〔日〕吉藤幸朔著　宋永林译　北京　科学技术文献出版社　1980.8　229页　32开　1.25元
本书为日本吉藤幸朔所著。中译本选译了原著绪论和发明专利条件等基本概念部分。

01230　自动化船舶的动力装置
日本造船学会舣装研究委员会编　刘直、赵兴贤译　北京　人民交通出版社　1980.12　254页　16开　2.50元

01231　自动机械机构学
〔日〕牧野洋著　胡茂松译　北京　科学出版社　1980.7　394页　32开　1.60元

01232　综合防治
〔日〕深谷昌次、桐谷圭治编　忻介六、梁来荣译　上海　上海科学技术出版社　1980.7　428页　32开　1.30元

1981

01233　癌的秘密
〔日〕武田胜男、菊地浩吉著　曹全金、倪惠文译　南昌　江西人民出版社　1981.7　167页　32开　0.50元

01234　爱迪生
〔日〕鹤见正夫著　孙利人译　哈尔滨　黑龙江人民出版社　1981.11　92页　32开　0.28元

01235　爱因斯坦以后的自然探险
〔日〕猪木正文著　谢联发编译　广州　广东科技出版社　1981.11　165页　32开　0.59元

01236　爱与死（日本现代小说欣赏）
林焕平编译　南宁　广西人民出版社　1981.9　244页　28开　0.84元

01237　八十年代中国经济的战略重点
〔日〕小林实著　张连绥等译　北京　中国社会科学出版社　92页　32开（《经济研究参考资料》增刊）

01238　坝工设计规范
日本大坝委员会编制　钱志春译　北京　水利出版社　1981.7　128页　32开　0.47元
本书据日本1978年第2次修订本译出。

01239　拜伦传（世界名人文学传记丛书）
〔日〕鹤见祐辅著　陈秋帆译　长沙　湖南人民出版社　1981.10　247页　32开　0.80元

01240　半喂入联合收割机性能研究
〔日〕江崎春雄等著　曹崇文、王渊喆译　北京　中国农业机械出版社　1981.12　115页　16开　0.74元

01241　保护地的构造与设备（保护地园艺）
〔日〕内海修一著　裕载勋、赵士杰译　北京　农业出版社　1981.12　340页　大32开　1.65元

01242　冰河
〔日〕江马修著　力生译　上海　上海译文出版社　1981.10　2册　720页　大32开　2.05元
本书有新文艺出版社1958年8月第1版，上海文艺出版社1964年2月新1版。本版据作家出版社上海编辑所1965年6月版重印。

01243　不不园
〔日〕中川李枝子著　孙幼军译　成都　四川少年儿童出版社　1981.3　101页　32开　0.29元

01244　不等式与区域（日本中学生数学丛书　5）
〔日〕冈部进著　李淑萍译　长春　吉林人民出版社　1981.5　117页　32开　0.53元

01245　不可思议?! 人体超级能力现象
〔日〕濑川昌男、政木和三等编著　于明学编译　长春　吉林人民出版社　1981.5　180页　32开　0.46元

01246　不如归（林译小说丛书）
〔日〕德富健次郎著　林纾、魏易译　北京　商务印书馆　1981.10　112页　32开　0.74元
本书解放前曾出版过，这次是重印。

01247　不锈钢的损坏及其防护（典型实例）
〔日〕须永寿夫著　耿文范译　北京　机械工业出版社　1981.8　200页　32开　0.70元

01248　材料科学概论
〔日〕笠井芳夫著　张绶庆译　北京　中国建筑工业出版社　1981.2　279页　大32开　1.15元
本书为日本彰国社1977年出版的"新建筑技术丛书"之一。

01249　蚕的发育生理
〔日〕诸星静次郎著　丁辉等译　北京　农业出

版社　1981.9　246 页　32 开　0.86 元

01250　蚕种制造
日本教育部编　中国农业科学院蚕业研究所译
南京　江苏科学技术出版社　1981.12　159 页
32 开　0.45 元
本书据原书 1978 年版译出。

01251　蚕种总论
〔日〕高见丈夫著　夏建国译　北京　农业出版
社　1981.3　451 页　32 开　1.50 元

**01252　苍氓——日本中短篇小说选（世界文学
丛刊　第五辑）**
《世界文学》编辑部编　文洁若等译　北京　中
国社会科学出版社　1981.9　548 页　32 开
1.35 元
本书包括 13 篇作品。

01253　茶树栽培与生理
陈兴琰译　北京　农业出版社　1981.7　270
页　32 开　0.70 元
本书选译日本的有关译文 25 篇。

01254　长波长光通信——器件和元件
〔日〕野田健一等著　石忠诚等译　北京　人民
邮电出版社　1981.5　120 页　32 开　0.43 元

01255　长寿秘诀——平衡健身法
〔日〕增田靖弘著　顾时光、王连安译　长春
吉林人民出版社　1981.3　181 页　36 开
0.43 元

01256　超大规模集成电路微细加工技术
日本财团法人半导体研究振兴会编　高存贞等
译　北京　国防工业出版社　1981.4　235 页
16 开　1.60 元

**01257　超高压电子显微镜在金属材料性能研究
中的应用（《金属学报》第 17 卷第 8 期论文选
印本）**
〔日〕田冈忠美著　邹本三译　北京　冶金工业
出版社　1981.11　45 页　16 开　0.40 元

01258　超级市场——大荣公司
〔日〕今城利之著　李文实译　北京　中国财政
经济出版社　1981.8　138 页　32 开　0.45 元

01259　初中理化
〔日〕芝茂雄等著　吴念圣、古慧明译　上海
上海教育出版社　1981.12　178 页　32 开
0.49 元

01260　催化剂制造
〔日〕白崎高保、藤堂尚之编　《催化剂制造》
翻译组译　北京　石油工业出版社　1981.8
383 页　大 32 开　1.60 元

01261　大气动力学原理
〔日〕小仓义光著　黄荣辉译　北京　科学出版
社　1981.2　309 页　32 开　1.55 元

01262　代数与构造（日本中学生数学丛书　6）
〔日〕高桥秀雄著　高绪珏译　长春　吉林人民
出版社　1981.4　118 页　32 开　0.53 元

01263　蛋白质的定量法
〔日〕菅原洁、副岛正美著　张旭译　北京　农
业出版社　1981.9　249 页　32 开　0.88 元
本书据原书 1977 年第 2 版译出。

01264　地震学
〔日〕宇津德治著　陈铁城、全鉴道译　北京
地震出版社　1981.5　278 页　大 32 开
1.15 元

01265　地震云
〔日〕键田忠三郎主编　〔日〕真锅大觉、吕大
炯编著　高宗恒译　西安　陕西科学技术出版
社　1981.9　188 页　32 开　精4.50 元
本书原名《这是地震云》，据中日新闻本社 1980
年版译出。

01266　电磁波电路
〔日〕小西良弘著　卢懋等译　北京　人民邮电
出版社　1981.2　316 页　32 开　1.05 元

01267　电力系统的保护与控制
〔日〕太田宏次著　王春生译　北京　电力工业
出版社　1981.12　289 页　32 开　0.78 元

01268　电炉炼钢（钢铁厂技术培训参考丛书）
孙江译　北京　冶金工业出版社　1981.3　93
页　16 开　0.72 元
本书译自一套日本的技术培训教材。

01269　电子分色机入门
〔日〕马渡力著　金钟学译　北京　印刷工业出
版社　1981.10　180 页　32 开　0.55 元

01270　电子乐器
〔日〕小泽恭至编　程一中译　北京　轻工业出
版社　1981.4　180 页　32 开　0.61 元

01271 锻炼记忆力的方法
日本产业教育研究所编 邵道生译 北京 中国农业机械出版社 1981.5 124页 32开 0.40元

01272 多嘴的水母（日本民间故事）
〔日〕后藤楢根编写 吴念圣译 江林画 成都 四川人民出版社 1981.5 1册 24开 0.30元

01273 发光二极管
〔日〕青木昌治编著 黄振岗译 北京 人民邮电出版社 1981.10 190页 32开 0.51元

01274 发展中经济类型的国家与日本——发展过程中的经验教训
〔日〕大来佐武郎著 中国对外翻译出版公司第二编译室译 北京 中国对外翻译出版公司 1981.6 246页 大32开 1.50元
本书据 S. Okita The Developing Economies and Japan（University of Tokyo Press，1980）一书译出

01275 法布尔
〔日〕小林清之介著 宋世宜译 哈尔滨 黑龙江人民出版社 1981.10 77页 32开 0.24元
本书译自日本主妇之友社出版的《世界传记全集》。

01276 番茄生理基础
〔日〕斋藤隆、片冈节男著 王海廷等译 上海科学技术出版社 1981.8 363页 32开 1.10元

01277 反义词大词典（日文）
〔日〕中村一男编 上海 上海译文出版社 1981 552页 32开 精装本2.50元

01278 泛函分析
〔日〕吉田耕作著 吴元恺等译 北京 人民教育出版社 1981.7 424页 16开 1.95元

01279 方程式（日本中学生数学丛书 4）
〔日〕村野英克著 任永泰译 长春 吉林人民出版社 1981.3 124页 32开 0.55元

01280 放射性同位素检查技术
〔日〕渡边克司著 汪允干、王文浩译 北京 人民卫生出版社 1981.11 462页 32开 1.55元
本书据原书1978年第3版译出。

01281 非线性波动
〔日〕谷内俊弥、西原功修著 徐福元等译 北京 原子能出版社 1981.3 276页 32开 1.15元

01282 分子束外延入门
〔日〕权田俊一著 方永勋译 北京 国防工业出版社 1981.3 104页 32开 0.29元

01283 丰田四十年的历程
〔日〕山本直著 周宝廉、傅春寰译 天津 人民出版社 1981.2 226页 32开 0.53元

01284 丰田现场管理
日本能率协会编 中国人民大学外国经济管理研究所编译室译 北京 中国人民大学出版社 1981.6 162页 32开 0.51元

01285 封锁日本（第三次世界大战推想小说）
〔日〕森咏著 谷溪译 南京 江苏人民出版社 1981.4 379页 32开 0.91元
本书据日本德间书店1979年8月第8版译出。

01286 浮华世家（上卷）
〔日〕山崎丰子著 叶渭渠、唐月梅译 上海 上海译文出版社 1981.3 434页 32开 1.00元
本书据日本新潮社1974年版译出。

01287 妇产科考量解（供从事妇产科工作的医务人员和医学院校学生复习用）
乐杰、张崇德编译 北京 人民卫生出版社 1981.11 315页 32开 1.00元
本书选择1954—1980年日本医师国家考题共700个编译而成。

01288 复变函数（习题集）（工科数学丛书之四）
〔日〕渡部隆一等著 王运达译 沈阳 辽宁人民出版社 1981.5 316页 大32开 1.25元

01289 复变函数（工科数学丛书之四）
〔日〕渡部隆一等著 王运达译 沈阳 辽宁人民出版社 1981.5 265页 大32开 1.05元

01290 概率与统计（日本中学生数学丛书 12）
〔日〕町田彰一郎编 苏明礼译 长春 吉林人民出版社 1981.7 117页 32开 0.52元

01291 肝炎肝硬变肝癌
〔日〕河田肇等著 戚积让、葛子华译 济南 山东科学技术出版社 1981.3 180页 16开

1.20 元

01292 钢材的焊接裂缝（冷裂缝）
〔日〕铃木春义著 梁桂芳译 北京 机械工业
出版社 1981.5 186 页 32 开 0.63 元

**01293 钢材的性能与试验（新版钢铁技术讲座
第 3 卷）**
日本钢铁协会编 简光沂译 上海 上海科学技
术出版社 1981.4 314 页 16 开 1.90 元

01294 钢结构塑性设计指南
日本建筑学会编 李和华译校 北京 中国建筑
工业出版社 1981.11 370 页 大 32 开
1.20 元

01295 钢桥
〔日〕小西一郎编 戴振藩译 北京人民铁道出
版社 1981.6
第四分册 1981.6 210 页 16 开 1.45 元
第五分册 1981.6 264 页 16 开 1.75 元
第六分册 1981.8 228 页 16 开 2.30 元

01296 钢铁概论（钢铁厂技术培训参考丛书）
王喆译 北京 冶金工业出版社 1981.3 92
页 16 开 0.70 元
本书译自一套日本的技术培训教材。

01297 钢铁生产（新版钢铁技术讲座 第 2 卷）
日本钢铁协会编 上海宝山钢铁总厂资料室翻
译组译 上海科学技术出版社 1981.5 274
页 16 开 1.65 元

01298 高分子的分子设计（1 分子设计的基础）
日本高分子学会编 徐震春、岳传龙译 上海科
学技术出版社 1981.1 377 页 32 开 1.15 元

01299 高炉炼铁（钢铁厂技术培训参考丛书）
车传仁等译 北京 冶金工业出版社 1981.3
97 页 16 开 0.72 元
本书译自一套日本的技术培训教材。

01300 高强度齿轮设计
〔日〕仙波正庄著 任宏达等译 北京 机械工
业出版社 1981.6 341 页 32 开 1.15 元

01301 高中化学 1 基础 300 题解
〔日〕中山雄一等编 崔圣范、张义生译 长
春 吉林人民出版社 1981.2 211 页 32 开

0.52 元

01302 高中数学 1 基础 300 题解
〔日〕土桥恭编 孙涤寰译 长春 吉林人民出
版社 1981.3 327 页 32 开 0.78 元

01303 高中物理 1 基础 300 题解
〔日〕有贺健治等著 林金玉译 长春 吉林人
民出版社 1981.2 318 页 32 开 0.75 元

01304 工程力学题解
〔日〕宫入武夫著 金建国等译 北京 冶金工
业出版社 1981.2 393 页 大 32 开 1.60 元
本书据原书 1978 年第 6 版译出。

01305 工程振动学
〔日〕中川宪治等著 夏生荣译 上海科学技术
出版社 1981.10 276 页 32 开 0.84 元

01306 工业标准化原理
〔日〕松浦四郎著 熊国凤、薄国华译 北京
技术标准出版社 1981.1 75 页 大 32 开
0.40 元
本书据 *Principles of Industrial Standardization* 一
书译出。

01307 工业锅炉热平衡计算方法
日本规格协会编 天津市标准计量管理局情报室
选译 北京 计量出版社 1981.1 39 页 32
开 0.24 元

01308 公害与毒物、危险物（无机篇）
〔日〕堀口博著 安家驹译 北京 化学工业出
版社 1981.2 374 页 大 32 开 1.50 元

01309 公路线形设计
〔日〕大冢胜美、木仓正美著 沈华春译 北
京 人民交通出版社 1981.3 168 页 32 开
0.87 元
本书据日本技术书局 1971 年东京版译出。

01310 古都·雪国
〔日〕川端康成著 叶渭渠、唐月梅译 济南
山东人民出版社 1981.9 322 页 32 开
0.83 元

01311 固定化酶
〔日〕千烟一郎著 胡宝华、吴维江译 石家
庄 河北人民出版社 1981.8 342 页 32 开

0.93 元

01312　关于江东六十四屯问题

黑龙江省社会科学院历史研究所编　哈尔滨　黑龙江人民出版社　1981.7　67 千字　32 开　0.29 元

本书包括〔日〕和田清著《关于江东六十四屯问题》、〔日〕增田忠雄著《黑河盆地村落的发展》两篇译文，并附一篇调查报告。

01313　官场政界六十年——岸信介回忆录

〔日〕岸信介等著　周斌译　北京　商务印书馆　1981.9　200 页　大 32 开　0.84 元

本书通过采访交谈写成，交谈者为日本前首相岸信介、岸的好友矢次一夫、岸的研究者伊藤隆。日本人称三人交谈为"鼎谈"。

01314　管理工程学（现代管理科学丛书）

〔日〕近藤次郎著　由明哲等译　北京　中国社会科学出版社　1981.10　346 页　32 开　1.25 元

01315　光纤通信入门

〔日〕末松安晴、伊贺健一著　刘时衡、梁民基译　北京　国防工业出版社　1981.2　191 页　32 开　0.67 元

01316　轨道力学

〔日〕佐藤裕著　卢肇英译　北京中国铁道出版社　1981.5　210 页　32 开　0.70 元

01317　国际间谍故事

〔日〕福岛正实编著　王双文译　长春　吉林人民出版社　1981.10　135 页　32 开　0.38 元

01318　过渡现象

〔日〕大槻乔主编　陈诗闻译　北京　人民邮电出版社　1981.9　201 页　32 开　0.69 元

01319　海底旅行

〔日〕濑川昌男著　孙竞先译　北京　教育科学出版社　1981.11　60 页　32 开　0.20 元

01320　海洋生态系——构造与机能

〔日〕山本护太郎著　赵焕登、孙修勤译　北京　海洋出版社　1981.7　109 页　32 开　0.30 元

01321　函数与变化（日本中学生数学丛书　7）

〔日〕菊池乙夫著　李开成译　长春　吉林人民

出版社　1981.5　133 页　32 开　0.60 元

01322　函数与分析（日本中学生数学丛书　8）

〔日〕冈森博和著　阎邦正译　长春　吉林人民出版社　1981.4　132 页　32 开　0.60 元

01323　汉方治疗百话摘编

于天星、王征编译　北京　科学技术文献出版社　1981.10　402 页　大 32 开　精装 3.20 元平装 2.10 元

本书将日本汉方医家矢数道明博士的代表作《汉方治疗百话》（共五集）摘编而成。

01324　汉日对译技巧

〔日〕今富正巳著　宁德辉译　长沙　湖南科学技术出版社　1981.2　202 页　32 开　0.58 元

01325　航空气象

〔日〕伊藤博编　刘春达译　北京　科学出版社　1981.2　406 页　32 开　2.00 元

本书据日本东京堂日文版译出。

01326　合成纤维长丝加工手册（上册）

〔日〕安冢胜三、奈良宽久著　北京化纤工学院化纤机械教研室译　北京　纺织工业出版社　1981.3　360 页　大 32 开　1.75 元

01327　核燃料工艺学

〔日〕三岛良绩编著　张凤林、郭丰守译　北京　原子能出版社　1981.3　371 页　32 开　1.75 元

01328　黑岛传治短篇小说选

〔日〕黑岛传治著　李芒等译　上海　上海译文出版社　1981.12　362 页　32 开　0.86 元

本书据《黑岛传治全集》筑摩书房 1970 年版译出。

01329　红蜡烛和人鱼姑娘

〔日〕小川未明著　施元辉、孟会亚译　福州　福建人民出版社　1981.10　164 页　32 开　0.47 元

01330　花的尸骸

〔日〕森村诚一著　朱金和译　昆明　云南人民出版社　1981.9　373 页　32 开　0.97 元

本书据日本讲谈社 1979 年 5 月的文库本译出。

01331　花卉盆栽

〔日〕佐野清、冈村彰著　刘醒群译　北京　科

学普及出版社 1981.10 41页 32开 0.16元

01332 化工过程的评价法
〔日〕高冈成祯著 王林译 北京 化学工业出版社 1981.9 228页 32开 0.77元
本书据东京丸善株式会社 1973 年版译出。

01333 化工过程系统工程
〔日〕高松武一郎等编 张能力、沈静珠译 北京 化学工业出版社 1981.2 426页 32开 1.40元
本书据日刊工业新闻社 1978 年版译出。

01334 化学 2
〔日〕田村三郎等编著 赵世良、孙云鸿译 北京 文化教育出版社 1981.4 172页 32开 0.44元

01335 化学安全工学
〔日〕北川彻三著 吉林省公安消防总队译 北京 群众出版社 1981.9 277页 32开 0.86元
本书 1959 年出版过，这次据 1978 年日刊工业新闻社第 11 版译出。

01336 化学物质致突变性检测法
〔日〕田岛弥太郎等编 谢雄等译 北京 人民卫生出版社 1981.8 285页 32开 0.96元

01337 化学高考试题 700 选
〔日〕竹林保次编 周显荣译 武汉 湖北人民出版社 1981.11 401页 32开 1.09元

01338 环境污染物质与毒性（无机篇）
〔日〕山根靖弘等编著 贺振东等译 成都 四川人民出版社 1981.8 225页 16开 1.80元
本书据日本南江堂株式会社 1980 年版译出。

01339 混凝土工程
〔日〕小林一辅著 冷锦文译 北京 煤炭工业出版社 1981.1 254页 32开 0.90元
本书据东京森北出版株式会社 1976 年版译出。

01340 火柱
〔日〕木下尚江著 尤炳圻译 上海 上海译文出版社 1981.3 189页 32开 0.47元
本书据岩波书店 1955 年 8 月版译出。

01341 饥饿海峡（十三场话剧）
〔日〕水上勉著 孙维善译 北京 中国戏剧出

版社 1981.9 125页 32开 精装 1.25元 平装 0.42元

01342 机器人（日本少年博物馆丛书）
〔日〕牧野贤治著 宋文译 北京 北京出版社 1981.8 183页 32开 0.76元

01343 机械基础知识（钢铁厂技术培训参考丛书）
杨国昌、陈邦夫译 北京 冶金工业出版社 1981.3 111页 16开 0.82元
本书译自一套日本的技术培训教材。

01344 机械零件的程序设计
〔日〕小川洁著 汪一麟等译 上海 上海科学技术出版社 1981.2 146页 16开 1.10元

01345 机械设计计算图表集
〔日〕小河美男著 漓江机械厂情报室译 南宁 广西人民出版社 1981.2 216页 大 32开 0.88元

01346 几何与证明（日本中学生数学丛书 9）
〔日〕中束正立著 布公译 长春 吉林人民出版社 1981.7 126页 32开 0.56元

01347 技术诀窍的许可证贸易
〔日〕五月女正三著 叶京生等译 上海 上海科学技术文献出版社 1981.10 104页 32开 0.50元

01348 家
〔日〕岛崎藤村著 枕流译 南京 江苏人民出版社 1981.8 339页 大 32开 0.96元
本书据日本新潮社《岛崎藤村集》1971 年第 8 版译出。

01349 价值分析（现代管理译丛）
〔日〕玉井正寿编 赵恩武等译 北京 机械工业出版社 1981.12 238页 32开 0.83元

01350 简易节能措施
日本省能中心编 包锦章等译 北京 科学技术文献出版社 1981.11 125页 32开 0.42元

01351 建筑隔声材料
〔日〕久我新一著 高履泰译 北京 中国建筑工业出版社 1981.4 196页 32开 0.68元
本书据技术书院 1974 年版译出，原书名《建筑用遮音材料》。

01352　建筑透视图的基本画法
〔日〕尾上孝一著　曹希曾译　西安　陕西科学技术出版社　1981.11　126页　16开　1.15元
本书据东京1977年版译出。

01353　交流电气化铁道牵引供电系统继电保护
〔日〕渡边宽著　丁向东、何四本译　北京　中国铁道出版社　1981.6　126页　32开　0.45元

01354　结婚二重奏
〔日〕菊池宽著　冯度译　福州　福建人民出版社　1981.12　392页　32开　1.03元

01355　芥川龙之介小说选（日本文学丛书）
文洁若等译　北京　人民文学出版社　1981.11　570页　大32开　1.65元
本书包括45篇短篇小说。据《芥川龙之介全集》日本岩波书店1978年版译出。

01356　静电手册
〔日〕菅义夫主编　《静电手册》翻译组译　北京　科学出版社　1981.8　615页　16开　6.00元

01357　九国宪法选介
〔日〕木下太郎编　康树华译　北京　群众出版社　1981.10　309页　32开　0.70元

01358　居里夫人
〔日〕桂木宽子著　郭博译　哈尔滨　黑龙江人民出版社　1981.11　93页　32开　0.30元
本书译自日本主妇之友社出版的《世界传记全集》。

01359　绝缘试验方法手册
日本电气学会编　陈琴生译　北京　电力工业出版社　1981.8　443页　大32开　1.30元

01360　科学并不神秘——围绕伽利略落体运动法则的对话（蒙古文）
〔日〕板仓圣宣著　何益（汉）译　钢加木（蒙）译　呼和浩特　内蒙古人民出版社　1981.8　270页　32开　0.34元
本书据科学出版社1978年2月汉文版译出。

01361　科学与独创
〔日〕加藤与五郎著　何天贵译　北京　科学出版社　1981.9　76页　32开　0.35元

01362　空间与坐标（日本中学生数学丛书　11）
〔日〕平冈忠著　王家彦译　长春　吉林人民出版社　1981.7　118页　32开　0.53元

01363　空气调节的科学基础
〔日〕木村建一著　单寄平译　北京　中国建筑工业出版社　1981.3　305页　32开　1.50元

01364　空调设备消声设计
空调设备噪声研究协会编　常玉燕译　北京　中国建筑工业出版社　1981.3　148页　大32开　0.62元

01365　会计手册（日文）
〔日〕黑泽清等监修　上海　光华出版社　1982.10　1221页　大32开　精装本6.90元
本书据日本中央经济社版影印。

01366　莱特兄弟
〔日〕桐渊辉著　王琳德译　哈尔滨　黑龙江人民出版社　1981.10　97页　32开　0.30元
本书译自日本主妇之友社出版的《世界传记全集》。

01367　梨
〔日〕林真二著　吴耕民译　北京　农业出版社　1981.4　336页　32开　1.10元

01368　里根政权
日本教育社编著　童心译　北京　新华出版社　1981.5　281页　大32开　0.89元

01369　理科物理化学基础
〔日〕中村周等著　李国珍等译　北京　人民教育出版社　1981.10　283页　大32开　0.81元
本书据日本朝仓书店1975年版译出。

01370　理论分析化学
〔日〕加藤忠藏著　马万仪、黄剑龄译　北京　人民教育出版社　1981.12　253页　大32开　0.76元

01371　利用计算机的机械设计演算
〔日〕白石明男、八木康男著　郑春瑞译　北京　国防工业出版社　1981.5　217页　大32开　0.90元

01372　炼钢概论（钢铁厂技术培训参考丛书）
陈襄武译　北京　冶金工业出版社　1981.11　101页　16开　0.77元
本书译自一套日本的技术培训教材。

01373　炼铁概论（钢铁厂技术培训参考丛书）
薛培增译　北京　冶金工业出版社　1981.7　68
页　16开　0.53元
本书译自一套日本的技术培训教材。

01374　炼铁与炼钢（新版钢铁技术谈座　第1卷）
日本钢铁协会编　上海宝山钢铁总厂资料室翻
译组译　上海　上海科学技术出版社　1981.4
270页　16开　1.65元

01375　临床解剖学问答
〔日〕武藤浩、吉冈郁夫著　荆志来、乔思杰
译　郑州　河南科学技术出版社　1981.12　128
页　32开　0.52元

01376　铃木善幸
日本岩手日报社编　励群译　北京　新华出版
社　1981.7　161页　32开　0.50元

01377　零的蜜月
〔日〕高木彬光著　元辉、方华译　福州　福建
人民出版社　1981.6　286页　32开　0.70元

01378　陆地植物群落的生产量测定法
〔日〕木村允著　姜恕等译　北京　科学出版
社　1981.6　120页　32开　0.65元
本书据日本共立出版株式会社1976年版译出。

01379　孛儿帖赤那（蒙古文）
〔日〕井上靖著　阿特横译　北京　民族出版
社　1981.7　383页　大32开　精装1.15元
平装0.67元
本书据日本《文艺春秋社》1978年7月1版18
次印日文版译出。

01380　马来之虎——山下奉文
〔日〕儿岛襄著　天津市政协编译组译　天津
天津人民出版社　1981.12　278页　32开
0.71元

01381　密度和浓度
〔日〕蓑轮善藏著　李兴华译　北京　计量出版
社　1981.3　177页　32开　0.90元
本书据日本口少社1976年修订版译出。

01382　免疫应答（免疫建立的机理）
〔日〕山村雄一、森泽成司编　〔日〕青木隆一
等著　时常仁等译　北京　人民卫生出版社
1981.2　306页　32开　0.93元

01383　苗种放流效果——鲍鱼、日本对虾、真鲷
日本水产学会编　鲁守范、韩书文译　北京农业
出版社　1981.9　168页　32开　0.58元
本书据恒星社厚生阁1976年版译出。

01384　目标管理实践（日本问题丛书之四）
日本东京芝蒲电气编　大连外国语学院国际问题
研究所、鞍山钢铁公司经济研究所译　沈阳　辽
宁人民出版社　1981.12　127页　大32开
0.38元
本书据日本产业能短期大学出版部1976年版译出。

01385　诺贝尔
〔日〕山下乔子著　赵乐甡译　哈尔滨　黑龙江
人民出版社　1981.11　86页　32开　0.26元

01386　破戒裁判
〔日〕高木彬光著　祖秉和译　北京　群众出版
社　1981.1　202页　32开　0.52元

01387　七个自焚的人
〔日〕清水一行著　谢德岭译　武汉　长江文艺
出版社　1981.6　277页　32开　0.74元

01388　企业财务计划与分析
〔日〕阿部斗毛、古川荣一著　李殖初编译　北
京　机械工业出版社　1981.7　154千字　32
开　0.75元

01389　企业经营计划的制订方法
〔日〕小林靖雄著　任建平等译　杭州　浙江人
民出版社　1981.6　158页　32开　0.44元
本书据1978年12月的新版（第19版）译出。

01390　弃子的魔术
〔日〕岩本薰著　天一译　北京　人民体育出版
社　1981.5　170页　32开　0.58元

01391　汽车的排气净化装置及其维修
〔日〕小林胜著　吴关昌译　北京　人民交通出
版社　1981.8　169页　32开　0.88元

01392　汽车发动机的附属装置
〔日〕吉田隆等著　高观译　北京　人民交通出
版社　1981.4　329页　32开　1.60元
本书译自日本《内燃机关》杂志1977年8月号
增刊。

01393　汽车用柴油机
〔日〕林裕、杉本和俊著　高观、吴关昌译　北

京 中国农业机械出版社 1981.7 320页 大 32开 1.05元

01394 汽车振动学

〔日〕小林明著 河北工学院汽车教研室译 北京 机械工业出版社 1981.2 324页 大32开 1.30元

本书据日本图书出版社1976年9月初版译出。

01395 牵牛花

〔日〕志贺直哉著 楼适夷译 长沙 湖南人民出版社 1981.8 168页 32开 0.58元

本书包括小品10余篇，短篇小说10篇。

01396 青春的蹉跌

〔日〕石川达三著 金中译 昆明 云南人民出版社 1981.6 189页 32开 0.56元

本书据日本新潮社新潮文库本译出。

01397 青年心理学

〔日〕依田新主编 杨宗义、张春译 北京 知识出版社 1981.5 194页 32开 0.52元

01398 情报战

〔日〕实松让著 王云辅等译 南京 江苏人民出版社 1981.1 345页 32开 0.83元

本书据日本株式会社图书出版社1972年版本译出。

01399 球团工艺及设备（钢铁厂技术培训参考丛书）

杉木译 北京 冶金工业出版社 1981.10 112页 16开 0.82元

本书译自一套日本的技术培训教材。

01400 曲线梁的计算公式（附数表）

〔日〕岛田静雄、仓西茂著 廖顺庠、吴在辉译 北京 人民交通出版社 1981.2 330页 32开 1.95元

本书据日本技报堂1965年版本译出。

01401 燃料与燃烧（钢铁厂技术培训参考丛书）

贾蕴愚译 北京 冶金工业出版社 1981.5 81页 16开 0.62元

本书译自一套日本的技术培训教材。

01402 染色理论化学

〔日〕黑木宣彦著 陈水林译 北京 纺织工业出版社 1981.7

上册 448页 32开 2.20元

下册 327页 32开 1.65元

01403 热核聚变等离子体物理学

〔日〕宫本健郎著 金尚宪译 北京 科学出版社 1981.7 572页 大32开 3.30元

01404 热交换器设计手册（上册）

〔日〕尾花英朗著 徐忠权译 北京 石油工业出版社 1981.6 452页 32开 1.50元

01405 人的证明（外国影片研究丛书）

北京 中国电影出版社 1981.7 398页 大32开 1.60元

本书包括推理小说《人的证明》和根据小说改编的同名电影剧本。小说译自日本角川书店角川文库《人的证明》1978年第37版。电影文学剧本译自日本《电影旬报》1977年10月上旬号。

01406 日本出口机械产品的政策和经验

张为、王笠编译 北京 机械工业出版社 1981.7 49千字 32开 0.35元

01407 日本当代小说选（当代外国文学）

文洁若编选 申非等译 北京 外国文学出版社 1981.7 2册 1124页 32开 2.60元

本书收36篇作品。

01408 日本的企业标准化

〔日〕西村伸二著 周学敏译 北京 技术标准出版社 1981.5 62页 大32开 0.36元

01409 日本的食物问题和农业结构

〔日〕小仓武一著 段为译 北京 农业出版社 1931.12 232页 32开 0.78元

本书据日本国际食粮农业协会英文版译出。

01410 日本电影史

〔日〕岩崎昶著 钟理译 北京 中国电影出版社 1981.2 第2版 316千字 大32开 1.50元

01411 日本电影史

〔日〕岩崎昶著 钟理译 北京 中国电影出版社 1981.2 373页 大32开 1.50元

本书据日本东洋经济新报社1961年版《映画史》一书译出。1963年12月第1版为内部发行，本书是第2版，改为公开发行。

01412 日本短篇推理小说选

王凌等译 辽宁人民出版社编辑出版 1981.8 699页 大32开 2.00元

本书选译了日本 18 名作家的 25 个短篇小说。

01413　日本短篇小说选
文洁若编选　北京　人民文学出版社　1981.3
643 页　32 开　1.50 元
本书选了 1892—1940 年日本文坛上各流派的 21
位作家的 31 篇作品。

01414　日本佛教史纲
〔日〕村上专精著　杨曾文译　北京　商务印书
馆　1981.11　330 页　大 32 开　1.50 元
本书据日本东京创元社 1939 年版译出。

01415　日本钢铁厂节能 70 例
北京钢厂能源科译　北京　冶金工业出版社
1981.12　356 页　16 开　2.35 元
本书选译自日本 1979 年全国节能大会上发表的
节能经验汇编《省二木 L 艾一事例全集》一书。

01416　日本港大桥
日本阪神高速道路公团编　铁道部基建总局编
译组译　北京　中国铁道出版社　1981.8　826
页　16 开　10.50 元

01417　日本高中入学考试理科问题集
〔日〕寺田贞治等编　上海师范学院物理系 77
届学生翻译组译　上海　上海教育出版社
1981.7　200 页　32 开　0.55 元
本书原名为《高校入试理科问题集》，据日本研
究社版本译出。

**01418　日本各大学历年入学试题集数学题解
（上册）**
李吉桂、曾畅编译　广州　科学普及出版社广州
分社　1981.11　252 页　32 开　0.80 元

**01419　日本各大学历年入学试题集物理题解
（上册）**
侯德富等编译　广州　科学普及出版社广州分
社　1981.11　230 页　32 开　0.76 元

**01420　日本各大学历年入学试题集物理题解
（下册）**
侯德富等编译　广州　科学普及出版社广州分
社　1981.11　227 页　32 开　0.74 元

01421　日本公证人法
鲁齐译　北京　法律出版社　1981.7　33 页
32 开　0.14 元
本书译自 1980 年版日本《六法全书》。

01422　日本家具
张占龙、戴辉寿编　胡景初编绘　长沙　湖南科
学技术出版社　1981.9　223 页　16 开　1.35 元
本书论文部分译自日本《木材工业》1979 年第
11 期（家具专集）。

**01423　日本科学技术百年大事记〔明治元年
（1868）至昭和四十五年（1970）〕**
傅钟敏译　西宁　青海人民出版社　1981.10
113 页　32 开　0.40 元

01424　日本粮食政策的探讨
日本农林大臣官房企画室编　漆克昌等译　北
京　农业出版社　1981.5　225 页　32 开
0.80 元

01425　日本六大企业集团（日本问题丛书之五）
〔日〕奥村宏著　金明善译　沈阳　辽宁人民出
版社　1981.9　189 页　大 32 开　0.54 元
本书据日本钻石社 1976 年版译出。

01426　日本旅馆饭店基本服务
日本饭店、旅馆协会编　丹东译　北京　中国旅
游出版社　1981.4　143 千字　32 开　0.85 元

01427　日本石油工业
〔日〕冈本隆三著　复旦大学世界经济研究所日
本经济研究室译　上海　上海译文出版社
1981.4　107 千字　32 开　0.43 元
本书据日本教育社 1976 年第 4 版译出。

01428　日本实用电工讲座
钱汝立等译　上海　上海科学技术文献出版社
1981.9　624 页　32 开　2.05 元

01429　日本水产增养殖业
日本资源协会编著　刘卓、李善勋编译　北京
农业出版社　1981.10　303 页　大 32 开
1.20 元
本书据日本新版《栽培渔业》一书编译而成。

**01430　日本小学教学大纲〔附　学校教育法实
施规则（摘抄）〕**
刘钦宴译　北京教育科学出版社　1981.5　105
页　32 开　0.31 元

01431　日本刑法日本刑事诉讼法日本律师法
中国社会科学院法学研究所译　北京　中国社会
科学出版社　1981.1　278 页　32 开　0.84 元

01432　日本政府是怎样促进机电工业发展的——介绍几个机电工业振兴法
李永新 等编译　北京　机械工业出版社
1981.8　158 页　16 开　1.10 元

01433　日清战争
〔日〕藤村道生著　米庆余译　上海　上海译文出版社　1981.3　141 千字　32 开　0.54 元
本书据日本岩波书店 1974 年 2 月第 2 版译出。

01434　日苏关系——领土外交和经济合作
〔日〕高山智著　江陵、郭敏译　天津　人民出版社　1981.9　70 页　32 开　0.22 元

01435　日苏战争——北海道十一天
〔日〕佐濑稔著　洪科译　长春　吉林人民出版社　1981.12　162 页　32 开　0.48 元

01436　荣耀的退任
〔日〕高杉良著　张云多译　南京　江苏人民出版社　1981.12　170 页　32 开　0.40 元

01437　溶剂萃取化学（原理和应用）
〔日〕关根达也、长谷川佑子著　滕藤等译　北京　原子能出版社　1981.4　394 页　16 开　3.30 元

01438　润滑知识（钢铁厂技术培训参考丛书）
倪履康译　北京　冶金工业出版社　1981.1　64 页　16 开　0.50 元
本书译自一套日本的技术培训教材。

01439　三菱扶桑牌载重汽车修理手册
章文炳 等编译　北京　人民交通出版社
1981.12　275 页　32 开　1.40 元

01440　三十三年之梦（回忆录）
〔日〕宫崎滔天著　佚名初译　林启彦改译、注释　广州　花城出版社、三联书店（香港）
1981.8　322 页　大 32 开　1.20 元

01441　沙特阿拉伯（伊斯兰盟主）
〔日〕田村秀治编　陈生保等译　上海　上海译文出版社　1981.5　344 页　32 开　0.93 元
本书据日本《读卖新闻》1976 年 5 月第 1 版译出。

01442　善的研究（汉译世界学术名著丛书）
〔日〕西田几多郎著　何倩译　商务印书馆
1981.4　150 页　大 32 开　0.68 元

本书是 1965 年 8 月第 1 版 1 次印，为内部发行。本版是第 1 版 2 次印，改为公开发行。

01443　商标知识
〔日〕小野昌延、江口浚夫著　魏启学译　北京　中国财政经济出版社　1981.1　151 页　32 开　0.50 元

01444　神经耳科学检查
〔日〕上村卓也等著　苏鸿禧译　北京　人民卫生出版社　1981.5　116 页　16 开　1.00 元
本书据 Takuya Uemura and Others, *Neuro-Otological Examination（with Special Referenceto Equilibrium Function Tests）*（Igaku Shoin Ltd., 1977）一书译出。

01445　生产管理
〔日〕并木高矣著　黄志明、鲍继文译　北京　中国农业机械出版社　1981.12　277 页　32 开　0.86 元

01446　生机勃勃的地球（日本少年博物馆丛书）
〔日〕松本英二著　北京第二外国语学院日语广播讲座组译　北京　北京出版社　1981.8　165 页　32 开　0.72 元

01447　生物化学工程
〔日〕合叶修一等著　涂长晟译　北京　轻工业出版社　1981.1　534 页　32 开　1.80 元
本书据 Shuichi-AIBA and Others, *Biochemical Engineering*（Second Ed., Academic Press, 1973）一书译出。

01448　生物学概论——细胞和遗传的生物学
汤浅明著　高庆生译　北京　人民教育出版社
1981.7　281 页　大 32 开　0.82 元

01449　生药分析
〔日〕桥本庸平著　林明美等译　北京　人民卫生出版社　1981.4　276 页　大 32 开　1.40 元

01450　声音之谜
〔日〕松本清张著　郭来舜、戴璨之译　兰州　甘肃人民出版社　1981.2　136 页　32 开　0.43 元
本书选译了著者的《声音之谜》、《买地方报纸的女人》、《脸》三篇推理小说。

01451　石子之谜
〔日〕水上勉著　周进堂译　北京　群众出版社　1981.8　263 页　32 开　0.67 元

01452　实用电子计算公式

陈立坚、陈立勋编译　北京　国防工业出版社　1981.5　444 页　32 开　1.20 元
本书以日本阿部节次著《实用电子公式集》为基础，参照有关资料编译而成。

01453　实用甜菜栽培技术

日本财团法人北农会编　张启荣译　哈尔滨　黑龙江科学技术出版社　1981.8　169 页　32 开　0.60 元

01454　史前奇观（恐龙的世界）（日本少年博物馆丛书）

〔日〕小畠郁生著　贾宴卿译　北京　北京出版社　1981.4　209 页　32 开　0.81 元

01455　世界大灾害

〔日〕金子史朗著　庞来源译　济南　山东科学技术出版社　1981.8　217 页　32 开　0.60 元

01456　世界之谜（日本少年博物馆丛书）

〔日〕庄司浅水著　张彦民编译　北京　北京出版社　1981.4　154 页　32 开　0.68 元

01457　蔬菜的发育生理和栽培技术

〔日〕杉山直仪编著　赖俊铭译　北京　农业出版社　1981.11　411 页　大 32 开　1.65 元

01458　蔬菜的生长发育诊断——理论和观察方法

〔日〕加藤彻著　刘宜生等译　北京　农业出版社　1981.10　328 页　32 开　1.10 元

01459　数的世界（日本中学生数学丛书　2）

〔日〕森川几太郎著　关桐书译　长春　吉林人民出版社　1981.3　127 页　32 开　0.56 元

01460　数列与极限（日本新高中数学研究丛书　9）

〔日〕茂木勇著　高子平等译　北京　文化教育出版社　1981.11　315 页　32 开　0.75 元

01461　数学（上、下册）（1979 日本国高考题解选译）

张楚宾、陈国刚编译　郑州　河南人民出版社　1981.5　2 册　992 页　32 开　2.30 元

01462　水击与压力脉动

〔日〕秋元德三著　支培法等译　北京　电力工业出版社　1981.2　571 页　32 开　2.00 元
本书据日本工业新闻社 1977 年增订版译出。

01463　顺序控制器入门

〔日〕武居文雄、近藤贞雄编　丁尚瑾等译　北京　机械工业出版社　1981.11　185 页　32 开　0.57 元

01464　丝绸之路的 99 个谜（埋没在流沙中的人类遗产）

〔日〕前岛信次著　胡德芬译　天津　天津人民出版社　1981.7　231 页　32 开　0.48 元

01465　四维世界——由超空间到相对论

〔日〕都筑卓司著　陈潜、李平译　北京　科学出版社　1981.12　163 页　32 开　0.70 元

01466　饲料学（节译本）

〔日〕森本宏著　常瀛生译　北京　农业出版社　1981.1　435 页　32 开　1.45 元
本书据原书 1974 年版译出。

01467　"松下"成功之路——人材的培养（日本问题丛书之三）

〔日〕宫木勇著　沈阳　辽宁人民出版社　1981.2　118 页　大 32 开　0.36 元
本书据日本经营出版会 1978 年版译出。

01468　苏联东欧的金融和银行

〔日〕田中寿雄著　高连福译　北京　中国财政经济出版社　1981.3　361 页　32 开　0.80 元
本书据东洋经济新报社 1978 年版译出。

01469　陶瓷的力学性质

中国科学院上海硅酸盐研究所五室译　上海　上海科学技术文献出版社　1981.6　398 页　32 开　1.60 元
本书译自日本《陶瓷》杂志。

01470　特殊二次资料的使用方法

宋在弘等译　中国科学技术情报研究所编　北京　科学技术文献出版社　1981.11　175 页　32 开　0.55 元
本书据日本《文献研究》1979 年 1 月以前各期刊载的有关讲座编译。

01471　田螺少年（日本民间故事）（民间文学小丛书）

〔日〕坪田让治著　季颖译　北京　中国民间文学出版社　1981.1　162 页　32 开　0.54 元

01472　铁路机车车辆轮对

〔日〕广重岩著　俞展猷译　北京　中国铁道

出版社 1981.7 558 页 大 32 开 2.20 元

01473 通风学
〔日〕平松良雄著 刘运洪等译 北京 冶金工业出版社 1981.9 208 页 16 开 1.45 元

01474 统计 数值分析（工科数学丛书之五）
〔日〕高桥磐郎等著 潘德惠、关颖男译 沈阳 辽宁人民出版社 1981.6 306 页 大 32 开 1.25 元

01475 统计 数值分析（习题集）（工科数学丛书之五）
〔日〕近藤次郎等著 关颖男、潘德惠译 沈阳 辽宁人民出版社 1981.5 278 页 大 32 开 1.15 元

01476 图解量子化学
〔日〕福田谦一著 廖代伟译 北京 化学工业出版社 1981.8 101 页 32 开 0.38 元

01477 图解数学游戏
〔日〕坂元义男、大屿编著 刘姗译 福州 福建科学技术出版社 1981.10 276 页 42 开 0.57 元

01478 图学理论及应用
〔日〕芳田刚、田鹏太郎著 杨钟藩等译 南京 江苏科学技术出版社 1981.10 179 页 32 开 0.58 元

01479 威胁就在身边
日本朝日新闻社编 张健等译 沈阳 辽宁人民出版社 1981.6 189 页 32 开 0.45 元
本书据朝日新闻社 1979 年出版的《新情报战》一书译出。

01480 微分方程付里叶分析（工科数学丛书之三）
〔日〕近藤次郎等著 于溶渤译 沈阳 辽宁人民出版社 1981.10 269 页 大 32 开 1.15 元

01481 微分方程 付里叶分析（习题集）（工科数学丛书之三）
〔日〕近藤次郎等著 傅文章译 沈阳 辽宁人民出版社 1981.8 280 页 大 32 开 1.15 元

01482 微分 积分（工科数学丛书之一）
〔日〕田岛一郎等著 刘俊山译 沈阳 辽宁人民出版社 1981.7 346 页 大 32 开 1.40 元

01483 微分 积分（习题集）（工科数学丛书之一）
〔日〕田岛一郎等著 刘俊山译 沈阳 辽宁人民出版社 1981.1 471 页 大 32 开 2.00 元

01484 微生物学实验法
日本微生物研究法讨论会编 程光胜等译 北京 科学出版社 1981.12 351 页 16 开 3.55 元

01485 微型计算机的组装方法
〔日〕大川善邦编著 郑春瑞等译 北京 国防工业出版社 1981.6 176 页 大 32 开 0.76 元

01486 微型计算机基础技术手册
〔日〕横井与次郎著 刘德贵译 北京 科学出版社 1981.6 495 页 32 开 精装 3.00 元 平装 2.45 元

01487 未来少年克那恩（科学幻想电影剧本）
〔日〕今户荣一编剧 莫邦富、楼志娟译 南京 江苏人民出版社 1981.5 121 页 32 开 0.30 元

01488 文化服装讲座（1 女装编）
日本文化服装学院、文化女子大学编 北京 中国展望出版社 1981 234 页 16 开 2.47 元

01489 文化服装讲座（2 女装编）
日本文化服装学院、文化女子大学编 北京 中国展望出版社 1981 254 页 16 开 2.47 元

01490 文化服装讲座（3 女装编）
日本文化服装学院、文化女子大学编 北京 中国展望出版社 1981 262 页 16 开 2.47 元

01491 文化服装讲座（4 童装编）
日本文化服装学院、文化女子大学编 北京 中国展望出版社 1981 246 页 16 开 2.47 元

01492 文化服装讲座（5 男装编）
日本文化服装学院、文化女子大学编 北京 中国展望出版社 1981 266 页 16 开 2.47 元

01493 文字的世界（日本中学生数学丛书 8）
〔日〕山岸雄策著 刘正一译 长春 吉林人民出版社 1981.7 123 页 32 开 0.55 元

01494 污水污泥处理
〔日〕申丘澈、名取真著 吴自迈译 北京 中

国建筑工业出版社 1981.12 377 页 大 32 开
1.50 元

01495 无损检测概论
日本无损检测协会 编 戴端松译 上海 上海科
学技术出版社 1981.10 137 页 32 开 0.46 元

01496 无线电应用数学（上册）
〔日〕石上彦一著 黄宗成译 北京 科学普及
出版社 1981.10 157 页 32 开 0.41 元

01497 物理（1 日本高中物理）
〔日〕近角聪信等编 马成骏等译 长春 吉林
人民出版社 1981.1 233 页 32 开 0.67 元

01498 物理 700 题解
〔日〕吉本市编 王乃彬、王贵瑾译 北京 科
学普及出版社 1981.3
上册 311 页 32 开 0.84 元
下册 361 页 32 开 0.96 元
本书译自日本培风馆 1978 年修订再版高中参考
书《物理 1·2 问题 700 选》。

01499 物理高考试题 700 选
〔日〕吉本市编 金德昌、张光兰译 武汉 湖
北人民出版社 1981.11 644 页 32 开 1.61 元

01500 物理化学计算
〔日〕吉冈甲子郎、荻野一善著 张勤堂等译
郑州 河南科学技术出版社 1981.12 453 页
大 32 开 1.80 元

01501 物理化学习题集
〔日〕吉冈甲子郎、荻野一善著 张翊凤译 沈
阳 辽宁人民出版社 1981.11 410 页 大 32
开 1.15 元

01502 物理之谜
〔日〕都筑卓司著 赵吉凤编译 石家庄 河北
人民出版社 1981.8 180 页 32 开 0.45 元
本书原名《谜语·物理入门》，由日本讲谈社出
版，现据该书编译。

01503 西洋绘画史话
〔日〕相良德二等著 彭正清译 北京 人民美
术出版社 1981.2 174 页 附图 80 幅 32 开
1.10 元

01504 西域文化史
〔日〕羽田亨著 耿世民译 乌鲁木齐 新疆人
民出版社 1981.9 104 页 32 开 0.42 元

01505 鲜花盛开的城市
〔日〕赤座宪文著 王晓滨译 哈尔滨 黑龙江
人民出版社 1981.12 175 页 32 开 0.45 元

01506 现代教育行政学
〔日〕久下荣志郎、崛内孜编著 李兆田等译
北京 教育科学出版社 1981.1 300 页 32
开 0.95 元
本书据日本东京第一法规出版公司 1979 年 4 月
版译出。

01507 现代煤炭化学工艺学
吴永宽编译 北京 煤炭工业出版社 1981.2
329 页 大 32 开 1.40 元
本书据日本技报堂出版株式会社 1977 年版同名
著作编译。

01508 现代农业经济学
〔日〕秋野正胜等著 肖鸿麟、刘宗鹤译 北
京 农业出版社 1981.5 215 页 大 32 开
0.87 元
本书据东京大学出版会 1978 年版译出。

01509 线性代数向量分析（工科数学丛书之二）
〔日〕小西荣一等著 刘俊山译 沈阳 辽宁人
民出版社 1981.1 227 页 大 32 开 0.94 元

01510 线性代数向量分析（习题集）（工科数学丛书之二）
〔日〕小西荣一等著 刘俊山译 沈阳 辽宁人
民出版社 1981.2 385 页 大 32 开 1.25 元

01511 线性断裂力学入门
〔日〕冈村弘之著 李顺林译 南京 江苏科学
技术出版社 1981.8 309 页 大 32 开
1.03 元

01512 香菇栽培技术与经营
〔日〕细野骏造著 单耀忠、于淑华译 北京
中国财政经济出版社 1981.11 158 页 32 开
0.50 元

01513 详解中学数学公式集
〔日〕坚本昌彦著 蔡沛生、洪永祥译 哈尔
滨 黑龙江人民出版社 1981.7
第 1 集 90 页 32 开 0.24 元
第 2 集 92 页 32 开 0.24 元
第 3 集 92 页 32 开 0.24 元

01514 向阳的坡道
〔日〕石坂洋次郎著 梁传宝、周平译 南京
江苏人民出版社 1981.12 432 页 32 开

0.98 元

本书据日本新潮社 1969 年版新潮日本文学第 27 卷《石坂洋次郎集》译出。

01515　消化器官癌的早期诊断
〔日〕织田敏次等著　刘谦、王桂茹译　长春　吉林人民出版社　1981.8　263 页　大 32 开　1.28 元

01516　小胆大侦探记
〔日〕中川李枝子著　〔日〕山脇百合子图　于忆译　郑州　河南人民出版社　1981.7　44 页　40 开　0.15

01517　小学生计算谜题
矢野健太郎、高木茂男编著　赵裕春编译　北京　教育科学出版社　1981.10　166 页　32 开　0.44 元

01518　斜阳（外国文艺丛书）
〔日〕太宰治著　张嘉林译　《外国文艺》编辑部编　上海　上海译文出版社　1981.8　136 页　32 开　0.34 元
本书据日本筑摩书房《现代日本文学全集》第 49 卷 1954 年 9 月版译出。

01519　新电波技术（上册　广播宇宙通信篇）
日本新电波技术编辑委员会编　郑春瑞译　北京　科学技术文献出版社　1981.11　626 页　大 32 开　2.05 元

01520　新科学（第二部分上）（日本初中生物、地理）
孙文龙等译　长春　吉林人民出版社　1981.3　174 页　32 开　0.47 元

01521　新科学（第二部分下）（日本初中地理、生物）
王桂等译　长春　吉林人民出版社　1981.3　204 页　32 开　0.55 元

01522　雪国（二十世纪外国文学丛书）
〔日〕川端康成著　侍桁译　上海　上海译文出版社　1981.7　144 页　大 32 开　0.58 元
本书据日本筑摩书房 1955 年版《川端康成集》译出。

01523　压实与流体运移（实用石油地质学）（石油科学进展 9）
〔日〕真柄钦次原著　陈荷立等译　北京　石油工业出版社　1981.9　223 页　16 开　1.55 元
本书据 *Compaction and Fluid Migration（Practical*

Petroleum Geology Kinji Magara）（*Developments in Petroleum Science*，9）（Elsevier Scientific Publishing Co. Amsterdam - Oxford - New York，1978）一书译出。

01524　亚洲地区的出口加工区
〔日〕藤森英男编　袁镇岳等译　北京　中国社会科学出版社　1981.3　353 页　32 开　1.05 元

01525　鼹鼠原野的小伙伴
〔日〕古田足日著　安伟邦译　北京　中国少年儿童出版社　1981.6　106 页　32 开　0.30 元

01526　氧气顶吹转炉炼钢（钢铁厂技术培训参考丛书）
朱承平译　北京冶金工业出版社　1981.1　155 页　16 开　1.10 元
本书译自一套日本的技术培训教材。

01527　遥感原理概要
日本遥感研究会编　龚君译　北京　科学出版社　1981.4　91 页　16 开　1.20 元
本书据报技堂株式会社 1975 年版译出，原书名为《遥感笔记——原理和应用》。

01528　药理实验法
〔日〕高木敬次郎主编　李长格等译　北京　化学工业出版社　1981.12　791 页　大 32 开　3.05 元

01529　冶金反应及工程学
〔日〕鞭岩、森山昭著　蔡志鹏、谢裕生译　北京科学出版社　1981.5　465 页　32 开　2.30 元

01530　冶金学辞典（七国语文对照——英德法俄西日汉）
国家物资总局辞典编译组译　北京　技术标准出版社　1981.7　1276 页　大 32 开　精装 7.80 元
本书原名《六国语文对照金属辞典》，是日本钢铁新闻社 1974 年出版的六国语辞典，收入词汇 7982 条。

01531　野性的证明
〔日〕森村诚一著　何培忠等译　北京　群众出版社　1981.10　400 页　32 开　1.00 元

01532　野性的证明（译林文库）
〔日〕森村诚一著　朱金和、孙猛译　南京　江苏人民出版社　1981.7　384 页　32 开　0.92 元
本书据《角川文库》1978 年 10 月第 15 版译出。

01533 夜的声（日本推理小说选）
〔日〕松本清张等著 押川雄孝编 王再清等
译 北京 北京出版社 1981.7 302 页 32
开 0.80 元
本书包括 8 篇推理小说。

01534 一九九八年的导弹战争——各国导弹发展概况
〔日〕土井宽著 洪科译 北京 世界知识出版
社 1981.2 292 页 32 开 0.94 元
本书据日本朝日有声杂志社 1978 年版译出。

01535 仪表及自动控制系统的设计与施工
〔日〕村濑祯男、小林昭夫著 纺织工业部设计
院二室自控组译 北京 纺织工业出版社
1981.8 263 页 大 32 开 1.60 元
本书据东电机大学出版局 1976 年版译出。

01536 映射与函数（日本新高中数学研究丛书 4）
〔日〕寺田文行著 赵景耀译 北京文化教育出
版社 1981.11 185 页 32 开 0.46 元

01537 有机化学（1）（朝仓化学讲座第 19 卷）
〔日〕井本英二著 孙云鸿等译 上海 上海教
育出版社 1981.10 259 页 大 32 开 0.86 元
本书据日本朝仓书店 1976 年 2 月第 8 版译出。

01538 有机磷农药的有机化学与生物化学
〔日〕江藤守总著 杨石先等译 北京 化学工
业出版社 1981.4 329 页 16 开 2.20 元
本书据 *Organopho Sphorus Pesticides*，*Organic and Biological Chemistry*（Cranwood Parkway, Cleveland, Ohio, CRC 1974）一书译出。

01539 幼儿园教育指南
日本文部省编 邢齐一译 北京 教育科学出版
社 1981.10 176 页 32 开 0.45 元

01540 籼稻光合效率的品种间差异和干物质生产
〔日〕大野义一著 屠曾平译 北京 农业出版
社 1981.3 119 页 32 开 0.42 元
本书据 Yoshikazu OHNO, *Variety Differences of Photosynthetic Efficiency and Dry Matter Production in Indica Rice*（Tropical Agriculture Research Center Ministry of Agriculture and Forestry Japan, 1976）一书译出。

01541 宇宙旅行——飞跃发展的宇宙科学（日本少年博物馆丛书）
〔日〕谢世辉著 徐永超译 北京 北京出版

社 1981.5 199 页 32 开 0.81 元

01542 宇宙物理学
〔日〕林忠四郎、早川幸男主编 师华译 北
京 科学出版社 1981.8 650 页 32 开
3.20 元

01543 运动与变换（日本中学生数学丛书 10）
〔日〕大山正信著 刘凤璞译 长春 吉林人民
出版社 1981.7 123 页 32 开 0.55 元

01544 栽培植物的起源与传播
〔日〕星川清亲著 段传德、丁法元译 郑州
河南科学技术出版社 1981.9 279 页 32 开
0.86 元

01545 在烟雾中生活
〔日〕外山敏夫、香川顺著 石油化学工业部化
学工业设计院译 北京 石油工业出版社
1981.9 191 页 大 32 开 0.61 元
本书有燃料化学工业出版社 1973 年 8 月第 1 版，
系内部发行。本版是重印本，据 1965 年日文版
译出。

01546 噪声——一种环境公害（环境保护科普丛书）
守田荣等著 高鹏译 北京 科学出版社
1981.1 233 页 32 开 0.62 元
本书据日本工业新闻出版局 1978 年 7 月日文版
译出。

01547 怎样当企业领导
〔日〕占部都美著 任长安、贾全德译 北京
新华出版社 1981.11 134 页 32 开 0.37 元

01548 怎样教育婴幼儿——从零岁开始的教育
〔日〕井深大著 骆为龙、陈耐轩译 北京 中
国农业机械出版社 1981.8 138 页 32 开
0.40 元

01549 怎样培养聪明的孩子（0—2 岁）
〔日〕松原达哉著 戚立夫、冯志坚译 长春
吉林人民出版社 1981.5 55 页 16 开
0.40 元
本书据日本产心社 1979 年版译出。

01550 怎样培养聪明的孩子（3—4 岁）
〔日〕松原达哉著 杨淑云、戚立夫译 长春
吉林人民出版社 1981.6 57 页 16 开
0.40 元

本书据日本产心社 1979 年版译出。

01551 怎样培养聪明的孩子（5—6 岁）
〔日〕松原达哉著 李佳、刘翠荣译 长春 吉林人民出版社 1981.6 57 页 16 开 0.40 元
本书据日本产心社 1979 年版译出。本书原名为《从零岁开始的智力教育》。

01552 轧钢加热基础知识（钢铁厂技术培训参考丛书）
杨宗山译 北京 冶金工业出版社 1981.11 115 页 16 开 0.85 元
本书译自一套日本的技术培训教材。

01553 粘度
〔日〕川田裕郎著 陈惠钊译 北京 计量出版社 1981.3 175 页 32 开 0.90 元
本书据原书 1978 年修订本译出。

01554 粘土矿物学（高等学校教学参考书）
〔日〕须藤俊男著 严寿鹤等译 北京 地质出版社 1981.9 532 页 大 32 开 2.60 元

01555 照相化学
〔日〕菊池真一著 赖荫隆译 北京 轻工业出版社 1981.2 365 页 32 开 1.25 元
本书据日本东京昭和 51 年共立出版株式会社《照相化学》第四版本译出。

01556 折纸艺术
〔日〕笠原国彦著 杨达三编译 长沙 湖南美术出版社 1981.9 123 页 32 开 0.45 元
本书原名《析纸浅说》。

01557 真空开关
〔日〕岩原皓一著 吴永宽译 北京 煤炭工业出版社 1981.3 186 页 32 开 0.65 元

01558 振兴企业的小发明——被人忽视了的经营之道
〔日〕丰泽丰雄著 鲍建成、董英译 北京 科学技术文献出版社 1981.5 98 页 32 开 0.32 元

01559 枝原体病
〔日〕佐佐木正五编 项大实、李建时译 北京 农业出版社 1981.3 230 页 32 开 0.78 元

01560 直接加网照相制版工艺
〔日〕石川英辅著 高鸿飞、刘峻峰译 北京 轻工业出版社 1981.4 190 页 32 开 0.60 元

01561 职业教育
〔日〕宫地诚哉、仓内史郎编 河北大学日本研究所教育研究室译 天津 天津人民出版社 1981.5 272 页 32 开 0.55 元

01562 植物病理学实验指导
〔日〕赤井重恭、桂琦一编 李清铣译 上海 上海科学技术出版社 1981.2 174 页 16 开 1.20 元

01563 植物光形态建成
〔日〕尾田义治著 刘瑞征译 北京 科学出版社 1981.10 135 页 32 开 0.60 元
本书据日本东京大学出版会 1976 年版译出。

01564 指挥生涯——我的游学随笔
〔日〕小泽征尔著 范禹、钟明译 上海 上海文艺出版社 1981.4 188 页 32 开 0.59 元

01565 制鞋选鞋及保养常识
日本靴鞋综合研究会编 钱家骏译 北京 轻工业出版社 1981.10 212 页 32 开 0.80 元
本书据原书 1976 年修订版译出。

01566 质量管理浅谈
〔日〕米山高范著 王世芳译 北京 机械工业出版社 1981.12 186 页 32 开 0.65 元

01567 质量管理知识（钢铁厂技术培训参考丛书）
何永绵译 北京 冶金工业出版社 1981.11 104 页 16 开 0.77 元
本书译自一套日本的技术培训教材。

01568 中国"现代化"的幻想——从新的角度看日中关系
〔日〕长谷川庆太郎著 王宗林等译 北京 三联书店 1981.8 75 千字 32 开 0.34 元

01569 中华民国史资料丛稿（冈村宁次回忆录）
〔日〕稻叶正夫编 天津市政协编译委员会译 北京 中华书局 1981.12 306 千字 32 开 1.40 元

01570 中华民国史资料丛稿（译稿）中国事变陆军作战史（第一卷第二分册）
日本防卫厅防卫研究所战史室著 齐福霖译 北京 中华书局 1981.5 167 页 16 开 1.05 元

01571 中学生的科学的学习方法——符合你个性的学习方法
〔日〕田崎仁著 李铸译 北京 中国农业机械

出版社　1981.10　172页　32开　0.50元

01572　中学生科学的学习方法
〔日〕田崎仁著　马晓塘等编译　天津　天津人
民出版社　1981.5　77页　32开　0.21元

01573　钟表齿轮
〔日〕仙波正庄著　曹玉立节译　北京　轻工业
出版社　262页　大32开　1.15元
本书据1969年版日文《小形齿车》节译而成。

01574　肿瘤的放射生物学
〔日〕坂本澄彦著　郝凤鸣、李冬华译　北京
科学出版社　1981.9　122页　32开　0.65元
本书据东京中外医学社1978年版译出。

01575　住友财团概貌
〔日〕近藤弘著　孙日明、李文光译　上海　上
海译文出版社　1981.7　236页　32开　0.60元
本书原名为《住友财团的一切》，据日本实业出
版社1976年12月版译出。

01576　自行车道的设计标准及其说明
日本道路协会编　杨春华译　北京　中国建筑工
业出版社　1981.1　78页　32开　0.23元

01577　钻孔桩施工
〔日〕京牟礼和夫著　曹雪琴等译　北京　中国
铁道出版社　1981.9　224页　32开　0.75元

1982

01578　2001年的世界
谢世辉著　刘青然等译　北京　北京出版社
1982.10　168页　32开　0.79元　（日本少年
博物馆丛书）

01579　D情报机关
〔日〕西村京太郎著　关燕军译　北京　北京出
版社　1982.7　223页　32开　0.58元

01580　MOS场效应晶体管的应用
〔日〕菅野卓雄、垂井康夫编　黄振岗译　北
京　人民邮电出版社　1982.9　333页　32开
1.15元

01581　癌病船
〔日〕西村寿行著　王玉琢译　北京　北京出版
社　1982.9　188页　32开　0.54元

01582　暗杀斯大林的计划（蒙古文）
〔日〕桧山良昭著　吴福厅等译　呼和浩特　内

蒙古人民出版社　1982.6　551页　32开
0.70元
本书据新华出版社1980年9月第1版汉文本
译出。

01583　八十年代的日本——日本经济的实力和未来
〔英〕斯图亚特·柯尔比、〔日〕竹内宏著　郑
国仕、路虹译　北京　世界知识出版社
1982.12　178页　32开　0.54元
本书据日本株式会社三笠书房1981年版译出。

01584　八十年代的新技术、新商品——动向与探讨
〔日〕牧野升、渡边茂合编　江生译　北京　时
事出版社　1982.8　295页　32开　1.20元

01585　班组长质量管理教材（A册）
〔日〕石川馨等著　白振海、周本慧译　北京
冶金工业出版社　1982.7　96页　32开
0.40元

01586　班组长质量管理教材（B册）
〔日〕石川馨等著　潘树声、周本慧译　北京
冶金工业出版社　1982.7　164页　32开
0.65元

01587　板料冲压加工
〔日〕中川威雄等著　郭青山等译　天津　天津
科学技术出版社　1982.9　258页　大32开
1.07元

01588　板坯精整
林时宪译　北京　冶金工业出版社　1982.9　79
页　16开　0.62元　（钢铁厂技术培训参考丛书）
本书译自一套日本技术培训教材。

01589　保您满意
〔日〕星新一著　孟庆枢、潘力本主编　孟庆枢
等译　南京　江苏科学技术出版社　1982.9
408页　大32开　1.17元

01590　北极缘（原名　阿拉斯加的故事）
〔日〕新田次郎著　邱茂、张振华译　北京　广
播出版社　1982.7　282页　32开　0.80元

01591　标准国语辞典（日文）
〔日〕吉田精一监修　旺文社编　上海　光华出
版社　1982　990页　32开　精装3.90元
本书据日本旺文社版影印。

01592　冰花（一个满蒙开拓青少年义勇军队员的自述）
〔日〕中田庆雄著　苗琦、刘兴才译　北京　三联书店　1982.11　146 页　32 开　0.45 元
本书据日本东京青年出版社 1982 年 7 月版译出。

01593　病从口除——谈慢性病的饮食疗养
〔日〕日野厚著　刘殿军编译　长春　吉林人民出版社　1982.7　158 页　36 开　0.35 元（家庭饮食顾问）

01594　波浪上的塔
〔日〕松本清张著　赵德远译　南京　江苏人民出版社　1982.6　522 页　32 开　1.20 元
本书据日本光文社 1964 年第 63 版译出。

01595　波谱有机化学
〔日〕高桥浩著　程能林译　北京　化学工业出版社　1982.2　186 页　32 开　0.65 元

01596　薄膜的基本技术
〔日〕金原粲著　杨希光译　北京　科学出版社　1982.8　149 页　32 开　0.80 元

01597　补体学入门
〔日〕近藤元治著　陈仁译　北京　人民卫生出版社　1982.2　201 页　32 开　0.69 元

01598　材料力学
〔日〕渥美光等著　张少如译　北京　人民教育出版社　1982.10　479 页　大 32 开　1.95 元

01599　苍茫的时刻——山口百惠自叙传
安可译　南宁　漓江出版社　1982.3　175 页　32 开　0.72 元
本书据日本集英社 1980 年 2 月第 18 次印刷本译出。

01600　苍茫时分——山口百惠自传
〔日〕山口百惠著　宋丽红、王晨译　北京　中国电影出版社　1982.4　182 页　32 开　0.71 元

01601　超大型船操纵要点
日本 VLCC 研究会著　周沂译　北京　人民交通出版社　1982.10　168 页　16 开　2.05 元（日本海事防止书丛　1）
本书据日本成山堂 1977 年版译出。

01602　超级武器的秘密——我们已面临如此现实
〔日〕立花正照著　年华译　天津人民出版社　1982.5　167 页　32 开　0.56 元

01603　成本计算手册（日文）
日本神户大学会计学研究室编　上海　光华出版社　1982　1304 页　大 32 开　精装 7.20 元
本书据日本税务经理协会版影印。

01604　成功的记录
日本经济新闻社编　张可喜译　北京　新华出版社　1982.8　235 页　32 开　0.61 元
本书据日本经济新闻社 1978 年 5 月版译出。原书名为《技术履历书》。

01605　齿轮的误差与强度
〔日〕仙波正庄著　张范孚译　北京　机械工业出版社　1982.1　257 页　大 32 开　1.05 元

01606　抽样调查法
〔日〕三浦由己、井出满著　季士瀛译　北京工商出版社　1982.12　229 页　32 开　0.85 元

01607　初中生的心理与教育
〔日〕大西诚一郎著　商继宗编译　北京　教育科学出版社　1982.10　112 页　32 开　0.35 元

01608　除尘、收尘理论与实践
〔日〕大野长太郎著　单文昌译　北京　科学技术文献出版社　1982.7　278 页　32 开　1.15 元

01609　川岛芳子
〔日〕渡边龙策著　本山、孙望译　南京　江苏人民出版社　1982.2　98 千字　32 开　0.48 元

01610　船舶驾驶员考试试题解答
日本航海技术研究会编　苏德雄等译　北京　人民交通出版社　1982.3　393 页　大 32 开　2.30 元

01611　磁钢设计与应用
〔日〕牧野异编　宋辉译　北京　机械工业出版社　1982.3　317 页　32 开　1.05 元

01612　从此以后
〔日〕夏目漱石著　陈德文译　长沙　湖南人民出版社　1982.4　248 页　32 开　0.65 元

01613　催化剂手册——按元素分类
〔日〕尾崎萃等主编　《催化剂手册》翻译小组译　北京　化学工业出版社　1982.4　1040 页　大 32 开　4.45 元

01614　大都孤影
〔日〕藤村正太著　周进堂译　郑州　河南人民出版社　1982.1　259 页　32 开　0.66 元

本书据日本讲谈社 1979 年版译出。

01615　大气环境评价方法
〔日〕横山长之等著　于春普译　北京　中国建筑工业出版社　1982.1　219 页　大 32 开　0.70 元

01616　代数学辞典（问题解法·上册）
〔日〕笹部贞市郎编　蒋声等译　上海　上海教育出版社　1982.9　986 页　大 32 开　精装　5.15 元

01617　代数学辞典（问题解法·下册）
〔日〕笹部贞市郎编　张明梁等译　上海　上海教育出版社　1982.12　978 页　大 32 开　精装　5.10 元

01618　带钢热镀铅锡合金
周其良译　北京　冶金工业出版社　1982.6　57 页　16 开　0.47 元　（钢铁厂技术培训参考丛书）
本书译自一套日本技术培训教材。

01619　道路设施工程学（安全、控制、公害防止）
〔日〕市原薰、枝村俊郎编　王惠普、林耀中译　北京　人民交通出版社　1982.5　388 页　大 32 开　2.55 元
本书据日本森北出版公司 1976 年东京版本译出。

01620　道路照明（论文集）
〔日〕正木光等著　王太同等译　北京　人民交通出版社　1982.12　194 页　32 开　1.20 元

01621　稻米之路
〔日〕渡部忠世著　尹绍亭等译　昆明　云南人民出版社　1982.10　173 页　32 开　0.50 元

01622　稻作诊断与增产技术
〔日〕松岛省三著　胡天民等译　南京　江苏科学技术出版社　1982.3　232 页　32 开　0.82 元
本书据 1978 年 9 月修订本译出。

01623　地下水盆地管理（理论与实践）（高等学校教学参考书）
日本水均衡研究组、〔日〕柴崎达雄著　王秉忱等译　北京　地质出版社　1982.6　204 页　16 开　1.70 元

01624　电机用电刷及其使用方法
日本碳素材料学会编　汪云华、陆五峻译　北京　机械工业出版社　1982.11　266 页　32 开　0.95 元

01625　电脑的世纪
〔日〕南条优著　钟玲译　北京　北京出版社　1982.10　179 页　32 开　0.78 元　（日本少年博物馆丛书）

01626　电视接收基础知识
日本横滨维修技术学校编　倪志荣译　北京　国防工业出版社　1982.10　68 页　大 32 开　0.27 元

01627　电液伺服机构及元件
〔日〕池边洋等著　钟永隆等译　北京　机械工业出版社　1992.8　491 页　32 开　1.60 元

01628　电子电路计算入门
〔日〕岩本洋著　袁橹林译　北京　人民邮电出版社　1982.9　326 页　32 开　1.15 元

01629　电子技术常用公式及应用
〔日〕岩本洋、加藤益明编　周贤鸿译　北京人民邮电出版社　1982.3　223 页　32 开　0.77 元

01630　电子交换机程序设计
〔英〕M. T. 布尔斯、〔日〕S. 贺野著　袁子仁、雷震洲译校　北京　人民邮电出版社　1982.2　270 页　32 开　0.91 元
本书据 M. T. Hins, S. Kanos, Programming Electronic Switching Systems（英国电气工程师协会组织）编写的电信丛书（Peter Peregrinnus, 1976）英文版译出。

01631　电子探针 X 射线显微分析仪
〔日〕内山郁等著　刘济民译　北京　国防工业出版社　1982.2　250 页　大 32 开　1.05 元

01632　动态多相催化
〔日〕田丸谦二著　朱传征、王成林译　上海　上海科学技术出版社　1982.9　134 页　32 开　0.54 元

01633　动物的生态
〔日〕小原秀雄著　随利译　北京　北京出版社　1982.3　171 页　32 开　0.72 元　（日本少年博物馆丛书）

01634　动物生态学（上卷）
〔日〕伊藤嘉昭著　邬祥光译　北京　科学出版社　1982.5　235 页　32 开　1.25 元

01635　动物生态学（下卷）
〔日〕伊藤嘉昭著　张志庆、刘文惠译　北京科学出版社　1982.6　234 页　32 开　1.20 元

01636　独生子女的心理与教育
〔日〕山下俊郎著　骆为龙、陈耐轩译　上海
上海教育出版社　1982.9　107 页　32 开
0.31 元

01637　渡过愤怒的河——追捕
〔日〕西村寿行著　张柏霞译　长春　吉林人民
出版社　1982.1　328 页　32 开　0.89 元
本书据德间书店 1980 年 10 月版译出。

01638　镀锡薄钢板和无锡薄钢板
周其良译　北京　冶金工业出版社　1982.5
105 页　16 开　0.80 元　（钢铁厂技术培训参考
丛书）
本书译自一套日本技术培训教材。

01639　敦煌
〔日〕井上靖著　董学昌译　太原　山西人民出
版社　1982.4　238 页　32 开　0.60 元
本书据 1977 年新潮文库第 20 版译出。

01640　多品种小批量生产的质量管理
日本东京芝浦电气公司、府中工厂质量管理委
员会编　李植初译　北京　机械工业出版社
1982.12　493 页　32 开　1.65 元

01641　儿童肿瘤
〔日〕小出亮、田口信行著　钟毓斌等译　北
京　人民卫生出版社　1982.4　276 页　16 开
3.10 元

01642　发达资本主义国家革命的理论
〔日〕上田耕一郎著　陈殿栋、李永生译　济
南　山东人民出版社　1982.1　276 页　大 32
开　0.88 元　（现代外国政治学术著作选译）

01643　犯罪心理学
〔日〕森武夫著　邵道生等译　北京　知识出版
社　1982.8　232 页　32 开　0.62 元

01644　方坯精整
齐学增译　北京　冶金工业出版社　1982.9　79
页　16 开　0.62 元　（钢铁厂技术培训参考丛书）
本书译自一套日本技术培训教材。

01645　防雪林
〔日〕小林多喜二著　文洁若译　太原　山西人
民出版社　1982.3　292 页　32 开　0.72 元

01646　防振橡胶及其应用
〔日〕户原春彦主编　牟传文译　北京　中国铁
道出版社　1982.7　294 页　16 开　2.00 元

01647　仿生学浅说
〔日〕辻三郎、杉江升著　董炯明译　北京　科
学出版社　1982.4　143 页　32 开　0.62 元

01648　非金属矿选矿法
〔日〕富田坚二著　王少儒等译　北京　中国建
筑工业出版社　1982.11　309 页　16 开
2.05 元

01649　分析化学数据手册
罗明富、陆恩泽译　北京　地质出版社
1982.8　490 页　大 64 开　1.60 元

01650　粉粒体的空气输送
〔日〕上潼具贞著　阮少明等译　北京　电力工
业出版社　1982.10　323 页　大 32 开　1.35 元

01651　丰田日冕牌 RT81 型小客车修理手册
赵位西译　北京　人民交通出版社　1982.12
508 页　32 开　2.50 元

01652　风雪黄昏
李正伦译　北京　中国电影出版社　1982.12
126 页　大 32 开　0.58 元　（外国影片研究丛书）
本书收集了日本堀辰雄著小说《风雪黄昏》，以
及据此改编的电影剧本。

01653　风中芦苇
〔日〕石川达三著　金中译　哈尔滨　黑龙江人
民出版社　1982.10　653 页　大 32 开　2.15 元

01654　腐蚀
〔日〕森村诚一著　孙立人、莽永彬译　长春
吉林人民出版社　1982.7　440 页　32 开
1.20 元
本书原名《腐蚀的构造》，据日本角川文库 1978
年 5 月第 25 版译出。

01655　概率与统计
〔日〕占部实著　佟雨寰等译　北京　文化教育
出版社　1982.12　393 页　32 开　0.97 元
（日本新高中数学研究丛书　10）

01656　钢管概论
解春蓉、刘作环译　北京　冶金工业出版社
1982.8　122 页　16 开　0.90 元　（钢铁厂技术
培训参考丛书）
本书译自一套日本技术培训教材。

01657　钢焊接区的热应变脆化
日本焊接协会 HSE 委员会编　严鸢飞译　北京

机械工业出版社 1982.10 185 页 32 开 0.75 元

01658 钢筋混凝土结构极限状态设计法
〔日〕冈村甫著 童保全译 北京 电力工业出版社 1982.4 188 页 32 开 0.66 元

01659 钢桥（第七分册）
〔日〕小西一郎编 韩毅等译 北京 中国铁道出版社 1982.9 154 页 16 开 1.10 元

01660 钢桥（第十分册）
〔日〕小西一郎编 张健峰译 北京 中国铁道出版社 1982.2 159 页 16 开 1.66 元

01661 钢琴练习曲全集（作品 100、109、105）（附指导说明）
〔德〕布格缪勒曲 〔日〕田村宏、千藏八郎编注 黄雅、于清溪译 北京 人民音乐出版社 1982.10 121 页 8 开 2.90 元

01662 钢铁厂节能文集
《钢铁厂节能文集》编译组 陈彰勇等译 北京 冶金工业出版社 1982.2 335 页 16 开 2.25 元
本书译自日刊《铁与钢》1978 年第 13 期《节能特集》一书，共 28 篇。

01663 钢铁工业中的计算机控制
〔日〕野坂康雄编著 舒诒湘译 上海 上海科学技术出版社 1982.12 224 页 16 开 1.85 元

01664 钢铁冶金反应动力学
〔日〕川合保治著 徐同晏、戴嘉惠译 北京 冶金工业出版社 1982.4 153 页 大 32 开 0.65 元

01665 高分子的分子设计（2 分子设计的方法论）
日本高分子学会编 徐震春、岳传龙译 上海 上海科学技术出版社 1982.2 300 页 32 开 1.10 元

01666 高灵敏度原子吸收光谱和发射光谱分析法
〔日〕保田和雄、广川吉之助著 何华焜、黄汉国译 北京 原子能出版社 1982.1 238 页 大 32 开 1.15 元

01667 源氏物语（中）
〔日〕紫式部著 丰子恺译 北京 人民文学出版社 1982.6 431—857 页 大 32 开 1.50

元 （日本文学丛书）

01668 给水工程的事故与防治措施
〔日〕石桥多闻著 赵洪宾、王永纯译 北京 中国建筑工业出版社 1982.12 366 页 大 32 开 1.50 元
本书据日本技报堂出版株式会社 1977 年日文版译出。

01669 工厂经营管理业务
〔日〕梅田政夫著 司徒淳译 沈阳 辽宁人民出版社 1982.12 236 页 大 32 开 0.88 元

01670 工程管理——计划和管理的新技术
〔日〕佐用泰司著 王伟兴、王克法译 北京 电力工业出版社 1982.7 252 页 16 开 1.70 元

01671 工程土力学计算实例
〔日〕铃木音彦著 唐业清、吴庆荪译 北京 中国铁道出版社 1982.10 402 页 32 开 1.65 元
本书据日本东洋书店 1976 年版译出。

01672 工矿企业常用设备节电方法
〔日〕福井良夫著 陆正园、刘学用译 北京 电力工业出版社 1982.10 257 页 32 开 0.88 元

01673 公路桥梁检修
日本高架桥构造研究会编 王惠普、李阳海译 北京 人民交通出版社 1982.10 254 页 16 开 2.60 元
本书据日本理工图书株式会社 1978 年版译出。

01674 固有名词英语发音辞典
〔日〕大塚高信等编 上海光华出版社 1982 954 页 32 开 精装4.60 元
本书据日本三省堂版影印。

01675 管理会计入门
〔日〕泷川祐治著 李柱锡译 北京 中国财政经济出版社 1982.8 142 页 32 开 0.50 元

01676 光通信技术读本
〔日〕岛田祯晋编 赵灵基等译 北京 人民邮电出版社 1982.10 235 页 32 开 0.97 元

01677 光通信系统
日本机械振兴协会编 刘时衡等译 北京 人民邮电出版社 1982.12 361 页 大 32 开 1.75 元

01678　光学工程学

〔日〕饭冢启吾著　许菊心、杨国光译　北京　机械工业出版社　1982.7　172 页　16 开　1.20 元

本书据日本共立出版株式会社 1977 年版译出。

01679　硫酸手册

日本硫酸协会编辑委员会编　张绫等译　北京　化学工业出版社　1982.12　718 页　大 32 开　2.80 元

本书据昭和 52 年 12 月修订版译出。

01680　硅酸盐手册

〔日〕素木洋一著　刘达权、陈世兴译　北京　轻工业出版社　1982.9　761 页　大 32 开　3.35 元

本书据日本技报堂 1977 年版译出。

01681　果树园艺原论

〔日〕中川昌一著　曾骧等译　北京　农业出版社　1982.3　560 页　32 开　1.85 元

01682　焊接金属学

〔日〕铃木春义、田村博著　严鸢飞等译　北京　机械工业出版社　1982.11　170 页　16 开　1.15 元

01683　合成纤维长丝加工手册（下册）

〔日〕奈良宽久、安冢胜三著　清江合成纤维厂设备科、朝阳合成纤维厂资料室译　北京　纺织工业出版社　1982.10　324 页　大 32 开　1.60 元

01684　合金状态图简明读本

〔日〕横山亨著　刘湖译　北京　冶金工业出版社　1982.3　210 页　大 32 开　0.70 元

01685　黑白和彩色电视机知识 300 问

日本广播协会编　黄刚、张永辉编译　北京　国防工业出版社　1982.10　322 页　大 32 开　1.30 元

本书据《日本广播协会彩色电视修理能力测验 300 问》一书第 2 版编译。

01686　黑雨

〔日〕井伏鳟二著　柯毅文、颜景镐译　长沙　湖南人民出版社　1982.4　322 页　32 开　0.84 元

01687　痕量金属的光度测定概况（痕量金属的比色测定第 1 部分）（第一分册）

〔美〕E. B. 桑德尔、〔日〕大西宽著　容庆新等译　北京　地质出版社　1982.10　279 页　大 32 开　1.60 元

本书据 E. B. Sandell, Hiroshi Onishi, *Photometric Determination of Traces of Metals Geneal Aspects（4 Edition of Part I of Colorimotric Determination of Traces of Metals）*（1978）译出。

01688　花木嫁接技术

〔日〕町田英夫等著　孙昌其、刘汝诚译　北京　农业出版社　1982.3　197 页　大 32 开　0.81 元

01689　华北治安战（上）（日本军国主义侵华史料）

日本防卫厅战史室编　天津市政协编译组译　天津　天津人民出版社　1982.6　330 千字　32 开　1.42 元

01690　华北治安战（下）（日本军国主义侵华史料）

日本防卫厅战史室编　天津市政协编译组译　天津　天津人民出版社　1982.9　340 千字　32 开　1.46 元

01691　《华沙—牛津规则》逐条解说

〔日〕津田升著　彭玉书译　北京对外贸易出版社　1982.8　80 页　32 开　0.32 元

01692　环境癌·职业癌·化学癌

〔日〕堀口博著　犹学筠、傅慰祖译　上海科学技术出版社　1982.10　155 页　16 开　1.10 元

01693　活性污泥膨胀与控制对策

〔日〕田口广著　孙玉修、蔡汉弟译　北京　中国建筑工业出版社　1982.8　342 页　32 开　1.45 元

01694　饥饿海峡——日本电影文学剧本四篇

张和平译　福州　福建人民出版社　1982.8　363 页　大 32 开　1.14 元

01695　机电能量转换

〔日〕宫入庄太著　霍兴义、任仲岳译　北京　机械工业出版社　1982.8　258 页　32 开　0.90 元

01696　基础日英辞典

上海　光华出版社　1982　1438 页　36 开　精装 5.30 元

本书据日本旺文社版影印。

01697　基础信息论
〔日〕藤田广一著　魏鸿骏、陈尚勤译　北京　国防工业出版社　1982.9　242页　大32开　1.00元
本书据株式会社昭晃堂1977年第14版译出。

01698　基督何许人也——基督抹煞论
〔日〕幸德秋水著　马采译　北京　商务印书馆　1982.11　118页　大32开　0.56元

01699　集成电路应用333例
日本《电子展望》编　朱嘉炜等译　北京科学技术出版社　1982.9　276页　16开　1.90元

01700　计测基础知识
宝山钢铁总厂资料室翻译组、东北工学院仪表教研室译　北京　冶金工业出版社　1982.2　197页　16开　1.35元　（钢铁厂技术培训参考丛书）
本书译自一套日本的技术培训教材。

01701　计量经济学
〔日〕辻村江太郎著　李柱锡译　上海　上海科学技术文献出版社　1982.1　201页　32开　0.85元

01702　记忆术
〔日〕高木重朗普　林怀秋译　长沙　湖南科学技术出版社　1982.5　163页　32开　0.50元

01703　技术管理（工业企业管理手册第十分册）
〔日〕八卷直躬主编　巩长金、刘孔彰译　北京　中国人民大学出版社　1982.7　112页　大32开　0.47元

01704　家畜的血液型及其应用
〔日〕佐佐木清纲主编　李世安译　上海　上海科学技术出版社　1982.2　385页　32开　1.55元

01705　家畜微生物学（新版）
〔日〕尾形学等著　龚人雄译　北京　农业出版社　1982.9　247页　16开　1.70元

01706　简明化学（一）
〔日〕渡边启、竹内敬人著　杨成祥、刘葆兴译　沈阳　辽宁人民出版社　1982.7　643页　32开　1.55元
本书据日本旺文社1979年版译出。

01707　简易节电措施
日本省能中心编　包锦章等译　北京　科学技术文献出版社　1982.8　170页　32开　0.54元

01708　溅血的遗嘱
〔日〕横沟正史著　猛子、念鹤译　昆明　云南人民出版社　1982.3　295页　32开　0.80元
本书据日本角川书店1978年7月日文版译出。

01709　建筑材科学
〔日〕冈田清等著　张传镁、张绍麟译　长沙　湖南科学技术出版社　1982.8　514页　32开　1.80元

01710　建筑设备基础理论
〔日〕木村建一著　单寄平译　北京　中国建筑工业出版社　1982.8　414页　大32开　2.20元
本书据日本学献社1980年第6版译出。

01711　建筑业经营管理与电子计算机
日本建设工业经营研究会编　〔日〕庄子干雄执笔　曲则生等译校　北京　中国建筑工业出版社　1982.12　198页　大32开　1.20元

01712　节能现场必携
王民杰译　长沙　湖南科学技术出版社　1982.8　210页　大64开　0.45元
本书译自日文。原书精选大量日文资料。

01713　结构杆件的扭转解析
〔日〕高冈宣善著　韩毅译　北京　中国铁道出版社　1982.7　154页　32开　0.55元

01714　结构力学
〔日〕酒井忠明著　王道堂等译　北京　人民教育出版社　1982.11　508页　16开　3.40元

01715　结构力学（日本土木工程手册）
〔日〕山本稔等编　王道堂等译　北京　中国铁道出版社　1982.7　260页　大32开　1.05元

01716　结构无机化学
〔日〕桐山良一著　周孝棣、胡秀仁译　北京　人民教育出版社　1982.10　189页　大32开　0.81元

01717　解开生命的密码
〔日〕牧野贤治著　赵成璟、吴浩源译　北京　北京出版社　1982.8　175页　32开　0.75元（日本少年博物馆丛书）

01718　金属材料
范似兹译　北京　冶金工业出版社　1982.10　160页　16开　1.15元　（钢铁厂技术培训参考丛书）

本书译自一套日本技术培训教材。

01719　金属凝固学
〔日〕大野笃美著　朱宪华译　南宁　广西人民出版社　1982.3　179 页　32 开　0.67 元

01720　近代日本文学小辞典（日文）
〔日〕三好行雄、浅井清编　上海　光华出版社　1982　304 页　32 开　1.10 元

01721　经穴汇解
〔日〕原昌克编　北京　中医古籍出版社 1982.10　大 32 开　2.40 元
本书据中医研究院图书馆藏日本刊本影印。

01722　经营管理（工业企业管理手册第一分册）
〔日〕并木高矣主编　马大英等译　北京　中国人民大学出版社　1982.5　119 页　大 32 开 0.49 元

01723　经营管理之道
〔日〕土光敏夫著　张惠民译　北京　北京大学出版社　1982.12　133 页　40 开　0.36 元

01724　晶闸管斩波器应用技术
日本斩波器控制方式专门委员会编　王巨铮译 北京　中国建筑工业出版社　1982.11　300 页 大 32 开　1.20 元

01725　井伏鳟二小说选
柯毅文译　北京　外国文学出版社　1982.3 299 页　32 开　0.75 元　（当代外国文学）

01726　静电安全指南——日本产业安全研究所技术指南
吉林化学工业公司设计院、劳动人事部劳动保护局译　北京　劳动出版社　1982.7　346 页 32 开　2.05 元

01727　菊坂
〔日〕田宫虎彦著　储元熹等译　上海　上海译文出版社　1982.5　370 页　32 开　0.98 元
本书据《田宫虎彦集》新潮社 1967 年版译出。

01728　聚合反应工程
日本高分子学会编　王绍亭等译　北京　化学工业出版社　1982.11　292 页　32 开　1.00 元

01729　开发海洋
〔日〕佐佐木忠义著　陈慧爱译　北京　北京出版社　1982.4　175 页　32 开　1.69 元　（日本少年博物馆丛书）

01730　开辟明日的科学
〔日〕村野贤哉著　吴之荣等译　北京　北京出版社　1982.10　197 页　32 开　0.84 元（日本少年博物馆丛书）

01731　科学社会主义研究
〔日〕不破哲三著　张碧清等译　北京　人民出版社　1982.2　186 页　大 32 开　0.62 元 （现代外国政治学术著作选译）
本书据日本新日本出版社 1976 年版译出。

01732　科学社会主义研究（续编）
〔日〕不破哲三著　刘丕坤等译　北京　人民出版社　1982.4　187 页　大 32 开　0.60 元 （现代外国政治学术著作选译）
本书据日本新日本出版社 1979 年版译出。

01733　可靠性工程基础
〔日〕盐见弘著　彭乃学等译　北京　科学出版社　1982.3　381 页　大 32 开　2.30 元

01734　空间网架设计实例
刘锡良等编译　天津　天津科学技术出版社 1982.11　129 页　16 开　1.20 元

01735　矿床学
〔日〕立见辰雄编　盛桂浓译　北京　地质出版社　1982.9　262 页　大 32 开　1.50 元
本书据日本东京大学出版会版译出。

01736　老年病学
〔日〕村上元孝、龟山正邦编　邹元植等译校 北京　人民卫生出版社　1982.5　426 页　16 开　2.95 元

01737　黎明的文学——中国现实主义作家茅盾
〔日〕松井博光著　高鹏译　杭州　浙江人民出版社　1982.1　254 页　大 32 开　0.80 元

01738　理性连续介质力学入门
〔日〕德冈辰雄著　赵镇等译　北京　科学出版社　1982.7　260 页　32 开　1.30 元

01739　连续铸钢
史宸兴、葛志祺译　北京　冶金工业出版社 1982.4　102 页　16 开　0.77 元　（钢铁厂技术培训参考丛书）
本书译自一套日本技术培训教材。

01740　联机实时系统的设计
〔日〕大野丰编著　杨生栋译　北京　国防工业出版社　1982.6　208 页　16 开　1.45 元

01741 炼焦
梁宁元译 北京 冶金工业出版社 1982.12
131页 16开 0.95元 （钢铁厂技术培训参考丛书）
本书译自一套日本技术培训教材。

01742 炼焦设备
华谆、达志译 北京 冶金工业出版社
1982.10 91页 16开 0.70元 （钢铁厂技术培训参考丛书）
本书译自一套日本技术培训教材。

01743 量质管理的经济计算
〔日〕千住镇雄、水野纪一著 高凤林译 北京
中国农业机械出版社 1982.6 148页 32开
0.55元

01744 量子力学的世界
〔日〕片山泰久著 李尧秋等译 沈阳 辽宁人民出版社 1982.10 213页 32开 0.52元
本书据日本1978年第26次印刷本译出。

01745 临床家畜内科诊断学
〔日〕中村良一著 徐永祥、王继英主译 南京 江苏科学技术出版社 1982.9 412页 16开 3.15元
本书据原书的增订版译出。

01746 临床药理学——寻找新药和药物治疗的基础
〔日〕砂原茂一编 孙友乐等译 重庆 科学技术文献出版社重庆分社 1982.6 382页 32开 1.30元

01747 流量测量手册
〔日〕川田裕郎等编著 罗秦等译 北京 计量出版社 1982.2 425页 16开 3.75元

01748 龙子太郎
〔日〕松谷美代子著 王璞、林怀秋译 哈尔滨 黑龙江人民出版社 1982.10 109页 32开 0.27元

01749 伦琴传
〔日〕山本大二郎著 文都苏译 西安 陕西科学技术出版社 1982.7 153页 32开 0.38元

01750 伦琴传（蒙古文）
〔日〕山本大二郎著 文都苏译 呼和浩特 内蒙古教育出版社 1982.6 216页 大32开

0.63元

01751 轮机员考试试题解答
日本轮机技术研究会编 滕毓富等译 北京 人民交通出版社 1982.2 350页 大32开 2.05元

01752 马可·波罗
〔日〕三浦清史著 李季安、徐伟译 北京 新华出版社 1982.3 98页 32开 0.30元

01753 脉冲编码调制通信进展
〔日〕猪濑博、宫川洋编 王德文译 北京 人民邮电出版社 1982.2 512页 32开 1.65元

01754 满铁调查部内幕
〔日〕草柳大藏著 刘耀武等译 哈尔滨 黑龙江人民出版社 1982.3 562页 32开 1.55元

01755 酶分析法的原理和应用
〔日〕清水祥一等著 陈石根译 上海科学技术出版社 1982.9 138页 32开 0.59元

01756 模糊系统理论入门
〔日〕浅居喜代治等著 赵汝怀译 北京师范大学出版社 1982.9 291页 32开 1.00元

01757 模具材料及其热处理
〔日〕佐藤忠雄、相泽力著 叶心德译 北京 机械工业出版社 1982.2 313页 32开 1.05元
本书据日本昭和47年5月15日日文版译出。

01758 魔影
〔日〕德田秋声著 力生译 上海 上海译文出版社 1982.4 199页 大32开 0.82元 （二十世纪外国文学丛书）
本书据筑摩书房1955年版《现代月本文学全集》译出。

01759 木材虫害与防治
王传槐、王书翰译 北京 中国林业出版社 1982.7 178页 32开 0.62元
本书据日本《木材工业》杂志中专题讲座整理译出。

01760 耐腐蚀塑料及其耐腐蚀性研究的新动向
〔日〕奥田聪著 化学工业部设备设计技术中心站译 北京 化学工业出版社 1982.5 231页 32开 0.79元

01761 难忘的童年

〔日〕山花部子著　金君子译　哈尔滨　黑龙江人民出版社　1982.12　119页　32开　0.30元

01762 内燃机测量技术（续集）

高观、刘急编译　北京　机械工业出版社　1982.3　297页　16开　1.95元

本书主要译自日本《内燃机关》杂志。

01763 能源趣谈

〔日〕崎川范行著　孙文海译　北京　能源出版社　1982.5　85页　32开　0.35元

01764 农业经济学

〔日〕土屋圭造著　万宝瑞译　北京　农业出版社　1982.2　190页　大32开　0.79元

01765 喷雾干燥

〔日〕持田隆等著　张佑国编译　南京　江苏科学技术出版社　1982.12　510页　16开　3.50元

01766 平面电路

〔日〕大越孝敬、三好旦六著　王积勤、杨逢春译　北京　科学出版社　1982.4　288页　32开　1.50元

01767 破戒

〔日〕岛崎藤村著　柯毅文、陈德文译　北京人民文学出版社　1982.6　271页　大32开　精装1.40元　平装0.88元　（外国文学名著丛书）

本书据日本新潮社1978年版译出。

01768 普通化学（朝仓化学讲座第1卷）

〔日〕东健一等著　吕立人译　上海　上海教育出版社　1982.2　187页　大32开　0.63元

本书据日本朝仓书店1977年4月第6版译出。

01769 普通化学习题（朝仓化学讲座第2卷）

〔日〕东健一、高桥博彰著　费世奎译　上海　上海教育出版社　1982.1　195页　大32开　0.65元

本书据日本朝仓书店1978年4月第5版译出。

01770 奇异的自然界——自然和生命的奥秘

〔日〕井尻正二、石井良冶著　刘青然、刘庆普译　北京　北京出版社　1982.8　180页　32开　0.82元　（日本少年博物馆丛书）

01771 企业管理基础知识

刘惠文译　北京　冶金工业出版社　1982.4

97页　16开　0.75元　（钢铁厂技术培训参考丛书）

本书译自一套日本技术培训教材。

01772 汽车力学

日本汽车工程研究会编　小林明主编　刘树成等译　北京　机械工业出版社　1982.6　270页　32开　0.91元

本书据日本《最新自动车力学》株式会社图书出版社1975年版译出。

01773 汽车修理与故障分析

〔日〕小林胜著　于振洲译　长春　吉林人民出版社　1982.5　318页　大32开　1.20元

01774 切削磨削加工学

〔日〕臼井英治著　高希正、刘德忠译　北京机械工业出版社　1982.12　655页　大32开　2.55元

本书据日本共立出版株式会社1971年版译出。

01775 青春年华

〔日〕源氏鸡太著　张云多译　南京　江苏人民出版社　1982.11　243页　32开　0.56元

本书原名《二十岁的设计》，据日本集英社1979年11月修订第6版译出。

01776 青年心理学

〔日〕关忠文编著　王永丽、周浙平译　哈尔滨　黑龙江人民出版社　1982.5　188页　32开　0.56元

本书据日本福村出版株式会社1980年4月版译出。

01777 蚯蚓养殖

〔日〕齐藤胜著　陈志平摘译　成都　四川人民出版社　1982.12　54页　32开　0.20元

01778 热分析

〔日〕神户博太郎编　刘振海等译　北京　化学工业出版社　1982.5　309页　大32开　1.25元

01779 热交换器设计手册（下册）

〔日〕尾花英朗著　徐中权译　北京　石油工业出版社　1982.9　1038页　32开　3.40元

01780 热能管理人员考试400题解

日本欧姆出版社编　杨天珉、李子林译　北京水利电力出版社　1982.12　342页　32开

1.15 元

01781　日本当代短篇小说选（第 2 辑）
文学朴等译　沈阳　辽宁人民出版社　1982.11
675 页　大 32 开　1.95 元

01782　日本的大学——产业社会里大学的作用
〔日〕永井道雄著　李永连、李夏青译　北京
教育科学出版社　1982.8　132 页　32 开
0.54 元

01783　日本的技术力量
〔日〕森谷正规著　天津政协编译委员会译　哈
尔滨　黑龙江人民出版社　1982.9　158 页　32
开　0.45 元

01784　日本的教育
〔日〕小林哲也著　徐锡龄、黄明皖译　北京
人民教育出版社　1982.4　228 页　大 32 开
0.85 元　（外国教育丛书）

01785　日本高级中学教学大纲
日本文部省编　王桂等译　北京　教育科学出版
社　1982.9　170 页　32 开　0.55 元

01786　日本各大学历年入学试题集化学题解
梁远明等编译　广州　科学普及出版社广州分社
上册　1982.3　287 页　32 开　0.95 元
下册　1982.2　220 页　32 开　0.70 元

01787　日本各大学历年入学试题集数学题解
梁远明等编译　广州　科学普及出版社广州分社
中册　李策韶等译　1982.1　380 页　32 开
1.25 元
下册　陈钧洪等译　1982.2　295 页　32 开
0.90 元

01788　日本化学工业
〔日〕岩崎秀夫著　复旦大学世界经济研究所日
本经济研究室译　上海　上海译文出版社
1982.8　280 页　32 开　0.74 元
本书据日本教育社 1975 年版译出。

01789　日本环境保护长远规划
日本环境厅编　黄淑贞等译　北京　中国环境科
学出版社　1982.12　193 千字　16 开　1.85 元

01790　日本警察的秘密
〔日〕铃木卓郎著　齐协译　北京　群众出版

社　1982.10　229 页　32 开　0.58 元

01791　日本劳动灾害尘肺及其他职业病
中华全国总工会劳动保护部编　侯召棠等译　北
京　工人出版社　1982.7　203 页　32 开
0.75 元

01792　日本热轧带钢技术
北京钢铁设计研究总院等译　北京　冶金工业出
版社　1982.8　414 页　16 开　2.75 元

01793　日本人事考核制度
〔日〕久保淳志著　祝寿臣等译　北京　新华出
版社　1982.8　238 页　32 开　0.63 元

01794　日本商标法解说
〔日〕江口俊夫著　魏启学译　北京　专利文献
出版社　1982.2　249 页　32 开　1.35 元

01795　日本商法典
丁耀堂译　北京　法律出版社　1982.4　242
页　32 开　0.78 元

01796　日本社会
〔日〕中根千枝著　许真、宋峻岭译　天津人民
出版社　1982.3　139 页　大 32 开　0.55 元
（社会学丛书）
本书据英国塘鹅图书公司 1973 华修订版译出。

01797　日本社会结构
〔日〕福武直著　陈曾文译　广州　广东人民出
版社　1982.10　190 页　32 开　0.53 元

**01798　日本研究的方法论——为了加强学术交
流和相互理解**
〔日〕安藤彦太郎著　卞立强译　长春　吉林人
民出版社　1982.3　143 页　32 开　0.41 元

01799　日本音乐史
〔日〕伊庭孝著　郎樱译　北京　人民音乐出版
社　1982.10　190 页　大 32 开　1.05 元
本书据日本音乐之友社 1965 年版译出。

01800　日本政治史（第一卷　西欧的冲击与开国）
〔日〕信夫清三郎著　周启乾译　上海　上海译
文出版社　1982.1　370 页　大 32 开　1.20 元
本书据日本南窗社 1976 年版译出。

01801　日本中学保健体育
〔日〕今村嘉雄等著　王德深译　北京　文化教

育出版社　1982.10　214 页　大 32 开　0.88 元

01802　日立经营的秘密
〔日〕岩堀安三著　李守贞、钱端义译　北京
新华出版社　1982.12　246 页　32 开　0.79 元

01803　日语成语大辞典
〔日〕白石大二编　上海　光华出版社　1982
664 页　大 32 开　精装 3.50 元
本书据日本东京堂版影印。

01804　日语口语法详论——口语法精说
〔日〕汤泽幸吉郎著　刘振瀛等译　北京　商务
印书馆　1982.6　493 页　32 开　1.65 元

01805　日元的知识
〔日〕荒木信义著　羊子林译　北京　中国财政
经济出版社　1982.7　148 页　32 开　0.50 元
（国际金融知识丛书）
本书据日本经济新闻社 1978 年版译出。

01806　日中交流二千年
〔日〕藤家礼之助著　张俊彦、卞立强译　北
京　北京大学出版社　1982.12　210 页　32 开
0.65 元

01807　绒线花样编织
殷晓明等编译　南昌　江西人民出版社
1982.6　54 页　16 开　0.37 元
本书选译自日本近期《妇女俱乐部》、《妇女之
友》杂志。

01808　溶菌酶
〔日〕船津胜、鹤大典编著　李兴福译　济南
山东科学技术出版社　1982.12　295 页　大 32
开　0.92 元

01809　软土地基处理
〔日〕中堀和英等编著　张文全译　北京　人民
交通出版社　1982.3　341 页　大 32 开
2.10 元

01810　三维成象技术
〔日〕大越孝敬著　董太和译　北京　机械工业
出版社　1982.12　322 页　32 开　1.10 元
本书据 Takanori Okoshi, *Three-Dimensional Imaging
Techniques*（Academic Press, Inc. Fifth Avenue,
NewYork, 1976）译出。

01811　森林经理学
〔日〕井上由扶著　陆兆苏等译　北京　中国林
业出版社　1982.6　303 页　大 32 开　1.25 元

01812　森林土壤与培肥
〔日〕芝本武夫著　刘国光译　北京　中国林业
出版社　1982.7　147 页　32 开　0.52 元

01813　烧结
邓守强译　北京　冶金工业出版社　1982.1　80
页　16 开　0.62 元　（钢铁厂技术培训参考丛书）
本书译自一套日本的技术培训教材。

01814　烧结设备
朱兆民、刘秀英译　北京　冶金工业出版社
1982.4　114 页　16 开　0.82 元　（钢铁厂技术
培训参考丛书）
本书译自一套日本技术培训教材。

01815　社会主义与自由
〔日〕藤井一行著　大洪译　哈尔滨　黑龙江人
民出版社　1982.4　146 千字　大 32 开　0.65
元　（现代外国政治学术著作选译）

01816　涉过愤怒的河
〔日〕西村寿行著　杨哲山、王晓滨译　北京
群众出版社　1982.2　333 页　32 开　0.80 元

01817　深山里的焰火（日本童话）
〔日〕宫泽贤治等著　邸红译　严风扬插图　昆
明　云南人民出版社　1982.6　139 页　36 开
0.38 元

01818　什么是系统工程
〔日〕渡道茂、须贺雅夫著　牛林山、金昌旭
译　北京　机械工业出版社　1982.12　173 页
32 开　0.61 元　（国外现代管理初级读物）
本书据日本放送出版协会 1980 年 8 月 8 次印刷
本译出。

01819　神奇的现实——人体超级能力探索
〔日〕金光不二夫编　于明学译　长春　吉林人
民出版社　1982.1　193 页　32 开　0.50 元
本书是《不可思议——人体超级能力现象》的
续集。

01820　生产管理（工业企业管理手册第二分册）
〔日〕村松林太郎主编　陈汝义等译　北京　中
国人民大学出版社　1982.9　165 页　大 32 开
0.65 元

01821　失效物理基础
〔日〕盐见弘著　杨家铿等译　北京　科学出版
社　1982.11　285 页　大 32 开　1.75 元
本书据日本科技连出版社 1976 年日文版译出，

原书名为《故障物理入门》。

01822 施肥原理与技术
〔日〕高井康雄主编 金安世译 北京 农业出版社 1982.1 414页 大32开 1.65元

01823 实用日语小词典
〔日〕井浦芳信编 上海 光华出版社 1982 495页 60开 精装1.30元

01824 实用日语语言手册
〔日〕平井冒夫著 上海 光华出版社 1982 586页 36开 精装2.50元
本书据日本三省堂版影印。

01825 实用制冷技术习题集
〔日〕宝谷幸男著 冯亦步译 北京 农业出版社 1932.9 227页 32开 0.92元

01826 食人魔窟——日本关东军细菌战部队的恐怖内幕
〔日〕森村诚一著 祖秉和、唐亚明译 北京 群众出版社 1982.11 244页 32开 0.68元
本书据日本光文社1982年5月日文版译出。

01827 世界各国社会学概况（原名 历史与课题）
〔日〕福武直主编 虞祖尧、张禄贤译 北京 北京大学出版社 1982.3 248页 大32开 0.90元

01828 世界著名科学幻想小说选介
〔日〕石川乔司、伊藤典夫主编 高启明等译校 长春 吉林人民出版社 1982.8 600页 32开 1.75元
本书据1978年版译出。

01829 蔬菜抗病品种及其利用
〔日〕山川邦夫著 高振华译 北京 农业出版社 1982.1 161页 32开 0.83元

01830 蔬菜营养生理与土壤
〔日〕鸣田永生著 杨振华译 福州 福建科学技术出版社 1982.3 278页 32开 0.95元

01831 数学（1B）高考试题700选
〔日〕木村勇三等编著 李树棠、周显荣译 武汉 湖北人民出版社 1982.3 683页 32开 1.71元

01832 数学（1）高考试题300选
〔日〕木村勇三等编著 李树棠译 武汉 湖北人民出版社 1982.2 716页 32开 1.80元

01833 数学（1）（日本高中数学）
〔日〕小平邦彦编 艾日布等译 呼和浩特 内蒙古教育出版社 1982.8 447页 大32开 1.25元

01834 水产药详解
〔日〕田中二良著 刘世英、雍文岳译 北京 农业出版社 1982.12 378页 32开 1.50元

01835 水稻的营养诊断与施肥
〔日〕前田正男著 单长生、沙浜译 长沙 湖南科学技术出版社 1982.2 186页 32开 0.65元

01836 水稻冷害生理学——以生殖生长为中心
〔日〕西山岩男著 苏焕兰、杨桂清译 银川 宁夏人民出版社 1982.2 122页 32开 0.49元

01837 水稻营养生理
〔日〕石冢喜明著 金津、谢长双译 北京 农业出版社 1982.1 77页 32开 0.30元

01838 水果蔬菜贮藏概论
〔日〕绪方邦安编 陈祖钺等译 北京 农业出版社 1982.1 400页 32开 1.55元

01839 水上勉选集
文洁若等译 北京 外国文学出版社 1982.8 592页 32开 1.40元
本书据《水上勉全集》1、3、4、5、10卷（中央公论社1976年版）、第26卷（1978年版）译出。

01840 水污染的自动分析
〔日〕荒木峻等编著 赵连生等译 北京 中国建筑工业出版社 1982.7 266页大 32开 1.10元
本书据（株）化学同人1976年版译出。

01841 水与环境
〔日〕藤田四三雄著 谢家恕译 郑州 河南科学技术出版社 1982.6 166页 32开 0.47元

01842 思维的训练
〔日〕多湖辉编 张成全等编译 北京 科学普及出版社 1982.9 122页 32开 0.36元
（智育小丛书 1）

01843 苏联帝国主义的世界战略——八十年代的国际形势与日本的对策
〔日〕三好修著 颐汝钰等译 北京 世界知识出版社 1982.1 278页 32开 0.80元

01844　速度时代
〔日〕横森周信著　曲翰章译　北京　北京出版社　1982.10　183页　32开　0.83元　日本少年博物馆丛书

01845　太空少年
〔日〕眉村卓著　韩冈觉、韩巍译　朱小果插图　北京　海洋出版社　1982.3　116页　32开　0.42元

01846　太阳能的基础和应用
日本太阳能学会编　刘鉴民、李安定等译　上海　上海科学技术出版社　1982.5　223页　16开　1.50元

01847　太阳能供冷与供暖
〔日〕田中俊六著　林毅等译　北京　中国建筑工业出版社　1982.9　233页　16开　1.60元

01848　提高记忆力的奥秘
〔日〕坂木保之介著　何愚一、翔天译　北京　北京师范大学出版社　1982.2　177页　32开　0.50元

01849　天才的智慧
〔日〕多湖辉编　许明镐、张新中编译　北京　科学普及出版社　1982.10　158页　32开　0.45元　（智育小丛书　2）
本书据《头脑的体操》第五集编译而成。

01850　图解电子计算机知识
日本电信电话公司编　徐殿儒、秦志斌译　北京　科学出版社　1982.6　418页　32开　1.65元

01851　图解现代生物学
〔日〕新津恒良等著　赵敏等译　北京　科学出版社　1982.8　230页　16开　2.30元

01852　图书资料的分类
〔日〕宫坂逸郎等编　宋益民译　北京　书目文献出版社　1982.5　285页　32开　1.00元

01853　图象通信
〔日〕前田光治主编　毕厚杰、徐澄圻译　北京　人民邮电出版社　1982.3　283页大32开　1.15元

01854　图象与噪声
日本电视学会编　郭奕康译　北京　人民邮电出版社　1982.7　371页　32开　1.30元

01855　土工结构物设计标准和解说
日本国有铁道编　陈耀荣等译　北京　中国铁道出版社　1982.5　282页　16开　1.90元

01856　外国电影剧本丛刊（12）残菊物语·雨月物语
连缘译　北京　中国电影出版社　1982.4　134页　32开　0.45元
本书收录了2个日本电影剧本。

01857　外国电影剧本丛刊（14）故乡·幸福的黄手帕·远山的呼唤
李正仑等译　北京　中国电影出版社　1982.6　219页　32开　0.75元
本书包括3个日本电影剧本。

01858　微程序设计
〔日〕萩原宏著　费志浩译　北京　科学出版社　1982.6　332页　32开　1.65元

01859　微生物保存法
〔日〕根井外喜男编　金连缘译　上海　上海科学技术出版社　1982.9　499页　大32开　2.35元

01860　微型计算机的组装和使用
〔日〕石田晴久著　周琴芳、王超平译　北京　科学出版社　1982.3　210页　32开　0.88元

01861　污水处理机械设计计算
〔日〕真岛卯太郎著　陆煜康译　北京　机械工业出版社　1982.11　508页　大32开　2.00元

01862　无缝线路作业
〔日〕伊地知坚一著　陈岳源等译　北京　中国铁道出版社　1982.7　251页　32开　0.85元

01863　无公害的农药——探讨其可能性
〔日〕见里朝正著　王怡霖译　北京　农业出版社　1982.10　142页　32开　0.62元

01864　无机化学
〔日〕长岛弘三等合著　郑录等译　北京　人民教育出版社　1982.1　247页　大32开　0.76元
本书据日本实教出版株式会社1974年版译出。

01865　五十万年的死角
〔日〕伴野朗著　谈建浩、陆荷芬译　昆明　云

南人民出版社 1982.1 169千字 32开
1.10元
本书据日本讲谈社1976年版译出。

01866 物流知识
日本通运综合研究所编 邓英等译 南宁广西人
民出版社 1982.11 218页 32开 0.58元

01867 纤维的化学
〔日〕樱田一郎著 戴承渠、章潭莉译 北京
纺织工业出版社 1982.9 197页 32开
0.83元

01868 现场焊接技术
日本中部焊接振兴会编 〔日〕吉田亨主编 刘
知飞、吴广仁译 石家庄 河北人民出版社
1982.6 325页 大32开 1.90元

01869 现代电子电路基础
〔日〕篠崎寿夫等著 吴铁坚译 北京 高等教
育出版社 1982.6 339页 大32开 2.15元

01870 现代高压电力断路器
〔日〕中西邦雄等著 张义民译 北京 电力工
业出版社 1982.3 458页 大32开 1.85元

01871 现代汉语句法结构（生成语法）
〔日〕安妮·Y.桥本著 宁春岩、侯方译 哈
尔滨 黑龙江人民出版社 1982.9 122页 32
开 0.35元

01872 现代企业的组织和管理
〔日〕今井俊一主编 简柏邨等译 兰州 甘肃
人民出版社 1982.10 311页 32开 1.07元

01873 现代日本社会
〔日〕福武直著 张佐译 哈尔滨 黑龙江人民
出版社 1982.12 163页 32开 0.51元

01874 现代日本语（朝日小事典）
〔日〕柴田武编 上海 光华出版社 1982
234页 36开 0.80元
本书据朝日新闻社日文版影印。

01875 现代日语语法教程
〔日〕松三羊一著 朱世清等译 北京 外语教学
与研究出版社 1982.11 406页 32开 1.30元

01876 现代商店经营
日本商工会议所编 赵玉玢等译 北京 中国展

望出版社 1982.10 211页 32开 0.70元
本书据原著1979年修订版译出。

01877 线材、小型棒材精整
耿树林译 北京 冶金工业出版社 1982.4
136页 16开 1.00元（钢铁厂技术培训参考
丛书）
本书译自一套日本技术培训教材。

01878 线材、小型棒材轧制
傅师曾、刘良春译 北京 冶金工业出版社
1982.6 110页 16开 0.82元（钢铁厂技术
培训参考丛书）
本书译自一套日本技术培训教材。

01879 线性系统理论、例题和习题
〔日〕有本卓等著 卢伯英译 北京 科学出版
社 1982.9 309页 32开 1.55元

01880 小气候调查方法
〔日〕小泽行雄、吉野正敏著 郭殿福等译 南
宁 广西人民出版社 1982.10 225页 32开
0.69元

01881 小学生计算游戏（朝鲜文）
〔日〕矢野健太郎等编 金东淑译 延吉 延边
人民出版社 1982.6 168页 32开 0.33元

01882 心
〔日〕夏目漱石著 董学昌译 长沙 湖南人民
出版社 1982.7 202页 32开 0.53元

01883 新版钢铁技术讲座（第4卷 钢材加工）
日本钢铁协会编 简光沂译 上海 上海科学技
术出版社 1982.5 304页 16开 1.85元

01884 新订外来语小辞典
〔日〕桥本弥编 上海 光华出版社 1982
550页 80开 精装1.40元
本书据日本福音馆书店版影印。

01885 新全面质量管理七种工具
日本科技联盟QC方法研究会编 高凤林译 北
京 技术标准出版社 1982.9 211页 大32
开 1.10元

01886 新型水泥与混凝土
〔日〕森茂二郎编 王幼云等译 北京 中国建
筑工业出版社 1982.10 340页 大32开

1.40 元

01887 新用字用例辞典（日文）
〔日〕武部良明编 上海 光华出版社 1982
448 页 32 开 精装2.00 元
本书据日本教育出版株式会社版影印。

01888 星座与传说
〔日〕小尾信弥著 李季安译 北京 北京出版
社 1982.11 198 页 32 开 0.80 元（日本少
年博物馆丛书）

01889 学历社会
〔日〕矢仓久泰著 王振宇、程永华译 长春
吉林人民出版社 1982.4 92 页 32 开
0.26 元
本书据日本教育出版社 1978 年版译出。

01890 学龄前幼儿教育
〔日〕松本喜一郎、山根薰编著 李长声译 长
春 吉林人民出版社 1982.3 128 页 32 开
0.35 元

01891 学习指导与生活指导
〔日〕山根薰编 何宗传、曲日莲译 北京 中
国农业机械出版社 1982.9 176 页 32 开
0.55 元

01892 学校管理
〔日〕安藤尧雄著 马晓塘、佟顶力译 北京
文化教育出版社 1982.4 135 页 大 32 开
0.42 元

01893 压电陶瓷材料
〔日〕田中哲郎等编 陈俊彦、王余君译 北京
科学出版社 1982.12 263 页 32 开 1.35 元

01894 岩波国语辞典
〔日〕西尾实等编 上海 光华出版社 1982
1216 页 32 开 精装5.30 元
本书据日本岩波书店 1979 年第 3 版影印。

01895 岩波汉语日语辞典
〔日〕仓石武四郎著 上海 光华出版社
1982 917 页 36 开 精装3.20 元
本书据日本岩波书店版影印。

01896 岩石力学基础
〔日〕山口梅太郎、西松裕一著 黄世衡译 北

京 冶金工业出版社 1982.10 279 页 大 32
开 1.15 元
本书据原书 1977 年第 2 版译出。

01897 眼科手册
〔日〕加藤谦、松井瑞夫著 朱鹏汉译 沈阳
辽宁科学技术出版社 1982.10 340 页 32 开
1.35 元

01898 养蜂娃
〔日〕岩崎京子著 张嘉林、陈文辉译 上海
少年儿童出版社 1982.10 174 页 32 开
0.42 元 （外国儿童文学丛书）

01899 养生之道——健身食品二十五种
梅泽庄亮编 金东淑、关大欣编译 长春 吉林
人民出版社 1982.7 135 页 36 开 0.31 元
（家庭饮食顾问）

01900 药物相互作用图解
〔日〕石桥丸应著 祝希龄译 北京 人民卫生
出版社 1982.2 311 页 16 开 2.15 元

01901 液压知识
陈兆钧、王亚平译 北京 冶金工业出版社
1982.8 98 页 16 开 0.78 元 （钢铁厂技术
培训参考丛书）
本书译自一套日本技术培训教材。

01902 一个女演员的自传
〔日〕杉村春子著 林春译 北京 中国戏剧出
版社 1982.10 139 页 32 开 0.56 元

01903 移动通信（理论与设计）
〔日〕森永隆广主编 张家宝译 北京 国防工
业出版社 1982.4 221 页 大 32 开 0.91 元

01904 遗传代谢性疾病
〔日〕北川照男、柴田进编著 李永昶等译 北
京 人民卫生出版社 1982.3 367 页 32 开
1.25 元

01905 易懂的物理（1）
〔日〕竹内均著 刘克桓译 北京 文化教育出
版社 1982.8 475 页 32 开 1.65 元

01906 益智新探——谈智力与营养
〔日〕饭野节夫著 顾时光编译 长春 吉林人
民出版社 1982.7 130 页 36 开 0.30 元
（家庭饮食顾问）

01907　印刷适性
日本高分子学会印刷适性研究委员会编　丁一译　北京　科学出版社　1982.12　448 页　32 开　2.20 元
本书据日本印刷学会出版部 1970 年版译出。

01908　应用数学（日本土木工程手册）
〔日〕佐武正雄等编　朱立冬等译　北京　中国铁道出版社　1982.3　317 页　大 32 开　1.50 元

01909　应用微型计算机的仪表控制系统简介
日本山武-霍尼威尔公司等编　黄步余等译　北京　化学工业出版社　1982.9　215 页　32 开　0.73 元
本书据日本《自动化》杂志上连载的"应用微型计算机的仪表控制系统"专题资料翻译。

01910　有机化学（Ⅰ）（朝仓化学讲座 18）
〔日〕广田穰著　陈耀亭等译　上海　上海教育出版社　1982.1　238 页　大 32 开　0.77 元
本书据日本朝仓书店 1978 年 4 月第 4 版译出。

01911　幼儿教育问答
〔日〕角尾稔等著　吕可红、冯志坚译　长春　吉林人民出版社　1982.4　94 页　32 开　0.31 元
本书据原书《幼儿教育一百问》1978 年版删节而成。

01912　幼教工作三十年——为了奔向 21 世纪的孩子们
〔日〕信原良久编著　张广仁等译　北京　科学技术文献出版社　1982.4　184 页　32 开　0.68 元

01913　鱼和环境——渔业丰收、歉收的生物学
〔日〕川崎健著　陈万青、孙修勤译　北京　海洋出版社　1982.9　101 页　32 开　0.36 元

01914　鱼类的成熟和产卵
日本水产学会编　梁淑娟、王基炜译　北京　农业出版社　1982.1　120 页　32 开　0.42 元

01915　鱼类血液与循环生理
〔日〕尾崎久雄著　许学龙等译　上海　上海科学技术出版社　1982.10　410 页　32 开　1.50 元

01916　渔船轮机员袖珍手册——船舶轮机员必备
日本社团法人渔船轮机员协会编　王春福译　北京　人民交通出版社　1982.3　140 页　64 开　0.38 元

01917　渔民宰相铃木善幸
〔日〕菊池久著　周斌译　北京　商务印书馆　1982.5　139 千字　32 开　0.75 元

01918　原料处理
吴南富译　北京　冶金工业出版社　1982.5　130 页　16 开　0.96 元　（钢铁厂技术培训参考丛书）
本书译自一套日本技术培训教材。

01919　越前竹偶
〔日〕水上勉著　吴树文译　长春　吉林人民出版社　1982.1　129 页　大 32 开　0.50 元

01920　栽植的理论和技术
〔日〕新田伸三著　赵力正译　北京　中国建筑工业出版社　1982.4　245 页　大 32 开　1.30 元　（环境绿地　1）

01921　噪声控制与消声设计
〔日〕福田基一、奥田襄介著　张成译　北京　国防工业出版社　1982.4　290 页　大 32 开　1.25 元

01922　怎样处理医疗纠纷
〔日〕松仓丰治著　郑严译　北京　法律出版社　1982.8　150 页　32 开　0.50 元

01923　怎样使您孩子学习更好——家庭学习指导三百问
〔日〕冷木清著　赵秀琴等编译　天津　天津人民出版社　1982.12　194 页　32 开　0.51 元

01924　曾野绫子小说选
文洁若、文学朴译　北京　外国文学出版社　1982.10　258 页　32 开　0.66 元（当代外国文学）

01925　轧钢概论
李安国译　北京　冶金工业出版社　1982.8　121 页　16 开　0.90 元　（钢铁厂技术培训参考丛书）
本书译自一套日本技术培训教材。

01926　战后日本经济史
〔日〕内野达郎著　赵毅等译　北京　新华出版社　1982.9　325 页　32 开　0.98 元

本书据日本讲谈社 1978 年版译出。

01927　战后日本农业的变化
日本农文协文化部编　马孜学译　北京　农业出版社　1982.8　178 页　大 32 开　0.75 元
本书据日本双业渔村文化协会 1978 年版译出。

01928　昭和五十年史话
〔日〕色川大吉著　天津政协翻译组译　哈尔滨　黑龙江人民出版社　1982.9　313 页　32 开　0.85 元

01929　振动矩阵分析方法
〔日〕川井忠彦著　文锡荟译　北京　中国建筑工业出版社　1982.2　254 页　大 32 开　1.35 元

01930　植物的生态
〔日〕真船和夫著　缪光祯等译　北京　北京出版社　1982.8　177 页　32 开　0.75 元　（日本少年博物馆丛书）

01931　植物地理景现图谱（蒙古文）
〔日〕竹内亮著　贺新译　呼和浩特　内蒙古教育出版社　1982.9　210 页　大 32 开　0.65 元

01932　制冷机的理论和性能
〔日〕源生一太郎著　张瑞霖译　北京　农业出版社　1982.12　294 页　32 开　1.10 元

01933　制图
毕传湖译　北京　冶金工业出版社　1982.1　174 页　16 开　1.20 元　（钢铁厂技术培训参考丛书）
本书译自一套日本的技术培训教材。

01934　智力的发展——从婴幼儿到老年
〔日〕波多野谊余夫、稻垣佳世子著　末绍英译　长春　吉林人民出版社　1982.4　129 页　32 开　0.38 元
本书据日本岩波书店 1977 年版译出。

01935　中国文学概说
〔日〕青木正儿著　隋树森译　重庆出版社　1982.9　182 页　32 开　0.59 元　（文学知识丛书）
本书上海开明书店 1938 年第 1 版，本版是新 1 版。

01936　中华民国史资料丛稿（译稿）关于东北抗日联军的资料（第二分册）
李铸等译　北京　中华书局　1982.7　447 页

16 开　2.65 元

01937　中华民国史资料丛稿（译稿）关于东北抗日联军的资料（第一分册）
李铸等译　北京　中华书局　1982.1　258 页　16 开　1.55 元

01938　重光葵外交回忆录
天津市政协编译委员会编译　北京　知识出版社　1982.11　136 千字　32 开　0.56 元

01939　周期表与分析化学
日本分析化学会编　邵俊杰译　北京　人民教育出版社　1982.9　390 页　16 开　2.65 元

01940　竹内栖凤
南京　江苏人民出版社　1982.2　29 页　16 开　0.96 元
竹内栖凤（1864—1942），名恒吉，是日本现代水墨画大师。

01941　铸铁与铸钢
日本钢铁协会编　徐君文等译　上海　上海科学技术出版社　1982.11　274 页　16 开　1.65 元　（新版钢铁技术讲座　第 5 卷）

01942　装卸机械设计
〔日〕本田早苗、荒井实著　西南交通大学机械系译　北京　中国铁道出版社　1982.10　755 页　大 32 开　1.95 元

01943　自动化机构图例
第十设计研究院编译　北京　国防工业出版社　1982.6　353 页　16 开　2.35 元
本书据日文书《制御回路　自动化机构 300 选》编译。

01944　自动化夹具图集
〔日〕藤森洋三著　董炯明译　北京　科学出版社　1982.10　150 页　32 开　0.65 元

01945　自动控制基础（第一分册　自动化和顺序控制）
〔日〕稻田春政著　盛君豪译　北京　新时代出版社　1982.8　201 页　32 开　0.69 元

01946　自动控制系统
〔日〕伊藤政八等著　郑永植等译　沈阳　辽宁人民出版社　1982.2　611 页　大 32 开　2.15 元

本书据日本电气书院 1974 年版译出。

01947 自动控制系统的设计理论
〔日〕市川邦彦著 由克伟、许振茂译 北京 机械工业出版社 1982.1 207 页 大 32 开 0.85 元

01948 自身免疫性疾病的诊断和治疗
〔日〕大藤真、太田善介著 罗振辉等译 上海 上海科学技术出版社 1982.7 210 页 32 开 0.67 元

01949 自行车实用手册（第一分册）
日本财团法人自行车产业振兴会《自行车实用便览编辑委员会》编 邢玉民、李松操译 北京 轻工业出版社 1982.3 345 页 大 32 开 1.55 元

01950 总理大臣铃木善幸
〔日〕菊池久著 亚岩译 长春 吉林人民出版社 1982.8 120 千字 大 32 开 0.68 元
本书据日本山手书房 1980 年第 2 版译出。

01951 作物的光合作用与生态——作物生产的理论及应用
〔日〕村田吉男等著 吴尧鹏等译 上海 上海科学技术出版社 1982.3 292 页 32 开 1.10 元

01952 作物轮作技术与理论
〔日〕大久保隆弘著 巴恒修、张清沔译 北京 农业出版社 1982.1 271 页 32 开 0.91 元

1983

01953 21 世纪的科学技术
日本科学技术厅编 岑治等译 上海 上海科学技术文献出版社 1983.3 313 页 32 开 1.23 元

01954 INTEL8086 微处理器应用入门
〔日〕中村和夫、井出裕已著 陆玉库译 北京 电子工业出版社 1983.7 145 页 大 32 开 1.60 元 （微计算机丛书）

01955 癌的分子生物学
〔日〕山村雄、杉村隆编 张荫昌等译 北京 人民卫生出版社 1983.4 491 页 16 开 4.80 元

01956 矮猴兄弟（椋鸠十动物故事）
〔日〕椋鸠十著 安伟邦译 吴文渊插图 石家庄 河北人民出版社 1983.3 103 页 32 开 0.30 元

01957 八十年代技术开发的探索
〔日〕樱井健二郎主编 陶建明译 福州 福建科学技术出版社 1983.12 135 页 大 32 开 0.70 元

01958 板式轨道
〔日〕佐佐木直树著 王其昌译 北京 中国铁道出版社 1983.5 344 页 大 32 开 2.05 元

01959 保险总论
〔日〕园乾治著 李进之译 北京 中国金融出版社 1983.7 133 页 大 32 开 0.60 元

01960 北方的海
〔日〕井上靖著 陈奕国译 长沙 湖南人民出版社 1983.9 521 页 32 开 1.40 元
本书据日本新潮社 1980 年版译出。

01961 北极探险记
〔日〕植村直己著 齐东明、中光译 长春 吉林人民出版社 1983.2 209 页 32 开 0.60 元

01962 贝多芬
〔日〕浜野政雄著 阎泰公译 〔日〕古崎正已插图 北京 中国少年儿童出版社 1983.9 103 页 32 开 0.28 元

01963 奔向新世纪的科学技术
〔日〕尾崎正直著 王遒彬、王映红译 北京 知识出版社 1983.7 291 页 32 开 0.82 元

01964 本乡新
〔日〕本乡新作 上海 上海人民美术出版社 1983.10 96 页 24 开 1.40 元 （世界美术家画库）

01965 标准汉日辞典（新版）
〔日〕赤塚忠监修 上海 光华出版社 1983 991 页 32 开 精装3.90 元
本书据日本旺文社版影印。

01966 病理生理与药物作用图解
〔日〕石桥丸应著 姚应鹤等译 上海 上海科学技术出版社 1983.10 230 页 大 32 开 1.05 元

01967 波动光学
〔日〕久保田广著 刘瑞祥译 北京 科学出版社 1983.2 629页 32开 3.10元
本书据岩波书店1971年日文版译出。

01968 波谱有机化学
〔日〕高桥浩著 杨祯奎译 沈阳 辽宁科学技术出版社 1983.11 197页 大32开 0.84元

01969 孛儿帖赤那（托忒蒙文）
〔日〕井上靖著 阿特横译 斌巴转写 乌鲁木齐 新疆人民出版社 1983.4 349页 大32开 0.66元
本书据民族出版社1981年7月版转写出版。

01970 不锈钢的热处理
〔日〕藤田辉夫著 丁文华等译 北京 机械工业出版社 1983.8 335页 32开 1.35元
本书据日刊工业新闻社1977年第5版译出。

01971 财务分析图解（一目了然的分析方法）
〔日〕高山正年著 路虹、曾丽卿译 长春 吉林人民出版社 1983.7 125页 16开 0.90元

01972 采用成组技术的生产管理系统
〔日〕人见胜人等著 姜文炳译 北京 机械工业出版社 1983.10 180页 32开 0.76元
本书据日刊工业新闻社1981年版译出。

01973 残余应力的产生和对策
〔日〕米谷茂著 朱荆璞、邵会孟译 北京 机械工业出版社 1983.10 344页 32开 1.15元

01974 茶史漫话
〔日〕森本司朗著 孙加瑞译 北京 农业出版社 1983.7 38页 32开 0.22元
本书据日本茶道文化协会1979年12月第1版译出。

01975 长寿秘诀——平衡健身法（蒙古文）
〔日〕增田靖弘著 巴音达日虎、宝玛利译 呼和浩特 内蒙古科学技术出版社 1983.11 227页 32开 0.43元
本书据吉林人民出版社1981年3月汉文版译出。

01976 超大规模集成电路工艺技术
〔日〕西泽润一编 秦勋、韩伟清译 北京 国防工业出版社 1983.5 327页 16开 2.15元

01977 成吉思汗
〔日〕小林高四郎著 阿奇尔译 呼和浩特 内蒙古人民出版社 1983.9 261页 36开 1.00元

01978 城市绿地规划（环境绿地1）
〔日〕高原荣重著 杨增志等译 北京 中国建筑工业出版社 1983.6 277页 大32开 1.45元

01979 齿轮的设计和制造（第一卷 圆柱齿轮的设计）
〔日〕会田俊夫主编 金公望译 北京 中国农业机械出版社 1983.4 263页 大32开 0.96元
本书据日本大河出版社1976年版译出。

01980 初等运筹学教程
日本OR演习部会编 郑大本等译 北京 机械工业出版社 1983.8 344页 32开 1.15元
（国外现代管理初级读物）
本书据日本科技连1977年版译出。

01981 除湿设计
〔日〕铃木谦一郎、大矢信男著 李先瑞译 北京 中国建筑工业出版社 1983.6 271页 大32开 1.10元
本书据日本共立出版株式会社1980年版译出。

01982 窗边的阿彻
〔日〕黑柳彻子著 陈喜儒、徐前译 上海 少年儿童出版社 1983.9 167页 32开 0.49元 （外国儿童文学丛书）

01983 窗边的小姑娘
〔日〕黑柳彻子著 〔日〕岩崎千寻插图 朱濂译 长沙 湖南少年儿童出版社 1983.7 278页 32开 0.94元
本书据日本讲谈社1981年日文版译出，日文原名《窗边的冬冬小姑娘》。

01984 窗旁的小豆豆
〔日〕黑柳彻子著 未申译 北京 中国展望出版社 1983.5 162页 32开 0.69元

01985 窗旁的小桃桃
〔日〕黑柳彻子著 王克智译 沈阳 辽宁少年儿童出版社 1983.10 217页 32开 0.57元

01986 磁带录音机
〔日〕阿部美春编著 张桂昌等译 北京 国防

工业出版社 1983.10 323 页 大 32 开
1.30 元
本书据日本放送出版协会 1980 年版译出。

01987 磁记录
〔日〕松本光功著 陈贵民译 北京 科学出版
社 1983.7 241 页 32 开 1.25 元

01988 从传承到文学的飞跃：《竹取物语》和《斑竹姑娘》
〔日〕野口元大著 斯英琦译 上海 少年儿童
出版社 1983.10 129 页 大 32 开 0.38 元

01989 醋酸乙烯系塑胶
〔日〕井本三郎著 廖明隆编 广州 光华出版
社 1983 184 页 大 32 开 1.10 元
本书据台湾文源书局有限公司版影印。

01990 大城市
〔日〕森村诚一著 郭富光、孙好轩译 沈阳
春风文艺出版社 1983.12 261 页 32 开
0.67 元

01991 弹塑性断裂力学
〔日〕宫木博讲授 杨秉宪、王幼复编译 太
原 山西人民出版社 1983.11 306 页 大 32
开 精装 2.50 元 平装 1.70 元
本书据作者 1979 年 11 月在中国讲学时的讲义
译出。

01992 当代日汉双解辞典
〔日〕中田广郎、邓启昌编著 1983 626 页
32 开 精装 3.30 元
本书据东京中日友好研究社版影印。

01993 道路路面设计方法
〔日〕内田一郎著 韩绍如译 北京 中国建筑
工业出版社 1983.7 428 页 大 32 开
1.70 元

01994 道路养护与维修
日本道路协会编 万国朝等译 北京 人民交通
出版社 1983.5 366 页 32 开 1.80 元
本书据社团法人日本道路协会东京 1979 年版
译出。

01995 稻作十二个月（朝鲜文）
〔日〕波边正信著 徐奎哲等译 延吉 延边人
民出版社 1983.5 262 页 32 开 0.51 元

01996 底层鱼类资源
〔日〕青山恒雄编 张如玉、李大成译 北京
农业出版社 1983.12 363 页 大 32 开
2.50 元
本书据日本 1980 年版译出。

01997 地下连续墙设计与施工手册
日本建设机械化协会编 祝国荣等译 北京 中
国建筑工业出版社 1983.12 352 页 16 开
2.30 元
本书据 1975 年日文版译出。

01998 地震反应分析及实例
日本土木学会编 路秉杰等译 北京 地震出版
社 1983.6 464 页 16 开 4.60 元
本书据日本技报堂 1973 年版译出。

01999 地质学发展史
〔日〕小杯英夫著 刘兴义、刘肇生译 北京
地质出版社 1983.3 186 页 大 32 开 1.00 元

02000 第一劝银财团概貌
〔日〕铃田敦之著 盛继勤、由其民译 上海
上海译文出版社 1983.10 220 页 32 开
0.69 元
本书据日本实业出版社 1976 年第 4 版译出。

02001 电路分析
〔日〕森真作著 周武禄等译 北京 人民教育
出版社 1983.6 224 页 大 32 开 0.94 元

02002 电子电路问答
〔日〕茂木晃著 《电子电路问答》翻译组译
北京 机械工业出版社 1983.1 458 页 32
开 1.50 元

02003 电子手表的修理
〔日〕小野茂著 董正元、何世钝译 北京 中
国财政经济出版社 1983.1 179 页 32 开
0.56 元
本书据日本 1979 年 7 月日文版第 1 版译出。

02004 电子陶瓷基础和应用
〔日〕小西良弘、辻俊郎编 王兴斌译 北京 机
械工业出版社 1983.5 249 页 32 开 1.30 元

02005 丁苯橡胶加工技术
〔日〕梅野昌等著 刘登祥、刘世乎译 北京
化学工业出版社 1983.6 455 页 32 开

1.55 元

02006　对儿童的智力教育（0—2 岁）（朝鲜文）
〔日〕松原达哉著　许泰烈、权伍根译　延吉　延边人民出版社　1983.2　63 页　16 开　0.40 元
本书据日本产心社 1979 年日文版译出。

02007　对儿童的智力教育（3—4 岁）（朝鲜文）
〔日〕松原达哉著　李奎星、权伍根译　延吉　延边人民出版社　1983.2　64 页　16 开　0.40 元
本书据日本产心社 1979 年版译出。

02008　对儿童的智力教育（5—6 岁）（朝鲜文）
〔日〕松原达哉著　许泰烈等译　延吉　延边人民出版社　1983.2　63 页　16 开　0.41 元
本书据日本产心社 1979 年版译出。

02009　恶魔的饱食（续集）
〔日〕森村诚一著　正路等译　长春　吉林人民出版社　1983.4　212 页　32 开　0.74 元　（日本文学丛书）

02010　恶魔的暴行
〔日〕森村诚一著　刘宗和译　长沙　湖南人民出版社　1983.6　262 页　32 开　0.75 元
本书据日本光文社 1982 年 2 月第 8 次印刷本《恶魔的饱食》一书译出。

02011　恶魔的盛宴
〔日〕森村诚一著　黄纲纪、胡浩译　福州　福建人民出版社　1983.3　248 页　32 开　0.66 元

02012　儿童的性格与心理
〔日〕诧摩武俊编著　临立译　广州　光华出版社　1983　184 页　32 开　0.70 元
本书据香港天地图书有限公司版影印。

02013　儿童文学引论
〔日〕上笙一郎著　郎樱、徐效民译　成都　四川少年儿童出版社　1983.10　207 页　大 32 开　0.80 元

02014　发明学（创造新技术的思考方法）
〔日〕川口寅之辅著　马泉、张维彦译　北京　专利文献出版社　1983.7　166 页　36 开　0.70 元

02015　发展方程数值分析
〔日〕矢鸣信男、野木达夫著　王宝兴等译　北京　人民教育出版社　1983.6　263 页　大 32 开　1.15 元

02016　防止泄漏的理论和实际应用
〔日〕中川洋著　吴永宽译　北京　化学工业出版社　1983.10　303 页　32 开　1.05 元

02017　纺织测试手册
日本纤维性能评价研究委员会编　张亮恭等译校　北京　纺织工业出版社　1983.11　427 页　16 开　3.90 元

02018　放电加工的原理——模具加工技术
〔日〕井上洁著　帅元伦、于学文译　北京　国防工业出版社　1983.8　206 页　大 32 开　0.85 元

02019　肥料分析方法详解
〔日〕山添文雄等著　韩辰极等译　北京　化学工业出版社　1983.4　547 页　32 开　1.90 元
本书据日本东京 1976 年株式会社养贤堂《详解肥料分析法》一书的修订本译出。

02020　分时系统
〔日〕美问敬之主编　刘福滋、曹东启译　北京　人民邮电出版社　1983.9　400 页　32 开　1.70 元

02021　分水岭
〔日〕森村诚一著　吕立人译　北京　宝文堂书店　1983.7　298 页　32 开　1.10 元

02022　分析化学计算法
〔日〕早川久雄著　杜乃林、叶怀义译　哈尔滨　黑龙江科学技术出版社　1983.12　146 页　32 开　0.55 元

02023　粉粒体过程自动化
〔日〕井伊谷钢一、增田弘昭著　高增杰译　北京　中国建筑工业出版社　1983.12　183 页　大 32 开　0.78 元

02024　粉粒体输送装置
〔日〕狩野武著　赖耿阳译著　广州　光华出版社　1983　402 页　大 32 开　2.10 元
本书据复汉出版社版影印。

02025　丰臣家的人们（当代外国文学）
〔日〕司马辽太郎著　陈生保、张青平译　北

京　外国文学出版社　1983.6　466 页　32 开
1.15 元

02026　丰臣秀吉
〔日〕铃木良一著　郝迟译　哈尔滨　黑龙江人
民出版社　1983.3　163 页　32 开　0.50 元

02027　浮华世家
〔日〕山崎丰子著　叶渭渠、唐月梅译　上海
上海译文出版社
中卷　1983.2　415 页　32 开　0.99 元
下卷　1983.7　225 页　32 开　0.95 元
本书据日本新潮社 1974 年版译出。

02028　富士山顶雪莲花
〔日〕新田次郎著　张青平、陈生保译　南京　江
苏人民出版社　1983.10　199 页　32 开　0.60 元
本书原名《芙蓉的人》，据日本文艺春秋社文春
文库 1979 年版译出。

02029　干燥装置手册
〔日〕桐荣良三主编　秦霁光等译　上海　上海
科学技术出版社　1983.10　220 页　大 32 开
0.82 元

02030　钢结构（日本土木工程手册）
日本土木学会编　董其震、宋慕兰译　北京　中
国铁道出版社　1983.3　280 页　大 32 开
1.10 元

02031　钢桥
〔日〕小西一郎编　徐文焕等译　北京　中国铁
道出版社
第八分册　1983.4　198 页　16 开　2.05 元
第九分册　1933.6　174 页　16 开　1.83 元

02032　港口工程施工方法（上册）
〔日〕原口好郎编　蒲廷芬译　北京　人民交通
出版社　1983.3　288 页　16 开　3.45 元

02033　港湾设计施工手册
日本港湾、机场手册编辑委员会编　李清增等
译　北京　人民交通出版社　1983.6　595 页
16 开　5.70 元

02034　高分子材料科学
〔日〕小野木重治著　林福海译　北京　纺织工
业出版社　1983.5　396 页　大 32 开　1.90 元

02035　高分子的制造
〔日〕井本立也编　雷道炎等译　北京　化学工

业出版社　1983.3　349 页　32 开　1.20 元
本书据日刊工业新闻社 1974 年版译出。

02036　高分子概论
〔日〕片山将道著　朱树新等译　上海　上海科
学技术文献出版社　1983.1　407 页　32 开
1.60 元

02037　高分子合成反应
〔日〕鹤日祯二著　习复等译　北京　科学出版
社　1983.3　180 页　32 开　0.95 元

02038　高分子科学
〔日〕土田英俊著　徐伯鋆、万国祥译　北京
人民教育出版社　1983.6　317 页　大 32 开
1.35 元

02039　高分子科学基础
日本高分子学会编　习复等译　北京　化学工业
出版社　1983.12　369 页　大 32 开　1.50 元
本书据日本东京化学同人株式会社 1978 年 11 月
日文版译出。

02040　高效率养猪技术
〔日〕今井一郎等编写　安志云、方德罗译　杭
州　浙江科学技术出版社　1983.7　199 页　大
32 开　0.65 元

02041　高中数学标准习题集
〔日〕横田孝志编著　尚文斗、钱永耀译　沈
阳　辽宁人民出版社
（一）　1983.11　395 页　大 32 开　1.25 元
（二）　1983.10　404 页　大 32 开　1.30 元
本书译自日本受验社出版的《高中数学标准习
题集》。

02042　高中微积分（学习参考书）
〔日〕粟田稔著　孙涤寰、孙育卿编译　长春
吉林人民出版社　1983.2　164 页　32 开
0.37 元

02043　更生记（日本近现代名作选译）
〔日〕佐藤春夫著　吴树文、梁传宝译　福州
福建人民出版社　1983.5　428 页　大 32 开
1.37 元

02044　工厂节电
日本全国合理用电委员会《工厂节电》编委会
编　吴康迪译　北京　水利电力出版社
1983.9　302 页　32 开　1.05 元

02045　工程热力学
〔日〕小林清志著　刘吉萱译　北京　水利电力出版社　1983.2　295页　大32开　1.30元

02046　工业电视摄象机
〔日〕和久井孝太郎著　张兆扬、金志诚译　北京　国防工业出版社　1983.10　313页　大32开　1.25元
本书据日本放送出版协会1973年版译出。

02047　工业工程（IE）初级教程
日本科技连IE研究会编　姜春凯、韩佩卿译　北京　机械工业出版社　1983.8　280页　32开　0.95元　（国外现代管理初级读物）
本书据日本科技连出版社1978年版译出。

02048　工业经营学基础
〔日〕清水敏允著　王世芬译　北京　中国农业机械出版社　1983.10　280页　32开　0.95元

02049　工业中毒便览（上册）
〔日〕俊藤稠等编　中国医科大学卫生系等译　北京　人民卫生出版社　1983.2　429页　16开　精装3.60元
本书据日本医齿薬出版株式会社1981年增补版译出。

02050　功能高分子
日本高分子学会高分子实验学编委会编　李福绵译　北京　科学出版社　1983.6　638页　大32开　3.90元

02051　孤独的盲歌女
〔日〕水上勉著　于雷译　长沙　湖南人民出版社　1983.9　270页　32开　0.72元

02052　古都·雪国
〔日〕川端康成著　叶渭渠、唐月梅译　济南　山东人民出版社　1983.7　322页　大32开　1.10元　（外国古今文学名著丛书）

02053　古今和歌集
〔日〕纪贯之等撰　杨烈译　上海　复旦大学出版社　1983.6　244页　32开　0.64元

02054　关于美
〔日〕今道友信著　鲍显阳、王永丽译　哈尔滨　黑龙江人民出版社　1983.5　209页　32开　0.61元
本书据日本讲谈社1980年8月第14版译出。

02055　冠心病监护
〔日〕神原启文、门田和纪著　程琦译　哈尔滨　黑龙江科学技术出版社　1983.9　222页　32开　0.82元

02056　管理工程学入门（以制丝工程为中心）
〔日〕鸠崎昭典著　陈基达等译　北京　纺织工业出版社　1983.6　401页　32开　1.60元

02057　管理技术讲座
〔日〕藤田董等编　王世芳译　北京　中国农业机械出版社　1983.9　465页　32开　1.55元
本书据日本规格协会1975年11月第1版译出。

02058　光导纤维及其应用
〔日〕根本俊雄等著　耿文学、唐传宝译　北京　科学出版社　1983.11　148页　32开　0.65元

02059　光电子学
〔日〕西泽润一著　史一京、石忠诚译　北京　人民邮电出版社　1983.10　303页　大32开　1.45元

02060　国际法基础
〔日〕寺泽一、山本草二主编　朱奇武等译　北京　中国人民大学出版社　1983.2　506页　大32开　1.65元

02061　国民经济新计算体系的特征
日本经济企划厅经济研究所国民所得部编　王北辰等译　北京　中国社会科学出版社　1983.11　292页　32开　0.91元

02062　海水化学
〔日〕堀部纯男等著　崔清晨、郁纬军译　北京　科学出版社　1983.2　398页　32开　2.00元

02063　海洋地质
〔日〕奈须纪幸编　白桦、王小龙译　北京　地质出版社　1983.9　176页　16开　2.00元

02064　海洋建筑物的设计与实例
〔日〕望月重、小林浩著　天津大学海工教研室、大连工学院海工教研室译　北京　海洋出版社　1983.2　405页　32开　2.60元

02065　含氮有机化合物概论
〔日〕大木进则等编　安守忠译　北京　科学出

版社　1983.10　205 页　16 开　2.10 元

02066　汉方辨证治疗学
〔日〕矢数道明、矢数圭堂著　张问渠、刘智壶编译　重庆　科学技术文献出版社重庆分社　1983.10　214 页　32 开　0.75 元

02067　焊接接头的强度与设计
〔日〕佐藤邦彦等著　张伟昌等译　北京　机械工业出版社　1983.1　335 页　32 开　1.15 元
本书据日本理工学社 1979 年 5 月版译出。

02068　航测在道路、交通工程上的应用
〔日〕锻治晃三、中村英夫著　赵恩棠译　北京　人民交通出版社　1983.12　137 页　32 开　0.84 元
本书据日本技术书院出版公司 1972 年版译出。

02069　好热性细菌
〔日〕大岛泰郎著　陈中孚、潘星时译　北京　科学出版社　1983.10　191 页　32 开　1.00 元

02070　核电站计算机控制
〔日〕须田信英等著　刘秀英、王成业译　北京　原子能出版社　1983.2　237 页　32 开　0.97 元

02071　鹤妻
孙言诚译　石家庄　河北人民出版社　1983.2　122 页　32 开　0.31 元

02072　黑泽明的世界
〔日〕佐藤忠男著　李克世、荣莲译　北京　中国电影出版社　1983.3　223 页　大 32 开　1.30 元

02073　恒星的演化——诞生与衰亡
〔日〕林忠四郎编　〔日〕佐藤文隆等著　赵南生、丁之平译　北京　科学出版社　1983.8　193 页　32 开　0.82 元

02074　花卉无土栽培
〔日〕曾我部泰三郎著　刘醒群译　北京　农业出版社　1983.10　32 页　32 开　0.17 元

02075　化工厂系统安全管理
〔日〕难波桂芳编　冯肇瑞等译　北京　化学工业出版社　1983.9　422 页　16 开　2.80 元

02076　化学计算难题集
〔日〕今坂一郎等编　徐宝娟译　沈阳　辽宁科学技术出版社　1983.7　253 页　32 开　0.58 元

02077　化妆品学
〔日〕池田铁作编　任犀、李庄稼译　北京　轻工业出版社　1983.8　347 页　大 32 开　1.60 元

02078　混凝土（日本土木工程手册）
〔日〕村田二郎主审　〔日〕岩崎训明等执笔　滕家禄译　北京　中国铁道出版社　1983.4　281 页　大 32 开　1.10 元

02079　火成论
〔日〕牛来正夫著　朴强、朴春燮译　北京　地质出版社　1983.3　327 页　大 32 开　1.90 元

02080　机插水稻栽培的原理和应用
〔日〕宫坂昭著　钱亮译　北京　农业出版社　1983.7　360 页　32 开　1.25 元

02081　机器人技术
〔日〕合田周平、木下源一郎著　王棣棠译　北京　科学出版社　1983.12　315 页　32 开　1.60 元

02082　机械产业八十年代展望
日本产业机械工业 80 年代展望研究会编　日本通商产业省机械情报产业局产业机械课监修　"机械产业八十年代展望"翻译组译　北京　机械工业出版社　1983.8　442 页　16 开　4.35 元

02083　机械系统设计
〔日〕寺野寿郎编　姜文炳等译　北京　机械工业出版社　1983.1　447 页　32 开　1.50 元
（工程设计学丛书第二册）
本书据丸善株式会社 1975 年版译出。

02084　基础电子电路
〔日〕大越孝敬著　李永和译　北京　人民教育出版社　1983.6　281 页　大 32 开　1.25 元

02085　激光原理及实验
〔日〕松平维石等著　赵伯林译　北京　科学出版社　1983.6　230 页　32 开　1.20 元

02086　吉田茂传（上）
〔日〕猪木正道著　吴杰等译　上海　上海译文出版社　1983.8　272 千字　32 开　1.05 元
本书据日本《读卖周刊》1977—1978 年各期译出。

02087　集合与逻辑
〔日〕早川康一著　尚文斗译　北京　文化教育出版社　1983.4　172页　32开　0.45元　（日本新高中数学研究丛书　8）

02088　计划评审法与关键路线法
〔日〕关根智明著　李静译　北京　机械工业出版社　1983.5　246页　32开　0.85元　（国外现代管理初级读物）
本书据日本科技连出版社1977年7月改订第4版译出。

02089　计量单位浅谈
〔日〕小泉袈裟胜著　王金玉、荫铬译　北京　计量出版社　1983.8　184页　32开　0.81元
本书据日本规格协会1980年版译出。

02090　记忆术
〔日〕高本重朗著　葛化东等译　哈尔滨　黑龙江科学技术出版社　1983.5　186页　32开　0.68元

02091　技术报告书的写法
〔日〕河野德吉著　刘玉厚等译　北京　中国农业机械出版社　1983.10　146页　32开　0.66元

02092　技术秘密评价与估算
〔日〕松永芳雄著　宋永林、高少萍译　北京　专利文献出版社　1983.3　88页　32开　0.48元

02093　技术引进合同与反垄断法
〔日〕川井克倭著　魏启学译　北京　中国展望出版社　1983.6　278页　32开　0.90元

02094　家畜的抗菌素与化学疗法
〔日〕二宫几代治主编　臧广田等译　北京　科学出版社　1983.8　345页　32开　1.85元

02095　家畜内科学
〔日〕柴内大典等著　张鸣谦等译　北京　农业出版社　1983.3　418页　16开　3.30元
本书据胜岛新美、板垣原著《最新家畜内科学》日本南江堂1975年12月第6版译出。

02096　建筑防烟排烟设备
日本防灾设施研究会编　安中义、王力础译　北京　中国建筑工业出版社　1983.7　233页　32开　0.80元

02097　建筑工业化通用体系
〔日〕内田祥哉著　姚国华、吴家骝译　上海　上海科学技术出版社　1983.2　250页　32开　0.96元

02098　建筑喷涂材料与他工
〔日〕西忠雄主编　孙域丰等译　北京　中国建筑工业出版社　1983.8　365页　大32开　1.45元

02099　健脑五法
〔日〕川畑爱义著　王瑞林、冯士琴译　北京　科学普及出版社　1983.4　160页　32开　0.52元

02100　交通运输学概论
〔日〕石井一郎著　顾时光译　北京　人民交通出版社　1983.12　251页　32开　1.25元
本书据日本森北出版公司1979年版译出。

02101　角川新字源（日文）
〔日〕小川环树等编　上海　光华出版社　1983　1312页　32开　精装4.10元

02102　金色的脚印（椋鸠十动物故事）
〔日〕椋鸠十著　安伟邦译　石家庄　河北人民出版社　1983.4　126页　32开　0.35元

02103　金色的狮子
〔日〕香山彬子著　高林译　沈阳　辽宁少年儿童出版社　1983.9　89页　32开　0.27元

02104　金色夜叉
〔日〕尾崎红叶著　金福译　上海　上海译文出版社　1983.1　418页　大32开　1.40元
本书据日本改造社1927年版《尾崎红叶集》译出。

02105　金属材料的高温强度（理论·设计）
〔日〕平修二编　郭廷玮等译　北京　科学出版社　1983.7　535页　大32开　3.20元

02106　金属凝固学
〔日〕大野笃美著　唐彦斌、张立德译　北京　机械工业出版社　1983.12　139页　大32开　1.05元

02107　金属切削技术
〔日〕星光一星、铁太郎著　杨渝生等译　北京　中国农业机械出版社　1983.1　218页　32

开　0.61 元

02108　金属学实验
日本东北大学金属学实验委员会编　王健安等译　北京　机械工业出版社　1983.2　216 页　32 开　0.89 元
本书据日刊工业新闻社 1978 年版译出。

02109　金属知识大全
〔日〕长崎诚三、井垣谦三等著　王焰译　北京　科学普及出版社　1983.7　382 页　32 开　1.15 元

02110　近代日本思想史（第一卷）
日本近代日本思想史研究会著　马采译　北京　商务印书馆　1983.3　172 页　大 32 开　0.75 元
本书 1965 年 4 月第 1 版为内部发行，本版是第 2 版。

02111　经营工程学概论
〔日〕高原知义、向井邦彦著　杨化民等译　北京　机械工业出版社　1983.10　260 页　32 开　0.90 元　（国外现代管理初级读物）
本书据日本共立出版株式会社 1978 年版译出。

02112　经营管理论
〔日〕藤芳诚一著　尹守山、宋忠培译　北京　中国社会科学出版社　1983.7　102 页　32 开　0.35 元　（现代管理科学丛书）

02113　经营技术基础之一——质量管理
〔日〕金田数正著　王义斌译　北京　中国社会科学出版社　1983.6　167 页　32 开　0.62 元（现代科学管理丛书）
本书据东京内田老鹤圃出版社 1979 年版译出。

02114　聚氨基甲酸乙酯塑胶
〔日〕岩田敬治著　廖明隆编译　广州　光华出版社　1983　415 页　大 32 开　2.20 元
本书据台湾文源书局版影印。

02115　聚丙烯塑胶
〔日〕高木谦行著　廖明隆编译　广州　光华出版社　1983　271 页　大 32 开　1.50 元
本书据台湾文源书局有限公司版影印。

02116　科学的历史（教研参考）
〔日〕大沼正则著　宋孚信等译　北京　求实出版社　1983.6　232 页　大 32 开　0.90 元

02117　科学史上的九十九个谜（蒙古文）
〔日〕市场泰男著　李耕新（汉）译　莎·莫尔根（蒙）译　呼和浩特　内蒙古人民出版社　1983.5　304 页　32 开　0.41 元
本书据山西人民出版社 1980 年 3 月汉文版译出。

02118　科学之谜（维吾尔文）
〔日〕田中实著　木塔里夫把头尔译　乌鲁木齐　新疆青年出版社　1983.2　327 页　32 开　0.36 元
本书据科学普及出版社 1980 年 2 月汉文版译出。

02119　科学之谜（续篇）（朝鲜文）
〔日〕田中实、芦个之原伸著　郑泰善译　延吉　延边人民出版社　1983.3　205 页　32 开　0.41 元

02120　可靠性技术——试验与分析
〔日〕高木升主编　〔日〕盐见弘著　五所译　北京　国防工业出版社　1983.2　322 页　32 开　1.10 元
本书据东京电机大学出版局 1972 年 10 月版译出。

02121　可靠性设计
〔日〕坪内和夫编　江一麟等译　北京　机械工业出版社　1983.4　486 页　32 开　2.40 元（工程设计学丛书　第三册）

02122　可控硅电动机的原理与运行
〔日〕上山直彦编　杨赓文、龚向阳译　北京　机械工业出版社　1983.1　213 页　32 开　0.73 元
本书据日本株式会社、电气书院 1974 年版译出。

02123　李白——诗歌及其内在心象
〔日〕松浦友久著　张守惠译　西安陕西人民出版社　1983.4　207 页　大 32 开　1.10 元

02124　粮食自给能力的技术展望
〔日〕近藤康男主编　肖鸿麟等译　北京　农业出版社　1983.11　395 页　大 32 开　2.40 元

02125　量子力学的世界
〔日〕片山泰久著　陈永华、刘宇钧译　北京　科学出版社　1983.2　166 页　32 开　0.72 元

02126　量子力学习题选解
〔日〕大鹿让、森田正人著　王友棠译　北京　高等教育出版社　1983.9　223 页　大 32 开

0.92 元

本书据日本共立出版株式会社 1979 年版译出。

02127　临床释疑

〔日〕于葆琳、张韬玉译　哈尔滨　黑龙江科学技术出版社　1983.7　333 页　32 开　1.30 元

本书据日文《临床实际问题题解》一书译出。

02128　临床应用汉方处方解说

〔日〕矢数道明著　李文瑞等译　北京　人民卫生出版社　1983.10　572 页　大 32 开　2.55 元

02129　流动的固体

〔日〕中川鹤太郎著　宋玉升译　北京　科学出版社　1983.9　151 页　32 开　0.65 元

本书据日本岩波书店 1975 年版译出。

02130　鲁迅世界

〔日〕山田敬三著　韩贞全、武殿勋译　济南　山东人民出版社　1983.1　286 页　32 开　0.70 元

本书据大修馆书店 1977 年初版《鲁迅的世界》译出。

02131　铝手册

火良译　北京　轻工业出版社　1983.5　438 页　32 开　1.60 元

本书据日本轻金属株式会社 1975 年版本译出。

02132　绿色的山脉 （当代外国文学）

〔日〕石坂洋次郎著　于雷译　北京　外国文学出版社　1983.5　243 页　32 开　0.66 元

02133　麻醉手册

〔日〕绪力博丸等著　陈启智、刘支富编译　长沙　湖南科学技术出版社　1983.2　413 页　32 开　1.40 元

02134　脉码通信的基础与新技术

〔日〕猪濑博编　冯丙昌、窦瑞华译　北京　人民邮电出版社　1983.2　453 页　32 开　1.90 元

02135　满洲事变

〔日〕关宽治、岛田俊彦著　王振锁、王家骅译　上海　上海译文出版社　1983.6　339 千字　32 开　1.30 元

本书据朝日新闻社 1962 年日文版译出。

02136　没有桥的河

〔日〕住井末著　上海　上海译文出版社

第一部　迟叔昌译　1983.5　524 页　32 开　1.20 元

第二部　张嘉林、李进守译　1983.6　466 页　32 开　1.20 元

02137　美术设计的点、线、面

〔日〕马场雄二著　王秀雄译　广州　光华出版社　1983　198 页　32 开　1.30 元　（美术设计丛书　1）

本书据大陆书店版影印。

02138　门

〔日〕夏目漱石著　陈德文译　长沙湖南人民出版社　1983.1　191 页　32 开　0.48 元

本书根据《夏目漱石全集》筑摩书房 1979 年初版译山。

02139　免疫生物化学

〔日〕尾上薰等译　陈仁等译　北京　人民卫生出版社　1983.6　231 页　32 开　1.15 元

02140　摩罗诗力说材源考

〔日〕北冈正子著　何乃英译　北京　北京师范大学出版社　1983.6　233 页　32 开　0.80 元

02141　魔鬼的乐园 （关东军细菌战部队恐怖的真相）

〔日〕森村诚一著　关成和、徐明勋译　哈尔滨　黑龙江人民出版社　1983.8　284 页　32 开　0.95 元

02142　木材的干燥

〔日〕满久崇麿编著　马寿康译　北京　轻工业出版社　1983.8　263 页　32 开　1.05 元

02143　目标管理体制

〔日〕猿谷雅治、千田洸著　文蔚之译　北京中国农业机械出版社　1983.9　192 页　32 开　0.82 元

02144　内燃机习题集

〔日〕竹内龙三著　解焕民等译　北京　中国农业机械出版社　1983.7　473 页　32 开　1.85 元

02145　内山完造传

〔日〕小泽正元著　赵宝智、吴德烈译　天津　百花文艺出版社　1983.3　226 页　32 开　0.60 元

02146　泥炭地地学——对环境变化的探讨

〔日〕阪口丰著　刘哲明、华国学译　北京　科

学出版社　1983.11　425 页　32 开　2.10 元

02147　扭亏增盈之道
〔日〕伊桥俊彦著　天津市政协编译委员会译
哈尔滨　黑龙江人民出版社　1983.2　189 页
32 开　0.66 元

02148　农药污染
日本环境厅水质保全局土壤农药课编　许泳峰
译　北京　农业出版社　1983.2　276 页　大 32
开　1.40 元

02149　诺贝尔
〔日〕中岛都美子著　回声译　北京　新华出版
社　1983.10　119 页　32 开　0.35 元

02150　啤酒花丰产栽培新技术
〔日〕浜口典成著　姜志芳、王延东译　呼和浩
特　内蒙古人民出版社　1983.12　83 页　32
开　0.37 元

02151　破碎的山河
〔日〕石川达三著　吴树文等译　沈阳　春风文
艺出版社　1983.10　512 页　32 开　1.40 元

02152　齐性流形引论
〔日〕村上信吾著　上海　上海科学技术出版
社　1983.3　188 页　大 32 开　0.86 元

02153　气候变化与粮食生产
〔日〕高桥浩一郎、告野正敏编　刘机泽等译
北京　气象出版社　1983.7　282 页　16 开
1.85 元

02154　气相色谱实践
〔日〕松隈昭著　韩焕珍译　南京　江苏科学技
术出版社　1983.10　190 页　32 开　0.67 元
本书根据东京化学同人 1978 年第 2 版译出。

02155　气象传真图的应用
日本气象协会编著　张庆阳等译校　北京　气象
出版社　1983.12　141 页　32 开　0.52 元

02156　气象异常与农业
〔日〕坪井八十二、根本顺吉编　林振耀等译
北京　科学出版社　1983.5　223 页　大 32 开
1.40 元

02157　汽车外形的发展
〔日〕戴俊波编译　北京　人民交通出版社

1983.4　90 页　32 开　0.48 元
本书据日本樋口健治所著的《汽车美学》等编
译而成。

02158　桥梁抗震计算
〔日〕西山启伸、小寺重郎著　易建国、林志兴
译　北京　人民交通出版社　1983.9　188
页　16 开　1.90 元
本书据山海堂公司 1979 年日文版译出。

**02159　巧克力天使（日本童话——小川未明童
话选）**
刘子敬、李佩译　林百石插图　长春　吉林人民
出版社　1983.2　96 页　32 开　0.24 元

02160　青少年近视简易疗法
学校性近视防治研究所编　曾雯英译　北京　人
民卫生出版社　1983.10　80 页　32 开　0.24 元

02161　全银行业务综合处理系统
〔日〕石崎纯天、藤田献著　黄礼顺等译　北
京　中国财政经济出版社　1983.10　392 页
大 32 开　1.50 元
本书据日本产业图书株式会社 1977 年版本（修
订本）译出。

02162　群体遗传
〔日〕大羽滋著　赵敏等译　北京　科学出版
社　1983.4　168 页　32 开　0.70 元
本书据日本东京大学出版会 1978 年版译出。

02163　燃气轮机循环理论
〔日〕佐藤豪著　王仁译　北京　机械工业出版
社　1983.2　356 页　32 开　1.20 元
本书据日本 1972 年 7 月日文版译出。

02164　热力学（包括习题和解答的高级教程）
〔日〕久保亮五编　吴宝路译　北京　人民教育
出版社　1983.10　321 页　大 32 开　1.65 元

02165　热轧带钢的精整与质量
韩云龙译　北京　冶金工业出版社　1983.10
97 页　16 开　0.75 元　（钢铁厂技术培训参考
丛书）
本书译自一套日本技术培训教材。

02166　人墙
〔日〕石川达三著　金中译　昆明　云南人民出
版社　1983.12　892 页　大 32 开　3.25 元
本书据日本新潮社 1960 年第 25 次版译出。

02167　人体测量手册
日本人类工效学会人体测量编委会编　奚振华
译　北京　中国标准出版社　1983.12　138 页
大 32 开　0.85 元

02168　人体昼夜节律
〔日〕伊藤真次著　吴今义译　重庆　重庆出版
社　1983.4　219 页　32 开　0.84 元

02169　人与住宅
〔日〕宇野英隆著　徐立非译　哈尔滨　黑龙江
科学技术出版社　1983.2　32 开　0.58 元

02170　日本标准饲料成分表
日本农林水产省农林水产技术会议事务局编
王庆镐译　重庆　科学技术文献出版社重庆分
社　1983.8　115 页　16 开　1.65 元
本书据 1980 年版译出。

02171　日本当代短篇小说选（朝鲜文）
徐廷弼译　沈阳　辽宁人民出版社　1983.3
475 页　大 32 开　1.30 元
本书据辽宁人民出版社 1980 年 10 月汉文版
译出。

02172　日本的黑雾
〔日〕松本清张著　文洁若译　福州　福建人民
出版社　1983.5　370 页　32 开　1.05 元

02173　日本电管理士典型试题解答
日本通信电气学校教务部著　秦玉正译　北京
能源出版社　1983.9　303 页　32 开　1.00 元

02174　日本短篇小说选
高慧勤编选　刘振瀛等译　北京　中国青年出版
社　1983.3　621 页　大 32 开　1.90 元

02175　日本港口设施技术标准（1980）
日本运输省港湾局、港湾技术协会编制　王秀伦
等译　北京　人民交通出版社　1983.6　217
页　16 开　2.80 元

02176　日本高考实用英语语法
〔日〕桥木宏著　蔡锱译　北京　北京出版社
1983.9　245 页　32 开　0.72 元
本书据日本中央图书 1980 年版译出。

02177　日本古典俳句选
〔日〕松尾芭蕉等著　林林译　长沙　湖南人民

出版社　1983.12　162 页　大 32 开　精装
1.45 元　平装 0.80 元　（诗苑译林）

02178　日本环境污染标准分析法手册（上）
吴锦等译　北京　中国标准出版社　1983.5
720 页　大 32 开　3.25 元

02179　日本节能经验汇编（上册）
日本资源能源厅节能对策科主编　张在浩等译
北京　能源出版社　1983.12　293 页　16 开
2.62 元

02180　日本近现代史
北京　商务印书馆
第一卷　〔日〕远山茂树著　邹有恒译　1983.10
195 页　大 32 开　0.84 元
第二卷　〔日〕今井清一著　杨孝臣等译　1983.11
244 页　大 32 开　1.00 元
第三卷　〔日〕藤原彰著　伊文成等译　1983.10
193 页　大 32 开　0.83 元
本书第一卷据岩波书店 1975 年版译出，第二、
三卷据 1977 年版译出。

02181　日本垄断企业集团
日本和平经济计划会议垄断白皮书委员会编　孙
执中等译　北京　商务印书馆　1983.10　267
页　大 32 开　1.15 元
本书据日本茶水书房 1978 年版译出。

02182　日本民间故事选粹
〔日〕西本鸡介编　邓三雄等译　长沙　湖南人
民出版社　1983.11　503 页　32 开　1.45 元

02183　日本民间故事选
〔日〕关敬吾编　连湘译　上海　上海文艺出版
社　1983.5　323 页　大 32 开　1.20 元　精装
2.25 元　平装 1.20 元

**02184　日本能源管理士国家考试题解（1979—
1981）**
单文昌、单文洪译　北京　能源出版社
1983.2　322 页　32 开　1.40 元

02185　日本气候
〔日〕福井英一郎主编　安顺清、吴其勋译　北
京　气象出版社　1983.9　330 页　32 开
1.10 元

02186　日本汽车工业
〔日〕白泽照雄著　季云飞译　上海　上海译文

出版社　1983.5　204 页　32 开　0.62 元
本书据真本教育社 1975 年版译出。

02187　日本摄影家作品选
北京　中国摄影出版社　1983.12　84 页　24
开　2.00 元

02188　日本西德经济比较
〔日〕出水宏一著　赵纪元译　长春　吉林人民
出版社　1983.10　212 页　32 开　0.80 元

02189　日本现代诗选
〔日〕岛峭藤村等著　武继平、沈治鸣译　西
宁　青海人民出版社　1983.12　295 页　32 开
0.98 元

02190　日本研究《文心雕龙》论文集
王元化编选　彭恩华等译　济南　齐鲁书社
1983.4　308 页　大 32 开　精装 1.95 元　平装
1.30 元

02191　日本政治学动向（后行为主义政治学）
〔日〕神岛二郎等著　马斌等译　北京　商务印
书馆　1983.12　360 页　大 32 开　1.45 元

02192　日汉英园艺词汇
日本园艺学会编　曲泽洲译　北京　农业出版
社　1983.2　184 页　32 开　1.25 元

02193　日语语法基础知识习题集
日本教研学习社编著　丁义忠、冯卫斌译　上
海　上海译文出版社　1983.1　204 页　32 开
0.54 元

02194　如何增强记忆力、注意力
〔日〕保坂荣之介著　苗琦、刘兴才译　银川
宁夏人民出版社　1983.1　171 页　32 开
0.58 元

02195　乳幼儿的心理发展
〔日〕野村庄吾著　蔡骅、翟新译　北京　知识
出版社　1983.5　109 页　32 开　0.33 元

02196　三角学辞典（问题解法）
〔日〕笹部贞市郎编　肖禾译　上海　教育出
版社　1983.11　748 页　大 32 开　精装 4.20 元

02197　三四郎
〔日〕夏目漱石著　吴树文译　上海　上海译文
版社　1983.1　285 页　32 开　0.77 元

本书据 1979 年 3 月中央公论社《日本的文学》
（13）译出。

02198　森林水文学
〔日〕中野秀章著　李云森译　北京　中国林业
出版社　1983.5　234 页　大 32 开　0.96 元

02199　社会学概论
〔日〕横山宁夫著　毛良鸿等译　上海　上海译
文出版社　1983.10　190 千字大 32 开　1.05 元
本书据日本庆应义塾大学通信教育部 1979 年修
订版译出。

02200　摄影暗室技术手册
焦德福、高鸿斌编译　哈尔滨　黑龙江科学技术
出版社　1983.11　268 页　32 开　1.55 元
本书据日文版《暗室百科》（《写真工业》1980
年 7 月号临时增刊）编译而成。

02201　身体的发育和指导
〔日〕佐藤正著　李永连、李秀英译　北京　人
民教育出版社　1983.8　156 页　32 开　0.40
元　（婴幼儿教育丛书）

02202　神秘的极光
〔日〕小口高著　张红、李孙华译　北京　科学
普及出版社　1983.11　180 页　32 开　0.57 元

02203　神秘的使者——武官
〔日〕铃木健二著　李苑译　北京　军事译文出
版社　1983.11　141 页　32 开　0.51 元
本书根据日本芙蓉书房 1979 年 3 月第 1 版译出，
是一部有关武官工作的名著。

02204　时事英语辞典
〔日〕广永周三郎、笹井常三编　上海　光华出
版社　1983　44 开　精装 2.10 元

02205　实验动物的无菌技术
〔日〕前岛一淑等编著　张静容、张曙译　北
京　科学出版社　1983.7　199 页　32 开
1.05 元

02206　实用粉体技术
〔日〕坂下攫等著　李克永等译　北京　中国建
筑工业出版社　1983.12　416 页　大 32 开
1.65 元

02207　实用无机光度分析
日本无机应用比色分析编辑委员会编　宋恩烈、

张铨铭译　沈阳　辽宁人民出版社　1983.6
589 页　32 开　3.00 元

02208　实用铸造技术问答

日本铸造工业会编　唐彦斌译　北京　中国农业
机械出版社　1983.8　304 页　32 开　1.05 元

**02209　食人魔窟（第二部）——日本关东军细
菌战部队的战后秘史**

〔日〕森村诚一著　唐亚明、李丹译　北京　群
众出版社　1983.12　208 页　32 开　0.60 元
本书根据光文社 1982 年 7 月版译出。

02210　食用油脂的性质及应用

〔日〕太田静行著　陈友根译　长沙　湖南科学
技术出版社　1983.4　118 页　32 开　0.44 元

02211　史怀彻

〔日〕牛岛久子著　夏金池译　哈尔滨　黑龙江
人民出版社　1983.7　128 页　32 开　0.32 元

**02212　适地适栽果树环境论（日本的风土条件
与果树栽培）**

〔日〕小林章著　曲泽洲、冯学文译　北京　农
业出版社　1983.3　423 页　32 开　1.65 元
本书据日本东京株式会社养贤堂 1975 年版译出。

02213　输配电线路继电保护

〔日〕冈村正己、太田宏次著　牟敦庚译　北
京　水利电力出版社　1983.5　423 页　大 32
开　1.70 元

02214　数列和一元微积分学习辅导（试题例选）

〔日〕本部均、川原雄作编　谈家栋译　天津　天
津人民出版社　1983.12　165 页　32 开　0.61 元

02215　数学家的故事

〔日〕矢野健太郎著　王纪卿译　长沙　湖南教
育出版社　1983.9　164 页　32 开　0.43 元

02216　数学解题技巧（第 1 卷）

〔日〕矢野健太郎著　哈尔滨　黑龙江人民出
版社
上册　马宝珊等译　1983.3　562 页　32 开
1.55 元
下册　李俊杓、安永德译　1983.5　426 页　32
开　1.20 元

02217　数学解题技巧（第 2 卷）

〔日〕矢野健太郎著　哈尔滨　黑龙江人民出

版社
上册　颜秉海、颜建设译　1983.10　421 页
32 开　1.15 元
下册　李开成译　1983.10　889 页　32 开
1.30 元

02218　数学解题技巧（第 3 卷）

〔日〕矢野健太郎著　哈尔滨　黑龙江人民出
版社
上册　张卓澄等译　1983.9　446 页　32 开
1.25 元
下册　安永德、马宝珊译　1983.8　757 页　32
开　0.82 元

02219　数学之谜

〔日〕仲田纪夫著　韩世勋译注　沈阳　辽宁科
学技术出版社　1983.3　181 页　32 开　0.44 元

02220　水泵手册

日本泵技术者联盟水泵手册编辑委员会编　严登
丰译　北京　水利电力出版社　1983.10　329
页　32 开　1.70 元

02221　水力学（1）

〔日〕椿东一郎著　杨景芳译　北京　高等教育
出版社　1983.12　249 页　大 32 开　1.25 元
本书据日本森北山版株式公社 1973 年版译出。

02222　水泥混凝土路面设计施工纲要

日本道路协会编　杨春华译　北京　中国建筑工
业出版社　1983.5　252 页　32 开　0.93 元

02223　水下弹道的研究

〔日〕矶部孝著　周佩芬译　北京　国防工业出
版社　1983.6　134 页　16 开　1.20 元

02224　水下混凝土施工法

〔日〕赤塚雄三、关博著　滕福崇、周壬壬译
北京　中国建筑工业出版社　1983.6　247 页大
32 开　1.00 元

02225　斯大林与大国主义

〔日〕不破哲三著　王树本等译　北京　人民出
版社　1983.7　385 千字　32 开　0.41 元
本书据日本《赤旗报》1982 年 1—2 月连载文章
译出。

02226　松茸人工增殖

日本森林微生物研究会编　严日俊等译　延吉
延边人民出版社　1983.5　140 页　32 开

0.30 元

02227　松下的秘密
〔日〕石山四郎等著　黄小周译　武汉　湖北人
民出版社　1983.9　216 页　32 开　0.75 元
本书据 1976 年版译出。

02228　塑胶膜——加工与应用
日本塑胶膜研究会编著　赖耿阳译　广州　光华
出版社　1983　289 页　大 32 开　1.35 元
本书据南台图书公司版影印。

02229　塑料异型挤出与复合挤出
〔日〕泽田庆司著　张治华等译　北京　轻工业
出版社　1983.10　210 页　32 开　0.64 元

02230　塑性加工学
日本材料学会编　陶永发、于清莲译　北京　机械
工业出版社　1983.5　164 页　16 开　1.40 元

02231　隧道力学
〔日〕樗木武著　关宝树、麦倜曾译　北京　中
国铁道出版社　1983.3　310 页　大 32 开
1.45 元
本书据日本共立出版株式会社 1977 年版译出。

02232　胎儿内分泌学
〔日〕坂元正一、中井利昭原著　阎国来、张崇
德主译　马怀柯等译　北京　人民卫生出版社
1983.2　374 页　16 开　3.20 元

02233　太郎和阿黑（椋鸠十动物故事）
〔日〕椋鸠十著　安伟邦译　石家庄　河北人民
出版社　1983.3　74 页　32 开　0.25 元

02234　太阳东边月亮西边
〔日〕山室静等编　洪紫千译　上海　少年儿童
出版社　1983.9　178 页　32 开　0.51 元　（世
界民间故事丛书·北欧篇）

02235　陶瓷之路——东西文明接触点的探索
〔日〕三上次男著　胡德芬译　天津　天津人民
出版社　1983.4　257 页　32 开　0.65 元

02236　提高管理能力的 100 个诀窍
〔日〕中山谕著　郑春瑞译　北京　科学技术文
献出版社　1983.10　193 页　32 开　0.70 元

02237　天皇的战争责任
〔日〕井上清著　吉林大学日本研究所译　北

京　商务印书馆　1983.3　135 千字　32 开
0.73 元
本书据日本现代评论社 1975 年版译出。

02238　天女的羽衣
〔日〕浜田广介等编　吴朗西等译　上海　少年
儿童出版社　1983.9　179 页　32 开　0.51 元
（世界民间故事丛书·日本篇）

02239　铁电物理学导论
〔日〕三井利夫等著　倪冠军等译　北京　科学
出版社　1983.7　352 页　32 开　1.75 元

02240　通信网概论
〔日〕清水通隆、铃木立之著　《通信网概论》
翻译组译　北京　人民邮电出版社　1983.8
480 页　大 32 开　2.05 元

02241　统计学
〔日〕山根太郎著　颜金锐译　福州　福建人民
出版社　1983.3　426 页　大 32 开　1.40 元

02242　突触的结构与功能
〔日〕栗山欣弥编　刘凡等译　北京　人民卫生
出版社　1983.8　399 页　16 开　4.00 元

02243　图解电子计算机
日本电报电话公社编　魏锡禄译　北京　人民邮
电出版社　1983.10　290 页　16 开　1.80 元

02244　图解外来语辞典（日文）
〔日〕吉泽典男等编　上海　光华出版社
1983　797 页　32 开　精装3.30 元
本书据日本角川书店 1979 年版影印。

02245　图像测量入门
日本精机学会图像测量分会编　植村恒义主编
孙培懋等译　北京　计量出版社　1983.4　237
页　大 32 开　1.20 元
本书据日本株式会社昭晃堂 1979 年版译出。

02246　土力学（高等学校教学参考书）
〔日〕吉见吉昭、桥场友则著　杨淑碧、田春花
译　北京　地质出版社　1983.9　159 页　大 32
开　0.75 元

02247　土壤肥沃度论
〔日〕冈岛秀夫著　林心清、沈德余译　北京
农业出版社　1983.5　226 页　32 开　0.94 元

02248 土壤基础知识（图解）
〔日〕前田正男、松尾嘉郎合著 赖家琼译 北京 科学出版社 1983.9 191页 32开 0.80元
本书据日本农山渔村文化协会1978年第9版日文版译出。

02249 土壤培肥原理
〔日〕金野隆光等著 林齐民译 福州 福建科学技术出版社 1983.8 131页 32开 0.40元

02250 土壤微生物实验法
日本土壤微生物研究会编 叶维清等译 北京 科学出版社 1983.12 682页 32开 3.40元

02251 土质加固方法手册
〔日〕松尾新一郎编 孙明漳、梁清彦译 北京 中国铁道出版社 1983.1 465页 16开 3.05元
本书据日刊工业新闻社1979年版译出。

02252 外国电影剧本丛刊（23）
文学朴、文洁若译 北京 中国电影出版社 1983.3 185页 32开 0.51元
本辑收录了《晚春》《麦秋》两个电影剧本。

02253 外国电影剧本丛刊（27）七武士·蛛网宫堡
〔日〕黑泽明等编剧 李正伦译 北京 中国电影出版社 1983.6 251页 32开 0.66元

02254 外国电影剧本丛刊（31）
李正伦等译 北京 中国电影出版社 1983.12 299页 32开 1.10元
本书包括《我两岁》《儿童时代有战争》《今天的典子》《泥水河》4个日本电影剧本。

02255 外国人学日语用汉字辞典
上海 光华出版社 1983 1161页 大32开 精装6.10元
本书据日本大藏省印刷局原书第2版影印。

02256 微积分定理公式证明辞典
〔日〕屈部贞市郎编 孙涤寰译 长春 吉林人民出版社 1983.10 348页 32开 1.60元

02257 微量元素
〔日〕山果登著 柴之芳、祝汉民译 北京 人民卫生出版社 1983.1 313页 32开 1.05元

02258 微生物灾害及其防止技术
〔日〕井上真由美著 彭武厚等译 上海 上海科学技术出版社 1983.2 290页 32开 1.10元

02259 微细加工技术
日本微细加工技术编辑委员会编 朱怀义、赵巾奎译 北京 科学出版社 1983.7 383页 32开 1.90元

02260 围棋基础战术问答
〔日〕坂田荣男著 田振译 北京 人民体育出版社 1983.6 196页 32开 0.67元

02261 文化服装讲座（7 手工编结·刺绣编）
日本文化服装学院、文化女子大学编 李德滋等译 北京 中国展望出版社 1983.8 204页 16开 2.20元

02262 文化服装讲座（8 设计编）
日本文化服装学院、文化女子大学编 李德滋译 北京 中国展望出版社 1983.5 150页 16开 0.50元

02263 文镜秘府论校注
〔日〕弘法大师原撰 王利器校注 北京 中国社会科学出版社 1983.7 650页 大32开 精装3.70元 平装2.85元

02264 我所体验的社会主义
〔日〕菊地昌典著 谭美华译 长春 吉林人民出版社 1983.3 110千字 大32开 0.52元（现代外国政治学术著作选译）

02265 我站在北极点——北极探险
〔日〕植村直己著 朱金和编译 天津 新蕾出版社 1983.8 71页 32开 0.25元 （考察探险·游记见闻）

02266 无机化合物合成手册（第一卷）
日本化学会编 曹惠民等译 北京 化学工业出版社 1983.10 517页 大32开 2.00元

02267 五国普通教育（苏、法、西德、英、美）
日本文部省编 刘树范等译 北京 教育科学出版社 1983.8 239页 32开 0.77元

02268 物理化学题解
〔日〕吉冈甲子郎、荻野一善著 王嘉新、张德

元译 长沙 湖南科学技术出版社 1983.5
442 页 32 开 1.50 元

02269 物理化学（习题和题解上）
〔日〕越山季一著 孙文粹等译 北京 化学工
业出版社 1983.1 455 页 32 开 1.50 元

02270 物理与玩具（朝鲜文）
金珠宪译 延吉 延边人民出版社
上 1983.6 156 页 32 开 0.31 元
下 1983.10 167 页 32 开 0.34 元
本书据汉文版译出。

02271 物理之谜（朝鲜文）
〔日〕都筑卓司著 赵吉风编译 雪华朝译 牡
丹江 黑龙江朝鲜民族出版社 1983.10 207
页 32 开 0.45 元
本书据河北人民出版社 1981 年 8 月汉文版译出。

02272 吸附的基础与设计
〔日〕北川浩、铃木谦一郎著 鹿政理译 北
京 化学工业出版社 1983.4 281 页 32 开
0.96 元

02273 系统工程
〔日〕秋山穰、西川智登著 高烈夫译 北京
机械工业出版社 1983.8 224 页 16 开 2.30
元 （现代管理译丛）

02274 系统工程学的现状与展望
日本科学技术厅编 郑春瑞译 北京 中国社会
科学出版社 1983.7 284 页 32 开 0.87 元
（现代管理科学丛书）
本书据日本大藏省印刷局 1976 版译出。

02275 系统控制理论习题
〔日〕古田胜久、美多勉著 沈承林、吕砚山
译 北京 化学工业出版社 1983.4 149 页
32 开 0.52 元

02276 现代电路分析法
〔日〕辻井重男、佐川雅彦著 黄如星译 北
京 国防工业出版社 1983.6 243 页 大 32
开 1.00 元
本书据日本共立出版株式会社 1977 年版译出。

02277 现代系统工程学概论
〔日〕三浦武雄、浜冈尊著 郑春瑞译 北京
中国社会科学出版社 1983.1 307 页 32 开
0.95 元 （现代管理科学丛书）

本书据欧姆出版社 1977 年版译出。

02278 线性系统理论例题练习
〔日〕有本卓等著 熊昭琳译 北京 国防工业
出版社 1983.12 282 页 大 32 开 1.35 元

02279 消毒——基础和应用
〔日〕木岛博保著 于潜译 北京 人民卫生出
版社 1983.9 77 页 32 开 0.23 元

02280 小林多喜二传
〔日〕手冢英孝著 卞立强译 长春 吉林人民
出版社 1983.4 287 页 32 开 0.87 元

02281 小林多喜二小说选
〔日〕小林多喜二著 文洁若等译 北京 人民
文学出版社 1983.7 2 册 768 页 大 32 开
2.35 元 （日本文学丛书）

02282 小学班级管理大全
日本小学班级管理大全编辑委员会编 北京 中
国农业机械出版社
一年级 苗艳秋等译 1983.6 286 页 大 32
开 0.94 元
二年级 苗艳秋译 1983.11 300 页 大 32 开
1.10 元
三年级 李鸿谷、宁天平译 1983.8 307 页
大 32 开 1.15 元
五年级 汤克靖、顾晓倍译 1983.12 296 页
大 32 开 1.10 元
本书据日本 1979 年 5 月第 1 版译出。

02283 心
〔日〕夏目漱石著 周大勇译 上海 上海文艺
出版社 1983.1 256 页 32 开 0.68 元
本书据中央公论社《日本 Q 大学》（13）译出。

02284 心
〔日〕夏目漱石著 周炎辉译 翁文忠插图 南
宁 漓江出版社 1983.10 259 页 32 开 简
精装 0.85 元 （外国文学名著丛书）

02285 新冲压技术工 100 例
〔日〕松野建一等著 陈文丽、刘景顺译 长
春 吉林人民出版社 1983.4 309 页 32 开
0.87 元

02286 新机构
〔日〕盐崎义弘等著 刘石安等译 北京 中国建
筑工业出版社 1983.5 165 页 32 开 0.58 元

02287 新酶组织化学
〔日〕武内忠男、小川和朗主编 朱逢春等译
北京 人民卫生出版社 1983.11 428页 16
开 4.25元

02288 新型陶瓷——材料及其应用
〔日〕樱井良文等编 陈俊彦、王余君译 北
京 中国建筑工业出版社 1983.12 304
页 大32开 1.20元

02289 新总理中曾根康弘
日本周刊图书特别采访组编 伍兴文译 北京
世界知识出版社 1983.8 158页 32开
0.51元
本书据日本现代书林 1982年11月日文版译出。

02290 血液气体分析
〔日〕诹访邦夫著 张瑞祥等译 上海 上海科
学技术出版社 1983.1 183页 32开 0.72元
本书据日本中外医学社 1976年版译出。

02291 压力测量仪器的管理
〔日〕知久明、金田良作等编 房景富等译 北
京 计量出版社 1983.2 196页 32开
0.88元

02292 亚洲稻作
日本农学会联合会编 湖南农学院译 北京 农
业出版社 1983.1 479页 大32开 2.25元

**02293 岩石及矿物的地球化学（高等学校教学
参考书）**
〔日〕松井义人、坂野升平编 严寿鹤等译 北
京 地质出版社 1983.3 190页 16开
1.60元
本书据日本岩波书店 1979年版译出。

02294 养鸡设施与管理
〔日〕尾崎繁、广川孝治著 王惠民、张永富
译 北京 中国农业机械出版社 1983.12 119
页 32开 0.45元

02295 腰痛体操
〔日〕岩仓博光著 刘祯臣、赵彬译 济南 山
东科学技术出版社 1983.7 76页 32开
0.24元

02296 遥感（遥感技术的发展及其应用研究）
日本卡农公司图像研究室编辑 工历等译 北京

科学出版社 1983.9 258页 16开 3.20元

02297 一分钟小说选
〔日〕星新一著 陈真等译 沈阳 春风文艺出
版社 1983.11 293页 32开 0.82元

02298 一年级大个子和二年级小个子
〔日〕古田足日著 安伟邦译 南京 江苏人民
出版社 1983.10 73页 32开 0.28元 （未
来译丛）

02299 伊斯兰音乐（外国音乐理论与技术）
〔日〕岸边成雄著 郎樱译 上海 上海文艺出
版社 1983.9 106页 大32开 0.47元

02300 医用电子技术
〔日〕池田谦一等著 梁华、彭子明等译 上
海 上海科学技术文献出版社 1983.11 378
页 32开 1.50元

02301 移动通信系统
〔日〕渡边正信著 马双久、戴未央译 北京
中国铁道出版社 1983.7 286页 32开
1.00元

02302 易懂的物理（2）
〔日〕竹内均著 张金榜译 北京 文化教育出
版社 1983.7 408页 32开 1.40元
本书据日本旺文社 1978年7月日文版译出。

02303 音乐史话
〔日〕属启成著 陈文甲译 北京 人民音乐出
版社 1983.2 192页 32开 1.15元
本书据日本音乐之友社 1957年版译出。

02304 印刷技术简明教程
〔日〕角田隆弘等编 田玥、贾常淮译 北京
印刷工业出版社 1983.3 261页 大32开
1.00元

02305 印刷油墨手册
日本印刷油墨工业联合会编 丁一译 北京 印
刷工业出版社 1983.10 254页 32开
0.85元

02306 应用磁学
〔日〕内山晋等著 姜恩永译 天津 天津科学
技术出版社 1983.7 276页 大32开
1.16元

02307　应用力学题解
〔日〕里谷胜、千叶利晃著　赖云桃译　杭州　浙江科学技术出版社　1983.8　310页　32开　1.10元

02308　应用塑性加工学（大专教材科技用书）
〔日〕河合望著　赖耿阳译　广州　光华出版社　1983　237页　大32开　1.10元
本书据复汉出版社版影印。

02309　幼儿教育论
〔日〕秋山和夫等编著　魏嘉媛、刘翠荣译　长春　吉林人民出版社　1983.9　223页　32开　0.58元

02310　鱼类消化生理（上册）
〔日〕尾崎久雄著　吴尚忠译　上海　上海科学技术出版社　1983.12　330页　32开　1.35元

02311　渔船液压机械
〔日〕栗冈祐策等著　杨运海译　北京　农业出版社　1983.5　113页　大32开　0.60元
本书据1974年3月修订第5版日文版译出。

02312　育儿百科
〔日〕松田道雄著　李永连等译　北京　人民卫生出版社　1983.10　896页大　323开　精装3.10元

02313　育种手册（第一分册　育种原理）
〔日〕松尾孝岭监修　葛扣麟等译　上海　上海科学技术出版社　1983.2　552页　大32开　1.95元

02314　源氏物语（下）
〔日〕紫式部著　丰子恺译　北京　人民文学出版社　1983.10　859—1291页　大32开　1.50元（日本文学丛书）

02315　月牙熊
〔日〕椋鸠十著　刘永珍等译　北京　中国少年儿童出版社　1983.1　180页　32开　0.52元

02316　杂病广要（聿修堂医书选）
〔日〕丹波元坚编　北京　人民卫生出版社　1983.3　第2版　1228页　32开　精装5.50元

02317　怎样保护孩子不得大病——介绍一些只有父母才能早期发现的病
〔日〕小泽正博著　叶桂蓉译　北京　人民卫生出版社　1983.12　233页　32开　0.82元

02318　怎样引导子女学习
日本读卖新闻社文化部编　张大诚、诸在明译　北京　北京出版社　1983.12　148页　32开　0.43元
本书据日本学阳书房1980年12月版译出。

02319　战斗的青春（朝鲜文）
柳俊译　延吉　延边人民出版社　1983.8　181　32开　0.36元
本书据日本埃尔出版社1980年日文版《视死如归的南朝鲜青年的青春》译出。

02320　战后日本文学史年表
〔日〕松原新一等著　罗传开等译　上海　上海译文出版社　1983.4　681页　32开　1.80元
本书据讲谈社《现代的文学》（别卷）1978年版译出。

02321　照相化学
〔日〕菊池真一著　丁一译　北京　科学出版社　1983.9　331页　32开　1.70元
本书据日本共立出版株式会社1977年第4版译出。

02322　真菌毒素图解
〔日〕角田广等著　孟昭赫、孙玉书译　北京　人民卫生出版社　1983.8　268页　大32开　1.60元

02323　振动工程大全（上册）
日本《振动工程大全》编辑委员会编　〔日〕谷口修主编　尹传家译　北京　机械工业出版社　1983.2　678页　大32开　2.65元

02324　植物细胞学
〔日〕小川和朗等编辑　薛德榕译　北京　科学出版社　1983.10　445页　大32开　2.65元

02325　指数、对数、三角函数
〔日〕胜浦舍造著　钱永耀译　北京　文化教育出版社　1983.12　324页　32开　0.99元
（日本新高中数学研究丛书　5）

02326　制造系统工程（制造工艺和生产管理的综合研究）
〔日〕人见胜人著　陈榕林、吕桂译　北京　中国农业机械出版社　1983.7　198页　16开　1.35元

本书据 K. Hitomi, *Manufacturing Systerms Engineering* (Taylor & Frantis Ltd., London, 1979) 译出。

02327　中国医籍考（聿修堂医书选）
〔日〕丹波元胤编　北京　人民卫生出版社　1983.11　1100 页　32 开　精装 6.80 元
本书 1956 年 8 月第 1 版，本版是第 2 版。

02328　中华民国史资料丛稿（译稿）昭和二十（1945）年的中国派遣军（第一卷第二分册）
日本防卫厅防卫研究所战史研究室著　天津市政协编译委员会全译　北京　中华书局　1983.12　114 页　16 开　0.74 元

02329　中华民国史资料丛稿（译稿）中国事变陆军作战史（第三卷第二分册）
日本防卫厅防卫研究所战史室著　田琪之、齐福霖译　北京　中华书局　1983.3　236 页　16 开　1.50 元

02330　中日大辞典
日本爱知大学中日大辞典编纂处编　上海　光华出版社　1983　1947 页　32 开　精装 10.00 元
本书据日本出版的《中日大辞典》1980 年版影印。

02331　中小学电学实验与制作
〔日〕奥泽清吉著　卓祖汉等译　北京　地质出版社　1983.6　248 页　大 32 开　0.90 元（自然科学普及读物译丛）

02332　中学生物学实验
〔日〕竹内均、小林弘等编著　刘振寰等编译　长春　吉林人民出版社　1983.11　131 页　32 开　0.37 元

02333　中学物理计算难题解 200 选
〔日〕安部愈、小竹康之编　杨洽译　西安　陕西科学技术出版社　1983.6　600 页　32 开　1.65 元

02334　竹取物语
武殿勋译　张宏宾插图　济南　山东人民出版社　1983.9　121 页　32 开　0.36 元
本书据日本讲谈社 1978 年版、早稻田大学教授上扳信男的全译本译出。

02335　铸造工学
〔日〕鹿取一男等著　哈尔滨工业大学铸造教研

室译　北京　机械工业出版社　1983.8　305 页　大 32 开　1.25 元
本书据日本日冕社 1978 年版译出。

02336　装卸搬运机械的设计
〔日〕本田早苗、荒井实著　周耀坤、李和华译　北京　机械工业出版社　1983.8　449 页　32 开　2.20 元

02337　《资本论》图解（第二卷）
〔日〕越村信三郎著　袁镇岳译　西安　陕西人民出版社　1983.9　375 页　大 32 开　1.50 元

02338　自动化技术实践指南
〔日〕杉田稔著　吴立龙译　北京　中国铁道出版社　1983.2　296 页　32 开　1.00 元

02339　自动设计
〔日〕中岛尚正编　李永新译　北京　机械工业出版社　1983.1　328 页　32 开　1.65 元　（工程设计学丛书第六册）
本书据丸善株式会社 1971 年版译出。

02340　最新建筑结构力学
〔日〕小幡守著　冷锦文、曾纪勇译　北京　煤炭工业出版社　1983.6　335 页　大 32 开　1.40 元

02341　作物的形态与机能
〔日〕北条良夫、星川清亲等编　郑丕尧等译　北京　农业出版社　1983.12　520 页　大 32 开　3.10 元
本书据农业技术协会刊日文版译出。

02342　作物育种——回顾与展望
日本农林水产技术会议事务局编著　翟凤林译　北京　农业出版社　1983.9　466 页　16 开　4.60 元
本书据日本农林统计协会刊 1977 年版译出。

02343　作业环境的有害物质测定
〔日〕小林义隆著　黄致远译　北京　冶金工业出版社　1983.2　305 页　大 32 开　1.25 元
本书据日本 1976 年版译出。

1984

02344　50 万年的死角——"北京人"奇案追踪记
〔日〕伴野朗著　丹东译　北京　世界知识出版

社 1984.11 205页 32开 0.87元
本书据讲谈社1979年10月版译出。

02345 FORTRAN 练习集
〔日〕中村明子、伊藤文子著 董长德译 北京 清华大学出版社 1984.7 380页 大32开 1.50元

02346 FOURIER 分析
〔日〕河田龙夫著 周民强译 北京 高等教育出版社 1984.1 371页 大32开 1.80元

02347 NHK 最新彩色电视技术全书
日本放送协会编 广州 光华出版社 1984 528页 大32开 2.80元
本书据罗拔韦局版影印。

02348 PC-1500 袖珍电子计算机数值计算程序集
〔日〕小松秀昭、内田昭宏著 张奎林译 北京 气象出版社 1984.10 141页 16开 1.85元

02349 癌病毒
〔日〕高野利也著 孙敬直译 北京 科学出版社 1984.7 133页 32开 0.78元

02350 白鸟姑娘（冲绳民间故事）
王汝澜译 北京 中国民间文艺出版社 1984.12 199页 32开 0.76元

02351 班组长质量管理
〔日〕石川馨等编著 王之谦译 哈尔滨 黑龙江人民出版社 1984.5 260页 大32开 1.20元

02352 爆炸事故的分析
〔日〕北川彻三著 黄九华、刘培德译 北京 化学工业出版社 1984.7 315页 大32开 1.30元
本书据日刊工业新闻社1980年版译出。

02353 泵及其应用
〔日〕梶原滋美著 孙尚勇译 北京 煤炭工业出版社 1984.2 435页 大32开 1.90元

02354 比较教育学
〔日〕冲原丰著 刘树范、李永连译 长春 吉林人民出版社 1984.2 247页 32开 0.65元

02355 必携书信应用文辞典
〔日〕武部良明编著 上海 上海外语教育出版社 1984 429页 60开 精装1.40元

02356 标准化
〔日〕古川光等著 李自卫、周学敏译 北京 中国标准出版社 1984.10 250页 大32开 精装3.00元 平装1.60元 （经营工程学丛书12）

02357 表面活性剂——物性·应用·化学生态学
〔日〕北原文雄等编 孙绍曾等译 北京 化学工业出版社 1984.8 618页 大32开 3.05元

02358 表面加工技术
吕戊辰著 张翊凤、傅文章译 沈阳 辽宁科学技术出版社 1984.9 334页 32开 1.45元

02359 冰壁
〔日〕井上靖著 周明译 上海 上海译文出版社 1984.3 404页 32开 1.25元
本书据新潮社1978年5月版译出。

02360 材料力学（日本土木工程手册）
日本土木学会编 杨广里、刘慧茹译 北京 中国铁道出版社 1984.8 221页 大32开 1.10元

02361 彩色电视机修理问答
周才夫等编译 太原 山西人民出版社 1984.2 467页 大32开 1.90元
本书以日本广播协会1978年版《彩色电视修理能力测验300问》为主编译而成。

02362 彩色电视机修理指南
〔日〕长坂进夫编 高永泉、张成全译 北京 国防工业出版社 1984.5 174页 大32开 0.77元

02363 操船论
〔日〕岩井聪著 周沂、王立真译 北京 人民交通出版社 1984.3 347页 大32开 2.45元

02364 齿轮变位
〔日〕仙波正庄著 张范孚译 上海 上海科学技术出版社 1984.3 298页 32开 1.30元
本书据日本开发社1978年版译出。

02365　齿轮的设计和制造（第二卷　圆柱齿轮的制造）

〔日〕会田俊夫主编　金公望译　北京　中国农业机械出版社　1984.2　287页　大32开　1.40元

02366　齿轮的设计和制造（第三卷　圆锥齿轮与蜗轮）

〔日〕会田俊夫主编　金公望、马燮璋译　北京　中国农业机械出版社　1984.7　258页　大32开　1.25元

02367　齿轮强度计算

〔日〕仙波正庄著　姜勇译　北京　化学工业出版社　1984.8　321页　大32开　1.60元

02368　齿轮强度设计资料

日本机械学会技术资料《齿轮强度设计资料》出版分科会编　李茹贞、赵清慧译　北京　机械工业出版社　1984.10　301页　16开　3.30元

02369　初级微电脑图解教程

〔日〕大久保阳一著　高殿斌、魏匡伦译　北京　电子工业出版社　1984.6　228页　16开　2.40元

02370　初中学生心理

〔日〕诧摩武俊、安香宏编　郑吉德译　长春　吉林人民出版社　1984.6　138页　32开　0.40元

02371　除尘技术手册

〔日〕井伊谷钢一著　第一机械工业部第七设计院暖通组译　北京　机械工业出版社　1984.3　113页　32开　0.32元

02372　川岛芳子其人

〔日〕楳本舍三著　丹东译　北京　世界知识出版社　1984.4　166千字　32开　0.82元
本书据日本秀英书房1980年版译出。

02373　传感器及其应用

〔日〕杉田稔著　卢肇英、吴立龙译　北京　中国铁道出版社　1984.2　253页　32开　0.90元
本书据日刊工业新闻社1977年7月版译出。

02374　创造性幼儿教育

〔日〕藤永保编　莫伽译　长春　吉林人民出版社　1984.3　155页　32开　0.45元
本书据有斐阁选书1971年日文版译出。

02375　春

〔日〕岛崎藤村著　陈德文译　福州　福建人民出版社　1984.4　218页　大32开　0.75元

02376　春琴传

〔日〕谷崎润一郎著　张进等译　长沙　湖南人民出版社　1984.3　220页　36开　0.70元

02377　磁泡技术手册

日本磁泡材料调查专门委员会编　李佐宜等译　北京　国防工业出版社　1984.4　350页　大32开　1.55元

02378　磁性体手册（上册）

〔日〕近角聪信等编　黄锡成、金龙焕译　北京　冶金工业出版社　1984.4　391页　大32开　1.60元
本书据日本朝仓书店1975年版译出。

02379　磁性体手册（中册）

〔日〕近角聪信等编　杨膺善、韩俊德译　北京　冶金工业出版社　1984.10　702页　大32开　3.60元

02380　从零岁开始的教养——培养优秀儿童的要点

〔日〕松原达哉著　王树本等译　北京　北京出版社　1984.12　166页　32开　0.69元
本书据日本产心社1976年版译出。

02381　从洋底探索地球的历史

〔日〕小泉格著　袁晓茂译　北京　地质出版社　1984.1　102页　32开　0.60元

02382　淬透性（测定方法和应用）

〔日〕大和久重雄著　赵之昌、才鸿年译　北京　新时代出版社　1984.5　168页　大32开　0.72元

02383　打通思路

〔日〕多湖辉编　程章等编译　北京　科学普及出版社　1984.11　125页　32开　0.48元
（智育小丛书　3）

02384　大东亚战争全史（全四册）

〔日〕服部卓四郎著　张玉祥等译　北京　商务印书馆　1984.12　4册　附图1袋　1478千字　大32开　13.90元
本书据1971年日本原书房一卷本译出，分四册出版。该书比较全面地揭示了日本帝国主义发动

的 "大东亚战争" 从开始到溃败的全貌。

02385　大平正芳传

日本大平正芳回想录刊行会编　武大伟等译　长春　吉林人民出版社　1984.7　621 页　大 32 开　2.50 元

02386　大气动力学入门

〔日〕栗原宜夫著　田生春译　北京　气象出版社　1984.5　214 页　32 开　0.95 元

02387　带钢热镀锌

周惠娟译　北京　冶金工业出版社　1984.2　153 页　16 开　1.10 元　（钢铁厂技术培训参考丛书）

本书译自日本技术培训教材。

02388　弹性和塑性力学中的变分法

〔日〕鹫津久一郎著　老亮、郝松林译　北京　科学出版社　1984.1　446 页　大 32 开　精装 3.35 元　平装 2.65 元　（力学名著译丛）

02389　当代哲学思潮述评（日本学者的有关论文）

李成鼎、尚晶晶等编译　北京　求实出版社　1984.4　365 千字　大 32 开　1.65 元

02390　道岔与钢轨伸缩调节器

〔日〕北方常治著　王玉堂等译　北京　中国铁道出版社　1984.2　222 页　16 开　1.50 元

本书据日本铁道施设协会 1973 年版译出。

02391　道路施工法

〔日〕佐藤秀一等著　赵恩棠等译　北京　人民交通出版社　1984.5　597 页　大 32 开　3.55 元

02392　稻作科学原理

〔日〕吉田昌一著　厉葆初译　杭州　浙江科学技术出版社　1984.8　350 页　大 32 开　1.70 元

02393　地震力学

〔日〕笠原庆一著　赵仲和等译　北京　地震出版社　1984.5　248 页　大 32 开　1.50 元

02394　电工技术手册（第 1 卷）

日本电气学会编　施妙根等译　北京　机械工业出版社　1984.8　16 开　精装 8.70 元

02395　电工技术手册（第 2 卷）

日本电气学会编　雷振寰等译　北京　机械工业出版社　1984.8　16 开　精装 6.05 元

02396　电工技术手册（第 3 卷）

日本电气学会编　李厚生等译　北京　机械工业出版社　1984.12　16 开　精装 9.75 元

02397　电工技术手册（第 4 卷）

日本电气学会编　章澄若等译　北京　机械工业出版社　1984.12　16 开　精装 9.35 元

02398　电工实习

〔日〕熊崎宪次等著　安勇译　北京　水利电力出版社　1984.7　337 页　32 开　1.40 元

02399　电气人员试题精选 600 例（附解答）

日本电力考试问题调查会编　刘振农等译　北京　水利电力出版社　1984.10　416 页　大 32 开　2.60 元

02400　电气设备故障检测手册

日本电气书院编　钱汝立等译　北京　水利电力出版社　1984.6　442 页　16 开　4.30 元

02401　电气设备抗震设计指南（JEAG5003－1980）（电气技术指南发变电篇）

日本电气技术标准调查委员会编著　周书瑞、郭辰潮译　北京　技术标准出版社　1984.5　168 页　大 32 开　0.90 元

02402　电讯设备的机械设计

〔日〕窪田雅男、鹈泽高吉著　梁华译　北京　国防工业出版社　1984.3　462 页　大 32 开　2.00 元

02403　电影的理论

〔日〕岩崎昶著　陈笃忱译　北京　中国电影出版社　1984.10　139 页　大 32 开　0.68 元

本书中译本有 1963 年 4 月第 1 版，本版是第 2 版。

02404　电影剧本的结构

〔日〕新藤兼人著　钱端义、吴代尧译　北京　中国电影出版社　1984.4　151 页　大 32 开　0.65 元

本书据日本宝文馆出版株式会社 1978 年再版本译出。

02405　电子测量入门（上册）

日本电子学教育研究会编　张晋纯、金祥译　北

京 计量出版社 1984.8 243 页 大 32 开 1.35 元

02406 电子产品焊接技术
〔日〕田中和吉著 孟令国、黄琴香译 北京 电子工业出版社 1984.9 324 页 32 开 1.75 元

02407 电子计测概论
〔日〕守田崇之著 吴立龙译 北京 国防工业出版社 1984.1 154 页 大 32 开 0.66 元

02408 电子计算机系统入门
〔日〕江村润朗、野津昭著 魏锡禄、韩秀英译 北京 科学出版社 1984.4 233 页 32 开 0.98 元
本书据 1977 年版译出。

02409 电子计算机在银行的应用
〔日〕石崎纯夫著 王雅范、孟庆赋译 北京 中国金融出版社 1984.12 282 页 大 32 开 1.30 元

02410 电子技术习题解答 1000 例
〔日〕阿部节次著 张德春译 北京 电子工业出版社 1984.8 301 页 大 32 开 2.00 元

02411 电子线路题解 （第一册）
〔日〕嘉藤正男著 高远译 北京 高等教育出版社 1984.6 216 页 大 32 开 1.15 元

02412 电子学重要公式活用手册 （附例题及解答）
〔日〕岩本洋、加藤益明编 王平译 北京 知识出版社 1984.5 196 页 32 开 0.55 元

02413 独生子女的心理和教育
〔日〕山下俊郎著 陈吉军、金东淑译 哈尔滨 黑龙江人民出版社 1984.10 148 页 32 开 0.45 元

02414 独生子女教育法
〔日〕中泽次郎、铃木芳正著 王盛安译 北京 北京出版社 1984.11 140 页 32 开 0.48 元

02415 发育和基因
〔日〕腰原英利著 敖光明译 北京 科学出版社 1984.9 136 页 32 开 0.72 元

02416 非色
〔日〕有吉佐和子著 李德纯译 上海 上海译文出版社 1984.6 262 页 大 32 开 0.86 元
本书据日本中央公论社 1964 年 11 月版译出。

02417 分析室与仪器
〔日〕山崎喜二郎著 王玉珊、邵忠译 北京 化学工业出版社 1984.6 106 页 32 开 0.40 元

02418 服装卫生学
〔日〕弓削治著 宋增仁译 北京 纺织工业出版社 1984.5 187 页 32 开 0.79 元
本书据 1982 年版译出。

02419 浮华世家 （上卷）
〔日〕山崎丰子著 叶渭渠、唐月梅译 上海 上海译文出版社 1984.12 434 页 32 开 1.00 元
本书据日本新潮社 1974 年版译出。本版是中译本第 2 版。

02420 感光性高分子
〔日〕永松元太郎、乾英夫著 丁一等译 北京 科学出版社 1984.4 330 页 32 开 1.65 元

02421 钢筋混凝土结构 （日本土木工程手册）
日本土木学会编 韩毅、李霄萍译 北京 中国铁道出版社 1984.1 262 页 大 32 开 1.05 元
本书译自日本土木学会编的 1974 年修订出版的日本土木工程手册的第 18 篇。

02422 钢桥 （第十一分册）
〔日〕小西一郎编 张健峰译 北京 中国铁道出版社 1984.2 209 页 16 开 2.15 元

02423 港工建筑物的防浪设计
〔日〕合田良实著 刘大中、孙巨才译 北京 海洋出版社 1984.6 332 页 32 开 1.85 元

02424 港口工程施工方法 （下册）
〔日〕原口好郎编 蒲廷芬译 北京 人民交通出版社 1984.8 123 页 16 开 1.50 元

02425 高分子的分子设计 （三 分子设计和在高分子材料方面的开展）
日本高分子学会编 岳传龙、徐震春译 上海 上海科学技术出版社 1984.6 305 页 32 开

1.50 元

02426 高强度螺栓接合
日本钢构造协会接合小委员会编 王玉春等译
北京 中国铁道出版社 1984.9 324 页 16
开 2.60 元

02427 工厂工程管理
〔日〕中井重行著 庄拯时等译 南宁 广西人
民出版社 1984.1 353 页 大 32 开 1.35 元

02428 工厂实用节电技术
〔日〕福井良夫著 刘华阁译 广州 广东科技
出版社 1984.5 280 页 32 开 1.15 元

02429 工程项目可行性研究理论与实践
〔日〕岛山正光著 高仲江等译 北京 清华大
学出版社 1984.2 186 页 32 开 0.80 元

02430 工具和结构件的热处理缺陷及预防方法
〔日〕岸本浩、B.费南著 吕学业译 北京 国
防工业出版社 1984.9 160 页 32 开 0.55 元

02431 工业与商业用化学洗净技术
〔日〕间宫富士雄著 张秀眉译 北京 化学工
业出版社 1984.4 215 页 32 开 0.75 元

02432 公路桥横向分布实用计算法（上编）
〔日〕南岛春生著 谷岳蜂译 北京 人民交通
出版社 1984.1 452 页 大 32 开 2.70 元
本书据日本现代理工学出版公司 1979 年第 6 版
译出。

02433 公路桥横向分布实用计算法（下编）
〔日〕高岛春生著 君家骅、项洪才译 北京 人
民交通出版社 1984.5 558 页 大 32 开 3.25 元
本书据日本现代理工学出版公司 1979 年改订第
4 版译出。

02434 古都
〔日〕川端康成著 李正伦译 北京 中国电影
出版社 1984.11 237 页 大 32 开 0.95 元
（外国影片研究丛书）

02435 古希腊希波克拉第养生法
〔日〕岸野雄三著 吕彦节译 北京 人民体育
出版社 1984.6 106 页 32 开 0.47 元

02436 谷口善太郎小说选
〔日〕谷口善太郎著 卞立强译 北京 中国文
艺联合出版公司 1984.9 245 页 大 32 开
1.10 元 （亚非拉文学丛书）

02437 固体摄象器件基础
〔日〕塚本哲男著 张伟贤译 北京 电子工业
出版社 1984.9 141 页 32 开 0.90 元 （电
子小文库）

02438 管理者
日本产业能率短期大学编 孟起编译 北京 企
业管理出版社 1984.7 210 页 大 32 开
0.85 元

02439 广汉和辞典（上卷）
〔日〕诸桥辙次等著 上海 光华出版社
1984 1303 页 16 开 精装 12.30 元

02440 广汉和辞典（中卷）
〔日〕诸桥辙次等著 上海 光华出版社
1984 1411 页 16 开 精装 13.20 元

02441 硅藻
〔日〕小泉格编 王开发、郭蓄民译 北京 地
质出版社 1984.8 100 页 大 32 开 0.70 元

02442 国际经济组织与日本外贸实务
〔日〕森井清著 郭重光译 福州 福建人民出
版社 1984.12 274 页 大 32 开 1.30 元
本书据株式会社日本实业出版社 1979 年版译出。

02443 国际数据通信
〔日〕大岛信太郎著 范业连、张有材译 北
京 人民邮电出版社 1984.8 323 页 32 开
1.30 元
本书据日本国际电气有限公司、日本国际电报电
话有限公司 1977 年版译出。

02444 国际通用珠算法
〔日〕荒木勋著 殷长生译 北京 教育科学出
版社 1984.3 107 页 32 开 0.43 元

02445 孩子和家庭环境
〔日〕森重敏著 愚心译 北京 人民教育出版
社 1984.8 178 页 32 开 0.58 元 （婴幼儿
教育丛书）

02446 海的牙齿
〔日〕水上勉著 李翟译 北京 海洋出版社
1984.6 212 页 32 开 0.65 元

02447 海洋波动——基础理论和观测成果

〔日〕富永政英著 关孟儒译 北京 科学出版社 1984.2 479页 16开 4.70元

本书据日本共立出版株式会社1976年版译出。

02448 合成洗涤剂实用知识

〔日〕荻野圭三著 尚尔和译 北京 轻工业出版社 1984.9 147页 32开 0.85元

02449 黑雨（侄女的婚事）

〔日〕井伏鳟二著 宋再新译 成都 四川人民出版社 1984.6 401页 32开 1.17元

02450 痕量金属的光度测定概况（痕量金属的比色测定第1部分）（第二分册 有机光度试剂）

〔美〕E.B.桑德尔、〔日〕大西宽著 容庆新等译 北京 地质出版社 1984.5 500页 大32开 2.80元

本书据 E.B. Sandell, Hiroshi Onishi, *Photometric Determination of Traces of Metals General Aspects*（1978年）译出。

02451 后来的事

〔日〕夏目漱石著 吴树文译 上海 译文出版社 1984.8 284页 32开 0.89元

02452 厚板加热

宁宝林译 北京 冶金工业出版社 1984.8 70页 16开 0.75元 （钢铁厂技术培训参考丛书）

本书译自日本技术培训教材。

02453 厚板热处理

崔永植译 北京 冶金工业出版社 1984.2 60页 16开 0.50元 （钢铁厂技术培训参考丛书）

本书译自日本技术培训教材。

02454 化学工程程序设计例题习题集

日本化学工学协会编 麻德贤译 北京 化学工业出版社 1984.6 352页 大32开 1.40元

02455 化学计算必备

〔日〕北出健治、楠见善男著 李玉秀、王福元译 天津 天津科学技术出版社 1984.1 325页 32开 1.50元

02456 环境污染与指示植物

〔日〕垆田宏著 陈未申、王先业译 北京 科学出版社 1984.8 151页 32开 0.85元

02457 环境与作物生理（保护地园艺）

〔日〕内海修一著 王志刚、汪维璟译 北京 农业出版社 1984.5 217页 大32开 1.35元

02458 黄金的稻穗（童话）

〔日〕浜田广介著 施元辉、孟慧娅译 福州 福建人民出版社 1984.4 248页 32开 0.65元

02459 恍惚的人（朝鲜文）

〔日〕有吉佐和子著 白鸠岭、金贞淑译 牡丹江 黑龙江朝鲜民族出版社 1984.6 358页 32开 0.92元

本书据日本东京新朝社1972年版译出。

02460 回到田野的蔷薇花

〔日〕浜田系卫著 所凯、肖平译 长春 吉林人民出版社 1984.9 136页 32开 0.37元 （小学生文库）

02461 混合原理与应用

〔日〕永田进治编著 马继舜等译 北京 化学工业出版社 1984.10 444页 大32开 2.20元

02462 活性炭基础与应用

日本炭素材料学会编 高尚愚、陈维译 北京 中国林业出版社 1984.6 516页 32开 1.70元

02463 火药基础知识

日本火药取缔研究会编 汪纪民等译 北京 群众出版社 1984.7 121千字 32开 0.65元

02464 机器人（盲文）

〔日〕牧野贤治著 宋文译 北京 中国盲文出版社 1984.10 2册 10开 0.57元 （日本少年博物馆丛书）

02465 机器人能改变人类吗？（机器人·生命·人类的将来）

〔日〕加藤一郎编 吕学诗等译 上海 上海科学技术文献出版社 1984.12 114页 32开 0.65元

02466 机械出口论

〔日〕林信太郎著 尹守山节译 北京 机械工

业出版社　1984.1　198页　大32开　1.00元
本书据日本东洋经济新报社1961年译出。

02467　机械技术手册（上）
日本机械学会编　王兴垣等译　北京　机械工业
出版社　1984.11　16开　精装12.35元

02468　机械技术手册（下）
日本机械学会编　启蒙等译　北京　机械工业出
版社　1984.12　16开　精装10.35元

02469　机械加工颤振的分析与对策
〔日〕星铁太郎著　顾崇衔等译　上海　上海科
学技术出版社　1984.11　170页　16开
1.80元

02470　机械设计计算图表
〔日〕冈野修一主编　小笠原重雄著　梁正强
译　北京　中国铁道出版社　1984.5　84页　8
开　2.10元

02471　基础及土工结构（日本土木工程手册）
日本土木学会编　唐业清等译　北京　中国铁道
出版社　1984.12　268页　大32开　2.00元
本书译自日本土木学会编的1974年修订出版的
日本土木工程手册的第20篇。

02472　吉田茂传（下）
〔日〕猪木正道著　吴杰等译　上海　上海译文
出版社　1984.12　326千字　32开　1.65元

02473　集成电路工程
〔日〕柳井久义、后川昭雄编　《集成电路工程》
翻译组译　北京　机械工业出版社　1984.3
563页　大32开　2.90元

02474　集中监护治疗手册
日本国立循环疾病中心ICU编　徐思绵、李勇
夫译　哈尔滨　黑龙江科学技术出版社　1984.
10　98页　32开　0.44元

02475　几何学辞典（问题解法）
〔日〕笹部贞市郎编　高清仁等译　上海　上海
教育出版社　1984.8　956页　大32开　精装
5.60元

02476　计测管理
〔日〕富泽豁著　张玉斌译　北京　计量出版
社　1984.9　527页　大32开　2.75元
本书据日本森北出版株式会社1975年版译出。

02477　技术教育概论
〔日〕细谷俊夫著　肇永和、王立精译　北京
清华大学出版社　1984.3　369页　32开
1.70元

02478　家用磁带录象机入门
〔日〕木原信敏等著　迟叔昌等译　北京　人民
邮电出版社　1984.11　154页　32开　0.54元

02479　简明化学（二）
〔日〕渡边启、竹内敬人著　张工、杨成祥译
沈阳　辽宁科学技术出版社　1984.8　533页
32开　2.15元

02480　健康之窗
〔日〕松岛松翠著　曲镭等编译　北京　人民卫
生出版社　1984.2　238页　32开　0.62元

02481　教育学的理论问题
〔日〕大河内一男、海后宗臣等著　曲程、迟凤
年译　北京　教育科学出版社　1984.8　336
页　大32开　1.70元　（外国教育译丛）

02482　结构物动力设计
〔日〕武藤清著　滕家禄等译　北京　中国建筑
工业出版社　1984.11　350页　16开　2.35元

02483　解说科学文化史年表
〔日〕汤浅光朝著　张利华译　北京　科学普及
出版社　1984.8　323页　16开　2.30元

02484　金代女真研究
〔日〕三上次男著　金启琮译　哈尔滨　黑龙江
人民出版社　1984.2　526页　大32开
2.25元

02485　金属加工力学
〔日〕臼井英治、白樫高洋著　廉元国等译　北
京　国防工业出版社　1984.5　328页　大32
开　1.55元

02486　金属烤瓷修复体的理论与实践
〔日〕桑田正博著　史书俊译　天津　天津科学
技术出版社　1984.8　123页　32开　1.00元

02487　近代道路路面设计
〔日〕岸田正一、安孙子辛雄著　东北林学院道
桥系译　北京　人民交通出版社　1984.7　101
页　32开　0.54元
本书节译自日本《道路工学》1973年版。

02488　近代化与教育
〔日〕永井道雄著　王振宇、张葆春译　长春
吉林人民出版社　1984.8　233 页　32 开
0.79 元

02489　经济社会学
〔日〕富永健一主编　孙日明、杨栋梁译　天
津　南开大学出版社　1984.8　387 页　大 32
开　3.25 元　（国外社会学丛书）
本书据东京大学出版会 1974 年版译出。

02490　均田制的研究
〔日〕堀敏一著　韩国磐等译　福州　福建人民
出版社　1984.3　460 页　大 32 开　1.90 元

02491　坎坷
〔日〕青岛幸男著　包容译　长沙　湖南人民出
版社　1984.5　228 页　32 开　0.67 元
本书原名《人生祸福皆由天定》，据新潮社 1982
年版译出。

02492　康德实践哲学
〔日〕安倍能成著　于凤梧、王宏文译　福州
福建人民出版社　1984.8　112 页　32 开
0.55 元

02493　科技图表制作基础
〔日〕小山胜彦著　泛舟译　哈尔滨　黑龙江科
学技术出版社　1984.12　156 页　32 开
0.75 元

02494　科学认识论
〔日〕岩崎允胤、宫原将平著　于书亭等译　哈
尔滨　黑龙江人民出版社　1984.2　628 页　大
32 开　2.00 元

02495　可靠性指南
日本规格协会可靠性实施分会编　魏锡禄、陈启
浩译　天津　天津科学技术出版社　1984.4
164 页　32 开　0.79 元

**02496　昆虫的成长与发育（农牧渔业部外籍专
家 1984 年讲学资料）**
〔日〕诸星静次郎著　蒋同庆等译　重庆　重庆
出版社　1981.5　118 页　32 开　0.95 元

02497　雷达导航
〔日〕笠原包道著　王瑞菊译　北京　人民交通
出版社　1984.7　148 页　大 32 开　0.94 元

02498　黎明的文学——中国现实主义作家茅盾
〔日〕松井博光著　高鹏译　杭州　浙江文艺出
版社　1984.3　254 页　大 32 开　0.80 元
本书中译本有浙江人民出版社 1982 年 1 月第 1
版，本版是新 1 版。

02499　李朝悲史（朝鲜文）
〔日〕大庭幸子著　黄贤句译　牡丹江　黑龙江朝
鲜民族出版社　1984.9　336 页　32 开　1.65 元

02500　立体数学游戏
〔日〕高木茂男著　丁一译　北京　科学普及出
版社　1984.5　126 页　32 开　0.41 元

02501　两只大雕（椋鸠十动物故事）
〔日〕椋鸠十著　安伟邦译　李晓军插图　石家
庄　河北人民出版社　1984.2　138 页　32 开
0.40 元

02502　流行病学——探索病因的科学
〔日〕重松逸造著　徐君佩译　北京　人民卫生
出版社　1984.2　151 页　32 开　0.53 元

02503　六国技术教育史
日本世界教育史研究会编　李永连等译　北京
教育科学出版社　1984.3　342 页　大 32 开
1.20 元　（外国教育译丛）

02504　卢经裒腋
〔日〕加藤宗博著　北京　中医古籍出版社
1984.6　284 页　大 32 开　精装 2.65 元　平装
1.65 元　（中医珍本丛书）

02505　陆军中野学校——谍报战史
〔日〕畠山清行著　刘春兰译　北京　群众出版
社　1984.4　407 页　32 开　1.20 元
本书据日本小泉制本株式会社 1974 年版译出。

02506　滤色镜的应用
〔日〕久保走一等编著　沈阳　金锋编译　辽宁美
术出版社　1984.12　182 页　32 开　1.25 元
本书译自日本玄光社出版的《摄影技巧》专号
"滤色镜摄影技法"。

02507　逻辑学——知识的基础
〔日〕末木刚博等著　孙中原、王凤琴译　北
京　中国人民大学出版社　1984.12　283 页
大 32 开　1.45 元
本书据日本公论社昭和 52 年 4 月 26 日第 2 版
译出。

02508 螺纹联接的理论与计算
〔日〕山本晃著 郭可谦等译 上海 上海科学技术文献出版社 1984.1 162 页 32 开 0.72 元

02509 落洼物语
丰子恺译 北京 人民文学出版社 1984.2 282 页 大 32 开 1.10 元 （日本文学丛书）本书据《王朝物语集》（一）河出书店 1959 年版译出。

02510 妈妈的妙策——使孩子更聪明的方法
〔日〕村上幸雄、篠崎德太郎著 黄澄辉译 北京 中国少年儿童出版社 1984.2 139 页 32 开 0.39 元

02511 没有桥的河（第三部）
〔日〕住井末著 张嘉林、李进守译 上海 上海译文出版社 1984.11 378 页 32 开 1.15 元 本书据日本新潮社 1963 年版译出。

02512 民俗学入门
〔日〕后藤兴善等著 王汝澜译 北京 中国民间文艺出版社 1984.6 125 页 32 开 0.42 元 （民俗学丛书）

02513 明与暗（日本近现代名作选译）
〔日〕夏目漱石著 林怀秋、刘介人译 福州 海峡文艺出版社 1984.12 428 页 32 开 2.48 元

02514 模具制造基础知识
〔日〕高松英次著 翁心权译 杭州 浙江科学技术出版社 1984.12 204 页 32 开 0.72 元

02515 模型实验的理论和应用
〔日〕江守一郎著 郭廷玮、李安定译 北京 科学出版社 1984.8 298 页 32 开 1.50 元

02516 魔鬼的乐园（第三部）
〔日〕森村诚一著 关成和、徐明勋译 哈尔滨 黑龙江人民出版社 1984.10 240 页 32 开 0.85 元
本书第一部是《关东军细菌战部队恐怖的真相》。

02517 魔鬼的乐园（续编 关东军细菌战部队战后秘史）
〔日〕森村诚一著 关成和、徐明勋译 哈尔滨 黑龙江人民出版社 1984.2 256 页 32 开 1.00 元

02518 南京大屠杀与三光作战：记取历史教训
〔日〕森山康平著 天津市政协编译委员会译 成都 四川教育出版社 1984.11 169 页 32 开 0.80 元

02519 内科疾病诊断演习
〔日〕天木一太、藤井润编 马家声等译 沈阳 辽宁科学技术出版社 1984.10 596 页 16 开 5.30 元

02520 内燃机原理与柴油机设计
〔日〕长尾不二夫著 冯中等译校 北京 机械工业出版社 1984.6 527 页 大 32 开 2.50 元
本书据日本养贤堂 1981 年版译出。

02521 能量有效利用技术
日本能量变换恳话会编 王维城、马润田译 北京 化学工业出版社 1984.5 233 页 大 32 开 0.95 元

02522 农协——巨大的挑战
〔日〕立花隆著 刘新付译 北京 农业出版社 1984.3 230 页 32 开 1.35 元
本书据日本《朝日周刊》出版社 1980 年版译出。

02523 女儿回来了（挽救失足女儿二百天奋斗记）
〔日〕穗积隆信著 张琳译 北京 北京出版社 1984.9 141 页 32 开 0.49 元
本书据日本炯原书店 1983 年版译出。

02524 飘流
〔日〕吉村昭著 徐世虹译 济南 山东文艺出版社 1984.5 307 页 32 开 0.98 元
本书书名页、版权页书名为《漂流》。

02525 平家物语
周启明、申非译 北京 人民文学出版社 1984.6 527 页 大 32 开 精装 2.35 元 平装 1.85 元 （日本文学丛书）
本书据岩波书店《日本古典文学大系》第 32、33 卷，1959—1960 年版译出。

02526 苹果的研究
〔日〕青木二郎编 曲泽洲、刘汝诚译 北京

农业出版社 1984.1 396 页 大 32 开 2.40 元

02527 奇特的被告（日本推理小说选）（哈萨克文）
〔日〕松本清张等著 白生译 奎屯 伊犁人民出版社 1984.6 382 页 32 开 0.63 元

02528 气动元件的使用及维修
〔日〕久津见舜一、日冲清弘著 王瑜祥等译 北京 机械工业出版社 1984.3 308 页 32 开 1.25 元

02529 汽车发动机的点火技术研究
〔日〕郭启唐译 北京 人民交通出版社 1984.1 113 页 32 开 0.59 元
本书从日文版《内燃机》第 7 期"点火系专集"选译而成。

02530 汽车工程手册（第二分册）
〔日〕小林明等编 《汽车工程手册》编译委员会译 北京 机械工业出版社 1984.4 574 页 16 开 精装 6.10 元

02531 汽车工程手册（第一分册）
〔日〕小林明等编 《汽车工程手册》编译委员会译 北京 机械工业出版社 1984.4 541 页 16 开 精装 5.85 元

02532 汽车润滑入门
〔日〕星满编著 于连臣、吴关昌译 北京 机械工业出版社 1984.2 222 页 32 开 0.92 元
本书据日本株式会社山海堂 1979 年版译出。

02533 汽油机的燃烧
马春霆、张志强编译 北京 国防工业出版社 1984.10 204 页 大 32 开 0.84 元

02534 "蔷薇蕾"的凋谢
〔日〕森村诚一著 李林、蔡静译 北京 时事出版社 1984.4 278 页 32 开 0.83 元
本书原名《黑十字架》。

02535 青年心理学
〔日〕关忠文编著 习川、黄奔译 南昌 江西人民出版社 1984.10 174 页 32 开 0.48 元

02536 去宇宙岛旅行
〔日〕木村繁著 林相煜、俞慈韵译 侯冠彬插

图 石家庄 河北人民出版社 1984.8 78 页 32 开 0.27 元

02537 劝学篇
〔日〕福泽谕吉著 群力译 北京 商务印书馆 1984.10 114 页 大 32 开 0.70 元 （汉译世界学术名著丛书）
本书中译本曾于 1958 年 11 月出版第 1 版，本版是第 2 版。

02538 群体遗传学
〔日〕向井辉美著 隋文彬译 长春 吉林科学技术出版社 1984.9 370 页 32 开 2.45 元

02539 热能管理技术
日本热能技术协会编 吴永宽、苗艳秋译 北京 煤炭工业出版社 1984.4 540 页 大 32 开 精装 3.50 元

02540 热应力与热疲劳（基础理论与设计应用）
〔日〕平修二主编 郭廷玮、李安定译 北京 国防工业出版社 1984.11 322 页 大 32 开 1.30 元

02541 热轧带钢
白丙中译 北京 冶金工业出版社 1984.2 74 页 16 开 0.57 元 （钢铁厂技术培训参考丛书）
本书译自日本技术培训教材。

02542 人口论史——通向人口学的道路
〔日〕南亮三郎编 张铣宝译 北京 中国人民大学出版社 1984.3 320 页 32 开 0.89 元

02543 人事与劳动管理（工业企业管理手册第八分册）
〔日〕三浦智德主编 孙邦基、杨治等译 北京 中国人民大学出版社 1984.4 190 页 大 32 开 0.90 元

02544 日本 100 年
日本矢野恒太纪念会编 司楚、訾瞭祖译 北京 时事出版社 1984.8 567 页 32 开 2.30 元

02545 日本大众传播工具史
〔日〕山本文雄等编 刘明华、郑超然译 西宁 青海人民出版社 1984.2 302 页 32 开 0.79 元

02546　日本的果树栽培技术（以苹果为主的落叶果树类）
王庸生　等译　西安　陕西科学技术出版社
1984.3　126 页　大 32 开　精装 0.80 元

02547　日本的质量管理
〔日〕石川馨著　李伟明译　北京　企业管理出版社　1984.7　156 页　大 32 开　0.70 元

02548　日本帝国主义的形成
〔日〕井上清著　宿久高等译　北京　人民出版社　1984.6　351 页　32 开　1.15 元
本书据东京岩波书店 1972 年版译出。

02549　日本第四纪研究
日本第四纪学会编　北京　海洋出版社　1984.5　356 页　16 开　3.45 元

02550　日本电影剧本选（第一辑）
辽宁人民出版社编辑　李正伦等译　沈阳　辽宁人民出版社　1984.12　732 页　大 32 开　2.75 元
本书选译了《五号街夕雾楼》等 9 部电影剧本。

02551　日本儿童故事荟萃
〔日〕椋鸠十等著　李连鹏编译　太原　山西人民出版社　1984.10　114 页　32 开　0.38 元

02552　日本干部管理法
邹钧等编译　北京　法律出版社　1984.8　81 页　32 开　0.32 元

02553　日本工业标准汇编（1979）（分析方法第二辑）
冶金工业部标准化研究所编译　北京　中国标准出版社　1984.10　1334 页　16 开

02554　日本国所得税法
陈妆议、武梦佐译　北京　中国展望出版社
1984.9　301 页　32 开　1.00 元

02555　日本计算机工业——兼论各国发展概况
〔日〕君塚芳郎编著　王家志译　上海　上海译文出版社　1984.11　212 页　32 开　0.96 元
本书据日本教育社 1980 年版译出。

02556　日本经济事典（日文）
〔日〕金森久雄等编　上海　光华出版社
1984.1　1261 页　大 32 开　精装 7.00 元
本书据日本经济新闻社 1981 年版影印。

02557　日本捐款部长——左右政局的幕后人
〔日〕丰田行二著　何力译　北京　世界知识出版社　1984.5　229 页　32 开　0.74 元

02558　日本科学技术研究概况
姚佩君编译　北京　知识出版社　1984.6　208 页　32 开　0.67 元
本书据日本乾侑编著的《日本科研人员手册》编译。

02559　日本民间故事选
〔日〕李威周等编译　济南　山东少年儿童出版社　1984.8　245 页　32 开　0.71 元
本书中译本山东人民出版社 1980 年 12 月第 1 版，本版是新 1 版。

02560　日本全国安全周卫生周资料汇编
劳动人事部劳动保护局组织编译　北京　劳动人事出版社　1984.3　67 页　32 开　0.25 元

02561　日本童话集（朝鲜文）
文承义编译　牡丹江　黑龙江朝鲜民族出版社
1984.1　310 页　大 32 开　1.15 元

02562　日本现代百货店
〔日〕佐藤肇、高丘季昭著　孙月娜译　北京　中国商业出版社　1984.7　137 页　32 开　0.45 元

02563　日本小学生优秀作文选评
崔锡臣编　张国强译　北京　北京少年儿童出版社　1984.10　178 页　32 开　0.64 元

02564　日本笑话选
王汉山译　合肥　安徽文艺出版社　1984.12　172 页　32 开　0.88 元

02565　日本主要参考工具书指南（自然科学）
纪昭民等编译　北京　书目文献出版社
1984.3　319 页　32 开　1.25 元

02566　日地空间物理
〔日〕大林辰藏著　冯克嘉译　北京　北京师范大学出版社　1984.5　627 页　大 32 开　2.90 元

02567　日美欧技术开发之战——国际技术比较研究论
〔日〕森谷正规著　吴永顺、陶建明译　北京
科学技术文献出版社　1984.6　154 页　大 32

开　0.68 元

02568　日语初步
〔日〕铃木忍、川濑生郎著　孟宪凡等编译　北京　北京出版社　1984.10　664 页　大 32 开　3.10 元

02569　润滑故障及其预防措施
日本润滑学会编　《润滑故障及其预防措施》翻译组译　北京　机械工业出版社　1984.12　194 页　32 开　0.85 元

02570　三和财团概貌
〔日〕佐藤一郎著　陈鸿斌译　上海　上海译文出版社　1984.9　246 页　32 开　0.65 元

02571　色盲治疗法
〔日〕山田纪子著　施曼绮译　北京　知识出版社　1984.11　101 页　32 开　0.34 元

02572　森林计测学
〔日〕大隅真一等著　于璞和等译　北京　中国林业出版社　1984.7　408 页　大 32 开　1.80 元

02573　森林评价
〔日〕井上由扶著　于政中译　北京　中国林业出版社　1984.3　140 页　大 32 开　0.62 元

02574　森林学
〔日〕大政正隆主编　白云庆等译　北京　中国林业出版社　1984.12　578 页　大 32 开　2.80 元

02575　身边的化学现象——日本化学家的探索
〔日〕松本恒隆等著　吴祺译　北京　科学普及出版社　1984.3　123 页　32 开　0.40 元

02576　生产管理基础
〔日〕村松林太郎著　张福德译　上海　上海人民出版社　1984.10　399 页　大 32 开　1.45 元

02577　生物化学工程——反应动力学
〔日〕合叶修一、永井史郎著　胡章助等译　北京　化学工业出版社　1984.6　328 页　32 开　1.10 元

02578　生物活性天然物质
〔日〕柴田承二等编　杨本文译　北京　人民卫生出版社　1984.2　552 页　16 开　精装 4.35

元　平装 3.70 元

02579　声表面波器件及其应用
日本电子材料工业会编　许昌昆等译　北京　科学出版社　1984.8　210 页　32 开　1.10 元

02580　十八—十九世纪新疆社会史研究
〔日〕佐口透著　凌颂纯译　乌鲁木齐　新疆人民出版社　1984.11　2 册　718 页　大 32 开　3.84 元

02581　时装画法技巧
〔日〕柳原操著　安娜译　北京　轻工业出版社　1984.8　103 页　16 开　1.50 元
本书据原书 1977 年修订本译出。

02582　实用放电加工法
〔日〕斋藤长男主编　于学文译　北京　中国农业机械出版社　1984.12　204 页　大 32 开　1.05 元

02583　实用摩擦学
日本摩擦学研究会编　汪一麟等译　上海　上海科学技术出版社　1984.5　290 页　16 开　2.50 元

02584　实用农业气象学
〔日〕三原义秋等编　项硕等译　南宁　广西人民出版社　1984.6　165 页　32 开　0.50 元

02585　实用水稻栽培——水稻栽培诊断与增产技术
〔日〕松岛省三著　秦玉田、缪世才译　北京　农业出版社　1984.1　210 页　大 32 开　1.50 元
本书据日本科学出版社 1980 年英文版译出。

02586　世界的特种部队
〔日〕土井宽著　佟欣译　北京　解放军出版社　1984.5　151 千字　32 开　0.60 元

02587　世界有用木材三百种——性质与用途
日本农林省林业试验场木材部编　孟广润、关福临译　北京　中国林业出版社　1984.9　108 页　16 开　0.90 元
本书据日本木材加工技术协会 1980 年 3 月版译出。

02588　室内照明计算方法
〔日〕石野幸三著　肖辉乾、庞蕴丸译　北京

计量出版社　1984.10　262 页　16 开　3.10 元

02589　寿命周期费用评价法（方法及实例）
日本设备工程师协会《寿命周期费用》委员会
编　〔日〕比宗平主编　高克勋、李敏译　北
京　机械工业出版社　1984.12　224 页　32 开
1.20 元

02590　数据传输技术基础
日本电气通信协会编　蔡道法译　北京　人民邮
电出版社　1984.11　293 页　大 32 开　1.50 元

02591　数据交换技术基础
日本电气通信协会编　蔡道法、史国宁译　北
京　人民邮电出版社　1984.5　355 页　大 32
开　1.80 元

02592　数理经济学基础
〔日〕盐泽由典著　张强等译　杭州　浙江人民
出版社　1984.10　216 页　大 32 开　0.98 元

02593　数学 700 题选（上册）
〔日〕木村勇三等编　孙淑琴、杨培根译　北
京　科学普及出版社　1984.11　420 页　32 开
1.95 元

02594　数学百科辞典
日本数学会编　科学出版社组织翻译　北京　科
学出版社　1984.7　1804 页　16 开　精装
27.80 元
本书据日本数学会编《岩波数学辞典》1968 年
第 2 版翻译，并参照 1977 年修订的英译本。

02595　数字电路
〔日〕猪濑博、加藤诚巳著　阎石、张志军译
北京　高等教育出版社　1984.1　297 页　大 32
开　1.45 元

02596　数字系统控制理论及应用
〔日〕成田诚之助著　张贤达译　北京　机械工
业出版社　1984.9　335 页　大 32 开　2.10 元

02597　水稻的根系
〔日〕川日信一郎著　申廷秀等译　北京　农业
出版社　1984.5　116 页　32 开　0.64 元

02598　水怪出没的地方
〔日〕高士与市著　〔日〕太田大八插图　刘永
珍译　太原　山西人民出版社　1984.9　311

页　32 开　1.05 元

02599　水力学解题指导（上册）
〔日〕椿东一郎、荒木正夫著　杨景芳主译　北
京　高等教育出版社　1984.6　338 页　大 32
开　2.10 元

02600　四声道立体音响技术
〔日〕长真弓著　游金湖译　广州光　华出版
社　1984　402 页　大 32 开　1.80 元
本书据澳门罗拔书局版影印。

**02601　素问识·素问绍识·灵枢识·难经疏证
（聿修堂医书选）**
〔日〕丹波元简等编　北京　人民卫生出版社
1984.3　1024 页　32 开　精装 4.75 元

02602　随机振动最优控制理论及应用
〔日〕下乡太郎著　沈泰昌等译　北京　宇航出
版社　1984.10　327 页　32 开　2.35 元

02603　隧道（日本土木工程手册）
日本土木学会编　叶家骏译　北京　中国铁道出
版社　1984.1　175 页　大 32 开　0.70 元
本书译自日本土木学会编、1974 年修订出版的
日本土木工程手册第 22 篇。

02604　探索未来的能源
〔日〕向坊隆编著　李孙华等译　北京　科学出
版社　1984.6　137 页　32 开　0.60 元

02605　陶瓷之路
〔日〕三上次男著　李锡经、高喜美译　北京
文物出版社　1984.9　160 页　大 32 开
1.00 元

02606　提高记忆力与集中力
〔日〕保坂荣之介著　王启元译　北京　中国农
业机械出版社　1984.9　120 页　32 开　0.53 元

02607　图解扫描电子显微镜——生物样品制备
〔日〕田中敬一、永谷隆编辑　李文镇、应国华
等译　北京　科学出版社　1984.5　271 页　16
开　3.50 元

02608　图象显示
〔日〕大石声等编著　张永辉等译　北京　国防
工业出版社　1984.6　325 页　大 32 开
1.35 元

02609　图形与式——解析几何
〔日〕占部实著　尹孝儒、杨开国译　北京　文化教育出版社　1984.4　251 页　32 开　0.79元　（日本新高中数学研究丛书　6）

02610　土力学
日本土木学会编　杨灿文译　北京　中国铁道出版社　1984.2　244 页　大 32 开　1.20 元
本书译自日本土木学会主编、1974 年修订出版的土木工程手册第 5 篇。

02611　土壤有机质的化学
〔日〕熊田恭一著　李庆荣等译　北京　科学出版社　1984.6　240 页　32 开　1.25 元

02612　托洛茨基主义
〔日〕对马忠行著　大洪译　哈尔滨　黑龙江人民出版社　1984.2　125 千字　大 32 开　0.81元　（现代外国政治学术著作选译）

02613　拓扑空间论
〔日〕儿玉之宏、永见启应著　方嘉琳译　北京　科学出版社　1984.3　412 页　大 32 开　2.45 元　（现代数学译丛）
本书据日本岩波书店 1974 年版译出。

02614　外国电影剧本丛刊（39）帝银事件·忍川下山之死
李学等译　北京　中国电影出版社　1984.5　324 页　32 开　1.15 元
本辑包括 3 部日本电影剧本。

02615　外国电影剧本丛刊（42）龙爪花·东京纪行
李华译　北京　中国电影出版社　1984.7　194页　32 开　0.75 元
本辑包括 2 部日本电影剧本。

02616　外国法
〔日〕早川武夫等著　张光博、金峰玉译　长春　吉林人民出版社　1984.4　409 页　32 开　1.40 元
本书据日本评论社第 2 版译出。

02617　万叶集
杨烈译　长沙　湖南人民出版社　1984.7　2册　835 页　大 32 开　精装 4.80 元　平装 3.55元　（诗苑译林）

02618　微积分学讲解
〔日〕堑江诚夫等著　毛正中、谭维明译　成都　四川人民出版社　1984.2　548 页　大 32开　2.55 元

02619　微体化石研究指南
〔日〕高柳洋吉编　尹付译　北京　地质出版社　1984.10　148 页　大 32 开　1.00 元

02620　微型计算机的应用——企业管理干部必读
〔日〕佐佐木正编　韩健青、石忠诚译　北京　电子工业出版社　1984.12　146 页　32 开　0.75 元

02621　微型计算机和传感器技术
〔日〕铃木忠二著　韩光翰译　北京　电子工业出版社　1984.12　96 页　32 开　0.65 元　（电子小文库）

02622　微型计算机——青少年之友
〔日〕梁秀慧、周芝英译　北京　电子工业出版社　1984.10　119 页　16 开　1.20 元
本书译自日本夏普公司微型计算机 MZ－80K 介绍。

02623　违法犯罪的心理
〔日〕平尾靖著　金鞍译　北京　群众出版社　1984.12　176 页　32 开　0.75 元

02624　卫星通信
〔日〕川桥猛编著　许厚庄等译　北京　人民邮电出版社　1984.3　364 页　大 32 开　1.80 元

02625　文化服装讲座（6　毛线编织编）
日本文化服装学院、日本文化女子大学编　李德滋等译　北京　中国展望出版社　1984.3　274页　16 开　2.20 元

02626　我的履历书
〔日〕池田大作著　赵恩普等译　长春　吉林人民出版社　1984.2　123 页　32 开　精装 1.40元　平装 0.42 元

02627　污染的海峡
〔日〕西村寿行著　高曾杰、郝玉珍译　北京　群众出版社　1984.10　290 页　32 开　1.20 元

02628　无机化学概论（朝仓化学讲座　14）
〔日〕新村阳一著　金利通等译　上海　上海教育出版社　1984.4　191 页　大 32 开　0.64 元

02629　无机化学各论（朝仓化学讲座　15）
〔日〕新村阳一著　徐伯兴等译　上海　上海教育出版社　1984.12　196页　大32开　0.76元
本书据朝仓书店1975年日文版译出。

02630　物理化学计算
〔日〕广田钢藏等著　张宪臣译　哈尔滨　黑龙江科学技术出版社　1984.3　362页　32开　1.50元

02631　物理化学（习题和题解　中）
〔日〕越山季一著　孙文粹等译　北京　化学工业出版社　1984.12　324页　32开　1.60元

02632　物理之谜
〔日〕都筑卓司著　赵吉凤编译　石家庄　河北科学技术出版社　1984.11　180页　32开　0.57元
本书中译本有河北人民出版社1981年8月第1版，本版是新1版。

02633　物流管理基础
〔日〕上村行男著　邹焕壬、王廷栋译　哈尔滨　黑龙江人民出版社　1984.5　170页　32开　0.66元

02634　细陶瓷
〔日〕素木洋一著　顾磐伟、林正蛾译　北京　轻工业出版社　1984.8　357页　32开　1.95元
本书据日本出版的《烧结陶瓷详论》中的一章译出。

02635　夏目漱石小说选（上）——三四郎·从此以后·门
〔日〕夏目漱石著　陈德文译　长沙　湖南人民出版社　1984.11　647页　大32开　2.50元
本书据日本筑摩书房1979年版《夏目漱石全集》译出。

02636　现场的管理与改进（基础编）
〔日〕广瀬一夫著　朱季逊译　北京　冶金工业出版社　1984.8　242页　大32开　1.05元
（企业管理百问百答丛书　2）

02637　现代管理论
〔日〕占部都美著　蒋道鼎译　北京　新华出版社　1984.11　404页　32开　1.60元
本书据日本白桃书房1981年版译出。

02638　现代日本与走向社会主义的道路
〔日〕上田耕一郎著　陈殿栋等译　北京　人民出版社　1984.2　131页　32开　0.38元　（现代外国政治学术著作选译）
本书据东京新日本出版社1980年版译出。

02639　现代灾害事故防御手册
〔日〕山本浩著　褚伯良译　北京　地震出版社　1984.12　165页　32开　0.90元

02640　线性集成电路实用电路手册
〔日〕横井与次郎著　陈挺译　北京　国防工业出版社　1984.1　468页　大32开　1.85元

02641　线性系统理论及习题解
〔日〕有本卓著　马力建等译　哈尔滨　黑龙江科学技术出版社　1984.2　354页　32开　1.35元

02642　消费者心理学
〔日〕马场房子著　李士瀛译　北京　工商出版社　1984.7　263页　32开　0.85元
本书据日本白桃书房1980年第3版译出。

02643　小百百
〔日〕松谷美代子著　季颖译　马高骧插图　重庆出版社　1984.4　79页　32开　0.25元

02644　小型微型电子计算机入门
〔日〕藤井克彦、桑原道义编　陈通宝、李国华译　北京　科学技术文献出版社　1984.2　256页　大32开　1.20元

02645　小学班级管理大全（六年级）
日本小学班级管理大全编辑委员会编　兰工石译　北京　中国农业机械出版社　1984.4　322页　大32开　1.30元

02646　小学班级管理大全（四年级）
日本小学班级管理大全编辑委员会编　卢翠云等译　北京　中国农业机械出版社　1984.4　302页　大32开　1.25元

02647　小学理科教学
日本东京教育大学附属小学校、初等教育研究会编　惠荻生、肖亚辉译　上海　上海教育出版社　1984.6　248页　32开　0.66元

02648　心血管血液流变学
〔日〕冈小天著　康振黄等译　北京　计量出版社　1984.3　186页　大32开　1.00元

02649　新编电气实验
〔日〕横田弥三著　高瑞友译　长春　吉林人民
出版社　1984.5　331 页　大 32 开　1.50 元

02650　新材料革命——技术革命的支柱
日本经济新闻社编　李茂昌、简光沂译　北京
科学技术出版社　1984.6　155 页　32 开　0.65 元

02651　新的保守理论
〔日〕中曾根康弘著　金苏城、张和平译　北
京　世界知识出版社　1984.5　154 页　大 32
开　0.60 元
本书据日本讲谈社 1978 年 11 月版译出。

02652　兴膳宏《文心雕龙》论文集
彭恩华编译　济南　齐鲁书社　1984.6　202
页　大 32 开　1.10 元
本书收入日本兴膳宏教授有关《文心雕龙》的
论文 4 篇。

02653　星新一微型小说选
〔日〕星新一著　李有宽译　长沙　湖南人民出
版社　1984.10　367 页　32 开　1.05 元

02654　型钢轧制
于淑娴等译　北京　冶金工业出版社　1984.5
126 页　16 开　1.00 元　（钢铁厂技术培训参考
丛书）
本书译自日本技术培训教材。

**02655　性命难保的城市——城山三郎短篇小
说选**
〔日〕城山三郎著　张弘毅、万木春等译　长
沙　湖南人民出版社　1984.3　318 页　32 开
1.05 元

02656　畜牧试验设计
〔日〕吉田实著　关彦华、王平译　北京　农业
出版社　1984.8　275 页　大 32 开　1.70 元

02657　宣传战史
〔日〕池田德真著　朴世俣译　北京　新华出版
社　1984.5　177 页　32 开　0.50 元

02658　循环系统疾病的预防和治疗要点
〔日〕北村和夫等编　林福明译　北京　人民卫
生出版社　1984.6　52 页　32 开　0.21 元

02659　压力加工手册
日本塑性加工学会编　江国屏等译　北京　机械

工业出版社　1984.10　1279 页　大 32 开　精装
7.50 元
本书据日本丸善株式会社 1975 年版译出。

02660　岩石学
〔日〕都城秋穗、久城育夫著　常子文等译　北
京　科学出版社　1984.8　344 页　16 开
3.40 元

02661　扬声器系统（上册）
〔日〕山本武夫编著　王以真、吴光威译　北
京　国防工业出版社　1984.2　282 页　大 32
开　1.20 元

02662　杨贵妃传
〔日〕井上靖著　林怀秋译　西安　陕西人民出
版社　1984.10　226 页　32 开　0.80 元
本书据日本讲谈社 1981 年版译出。

02663　杨贵妃传
〔日〕井上靖著　文兰译　天津　百花文艺出版
社　1984.12　219 页　32 开　0.79 元

02664　腰痛防治法
〔日〕中野升著　孙义中、张清著译　福州　福
建科学技术出版社　1984.6　162 页　32 开
0.60 元

02665　野兽岛（椋鸠十动物故事）
〔日〕椋鸠十著　安伟邦译　石家庄　河北人民
出版社　1984.6　126 页　32 开　0.37 元

02666　叶子
〔日〕有岛武郎著　谢宜鹏、卜国钧译　长沙
湖南人民出版社　1984.6　501 页　32 开
1.50 元

02667　液晶知识
〔日〕立花太郎等著　谈漫琪、丁学泉编译　北
京　科学普及出版社　1984.1　205 页　32 开
0.70 元

02668　液压工程学
〔日〕市川常雄、毗昭著　周兴业译　北京　国
防工业出版社　1984.3　161 页　大 32 开
0.70 元

02669　液压气动手册
日本液压气动协会编　《液压气动手册》翻译组
译　北京　机械工业出版社　1984.11　724 页

16 开 精装 9.20 元

02670 一盘没有下完的棋

〔日〕南里征典著 孟传良译 武汉 长江文艺
出版社 1984.3 262 页 大 32 开 0.97 元
本书据日本德间书店 1982 年 7 月版译出。

02671 伊索童话

〔日〕立原元力改写 吴朗西译 王里、晁锡弟
插图 成都 四川少年儿童出版社 1984.6 45
页 32 开 0.18 元
本书中译本有 1979 年 8 月第 1 版, 本版是第
2 版。

02672 衣服卫生学

马全喜、胥跃昆编译 郑州 河南科学技术出版
社 1984.8 110 页 32 开 0.33 元 (卫生知
识丛书)
本书据日本永田久纪著《衣服卫生学》一书
编译。

02673 医用电子仪器的安全性

〔日〕斋藤正男等编 谈正卿等译 北京 人民
卫生出版社 1984.8 308 页 32 开 1.35 元

02674 易懂易解电路计算法汇编

〔日〕永田博义著 纪铜城译 长沙 湖南科学
技术出版社 1984.10 382 页 大 32 开
2.35 元

02675 银河铁道 999

〔日〕松本零士著 揭余生编译 重庆出版社
1984.2 346 页 32 开 0.94 元

02676 应用数学例题演习 (1)

〔日〕道胁义正等著 郑毓德、李玉芬译 天
津 南开大学出版社 1984.12 490 页 大 32
开 3.15 元

02677 应用数学例题演习 (2 复变函数篇)

〔日〕道胁义正等著 郑毓德译 天津 南开大
学出版社 1984.12 377 页 大 32 开 2.83 元

02678 游戏的心理和指导

〔日〕小口忠彦著 李秀英译 北京 人民教育
出版社 1984.8 152 页 32 开 0.51 元 (婴
幼儿教育丛书)

02679 友情

〔日〕武者小路实笃著 冯朝阳译 西宁 青海

人民出版社 1984.10 121 页 32 开 0.50 元

02680 郁达夫传记两种

〔日〕小田岳夫著《郁达夫传》、〔日〕稻叶昭
二著《他的青春和诗》 蒋寅译 杭州 浙江文
艺出版社 1984.6 305 页 大 32 开 0.97 元

02681 园林设计——造园意匠论 (环境绿地Ⅲ)

〔日〕小形研三、高原荣重著 索靖之等译 北
京 中国建筑工业出版社 1984.5 294 页 大
32 开 1.50 元

02682 远声——大逆事件真相

〔日〕濑户内晴美著 陈浩译 长沙 湖南人民
出版社 1984.4 295 页 32 开 0.95 元

02683 运算放大器的基础与应用

〔日〕藤井信生著 赵满良、彭连昌译 北京
电子工业出版社 1984.5 136 页 32 开
0.80 元

02684 栽培植物营养诊断分析测定法

日本农林省农林水产技术会议事务局监修 日本
作物分析法委员会编 邹邦基译 北京 农业出
版社 1984.5 745 页 大 32 开 4.90 元

02685 早期教育和天才 (朝鲜文)

〔日〕木村久一著 安炳浩译 沈阳 辽宁人民
出版社 1984.1 299 页 32 开 0.50 元

02686 造林学

〔日〕佐藤敬二等著 兆赖之译 北京 中国林
业出版社 1984.12 274 页 大 32 开 1.40 元

02687 造纸过程中的界面动电现象

〔日〕山田博著 张运展、张瑞生译 北京 轻
工业出版社 1984.5 636 页 32 开 3.25 元

02688 粘性流体力学

〔日〕生井武文、井上雅弘著 伊增欣译 北京
海洋出版社 1984.4 327 页 大 32 开 1.55 元

02689 战后日本保守党史

〔日〕富森睿儿著 吴晓新等译 上海 上海译
文出版社 1984.1 187 千字 32 开 1.00 元

02690 战后日本纪实

〔日〕户川猪佐武著 刘春兰译 天津 天津人
民出版社 1984.4 234 页 大 32 开 0.86 元

02691　战后日本经济跃进的根本原因
〔日〕高桥龟吉著　宋绍英等译　沈阳　辽宁人民出版社　1984.6　434 页　大 32 开　1.80 元
本书据日本经济新闻社 1979 年版本译出。

02692　珍珠港事件前的日日夜夜
〔日〕实松让著　张焕利、黄凤珍译　北京　新华出版社　1984.11　462 页　32 开　1.65 元

02693　真空管式・电晶体式・IC 式彩色电视检修大全
〔日〕向井政昭原著　柯顺隆译　广州　光华出版社　1984　418 页　大 32 开　2.70 元
本书据正文书局版影印。

02694　真与假
〔日〕松本清张著　吴元坎译　太原　山西人民出版社　1984.6　178 页　32 开　0.57 元　（名作欣赏丛书）

02695　智慧和才能的发掘方法
〔日〕角尾稔著　李永连、李秀英译　北京　人民教育出版社　1984.12　139 页　32 开　0.47 元　（婴幼儿教育丛书）

02696　中国古代籍帐研究
〔日〕池田温著　龚泽铣译　北京　中华书局　1984.8　392 页　大 32 开　1.40 元

02697　中国归来的战犯
〔日〕岛村三郎著　金源译　北京　群众出版社　1984.9　187 页　32 开　0.82 元

02698　中国建筑史
〔日〕伊东忠太著　陈清泉译补　上海书店　1984.2　324 页　32 开　（中国文化史丛书　全套 50 册）　精装 140.00 元　平装 70.00 元
本书据商务印书馆 1938 年版影印。

02699　中国经济史研究
〔日〕西鸣定生著　冯佐哲等译　北京　农业出版社　1984.9　684 页　大 32 开　4.25 元

02700　中国流布局
〔日〕加藤正夫著　王恬、王群译　北京　人民体育出版社　1984.2　338 页　32 开　1.30 元

02701　中国人用现代日语语法
〔日〕王瑜著　杨寿聘、张生林编译　北京　北京出版社　1984.1　473 页　大 32 开　1.95 元

02702　中国武术史略
〔日〕松田隆智著　吕彦、阎海译　成都　四川科学技术出版社　1984.7　266 页　32 开　1.11 元

02703　中国音乐史
〔日〕田边尚雄著　陈清泉译　上海书店影印　1984.3　241 页　32 开　（中国文化史丛书　全套 50 册）　精装 140.00 元　平装 70.00 元
本书据商务印书馆 1939 年版影印。

02704　中华民国史资料丛稿（译稿）一号作战之二湖南会战（上册）
日本防卫厅防卫研究所战史室著　天津市政协编译委员会译　北京　中华书局　1984.2　161 页　16 开　1.05 元

02705　中华民国史资料丛稿（译稿）一号作战之二湖南会战（下册）
日本防卫厅防卫研究所战史研究室著　天津市政协编译委员会译　北京　中华书局　1984.10　170 页　16 开　1.10 元

02706　中华民国史资料丛稿（译稿）昭和二十（1945）年的中国派遣军（第二卷第二分册）
日本防卫厅防卫研究所战史研究室著　天津市政协编译委员会译　北京　中华书局　1984.2　97 页　16 开　0.65 元

02707　中华民国史资料丛稿（译稿）昭和十七、八（1942、1943）年的中国派遣军（上）
日本政府防卫厅防卫研究所战史室著　贾玉芹译　北京　中华书局　1984.1　190 页　16 开　1.20 元

02708　中华民国史资料丛稿（译稿）昭和十七、八（1942、1943）年的中国派遣军（下）
日本政府防卫厅防卫研究所战史室著　高书全译　北京　中华书局　1984.10　200 页　16 开　1.30 元

02709　中年人保健
〔日〕木崎国嘉主编　周坚夫、韩贞全译　济南　山东科学技术出版社　1984.2　102 页　32 开　0.35 元

02710　中学生家庭教育
〔日〕驹林邦男、福士俊朗编著　里扬译　长春　吉林人民出版社　1984.2　105 页　32 开　0.30 元

02711 中曾根首相的思想与行动
〔日〕斋藤荣三郎著 共工译 北京 商务印书馆 1984.1 174页 32开 0.90元
本书据日本经济通信社1983年1月版译出。

02712 住宅与安全
〔日〕宇野英隆、直井英雄著 赵桂春译 哈尔滨 黑龙江科学技术出版社 1984.12 165页 32开 0.93元

02713 铸钢表面缺陷的防止方法
日本铸造协会铸钢表面缺陷研究委员会编写 吴炳荣译 北京 新时代出版社 1984.10 90页 大32开 0.44元

02714 专利法50讲（附参照条文）
〔日〕纹谷畅男编 魏启学译 北京 法律出版社 1984.12 340页 32开 1.25元

02715 专利情报入门（专利情报工作基础知识）
〔日〕大川晃著 钱美珍等译 北京 科学技术文献出版社 1984.6 271页 32开 0.94元
本书据日本社团法人发明协会1974年10月版译出。

02716 桩结构物的计算方法和计算实例
〔日〕横山辛满著 唐业清、吴庆荪译 北京 中国铁道出版社 1984.9 337页 16开 2.95元

02717 《资本论》与当代——日本学者研究《资本论》文集（教研参考）
李成鼎、尚晶晶译 北京 求实出版社 1984.5 281页 大32开 1.15元

02718 自动控制基础（第二分册 反馈控制元件）
〔日〕稻田春政著 盛君豪译 北京 新时代出版社 1984.1 214页 32开 0.74元

02719 自动控制基础（第三分册 反馈控制理论）
〔日〕稻田春政著 盛君豪译 北京 新时代出版社 1984.1 174页 32开 0.73元

02720 自民党权力斗争内幕
〔日〕伊藤昌哉著 安志达等译 天津人民出版社 1984.9 522页 大32开 2.10元

02721 自民党战国史——权力的研究
〔日〕伊藤昌哉著 王泰平等译 北京 世界知识出版社 1984.5 394页 大32开 1.60元

本书据日本朝日有声资料株式会社1982年版译出。

02722 自民党战国史（续篇）
〔日〕伊藤昌哉著 武大伟等译 北京 世界知识出版社 1984.12 153页 大32开 0.85元
本书据朝日有声株式会社1983年版译出。

02723 自然环境与保健
〔日〕神山惠三著 王志国译 北京 科学普及出版社 1984.11 401页 32开 0.48元

02724 自然与人生（散文集）
〔日〕德富芦花著 陈德文译 天津 百花文艺出版社 1984.9 171页 大32开 1.15元

02725 自身免疫病与治疗
〔日〕大藤真、太田善介著 韩加馗译 哈尔滨 黑龙江科学技术出版社 1984.2 212页 32开 0.90元

02726 自行车实用手册（第二分册）
日本自行车产业振兴会《自动车实用便览》编辑委员会编 邢玉民、李松操译 北京 轻工业出版社 1984.8 266页 大32开 2.40元

02727 最近的精密加工和精密测量
〔日〕中村常郎著 郭素贞、袁长良编译 北京 计量出版社 1984.7 190页 32开 0.95元

02728 作物的化学控制——生长和发育的化学控制
〔日〕山田登著 方爽、宋城译 长沙 湖南科学技术出版社 1984.10 278页 32开 1.25元

1985

02729 0—3岁幼儿教育
〔日〕井深大著，童心、朱秋云译 北京：知识出版社，1985.9 148页，32开 （婴幼儿教育读物） 0.70元

02730 21世纪的故事
〔日〕福岛正实著，陶雪、于芝译 济南：山东教育出版社，1985.4 87页，插图，42开 （小学课外读物丛书） 0.34元

02731 CMOS集成电路原理及应用
〔日〕铃木八十二著，赵春成、赵利统译 北

京：电子工业出版社，1985.10 169页，大32
开 1.20元

02732 NHK中级日语
日本对外日语教育振兴会、日语磁带编辑委员
会编，张生林等编译 北京：北京出版社，
1985.6 491页，大32开 3.05元

**02733 X线诊断学试题：日本国家医师考试试
题及答案**
吴恩惠编译 天津：天津科学技术出版社，
1995.8 170页，32开 0.95元

02734 阿黑的秘密
〔日〕椋鸠十著，安伟邦译 石家庄：河北少年
儿童出版社，1985.6 125页，插图，32开
（椋鸠十动物故事） 0.56元

02735 阿信 （一）：童工篇
〔日〕桥田寿贺子著，于雷等译 沈阳：春风
文艺出版社，1985.4 485页，大32开
2.80元

02736 阿信：日本电视连续剧故事
〔日〕桥田寿贺子著，兹心编译 天津：百花文
艺出版社，1985.2 123页，32开 0.80元

02737 阿信 （少女篇）（日本电视连续剧本）
〔日〕桥田寿贺子著，丛林春、刘慧敏译 北
京：国际文化出版公司，1985.9 502页，大32
开 2.50元
本书据日本广播出版协会1983年版译出。

02738 癌的全身温热疗法
〔日〕山中直树等著，那彦群译 北京：中国科
学技术翻译出版社，1985.10 75页，大32开
0.70元

02739 爱的哺育：教育的新途径
〔日〕铃木镇一著，黄宗汉译 北京：北京出版
社，1985.4 117页，32开 0.70元
本书据Shinichi Suzuki, *Nurtured by Love——A New
Approach to Education*（Exposition, 1980）译出。

02740 暗室百科
宋勇、金涌湖译 北京：中国摄影出版社，
1985.10 436页，32开 2.50元
本书译自日本写真工业出版社1980年7月号
《写真工业》杂志。

02741 暗夜行路
〔日〕志贺直哉著，刘介人译 长沙：湖南人民
出版社，1985.2 397页，大32开 1.70元
本书据角川书店1909年版《日本近代文学大
系》第31卷《志贺直哉集》译出。

02742 暗夜行路
〔日〕志贺直哉著，孙日明等译 桂林：漓江出
版社，1985.2 480页，32开 （外国文学名著
丛书） 2.50元

02743 八路军内日本兵
〔日〕香川孝志、前田光繁著，赵安博、吴从勇
译 北京：解放军出版社，1985.7 168页，32
开 0.90元

02744 八路军中的日本兵
〔日〕香川孝志、前田光繁著，蔡静译 北京：
时事出版社，1985.5 136页，32开 0.79元

02745 八路军中的日本兵
〔日〕香川孝志、前田光繁著，张惠才、韩凤琴
译 北京：长征出版社，1985.5 137页，32
开 0.85元

02746 白宫内幕
〔日〕高桥正武著，胡立品译 北京：军事译文
出版社，1985.5 121页，32开 0.65元
本书原名为《总统助理——美国参谋之研究》，
据1983年版译出。

02747 半导体器件的数值分析
〔日〕仓田卫著，张光华译 北京：电子工业出
版社，1985.12 272页，大32开 2.50元

02748 保护地园艺：栽培技术与轮作
〔日〕内海修一著，聂和民等译 北京：农业出
版社，1985.12 253页，大32开 1.75元

02749 暴风雨前夕
〔日〕广津和郎著，金中、牛克敬译 长沙：湖
南人民出版社，1985.11 357页，32开
1.35元
本书据日本岩波书店1954年7月版译出。

02750 北京：悠悠馆
〔日〕陈舜臣著，关燕军、王执芳译 广州：广
东人民出版社，1985.7 274页，32开 1.40元
本书据日本讲谈社1976年版译出。

02751 比较文学原理
〔日〕大冢幸男著，陈秋峰、杨国华译　西安：
陕西人民出版社，1985.1　145 页，32 开
0.77 元

02752 丙烯酸醋及其聚合物
〔日〕大森英三著，朱传聚译　北京：化学工业
出版社，1985.3　457 页，32 开　1.90 元

02753 波浪
〔日〕山本有三著，孙福阶译　长沙：湖南人民
出版社，1985.3　285 页，32 开　1.05 元
本书据日本讲谈社《现代文学全集·山本有三
集》译出。

02754 波子小姐：星新一超短篇小说集
〔日〕星新一著，黄元焕译　太原：北岳文艺出
版社，1985.12　304 页，32 开　1.45 元

02755 玻璃手册
〔日〕作花济夫等编，蒋国栋等译　北京：中国
建筑工业出版社，1985.4　828 页，16 开　精装
8.85 元

02756 不速之客：星新一短篇小说选
〔日〕星新一著，李有宽译　长沙：湖南人民出
版社，1985.5　465 页，32 开　1.70 元

02757 材料力学 （附光弹性说明）
〔日〕西田正孝著，马安禧等译　北京：高等教
育出版社，1985.11　354 页，大 32 开　2.90 元

02758 苍茫的时刻：山口百惠自叙传
安可译　2 版　桂林：漓江出版社，1985.12
182 页，32 开　（《艺苑人物》丛书）　1.35 元

02759 策略家的智慧
〔日〕大前研一著，黄宏义译　北京：中国友谊
出版公司，1985.2　213 页，32 开　（国外新技
术革命及企业管理丛书）　1.60 元

02760 常用现代用语新辞典 （日文）
〔日〕酒井克已编著　上海：光华出版社
1985　480 页，36 开　精装 3.30 元

02761 敞开的门
〔日〕石川达三著，金中译　福州：海峡文艺出
版社，1985.11　415 页，大 32 开　（日本近现
代名著选译）　2.50 元

02762 超声探伤 B
马羽宽等译　长春：吉林科学技术出版社，
1985.6　275 页，16 开　3.80 元
本书据日本非破坏检查协会编写的最新版本
译出。

02763 超塑性与金属加工技术
日本超塑性研究会编，康达昌等译　北京：机
械工业出版社，1985.11　272 页，32 开
2.15 元

02764 齿轮的设计和制造 （第四卷：齿轮的精
度与性能）
〔日〕会田俊夫主编，张展译　北京：中国农业
机械出版社，1985.4　254 页，大 32 开
1.60 元

02765 川端康成小说选
叶渭渠译　北京：人民文学出版社，1985.1
709 页，大 32 开　（日本文学丛书）　3.85 元

02766 传说论
〔日〕柳田国男著，连湘译　北京：中国民间文
艺出版社，1985.12　176 页，大 32 开　（外国
民间文学理论著作翻译丛书）　1.30 元

02767 船舶柴油机动力装置的自动控制
〔日〕葛西松四郎著，李沛然译　北京：人民交
通出版社，1985.4　261 页，16 开　4.80 元

02768 船舶知识
〔日〕吉田文二著，王宪珍译　北京：海洋出版
社，1985.5　136 页，32 开　0.85 元

02769 磁性体手册 （下册）
〔日〕近角聪信等编，韩俊德、杨膺善译　北
京：冶金工业出版社，1985.11　715 页，大 32
开　6.15 元

02770 聪明的一休 （1）
〔日〕寺村辉夫著，管黔秋、刘文智译　郑州：
河南少年儿童出版社，1985.6　73 页，插图，
40 开　0.22 元

02771 从遗传学看人类的未来
〔日〕木村资生编，高庆生译　北京：科学出版
社，1985.1　195 页，32 开　1.00 元

02772 大罢工
〔日〕佐木隆三著，马兴国译　长春：吉林人民

出版社，1985.6 247 页，32 开 1.20 元

02773 大规模集成电路技术
日本大规模集成电路技术编辑委员会主编，陈金阁、田友臣译 北京：科学技术出版社，1985.6 361 页，32 开 2.75 元

02774 稻作十二个月
〔日〕渡边正信著，修长兴译 长春：吉林科学技术出版社，1985.11 221 页，32 开 1.10 元

02775 德语基本词词典
〔日〕岩崎英二郎等编，路启宣、丁申宽译 香港：商务印书馆香港分馆，上海：上海译文出版社，1985.11 426 页，32 开 精装3.95 元
本书据日本白水社 1976 年版译出。

02776 地学史话
〔日〕岛村福太郎等编著，李永连等译 石家庄：河北人民出版社，1995.2 253 页，32 开（科学史丛书之四） 1.15 元

02777 地震与活断层
〔日〕小出仁等著，陈宏德、吕越译 北京：地质出版社，1985.6 123 页，大32 开 1.20 元

02778 弟弟的秘密
〔日〕川端康成著，朱惠安译 杭州：浙江少年儿童出版社，1985.3 112 页，插图，32 开 0.45 元

02779 第三产业
〔日〕饭盛信男著，矫二峰等译 沈阳：辽宁人民出版社，1985.5 158 页，大32 开 （日本问题丛书 7） 0.88 元
本书据青木书店 1978 年版译出。

02780 电场数值计算法
〔日〕河野照哉、宅间董著，尹克宁译 北京：高等教育出版社，1985.11 286 页，大32 开 2.15 元

02781 电磁干扰和防止措施
〔日〕荒木庸夫著，宋永林译 北京：计量出版社，1985.7 295 页，大32 开 2.40 元

02782 电解槽工学
〔日〕日根文男著，宋家驹、陈之川译 北京：化学工业出版社，1985.6 367 页，32 开 1.85 元
本书据日本化学同人出版的 1979 年版译出。

02783 电力机车牵引
日本交友社编，张贵珍、杨宾华译 北京：.中国铁道出版社，1985.12 189 页，32 开 1.20 元

02784 电路解析 （下）
〔日〕大下真二郎著，于凤鸣等译 北京：冶金工业出版社，1985.6 354 页，16 开 （高等学校教学用书） 4.25 元

02785 电气实验
〔日〕绪方兴助等著，冯垛尘等编译 北京：冶金工业出版社，1985.11 392 页，大32 开 2.80 元

02786 电学基本知识 18 章
〔日〕高桥昭二著，关醒凡译 北京：机械工业出版社，1985.12 214 页，32 开 1.45 元
本书据日本电波新闻社 1970 年版译出。

02787 电子计算机的数学
〔日〕竹之内修著，姜哲炫、刘长欢译 北京：文化教育出版社，1985.3 221 页，32 开 （日本新高中数学研究丛书 14） 1.10 元

02788 电子计算机基础知识
吴中平等译 北京：冶金工业出版社，1985.12 90 页，16 开 （钢铁厂技术培训参考丛书）1.05 元
本书译自日本技术培训教材。

02789 电子整机装配技术图解
〔日〕秋元利夫著，邹秀兰译 哈尔滨：黑龙江科学技术出版社，1985.3 164 页，大32 开 1.30 元

02790 东奔西走：一个经济学家的自传
〔日〕大来佐武郎著，丁谦等译 北京：国际文化出版公司，1985.10 135 页，32 开 0.90 元
本书据日本经济新闻社 1981 年版译出。

02791 独生子女优育法
〔日〕中泽次郎、铃木芳正著，何明译 北京：国际文化出版公司，1985.4 149 页，32 开 0.88 元
本书据日本产心社 1981 年版译出。

02792 敦煌学译文集：敦煌吐鲁番出土社会经济文书研究
〔日〕周藤等著，姜镇庆、那向芹译 兰州：甘肃人民出版社，1985.4 1233 页，大32 开 （敦煌吐鲁番学译丛） 8.20 元

02793 恶魔的饱食（第三集）
〔日〕森村诚一著，成宰等译　长春：吉林人民出版社，1985.1　189页，32开　（日本文学丛书）　0.75元

02794 恶女手记
〔日〕石川达三著，金中译　福州：海峡文艺出版社，1985.12　405页，大32开　2.40元

02795 儿童牙科临床诊疗
〔日〕片寄恒雄著，周大成等译　北京：人民卫生出版社，1985.4　98页，16开　1.40元

02796 二火辨妄
〔日〕芳村恂益撰　北京：中医古籍出版社，1985.11　262页，大32开　（中医珍本丛书）　2.85元

02797 发酵工业
〔日〕木下祝郎著，徐亲民、檀耀辉译　北京：轻工业出版社，1985.7　281页，32开　1.90元
本书据日本大日本图书株式会社1975年新版译出。

02798 发展思维能力的方法（朝鲜文）
〔日〕辰野千寿编著，延边教育出版社教育图书编辑室译　延吉：延边教育出版社，1985.11　153页，32开　0.48元

02799 反战士兵手记
〔日〕水野靖夫著，巩长金译　北京：解放军出版社，1985.6　199页，32开　1.20元

02800 方坯初轧
朴永洙、习荣堂译　北京：冶金工业出版社，1985.7　85页，16开　（钢铁厂技术培训参考丛书）　1.00元
本书译自日本技术培训教材。

02801 粉碎
〔日〕神保元二等著，王少儒、孙成林译　北京：中国建筑工业出版社，1985.5　270页，16开　2.65元

02802 丰田生产方式的新发展
〔日〕门田安弘编著，史世民等译　西安：西安交通大学出版社，1985.12　309页，大32开　2.65元

02803 符号学入门
〔日〕池上嘉彦著，张晓云译　北京：国际文化出版公司，1985.12　173页，32开　1.00元

02804 富有特色的经营家土光敏夫
〔日〕笠间哲人著，张惠民译　北京：世界知识出版社，1985.1　164页，32开　0.78元
本书据日本凸版印刷株式会社1980年7月版译出。

02805 钢船建造法（第二卷：生产管理图表制作及放样）
日本造船学会钢船建造法研究委员会编，穆木公译　北京：国防工业出版社，1985.11　137页，16开　1.90元

02806 钢船建造法（第六卷：资料）
日本造船学会钢船建造法研究委员会编，陈光圻等译　北京：国防工业出版社，1985.11　144页，16开　1.95元

02807 钢船建造法（第三卷：内场作业）
日本造船学会钢船建造法研究委员会编，李向林等译　北京：国防工业出版社，1985.11　158页，16开　2.20元

02808 钢及其热处理简明基础
〔日〕大和久重雄著，王兴垣、陈祝同译　北京：机械工业出版社，1985.12　109页，32开　0.95元

02809 钢中微量元素的偏析与晶界脆化
王迪等译　北京：冶金工业出版社，1985.2　377页，大32开　3.25元
本书据日本微量元素偏析分会20世纪70年代初期进行的一次范围广泛的文献调查文集译出。

02810 高等机械制图
〔日〕牧博司著，阎宗林等译　北京：机械工业出版社，1985.11　293页，32开　2.00元
本书据日本共立出版株式会社1975年版译出。

02811 高分子材料实用技术（常识编、材质各论编、设计资料编、设计方法编、实用化技术编）
〔日〕大石不二夫著，顾雪蓉译　南京：江苏科学技术出版社，1985.10　307页，32开　2.10元

02812 高分子防水材料与施工
日本全国防水工程业团体联合会编，朱航征等译　北京：中国建筑工业出版社，1985.2　378页，32开　1.80元

02813　高分子膜

〔日〕永泽满、泷泽章主编，朱简文译　北京：化学工业出版社，1985.6　256页，32开　（水处理的高分子科学与技术丛书　上卷）1.30元

02814　高分子水处理剂

〔日〕永泽满、泷泽章主编，陈振兴译　北京：化学工业出版社，1985.5　290页，32开　（水处理的高分子科学与技术丛书　下卷）1.50元

02815　高炉内现象及其解析

鞍山钢铁公司钢铁研究所译　北京：冶金工业出版社，1985.2　325页，大32开　2.80元

02816　高明的推销

〔日〕齐藤竹之助著，袁晓利译　北京：气象出版社，1985.6　118页，32开　0.80元

02817　高中学生心理：怎样度过高中时代

〔日〕津留宏著，郑吉德译　沈阳：辽宁科学技术出版社，1985.9　116页，32开　0.68元

02818　个人计算机汉字处理程序设计

〔日〕向山建生著，陈通宝等译　北京：科学技术文献出版社，1985.12　218页，32开　1.45元

02819　工厂电气设备防爆指南：气体蒸气防爆

日本劳动省产业安全研究所编，杨广清等译　北京：劳动人事出版社，1985.11　372页，32开　2.90元

02820　工程控制论习题详解

〔日〕明石一、金井弘之著，成科燕、罗崇德译　长沙：湖南科学技术出版社，1985.11　274页，16开　2.80元

02821　工业企业标准化方法

〔日〕吉村浩著，王国辉译　兰州：甘肃人民出版社，1985.3　251页，32开　0.96元

02822　工业企业管理手册（第六分册：物资与运输管理）

〔日〕远藤健儿主编，迟凤年等译　北京：中国人民大学出版社，1985.12　148页，大32开　0.90元

02823　工业企业管理手册（第七分册：设备管理）

〔日〕中井重行主编，乔建国、邵达真译　北京：中国人民大学出版社，1985.6　148页，大32开　0.82元

02824　工业企业管理手册（第三分册：作业管理）

〔日〕津柠丰治主编，李宗福、缪光桢等译　北京：中国人民大学出版社，1985　150页，大32开　0.59元

02825　公害管理人员考试指南

日本《PPM》杂志编辑部编，蔡贻谟等译　北京：原子能出版社，1985.2　540页，16开　6.10元

02826　供料过程自动化图册

〔日〕藤森洋三著，贺相译　北京：机械工业出版社，1985.11　118页，16开　精装4.10元

02827　孤岛的野狗

〔日〕椋鸠十著，安伟邦译　石家庄：河北人民出版社，1985.3　145页，插图，32开　（椋鸠十动物故事）0.50元

02828　孤雁行：高仓健影坛生活

肖亦艾译　桂林：漓江出版社，1985.2　164页，照片，32开　1.50元

02829　古都

〔日〕川端康成著，侍桁、金福译　上海：上海译文出版社，1985.6　190页，32开　0.72元
本书据日本新潮社1977年版《川端康成全集》(12)译出。

02830　光学信息处理

〔日〕辻内顺平、村田和美等编，谈恒英译　北京：机械工业出版社，1985.8　476页，32开　3.60元

02831　广岛中央科学城构想

日本野村综合研究所著，孙章、徐曙译　上海：上海交通大学出版社，1985.6　148页，32开　0.90元

02832　广告心理学：市场决战的奥秘

〔日〕川胜久著，汪志龙、施锦标译　福州：福建科学技术出版社，1985.8　173页，32开　0.87元

02833　广汉和辞典（下卷）

上海：光华出版社，1985　1441页，16开　13.60元

02834　归乡
〔日〕大佛次郎著，陈浩译　长沙：湖南人民出版社，1985.12　306 页，32 开　1.20 元
本书据日本新潮社 1981 年 7 月版译出。

02835　国际法辞典
日本国际法学会编　北京：世界知识出版社，1985.5　1001 页，大 32 开，精装 6.85 元

02836　国名由来的故事
〔日〕牧英夫著，邵建设、卢春生译　上海：知识出版社，1985.7　138 页，32 开　0.56 元

02837　海魂
〔日〕井上靖著，文洁若、文学朴译　北京：中国文联出版公司，1985.8　462 页，大 32 开　2.95 元
本书据日本岩波书店 1977 年版译出。

02838　海洋工程学入门：向海洋机器人发展的技术
〔日〕合田周乎编，骆为龙、陈耐轩译　北京：海洋出版社，1985.6　175 页，32 开　1.50 元

02839　海洋能源
〔日〕本间琢也等著，唐传宝、李春明译　北京：海洋出版社，1985.5　240 页，32 开　1.50 元

02840　寒冷的早晨：日本当代小说选
〔日〕石坂洋次郎等著，宋佑燮等译　沈阳：春风文艺出版社，1985.1　658 页，大 32 开　3.25 元

02841　焊接电弧现象
〔日〕安藤弘平、长谷川光雄著，施雨湘译　北京：机械工业出版社，1985.10　684 页，16 开　11.70 元
本书据原书 1978 年增补版译出。

02842　焊接结构分析
〔日〕增渊兴一著，张伟昌等译　北京：机械工业出版社，1985.11　478 页，16 开　6.20 元

02843　撼动人心的推销法
〔日〕原一平著　福州：福建科学技术出版社，1985.10　134 页，32 开　0.85 元

02844　河野家族：一即、谦三、洋平的反骨传统
〔日〕户川猪佐武著，卞立强等译　北京：北

京：大学出版社，1985.3　216 页，32 开　1.05 元

02845　黑色协奏曲
〔日〕大谷羊太郎著，万强、童舟译　长春：吉林人民出版社，1985.5　295 页，32 开　1.30 元

02846　痕量金属的光度测定概况：痕量金属的比色测定（第 1 部分　第三分册）
〔美〕E. B. 桑德尔、〔日〕大西宽著，李松筠等译　北京：地质出版社，1985.9　395 页，大 32 开　3.55 元
本书据 E. B. Sandell, H. Onishi, *Photometric Determination of Traces of Metals General Aspects* (fourthed of part Ⅰ of Colorimetric Determination of Traces of Metals, 1978) 译出。

02847　厚板概论
李体彬译　北京：冶金工业出版社，1985.8　107 页，16 开　（钢铁厂技术培训参考丛书）1.20 元
本书译自日本技术培训教材。

02848　厚板轧制
徐德兴、刘素芳译　北京：冶金工业出版社，1985.7　92 页，16 开　（钢铁厂技术培训参考丛书）1.05 元
本书译自日本技术培训教材。

02849　厚板质量与检查
李规华译　北京：冶金工业出版社，1985.12　94 页，16 开　（钢铁厂技术培训参考丛书）1.05 元
本书译自日本技术培训教材。

02850　沪西"七十六号"特工内幕
〔日〕晴气庆胤著　朱阿根等译　上海：上海译文出版社　1985.12　123 千字，32 开　1.05 元

02851　花的圆舞曲
〔日〕川端康成著，陈书玉等译　长沙：湖南人民出版社，1985.4　666 页，大 32 开　2.85 元

02852　华侨资本的形成和发展
〔日〕李国卿著，郭梁、金永勋译　福州：福建人民出版社，1985.6　281 页，大 32 开　1.50 元

02853　化工过程设计的相平衡
〔日〕小岛和夫著，傅良译　北京：化学工业出

版社，1985.11　248 页，32 开　1.60 元

02854　化工机械设计和保养 （上）
日本化学技术著，虞孝畴等译　上海：上海科学技术文献出版社，1985.11　243 页，32 开　1.50 元

02855　化工机械设计和保养 （下）
日本化学技术著，陈柏松等译　上海：上海科学技术文献出版社，1985.11　213 页，32 开　1.30 元

02856　化学反应与电子轨道
〔日〕福井谦一著，李荣森译　北京：科学出版社，1985.10　328 页，大 32 开　3.30 元

02857　化学热力学入门
〔日〕山口乔著，邢文彬、董洪哲译　北京：冶金工业出版社，1985.12　196 页，大 32 开　1.65 元

02858　化妆品实用知识
〔日〕垣原高志著，邬曼君译　北京：轻工业出版社，1985.5　240 页，32 开　2.00 元

02859　环境保护与防治技术
〔日〕吉田忠雄编著，弋鼎哲、毛凤忠译　北京：科学技术文献出版社，1985.5　305 页，32 开　1.85 元
本书据日本丸善株式会社 1981 年 12 月版译出。

02860　环境监测技术
〔日〕日色和夫编著，程振华、王润久译　北京：中国环境科学出版社，1985.2　223 页，大 32 开　1.75 元

02861　环境污染物质与毒性：有机篇
〔日〕山根靖弘等编著，贺振东等译　成都：四川科学技术出版社，1985.5　176 页，16 开　2.95 元

02862　环球旅行
〔日〕多湖辉编，许明镐、姚玉编译　北京：科学普及出版社，1985.8　133 页，32 开　（智育小丛书　4）　0.65 元

02863　机械加工新技术
日本《机械与工具》编辑部编，王辅基、陶建明译　北京：科学技术文献出版社，1985.9　246 页，32 开　1.70 元

本书据日本工业调查会 1982 年 3 月版译出。

02864　机械模态分析
〔日〕大久保信行著，尹传家译　上海：上海交通大学出版社，1985.9　249 页，32 开　1.60 元

02865　机械设计概论
〔日〕渡边彬著，《机械设计概论》翻译组译　北京：机械工业出版社，1985.12　183 页，大 32 开　1.85 元

02866　机械设计列线图集
〔日〕木村章雄著，吴关昌、余康临译　北京：中国科学技术翻译出版社，1985.10　192 页，12 开　4.50 元

02867　基础化学实验大全 （1　实验基础）
〔日〕赤堀四郎、木村健二郎主编，李福绵、王文江译　北京：科学普及出版社，1985.10　335 页，大 32 开　1.95 元

02868　集成电路工业的秘密：看不见的经济战争实况
〔日〕志村幸雄著，管丕恺等译　北京：电子工业出版社，1985.4　202 页，大 32 开　1.40 元

02869　集装箱化与标准化
〔日〕浦田楠雄著，刘鼎铭译　北京：中国标准出版社，1985.11　361 页，大 32 开　3.50 元

02870　计测工程学
〔日〕谷口修、堀迟泰雄著，黄诗翘等译　北京：计量出版社，1985.8　276 页，大 32 开　1.95 元

02871　计算机系统的高可靠性技术
〔日〕猪濑阵编著，尤国峻、肖俊远译　北京：国防工业出版社，1985.3　445 页，大 32 开　2.10 元

02872　技术大国的真面目 （简明本）
日本广播协会采编，李坚等译　北京：科学普及出版社，1985.4　85 页，32 开　（现代化信息丛书）　0.50 元

02873　技术强国日本的战略 （二）
〔日〕森谷正规著，王辅基译　北京：科学技术文献出版社，1985.4　55 页，大 32 开　（发展战略研究丛刊　31）　12.00 元　（40 期）

02874 技术强国日本的战略 （一）
〔日〕森谷正规著，达光译 北京：科学技术文献出版社，1985.4 61 页，大 32 开 （发展战略研究丛刊 30） 12.00 元 （40 期）

02875 技术史入门
〔日〕中山秀太郎著，庞铁榆、姜振环译 哈尔滨：黑龙江科学技术出版社，1985.8 239 页，32 开 1.55 元

02876 家用电器修理技术问题解答
日本オーム社编，李镇铭、许玉文译 北京：轻工业出版社，1985.12 281 页，大 32 开 2.15 元

02877 价值工程函授教材
〔日〕秋山兼夫、田中秀春著，张耀滔等译 北京：机械工业出版社，1985.3 250 页，大 32 开 1.60 元

02878 尖端技术 100 例
日本经济新闻社编，黄政友、张菊水译 武汉：湖北科学技术出版社，1985.12 200 页，32 开 1.35 元

02879 艰辛·成就·乐趣：居里夫人和莱特兄弟的故事
〔日〕山上敏子、日下实果著，刘利利、林小利编译 呼和浩特：内蒙古人民出版社，1985.8 111 页，32 开 0.42 元

02880 简明流体力学
〔日〕山斋雅信著，侯廷久、刘茂榆译 北京：中国建筑工业出版社，1985.10 189 页，32 开 0.98 元

02881 建筑用玻璃
〔日〕宇野英隆、柴田敬介著，徐立非译 哈尔滨：哈尔滨工业大学出版社，1985.4 177 页，32 开 1.30 元

02882 健脑法
〔日〕高桥浩著，刘培贤、李万福译 南京：江苏科学技术出版社，1985.11 186 页，32 开 0.84 元
本书据日本实业出版社 1980 年版编译。

02883 教师用现代日语语法
〔日〕渡边正数著，杨寿聃、张生林编译 北京：北京出版社，1985.9 261 页，大 32 开

1.60 元
本书据右文书院 1978 年版编译。

02884 接待顾客的技巧：零售商店业务技术讲座
〔日〕中村卯一郎著，吴川、吴宪译 北京：中国财政经济出版社，1985.12 161 页，32 开 0.80 元

02885 节能 101 例
〔日〕一色尚次编著，王富、孙永生译 北京：烃加工出版社，1985.12 202 页，32 开 1.45 元

02886 解析几何学辞典 （问题解法）
〔日〕笹部贞市郎编，关桐书等译 上海：上海教育出版社，1985.11 885 页，大 32 开 精装 6.25 元

02887 金屑防腐蚀技术
〔日〕加藤正义等著，伍学高等译 成都：四川科学技术出版社，1985.12 342 页，大 32 开 （表面处理技术丛书） 2.70 元

02888 金属断口的分析方法
〔日〕吉田亨著，张绪江等译 北京：机械工业出版社，1985.8 142 页，32 开 1.60 元

02889 金属切削加工理论
〔日〕中山一雄著，李云芳译 北京：机械工业出版社，1985.3 220 页，大 32 开 1.45 元

02890 近代植物病理化学
〔日〕铃木直治等著，张际中等译 上海：上海科学技术出版社，1985.11 244 页，16 开 3.20 元

02891 经济法概论
〔日〕金泽良雄著，满达人译 兰州：甘肃人民出版社，1985.5 527 页，大 32 开 2.90 元

02892 经济数学
〔日〕冈本哲治等编著，袁镇岳、高鸿桢译 沈阳：辽宁人民出版社，1985.7 483 页，32 开 2.10 元
本书据日本有斐阁 1978 年版译出。

02893 经营法则百条
〔日〕上野一郎著，陈耀茂、李锦德译 福州：福建科学技术出版社，1985.7 141 页，32 开

0.85 元

02894　精密测量示例练习集
〔日〕和田尚著，徐炳亭译　北京：机械工业出版社，1985.11　194 页，大 32 开　1.95 元
本书据日本产业图书株式会社 1978 年第 2 版译出。

02895　精密加工振动切削：基础与应用
〔日〕隈部淳一郎著，韩一昆等译　北京：机械工业出版社，1985.6　472 页，大 32 开　3.80 元

02896　井上靖西域小说选
〔日〕井上靖著，耿金声、王庆江译　乌鲁木齐：新疆人民出版社，1985.1　585 页，大 32 开　2.70 元

02897　静态混合器：基础和应用
〔日〕藘原新吾主编，王德诚、马保东译　北京：纺织工业出版社，1985.4　248 页，32 开　1.55 元

02898　镜子野猪
〔日〕椋鸠十著，安伟邦译　石家庄：河北人民出版社，1985.1　130 页，插图，32 开　（椋鸠十动物故事）　0.44 元

02899　聚合反应热力学
〔日〕泽田秀雄著，阎海科、金士九译　北京：科学出版社，1985.8　382 页，32 开　2.95 元

02900　绝唱
〔日〕大江贤次著，林怀秋译　长春：吉林人民出版社，1985.5　236 页，32 开　1.05 元

02901　均热
郭茂先译　北京：冶金工业出版社，1985.3　90 页，16 开　（钢铁厂技术培训参考丛书）1.20 元
本书译自日本技术培训教材。

02902　开拓社现代英日中型辞典
〔日〕笠原五郎编　上海：光华出版社，1985　2282 页，大 32 开　精装 12.00 元

02903　科学与思考
〔日〕田中实著，常瀛生译　北京：知识出版社，1985.7　132 页，32 开　0.63 元

02904　可关断晶闸管：GTO 的原理和应用
〔日〕关长隆等编，袁维慈等译　北京：中国铁

道出版社，1985.9　274 页，32 开　1.75 元

02905　可压缩流体力学：基础例题习题
〔日〕岩本顺二郎著，何卓烈译　西安：西安交通大学出版社，1985.12　169 页，32 开　1.30 元

02906　库存管理
〔日〕南川利雄著，李丕菊、姚永璞译　北京：机械工业出版社，1985.6　140 页，32 开　（现代管理译丛）1.05 元

02907　老年心理学
〔日〕长谷川和夫、霜山德尔主编，车文博等译　哈尔滨：黑龙江人民出版社，1985.7　408 页，大 32 开　2.95 元
本书据日本岩崎学术出版社 1977 年版译出。

02908　冷轧带钢的精整
赵吉峰译　北京：冶金工业出版社，1985.6　171 页，16 开　（钢铁厂技术培训参考丛书）1.80 元
本书译自日本技术培训教材。

02909　冷轧带钢的质量与检查
张耀兴译　北京：冶金工业出版社，1985.5　185 页，16 开　（钢铁厂技术培训参考丛书）1.95 元
本书译自日本技术培训教材.

02910　离心式制冷机
〔日〕高田秋一著，耿惠彬译　北京：机械工业出版社，1985.8　406 页，16 开　6.15 元

02911　理论切削学
〔日〕小野浩二等著，高希正、刘德忠译　北京：国防工业出版社，1985.5　256 页，大 32 开　1.25 元

02912　理论有机化学解说
〔日〕井本稔著，孙登甲译　北京：高等教育出版社，1985.7　378 页，大 32 开　3.10 元

02913　两个意达
〔日〕松谷美代子著，高林译　北京：中国少年儿童出版社，1985.4　146 页，插图，32 开　0.80 元

02914　量子力学入门
〔日〕野村昭一郎著，李彬等译　北京：高等教

育出版社，1985.1 249页，大32开 2.00元

02915 猎枪·斗牛
〔日〕井上靖著，孙海涛译 长沙：湖南人民出版社，1985.5 196页，32开 1.05元
本书据日本新潮社1983年版译出。

02916 林业系统分析
〔日〕辻隆道著，张德文译 北京：中国林业出版社，1985.6 70页，大32开 0.52元

02917 领导者成功的要诀
〔日〕占部都美著，陈耀茂译 福州：福建科学技术出版社，1985.8 160页，32开 0.98元

02918 留法勤工俭学运动小史
〔日〕森时彦著，史会来、尚信译 郑州：河南人民出版社，1985.5 238页，32开 1.50元

02919 留学生用精读现代日语
日本早稻田大学语学教育研究所编，程长善等注释 北京：北京出版社，1985.11 252页，大32开 1.60元

02920 流浪王妃
〔日〕爱新觉罗·浩著，陈喜儒、徐前译 北京：北京十月文艺出版社，1985.12 198页，32开 1.20元

02921 流浪王妃：现实内幕文学
〔日〕爱新觉罗·浩著，陈喜儒、徐前译 成都：四川文艺出版社，1985.11 214页，32开 1.25元

02922 流行病学方法论：临床医学家用
〔日〕重松逸造主编，刘瑞璋等译 北京：人民卫生出版社，1985.4 247页，16开 3.00元

02923 龙虾
〔日〕橘高二郎等著，李艺民等译 北京：海洋出版社，1985.9 137页，32开 0.80元

02924 炉焊钢管
陈祝清、王向成译 北京：冶金工业出版社，1985.7 71页，16开 （钢铁厂技术参考丛书）0.90元
本书译自日本技术培训教材。

02925 鲁迅与木刻
〔日〕内山嘉吉、奈良和夫著，韩宗琦译 北

京：人民美术出版社，1985.10 222页，大32开 1.80元

02926 路边草
〔日〕夏目漱石著，柯毅文译 上海：上海译文出版社，1985.10 242页，32开 1.10元
本书据日本中央公论社《日本文学》译出。

02927 路旁之石
〔日〕山本有三著，王克强、简福春译 长沙：湖南人民出版社，1985.1 443页，32开 1.55元

02928 铝及其合金的焊接
〔日〕水野政夫等著，许慧姿译 北京：冶金工业出版社，1985.7 261页，大32开 2.30元
本书据日本《焊接全集》中第一卷日文版译出。

02929 漫画解说原子能
〔日〕林乔雄著，郝文义、郝卓然译 北京：原手能出版社，1985，4 153页，32开 0.65元

02930 没有太阳的街
〔日〕德永直著，李芒等译 北京：人民文学出版社，1985.10 418页，大32开 （日本文学丛书）2.65元

02931 门
〔日〕夏目漱石著，吴树文译 上海：上海译文出版社，1985.4 216页，32开 （夏目漱石小说爱情三部曲之一）0.82元

02932 朦胧月夜：日本歌曲50首
陈一萍选编 武汉：群益堂，1985.11 52页，32开 9.39元

02933 孟德尔的生涯及业绩
〔日〕中泽信午著，庚镇城译 北京：科学出版社，1985.10 172页，32开 1.15元

02934 磨损
日本润滑学会编，霍庶辉译 北京：中国铁道出版社，1985.2 149页，32开 0.90元

02935 "魔鬼"大松的自述
〔日〕大松博文著，刘璥、李惠春译 北京：人民体育出版社，1985.1 139页，32开 0.82元

02936 男装女谍——川岛芳子传
〔日〕上坂冬子著，巩长金译 北京：解放军出

版社，1985.8　248 页，32 开　1.80 元

02937　南京大屠杀之虚构
〔日〕田中正明著　军事科学院外国军事研究部
译　北京：世界知识出版社　1985.8　200 千
字　32 开　1.50 元
本书据日本教文社 1984 年 9 月第 5 版译出。

02938　牛的传染病
〔日〕大森常良等著，何英、金皓如译　沈阳：
辽宁科学技术出版社，1985.11　634 页，32 开
3.05 元

02939　农户养鸡
〔日〕马场俊明等著，王执中译　长春：吉林科
学技术出版社，1985.5　63 页，32 开　0.32 元

02940　农业经营原理
〔日〕安增壮一著，司有仑译　北京：农业出版
社，1985.3　175 页，32 开　1.05 元

02941　女间谍川岛芳子
〔日〕渡边龙策著，本山、孙望译　2 版　南京：
江苏人民出版社，1985.10　186 页，32 开
0.89 元

02942　女人的勋章
〔日〕山崎丰子著，施元辉等译　福州：海峡文
艺出版社，1985.12　528 页，大 32 开　（日本
近、现代名作选译）　3.05 元

02943　女人的一生
〔日〕山本有三著，南敬铭、邓青译　呼和浩
特：内蒙古人民出版社，1985.12　435 页，插
图，32 开　2.60 元
本书据日本新潮社昭和四十二年版译出。

02944　蓬莱曲
〔日〕北村透谷著，兰明译　上海：上海译文出
版社，1985.10　164 页，32 开　0.80 元
本书据角川书店 1972 年日文版译出。

02945　批评孩子的艺术
〔日〕多湖辉著，童心译　北京：知识出版社；
合肥：安徽人民出版社，1985.1　117 页，32
开　0.53 元

02946　平衡物性的推算
〔日〕斎藤正三郎著，蒋伟川译　上海：上海科
学技术文献出版社，1985.5　222 页，32 开

1.55 元

02947　普通物理学 250 题解
〔日〕渡部政喜等编，朱新华译　北京：中国环
境科学出版社，1985.11　320 页，32 开
2.10 元

02948　企业成本计算
日本生产性本部著，魏广才译　北京：机械工业
出版社，1985.12　375 页，32 开　3.20 元

02949　企业家的秘密
〔日〕池本正纯著，姜晓民、李成起译　沈阳：
辽宁人民出版社，1985.9　209 页，32 开
1.30 元

02950　气象手册
日本《气象手册》编委会编，郭殿福等译　贵
阳：贵州人民出版社，1985.4　1103 页，32 开
精装 8.50 元

02951　气象：新地学教育讲座
〔日〕伊藤博主编，〔日〕菊地幸雄、中山章执
笔，陈波涔译　北京：气象出版社，1985.10
172 页，32 开　1.10 元
本书据东海大学出版社 1977 年版译出。

02952　气象业务入门
日本气象大学校编著，张庆阳译　北京：气象出
版社，1985.10　242 页，32 开　1.85 元

02953　汽车的性能与试验
〔日〕景山克三主编，常文宣译　北京：人民交
通出版社，1985.12　365 页，大 32 开　3.05 元

02954　汽车工程手册　第三分册
〔日〕小林明等编，汽车工程手册编译委员会
译　北京：机械工业出版社，1985.9　453 页，
16 开　精装 8.90 元

02955　汽车工程手册　第四分册
〔日〕小林明等编，汽车工程手册编译委员会
译　北京：机械工业出版社，1985.9　493 页，
16 开　精装 9.55 元

02956　汽车检验设备
日本汽车机械工具协会编，陈凤仁译　北京：
人民交通出版社，1985.9　122 页，32 开
0.82 元

02957　千鹤
〔日〕川端康成著，郭来舜译　西安：陕西人民出版社，1985.7　151页，32开　0.86元

02958　千金之梦
〔日〕三好彻著，刘福庚、于长敏译　长春：吉林人民出版社，1985.10　266页，32开　1.30元

02959　切面超声心动图学
〔日〕町井洁著，郭文斌、刘成仁译　广州：广东科技出版社，1985.4　390页，16开　9.20元

02960　侵略：日本战犯的自白
日本从中国归国者联络会、新读书社编，袁韶莹译　济南：山东人民出版社，1985.7　150页，32开　0.80元

02961　青春的证明
〔日〕森村诚一著，田力译　北京：北京十月文艺出版社，1985.9　314页，32开　1.60元

02962　青棘
〔日〕三浦绫子著，朱佩兰译　北京：中国友谊出版公司，1985.6　261页，32开　1.80元

02963　轻薄短小的时代
日本经济新闻社编，林元辉译　北京：中国友谊出版公司，1985.10　191页，32开　1.16元

02964　球星的回想
王贞治著，龚志明等译　南京：江苏人民出版社，1985.3　208页，36开　1.05元
本书据日本劲文社昭和56年12月第6版译出。

02965　群论引论
〔日〕大久保进著，东方晓等译　北京：科学出版社，1985.7　187页，32开　1.50元

02966　人机工程学舱装设计基准
日本造船学会造船设计委员会第二分会编，田训珍等译　北京：人民交通出版社，1985.8　133页，16开　2.50元
本书据《海文堂》书店1976年版译出。

02967　人性的证明新编
〔日〕森村诚一著，朱继征、杨卫红译　北京：解放军文艺出版社，1985.2　520页，32开（外国军事文学译丛）　2.30元

本书据日本角川书店1982年版译出。

02968　日本初级信息（软件）处理技术人员全国统考题及典型答案：1982年度
日本情报处理试验研究会编，李润斋编译　北京：电子工业出版社，1985.5　129页，32开（1984年全国青少年计算机程序设计竞赛丛书）0.90元

02969　日本词选
彭黎明、罗姗选注　长沙：岳麓书社，1985.11　212页，32开　1.30元

02970　日本的报业理论与实践
〔日〕稻叶三千男、新井直之主编，张国成等译　北京：新华出版社，1985.4　278页，32开　1.15元

02971　日本的技术：以最少的耗费取得最好的成就
〔日〕森谷正规著，徐鸣等译　上海：上海翻译出版公司，1985.4　165页，32开　1.15元

02972　日本的经济和企业
王辅基等译　北京：科学技术文献出版社，1985.5　49页，大32开（发展战略研究丛刊35）12.00元（40期）
本书据日本《生产性向上秘密》译出。

02973　日本的名作：日本近、现代名作选译
〔日〕小田切进著，山人译　福州：福建人民出版社，1985.12　245页，大32开　1.55元

02974　日本的全面质量管理
〔日〕唐津一著，江临译　北京：中国标准出版社，1985.12　94页，大32开　1.05元

02975　日本的新技术革命
〔日〕下田博次著，孙耀、史旺成译　太原：山西人民出版社，1985.2　169页，32开　0.85元

02976　日本电镀指南
〔日〕石井英雄等著，黄健农译　长沙：湖南科学技术出版社，1985.10　612页，32开　3.10元

02977　日本电力工业
〔日〕大泽悦治著，复旦大学世界经济研究所日本经济研究室译　北京：水利电力出版社，

1985.8　159 页，32 开　1.15 元

02978　日本儿童文学名作选
赵德远选编　长沙：湖南少年儿童出版社，
1985.4　281 页，插图，大 32 开　1.50 元

02979　日本歌曲 160 首（简谱本）
人民音乐出版社编辑部编　北京：人民音乐出版
社，1985.7　193 页，32 开　1.15 元

02980　日本古诗一百首
檀可译　北京：外国文学出版社，1985.7　160
页，32 开　0.96 元

02981　日本焊工培训教材
朱若兰等译　上海：上海科学技术文献出版社，
1985.3　430 页，32 开　2.10 元

**02982　日本计算机全国统考试题和解答（初级
1980—1982）**
日本信息处理开发协会信息处理研究中心编，
张然、徐国伟译　上海：上海科学技术文献出版
社，1985.4　268 页，大 32 开　1.64 元

02983　日本技术问题纵横谈
〔日〕吉谷丰著，李荣标译　北京：科学技术出
版社，1985.7　135 页，32 开　0.95 元

02984　日本建筑节能标准汇编
国家建材局技术情报标准化研究所译　北京：中
国标准出版社，1985.12　526 页，大 32 开
4.80 元

02985　日本建筑业经营营业问答
日本建筑业经营营业研究会著，戚未艾译　北
京：中国建筑工业出版社，1985.5　102 页，32
开　0.42 元

02986　日本剑侠宫本武藏
〔日〕小山胜清著，岱北译　济南：山东文艺出
版社，1985.10　4 册　1525 页，32 开　8.35 元

02987　日本节日活动辞典
〔日〕西角井正庆编　上海：光华出版社，
1985　972 页，32 开　精装 4.50 元

02988　日本近代作家介绍
〔日〕松泽信祐著，寒冰译　北京：国际文化出
版公司，1985.1　175 页，32 开　0.95 元
本书据日本樱枫社 1983 年版译出。

**02989　日本经济高速增长时期的金融政策和对
中国的建议**
〔日〕伊藤正则著　北京：中国经济出版社，
1985.11　142 页，大 32 开　1.00 元

02990　日本老人保健法
陈绮绮译　广州：广东科技出版社，1985.9　36
页，32 开　0.27 元

02991　日本冷轧带钢技术
《日本冷轧带钢技术》编译组译　北京：冶金
工 业 出 版 社，1985.10　567 页，16 开
7.35 元

02992　日本贸易与技术的发展
日本贸易会著，许梅译　北京：中国对外翻译出
版公司，1985.12　122 页，大 32 开　0.80 元

**02993　日本能源及电力供求的长期展望（向 21
世纪迈进的战略探讨）**
日本电力中央研究所编著，王锡凡、杨莳百译
西安：西安交通大学出版社，1985.7　251 千
字　16 开　5.50 元

02994　日本女夏装最新款式
胡以男、王曙光编译　济南：山东科学技术出版
社，1985.6　105 页，16 开　2.25 元

02995　日本散文选
陈德文编选，卞立强等译　南京：江苏人民出版
社，1985.1　271 页，大 32 开　1.55 元

02996　日本史上最长的一天：八一五投降纪实
日本太平洋战争研究会著，金坚范等译　北京：
国际文化出版公司，1985.10　186 页，32 开
1.00 元
本书据日本讲谈社 1981 年版译出。

02997　日本书法史
〔日〕木神莫山著，陈振濂译　上海：上海书画
出版社，1985.2　108 页，大 32 开，0.78 元

02998　日本土地利用分类的程序和方法
日本农林省农村水产技术会议事务局编，山西省
农业科学院农业情报研究室译　北京：农业出版
社，1985.10　492 页，大 32 开　3.30 元

02999　日本土工试验法
〔日〕三木五三郎主编，陈世杰译　北京：中国铁
道出版社，1985.12　742 页，大 32 开　5.55 元

03000　日本小说　（1）
吉林人民出版社编　长春：吉林人民出版社，
1985.7　135页，32开　0.78元

03001　日本谣曲狂言选
申非译　北京：人民文学出版社，1985.5　429
页，大32开　精装3.35元，平装2.90元

03002　日本影坛巨星乙羽信子自传
〔日〕乙羽信子著，恒绍荣等译　北京：工人出
版社，1985.5　246页，32开　1.50元

03003　日本著名电影明星田中绢代
〔日〕新藤兼人著，丛林春译　北京：国际文化
出版公司，1985.1　317页，32开　1.50元
本书据读卖新闻社1983年版译出。

03004　日本资产折旧年限必读
〔日〕山下德夫著，何世耕译　北京：中国经济
出版社，1985.7　98页，32开　1.50元

03005　日本最新家具
来启斌等译编　北京：中国对外经济贸易出版
社，1985　106页，16开　3.25元

03006　日本最新晶体二极管参数手册
董成国等编译　武汉：湖北科学技术出版社，
1985.9　520页，16开　7.80元
本书据日本CQ出版社最新出版的资料为蓝本编
译而成。

03007　日军大本营
〔日〕森松俊夫著，黄金鹏译　北京：军事科学
出版社，1985.10　189页，32开　1.05元
本书据日本东京教育社1980年3月日文版译出。

03008　日军侵华的自白
日本自中国归还人员联络会编，祖秉和、霍军
译　北京：群众出版社，1985.10　172页，32
开　0.95元
本书据光文社1982年8月版译出。

03009　日语的特点
〔日〕金田一春彦著，李德、陶振孝译　北京：
外语教学与研究出版社，1985.12　187页，32
开　1.00元

03010　日语的特点
〔日〕金田一春彦著，马凤鸣译　北京：北京：
出版社，1985.2　220页，32开　1.15元

03011　溶液反应的化学
〔日〕大潼仁志等著，俞开钰译　北京：高等教
育出版社，1985.12　307页，大32开　2.30元

03012　三等经理
〔日〕源氏鸡太著，刘涤尘、王育林译　太原：
北岳文艺出版社，1985.10　459页，大32开
（东方文学丛书）　2.85元

03013　沙女：日本中长篇小说选
刘和民主编　合肥：安徽文艺出版社，1985.11
635页，大32开　（日本当代文学丛书之四）
3.00元

03014　砂城
〔日〕远藤周作著，林怀秋译　太原：山西人民
出版社，1985.7　260页，32开　1.15元

03015　砂器
〔日〕松本清张著，曹修林译　沈阳：春风文艺
出版社，1985.9　502页，32开　2.35元

03016　山大王
〔日〕椋鸠十著，安伟邦译　石家庄：河北人民
出版社，1985.1　98页，插图，32开　（椋鸠十
动物故事）　0.35元

03017　商店生财之道
〔日〕长岛俊男著，王颐、郝跃英译　成都：四
川科学技术出版社，1985.9　130页，32开
0.85元

03018　商法略说
〔日〕龙田节编，谢次昌译　兰州：甘肃人民出
版社，1985.3　243页，32开　0.95元

03019　设备现场诊断的开展方法
〔日〕丰田利夫著，高克勋、李敏译　北京：机
械工业出版社，1985.10　195页，大32开
1.90元

03020　渗碳淬火实用技术
〔日〕内藤武志著，陈祝同、刘惠臣译　北京：
机械工业出版社，1985.3　284页，32开
1.75元

03021　生命的奥秘
〔日〕太田次郎著，区英琦、许品章译　北京：
科学普及出版社，1985.7　146页，32开
0.65元

03022　生物工程的时代
日本日经产业新闻社著，张可喜译　长沙：湖南科学技术出版社，1985.10　139 页，32 开
0.77 元

03023　生物膜与疾病
〔日〕野泽义则、香川靖雄著，杨畔农译　北京：人民卫生出版社，1985.2　320 页，32 开
1.55 元

03024　生物体的结构
〔日〕太田次郎著，张诗忠译　上海：上海教育出版社，1985.3　192 页，大 32 开　（生物学教育讲座　1）　0.95 元

03025　生物体与重金属
〔日〕不破敬一郎编著，王子亮等译　北京：中国环境科学出版社，1985.12　229 页，32 开
1.60 元

03026　生物学史话
〔日〕铃木善次著，张友栋、陈俊英译　石家庄：河北人民出版社，1985.7　224 页，32 开
（科学史丛书之三）　1.50 元

03027　时代的要求"轻、薄、短、小"：滞销时代的畅销商品
日本《日经商业》编辑部编，李惠春译　北京：机械工业出版社，1985.10　135 页，32 开
1.00 元

03028　实用电镀
〔日〕川崎元雄等著，徐清发等译　北京：机械工业出版社，1985.5　338 页，32 开　2.30 元
本书据日刊新闻社 1980 年 7 月版译出。

03029　实用有机化合物结构鉴定法
〔日〕田中诚之编著，纪涛译　沈阳：辽宁科学技术出版社，1985.8　201 页，16 开　2.75 元

03030　世界汽车今昔
〔日〕小野吉郎著，胡天放译　北京：机械工业出版社，1985.3　117 页，32 开　0.72 元

03031　世界图书馆博览
〔日〕德永康元编，学鼎等译　福州：福建科学技术出版社，1985.8　246 页，32 开　1.33 元

03032　世界语前置词略解
〔日〕小坂狷二著，周力编译　北京：中国世界语出版社，1985　109 页，32 开　0.80 元

03033　试验设计方法
〔日〕奥野忠一、芳贺敏郎著，牛长山、张永照译　北京：机械工业出版社，1985.12　336 页，大 32 开　2.70 元

03034　兽医传染病学
〔日〕越智勇一等执笔，王殿赢等译　长春：吉林科学技术出版社，1985.4　452 页，16 开
6.10 元

03035　兽医指南
〔日〕中村良一等编著，欧传德等译　郑州：河南科学技术出版社，1985.6　769 页，16 开
8.50 元

03036　蔬菜生理病害的诊断及其防治
〔日〕加藤彻著，郑海柔译　上海：上海科学技术文献出版社，1985.10　128 页，16 开
2.90 元

03037　蔬菜生物生理学基础
日本农山渔村文化协会编，北京农业大学译　北京：农业出版社，1985.10　584 页，16 开　精装 8.10 元

03038　数据通信系统入门
〔日〕保坂岩男著，王若珏、陈爱萍译　北京：人民邮电出版社，1985.2　286 页，32 开
1.25 元

03039　数学 700 题选（下册）
〔日〕木村勇三等编，孙淑琴、杨培根译　北京：科学普及出版社，1985.3　396 页，32 开
1.80 元

03040　数学模型
〔日〕近藤次郎著，宫荣章等译　北京：机械工业出版社，1985.6　491 页，大 32 开　3.95 元

03041　数字万用表的制作与使用
〔日〕石桥浩司、佐藤一郎著，马守礼、吴立龙译　北京：中国铁道出版社，1985.3　203 页，大 32 开　1.45 元

03042　双曲线的杀人案
〔日〕西村京太郎著，张国铮译　海口：海南人民出版社，1985.1　252 页，32 开　1.35 元

03043　水力学解题指导（下册）
〔日〕荒木正夫、椿东一郎著，杨景芳主译　北京：高等教育出版社，1985.9　391页，大32开　2.90元

03044　水田土壤学
〔日〕川口桂三郎编，汲惠吉等译　北京：农业出版社，1985.10　518页，大32开　3.50元

03045　丝网印刷
日本丝网印刷技术协会编，郑德海、郑军明译　北京：印刷工业出版社，1985.7　328页，32开　2.00元

03046　丝织物对生丝质量的要求
〔日〕真砂义郎等编，杨爱红、白伦译　北京：纺织工业出版社，1985.10　128页，32开，1.00元

03047　松本龟次郎传
〔日〕平野日出雄著，杨正光译　北京：时事出版社，1985.9　191页，大32开　1.80元

03048　松山芭蕾舞白毛女：日中友好之桥
〔日〕清水正夫著，王北成、前民译　北京：国际文化出版公司，1985.8　170页，照片，32开　1.20元
本书据日本讲谈社1983年日文版译出。

03049　太平天国（上）
〔日〕陈舜臣著，卞立强译　北京：作家出版社，1985.9　442页，大32开　精装3.20元，平装2.20元

03050　唐土名胜图会
〔日〕冈田玉山等编　北京：北京古籍出版社，1985.7　2册，16开　精装19.00元，平装15.00元

03051　特殊混凝土施工
〔日〕樱井纪朗等著，李德富译　北京：水利电力出版社，1985.3　287页，大32开　2.30元

03052　体育心理学
〔日〕松井三雄著，杨宗义等译　北京：人民体育出版社，1985.6　295页，32开　1.95元

03053　体育心理学参考教材
〔日〕松田岩男著，吕其彦译　北京：人民体育出版社，1985.11　428页，32开　2.85元

03054　天文学
〔日〕荻原雄祐著，赵仲三、卢汉鎏译　北京：科学出版社，1985.9　317页，32开　1.90元

03055　通用电机和控制电机实用手册
〔日〕坪岛茂彦、中村修照著，潘兆柱、戎华洪译　北京：机械工业出版社，1985.12　359页，大32开　3.70元

03056　统计汇总的程序设计：大量数据处理法
〔日〕铃木芳雄著，崔晓光译　北京：中国统计出版社，1985.2　240页，32开　1.55元

03057　统计力学（包括习题和解答的高级教程）
〔日〕久保亮五编，徐振环等译　北京：高等教育出版社，1985.7　462页，大32开　3.75元

03058　透水性沥青路面
日本道路建设业协会编著，李茂森译　北京：中国建筑工业出版社，1985.8　97页，32开　0.54元

03059　图案设计构成研究
〔日〕青木正夫著，郑丽译　北京：人民美术出版社，1985.6　80页，16开　2.15元

03060　图解微型计算机基础知识
〔日〕夫田光治著，张德春译　长春：吉林科学技术出版社，1985.2　242页，大32开　1.30元

03061　歪斜的复印：税务署惨案
〔日〕松本清张著，金中译　济南：山东文艺出版社，1985.1　286页，32开　1.25元

03062　外部空间设计
〔日〕芦原义信著，尹培桐译　北京：中国建筑工业出版社，1985.3　111页，32开　（建筑师丛书）0.86元

03063　外国电影剧本丛刊（44）：野菊之墓·海峡
中国电影出版社编辑，陈笃忱、严安生译　北京：中国电影出版社，1985.10　176页，32开　1.30元

03064　外国服装式样集锦：日本专册
展望天津特约编辑部编　北京：中国展望出版社，1985.8　192页，12开　7.60元

03065　王冠醚化学
〔日〕小田良平等编，杨季秋、彭第基译　北京：
原子能出版社，1985.11　159页，16开　2.20元

03066　微电脑ABC
〔日〕铃木智彦著，辉旋等译　福州：福建科学
技术出版社，1985.3　132页，32开　0.75元

03067　微型计算机的使用方法图解
〔日〕小牧常松、大条广著，周文森、周琴芳
译　北京：科学出版社，1985.2　184页，32
开　1.15元

03068　微型计算机使用法
〔日〕高桥三堆著，崔松龙等译　沈阳：辽宁民
族出版社，1985.4　337页，大32开　2.85元

03069　围棋布局基本类型
〔日〕片冈聪著，张静译　成都：蜀蓉棋艺出版
社，1985.10　183页，32开　0.95元

03070　围棋教室　（1）：实战中的活知识
〔日〕坂田荣男著，西丁译　成都：蜀蓉棋艺出
版社，1985.10　123页，64开　0.32元

03071　围棋教室　（2）：实力的培养
〔日〕坂田荣男著，西丁译　成都：蜀蓉棋艺出
版社，1985.10　123页，64开　0.32元

03072　围棋入门　（一）
日本棋院编，于志琪、谭炎午编译　北京：北京
日报出版社，1985.12　117页，32开　0.80元

03073　围棋俗筋剖析
〔日〕藤泽秀行著，沈恒淑译　成都：蜀蓉棋艺
出版社，1985.11　184页，32开　0.95元

03074　未来文明的原点
〔日〕星野芳郎著，毕晓辉、董守义译　哈尔
滨：哈尔滨工业大学出版社，1985.1　251页，
32开　（技术史·技术论·技术与社会丛书）
1.40元

03075　文化服装函授辅导　第二册：连衣裙
日本文化服装学院编，王文祖译　北京：纺织工
业出版社，1985.10　69页，32开　0.56元

**03076　文化服装函授辅导　第六册：童装和少
年服装**
日本文化服装学院编，张长林译　北京：纺织工

业出版社，1985.11　53页，32开　0.44元

**03077　文化服装函授辅导　第三册：女衬衫和
裙子**
日本文化服装学院编，孙康宁译　北京：纺织工
业出版社，1985.10　55页，32开　0.44元

03078　文化服装函授辅导　第四册：女式套装
日本文化服装学院编，温洪昭译　北京：纺织工
业出版社，1985.11　47页，32开　0.41元

**03079　文化服装函授辅导　第五册：婴幼儿
服装**
日本文化服装学院编，张长林译　北京：纺织工
业出版社，1985.11　53页，32开　0.44元

03080　文化服装函授辅导　第一册：女装基础
日本文化服装学院编，王南平译　北京：纺织工
业出版社，1985.10　71页，32开　0.56元

03081　文化服装函授讲座　第二册：连衣裙
日本文化服装学院编，张文斌译　北京：纺织工
业出版社，1985.10　87页，16开　1.40元

**03082　文化服装函授讲座　第六册：童装和少
年服装**
日本文化服装学院编，张长林译　北京：纺织工
业出版社，1985.11　84页，16开　1.30元

**03083　文化服装函授讲座　第三册：女衬衫和
裙子**
日本女化服装学院编，孙康宁译　北京：纺织工
业出版社，1985.10　84页，16开　1.30元

03084　文化服装函授讲座　第四册：女式套装
日本文化服装学院编，温洪昭译　北京：纺织工
业出版社，1985.11　96页，16开　1.45元

**03085　文化服装函授讲座　第五册：婴幼儿
服装**
日本文化服装学院编，张长林译　北京：纺织工
业出版社，1985.11　84页，16开　1.30元

03086　文化服装函授讲座　第一册：女装基础
日本文化服装学院编，张文斌译　北京：纺织工
业出版社，1985.10　101页，16开　1.55元

03087　文学序说
〔日〕桑原武夫著，陈秋峰译　郑州：黄河文艺
出版社，1985.10　202页，32开　0.94元

03088 稳定性理论与周期解和概周期解的存在性

〔日〕T. Yoshizawa 著，郑祖麻等译　南宁：广西人民出版社，1985.9　224 页，大 32 开　1.90 元

03089 倭族之源——云南

〔日〕鸟越宪三郎等著，段晓明译　昆明：云南人民出版社，1985.12　200 页，32 开　1.10 元

03090 无机固态反应

日本化学会编，董万堂、董绍俊译　北京：科学出版社，1985.2　241 页，16 开　3.75 元

03091 五号街夕雾楼

〔日〕水上勉著，何平、乔正译　福州：海峡文艺出版社，1985.9　314 页，大 32 开　2.02 元

03092 武则天

〔日〕原百代著，谭继山译　北京：中国友谊出版公司，1985.10　5 册（1426 页）；大 32 开　11.70 元

03093 舞姬

〔日〕川端康成著，唐月梅译　北京：外国文学出版社，1985.1　215 页，32 开　（当代外国文学）　0.96 元

本书据新潮社 1954 年文库版译出。

03094 物理海洋学（第二卷）

〔日〕高野健三、川合英夫著，涂仁亮等译　北京：科学出版社，1985.6　345 页，32 开，2.65 元

03095 物理海洋学（第三卷）

〔日〕永田丰等著，鲁守范译　北京：科学出版社，1985.2　344 页，32 开　2.60 元

03096 物理海洋学（第四卷）

〔日〕增泽让太郎等著，鲁守范译　北京：科学出版社，1985.10　346 页，32 开　2.65 元

03097 物理海洋学（第一卷）

〔日〕渊秀隆等著，刘玉林等译　北京：科学出版社，1985.4　415 页，32 开　3.15 元

本书据日本东海大学出版会 1970 年版译出。

03098 物理化学入门

〔日〕白井道雄著，郝德庆译　北京：机械工业出版社，1985.12　161 页，大 32 开　1.60 元

03099 物理学史话

〔日〕大森实著，林子元译　石家庄：河北人民出版社，1985.11　261 页，32 开　（科学史丛书之一）1.10 元

03100 雾夜奇案（又名　青春的证明）

〔日〕森村诚一著，刘多田译　北京：群众出版社，1985.11　320 页，32 开　1.60 元

03101 雾之旗

〔日〕松本清张著，王智新译　厦门：鹭江出版社，1985.12　220 页，36 开　0.95 元

03102 夕雾楼

刘和民主编，徐甲申等译　合肥：安徽文艺出版社，1985.10　591 页，大 32 开　（日本当代文学丛书之一）2.80 元

03103 西班牙语基本词词典

〔日〕高桥正武等编，江樱等译　香港：商务印书馆香港分馆；上海：上海译文出版社，1985.11　476 页，32 开　精装 4.40 元

03104 西方历代家具样式

〔日〕键和田务编，王明增译　北京：轻工业出版社，1985.10　128 页，32 开　1.95 元

03105 西服的穿着和搭配方法

〔日〕竹内淳子著，光存等编　长春：吉林文史出版社，1985.7　166 页，32 开　0.95 元

03106 西域文化史（维吾尔文）

〔日〕羽田亨著，斯拉木江·西日甫译　乌鲁木齐：新疆人民出版社，1985.7　190 页，32 开　0.50 元

03107 西域小说集

〔日〕井上靖著，郭来舜译　兰州：甘肃人民出版社，1985.8　253 页，32 开　1.10 元

03108 希特勒的阴谋：国会纵火案内幕

〔日〕桧山良昭著，王泰平译　北京：工人出版社，1985.6　262 页，32 开　1.30 元

03109 细雪

〔日〕谷崎润一郎著，周逸之译　长沙：湖南人民出版社，1985.1　644 页，大 32 开　2.75 元

03110 夏目漱石小说选（下：春分之后·使者·心）

〔日〕夏目漱石著，张正立等译　长沙：湖南人

民出版社，1985.2　773 页，大 32 开　3.20 元
本书据日本筑摩书房《夏目漱石全集》1079 年
版译出。

03111　仙惑
刘和民主编　合肥：安徽文艺出版社，1985.12
645 页，大 32 开　（日本当代文学丛书之五）
3.10 元
本书包括日本电影、话剧、诗歌选。

03112　纤维补强混凝土
〔日〕小林一辅著，邹崇富译　北京：中国铁道
出版社，1985.7　98 页，32 开　0.65 元

03113　现场的管理与改进：实践篇
〔日〕广濑一夫著，崔雁行译　北京：冶金工业
出版社，1985.2　291 页，大 32 开　（企业管理
百问百答丛书　5）　1.95 元

03114　现场铸造技术实例集——300 例
〔日〕山口忍编，唐彦斌、黄星亮译　北京：北
京：科学技术出版社，1985.5　240 页，16 开
2.65 元

03115　现代的日本科学技术
日本科学技术厅主编，王泉清等译　北京：科学
技术文献出版社，1985.7　258 页，32 开
1.60 元

03116　现代经济法入门
〔日〕丹宗昭信、厚谷襄儿编，谢次昌译　北
京：群众出版社，1985.8　327 页，32 开
1.70 元

03117　现代经营管理和机器人
〔日〕渡边茂主编，陈志强、彭商贤译　北京：
机械工业出版社，1985.11　136 页，32 开
1.15 元

03118　现代敬语辞典
〔日〕奥山益朗编　上海　光华出版社，1985
222 页，32 开　1.60 元

03119　现代商店经营
日本商工会议所编，赵玉玢等译　北京：中国展
望出版社，1985.7　211 页，32 开　0.70 元
本书据 1979 年新版译出。

03120　现代社会与育儿
〔日〕今村荣一著，周艾登、孙友乐译　成都：

四川少年儿童出版社，1985.3　297 页，32 开
1.10 元

03121　现代心理学概述
〔日〕佐伯茂雄等著，郭祖仪译　西安：陕西师
范大学出版社，1985.12　235 页，32 开
2.00 元

03122　小儿变态反应性疾病
〔日〕笠井和著，黄成宪等译　北京：人民卫生
出版社，1985.11　127 页，32 开　0.70 元

03123　小发明的启示
〔日〕丰泽丰雄著，刘玉厚等译　北京：机械工
业出版社，1985.8　114 页，32 开　0.90 元

03124　小学生心理
〔日〕高野清纯等著，薛殿会等译　长沙：湖南
人民出版社，1985.12　2 册 752 页，大 32 开
3.25 元

03125　小学生自学法
〔日〕石川勤著，李秀英译　石家庄：河北人民
出版社，1985.6　127 页，32 开　0.58 元

03126　新编农业气象手册
〔日〕坪井八十二等编，侯宏森等译　北京：农
业出版社，1985.5　646 页，16 开　8.30 元

03127　新的稻作技术：灌水土壤中直播栽培
〔日〕中村喜彰著，段传德译　郑州：河南科学
技术出版社，1985.1　126 页，32 开　0.48 元

03128　新国民经济核算体系通浴讲话
日本经济企划厅国民收入部编，铁大章译　北
京：中国统计出版社，1985.4　226 页，32 开
1.20 元

03129　新情报战
日本朝日新闻社编，曹章祺等译　北京：海洋出
版社，1985.5　146 页，32 开　1.00 元

03130　新人性的证明
〔日〕森村诚一著，徐宪成译　北京：群众出版
社，1985.4　402 页，32 开　1.85 元

03131　新式家用电器
〔日〕松勇三男编，俊君译　北京：科学普及出
版社，1985.4　78 页，大 32 开　0.46 元

03132 信号和标志的颜色
〔日〕正木光主编，张学渔译　北京：中国铁道出版社，1985.3　88页，32开　0.60元
本书据日本东京大学出版社 1980 年版译出。

03133 信息处理手册上册
日本信息处理学会编，《信息处理手册》翻译组译　北京：机械工业出版社，1985.10　448页，16开　精装8.10元

03134 信息社会的传感器
〔日〕高桥清、小长井诚编著，黄辉光译　北京：新时代出版社，1985.10　186页，32开　1.25元

03135 袖珍化工手册
〔日〕冈田功、荻野典夫编，陈迪模等译　南京：江苏科学技术出版社，1985.1　663页，大32开　3.80元

03136 需求预测入门
〔日〕春日井博编著，张楠译　北京：机械工业出版社，1985.6　364页，32开　（国外现代管理初级读物）　2.30元

03137 学校体育管理
〔日〕宫畑虎彦著，王哲、王德茂译　北京：文化教育出版社，1985.1　169页，32开　0.71元

03138 雪国·千鹤·古都
〔日〕川端康成著，高慧勤译　桂林：漓江出版社，1985.9　466页，大32开　（获诺贝尔文学奖作家丛书　第一辑）　精装4.85元，平装2.20元

03139 压敏胶技术
〔日〕福泽敬司著，吕凤亭译　北京：新时代出版社，1985.6　182页，大32开　1.25元

03140 鸦片战争　上卷：沧海篇
〔日〕陈舜臣著，卞立强译　贵阳：贵州人民出版社，1985.2　426页，大32开　2.15元

03141 鸦片战争实录
〔日〕陈舜臣著，卞立强译　北京：中国友谊出版公司，1985.3　158页，32开　1.40元

03142 岩波英日大辞典（第1卷）
〔日〕中岛文雄编　上海：光华出版社，1985　1122页，小16开

03143 岩波英日大辞典（第2卷）
〔日〕中岛文雄编　上海：光华出版社，1985　2124页，小16开　精装12.90元

03144 研究和开发
〔日〕只野文哉、岛史朗著，于秀琴、周有才译　北京：国防工业出版社，1985.3　264页，大32开　1.10元

03145 研究开发管理图说
〔日〕山田行雄著，贺万鸣等译　北京：电子工业出版社，1985.6　284页，32开　1.74元

03146 雁寺
〔日〕水上勉著，何平、一凡译　福州：海峡文艺出版社，1985.10　297页，大32开　1.90元

03147 杨贵妃传
〔日〕井上靖著，郝迟、颜延超译　哈尔滨：黑龙江人民出版社，1985.10　241页，32开　1.60元

03148 杨贵妃传
〔日〕井上靖著，周棋等译　郑州：中州古籍出版社，1985.8　218页，32开　0.99元

03149 养蚕
日本文部省著，蒋同庆译　成都：四川科学技术出版社，1985.6　220页，大32开，2.15元

03150 液晶电子学基础和应用
〔日〕佐佐木昭夫等著，赵静安等译　北京：科学出版社，1985.3　267页，大32开　2.50元

03151 一村一品运动
〔日〕松平守彦著，王翊译　石家庄：河北人民出版社，1985.11　176页，32开　0.80元

03152 一代天骄
〔日〕井上靖著，陈德文译　长沙：湖南人民出版社，1985.10　281页，32开　1.00元

03153 一分钟小说选：续集
〔日〕星新一著　沈阳：春风文艺出版社，1985.1　388页，32开　1.50元

03154 一个北国女人的故事
〔日〕水上勉著，林怀秋、简福春译　武汉：长江文艺出版社，1985.8　507页，32开　（外国文学选译）　2.40元

03155　一个日本歌人的中国之旅
〔日〕近藤芳美著，《人民中国》杂志社翻译部译　上海：上海文艺出版社，1985.2　224页，32开　0.82元

03156　一个日本人眼中的新旧中国：北京三十五年
〔日〕山本市朗著，胡传德、郑泰宪译　北京：光明日报出版社，1985.5　261页，32开，1.20元

03157　一个侦探的故事
〔日〕赤川次郎著，夏日译　南宁：广西民族出版社，1985.6　204页，36开　0.95元

03158　一千零一夜世界奇谈
〔日〕庄司浅水著，李柒标译　北京：世界知识出版社，1985.6　214页，32开　0.90元

03159　一位开拓者的思考
〔日〕系川英夫著，王泰平等译　北京：世界知识出版社，1985.5　156页，32开　0.74元

03160　一只长筒靴子
〔日〕槙本楠郎等著，洪紫千译　浩然、敏纳画　长沙：湖南少年儿童出版社，1985.5　1册，24开　0.96元

03161　医疗事故的预防和对策
〔日〕北滨睦夫编，王双生等译　北京：人民卫生出版社，1985.7　294页，16开　3.95元

03162　音响系统入门
日本日立音响技术学校编，李慧芬译　北京：新时代出版社，1985.1　167页，大32开　0.74元

03163　印刷科学
〔日〕长谷川茂著，王振华、丁一译　北京：印刷工业出版社，1985.2　240页，32开　1.20元

03164　应用晶体物理学
〔日〕小川智哉著，崔承甲译　北京：科学出版社，1985.4　276页，32开　2.15元

03165　英日专利用语辞典
〔日〕饭田聿乡编　上海：光华出版社，1985　507页，32开　精装2.70元

03166　英语常用词活用例解
〔日〕绵贯阳著，徐培译　上海：上海译文出版

社，1985.2　179页，32开　0.77元

03167　勇于探求的人们
〔日〕长泽和浚著，简光沂、曹苒译　北京：海洋出版社，1985.8　167页，32开　1.00元

03168　优先数实用手册：有助于设计及其标准化
〔日〕江守忠哉著，赵斌、高鹏译　北京：中国标准出版社，1985.2　226页，大32开　1.65元

03169　有机分析试剂手册
〔美〕程广禄、〔日〕上野景平、今村寿明著，王镇浦、王镇棣译　北京：地质出版社，1985.5　440页，16开　精装7.25元，平装6.05元
本书据 K. L. Cheng, Keihci Ueno, Toshiaki Imamura, *CRC Handbook of Organic Anaytical Reagents*（1982）译出。

03170　有机化学概要
〔日〕丸田铨二郎著，朱绪恩译　西安：陕西人民出版社，1985.5　401页，大32开　2.65元

03171　幼儿才能开发：铃木的早期教育方法
〔日〕多湖辉著，李镜流译　北京：教育科学出版社，1985.5　99页，32开　0.56元

03172　幼儿教育百科
〔日〕横地清著，贾玉琴等译　长春：吉林人民出版社，1985.4　419页，16开　精装14.20元

03173　幼儿培育基本知识：答年轻父母问
〔日〕松原达哉著，盛安慧敏译　北京：国际文化出版公司，1985.11　133页，32开　0.75元
本书据日本产心社1977年版译出。

03174　鱼类消化生理（下册）
〔日〕尾崎久雄著，李爱杰、沈宗武译　上海：上海科学技术出版社，1985.12　345页，32开　2.50元

03175　榆氏一家
〔日〕北杜夫著，郭来舜、戴璨之译　长沙：湖南人民出版社，1985.3　727页，大32开　精装3.35元，平装3.00元
本书据日本新潮社1979年5月《榆家·人口仓》译出。

03176　语言地理类型学
〔日〕桥本万太郎著，余志鸿译　北京：北京大

学出版社，1985 220页，32开 1.05元

03177 语言学漫步
〔日〕田中春美等著，刘耀武译 西安：陕西人民出版社，1985 356页，32开 1.95元

03178 "玉碎"岛提尼安
〔日〕石上正夫著，林怀秋译 福州：海峡文艺出版社，1985.10 197页，32开 1.10元

03179 预测与政策
〔日〕内田忠夫等编，金泓汎译 北京：中国社会科学出版社，1985.2 291页，32开 （现代管理科学丛书） 1.30元

03180 预测知识
〔日〕假谷太一著，黄宗成译 重庆：科学技术文献出版社重庆分社，1985.2 272页，32开 1.40元

03181 源氏物语与白氏文集
〔日〕丸山清子著，申非译 北京：国际文化出版公司，1985.5 208页，大32开 1.20元

03182 运筹学概论
〔日〕小林龙一著，何文杰译 北京：国防工业出版社，1985.4 236页，大32开 1.55元

03183 载重汽车节油指南
日本汽车运输技术协会编，张荣禧译 北京：人民交通出版社，1985.4 40页，32开 0.75元

03184 宰相之妻
〔日〕今井久夫著，魏复译 北京：世界知识出版社，1985.4 229页，32开 1.00元
本书据日本《月刊笔》杂志1900年日文版译出。

03185 在中国的土地上：一个"日本八路"的自述
〔日〕小林清著 北京：解放军出版社，1985.8 298页，32开 1.65元

03186 噪声和振动的系统测试
〔日〕北村恒二著，陆世鑫等译 北京：机械工业出版社，1985.9 365页，大32开，3.40元

03187 怎样培养儿童的聪明才智：论儿童智力的开发
〔日〕伏贝猛弥著，穆传金译 长春：吉林人民

出版社，1985.7 171页，32开 0.91元

03188 怎样使孩子聪明起来？
〔日〕石井威望著，梁传宝等译 上海：文汇出版社，1985.9 130页，大32开 （翻译丛书）0.70元

03189 怎样提高记忆力
〔日〕高木重朗著，史继晟译 北京：科学普及出版社，1985.5 134页，32开 （效率译丛）0.55元

03190 展望二十一世纪（汤因比与池田大作对话录）
〔英〕A.J.汤因比、〔日〕池田大作著 苟春生等译 北京：国际文化出版公司，1985.11 326千字，大32开 2.80元
本书据日本圣教新闻社1984年版译出。

03191 战国城砦群
〔日〕井上靖著，包容译 太原：山西人民出版社，1985.3 239页，大32开 1.25元

03192 战后日本经济史
〔日〕小林义雄著，孙汉超、马君雷译 北京：商务印书馆，1985.3 214页，大32开 1.30元
本书据日本评论社1978年版译出。

03193 战略与谋略
〔日〕大桥武夫著，古月译 北京：军事译文出版社，1985.6 108页，32开 0.68元

03194 昭和宰相列传
日本现代评论社编，孙雷门、申泽福译 天津：天津人民出版社，1985.12 377页，大32开 2.25元

03195 照明手册
日本照明学会编，《照明手册》翻译组译 北京：中国建筑工业出版社，1985.9 721页，16开 8.10元

03196 照相机技术基础
〔日〕田村稔等著，杭州照相机械研究所《照相机技术研究小组》译 北京：机械工业出版社，1985.11 453页，32开 3.15元

03197 珍珠夫人
〔日〕菊池宽著，冯度译 福州：海峡文艺出版

社，1985.12 399 页，32 开 （日本近、现代名作选译） 2.40 元

03198 振动分析的有限元法
〔日〕户川隼人著，殷荫龙、陈学源译 北京：地震出版社，1985.5 204 页，大 32 开 1.95 元

03199 振动——被忽视的环境公害
〔日〕守田荣等著，高鹏、徐承沼译 北京：科学出版社，1985.2 130 页，32 开 （环境保护科普丛书） 0.82 元

03200 正冈子规俳句选译
〔日〕正冈子规著，葛祖兰译注 上海：上海译文出版社，1985.12 177 页，32 开 0.98 元

03201 知人用人八十六诀
裴云浩编译 南京：江苏人民出版社，1985.12 137 页，32 开 0.70 元
本书据日本松本顺著《新乙ム企业经营法》（东京经林书房，1982 年）一书编译。

03202 值十亿美金的头脑
〔日〕片方善治主编，陈郎瑞译 厦门：鹭江出版社，1985.8 217 页，36 开 0.86 元

03203 植物化学
〔日〕刈米达夫著，杨本文译 北京：科学出版社，1985.4 357 页，16 开 精装 6.50 元，平装 5.00 元

03204 只要把数字代入公式，用"5 分钟"就能进行的经营分析
〔日〕上原学著，纪玉山等译 长春：吉林大学出版社，1985.10 169 页，32 开 1.10 元

03205 制浆造纸工业的污染与防治
日本制浆造纸技术协会编，蒋立人、沈峦译 北京：轻工业出版社，1985.2 448 页，大 32 开 4.40 元

03206 质量工程学概论：设计人员用的质量管理
〔日〕田口玄一著，魏锡禄、王和福译 北京：中国对外翻译出版公司，1985.12 218 页，32 开 1.20 元

03207 质量管理入门（维吾尔文）
〔日〕石川馨著，库尔班亚森译 北京：民族出版社，1985.4 2 册，754 页，大 32 开 1.80 元

03208 中东战争全史
〔日〕田上四郎著，军事科学院外国军事研究部译 北京：解放军出版社，1985.1 493 页，大 32 开 2.70 元

03209 中国文学思想史
〔日〕青木正儿著，孟庆文译 沈阳：春风文艺出版社，1985.5 278 页，大 32 开 2.60 元

03210 中国刑法史研究
〔日〕西田太一郎著，段秋关译 北京：北京大学出版社，1985.4 203 页，32 开 1.05 元

03211 中华民国史资料丛稿（译稿） 长沙作战
日本防卫厅防卫研究所战史室著，天津市政协编译委员会译 北京：中华书局，1985.9 215 页，16 开 2.40 元

03212 中华民国史资料丛稿（译稿） 香港作战
日本防卫厅防卫研究所战史室著，天津市政协编译委员会译 北京：中华书局，1985.10 242 页，16 开 2.70 元

03213 中华民国史资料丛稿（译稿） 一号作战之三广西会战（上）
日本防卫厅防卫研究所战史室著，天津市政协编译委员会译 北京：中华书局，1985.2 158 页，16 开 1.50 元

03214 中老年健康漫谈
〔日〕木野肇著，黎箐编译 北京：科学普及出版社，1985.8 68 页，32 开 0.35 元

03215 中小企业的质量管理
〔日〕冈田邦夫等著，张惠民译 北京：化学工业出版社，1985.10 139 页，32 开 0.95 元

03216 中学生微型计算机教程 第二册
〔日〕奥泽清吉著，陈宽基等译 北京：计量出版社，1985.2 127 页，32 开 1.10 元

03217 中学生微型计算机教程 第一册
〔日〕奥泽清吉著，陈宽基等译 北京：计量出版社，1985.2 140 页，32 开 1.10 元

03218 中学生自学法
〔日〕石川勤著，陈俊英译 石家庄：河北人民出版社，1985.8 185 页，32 开 0.82 元

03219　中学数学辞典
〔日〕矢野健太郎、田岛一郎主编，张毓椿等译　哈尔滨：黑龙江人民出版社，1985.2　1248页，大32开　精装8.45元

03220　重见玉岭
〔日〕陈舜臣著，卞立强译　北京：中国友谊出版公司，1985.8　162页，32开　1.20元

03221　咨询理论和实践
〔日〕竹本直一著，王超平等译　北京：科学技术文献出版社，1985.8　225页，32开　1.40元

03222　姿三四郎　上册
〔日〕富田常雄著，尚侠、徐冰译　长春：时代文艺出版社，1985.9　345页，32开　1.55元

03223　姿三四郎　下册
〔日〕富田常雄著，尚侠、徐冰译　长春：时代文艺出版社，1985.9　389页，32开　1.75元

03224　自行车实用手册　第三分册
日本财团法人等编，邢玉民、李松操译　北京：轻工业出版社，1985.10　587页，大32开　5.60元

03225　最佳美容化妆
〔日〕小林照子著，高士平、刘小立编译　北京：工人出版社，1985.12　213页，16开　5.75元

03226　最新例解成本核算
〔日〕沟口一雄著，隗治国等译　沈阳：辽宁人民出版社，1985.10　395页，大32开　2.00元

03227　最新日语外来语和略语3300条
日本实业出版社编　上海：光华出版社，1985　238页，32开　0.80元

03228　最新塑料模具手册：注射成形模具设计、加工、处理、应用实例
〔日〕村上宗雄等编，王旭、黄伟民译　上海：上海科学技术文献出版社，1985.11　235页，16开　2.85元

03229　最新饮料工艺学
〔日〕兵藤良夫等编，雷席珍译　广州：广东科技出版社，1985.12　512页，16开　3.30元
本书据1981年日文原著译出。

1986

03230　BASIC绘图三日通：让微机在办公室自动化中发挥更有效的作用
〔日〕竹内和夫著，张树增、刘德周编译　北京：测绘出版社，1986.9　200页，32开　1.40元

03231　爱的破灭
〔日〕曾野绫子著，王庆兰译　长沙：湖南人民出版社，1986.4　403页，32开　（日本女性文学名著）　1.95元

03232　爱的终止时
〔日〕石川达三著，金中译　济南：山东大学出版社，1986.7　284页，32开　1.55元

03233　爱的奏鸣曲
〔日〕井上靖著，吕立人译　北京：中国文联出版公司，1986.8　574页，大32开　3.40元
本书据日本文艺春秋社1982年版本译出。

03234　安全管理入门
〔日〕儿玉龙介著，黑龙江省劳动保护科学技术研究所译　哈尔滨：黑龙江科学技术出版社，1986.5　133页，32开　0.78元

03235　八墓村
〔日〕横沟正史著，周炎辉译　长沙：湖南人民出版社，1986.2　376页，32开　1.60元

03236　半导体物理　上册
〔日〕犬石嘉雄等著，张志杰等译　北京：科学出版社，1986.7　286页，32开　2.20元

03237　半导体物理　下册
〔日〕犬石嘉雄等著，周绍康等译　北京：科学出版社，1986.8　499页，32开　1.65元

03238　半生记：日本当代著名作家松奉清张自传
宋丽红、王晨译　合肥：安徽文艺出版社，1986.11　152页，36开　0.95元

03239　北京地名志
〔日〕多田贞一著，张紫晨译　北京：书目文献出版社，1986.4　186页，32开　1.10元

03240　比较教育学新论
〔日〕冲原丰主编，吴自强编译　南昌：江西教

育出版社，1986.3　293 页，32 开　1.26 元

03241　别了，可恶的人
〔日〕佐野洋著，王纪卿、夏子译　北京：中国
文联出版公司，1986.9　284 页，32 开　1.55 元

03242　冰点：日本女作家作品选
刘和民主编　合肥：安徽文艺出版社，1986.4
617 页，大 32 开　（日本当代文学丛书之二）
2.95 元

03243　冰冻大地之歌
〔日〕古川万太郎著，张斌等译　北京：解放军
出版社，1986.1　248 页，32 开　（中国革命纪
实译丛）　1.50 元

03244　玻璃表面物理化学
〔日〕土桥正二著，黄占杰、松野静代译　北
京：科学出版社，1986.10　317 页，32 开
2.45 元

03245　玻璃非晶态科学
〔日〕作花济夫著，蒋幼梅等译　北京：中国建
筑工业出版社，1986.12　296 页，32 开　2.15 元

03246　哺乳动物的发育工程
日本哺乳动物胚胎学新技术学会编，谢厚祥译
长沙：湖南科学技术出版社，1986.11　279 页，
大 32 开　（生物工程文库）　3.75 元

03247　不懂爱情的女人
〔日〕石川达三著，王玉琢译　长沙：湖南人民
出版社，1986.11　360 页，32 开　1.90 元
本书据日本角川书店 1981 年第五十八版译出。

03248　不如归
〔日〕德富芦花著，于雷译　沈阳：春风文艺出
版社，1986.10　242 页，32 开　（春风文库）
1.55 元

03249　才能开发从零岁开始
〔日〕铃木镇一著，吴永宽译　北京：科学普及
出版社，1986.9　125 页，32 开　0.68 元

03250　财务分析入门：经营活动分析基础
〔日〕高松和男著，金周英译　北京：经济科学
出版社，1986.9　342 页，32 开　2.10 元

03251　彩画迷路：4—6 岁
〔日〕公文公主编，刘迅编译　天津：天津教育
出版社，1986.9　63 页，16 开　（儿童智力训练
游戏丛书）　2.10 元

03252　苍狼
〔日〕井上靖著，张利、晓明译　呼和浩特：内蒙
古人民出版社，1986.9　238 页，大 32 开　1.30 元

03253　草地调查法手册
〔日〕沼田真主编，姜恕、祝廷成等译　北京：
科学出版社，1986.12　396 页，32 开　3.25 元

**03254　产生奇迹的行动哲学：一个日本青年改
革者的自述**
〔日〕德田虎雄著，李玉莲、李基泰译　上海：
上海人民出版社，1986.2　205 页，32 开　（青
年译丛）　0.97 元

03255　产业机器人的应用
〔日〕渡边茂主编，卜炎等译　北京：机械工业
出版社，1986.5　280 页，大 32 开　3.10 元

03256　产业社会学
〔日〕杉政孝、万成博主编，杨杜、包政译　杭
州：浙江人民出版社，1986.4　186 页，大 32
开　（现代社会学比较研究丛书）　1.15 元

03257　产业用纤维材料手册
日本产业用纤维材料研究会编，韩家宜等译　北
京：纺织工业出版社，1986.7　436 页，16 开
6.60 元

03258　厂长的秘诀
〔日〕田中要人著，万成等译　北京：工人出版
社，1986.2　270 页，32 开　1.50 元

03259　超大规模集成电路技术：工艺评价
〔日〕西泽润一编，潘桂堂、石忠诚译　北京：
科学出版社，1986.5　309 页，16 开　4.60 元

03260　超强酸和超强碱
〔日〕田部浩三、野依良治著，崔圣范译　北
京：化学工业出版社，1986.7　140 页，32 开
0.95 元

03261　成功之路
〔日〕马场正男著，周宇译　上海：文汇出版社，
1986.7　74 页，32 开　（翻译丛书）　0.55 元

03262　成组技术：采用成组技术的指南
日本机械振兴协会编，姜文炳等译　北京：国防

工业出版社，1986.3　358 页，16 开　4.65 元

03263　城市地理学
〔日〕山鹿诚次著，朱德泽译　武汉：湖北教育
出版社，1986.6　174 页，32 开　1.10 元

03264　城市规划
〔日〕秋山政敬著，孙继文译　广州：华南工学
院出版社，1986.7　147 页，16 开　2.50 元

03265　城市生态学
〔日〕中野尊正等著，孟德政、刘得新译　北
京：科学出版社，1986.4　146 页，32 开
1.20 元

03266　吃子手段
日本棋院编，刘晓君译　北京：光明日报出版
社，1986.12　95 页，64 开　（围棋技术讲座小
丛书）　0.40 元

03267　痴女怪男
〔日〕远藤周作著，谢德岭译　郑州：黄河文艺
出版社，1986.9　363 页，大 32 开　2.00 元

03268　池田勇人的生和死
〔日〕伊藤昌哉著，李季安、王振仁译　北京：
新华出版社，1986.4　195 页，32 开　1.10 元

03269　初学者用 BASIC 程序设计实例
〔日〕若山芳三郎著，孙贺春译　北京：国防工
业出版社，1986.12　229 页，32 开　1.70 元

03270　初轧概论
〔日〕陈彰勇译　北京：冶金工业出版社，
1986.8　96 页，16 开　（钢铁厂技术培训参考丛
书）　1.05 元
本书译自日本技术培训教材。

03271　除尘装置的性能
〔日〕井伊谷、钢一编著，马文彦译　北京：机
械工业出版社，1986.9　289 页，32 开　2.25 元

03272　创造性思维方法 101
〔日〕高桥浩著，林怀秋、谢艾群摘译　福州：
福建科学技术出版社，1986.10　206 页，32 开
1.15 元

03273　春雪
〔日〕三岛由纪夫著，唐月梅译　北京：中国文
联出版公司，1986.12　341 页，大 32 开

2.70 元
本书据新潮文库 1985 年 1 月版本译出。

03274　从影五十年：高峰秀子自传
〔日〕高峰秀子著，盛凡夫、杞元译　北京：文
化艺术出版社，1986.7　262 页，32 开　（外国
文学艺术家传记丛书）　1.70 元
本书据日本朝日新闻社 1976 年版节译。

03275　从中学生到名演员
〔日〕黑柳彻子著，陈喜儒、徐前译　北京：中
国少年儿童出版社，1986.6　282 页，32 开
4.30 元

03276　蹉跌情
刘和民主编　合肥：安徽文艺出版社，1986.9
726 页，大 32 开　（日本当代文学丛书之三）
3.80 元

03277　大口径直缝焊接钢管
孟宪忠译　北京：冶金工业出版社，1986.4　61
页，16 开　（钢铁厂技术培训参考丛书）　0.80 元
本书译自日本技术培训教材。

03278　大型热泵与排热回收
〔日〕高田秋一著，林毅译　北京：烃加工出版
社，1986，10　424 页，32 开　2.30 元

03279　大学生的心理
〔日〕关峋一、返田健编著，袁韶莹等译　延
吉：延边教育出版社，1986.12　205 页，32 开
0.93 元

03280　当今日本社会
〔日〕福武直著，董天民译　北京：国际文化出
版公司，1986.10　161 页，32 开　1.05 元

03281　稻作基本技术
〔日〕侨川潮著，肖连成译　长春：吉林省通化
市农业科学研究所　1986.10　153 页，32 开
3.20 元

03282　电动机的选择和使用方法
〔日〕曲泽真渊著，杨锦元等译　上海：上海科
学技术文献出版社，1986.10　224 页，32 开
1.50 元

03283　电镀废水闭路循环的理论与应用
〔日〕中村实等著，许景文摘译　北京：机械工
业出版社，1986.12　220 页，16 开　3.40 元

03284 电工现场测量技术
〔日〕森下正志著，高光润、王炳聚译 北京：中国计量出版社，1986.8 181 页，32 开 1.30 元

03285 电价
日本新电气事业讲座编辑委员会编，王明仁译 北京：水利电力出版社，1986.5 184 页，16 开 （现代电力工业管理丛书 6） 2.50 元

03286 电力电子学练习：半导体变流技术习题及题解
〔日〕野中作太郎等著，许振茂译 成都：成都科技大学出版社，1986.6 190 页，32 开 1.35 元

03287 电力事业财会管理
日本新电气事业讲座编辑委员会编，李瑞林等译 北京：水利电力出版社，1986.5 179 页，16 开 （现代电力工业管理丛书 5） 2.50 元

03288 电力事业发展史
日本新电气事业讲座编辑委员会编，郭维忠等译 北京：水利电力出版社，1986.12 180 页，16 开 （现代电力工业管理丛书 3） 2.50 元

03289 电力事业环境保护
日本新电气事业讲座编辑委员会编，孙景明等译 北京：水利电力出版社，1986.12 175 页，16 开 （现代电力工业管理丛书 12） 2.50 元

03290 电力事业经营管理
日本新电气事业讲座编辑委员会编，郑琛等译 北京：水利电力出版社，1986.8 173 页，16 开 （现代电力工业管理丛书 2） 2.50 元

03291 电力事业燃料
日本新电气事业讲座编辑委员会编，贾廷文等译 北京：水利电力出版社，1986.12 199 页，16 开 （现代电力工业管理丛书 11） 2.50 元

03292 电力事业有关法令
日本新电气事业讲座编辑委员会编，任和平等译 北京：水利电力出版社，1986.8 160 页，16 开 （现代电力工业管理丛书 4） 2.50 元

03293 电力系统的计划与运行
日本新电气事业讲座编辑委员会编，刘长垣译 北京：水利电力出版社，1986.11 181 页，16 开 （现代电力工业管理丛书 7） 2.50 元

03294 电信革命
〔日〕北原安定著，陈芳烈、朱幼文编译 北京：中国展望出版社，1986.1 164 页，32 开 （展望丛书） 1.05 元

03295 电子产品组装技术
〔日〕小林龙夫著，孟令国、李德译 北京：国防工业出版社，1986.12 242 页，32 开 1.65 元

03296 电子装置的锡焊接技术
吴九辅编译 西安：陕西科学技术出版社，1986.1 116 页，32 开 0.80 元
本书据日本仪表和自动化装置制造厂培训中心的教材编译而成。

03297 东条内阁垮台的内幕
〔日〕吉松安弘编著，文华里等译 北京：军事译文出版社，1986.2 483 页，32 开 2.80 元

03298 东洋魔女川岛芳子
〔日〕楳本舍三著，赵连泰、靳桂英译 长春：吉林文史出版社，1986.2 174 页，32 开 （晚清民国逸史丛书） 1.05 元

03299 动物生态学研究法
〔日〕伊藤嘉昭、村井实著，邬祥光、张志庆译 北京：科学出版社，1986.2 638 页，32 开 4.80 元

03300 独生子女的心理和教育
〔日〕山下俊郎著，愚心、友栋译 石家庄：河北人民出版社，1986,2 159 页，32 开 0.72 元

03301 敦煌
〔日〕井上靖著，龚益善译 北京：新华出版社，1986.4 218 页，32 开 1.25 元
本书据日本新潮社 1980 年版译出。

03302 恶梦的设计者
〔日〕森村诚一著，施元辉译 哈尔滨：黑龙江人民出版社，1986.7 269 页，32 开 1.45 元

03303 二十世纪的领袖们
〔日〕岸信介著，王泰平译 北京：世界知识出版社 1986.10 73 千字大 32 开 1.10 元
本书据日本产经出版社 1982 年 9 月版译出。

03304 发电设备的建设与运行
日本新电气事业讲座编辑委员会编，庄耀民、于

开泉等译 北京：水利电力出版社，1986.10
172 页，16 开 （现代电力工业管理丛书 8）
2.50 元

03305 发育之谜：发育生物学入门
〔日〕冈田节人著，谢厚祥译 上海：复旦大学
出版社，1986.5 123 页，32 开 0.85 元

03306 纺织工业的节能技术
日本纺织咨询中心节能措施委员会编，卜立诚、
齐毅君译 北京：纺织工业出版社，1986.12
203 页，16 开 2.85 元

03307 服饰美学
〔日〕板仓寿郎著，李今山译 上海：上海人民
出版社，1986.6 154 页，32 开 0.75 元
本书据日本弘学出版社 1982 年日文版译出。

03308 服务经济学
〔日〕井原哲夫著，李桂山、李松操译 北京：
中国展望出版社，1986.9 171 页，32 开
1.30 元

03309 服务学
〔日〕前田勇著，杨守廉译 北京：工人出版
社，1986.2 137 页，32 开 0.85 元

03310 服装函授讲座第一册至第六册辅导教材（1）
日本东京服饰专门学院编，北京市服装研究所
教研室编译 北京：轻工业出版社，1986.9 42
页，32 开 0.41 元

03311 服装函授讲座：女装基础
日本东京服饰专门学院编，北京市服装研究所
教研室编译 北京：轻工业出版社，1986.9 98
页，16 开 1.15 元

03312 复合肥料的成盐反应
〔日〕秋山尧著，于文洲、吴维江译 北京：化
学工业出版社，1986.7 156 页，32 开 1.10 元

03313 复合塑料的材料设计
〔日〕由井浩著，朱焰男译 上海：上海科学技
术文献出版社，1986.9 268 页，32 开 1.80 元

03314 改善多品种小批量生产企业管理的方法
〔日〕五十岚瞭著，程永康等译 上海：上海科
学技术文献出版社，1986.11 213 页，32 开
1.50 元

03315 肝与免疫
〔日〕长岛秀夫等编，程福珍等译 北京：人民
军医出版社，1986.8 168 页，16 开 2.60 元

03316 钢船建造法（第四卷：装配作业）
日本造船学会钢船建造法研究委员会编，陈淑刚
译 北京：国防工业出版社，1986.4 187 页，
16 开 2.50 元

03317 钢船建造法（第五卷：外场作业）
日本造船学会钢船建造法研究委员会编，刘志仅
译 北京：国防工业出版社，1986.4 209 页，
16 开 2.80 元

03318 钢船建造法（第一卷：总论）
日本造船学会钢船建造法研究委员会编，朱涵瑜
等译 北京：国防工业出版社，1986.4 177
页，16 开 2.40 元

**03319 港湾小镇：著名日本文学翻译家李芒译
文自选集**
〔日〕广津和郎等著，李芒译 福州：海峡文艺
出版社，1986.6 228 页，32 开 1.17 元

03320 高速液体色谱填充剂：固定相
〔日〕桥本勉编著，苏德成译 上海：上海科学
技术文献出版社，1986.11 200 页，大 32 开
1.60 元

03321 哥儿·草枕
〔日〕夏目漱石著，陈德文译 福州：海峡文艺
出版社，1986.8 221 页，大 32 开 （日本文学
流派代表作丛书之三） 1.45 元

03322 工厂通风
〔日〕林太郎编，张本华、孙一坚译 北京：中
国建筑工业出版社，1986.6 182 页，16 开
1.90 元

03323 工厂诊断指南
〔日〕并木高矣著，弓海旺、张金太译 北京：
新华出版社，1986.1 248 页，32 开 1.40 元

03324 工厂自动化与办公室自动化
〔日〕涌田宏昭、人见胜人著，赵大生译 上
海：知识出版社，1986.8 120 页，32 开
0.56 元

03325 工业计测问题与解答
〔日〕松代正三、吉田义之编著，刘顺昌等译

北京：计量出版社，1986.2 228 页，大 32 开
1.65 元

03326 工业企业管理手册 第五分册：核算管理
〔日〕千住镇雄主编，乔建国等译 北京：中国人民大学出版社，1986.6 102 页，大 32 开
0.65 元

03327 工业用直线电动机
〔日〕山田一著，薄荣志译 北京：新时代出版社，1986.12 265 页，32 开 1.80 元

03328 固体润滑手册
〔日〕松永正久主编，范煜等译 北京：机械工业出版社，1986.9 571 页，大 32 开 5.25 元

03329 拐骗的背后
〔日〕斋藤荣著，村晓译 北京：十月文艺出版社，1986.4 207 页，插图，32 开 1.15 元

03330 管理者行为的心理
〔日〕田崎醇之助著，郭洁梅译 长春：吉林人民出版社 1986.10 126 页，32 开 0.67 元

03331 光合作用器官的细胞生物学
〔日〕石田政弘等主编，黄宗甄译 北京：科学出版社，1986.4 368 页，大 32 开 3.30 元

03332 光和影
〔日〕渡边淳一著，金中等译 沈阳：春风文艺出版社，1986.7 444 页，32 开 2.20 元

03333 广告学
〔日〕八卷俊雄、梶山皓著，采湘、毓朗译 广州：广东人民出版社，1986.7 295 页，32 开（企业经营管理丛门） 1.85 元

03334 锅炉司炉
日本国家考试问题专门研究会编，汪传国译 北京：机械工业出版社，1986.7 277 页，32 开
2.05 元

03335 国际贸易论
〔日〕桥本博之著，朱立南译 北京：中国展望出版社，1986.3 208 页，32 开 1.25 元

03336 孩子和家庭成员的关系
〔日〕中野佐三著，愚心译 北京：人民教育出版社，1986.11 149 页，32 开（婴幼儿教育丛

书） 0.73 元

03337 海怪大追捕
〔日〕高士与市著，孙好轩译 沈阳：辽宁少年儿童出版社，1986.1 264 页，插图，32 开
1.20 元
本书据日本讲谈社 1981 年版译出。

03338 海和人
〔日〕佐佐木忠义等编著，张成全译 北京：海洋出版社，1986.12 139 页，32 开 0.90 元

03339 海洋底板块构造
〔日〕上田诚也等著，于纯仁、严寿鹤等译 北京：地质出版社，1986.6 203 页，16 开 （高等学校教学参考书） 2.15 元

03340 汉堡规则的成立及其条款的解释
〔日〕樱井玲二著，张既义等译 北京：对外贸易教育出版社，1986.10 348 页，大 32 开
1.75 元

03341 汉方制剂分析技术
〔日〕野口卫编著，胡宝华、吴维江译 北京：人民卫生出版社，1986.1 382 页，16 开
5.75 元

03342 焊接技术指南：图解
〔日〕应和俊雄、上田敬三郎著，王绪震译 北京：机械工业出版社，1986.5 284 页，32 开
2.05 元

03343 厚板精整
邵壮译 北京：冶金工业出版社，1986.5 67 页，16 开 （钢铁厂技术培训参考丛书） 0.80 元
本书译自日本技术培训教材。

03344 湖畔阴影
〔日〕松本清张著，金中、曹大峰译 济南：山东文艺出版社，1986.12 401 页，大 32 开
2.65 元

03345 化工厂安全工程
〔日〕难波桂芳编，李崇理等译 北京：化学工业出版社，1986.3 748 页，16 开 9.60 元

03346 化学中的数学（朝仓化学讲座 第 21 卷）
〔日〕铎木启三著，梁慧姝、郝雷译 上海：上海教育出版社 1986.2 138 页，大 32 开 1.00 元

03347 化油器的构造和调整
〔日〕木村隆一著，陈康仪译 北京：人民交通出版社，1986.3 275 页，32 开 1.70 元

03348 环境生理学
〔日〕黑岛晨汛著，朱世华等译 北京：海洋出版社，1986.3 197 页，32 开 1.60 元

03349 环境心理学
〔日〕相马一郎、佐古顺彦著，周畅、李曼曼译 北京：中国建筑工业出版社，1986.12 134 页，32 开 1.20 元

03350 环境有害无机物质手册
日本环境厅大气保全局大气规制课编，王德庆译 沈阳：辽宁大学出版社，1986.6 307 页，32 开 1.65 元

03351 环境预测和评价
〔日〕新良等著，黄潄贞编译 北京：原子能出版社，1986.5 366 页，大 32 开 3.20 元

03352 机构设计的构思
〔日〕和田忠太著，毕传湖、姚可法译 北京：机械工业出版社，1986.12 185 页，16 开 2.90 元

03353 机器人
〔日〕中英昌著，郑春瑞译 北京：科学技术文献出版社，1986.3 193 页，32 开 1.60 元
本书据日本实业出版社 1983 年 5 月版译出。

03354 机械电子学：带微处理机的机械设计
〔日〕箱守京次郎等著，吴良宝、王鸿禧译 上海：上海科学技术文献出版社，1986.4 204 页，16 开 2.50 元

03355 机械工学概论
〔日〕真保吾一著，董万友译 北京：国际文化出版公司，1986.7 235 页，大 32 开 1.50 元
本书据日本理工学社 1984 年日文版译出。

03356 机械系统控制
〔日〕古田胜久等著，张福恩、张福德译 哈尔滨：哈尔滨工业大学出版社，1986.8 246 页，大 32 开 1.65 元

03357 鸡球虫病
〔日〕角田清主编，陈谊、明如镜译 上海：上海科学技术文献出版社，1986.8 133 页，32

开 0.95 元

03358 基础笔功练习：2—4 岁
〔日〕公文公主编，刘迅编译 天津：天津教育出版社，1986.10 80 页，16 开 （儿童智力训练游戏丛书） 1.80 元

03359 基础铅笔笔功练习：2—4 岁
〔日〕公文公主编，刘迅编译 天津：天津教育出版社，1986.10 80 页，16 开 （儿童智力训练游戏丛书） 1.80 元

03360 吉田茂的执政生涯
〔日〕猪木正道著，江培柱、郑国仕译 北京：中国对外翻译出版公司，1986.3 361 页，大 32 开 2.20 元

03361 集装箱运输业务手册 （上册）
日本海上集装箱协会《集装箱运输业务手册》编委会编，刘鼎铭等译 北京：人民交通出版社，1986.5 740 页，大 32 开 6.65 元

03362 几何的有名定理
〔日〕矢野健太郎著，陈永明译 上海：上海科学技术出版社，1986.8 156 页，32 开 0.89 元

03363 挤压钢管
王振范译 北京：冶金工业出版社，1986.7 140 页，16 开 （钢铁厂技术培训参考丛书） 1.50 元
本书译自日本技术培训教材。

03364 计测技术的开发与教育、训练
日本计量管理技术开发研究委员会编，张沛然、陈世明译 北京：计量出版社，1986.2 315 页，16 开 4.65 元

03365 加法练习 （3）
〔日〕公文公主编，天津市政协编译委员会编译 成都：四川教育出版社，1986.12 96 页，16 开 （儿童智力训练系列丛书） 2.60 元

03366 加法练习：4—8 岁
〔日〕公文公主编，刘迅编译 天津：天津教育出版社，1986.10 64 页，16 开 （儿童智力训练游戏丛书） 1.20 元

03367 家庭悲剧
〔日〕曾野绫子著，刘瑞霞、俞慈韵译 北京：十月文艺出版社，1986.1 280 页，32 开

1.45 元

03368　甲鱼：习性和新的养殖法
〔日〕川崎义一著，蔡兆贵、单长生译　长沙：
湖南科学技术出版社，1986.2　66 页，32 开
0.40 元

03369　尖端技术一百例
日本经济新闻社编，千麟基等译　长沙：湖南科
学技术出版社，1986.11　207 页，32 开
1.65 元

03370　剪纸手工（1）：5—7 岁
〔日〕公文公主编，刘迅编译　天津：天津教育
出版社，1986.10　40 页，16 开　（儿童智力训
练游戏丛书）　3.10 元

03371　剪纸手工（2）：8—9 岁
〔日〕公文公主编，刘迅编译　天津：天津教育
出版社，1986.10　40 页，16 开　（儿童智力训
练游戏丛书）　3.25 元

03372　剪纸游戏：2—4 岁
〔日〕公文公主编，刘迅编译　天津：天津教育
出版社，1986.9　48 页，16 开　（儿童智力训练
游戏丛书）　2.30 元

03373　减法练习：6—8 岁
〔日〕公文公主编，刘迅编译　天津：天津教育
出版社，1986.10　64 页，16 开　（儿童智力训
练游戏丛书）　1.20 元

03374　简便经营分析法
〔日〕森田松太郎著，冯宝曾译　北京：经济管
理出版社，1986.8　184 页，32 开　1.50 元

03375　简明中国佛教史
〔日〕镰田茂雄著，郑彭年译　上海：上海译文
出版社，1986.10　327 页，32 开　1.85 元

03376　建筑模板施工手册
〔日〕高桥昌著，毛启豪、余荣汉译　北京：中
国建筑工业出版社，1986.6　204 页，大 32 开
1.60 元

03377　建筑设备方案设计数据
〔日〕村上宏、北见进著，张启东、朱庆元译
北京：中国建筑工业出版社，1986.12　193 页，
32 开　1.30 元

03378　胶印机的理论与操作
〔日〕高柳茂直等编，郑力、张忠强译　北京：
印刷工业出版社，1986.8　290 页，32 开
1.85 元

03379　节能——改革企业的经营管理
日本经济新闻社编，程一中、贺惠萱译　北京：
知识出版社，1986.2　201 页，32 开　1.10 元

03380　金色的梦：松田圣子自传
〔日〕松田圣子著，王之英译　上海：上海人民
出版社，1986.4　163 页，大 64 开　0.59 元

03381　近代化学的奠基者
〔日〕原光雄著，黄静译　北京：科学出版社，
1986.7　364 页，32 开　2.15 元

03382　经典物理学（Ⅰ）
〔日〕汤川秀树主编，周成民、方丹群译　北
京：科学出版社，1986.9　584 页，32 开
4.30 元

03383　经典物理学（Ⅱ）
〔日〕汤川秀树主编，郭永江等译　北京：科学
出版社，1986.10　411 页，32 开　3.10 元

03384　经济计划论
〔日〕百百和等著，魏杰、王若清译　西安：陕
西人民出版社，1986.7　278 页，大 32 开
2.00 元
本书据日本三和书房 1982 年版译出。

**03385　经营的着眼点：企业成功的五十八条
诀窍**
〔日〕片方善治著，杨强译　北京：电子工业出
版社，1986.4　192 页，32 开，1.45 元

03386　经营工程学：经营技术基础之二
〔日〕金田数正著　西安：西安交通大学出版
社，1986.6　166 页，大 32 开　1.35 元

03387　经营管理一百条
〔日〕麻生藤登著，章健农、章士佼编译　杭
州：浙江科学技术出版社，1986.12　122 页，
32 开　0.80 元

03388　经营在于用人
〔日〕太田琴彦著，王大军、刘文玉译　北京：
新华出版社，1986.10　239 页，32 开　1.30 元

本书据日本同文馆出版株式会社 1974 年 3 月版译出。

03389　精密加工法（上册）
〔日〕田中义信等著，郑铉等译　北京：机械工业出版社，1986.10　399 页，32 开　3.05 元

03390　局部类域论
〔日〕岩泽健吉著，冯克勤译　北京：科学出版社，1986.8　169 页，32 开　（现代数学译丛）1.60 元

03391　局部网络：技术基础与实现实例
〔日〕阿江忠著，刘文涛译　哈尔滨：哈尔滨工业大学出版社，1986.10　271 页，32 开　1.80 元

03392　卡尔卡西古典吉他教程
北京：人民音乐出版社，1986.1　170 页，8 开　6.50 元
本书以日本演奏家沟渊浩五郎改编的《卡尔卡西吉他教本》为基础并增补了其他内容。

03393　康复医学诊疗手册
〔日〕渡边英夫编著，刘纪清等译　哈尔滨：黑龙江科学技术出版社，1986.9　212 页，16 开　2.30 元

03394　科技情报的机械化和自动化
日本科学技术厅编，高崇谦等译　北京：科学技术文献出版社，1986.3　252 页，32 开　（科技情报工作现状和展望丛书）　1.75 元

03395　科学技术·经济·社会
〔日〕林雄二郎著，孙大卫译　北京：科学技术文献出版社，1986.10　58 页，32 开　（科技政策与管理译丛）　0.75 元

03396　科学技术史词典
〔日〕伊东俊太郎等编，樊洪业等编译　北京：光明日报出版社，1986.12　116 页，32 开　精装 9.00 元

03397　科学周期
〔日〕林雄二郎、山田圭一等编，金明善译　北京：科学技术文献出版社，1986.10　156 页，32 开　（科技政策与管理译丛）　1.35 元

03398　可控硅整流器应用技巧
〔日〕桥本健著，应诗文译　上海：上海科学技

术文献出版社，1986.5　201 页，32 开　1.25 元

03399　空气调节手册
〔日〕井上宇市著，范存养等译　北京：中国建筑工业出版社，1986.9　380 页，16 开　4.35 元

03400　快速判断形势法
〔日〕赵治勋著，韩凤仑译　北京：国际文化出版公司，1986.1　175 页，32 开　1.00 元
本书据日本讲谈社 1983 年版译出。

03401　扩展 COBOL 程序设计语言语法手册
张福德编译　北京：海洋出版社，1986.4　616 页，16 开　10.00 元

03402　蓝色列车上的谋杀案
〔日〕西村京太郎著，尤之译　济南：山东文艺出版社，1986.12　261 页，32 开　1.45 元

03403　狼狗牙王
〔日〕户川幸夫著，林怀秋、李占东译　郑州：河南人民出版社，1986.12　386 页，32 开　2.20 元

03404　老年心理学
〔日〕井上胜也、长山乌纪一编，江丽临等译　上海：上海翻译出版公司，1986.7　294 页，32 开　1.70 元
本书据日本朝仓镰造株式会社 1980 年版译出。

03405　老弱妇孺营养知识（又名　新编特殊营养学）
〔日〕泽崎千秋等著，丁纯孝、周奇文译　北京：中国食品出版社，1986.4　384 页，32 开　2.50 元

03406　老师的成绩表：朝鲜文
〔日〕宫川尤万著，南金子译　延吉：延边人民出版社，1986.5　118 页，插图，32 开　0.44 元
本书据日本偕成社 1972 年 2 月版译出。

03407　雷曼湖谍影
〔日〕西村京太郎著，王德文译　太原：北岳文艺出版社，1986.2　332 页，32 开　1.46 元

03408　冷血舞台
〔日〕森村诚一著，高智忠译　武汉：长江文艺出版社，1986.12　232 页，32 开　1.30 元

03409　冷轧冷拔钢管
肖文政译　北京：冶金工业出版社，1986.3　74

页，16开 （钢铁厂技术培训参考丛书） 0.85元
本书译自日本技术培训教材。

03410 丽都孽海
〔日〕松本清张著，张焕文译 武汉：长江文艺
出版社，1986.10 276页，32开 1.45元

03411 利用太阳光的发电技术：无限的清洁能源
〔日〕宇佐美晶著，王淳、魏景芳译 北京：国防工业出版社，1986.10 202页，32开
1.40元

03412 恋爱心理测验
〔日〕浅野八郎著，金澈译 北京：作家出版
社，1986.8 254页，32开 1.70元

03413 了解最新科学技术
〔日〕尾崎正直著，徐鲁扬、邹东来译 南京：
江苏科学技术出版社，1986.6 182页，32开
1.02元
本书据日本实业出版社1981年版译出。

03414 临摹绘画游戏：5—8岁
〔日〕公文公主编，刘迅编译 天津：天津教育
出版社，1986.10 80页，16开 （儿童智力训
练游戏丛书） 1.80元

03415 零岁教育的奥秘：零岁到6岁是孩子大脑的爆发期
〔日〕七田真著，弓海旺、盛欣译 北京：知识
出版社，1986.8 150页，32开 0.87元

03416 六朝文学论稿
〔日〕兴膳宏著，彭恩华译 长沙：岳麓书社，
1986.6 413页，32开 （凤凰丛书） 2.25元

03417 鲁迅
〔日〕竹内好著，李心峰译 杭州：浙江文艺出
版社，1986.11 179页，大32开 （国外鲁迅
研究资料丛书） 1.05元

03418 陆地植物群落的物质生产
〔日〕佐藤大七郎、堤利夫著，聂绍荃、丁宝永
译 北京：科学出版社，1986.6 201页，32
开 1.65元

03419 马拉松
〔日〕筑地美孝著，冯中译 北京：人民体育出
版社，1986.7 181页，32开 1.10元

03420 玛雅的一生
〔日〕椋鸠十著，刘永珍译 太原：希望出版
社，1986.12 78页，32开 0.60元

03421 蚂蚁的生活
〔日〕茅沼保次著，王月林译 长沙：湖南少年
儿童出版社，1986.10 95页，32开 （外国少
儿科技丛书） 0.43元

03422 漫谈可靠性
〔日〕齐藤善三郎著，刘春梅、赵伟译 北京：
机械工业出版社，1986.12 236页，32开
2.10元

03423 没有桥的河 第四部
〔日〕住井末著，谢宜鹏、王建康译 上海：上
海译文出版社，1986.5 394页，32开 1.70元

03424 玫瑰旅游团
〔日〕松本清张著，田力译 广州：花城出版
社，1986.2 358页，32开 2.15元

03425 煤炭的利用技术
〔日〕大内公耳、真国雄三编，张永照译 西
安：西安交通大学出版社，1986.1 290页，32
开 1.90元

03426 美貌有罪
〔日〕中河与一著，冯度译 北京：中国文联出
版公司，1986.12 162页，32开 1.10元

03427 迷人的波尔多红葡萄酒：日本短篇小说集
陈岩等译 长春：吉林人民出版社，1986.10
184页，32开 0.90元

03428 迷人的山顶
〔日〕森村诚一著，冯朝阳、王晓民译 北京：
中国文联出版公司，1986.4 242页，32开
1.20元
本书据日本角川书店版译出。

03429 免疫复合物病
〔日〕粕川醴司著，蔡昌锡译 重庆：科学技术
文献出版社重庆分社，1986.6 220页，32开
1.50元

03430 民俗学
〔日〕关敬吾编著，王汝澜、龚益善译 北京：
中国民间文艺出版社，1986.6 214页，32开

1.20 元

03431　名人战风云：日本围棋（2）
上海翻译出版公司编辑　上海：上海翻译出版公司，1986.10　96 页，32 开　0.60 元

03432　摹绘图画（1）
〔日〕公文公主编，天津市政协编译委员会编译　成都：四川教育出版社，1986.11　80 页，16 开　（儿童智力训练系列丛书）　2.20 元

03433　模糊数学及其应用
〔日〕水本雅晴著，刘凤璞等编译　北京：科学出版社，1986.9　334 页，32 开　2.55 元

03434　魔鬼的乐园：朝鲜文
〔日〕森村诚一著，徐明勋、郑云恒译　牡丹江：黑龙江朝鲜民族出版社，1986.11　308 页，32 开　1.50 元
本书据株式会社光文社 1981 年版译出。

03435　木材应用基础
〔日〕渡边治人著，张勤丽等译　上海：上海科学技术出版社，1986.7　489 页，大 32 开　3.45 元

03436　沐浴・康复・健美
〔日〕阿久津邦男著，王勋编译　北京：人民体育出版社，1986.7　124 页，32 开　0.75 元

03437　男初中生心理
〔日〕加藤隆胜著，许友群译　福州：福建科学技术出版社，1986.9　122 页，32 开　0.70 元

03438　泥水河
〔日〕宫本辉著，王玉琢、陈喜儒编选　南京：江苏人民出版社，1986.10　213 页，32 开　1.10 元

03439　孽缘
〔日〕森村诚一著，林平译　哈尔滨：黑龙江人民出版社，1986.9　278 页，36 开　（人间外国文学丛书）　1.35 元

03440　农林水产科技情报
日本科学技术厅编，高庚生译　北京：科学技术文献出版社，1986.6　406 页，32 开　（科技情报工作现状和展望丛书）　2.70 元

03441　农业经营学
〔日〕天间征著，路虹等译　北京：农业出版

社，1986.2　265 页，32 开　1.80 元

03442　暖流
〔日〕有吉佐和子著，唐月梅译　沈阳：春风文艺出版社，1986.6　278 页，32 开　1.40 元
本书据 1968 年文艺春秋社日文版译出。

03443　女初中生心理
〔日〕加藤隆胜著，林安译　福州：福建科学技术出版社，1986.9　113 页，32 开　0.65 元

03444　女性箴言
〔日〕池田大作著，仁章译　长春：吉林人民出版社，1986.8　125 页，32 开　0.70 元

03445　喷射弥散强化合金
〔日〕长谷川正义著，卞为一、万国朝译　北京：国防工业出版社，1986.3　151 页，32 开　1.05 元

03446　飘忽不定的魔影
〔日〕江户川乱步著，张书林、秋夫译　哈尔滨：黑龙江人民出版社，1986.1　188 页，32 开　1.10 元

03447　拼图游戏：5—8 岁
〔日〕公文公主编，刘迅编译　天津：天津教育出版社，1986.9　1 册，16 开　（儿童智力训练游戏丛书）　1.85 元

03448　婆婆对付儿媳 77 计
〔日〕丹山雅也著，刘子敬、李佩译　长春：吉林人民出版社，1986.7　133 页，32 开　0.70 元

03449　奇迹般的人才育成法
〔日〕永守重信著，李永连、张友栋译　石家庄：河北人民出版社，1986.4　113 页，32 开　0.48 元

03450　奇妙的化妆品：介绍化妆品的正确使用
〔日〕小泽王春著，光存译　哈尔滨：黑龙江人民出版社，1986.11　124 页，36 开　0.69 元

03451　奇异的氨基酸：塔乌林的秘密
〔日〕大田芳夫著，刘中申译　哈尔滨：黑龙江人民出版社，1986.7　138 页，32 开　0.86 元

03452　祈祷
〔日〕有吉佐和子等著，刘德有等译　哈尔滨：黑龙江人民出版社，1986.4　449 页，插图，36

开 1.95 元

03453 企业活力
日本国工商部产业政策局企业行动科编，李克平译 南宁：广西人民出版社，1986.9 151页，32 开 0.85 元

03454 企业活力
日本通产省产业政策局企业行动课编，任文侠、唱新译 长春：吉林人民出版社，1986.8 132页，32 开 0.80 元

03455 企业家的战略头脑
〔日〕大前研一著，杨沐等译 北京：三联书店，1986.12 247页，32 开 1.35 元

03456 企业经营要术：日本著名企业家松下幸之助谈话选辑
杭州：浙江人民出版社，1986.2 2册，939页，大32开 5.90 元

03457 汽车柴油发动机
〔日〕斋藤孟主编，张荣禧译 北京：人民交通出版社，1986.3 385页，大32开 2.45 元

03458 潜伏珍珠港：一个日本间谍的回忆
〔日〕吉川猛夫著，巩长金译 北京：解放军出版社，1986.10 273页，32 开 1.80 元

03459 浅谈电子计算机犯罪
〔日〕西田修著，何为译 北京：群众出版社，1986.3；177页，32 开 1.15 元
本书据实业之日本社 1982 年 4 月版译出。

03460 青春的证明
〔日〕森村诚一著，刘宁译 北京：中国文联出版公司，1986.10，304页，32 开 1.60 元

03461 青春寄语
〔日〕池田大作著，苏克新译 长春：吉林人民出版社，1986.8 137页，32 开 0.74 元

03462 青楼哀女
〔日〕水上勉著，林少华译 沈阳：春风文艺出版社，1986.10 169页，32 开 （春风文库）1.25 元

03463 全面质量管理及其推行方法：QC 入门讲座（1）
〔日〕铁健司编著，战宪斌译 北京：中国经济出版社，1986.5 115页，32 开 （QC 入门讲座系列丛书）0.80 元

03464 缺氧事故的预防
日本劳动省安全卫生部劳动卫生课编，郑成永等译 修订本 北京：劳动人事出版社，1986.4 148页，32 开 1.25 元

03465 热处理 150 问
〔日〕大和久重雄著，杨佩璋、梁国明译 北京：北京科学技术出版社，1986.4 147页，32 开 0.95 元

03466 热轧钢管
成友义译 北京：冶金工业出版社，1986.7 169页，16 开 （钢铁厂技术培训参考丛书）1.75 元
本书译自日本技术培训教材。

03467 人际关系社会心理学
〔日〕古畑和孝编，王康乐译 天津：南开大学出版社，1986.8 225页，大32开 （国外社会学丛书）1.55 元

03468 人间水域
〔日〕松本清张著，王际周、葛云华译 郑州：河南人民出版社，1986.1 311页，32 开 1.75 元

03469 人生论：盲文
〔日〕武者小路实笃著 上海：上海市盲童学校盲文出版社，1986.3 1册，10 开 0.46 元

03470 人生论
〔日〕武者小路实笃著，顾敏节译 杭州：浙江人民出版社，1986.3 138页，32 开 （生活启示录）0.58 元

03471 人寿保险
〔日〕国崎裕著，张述译 北京：中国金融出版社，1986.5 274页，大32开 1.75 元

03472 人体的强度与老化
〔日〕山田博著，侯仁锋、饶志仁译 西宁：青海人民出版社，1986.10 221页，32 开 1.25 元

03473 日本版画藏书票选集
李平凡编 北京：人民美术出版社，1986 1册，12 开 18.50 元

03474 日本沉没
〔日〕小松左京著，李德纯译 长春：吉林人民出版社，1986.9 308页，32开 （日本大众文学名著丛书） 1.80元

03475 日本的道路
〔日〕河野一郎著，郭常仪译 北京：军事译文出版社，1986.1 123页，32开 0.70元

03476 日本的地震预报
〔日〕茂木清夫著，庄灿涛等译 北京：地震出版社，1986.5 326页，大32开 2.95元

03477 日本的农村合作社讲话
日本全国农业协同组合中央会著，李公绰译 北京：农村读物出版社，1986.8 178页，大32开 1.50元

03478 日本的企业经营管理
〔日〕伊藤正则著 北京：中国经济出版社，1986.8 198页，大32开 1.40元

03479 日本的质量管理
〔日〕石川馨著，李伟明译 北京：中国经济出版社，1986.9 169页，大32开 精装2.30元，平装1.20元

03480 日本共产党的六十年（1922—1982）（上、下册）
日本共产党中央委员会编，段元培等译 北京：人民出版社 1986.6 928千字 大32开 7.15元

03481 日本计算机全国统考试题和解答（中级）1980—1982
日本信息处理开发协会信息处理研究中心编，张然、徐国伟译 上海：上海科学技术文献出版社，1986.2 248页，大32开 1.80元

03482 日本教育系统基本概况
日本国立教育研究所编，哈尔滨工业大学高等教育研究所译 哈尔滨：哈尔滨工业大学出版社，1986.8 60页，大32开 0.48元

03483 日本科学技术开发的道路
日本工业技术院编，胡培纶、李谌章译 北京：科学技术文献出版社，1986.8 167页，32开（科技政策与管理译丛） 1.40元

03484 日本流行歌曲
奠索编 西安：陕西人民出版社，1986.2 31页，16开 0.50元

03485 日本流行时装
罗伟、任志宏编 上海：上海文化出版社，1986.9 105页，16开 1.40元

03486 日本民法
曹为、王书江译 北京：法律出版社，1986.8 485页，32开 2.60元

03487 日本民间笑话
〔日〕今西祐行等著，兰谷、王勉译 北京：中国民间文艺出版社，1986.7 138页，大32开 0.85元

03488 日本耐火材料
日本耐火物技术协会编，苏云卿、韦衍林等译 北京：冶金工业出版社，1986.1 349页，大32开 2.80元

03489 日本男西装最新款式
位淑美、褚彦宁编译 济南：山东科学技术出版社，1986.4 122页，16开 1.80元

03490 日本企业成长的技术战略：怎样引进尖端技术
〔日〕斋藤优编著，关保儒译 北京：科学技术文献出版社，1986.8 178页，32开 1.45元

03491 日本企业经营的秘密
〔日〕中野忠良著，林小利、刘利利译 哈尔滨：黑龙江科学技术出版社，1986.3 230页，32开 1.30元

03492 日本钎焊事故选
彭连昌编译 北京：电子工业出版社，1986.3 101页，32开 0.70元

03493 日本全国小学生作文比赛获奖作品选
王海行等编译 南宁：广西民族出版社，1986.3 261页，32开 1.28元

03494 日本人体绘画选
邬永柳编 桂林：漓江出版社，1986.6 1册，16开 （人体美术丛书） 15.00元

03495 日本随笔选集
〔日〕川端康成等著，周祥仑等译 上海：上海译文出版社，1986.7 681页，32开 3.35元

03496 日本天皇——裕仁
〔日〕河原敏明著，柯毅文、颜景镐译 北京：军事译文出版社，1986.1 318 页，32 开 1.90 元

03497 日本童话故事选集
拉希色力布著，祜群译 赤峰：内蒙古教育出版社，1986.11 354 页，32 开 1.30 元

03498 日本童装：春
日本镰仓书房编 北京：轻工业出版社，1986.3 42 页，16 开 1.15 元

03499 日本童装：夏
日本镰仓书房编 北京：轻工业出版社，1986.6 58 页，16 开 1.15 元

03500 日本外观设计法 25 讲
〔日〕纹谷畅男编，魏启学译 北京：专利文献出版社，1986.7 269 页，32 开 2.10 元

03501 日本为什么"成功"：西方的技术和日本的民族精神
〔日〕森岛通夫著，胡国成译 成都：四川人民出版社，1986.4 290 页，32 开 （走向未来丛书） 1.35 元

03502 日本围棋妙手 116
刘开生、宋子彬译 武汉：湖北科学技术出版社，1986.12 254 页，32 开 2.20 元

03503 日本未来技术 800 项
上海科学技术情报研究所情报研究室译 上海：上海科学技术文献出版社，1986.11 203 页，16 开 2.75 元

03504 日本文学百家
宋再新、武继平编译 成都：四川人民出版社，1986.12 676 页，32 开 3.55 元

03505 日本现代钩编集锦
汪一巍编译 武汉：湖北科学技术出版社，1986.7 100 页，16 开 2.80 元

03506 日本现代书法
郑丽芸、曹瑞纯译 上海：上海书画出版社，1986.11 326 页，大 32 开 2.55 元

03507 日本小说（2）
〔日〕井上靖等著，林川等译 长春：吉林人民

出版社，1986.7 157 页，32 开 0.80 元

03508 日本小学生优秀作文选
鲁野编译 南京：江苏教育出版社，1986.10 176 页，32 开 0.75 元

03509 日本新闻事业史
〔日〕内川芳美、新井直之编，张国良译 北京：新华出版社，1986.6 180 页，大 32 开 1.25 元

03510 日本刑法总论讲义
〔日〕福田平、大塚仁编，李乔等译 沈阳：辽宁人民出版社，1986.9 292 页，32 开 1.70 元
本书据日本青林书院新社 1978 年初版译出。

03511 日本学者论中国哲学史
辛冠清等编 北京：中华书局，1986.11 513 页，大 32 开 3.75 元

03512 日本学者中国文学研究译丛（第一辑）
刘柏青等编 长春：吉林教育出版社，1986.5 278 页，大 32 开 1.90 元

03513 日本音乐简史
〔日〕星旭著，李春光译 北京：人民音乐出版社，1986.2 178 页，大 32 开 1.75 元
本书据日本音乐之友社 1976 年版第 1 部分译出。

03514 日本银行的货币政策及其调节机能：日本银行金融研究所所长、经济学博士铃木淑夫来华讲学报告
王秉荣等译 北京：中国金融出版社，1986.5 98 页，32 开 0.62 元

03515 日本优秀企业成功的条件
〔日〕上野明著，陈重、郎惠男编译 长春：吉林人民出版社，1986.11 140 页，32 开 0.77 元

03516 日本渔船图集
〔日〕津谷俊人著，段若玲译 北京：海洋出版社，1986.2 128 页，16 开 1.60 元

03517 日本语基础（续）
侯德富编译 广州：科学普及出版社广州分社，1986.8 389 页，32 开 2.60 元

03518 日本中小企业的技术开发与经营战略
〔日〕斋藤优著，须一平等译 北京：专利文献

出版社，1986.3　159 页，32 开　1.40 元

03519　日本中学生优秀作文选
兹心、宪成译　南京：江苏教育出版社，
1986.10　264 页，32 开　1.10 元

03520　日本中学生优秀作文选评
孙秉伟编，张鹏志译　北京：少年儿童出版社，
1986.6　166 页，32 开　0.85 元

03521　日本最长的一天
日本太平洋战争研究会编，韩有毅等译　石家
庄：河北人民出版社，1986.12　159 页，大 32
开　0.96 元

**03522　日本最新线性集成电路手册（附日本各
公司效应管详尽参数、外型和极性）**
〔日〕藤他卡喜编著，陈清山等编译　长沙：中
南工业大学出版社，1986.8　390 页，16 开
7.95 元

03523　日语敬语的使用方法
〔日〕大石初太郎、林四郎编著，沈宇澄等注
释　上海：上海译文出版社，1986.1　184 页，
32 开　（日语课外读物丛书）　0.80 元

03524　如何掌握小学生心理
〔日〕波多野勤子著，陈新之、张文凯译　北
京：北京出版社，1986.12　285 页，32 开
1.35 元

03525　入唐求法巡礼行记
〔日〕园仁撰，顾承甫、何泉达点校　上海：上
海古籍出版社，1986.8　212 页，32 开　1.30 元

03526　软罐头食品生产的理论与实际
〔日〕清水朝、横山理雄著，陈葆新等译　北京：
轻工业出版社，1986.4　331 页，32 开　2.10 元

03527　三姐妹侦探团
〔日〕赤川次郎著，夏子译　长沙：湖南人民出
版社，1986.10　201 页，32 开　1.15 元
本书据日本《小说现代》1983 年 9 期译出。

03528　色彩美的创造
〔日〕塚田敢等著，易利森编译　长沙：湖南美
术出版社，1986.7　130 页，24 开　2.80 元

03529　山口百惠演唱歌曲集
李世勇等译词　广州：花城出版社，1986.8

358 页，32 开　1.95 元

03530　山西商人研究
〔日〕寺刚隆信著，张正明等译　太原：山西人
民出版社，1986.6　384 页，大 32 开　2.70 元

03531　少女的故事
〔日〕赤川次郎著，梁近光译　南宁：广西人民
出版社，1986.1　174 页，32 开　0.98 元

03532　设计色彩知识
〔日〕大智浩原著，尹武松编译　北京：科学普
及出版社，1986.9　98 页，32 开　0.85 元

03533　社会调查方法
〔日〕福武直、松原诏郎编，王康乐编译　长
沙：湖南大学出版社，1986.6　202 页，32 开
1.20 元

03534　深夜，美术馆……
〔日〕五木宽之等著，王玉琢译　福州：海峡文
艺出版社，1986.12　351 页，32 开　1.95 元

03535　深重的海
〔日〕津本阳著，曹怀滩译　哈尔滨：黑龙江人
民出版社，1986.9　424 页，36 开　2.00 元

03536　什么是催化剂
〔日〕宫原孝四郎、田中虔一著，丁一译　北
京：科学出版社，1986.8　159 页，32 开
1.00 元

03537　神秘的小小国
〔日〕佐藤觉著，钱青译　上海：少年儿童出版
社，1986.11　153 页，32 开　（外国儿童文学丛
书）　0.69 元

03538　神秘的亿元拾款
〔日〕清水一行著，王玉琢译　南京：江苏人民
出版社，1986.3　214 页，32 开　0.86 元
本书据日本集英社 1982 年 10 月版本译出。

03539　生物的游泳
〔日〕东昭著，丁尚瑾译　北京：科学出版社，
1986.8　179 页，32 开　1.15 元

03540　生物膜与生物能
〔日〕香川靖雄著，蓝书成、奚惕译　北京：科
学出版社，1986.8　168 页，32 开　（生物学丛
书）　1.05 元

03541　时间逻辑
〔日〕杉原丈夫著，瞿麦生译　石家庄：河北人民出版社，1986.9　187页，32开　0.79元

03542　识色游戏：3—5岁
〔日〕公文公主编，刘迅编译　天津：天津教育出版社，1986.10　80页，16开　（儿童智力训练游戏丛书）　2.20元

03543　识钟游戏：5—6岁
〔日〕公文公主编，刘迅编译　天津：天津教育出版社，1986.10　80页，16开　（儿童智力训练游戏丛书）　1.40元

03544　实用汉日会话
刘光华、〔日〕高桥弥守彦编　北京：科学普及出版社，1986.7　70页，32开　0.55元

03545　实用句型日语教程
日本筑波大学对外日语教育研究会编，张大诚、沈国威编译　北京：北京出版社，1986.5　606页，大32开　3.60元

03546　实用制丝技术
〔日〕真砂义郎等编，许逊编译　北京：纺织工业出版社，1986.7　177页，32开　1.35元

03547　食品分析与实验法
〔日〕川村亮编，吴家源译　北京：轻工业出版社，1986.9　300页，32开　1.95元
本书据朝仓书店昭和54年版译出。

03548　食物健脑指南
〔日〕饭野节夫著，杨书润编译　北京：农业出版社，1986.12　150页，32开　0.90元

03549　世界棒球王的回忆
〔日〕王贞治著，宋丽红、王晨译　北京：人民体育出版社，1986.1　209页，36开　（体育名人列传）　1.65元

03550　世界地图邮票：收集·欣赏·研究
〔日〕高木实著，简光沂译　北京科学技术出版社，1986.6　169页，32开　1.90元

03551　世界机械发展史
〔日〕中山秀太郎著，石玉良译　北京：机械工业出版社，1986.8　259页，32开　1.90元

03552　世界名人花絮
〔日〕道满三郎编著，赵静波译　南昌：江西少

年儿童出版社，1986.12　139页，32开　0.65元

03553　世界幼儿教育史（上册）
日本世界教育史研究会编，刘翠荣等译　长春，吉林人民出版社，1986.12　376页，32开　（高等学校文科教学参考书）　2.30元

03554　世界幼儿教育史（下册）
日本世界教育史研究会编，梅根悟主编，张举等译　长春：吉林人民出版社，1986.12　347页，32开　（高等学校文科教学参考书）　2.10元

03555　释迦传
〔日〕高山樗牛著，隋树森译　拉萨：西藏人民出版社，1986.3　57页，32开　0.30元

03556　手工制作游戏：7—9岁
〔日〕公文公主编，刘迅编译　天津：天津教育出版社，1986.10　1册，16开　（儿童智力训练游戏丛书）　3.10元

03557　首相官邸的秘密
〔日〕森岸生著，李琼译　西安：陕西人民出版社，1986.6　200页，32开　1.15元

03558　输配电设备的建设与运行
日本新电气事业讲座编辑委员会编，刘玉琦等译　北京：水利电力出版社，1986.12　193页，16开　（现代电力工业管理丛书）

03559　鼠岛的故事
〔日〕椋鸠十著，刘永珍译　太原：希望出版社，1986.12　135页，32开　0.84元

03560　数控电火花线切割加工
〔日〕井上洁著，张耀中、姚汝彬译　北京：国防工业出版社，1986.2　160页，32开　1.15元

03561　数学的精神、思想和方法
〔日〕米山国藏著，毛正中、吴素华译　成都：四川教育出版社，1986.4　379页，大32开　3.50元

03562　数字练习：2—6岁
〔日〕公文公主编，刘迅编译　天津：天津教育出版社，1986.10　96页，16开　（儿童智力训练游戏丛书）　1.70元

03563　双曲线导航
日本无线电导航研究会编，姚仲良译　北京：国

防工业出版社，1986.6　180 页，大 32 开
1.35 元

03564　谁也看不见的阳台
〔日〕安房直子著，安伟邦译　沈阳：辽宁少年
儿童出版社，1986.11　151 页，插图，32 开
0.90 元

03565　水处理工程理论与应用
〔日〕井出哲夫等编著，张自杰等译　北京：中
国建筑工业出版社　1986.10　547 页，16 开
5.90 元

03566　水力学（二）
〔日〕椿东一郎著，徐正凡主译　北京：高等教
育出版社，1986.3　349 页，大 32 开　2.60 元

03567　水圈的富营养化与水产增养殖
日本水产学会编，韩书文、鲁守范译　北京：农
业出版社，1986.3　127 页，32 开　0.89 元

03568　水土保持工程学
〔日〕驹村富士弥著，李一心译　沈阳：辽宁科
学技术出版社，1986.11　239 页，32 开
1.35 元

03569　死亡日历
〔日〕横沟正史著，曹雅玲译　长沙：湖南文艺
出版社，1986.9　337 页，32 开　1.75 元

03570　伺服机构设计原理
〔日〕富成襄等著，宋辉、陶元山译　北京：国
防工业出版社，1986.2　416 页，32 开 2.70 元

03571　松下的企业管理经验：育人·用人
〔日〕藤并行夫著，卢焕纶译　北京：军事译文
出版社，1986.3　123 页，32 开　0.80 元

03572　松下经营哲学
〔日〕松下幸之助著，阚文祥、陈俊杰译　天
津：南开大学出版社，1986.8　69 页，32 开
0.46 元

03573　松下企业经营谈
〔日〕松下幸之助著，吴思齐、李鸿谷译　重
庆：重庆出版社，1986.8　160 页，32 开
0.85 元

03574　松下幸之助：日本企业家传记
〔日〕大久光著，梁学谨、张拓秀译　南宁：广

西人民出版社，1986.3　266 页，32 开　1.30 元

03575　塑料大棚土壤的特性和改良
〔日〕屿田永生著，汲惠吉、孙虹霞译　北京：
农业出版社，1986.10　140 页，32 开　0.85 元

03576　塑性力学基础
〔日〕北川浩著，刘文斌、张宏译　北京：高等
教育出版社，1986.7　250 页，大 32 开
1.85 元

03577　算术涂色游戏：4—7 岁
〔日〕公文公主编，刘迅编译　天津：天津教育
出版社，1986.10　39 页，16 开　（儿童智力训
练游戏丛书）　1.30 元

**03578　太空游历记：宇宙生活与航天飞机的
奥秘**
〔日〕金井敬三主编，徐明淮、温方家译，〔日〕
楠高治绘画　北京：宇航出版社，1986.4　137
页，大 32 开　1.10 元

03579　太阳房
〔日〕木村建一著，陆龙波译　北京：新时代出
版社，1986.1　174 页，32 开　1.20 元

03580　探索地震的奥秘
〔日〕岛村英纪著，王安邦译　北京：地震出版
社，1986.3　104 页，32 开　0.60 元

03581　唐三彩之谜
〔日〕石泽英太郎著，于振洲译　长春：吉林人
民出版社，1986.1　255 页，32 开　1.45 元

03582　逃亡
〔日〕山中光二著，陈浩译　北京：中国文联出
版公司，1986.9　176 页，32 开　0.97 元

03583　陶瓷基础
〔日〕桥本谦一、滨野健也著，陈世兴译　北
京：轻工业出版社，1986.10　399 页，大 32 开
2.90 元

03584　提高工作效率之 ABC
〔日〕坂上肇著，谢燮正译　武汉：湖北科学技
术出版社，1986.4　176 页，32 开　1.30 元

03585　天气与气候
〔日〕伊藤博主编，李克煌、李世玢译校　北
京：气象出版社，1986.3　191 页，32 开　（新

地学教育讲座） 1.30 元

03586 天使的伤痕
〔日〕西村京太郎著，川谦译 长春：吉林人民出版社，1986.8 210 页，32 开 1.05 元

03587 天天星期日
〔日〕城山三郎著，李翟译 长沙：湖南人民出版社，1986.2 459 页，32 开 2.10 元
本书据日本新潮社 1977 年第 29 次重印版译出。

03588 填充床传热与传质过程
〔日〕若尾法昭、影井清一郎著，沈静珠、李有润译 北京：化学工业出版社，1986.9 229 页，大 32 开 2.40 元

03589 挑战者
〔日〕城山三郎著，于荣胜译 太原：北岳文艺出版社，1986.9 322 页，32 开 （东方文学丛书） 1.55 元

03590 贴图游戏：4—6 岁
〔日〕公文公主编，刘迅编译 天津：天津教育出版社，1986.10 1 册，16 开 （儿童智力训练游戏丛书） 2.40 元

03591 统计热力学在推算平衡物性中的应用
〔日〕斋藤正三郎著，傅良译 北京：化学工业出版社，1986.1 308 页，大 32 开 2.30 元

03592 图书馆和计算机
〔日〕坂本彻朗著，金凤吉、孙蓓欣译 北京：书目文献出版社，1986.12 219 页，32 开 1.30 元

03593 图书馆情报学概论
〔日〕津田良成编，楚日辉、毕汉忠译 北京：科学技术文献出版社，1986.3 279 页，32 开 1.90 元

03594 图象处理概论
〔日〕土井康弘、安藤繁著，王宝兴、杨学礼译 北京：原子能出版社，1986.12 292 页，32 开 1.90 元

03595 土木工程技术人员微型计算机入门
〔日〕山内博著，赵西安译 北京：人民交通出版社，1986.6 164 页，大 32 开 1.75 元

03596 土木结构物计算例题
日本土木施工设计计算例委员会编，杨雅忱、林丕

文译 北京：中国铁道出版社，1986.5 208 页，16 开 3.00 元

03597 土壤物理性质与土壤诊断
〔日〕三好洋、丹原宽著，周顺行、毛礼钟译 北京：农业出版社，1986.11 200 页，大 32 开 1.65 元

03598 推理智力测验 100 题
〔日〕田中润司原著，史一京编译 北京：科学普及出版社，1986.10 189 页，32 开 0.95 元

03599 推销商品的秘诀：销售心理窥测
〔日〕佐藤久三郎著，褚伯良、孙再吉译 南昌：江西人民出版社，1986.7 154 页，36 开 0.67 元

03600 拓扑学的基础和方法
〔日〕野口宏著，郭卫中、王家彦译 北京：科学出版社，1986.3 255 页，32 开 1.95 元

03601 外国音乐家传
〔日〕门马直卫等著，阎泰公编译 北京：文化艺术出版社，1986.5 562 页，32 开 3.05 元

03602 顽习固癖及其矫正方法
〔日〕内山喜久雄著，李秀英译 北京：人民教育出版社，1986.4 121 页，32 开 （婴幼儿教育丛书） 0.60 元

03603 微分、积分 （上）
〔日〕寺田文行著，尚文斗译 北京：文化教育出版社，1986.10 276 页，32 开 （日本新高中数学研究丛书 11） 1.35 元

03604 微型计算机程序设计
〔日〕石田晴久编，史嘉权、戴梅萼译 北京：国防工业出版社，1986.9 374 页，16 开 4.90 元

03605 微型计算机软件基础技术：M6800 系、8080 系、Z-80 系
〔日〕横井与次郎著，唐长钧、徐子亮译 北京：煤炭工业出版社，1986.3 499 页，大 32 开 3.15 元

03606 微型计算机应用基础
〔日〕福井良夫著，翁清辉等编译 福州：福建科学技术出版社，1986.3 287 页，32 开 1.65 元

03607　微型计算机应用手册（上册）
〔日〕横井与次郎著，凌芝译　北京：机械工业
出版社，1986.4　355页，大32开　2.90元

03608　微型计算机应用手册（下册）
〔日〕横井与次郎著，王祥贵、王锐译　北京：
机械工业出版社，1986.5　444页，大32开
3.50元

03609　微型计算机与传感器的接口技术（基础篇）
〔日〕村田裕著，陆玉库译　北京：国防工业出
版社，1986.9　247页，大32开　1.85元

03610　围棋初级指导（一）：通向十级的捷径
〔日〕石田芳夫著，薛至诚、郝守维编译　北
京：北京科学技术出版社，1986.12　211页，
32开　1.40元

03611　围棋的宏大构思
〔日〕武宫正树著，韩凤仑译　北京：国际文化
出版公司，1986.11　171页，32开　0.90元
本书据日本讲谈社1983年版译出。

03612　围棋的筋和形
〔日〕林海峰著，张静译　成都：蜀蓉棋艺出版
社，1986.7　184页，32开　0.90元

03613　围棋定式以后的下法
〔日〕大竹英雄著，杜维新译　成都：蜀蓉棋艺
出版社，1986.7　184页，32开　0.90元

03614　围棋攻防技巧
〔日〕加藤正夫著，西丁译　成都：蜀蓉棋艺出
版社，1986.3　184页，32开　（日本围棋丛
书）　0.90元

03615　围棋官子基础
〔日〕石田芳夫著，郑虹、凯希译　成都：蜀蓉
棋艺出版社，1986.3　186页，32开　（日本围
棋丛书）　0.90元

03616　围棋基本定式100型
〔日〕大竹英雄著，西丁译　成都：蜀蓉棋艺出
版社，1986.10　278页，32开　1.50元

03617　围棋妙手问答
〔日〕藤泽秀行著，陆齐译　成都：蜀蓉棋艺出
版社，1986.2　186页，32开　0.90元

03618　围棋骗着剖析
〔日〕坂田荣男著，程百炼译　成都：蜀蓉棋艺
出版社，1986.10　184页，32开　0.95元

03619　围棋七日入门
〔日〕高鸟正著，〔日〕藤洋朋斋审订，邓飞、
杨亚雄译　长沙：湖南人民出版社，1986.12
149页，32开　1.10元

03620　围棋入门（二）
日本棋院编，于志琪、谭炎午编译　3版　北
京：北京日报出版社，1986.10　122页，32开
0.80元

03621　围棋入门（三）
日本棋院编，于志琪、谭炎午编译　3版　北
京：北京日报出版社，1986.10　118页，32开
0.80元

03622　围棋入门（一）
日本棋院编，于志琪、谭炎午编译　3版　北
京：北京日报出版社，1986.10　117页，32开
0.80元

03623　围棋实战研究
〔日〕武宫正树著，华以刚译　成都：蜀蓉棋艺
出版社，1986.6　265页，大32开　2.00元

03624　围棋形势判断基础
〔日〕石田芳夫著，西丁译　成都：蜀蓉棋艺出
版社，1986.3　186页，32开　（日本围棋丛
书）　0.90元

03625　围棋中盘技巧
〔日〕坂田荣男著，廖四鸣译　成都：蜀蓉棋艺
出版社，1986.3　186页，32开　（日本围棋丛
书）　0.90元

03626　维荣的妻子：当代日本小说集
〔日〕太宰治等著，罗传开等译　上海：上海译
文出版社，1986.2　520页，大32开　2.90元

03627　未来的粮食生产
日本朝日新闻科学部编，惠荻生、胡永昌译　上
海：文汇出版社，1986.12　128页，32开　（开
开眼界丛书）　0.90元

03628　文化服装函授辅导（第八册：运动服装）
日本文化服装学院编，张长林译　北京：纺织工
业出版社，1986.9　46页，32开　0.39元

03629　文化服装函授辅导（第九册：套装基础）
日本文化服装学院编，陈复兴译　北京：纺织工业出版社，1986.10　45页，32开　0.39元

03630　文化服装函授辅导（第十二册：服装专件的裁剪和缝制）
日本文化服装学院编，温洪昭译　北京：纺织工业出版社，1986.9　35页，32开　0.34元

03631　文化服装函授辅导（第十一册：外套）
日本文化服装学院编，孙康宁译　北京：纺织工业出版社，1986.8　52页，32开　0.44元

03632　文化服装函授讲座（第八册：运动服）
日本文化服装学院编，张长林译　北京：纺织工业出版社，1986.9　103页，16开　1.55元

03633　文化服装函授讲座（第九册：套装基础）
日本文化服装学院编，张文斌译　北京：纺织工业出版社，1986.10　84页，16开　1.35元

03634　文化服装函授讲座（第七册：家庭便服）
日本文化服装学院编，张长林译　北京：纺织工业出版社，1986.8　80页，16开　1.25元

03635　文化服装函授讲座（第十二册：服装专件的裁剪和缝制）
日本文化服装学院编，温洪昭译　北京：纺织工业出版社，1986.9　86页，16开　1.30元

03636　文化服装函授讲座（第十一册：外套）
日本文化服装学院编，孙康宁译　北京：纺织工业出版社，1986.8　80页，16开　1.20元

03637　文化服装函授辅导（第七册：家庭便服）
日本文化服装学院编，张长林译　北京：纺织工业出版社，1986.8　48页，32开　0.41元

03638　文人宰相大平正芳
〔日〕新井俊三、森田一著，祖秉和、曹允迪译　北京：新华出版社，1986.2　247页，32开　1.35元
本书据日本春秋社1982年版译出。

03639　我的电影生涯
〔日〕山本萨夫著，李正伦译　北京：中国电影出版社，1986.6　213页，大32开　精装　2.10元
本书据新日本出版社1984年2月版译出。

03640　我的履历书：神户的城市经营
〔日〕宫崎辰雄著，朱万清、朱鹏译　天津：天津人民出版社，1986.12　157页，32开　精装　3.50元，平装2.50元

03641　我杀死了张作霖
〔日〕河本大作等著，陈鹏仁译　长春：吉林文史出版社，1986.2　163页，32开　0.95元

03642　无机和配位化合物的红外和拉曼光谱
〔日〕中本一雄著，黄德如、汪仁庆译　北京：化学工业出版社，1986.10　490页，大32开　4.10元

03643　无机化合物合成手册（第二卷）
日本化学会编，安家驹、陈之川译　北京：化学工业出版社，1986.3　666页，大32开　5.10元

03644　无机应用比色分析
日本无机应用比色分析编辑委员会编，宋恩烈、宋玉芝译　沈阳：辽宁科学技术出版社，1986.12　680页，32开　4.50元

03645　无损检测学
〔日〕石井勇五郎著，吴义等译　北京：机械工业出版社，1986.5　413页，32开　3.20元

03646　吴清源名局精解（2）
〔日〕吴清源解说，过惕生、刘赓仪编译　北京：人民体育出版社，1986.11　393页，32开　2.05元

03647　吴清源——天才的棋谱
〔日〕吴清源、田川五郎著，廖八鸣译　成都：蜀蓉棋艺出版社，1986.8　188页，32开　1.40元

03648　武则天传
〔日〕原百代著，伟君节译　西安：陕西人民出版社，1986.6　2册　761页，32开　4.25元

03649　物理学史
〔日〕广重彻编写，祁关泉等译　上海：上海教育出版社，1986.3　449页，大32开　2.90元

03650　物流管理入门
〔日〕汤浅和夫著，靳伟等译　北京：中国铁道出版社，1986.9　147页，32开　1.10元

03651　物流手册
日本日通综合研究所编著，吴润涛等译　北京：
中国物资出版社，1986.2　626 页，大 32 开
4.10 元

03652　西回鹘国史的研究
〔日〕安部健夫著，宋肃瀛等译　乌鲁木齐：新
疆人民出版社，1986.2　437 页，大 32 开
2.50 元

03653　西洋音乐史问答
〔日〕礒山雅等著，唐大堤译　上海：上海文艺
出版社，1986.11　87 页，32 开　0.40 元

03654　西装缝制诀窍
〔日〕石川群一著，张长林译　北京：纺织工业
出版社，1986.4　61 页，16 开　1.20 元

03655　纤维增强塑料设计手册
〔日〕植村益次主编，北京玻璃钢研究所译　北
京：中国建筑工业出版社，1986.3　479 页，16
开　5.55 元

03656　现代的日本画
〔日〕河北伦明著，祖秉和译　北京：中国文联
出版公司，1986.4　119 页，32 开　1.50 元

03657　现代化学工业：现状与未来展望
〔日〕今井寅二郎等编著，王林译　北京：化学
工业出版社，1986.6　292 页，大 32 开
2.30 元

03658　现代教育学基础
日本筑波大学教育学研究会编，钟启泉译　上
海：上海教育出版社，1986.6　535 页，大 32
开　3.25 元

03659　现代青年心理学
〔日〕荫山庄司等编著，邵道生等译　2 版　上
海：上海翻译出版公司，1986.11　249 页，32
开　1.50 元

03660　现代日本经济史：战后三十年的历程
〔日〕饭田经夫等著，马君雷等译　北京：中国
展望出版社，1986.8　534 页，32 开　3.00 元

03661　现代社会主义经济
〔日〕佐藤经明著，凌星光等译　北京：中国社
会科学出版社，1986.6　165 页，大 32 开　（当
代经济比较研究丛书）　1.20 元

03662　现代陶瓷问答
〔日〕一濑升编著，陈世兴译　北京：中国建筑
工业出版社，1986.9　169 页，32 开　0.88 元

03663　向极限挑战的金属材料：开拓 21 世纪的技术
〔日〕田中良平编著，陈彰勇等译　北京：冶金
工业出版社，1986.4　286 页，大 32 开
2.30 元

03664　消化道出血诊断与治疗
〔日〕吉利和主编，袁孟彪等译　济南：山东科
学技术出版社，1986.7　204 页，16 开　2.70 元

03665　小不点航海历险记
〔日〕北杜夫著，朱濂译　郑州：海燕出版社，
1986.7　186 页，32 开　0.76 元

03666　小和尚一休
〔日〕木真本七子著，管黔秋、刘文智译　郑
州：海燕出版社，1986.2　40 页，40 开
0.18 元

03667　新版会计学大辞典：条目选译
〔日〕番场嘉一郎主编，司徒淳选译　北京：中
国展望出版社，1986.10　539 页，16 开
7.40 元

03668　新产品、新事业的探索方法
〔日〕近藤修司著，李非译　北京：经济管理出
版社，1986.8　190 页，大 32 开　1.70 元

03669　新产业革命：技术突破的冲击波
日本日经产业新闻社编，张可喜译　武汉：湖北
人民出版社，1986.3　223 页，32 开　1.20 元

03670　新的生产加工技术 101 例
日本《机械与工具》编辑部编，程章译　北京：
国防工业出版社，1986.10　232 页，32 开
1.55 元

03671　新迷路（1）：2—4 岁
〔日〕公文公主编，刘迅编译　天津：天津教育
出版社，1986.10　80 页，16 开　（儿童智力训
练游戏丛书）　1.60 元

03672　新迷路（2）：4—6 岁
〔日〕公文公主编，刘迅编译　天津：天津教育
出版社，1986.10　80 页，16 开　（儿童智力训
练游戏丛书）　1.60 元

03673　新迷路（3）：6—9岁
〔日〕公文公主编，刘迅编译　天津：天津教育出版社，1986.10　80页，16开　（儿童智力训练游戏丛书）　1.60元

03674　新算术谜（1）：2—4岁
〔日〕公文公主编，刘迅编译　天津：天津教育出版社，1986.9　40页，16开　（儿童智力训练游戏丛书）　1.20元

03675　新算术谜（2）：5—7岁
〔日〕公文公主编，刘迅编译　天津：天津教育出版社，1986.10　39页，16开　（儿童智力训练游戏丛书）　1.30元

03676　新算术谜（3）：7—9岁
〔日〕公文公主编，刘迅编译　天津：天津教育出版社，1986.10　40页，16开　（儿童智力训练游戏丛书）　1.30元

03677　新算术游戏（2）
〔日〕公文公主编，天津市政协编译委员会编译　成都：四川教育出版社，1986.11　48页，16开　（儿童智力训练系列丛书）　2.60元

03678　信息处理手册（下册）
日本信息处理学会编，《信息处理手册》翻译组译　北京：机械工业出版社，1986.12　578页，16开　精装9.70元

03679　信息社会与国民生活：以技术侧面为中心
日本经济企划厅国民生活局编，高敏行译　北京：科学技术文献出版社，1986.11　133页，32开　（科技政策与管理译丛）　1.25元

03680　袖珍英汉医学缩略语词典
〔日〕藤泽俊雄等编著，蓝琦、陈绍仁译　济南：山东科学技术出版社，1986.1　240页，40开　精装2.30元，平装1.45元

03681　学习涂色绘画游戏：2—4岁
〔日〕公文公主编，刘迅编译　天津：天津教育出版社，1986.10　80页，16开　（儿童智力训练游戏丛书）　2.20元

03682　学习心理学
〔日〕辰野千寿著，山效华等译　长春：吉林人民出版社，1986.10　162页，32开　0.85元

03683　学习与教学心理学
〔日〕山内完哉编著，李蔚、楚日辉译　北京：教育科学出版社，1986.8　310页，32开　（外国教育译丛）　2.00元

03684　学习指南
〔日〕铁健司编著，战宪斌译　北京：中国经济出版社，1986.6　20页，32开　（QC入门讲座系列丛书）　0.20元

03685　学校管理的理论与实践
〔日〕松泽光雄著，武强等译　长春：吉林教育出版社，1986.5　278页，32开　1.35元

03686　压铸技术
〔日〕濑川和喜著，周子明译　北京：航空工业出版社，1986.8　66页，32开　0.50元

03687　延长青春的饮食知识
吴桥译，洪路编　北京：中国食品出版社，1986.3　97页，32开　0.90元
本书以日本松本康夫著《保持青春的秘诀》为蓝本翻译编写而成。

03688　岩波日中辞典
〔日〕仓石武四郎、折敷濑兴编　北京：商务印书馆；东京：株式会社岩波书店，1986.6　1250页，36开　精装8.30元

03689　研究开发成功之路
〔日〕矢泽清弘著，裴杰、杨强编译　北京：电子工业出版社，1986.11　169页，32开　1.15元

03690　研究与开发
〔日〕茅野健等著，天博译　北京：北京科学技术出版社，1986.1　286页，大32开　（经营工程学丛书）　2.00元

03691　扬声器系统（下册）
〔日〕山本武夫编著，张绍高译　北京：国防工业出版社，1986.12　329页，大32开　2.65元

03692　养鸽与赛鸽
〔日〕驹原邦一郎著，王火译　西安：陕西科学技术出版社，1986.3　133页，32开　0.78元

03693　养鸡与消毒
〔日〕横关正直著，吴韵珊、张文效译　北京：农业出版社，1986.9　203页，32开　1.20元

03694 摇蚊幼虫的研究：养鱼饵料的饲育培养法
〔日〕代田昭彦著，鲁守范、韩书文译 北京：农业出版社，1986.2 161 页，32 开 1.10 元

03695 野菊之墓
〔日〕伊藤左千夫著，仰文渊译 长沙：湖南人民出版社，1986.12 189 页，大 32 开 1.70 元

03696 叶山嘉树、黑岛传治小说选
〔日〕叶山嘉树、黑岛传治著，李芒、包容译 北京：人民文学出版社，1986.6 367 页，大 32 开 （日本文学丛书） 2.50 元

03697 夜路岌岌
〔日〕船山馨著，李翟、高文汉译 南京：江苏人民出版社，1986.12 392 页，32 开 2.10 元
本书据日本河出书房新社河出文库 1980 年版译出。

03698 一段浪漫史
〔日〕星新一著，李友宽译 武汉：长江文艺出版社，1986.1 270 页，32 开 （外国文学选译） 1.50 元

03699 一休的故事
〔日〕木真本七子、武者小路实笃著，刘文智、管黔秋选译 郑州：海燕出版社，1986.2 40 页，40 开 0.18 元

03700 一休和尚
〔日〕伊达常雄著，滕新华、周滨译 北京：少年儿童出版社，1986.5 78 页，32 开 0.44 元

03701 医学情报
日本科学技术厅编，李元龄、张虎林编译 北京：科学技术文献出版社，1986.8 137 页，32 开 （科技情报工作现状和展望丛书） 1.00 元

03702 医学之谜：探讨人体的奥秘
〔日〕中野昭一著，光存译 哈尔滨：黑龙江人民出版社，1986.6 135 页，32 开 0.82 元

03703 医用生理学
〔日〕吉村寿人等编著，李维新等译 北京：科学出版社，1986.12 610 页，16 开 精装 10.10 元

03704 礤谷疗法——力学疗法
〔日〕礤谷公良著，杨书润编译 北京：人民卫生出版社，1986.5 242 页，32 开 1.50 元

03705 易学易懂的会计入门
〔日〕中村忠著，殷长生、金朝美译 北京：中国展望出版社，1986.9 156 页，32 开 1.20 元

03706 音乐理论基础
〔日〕仲芳树著，曹允迪译 北京：中国文联出版公司，1986.10 92 页，32 开 0.70 元
本书据日本音乐之友社 1982 年 6 月版译出。

03707 饮食店经营手册
〔日〕赤土亮二著，孙璐佩、谈建浩译 上海：上海翻译出版公司，1986.1 181 页，32 开 1.30 元
本书据日本光文社 1982 年版译出。

03708 印刷纸——适印性及印刷故障
日本造纸时代社编，陈明华译 北京：轻工业出版社，1986.12 346 页，32 开 （纸张推销工程师丛书） 2.15 元

03709 英语词法集萃
〔日〕绵贯阳编著，吴拓、杨应鹏译 长沙：湖南大学出版社，1986.2 364 页，32 开 2.32 元

03710 应力集中
〔日〕西田正孝著，李安定等译 北京：机械工业出版社，1986.12 601 页，16 开 精装 11.10 元

03711 有触点顺序控制
日本松下电器制造技术研究所编著，郭景新译 北京：机械工业出版社，1986.12 184 页，大 32 开 （控制基础丛书 1：按程序方式学习） 1.85 元

03712 有机化合物的结构测定方法：利用 13CNMR、1HNMR、IR 和 MS 图谱的综合解析
〔日〕田中诚之编著，姚海文译 北京：化学工业出版社，1986.5 225 页，16 开 3.00 元

03713 幼儿教育心理学
〔日〕若井邦夫等编著，李金陵、艾苗译 上海：华东师范大学出版社，1986.5 191 页，32 开 0.85 元

03714 幼儿游戏与智力启蒙
日本冈崎市立广幡幼儿园著，马国平译 上海：文汇出版社，1986.12 120 页，32 开 （开开眼

界丛书） 0.70元

03715 宇宙流作战构思
〔日〕武宫正树著，刘力、郝靖译 武汉：湖北人民出版社，1986.11 193页，大32开 1.45元

03716 雨月物语
〔日〕上田秋成著，刘牛译 福州：福建少年儿童出版社，1986.7 130页，插图，32开 0.67元

03717 育种手册 第二分册：育种技术
〔日〕松尾孝监修，葛和麟等译 上海：上海科学技术出版社，1986.5 480页，大32开 3.35元

03718 预拌混凝土
〔日〕龟田泰弘著，阎盛慈、王家治译 北京：中同建筑工业出版社，1986.9 161页，大32开 1.10元

03719 孕产妇生活全书：为您能生一个健康的婴儿
〔日〕丸山英一主编，于雁译 天津：天津科学技术出版社，1986.12 294页，大32开 2.10元

03720 造山运动
〔日〕都城秋穗、安芸敬一、〔土〕A.M.C.森格著，张儒瑗、周云生译 北京：科学出版社，1986.8 295页，32开 2.30元
本书据 A.Miyashiro，K.Aki，A.M.C.Sengor，*Orogeny*（John wiley & Sons，1982）译出。

03721 怎样提高预见能力
〔日〕高桥宪行著，王瑞林、冯士琴译 北京：科学普及出版社，1986.2 218页，32开 （效率译丛） 1.10元

03722 怎样写科学论文：兼谈口头发表论文的方法
〔日〕末武国弘著，李大川、李西岩译 济南：山东教育出版社，1986.3 146页，32开 0.98元

03723 怎样掌握医学英语词汇
〔日〕宫野成二著，阎明译 西安：陕西师范大学出版社，1986.12 65页，32开 0.50元

03724 斋滕清版画选
〔日〕斋滕清绘 北京：人民美术出版社，

1986 12张，8开 2.00元

03725 斋藤清版画选集
莫测、马克编 上海：上海人民美术出版社，1986.9 1册，12开 精装29.50元

03726 这里是特别侦探事务所
〔日〕那须正干著，林峻译 成都：四川少年儿童出版社，1986.12 122页，32开 0.63元

03727 振动工程大全（下册）
〔日〕谷口修主编，尹传家译 北京：机械工业出版社，1986.12 948页，大32开 8.65元

03728 振兴中小企业的窍门："小强"胜于"大弱"
〔日〕田边升著，蔡静译 北京：时事出版社，1986.7 108页，32开 0.63元

03729 知识工程学入门
〔日〕沟口文雄、北泽克明著，张锡令、祝维沙译 北京：科学普及出版社，1986.8 140页，32开 0.90元

03730 知识价值革命：工业社会的终结和知识价值社会的开始
〔日〕堺屋太一著，金泰相译 北京：东方出版社，1986.12 315页，32开 （现代思想文化译丛） 1.70元

03731 直流伺服电动机
〔日〕见城尚志、永守重信著，陈忠等译 上海：上海科学技术文献出版社，1986.6 218页，32开 1.35元

03732 职业刺客
〔日〕星新一著，申英民等译 天津：百花文艺出版社，1986.7 356页，32开 1.80元

03733 植物的感染生理
〔日〕富山宏平著，尹福祥译 北京：农业出版社，1986.5 142页，32开 1.00元

03734 质量保证的推行办法
〔日〕铁健司编，尾崎良辅著，田明华、战宪斌译 北京：中国经济出版社，1986.11 109页，32开 （QC入门讲座系列丛书 4） 0.80元

03735 质量管理
〔日〕朝香铁一等著，卢肇英译 北京：中国标

准出版社，1986.5 247 页，大 32 开 （经营工程学丛书 15） 精装 4.00 元，平装 2.45 元

03736 质量管理
〔日〕十代田三知男著，张沛然、陈世明译 北京：计量出版社，1986.2 158 页，大 32 开 1.15 元

03737 智力训练百题解
〔日〕多湖辉著，刘中杰译 哈尔滨：黑龙江科学技术出版社，1986.3 112 页，32 开 0.66 元

03738 智囊团与政策研究
〔日〕五十岚雅郎著，肖阳译 北京：科学技术文献出版社，1986.3 193 页，32 开 （科技政策与管理译丛） 1.30 元

03739 中国人用理科日语
日本东京外国语大学附属日本语学校编，张生林等编译 北京：北京出版社，1986.9 916 页，大 32 开 5.40 元

03740 中国诗史
〔日〕吉川幸次郎著，高桥和巳编，章培恒等译 合肥：安徽文艺出版社，1986.12 378 页，大 32 开 2.50 元
本书据日本筑摩书房 1967 年初版译出。

03741 中盘角逐
日本棋院编，华以刚译 北京：光明日报出版社，1986.12 95 页，64 开 （围棋技术讲座小丛书） 0.40 元

03742 中上层鱼类资源
〔日〕川崎健著，李大成、张如玉译 北京：农业出版社，1986.3 342 页，大 32 开 2.70 元

03743 中小学生学习指导
〔日〕北尾伦彦著，薛殿会、刘焕生编译 长春：吉林人民出版社，1986.4 125 页，32 开 0.67 元

03744 中学数学趣题
〔日〕矢野健太郎著，曾慕莲、杨绮青译 太原：山西人民出版社，1986.4 190 页，32 开 0.75 元

03745 重量（上）
〔日〕高桥照二著，张革、邵会孟译 北京：轻工业出版社，1986.2 206 页，32 开 1.50 元

03746 重油加工手册
日本通产省天然资源能源厅重油加工研究所编，郁祖庚、姚国欣译 合肥：安徽科学技术出版社，1986.8 221 页，32 开 1.30 元

03747 朱子学与阳明学
〔日〕岛田虔次著，蒋国保译 西安：陕西师范大学出版社，1986.7 135 页，大 32 开 1.20 元

03748 专利基础知识
〔日〕竹田和彦著，莫邦富等译 上海：上海翻译出版公司，1986.1 187 页，32 开 1.00 元
本书据日本钻石社 1982 年版译出。

03749 紫菜的病害
日本水产学会编，韩书文、鲁守范译 北京：农业出版社，1986.5 113 页，32 开 0.88 元

03750 足外科学
〔日〕铃木良平，凌嘉翔译 天津：天津科学技术出版社，1986.12 180 页，16 开 2.85 元

03751 最后的世界
〔日〕石川达三著，侯仁锋译 西安：陕西人民出版社，1986.12 214 页，32 开 1.30 元
本书据新潮文库 1978 年 4 月版译出。

03752 最新科学技术趣谈
〔日〕尾崎正直著，刘晓侦、李力译 北京：海洋出版社，1986.4 179 页，32 开 0.90 元

03753 最新土石坝工程学
日本电力土木技术协会编，陈慧远等译 北京：水利电力出版社，1986.7 867 页，16 开 11.15 元
本书据 1981 年修订日文版译出。

03754 最新植物病理学概论
〔日〕平井笃造等著，赵国凡译 沈阳：辽宁大学出版社，1986.10 350 页，32 开 1.90 元

03755 作业研究
〔日〕干任镇雄等著，李春田译 北京：科学技术出版社，1986.6 270 页，大 32 开 （经营工程学丛书） 1.90 元

1987

03756 2000 年的日本
日本经济企划厅编，郭博等译 北京：科学技术

文献 出 版 社， 1987.7　2 册　1227 页，32 开 （科技政策与管理译丛）　8.65 元

03757　CP/M 实习

〔日〕村濑康治著，王孟效译　北京：水利电力 出版社，1987.12　169 页，16 开 （CP/M—微 型计算机基本软件丛书）　2.40 元

03758　CP/M 应用

〔日〕村濑康治著，阎太忱、赵玉琴译　北京： 水 利 电 力 出 版 社， 1987.12　261 页， 16 开 （CP/M—微型计算机基本软件丛书）　3.80 元

03759　IBM 的挑战：计算机帝国 IBM 的内幕 及其经营战略

〔日〕北正满著，毕庶本、李振明编译　北京： 电子工业出版社，1987.7　218 页，大 32 开 1.70 元

03760　IBM 公司的人事管理

〔日〕龟冈大郎著，王国文、王秉硕译　北京： 国际文化出版公司，1987.10　169 页，32 开 1.35 元

03761　ICP 发射光谱分析

〔日〕不破敬一郎、原口烝主编，王小如、李玉 珍译　北京：化学工业出版社，1987.6　280 页，大 32 开　2.30 元

03762　PC-9800 系列微型计算机问题与解答

段庆文译　北京：解放军出版社，1987.4　220 页，32 开。

03763　QC 入门：从 QC 小组活动到质量管理 的全过程

〔日〕松田龟松著，梁亚军译　北京：知识出版 社，1987.10　180 页，32 开　1.15 元

03764　TQC 及常见差错的对策

〔日〕渡边健一郎著，迟钟生等译　沈阳：东北 工学院出版社，1987.2　182 页，32 开　1.27 元

03765　爱的彼岸

〔日〕朝吹登水子著，王玉琢译　长沙：湖南人 民出版社，1987.7　398 页，32 开 （日本女性 文学名著）　2.40 元

本书据日本新潮社 1981 年 8 月版译出。

03766　爱的终结

〔日〕夏树静子著，戴璨之、郭来舜译　长春：吉

林人民出版社，1987.12　307 页，32 开　2.20 元

03767　爱情的终结

〔日〕石川达三著，王泰平译　北京：中国文联 出版公司，1987.4　268 页，大 32 开 （日本文 学流派代表作丛书）　1.95 元

03768　暗潮·射程

〔日〕井上靖著，唐月梅译　北京：外国文学出 版社，1987.11　491 页，32 开 （当代外国文 学）　2.70 元

本书据《井上靖小说全集》新潮社 1973 年版 译出。

03769　八月的最后列车

〔日〕古世古和子著，夏虹等译　长春：北方妇 女儿童出版社，1987.1　129 页，32 开　1.10 元

03770　摆脱愚昧

〔日〕本明宽著，左秀灵译　延吉：延边大学出 版社，1987.12　218 页，32 开 （多棱镜文库） 1.50 元

03771　奔向北极

〔日〕植树直己著，朱京伟等译　武汉：湖北科 学技术出版社，1987.7　210 页，32 开 （人与 自然丛书）　1.50 元

03772　比较思想论

〔日〕中村元著，吴震译　杭州：浙江人民出版 社，1987.10　337 页，大 32 开 （比较文化丛 书）　2.70 元

03773　陛下的高级轿车

〔日〕五木宽之著，徐秉洁译　北京：中国文联 出版公司，1987.6　205 页，32 开　1.20 元

本书据《现代小说》1985 年 10—12 号译出。

03774　避暑地的猫

〔日〕宫本辉著，王玉琢译　福州：海峡文艺出 版社，1987.10　337 页，32 开　2.00 元

03775　边界元法的基础与应用

〔日〕田中正隆、田中喜久昭著，郎德宏译　北 京：煤炭工业出版社，1987.6　286 页，大 32 开1.85 元

03776　边界元素法基础

〔日〕神谷纪生著，杨恩德等译　沈阳：东北工 学院出版社，1987.9　181 页，大 32 开　1.46 元

03777 变动的海平面
〔日〕凑正雄著，耿秀山、陈绍仁译　北京：
海洋出版社，1987.10　166页，32开
1.70元

03778 标准成本会计
日本神户大学会计学研究室编，张登钊译　西
宁：青海人民出版社，1987.2　193页，32开
1.00元

03779 宾馆的服务教育
〔日〕石仓丰著，孙启林、王静波等译　长春：
东北师范大学出版社，1987.7　180页，32开
1.20元

03780 冰点
〔日〕三浦绫子著，李建华等译　北京：外国文
学出版社，1987.6　540页，32开　（当代外国
文学）　2.70元
本书据朝日新闻社1966年版译出。

03781 丙烯酸酯及其聚合物—Ⅰ
〔日〕大森英三著，朱传檗译　北京：化学工业
出版社，1987.9　145页，32开　1.05元

03782 不败的战术
〔日〕赵治勋著，韩凤仑译　北京：中国广播
电视出版社，1987.3　170页，32开
1.30元

03783 不不园（蒙古文）
〔日〕中川孝枝子著，白音呼译　呼和浩特：内
蒙古人民出版社，1987.3　144页，32开
0.29元

03784 不如早死好：二叶亭四迷传
〔日〕小村光夫著，刘士明译　长沙：湖南人民
出版社，1987.7　305页，32开　（世界名人文
学传记丛书）　1.95元
本书据日本讲谈社1936年第1版译出。

03785 布局心得
〔日〕大竹英雄著，王小平译　北京：华夏出版
社，1987.10　164页，32开　1.25元

03786 步行与健康
〔日〕青木纯一郎、南谷利和著，李太默等编
译　济南：山东科学技术出版社，1987.7　172
页，40开　1.20元

03787 材料力学基础
〔日〕大石正昭著，袁先志译　成都：成都电讯
工程学院出版社，1987.11　183页，16开　（中
等专业学校教材）　1.85元

03788 采用个人计算机的自动控制计算法
〔日〕高桥安人编著，徐崇庶、鹿树理译　北
京：国防工业出版社，1987.6　189页，16开
2.55元

03789 残疾弱智儿的培育道路
〔日〕河添邦俊著，苗淑新译　北京：华夏出版
社，1987　192页，32开　0.99元

03790 蚕茧干燥理论与实践
〔日〕松本介著，周本立、徐回祥译　北京：纺
织工业出版社，1987.3　214页，32开　1.70元

03791 苍狼
〔日〕井上靖著，冯朝阳译　北京：世界知识出
版社，1987.2　248页，32开　1.10元

03792 产业机器人技术
〔日〕渡边茂主编，唐蓉城、许婉英译　北京：
机械工业出版社，1987.3　235页，大32开
2.60元

03793 "超"技术革命
〔日〕野中幸敏著，吴新仁、杨治安译　北京：
电子工业出版社，1987.6　182页，32开
1.15元

03794 成吉思汗忽必烈汗（蒙古文）
〔日〕腾藤猛、爱宕松男著，德力格尔朝克图等
译　呼和浩特：内蒙古教育出版社，1987.6
448页，大32开　精装4.05元

03795 城市规划与现代建筑
〔日〕菊竹清训著，安怀起译　上海：上海翻译
出版公司，1987.8　162页，16开　3.50元

03796 痴呆儿童的教育及医疗
〔日〕三木安正等著，马佶为译　银川：宁夏人
民出版社，1987.3　238页，大32开　1.55元

03797 驰骋世界的企业家们
〔日〕上之乡利昭等著，王大生、盛斌译　北
京：世界图书出版公司，1987.12　171页，32
开　1.50元

03798　丑角
〔日〕大佛次郎著，周炎辉、李远喜译　桂林：
漓江出版社，1987.3　251页，32开　（外国通
俗文库）　1.65元

03799　丑陋的日本人
〔日〕高桥敷著，熊达云等译　北京：工人出版
社，1987.12　267页，32开　1.95元

03800　出奇制胜之着：围棋名家经验之谈
〔日〕坂田荣男著，韩风仑编译　北京：农村读
物出版社，1987.6　252页，32开　1.80元

03801　出生后的教育
〔日〕井深大著，刘子敬、李佩译　长春：北方
妇女儿童出版社，1987.11　112页，32开
0.85元

03802　传感器电子学
〔日〕高桥清、小长井诚编著，秦起佑、蒋冰
译　北京：宇航出版社，1987.11　534页，大
32开　4.80元

03803　船舶装卸安全作业读本
日本劳动省劳动标准局安全卫生部安全课监修
编，罗天译　北京：人民交通出版社，1987.10
201页，大32开　1.90元

**03804　创造力和直觉：一个物理学家对于东西
方的考察**
〔日〕汤川秀树著，周林东译　上海：复旦大学
出版社，1987.2　171页，大32开　1.05元
本书据日本讲谈社国际出版公司1973年版译出。

03805　创造性与潜意识
〔日〕马场谦一等编著，李容纳译　延吉：延边
教育出版社，1987.9　218页，32开　1.25元

03806　纯子和她的父亲
〔日〕远藤周作著，李敏娜、卢合之译　长沙：
湖南人民出版社，1987.8　344页，32开
2.05元

03807　磁性材料手册
〔日〕大森丰明主编，刘代琦、梁宇青编译　北
京：机械工业出版社，1987.10　453页，32开
3.40元

03808　催眠术入门
〔日〕美童春彦著，纪思、孟宪文译　广州：科

学普及出版社广州分社，1987.12　121页，32
开　0.90元

03809　存在主义美学
〔日〕今道友信等著，崔相录、王生平译　沈
阳：辽宁人民出版社，1987.8　251页，大32
开　（美学译文丛书）　2.40元
本书据日本东京美术出版社1976年日文版译出。

03810　打入及其攻防
〔日〕武宫正树著，李忠译　北京：人民体育出
版社，1987.2　269页，32开　（现代中级围棋
丛书）　1.70元

03811　大场与急场
〔日〕石田芳夫著，庚弈编译　北京：人民体育
出版社，1987.11　248页，32开　（现代中级围
棋丛书）　1.70元

03812　大海与人类
〔日〕佐佐木忠义编著，安砚方译　长沙：湖南
少年儿童出版社，1987.4　161页，32开　（外
国少儿科技丛书）　0.75元

03813　大江不流
〔日〕陈舜臣著，李翟译　北京：中国文联出版
公司，1987.4　558页，大32开　3.50元
本书据日本中央公论社1981年第1版译出。

03814　大力士传奇
〔日〕渡边茂男编，吉裕生、于建平译　上海：
少年儿童出版社，1987.12　233页，32开　（世
界民间故事丛书·美国篇）　1.55元

03815　大米的深度加工及其产品
〔日〕仓泽文央著，方思诚、王纲等译　长沙：
中南工业大学出版社，1987.3　180页，32开
1.45元

03816　大气环流概论
〔日〕新田尚著，吴贤纬等译　北京：气象出版
社，1987，11　252页，16开　3.90元

03817　道教史
〔日〕窪德忠著，萧坤华译　上海：上海译文出
版社，1987.7　327页，32开　1.90元
本书据日本山川出版社1980年7月第2版译出。

03818　道路交通管理的技术基础知识
日本科学警察研究所编，李克敏、张凤晨译　北

京：人民交通出版社，1987.11 340 页，32 开
2.65 元

03819 低成本高质量的奥秘：论日本的技术
〔日〕森谷正规著，刘彬译 北京：机械工业出
版社，1987.3 182 页，32 开 1.40 元

03820 地震预报方法
〔日〕浅田敏编著，强祖基等译 北京：地质出
版社，1987.7 297 页，大 32 开 2.75 元

03821 第五代计算机
〔日〕元冈达、喜连川优著，洪炳镕译 哈尔
滨：哈尔滨工业大学出版社，1987.3 79 页，
32 开 0.65 元

03822 电测量仪器
〔日〕原宏等著，金士杰等译 北京：中国计量
出版社，1987.1 524 页，大 32 开 4.15 元

03823 电池手册
〔日〕吉泽四郎主编，杨玉伟等译 北京：国防
工业出版社，1987.3 483 页，16 开 6.50 元

03824 电磁测定基础
〔日〕镜井宽、斋藤正男著，陈幼祥、胡永昌
译 上海：上海科学技术文献出版社，1987.2
189 页，32 开 1.30 元

03825 电动机的选用与维修
〔日〕曲泽真渊著，《电动机的选用与维修》翻
译组译 北京：机械工业出版社，1987.7 197
页，大 32 开 2.15 元

03826 电动机实用技术
〔日〕野口昌介著，邵富春等译 北京：机械工
业出版社，1987.9 255 页，32 开 2.25 元

03827 电工测量复习要点与习题集
日本东京电机大学编，纪铜城译 北京：电子
工 业 出 版 社，1987.9 270 页，大 32 开
2.20 元

03828 电工基础复习要点与习题集
日本东京电机大学编，纪铜城译 北京：电子
工 业 出 版 社，1987.7 355 页，大 32 开
2.70 元

03829 电接触材料手册
〔日〕大森丰明主编，梁宇青、刘代琦译 北

京：机械工业出版社，1987.1 340 页，大 32
开 3.15 元

03830 电接点技术
〔日〕土屋金弥著，刘茂林译 北京：机械工业
出版社，1987.12 213 页，32 开 1.70 元

03831 电声学
〔日〕早坂寿雄著，郭耀华、吴孙焰译 北京：
电子工业出版社，1987.6 234 页，32 开
1.75 元

03832 电视社会学
〔日〕藤竹晓著，蔡林海译 合肥：安徽文艺出
版社，1987.10 212 页，32 开 （文艺社会学译
评丛书） 1.40 元

03833 电子测量入门（下册）
日本电子学教育研究会编，张晋纯、金祥译 北
京：中国计量出版社，1987.5 292 页，大 32
开 2.35 元

03834 电子电路的反馈理论
〔日〕筱崎寿夫等著，刘长洪、沈以清译 北
京：高等教育出版社，1987.12 150 页，大 32
开 1.25 元

03835 电子计算机基础
〔日〕菊池丰彦著，王彦花注释，朱成德译 北
京：国防工业出版社，1987.7 295 页，32 开
（日语科技注释读物） 1.95 元

03836 电子计算机在生态学方面的应用
〔日〕古在丰树等著，牛又奇等译 上海：上海
科学技术文献出版社，1987.10 276 页，32 开
4.50 元

03837 电子金属材料选用指南
〔日〕坂本光雄著，刘茂林译 北京：冶金工业
出版社，1987.3 250 页，大 32 开 2.25 元

03838 电子线路题解（第二册）
〔日〕斋藤正男著，高远译 北京：高等教育出
版社，1987.7 175 页，大 32 开 1.35 元
本书据昭晃堂株式会社 1981 年版译出。

03839 东方的忧郁
〔日〕三木露风著，武继平译 成都：四川文艺
出版社，1987.9 97 页，32 开 （二十世纪外国
名诗人袖珍丛书） 0.69 元

03840　东京审判秘史
〔日〕粟屋宪太郎著，里寅译　北京：世界知识
出版社，1987.7　205页，32开　1.85元

03841　东南亚华侨经济简论
〔日〕游仲勋著，郭梁、刘晓民译　厦门：厦门
大学出版社，1987.7　166页，32开　（华侨、
华人研究丛书）　1.00元

03842　东洋大侠
〔日〕吉川英治著，张帆、杨棹译　武汉：长江
文艺出版社，1987.10　532页，32开　3.30元

03843　洞察者：突破与沟通
〔日〕多夫辉著，刘秋岳译　成都：成都科技大
学出版社，1987.9　234页，32开　（心理与人
生译丛）　2.20元

03844　斗牛瘦花
〔日〕椋鸠十著，申建中译　太原：希望出版
社，1987.8　83页，32开　0.55元

03845　对外贸易论
〔日〕小岛清著，周宝廉译　天津：南开大学出
版社，1987.1　156页，大32开　2.90元

03846　对虾养殖问题
〔日〕茂野邦彦著，陈子强译　厦门：厦门大学
出版社，1987.1　126页，32开　（星火丛书之
三）　1.05元

**03847　对智力低下儿童的理解和保育：康复保
育及其开展**
〔日〕深津时吉、岸胜利著，苗淑新译　天津：
天津教育出版社，1987.5　272页，32开
1.50元

03848　二次函数的探索
〔日〕松哲宫夫、本昌彦著，王家彦译　北京：
知识出版社，1987.12　70页，32开　（中学数
学知识丛书）　0.70元

03849　二十一世纪的日本和世界
〔日〕田沼肇等著，俞宜国等译　北京：中国社
会科学出版社，1987.9　415页，32开　2.45元

03850　发明导游
〔日〕丰泽丰雄著，谢燮正、王道生编译　广
州：广东人民出版社，1987.9　366页，32开
（人与创造丛书）　2.20元

本书主要根据实业之日本社1983年出版的《发
明导游手册》和1984年出版的《发明指南》
（总第35版）编译而成。

03851　发明史话
日本科学技术厅振兴局编著，王志国等编译　北
京：科学普及出版社，1987.11　173页，32开
1.20元

03852　法语基本词词典
〔日〕野村二郎、滑川明彦编译，恒绍荣、徐维
福译　香港：商务印书馆香港分馆；上海：上海
译文出版社，1987.4　423页，32开　精装
4.20元
本书据日本白水社1977年版译出。

03853　饭店服务教育
〔日〕石仓丰著，金佩华、张跃译　海口：海南
人民出版社，1987.1　140页，32开　（旅游管
理丛书　四）　0.95元

03854　饭店服务员基础业务：饮食篇
〔日〕池田诚著，崔南新译　北京：中国旅游出
版社，1987.8　148页，32开　（中国旅游业务
丛书）　1.20元

03855　饭店服务指南
〔日〕加藤祥著，郑隆光、卜爱平译　北京：北
京旅游出版社，1987.10　287页，32开
2.10元

03856　防锈、防蚀涂装技术
〔日〕佐藤靖著，陈桂富、黄世督译　北京：化
学工业出版社，1987.10　284页，32开
2.15元

03857　放射诊断中医生和病人的辐射防护
日本医学放射线学会、日本同位素协会编，苏士
杰译　北京：原子能出版社，1987.3　232页，
32开　1.65元

03858　粉体工程实验手册
〔日〕三轮茂雄、日高重助著，杨伦、谢淑娴
译　北京：中国建筑工业出版社，1987.7　274
页，大32开　2.75元

03859　风雪
〔日〕石川达三著，于雷等译　上海：上海译文
出版社，1987.10　780页，大32开　（二十世
纪外国文学丛书）　5.10元

03860 封闭式制冷机
〔日〕川平睦义著，张友良、彭伯彦译　北京：
轻工业出版社，1987.4　451页，16开　7.25元

03861 服装函授讲座辅导教材（2）
日本东京服饰专门学院编，北京市服装研究所
教研室编译　北京：轻工业出版社，1987.9　37
页，32开

03862 服装函授讲座：连衣裙
日本东京服饰专门学院编，北京市服装研究所
教研室编译　北京：轻工业出版社，1987.2
118页，16开

03863 服装函授讲座：女衬衫
日本东京服饰专门学院编，北京市服装研究所
教研室编译　北京：轻工业出版社，1987.1
130页，16开

03864 服装函授讲座：女裙
日本东京服饰专门学院编，北京市服装研究所
教研室编译　北京：轻工业出版社，1987.1
106页，16开

03865 服装卫生学
〔日〕庄司光著，张军译　北京：轻工业出版
社，1987.2　228页，32开　1.50元

03866 服装立体构成的理论与实用技术
〔日〕神田美年子等著，李世波译　北京：纺织
工业出版社，1987.9　208页，16开　3.30元

03867 氟利昂制冷机的原理和实践
〔日〕藤冈宏著，王传云译　北京：航空工业出
版社，1987.7　188页，32开　3.70元

03868 浮游动物生态研究法
〔日〕大森信、池田勉著，罗会明等译　北京：
海洋出版社，1987.5　262页，32开　2.50元

03869 福泽谕吉
〔日〕鹿野政直著，卞崇道译　北京：三联书
店，1987.1　191页，32开　（新知文库）
1.10元

03870 腐蚀抑制剂及其应用技术
〔日〕间宫富士雄著，陈允中、王志远译　北
京：石油工业出版社，1987.2　267页，32开
1.70元

03871 复仇女
〔日〕松本清张著，吕立人译　北京：宝文堂书
店，1987.2　216页，32开　1.30元

03872 复兴世界经济之路
〔日〕福田赳夫主编，叶照兰编译　上海：上海交
通大学出版社，1987.12　132页，32开　0.95元

03873 钢铁工业设备技术
北京钢铁设计研究总院译　北京：冶金工业出版
社，1987.4　307页，16开　4.15元
本书据日本钢铁协会1979年版译出。

03874 高分子材料的秘密
〔日〕木山卓彦著，王作龄等译　青岛：青岛出
版社，1987.9　166页，32开　1.20元

03875 高速增长的时代
〔日〕香西泰著，彭晋璋译　贵阳：贵州人民出
版社，1987.7　224页，32开　1.30元

03876 高效热交换器数据手册
日本高效热交换器数据手册编委会编，付尚信、
郎遾译　北京：机械工业出版社，1987.10
224页，16开　3.80元

03877 哥儿
〔日〕夏目漱石著，刘振瀛、吴树文译　上海：
上海译文出版社，1987.10　274页，大32开
（日本文学丛书）　2.20元
本书据东京创元社1956年5月版译出。

03878 歌星梦
〔日〕赤川诚一著，孙耀、李凭译　太原：希望
出版社，1987.3　161页，32开　1.05元

03879 工厂标准化手册
〔日〕芦川鲤之助主编，吴蓉珍等译　北京：中
国标准出版社，1987.7　316页，16开　4.70元

03880 工厂自动化机器人入门
〔日〕片方善治著，杨逢春译　北京：水利电力
出版社，1987.6　123页，32开　0.95元

03881 工程地震学
〔日〕金井清著，常宝琦、张虎男译　北京：地
震出版社，1987.6　238页，大32开　2.25元

03882 工业测量方法手册
〔日〕内藤正主编，《工业测量方法手册》翻译

组译　北京：中国标准出版社，1987.7　914 页，大 32 开　精装 9.80 元，平装 8.40 元

03883　工业废水分析方法
日本规格协会编，吴锦、宇振东译　北京：中国环境科学出版社，1987.2　402 页，32 开　3.00 元

03884　工业企业诊断基础（第二篇：工业经营基本诊断）
日本中小企业诊断协会编，钱忠浩等译　北京：机械工业出版社，1987.5　263 页，16 开　（现代管理译丛）　3.55 元

03885　工业企业诊断基础（第四篇：市场营销诊断技法）
日本中小企业诊断协会编，张树滋译　北京：机械工业出版社，1987.9　135 页，16 开　（现代管理译丛）　1.95 元

03886　工业企业诊断基础（第一篇：总论）
日本中小企业诊断协会编，牛林山译　北京：机械工业出版社，1987.2　108 页，16 开　（现代管理译丛）　1.60 元

03887　公司录用职员考试化学化工试题及解答
〔日〕荒木纲男等编，廖晓垣、胡长廉编译　武汉：华中工学院出版社，1987.9　415 页，32 开　2.70 元

03888　攻防的急所
〔日〕大竹英雄著，薛至诚、郝守维编译　北京：北京科学技术出版社，1987.9　272 页，32 开　（围棋中级指导丛书）　2.20 元

03889　孤狼
〔日〕松本清张著，宋金玉等译　北京：法律出版社，1987.5　427 页，32 开　2.15 元

03890　古代天山历史地理学研究
〔日〕松田寿男著，陈俊谋译　北京：中央民族学院出版社，1987.4　475 页，大 32 开　3.50 元

03891　故障模式和影响分析与故障树分析的应用
〔日〕盐见弘等著，许风璋、高金钟译　北京：机械工业出版社，1987.11　218 页，32 开　（可靠性技术丛书　7）　1.95 元

03892　怪笔孤魂：卡夫卡传
〔日〕三野大木著，耿晏平译　北京：中国文联

出版公司，1987.11　130 页，32 开　（传记文学丛书）　1.25 元

03893　关于爱
〔日〕今道友信著，徐培、王洪波译　北京：三联书店，1987.1　187 页，32 开　（新知文库）　1.05 元

03894　管理思想发展系谱
〔日〕上野一郎著，于金等译　哈尔滨：黑龙江科学技术出版社，1987.6　159 页，32 开　1.20 元

03895　管理图的制作方法和应用
〔日〕铁健司编，〔日〕中村达男著，战宪斌译　北京：中国经济出版社，1987.9　146 页，32 开　（QC 入门讲座系列丛书）　1.00 元

03896　光纤传感器入门
〔日〕根本俊雄编、石永富、陈祥训译　北京：电子工业出版社，1987.6　139 页，32 开　（电子小文库）　1.00 元

03897　焊接结构的质量保证
〔日〕栗山良员、矢田敏夫著，原玉全译　北京：国防工业出版社，1987.2　248 页，32 开　1.65 元

03898　焊接质量管理指南
日本焊接协会造船部会焊接施工委员会编，梁桂芳译　北京：国防工业出版社，1987.12　216 页，32 开　1.45 元

03899　河流泥沙灾害及其防治
〔日〕芦田和男等著，冯金亭、焦恩泽译　北京：水利电力出版社，1987.4　321 页，大 32 开　3.10 元

03900　核反应堆材料手册
〔日〕长谷川正义、三岛良绩主编，孙守仁等译　北京：原子能出版社，1987.10　803 页，16 开　12.00 元

03901　核酸发酵
日本氨基酸·核酸集谈会编，张克旭、杜连祥译　北京：轻工业出版社，1987.11　452 页，32 开　3.60 元

03902　黑魔马：日本童话
崔红叶译　北京：中国少年儿童出版社，

1987.1　104 页，32 开　（小学中年级文学丛书）　0.63 元

03903　黑色飞机的坠落
〔日〕森村诚一著，吕立人译　北京：中国青年出版社，1987.7　317 页，32 开　1.80 元

03904　红莲女王
〔日〕黑岩重吾著，王玉琢译　长春：吉林人民出版社，1987.6　142 页，32 开　0.90 元
本书据日本光文社 1978 年版译出。

03905　忽必烈汗：托忒蒙文
〔日〕爱岩松男著，宝彦德力格尔译，代丽曼改写　乌鲁木齐：新疆人民出版社，1987.2　240 页，32 开　0.65 元

03906　湖·山之音
〔日〕川端康成著，林许金、张仁信译　福州：海峡文艺出版社，1987.7　357 页，32 开　2.05 元

03907　化工生产闭路系统
〔日〕佐伯康治编著，于浦义等译　北京：化学工业出版社，1987.6　285 页，大 32 开　2.30 元

03908　化学公式手册
〔日〕妹尾学编，李学芬、曹镛译　北京：科学出版社，1987.12　486 页，32 开　精装　5.40 元

03909　化学情报
日本科学技术厅编，张翠兰译　北京：科学技术文献出版社，1987.5　346 页，32 开　（科技情报工作现状和展望丛书）　2.30 元

03910　话说太监
〔日〕寺尾善雄著，黄伟民、余藻编译　上海：上海文化出版社，1987.11　91 页，32 开　（五角丛书）　0.50 元

03911　环境和指示生物：水域分册
日本生态学会环境问题专门委员会编，卢全章译　北京：中国环境科学出版社，1987.12　380 页，大 32 开　3.10 元

03912　环境科学入门
〔日〕近藤次郎著，刘鸿亮等译　北京：中国环境科学出版社，1987.12　271 页，32 开

1.95 元

03913　环境与微生物
〔日〕都留信也编著，吴锦等译　北京：中国环境科学出版社，1987.6　305 页，大 32 开　2.25 元
本书据日本共立出版株式会社 1979 年版译出。

03914　换热器
〔日〕幡野佐一等编著，李云倩、林义英译　北京：化学工业出版社，1987，12　357 页，16 开　5.45 元

03915　换热器及配管的设计
〔日〕松居国夫著，金国梁译　哈尔滨：哈尔滨工业大学出版社，1987.3　269 页，大 32 开　1.85 元

03916　绘制一九九〇年的蓝图：战略经营的时代
日本能率协会编，陈志江、张爱平译　北京：新华出版社，1987.6　226 页，32 开　1.45 元
本书据 1982 年 9 月版译出。

03917　婚姻心理
〔日〕国分康孝著，王江、段永萍译　北京：世界知识出版社，1987.5　153 页，32 开　1.00 元

03918　婚姻心理分析
〔日〕国分康孝著，王铁钧译　福州：福建人民出版社，1987.4　226 页，32 开　1.15 元

03919　混凝土工程技术要点
日本混凝土工程学会著，傅沛兴、蔡光汀编译　北京：中国建筑工业出版社，1987.8　237 页，16 开　3.20 元

03920　活性炭处理水的技术和管理
〔日〕北川睦夫编著，丁瑞芝等译　北京：新时代出版社，1987.7　236 页，32 开　1.60 元

03921　活着的士兵
〔日〕石川达三著，钟庆安、欧希林译　北京：昆仑出版社，1987.12　123 页，32 开　（外国军事文学译丛）　0.90 元

03922　击坠 007
〔日〕柳田邦男著，林洁译　西安：陕西人民出版社，1987.4　333 页，大 32 开　2.00 元

03923　饥饿海峡

〔日〕水上勉著，何平、伊凡译　福州：海峡文艺出版社，1987.1　403页，大32开　（日本文学流派代表作丛书）　精装6.50元

03924　机动部队：中途岛海战续篇

〔日〕渊田美津雄、奥宫正武著，孟宪楷译　北京：海洋出版社，1987.12　332页，32开　2.60元

03925　机器猫：奇怪的雨伞

〔日〕藤子不二雄编绘，王振华译　北京：人民美术出版社，1987.3　96页，32开　0.73元

03926　机械工程技术人员的微型计算机控制入门

〔日〕山之上宽二等著，刘昌祺、黄宇波译　北京：机械工业出版社，1987.9　214页，32开　1.70元

03927　机械工程自动设计绘图法

日本计算机绘图研究会编，钟廷修译　北京：机械工业出版社，1987.1　262页，32开　2.05元

03928　基础电工学：磁与静电

〔日〕末武国弘主编，纪铜城译　北京：机械工业出版社，1987.12　（电学基础讲座　第二册）　240页，大32开　2.55元

03929　基础电工学：电路程序式学习法

〔日〕末武国弘主编，纪铜城译　北京：机械工业出版社，1987.1　259页，大32开　（电学基础讲座　第四册）　2.15元

03930　基础电工学：交流电程序式学习法

〔日〕末武国弘主编，日本松下电器工学院编著，纪铜城译　北京：机械工业出版社，1987.1　243页，大32开　（电学基础讲座　第三册）　2.00元

03931　基础电工学：直流电

〔日〕末武国弘主编，纪铜城译　北京：机械工业出版社，1987.12　182页，大32开　（电学基础讲座　第一册）　2.05元

03932　基础工程

〔日〕石井准之助等著，唐昆、高云岫译　北京：煤炭工业出版社，1987.6　408页，大32开　2.60元

03933　基础汽车工程学上集

〔日〕近藤政市著，崔靖译　西安：陕西科学技术出版社，1987.10　281页，大32开　2.85元

03934　激光与测量：新测量领域的开拓

〔日〕田中敬一著，朴大植译　北京：中国计量出版社，1987.4　184页，32开　1.50元

03935　集成运算放大器题解

〔日〕井野赖元著，曹国初、单金国译　长沙：湖南科学技术出版社，1987.4　108页，16开　1.90元

03936　嫉妒心理学

〔日〕诧摩武俊著，欧明昭译　哈尔滨：黑龙江人民出版社，1987.10　155页，32开　1.40元

03937　嫉妒心理学：人际关系的隐秘因素

〔日〕诧摩武俊著，胡一夫译　长沙：湖南人民出版社，1987.5　124页，32开　0.78元

03938　计算机语音处理

〔日〕安居院猛、中鸣正之著，周迪伟、高东杰译　北京：国防工业出版社，1987.5　210页，32开　1.40元

03939　技术突破的冲击波

日本日经产业新闻编，韩维屏、宫世雄译　北京：科学技术文献出版社，1987.8　183页，32开　（科技政策与管理译丛）　1.50元

03940　加强布局之道

〔日〕大竹英雄著，韩凤仑译　北京：华夏出版社，1987.11　245页，32开　1.65元

03941　家庭关系心理学

〔日〕依田明著，蒋乐群、朱永新译　天津：天津人民出版社，1987.7　138页，32开　1.75元　本书据日本株式会社有斐阁新书1983年3月第1版译出。

03942　家用电器用微电脑

〔日〕阿部良三等著，孙力群译　北京：电子工业出版社，1987.8　191页，32开　1.25元

03943　尖端材料

〔日〕堂山昌南、山本良一编，邝心湖等译　北京：电子工业出版社，1987.7　312页，32开　2.05元

03944　简明文化人类学
〔日〕祖父江孝男著，季红真译　北京：作家出版社，1987.11　171页，32开　（作家参考丛书）　1.30元

03945　建筑结露
〔日〕山田雅士著，孙逸增译　北京：中国建筑工业出版社，1987.4　334页，32开　1.95元

03946　建筑绝热
〔日〕山田雅士著，景贵琴译　北京：中国建筑工业出版社，1987.7　336页，32开　2.05元

03947　建筑业全面质量管理
〔日〕朝香铁一、田村恭主编，郗小森等译　北京：中国建筑工业出版社，1987.7　323页，大32开　2.60元

03948　建筑造型基础
〔日〕小村吉郎著，雷宝乾译　北京：中国建筑工业出版社，1987.12　152页，大32开　1.85元

03949　降低成本要诀
〔日〕伊桥俊彦著，赵国壁译　北京：科学技术文献出版社，1987.5　170页，32开　1.20元

03950　脚手架工程实用指南
〔日〕森宜制主编，王蕴策、苑家良译　北京：中国铁道出版社，1987.11　299页，32开　1.90元

03951　教子18例：日本社会教育家经验谈
〔日〕井胁野畔子著，刘军生、李素梅编译　天津：新蕾出版社，1987.3　148页，32开　0.84元

03952　金属表面工业国际标准集
〔日〕长坂秀雄编，徐清发译　北京：机械工业出版社，1987.12　125页，大32开　精装　5.95元

03953　金属的化学处理
〔日〕间宫富士雄编，刘俊哲译　北京：化学工业出版社，1987.11　209页，32开　1.70元

03954　近代日本经济发展
〔日〕中村隆英著，史作政译　北京：知识出版社，1987.12　94页，32开　0.70元

03955　近松门左卫门、井原西鹤选集
钱稻孙译　北京：人民文学出版社，1987.11　516页，大32开　（日本文学丛书）　3.45元

03956　经济心理学：销售与广告心理学
〔日〕饱户弘等著，褚伯良译　北京：中国商业出版社，1987.9　283页，32开　1.60元

03957　经济与文化
〔日〕名和太郎著，高曾杰、郝玉珍译　北京：中国经济出版社，1987.10　118页，大32开　1.40元

03958　经营管理决策的计算机应用手册
〔日〕占部都美编著，郑养瑞译　北京：国防工业出版社，1987.12　554页，16开　7.15元

03959　经营管理心理学
〔日〕村中兼松主编，刘克主译　南京：南京大学出版社，1987.4　377页，32开　2.30元

03960　经营战略的诊断方法
〔日〕川村明正等著，宋贵宗译　石家庄：河北人民出版社，1987.2　258页，32开　1.00元

03961　惊人的信息推理术
〔日〕山上定也著，温元凯、李涛编译　上海：上海文化出版社，1987.4　102页，32开　（五角丛书　第四辑）　0.50元

03962　精神道德情操：无视另一半教育的日本人
〔日〕井深大著，骆为龙等译　北京：社会科学文献出版社，1987.12　115页，32开　1.00元

03963　九十年代的农药工业
〔日〕永江祐治等编，陈馥衡等译　北京：化学工业出版社，1987.12　324页，32开　2.20元

03964　"九一八"事变：奉天总领事林久治郎遗稿
王也平译　沈阳：辽宁教育出版社，1987.5　177页，大32开　1.60元

03965　酒吧世界
〔日〕松本清张著，马述祯译　天津：百花文艺出版社，1987.7　603页，32开　3.80元

03966　巨峰葡萄栽培
〔日〕柴寿著，王化忠译　北京：中国林业出版

社，1987.8　195 页，32 开　1.50 元

03967　拒绝的艺术
〔日〕石川弘义著，周逸鸣译　兰州：甘肃人民出版社，1987.12　209 页，32 开　（人与社会丛书）　2.10 元

03968　绝缘试验方法手册
日本电气学会绝缘试验方法手册修订委员会编，陈琴生译　2 版　北京：水利电力出版社，1987.7　689 页，32 开　5.20 元

03969　看名画的眼睛
〔日〕高阶秀尔著，范钟鸣译　成都：四川美术出版社，1987.4　260 页，32 开　2.50 元

03970　科技计算方法及其在流体动力学和核系统中的应用
〔日〕中村省一郎著，尹邦华译　北京：原子能出版社，1987.2　500 页，大 32 开　3.55 元

03971　科学技术数据统计手册
日本科学技术厅计划局编，王彬方译　北京：机械工业出版社，1987.10　262 页，32 开　2.15 元

03972　科学史新观点
〔日〕谢世辉著，刘永珍译　呼和浩特：内蒙古人民出版社，1987.8　134 页，大 32 开　1.15 元

03973　可爱的童装：1987 年第 1 辑
日本镰仓书房编　北京，轻工业出版社，1987.3　50 页，16 开　1.25 元

03974　可爱的童装：1987 年第 2 辑
日本镰仓书房编　北京：轻工业出版社，1987.7　48 页，16 开　1.25 元

03975　可爱的童装：1987 年第 3 辑
日本镰仓书房编　北京：轻工业出版社，1987.10　50 页，16 开　1.25 元

03976　可爱的童装：1987 年第 4 辑
日本镰仓书房编　北京：轻工业出版社，1987.11　50 页，16 开　1.25 元

03977　可靠性与维修性
〔日〕盐见弘著，姚普译　北京：机械工业出版社，1987.1　211 页，32 开　（国外现代管理初

级读物）　1.60 元

03978　可怕的公害
〔日〕庄司光、宫本宪一著，张乙等译　北京：中国环境科学出版社，1987.7　153 页，32 开　1.15 元

03979　篮球技术图解
〔日〕笠原成元著，张宁译　沈阳：辽宁教育出版社，1987.3　176 页，32 开　1.30 元

03980　狼孩恩仇
〔日〕山中恒著，徐方启译　长沙：湖南少年儿童出版社，1987.11　128 页，32 开　0.70 元
本书据日本讲谈社 1975 年版译出。

03981　老龄化社会：无形的革命
日本经济新闻社编，冯朝阳、王晓民译　北京：新华出版社，1987.5　169 页，32 开　1.00 元
本书据日本经济新闻社 1981 年 8 月版译出。

03982　老年人长寿运动之道
〔日〕小林宽道、近藤孝晴编著，赵秀忠译　北京：北京体育学院出版社，1987.9　215 页，32 开　1.70 元

03983　理想家庭探索：日本和世界诸国家庭的比较研究
〔日〕上子武次、增田光吉编，庞鸣、严立贤译　北京：国际文化出版公司，1987.4　231 页，32 开　1.65 元
本书据日本有斐阁出版社 1983 年版译出。

03984　力学的趣味实验：科学的奇境
〔日〕酒井高男著，李玉璇译　上海：上海科学技术出版社，1987.3　191 页，32 开　0.99 元

03985　立体差异反应：不对称反应的性质
〔日〕泉美治、田井晰著，张璞等译　北京：科学出版社，1987.7　388 页，32 开　3.00 元

03986　恋歌
〔日〕五木宽之著，郎军、卓夫译　沈阳：春风文艺出版社，1987.7　375 页，32 开　2.25 元

03987　两性心理学
〔日〕白石浩一著，赵震译　延吉：延边大学出版社，1987.12　208 页，32 开　（多棱镜文库）　1.50 元

03988　临床家畜内科治疗学
〔日〕中村良一著，丁岚峰等译　哈尔滨：黑龙江人民出版社，1987.6　312页，16开　4.20元

03989　临床眼出血疾病
〔日〕三国政吉、木村重男著，郭美香译　北京：人民军医出版社，1987.3　230页，32开

03990　临床中医学总论
〔日〕矢数有道著，尚镇国译　北京：人民卫生出版社，1987.12　124页，32开　0.96元

03991　铃木大提琴教材（第1—6册）
〔日〕铃木镇一编著，张桂荣译　北京：人民音乐出版社，1987.12　118页，8开　5.80元

03992　铃木大提琴教材（第1—6册钢琴伴奏谱）
〔日〕铃木镇一编著　北京：人民音乐出版社，1987.12　146页，8开　6.65元

03993　铃木小提琴教材（第1—8册）
〔日〕司徒华城译　北京：人民音乐出版社，1987.12　166页，8开　6.90元

03994　零岁——教育的最佳时期
〔日〕井深大著，骆为龙、陈耐轩译　北京：北京日报出版社，1987.5　125页，32开　1.00元

03995　另辟思径：跨越时间的旅行
〔日〕多湖辉编，许明镐、胡启新编译　北京：科学普及出版社，1987.4　101页，32开　（智育小丛书　5）　0.65元

03996　龙笛纯青剑
〔日〕吉川英治著，李坚译　太原：北岳文艺出版社，1987.12　474页，32开　2.80元

03997　铝合金压铸件不良品对策问答
〔日〕菅野友信、植原寅藏著，张益、王骥华译　北京：机械工业出版社，1987.2　290页，32开　2.25元

03998　绿色棘刺
〔日〕三浦绫子著，文洁若、申非译　北京：外国文学出版社，1987.8　319页，32开　1.85元
本书据学习研究社1982年版译出。

03999　论克敌制胜棋风
〔日〕武宫正树著，韩凤仑译　北京：华夏出版社，1987.10　142页，32开　1.15元

04000　论书百绝
〔日〕渡边寒鸥著，刘艺译　上海：上海书画出版社，1987.8　204页，32开　2.50元

04001　螺旋焊钢管
赵吉峰译　北京：冶金工业出版社，1987.12　55页，16开　（钢铁厂技术培训参考丛书）0.70元

04002　漫话现代日本官吏
〔日〕大来佐武郎著，李梅子译　北京：国际文化出版公司，1987.10　126页，32开　1.20元

04003　美学百科辞典
〔日〕竹内敏雄主编，池学镇译　哈尔滨：黑龙江人民出版社，1987.7　529页，32开　精装5.80元
本书据日本东京弘文堂1985年第11版译出。

04004　猕猴桃的栽培与利用
〔日〕大垣智昭著，张振东译　北京：北京科学技术出版社，1987.2　267页，32开　1.60元

04005　秘书工作要诀
〔日〕工藤南海夫著　北京：中国展望出版社，1987.10　115页，32开　（海外现代经营管理丛书）1.15元

04006　棉被
〔日〕田山花袋著，黄凤英、胡毓文译　南京：江苏人民出版社，1987.5　258页，大32开　1.90元

04007　敏捷思维训练法
〔日〕多湖辉著，方欣编译　福州：福建少年儿童出版社，1987.6　84页，32开　（"学习"系列丛书）0.52元

04008　名局细解
〔日〕林海峰著，王小平译　北京：华夏出版社，1987.12　195页，32开　1.40元

04009　明暗
〔日〕夏目漱石著，于雷译　上海：上海译文出版社，1987.6　435页，大32开　（日本文学丛书）2.95元

04010　明日的缔约
〔日〕广濑仁纪著，筱祝译　长沙：湖南人民出版社，1987.7　210页，32开　1.25元

04011　模糊多元分析的理论及其应用
〔日〕和多田淳三著，陈国范等译　重庆：科学技术文献出版社重庆分社，1987.9　150页，32开　1.25元

04012　模具加工技术
〔日〕吉田弘美著，王旭译　上海：上海交通大学出版社，1987.10　253页，32开　2.00元

04013　谋杀从新婚之夜开始
〔日〕森村诚一著，施元辉译　哈尔滨：黑龙江人民出版社，1987.5　269页，32开　1.95元

04014　谋杀的荒郊
〔日〕南里征典著，熠华、光中译　北京：华夏出版社，1987.12　266页，32开　1.90元
本书据日本有乐出版社1985年版译出。

04015　男女趣味心理
〔日〕白石浩一著，王健宜编译　哈尔滨：北方文艺出版社，1987.9　149页，36开　（半小时丛书）　0.95元

04016　男子汉成功之路
〔日〕铃木健二著，何厚平、任虹译　重庆：重庆出版社，1987.12　192页，32开　1.55元

04017　南极探险
〔日〕那须田稔著，李西岩译　济南：山东教育出版社，1987.7　80页，32开　0.44元

04018　南京大屠杀
〔日〕洞富雄著，毛良鸿、朱阿根译　上海：上海译文出版社，1987.8　422页，32开　2.35元

04019　脑的构造与功能
〔日〕时实利彦著，邵道生译　北京：科学普及出版社，1987.6　99页，16开　1.10元

04020　内燃机测试手册
〔日〕八田桂三等主编，武善谋等译　北京：机械工业出版社，1987.9　426页，16开　6.40元

04021　能量化学工程学
〔日〕城冢正、须藤雅夫著，高仲江、梁源修译　北京：清华大学出版社，1987.10　167页，16开　1.90元

04022　能源工程中蛔的浅释
〔日〕信泽寅男著，朱明善等译　北京：化学工业出版社，1987.8　275页，32开　1.90元

04023　泥流地带
〔日〕三浦绫子著，陈喜儒译　北京：中国文联出版公司，1987.7　372页，32开　2.05元
本书据新潮社1977年版译出。

04024　农业经营线性规划
〔日〕工藤元著，万宝瑞译　北京：农业出版社，1987.4　274页，32开　2.10元
本书据明文书房1963年版译出。

04025　女富翁的遗产
〔日〕高木彬光著，施元辉译　北京：中国文联出版公司，1987.3　185页，32开　1.00元

04026　女继承人
〔日〕草野唯雄著，孟传良译　长春：吉林人民出版社，1987.1　263页，32开　1.65元

04027　女人
〔日〕曾野绫子著，程在里译　哈尔滨：北方文艺出版社，1987.5　219页，32开　1.20元

04028　女人的代价
〔日〕松本清张著，何森耀译　长春：吉林人民出版社，1987.9　247页，32开　1.95元

04029　女人的路
〔日〕圆地文子等著，沈海滨等译　北京：中国文联出版公司，1987.12　216页，大32开　（日本文学流派代表作丛书）　1.75元

04030　女人的幸福
〔日〕平岩弓枝著，武继平、王云燕译　长春：吉林人民出版社，1987.7　182页，32开　（日本大众文学名著丛书）　1.15元

04031　女人，要比男人多个心眼
〔日〕横沟正史著，李平译　武汉：长江文艺出版社，1987.7　250页，32开　1.70元

04032　女系家族
〔日〕山崎丰子著，王玉琢译　哈尔滨：黑龙江人民出版社，1987.4　475页，大32开　3.10元

04033　女性的心理骚动：回答你的心理不安
〔日〕斋藤茂太著，耿仁秋、王洪明译　北京：中国文联出版公司，1987.9　169页，32开

（文艺·社会学丛书） 1.50 元
本书据日本大和书房 1978 年 2 月版译出。

04034 女性的智慧
〔日〕藤本义一著，谭继山编译 杭州：浙江文
艺出版社，1987.7 113 页，32 开 0.90 元

04035 女性心理学
〔日〕服部正著，江丽临等译 上海：上海翻译
出版公司，1987.4 223 页，32 开 1.55 元
本书据日本朝仓书店株式会社 1976 年版译出。

04036 女性心理学
〔日〕国分康孝著，刘启译 哈尔滨：黑龙江人
民出版社，1987.10 208 页，32 开 1.75 元

04037 女性性向学
〔日〕岛田一男著，区伟强译 兰州：甘肃人民
出版社，1987.12 211 页，32 开 （人与社会丛
书） 1.80 元

04038 欧美财政思想史
〔日〕坂入长太郎著，张淳译 北京：中国财政
经济出版社，1987.8 404 页，大 32 开 2.55 元

04039 喷绘技法
〔日〕三尾公三著，赵克、云流编译 桂林：漓
江出版社，1987.8 87 页，24 开 5.00 元

04040 飘零舞女
〔日〕森村诚一等著，马述祯、马龙译 青岛：
青岛出版社，1987，12 432 页，32 开 2.70 元

04041 破戒 （朝鲜文）
〔日〕岛崎藤村著，李贤吉译 牡丹江：黑龙江朝
鲜民族出版社，1987.1 358 页，大 32 开 2.40 元
本书据人民文学出版社 1982 年汉文版转译。

04042 破灭的美
〔日〕立原正秋著，林怀秋、简福春译 哈尔
滨：黑龙江人民出版社，1987.10 429 页，大
32 开 3.75 元

04043 棋圣妙局：藤泽秀行一赵治勋
日本读卖新闻社编，李忠译 北京：华夏出版
社，1987.9 106 页，32 开 1.25 元

04044 企业定期考核标准
〔日〕笹木文夫等著，金凤廷译 北京：中国标
准出版社，1987.2 97 页，32 开 0.92 元

04045 企业管理知识
〔日〕川名正晃著，杨诎人、谢济新编译 广
州：广东人民出版社，1987.4 110 页，32 开
（企业经营管理丛书） 0.80 元

04046 企业家的经营艺术
〔日〕矢野俊介著，赵大生译 北京：中国国际
广播出版社，1987.11 126 页，32 开 1.00 元

04047 企业家革命的时代：提倡创业权经济
〔日〕清成忠男著，蒋建平译 北京：北京大学
出版社，1987.1 176 页，32 开 0.95 元

04048 企业经营弊病的诊治
〔日〕田边升一著，郑励志等译 上海：上海翻
译出版公司，1987.2 293 页，32 开 2.10 元

04049 企业内职工教育的方法和实践
〔日〕青木武一著，肇永和译 北京：清华大学
出版社，1987.6 391 页，32 开 2.10 元

**04050 企业系统分析与设计：企业、信息、电
子计算机**
〔日〕向挚、岛田达巳著，张福德、于长官译
哈尔滨：哈尔滨工业大学出版社，1987.5 174
页，16 开 2.05 元

04051 企业诊断的着眼点
〔日〕石尾登等著，弓海旺等译 北京：知识出
版社，1987.9 140 页，32 开 1.10 元

04052 汽车化油器的结构和特性
〔日〕鱼住顺藏等著，陈康仪译 北京：人民交
通出版社，1987.12 198 页，大 32 开 1.65 元

04053 汽车强度
日本汽车技术协会编，付嵩元译 北京：机械工
业出版社，1987.8 216 页，16 开 3.70 元

04054 汽车事故工程
〔日〕江守一郎著，刘晞柏译 北京：人民交通
出版社，1987.12 159 页，32 开 1.10 元

04055 汽车修理 （上册）
〔日〕斋藤孟主编，于振洲译 北京：机械工业
出版社，1987.8 286 页，32 开 2.20 元

04056 汽车修理 （下册）
〔日〕斋藤孟主编，于振洲译 北京：机械工业
出版社，1987.9 311 页，32 开 2.40 元

04057　桥式起重机设计计算
〔日〕坂本种芳、长谷川政弘著，池成渊译　北京，中国铁道出版社，1987.11　317 页，32 开　2.05 元

04058　切削液与磨削液
〔日〕广井进等著，刘镇昌译　北京：机械工业出版社，1987.10　262 页，大 32 开　2.75 元

04059　青春之门
〔日〕五木宽之著，万强、童舟译　北京：中国文联出版公司，1987.12　396 页，32 开　2.55 元

04060　轻型飞机
〔日〕木村秀政、梅田克彦著，张研编译　广州：科学普及出版社广州分社，1987.3　120 页，32 开　0.78 元

04061　清代蒙古社会制度
〔日〕田山茂著，潘世宪译　北京：商务印书馆，1987.4　312 页，大 32 开　1.95 元
本书据 1954 年日本文京书院的初版译出。

04062　情爱的证明
〔日〕森村诚一著，高智忠译　武汉：长江文艺出版社，1987.5　232 页，32 开　1.35 元
本书原名《冷血舞台》。

04063　趣味儿童叠纸
日本 K.叠纸艺术工作室编，肖宏译　北京：中国妇女出版社，1987.10　137 页，32 开　2.50 元

04064　趣味情报学
日本能率协会编，谭实译　北京：科学技术文献出版补，1987.11　141 页，32 开　1.20 元

04065　趣味智力训练：日本现代儿童智力训练题选
江城编译　天津：新蕾出版社，1987.12　90 页，32 开　0.68 元

04066　全员生产维修的展开程序
〔日〕中屿清一主编，潘力本、王林起译　北京：机械工业出版社，1987.10　168 页，大 32 开，2.00 元

04067　让子棋制胜之策
〔日〕林海峰著，韩风仑译　北京：国际文化出

版公司，1987.12　189 页，32 开　1.60 元

04068　热处理指南（上册）
日本热处理技术协会编著，刘文泉等译　北京：机械工业出版社，1987.2　347 页，大 32 开　3.30 元
本书据日本大河出版社 1983 年日文版译出。

04069　热处理指南（下册）
日本热处理技术协会编著，刘文泉等译　北京：机械工业出版社，1987.8　309 页，大 32 开　2.95 元

04070　人才培养秘诀
〔日〕高山芳雄著，何培忠、冯建新译　北京：社会科学文献出版社，1987.6　144 页，32 开　1.10 元
本书据 1986 年 11 月第 1 版译出。

04071　人的生死之谜
〔日〕猪木正文著，孙云利译　上海：上海文化出版社，1987.11　101 页，32 开　（五角丛书）　0.50 元

04072　人类染色体疾病研究
〔日〕阿部达生、藤田弘子编，沙人译　呼和浩特：内蒙古人民出版社，1987.10.135 页，16 开　2.00 元

04073　人生探幽
张勤、张静萱译　上海：上海文化出版社，1987.5　121 页，32 开　（五角丛书　第五辑）　0.50 元

04074　人行天桥造型设计
日本道路协会著，姜维龙译　北京：中国建筑工业出版社，1987.12　58 页，16 开　0.98 元

04075　人怎样长得高
〔日〕川畑爱义著，方盛编译　上海：上海文化出版社，1987.4　98 页，32 开　（五角丛书　第四辑）　0.50 元

04076　韧性与人生：一个女人的生活道路
〔日〕长泽信子著，李保平译　北京：国际文化出版公司，1987.12　119 页，32 开　1.00 元

04077　妊娠分娩育儿手册
〔日〕中屿唯夫著，商伯航、张维娜译　济南：山东科学技术出版社，1987.1　402 页，32 开

3.00 元

04078 日本插图小丛书：动物篇
〔日〕山下秀树编，京华译 北京：世界图书出
版公司，1987.8 155 页，32 开 1.80 元

04079 日本插图小丛书：人物·生活篇
〔日〕山下秀树编，京华译 北京：世界图书出
版公司，1987.8 155 页，32 开 1.80 元

04080 日本插图小丛书：日本的十二月篇
〔日〕山下秀树编，京华译 北京：世界图书出
版公司，1987.8 155 页，32 开 1.80 元

04081 日本插图小丛书：水墨画季节篇
〔日〕山下秀树编，京华译 北京：世界图书出
版公司，1987.8 155 页，32 开 1.80 元

04082 日本插图小丛书：植物篇
〔日〕山下秀树编，京华译 北京：世界图书出
版公司，1987.8 155 页，32 开 1.80 元

04083 日本当代诗选
孙钿译 长沙：湖南人民出版社，1987.7 359
页，大 32 开 （诗苑译林） 精装3.80元，平装
2.70 元

04084 日本的对虾养殖
〔日〕茂野邦彦著，张乃禹、林如杰译 北京：
农业出版社，1987.2 173 页，大 32 开
1.50 元

04085 日本的基金会：资助团体的源流和展望
〔日〕林雄二郎、山冈义典著，田桓译 北京：
社会科学文献出版社，1987.5 198 页，大 32
开 2.00 元

04086 日本的崛起：昭和经济史
〔日〕有泽广己主编，鲍显铭等译 哈尔滨：黑
龙江人民出版社，1987.5 1026 页，大 32 开
7.40 元

04087 日本第五代计算机
〔日〕渊一博、广濑健著，王钢译 北京：科学
出版社，1987.1 118 页，32 开 0.96 元

**04088 日本对华贸易指南：中日贸易实务
140 问**
〔日〕系贺了等编著，董铺、朱正明译 成都：
四川大学出版社，1987.10 354 页，32 开

2.20 元

04089 日本二十一世纪展望
日本国土厅计划调整局编，赵焕宸、尹元玄译
北京：中国展望出版社，1987.5 234 页，大 32
开 1.85 元

04090 日本犯罪白皮书：富裕社会的犯罪
日本法务省综合研究所编，李虔译 北京：中国
政法大学出版社，1987.6 563 页，32 开
3.50 元
本书据日本 1984 年版译出。

04091 日本复兴的秘密
〔日〕林雄二郎著，赵心培、栾早春译 哈尔
滨：黑龙江科学技术出版社，1987.10 67 页，
32 开 0.58 元

04092 日本工厂节能 90 例
〔日〕戴龙骧、闵馨译 北京：北京科学技术出
版社，1987.11 260 页，32 开 1.90 元

**04093 日本计算机全国统考试题和解答：
1983—1985（初级）**
日本信息处理开发协会信息处理研究中心编，张
然译 上海：上海科学技术文献出版社，
1987.10 273 页，大 32 开 （计算机应用软件
人员水平考试参考丛书） 2.70 元

**04094 日本计算机全国统考试题和解答：
1983—1985（中级）**
日本信息处理开发协会信息处理研究中心编，张
然译 上海：上海科学技术文献出版社，
1987.10 294 页，大 32 开 （计算机应用软件
人员水平考试参考丛书） 2.90 元

04095 日本计算机水平考试指南（初级）
〔日〕广松恒彦编，徐国伟译 上海：上海科学
技术文献出版社，1987.12 232 页，大 32 开
（计算机应用软件人员水平考试参考丛书）
2.30 元

04096 日本建筑生产和管理技术
〔日〕田村恭等著，雷仲篪译 北京：中国财
政经济出版社，1987.4 115 页，32 开
1.15 元

**04097 日本教育法规选编国家教委情报研究
室编**
李永连、张友栋等译 北京：教育科学出版社，

1987.2　284 页，32 开　2.00 元

04098　日本进入服务产业新时代

〔日〕公文俊平主编，雨谷译　北京：新华出版社，1987.6　146 页，32 开　0.90 元

本书据日本富士美术印刷股份公司 1985 年 4 月版译出。

04099　日本军国主义侵华资料长编（上）：《大本营陆军部》摘译

日本防卫厅战史室编纂，天津市政协编译委员会译　成都：四川人民出版社，1987.1　801 页，大 32 开　5.70 元

04100　日本军国主义侵华资料长编（下）：《大本营陆军部》摘译

日本防卫厅战史室编纂，天津市政协编译委员会译　成都：四川人民出版社，1987.5　832 页，大 32 开　5.88 元

04101　日本军国主义侵华资料长编（中）：《大本营陆军部》摘译

日本防卫厅战史室编纂，天津市政协编译委员会译　成都：四川人民出版社，1987.4　795 页，大 32 开　5.67 元

04102　日本科技政策

〔日〕乾侑著，葛化东译　北京：科学技术文献出版社，1987.5　332 页，32 开　（科技政策与管理译丛）　2.40 元

04103　日本理工科大学硕士研究生入学数学试题集（详解）

〔日〕丸山滋弥主编，田根宝译　峨眉：西南交通大学出版社，1987.12　329 页，32 开　1.75 元

04104　日本临床检验师国家考试题解

阎佩珩等编译　北京：人民卫生出版社，1987.3　519 页，32 开　3.05 元

04105　日本侵华内幕

〔日〕重光葵著，齐福霖等译　北京：解放军出版社，1987.7　436 页，32 开　3.20 元

本书据重光葵著作集（原书房株式会社 1978 年版）译出。

04106　日本未来技术的预测与应用

〔日〕森谷正规著，赵坤、马爱诗译　北京：科学技术文献出版社，1987.6　171 页，32 开（科技政策与管理译丛）　1.50 元

04107　日本文学史概说

〔日〕市古贞次著，倪玉等译　长春：东北师范大学出版社，1987.1　336 页，大 32 开　3.50 元

04108　日本喜剧电影剧本选

李正伦译　广州：花城出版社，1987.2　561 页，32 开　精装 4.50 元，平装 3.20 元

04109　日本现代美人画选

邓惠伯编著　西安：陕西人民美术出版社，1987　8.79 页，16 开　7.95 元

04110　日本现代水产养殖方法

〔日〕T. 加福、H. 池上编，洪清盾译　北京：科学技术文献出版社，1987.11　274 页，32 开　1.85 元

04111　日本学者研究中国现代文学论文选粹

〔日〕伊藤虎丸等编　长春：吉林大学出版社，1987.7　442 页，32 开　精装 2.20 元，平装 2.20 元

04112　日本学者中国文学研究译丛（第二辑）

刘柏青等主编　长春：吉林教育出版社，1987.9　287 页，大 32 开　2.15 元

04113　日本质量管理经验集锦

王戈等译　哈尔滨：黑龙江科学技术出版社，1987.6　220 页，16 开　3.20 元

04114　日美技术战

〔日〕牧野升、志村幸雄著，汪阳等译　上海：上海科学技术文献出版社，1987.9　245 页，32 开　4.00 元

04115　日美企业人事管理比较

〔日〕武泽信一、〔美〕A. M. 怀特希尔编，陈一壮等译　北京：求实出版社，1987.3　188 页，大 32 开　1.10 元

04116　日语助词（は和が自学指南）

〔日〕野田尚史著，王宏译　上海：上海译文出版社，1987.11　108 页，16 开　1.45 元

04117　柔性制造系统：制造革命的主导

〔日〕古川勇二著，李禾译　北京：机械工业出版社，1987.7　144 页，32 开　1.35 元

04118　如何发现手筋

〔日〕石田芳夫著，韩凤仑译　北京：国际文化出版公司，1987.6　168 页，32 开　1.30 元

本书据日本棋院 1985 年 9 月版译出。

04119　如何说"不"：拒绝别人的语言艺术
〔日〕石川弘义著，周逸鸣译　西安：西北大学出版社，1987.10　186 页，32 开　1.25 元

04120　如何选择定式
〔日〕大竹英雄著，王国柱、魏晨编译　北京：北京科学技术出版社，1987.9　260 页，32 开（围棋中级指导丛书）　2.20 元

04121　乳粉制造工程
〔日〕林弘通著，陶云章译　北京：轻工业出版社，1987.7　253 页，16 开　3.55 元

04122　软磁盘机原理与应用
〔日〕高桥升司著，李振明、张遇吉译　北京：电子工业出版社，1987.6　160 页，16 开　2.55 元

04123　软件质量管理
〔日〕菅野文友主编，张然译　北京：北京航空学院出版社，1987.8　272 页，大 32 开　2.25 元

04124　三角形和四边形的性质
〔日〕若年季雄、吉田达也著，李世金译　北京：知识出版社，1987.10　74 页，32 开（中学数学知识丛书）　0.70 元

04125　山本五十六
〔日〕阿川弘之著，朱金、王凤芝译　北京：解放军出版社，1987.11　665 页，32 开（外国著名军事人物）　3.75 元
本书据日本新潮社 1973 年日文版译出。

04126　商标法 50 讲
〔日〕纹谷畅男编，魏启学译　北京：法律出版社，1987.4　310 页，32 开　1.70 元

04127　商务日语
日本日产汽车公司海外部编，〔日〕高见泽孟主编　北京：高等教育出版社，1987.5　297 页，16 开（中日贸易速成会话教材）　3.95 元

04128　少年计算机知识入门
〔日〕中山章、竹内和夫著，程逾眉译　杭州：浙江少年儿童出版社，1987.8　253 页，大 32 开　1.30 元

04129　深层海流
〔日〕松本清张著，文洁若、文学朴译　北京：国际文化出版公司，1987.1　363 页，32 开　2.40 元
本书据《松本清张全集》第三十一卷，文艺春秋社 1973 年版译出。

04130　神秘的驻外武官
〔日〕杉森久英著，林怀秋译　长沙：湖南人民出版社，1987.12　450 页，32 开　2.60 元

04131　审计学
〔日〕三泽一著，文硕译　北京：中国商业出版社，1987.12　281 页，大 32 开　1.55 元

04132　生产管理工程
〔日〕人见胜人著，姜文炳译　北京：机械工业出版社，1987.12　240 页，32 开（现代管理译丛）　1.95 元

04133　生理学
〔日〕真岛英信著，姚承禹等译　北京：人民卫生出版社，1987.6　621 页，16 开　精装10.15 元

04134　生物高分子：功能及其模型
〔日〕井上祥平著，宗惠娟等译　北京：科学出版社，1987.8　212 页，32 开　1.70 元

04135　生物技术的挑战
〔日〕轻部征夫等编，赵从尧等译　北京：北京农业大学出版社，1987.9　142 页，32 开　1.16 元

04136　生物热力学导论
〔日〕山边茂著，屈松生、黄素秋译　北京：高等教育出版社，1987.12　161 页，大 32 开　1.40 元

04137　实验设计法上
〔日〕田口玄一著，魏锡禄、王世芳译　北京：机械工业出版社，1987.12　610 页，大 32 开　5.90 元

04138　实验物理工作者指南
〔日〕兵藤申一著，高瑞芬译　合肥：中国科学技术大学出版社，1987.11　146 页，大 32 开　1.50 元

04139　实用钣金件展开图画法
〔日〕池田勇著，于振洲译　北京：国防工业出版社，1987.12　199 页，16 开　2.70 元

04140　实用布局常识
〔日〕大竹英雄著，薛至诚、郝守维编译　北京：北京科学技术出版社，1987.9　249页，32开　（围棋中级指导丛书）　2.10元

04141　实用冲压自动化设计法
〔日〕栗原昭八著，梁国明译　北京：机械工业出版社，1987.7　158页，32开　1.30元

04142　实用节能全书
日本实用节能机器全书编辑委员会编，郭晓光等译　北京：化学工业出版社，1987.11　903页，16开　12.50元

04143　食品分析
〔日〕平野四藏等编，陈水才编译　南昌：江西科学技术出版社，1987.4　69页，32开　（食品小丛书）　0.52元

04144　世界打斗旅行：三十二国惊险搏击
〔日〕大山倍达著，盛宏伟译　哈尔滨：黑龙江人民出版社，1987.9　139页，32开　0.95元

04145　世界各国国防制度
〔日〕大平善梧、田上穰治主编，钟庆安、高培译　北京：解放军出版社，1987.8　326页，32开　1.80元

04146　世界科技名人小传
〔日〕玉川学园编，张可喜摘译　北京：新华出版社，1987.6　272页，32开　1.50元
本书据玉川大学出版部1977年版摘译。

04147　世界名人成才之路
〔日〕伊藤隆二著，方东译　北京：北京教育出版社，1987.10　151页，32开　0.98元

04148　世界新潮美术作品集：JCA日本国际创造者协会作品精选
〔日〕永柳等编　南宁：广西人民出版社，1987.6　1册，16开　17.50元

04149　世界著名女影星小传
〔日〕猪俣胜人、田山力哉著，章言、齐攻译　北京：文化艺术出版社，1987.1　202页，32开　1.45元

04150　事成于思：三洋公司前总经理回忆录
〔日〕井植薰著，郑海东译　北京：国际文化出版公司，1987.12　179页，32开　1.40元

04151　事成于思：我的实践经营论
〔日〕井植薰著，郑海东译　北京：中国展望出版社，1987.6　252页，32开　（海外现代经营管理丛书）　1.90元

04152　逝去的梦
〔日〕五木宽之著，高润生译　哈尔滨：黑龙江人民出版社，1987.10　161页，36开　1.15元
本书据文艺春秋社1985年版译出。

04153　手筋的威力
〔日〕大竹英雄著，赵德宇、江虹编译　北京：北京科学技术出版社，1987.10　273页，32开　（围棋中级指导丛书）　2.20元

04154　数据的收集方法和应用（二）
〔日〕铁健司编，〔日〕大淹厚、谷津进著，邸宏译　北京：中国经济出版社，1987.4　98页，32开　（QC入门讲座系列丛书　6）　0.75元

04155　数据的收集方法和应用（一）
〔日〕铁健司编，〔日〕千叶力雄等著，战宪斌译　北京：中国经济出版社，1987.4　130页，32开　（QC入门讲座系列丛书　5）　0.95元

04156　数量经济分析基础
〔日〕佐和隆光著，曾五一译　北京：中国统计出版社，1987.8　340页，大32开　2.45元

04157　数学的发展
〔日〕大山正信著，裴锡灿译　北京：知识出版社，1987.12　57页，32开　（中学数学·羽识丛书）　0.60元

04158　数学的观念
〔日〕矢野健太郎著，吴学曾、何文盖译　北京：国防工业出版社，1987.9　333页，32开　（日语科技注释读物）　2.20元

04159　数学智囊
〔日〕武藤彻等著，赵森译　北京：科学普及出版社，1987.7　247页，32开　1.35元

04160　数字声频技术
〔日〕中岛平太郎等著，顾永娟等译　北京：电子工业出版社，1987.2　301页，大32开　2.20元

04161　数据传输与计算机网络
〔日〕田村进一著，王臣等译　北京：国防工业

出版社，1987.10　203 页，大 32 开　1.5 元

04162　水稻的基础生理与生态
〔日〕田中孝幸等著，朱庆森、沈德余译　上海：上海科学技术出版社，1987.3　228 页，32 开　1.50 元

04163　水力发电基本知识
〔日〕永濑直昭著，吴晓光等译　北京：机械工业出版社，1987.11　174 页，32 开　1.40 元

04164　水域的富营养化及其防治对策
日本机械工业联合会产业机械工业会编，杨祯奎、胡保林译　北京：中国环境科学出版社，1987.7　71 页，32 开　2.00 元

04165　说话艺术
〔日〕坂川山辉夫等著，孟宪、闻谊译　北京：科学普及出版社，1987.2　172 页，32 开　（效率译丛）　1.10 元

04166　死神悄悄来临
〔日〕有吉佐和子著，王纪卿译　北京：中国文联出版公司，1987.9　457 页，32 开　2.50 元

04167　松林谦三
〔日〕远藤和子著，张苏苏译　北京：三联书店，1987.10　311 页，32 开　1.75 元

04168　塑料废弃物的有利效用
〔日〕屿田吉英等著，陈桂富、赵作玺译　北京：烃加工出版社，1987.12　281 页，32 开　1.90 元

04169　塑料异型和复合挤出技术及制品开发
〔日〕泽田庆司著，朱焰男译　北京：化学工业出版社，1987.10　410 页，32 开　2.75 元

04170　缩微摄影技术讲座
〔日〕后藤公明著，刘凤志、乔川译　北京：档案出版社，1987.9　342 页，32 开　2.70 元

04171　他的妹妹：日本现代戏剧选
〔日〕武者小路实笃等著，文洁若等译　北京：人民文学出版社，1987.10　732 页，大 32 开　4.70 元

04172　太阳光发电
〔日〕高桥清编著，田小平等译　北京：新时代出版社，1987.12　582 页，大 32 开　4.15 元

04173　谈子的死与活
〔日〕坂田荣男著，韩凤仑译　北京：工人出版社，1987.11　160 页，32 开　1.05 元

04174　谈子效分析
〔日〕小林光一著，韩凤仑译　北京：北京科学技术出版社，1987.10　169 页，32 开　1.30 元

04175　碳氢化合物污染及其对策
日本化学会编，李芥春等译　北京：科学出版社，1987.6　384 页，32 开　（环境科学丛书）3.00 元

04176　唐五代北宋词研究
〔日〕树上哲见著，杨铁婴译　西安：陕西人民出版社，1987.8　775 页，大 32 开　3.55 元

04177　提高星定式能力
〔日〕林海峰编，韩凤仑译　北京：北京科学技术出版社，1987，10　168 页，32 开　1.30 元

04178　天下没有不吵架的夫妻
〔日〕能户清司著，唐民编译　北京：农村读物出版社，1987.7　290 页，32 开　2.25 元

04179　统计检验和估计
〔日〕铁健司编，〔日〕谷津进著，王瑞坤、邸宏译　北京：中国经济出版社，1987.9　158 页，32 开　（QC 入门讲座系列丛书）　1.15 元

04180　图解骨盆矫正压揉法
〔日〕西园寺正幸著，吴鹤山译　哈尔滨：黑龙江科学技术出版社，1987.12　128 页，32 开，1.20 元

04181　图解基因工程入门
〔日〕太田次郎著，吴政安译　北京：科学出版社，1987.8　137 页，32 开　0.90 元

04182　土壤诊断法
〔日〕三好洋著，董振业、郑世清译　天津：天津科学技术出版社，1987.12　181 页，32 开　1.15 元

04183　挽歌
〔日〕原田康子著，管黔秋、刘文智译　长沙：湖南人民出版社，1987.9　307 页，32 开　1.90 元

04184　晚安恋人们
〔日〕五木宽之著，王玉琢译　北京：工人出版

社，1987.7　358 页，32 开　2.10 元

04185　微量物证在刑事侦查中的应用
〔日〕田久保丰著，申健、郑世贤译　长春：
吉林人民出版社，1987.6　172 页，32 开
1.05 元

04186　微量元素与人体健康
〔日〕山县登著，乔志清等译　北京：地质出版
社，1987.5　270 页，大 32 开　2.45 元

04187　微型计算机 BASIC 语言速查手册
〔日〕中村八束著，杨孝如、张立英译　北京：电
子工业出版社，1987.7　330 页，大 32 开　3.20 元

04188　微型计算机在机械中的应用技术
〔日〕杉田稔、杉田耕造著，刘玉璧译　北京：
机械工业出版社，1987.9　207 页，大 32 开
（微型计算机应用丛书）　1.75 元

04189　微型计算机在控制中的实用技术
〔日〕伊落崧、桥本三男著，陆继良、程纪光
译　北京：电子工业出版社，1987.7　209 页，
大 32 开　（微计算机丛书）　1.80 元

04190　微型计算机在有限单元解析中的应用
〔日〕户川隼人著，赵西安译　北京：人民交通
出版社，1987.9　336 页，大 32 开　3.05 元

04191　围棋布局技巧
〔日〕大竹英雄著，陈伟明译　成都：蜀蓉棋艺
出版社，1987.1　186 页，32 开　0.98 元

04192　围棋吃子技巧
〔日〕小林光一著，刘开会、宋子彬译　合肥：
安徽科学技术出版社，1987.3　217 页，32 开
1.30 元

04193　围棋初级指导（二）：通向五级的捷径
〔日〕大竹英雄著，薛至诚、郝守维编译　北
京：北京科学技术出版社，1987.2　209 页，32
开　1.40 元

04194　围棋初级指导（三）：通向初段的捷径
〔日〕加藤正夫著，薛至诚、郝守维编译　北
京：北京科学技术出版社，1987.3　208 页，32
开　1.40 元

04195　围棋段位认定测验
〔日〕小林光一著，邵震中、曲强编译　哈尔

滨：黑龙江人民出版社，1987.12　156 页，50
开　0.75 元

04196　围棋官子技巧
〔日〕桥本宇太郎著，天一译　成都：蜀蓉棋艺
出版社，1987.4　68 页，32 开　0.45 元

04197　围棋基本手筋
〔日〕藤泽秀行著，樊诗序、李江林译　杭州：
浙江人民出版社，1987.11　215 页，32 开
1.30 元

04198　围棋教室（3）：力量在无形中增长
〔日〕坂田荣男著，西丁译　成都：蜀蓉棋艺出
版社，1987.4　123 页，64 开　0.35 元

04199　围棋教室（4）：棋的综合力量
〔日〕坂田荣男著，西丁译　成都：蜀蓉棋艺出
版社，1987.4　123 页，64 开　0.35 元

04200　围棋教室（5）：作战的诀窍
〔日〕坂田荣男著，西丁译　成都：蜀蓉棋艺出
版社，1987.4　122 页，64 开　0.35 元

04201　围棋教室（6）：一局棋的着眼点
〔日〕坂田荣男著，西丁译　成都：蜀蓉棋艺出
版社，1987.4　123 页，64 开　0.25 元

04202　围棋教室（7）：实战的脉搏
〔日〕坂田荣男著，西丁译　成都：蜀蓉棋艺出
版社，1987.9　123 页，64 开　0.38 元

04203　围棋教室（8）：专业棋手的感觉
〔日〕坂田荣男著，西丁译　成都：蜀蓉棋艺出
版社，1987.9　123 页，64 开　0.38 元

04204　围棋教室（9）：局部与全局的统一
〔日〕坂田荣男著，西丁译　成都：蜀蓉棋艺出
版社，1987.10　123 页，16 开　0.38 元

04205　围棋教室（10）：急所的总结
〔日〕坂田荣男著，西丁译　成都：蜀蓉棋艺出
版社，1987.11　123 页，64 开　0.38 元

04206　围棋三连星致胜法
〔日〕武宫正树著，玄素译　成都：蜀蓉棋艺出
版社，1987.10　195 页，32 开　1.28 元

04207　围棋死活技法
〔日〕林海峰著，伊文译　广州：广州文化出版

社，1987.9　200 页，32 开　1.55 元

04208　文职人员的创造力
〔日〕丰泽丰雄著，王福康、黄伟民译　上海：
上海科学普及出版社，1987.9　123 页，32 开
（创造学丛书）　0.95 元

04209　文字式的活用
〔日〕山岸雄策著，刘正一译　北京：知识出版
社，1987.8　69 页，32 开　（中学数学知识丛
书）　0.70 元

04210　我是怎样拍电影的
〔日〕山田洋次著，蒋晓松译　北京：中国电影
出版社，1987.6　142 页，32 开　1.25 元

04211　我想这样下（上）
〔日〕藤泽秀行著，洪源译　北京：人民体育出
版社，1987.1　233 页，32 开　1.30 元

04212　污水除磷脱氮技术
〔日〕宗宫功编著，张苏楠、吴之丽译　北京：
中国环境科学出版社，1987.10　157 页，32 开
1.25 元

04213　巫女的后裔
〔日〕鸟井加南子著，王启元译　北京：文化艺
术出版社，1987.2　259 页，32 开　1.70 元

04214　无机应用比色分析（3）
日本《无机应用比色分析》编辑委员会编，宋
恩烈、杨光厚译　沈阳：辽宁科学技术出版社，
1987　3.443 页，32 开　3.50 元

**04215　无形的经营资源：卓越经营的十一个
条件**
〔日〕上野明著，王伟军译　上海：上海交通大
学出版社，1987.7　89 页，32 开　0.70 元

04216　吴清源布局：黑的下法
〔日〕吴清源著，郑怀德译　成都：蜀蓉棋艺出
版社，1987.8　246 页，大 32 开　1.95 元

04217　吴清源——天才的棋谱
〔日〕吴清源、田川五郎著，廖八鸣译　成都：
蜀蓉棋艺出版社，1987.1　188 页，32 开
1.20 元

04218　五重塔：日本近代短篇小说选
文洁若译析　桂林：漓江出版社，1987.6　377

页，32 开　2.10 元

04219　武宫（九段）的布局
〔日〕武宫正树著，冯汉荣译　武汉：湖北科学
技术出版社，1987.3　186 页，32 开　1.60 元

04220　武官夫人秘史
〔日〕小野寺百合子著，朱继征、杨卫红译　北
京：军事译文出版社，1987.1　183 页，32 开
1.20 元

04221　物理化学实验
〔日〕千原秀昭编，沈鹤柏等译　北京：高等教
育出版社，1987.12　377 页，大 32 开　高等学
校教学参考书　3.15 元

04222　物理学常用数表
〔日〕饭田修一等编，曲长芝译　2 版　北京：
科学出版社，1987.5　392 页，大 32 开　精装
4.80 元，平装 3.70 元

04223　吸收式制冷机
〔日〕高田秋一著，耿惠彬等译　北京：机械工
业出版社，1987.7　382 页，16 开 5.75 元

04224　现代工程磁学
〔日〕樱井良文编，姜思永、程君实译　北京：机
械工业出版社，1987.2　249 页，大 32 开，2.65 元

04225　现代管理系统论
〔日〕北原贞辅著，于延方等译　修订版．北
京：中国人民大学出版社，1987.12　365 页，
大 32 开　2.90 元
本书据日本新评论株式会社 1986 年版译出。

04226　现代机床基础技术
伊东谊等编，吕伯诚译　北京：机械工业出版
社，1987.2　351 页，大 32 开　3.35 元

04227　现代交流调速系统
〔日〕宫入庄太主编，徐崇庶、胡玉雁译　徐
州：中国矿业学院出版社，1987.4　147 页，16
开　（高等学校教学参考书）　1.70 元

04228　现代汽车电器维修技术
〔日〕安达幸德著，赵克英译　北京：电子工业
出版社，1987.1　268 页，32 开　1.95 元

04229　现代图论基础
〔日〕前田渡、伊东正安著，陶思雨、王缉惠

译　北京：高等教育出版社，1987.8　270页，大32开　2.00元

04230　现代系统工程基础
〔日〕浅居喜代治著，苑殿成译　北京：新华出版社，1987.3　326页，32开　2.20元
本书据日本浅居喜代治编著的《现代系统工程基础》译出。

04231　香料科学
〔日〕藤卷正生等编，夏云译　北京：轻工业出版社，1987.1　493页，大32开　3.70元

04232　香料实用知识
〔日〕印藤元一著，轻工业部香料工业科学研究所译　北京：轻工业出版社，1987.1　293页，32开　2.15元

04233　象牙之穴
〔日〕黑岩重吾著，林川译　长春：吉林人民出版社，1987.3　305页，32开　1.85元

04234　销售入门小百科
日本市场调查研究所著，张峻方、钟玉秀等译　天津：天津科技翻译出版公司，1987.10　400页，32开　4.85元

04235　小儿实用脑电图学
〔日〕福山幸夫编，张书香译　北京：人民卫生出版社，1987.12　257页，16开　精装4.70元

04236　小型风车手册
〔日〕牛山泉、三野正洋著，汪淑贞等译　北京：机械工业出版社，1987.2　334页，32开　附小型风车设计图例　2.30元

04237　新版热处理技术入门
日本热处理技术协会、日本金属热处理工业会编著，姚忠凯等译　北京：机械工业出版社，1987.8　391页，32开　2.95元

04238　新编基础物理化学
〔日〕后藤廉平等著，尹亨镇、朴今植等译　北京：高等教育出版社，1987.8　381页，大32开　2.85元

04239　新蛋白食品知识
〔日〕渡边笃二主编，周奇文、丁纯孝译　北京：中国食品出版社，1987.4　294页，32开

1.95元

04240　新电池读本
〔日〕城上保著，苏昆译　北京：化学工业出版社，1987.11　184页，32开　1.30元

04241　新符号问题与整数问题
〔日〕占部实著，姚玉强译　北京：文化教育出版社，1987.3　163页，32开　（日本新高中数学研究丛书　13）　0.82元

04242　新婚家庭
〔日〕德田秋声、正宗白鸟著，郭来舜、纪太平译　福州：海峡文艺出版社，1987.8　524页，大32开　（日本文学流派代表作丛书）　3.45元

04243　新技术、新产品：108个实例
〔日〕牧野升、渡边茂编，袁健畴、尚鸿祚译　北京：电子工业出版社，1987.11　230页，32开　1.55元

04244　新时代的尖端产业：展望明天的新兴产业
日本野村综合研究所编，高洪译　北京：科学技术文献出版社，1987.8　182页，32开　（科技政策与管理译丛）　1.50元

04245　新闻记者入门
〔日〕牧内节男著，傅宗正译　重庆：重庆出版社，1987.9　286页，32开　1.90元

04246　新兴第三产业
〔日〕中山裕登著，李克平译　南宁：广西人民出版社，1987.11　136页，32开　0.95元

04247　新型非金属材料进展
〔日〕仓田正也编著，姜作义、马立等译　北京：新时代出版社，1987.11　252页，32开　1.70元

04248　新型国家的创造：城乡融合社会系统
〔日〕岸根卓郎著，王伟军、于晓明译　哈尔滨：东北林业大学出版社，1987.5　214页，大32开　2.20元

04249　新印刷材料
日本高分子学会编，贾常淮译　北京：印刷工业出版社，1987.6　383页，32开　2.40元

04250　新育儿大全：0—5岁
〔日〕高桥悦二郎著，杨诎人译　兰州：甘肃少

年儿童出版社，1987.2　293 页，大 32 开　2.05 元

出版社，1987.8　73 页，32 开　（中学数学知识丛书）　0.70 元

04251　新职员的九十天：加强自身修养的工具书
〔日〕铃木健二著，孙利译　长春：吉林人民出版社，1987.8　127 页，32 开　0.76 元

04262　学习成绩与家庭教育
〔日〕岸本裕史著，吴军霞译　北京：北京出版社，1987.11　120 页，32 开　0.76 元

04252　新综合商社论
日本商社机能研究会编，戴有振等译　北京：中国经济出版社，1987.9　234 页，大 32 开　1.95 元

04263　学习心理学简编
〔日〕能见义博等著，孙玉兰等译　成都：四川教育出版社，1987.9　224 页，32 开　1.37 元

04253　信号、图象数字处理
〔日〕有本卓著，历森梁译　北京：电子工业出版社，1987.1　347 页，大 32 开　2.90 元

04264　血火大地：《追捕》和《犬笛》的作者的新作
〔日〕西村寿行著，肖坤华译　兰州：甘肃人民出版社，1987.9　207 页，32 开　1.60 元

04254　行动会计：行动选择的经济计算
〔日〕今坂朔久著，魏广才、钱忠浩译　北京：机械工业出版社，1987.5　401 页，32 开　3.40 元

04265　寻找比例关系
〔日〕北川英夫、大富泰宏著，史宁中译　北京：知识出版社，1987.12　76 页，32 开　（中学数学知识丛书）　0.75 元

04255　行为科学入门
〔日〕嘉味田朝功著，詹天兴、杨小工译　西安：西安交通大学出版社，1987.9　178 页，32 开　1.50 元

04266　压力容器焊后热处理
日本高压技术协会应力退火（SR）委员会编，王明时、安其鸿译　北京：机械工业出版社，1987.12　174 页，大 32 开　1.95 元

04256　形的奥秘
〔日〕高木隆司著，谷祖纲译　兰州：兰州大学出版社，1987.5　212 页，32 开　1.63 元

04267　鸦片战争（中卷：风雷篇）
〔日〕陈舜臣著，卞立强译　贵阳：贵州人民出版社，1987.8　446 页，大 32 开　2.90 元

04257　秀行棋道
〔日〕藤泽秀行著，郭鹃、王元译　成都：蜀蓉棋艺出版社，1987.10　215 页，32 开　1.35 元

04268　阳光下的阴影
〔日〕赤川次郎著，林烨译　北京：文化艺术出版社，1987.2　180 页，32 开　1.20 元

04258　秀行死活题杰作集
〔日〕藤泽秀行著，王小平译　北京：华夏出版社，1987.11　273 页，32 开　1.80 元

04269　养鸭新法
〔日〕柳田昌秀著，张鹏飞译　哈尔滨：黑龙江科学技术出版社，1987.10　101 页，32 开　0.80 元

04259　虚幻的旅行
〔日〕森村诚一著，王为儒、肖坤华译　成都：四川文艺出版社，1987.1　271 页，32 开　1.43 元

04270　药物结构与活性的关系
日本结构—活性关系座谈会编，徐景达等译　北京：人民卫生出版社，1987.1　326 页，16 开　5.00 元

04260　序盘、中盘的必胜手筋
〔日〕安倍吉辉著，王小平译　北京：华夏出版社，1987.10　188 页，32 开　1.10 元

04271　野火
〔日〕大冈升平著，王杞元、金强译　北京：昆仑出版社，1987.12　149 页，32 开　（外国军事文学译丛）　0.95 元

04261　学点儿统计
〔日〕田冈巽著，王铭文、金娜译　北京：知识

04272 液态金属
〔日〕下地光雄著，郭淦钦译 北京：科学出版社，1987.6 464页，32开 3.55元

04273 一次方程·一次不等式
〔日〕大山正信、金本良通著，郭卫中译 北京：知识出版社，1987.9 70页，32开 （数学知识丛书） 0.70元

04274 一目了然，中医方剂图解
〔日〕根本光人、根本幸夫著，魏忠海编译 太原：山西科学教育出版社，1987.7 194页，32开 1.60元

04275 胰脏病
〔日〕织田敏次主编，吴廷静主译 重庆：重庆出版社，1987.3 374页，16开 6.05元

04276 疑案追踪
〔日〕森村诚一著，柯毅文、黄凤英译 北京：军事译文出版社，1987.10 221页，32开 1.50元

04277 艺苑结友录
〔日〕郭光甲著 北京：中国友谊出版公司，1987.9 67页，32开 0.70元
本书作者是旅日多年的华人。本书是他多年来与艺苑朋友如侯宝林、张君秋、方荣翔、李万春等人以及《茶馆》剧组等交往的记录。

04278 意中人的胸饰
〔日〕舟桥圣一著，林少华译 哈尔滨：黑龙江人民出版社，1987.6 386页，大32开 （日本文学流派代表作丛书） 2.65元

04279 阴谋发生在新婚之夜
〔日〕高木彬光著，施元辉、孟慧娅译 北京：中国文联出版公司，1987.10 265页，32开 1.50元

04280 音响技术问答
〔日〕城井府吉编著 北京：人民邮电出版社，1987.7 318页，32开 5.60元

04281 饮茶纵横谈
〔日〕陈东达著，甘国材译 北京：中国商业出版社，1987.10 175页，32开 1.00元

04282 印刷油墨入门
〔日〕相原次郎著，姚义贤、曹嘉晶译 广州：科学普及出版社广州分社，1987.11 212页，32开 1.60元

04283 英才的形成与教育
〔日〕麻生诚著，王桂、王振洲译 长春：吉林人民出版社，1987.5 228页，32开 1.35元

04284 婴幼儿营养食谱
〔日〕贾书桂编译 北京：轻工业出版社，1987 5.140页，32开 （家庭生活丛书 3） 0.97元
本书据日本妇女生活出版社《断奶食700种》编译而成。

04285 迎接二十一世纪的五大技术革命
〔日〕牧野升著，梁洪森等译 北京：宇航出版社，1987.11 107页，32开 1.30元

04286 用脑与成功
〔日〕丰泽丰雄著，张存礼译 北京：工人出版社，1987.7 113页，32开 0.75元

04287 由实验学化学
〔日〕绵拔邦彦、武田一美编，苏志新译 上海：上海教育出版社，1987.3 292页，大32开 （中学化学实验参考书） 1.75元

04288 有机化合物结构式手册（中、英、日名称对照）
〔日〕益子洋一郎等著，徐文韬、王照煜译 石家庄：河北教育出版社，1987.12 1册，大32开 6.20元

04289 有机化学电子论解说
〔日〕井本稔著，朱绪恩、谢立荣译 西安：陕西人民教育出版社，1987.5 292页，大32开 1.90元

04290 幼儿、儿童教育心理学
〔日〕藤野武东正编著，张燮译 昆明：云南教育出版社，1987.2 177页，32开 0.92元

04291 幼儿数学与游戏（图解）
〔日〕一色八郎著，姜小平译 北京：国际文化出版公司，1987.8 195页，32开 1.50元

04292 幼儿心理
〔日〕波多野勤子著，望月、藤子译 郑州：河南科学技术出版社，1987.6 237页，36开 1.90元

04293　幼儿智力测验
〔日〕坂野雄二、M. 路塔约翰著，王少湘译
长春：北方妇女儿童出版社，1987.8　155 页，
32 开　1.15 元

04294　诱降汪精卫秘录
〔日〕犬养健著，任常毅译　南京：江苏古籍出
版社，1987.7　315 页，36 开　（民国春秋丛
书）2.50 元

04295　鱼类的营养和饲料
〔日〕荻野珍吉编，陈国铭、黄小秋译　北京：
海洋出版社，1987.6　428 页，32 开　4.00 元

04296　宇宙漂流记
〔日〕小松左京著，王彦良、王健宜译　天津：
新蕾出版社，1987.9　158 页，32 开　（智慧树
科学文艺丛书）0.90 元

04297　远处的焰火
〔日〕国木田独步等著，程在里译　长沙：湖南
人民出版社，1987.10　276 页，32 开　（散文译
丛）1.75 元

04298　愿您的孩子更聪明
〔日〕多湖辉著，李镜流译　南京：江苏教育出
版社，1987.6　108 页，32 开　（幼儿教育译
丛）0.61 元

04299　运用数学统计方法制订经营计划入门
〔日〕清水龙莹著，郭祥云译　哈尔滨：黑龙江
人民出版社，1987.6　228 页，32 开　1.30 元

04300　在中国的奇遇
〔日〕今村匡平著，王文浩、王丕迅译　南宁：
广西人民出版社，1987.6　181 页，32 开
1.05 元

**04301　怎样帮助孩子学好数学：公文式数学的
奥秘**
〔日〕公文公著，刘迅译　天津：新蕾出版社，
1987.8　164 页，32 开　0.86 元

04302　怎样进行创造性思维
〔日〕高桥浩著，未申、王晶译　北京：科学普
及出版社，1987.2　197 页，32 开　（效率译
丛）1.15 元

04303　怎样让宝宝更聪明
〔日〕波多野余谊夫、稻垣佳世子著，金星培
译　哈尔滨：黑龙江人民出版社，1987.8　111
页，32 开　0.85 元

04304　怎样使你的性格讨人喜欢
〔日〕大西宪明著，吴大有、储忆钢译　上海：
知识出版社，1987.12　195 页，32 开　1.45 元

04305　怎样提高判断能力
〔日〕镰田胜著，朱成浩译　北京：科学普及出
版社，1987.2　185 页，32 开　（效率译丛）
1.15 元

04306　怎样提高时间利用率
〔日〕桑名一央著，陈禾译　北京：科学普及出
版社，1987.4　151 页，32 开　（效率译丛）
0.95 元

**04307　怎样长高个儿：成年人也能长高的科学
方法**
〔日〕礒谷公良著，汪真译　北京：国际文化出
版公司，1987.11　195 页，32 开　（生活顾问丛
书之一）1.50 元

04308　政权角逐
〔日〕户川猪佐武著，李汝松译　长春：东北师
范大学出版社，1987.9　287 页，大 32 开
2.15 元

04309　知识价值革命
〔日〕堺屋太一著，黄晓勇等译　北京：三联书
店，1987.2　256 页，大 32 开　（现代西方学术
文库）1.75 元

04310　植物保护的新领域
〔日〕见里朝正编，梁来荣等译　广州：广东高
等教育出版社，1987.4　192 页，32 开　2.30 元

04311　植物基因工程技术
〔日〕内宫博文等编著，孙崇荣、李育庆译　上
海：上海科学技术文献出版社，1987.9　184
页，32 开　3.20 元

04312　植物生殖生理学
〔日〕加藤幸雄、志佐诚著，周永春、刘瑞征
译　北京：科学出版社，1987.6　519 页，32
开　3.95 元

04313　质量保证与可靠性
〔日〕真壁肇著，孙惠琴译　北京：机械工业出
版社，1987.8　134 页，32 开　1.35 元

本书据日本国日科技连出版社 1984 年版《可靠性技术丛书》第 13 卷译出。

04314　质量管理小组活动：基础编
〔日〕石原胜吉著，吴南富译　北京：冶金工业出版社，1987.3　257 页，大 32 开　（企业管理百问百答丛书　1）　2.15 元

04315　智力和寿命的自我预测
〔日〕稻田京太著，马国乎编译　上海：文汇出版社，1987.9　138 页，32 开　（开开眼界丛书）　1.05 元

04316　中国古诗名篇鉴赏辞典
〔日〕前野直彬、石川忠久编，杨松涛译　南京：江苏古籍出版社，1987.8　513 页，32 开　4.50 元

04317　中国历代书法
〔日〕伏见冲敬著，陈志东译　成都：四川美术出版社，1987.11　198 页，大 32 开　4.00 元

04318　中国历代职官辞典
日本日中民族科学研究所编，向以鲜、郑天刚译　郑州：中州古籍出版社，1987.9　211 页，32 开　1.90 元

04319　中国女性史
〔日〕山川丽著，高大伦、范勇译　西安：三秦出版社，1987.7　111 页，大 32 开　1.10 元

04320　中国人学日语常见病句分析一百例
〔日〕穗积晃子著，顾海根、李强译　北京：科学普及出版社，1987.6　363 页，32 开　2.20 元

04321　中国食物史研究
〔日〕篠田统著，高桂林等译　北京：中国商业出版社，1987.4　269 页，32 开　1.80 元

04322　中国书法理论史
〔日〕中田勇次郎著，卢永璘译　天津：天津古籍出版社，1987.12　182 页，大 32 开　1.45 元

04323　中国文学史
〔日〕吉川幸次郎著，陈顺智、徐少舟译　成都：四川人民出版社，1987.9　251 页，32 开　1.65 元

04324　中国语历史文法
〔日〕太田辰夫著，蒋绍愚、徐昌华译，北京：

北京大学出版社，1987.7　415 页，大 32 开　2.40 元

04325　中华民国史资料丛稿（译稿）缅甸作战（上）
日本防卫厅防卫研究所战史室著，天津市政协编译委员会译　北京：中华书局，1987.2　183 页，16 开　2.10 元

04326　中华民国史资料丛稿（译稿）缅甸作战（下）
日本防卫厅防卫研究所战史室著，天津市政协编译委员会译　北京：中华书局，1987.4　217 页，16 开　2.35 元

04327　中学化学学习指导与练习
日本教育图书出版第一学习社编，潘鸿章、张铭德译　石家庄：河北教育出版社，1987.5　406 页，32 开　1.90 元

04328　中学生独立学习要法
〔日〕石川勤编著，杨重建、王铁钧编译　福州：福建教育出版社，1987.7　149 页，32 开　0.82 元

04329　中学生家长必读：怎样正确对待上中学的孩子
〔日〕中泽次郎著，何明译　北京：国际文化出版公司，1987.2　141 页，32 开　1.10 元

04330　中学生如何使用微型计算机
〔日〕涌井良幸等著，张钟等译　北京：科学技术文献出版社，1987.7　283 页，32 开　2.15 元

04331　中学生围棋入门
〔日〕加纳嘉德著，刘月如、刘镛生译　北京：国际文化出版公司，1987.7　181 页，大 64 开　1.00 元
本书据日本成美堂出版 1980 年 9 月版译出。

04332　中学数学手册公式活用指南
〔日〕畦森宣信等著，曾祥发等译　成都：四川教育出版社，1987.7　956 页，大 32 开　7.85 元

04333　中学体育参考教材
〔日〕竹之下休藏、松田岩南主编，曲世奎译　北京：人民体育出版社，1987.2　269 页，32 开　1.50 元

04334　中值定理
〔日〕栗田稔著，姜乃斌译　大连：大连工学院
出版社，1987.9　88页，32开　0.48元

04335　终身教育大全
〔日〕持田荣一等编修，龚同等译　北京：中国
妇女出版社，1987.6　486页，32开　（国外教
育选译丛书）　3.20元

04336　重重迷雾
〔日〕松本清张著，谢志强、张素娟译　郑州：
黄河文艺出版社，1987，10　360页，32开
2.00元

04337　住宅节能概论
〔日〕真锅恒博著，马俊、刘荣原译　北京：中
国建筑工业出版社，1987.3　239页，32开
1.25元

04338　祝您的商店生意兴隆
〔日〕实松新著，张研译　北京：科学普及出版
社，1987.11　159页，32开　0.97元

04339　筑炉工艺学
日本耐火材料技术协会编，陈应中、刘绳武译
北京：冶金工业出版社，1987.6　679页，大32
开　5.90元

**04340　紫菜的生产及其质量：日本的紫菜养殖
和加工技术**
王民生编译　北京：农业出版社，1987.2　197
页，32开　1.50元

04341　自然农法：绿色哲学的理论与实践
〔日〕福冈正信著，黄细喜、顾克礼译　哈尔
滨：黑龙江人民出版社，1987.12　247页，32
开　1.65元

04342　自我开发小百科
日本效率协会编，张研、李建谕译　广州：科学
普及出版社广州分社，1987.1　153页.32开
0.90元

04343　自由与爱情
〔日〕狮子文六著，林少华、张洁梅译　长春：
吉林人民出版社，1987.2　332页，32开　（日
本大众文学名著丛书）　2.10元

04344　最新机构图集
日本机械技术研究所编，王双译　天津：天津科
学技术出版社，1987.3　175页，16开　2.30元

04345　最新科技发展动向
〔日〕尾崎正直著，李建国、李梅子译　北京：
科学技术文献出版社，1987.4　175页，32开
（科技政策与管理译丛）　1.50元

1988

04346　CAI初级讲座
〔日〕水谷底著，余敏如译　长沙：中南工业大
学出版社，1988.11　128页，32开　1.20元

04347　"C"语言入门
〔日〕椋田实著，徐东安译　北京：机械工业出
版社，1988.8　237页，大32开　3.25元

04348　阿信
〔日〕桥田寿贺子著，马合木提江译　乌鲁木齐：
新疆人民出版社，1988.2　190页，32开　0.80元

04349　癌症早期自我检查法
〔日〕市川平三郎著，廖松清译　北京：国际文
化出版公司，1988.6　167页，32开　1.60元

04350　艾滋病（AIDS）凶杀案
〔日〕和久峻三著，黎明、黄昏译　西安：华
岳文艺出版社，1988.11　209页，32开
2.50元

04351　爱的得失
〔日〕石川达三著，金中译　济南：山东文艺出
版社，1988.5　258页，32开　2.25元

04352　爱的堕落
〔日〕三岛由纪夫著，易超译　沈阳：沈阳出版
社，1988.8　216页，32开　2.00元
本书描写了浅野妙子的爱情经历及走向堕落的
过程，揭露了资本主义社会人与人之间的虚伪、
冷酷和罪恶。

04353　爱的心理奥秘
〔日〕白石浩一著，王健宜、魏建平编译　济
南：山东人民出版社，1988.8　146页，32开
1.90元

04354　爱情三部曲
〔日〕夏目漱石著，吴树文译　上海：上海译文
出版社，1988.9　688页，照片，大32开　（日
本文学丛书）　7.50元

本书包括《三四郎》、《后来的事》和《门》3部长篇小说。

04355　白板纸和纸容器
日本纸业时代社编，王振声、郭艳清译　北京：轻工业出版社，1988.9　178页，32开　2.25元
本书介绍了日本的商品包装与纸容器纸板的产销概况；从对白板纸的商品要求出发，对白板纸的生产原料、制造工艺进行分析，对作为纸板原料今后占比重越来越大的废纸处理等问题也做了阐述。

04356　包豪斯——现代工业设计运动的摇篮
〔日〕利光功著，刘树信译　北京：轻工业出版社，1988.4　154页，附图，大32开　2.80元
包豪斯是德国工业设计学校的简称。本书主要介绍了包豪斯的创办过程及其创始人，包豪斯各个历史阶段的教学情况，理论著作和教学方法，以及包豪斯对现代工业设计运动的贡献和影响。

04357　包装知识
〔日〕三津义兼著，赵华敏译　北京：中国食品出版社，1988.1　136页32开　1.20元

04358　宝宝学算游戏
〔日〕松井纪子编绘，王敏译　沈阳：辽宁少年儿童出版社，1988.12　4册，24开　3.20元

04359　爆炸
日本安全工学协会编，任新民等译　西安：陕西人民教育出版社，1988.12　217页，16开　3.80元
本书专门介绍气体（高压蒸气、石油液化气）、粉尘、不稳定物质等爆炸的起因、规律、危害及防止。

04360　被追杀的女人
〔日〕井上淳等著，穆利琴、晋学新译　南宁：广西民族出版社，1988.6　254页，32开　1.95元

04361　被子植物的起源
〔日〕浅间一男著，谷祖纲、珊林译　北京：海洋出版社，1988.5　220页，16开　5.00元
本书分别叙述被子植物的概念、单元论与多元论、古代末的叶形变化及其意义、维管植物的演化、古气候及古植物分布的变迁等内容。

04362　变性者的隐私
〔日〕夏树静子著，刘金鸿、丁涛译　长沙：湖南文艺出版社，1988.9　296页，32开　2.80元

04363　表面活性剂分析和试验法
〔日〕北原文雄等编，毛培坤译　北京：轻工业出版社，1988.4　464页，大32开　4.80元
本书共3篇12章。第1篇介绍物化性能试验；第2篇介绍表面活性剂的检测和分析方法；第3篇介绍生物化学试验法。

04364　冰女
〔日〕落合惠子著，李旭光译　成都：四川文艺出版社，1988.7　327页，32开　2.95元

04365　不归的复仇者
〔日〕西村寿行著，罗二虎译　2版．北京：昆仑出版社，1988.3　319页，32开　2.00元

04366　不要怨恨你的父母
〔日〕依田明著，冯任远、江燕玲译　西安：陕西师范大学出版社，1988.10　132页，32开　1.80元
本书从列举独生子女种种令人瞠目的表现入手，分析了独生子女为什么"容易出问题"及其性格形成的家庭和社会的原因，揭示了独生子女教育的诀窍。

04367　不用定式制胜法
〔日〕小林光一著，韩凤仑译　北京：人民体育出版社，1988.2　225页，32开　1.60元

04368　布局法探究
〔日〕加藤正夫著，刘赓仪编译　北京：人民体育出版社，1988.5　443页，32开　（围棋初级丛书）　3.40元

04369　布局须知
〔日〕大竹英雄著，金爽、张竹译　北京：工人出版社，1988.10　164页，32开　1.65元
本书将围棋的布局要领汇辑成20条，并做了深入浅出的阐述。

04370　布纳，快从树上下来
〔日〕水上勉著，禹忠义、王振民译　南宁：广西人民出版社，1988.1　135页，插图，32开（银河译丛）　1.40元

04371　才智的培养
〔日〕伊藤隆二著，范作申编译　北京：北京经

济学院出版社，1988.2　155页，32开　1.15元

04372　材料力学

〔日〕玉手统、阿部博之著，杨恩德等译　沈阳：东北工学院出版社，1988.7　201页，32开　1.38元

本书是适应电子计算机时代要求而编写的。除材料力学的基本内容外，还增加了薄壁截面杆的弯曲和扭转、应力强度因子、有限元素法，并考虑了塑性变形设计等。

04373　餐饮业经营诀窍

〔日〕市川治平著，刘茂俭、徐文群编　成都：四川民族出版社，1988.11　87页，32开　1.00元

04374　测量技术的实验设计法

〔日〕田口玄一著，郭玉伟、牟静译　北京：机械工业出版社，1988.6　311页，大32开　3.80元

本书前8章介绍了测量误差的定量评价与经济评价的具体方法。后8章从实验设计的角度对减小测量误差、改善测量方法的实验设计法，各种因子的分类与确定，信噪比（SN比）的求解与分析方法等进行了详细的讨论。

04375　豺狼的哀歌

〔日〕五木宽之著，辛超译　西安：陕西人民出版社，1988.4　310页，32开　3.30元

04376　禅学入门

〔日〕铃木大拙著，谢恩炜译　北京：三联书店，1988.8　157页，32开（"文化：中国与世界"系列丛书·新知文库　47）　1.15元

04377　禅与生活

〔日〕铃木大拙著，刘大悲译　北京：光明日报出版社，1988.8　232页，32开　2.35元

04378　禅与中国

〔日〕柳田圣山著，毛丹青译　北京：三联书店，1988.11　220页，32开（"文化：中国与世界"系列丛书·新知文库　73）　2.00元

04379　禅宗与精神分析

〔日〕铃木大拙等著，洪修平译　沈阳：辽宁教育出版社，1988.8　205页，大32开（当代大学书林）　2.30元

04380　产业组织论

〔日〕植草益著，卢东斌译　北京：中国人民大学出版社，1988.11　191页，32开　2.30元

《产业组织论》以生产、消费、市场、价格、投资、福利等微观经济理论为基础，具体分析个别产业。本书精辟地阐述了产业组织论的基本观点和方法，对产业组织理论的重要发展做了说明。

04381　超大规模集成电路设计（Ⅰ）：电路与版图设计

〔日〕渡边诚等著，胡国元、张正德译　北京：科学出版社，1988.5　262页，大32开（微电子学讲座　3）　3.60元

04382　超导革命

〔日〕牧野升著，《超导革命》翻译组译　天津：天津科技翻译出版公司，1988.4　143页，32开　1.30元

本书介绍了超导体的发现、定义概念、原理性能及研究进程，论述了超导技术对产业界的影响及其在交通、能源、工业、医疗、生物、军事等领域的应用。

04383　城市问题百科全书

〔日〕矶村英一主编，王君健等译　哈尔滨：黑龙江人民出版社，1988.4　1472页，32开　精装15.00元

本书囊括了城市行政、交通、环境、保安、福利、经济、通讯、住宅、公害污染、文化教育、设计规划、旅游、金融、产业、公共设施管理等一系列问题。

04384　城市与犯罪

〔日〕伊藤滋编，郑光林、夏金池译　北京：群众出版社，1988.3　223页，大32开　1.95元

本书从城市环境入手分析城市犯罪的各种因素，侧重研究城市的空间环境，指出造成犯罪的空间条件和改善城市空间环境的方法。

04385　程序设计语言与超大规模集成电路

〔日〕渊一博、铃木则久著，吕景瑜译　北京：科学出版社，1988.12　215页，大32开（微电子学讲座　7）　3.20元

本书重点介绍软件的硬件化的基础和实例。概括了以前关于软件的各种重要概念，并详细地介绍了Smalltalk-80语言、执行Smalltalk-80的虚拟机器的结构以及虚拟机器的微处理器的设计。

04386　痴人之爱

〔日〕谷崎润一郎著，郭来舜、戴璨之译　西安：陕西人民出版社，1988.5　232页，32开　2.40元

04387　冲天炉熔炼理论与实践

〔日〕石野亨著，吴炳尧译　南京：南京工学院出版社，1988.6　204 页，16 开　3.15 元

04388　冲压加工技术手册

日本《冲压加工技术手册》编委会编，谷维忠、徐恩义译　北京：轻工业出版社，1988.4　520 页，16 开　8.90 元

04389　丑陋的日本人

〔日〕高桥敷著，许金龙等译　北京：作家出版社，1988.4　222 页，32 开　1.90 元

本书作者以自己在南美洲任教期间的亲身经历为线索，揭示了日本人在社交礼仪、衣食住行、工作、政治、性格、气质、性意识等方面的缺陷和不足，并对这种精神上的猥琐卑陋进行了犀利的分析和批评。

04390　丑陋的日本人

〔日〕高桥敷著，张国良等译　广州：广州文化出版社，1988.1　202 页，32 开　1.70 元

04391　初到日本：基本日语会话

日本国际事业协力团编　北京：中国人民大学出版社，1988.10　130 页，50 开　2.00 元

本书原名《简单日语会话手册》。书中通过所设计的 30 个情景，介绍日本衣、食、住、行等方面的情况及需要掌握的基本用语。

04392　川端康成散文选

〔日〕川端康成著，叶渭渠译　天津：百花文艺出版社，1988.8　303 页，肖像，大 32 开　4.20 元

04393　穿裤子的猴子：人类行为新析

〔日〕栗木慎一郎著，晨华、公克译　北京：工人出版社，1988.8　202 页，32 开　（星星丛书 10）　1.60 元

本书的主题是人类行为分析。作者论述了各种各样的"裤子"（一种象征，指金钱、法律、宗教、性禁忌等），认为人穿着"裤子"，人是"穿裤子的猴子"。

04394　传感器工程学

〔日〕森村正直、山崎弘郎编著，孙宝元译　大连：大连工学院出版社，1988.8　370 页，16 开　4.38 元

04395　传感器技术

〔日〕森村正直、山崎弘郎主编，黄香泉译　北京：科学出版社，1988.6　538 页，大 32 开　精装 6.40 元

04396　创业的诀窍

〔日〕佐伯勇等著，刘全鸿译　长沙：湖南人民出版社，1988.9　134 页，32 开　1.50 元

04397　创业之路

郭国庆、段英台编译　北京：民族出版社，1988.12　118 页，32 开　（现代人丛书/李惠斌主编）　1.40 元

本书介绍了日本大企业家中田修年少志远，白手起家终成大业的过程。

04398　创造 21 世纪的美人：育儿法

〔日〕大关早苗著，黄丽容译　北京：中国集邮出版社，1988.12　147 页，32 开　1.95 元

本书详细介绍了流行于欧美的俯睡育儿法和婴儿健美体操。

04399　创造发明技巧

〔日〕中野胜征著，陶祥元译　上海：上海科学技术文献出版社，1988.1　104 页，32 开　0.90 元

04400　创造力与推理术

〔日〕山上定也著，陈慧龄译　上海：上海科学普及出版社，1988.3　150 页，32 开　（创造学丛书）　1.40 元

本书采取讲学的形式，深入浅出地阐述了信息推理术的威力、信息推理术和演绎读解法相结合的重要性、企业制订新发展规划时的注意事项和开发成功的新产品的着眼点。

04401　创造性的规划能力：从无到有的途径

〔日〕多湖辉著，公克、晨华译　北京：工人出版社，1988.8　164 页，32 开　（星星丛书 9）　1.55 元

04402　春梦

〔日〕宫本辉著，戴璨之、郭来舜译　北京：中国文联出版公司，1988.2　226 页，大 32 开（日本文学流派代表作丛书）　1.75 元

04403　催化剂的有效实际应用

〔日〕山中龙雄著，周汝忠等译　北京：化学工业出版社，1988.11　592 页，大 32 开　7.00 元

本书系统地阐述了载体对催化剂的影响，工业用催化剂的选择方法、催化剂在有机化学反应中的作用、催化剂中毒的原因及防止活性下降的措

施，尤其注重催化剂在治理环境污染中的实际应用。

04404 打通思路

〔日〕多湖辉编 北京：中国盲文出版社，1988.12 1册，10开 （智育小丛书 3）0.71元

04405 大规模集成电路的未来技术

〔日〕西泽润一编，杨世良、林咏译 北京：科学出版社，1988.8 342页，32开 4.00元

04406 大企业病

〔日〕上野明著，陈晖等译 北京：东方出版社，1988.10 146页，32开 1.75元

本书历数大企业病的种种症状，检查大企业病的详细方法，预防大企业病的各项措施，日美十余家名牌大企业（日立、松下、夏普、IBM、通用电气等）抵御大企业病的成功奥秘。

04407 淡水养殖技术

〔日〕野村稔主编，周仰璟、杨长荣译 重庆：重庆出版社，1988.7 289页，32开 1.90元

本书介绍了鲤鱼、锦鲤、金鱼、大阪鲫、草鱼与鲢鱼、鳗蛔、泥鳅、鲶与美洲鲶、香鱼、虹鳟、本地鳟、罗非鱼、鳖、淡水珍珠等14种鱼类、水生生物的养殖技术，以及西太公鱼等6种鱼类的增殖技术。

04408 当代经济法

〔日〕金泽良雄著，刘瑞复译 沈阳：辽宁人民出版社，1988.11 356页，大32开 3.75元

本书据株式会社有斐阁东京1980年版译出。

04409 挡不住的诱惑

〔日〕森永著，辛超译 西安：陕西人民出版社，1988.10 238页，32开 2.90元

04410 荡魔

〔日〕岛田一男著，乞食、玉芬译 石家庄：河北人民出版社，1988.8 266页，32开 2.35元

04411 迪斯科舞霹雳舞跳法

〔日〕笠井博著，洪光辉等译 北京：中国文联出版公司，1988.12 74页，图，16开 2.95元

04412 地球科学中的数学物理方法（上册：基础篇）

〔日〕力武常次等编著，周胜奎译 北京：地震出版社，1988.7 175页，大32开 3.10元

04413 地球科学中的数学物理方法（下册：应用篇）

〔日〕力武常次等编著，杨懋源译 北京：地震出版社，1988.7 285页，大32开 4.50元

本书围绕地震波、重力、地球自转和潮汐、地热、地磁以及地球的电磁感应等问题，进行了具体的数学推导和物理论述。

04414 地下工程高压喷射技术

〔日〕八寻晖夫等箸，徐殿祥译 北京：水利电力出版社，1988.5 159页，32开 1.25元

本书介绍了高压水喷流的流体力学特性、高压发生装置、高压水喷流切削岩土的特性等基础知识；阐述了其在工程中的使用方法，并列举了6个方面的施工实例；指出了研磨喷射是该技术的发展方向。

04415 地震预报——警报和地震灾害——对策研究

〔日〕力武常次主编，宋守全、陈英方译校 北京：学术期刊出版社，1988.9 349页，16开（灾害学和地震社会学研究丛书 三） 12.00元

本书主要论述地震预报及有关的大地测量、地震学、地电和地磁学等研究工作现状；地震预报的自然科学问题和涉及地震预报和警报的社会后果、地震灾害和对策以及地震立法等地震社会学方面的问题。

04416 第四意识的奇迹：人类能量的新型刺激法

〔日〕村田晴彦著，公克、晨华译 北京：工人出版社，1988.8 182页，32开 （星星丛书）1.65元

第四意识也称纯粹意识，或"冥想"。本书提供了到达这一意识最高境界的方法——TM（超觉静坐）。

04417 电化教育入门

〔日〕阪本越郎、有光成德著，薛凤德、刘钦晏译 长春：吉林人民出版社，1988.1 243页，32开 1.90元

本书分三篇：电化教育的意义与方法；电化资料的管理；视听教育资料在教育上的应用。

04418 电子材料

〔日〕御子柴宣夫等编，袁健畴译 北京：电子工业出版社，1988.1 291页，大32开 2.40元

04419 电子设备装配技术

〔日〕田中和吉著，电子工业部工艺研究所译

北京：国防工业出版社，1988.6 176 页，16
开 3.65 元

本书以紧固作业、布线作业和锡焊作业为重点，
系统地介绍了电子设备装配的各种作业，并通
过大量图表，阐述了各种作业的原理、操作、使
用的设备、工具及保养、材料、作业质量检
验等。

04420 电子显微镜技术

〔日〕坂田茂雄著，那宝魁、张永权译 北京：
冶金工业出版社，1988.9 197 页，大 32 开
2.40 元

本书共分 7 章，除第 1 章介绍有关电镜的基本概
念外，其他各章分别介绍电镜的构造与维护通
用的制样技术、电镜成像的衬度、选区电子衍射
方法、能量色散谱仪分析法和动态观察法。

04421 东京车站谋杀案

〔日〕西村京太郎著，贾文心译 北京：华夏出
版社，1988.12 205 页，32 开 2.00 元

04422 东京歌妓

〔日〕小堺昭三著，智忠译 北京：中国文联出
版公司，1988.5 399 页，32 开 2.90 元

04423 东京审判

日本《朝日新闻》东京审判记者团著，吉佳译
石家庄：河北人民出版社，1988.5 552 页，32
开 3.80 元

本书内容包括：东京审判前后背景和经过情形、
审判原告检察团方面的起诉、立证内容以及被
告、辩护方面一般辩护和个人辩护的内容，书末
附有参考资料和注释、年表。

04424 东洋枭雄

〔日〕司马辽太郎著，高文汉译 郑州：河南人
民出版社，1988.2 468 页，32 开 4.00 元

04425 动物探秘

〔日〕宇田川龙男著，陈江海译 兰州：甘肃少
年儿童出版社，1988.5 167 页，32 开 （人与
世界丛书） 1.60 元

04426 动物性食品卫生学

〔日〕浜田辅一等著，王志等译 北京：农业出
版社，1988.12 249 页，16 开 6.95 元

本书对乳、肉、蛋、鱼、贝类有关收集、加工、
贮藏、运输等方面的卫生，以及各个生产过程所
能遭受的污染，并由此导致对人体的危害等进
行了介绍。

04427 洞察男性心理的奥秘

〔日〕岛田一男著，汉金编译 北京：红旗出版
社，1988.9 109 页，32 开 （现代生活哲理丛
书） 1.50 元

04428 都市之狼 （推理小说）

〔日〕高木彬光著，杨德润等译 北京：中国民
间文艺出版社，1988.12 369 页，32 开
3.75 元

04429 读书应考三十六计

〔日〕田中光一编著，西安：三秦出版社，1988.12
195 页，32 开 1.95 元

本书根据著者的教学经验，纠正了一般中学生错
误百出的读书方法，并介绍了新的科学学习
方法。

04430 读书应考一百法

〔日〕多湖辉著 长沙：湖南大学出版社，
1988.8 74 页，32 开 1.00 元

本书具体介绍了帮助小学生用功读书的方法。

04431 对虾养殖诸问题

〔日〕茂野邦彦著，蒋志豪、钱嘉英译 北京：
海洋出版社，1988.5 115 页，32 开 1.25 元

本书内容包括：亲虾培育、育苗、养成、捕捞、
装运、生产成本、问题与展望等。其中对育苗和
养成两方面的操作技术和注意事项做了较为详
尽的描述。

04432 恶棍

〔日〕松本清张著，蔡院森、张志刚译 济南：
山东友谊书社，1988.9 2 册 （526 页），32 开
5.60 元

本书是一本描写一个继承父业的医院院长受
金钱与女色诱使成为地地道道的恶棍的推理
小说。

04433 发明之谜

〔日〕松崎吉信著，金冈译 武汉：华中理工大
学出版社，1988.12 145 页，32 开 1.95 元

本书介绍了有关发明，尤其是日常生活用品方面
的小发明的一般常识，并将发明的思维方式加以
归纳，总结出 17 种可供借鉴的思维方式。

04434 发芽生理学

〔日〕中山包著，马云彬译 北京：农业出版
社，1988.7 346 页，大 32 开 3.30 元

本书阐述了种子发芽生理的有关理论，即发芽同
外界条件如水、热、光和内部条件如贮藏、养

分、维生素、激素、酶等的关系，种子休眠的意义、种类和原因，发芽和休眠的生理机制及其控制等。

04435 法医尸检手册
日本京都府警察本部刑事部尸检业务研究会编，孙言文译 北京：中国人民大学出版社，1988.10 168页，32开 1.85元

04436 饭店服务手册
〔日〕石仓丰著，任国明、于明山译 北京：科学普及出版社，1988.3 195页，32开 1.40元
本书介绍日本一流饭店培养各级工作人员的方法和过程以及对饭店前台、客房、餐厅等部门的要求和程序。

04437 纺织最终产品：衣着用、铺饰用、产业用
日本纤维机械学会纤维工学出版委员会编，钱尧年等译 北京：纺织工业出版社，1988.5 435页，大32开 4.85元
本书从纺织品的衣着、铺饰、产业三大使用领域，系统地介绍了各类产品的原料、生产技术、工艺流程、产品特征、使用功能等内容。

04438 飞机坠毁疑案
〔日〕森村诚一著，刘多田译 北京：群众出版社，1988.3 251页，32开 1.65元
本书是一部长篇侦探小说，原名《东京机场杀人事件》。

04439 非线性有限元法基础
〔日〕山田嘉昭著，钱仁耕、乔端译 北京：清华大学出版社，1988.9 303页，大32开 1.70元
本书从理论上阐述了包括塑性和粘弹性的材料非线性以及对大位移、大应变问题进行分析的几何非线性两类非线性问题。

04440 非洲女王
〔日〕森泳著，张竹、王兴起译 成都：四川文艺出版社，1988.9 282页，32开 1.89元

04441 分析化学计算法
〔日〕早川久雄著，由正明译 北京：冶金工业出版社，1988.5 118页，大32开 1.15元
本书介绍了水溶液中的离子平衡和各种定量分析方法的结果计算。

04442 粉红色的陷阱
〔日〕陈舜臣著，蔡静等译 北京：国际文化出

版公司，1988.12 384页，32开 3.70元

04443 丰田创业史
〔日〕池田政次郎著，梁俐译 南宁：广西人民出版社，1988.7 149页，32开 1.50元

04444 服务日语情景会话
〔日〕石原正宣、宋继庆编 大连：大连出版社，1988.10 247页，32开 2.80元

04445 服装材料概论
〔日〕小川安朗著，范守德译 北京：纺织工业出版社，1988.12 219页，32开 2.45元
本书包括服装、服装材料和纤维原料三部分，分别介绍服装与人体和环境条件的关系以及服装的结构和性能，服装材料的分类、组成和特性，纤维原料的种类、性能和鉴别方法。

04446 服装配色手册
〔日〕高桥工三、涉川育由编 长沙：湖南文艺出版社，1988.6 128页，32开 5.50元
本书通过1380种配色的实例和简明的"要点"文字说明，指导读者如何依据年龄、身份、场合和季节的不同，适当地穿出自己的气质和风格。

04447 服装效果图技法
〔日〕熊谷小次郎著，陈重武、江北译 天津：天津人民美术出版社，1988，8 130页，16开 14.50元

04448 妇科病房的冤魂
〔日〕黑岩重吾著，肖赫编译 沈阳：沈阳出版社，1988.9 195页，32开 2.30元

04449 妇女法律入门
〔日〕佐佐木静子著，艾琪译 北京：群众出版社，1988.6 132页，32开 1.20元
本书分4部分，分别讲解了日本夫妻关系问题的法律，日本社会生活问题的法律，日本交通事故问题的法律，以及日本基本法律中规定的妇女权利问题。

04450 妇女指压减肥术
〔日〕安郎俊雄著，靳泉、芝敏编译 天津：渤海湾出版公司，1988.11 180页，32开 4.10元

04451 复仇幽灵
〔日〕森村诚一著，樊一译 成都：四川人民出版社，1938.7 263页，32开 2.52元

04452　高层大气动力学
〔日〕加藤进著，马淑英、李钧译　北京：科学
出版社，1988.9　288 页，32 开　4.90 元
本书阐述了地球高层大气动力学的基本理论，
着重介绍了人造卫星、大型计算机和大功率雷
达出现以后，大气声重波和大气潮汐等分支学
科的最新进展。

04453　高层饭店的死角
〔日〕森村诚一著，于荣胜、许跃明译　北京：
文化艺术出版社，1988.5　233 页，32 开
1.95 元
本书是推理小说作家森村诚一的成名作。小说
反映了当代日本人饭店间的激烈竞争。

04454　高分子乳液在建筑涂料中的应用
〔日〕室井宗一著，吴国和、纪永亮译　北京：
化学工业出版社，1988.7　300 页，32 开
2.10 元

**04455　个人计算机的 CAD/CAM：在机械加工
中的应用**
〔日〕竹内芳美著，刘昌祺等译　北京：机械工
业出版社，1988.4　325 页，16 开　5.45 元

04456　各类食品简易加工
〔日〕木村进等编，丁纯孝编译　北京：中国食
品出版社，1988.1　198 页，32 开　（乡镇食品
企业实用技术丛书）　1.40 元

04457　给 21 世纪人的护照：情报学常识 77 题
〔日〕日比野省三著，孙志毅、窦筠译　北京：
北京科学技术出版社，1988.1　257 页，32 开
1.65 元
本书以情报学的基本内容为主题，分 77 个题目
系统而简明地讲解了情报的概念，及其发生、传
递、处理加工和管理等方面的基础知识。

**04458　工业企业诊断基础（第三篇：生产诊断
技法）**
日本中小企业诊断协会编，王义斌、张树滋译
北京：机械工业出版社，1988.2　411 页，16
开　（现代管理译丛）　6.25 元

04459　公害防止技术（水质篇）
日本公害防止技术和法规编委会编，卢贤昭译
北京：化学工业出版社，1988.10　608 页，大
32 开　7.10 元
本书主要介绍了污水处理技术、与水质有关的
有害物质处理技术和水质监测技术。

04460　公害防止技术（噪声篇）
日本公害防止技术和法规编委会编，卢贤昭译
北京：化学工业出版社，1988.10　256 页，大
32 开　3.20 元
本书包括：公害概论，声音的性质，测量技术，
噪声防治技术等内容。

04461　功能电镀
〔日〕丸山清、毛利秀明著，宋汉民等译　上
海：上海科学技术文献出版社，1988.7　241
页，32 开　4.10 元

04462　汞
〔日〕喜田村正次等著，侯召棠译　北京：原子
能出版社，1988.3　554 页，大 32 开　4.60 元
本书系统地阐述了汞在环境中的分布、转化和循
环的规律，讨论了环境污染所致甲基汞中毒症的
起因、特征、病理、流行病学、临床表现、诊
断、治疗以及预防措施和管理标准等。

04463　构造地震地壳运动
〔日〕藤田至则、铃木尉元编，龙学明译　北
京：地质出版社，1988.10　201 页，大 32 开
2.75 元

04464　古代丝绸之路的音乐
〔日〕岸边成雄著，王耀华译　北京：人民音乐
出版社，1988.5　158 页，大 32 开　2.25 元
本书内容着重叙述古代丝绸之路的音乐与东亚
三国——中国、日本、朝鲜的渊源关系。

04465　古代中国人的美意识
〔日〕笠原仲二著，杨若薇译　北京：三联书
店，1988.12　316 页，32 开　（文化：中国与世
界系列丛书·新知文库　43）　3.00 元
这部著作在搜集和分析中国古代大量资料的基
础上，对古代中国人美意识的起源、发展、演变
及其表现等诸方面问题做了深入的探究。

04466　挂锁的棺材
〔日〕森村诚一著，陈浩、瀞予译　北京：中国
文联出版公司，1988.4　2 册（662 页），32 开
4.30 元

04467　怪人俱乐部：女高中生之死
〔日〕赤川次郎著，甄真译　北京：团结出版
社，1988.12　210 页，32 开　2.40 元

04468　官场生死搏斗记
〔日〕城山三郎著，卢合之、李敏娜译　长沙：

湖南人民出版社，1988.7　233页，32开
2.10元

04469　管教孩子的奥秘
〔日〕多湖辉著，林晓钟译　北京：中国和平出
版社，1988.11　132页，32开　1.10元

04470　诡辩逻辑学
〔日〕野崎昭弘著，华玉洪译　延吉：延边大学
出版社，1988.1　189页，32开　1.50元

04471　鬼手·妙手·魔手
〔日〕吴清源著，刘涌编译　北京：人民体育出
版社，1988.7　225页，32开　2.00元
本书第1章收入最近实战谱20谱，第2章是古
今著名妙手录（八局），第3章吴氏实战谱精
选，第4章《玄玄棋经》与《官子谱》，第5章
创作死活棋"鬼手三十题"。

04472　国际比较经营论
〔日〕大岛国雄著，冯宝曾译　北京：经济管理
出版社，1988，9　169页，大32开　（管理比
较研究丛书）　2.20元
本书内容包括：进入国际比较经营的途径，日本
的现代经营，苏联的现代经营，日苏经营的
比较。

04473　国际礼仪手册
〔日〕寺西千代子著，齐东明、申光译　长春：
吉林文史出版社，1988.8　219页，32开
2.30元

04474　国际贸易事典
〔日〕森井清著，天津市政协编译委员会译　天
津：天津人民出版社，1988.9　303页，32开
3.20元

04475　国名由来的故事
〔日〕牧英夫著　上海：上海市盲童学校盲文出
版社，1988.1　1册，10开　0.80元

**04476　果叶和贝壳的手式制作：日本幼儿手工
制作精选**
〔日〕渡边庄三郎主编，姚梅译　长沙：湖南少
年儿童出版社，1988.1　26页，16开　0.70元

04477　汉武帝：雄才大略的封建帝王
〔日〕福岛吉彦著，韩升译　西安：三秦出版
社，1988.6　160页，照片及图，32开　（风云
人物丛书/张玉良主编）　2.10元

本书叙述了汉武帝刘彻从"幸运太子"到"晚
年悲剧"的一生。

04478　航空运输经济学
〔日〕太田正树著，祁元福等译　北京：航空工
业出版社，1988.10　203页，32开　2.30元
本书包括航空运输需求、航空货运、航空企业的
经营、航空票价、包机航空运输、航空需求预测
等。附录内容为推测潜在旅客需求、各国国内
航线。

04479　好恶心理学：改善人际关系的方法
〔日〕诧摩武俊著，公克、展华译　北京：工人
出版社，1988.8　167页，32开　（星星丛书
5）　1.55元
该书从性格、心理和家庭关系出发，以大量的心
理实验和社会调查为依据，说明为什么人们会对
某种特定的对象产生喜欢或讨厌的心理反应，并
告诉读者如何建立良好的人际关系。

04480　好感学：摄取自我感情的价值
〔日〕本明宽著，孙敦夫、赵小风译　西安：陕
西人民出版社，1988.11　150页，32开　（现代
人·文化·知识·译丛）　2.10元
本书从心理学的角度阐述了好感学的意义。

04481　好手与恶手：围棋的急所
〔日〕藤泽秀行著，卓小能等编译　杭州，浙江
大学出版社，1988.11　185页，32开　（围棋棋
力速增丛书　一）　1.80元

04482　和平的潜在威胁：美苏军事力量透析
〔日〕藤井治夫著，盛欣等译　北京：国防大学
出版社，1988.6　500页，32开　4.10元

**04483　和平、人生与哲学：池田大作与基辛格
对谈集**
〔日〕池田大作、〔美〕亨利·A.基辛格著，卞立
强译　北京：中国国际广播出版社，1988.10　138
页，大32开　精装10.00元，平装1.50元
本书是据日本国际宗教、文化、和平活动家池
田大作与美国前国务卿基辛格于1986年9月在
东京进行的对谈记录整理出版的。他们根据自
己长期从事国际活动的经验对当前国际形势
的主要问题，对世界主要领导人的印象和评
价，以及今后世界发展的趋向，发表了各自
的看法。

04484　黑色的疯狂
〔日〕西村寿行著，刘星译　长沙：湖南文艺出

版社，1988.7 380 页，32 开 3.15 元

04485 黑猿：待命武装检察官黑木豹介
〔日〕门田泰明著，文湘译 哈尔滨：哈尔滨出版社，1988.12 205 页，32 开 2.10 元

04486 黑泽明电影剧本选集（上）：活下去
〔日〕黑泽明著，李正伦等译 北京：中国电影出版社，1988.12 395 页，大 32 开 4.40 元

04487 黑泽明电影剧本选集（下）：乱
〔日〕黑泽明著，李正伦等译 北京：中国电影出版社，1988.12 366 页，大 32 开 3.80 元

04488 红花物语
〔日〕水上勉著，张利等译 杭州：浙江文艺出版社，1988.10 298 页，大 32 开 精装 4.20 元，平装 2.20 元
本书包括《红花物语》和《猴笼牡丹》两部作品，描述生活在日本山村底层的女性的命运。

04489 红庄的悲剧
〔日〕井上靖等著，施元辉、孟慧娅译 北京：法律出版社，1988.2 300 页，32 开 1.80 元

04490 花葬
〔日〕渡边淳一著，陈喜儒译 北京：作家出版社，1988.2 382 页，32 开 2.35 元
本书是一部长篇记实体小说，描述了日本历史上第一个女医生获野吟子一生的坎坷境遇。

04491 化学（1）基本 300 题
〔日〕中山雄一等编，司马义·买买提译 乌鲁木齐：中国科普出版社新疆维、哈分社，1988.5 346 页，32 开 0.72 元

04492 化学计算
〔日〕岛原健三著，蒋伟川、周志和译 上海：上海科学技术文献出版社，1988.9 349 页，32 开 4.70 元
本书是一本介绍基础化学计算技巧的参考书。全书共分 16 章，涉及物理化学、环境分析、结构化学等方面的内容。

04493 化妆禁忌
〔日〕户田净著，赵敏如、胡甡慧译 北京：国际文化出版公司，1988.11 169 页，图，32 开（生活顾问丛书 五） 1.70 元
本书作者以充实的科学根据指出了目前妇女化妆中存在的许多有害身心，适得其反的错误做

法，并全面细致地阐述了脸上每个部位的具体化妆方法。

04494 化妆入门
〔日〕高富士子著 广州：广东旅游出版社，1988.4 127 页，32 开 （现代生活丛书）1.45 元

04495 环恋
〔日〕若樱木虔著，刘峰等译 沈阳：沈阳出版社，1988.8 203 页，32 开 2.00 元

04496 环球旅行
〔日〕多湖辉编 北京：中国盲文出版社，1988.12 1 册，10 开 （智育小丛书 4）0.84 元

04497 换妻（日本最新小说精选）
〔日〕松本清张等著，沈西城译 西安：陕西人民出版社，1988.5 219 页，32 开 2.15 元

04498 荒野复仇
〔日〕西村寿行著，刘光同、张振齐译 成都：四川省社会科学院出版社，1988.8 316 页，32 开 2.95 元

04499 谎言心理学
〔日〕相场均著，关德章、李吉兆译 沈阳：辽宁大学出版社，1988.12 123 页，32 开 2.00 元

04500 机动车事故鉴定方法
〔日〕林洋等著，梁恩忠、梁明译 北京：群众出版社，1988.8 217 页，32 开 2.15 元
本书主要内容有汽车事故鉴定原则、汽车碰撞前的运动、汽车与汽车的碰撞、摩托车的事故、行人的事故以及事故实例等，并附有事故鉴定实例。

04501 机器猫：电光宝剑
〔日〕藤子不二雄编绘，盛祖信译 北京：人民美术出版社，1988.4 96 页，32 开 0.73 元

04502 机器猫：惊险飞镖
〔日〕藤子不二雄编绘，朱青译 北京：人民美术出版社，1988.3 96 页，32 开 0.73 元

04503 机器猫：探宝玩具箱
〔日〕藤子不二雄编绘，盛祖信译 北京：人民美术出版社，1988.4 98 页，32 开 0.73 元

04504　机器猫：捉影子

〔日〕藤子不二雄编绘，韩宗琦译　北京：人民美术出版社，1988.4　96 页，32 开　0.75 元

04505　机械工厂和低温利用

〔日〕冈本定次、土井雅博著，李文彬等编译　北京：兵器工业出版社，1988.11　151 页，大 32 开　3.00 元

本书围绕着如何提高加工零件尺寸精度、表面粗糙度及延长刀具寿命等问题，阐述了低温切削的基本原理、加工方法及低温装置等。

04506　机械设计基础例题与习题集

〔日〕栁场重男、结城明泰著，张瀛仑译　北京：机械工业出版社，1988.12　477 页，大 32 开　6.60 元

04507　机械设计例题集

〔日〕鸣泷良之助等著，张玉忠译　北京：国防工业出版社，1988.5　561 页，32 开　4.75 元

本书系统地介绍了通用机械零件及压力容器、管道及管道连接、阀门、防止泄漏问题、机器支承方法、旋转机械、往复机械等方面的设计计算。

04508　基础化学实验大全（Ⅱ）：无机化学实验

〔日〕赤堀四郎、木村健二郎主编，文重等译　北京：科学普及出版社，1988.12　563 页，大 32 开　5.30 元

04509　基础化学实验大全（Ⅲ）：有机化学实验

〔日〕赤堀四郎、木村健二郎主编，吴祺、王文江译　北京：科学普及出版社，1988.12　299 页，32 开　2.90 元

本书共 5 章：有机化学基础、脂肪族化合物、芳香族化合物、天然有机化合物、合成有机化合物。

04510　基础物理化学习题解

〔日〕白井道雄著，郝德庆译　北京：机械工业出版社，1988.1　132 页，大 32 开　1.35 元

04511　基础有机化学

〔日〕阿部芳郎、小林贤三著，穆运转、丁守仁译　天津：南开大学出版社，1988.11　328 页，大 32 开　1.80 元

04512　嫉妒的奥秘

〔日〕诧摩武俊著，欧明昭译　成都：四川文艺出版社，1988.10　146 页，48 开　（黑匣子丛书）1.20 元

04513　计算机传热凝固解析入门：铸造过程中的应用

〔日〕大中逸雄著，许云祥译　北京：机械工业出版社，1988.3　480 页，大 32 开　4.70 元

04514　计算机辅助设计、生产、管理：CAD-CAMCAP

〔日〕人见胜人主编，肖承忠等译　北京：机械工业出版社，1988.10　239 页，32 开　3.00 元

本书是一本将计算机辅助设计、计算机辅助生产与计算机辅助管理有机地结合在一起的入门性的不可多得的好书。它综合地介绍了它们的意义、各种主要方法以及今后的发展方向。

04515　计算机图象处理技术

〔日〕田村秀行等著，赫荣威等编译　北京：北京师范大学出版社，1988.9　303 页，图版，16 开　4.15 元

本书讲述了计算机图像处理的典型方法，图像处理系统的实际构成以及常用的各种输入输出设备的原理、功能和特点，并分析了在遥感彩色图像处理、图纸自动读取、医用图像处理和工业用图像处理等方面具有代表性的实例。

04516　计算机系统性能分析实践

〔日〕三上敬等著，张爱英译　北京：科学技术文献出版社，1988.4　174 页，32 开　1.55 元

04517　记忆方法：心理学上发现的 20 条规律

〔日〕南博编，马建设译　长沙：中南工业大学出版社，1988.6　132 页，32 开　120 元

本书所阐述的记忆方法，是以心理学为基础的一些记忆规律。

04518　记忆力的奥秘：铃木先生惊人记忆力的诀窍

〔日〕高桥浩著，张乙译　北京：北京科学技术出版社，1988.10　121 页，32 开　1.30 元

本书通过探讨铃木健二广播员的日常言行的动力和能力背景，介绍了一些关于如何提高记忆力、想象力、观察力的问题，以及如何防止头脑老化等许多具体问题的秘密。

04519　技术革新下的中小企业：新的经营者形象

〔日〕龟山直幸编著，杨力明等译　北京：宇航出版社，1988.8　162 页，32 开　1.60 元

本书剖析了在新的技术革命冲击下日本中小企业的现状，存在的问题和发展趋势。

04520　季风研究

〔日〕住明正、村上多喜雄著，解思梅、张宝珍译　北京：海洋出版社，1988.2　100页，16开　2.10元

本书通过数值模拟、诊断分析，讨论了青藏高原与东亚季风之间的关系和南半球夏季风的特征，并进一步比较了南北两半球季风的异同，从而得出了一些非常有价值的结论。

04521　家庭按摩术

〔日〕星虎男著，叶朝苍译　长春：吉林科学技术出版社，1988.6　148页，插图，32开　（现代家政丛书）　2.90元

本书介绍了按摩的基础知识、基本技法、各种常见病的按摩疗法，解除疲劳和烦恼的按摩等。

04522　家庭急救新法

〔日〕德田虎雄著，乔思杰译　郑州：河南科学技术出版社，1988.12　203页，16开　2.35元

本书介绍了人在遭受水、电、交通事故和急病袭击而濒临死亡时的急救新法。

04523　简明材料力学

〔日〕竹内洋一郎著，晏绍裘等译　北京：冶金工业出版社，1988.3　351页，大32开　3.35元

04524　建筑经济学

〔日〕谷重雄著，王岫等译　长春：吉林人民出版社，1988.12　387页，16开　9.00元

本书论述了建筑市场和建筑产品价格；投资立案的评价与经济效益；建筑业的生产、流通、消费；承包制度和经营管理；房地产经营，城市开发，环境保护，建筑产业的相关联产业等。

04525　建筑装饰涂料实用指南

日本建筑装饰涂料工业会编，傅沛兴等译　北京：中国建筑工业出版社，1988.6　427页，大32开　4.05元

04526　健康文化体育学

〔日〕新井节男著，谢小彬译　上海：文汇出版社，1988.2　208页，大32开　2.15元

本书从动物起源、人体构造，到摄入与消费能源、发挥体力、男女差别、左与右的配合、永葆青春活力等，讲述了人体保健的各种科学知识。

04527　健康与环境

〔日〕斋藤和雄编，刘仁平、贾刚田译　北京：中国环境科学出版社，1988.9　260页，32开　2.30元

04528　健脑百科知识

〔日〕宫本忠雄著，盛欣等译　北京：工人出版社，1988.6　157页，32开　1.40

本书分6章，即健脑的食品；睡眠与健脑；学习与健脑；爱好与健脑；健脑杂说；运动与健脑。

04529　蒋介石的黄金

〔日〕伴野朗著，侯仁锋译　西安：华岳文艺出版社，1988.10　348页，32开　3.50元

04530　蒋介石秘录（全译本第二卷）

日本产经新闻社撰，〔日〕古屋奎二主笔，《蒋介石秘录》翻译组译　长沙：湖南人民出版社，1988.12　534页，32开　6.75元

04531　蒋介石秘录（全译本第三卷）

日本产经新闻社撰，〔日〕古屋奎二主笔，《蒋介石秘录》翻译组译　长沙：湖南人民出版社，1988.12　471页，32开　6.05元

04532　蒋介石秘录（全译本第四卷）

日本产经新闻社撰，〔日〕古屋奎二主笔，《蒋介石秘录》翻译组译　长沙：湖南人民出版社，1988.12　546页，32开　6.80元

04533　蒋介石秘录（全译本第一卷）

日本产经新闻社撰，〔日〕古屋奎二主笔，《蒋介石秘录》翻译组译　长沙：湖南人民出版社，1988.12　491页，32开　6.40元

04534　交流伺服电动机及其微机控制

〔日〕见城尚志等著，胡玉雁、徐崇志译　徐州：中国矿业大学出版社，1988.7　232页，大32开　（高等学校教学参考书）　1.30元

04535　教育评价

〔日〕梶田叡一著，李守福译　长春：吉林教育出版社，1988.2　230页，32开　（教育评价丛书）　2.36元

本书概述了欧美及日本教育评价的历史发展，并对教育评价的各种概念做了重新整理，以期使之更加明确。

04536　节能成功事例

日本节能中心编，朱百善等译　北京：烃加工出

版社，1988.11　235 页，16 开　3.70 元

04537　结构可靠性
〔日〕上山忠夫著，张英会等译　北京：机械工业出版社，1988.12　200 页，32 开　（可靠性技术丛书　8）　3.70 元
本书以飞机和宇宙飞行器为中心，介绍结构可靠性研究的内容、确保结构可靠性的方针与方法。

04538　金朝史研究
〔日〕外山军治著，李东源译　牡丹江：黑龙江朝鲜民族出版社，1988.4　496 页，大 32 开（中国古代北方民族文化史译著丛书）　4.70 元

04539　金阁寺
〔日〕三岛由纪夫、安部公房著，焦同仁等译　北京：工人出版社，1988.12　346 页，大 32 开（世界著名文学奖获得者文库　日本卷）4.20 元
本书收入三岛由纪夫的《金阁寺》安部公房的《砂女》两部小说。

04540　金钱的魔力
〔日〕邦光史郎著，高鹏、孙敏华译　北京：法律出版社，1988.5　275 页，32 开　2.30 元

04541　金三角大追杀
〔日〕山本惠三著，胡连荣译　北京：群众出版社，1988.4　237 页，32 开　1.75 元

04542　金色童年
〔日〕藤城清治绘　昆明：云南少年儿童出版社，1988　5 张，50 开　1.10 元

04543　金属材料疲劳设计手册
日本材料学会编，王庆荣译　成都：四川科学技术出版社，1988.1　370 页，大 32 开　2.90 元

04544　金属的腐蚀破坏与防蚀技术
〔日〕小若正伦著，袁宝林等译　北京：化学工业出版社，1988.11　519 页，大 32 开　6.30 元

04545　进攻与治孤：中盘胜负的秘诀
〔日〕坂田荣男著，韩凤仑、张竹译　北京：国际文化出版公司，1988.1　154 页，32 开　1.40 元

04546　近代物理各类题型详析
〔日〕后藤宪一等编，张德源等译　长沙：中南

工业大学出版社，1988.11　609 页，大 32 开7.00 元

04547　京剧音韵探究
〔日〕稻叶志郎著　上海：学林出版社，1988.7　118 页，32 开　1.80 元

04548　经营管理理论
〔日〕松本正隐著，王志国等译　北京：中国人民大学出版社，1988.10　353 页，大 32 开3.85 元
本书全面地评介了欧美和日本的资产阶级经营管理理论，以及日本的马克思主义经营管理学者所建立的批判经营学的主要观点。

04549　经营数学
〔日〕真壁肇等著，关颖男译　南昌：江西人民出版社，1988.10　254 页，32 开　（经济学知识丛书）　2.30 元
本书由集合与代数，线性代数及差分与微分这 3 部分组成，共 9 章。每章后都附有习题。

04550　经营信息管理
〔日〕前川良博等著，滕岳宗译　北京：北京科学技术出版社，1988.2　312 页，大 32 开　（经营工程学丛书）　2.70 元
本书叙述在经营管理中，经营信息管理的作用和重要性，特别是以应用电子计算机为中心，结合企业经营管理，对事务管理、信息管理、经营信息系统和经营决策支援系统等，做了详细的介绍和论述。

04551　惊人的信息推理术
〔日〕山上定也著，温元凯、李清编译　上海：上海市盲童学校盲文出版社，1988.5　1 册，10开　（五角丛书　第四辑）　0.50 元

04552　境界线的美学：从异常到正常的记号
〔日〕岩丹宽著，倪洪泉译　武汉：湖北人民出版社，1988.6　206 页，大 32 开　2.15 元
本书借鉴病迹等理论，运用多种学科的研究方法，剖析了残缺者、变形者、颠倒者的艺术创作心理，从一个侧面揭示了人的表现本能和艺术的本质。

04553　救亡与传统：五四思想形成之内在逻辑
〔日〕近藤邦康著，丁晓强等译　太原：山西人民出版社，1988.4　263 页，32 开　（五四与现代中国丛书）　3.20 元
本书以近代思想史上颇具特色的谭嗣同、章太

炎、李大钊的思想发展为主线并将他们与同时代其他思想家进行比较，揭示了戊戌以来五四思想与精神形成的内在逻辑。

04554 决断力：运筹帷幄决胜千里的八十法则
〔日〕邑井操著，吴淑丽译 北京：中国卓越出版公司，1988.12 175页，32开 2.30元
本书内容包括：培养决断能力的法则；分析决断优劣的法则；掌握决断机会的法则；避免决断失败的法则4篇。

04555 绝望的挑战者
〔日〕大薮春彦著，郑竹筠、冀人伶译 成都：四川文艺出版社，1988.3 309页，32开 2.60元

04556 军阀的野心
〔日〕笠原良三著，胡立品、柳真译 北京：解放军出版社，1988.9 337页，32开 2.55元
本书是一部关于第二次世界大战太平洋战场的纪实小说。

04557 军事思想史入门：近代西方与中国
〔日〕浅野祐吾著，赵志民、李苑译 北京：解放军出版社，1988.11 258页，32开 3.35元

04558 开发聪明才智秘诀：献给中小学生大学生及所有想训练大脑的人们
〔日〕多湖辉著，曹培林、王宝平译 长春：吉林人民出版社，1988.8 211页，32开 1.95元

04559 开拓机器人时代：来自黄色城堡的挑战
〔日〕稻叶清右卫门著，常俊英译 北京：国防工业出版社，1988.10 150页，32开 5.80元
本书叙述了发那科株式会社（生产数控装置和工业机器人）的发展历程。

04560 开拓未来的尖端材料
〔日〕岛村昭治编著，蔡可芬译 北京：冶金工业出版社，1988.7 276页，大32开 2.60元
本书阐述了新材料的设计和开发，对正在兴起的新材料——尖端合金、工程塑料、复合材料、精细陶瓷、生物体用材料和智能材料做了简要的介绍。

04561 科技六法
日本科学技术厅，《科技六法》翻译组译 北京：科学技术文献出版社，1988.12 1967页，32开 （科技政策与管理译丛） 18.10元
本书收入1945年以后日本科学技术发展各时期

的立法。全书共8篇，26部分，共242件。

04562 科学技术情报手册
日本科学技术情报中心编，高崇谦等译 北京：科学技术文献出版社，1988.2 872页，32开 5.80元
本书内容包括情报概论、情报活动、情报管理、情报系统、情报资料5章。

04563 可爱的童装 （第二辑）
日本镰仓书房编 北京：轻工业出版社，1988.6 1册，16开 1.40元

04564 可爱的童装 （第三辑）
日本镰仓书房编 北京：轻工业出版社，1988.10 47页，16开 1.60元

04565 可爱的童装 （第四辑）
日本镰仓书房编 北京：轻工业出版社，1988.12 42页，16开 1.60元

04566 可爱的童装 （第一辑）
日本镰仓书房编 北京：轻工业出版社，1988.3 50页，16开 1.40元

04567 可靠性分布与统计
〔日〕市田嵩、铃木和幸著，郭建英、沙巨大译 北京：机械工业出版社，1988.10 312页，32开 （可靠性技术丛书 3） 4.60元
本书主要介绍概率论及数理统计在可靠性工程中的应用，阐述了如何利用实验室或现场的数据对产品寿命分布和可靠性特征量做出合理的统计推断。

04568 可靠性分析用概率纸的使用方法
〔日〕墙见弘等著，陆振海译 北京：机械工业出版社，1988.12 206页，32开 （可靠性技术丛书 4） 3.15元

04569 可靠性工程
〔日〕菅野文友著，蔡建新、陈广异译 北京：烃加工出版社，1988.11 265页，32开 3.20元

04570 可靠性管理
〔日〕市田嵩、下平胜幸著，冯淑华译 北京：机械工业出版社，1988.12 98页，32开 （可靠性技术丛书 15） 3.90元
本书有两个重点：一是对可靠性管理的目标、意义做了较详细的说明；另一是对可靠性管理的核

心问题，即可靠性设计、设计审查、零件管理、试验与可靠性评价等做了具体的指导。

04571　可靠性设计
〔日〕川崎义人著，王思年、夏琦译　北京：机械工业出版社，1988.12　241页，32开　（可靠性技术丛书　6）　4.20元

04572　可靠性试验：概论·部件
〔日〕盐见弘等著，高金钟译　北京：机械工业出版社，1988.12　250页，32开　（可靠性技术丛书　10）　4.80元

04573　可靠性试验：环境·设备
〔日〕市田嵩等著，孙惠琴译　北京：机械工业出版社，1988.12　232页，32开　（可靠性技术丛书　11）　4.20元

04574　可靠性、维修性的数理基础
〔日〕三根久、河合一著，王树田、周世杰译　北京：机械工业出版社，1988.4　169页，32开　（可靠性技术丛书　2）　2.20元
本书应用概率论和统计学概述了可靠性技术的理论基础。

04575　可靠性、维修性总论
〔日〕川崎义人著，吴关昌译　北京：机械工业出版社，1988.5　174页，32开　（可靠性技术丛书　1）　2.15元

04576　空手道秘要
〔日〕内藤武宣著，李士信编译　郑州：河南科学技术出版社，1988.5　234页，大32开　2.80元
本书介绍了空手道的历史和基本功练习，重点讲解空手道各流派的套路和对练方法。

04577　控制老化的理论和实践：为舒适而愉快的老年奋斗
〔日〕越智宏化编著，曲忠贵等译　北京：人民日报出版社，1988.5　156页，大32开　1.80元
本书为人们控制老化、延缓衰老、延长寿命提供了有关方面的知识。

04578　苦闷的象征；出了象牙之塔
〔日〕厨川白村著，鲁迅译　北京：人民文学出版社，1988.7　287页，32开　2.50元
本书收《苦闷的象征》和《出了象牙之塔》两部论著。前者介绍、分析了对现代文艺有重大影响的西方文学家和科学家的理论；后者的主旨是批评本国的缺点。

04579　库存管理理论与实践
〔日〕水诚户一著，苏宝勤译　北京：中国商业出版社，1988.2　181页，32开　2.10元
本书着重介绍库存管理所必备的基础知识，较为全面地论述了产品、商品库存管理的基本方法。

04580　夸克：基本粒子物理学前沿
〔日〕南部阳一郎著，刘东风、李枚力译　北京：知识出版社，1988.12　209页，图，32开　2.20元

04581　快乐时光
〔日〕藤城清治绘　昆明：云南少年儿童出版社，1988　10张，50开　2.00元

04582　狂人之国
〔日〕西村寿行著，雨佳、氾力译　南宁：广西民族出版社，1988.8　317页，32开　2.80元

04583　昆虫变态的生理化学
〔日〕长谷川金作著，张义成、陆明贤译　北京：农业出版社，1988.12　246页，32开　2.55元
本书主要介绍昆虫的发育与蜕皮变态、变态与呼吸、变态和虫态的形成、变态与表皮硬化着色等，重点论述了变态与物质代谢及变态与激素的关系。

04584　离婚旅行
〔日〕山村美纱著，王珏、文琰译　北京：中国文联出版公司，1988.3　297页，32开　文艺·社会学丛书）　2.20元
本书包括《离婚旅行》和《舞妓之死》两部推理小说。

04585　黎明前的洗礼
〔日〕钉崎卫著，鲁佃译　长沙：湖南人民出版社，1988.9　104页，32开　1.25元
本书作者在我国生活17年（1939—1956年），以他的亲身经历记录所见所闻，多方位、多角度描绘了中国解放战争的烽火岁月。

04586　李香兰之谜
〔日〕山口淑子、藤原作弥著，陈喜儒、林晓兵译　沈阳：辽宁人民出版社，1988.7　267页，32开　2.50元
本书中的主人公李香兰是个什么人？她是日本美

女，还是中国明星？她是日本特务，还是中国汉奸？本书揭开了李香兰之谜。

04587　理想夫人
〔日〕马兴国编　南昌：江西人民出版社，1988.12　248页，32开　（外国微型小说译丛日本）　2.20元
本书共收日本微型小说精品62篇。

04588　林木间伐概论：从采伐、运材到加工、销售
〔日〕坂口胜美主编，唐广仪等译　北京：中国林业出版社，1988.10　319页，大32开　3.70元

04589　领导心理学；怎样有效地工作
〔日〕白三四郎著，苏昆、房纯刚译　长春：吉林教育出版社，1988.5　226页，32开　1.55元

04590　另辟思径：跨越时间的旅行
〔日〕多湖辉编　北京：中国盲文出版社，1988.4　1册，10开　（智育小丛书　5）0.56元

04591　流体机械工程例题集
〔日〕前田照行著，李昌琪译　北京：国防工业出版社，1988.5　292页，32开　2.55元

04592　论表现：自我表现的艺术
〔日〕多湖辉著，许金龙、郑青译　南京：译林出版社，1988.11　208页，32开　（现代社会心理学译丛/陈而泰主编）　2.80元

04593　论孤独：超越孤独
〔日〕箱崎总一著，徐鲁杨、邹东来译　南京：译林出版社，1988.11　149页，32开　（现代社会心理学译丛/陈而泰主编）　2.00元
本书应用心理咨询门诊的丰富实例，分析了现代人产生孤独心理的种种表现及其形成的原因，探讨了制约人们孤独心理的多种因素，并以通俗和生动的例证，指导人们排除孤独心理，从而实现由"低孤独"向"高孤独"转化的途径。

04594　裸冬
〔日〕西村寿行著，郭曙光、李岩译　济南：山东文艺出版社，1988.10　225页，32开　1.95元

04595　漫话世界出版社
〔日〕出川沙美雄著，李长声译　太原：书海出版社，1988.3　147页，32开　（国外编辑出版丛书）　1.00元

04596　美的相位与艺术
〔日〕今道友信著，周浙平、王永丽译　北京：中国文联出版公司，1988.2　376页，32开（美学译文丛书）　2.80元

04597　美国霹雳舞
〔日〕笠井博著，于沙译　沈阳：沈阳出版社，1988.7　120页，图，32开　2.50元

04598　美国人和日本人
〔日〕尾崎茂雄著，张健、李卓译　天津：渤海湾出版公司，1988.10　138页，32开　（日本人与日本文化丛书）　1.60元
本书是从日本人的角度观察和分析日美文化差异，主要是从人的思想意识、思维方法、道德规范乃至风俗习惯等各个角度去进行比较。

04599　美学百科辞典
〔日〕竹内敏雄主编，刘晓路等译　长沙：湖南人民出版社，1988.7　710页，大32开　精装，9.70元

04600　梦断寒湖
〔日〕渡边淳一著，肖良、晓雨译　南宁：广西人民出版社，1988.3　309页，32开　2.20元

04601　迷宫之门
〔日〕横沟正史著，王纪卿译　2版　长沙：湖南人民出版社，1988.7　314页，32开　2.75元
本书1980年7月第1版，包括《迷宫之门》和《芙蓉公馆的秘密》两部小说。

04602　迷惘的梦：惊险侦探小说
〔日〕西村寿行著，丁贤钜、薛国梁译　南宁：广西民族出版社，1988.2　305页，32开　2.15元

04603　觅踪
〔日〕生岛治郎著，苏克新、李佳羽译　成都：四川文艺出版社，1988.6　264页，32开　1.96元

04604　秘书ABC
〔日〕工藤南海夫著，李建华、刘力群译　北京：档案出版社，1988.6　82页，32开　0.95元
本书介绍了秘书工作人员所应具备的基本素

质、秘书日常工作的基本程序和注意事项，对秘书工作人员的举止、仪表提出了一定的要求。

04605 密室迷踪
〔日〕斋藤荣著，王丕迅译 南宁：广西人民出版社，1988.9 217页，32开 2.15元

04606 膜分离过程设计法
日本膜学会编，王志魁译 北京：科学技术文献出版社，1988.9 198页，32开 1.90元
本书介绍7种膜分离法：渗透蒸发法、渗析法、精密过滤法、气体的膜分离法、超滤法、电渗析法及反渗透法。对它们的原理及设计计算方法做了精辟的说明。

04607 魔鞭
〔日〕小川未明、浜田广介著，孟慧娅译 哈尔滨：黑龙江人民出版社，1988.7 143页，32开 1.45元
本书收集日本文坛两位童话巨匠小川未明和浜田广介的优秀童话作品33篇。

04608 魔女
〔日〕石桃泽耕史著，李涛、王雨译 沈阳：春风文艺出版社，1988，10 202页，32开 2.40元

04609 魔影
〔日〕香取俊介著，龚志明译 北京：军事译文出版社，1988.6 213页，32开 1.60元

04610 母亲育婴必读
〔日〕平山宗宏主编，李光明、高云升译 北京：中国商业出版社，1988.5 52页，32开 0.50元
本书内容分婴儿出生记录，婴儿与营养、婴儿与健康，育婴12月，婴儿成长记录5部分。

04611 木材工业手册（一）：制材木材干燥机械加工木结构件和连接
日本农林水产省林业试验场编，高家炽等译 北京：中国林业出版社，1988.9 307页，大32开 2.95元

04612 木质素的化学：基础与应用
〔日〕中野准三编，高洁等译 北京：轻工业出版社，1988.3 642页，32开 4.60元
本书系统地介绍了木质素的生物合成过程，在植物组织中的分布、化学结构、化学反应性能，特别是在纸浆制造过程中的反应机理和木质素利用的现状和未来。

04613 纳粹的最后堡垒
〔日〕落合信彦著，宋协毅、洪伟译 沈阳：春风文艺出版社，1988.7 262页，32开 （春风纪实文学丛书） 2.10元

04614 男性心理学
〔日〕小林左枝编，黄崇道译 广州：中山大学出版社，1988.8 324页，32开 1.90元

04615 男性之谜
〔日〕国分康孝、国分久子著，赵建华、赵济译 北京：中国国际广播出版社，1988.7 186页，32开 1.80元
本书内容主要涉及男、女气质，以及附带条件的判断研究。分男人和女人、女性化的男人、对女性不信任的男人、男人的错误估计和女人的错误估计、男人的真心话、胆怯的男人心理、结婚的心理等11章。

04616 内炼密诀
（明）柳华阳原著，〔日〕伊藤光远改著，殷师竹译述，太一山人增订 重订本 北京：中国人民大学出版社，1988.10 237页，大32开 （东方修道文库 2/徐兆仁主编） 3.75元
增订者太一山人原名萧天石。

04617 农林水产与气象：气象的利用和改良
〔日〕内屿善兵卫著，方爽译 重庆：重庆出版社，1988.1 218页，大32开 2.35元
本书较全面地介绍了日本及其他一些国家近一二十年间在农、林、水产业与气象条件关系方面的研究成果和应用技术。

04618 农药的设计与开发指南（第三册：农药的选择毒性与抗性）
〔日〕山本出、深见顺一主编，李树正等译 北京：化学工业出版社，1988.1 230页，32开 2.40元

04619 农药的设计与开发指南（第四册：农药的分子设计）
〔日〕山本出、深见顺一主编，程天恩等译 北京：化学工业出版社，1988.11 394页，32开 4.00元

04620 弄假成真的姻缘
〔日〕佐野洋著，刘多田译 北京：中国文联出

版公司，1988.11　145 页，32 开　1.30 元

04621　女明星的奇特婚姻
〔日〕横沟正史著，马强、石兵译　北京：中国
妇女出版社，1988.11　408 页，32 开　3.90 元

04622　女人为谁而活
〔日〕石川达三著，侯仁锋译　西安：华岳文艺
出版社，1988.9　232 页，32 开　2.35 元
本书反映了战后日本女人艰辛的生活和坎坷的
命运，揭露了男人的虚伪和卑鄙。

04623　女人与狗
〔日〕西村寿行著，陈浩译　北京：中国星星出
版公司；华艺出版社，1988.7　337 页，32 开
3.95 元

04624　女性的身态语言
〔日〕石川弘义著，王林、晓喻编译　北京：文
化艺术出版社，1988.11　119 页，图，32 开
（五色土丛书）　1.40 元
本书着重研究了有关女性的身态语言所表达的
意向。

04625　女性阶梯
〔日〕松本清张著，朱书民译　合肥：安徽文艺
出版社，1988.3　530 页，32 开　3.70 元
本书是一部推理小说。描写一个青年美容师凭
借心术和手腕，利用并玩弄女性，走上了犯罪
道路。

04626　女性性向学
〔日〕岛田一男著，韩琪编译　长春：北方妇女
儿童出版社，1988.11　156 页 32 开　1.80 元
本书是一本探索女性生理、心理、行为特征的著
作，原名为《女性心理的读法》。

04627　女性性向学
〔日〕岛田一男著，熊远报、胡泰山译　武汉：
湖北人民出版社，1988.11　243 页，32 开
2.30 元

04628　女性与犯罪
〔日〕广濑胜世著，姜伟、姜波译　北京：国际
文化出版公司，1988.11　132 页，32 开　（犯罪
与法律丛书）　1.67 元
本书立足于女性的生理特点，剖析了女性犯罪
的人格特征及影响女性犯罪的各种因素，着重
研究了杀人、抢劫、放火、盗窃、卖淫等常见的
女性犯罪。

04629　诺贝尔化学奖获得者福井谦一及其学派八十年代论文选
〔日〕福井谦一等著，刘靖疆译　天津：南开大
学出版社，1988.5　198 页，大 32 开　4.00 元

04630　诺查丹玛斯大预言（上册：1999.7 人类会遭灭顶之灾吗?）
〔日〕五岛勉著，胡毓文、黄凤英译　南京：东
南大学出版社，1988.1　184 页，36 开　2.50 元
诺查丹玛斯是法国 16 世纪的大预言家。本书作
者日本五岛勉对他的预言进行了深入研究，写成
此书。全书共 5 卷，现将原著分 3 卷译出。

04631　胖人必读
〔日〕市川桂子著，王效曾、李慕韩译　北京：
国际文化出版公司，1988.10　190 页，图，32
开　（生活顾问丛书　3）　1.60 元
本书中提醒人们要时刻保持适中的体重，不能过
于肥胖，因而要人们从日常琐事中注意减肥、保
持健美的体魄，并对不同年龄的人所担心的问题
提出了对策。

04632　跑呀，逃呀
〔日〕赤羽末吉编绘，王敏编译　南宁：广西人
民出版社，1988.1　40 页，16 开　（获国际安徒
生奖图画故事丛书）　1.75 元

04633　培养孩子的创造力：21 世纪的育儿学
〔日〕住田幸次郎著，曾祥禄、杨世富译　贵
阳：贵州人民出版社，1988.1　134 页，32 开
0.85 元

04634　配管设计施工指南
〔日〕小栗富士雄著，康文甲、周正民译　北
京：中国建筑工业出版社，1988.5　270 页，16
开　4.40 元

04635　配合饲料讲座（上卷：设计篇）
日本配合饲料讲座编纂委员会编，刘丙吉等译
北京：农业出版社，1988.5　439 页，16 开
7.55 元

04636　配合饲料讲座（下卷：制造篇）
日本配合饲料讲座编纂委员会编，刘丙吉等译
北京：农业出版社，1988.8　215 页，16 开
4.55 元

04637　碰钉先主：幽默画选
〔日〕植田先志原著，辛山石改编　广州：新世
纪出版社，1988.12　126 页，64 开　0.62 元

04638　霹雳舞

〔日〕笠井博著，王霞、胡敏之译　南京：江苏人民出版社，1988.6　240 页，图，32 开

04639　皮革生产实践

〔日〕荻原长一著，王树声、挂明霞编译　北京：轻工业出版社，1988.6　496 页，大 32 开　精装 6.30 元

04640　漂亮的纸盒

〔日〕神户宪治、渡道睿原作，于淑荣译　北京：中国和平出版社，1988.7　23 页，24 开　《儿童趣味纸手工》套书　5）0.54 元

04641　平面交叉路口的规划与设计

日本交通工程研究会编，杨眷华、刘璟译　北京：中国建筑出版社，1988.5　252 页，大 32 开　1.80 元
本书系统地阐述了平面交叉路口在道路网中的地位和作用、规划与设计的原则，平面交叉路口的几何构造和交通管制等。

04642　坡面绿化施工法

〔日〕安保昭著，周庆桐译　北京：人民交通出版社，1988.2　213 页，照片，32 开　1.50 元
本书结合环境保护要求，研究边坡的稳定与绿化问题，提出多种边坡保护与绿化的施工法，其中包括新开发的在岩体表面进行绿化的方法。

04643　破碎的爱

〔日〕松山善三著，〔日〕中井多津夫编剧，钟晓阳、朱金和译　厦门：鹭江出版社，1988.1　285 页，32 开　1.75 元

04644　七大名妃轶事

〔日〕驹田信二著，董玉书、郭继先译　北京：昆仑出版社，1988.8　174 页，插图，32 开　1.85 元
本书包括了中国历史上从春秋到唐朝著名的七个后妃和姬妾的秘史传记。

04645　骑马民族国家

〔日〕江上波夫著，张承志译　北京：光明日报出版社，1988.2　224 页，大 32 开　（现代文化丛书/李盛平主编）2.25 元
本书描绘了"骑马民族—游牧国家—征服王朝"这一草原游牧社会发展规律，并以此重新解释了大和族起源及日本史上许多悬案。

04646　棋力养成问题集

〔日〕藤泽秀行著，薛至诚译　北京：宝文堂书店，1988.4　640 页，32 开　4.55 元

04647　棋谱血案

〔日〕齐藤荣著，陶法义、赵琪译　兰州：甘肃人民出版社，1988.12　186 页，32 开　1.90 元
本书又名《杀人的棋谱》，是日本当代著名推理小说家齐藤荣的一部中篇小说。

04648　企业成长的技术战略——如何引进尖端技术

〔日〕斋藤优编著，于坤章译　成都：四川人民出版社，1988.4　153 页，32 开　1.14 元
本书在研究中小企业的技术革新动向和尖端技术问题的基础上，阐明了企业制定有关技术诊断、技术转让、技术开发、专利、信息等战略应具备的基本设想和方法。

04649　企业的全面质量管理

〔日〕水野滋著，孙良康、梁宝俭译　北京：企业管理出版社，1988.7　404 页，32 开　3.20 元

04650　企业帝王学

〔日〕佐佐克明著，任意编译　北京：北京体育学院出版社，1988.12　160 页，32 开　2.20 元
本书援引李世民、刘备、孙权等古代帝王的生动实例，指导读者如何面对今天社会企业竞争的局面，渡过危机，使企业蒸蒸日上，在群雄竞争中独占鳌头，成为现代企业中的帝王。

04651　企业秘密

〔日〕角濑保雄著，玄仁实、王玉双译　北京：北京经济学院出版社，1988.6　179 页，32 开　（企业家丛书）1.00 元
本书从引人注目的"企业秘密"入手，运用大量事例，通过多角度分析，揭露了资本主义企业在经范管理中攫取高额利润的种种手法。

04652　企业生产管理基础知识

〔日〕仓特茂著，朴欣红译　北京：机械工业出版社，1988.11　148 页，32 开　2.85 元
本书阐述了企业的计划制定、生产准备、生产组织、工时及设备等方面的基础管理知识。

04653　企业与信息

日本科学技术信息中心编，左京华、杨永平译　昆明：云南人民出版社，1988.8　239 页，32 开　1.80 元

04654 气候环境学概论

〔日〕福井英一郎、吉野正敏著，柳又春译 北京：气象出版社，1988.5 303页，32开 2.65元

本书就亚、欧、美各洲（主要是日本）古代与现代之人类与气候环境的关系问题进行了说明，对当代与人类生活及生产活动有密切联系的人口、粮食、能源及水资源等敏感性问题做了介绍和评论，并就其未来可能发展趋势做了展望和预测。

04655 气体轴承：设计、制作与应用

〔日〕十合晋一著，韩焕臣译 北京：宇航出版社，1988.3 229页，32开 1.90元

04656 气相色谱法

〔日〕荒木峻著，优大器等译 北京：化学工业出版社，1988.2 156页，大32开 1.35元

04657 汽车的安全

〔日〕佐藤武主编，吴关昌、陈倩译 北京：机械工业出版社，1988.5 528页，32开 4.10元

04658 汽车电子学

〔日〕林田洋一著，蔡锐彬译 北京：人民交通出版社，1988.2 236页，大32开 2.00元

本书包括汽车发动机的基础知识、汽油机、柴油机的电子控制，传感器及汽车电子化的发展等内容。

04659 契丹古代史研究

〔日〕爱宕松男著，邢复礼译 呼和浩特：内蒙古人民出版社，1988.11 201页，照片，大32开 1.95元

本书探讨了辽朝建立前契丹人的历史及其部族的形成、结构和发展，考证了形成契丹族的耶律、肖氏两大部落，叙述了契丹遥辇氏的存在等，反映出契丹部族制社会的情况。

04660 潜水员读本

日本劳动省安全卫生部劳动卫生科编，顾林声等译 北京：海洋出版社，1988.4 342页，32开 2.60元

本书是一本潜水员统编法定教材。

04661 秦汉法制史论考

〔日〕堀毅著，萧红燕等译 北京：法律出版社，1988.8 495页，图，大32开 精装8.00元

本书作者以简中秦律为中心，做了多方面的研

究探讨，提出了自己的观点。

04662 青春之门：放浪篇

〔日〕五木宽之著，李旭光等译 成都：四川人民出版社，1988.4 307页，32开 2.65元

本书是日本当代文学巨擘五木宽之的长河系列小说之一。

04663 青春之门：自立篇

〔日〕五木宽之著，陈凡等译 成都：四川人民出版社，1988.5 364页，32开 2.95元

04664 青年马克思的思想：社会主义思想的创立

〔日〕城塚登著，尚晶晶等译 北京：求实出版社，1988.02 232页，大32开 1.45元

04665 青山恋情

〔日〕石坂洋次郎著，吴侃、王海清译 长春：吉林人民出版社，1988.8 203页，32开 2.10元

04666 倾国恋：我与苏加诺总统

〔日〕黛薇著，舒怡民译 北京：时事出版社，1988.12 124页，32开 （迷你丛书） 1.50元

本书记述了黛薇夫人与已故印尼总统苏加诺的爱情故事。

04667 情仇

〔日〕横沟正史著，谢志强、张素娟译 郑州：黄河文艺出版社，1988.6 265页，32开 2.25元

本书包括《情仇》和《女尸之谜》两部小说。

04668 情感与理性：人性心理剖析

〔日〕宫城音弥著，晋学新、穆利琴译 西安：陕西人民出版社，1988.11 180页，32开 （现代人·文化·知识译丛） 2.40元

本书作者从构成人性心理不同角度探讨人类的情感与理性。

04669 情系明天

〔日〕井上靖著，林少华译 太原：北岳文艺出版社，1988.12 344页，32开 3.20元

04670 请问芳名

〔日〕菊田一夫著，周平等译 南京：江苏人民出版社，1988.3 2册（399，416页），大32开 7.20元

本书以一对青年男女悲欢离合的故事为主线，再

现了战后初期日本社会光怪陆离的景象。

04671　球墨铸铁：基础·理论·应用
〔日〕张博等编，任善之等译　北京：机械工业
出版社，1988.2　375 页，32 开　3.10 元

04672　趣味电学知识
〔日〕福田务著，符春英译　北京：机械工业出
版社，1988.1　161 页，32 开　1.55 元
本书内容包括直流电、电与磁、交流电和电子学
4 部分。

04673　全公司综合质量管理：TQC 引入与推进
〔日〕水野滋著，王戈、张林平译　哈尔滨：黑
龙江科学技术出版社，1988.8　218 页，16 开
4.20 元
本书介绍了推行全面质量管理的基本理论和方
法，还介绍了在推行 TQC 时，遇到的实际问题
和解决问题的途径。

04674　全息照相术的原理及实验
〔日〕松下昭、平井纪光著，孙万林、王宏成
译　北京：科学出版社，1988.1　215 页，32
开　1.70 元

04675　全线戒备
〔日〕西村京太郎等著，朱玉等译　长沙：湖南
人民出版社，1988.3　128 页，16 开　1.50 元
本书收入日本等国作家的 5 篇通俗小说。

04676　拳击
〔日〕永松英吉著，刘玉林译　济南：山东科
学技术出版社，1988.2　172 页，40 开
1.30 元
本书阐述了拳击发展的历史，拳击的基本技
术、战术和战法、身体训练、比赛规则和裁
判法等。

04677　热处理须知
日本不二越热处理研究所著，王兴垣、陈祝同
译　北京：机械工业出版社，1988.4　241 页，
图，大 32 开　3.10 元
本书除对热处理理论和方法做一般的叙述外，
着重记述了按使用目的来选择热处理、钢材和
表面处理的方法。

04678　人才培养百原则
〔日〕昌山芳雄原著，鲁军等编译　北京：三联
书店，1988.6　260 页，32 开　（科学与生活丛
书）　2.00 元

04679　人生论笔记
〔日〕三木清著，李云云译　成都：四川人民出
版社，1988.5　142 页，32 开　1.20 元
本书由 23 个短篇组成，内容包括死亡、幸福、
希望、孤独、旅行、个性、成功、利己主义等
论题。

04680　人心破译术：透视人心 101 条法则
〔日〕多湖辉著，谢德辉译　上海：上海人民出
版社，1988.12　216 页，32 开　（青年译丛）
2.25 元

04681　人性的激发与妙用
〔日〕松下幸之助著，车维汉译　沈阳：辽宁大
学出版社，1988.9　167 页，32 开　1.60 元
本书从企业经营的角度，通过各种具体事件，对
用人、发挥人的潜能等从各方面进行了论述。

04682　人性剖析
〔日〕宫城音弥著，杨禾译　广州：广州文化出
版社，1988.5　133 页，32 开　1.20 元
本书作者运用现代心理学的理论，剖析了悲喜、
孤独、焦虑、顽固等人性构成要素。阐述了各要
素的真谛。

04683　人怎样长得高
〔日〕川畑爱义著，方盛编译　上海：上海市盲
童学校盲文出版社，1988.6　1 册，10 开　（五
角丛书　第四辑）　0.60 元

**04684　认识自身的力量：应用心理学的有效
方法**
〔日〕小口忠彦著，石惠侠、谢林译　西安：华
岳文艺出版社，1988.2　132 页，32 开　（中学
生必读）　1.10 元

04685　日本产业转换的新时代
日本兴业银行产业调查部编，郭华民译　北京：
科学技术文献出版社，1988.1　315 页，32 开
（科技政策与管理译丛）　2.50 元
本书就电子、汽车、机械、造船工业，以及原材
料产业，生活及工业基础产业等几个方面，提出
了日本在适应激变的经济环境中所采取的方针
政策，论述上述各个行业发展的方向，以及向国
外投资的现状和未来。

04686　日本出版界的操纵者
日本《创》月刊编辑部编，徐耀庭译　太原：
书海出版社，1988.3　222 页，32 开　（国外编
辑出版丛书）　1.40 元

04687　日本的产业政策
〔日〕小宫隆太郎等编，黄晓勇等译　北京：国际文化出版公司，1988.4　541 页，大 32 开　精装 6.30 元

04688　日本的综合商社
〔日〕小岛清、小泽照友著，何薇薇译　北京：国际文化出版公司，1988.2　142 页，32 开 1.25 元
本书阐述和分析了日本综合商社如何在发展中国家和地区开展贸易和投资活动，它们在这些国家和地区投资的主要形式和特点。

04689　日本公务员法
〔日〕鹈饲信成著，曹海科译　重庆：重庆大学出版社，1988.11　293 页，32 开　2.75 元
本书据有斐阁株式会社 1986 年版译出。

04690　日本古代随笔选
〔日〕清少纳言、吉田兼好著，周作人、王以铸译　北京：人民文学出版社，1988.9　514 页，大 32 开　（日本文学丛书）　5.15 元
本书包括《枕草子》和《徒然草》两部随笔集。

04691　日本古典俳句诗选
〔日〕松尾芭蕉等著，檀可译　石家庄：花山文艺出版社，1988.1　184 页，32 开　1.00 元

04692　日本海军史
〔日〕外山三郎著，龚建国、方希和译　北京：解放军出版社，1988.1　196 页，32 开　1.46 元

04693　日本皇太子——明仁
〔日〕牛岛秀彦著，柯毅文、颜景镐译　北京：军事译文出版社，1988.4　179 页，32 开 1.10 元
本书系《日本天皇——裕仁》的姐妹篇。作者以翔实的资料，较系统地描述了日本未来象征性的国家元首、第 125 代皇位继承人——明仁的成长过程和政治思想倾向。

04694　日本计算机水平考试指南（中级）
日本信息处理开发协会信息处理研究中心编，张然、徐国伟译　上海：上海科学技术文献出版社，1988.6　279 页，大 32 开　（计算机应用软件人员水平考试参考丛书）　3.60 元

04695　日本计算机应用软件人员全国统考试题及解答（1987 年一、二级）
朱慧真等译　北京：清华大学出版社，1988.7

193 页，16 开　4.40 元

04696　日本继续教育译文选
李家宝等辑译　哈尔滨：哈尔滨工业大学出版社，1988.7　158 页，32 开　1.50 元

04697　日本建设事业有关法令集
日本建筑技术研究会编，李政等译　北京：航空工业出版社，1988.12　448 页，16 开　8.90 元
本书收入日本建筑基准法、建设业法、建筑师法、城市规划法及土地利用、道路、河川建设、消防、安全生产、环境保护等方面现行法规 83 件。

04698　日本教育立法与日本近代教育法制史年表
曹阳编译　长春：吉林教育出版社，1988.5　205 页，32 开　1.60 元

04699　日本近代围棋名局选
〔日〕陶审定编译　合肥：安徽科学技术出版社，1988.1　142 页，32 开　1.15 元
本书原名《东瀛围棋精华》，收入 19 世纪 30 年代至 20 世纪 20 年代的日本围棋名局 36 局。

04700　日本近现代史纲
〔日〕高桥幸八郎等著，谭秉顺译　长春：吉林教育出版社，1988.9　351 页，大 32 开　（外国学者研究历史译丛 1）　精装 3.30 元

04701　日本京陶公司发迹秘诀
〔日〕加藤胜美著，张可喜译　北京：新华出版社，1988.9　168 页，32 开　1.60 元
本书是一部企业史，又是一部人物传记。它记述了新兴企业——京陶公司的发展和它的创立者之一稻盛和夫的经营思想和管理才能。

04702　日本经济的结构分析
〔日〕佐贯利雄著，周显云、杨太译　沈阳：辽宁人民出版社，1988.1　234 页，32 开　1.70 元
本书考察了明治维新以来一百多年中日本经济变动的历史过程、原因以及由改革带来的一系列社会经济变化。

04703　日本历史辞典
〔日〕竹内理三等编，沈仁安等译　天津：天津人民出版社，1988.4　752 页，32 开　5.30 元

04704　日本列岛大搜捕：刑警奋战记
〔日〕吉冈明著，经验等译　北京：中国人民公安

大学出版社，1988.11 219页，32开 2.10元

04705 日本流行歌曲选：吉他伴奏
胡国伟译词，张承谟配歌 上海：上海音乐出版社，1988.11 248页，32开 2.50元

04706 日本流行女装精选
杨晓惠等编 北京：北京出版社，1988.1 176页 16开 2.90元
本书主要内容包括日本女装款式造型184款、女装裁剪155款和衣领造型及其缝制40款。

04707 日本美术史
〔日〕町田甲一著，莫邦富译 上海：上海人民美术出版社，1988.12 428页，大32开 （外国美术史丛书） 精装 11.30元

04708 日本女子春秋季时装
中国商业出版社编 北京：中国商业出版社，1988.4 134页，照片及图，16开 3.85元

04709 日本女子秋冬时装
郭红红译 北京：中国商业出版社，1988.11 152页，照片及图，16开 4.95元

04710 日本女子夏季时装
中国商业出版社编 北京：中国商业出版社，1988.6 111页，照片及图，16开 3.85元

04711 日本潜艇史
〔日〕坂本金美著，龚建国等译 北京：海洋出版社，1988.5 404页，32开 3.70元
本书简述了日本潜艇的发展概况、各个时期的建造计划与执行情况和第二次世界大战前日本潜艇的作战思想与训练方法。

04712 日本人物辞典
日本人物辞典编纂委员会编 北京：商务印书馆，1988.11 1554页，16开 精装34.95元
本书选收日本人物1525人，包括日本各界和从事中日友好活动的著名人士，并兼收部分历史人物。

04713 日本人与中国人
〔日〕陈舜臣著，张宪生译 广州：花城出版社，1988.10 191页，32开 1.95元
本书是日籍华人作家陈舜臣的一部文化比较随笔集。

04714 日本日常健身秘诀
〔日〕大治晶誉著，王武译 哈尔滨：黑龙江人

民出版社，1988.12 152页，32开 1.70元

04715 日本室内设计精华 （1—2）
王宏新等译 哈尔滨：黑龙江科学技术出版社，1988.8 2册（293+256页），16开 （世界建筑与室内设计丛书） 精装115.00元

04716 日本首相竹下登
日本时事通信社政治部编，柳伟雄等译 北京：时事出版社，1988.8 258页，照片，32开 （现代国际人物丛书） 精装8.50元，平装2.20元
本书介绍了竹下首相的性格、理想以及"走自己的路"的主张。

04717 日本隧道标准规范 （盾构篇） 及解释
日本土木学会编，刘铁雄译 峨眉：西南交通大学出版社，1988.9 174页，16开 4.20元

04718 日本隧道标准规范 （山岭篇） 及解释
日本土木学会编，关宝树、麦倜曾译 峨眉：西南交通大学出版社，1988.11 181页，16开 4.20元

04719 日本·索尼·AKM
〔日〕盛田昭夫著，陈建译 北京：经济管理出版社，1988.4 320页，大32开 2.70元
本书作者在书中生动描述了自己以及索尼公司的成长历程，详细阐述日本式经营思想及其与欧美式经营思想之间的比较、差异。

04720 日本童话选
阎新华译 北京：中国妇女出版社，1988.7 126页，32开 （妈妈讲的故事丛书 三） 1.10元
本书据全日本青少年育成会和日本儿童笔会合编的日本民间童话集《落下的天梯》和《木佛和金佛》选译，共31篇。

04721 日本万花筒
梁潮、鲁施红编译 桂林：漓江出版社，1988.12 448页，32开 3.80元
本书内容包括日本政法、社会、经济、历史、地理、文学、艺术、体育、教育、风俗等方面。

04722 日本为什么"成功"
〔日〕森岛通夫著，麦罕麦提·艾力等译 喀什：喀什维吾尔文出版社，1988.4 408页，32开 1.35元

04723　日本围棋历代名手名局史话

〔日〕安永一著，刘涌、李茂森译　北京：人民体育出版社，1988.2　285 页，32 开　1.95 元

04724　日本新感觉派作品选

〔日〕横光利一等著，叶渭渠等译，杨晓禹等编　北京：作家出版社，1988.9　310 页，32 开　（作家参考丛书）　2.75 元

04725　日本行政法

〔日〕南博方著，杨建顺、周作彩译　北京：中国人民大学出版社，1988.8　137 页，32 开　1.25 元

本书原名《国家与法 2：行政法》。

04726　日本印刷、包装企业年鉴 (1988)

日本株式会社日中社、中国轻工业出版社编　北京：轻工业出版社，1988.9　113 页，16 开　6.00 元

本书是一本专门介绍与中国有贸易或往来关系的日本印刷和包装企业的年鉴。

04727　日本造：盛田昭夫和索尼公司

〔日〕盛田昭夫著，伍江等译　北京：三联书店，1988.3　334 页，大 32 开　2.70 元

04728　日本政治史 (第二卷：明治维新)

〔日〕信夫清三郎著，周启乾等译　上海：上海译文出版社，1988.4　506 页，大 32 开　5.20 元

04729　日本政治史 (第三卷：天皇制的建立)

〔日〕信夫清三郎著，吕万和等译　上海：上海译文出版社，1988.2　409 页，大 32 开　4.25 元

04730　日本政治史 (第四卷：走向大东亚战争的道路)

〔日〕信夫清三郎著，周启乾译　上海：上海译文出版社，1988.10　490 页，大 32 开　6.05 元

04731　日本之谜

梁策著，〔日〕森田和夫译　长春：东北师范大学出版社，1988.12　194 页，32 开　2.50 元

04732　日本中学生的大秘密

〔日〕铃木谆著，燕平编译　北京：世界图书出版公司，1988.12　210 页，32 开　3.60 元

本书作者用"交换日记"的方式，引导处于青春前期的中学生写日记，和盘托出自己的所闻所见，初恋的秘密，因家庭不幸、失恋、中考落榜等引起的种种烦恼，老师则以写评语的方式与同学促膝谈心，交流感情，引导他们摆脱烦恼，走向美好人生。

04733　日本主要城市图

日本帝国书院编制　北京：中国地图出版社，1988　1 张，2 开　1.50 元

04734　日本自然灾害法规选编 (一)

魏淳等译　北京：地震出版社，1988.10　279 页，大 32 开　4.10 元

本书汇编了日本有关地震和其他一些自然灾害的主要法规和防灾对策。

04735　日光与建筑译文集

肖辉乾等译　北京：中国建筑工业出版社，1988.7　372 页，16 开　5.70 元

本书共收论文 65 篇，较系统地介绍了近年来国际上建筑物天然采光的科研成果和技术发展情况。

04736　日美英德金属材料标准对比手册

日本标准协会编，王力夫、刘东年译　长沙：中南工业大学出版社，1988.2　497 页，大 32 开　5.45 元

04737　日、英、汉新经济词典

〔日〕李嗣明主编　北京：中国展望出版社，1988.9　1375 页，大 32 开　精装 23.50 元

本书内容包括贸易、证券、银行、保险、关税、会计、统计和经济学词汇。

04738　日语的句法与意义 (第一卷)

〔日〕寺村秀夫著，王亚新等译　北京：外语教学与研究出版社，1988.10　315 页，32 开　2.90 元

04739　日语敬语指南

张国生编译　北京：北京出版社，1988.12　326 页，32 开　3.60 元

04740　日语音调学习规则一百条

〔日〕秋永一枝著，李凡译　上海：上海译文出版社，1988.5　239 页，32 开　2.00 元

04741　日语语法自学丛书 (1)：日语的主句和主语

〔日〕野田尚史著，嘎日迪、李长波编译　沈阳：辽宁人民出版社，1988.11　282 页，32 开

2.60 元

04742 日语语法自学丛书（2）：日语的时态
〔日〕砂川有理子著，嘎日迪、李长波编译 沈阳：辽宁人民出版社，1988.11 278 页，32 开 2.60 元

04743 日中医学会话
〔日〕中村公辉、陈确编著 沈阳：沈阳出版社，1988.9 137 页，32 开 1.90 元

04744 绒线编织大会（1）
日本讲谈社供稿 北京：轻工业出版社，1988.2 120 页，16 开 4.30 元

04745 绒线编织大会（2）
日本讲谈社供稿 北京：轻工业出版社，1988.9 120 页，16 开 4.95 元

04746 柔道教程
〔日〕醍醐敏郎著，李立红、白贤玉译 北京：北京体育学院出版社，1988.2 250 页，图，大 32 开 1.60 元

04747 如何培养成绩优异的孩子：献给中小学生的父母
〔日〕松原达哉著，朱成浩译 北京：科学普及出版社，1988.6 196 页，32 开 （效率译丛）1.60 元

04748 软件的法律保护
〔日〕中山信弘著，郭建新译 大连：大连理工大学出版社，1988.9 101 页，32 开 0.85 元

04749 软件的设计审查：日本的设计审查方式
〔日〕菅野文友主编，韩淑娟、刘福滋译 北京：科学出版社，1988.9 160 页，16 开 5.80 元
本书内容包括软件的生产管理概貌；大型软件的设计审查；控制用软件的设计审查；设计审查的过去、现在与未来；附录。

04750 软件可靠性
〔日〕菅野文友著，金文秀、李忠元译 北京：机械工业出版社，1988.12 164 页，32 开 （可靠性技术丛书 14）3.25 元

04751 三爱书
〔日〕远藤周作等著，穆利琴等译 桂林：漓江出版社，1988.8 354 页，32 开 4.10 元

本书是一本关于性教育和爱情教育的文艺随笔。包括《爱的钥匙》（〔日〕远藤周作著），《爱的尝试》（〔日〕福永武彦著），《爱的色彩》（〔日〕龟井胜一郎著）三部作品。

04752 三连星的威力
〔日〕高川秀格著，杨以伦译 北京：人民体育出版社，1988.2 211 页，32 开 1.60 元
"三连星"布局法是现代围棋专业棋手的名局，作者据自己的丰富经验，全面地介绍了"三连星"的下法以及如何发挥其攻击的威力。

04753 三岁儿童保教 X 问
〔日〕大泽功一郎编著，孙跃、金陵编译 太原：希望出版社，1988.5 151 页，32 开 1.00 元

04754 森林择伐
〔日〕大金永治编著，唐广仪、陈丕相译 北京：中国林业出版社，1988.5 270 页，32 开 1.75 元
本书介绍了日本传统择伐作业，以及日本各地典型的择伐经验。

04755 沙拉纪念日
〔日〕俵万智著，王洪等译 北京：工人出版社，1988.10 169 页，32 开 1.70 元
本书中的诗篇曾连获日本角川短歌奖一等奖。

04756 少女初潮
〔日〕德江政子著，乞食译 石家庄：河北人民出版社，1988.10 32 开 1.05 元

04757 少女的圈套
〔日〕大谷阳太郎等著，吴德林译 郑州：黄河文艺出版社，1988.6 64 页，16 开 （黄河传奇丛书）0.75 元
本书包括 4 篇中外小说。

04758 少女梦
〔日〕久里洋二绘 昆明：云南少年儿童出版社，1988.7 5 张，50 开 1.10 元

04759 少女青春冒险
〔日〕赤川次郎著，卢晓莉译 北京：工人出版社，1988.6 191 页，32 开 1.50 元

04760 少女星泉奇遇
〔日〕赤川次郎著，高增杰等译 北京：中国妇女出版社，1988.12 257 页，32 开 2.70 元

04761 少女之误

王世杰编 沈阳：沈阳出版社，1988.8 262页，32开 2.40元

本书包括日本赤川次郎的《少女与侦探》和美国罗森的《少女之误》两部作品。

04762 设计运动 100 年

〔日〕胜见眭著，吴静芳译 西安：陕西人民美术出版社，1988.4 154页，32开 1.95元

本书原名《现代设计入门》。

04763 社会结构与社会变迁：现代化理论

〔日〕富永健一著，董兴华译 昆明：云南人民出版社，1988.12 276页，大32开 （社会学文库） 3.05元

本书包括社会结构的研究方法，现代产业社会的社会结构，社会变迁的研究方法，社会变迁的发展阶段等7章。

04764 射线探伤 A

日本无损检测协会编，李衍译 北京：机械工业出版社，1988.7 248页，大32开 （无损险测技术丛书） 3.40元

本书主要内容包括射线探伤基础，器材，射线透照灵敏度，射线透照条件，射线管理以及日本工业标准（铝、钢、铸钢、不锈钢、钛材等零件及焊缝的透照方法和透照底片的分类方法等）。

04765 射线探伤 B

日本无损检测协会编，李衍译 北京：机械工业出版社，1988.6 317页，大32开 （无损检测技术丛书） 4.20元

本书共6章。第1章介绍射线探伤中几个重要的物理效应和常用物理参数。第2至6章重点讲述五个典型问题：平板试件的透照；焊缝的透照；吸收系数不同时透度计灵敏度的换算；简体或管子环焊缝的透照；射线探防中的精密检验。

04766 神秘的诱惑

〔日〕赤川次郎著，李渊译 北京：军事译文出版社，1988.3 187页，32开 1.60元

04767 生产性设计

〔日〕阿武芳朗编，王信义等译 北京：机械工业出版社，1988.4 532页，32开 （工程设计学丛书 第四册） 4.10元

04768 生活里的小小考题：《少年信箱》之一

薛洪钧著 上海：上海市盲童学校 盲文出版社，1988.12 1册，10开 0.32元

04769 生物传感器

〔日〕铃木周一主编，霍纪文、姜远海译 北京：科学出版社，1988.1 252页，32开 2.00元

本书内容包括生物传感器的一般原理和器件、ISFET 传感器、FET 生物传感器、酶传感器、免疫传感器、酶免疫传感器、微生物传感器、多功能生物传感器、临床检验用的生物传感器、药物传感器，以及化学修饰电极、膜电位指示剂电极、酶热敏电阻等。

04770 生物技术概说

〔日〕户田清著，莫锡荣译 北京：化学工业出版社，1988.12 152页，32开 1.70元

04771 生物流变学

〔日〕冈小天著，吴云鹏等译 2版 北京：科学出版社，1988.3 344页，32开 3.20元

本书1980年11月第1版。全书共分14章，主要介绍生物流变学的理论基础、血液的黏度及红细胞变形、血液与血管的电特性、微循环及血管流变学、临床血液流变学等。

04772 生物无机化学入门

〔日〕中原昭次、山内修著，吴炳辅、吴炳昌译 天津：南开大学出版社，1988.12 182页，大32开 1.55元

本书重点介绍生物大分子蛋白质和核酸的结构以及与金属离子的关系，金属离子与金属蛋白质的结构和功能的关系；通过各种酶的模型化合物这一生物无机化学手段研究生命组成。

04773 失效分析及其应用

〔日〕盐见弘等著，陈祝同译 北京：机械工业出版社，1988.12 245页，32开 （可靠性技术丛书 12） 3.90元

本书叙述了失效分析的概念、失效机理及物理模型、失效分析程序等，介绍了以电子元器件为中心的典型失效分析方法，列举电子系统和机械系统等的失效分析事例等。

04774 失踪的少女

〔日〕赤川次郎等著，肖晨译 长春：吉林人民出版社，1988.5 323页，32开 2.50元

本书包括两部小说：《失踪的少女》〔日〕赤川次郎著，《迷人的爱》〔阿根廷〕罗伯特阿尔特著。

04775 十二位女名人传奇

〔日〕森瑶子著，曾祥禄译 长沙：湖南人民出

版社，1988.3 161页，照片，32开 1.90元
本书介绍的12位女名人之中，有国王为之抛弃王冠的沃丽斯，有从保姆成为王妃的黛安娜，有从第一夫人改嫁船王的杰奎林，有影坛巨星凯瑟琳，等等。

04776 实用化工节能技术
〔日〕平田光穗等著，梁源修等译 北京：化学工业出版社，1988.11 321页，大32开 3.80元
本书选译了17篇文章，分别从物理过程、化学工艺、化工单元操作、化工过程控制、化工机械、化工设计等方面介绍了实用化工节能技术、化工节能现状和动向以及在日本现行的有关节能法规。

04777 实用热管技术
〔日〕池田义雄等编著，商政宋、李鹏龄译 北京：化学工业出版社，1988.10 272页，大32开 3.30元
本书较详细地介绍了热管在废热回收、电子设备、工业机械、空调、家庭用品、太阳能及地热利用等方面的应用及计算方法，对热管的工作原理、传热基础、制造及试验方法等也做了介绍。

04778 实用食品分析方法
〔日〕前田安彦编著，王云翘等译 长春：吉林大学出版社，1988.8 219页，大32开 1.95元

04779 实用速读法
〔日〕芦田献之著，吴树文译 上海：上海文化出版社，1988.12 134页，32开 1.60元

04780 实用外汇知识
〔日〕冈垣宪尚著，安重哲译 哈尔滨：黑龙江人民出版社，1988.5 214页，32开 1.80元
本书对国际金融及其实际用汇各个重要环节，从理论到实践都做了系统、通俗的介绍。

04781 食品分析导论（第二册）
〔日〕芝哲夫等主编，赵裕蓉译 北京：化学工业出版社，1988.7 139页，大32开 1.20元

04782 食品中添加剂的分析方法
日本厚生省环境卫生局食品化学课编，马家骧等译 北京：中国标准出版社，1988.2 656页，大32开 6.95元
本书系统地介绍了食品添加剂分析检验的一般规则、采样方法和分析方法。

04783 使棋力变强的定式：必不可少且仅此就足够的
〔日〕藤泽秀行著，金剑平、刘健等编译 杭州：浙江大学出版社，1988.11 183页，32开（围棋棋力速增丛书 二）1.75元

04784 使用微机的材料力学
〔日〕岩佐哲夫等著，樊发兴译 北京：科学出版社，1988.4 146页，32开 1.30元
本书把材料力学的基本公式及其应用都用BASIC语言进行了程序设计。

04785 世界益智发明搜奇
〔日〕坂根严夫著，明道等编译 北京：学术期刊出版社，1988.11 175页，32开 2.20元

04786 手筋发现法
〔日〕石田芳夫原著，于志洪编译 北京：人民体育出版社，1988.2 150页，32开（围棋入段丛书 2）1.10元

04787 双剑侠传奇
〔日〕手塚治虫原著，孟慧娅、施元辉译，伍志红改编，梁烽等复制 广州：新世纪出版社，1988.12 2册，24开 2.15元

04788 谁知我心：稻山嘉宽自传
〔日〕稻山嘉宽著，孙晓燕译 北京：国际文化出版公司，1988.9 204页，32开 2.35元
本书是被誉为日本的"钢铁帝王"、日本钢铁业创始人稻山嘉宽先生的一部自传。

04789 水环境净化及废水处理微生物学
〔日〕须藤隆一著，俞辉群、全浩编译 北京：中国建筑工业出版社，1988.5 415页，16开 6.40元

04790 水泥混凝土路面设计施工纲要
日本道路协会编，杨孟余、杨春华译 修订版 北京：中国建筑工业出版社，1988.9 279页，32开 3.25元
本书1984年第1版。

04791 水质管理指标
日本川崎市水质研究所编，凌绍森译 北京：中国环境科学出版社，1988.7 296页，32开 2.95元
本书包括近80个水质指标的评价方法，对每个

指标的作用、毒性、危害及对环境、人体、动植物的影响、标准、检验方法、防治措施等均做了简要的叙述。

04792　睡美人旅馆
〔日〕川端康成著　石家庄：河北人民出版社，1988.6　195 页，32 开　1.80 元

04793　私情：夏树静子推理小说选
〔日〕夏树静子著，李有宽译　长沙：湖南文艺出版社，1988.9　311 页，32 开　3.10 元

04794　思维的训练
〔日〕多湖辉编　北京：中国盲文出版社，1988.11　1 册，10 开　（智育小丛书　1）0.75 元

04795　死亡链条
〔日〕森村诚一著，刘嘉、李连译　成都：四川人民出版社，1988.10　213 页，32 开　2.12 元

04796　死者的来信
〔日〕高木彬光等著，赵博源译　西安：华岳文艺出版社，1988.2　280 页，大 32 开　2.35 元
本书包括《死者的来信》、《几笔勾销》、《午夜的东方》等 8 篇推理小说。

04797　松下经营理念精华：松下幸之助选才、育才与用才文选
〔日〕松下幸之助等著，阮明译，邱叶选编　北京：学苑出版社，1988.8　403 页，照片　32 开
本书共 3 部分：第 1 部分是松下先生自己关于论述人才方面的文章；第 2 部分文章分析了松下用人成功的因素；第 3 部分文章对松下公司在职训练计划的具体内容与实施方针做了介绍。

04798　松下起家之道：以育人为核心的企业经营
〔日〕高桥荒太郎著，赵兴昌、韩世福译　济南：山东友谊书社，1988.11　186 页，32 开　2.50 元

04799　宋太祖与宋太宗
〔日〕竺沙雅章著，方建新译　西安：三秦出版社，1988.5　153 页，32 开　1.30 元

04800　苏格拉底
〔日〕中野幸次著、骆重宾译　北京：新华出版社，1988.1　131 页，32 开　（世界名人小传丛书）　1.10 元

04801　速修综合英语四用公式要览：英语语法，英语汉译，句型转换，汉语英译
〔日〕岩田一男著，李炳炎编译　北京：光明日报出版社，1988.11　221 页，16 开　2.00 元
本书针对中高级各类测试把重点英语语法、英语汉译、句型转换、汉语英译等主要诀窍锤炼成 440 个公式，每则公式除了简要说明外，均附有中英对译的数个例句，并在附注中指出词语辨异及特殊用法。

04802　塑壳式低压断路器的原理及应用
〔日〕服部谦编，牛骅等译　北京：机械工业出版社，1988.12　209 页，大 32 开　3.60 元

04803　塑料注射成型实用袖珍手册
〔日〕青叶尧著，杨惠娣译　北京：化学工业出版社，1988.7　164 页，32 开　1.40 元
本书叙述了塑料注射成型用各种原料的成型特点与成型条件，制品设计及其与涂饰、印刷、烫印、真空喷涂、电镀的关系，模具设计与制造，成型中出现的问题及解决办法等。

04804　随军慰安妇：长篇纪实文学
〔日〕千田夏光著，林怀秋、夏文秀译　长沙：湖南人民出版社，1988.12　292 页，32 开　3.80 元
本书记述了随军慰安妇的诞生、境况、遭遇、悲哀等等，同时揭露了日本侵略者奸淫被侵略国家妇女的暴行。

04805　索尼崛起的魔杖：索尼公司总裁盛田昭夫自传
〔日〕盛田昭夫著，周晓荫、关晓芳译　郑州：河南人民出版社，1988.12　181 页，32 开　2.05 元
本书作者用生动的事例阐明了自己的经营哲学和管理方法，介绍了如何使产品打入国际市场、怎样与外国商人打交道的经验，并对中国的现代化提出了自己的看法。

04806　索尼走向世界：盛田昭夫自述
天津编译中心译　北京：中国文史出版社，1988.10　301 页，大 32 开　2.90 元
本书通过盛田昭夫现身说法，介绍了索尼的创业史，它的企业管理方法与市场竞争策略。

04807　她是国际间谍吗：日本歌星、影星李香兰自述
〔日〕李香兰、藤原作弥著，天津编译中心译　北京：中国文史出版社，1988.1　359 页，照

片，32 开　3.20 元

04808　太阳电池玩具
〔日〕增永清一著，田小平译　北京：北京科学技术出版社，1988.12　75 页，图，16 开　2.50 元

04809　陶瓷坯釉结合
〔日〕稻田博著，姚治才译　北京：轻工业出版社，1988.8　210 页，32 开　1.95 元
本书较全面系统地介绍了陶瓷坯釉结合的评价方法和理论。

04810　提高棋力的最佳捷径
〔日〕林海峰著，韩凤仑译　北京：工人出版社，1988.11　136 页，32 开　1.50 元

04811　体育美学
〔日〕小林信次著，孔祥安译　北京：人民体育出版社，1988.2　166 页，32 开　1.70 元

04812　天才的智慧
〔日〕多湖辉编　北京：中国盲文出版社，1988.11　1 册，10 开　（智育小丛书　2）1.00 元

04813　天城山奇案
〔日〕松本清张著，郑建元译　成都：四川省社会科学院出版社，1988.6　267 页，32 开　2.50 元
本书包括《天城山奇案》、《证言》、《寒流》、《组》4 篇推理小说。

04814　天动说画册
〔日〕安野光雅编绘，王敏编译　南宁：广西人民出版社，1988.1　43 页，16 开　（获国际安徒生奖图画故事丛书）　1.85 元

04815　天气的可预报性
〔日〕新田尚著，赵其庚、胡圣昌译　北京：气象出版社，1988.4　237 页，32 开　2.40 元

04816　田中和他的女儿
〔日〕上之卿利昭著，陶法义、赵琪译　成都：四川文艺出版社，1988.2　246 页，32 开　（瞭望世界丛书）　1.50 元

04817　田中军团与日本首相竹下登：田中角荣学校纪实
〔日〕小林吉弥著，丁力译　北京：时事出版社，1988.12　117 页，32 开　1.50 元
本书原名《田中角荣学校记实》。它描述了曾在日本政界产生过巨大影响的田中军团的兴衰史，记叙了竹下登在"田中角荣学校"中成长及冲破田中阻挠另立竹下派，最后登上日本首相宝座的历程。

04818　跳出来的纸卡片
〔日〕茶谷正洋、田间小路原作，于淑荣译　北京：中国和平出版社，1988.7　23 页，24 开　（儿童趣味纸手工套书　1）　0.54 元

04819　通俗数学（上）
〔日〕远山启著，吕砚山等译　北京：北京科学技术出版社，1988.9　234 页，32 开　2.30 元

04820　通俗数学（下）
〔日〕远山启著，吕砚山等译　北京：北京科学技术出版社，1988.9　240 页，32 开　2.30 元

04821　童谣
〔日〕赤羽末吉编绘，王敏编译　南宁：广西人民出版社，1988.1　57 页，16 开　（获国际安徒生奖图画故事丛书）　2.40 元

04822　透视男女的心：道破男女的心事
〔日〕白石浩一等著，黄柏松等译　长春．吉林文史出版社，1988.10　373 页，32 开　3.70 元

04823　突破人生危机
〔日〕村石利夫著，杨伯江译　北京：国际文化出版公司，1988.12　176 页，32 开　1.65 元

04824　图解晶体管电路
〔日〕饭高成男等著，张德春译　北京：科学出版社，1988.8　192 页，32 开　2.10 元
本书以图解的形式介绍了半导体的性质、晶体管的基础知识以及各种晶体管电路。书中还绘出了大量的形象图例以及实验连接图并给出必要的数据。

04825　图书和图书馆史
〔日〕小野泰博著，阚法箴、陈秉才译　北京：北京大学出版社，1988.11　233 页，32 开　2.95 元
本书从文字的产生和发展起，记述了图书、集成文库及图书馆的演变过程，揭示了图书记录人类征服自然、促进社会进步的历史。

04826　土壤污染的机理与解析：环境科学特论
〔日〕涉谷政夫编著，正川、于晶译　北京：高

等教育出版社，1988.10　214 页，大 32 开
2.55 元

04827　推理与证明：现代逻辑的技巧
〔日〕内井惣七著，陈祖军等译　北京：中国人
民大学出版社，1988.10　176 页，大 32 开
2.15 元
本书突出符号逻辑的主要内容，介绍了符号逻
辑各种有效推理与证明方法。

04828　推销员的诀窍
〔日〕二见道夫著，宋守今、朱成浩译　北京：
科学普及出版社，1988.9　173 页，32 开　（效
率译丛）　1.65 元

04829　外国名女百人传
日本中日新闻社编，张正立译　北京：中国青年
出版社，1988.8　388 页，彩照，32 开　3.50 元
本书介绍了 95 位外国著名女性，按"王室中的
女性"，"恋情与权力中的女性"，"文学艺术中
的女性"和"献身事业的女性"四部分编排。

04830　外国童话（小学一年级阅读）
〔日〕西卷茅子著，洪紫千等译写，俞理等画
上海：上海教育出版社，1988.3　4 册，24 开
（汉语注音读物文库）　袋装 1.95 元

04831　万国图案
日本《万国图案大辞典》汇编，路石、沙页选
编　杭州：浙江人民美术出版社，1988.6　412
页，16 开　（世界图形设计丛书）　9.90 元
本书选编了世界各国和地区历代图案近万件。

04832　危险的椅子
〔日〕城山三郎著，文瑾译　北京：中国文联出
版公司，1988.7　287 页，32 开　2.40 元

04833　威慑的艺术；迅速决断，巧妙控制人
〔日〕藤田忠著，高天重、王树宝译　西安：陕
西人民出版社，1988.11　152 页，32 开　（现代
人·文化·知识译丛）　2.20 元

04834　微波炉与磁控管的应用
日本松下电子公司著，孙嘉鸿译　成都：成都电
讯工程学院出版社，1988.12　102 页，32 开
1.15 元

04835　微分方程习题详解
〔日〕田中静男著，杜长春、罗固事译　重庆：
重庆出版社，1988.8　452 页，大 32 开

4.60 元

04836　微计算机制图入门
〔日〕矢矧晴一郎著，张爱英、徐福元译　北
京：原子能出版社，1988.9　116 页，16 开
2.40 元
本书内容包括微计算机制图的原理、方法和应
用、介绍制图用微计算机及辅助设备的性能、特
点，并给出 40 多个绘图程序实例。

04837　微控制机入门
〔日〕雨宫好文主编，马杰、洪纯一译　北京：
高等教育出版社，1988.11　185 页，大 32 开
（图解机械电子学入门丛书）　1.90 元
本书内容包括作为工具的微机、微机的结构、微
机数学 ABC、数字电路 ABC、微机的程序、机
器码入门、程序的编制、外围组体等。

04838　微生物工程的基础和应用
日本发酵工程学会编，张震元等译　北京：轻工
业出版社，1988.9　310 页，大 32 开　3.95 元

04839　微生物生态入门
〔日〕服部勉著，谭惠慈、吴人坚译　上海：
复旦大学出版社，1988.8　107 页，32 开
0.80 元
本书简明扼要地介绍了对自然状态下微生物的
探索，微生物的增殖，微生境、微生物的作用与
物质循环、能量流动的关系，以及微生物的生物
环境等有关微生物生态学的一些基本内容。

04840　微型计算机程序设计
〔日〕石田晴久著，吕景瑜译　北京：科学出版
社，1988.2　202 页，大 32 开　（微电子学讲
座　6）　1.90 元

04841　微型计算机软件技术
〔日〕吉田征夫著，王洪晏译　北京：冶金工业
出版社，1988.2　218 页，16 开　3.45 元
本书系统介绍了微型机编程技术的基本知识和
技巧，探讨了微型机的标准程序设计。

04842　围棋布局问答
〔日〕武宫正树等著，廖四鸣、王曙辉译　成
都：蜀蓉棋艺出版社，1988.1　256 页，32 开
1.70 元

04843　围棋布局与定式基础
〔日〕赵治勋著，邓飞译　长沙：湖南人民出版
社，1988.12　223 页，32 开　2.00 元

本书深入浅出地解说了围棋布局的基础知识，还介绍了一些主要定式及变化等。

04844　围棋初段简明教程
〔日〕武宫正树著，夏胜浩、王建军译　成都：蜀蓉棋艺出版社，1988.2　190 页，32 开　1.30 元
本书内容共分 3 部分：基础篇、应用篇、实战篇。

04845　围棋大辞典：基本定式
〔日〕石田芳夫著，于志琪等编译　北京：农村读物出版社，1988.3　974 页，32 开　7.50 元

04846　围棋大模样作战
〔日〕武宫正树著，廖四鸣译　成都：蜀蓉棋艺出版社，1988.5　183 页，32 开　1.30 元

04847　围棋的劫争
〔日〕石田芳夫著，丁开明译　成都：蜀蓉棋艺出版社，1988.5　191 页，32 开　1.40 元
本书分劫的基础知识，各种各样的劫争、实战和劫争、劫争测验问答 4 章。

04848　围棋定式大辞典
〔日〕山部俊郎监修，堀田五番士编集，于志琪等译　石家庄：河北教育出版社，1988.9　850 页，16 开　精装 17.00 元
本书荟萃了现代围棋定式之精华（所用定式变化材料截至 1985 年上半年）于近万幅图形手册内，各图附解说。

04849　围棋定式大全
〔日〕石田芳夫著，李原译　成都：蜀蓉棋艺出版社，1988.10　2 册（506、505 页），32 开　9.40 元
本书分上、下两册。上册收集小目定式、下册收集目外、高目、星位及三三定式。

04850　围棋攻防的急所
〔日〕大竹英雄著，金爽、张竹译　北京：北京出版社，1988.12　360 页，32 开　3.95 元
本书作者列举了大量的典型局面，讲述急所之所在，指出如何去判断、识别急所，以及应该掌握的步骤和方法。

04851　围棋基本手筋
〔日〕坂田荣男著，赵德宇译　天津：南开大学出版社，1988.2　212 页，32 开　1.60 元

04852　围棋基本战法：初、中级围棋手棋力检测教本
日本棋院编，郑太初等译　福州：福建人民出版社，1988.3　210 页，32 开　1.16 元

04853　围棋技巧基础训练
〔日〕加藤正夫著，谭炎午、孙成叶译　北京：北京体育学院出版社，1988.5　191 页，32 开　1.65 元

04854　围棋教室（11）：作战的方法
〔日〕坂田荣男著，西丁译　成都：蜀蓉棋艺出版社，1988.1　123 页，64 开　0.40 元

04855　围棋教室（12）：棋的全局观
〔日〕坂田荣男著，西丁译　成都：蜀蓉棋艺出版社，1988.1　123 页，64 开　0.40 元

04856　围棋教室（13）：作战的逻辑
〔日〕坂田荣男著，西丁译　成都：蜀蓉棋艺出版社，1988.1　123 页，64 开　0.40 元

04857　围棋教室（14）：判断和感觉的基础
〔日〕坂田荣男著，西丁译　成都：蜀蓉棋艺出版社，1988.1　123 页，64 开　0.40 元

04858　围棋教室（15）：大模样的研究
〔日〕坂田荣男著，西丁译　成都：蜀蓉棋艺出版社，1988.9　123 页，64 开　0.50 元

04859　围棋教室（16）：劫的周围
〔日〕坂田荣男著，西丁译　成都：蜀蓉棋艺出版社，1988.9　123 页，64 开　0.50 元

04860　围棋教室（17）：攻击和腾挪的要领
〔日〕坂田荣男著，西丁译　成都：蜀蓉棋艺出版社，1988.9　123 页，64 开　0.50 元

04861　围棋教室（18）：空和厚味的判断
〔日〕坂田荣男著，西丁译　成都：蜀蓉棋艺出版社，1988.9　123 页，64 开　0.50 元

04862　围棋教室（19）：攻击的缓急
〔日〕坂田荣男著，西丁译　成都：蜀蓉棋艺出版社，1988.12　123 页，64 开　0.50 元

04863　围棋教室（20）：激战的课题
〔日〕坂田荣男著，西丁译　成都：蜀蓉棋艺出版社，1988.10　123 页，64 开　0.50 元

04864　围棋教室（21）：含蓄和棋味

〔日〕坂田荣男著，西丁译　成都：蜀蓉棋艺出版社，1988.10　123页，64开　0.50元

04865　围棋教室（22）：急所的判断

〔日〕坂田荣男著，西丁译　成都：蜀蓉棋艺出版社，1988.10　123页，64开　0.50元

04866　围棋名局细解

〔日〕加藤正夫著，姚征、杨真编译　北京：北京体育学院出版社，1988.3　266页，32开　2.20元

本书分5章：与前辈的三局、与兄长的激战、与同辈的角逐、迎战年轻棋手、近作十二局。

04867　围棋棋艺快速提高法

日本棋院编，于志琪、刘月茹译　北京：农村读物出版社，1988.1　189页，32开　1.45元

本书以留作业的方式每天出一道题，一个月内学习围棋就能见成效。

04868　围棋弃子技巧

〔日〕白江治彦著，肖川译　成都：蜀蓉棋艺出版社，1988.9　186页，32开　1.55元

本书内容包括弃子的基本战略、活用弃子的战术、打开局面的弃子作战、专业棋手的弃子实战例、弃子作战试题35问等5章。

04869　围棋趣味百题：《棋道》段位测验佳作选集

《日本棋院》编辑部编，马再明译　成都：蜀蓉棋艺出版社，1988.11　200页，32开　1.70元

本书共收100题，分布局、小盘、计算、攻杀等8个部分。

04870　围棋让子棋必胜法

〔日〕梶原武雄著，田振、张衍华译　成都：蜀蓉棋艺出版社，1988.11　217页，32开　1.85元

04871　围棋入段指南

〔日〕藤泽秀行著，谭炎午、杨真编译　北京：北京日报出版社，1988.5　168页，32开　1.45元

本书在布局、让子棋、作战、死活、手筋、宫子七个方面分别提出问题。

04872　围棋入门

日本棋院编，于志琪、谭炎午编译　北京：北京日报出版社，1988.3　364页，32开　2.40元

04873　围棋实战布局

〔日〕加藤正夫著，吴博彦、汪见虹译　成都：蜀蓉棋艺出版社，1988.9　243页，32开　1.95元

本书包括小目的布局、三连星布局、中国流布局、星与守角的布局、布局的必争点一下一手12题等五章内容。

04874　围棋手筋的威力

〔日〕大竹英雄著，金爽、张竹译　北京：北京出版社，1988.9　324页，32开　3.10元

04875　围棋死活辞典

〔日〕濑越宪作著，林益良等编译　合肥：安徽科学技术出版社，1988.12　439页，32开　（濑越围棋著作选）　4.05元

本书共载1000道死活题，主要属于"死"、"活"；"劫"、"对杀"等类型。

04876　围棋死活杰作集

〔日〕藤泽秀行著，张原生等译　成都：蜀蓉棋艺出版社，1988.6　281页，32开　2.10元

04877　围棋死活指南

日本棋院编，朱小明编译　北京：北京出版社，1988.6　208页，32开　2.15元

本书是日本棋院1986年出版的最新围棋教材。书中内容包括死活的基本概念、杀棋的技巧、弃子与攻杀、攻杀的手筋等。

04878　围棋现代流行定式

〔日〕林海峰著，韩凤仑、张风荣编译　北京：北京出版社，1988.9　248页，32开　2.60元

04879　围棋训练提高法

〔日〕武宫正树著，邱季生译　成都：蜀蓉棋艺出版社，1988.5　187页，32开　1.35元

04880　围棋中盘手筋

〔日〕石田芳夫著，谭炎午、杨真编译　北京：北京日报出版社，1988.5　168页，32开　1.45元

04881　维修性与维修后勤保障

〔日〕市田嵩著，刘淑英译　北京：机械工业出版社，1988.12　166页，32开　（可靠性技术丛书 9）　3.70元

本书内容包括维修性的研究、维修的发展历史、维修时间的测量及统计、维修性设计、维修的测试及诊断装置，对维修性验证、维修度预测方法

和维修后勤保障计划等问题做了介绍。

04882　文化人类学的十五种理论
〔日〕绫部恒雄编，中国社会科学院日本研究所社会文化室译　北京：国际文化出版公司，1988.6　185 页，大 32 开　（人学丛书）1.80 元

04883　文化人类学的十五种理论
〔日〕绫部恒雄主编，周星等译　贵阳：贵州人民出版社，1988.12　228 页，32 开　（传统与变革丛书/王润生主编）2.60 元

04884　文明的生态史观：梅棹忠夫文集
〔日〕梅棹忠夫著，姚鹏主编，王子今译　上海：三联书店上海分店，1988.3　261 页，32 开　（世界贤哲名著选译·猫头鹰文库　第一辑）2.30 元
本书共收入作者 11 篇文章，以生态史观探讨文明史的重要论文《文明的生态史观》为中心，其他各篇则为这一历史观的多方位展开及实践性解说。

04885　我不需要坟墓
〔日〕大薮春彦著，曹育才、刘幼林译　兰州：甘肃人民出版社，1988.5　279 页，32 开 2.50 元

04886　我的故事
〔日〕藤城清治绘　昆明：云南少年儿童出版社，1988　5 张，50 开　1.10 元

04887　我的生财之道
〔日〕藤田田著，明韬译　广州：广东旅游出版社，1988.11　120 页，32 开　1.60 元
本书原名《犹太式富翁的喇叭吹法》。作者针对日本经济的不断变化，结合自己经营"汉堡包"公司的经验，提出了一系列的发财理论，同时深入研究了日本人的优点和缺点，对日本的经济文化进行了广泛的剖析。

04888　我的围棋观
〔日〕赵治勋著，薛至诚译　北京：人民体育出版社，1988.2　111 页，32 开　1.60 元

04889　我是最会赚钱的人物
〔日〕藤田田著，浮萍译　长春：吉林人民出版社，1988.11　116 页，32 开　1.80 元
本书告诉你一项从零开始，发展成 1000 亿财富的奇迹是如何建立起来的经过。

04890　我所看到的昭和史
〔日〕色川大吉著，韩俊光、韩武吉译　牡丹江：黑龙江朝鲜民族出版社，1988.11　422 页，32 开　3.25 元

04891　我与索尼：日本索尼公司的国际战略
〔日〕盛田昭夫著，魏广平等译　北京：电子工业出版社，1988.8　325 页，32 开　3.50 元
本书介绍了索尼公司的发展过程，阐明了日本经济体制与欧美的异同，谈论了苏联经济，并对我国现代化建设进行了评论，提出了作者在世界贸易和国际金融体制方面的主张，并对电子工业技术现状和前景进行了分析。

04892　无机材料科学
〔日〕足立吟也、岛田昌彦编，王福元、李玉秀译　北京：化学工业出版社，1988.1　156 页，大 32 开　1.35 元

04893　无机化合物合成手册（第三卷）
日本化学会编，曹惠民译　北京：化学工业出版社，1988.7　811 页，大 32 开　6.25 元

04894　无影跟踪
〔日〕星新一等著，刘赪峰译　武汉：群益堂，1988.12　96 页，32 开　（周末丛书）1.20 元
本书包括《无影跟踪》、《神秘信件》、《圆月面孔》3 篇推理小说。

04895　吴清源布局：白的下法
〔日〕吴清源著，郑怀德译　成都：蜀蓉棋艺出版社，1988.1　246 页，大 2 开　1.95 元

04896　吴清源定式的运用
过惕生、庚奕编译　北京：人民体育出版社，1988.7　165 页，32 开　1.50 元
本书是以 Q 君去请教吴清源先生关于对围棋定式这个问题，与之进行对话的形式编写的。

04897　舞姬
〔日〕森鸥外著，隋玉林译　杭州：浙江文艺出版社，1988.3　466 页，大 32 开　（日本文学流派代表作丛书）3.20 元
本书收入《舞姬》、《雁》等浪漫主义作家森鸥外各个时期的代表作 15 篇。

04898　舞女
〔日〕永井荷风著，谢延庄等译　成都：四川文艺出版社，1988.3　396 页，大 32 开　2.74 元
本书包括《花街上的风波》、《舞女》、《疆东绮

谈》、《隅田川》、《美国的故事》、《勋章》8 篇
小说。

04899　物理化学习题和题解（下）
〔日〕越山季一著，孙文粹、苏裕光译　北京：
化 学 工 业 出 版 社，1988.4　287 页，32 开
1.90 元

04900　物理学
〔日〕小出昭一郎著，郭永江、关文铎译　北
京：高等教育出版社，1988.11　410 页，大 32
开　6.20 元

04901　物理学史
〔日〕广重彻著，李醒民译　北京：求实出版
社，1988.5　645 页，大 32 开　4.50 元
本书较好地再现了从 16、17 世纪近代物理学的
诞生到 20 世纪量子力学建立的整个物理学的发
展史。

04902　物流管理指南
〔日〕汤浅和夫著，余武明、方永国译　北京：
科 学 普 及 出 版 社，1988.12　162 页，32 开
1.80 元
本书介绍了物流的起源、方法、费用基础知识，
阐述了企业通过加强物流管理、降低费用、提高
效益的科学途径和方法。

04903　物流浅论
〔日〕中田信哉著，姚力鸣等译　北京：新华出
版社，1988.1　157 页，32 开　1.00 元
本书全面系统地介绍了"物流"的基本知识和
内容。

04904　西洋美术图史
〔日〕富永惣一主编，吴晓农等译　北京：人民
美术出版社，1988.12　2 册 460 页，图，32 开
16.50 元

04905　系统辨识
〔日〕相良节夫等著，萧德云等译　北京：化学
工 业 出 版 社，1988.10　312 页，大 32 开
3.90 元
本书分绪论、数学模型、经典的辨识方法、现
代的离线辨识方法、在线辨识方法、模型阶次
辨识、多变量系统辨识和闭环系统辨识，共
8 章。

04906　系统工程学导论
〔日〕寺野寿郎著，杨罕、沈振闻编译　北京：

电子工业出版社，1988.2　329 页，大 32 开
2.95 元
本书详尽介绍了在处理各种问题时进行系统分
析和系统研究的各种创造性的思考方法。

**04907　系统技法手册：现代化管理的技术与
方法**
〔日〕竹村伸一编著，吴德璧、施伯华译　北
京：宇 航 出 版 社，1988.7　500 页，32 开
4.20 元

04908　下一手（第二十八册：收官的乐趣）
日本棋院编，述胜译　北京：国际文化出版公
司，1988.7　97 页，64 开　0.55 元

04909　下一手（第二十九册：布局的自由）
日本棋院编，述胜译　北京：国际文化出版公
司，1988.7　97 页，64 开　0.55 元

04910　下一手（第二十六册：定式失误的判断）
日本棋院编，述胜译　北京：国际文化出版公
司，1988.7　97 页，64 开　0.55 元

04911　下一手（第二十七册：侵入三三的对策）
日本棋院编，述胜译　北京：国际文化出版公
司，1988.7　97 页，64 开　0.55 元

04912　下一手（第二十三册：提高打劫能力）
日本棋院编，刘月如译　北京：国际文化出版公
司，1988.3　97 页，64 开　0.55 元

04913　下一手（第二十四册：杀气的妙味）
日本棋院编，刘月如译　北京：国际文化出版公
司，1988.3　97 页，64 开　0.55 元

04914　下一手（第二十五册：手筋与俗手）
日本棋院编，刘月如译　北京：国际文化出版公
司，1988.7　97 页，64 开　0.55 元

04915　下一手（第三十册：小招技巧）
日本棋院编，述胜译　北京：国际文化出版公
司，1988.7　97 页，64 开　0.55 元

04916　下一手（第三十二册：死活精华）
日本棋院编，刘月如译　北京：国际文化出版公
司，1988.8　97 页，64 开　0.55 元

04917　下一手（第三十三册：让子棋必胜的手段）
日本棋院编，述胜译　北京：国际文化出版公司，1988.12　97页，64开　0.55元

04918　下一手（第三十一册：吃子与送吃的方法）
日本棋院编，刘月如译　北京：国际文化出版公司，1988.8　97页，64开　0.55元

04919　仙鹤媳妇
〔日〕赤羽末吉绘画，王敏编译　南宁：广西人民出版社，1988.1　31页，16开　（获国际安徒生奖图画故事丛书）　1.30元

04920　纤维的形成、结构及性能
日本纤维机械学会纤维工学出版委员会编，丁亦平译　北京：纺织工业出版社，1988.10　495页，32开　4.60元

04921　现场的质量管理方法（高级编）
〔日〕细谷克也著，梁乃刚译　北京：冶金工业出版社，1988.12　271页，大32开　（企业管理百问百答丛书　6）　5.15元
本书以问答的形式，系统地介绍了现场的质量管理方法，包括特性要因图、巴雷特图、图表、直方图、管理图、抽样检验、分布和概率等。

04922　现代布局构思：围棋经典名著
〔日〕吴清源著，刘力、郝靖编译　武汉：湖北人民出版社，1983.5　542页，32开　4.45元

04923　现代管理者工作指南
〔日〕畠山芳雄著，司香馥译　北京：中国人民大学出版社，1988.8　147页，32开　1.25元
本书据日本能率协会1981年6月版译出。它介绍了企业、学校、工会以及各社会团体的科、处和局级管理者应掌握的工作知识。

04924　现代青年的性意识
〔日〕大西诚一郎等著，世华、世捷译　西安：华岳文艺出版社，1988.8　258页，32开　2.35元

04925　现代青年的性意识
〔日〕大西诚一郎等著，王佃启译　兰州：甘肃少年儿童出版社，1988.10　262页，32开　（现代家庭丛书）　2.60元

04926　现代拳击指南
〔日〕乔小泉著，南太渊等编译　长春：吉林教育出版社，1988.12　287页，32开　2.95元

04927　现代人的诡计
〔日〕石川弘义著，林振辉译　2版　海口：海南人民出版社，1988.6　186页，32开　1.95元
本书从心理学的角度分析了现代人的各种行为特征，介绍了处理复杂的人际关系的一些诀窍。

04928　现代色谱分析法：原理和实际应用
〔日〕原昭二等编著，邱宗荫、孙琢琏译　重庆：科学技术文献出版社重庆分社，1988.8　389页，32开　2.95元

04929　现代世界经济百题
日本经济新闻社编，赵民译　天津：天津人民出版社，1988.10　207页，32开　1.90元
本书既介绍有关世界经济基本知识，又对国际和各国经济实际问题加以评论，对于与人们日常经济生活有密切关系的世界经济重大问题也做了解说。

04930　现代图学
〔日〕小高司郎著，廖幕侨等译　长沙：湖南科学技术出版社，1988.1　252页，32开　2.40元

04931　现代饮食养生良方
〔日〕梅田博道、井上修二著，中国现代设计法研究会食品保健研究部编译　北京：中国食品出版社，1988.5　113页，32开　1.05元
本书结合日本国整个社会的实际情况，广泛论述了适合现代人类保健和长寿的几个问题。

04932　现代婴儿保健：0—12月婴儿哺育方法
日本主妇之友社编，王秀文、张晓华译　长春：吉林人民出版社，1988.3　160页，32开　1.40元

04933　陷阱
〔日〕西村京太郎著，杨波、卢丽译　沈阳：沈阳出版社，1988.9　252页，32开　2.55元

04934　象征图形
〔日〕桑山弥三郎编，张福昌译　杭州：浙江人民美术出版社，1988　170页，16开　5.00元

04935　消灭浪费：企业竞争取胜的二十一关
〔日〕桥本义继著，孙跃等译　西安：陕西人民出版社，1988.7　128页，32开　1.45元
本书对企业生产过程中浪费产生的原因，危

害及其对策，以及如何增产节约等问题进行了分析。

04936　销售学
〔日〕茅野健等著，钱兆和、刘春明译　北京：北京科学技术出版社，1988.2　276页，大32开　（经营工程学丛书）　2.40元
本书内容包括市场营销管理与经营工程学；市场营销管理体系与效量模型；市场营销中的决策；市场营销情报管理；新产品开发管理；广告管理；销售途径管理；物流管理。

04937　小型精密电动机的基础和应用
〔日〕山田博著，胡仁芳译　北京：机械工业出版社，1988.12　352页，32开　5.80元

04938　小学生用功术
〔日〕多湖辉著，赖明珠改编　南昌：江西少年儿童出版社，1988.2　129页，32开　0.90元
本书提出了117个有关指导小学生用功读书的问题。

04939　小学生用功术
〔日〕多湖辉著，赖明珠译　福州：福建人民出版社，1988.2　95页，32开　0.65元

04940　小学生用功术
〔日〕多湖辉著，邹奇编译　北京：中国盲文出版社，1988.11　1册，10开　1.05元

04941　心理测验：幸福的设计
〔日〕本明宽著，钱光中译　广州：科学普及出版社广州分社，1988.2　149页，32开　1.10元
本书从当代心理学的高度对人们与日常生活密切相关的问题，诸如了解自己、了解周围的人等，进行了精辟的论述。

04942　新编质量管理的统计方法
〔日〕森口繁一编，王世芳译　北京：机械工业出版社，1988.11　322页，大32开　4.65元
本书内容包括频数与概率的分布、总体均值的推断、实验设计与结果分析以及二变量间的关系和计数值的推断等。

04943　新潮时装1100例
〔日〕内藤朗编著，孙振红等译　北京：国际文化出版公司，1988.12　317页，16开　6.90元
本书分14个部分，有西服套装、长上衣、短上衣，有各式各样的裙子、连衣裙，有短裤和裙裤，有马甲、背心、女衬衫，还有皮夹克和风雨衣等，每种款式都注有简单的制作要点。

04944　新围棋十诀：创造自己的棋风
〔日〕大竹英雄著，李树雄、王剑雄译　成都：蜀蓉棋艺出版社，1988.1　146页，32开　1.00元

04945　新问题与新对策：我的"故土创生论"
〔日〕竹下登著，徐甲申、陈确译　大连：大连出版社，1988.6　171页，大32开　精装3.80元，平装1.95元

04946　信息产业的前景
日本科学技术与经济协会编，蔡振扬、蔡林海译　上海：上海人民出版社，1988.3　261页，32开　2.10元
本书对信息的特性做了论述，对信息产业进行了分类和分析，对信息产业的前景做了研究和预测。

04947　信息传播知识辞典
日本广播出版协会编，蔡振扬、蔡林海译　上海：知识出版社，1988.6　287页，32开　2.30元
本书介绍卫星通信、共用天线电视、新信息技术和有关国际机构及法规等方面的知识和用语。

04948　信息学常识77则：通往21世纪的护照
〔日〕日比野省三著，邵占波译　北京：书目文献出版社，1988.12　196页，32开　2.15元
本书共分77个题目，以常识的形式向读者提供有关建设21世纪社会所必需的信息基础知识。

04949　星的攻防技巧
〔日〕长谷川章著，王国兴译　北京：人民体育出版社，1988.7　225页，32开　2.00元

04950　星期五的魔鬼
〔日〕西村京太郎著，木石编译　沈阳：沈阳出版社，1988.11　212页，32开　2.20元

04951　刑法的基本思想
〔日〕中山研一著，姜伟、毕英达译　北京：国际文化出版公司，1988.10　167页，32开　（百家学术译丛/马万里、谭继康主编）　1.95元
本书介绍了日本颇负盛名的牧野英一、木村龟二、小野清一郎、泷川幸辰等七位法学家的刑法思想，涉及大陆法系的新、旧两派学说，从刑法哲学的高度概括了他们关于刑罚目的、刑事责任

基础、刑法解释方法等基本观点。

04952 性与婚姻的冲突
〔日〕大井正著，张治江译 长春：吉林人民出版社，1988.2 168页，32开 1.55元

04953 秀行棋道（续集）
〔日〕藤泽秀行著，王元、郭鹃译 成都：蜀蓉棋艺出版社，1988.10 215页，32开 1.90元
本书是将两年多来发表在《周刊基》上的文章新编录所成。

04954 虚构的大义：一个关东军士兵的札记
〔日〕五味川纯平著，尚永清、陈应年译 北京：外国文学出版社，1988.5 278页，32开 1.70元

04955 旋压成形技术
日本塑性加工学会编，陈敬之译 北京：机械工业出版社，1988.2 186页，大32开 2.05元

04956 学问的创造
〔日〕福井谦一著，戚戈平、李晓武译 北京：三联书店，1988.6 208页，32开 1.80元
本书分4章：学习与思考；学问之基础；培养独创性；科学和人类的未来。

04957 学校理科课程论
〔日〕伊藤信隆著，邢清泉等译 北京：人民教育出版社，1988.3 202页，大32开 （课程研究丛书） 1.35元

04958 血案·高速公路
〔日〕松本清张著，龚宗明、邹崇侠译 南京：江苏人民出版社，1988.8 287页，32开 2.55元
本书原名《十万分之一的偶然》，是日本著名推理小说作家松本清张的最新力作。

04959 血腥的遗嘱：日本最新小说精选
〔日〕横沟正史著，君贤译 西安：陕西人民出版社，1988.5 218页，32开 2.15元
本书描写了围绕遗嘱继承问题展开的一连串骨肉之间残杀的悲惨命案。

04960 血型人类科学论：探索自我身心的奥秘
〔日〕能见正比古著，马永平等译 西安：陕西人民出版社，1988.11 208页，32开 （现代人·文化·知识译丛） 2.65元

04961 血型心理学
〔日〕铃木芳正著，石脑等译 天津：天津人民出版社，1988.5 248页，32开 2.05元
本书探讨了血型与气质性格的神秘关系，阐述了如何运用血型认识自我、了解他人、选择职业、教育儿童及选择配偶等。

04962 血型与爱情
〔日〕铃木芳正著，唐维编译 沈阳：辽宁人民出版社，1988.12 178页，32开 2.20元

04963 血型与爱情
〔日〕能见正比古著，肖良译 南宁：广西人民出版社，1988.8 234页，32开 1.95元

04964 血型与爱情
〔日〕能见正比古著，叶德芬等编译 延吉：延边大学出版社，1988.9 189页，32开 （小宇宙丛书/徐成生主编） 2.60元
本书内容包括从血型了解女性心理与思想的差异，由血型了解女性的特征与秘密，女性感觉与气质的变化因血型不同而异3章。

04965 血型与交际
〔日〕铃木芳正著，唐维编译 沈阳：辽宁人民出版社，1988.12 165页，32开 2.20元

04966 血型与人生
〔日〕能见正比古、真能见俊贤著，俞家玲编译 上海：知识出版社，1988.9 315页，32开 2.90元
本书设血型与性格、血型与行为思考、血型与人际关系、血型与职业、血型与恋爱、血型与婚姻、血型与子女教育、血型与人的特性、血型的自我向导等12个专题，较全面地介绍了血型与人生的关系。

04967 血型与人生
〔日〕能见正比古著，王敏良译 成都：四川人民出版社，1988.6 183页，32开 （西洋镜译丛） 1.90元

04968 血型与人生
〔日〕能见正比古著，亚光、雨文译 南宁：广西科学技术出版社，1988.12 258页，32开 （血型与人丛书） 2.80元

04969 血型与性格
〔日〕能见正比古著，晓明译 南宁：广西人民出版社，1988.3 184页，32开 1.60元

本书着重介绍 ABO 血型系统中各种血型人的基本性格和一般性格特征；血型与缘分的关系；各种血型人的爱情观和婚后表现，不同血型人在教育子女上的区别和不同血型儿童的性格形成及学习特点。

04970　血型与性格
〔日〕能见正比古著，朱惠安、殷勤译　兰州：甘肃人民出版社，1988.2　170 页，32 开　1.20 元

04971　眼皮底下的发明：大众发明技法趣谈
〔日〕高桥浩著，宋金玉译　南京：江苏人民出版社，1988.6　193 页，32 开　1.95 元
本书详细介绍了创造发明的种种方法、技巧、并且列举了日、美等国许多发明事例。

04972　养猪大成
〔日〕笹崎龙雄著，北京农业大学畜牧系养猪教研室等译　北京：农业出版社，1988.2　477 页，16 开　7.65 元

04973　冶金物理化学
日本金属学会编，王魁汉等译　北京：冶金工业出版社，1988.6　213 页，大 32 开　（现代金属学讲座·冶炼篇　Ⅳ）　2.05 元

04974　野郎与少女
〔日〕石原慎太郎著，于汪惟、曲国贵译　沈阳：春风文艺出版社，1988.11　304 页，32 开，2.90 元
本书是一部反映当代日本生活的优秀通俗小说。

04975　一个芭蕾舞女演员的热情
〔日〕森下洋子著，安柯译　上海：上海音乐出版社，1988.10　160 页，大 32 开　3.35 元
本书是作者的自传体散文集。

04976　一个女人的命运
〔日〕山本有三著，龚志明译　南京：江苏人民出版社，1988.4　432 页，大 32 开　（日本文学流派代表作丛书）　3.80 元

04977　一天＝25 小时
〔日〕桑名一央著，融直、柳君编译　北京：红旗出版社，1988.09　118 页，32 开　（现代生活哲理丛书）　1.50 元
本书介绍一种新的时间意识，教你用最科学的方法把一天 24 小时变成 25 小时，使你拥有更多的时间，创造更多的财富。

04978　一眼看透你的心：深层心理奥秘
〔日〕多湖惠著，章楠译　石家庄：河北人民出版社，1988.6　236 页，大 32 开　2.35 元

04979　仪器分析导论（第四册 IRNMRMSUV 数据集）
〔日〕小川雅弥等王编，吴贵芬译　北京：化学工业出版社，1988.10　189 页，大 32 开　2.30 元

04980　仪器分析导论（第一册）
〔日〕小川雅弥等主编，翟羽伸译　北京：化学工业出版社，1988.8　165 页，大 32 开　1.40 元

04981　仪器分析导论（第三册）
〔日〕盐川二朗等主编，陈美智译　北京：化学工业出版社，1988.8　148 页，大 32 开　1.30 元

04982　遗传毒物
〔日〕西冈一著，张研译　北京：科学普及出版社，1988.5　133 页，32 开　1.00 元
本书从遗传学、生物化学、毒理学等方面，介绍了什么是遗传毒物，生活环境中的遗传毒物是怎样危害人类幸福的，以及如何防御其危害等问题。

04983　阴谋与梦想
〔日〕都筑七郎著，赵连泰、靳桂英译　长春：吉林文史出版社，1988.3　253 页，照片，32 开　（晚清民国逸史丛书）　1.70 元
本书以日俄战争至"九·一八"事变前后，日俄两个帝国主义争夺殖民霸权为历史背景，记述与揭露了日本浪人作为日本政府和军部推行大陆政策的别动队，插手中国军政，为实现"满蒙独立"、全面侵华目的而猖狂活动的阴谋内幕。

04984　阴阳复仇记
〔日〕森村诚一著，施元辉译　天津：百花文艺出版社，1988.12　290 页，32 开　2.50 元

04985　饮食与减肥
〔日〕小池五郎等著，孙国君译　长沙：湖南科学技术出版社，1988.3　177 页，32 开　1.30 元
本书在介绍初步的营养知识的同时，又介绍了具体的减肥措施。

04986　隐秘的黑手
〔日〕松本清张著，徐世虹译　成都：四川文艺

出版社，1988.8　284 页，32 开　2.05 元

04987　隐情逐探
〔日〕胜目梓著，华骏译　北京：农村读物出版社，1988.8　272 页，32 开　2.30 元

04988　英语同义词反义词派生词词典
〔日〕梶木隆一著，李炳炎编译　北京：中国对外翻译出版公司，1988.5　518 页，32 开　3.55 元
本书共收单词 8000 个，依照难易程度分为 7 个阶段，除中学阶段的一般词汇外，还收入了适合我国考研究生以及英语水平测试所需要的词汇。

04989　樱花号方舟
〔日〕安部公房著，杨晓禹、张伟译　北京：作家出版社，1988.4　286 页，大 32 开　2.20 元

04990　盈亏临界分析例解
〔日〕长泽良哉著，林子元译　北京：中国经济出版社，1988.6　268 页，32 开　2.20 元
本书通过 49 个具体案例，把如何运用"盈亏临界点分析法"对企业的经营意志、生产战略、销售战略、设备、人事费用、预算控制等进行科学的运筹和决策，使企业做到盈利而不亏损，直至创造出更多的利润，进行了详尽的阐述。

04991　永泰公主的项链
〔日〕井上靖著，赖育芳译　北京：作家出版社，1988.3　207 页，32 开　1.80 元
本书收入日本著名作家井上靖的 8 个短篇历史小说。

04992　用 BASIC 学物理：物理实验·练习计算机程序 113 例
〔日〕平田邦男著，于荣海等译　长春：东北师范大学出版社，1988.1　261 页，16 开　3.00 元

04993　用○△□画儿童动物园
〔日〕上口陆人原著，宋建华、孙丽华编译　长春：吉林大学出版社，1988.9　47 页，16 开（奇趣的画本：圆角方简笔画丛书　1）　2.60 元
"奇趣的画本：圆角方简笔画"丛书是在日本《○△□系列绘本》的基础上重新编写的。根据婴幼儿期及 7—10 岁儿童的生理、心理特点，用基本的几何图形圆形、三角形、方形，帮助孩子用自己的小手去描绘世界，并把作画的方法、步骤以儿歌、谜语、游戏的形式教给孩子。使孩子们在说说玩玩、做做画画中巧妙地运用○△□

图形，学会如何使用笔、尺、剪刀等学习工具，绘制出各种简单、有趣的图形来。

04994　用○△□画水下世界
〔日〕上口陆人原著，宋建华、孙丽华编译　长春：吉林大学出版社，1988.9　47 页，16 开（奇趣的画本：圆角方简笔画丛书　2）　2.60 元

04995　用○△□绘制明信片
〔日〕上口陆人原著，宋建华、孙丽华编译　长春：吉林大学出版社，1988.12　47 页，16 开（奇趣的画本：圆角方简笔画丛书　6）　2.60 元

04996　用○△□描绘鸟的天堂
〔日〕上口陆人原著，宋建华、孙丽华编译　长春：吉林大学出版社，1988.9　47 页，16 开（奇趣的画本：圆角方简笔画丛书　3）　2.60 元

04997　用○△□拼成有趣的谜语游戏
〔日〕上口陆人原著，宋建华、孙丽华编译　长春：吉林大学出版社，1988.9　47 页，16 开（奇趣的画本：圆角方简笔画丛书　5）　2.60 元

04998　用○△□组合现代化交通工具
〔日〕上口陆人原著，宋健华、孙丽华编译　长春：吉林大学出版社，1988.9　47 页，16 开（奇趣的画本：圆角方简笔画丛书　4）　2.60 元

04999　幽魂
〔日〕西村京太郎著，李云云译　成都：四川文艺出版社，1988.6　232 页，32 开　2.13 元
本书系日本著名推理作家西村京太郎的一部力作。

05000　有色金属冶金
日本金属学会编，徐秀芝等译　北京：冶金工业出版社，1988.8　379 页，大 32 开（现代金属学讲座·冶炼篇　Ⅱ）　3.60 元

05001　右脑教育：使您和孩子更聪明
〔日〕品川嘉也著，卜国钧等译　上海：上海科学普及出版社，1988.7　130 页，32 开（创造学丛书）　1.50 元

05002　右脑型人·左脑型人
〔日〕品川嘉也著，晨华、吴欣译　北京：工人出版社，1988.8　192 页，32 开　1.70 元
本书从大脑整体展开分析，讲解了脑的构造、训练法和使用法等，使脑的两部分功能，均衡地发挥其作用。

05003 幼儿创造性方块拼图

〔日〕小林由树子原著，许立言编译 南昌：江西少年儿童出版社，1988.6 22页，24开 （幼儿创造教育丛书） 0.50元

05004 幼儿创造性平面折纸

〔日〕小林由树子原著，许立言编译 南昌：江西少年儿童出版社，1988.6 22页，24开 （幼儿创造教育丛书） 0.50元

05005 幼儿创造性数学填色

〔日〕小林由树子原著，许立言编译 南昌：江西少年儿童出版社，1988.6 22页，24开 （幼儿创造教育丛书） 0.50元

05006 幼儿教育与成才

〔日〕铃木镇一编著，朱华译 北京：北京体育学院出版社，1988.8 129页，32开 1.55元

05007 幼儿造形指导

〔日〕长坂光彦编著，余禾孝译 南京：江苏教育出版社，1988.2 144页，32开 （幼儿教育译丛） 0.81元

本书共分五章：一、幼儿造形（绘画、制作）的意义；二、幼儿造形的特征；三、幼儿造形作品分析；四、造形指导的内容与方法；五、造形（绘画、制作）指导的实践。

05008 余热回收利用系统实用手册（上册）

〔日〕一色尚次等著，王世康等译 北京：机械工业出版社，1988.12 463页，16开 11.50元

本书介绍日本近年来在余热回收利用技术方面的研究成果。本册主要内容包括日本的节能政策、节能基础理论、各产业的余热回收利用系统及实际应用的余热发电系统等。

05009 愉快的手工制作：发展儿童的思维与动手能力

〔日〕蜂村亮而编，臧修智译 福州：福建少年儿童出版社，1988.5 31页，16开 1.10元

05010 瑜伽健身法

〔日〕佐保田鹤治著，阎海编译 天津：天津科学技术出版社，1988.4 118页，32开 1.10元

本书对印度瑜伽的历史渊源、特点做了深入浅出、系统全面的阐述。

05011 语言心理战

〔日〕多湖辉著，胡子丹译 北京：中国青年出版社，1988.12 157页，32开 1.70元

本书列举了在各种交际场合下说话、交谈的例子，介绍了运用"语言心理战"，左右对方，达到预期效果的技巧。

05012 浴室迷雾

〔日〕赤川次郎著，朱书民译 哈尔滨：黑龙江人民出版社，1988.1 169页，32开 1.95元

05013 预应力混凝土公路桥施工手册

日本道路协会编，张贵先译 北京：人民交通出版社，1988.3 501页，大32开 4.70元

05014 元素实用光度分析

日本无机应用比色分析编辑委员会编，张铨铭等译 沈阳：辽宁科学技术出版社，1988.10 969页，32开 9.00元

本书介绍了砷、钴、铬、铜、铁、汞、碘、铟、铱、钾、锂、锰的光度分析方法和应用。

05015 原子吸收光谱法在环境分析中的应用

日本环境测定分析协会编，孙宝涵、曲绎臣译 沈阳：辽宁大学出版社，1988.11 140页，32开 1.00元

05016 约会中的阴谋

〔日〕西村京太郎著，尤之译 南宁：广西人民出版社，1988.1 257页，32开 2.00元

05017 孕妇的饮食与营养：献给每一位未来的妈妈

〔日〕加藤繁著，张晓民、自强译 长春：吉林人民出版社，1988.8 205页，32开 2.25元

05018 运动生理学概论

〔日〕石井喜八等著，王起然等译 北京：人民体育出版社，1988.5 326页，32开 3.35元

05019 遭劫女：中篇小说集

〔日〕胜目梓著，刘樵、卢敏译 长沙：湖南人民出版社，1988.3，231页，32开 1.95元

05020 皂沫王国背后的阴谋

〔日〕山本惠三著，子初、梦乙译 北京：春秋出版社，1988.12 188页，32开 2.00元

05021 怎样创优良企业

〔日〕上野明著，谭实等译 哈尔滨：黑龙江人民出版社，1988.1 127页，32开 0.95元

05022　怎样教育您的女儿
〔日〕浜尾实著，陈百海译　北京：北京出版社，1988.6　113页，32开　0.95元
本书具体地叙述了女孩子幼儿期到成长结婚的不同时期的教育方法；讲述了要把女孩子培养成正直、善良、可爱、有女性气质和魅力的人，必须根据其特点，从小教育的重要性。

05023　怎样使你更聪明：人应当怎样使用自己的右脑和左脑
〔日〕藤井康男著，王珺译　北京：国际文化出版公司，1988.1　175页，32开　（生活顾问丛书　2）　1.55元

05024　怎样提高领导艺术
〔日〕濂田胜著，李则文、李玉莲译　北京：科学普及出版社，1988.9　190页，32开　（效率译丛）　1.85元
本书将各行各业大小领导者常遇到的难以处理的问题归为10个方面，逐条加以阐述。

05025　怎样与人相处
〔日〕竹村之宏著，文岚等译　天津：百花文艺出版社，1988.3　166页，32开　1.75元
本书讲述了人与人之间的交往、友谊、相互间可能产生的误解，以及消除这些误解的方法。

05026　窄间隙焊接
日本焊接学会方法委员会编，尹士科、王振家译　北京：机械工业出版社，1988.7　291页，大32开　3.60元

05027　粘土和石子的手工制作：日本幼儿手工制作精选
〔日〕渡边庄三郎主编，易春华译　长沙：湖南少年儿童出版社，1988.1　1册，16开　0.70元

05028　战后日中贸易史
〔日〕白根滋郎著，方桂芝译　沈阳：辽宁人民出版社，1988.9　226页，32开　2.20元

05029　战略经营：日本五家大公司的成功之路
〔日〕畠山芳雄著，金柏松等译　北京：中国人民大学出版社，1988.7　202页，32开　2.00元
本书论述了"战略经营"理论，描述了日本TDK等五家大公司的经营管理实践，介绍了他们的战略经营思想、观点和方法。

05030　战略研究开发的评价和决策
日本能率协会《对研究开发的评价和决策》计划编辑委员会编，赵桂芳等译　北京：科学技术文献出版社，1988.3　277页，32开　（科技政策与管理译丛）　2.30元

05031　折纸画玩
〔日〕佐藤芳夫、寺门保夫原作，于淑荣译文北京：中国和平出版社，1988.7　23页，24开（儿童趣味纸手工套书　3）　0.54元

05032　折纸入门
〔日〕笠原邦彦著，徐义鸣译　北京：中国广播电视出版社，1988.2　157页，32开　1.45元

05033　珍珠的奥秘
〔日〕三轮邦彦著，雷及时译　北京：中国对外经济贸易出版社，1988.4　89页，32开　0.90元
本书共7章，主要论述了珍珠的历史、现状、种类、养殖、鉴别等。

05034　争斗的艺术：当代兵法书·人生书
〔日〕三鬼阳之助著，刘瑞增、栗圣万译　西安：陕西人民出版社，1988.12　167页，32开（现代人·文化·知识译丛）　2.25元
本书由3章90节组成的成功之道与失败之理，堪称"兵法"之90计，人生哲理之90矩。

05035　证券市场入门
〔日〕中村孝俊编，詹天兴、王海沙译　北京：中国经济出版社，1988.6　258页，32开　2.10元

05036　证券市场学
〔日〕津村英文著，张友栋、白若愚译　北京：中经济出版社，1988.12　238页，32开　2.50元
本书主要就国民经济与证券市场、证券制度、证券供求关系、证券市场的均衡以及证券市场的国际化等问题进行了阐述，并从宏观、微观两方面阐明了证券市场在国民经济中的作用及其对调节企业机制、调动个人（家庭）投资及消费等方面的影响。

05037　郑和——联结中国与伊斯兰世界的航海家
〔日〕寺田隆信著，庄景辉译　北京：海洋出版社，1988　155页，图，32开　2.10元
本书是日本学者研究郑和航海活动的专著。

05038　职业杀手
〔日〕胜目梓著，鸿川等译　昆明：云南人民出

版社，1988.3 387页，32开，2.45元
本书包括《职业杀手》（〔日〕胜目梓著）和
《旅葬》（〔日〕森村诚一著）两部小说。前者
是描写日本黑社会暴力集团的凶杀；后者是揭
露日本黑社会的内幕。

05039 植物营养与技术
〔日〕高井康雄等编，敖光明、梁振兴译 北
京：农业出版社，1988.9 485页，大32开
4.50元
本书内容包括植物的营养、植物体的组成、植物
的物质代谢、主要无机元素的生理作用、植物的
养分和水分吸收、植物体内的物质运输、干物质
生产等。

05040 纸的手工制作：日本幼儿手工制作精选
〔日〕渡边庄三郎主编，姚梅译 长沙：湖南
少年儿童出版社，1988.1 26页，16开
0.70元

**05041 纸制品的手工制作：日本幼儿手工制作
精选**
〔日〕渡边庄三郎主编，谭仲元译 长沙：湖南
少年儿童出版社，1988.1 26页，16开
0.70元

05042 质量管理百忌
〔日〕池泽辰夫著，吕宝海译 哈尔滨：黑龙江
人民出版社，1988.4 148页，32开 1.65元

05043 质量精密测量手册
〔日〕山本健太郎编，梁振和、郎庆荣译 北
京：中国计量出版社，1988.5 358页，32开
3.30元

05044 智慧的帆：日本聪明儿童的故事
阎瑞等编译 延吉：延边人民出版社，1988.6
244页，32开 2.10元
本书包括《聪明的彦一》、《聪明的一休》、《聪
明的吉》。

05045 中国服装史研究
〔日〕原田淑人著，常任侠等译 合肥：黄山书
社，1988.2 177页，大32开 2.00元

05046 中国宫苑园林史考
〔日〕冈大路著，常瀛生译 北京：农业出版
社，1988.5 403页，大32开 3.70元
本书首先介绍有关中国园林的诸家著述，论及
各种直接和间接文献，然后分期论述各时代的

中国园林。

05047 中国古代民俗
〔日〕白川静著，何乃英译 西安：陕西人民美术
出版社，1988.11 235页，大32开 2.70元
本书是一部对中国古代民俗进行探源溯流的
著作。

05048 中国经济的中长期展望
日本日中经济协会著，沈希红等译 北京：经济
科学出版社，1988.8 342页，大32开 （现代
经济发展研究丛书） 3.70元
本书对中国解放后的经济发展进程、经验、教训
以及目前各主要经济部门和方面做了系统的分
析，并在此基础上对中国经济做了中期（1991
年前）和长期（2000年后）展望。

05049 中国·科学·文明
〔日〕薮内清著，梁策、赵炜宏译 北京：中国社
会科学出版社，1988.7 229页，32开 1.35元
本书阐述了中国古代物质文明和精神文明发展
的基本轮廓，着重论述了中国古代科学文明居于
世界前列，而到了近代却停滞不前，终于落后于
欧美的历史原因。

05050 中国人与日本人
〔日〕松本一男著，周维宏、祝乘风译 天津：
渤海湾出版公司，1988.10 195页，32开 （日
本人与日本文化丛书） 2.10元
本书从历史遗产、地理环境、社会结构、民族心
理、语言、思维方式、社会风俗、价值观念、社
会意识、宗教观和审美观诸多方面比较和分析中
日两国和两国人民的差异。

05051 中国文明与世界：汤因比的中国观
〔日〕山本新、秀付欣二编，周颂伦等译 北
京：东方出版社，1988.10 291页，32开 （现
代思想文化译丛） 3.40元
本书是日本著名学者山本新和秀村欣二研究汤
因比《中国之旅》一书，并结合他们研究中国
及东亚文明诸问题后写成的。书中论述评说了汤
因比有关对中国的看法，并对汤因比的中日关系
观做了历史考察。

05052 中国之行：日本小学生作文选读
张国强编译 福州：福建教育出版社，1988.3
233页，大32开 1.85元

05053 中年健康学
〔日〕石川恭三著，高振顺等译 北京：工人出

版社，1988.2 123 页，32 开 （家庭卫生保健丛书） 1.20 元

05054 中日交流标准日本话：初级（1）
人民教育出版社、日本光村图书出版株式会社编 北京：人民教育出版社，1988.7 407 页，大 32 开 精装 4.10 元

05055 中日交流标准日本语：初级（2）
人民教育出版社、日本光村图书出版株式会社编，北京：人民教育出版社，1988.7 432 页，大 32 开 精装 4.25 元

05056 中日近代化比较研究
〔日〕依田熹家著，孙志民、翟新编译 上海：三联书店上海分店，1988.9 171 页，32 开 1.70 元

05057 中小企业经营战略
〔日〕末松玄六著，王耀华等译 北京：中国经济出版社，1988.11 269 页，大 32 开 3.40 元
本书分析了企业的破产预测、资金筹措、经营规模选择、经营目标、销售战略以及批发和零售的流通战略等问题。

05058 中小企业诊断：日本著名企业管理专家经验谈
张历历、孙弦佑译 北京：北京经济学院出版社，1988.6 251 页，32 开 （企业家丛书） 2.40 元

05059 中学生与家庭
〔日〕麦岛文夫等编，李思敬译 北京：中国青年出版社，1988.9 119 页，32 开 （当代中学生思考与研究丛书） 1.40 元
本书提出了"家庭是中学生成长的基础"这一命题，论述了中学生的种种不良行为都直接、间接地反映着家庭关系、家庭生活、家庭教育中的某种缺欠。

05060 中学生与朋友关系
〔日〕麦岛文夫等编，巩长金、孟瑜译 北京：中国青年出版社，1988.9 168 页，32 开 （当代中学生思考与研究丛书） 1.66 元
本书是日本"当代中学生思考与研究丛书"（共七册）之三。它指出，对十几岁的孩子来说，他所交的朋友会影响他的一生，而一个人将来在社会中能否有所成就，取决于他在十岁以内有什么样的双亲和朋友，二十几岁时遇到什么样的师表。

05061 中学生与生活
〔日〕麦岛文夫等编，刘平译 北京：中国青年出版社，1988.9 134 页，图，32 开 （当代中学生思考与研究丛书） 1.45 元
本书在列举大量生动事例之后，为中学生提出了理想的形象：锻炼创造性的智力；要有丰富的人类感情；要有强健的体魄。

05062 中学生与问题行为
〔日〕麦岛文夫等编，杨晓禹、耿仁秋译 北京：中国青年出版社，1988.9 134 页，图，32 开 （当代中学生思考与研究丛书） 1.45 元
本书通过很多孩子由好变坏，又由坏变好的"经历"。揭示了父母、师长和周围的人们对孩子应采取的正确态度，使孩子重新扬起风帆，走向光明的未来。

05063 中学生与心理
〔日〕麦岛文夫等编，吴韵珊译 北京：中国青年出版社，1988.9 152 页，图，32 开 （当代中学生思考与研究丛书） 1.55 元
本书揭示了当代中学生所谓"现代派"的特点之一是"任性"、"只考虑自己"，指出如何引导孩子们正确而健康地发展其社会性的方法。

05064 中学生与性教育
〔日〕麦岛文夫等编，海晓、周安译 北京：中国青年出版社，1988.9 130 页，32 开 （当代中学生生思想与研究丛书） 1.45 元
本书以"思春期"与人格形成的理论为基础，分析了少男少女性意识的发展及共表现，提出了"标准的男女形象"问题和"男生的五大性烦恼"以及"女生的五大性烦恼"，它会使读者认识到，用健康、明快的语言去解决性教育已成为社会和家庭所面临的重要课题。

05065 中学生与学习
〔日〕麦岛文夫等编，文洁若、文静译 北京：中国青年出版社，1988.9 136 页，图，32 开 （当代中学生思考与研究丛书） 1.45 元
本书列举了大量中学生在学习上受挫的实例，提出了要抓住契机提高孩子们学习热情的方法。

05066 竹下登传
〔日〕盐田潮著，徐甲申等译 大连：大连出版社，1988.6 169 页，大 32 开 精装 3.60 元，平装 1.70 元
本书是一部传记小说。

05067 注塑用无流道模具
〔日〕村上宗雄著，付光先译 北京：化学工业
出版社，1988.8 307 页，32 开 2.50 元
本书主要对无流道成型的必要性、优点、各种无
流道模具的结构、设计要点、热量计算、温度控
制方式等进行了阐述。

05068 注意力训练法
〔日〕原田弘一著，俞邵编译 福州：福建少年
儿童出版社，1988.12 98 页，32 开 0.95 元

05069 《资本论》入门
〔日〕河上肇著，何仲珉译 北京：人民出版社，
1988.03 2 册（863 页），大 32 开 9.20 元
本书是解释《资本论》第一卷的，这卷共七篇二十
五章。作者逐章提出其中的核心问题加以解答。

05070 自卑心理浅析
〔日〕关计夫著，杨重建、许友群译 福州：福
建科学技术出版社，1988.6 178 页，36 开
（大众精神卫生丛书） 1.25 元
本书详细分析了儿童、父母、青牛、妇女、教师
和残疾者的自卑心理形成的原因、表现形式及
其作用，并指出：自卑既可使人发奋，也可使人
沉沦，关键在于能否超越自卑感的困扰，建立起
健康、完美的人格。

05071 自然观的演变：宇宙、物质、生命
〔日〕桥本敬造等著，郑毓德、王真译 北京：
北京大学出版社，1988.11 244 页，32 开
3.15 元
本书介绍了人类自古至今对自然界本质的认识
过程。

05072 自然化妆品的秘诀
〔日〕山田央著，曹培林译 长春：吉林人民出
版社，1988.3 137 页，32 开 1.49 元

**05073 自我分析：从心身医学的角度看人的
形成**
〔日〕池见西次郎著，公克、晨华译 北京：工
人出版社，1988.9 173 页，图，32 开 （星星
丛书 2） 1.40 元
本书共分 4 章：过重精神负担的解脱、"自我实
现"是可能的吗、自我分析的出发点、让自己
自然而然地活着。

05074 自我启发百科
〔日〕扇谷正造、本明宽编，贾国勇译 北京：
中国经济出版社，1988.9 270 页，32 开

2.70 元
本书围绕着人的素质，系统地介绍了"人"所
应当具有的基本技能以及培养和提高这些能力
的办法。

05075 总理大臣被劫记
〔日〕西村京太郎著，文珍玉、葛炎译 广州：
广州文化出版社，1988.1 208 页，32 开
1.60 元

05076 总理大臣竹下登
〔日〕菊池久著，明华译 北京：新华出版社，
1988.7 183 页，32 开 1.75 元
本书叙述了日本"政界阿信"竹下登卧薪尝胆
几十年，师事佐藤荣作，追随田中角荣，冒犯
"目白将军"，同政敌明争暗斗，从一个县议员
登上日本内阁总理大臣宝座的经历。

05077 走向 21 世纪：科学技术的未来
〔日〕樱内雄二郎著，管丕恺译 北京：电子工
业出版社，1988.12 167 页，32 开 2.00 元
本书作者根据世界科学技术发展的历史规律，以
及目前各国正在从事的未来技术的研究，对人类
社会 21 世纪的科学技术进行了预测。其中包括
即将出现的工业用各种新材料、各种新科学和新
理论、计算机和机器人等。

05078 组合字体
〔日〕桑山弥三郎著，张福昌译 杭州：浙江人
民美术出版社，1988 187 页，16 开 （世界图
形设计丛书） 5.10 元

05079 最新安全科学
〔日〕井上威恭著，冯翼译 南京：江苏科学技
术出版社，1988.12 273 页，32 开 2.35 元

05080 最新电气工程基础考试手册
日本电气书院编辑部编，《最新电气工程基础考
试手册》翻译组译 北京：机械工业出版社，
1988.8 1165 页，16 开 精装 28.50 元
本书着重介绍电气工程各主要学科的基础理论、
常用公式、数据、关键技术及发展动向。全书
包括电学公式、电物理、电工测量、发电变
电、输配电、电机、电工材料及电能应用八
大类。

05081 最新机械制造
日本机械制造方法研究会编，庞滔、乔有为译
北京：国防工业出版社，1988.6 513 页，大 32
开 6.25 元

05082　最新精细陶瓷技术
日本工业调查会编辑部编，陈俊彦译　北京：中国建筑工业出版社，1988.4　320 页，16 开　5.50 元
本书收入 33 篇论文，按总论、在电子工业中的应用、在化学工业中的应用、新的应用领域、机械加工技术及其存在问题 5 部分对精细陶瓷的制备、特性、加工、应用做了阐述。

05083　最新科学常识
〔日〕星野芳郎著，那宝玉译　北京：北京科学技术出版社，1988.4　122 页，32 开　0.80 元
本书是以小辞典形式写成的科普读物。包括能源、材料、核反应、电子学等 5 部分共 47 项新兴科学技术。

05084　最新软弱地基处理方法
〔日〕福冈正已编，丁玉琴译　北京：中国铁道出版社，1988.6　144 页，16 开　2.10 元

05085　最新摄影配方便览
〔日〕笹井明著，焦德福译　哈尔滨：黑龙江科学技术出版社，1988.5　424 页，32 开　3.50 元
本书分黑白摄影配方和彩色摄影配方两篇。其中包括黑白胶片和照相纸的各种配方，大约 400 多个，以及各种特殊加工配方；同时也介绍了目前最新型号彩色胶片、彩色相纸的冲洗工艺和代用配方。

05086　最新食品卫生学
〔日〕川田十三夫、俣野景典著，齐素瑛、冯鹤田译　北京：轻工业出版社，1988.10　298 页，32 开　2.70 元

05087　最新育儿指南
日本主妇之友社编，刘文智、管黔秋译　郑州：海燕出版社，1988.6　251 页，32 开　1.70 元

05088　罪恶的黑手
〔日〕森村诚一著，王琳德译　哈尔滨：黑龙江人民出版社，1988.9　269 页，32 开　2.85 元

1989

05089　1987 财政年度日本邮政银行报告：1987 年 4 月—1988 年 3 月
日本邮政省储金局著，袁天香译　北京：人民邮电出版社，1989.11　37 页，32 开　0.65 元

05090　1999 年人类大劫难：占卜神魔诺查丹玛斯恐怖大预言
〔日〕五岛勉著，杨劲松等译　北京：学苑出版社，1989.6　175 页，32 开　2.80 元

05091　2000 年的亚洲：持续高速增长的秘密
〔日〕篠原三代平等编，马成三译　北京：商务印书馆，1989.9　175 页，大 32 开　2.20 元
本书从宏观、微观角度分析了亚洲实现高速增长的过程、特点和原因，预测了经济发展前景，并概述了发展经济的经验教训。

05092　21 世纪的通行证：信息科学常识 77 题
〔日〕日比野省三著，赵琪、陶法义译　成都：四川人民出版社，1989.9　225 页，32 开　3.30 元

05093　'83/'86 日本计算机全国统考试题和解答（高级）
日本信息处理开发协会信息处理研究中心编，张然译　上海：上海科学技术文献出版社，1989.4　350 页，大 32 开　（计算机应用软件人员水平考试参考丛书）　6.90 元

05094　AB 型血人的性格与处世方法
〔日〕铃木芳正著，于红雨等译　哈尔滨：黑龙江人民出版社，1989.11　163 页，32 开　（血型·性格与人际关系丛书/王永丽主编）　2.15 元

05095　A 型血人的性格与处世方法
〔日〕铃木芳正著，李银珠、史有为译　哈尔滨：黑龙江人民出版社，1989.11　160 页，32 开　（血型·性格与人际关系丛书/王永丽主编）　2.20 元

05096　B 型血人的性格与处世方法
〔日〕铃木芳正著，李银珠等译　哈尔滨：黑龙江人民出版社，1989.11　154 页，32 开（血型·性格与人际关系丛/王永丽主编）　2.15 元

05097　CMOS 集成电路入门：基本原理、应用电路和故障对策
〔日〕铃木八十二著，王志宏译　北京：机械工业出版社，1989.3　170 页，32 开　4.25 元
本书介绍了 CMOS 集成电路的基本原理及应用电路，如逻辑门、振荡、运算、计数等电路，并对 CMOS 集成电路的接口方法、使用注意事项和故障对策做了较详细的讨论和分析。

05098　GPS 人造卫星精密定位系统
日本测地学会编著，顾国华等译　北京：地震出版社，1989.9　292 页，16 开　10.00 元
本书较全面地论述了全球定位系统（GPS）的概要和基本原理，仪器结构和使用方法，计算实例和精度评定等。

05099　O 型血人的性格与处世方法
〔日〕铃木芳正著，王启发、祁庆国译　哈尔滨：黑龙江人民出版社，1989.11　172 页，32开　（血型·性格与人际关系丛书/王永丽主编）　2.05 元

05100　Z-13 的幽灵
〔日〕门田泰明著，文芝译　哈尔滨：哈尔滨出版社，1989.2　118 页，16 开　（外国通俗小说书库）　2.50 元

05101　爱与孤独：日本恋情诗
罗兴典编译　福州：海峡文艺出版社，1989.8　305 页，36 开　2.90 元

05102　爱与恨心理学
〔日〕宫诚音弥著，刘慧敏编译　北京：中国国际广播出版社，1989.10　183 页，64 开　（迷你书屋/蓓玲主编）　1.50 元

05103　安全工程学
〔日〕前泽正礼著，魏殿柱、董裕译　北京：化学工业出版社，1989.1　394 页，32 开　3.95 元

05104　氨基酸饲料学
〔日〕有吉修二郎著，杨嘉实等译　北京：农业出版社，1989.12　177 页，大 32 开　3.80 元
本书介绍了氨基酸的营养价值、蛋白质氨基酸的需要量、氨基酸的平衡，以及各种氨基酸添加剂在配合饲料中的配合设计与应用技术。

05105　暗示术
〔日〕多湖辉著，克丑编译　北京：中国国际广播出版社，1989.10　177 页，64 开　（迷你书屋/蓓玲主编）　1.50 元
本书介绍了如何利用环境、语言、动作、表情、心理等各种简单易行的办法，调节心理情绪、丢弃害羞、恐惧和失落，激励出必定胜利的信心。

05106　奥赛乐技巧速成：世界最新右脑智力棋
〔日〕谷田邦彦著，王兆仁、许树萄编译　天津：天津科学技术出版社，1989.1　183 页，32开　1.95 元

05107　白衣魔影
〔日〕松本清张著，南敬铭、邓青译　北京：中国文联出版公司，1989.11　382 页，32 开　5.65 元

05108　百百和黑猫得儿：百百家的故事
〔日〕松谷美代子著，季颖译　重庆：重庆出版社，100 页，图，32 开　0.81 元

05109　百百和茜茜：百百家的故事
〔日〕松谷美代子著，季颖译　重庆：重庆出版社，1989.3　92 页，图，32 开　0.76 元

05110　被抛弃的女人
〔日〕草野唯雄著，萌芳译　北京：中国电影出版社，1989.4　274 页，32 开　3.00 元

05111　被诱惑的姑娘
〔日〕源氏鸡太著，刘涤尘、赵景扬译　太原：北岳文艺出版社，1989.12　418 页，32 开　4.20 元

05112　本田奇迹：从学徒工到摩托之父
〔日〕上之乡利昭著，三达编译　西安：天则出版社，1989.5　140 页，32 开　1.80 元
本书介绍了日本摩托车之父本田宗一郎的创业经历。

05113　变态恶魔
〔日〕西村寿行著，幸起、林漓译　广州：花城出版社，1989.7　324 页，32 开　4.05 元

05114　表面物理
〔日〕中村胜吾著，张兆祥等译　北京：学术书刊出版社，1989.8　240 页，大 32 开　9.95 元

05115　别了，亚洲
〔日〕长谷川庆太郎著，鲍刚等译　北京：国际文化出版公司，1989.11　150 页，32 开　2.35 元

05116　兵法经营要点
〔日〕大桥武夫著，胡立品、柳真译　北京：解放军出版社，1989.12，116 页，32 开　1.95 元
本书介绍了世界著名军事家和著名军队著作的兵法要点在经营管理中的运用方法。

05117　玻璃钢渔船
〔日〕船越卓等著，大连振华玻璃钢研究所译　大连：大连理工大学出版社，1989.12　227 页，

32 开 3.35 元

本书着重从玻璃钢应用角度，介绍玻璃钢原材料的种类、选择和保管使用及其固化特性、玻璃钢产品的质量及其识别方法。主要介绍玻璃钢渔船的设计、建造直至使用。

05118 孛几帖赤那
〔日〕井上靖著，巴德木加甫译 乌鲁木齐：新疆人民出版社，1989.5 327 页，大 32 开
2.40 元

05119 不老回春术
〔日〕早岛正雄著，翁同童编译 福州：福建科学技术出版社，1989.11 130 页，图，32 开
1.65 元
本书内容包括：导引术的奇功异效，身体是否老化的诊断法，防治老化与失调的导引术，不老坐功、长寿秘术，强精、回春的行功法 6 部分。

05120 不如归
〔日〕德富芦花著，于雷译 沈阳：沈阳出版社，1989.1 189 页，32 开 （外国畅销小说系列） 2.30 元
本书是日本古典言情小说名著。

05121 不如归；黑潮
〔日〕德富芦花著，丰子恺、巩长金译 北京：人民文学出版社，1989.8 482 页，大 32 开
（日本文学丛书） 6.35 元
本书收入《不如归》和《黑潮》两部小说。

05122 不用药物健康法
〔日〕渡边正原著，魏中海编译 太原：山西科学教育出版社，1989.8 221 页，32 开 3.70 元
本书包括正确地认识疾病，日常健康法，不依赖药物的防病治病法以及西方健康法治疗疑难病症案例等内容。

05123 布局基础
〔日〕武宫正树著，陈小东译 北京：文化艺术出版社，1999.5 191 页，32 开 （围棋初级标准教本） 2.40 元
本书对于一般的布局常识，采取 ABC 的方式进行浅显地讲解，并配有各种简明的图形，生动地介绍各类布局的基础知识。

05124 布什的美国经济
〔日〕原田和明著，孙大卫等译 哈尔滨：黑龙江科学技术出版社，1989.10 163 页，32 开
2.95 元

05125 材料力学简介及例题
〔日〕小井土正六著，万国朝、胡荣静译 北京：国防工业出版社，1989.7 488 页，32 开
7.85 元

05126 曹操
〔日〕川合康三著，周东平译 西安：三秦出版社，1989.2 177 页，图片，32 开 （风云人物丛书/张玉良主编） 2.10 元

05127 测试工程学
〔日〕苅屋公明、山田光著，张鄂等译 北京：国防工业出版社，1989.4 313 页，16 开
10.20 元
本书全面论述了测试技术的各个有关问题，包括测试学概论，信号的检出与变换，信号的性质与传输，数据的分析，处理与判断，测试与控制，测试精度，主要的测试系统等。

05128 豺狼的世界
〔日〕落合信彦著，徐海译 天津：天津人民出版社，1989.6 305 页，32 开 3.35 元
本书是一部纪实小说，涉及 20 世纪 80 年代以来许多国际事件的黑幕，展示了美苏等国谍报界的秘密活动。

05129 禅风禅骨
〔日〕铃木大拙著，耿仁秋译 北京：中国青年出版社，1989.10 302 页，32 开 4.50 元

05130 禅与日本文化
〔日〕铃木大拙著，陶刚译 北京：三联书店，1989.6 188 页，32 开 （文化：中国与世界系列丛书·新知文库 74） 2.85 元
本书从“禅与艺术”、“禅与武士”、“禅与剑道”、“禅与儒学”、“禅与茶道”、“禅与俳句”等各个方面分析了禅与日本文化的深刻关系，从而得出结论：禅的精神就是日本文化乃最至东方文化最基本的精神。

05131 禅与西方思想
〔日〕阿部正雄著，王雷泉、张汝伦译 上海：上海译文出版社，1989.2，315 页，大 32 开
（当代学术思潮译丛/汤永宽主编） 4.15 元
本书对东西方思想结构和思维方式做了相当深的探讨，力图澄清西方对禅的种种误解。同时对禅学和佛教，做了严密的逻辑论证。

05132 禅者的思索
〔日〕铃木大拙著，未也译 北京：中国青年出

版社，1989.10　228 页，32 开　3.65 元

05133　超时空智力探险
〔日〕多湖辉著，胡汉文、张光军译　长沙：湖南少年儿童出版社，1989.10　136 页，32 开（中小学生智力开发丛书　6）　1.43 元

05134　超一流棋手名局精解
〔日〕武宫正树等解说，〔日〕胜本哲州记述，刘健等编译　南昌：江西科学技术出版社，1989.7　270 页，32 开　2.85 元

05135　成本管理
〔日〕西野嘉一郎著，赵国璧译　北京：中国财政经济出版社，1989.2　168 页，32 开　2.00 元

05136　成功的诀窍：秘诀 95
〔日〕中川直彦著，曹乐人、刘铁锋译　北京：职工教育出版社，1989.9　191 页，图，32 开　2.50 元
本书教给经营者如何提高和发挥个人能力，以取得经营成功。

05137　成功者鉴：当代日本实用管理精粹译编
胡维勇译　北京：北京科学技术出版社，1989.4　148 页，40 开　1.60 元

05138　成人病与长寿
〔日〕八木俊一著，黄爱耕译　南昌：江西科学技术出版社，1989.6　172 页，32 开　1.95 元
本书系统地介绍了脑溢血、心肌梗塞、动脉硬化、高血压病、糖尿病、癌症、肝脏病等常见病的病因、症状、治疗、预防及自我护理方法，并详细阐述了不同层次人们克服成人病的对策。

05139　城市风貌设计
〔日〕池泽宽著，郝慎钧译　天津：天津大学出版社，1989.10　150 页，16 开（人·建筑·艺术丛书）　10.20 元
本书阐述了城市环境设计的指导思想和内容，并结合实例指出了在设计中的具体构思及建筑艺术处理手法。

05140　城市景观设计方法
〔德〕普林茨（Prinz, D.）著，〔日〕小藩一日译，李维荣中译　天津：天津大学出版社，1989.9　148 页，16 开　6.80 元
本书从城市规划学的基本理论出发，介绍了这些基本理论郊何在城市规划、景观设计中的运用。

05141　迟到的婚礼钟声
〔日〕铃木瞳著，周祺译　北京：华夏出版社，1989.7　234 页，照片，32 开　2.75 元
本书根据曾被选为国际小姐亚军、遇车祸身残的铃木瞳的两本自叙集合编而成。

05142　叱责孩子的 69 种妙法
〔日〕多湖辉著，李守贞等译　沈阳：沈阳出版社，1989.1　140 页，32 开　1.55 元

05143　初段入门
〔日〕宫本直毅主编，马再明译　成都：四川科学技术出版社，1989.4　226 页，32 开　2.45 元

05144　初中数学的科学学习方法
〔日〕近藤利一著，符春英译　北京：中国农业机械出版社，1989.1　163 页，32 开　2.40 元

05145　川端康成掌小说百篇
〔日〕川端康成著，叶渭渠译　北京：三联书店，1989.12　373 页，32 开（日本文化丛书）　8.50 元
本书是作者的一部小小说集。

05146　传感器电路设计手册
〔日〕吉野新治等著，张玉龙编译　北京：中国计量出版社，1989.12　411 页，16 开　13.30 元
本书介绍了各种传感器实用电路，反映了当代传感器的应用技术。

05147　闯入者：当代日本中篇小说选
荀春生、李志勇编　北京：北京出版社，1989.3　313 页，大 32 开　4.25 元

05148　创造技法手册
〔日〕高桥诚编，蔡林海等译　上海：上海科学普及出版社，1989.8　313 页，16 开（创造学丛书/许立言主编）　8.20 元
本书精选了创造性开发和创造性解决问题所需的技法共 100 种，并予以简明易懂的解说。

05149　创造性科学：图解·等价转换理论入门
〔日〕市川龟久弥著，金在律等译　北京：新时代出版社，1989.9　181 页，大 32 开　5.65 元
本书以通俗的图解形式，叙述了人类发明创造、开发新技术的思维规律，并介绍了逆思维法、集体思维法等内容。

05150　创造性设想的新开发
〔日〕高桥浩著，冯霓、谭国钧译　长沙：湖南

科学技术出版社，1989.5　190 页，32 开
2.20 元

05151　磁性棋子之谜：围棋侦破小说
〔日〕斋藤荣著，刘动中译　北京：人民体育出版社，1989.1　231 页，图，32 开　2.00 元

05152　从小说看中国人的思考样式
〔日〕中野美代子著，若竹译　北京：北京十月文艺出版社，1989.3　131 页，32 开　1.80 元
本书通过对中国小说的研究，通过分析作品中人物的思想观念、欲求动机，以及小说中所体现的人物的心理意识、行为模式，透视了中国人的思维模式，探讨了中国文化问题。

05153　从运动生化到运动处方
〔日〕伊藤朗编著，宋成忠、赵树清译　北京：北京体育学院出版社，1989.8　165 页，16 开
3.00 元
本书包括运动生物化学的基础知识，运动时能量的产生与消耗，运动时糖、脂类、蛋白质、尿酸、电解质和水的代谢。

05154　聪明的彦一：日本民间故事
陈丁译　南宁：广西人民出版社，1989.3　24页，24 开　（动画列车丛书）　0.95 元

05155　催眠术
〔日〕藤本正雄著，王思骥译　北京：中国卓越出版公司，1989.4　166 页，照片，32 开
2.60 元
本书探讨了神秘的催眠现象，介绍了催眠术在各个领域中的运用。

05156　大变动中的世界经济：世界经济百问百答
日本经济新闻社编，郑虹译　北京：中国经济出版社，1989.2　180 页，32 开　2.00 元

05157　大脑的开发
〔日〕多湖辉著，朱濂译　长沙：湖南少年儿童出版社，1989.10　150 页，32 开　（中小学生智力开发丛书　1）　1.50 元

05158　大中型企业质量管理
〔日〕朝香铁一、古谷忠助著，王戈译　哈尔滨：黑龙江科学技术出版社，1989.8　181 页，大 32 开　3.10 元
本书是一本 QC（质量管理）入门的基础理论书籍。

05159　大众传播社会学
〔日〕竹内郁郎编，张国良译　上海：复旦大学出版社，1989.11　223 页，大 32 开　1.85 元

05160　大竹英雄的新围棋十诀：树立自己的棋风
〔日〕大竹英雄著，赵德宇译　天津：天津教育出版社，1989.7　162 页，32 开　1.85 元
本书在一定程度上表述了"大竹美学"及由大竹英雄创始的求道派精髓。

05161　弹性力学基础
〔日〕井上达雄著，刘凤丽等译　沈阳：辽宁大学出版社，1989.9　278 页，大 32 开　2.30 元
本书共分 12 章，重点介绍了近代弹性力学的基本知识、基本理论和基本方法。

05162　弹性体与流体
〔日〕恒藤敏彦著，张世泽译　北京：北京师范大学出版社，1989.4　217 页，大 32 开　（理论物理基础系列教程　第八册）（高等学校教学用书）　1.80 元

05163　当代和未来之间的科学技术
〔日〕端山贡明编，许振凯译　北京：科学出版社，1989.10　336 页，大 32 开　11.50 元

05164　当科长的学问
〔日〕石尾登著，刘含发等译　北京：中国青年出版社，1989.9　138 页，32 开　2.50 元

05165　导电高分子材料
〔日〕雀郎博主编，曹镛等译　北京：科学出版社，1989.8　456 页，32 开　9.50 元
本书系统地介绍了高分子光导体、半导体、金属导体和超导体的基本概念，各类体系的基本特点、结构与性能的关系，导电机制及其应用实例。

05166　道教诸神
〔日〕窪德忠著，萧坤华译　成都：四川人民出版社，1989.4　241 页，32 开　3.25 元
本书介绍了道教的现状、内容和宗派，诸神的来历和特征等。

05167　道路土工软土地基处理技术指南
日本道路协会编，蔡恩捷译　北京：人民交通出版社，1989.4　231 页，32 开　4.15 元
本书共 6 章，包括软土地基的概念、路堤的稳定与沉降分析的基本观点、土质调查与结果的整

理、软土地基的讨论、处理方法的讨论、处理工程的设计与施工，以及施工管理与养护管理。

05168　稻的生物学

〔日〕角田重三郎、高桥成人编著，闵绍楷等译　北京：农业出版社，1989.12　381页，大32开　6.90元

书名原为 Biology of Rice

本书系当代稻作理论方面的权威性著作，由14位专家执笔。全书分进化论、形态生理学、遗传学及提要4部分。

05169　地方自治

〔日〕松村岐夫著，孙新译　北京：经济日报出版社，1989.11　154页，大32开　（现代政治学丛书　15/〔日〕猪口孝主编）　4.50元

05170　地下文物发掘调查手册

日本文化厅文物保护部编著，李季译　北京：文物出版社，1989.11　218页，图版，大32开　2.80元

本书对日本田野考古工作的全过程和涉及的各类专业技术做了较全面的阐述。

05171　帝国·白金·女人

〔日〕高木彬光著，南敬铭、尹盛译　哈尔滨：北方文艺出版社，1989.1　529页，32开　4.85元

05172　帝王学中的管理韬略

〔日〕守屋洋著，王子今、马振智编译　北京：科学技术文献出版社，1989.8　151页，32开（环球管理文库）　2.00元

05173　第三产业全面质量管理入门

〔日〕甲斐章人著，隙幼松编译　北京：北京科学技术出版社，1989.7　190页，32开　2.20元

本书介绍全面质量管理（TQC）的发展历史，第三产业进行 TQC 活动的概要和取得成功的条件，质量管理（QC）循环小组的组织形式和活动方法等。

05174　第三感性：一种新的观察和分析方法

〔日〕谷口正和著，朱福华译　北京：中国国际广播出版社，1989.3　227页，32开　2.80元

本书作者从新的角度对纷繁的社会现象进行了观察和分析。作者归结的所谓"第三感性"，即当今社会随处可见的两种相对事物的互相渗透和互相融合。

05175　电磁学（上）

〔日〕长冈洋介著，郭汾译　北京：北京师范大学出版社，1989.5，189页，大32开　（理论物理基础系列教程丛书　第三册）　（高等学校教学用书）　1.60元

05176　电磁学（下）

〔日〕长冈洋介著，张本志译　北京：北京师范大学出版社，1989.5　120页，大32开　（理论物理基础系列教程　第四册）　（高等学校教学用书）　1.10元

05177　电动机运行与节能技术

〔日〕森勋著，赵家礼译　北京：机械工业出版社，1989.7　294页，32开　7.10元

本书分5章介绍各种电动机的节能措施、合理选用、运行节能技术和计算、转速控制的节能技术与节能实例。

05178　电工学重要公式实用手册

〔日〕斋藤广吉编，胡淑华译　北京：高等教育出版社，1989.10　282页，32开　2.50元

05179　电力系统暂态解析论

〔日〕关根泰次著，蒋建民等译　北京：机械工业出版社，1989.12　514页，16开　精装　34.30元

本书是日本电力系统解析理论方面的重要著作之一。主要介绍电力系统重要组成部件的特性、模型及分析方法；故障和潮流计算方法；过电压波过程分析；电力系统稳定性分析；自励磁、负阻尼振荡、轴扭振等现象以及交直流连接系统的动态特性分析。

05180　电路图论

〔日〕梶谷洋司著，孙雨耕译　天津：天津大学出版社，1989.1　320页，32开　4.30元

05181　电视的冲击

〔日〕藤竹晓原著，李江林、樊诗序编译　北京：北京广播学院出版社，1989.11　234页，32开　3.40元

本书包括空前的电视体验、电视参与家庭、电视使大众优越、电视的社会力量4编。

05182　电子电路的抗干扰技术

〔日〕山崎弘郎主编，姜德华、赵秀芬译　北京：科学出版社，1989.9　349页，32开　5.70元

本书共8章。前3章讲述噪声基础知识，第4

章介绍噪声抑制技术的评价与测定方法，第
5—7章汇集了近年来噪声抑制技术的精萃，介
绍了多种行之有效的抗干扰措施在各种场合下
的应用，第8章是对噪声抑制技术发展趋势的
展望。

05183　谍报记
〔日〕石光真清著，赵连泰、靳桂英编译　长
春：吉林文史出版社，1989.4　307页，32开
（晚清民国逸史丛书）　3.00元
本书以日俄战争前后为历史背景，记述日本军
部与政府为推行大陆政策，派遣谍报人员潜入
中国东北、关内和俄国西伯利亚等地所进行的
间谍活动。

05184　定式基础
〔日〕石田芳夫著，陈小东译　北京：文化艺术
出版社，1989.5　191页，32开　2.40元

05185　东方民族的思维方法
〔日〕中村元著，林太、马小鹤译　杭州：浙江
人民出版社，1989.4　343页，大32开　（世界
文化丛书）　4.50元
本书通过研究佛教这一东方主要民族所共有的
文化现象，比较研究了印度人、中国人、日本人
的不同思维方法。

05186　东方奇书55
〔日〕岩村忍等著，车涌泉等译　西安：三秦出
版社，1989.8　369页，32开　4.20元
本书收录东方各国的种种奇书，包括3大类：从
人的想象力上着眼的内容有趣的书；研究、推
测、解释至今仍是秘密的书；向常识、忌讳挑
战，在某种意义上属于异端的书。

05187　东山魁夷散文选
〔日〕东山魁夷著，陈德文选译　天津：百花文
艺出版社，1989.9　274页，大32开　3.70元

05188　动物趣话
〔日〕宇田川龙男著，乔秋译　南京：东南大
学出版社，1989.4　147页，图，36开
2.80元

05189　独创力的秘密
〔日〕中松义郎著，张羽静译　上海：上海科学
普及出版社，1989.6　152页，32开　（创造学
丛书）　2.10元
本书作者被称为"日本的爱迪生"，本书是他的
经验之谈。

05190　读心术
〔日〕多湖辉著，李道荣、林文锜编译　福州：
福建人民出版社，1989.8　132页，32开
1.30元
本书主要内容是向人们介绍探测他人心理活动、
了解他人性格和气质的技巧。

05191　读心术
〔日〕多湖辉著，熊振国译　沈阳：沈阳出版
社，1989.4　131页，32开　1.80元

05192　断奶方法和食谱
〔日〕落合敏著，张羽静编译　上海：上海科学
普及出版社，1989.8　140页，32开　1.80元
本书结合我国的饮食生活习惯，根据日本断奶方
面书籍编译而成。书中详细介绍了各月龄婴儿的
断奶要点，并按4—12个月的月龄，列出了每月
的食谱、原料配方、制作方法、喂给时间、定量
和营养成分。

05193　断崖落魂
〔日〕黑岩重吾著，王鹭译　长春：吉林人民出
版社，1989.1　211页，32开　（日本大众文学
名著丛书）　2.30元

05194　对认知科学的认识
〔日〕渊一博编著，劳永光译　北京：春秋出版
社，1989.10　140页，32开　（智能开发译丛/
廖一帆主编）　2.10元
本书综合介绍了心理学、语言学和计算机科学三
方面对人类的认知发展过程所进行的研究成果。

05195　对现代青年的理解与指导
〔日〕中西信男、水野正宪编著，吴广川等编
译　长春：吉林人民出版社，1989.2　217页，
32开　2.70元

05196　儿童编织服装
日本镰仓书房编，北京：轻工业出版社，1989.6
95页，16开　6.50元

05197　儿童折纸游戏
日本K·叠纸艺术工作室编，赵德文译　北
京：民族出版社，1989.3　136页，32开
1.40元

05198　二十四岁后的女性：性与生活的智慧
〔日〕下重晓子著，陈晓芬译　上海：上海人民
出版社，1989.3　202页，32开　（书林丛书）
1.85元

05199　发达国家中小学理科教育
〔日〕木村仁泰著，曲程等译　北京：春秋出版社，1989.9　367页，32开　（当代教育科学译丛/韩书田主编）　4.80元
本书介绍和分析了美、英、法、苏、日、东德和西德等国家中小学理科教育的目的和任务、教学内容和方法。

05200　发明大王的"异学"思维
〔日〕中松义郎著，郭二民译　北京：科学普及出版社，1989.4　96页，32开　（发明丛书）1.80元
本书作者是当代日本的发明大王。他以自己的发明为例，说明了什么是真正的发明，什么样的人是真正的发明家，并倡导"异学"思维，提出未来的时代将属于文理工程家——文理各科知识博大精深的人。

05201　法庭内外的争议
〔日〕田中二郎等主编，刘春兰编译　北京：群众出版社，1989.4　203页，32开　2.40元
本书收入的18个有争议的案件，包括：自杀与他杀，自供与逼供，故意破坏与责任事故，文学名著与淫秽读物、报道自由与泄露机密，创作自由与侵犯隐私等。

05202　翻绳游戏
日本网花游戏研究会著，晓瑛等编译　沈阳：辽宁少年儿童出版社，1989.8　92页，插图，32开　（电视教材）　3.45元

05203　反欺骗心理战
〔日〕多湖辉著，宗何编译　福州：福建人民出版社，1989.7　139页，32开　（活出现代人的价值系列书）　1.55元

05204　饭店基础业务：客房篇·饮食篇
〔日〕池田诚著，陈学庸等译　北京：中国财政经济出版社，1989.1　343页，32开　4.50元

05205　芳心掌握术
〔日〕岛田一男著，梁俐等译　南宁：广西科学技术出版社，1989.7　178页，32开　2.50元

05206　防水工程
〔日〕细川义四郎等著，高云岫、谢贵章译　北京：煤炭工业出版社，1989.10　256页，大32开　4.80元

05207　非西方社会的现代化
〔日〕永井道雄编，姜振寰、郑德刚译　哈尔滨：哈尔滨工业大学出版社，1989.6　217页，32开　3.30元
本书分为3部分：第三世界的现代化，日本现代化的教训，中国、日本与苏联的现代化。

05208　分数维
〔日〕高安秀树著，沈步明、常子文译　北京：地震出版社，1989.12　190页，大32开　3.30元
本书详细介绍了分数维的概念、理论模型以及有关的数学基础，并给出了自然界中分数维的实例和分数维的计算机程序。

05209　分析力学
〔日〕小出昭一郎著，鲍重光译　北京：北京师范大学出版社，1989.5　160页，大32开　（理论物理基础系列教程　第二册）（高等学校教学用书）　1.40元

05210　夫妻危机
〔日〕日上泰辅著，杨富珍、周少波译　南宁：广西民族出版社，1989.1　168页，36开　1.60元
本书从心理学角度对导致夫妻危机的种种原因进行了详细的剖解。

05211　服装配色手册
〔日〕高桥由美、涩川育由编著，文华编译　上海：上海文化出版社，1989.4　122页，24开　6.75元

05212　浮世澡堂·浮世理发馆
〔日〕式亭三马著，周作人译　北京：人民文学出版社，1989.11　368页，肖像，大32开（日本文学丛书）　5.20元

05213　父母受尊敬的秘诀：最新礼仪教育
〔日〕田中澄江著，赵彬儒译　北京：中国妇女出版社，1989.5　144页，32开　（家庭教育丛书）　1.80元

05214　复合先端产业
日本经济新闻社编，叶照兰编译　上海：上海交通大学出版社，1989.6　158页，32开　2.90元
本书通过对100家日本公司、200位管理者的调查，分析研究300个复合先端产业市场的现状和前景，阐述了多元竞争时代的动力、特点、趋势，以及企业不断发展的战略。

05215　港口的开发及其评价方法
〔日〕竹内良夫著，王益萍译　北京：人民交通出版社，1989.5　300页，大32开　7.65元

05216　高层建筑抗震计算指针
日本建筑中心编，徐建年译　北京：地震出版社，1989.3　32页，32开　0.60元

05217　高分子科学习题集
〔日〕三田达主编，吴忠文、曹俊奎译　长春：吉林大学出版社，1989.8　278页，大32开　2.24元
本书涉及高分子合成、反应、物性、构造、表征所有领域，各学习重点均编有问题和解答。

05218　高性能复合材料最新技术
〔日〕植村益次、牧广主编，贾丽霞、白淳岳译　北京：中国建筑工业出版社，1989.2　453页，大32开　11.20元

05219　高智能群体——系统公司
〔日〕那野比古著，李守贞译　北京：春秋出版社，1989.9　192页，32开　（智能开发译丛/廖一帆主编）　2.60元
本书综合介绍了日本系统公司的历史现状及发展势头。

05220　哥儿
〔日〕夏目漱石著，胡毓文译　北京：人民文学出版社，1989.12　141页，32开　（佳作丛书　第五辑　10）　2.10元
小说描写一个刚从专科学校毕业便步入社会的憨直、朴实的小伙子，同周围庸俗、愚昧而又狡黠的人和事之间所发生的一系列矛盾和冲突。

05221　个性与适应性：现代人生活工作的抉择
〔日〕侘摩武俊著，张升余、杨晓钟译　西安：陕西人民出版社，1989.7　133页，32开　（现代人·知识·文化译丛）　2.25元
本书内容包括：职业与适应性；智能与适应性；人际关系与适应性；如何以外貌评价一个人；人应当如何正确认识自己；了解对方的十大要素。

05222　各国律师制度
日本东京第二律师协会编，朱育璜、王舜华译　北京：法律出版社，1989.4　290页，32开　3.80元
本书对一些外国的特别是英、法、德、瑞典的律师制度做了比较详细的介绍和论述。

05223　工程设计学基础
〔日〕北乡薰著，彭晋龄等译　北京：机械工业出版社，1989.6　282页，32开　（工程设计学丛书　第一册）　6.80元

05224　工业机器人技术
〔日〕渡边茂主编，钱难能译　上海：华东化工学院出版社，1989.12　245页，大32开　2.20元

05225　工业炉手册
日本工业炉协会编，戎宗义等译校　北京：冶金工业出版社，1989.4　583页，16开　精装　21.00元

05226　公共选择
〔日〕小林良彰，杨永超译　北京：经济日报出版社，1989.6　211页，大32开　（现代政治学丛书　9/〔日〕猪口孝主编）　4.50元
本书运用符号、公式、图表等探讨了构成社会的各类个人的取向如何与社会整体的公共选择发生关系的问题。

05227　公关小姐的交际艺术
〔日〕小林弘子著，〔日〕合川百子画，颜华译　北京：学苑出版社，1989.7　141页，32开　2.40元

05228　攻心：说服诱导的秘诀
〔日〕杜乎恢著，方友薇等译　西安：陕西人民出版社，1989.7　119页，32开　（现代人·文化·知识译丛）　2.05元
本书讲述了一些说服诱导的实用攻心技巧，内容包括怎样使对方就范；如何使对方的无意成力有意；如何消除对方唱反调的意念；怎样让对方主动收回自己的要求；怎样利用心理空隙使对方欲辩不能。

05229　古泉大全（丙集）
〔日〕今井贞吉编　天津：天津古籍出版社，1989.7　410页，16开　21.60元
本书内容以宋钱为主，兼及金、西夏钱，共计3701种。

05230　故障树分析（FTA）安全工程学
日本综合安全工程学院研究所编著，〔日〕井上威恭主编，姚普译　北京：机械工业出版社，1989.4　276页，大32开　8.00元

05231 怪兽男爵

〔日〕横沟正史著，巩长金、孟瑜译 北京：长虹出版公司，1989.1 195 页，32 开 2.50 元

本书是风行日本的一部获奖推理小说。

05232 怪异的一代：新人类

〔日〕扇谷正造等著，何培忠编译 北京：社会科学文献出版社，1989.9 122 页，32 开 1.85 元

日本社会将当代日本青年称之为新人类。本书内容包括新人类面面观，新人类的生活方式，新人类的语言，新人类的诞生，新人类的独特性格，新人类与偏差值，怎样认识新人类等。

05233 管理秘术

〔日〕铃木健等著，章宏、林淑尧编译 北京：中国物资出版社，1989.9 156 页，32 开 2.80 元

本书收录了 20 多位东瀛管理者的经验之谈。

05234 光缆

〔日〕福富秀雄编著，李光源等译 北京：人民邮电出版社，1989.12 360 页，大 32 开 5.50 元

本书对光缆的基本原理、光缆的具体结构、线路设计施工和测量维护等实用技术进行了介绍。

05235 鬼手必胜法

〔日〕藤泽秀行著，王曙辉译 成都：四川民族出版社，1989.6 225 页，32 开 2.80 元

05236 国际合同指南

〔日〕大须常利、渊本康方编，吴俗夫、盛树立译 上海：上海科技教育出版社，1989.7 172 页，32 开 2.10 元

05237 国际经济环境急剧变化对日本和亚洲经济的影响

〔日〕伊藤正则著 北京：中国经济出版社，1989.9 111 页，大 32 开 2.45 元

05238 国际私法

〔日〕北胁敏一著，姚梅镇译 北京：法律出版社，1989.10 272 页，32 开 （国际关系法 2） 3.40 元

05239 国际相互依存

〔日〕山本吉宣著，桑月译 北京：经济日报出版社，1989.8 172 页，大 32 开 （现代政治学丛书 18/傅禄永主编） 4.50 元

本书讨论了古典的主权国家观点所不能解决的跨国联系问题。书中以国际相互依存的概念、国家与相互依存、国际体系与相互依存、相互依存的政策管理为主题，全面、系统地和整理了日本的相互依存论。

05240 国家与社会：宏观政治学

〔日〕猪口孝著，高增杰译 北京：经济日报出版社，1989.6 182 页，大 32 开 （现代政治学丛书 1） 4.50 元

本书论述国家与社会间的制衡关系，从理论上提出近代国家所发生和面临的问题，并依据五种视角实证地分析了当代国家与社会的制衡关系。

05241 国外最新动物毛衣编织

〔日〕真田武夫著，开明、凯强译 成都：四川民族出版社，1989.6 76 页，16 开 5.90 元

05242 海峡尸案

〔日〕水上勉著，柯森耀译 西安：华岳文艺出版社，1989.11 659 页，32 开 7.40 元

05243 海洋蔬菜：保健海藻指南

〔日〕大房刚著，刘思俭、李竹青译 北京：农业出版社，1989.5 120 页，32 开 1.55 元

05244 合成树脂乳液

〔日〕奥田平、稲垣宽编，黄志启等译 北京：化学工业出版社，1989.11 607 页，32 开 9.00 元

05245 合成纤维长丝上浆技术

〔日〕小森淳著，刘爱莲、解谷声译 北京：纺织工业出版社，1989.7 242 页，32 开 3.00 元

本书就日本近期合成纤维长丝上浆技术做了较全面的介绍。

05246 黑龙江之行

〔日〕高野悦子著，于维汉、王琳德译 哈尔滨：北方文艺出版社，1989.6 265 页，肖像，大 32 开 精装 10.00 元

本书作者以自传体的形式，描述了她在中国的所见所闻，讲述了在不幸的日中历史中曾在中国工作、生活过的日本人的故事。

05247 轰动日本的 42 案侦破纪实

〔日〕成智英雄著，王志国等译 太原：北岳文艺出版社，1989.6 353 页，32 开 3.95 元

本书列举了轰动日本的 42 案件，叙述了案情的侦破过程，剖析了发案的原因。

05248　猴子和螃蟹：日本民间故事
徐寒梅译　南宁：广西人民出版社，1989.1　24
页，24开　（动画列车丛书）　0.95元

05249　胡耀邦
〔日〕和气弘编著，吴晓等译　北京：世界知
识出版社，1989.10　88页，照片，32开
1.40元

05250　蝴蝶痣姑娘
〔日〕山村美纱著，姚文庆译　沈阳：沈阳出版
社，1989.1　243页，32开　2.70元
本书是一部长篇推理小说。

05251　花岗质岩浆及有关矿化作用
〔日〕石原舜三、翠内寿久祢主编，芮宗瑶、黄
典豪译　北京：地质出版社，1989.10　216页，
16开　4.40元
本书是日本召开的一次国际讨论会的论文集，
共收13篇论文，着重阐述花岗岩浆的晚期作用，
花岗质岩石的微量元素，稳定同位素和包裹体，
以及热液蚀变机制和花岗质岩石有关的铜、钼、
锡、钨等矿床。

05252　花票毙命之谜
〔日〕赤川次郎著，李四等译　北京：北京日报
出版社，1989.5　293页，32开　3.40元

05253　花色的生理生物化学
〔日〕安田齐著，傅玉兰译　北京：中国林业出
版社，1989.9　324页，32开　4.50元
本书内容包括色素化学、色素的生物合成、花色
变异的机理、花色的生化遗传等，并阐述了15
种常见花卉的花色生化遗传内容。

05254　花色之谜
〔日〕安田齐著，张承志、佟丽译　北京：中
国林业出版社，1989.8　167页，32开
2.40元
本书系统地阐述了花色形成的根本原因，并介
绍了花色的研究方法及其成果。

05255　化学漫游：浩平十二个月的化学游记
〔日〕上野景平著，俞开钰译　北京：高等教育
出版社，1989.10　135页，32开　2.10元
本书是一部科普读物。书中通过中学生浩平进
行化学漫游的方式，介绍集成电路、光导纤维、
激光、工程塑料、新陶瓷、碳纤维、人造内脏器
官及太阳能电池等现代科学技术与化学的密切
关系。

05256　化学药品的安全：活性化学药品的火灾、爆炸危险性的评价和对策
〔日〕吉田忠雄编著，胡瑞江等译　北京：化学
工业出版社，1989.4　391页，32开　4.30元

05257　画面构成技法
〔日〕佐藤泰生等著，白鸽、朝腾译　北京：北
京工艺美术出版社，1989.5　128页，16开
（自学成画家译丛）　15.00元

05258　话说太监
〔日〕寺尾善雄著，黄伟民、余藻编译　上海：
上海市盲童学校盲文出版社，1989.2　1册，10
开　（五角丛书）　0.50元

05259　环境保护与净化的化学
〔日〕三枝武夫等著，鹿政理等译　北京：化
学工业出版社，1989.11　406页，32开
5.40元
本书从化学理论的角度出发，对比学毒物在环境
中的转化及致害机理进行了比较全面和深刻地
分析阐述，在此基础上提出了一些切实可行的处
理方法。

05260　环境和指示生物：陆地分册
日本生态学会环境问题专门委员会编，姜恕等
译　北京：中国环境科学出版社，1989.3　292
页，大32开　3.40元
本书强调了对环境污染，尤其是大气污染有指示
意义的一些植物和动物，列举了大量实验和观测
资料，从个体到群体、从天然到人工栽培的各类
研究层次与对象，阐述了这些生物与环境污染的
联系。

05261　环球智力旅行
〔日〕多湖辉著，孙玉生、张光军译　长沙：湖
南少年儿童出版社，1989.10　133页，32开
（中小学生智力开发丛书　3）　1.30元

05262　荒岛历险记
〔日〕那须正干著，陈珊、陈建文译　北京：中
国文联出版公司，1989.8　84页，32开
0.95元

05263　荒海之鹫：日本海军大将山本五十六
〔日〕阿川弘之著，沈英甲、吕萍萍译　北京：
海军出版社，1989.11　392页，照片，32开
4.80元
本书记述了日本海军大将山本五十六的军事活
动，以及他的生活经历。

05264　皇帝的密约：满洲国最高的隐秘

日本 NHK 广播协会编，天津编译中心译　北京：中国文史出版社，1989.6　161 页，照片，32 开　2.50 元

本书通过记述伪满皇帝溥仪和其主子历届关东司令官的秘密会谈记录，介绍了伪满洲国成立的前后经过，充分说明了伪满洲国傀儡政权的实质，揭露了日本军国主义在"建立王道国家，解救满洲人民"幌子下的侵略行径。

05265　火鸟

〔日〕伊藤整著，王智新译　成都：四川文艺出版社，1989.1　221 页，大 32 开　（日本文学流派代表作丛书）　2.50 元

05266　机器猫：吃人的房子

〔日〕藤子不二雄原著，盛祖信译　北京：人民美术出版社，1989.2　96 页，32 开　0.98 元

05267　机器猫画传

邢春玲译写，王峰等改画　石家庄：河北少年儿童出版社，1989.8　4 册，16 开　3.92 元

05268　机器猫：人体切新机

〔日〕藤子不二雄著，盛祖信译　北京：人民美术出版社，1989.12　96 页，32 开　0.98 元

05269　机器猫：直升飞板

〔日〕藤子不二雄著，小双译　北京：人民美术出版社，1989.2　96 页，32 开　0.98 元

05270　机器猫：万能通用卡

〔日〕藤子不二雄著，盛祖信译　北京：人民美术出版社，1989.12　96 页，32 开　0.98 元

05271　机器猫：野比的恐龙

〔日〕藤子不二雄著，盛祖信译　北京：人民美术出版社，1989.12　96 页，32 开　0.98 元

05272　机器人工程学及其应用

〔日〕辻三郎、江民正员主编，王琪民、朱近康译　北京：国防工业出版社，1989.12　199 页，16 开，8.50 元

本书较系统地介绍了人与机器工程有关的技术。分别论述了机器人的机构、机器人的控制、机器人语言、机器人的感觉及人与机器人对话技术等。

05273　机械设计禁忌手册

〔日〕小栗富士雄、小栗达男著，陈祝同、刘惠臣译　北京：机械工业出版社，1989.6　351

页，大 32 开　（机械设计技术技巧丛书）　精装 8.20 元

本书以表现在设计图纸上的细节为主，按对象和现象分为 32 类问题叙述了机械设计中的禁忌事项。这些禁忌事项都是机械设计的基本问题。

05274　基元反应动力学

〔日〕笛野高之著，谭辉玲等译编　重庆：重庆大学出版社，1989.1　190 页，16 开　2.52 元

本书主要介绍基元反应的概念、反应速率测定方法和几种近代理论，如碰撞理论、过渡态理论、单分子反应理论等。

05275　吉他古典名曲选

〔日〕西野博编曲，罗传开解说　上海：上海音乐出版社，1989.1　51 页，大 16 开　3.20 元

05276　急所·妙手·恶手

〔日〕藤泽秀行著，韩风仑、张凤荣译　北京：世界图书出版公司，1989.12　191 页，32 开　2.95 元

05277　集成运算放大器电路设计实用手册

〔日〕佐藤一郎著，韩健青译　北京：学术期刊出版社，1989.2　208 页，大 32 开　4.70 元

05278　集装箱运输业务手册（下册）

日本海上集装箱协会《集装箱运输业务手册》编委会编，刘鼎铭等译　北京：人民交通出版社，1989.1　526 页，大 32 开　12.00 元

05279　计算机百科

〔日〕土居范久、笕捷彦编，邱建设译　武汉：武汉大学出版社，1989.7　533 页，大 32 开　8.95 元

05280　计算机时代的基础知识

〔日〕品川嘉也、品川泰子著，万主熙等译　北京：春秋出版社，1989.10　219 页，32 开　（智能开发译丛/廖一帆主编）　3.00 元

05281　计算机水平考试习题集（中级）

日本国家考试委员会编，周长明、卢丽译　北京：石油工业出版社，1989.1　297 页，大 32 开　2.50 元

本书收集了 1980—1985 年日本通产省对中级信息处理技术人员考试的试题及答案。

05282　计算机与通信

〔日〕小林宏治著，段铠译　昆明：云南科技出

版社，1989.3　253 页，32 开　3.60 元

05283　技术与社会：日本技术发展的考察
〔日〕林武著，张建、金海石译　北京：东方出版社，1989.9　372 页，32 开　（现代思想文化译丛）　4.40 元
本书介绍日本在技术开发过程中正反两方面的经验，并做出理论性的探讨。

05284　加强决胜技巧
〔日〕林海峰著，韩凤仑、张竹译　北京：国际文化出版公司，1989.4　177 页，32 开　1.95 元

05285　加强让二、三子技巧
〔日〕武宫正树、本因坊著，韩凤仑译　北京：工人出版社，1989.2　161 页，32 开　1.65 元
本书是从子的感觉这一高度来分析探讨围棋的书。

05286　加藤布局教习所
〔日〕加藤正夫著，陈应年译　北京：北京体育学院出版社，1989.8　188 页，32 开　3.10 元
本书是日本超一流棋手加藤正夫专为围棋初级爱好者编写的一本普及读物。

05287　家畜管理学
〔日〕三村耕、森田琢磨著，方德罗等译　杭州：浙江科学技术出版社，1989.1　304 页，大32 开　2.50 元

05288　家庭实用装饰物手工编织
〔日〕铃木阳子著，刘志常、边治编译　北京：北京体育学院出版社，1989.9　75 页，16 开　4.10 元

05289　家用电器普及知识
日本社团法人家庭电气文化会编，赖尚元等译　北京：机械工业出版社，1989.12　409 页，大32 开　10.80 元
本书介绍了炊事、冷冻、空调、取暖、整容、保健、清洁、电动、文娱、照明等方面家用电器的结构、原理、性能、使用等知识。

05290　假面世界与白色世界：日本文化与朝鲜文化的比较
〔日〕金两基著，金文学译　沈阳：辽宁教育出版社，1989.5　238 页，照片，大32 开　（当代大学书林・文化书系/贾非贤主编）　3.45 元
本书运用人类文化学的研究方法，分析论述了外表极为相似的两种东方人——日本人和朝鲜

人的外部行为及深藏在其行为内部的思维结构。

05291　价值哲学
〔日〕牧口常三郎著，马俊峰、江畅译　北京：中国人民大学出版社，1989.8　147 页，32 开　（价值论译丛/李德顺主编）　1.70 元
本书探讨与人们日常生活密切相关的价值问题。

05292　简明日本通史
〔日〕依田憙家著，卞立强、李天工译　北京：北京大学出版社，1989.7　408 页，大32 开　精装9.70 元，平装5.85 元

05293　简明日本战史
〔日〕桑田悦、前原透编著，军事科学院外国军事研究部译　北京：军事科学出版社，1989.3　315 页，大32 开　4.20 元

05294　简明文化人类学
〔日〕祖父江孝男著，季红真译　北京：作家出版社，1989.4　171 页，32 开　（作家参考丛书）　2.10 元
本书介绍了文化人类学的起源、形成、发展，直到成熟为一个独立学术门类的演进脉络。

05295　简易吉他小品集
〔日〕西野博编曲，罗传开注释　上海：上海音乐出版社，1989.8　83 页，8 开　6.85 元

05296　建筑工程内外装饰的损坏和修补
〔日〕今泉胜吉等著，唐必豪、马俊译　北京：中国建筑工业出版社，1989.3　277 页，16 开　8.20 元
本书根据建筑工程实践，汇集了100 多种不同类型的维修实用技术，列举出损坏状况，分析了损坏原因并指出行之有效的维修和改建方法。

05297　蒋介石秘录
〔日〕古屋奎二执笔，木吉雨等编译　南宁：广西人民出版社，1989.1　2 册　623 页，照片，大32 开　9.50 元

05298　教具的活用技术
〔日〕大隅纪和著，刘济昌译　北京：人民教育出版社，1989.2　208 页，大32 开　2.10 元
本书针对日本小学教育中存在的问题，在教具的研究和应用方面提出了许多意见，并通过30 个具体实例，介绍了自制教具的方法，研究了如何运用教具提高小学理科、算术、作文等的教学效果。

05299　教师的心灵与风貌

〔日〕上寺久雄著，赵一奇等译　北京，春秋出版社，1989.3　128页，32开　（当代教育科学译丛/韩书田主编）　2.30元

本书主要内容是：教师应具备的素质；教师成长的动力、过程和环境；教师修养的途径和方法等。

05300　教育评价的理论与实践

〔日〕吉田辰雄编著，关益等译　北京：春秋出版社，1989.9　294页，32开　（当代教育科学译丛/韩书田主编）　4.20元

本书介绍了教育评价的历史和一般理论方法，阐述了学力、智能、创造性、性向、人格、行为、品德、体力、健康评价，以及关于学生指导、去向指导、特别活动、学校管理的评价等问题。

05301　教育研究的课题与方法

〔日〕大田尧著，王智新译　北京：春秋出版社，1989.10　132页，32开　（当代教育科学译丛/韩书田主编）　2.60元

本书内容包括人的本质特征及人的发展，现代社会与儿童的发展近代教育价值观，教学的过程与方法，长大成人和儿童的发展与教学等。

05302　揭开记忆的奥秘

〔日〕品川嘉也著，杨舒、刘迅编译　长春：吉林人民出版社，1989.9　133页，32开　（科学用脑小丛书　1）　1.75元

05303　街道的美学（含　续街道美学）

〔日〕芦原义信著，尹培桐译　武汉：华中理工大学出版社，1989.3　254页，大32开　3.80元

本书对日本与意大利等西欧国家的建设环境、街道和广场等外部空间进行了分析比较，归纳出东方与西方在空间观念、美学观念等方面的差异，并对吸收外来文化和继承民族传统问题，提出独到的见解。

05304　节能燃烧技术

日本节能中心编，周家骅等译　北京：电子工业出版社，1989.9　269页，32开　（节能技术实践丛书）　7.40元

本书内容包括：燃料炉的燃料节约技术、节能燃烧新技术、代替石油的燃料及其燃烧、低公害燃烧及燃烧的安全，节能燃烧实践资料及与燃烧有关的法规制度等。

05305　节能系统技术：微型计算机在节能中的应用

〔日〕高松武一郎、吉田总夫著，吴润荣、顾德荣译　北京：化学工业出版社，1989.4　293页，32开　3.00元

05306　劫争制胜之道

〔日〕石田芳夫著，王小平译　北京：中国奥林匹克出版社，1989.12　247页，32开　（奥林匹克围棋丛书　第一辑/蔡中主编）　4.10元

05307　金狼

〔日〕大薮春彦著，许雁等译　成都：四川人民出版社，1989.5　2册　764页，32开　7.20元

05308　金属钛及其应用

〔日〕草道英武等编，程敏等译　北京：冶金工业出版社，1989.8　336页，大32开　7.55元

本书介绍了钛的资源、冶炼、加工和性能，并以实例介绍了钛在各个领域中的应用。

05309　进口摩托车维修保养手册

〔日〕佐佐木和夫著，卢一丁译　兰州：甘肃科学技术出版社，1989.6　187页，32开　2.25元

05310　经济人口学

〔日〕大渊宽、森冈仁著，张真宁等译　北京：北京经济学院出版社，1989.4　303页，32开　4.40元

本书从人口与经济相结合的观点描述史前时期到本世纪人类的悠久历史，对历史上各流派在人口问题上的争论和各种错综复杂的观点加以整理、归纳和分析，就人口效应和经济效应两方面对各种变量的多元性的相互关系加以定量化，并对发达国家和发展中国家的人口政策问题进行了探讨。

05311　经理必读：财务管理基础

〔日〕中村辉夫著，李丕菊、姚永璞译　北京：机械工业出版社，1989.5　193页，32开　3.70元

05312　经商要诀一百条

〔日〕白神义大著，张厚译　北京：中国华侨出版公司，1989.10　171页，32开　2.00元

05313　经营100表的编制方法及应用

〔日〕长岛总一郎著，金周英译　北京：机械工业出版社，1989.6　276页，16开　14.00元

05314　经营秘术
〔日〕关根二郎等著，章宏、洪鲲编译　北京：中国物资出版社，1989.9　219 页，32 开　3.20 元

05315　经营统计学
〔日〕田中章义等著，栗方忠等译　北京：中国统计出版社，1989.9　400 页，大 32 开　3.60 元

05316　经营心得
〔日〕浅野喜起著，孙晓燕译　北京：中信出版社，1989.10　178 页，32 开　3.30 元
本书阐明了作为一个企业经营者应有的品德和素质，指出树立优良的企业风气，充分发挥所有职工开拓创新、努力进取的积极性，深入了解客户心理，不断改变经营方式，信誉第一、顾客第一才是企业永生的关键所在。

05317　经营要诀
日本青年会议所编著，肖兰、苗振国译　北京：科学出版社，1989.11　119 页，大 32 开　（企业经营者实用读本）　2.90 元
本书并不重在研讨经营策略、谋求经营情报，而是旨在探讨如何提高经营者自身的素质，如何通过采取行动来建立新的价值体系，使自身成为优秀的经营者。

05318　精密陶瓷：会变魔术的陶瓷科学
〔日〕柳田博明著，丁一译　北京：科学普及出版社，1989.3　115 页，32 开　1.20 元

05319　精明的理财之道
〔日〕上原学、横光俊治著，张成学译　南京：江苏美术出版社，1989　143 页，图，32 开　（图解日本企业管理丛书 2）　2.55 元
本书从企业资金的筹集和运用、资金的管理、成本的管理等方面，阐述了企业财务管理的基础知识和财务分析方法。

05320　精细化学品辞典
日本精细化学品辞典编辑委员会编，禹茂章等译校　北京：化学工业出版社，1989.6　1286 页，大 32 开　精装 20.00 元
本书共收词目 1100 条。收词范围包括精细化工的传统专业门类及功能高分子、电气、电子材料等 10 多个目前国内尚处于发展初期的新领域。

05321　精选定式 106 型
〔日〕坂田荣男著，杭承义编译　兰州：甘肃少年儿童出版社，1989.12　162 页，32 开　1.95 元

05322　就业诀窍·企业与大学生的双向选择
〔日〕置盐道彦著，梅颖、梅湘译　北京：企业管理出版社，1989.11　147 页，32 开　1.95 元
本书主要内容包括：当代大学生应掌握的就业知识；应有的职业意识和气质；如何正确认识和分析自己，树立正确的就业观；怎样选择职业和就业单位等。

05323　局地气候原理
〔日〕吉野正敏著，郭可展等译　南宁：广西科学技术出版社，1989.4　329 页，图片，16 开　6.80 元
书名原为 *Climate in a Small Area*。
本书系统地论述了局地气候学理论及研究成果，从具体的研究实例出发，运用比较气候学和物理学的观点，对各种地形对气候的影响状况做了阐述。

05324　决策与思考方法八十种
〔日〕小坞庸靖著，木田弓译　北京：华夏出版社，1989.8　203 页，32 开　3.40 元
本书是日本市场学研究专家小岛庸靖的畅销之作。书中利用市场学的观点，注重以消费者为调查对象，论述、列举了市场调查方法，启迪生产厂家如何思考新产品开发，提出了计划、销售人员应具备的 10 项基本素质，提供了 14 类 80 种决策、思考方法。

05325　决断：丰田成功之路
〔日〕丰田英二著，李宁等译　天津：天津科学技术出版社，1989.6　146 页，32 开　2.50 元
本书是日本丰田汽车工业公司前总经理丰田英二的自传。书中详细记述了丰田家族由一个小生产作坊发展成为世界性巨大工业集团的过程。

05326　开发你的创造性：把隐藏着的能力开发出来的方法
〔日〕恩田彰、野村健二著，俞宜国、俞宙译　北京：春秋出版社，1989.10　154 页，32 开　（智能开发译丛/廖一帆主编）　2.40 元
本书围绕开发创造性这一中心，论述了一系列有关问题。

05327　开发右脑趣味百题
〔日〕高桥浩著，李涛编译　沈阳：辽宁少年儿童出版社，1989.7　315 页，32 开　2.35 元

05328　开关式稳压器的设计技术
〔日〕长谷川彰著，施仁译　北京：科学出版社，1989.9　186页，大32开　6.20元

05329　开拓未来的新材料
〔日〕石川欣造等编，王魁汉等译　北京：冶金工业出版社，1989.7　286页，大32开　5.10元
本书共分3篇：陶瓷材料、金属材料和有机材料。系统、全面地介绍了开拓未来的18种新型材料。

05330　康复技术全书
〔日〕服部一郎等著，周天健主译　北京：北京出版社，1989.12　981页，16开　精装36.00元，平装31.00元
本书内容包括康复基础、物理治疗、作业治疗、运动疗法及其用具管理，以及各种疾病康复治疗程序。

05331　抗日战争与中国民众：中国的民族主义与民主主义
〔日〕池田诚编著，中国人民抗日战争纪念馆编研部译　北京：求实出版社，1989.5　270页，大32开　3.20元
本书比较客观地评价了中国共产党和国民党在抗战中的主张和作用，特别是对于中国全民抗战的社会基础和思想基础提出了新的见解，开拓了抗日战争史研究的新领域。

05332　考试致胜术
〔日〕藤本宪幸著，曹敏编译　北京：中国国际广播出版社，1989.10　116页，32开　1.60元
本书不仅介绍了成功者用功、复习的方法和有效的记忆术，还从睡眠、饮食等方面向考生提供了获胜的经验。

05333　科学施肥新方法
〔日〕长谷川奎治著，谭俊杰、孙绥中译　北京：化学工业出版社，1989.1　173页，32开　1.90元
本书较全面地论述了土壤的性质与功能，土壤与施肥的关系，如何最大限度地发挥肥效进行施肥设计的基本原则、方法和具体实践等。

05334　科学用脑术
〔日〕品川宽也著，车小平等译　成都：四川人民出版社，1989.9　189页，32开　2.40元
本书从多方面论述和介绍了科学管理运用头脑、充分有效的发挥头脑能力的原则和经验。

05335　科学增长身高的要诀
〔日〕川畑爱义著，常热编译　北京：北京体育学院出版社，1989.3　118页，图，32开　2.20元
本书介绍了增长身高的运动方法、营养方法，生活法等要诀。

05336　空手道
〔日〕小山益龙著，高鹏译　武汉：湖北科学技术出版社，1989.11　209页，照片，16开　5.95元

05337　孔子
〔日〕手塚治虫、永井道雄编绘，黄抚山、任重编译　北京：学术期刊出版社，1989.1　144页，大32开　（世界名人传记连环画）　3.30元

05338　恐怖的隧道
〔日〕西村寿行著，翔林、蔡院森译　北京：春秋出版社，1989.5　274页，32开　3.20元

05339　恐怖黑唇
〔日〕西村寿行著，杨立展、卢建云译　北京：北京日报出版社，1989.2　319页，32开　3.45元

05340　控制用微型计算机的实用程序设计
〔日〕北川一雄著，黄族兴等译　北京：水利电力出版社，1989.3　183页，16开　2.75元

05341　快乐减肥法
〔日〕中村矿一著，盛欣、弓海旺译　北京：国际文化出版公司，1989,4　138页，32开　（生活顾问丛书　7）　1.75元
本书介绍了"中村式"的饮食减肥法。

05342　快乐心理学：男女心理奥秘
〔日〕白石浩一著，索宪立译　沈阳：春风文艺出版社，1989.8　152页，32开　（帮帮你丛书）　1.85元
本书运用心理学分析了男性和女性日常生活特点，以及正确对待和处理的方法。

05343　劳动经济学
〔日〕岛田暗雄著，杨河清等译　北京：北京经济学院出版社，1989.7　329页，大32开　5.15元

05344　老年病与饮食疗法：饮食与健康
〔日〕落合敏著，于泽民等译　北京：工人出版

社，1989.6 148页，32开 （家庭卫生保健丛书） 1.95元

05345 老年康复医学
〔日〕福井圀彦编，王世良等译 北京：人民卫生出版社，1989.3 191页，16开 3.55元

05346 老鼠变鱼
〔日〕重森孝著，于乃秋、金洁译 太原：希望出版社，1989.12 75页，32开 1.00元

05347 李香兰——我的前半生：假冒中国人的自白
〔日〕山口淑子、藤原作弥著，巩长金、孟瑜译 北京：解放军出版社，1989.2 408页，32开 4.85元
本书记述了李香兰传奇、坎坷的经历和鲜为人知的历史，同时也真实生动地自白了她冒充中国人的全部过程和秘密。

05348 力学
〔日〕户田盛和著，任萍译 北京：北京师范大学出版社，1989.6 216页，大32开 （高等学校教学用书·理论物理基础系列教程 第1册） 1.75元

05349 立石电机的开拓精神：我的经营实践论
〔日〕立石一真著，贾惠萱等译 北京：中国国际广播出版社，1989.4 160页，大32开 精装 13.00元
本书总结了日本立石电机株式会社50多年的经营管理经验。

05350 丽影
〔日〕森村诚一著，晓舟译 石家庄：河北人民出版社，1989.2 390页，32开 3.70元

05351 两轮摩托车途中故障的应急处理（图解·问答）
〔日〕渡边忠吉著，常文宣、张玉栋译 北京：机械工业出版社，1989.10 184页，32开 2.90元

05352 量子力学（上册）
〔日〕中鸣贞雄著，马文学译 北京：北京师范大学出版社，1989.5 178页，大32开 （理论物理基础系列教程 第五册） （高等学校教学用书） 1.55元

05353 量子力学（下册）
〔日〕中鸣贞雄著，金重铁译 北京：北京师范大学出版社，1989.4 210页，大32开 （理论物理基础系列教程 第六册） （高等学校教学用书） 1.70元

05354 灵巧记忆术
〔日〕多湖辉著，秋水、鸿川译 成都：四川人民出版社，1989.8 177页，32开 2.40元

05355 铃木小提琴教程
〔日〕铃木著，郑晓宾译 太原：北岳文艺出版社，1989.5 131页，16开 4.45元

05356 凌虐
〔日〕西村寿行著，丁国奇译 大连：大连出版社，1989.6 257页，32开 3.00元

05357 流通行业TQC入门——从建立组织到解决问题
〔日〕山口裕著，王存恩译 北京：中国标准出版社，1989.10 223页，32开 2.70元

05358 六朝文学论文集
〔日〕清水凯夫著，韩基国译 重庆：重庆出版社，1989.5 390页，照片，大32开 4.20元

05359 鲁迅·增田涉师弟答问集
〔日〕伊藤漱平、中岛利郎编，杨国华译 上海：华东师范大学出版社，1989.7 152页，大32开 3.80元

05360 旅馆、饭店纠纷事故及其处理对策
〔日〕铃木博著，卞爱平译 北京：中国旅游出版社，1989.3.160页，32开 2.20元

05361 铝阳极氧化理论100题问答
〔日〕佐藤敏彦著，暨调合等译 天津：天津科技翻译出版公司，1989.3 156页，32开 2.50元
本书是反映当今铝表面精饰技术进步的专著，着重介绍了铝阳极氧化膜的电解着色的理论与实践。

05362 律师业务手册
日本律师协会调查室著，吴平译 北京：中国政法大学出版社，1989.11 100页，32开 （国外律师制度丛书/鲁坚主编） 1.70元
本书主要内容包括如何成为律师、律师会的组织、案件处理、事务所、律师报酬的决定方式、律师的法定扶助、法律扶助协会、日本律师联合会交通事故商谈中心、律师互助制度。

05363 绿化工程技术

〔日〕仓田益二郎著，顾宝衡译 成都：四川科学技术出版社，1989.1 365 页，照片，大 32 开 精装 8.75 元

05364 满汉礼俗

〔日〕武田昌雄著 影印本 上海：上海文艺出版社，1989.11 370 页，32 开 （民俗、民间文学影印资料 39） 6.70 元

本书据大连金凤堂书店 1936 年第 2 版影印。

05365 盲聋哑女博士：海伦·凯勒的故事

〔日〕德永寿美子著，吴景林、宋保华译 哈尔滨：黑龙江科学技术出版社，1989.9 106 页，照片及图，32 开 1.95 元

05366 煤气应用手册

日本煤气协会编，李强霖、蔡玉琢译 北京：中国建筑工业出版社，1989.5 476 页，18 开 16.20 元

本书主要内容包括煤气燃烧及互换性；各类燃烧器、一般燃具及大型燃烧装置的性能、构造、设计和应用；燃具的连接、自动控制及安全装置；燃具及其零部件的选材和加工以及通风换气等。

05367 酶应用手册

〔日〕相泽孝亮等著，黄文涛、胡学智译 上海：上海科学技术出版社，1989.2 478 页，32 开 5.45 元

本书对常用的淀粉酶、蛋白酶、纤维素酶等 12 种酶有专章叙述，对新兴的多糖类合成酶、花青素酶等 13 种酶与酶的固定化也做了详细介绍。

05368 酶组织细胞化学技术

〔日〕小川和朗、中根一穗主编，钟慈声主译 上海：上海医科大学出版社，1989.5 174 页，16 开 8.00 元

本书介绍了光学显微镜下和电子显微镜下多种酶的活性检测法和免疫细胞化学检测法的最新技术。

05369 美容整形漫谈：人体美的塑造

〔日〕杉山正宪著，朱辉、晓欣编译 北京：中国医药科技出版社，1989.6 168 页，32 开 2.00 元

05370 秘书常识趣谈

〔日〕夏目通利著，谭一平译 北京：经济科学出版社，1989.6 141 页，32 开 2.00 元

05371 密教特异功能开发法

〔日〕桐山靖雄著，虚静、克非编译 北京：北京体育学院出版社，1989.4 110 页，32 开 1.90 元

本书介绍了获得超人听力、视力、体力、精力、发挥高度创造力、看透他人心思的他心通等超能力的具体方法。

05372 面相趣谈：种族源流及气质

〔日〕坂元宇一郎著，封宇编译 北京：中国国际广播出版社，1989.10 170 页，64 开 （迷你书屋/蓓玲主编） 1.50 元

05373 民事辩护指南

日本司法研修所编，华夏、张雷译 北京：中国政法大学出版社，1989.11 198 页，32 开 （国外律师制度丛书/鲁坚主编） 2.80 元

05374 民意调查

〔日〕佐藤彰等著，周金城、张蓓菌译 北京：中国对外经济贸易出版社，1989.12 200 页，32 开 3.00 元

05375 名与耻的文化：中国伦理思想透视

〔日〕森之树三郎著，乔继堂译 兰州：甘肃人民出版社，1989.12 120 页，32 开 1.45 元

05376 明清俗语辞书集成

〔日〕长泽规矩也编 影印本 上海：上海古籍出版社，1989.11 3 册（2498，543 页），大 32 开 精装 77.00 元

05377 模板支撑工程实用手册

〔日〕森宜制主编，余荣汉译 北京：中国建筑工业出版社，1989.10 286 页，32 开 5.35 元

05378 模样小百科

日本棋院著，韩凤仑、张竹译 北京：华夏出版社，1989.9 261 页，32 开 （围棋小百科丛书） 2.95 元

模样棋具有一定威力，是力战型棋手的有力武器。本书精选了对模样进行打入、破坏、侵消的基本型，从而使读者记住主要的着眼点和攻防要领。

05379 摩托车快速修理：常见故障与排除技巧

〔日〕渡边忠吉著，顾时光、金明华译 长春：吉林科学技术出版社，1989.6 173 页，32 开 2.50 元

05380　蘑菇云下的悲剧：广岛少男少女的回忆
〔日〕长田新著，彭家声等译　北京：北京大学出版社，1989.10　302 页，照片，大 32 开　5.80 元

05381　母与子
〔日〕武者小路实笃著，雾鹊、雨鸿译　太原：北岳文艺出版社，1989.3　381 页，32 开　（东方文学丛书）　3.90 元
这部小说写的是一个私生儿自我奋斗的故事。

05382　男女防身自卫术
〔日〕柘植久庆著，威海译　北京：军事译文出版社，1989.3　247 页，图，32 开　2.95 元
本书共分九章，着重讲述了徒手和利用身边之物进行自卫防身的种种技巧，以及歹徒经常使用的各种武器性能和防范措施，并配有 290 余幅图片。

05383　男性的心理
〔日〕国分康孝、国分久子著，何培明、耿倩译　北京：国际文化出版公司，1989.2　144 页，32 开　1.85 元
本书通过男性对待生活、工作、朋友、女友、婚姻等的各种心理活动特点，揭示了深奥的心理学原理，随着时代的进步，结合现代男性的心理特点，深刻透彻地刻画出当代男性应具有的气质。

05384　男性心理剖析：写给男子的箴言
〔日〕岛田一男著，迟乃川等译　北京：学苑出版社，1989.11　127 页，32 开　2.00 元

05385　男性性向学
〔日〕岛田一男著，许红、黄芹译　武汉：湖北人民出版社，1989.9　246 页，32 开　2.65 元

05386　男子汉成功之路：青春之火照亮整个人生
〔日〕铃木健二著，文钊译　重庆：重庆出版社，1989.1　202 页，32 开　2.15 元

05387　南洋材
〔日〕须藤彰司著，李筱莉、邬树德译　北京：中国林业出版社，1989.4　621 页，大 32 开　10.15 元

05388　脑的体操：锻炼脑筋 75 题
〔日〕多湖辉著，振华等译　上海：复旦大学出版社，1989.12　189 页，32 开　（复旦小丛书·人生智慧之辑）　2.20 元

05389　泥沙、泥石流、滑坡、崩坍防治工程手册
〔日〕矢野義男等著，谭炳炎等译　重庆：科学技术文献出版社重庆分社，1989.2　357 页，32 开　310 元
本书由泥沙和泥石流治理、滑坡防治、滑坡崩坍防治工程 3 编组成。

05390　你成功的钥匙
〔日〕田中孝显著，王颖译　北京：宝文堂书店，1989.6　135 页，32 开　（文化生活丛书）　1.85 元
本书重点介绍了形象化理想思维法，内容包括"你也必定能成功"、"最大限度地发挥潜在能力的条件是什么"，以及"通向成功的道路"等。

05391　你想有个聪明孩子吗？
〔日〕野末源一、稻垣武著，许中天译　上海：上海科学技术文献出版社，1989.10　185 页，32 开　2.25 元

05392　你最适合做什么？
〔日〕田崎仁著，牛建照、王海洋译　北京：职工教育出版社，1989.12　120 页，32 开　1.50 元

05393　女名流罪行始末
〔日〕松本清张著，林少华、沈现译　哈尔滨：哈尔滨出版社，1989.4　366 页，32 开　4.15 元

05394　女人，活着为谁？
〔日〕石川达三著，金中译　福州：海峡文艺出版社，1989.2　388 页，32 开　3.28 元
本书收入《女人，活着为谁?》、《充实的生活》两部小说。

05395　女性的盲点
〔日〕羽仁说子著，季林根译　上海：上海人民出版社，1989.4　156 页，32 开　（书林丛书/金永华主编）　1.45 元

05396　女性的心态
〔日〕岛田一男著，李连鹏译　太原：山西人民出版社，1989.4　165 页，32 开　1.20 元
本书从女性的能力、情感、欲望、人际关系等方面剖析了女性的心态。

05397　女性魅力操
〔日〕杉浦穗著，树庭编译　长春：长春出版

社，1989.10　189 页，32 开　2.70 元

本书介绍了一套女性健身体操的训练方法。

05398　女性魅力指南：为成为一名高雅风流的女士

〔日〕山谷元川子著，杨玉勤等译　北京：中国画报出版公司，1989.5　168 页，插图，32 开　2.60 元

本书着重介绍女性在修养、礼仪、社交、谈吐、恋爱、婚姻等场合下如何根据自身的特点有意识地表现出迷人的魅力。

05399　女性人生自我设计

〔日〕秋山里子著，春城译　长春：长春出版社，1989.8　138 页，32 开　2.20 元

本书通过作者自己坎坷的人生经历和成功的奋斗史，道出了无数鲜为人知的哲理、观点和借以成功的人生法则。

05400　女性弱点释析：写给女性的忠告

〔日〕岛田一男著，马巍等译　北京：学苑出版社，1989.9　112 页，32 开　1.90 元

05401　女性医学小百科

〔日〕北川四郎著，张录贤、凌峰译　北京：中国食品出版社，1989.12　220 页，32 开　3.10 元

本书系统介绍了女性身体的发育变化，身体结构与功能，理想的妊娠与可靠的避孕，不育症的原因与人工节育等。

05402　女性最不愿公开的 26 个隐私

〔日〕山口洋子著，沈博等译　沈阳：辽宁人民出版社，1989.7　195 页，32 开　2.70 元

本书总结了 20 几个尖锐而复杂的婚恋问题，并根据实例针对每个问题提出了实用而可行的解决办法。

05403　女中学生心理学

〔日〕加藤隆胜著，芜蓼译　北京：中国青年出版社，1989.5　147 页，大 32 开　2.80 元

05404　女子减肥术

〔日〕娜塔沙·斯达鲁尔著，李钟岩、董丽译长春：北方妇女儿童出版社，1989.8　122 页，32 开　1.40 元

本书介绍了女子减肥的节食法和体操法等。

05405　挪威的森林

〔日〕村上春树著，林少华译　桂林：漓江出版

社，1989.7　337 页，32 开　3.95 元

本书写大学生渡边同两个女孩子的爱情纠葛。

05406　诺贝尔

〔日〕中岛都美子著，哈巴什译　乌鲁木齐：中国科普出版社新疆维·哈分社，1989.3　154 页，32 开　0.45 元

05407　陪读：小学生功课超人术

〔日〕多湖辉著，昕昕译　呼和浩特：内蒙古人民出版社，1989.7　183 页，图，32 开　2.50 元

05408　陪浴小姐

〔日〕生岛治郎著，药会、殿章译　呼和浩特：内蒙古人民出版社，1989.5　324 页，32 开　3.05 元

05409　培养孩子的集中力：21 世纪的育儿学

〔日〕山下富美代、望月享子著，张世平译　贵阳：贵州人民出版社，1989.6　125 页，32 开（智能开发丛书）　1.46 元

05410　培养孩子的克制力；21 世纪的育儿学

〔日〕山下富美代、望月享子著，曾祥禄译　贵阳：贵州人民出版社，1989.6　131 页，32 开（智能开发丛书）　1.40 元

05411　培养孩子的秘诀

〔日〕波多野勤子著，韦信编译　哈尔滨：黑龙江科学技术出版社，1989.5　176 页，32 开　2.40 元

05412　培养孩子的自立精神：21 世纪的育儿学

〔日〕久世敏雄等著，杨世富译　贵阳：贵州人民出版社，1989.6　138 页，32 开　（智能开发丛书）　1.55 元

05413　霹雳舞图解：国际标准

〔日〕笠井博原著，浩奇编译　北京：北京教育出版社，1989.6　84 页，图，16 开　2.95 元

05414　皮皮登彩虹

〔日〕松井纪子编绘，王敏译　南宁：广西人民出版社，1989.1　32 开，24 页　（小妖精皮皮一）　1.00 元

05415　皮皮和星星

〔日〕松井纪子编绘，王敏译　南宁：广西人民出版让，1989.1　32 页，24 开　（小妖精皮皮三）　1.00 元

05416　皮皮钻云朵
〔日〕松井纪子编绘，王敏译　南宁：广西人民出版社，1989.1　32页，24开　（小妖精皮皮二）　1.00元

05417　扑克游戏
〔日〕太岛史郎著，冰河编译　北京：学术期刊出版社，1989.5　225页，32开　3.40元

05418　欺着小百科
日本棋院编，韩凤仑、张竹译　北京：华夏出版社，1989.11　220页，32开　（围棋小百科丛书）　2.60元

05419　奇迹的超级速读法
〔日〕加古德次著，吴信训译　成都：四川人民出版社，1989.10　202页，32开　2.48元

05420　棋力的全面提高
日本棋院编，刘月如译　北京：北京体育学院出版社，1989.8　188页，32开，2.90元
本书是日本棋院编选的综合考察棋力，并为初级围棋爱好者为达到段位标准而设计的学习测验教程。

05421　棋圣藤泽秀行技艺的秘密
〔日〕藤泽秀行著，马骋平、马方译　北京：北京日报出版社，1989.10　231页，32开　3.40元

05422　企业活力的奥秘
〔日〕柳田邦男著，张连绂、盛欣等译　北京：国际文化出版公司，1989.3　530页，32开　5.60元
本书记述了20世纪80年代日本企业发展变化的情况，提出了使企业增加活力的若干经营方法。

05423　企业家的经营艺术
〔日〕松下幸之助、〔美〕路易士·龙伯格著，葛东莱译　北京：文化艺术出版社，1989.1　190页，大32开　2.40元
本书采用质疑问答的方式，对企业的经营、发展及如何致富和用人之道做了透辟的论述。

05424　企业家竞争取胜之道
〔日〕小峰昭雄等著，陈荣华、林伟译　北京：北京体育学院出版社，1989.6　145页，32开　2.40元
本书是日本最新的企业经营管理著作。它在总结日本30家一流企业成功经验的基础上，深入研究了如何在竞争中创立新事业、拓展新事业以及如何独辟蹊径，保持不败。

05425　企业经营开发之路
〔日〕上野明著，张崇刚、郭金荣译　北京：机械工业出版社，1989.12　97页，32开　3.00元

05426　企业经营战略的制定及实施方法案例
〔日〕矢矧晴一郎、金周英著　北京：职工教育出版社，1989.10　344页，32开　3.80元
本书从经营战略的模式、内容、形成过程，详细论述了经营战略的定义，制定正确的经营战略的重要性，战略的种类及其内容，同时详细论述了如何制定战略。

05427　企业秘书必读
〔日〕工藤南海夫著，刘少玲译　北京：中国友谊出版公司，1989.6　96页，32开　1.30元

05428　汽车燃料与润滑剂
日本汽车工程学全书编辑委员会编，王毓民、吴龙泗译　北京：机械工业出版社，1989.11　365页，32开　10.50元

05429　铅笔画技法
〔日〕山本正英著，粒子译　北京：北京工艺美术出版社，1989.10　128页，图版，16开　（自学成画家译丛）　10.00元

05430　前进，礼子：一个重度残疾人的自传
〔日〕近藤礼子著，正金茹、李卓钧译　北京：华夏出版社，1989.1　101页，32开　（三月风丛书）　1.10元
本书作者为一位脑麻痹的女患者，从一出生就要终生与残疾为伴。面对残酷现实，她克服了常人难以想象的困难，完成了从小学到大学的学业，并当上了研究生。本书是作者的自传。

05431　茜茜和客人爸爸：百百家的故事
〔日〕松谷美代子著，季颖译　重庆：重庆出版社，1989.3　102页，图，32开　0.84元

05432　枪手的命运
〔日〕森村诚一著，赵晓明译　北京：中国妇女出版社，1989.6　204页，32开，2.30元

05433　强人成功之道
〔日〕田中敏夫著，梁文译　北京：北京体育学院出版社，1989.6　99页，32开　1.95元
本书通过对人的类型研究指出了如何选任强人，

以及强人如何巧妙地应付和解决在企业内所发生的各种问题。

05434　桥梁美学
〔日〕山本宏著，姜维龙、盛建国译　北京：人民交通出版社，1989.3　305页，大32开　6.55元
本书分为3篇，即桥梁美学绪论；桥梁美学分论；桥梁规划与设计。

05435　秦始皇
〔日〕吉川忠夫著，纪太平、韩升译　西安：三秦出版社，1989.2　171页，图片，32开　（风云人物丛书/张玉良主编）　2.10元

05436　青年的生活心理
〔日〕藤原喜悦、西平直喜主编，桂玉植等译　石家庄：河北教育出版社，1989.2　158页，大32开　2.30元

05437　情错
〔日〕松本清张著，金中译　沈阳：春风文艺出版社，1989.4　234页，32开　2.90元

05438　情感育婴秘诀
〔日〕内藤寿七郎著，郑伯林编译　长沙：湖南少年儿童出版社，1989.11　144页，图，32开　1.20元
本书主要分析了零岁婴儿的生理、心理现象，指导母亲、育婴员与零岁婴儿进行交往和"心灵对话"，并告诉母亲抚养及解决问题的方法。

05439　区域环境管理规划制定规范
日本区域环境管理研讨会著，刘鸿亮、严珊琴译　北京：中国环境科学出版社，1989.9　174页，大32开　2.50元
本书介绍了管理规划的制定、实施与运用、环境信息与环境规划的关系等内容。

05440　圈圈新冒险
〔日〕藤子不二雄原作，袁原改写　上海：百家出版社，1989.1　32页，24开　1.00元

05441　全面质量管理总览：理论与应用（上）
日本新版质量管理便览编辑委员会编，杨启善等译　北京：中国标准出版社，1989.2　498页，大16开　12.10元

05442　全企业综合质量管理：TQC的引进和推行
〔日〕水野滋著，宋永林、陆霞译　北京：中国

计量出版社，1989.2　334页，大32开　4.40元

05443　全日智力电视
〔日〕多湖辉著，方志文译　长沙：湖南少年儿童出版社，1989.10　140页，32开　（中小学生智力开发丛书　4）　1.40元

05444　燃烧的海峡：混血女谍——丽娜·京子（惊险长篇小说）
〔日〕胡桃泽耕史著，任国明等译　北京：春秋出版社，1989.8　231页，32开　3.00元

05445　燃烧污染与环境保护
〔日〕森康夫等编，蔡锐彬、卢振雄译　广州：华南理工大学出版社，1989.11　397页，16开　5.15元
本书论述石油、煤炭和天然气等燃料燃烧时各种环境污染物产生的原理、控制方法和分析技术。

05446　让智慧闪光：智力训练
〔日〕加纳敏原著，王守良、江孝娟编译　沈阳：沈阳出版社，1989.1　90页，32开　1.20元

05447　让子棋小百科
日本棋院著，韩凤仑、张竹译　北京：华夏出版社，1989.10　211页，32开　（围棋小百科丛书）　2.75元

05448　热工计算入门：燃烧及热平衡计算
日本财团法人节能中心编，王兴荣等译　沈阳：辽宁大学出版社，1989.10　142页，32开　2.00元

05449　热力学与统计力学
〔日〕户田盛和著，王云程译　北京：北京师范大学出版社，1989.4　200页，大32开　（理论物理基础系列教程　第七册）　（高等学校教学用书）　1.70元

05450　人才培养的奇迹
〔日〕永守重信著，王启元、袁丽莉译　北京：世界图书出版公司，1989.3　131页，32开　2.50元

05451　人的生死之谜
〔日〕猪木正文著，孙云利译　上海：上海市盲童学校盲文出版社，1989.1　1册，10开　（五角丛书）　0.50元

05452　人的甄别
〔日〕松本顺著，顾敏、陈效德译　上海：百家出版社，1989.8　162页，32开　2.10元

05453　人际关系与心理调节
〔日〕多湖辉著，王健宜、王彦良译　天津：天津人民出版社，1989.10　146页，32开　2.20元

05454　人事革命：企业生存经营之战略
〔日〕津田真澂著，张升余、杨晓钟译　西安：陕西人民出版社，1989.7　137页，32开　（现代人事知识·文化译丛）　2.00元

05455　人体美学
〔日〕池泽康郎著，蒋谕译　昆明：云南人民出版社，1989.6　317页，32开　（门类美学探索丛书）　4.90元

05456　人文地理学
〔日〕藤冈谦二郎著，王凌云等译　天津：南开大学出版社，1989.7　230页，大32开　1.65元

05457　人性心理的陷阱
〔日〕多湖辉著，陆明，华青编译　北京：世界图书出版公司，1989.5　123页，32开　2.30元

05458　人与企业的未来
〔日〕阿部实著，王雪村译　北京：国际文化出版公司，1989.1　124页，32开　1.60元
本书是曾任日本帝人公司未来事业部部长的阿部实，阐述了人与企业兴旺发达的密切关系以及企业发展的真谛。

05459　日本便览
日本新日本制铁株式会社能力开发部编，张龙译　北京：科学技术文献出版社，1989.10　232页，照片，32开　5.00元
本书介绍了日本的社会概貌，日本的文化、生活等各个侧面。

05460　日本部道府县概况
张宏山编译　西安：三秦出版社，1989.7　566页，大32开　精装8.00元
本书阐述了日本国47个都道府县（注）的历史、自然、产业、社会风貌诸方面的情况，同时对各都道府县的首府所在市逐一做了专门介绍。

05461　日本初中数学（第二册）
〔日〕桥木纯次等著，于克敌译　桂林：广西师范大学出版社，1989.10　174页，32开　2.00元

05462　日本初中数学（第一册）
〔日〕桥木纯次等著，袁桂珍译　桂林：广西师范大学出版社，1989.10　161页，32开　2.00元

05463　日本大学一览
姜殿铭、陈志江编译　北京：光明日报出版社，1989.11　320页，照片，32开　4.40元

05464　日本的创举——索尼公司发家史
〔日〕森川明夫著，关天晞等译　成都：四川民族出版社，1989.12　311页，32开　3.60元

05465　日本的经济发展
〔日〕南亮进著，景文学、夏占友译　北京：对外贸易教育出版社，1989.12　395页，大32开　5.95元
本书对日本经济的发展进行了长期的结构性的全面分析，并进行了国际比较。

05466　日本的人身保险
〔日〕阪田雅裕编，王祝平译　北京：中国展望出版社，1989.11　263页，32开　4.70元
本书介绍了日本人身保险的概况、发展历史、险种、保险结构、精算、外勤营业、资金运用等知识原理。

05467　日本的"新人类"：当代日本青年价值观念和行为方式的趋向
〔日〕千石保著，何凤圆译　上海：上海社会科学院出版社，1989.11　171页，32开　1.90元

05468　日本的自我：社会心理学心理学家论日本人
〔日〕南博著，刘延州译　上海：文汇出版社，1989.5　157页，32开　4.00元
本书研究了现代日本人的自我构造的各种特征，并就日本人的生活和文化，从各种角度做了探讨。

05469　日本帝国主义和中国（1868—1945）
〔日〕依田憙家著，卞立强等译　北京：北京大学出版社，1989.10　399页，32开　5.10元
本书揭露了日本帝国主义对中国进行的种种侵略和犯下的无数暴行，并分析日本帝国主义的发展道路和军国主义思想产生的历史背景，同时歌颂了日本人民反对军国主义、法西斯主义，反对对外扩张、侵略的斗争以及中国人民进行的伟大

民族解放战争。

05470 日本第十一届棋圣战七番胜负决赛

日本读卖新闻社编，侯立全译 石家庄：河北教育出版社，1989.4 184 页，32 开 1.85 元

05471 日本第四次全国综合开发计划

日本国土厅著，国家计划委员会国土综合开发规划司译 北京：中国计划出版社，1989.1 194 页，大 32 开 3.00 元

05472 日本电子电路精选

常玉燕、吕光译 北京：电子工业出版社，1989.12 466 页，32 开 6.20 元

本书选编了日本电子专业厂家和电子爱好者设计的最新电子电路 250 个。

05473 日本儿童文学选

江苏省儿童文学创作研究会编，凌大波等译 南京：江苏少年儿童出版社，1989.2 216 页，图，32 开 （当代世界儿童文学译丛） 2.15 元

05474 日本儿童游戏 100 例：培养健康、活泼、行动型儿童的游戏宝库

〔日〕无着成恭编著，张爱平译 北京：兵器工业出版社，1989.12 219 页，32 开 2.80 元

05475 日本发明与革新电路集锦

陈清山等编译 南昌：江西科学技术出版社，1989.5 221 页，16 开 5.40 元

本书介绍了约 400 种革新电路的原理图。

05476 日本服装最新款式：春（1）

绿萍、张之译 成都：四川科学技术出版社，1989.7 32，85 页，彩照，16 开 7.60 元

本书以青年妇女款式为主，兼及老、中年妇女，共选 120 个款式，前部分为彩照，后部分为各种款式的剪裁图。

05477 日本高等教育社会学文集

曲则生等编译 上海：百家出版社，1989.4 211 页，大 32 开 3.00 元

本书译编了 16 篇论文，分别对高等教育社会学的基本问题，社会变动与高等教育关系，职业与高等教育关系，高等教育社会学与终身教育关系，教育病理学等方面进行了研究。

05478 日本高考物理试题精选

于金铎、吴百含编译 哈尔滨：黑龙江教育出版社，1989.3 68 页，32 开 0.90 元

本书的试题选自近年日本各大学以及统考的入学物理试题。

05479 日本教育社会学

〔日〕友田泰正编，于仁兰译 北京：春秋出版社，1989.10 228 页，32 开 （当代教育科学译丛/韩书田主编） 3.20 元

本书集日本教育社会学者 20 世纪 80 年代初期的研究成果，提供了有关各级学校教育，家庭教育和社会教育的重要结论。

05480 日本近代十大哲学家

〔日〕铃木正等著 上海：上海人民出版社，1989 4 374 页，大 32 开 6.10 元

05481 日本空手道入门

〔日〕藤本贞治著，袁镇澜、陈永升译 杭州：浙江人民出版社，1989.6 282 页，32 开 3.10 元

05482 日本聊斋故事

〔日〕小泉八云著 北京：中国国际广播出版社，1989.10 192 页，32 开 2.40 元

05483 日本律师联合会关系法规集

日本律师联合会编，郑林根译 北京：中国政法大学出版社，1989.11 330 页，32 开 （国外律师制度丛书/鲁坚主编） 4.60 元

05484 日本美术史

〔日〕石田一良著，朱伯雄、平砚译 杭州：浙江美术学院出版社，1989.1 157 页，32 开 4.50 元

05485 日本民间故事

邓鹏、马建东译 哈尔滨：黑龙江少年儿童出版社，1989.9 347 页，32 开 3.50 元

05486 日本母子保健法：法令 141 号（1965 年 8 月 18 日）

陈绮绮译 广州：科学普及出版社广州分社，1989.8 30 页，32 开 0.65 元

05487 日本农业教育史

〔日〕高山昭夫著，刘秉臣等译 重庆：科学技术文献出版社重庆分社，1989.11 491 页，32 开 4.20 元

05488 日本人的集团心理

〔日〕入谷敏男著，天津编译中心译 北京：中

国文史出版社，1989.12　197页，大32开　3.40元

木书对日本15年侵略战争时期国民被天皇制下军人集团蛊惑的"集团意识"，从心理学角度进行了论证，剖析了日本国民被拖进战争深渊、日本军国主义思潮始终阴魂不散及许多日本人至今仍未从战争噩梦中清醒过来的原因所在。

05489　日本人与日本传统文化

〔日〕樋口清之著，王彦良、陈俊杰译　天津：南开大学出版社，1989.5　190页，32开　（大学生知识丛书）　1.75元

本书系统、全面地论述了日本人与日本传统文化。

05490　日本人与中国人："同文同种"观的危险

〔日〕陈舜臣著，李道荣、林文锜译　福州：福建人民出版社，1989.7　146页，32开　1.65元

本书是一部关于中日文化比较的著作。该书深入浅出地对照中日文化的异同，对两国文化各自体现的历史、政治、文学艺术、民族性格、风俗习惯等的特征做了细致的剖析，对中日文化形成的各自原因也做了论述。

05491　日本社会面面观

〔日〕铃木健二著，陈曾民编译　北京：经济管理出版社，1989.6　220页，32开　2.90元

本书从不同的侧面和层次，比较全面、系统地向人们展示了当代日本人的世界观、人生观、价值观、道德伦理观。

05492　日本抒情诗

林苑等译，林范选析　广州：花城出版社，1989.6　144页，大64开　（花城袖珍诗丛）　1.80元

05493　日本税法原理

〔日〕金子宏著，刘多田等译　北京：中国财政经济出版社，1989.9　428页，32开　5.30元

05494　日本围棋（第三辑）

日本《日本围棋》编委会编　北京：商务印书馆，1989.1　254页，大32开　3.35元

05495　日本围棋（第四辑：应氏杯围棋大赛名局细解）

日本《日本围棋》编委会编，高崧主编　北京：商务印书馆，1989.11　243页，大32开　3.35元

05496　日本文化：历史的展开与特征

〔日〕石田一良著，许极燉译　上海：上海外语教育出版社，1989.2　445页，大32开　精装10.00元

05497　日本纹身艺术

〔日〕藤井秀树、小林照子摄影　海口：南海出版公司，1989.5　1册，16开　22.00元

05498　日本笑话选

〔日〕佐藤胁子编著，林怀秋、正月译　武汉：湖北少年儿童出版社，1989.3　133页，32开　1.10元

05499　日本新天皇浪漫史

王俊彦著　北京：中国文联出版公司，1989.4　210页，照片，32开　2.95元

本书描写了日本新天皇明仁与皇后明智子恋爱史的曲折多变，并穿插描述了日本宫廷奇特的礼仪、日本民族无情的倾轧和日本记者狡诈的争斗。

05500　日本新天皇明仁

〔日〕牛岛秀彦著，金高、可尚译　南京：南京出版社，1989.9　230页，32开　2.90元

05501　日本新玩具安全标准

日本玩具协会编，赵国君、陈吕华译　上海：上海科学普及出版社，1989.6　74页，32开　1.05元

本书共分4个部分：机械及物理的特性；玩具的可燃性；化学特性；现行玩具安全标准细则。

05502　日本研究《金瓶梅》论文集

黄霖、王国安编译　济南：齐鲁书社，1989.10　355页，大32开　4.25元

05503　日本银行信托法规与业务

姜永砺译　上海：上海外语教育出版社，1989.3　346页，32开　4.00元

05504　日本战后文学史

〔日〕长谷川泉著，李丹明译　北京：三联书店，1989.11　152页，32开　（日本文化丛书）　3.70元

05505　日本战后小说选

陈生保、谭晶华等译　上海：上海外语教育出版社，1989.4　406页，32开　4.90元

05506　日本主要企业名录
汪文良编译　北京：中信出版社，1989.12　323
页，16 开　精装 26.00 元

05507　日本专家谈饮食与健美延寿
〔日〕小池五郎、福场博保主编，周奇文编译
北京：中国食品出版社，1989.1　224 页，32
开　2.05 元
本书详细介绍了贫血、脚气、粉刺、便秘、肥
胖、糖尿病、高血压、肝病和肠癌等疾病与饮食
的关系，阐述了影响健美与长寿的各种疾病的
饮食疗法。

05508　日语语法难点指南
〔日〕寺村秀夫等编著，陶振孝译　北京：纺
织工业出版社，1989.4　168 页，32 开　2.20 元
本书作者将日语语法中的难点归纳为 24 项，通
过假设，举出例句，进行推理，指出问题所在，
再进行细致的理解，叙述深入浅出。

05509　日中建交谈判记实
〔日〕永野信利著，顾汝钰译　北京：时事出版
社，1989.6　251 页，32 开　3.25 元
本书记录了田中角荣、大平正芳、园田直、福田
赳夫、竹入义胜、小坂善太朗等卓越政治家对发
展日中关系做出的巨大贡献。

05510　绒线编织大全（3）
日本讲谈社供稿　北京：轻工业出版社，1989.4
120 页，彩照，16 开　6.00 元

05511　绒线编织大全（4）
日本讲谈社供稿　北京：轻工业出版社，1989.11
119 页，彩照，16 开　6.00 元

05512　如何操纵上司
〔日〕邑井操著，孙树堂译　哈尔滨：哈尔滨出
版社，1989.5　134 页，32 开　（人际关系学丛
书）　1.90 元

05513　如何创造财富与荣誉
〔日〕政次满幸著，许昭荣译　北京：台声出版
社，1989　202 页，图，32 开　1.50 元
本书尽举古今中外没有资金、没有背景、没有权
势、没有学历的寒微人物，活用父母所赐予的头
脑，灵机一动，获致"名利双收"的成功史实。

05514　如何教养你的孩子
〔日〕多湖辉著，李宗白译　北京：社会科学文
献出版社，1989.1　107 页，32 开　（实用心理

学丛书）　1.70 元

05515　如何使孩子用功读书
〔日〕胜山正躬著，林惟、常歆译　福州：福建
少年儿童出版社，1989.8　153 页，32 开　（实
用教子丛书　第 1 辑）　1.75 元
本书内容包括 3 章：孩子为什么不用功学习呢；
让孩子采用正确的学习方法；怎样唤起孩子的学
习兴趣。

05516　如何愉快地渡过更年期
〔日〕仓智敬一著，王鲁奇、李亚平译　北京：
国际文化出版公司，1989.6　115 页，32 开
1.45 元

05517　如何战胜无理手·俗筋
〔日〕小林光一著，韩凤仑译　北京：北京体育
学院出版社，1989.1　187 页，32 开　1.80 元
本书通过实战中最易出现的"无理手"和
"俗筋"，进行了简明地讲解和细致地分析，
并介绍了应对的五种对策及在实践中的应用
方法。

05518　三个独身女人
〔日〕柴田练三郎著，李学熙译　广州：花城出
版社，1989.2　230 页，32 开　2.60 元
本书是一部中篇小说，描写的是三个独身女性，
怀着不同的人生理想，在繁华都市东京开辟各自
前程的故事。

05519　三十个世界大经济学家
日本现代经济学研究会编，李柱锡等译　上海：
上海译文出版社，1989.7　498 页，32 开
5.75 元
本书介绍了世界最著名的 30 位经济学家的经济
理论。

05520　三岁定终身
〔日〕阿部进著，杨秀云、林珠如译　北京：中
国友谊出版公司，1989.5　160 页，32 开　（儿
童教养丛书）　2.50 元
本书讨论了儿童 3 岁前的教养方式。

05521　三只眼：复活岛之行
〔日〕手塚治虫编绘，冷璋等译　北京：中国电
影出版社，1989.11　80 页，32 开　1.40 元

05522　色彩心理学
〔日〕泷本孝雄、藤泽英昭著，成同社译　北
京：科学技术文献出版社，1989.5　103 页，32

开 1.25 元

本书简明扼要地阐述了色彩原理、色彩理论发展史、色彩表示法以及色彩对人类心理的影响等。

05523 森田心理疗法实践：顺应自然的人生学

〔日〕高良武久著，康成俊、商斌译 北京：人民卫生出版社，1989.11 145 页，32 开 2.70 元

05524 少儿翻花游戏

〔日〕有木昭久著，李庆忠译 北京：农业出版社，1989.3 105 页，32 开 2.00 元

05525 少年儿童实用保健（急救）手册

〔日〕堀隆等著，王志平等编译 北京：中国国际广播出版社，1989.8 289 页，图，16 开 18.00 元

本书以简明而通俗的说明文字和 2000 多幅图画，通俗地介绍了内科、外科、皮肤科、耳鼻喉科、眼科 100 多种少儿常见病的病因、症状、治疗方法和护理方法以及注意事项等。

05526 少年心理学

〔日〕诧摩武俊、安香宏编，赵青、张忠泽译 北京：中国妇女出版社，1989.5 186 页，32 开 2.40 元

05527 社会经营与文化

〔日〕林周二著，王铁钧译 福州：福建人民出版社，1989.12 215 页，32 开 2.50 元

本书从社会文化学的角度来考察各种社会组织，同时将社会组织的活动与人的社会文化活动结合起来进行论述和加以剖析。

05528 社会与人生的迷区：二十世纪六十年间主要性思想

〔日〕安田一郎编，辛进译 北京：中国文联出版公司，1989.10 230 页，32 开 （现代文化学术丛书/陈子伶主编） 3.00 元

05529 身体腾空特异功能修持秘法

〔日〕麻原彰晃著，朴飘、静空编译 北京：北京体育学院出版社，1989.5 80 页，32 开 1.50 元

05530 身心残疾教育入门

〔日〕河合久治编著，张惠才等译 北京：春秋出版社，1989.11 200 页，32 开 （当代教育科学译丛/韩书田主编） 2.80 元

本书主要内容是从教育角度了解残疾儿童；从医学和保健角度了解残疾儿童；根据儿童的残疾种类和程度进行有针对性的特殊教育；残疾教育和普通教育的关系。

05531 深闺风流

〔日〕三岛由纪夫著，张荣等译 西安：华岳文艺出版社，1989.3 331 页，32 开 4.40 元

05532 神话学入门

〔日〕大林太良著，林相泰、贾福水译 北京：中国民间文艺出版社，1989.1 132 页，图，大 32 开 （外国民间文学理论著作翻译丛书） 2.00 元

本书对神话学领域的基本课题，诸如神话的本质、分类，宇宙的起源，文化的起源等，以及与此相关的具有代表性的学派和观点等做了阐述。

05533 神奇的说服术

〔日〕多湖辉著，辛夫编译 北京：学苑出版社，1989.9 132 页，32 开 （人生智慧丛书） 2.00 元

本书以心理学和心理术的巧妙结合，介绍了各种说服方法。

05534 神奇速读记忆法

〔日〕加古德次著，王彦良、陈俊杰编译 北京：新华出版社，1989.9 139 页，32 开 1.90 元

05535 生活日语（2）

日本文化厅编，林之光改编 北京：北京出版社，1989.3 312 页，大 32 开 4.65 元

05536 生理自我调节

〔日〕野泽秀雄著，王彦良等译 天津：天津人民出版社，1989.7 176 页，32 开 2.75 元

05537 生物反应工程

〔日〕山根恒夫著，苏尔馥、胡章助译 上海：上海科学技术出版社，1989.6 393 页，32 开 6.80 元

本书分酶反应过程、微生物反应过程、生物废水处理过程 3 部分。

05538 生物体化学信息传递物质

〔日〕矢岛治明、濑川富朗著，李惟等译 长春：吉林大学出版社，1989.12 552 页，16 开 7.20 元

本书论述了各活性多肽的结构、合成、功能、存

在和分离及应用等知识。

05539 盛田昭夫与索尼公司
〔日〕盛田昭夫著，薛慧英等译 长春：吉林大学出版社，1989.2 374页，32开 3.90开
本书作者在叙述索尼公司创建、发展、腾飞的同时，广泛涉及了企业的劳动管理方法、国内外市场经营策略、技术研究开发手段，以及作者的身世、家庭生活、社会交往和人生哲学等问题。

05540 十月怀胎
〔日〕雨森良彦著，顾江萍译 广州：花城出版社，1989.12 113页，32开 （孕产妇必读）2.30元
本书对怀孕、临产、分娩、产后保健等整个过程做了介绍。

05541 时装设计
〔日〕崎唁美枝原著，华定生等编译 北京：轻工业出版社，1989.2 198页，16开 4.60元

05542 识别人
〔日〕松本顺著，张德祥译 沈阳：春风文艺出版社，1989.7 155页，32开 （"帮帮你"丛书/王延才主编）1.85元
本书介绍了如何客观、正确地把握对象的能力、性格、需求和心理，以便妥善地处理好自己的人际关系等方面的问题。

05543 实践经营哲学
〔日〕松下幸之助著，滕颖编译 北京：中国社会科学出版社，1989.6 163页，大32开 精装3.60元， 平装2.10元
本书是作者几十年兴办企业的具体实践中关于经营理念、经营哲学的总结。

05544 实验动物的环境与管理
〔日〕山内忠平著，沈德余译 上海：上海科学普及出版社，1989.12 227页，16开 3.25元

05545 实用经济计量
〔日〕日比宗平著，李恩非、沈明译 北京：机械工业出版社，1989.6 416页，32开 11.20元

05546 实用围棋死活100题
〔日〕前田陈尔著，胡懋林、郭俊编译 合肥：安徽科学技术出版社，1989.5 200页，64开 1.10元

05547 实用围棋死活100题 （续）
〔日〕前田陈尔著，胡懋林、郭俊译 合肥：安徽科学技术出版社，1989.9 200页，64开 1.25元

05548 食品加工与贮藏
〔日〕藤原耕三等著，杨肇仙、李兴国译 成都：四川科学技术出版社，1989.1 269页，32开 2.60元
本书包括5章：食品加工与贮藏、农产品的加工与贮藏、畜产品的加工与贮藏、水产品加工与贮藏和微生物的分类及与食品加工有关的主要微生物。

05549 食品科学手册
日本《食品科学手册》编辑委员会编，李玉振等译 北京：轻工业出版社，1989.3.755页，大32开 11.65元

05550 食品添加剂与人体健康
〔日〕西冈一著，陈文麟等译 北京：中国食品出版社，1989.10 203页，32开 —ISBN 7-80044-252-7：2.65元

05551 食品调味论
〔日〕太田静行著，方继功等译 北京：中国商业出版社，1989.1 446页，32开 6.95元
本书叙述了味觉的生理变化影响、味觉的条件和味的检验评定方法，以及食品各种基本味的性质和调味料的来源、特性，还介绍了食品调味的具体实例和新产品的研制与调味方法等。

05552 食品与包装
〔日〕横山理雄、石谷孝佑编，李明珠译 北京：轻工业出版社，1989.3 333页，32开 3.90元

05553 食肉卫生检验手册
日本厚生省环境卫生局乳肉卫生课编，樊悦行等编译 哈尔滨：黑龙江人民出版社，1989.1 472页，32开 4.60元

05554 世界儿童文学概论
日本儿童文学学会编，郎樱、方克译 长沙：湖南少年儿童出版社，1989.12 265页，大32开 3.30元

05555 世界发明发现史话
〔日〕山田真一编著，王国文等译 北京：专利文献出版社，1989.10 384页，16开 9.80元

本书从与人类有关的衣、食、住，到机械、电学、化学等近代工业，以及地球、宇宙等近代科学方面的 320 多组发明、发现做了介绍。

05556　世界教育辞典
〔日〕平塚益德主编，黄德诚等译　长沙：湖南教育出版社，1989.6　683 页，大 32 开　精装 12.80 元

05557　世界历史的变革：向欧洲中心论挑战
〔日〕谢世辉著，蒋立峰译　北京：人民出版社，1989.10　263 页，32 开　4.15 元
作者高度概括了世界历史发展的主流，大胆地提出了历史划分的新观点。

05558　世界名曲（1）
〔日〕保田正编，李钟庆、李惕乾译　武汉：长江文艺出版社，1989.6　55 页，8 开　（中、小学生用·钢琴欣赏教材）　6.50 元

05559　世界名曲（2）
〔日〕保田正编，李钟庆、李惕乾译　武汉：长江文艺出版社，1989.6　62 页，8 开　（中、小学生用·钢琴欣赏教材）　7.30 元

05560　世界名曲（3）
〔日〕保田正编，李钟庆、李惕乾译　武汉：长江文艺出版社，1989.6　68 页，8 开　（中、小学生用·钢琴欣赏教材）　7.70 元
本辑包括《春的信息》、《田园景》、《第四十交响乐》、《婚礼进行曲》、《爱之梦》等世界名曲 30 首。

05561　世界名曲（4）
〔日〕保田正编，李钟庆、李惕乾译　武汉：长江文艺出版社，1989.6　64 页，8 开　（中、小学生用·钢琴欣赏教材）　7.30 元
本辑包括《阿布德拉扎尔回旋曲》、《轻骑兵》、《天使之梦》、《森林水车》、《安达尔萨》等世界名曲 19 首。

05562　世界七大超人
〔日〕中风俊哉著，黄北雁译　长沙：湖南少年儿童出版社，1989.8　137 页，32 开　1.50 元
本书介绍的世界七大超人指的是具有意念致动能力的妮娜·克拉金娜（苏联），具有意念摄影能力的戴德·西里欧斯（美国），具有分身功能的阿历克桑德·丁·菲利欧斯（巴西）等。书中描绘了他们的能力如何因时因地而时强时弱，对种种现象进行了分析。

05563　世界探险怪杰——植树直己
〔日〕酒井友身著，宋丽红译　北京：中国少年儿童出版社，1989.2　117 页，插图，32 开　1.60 元
本书介绍了超级探险家植村直己在探险过程中的坚韧毅力、非凡勇气和无畏的献身精神。

05564　世界著名电影综览
〔日〕猪俣胜人著，曹培林等译　郑州：河南人民出版社，1989.4　2 册（604，537 页），照片，大 32 开　18.50 元
本书收录了自无声电影到 1983 年止的世界电影史上占有重要地位的 500 部世界著名电影。分为战前篇和战后篇。书中对每部电影的编、导、演阵容，影片产生的时代背景、演员的表演特色、导演的艺术才华和艺术生涯、影坛轶闻趣事等做了介绍。

05565　世界最新流行棒针衫
日本屋古社编，金剑平等编译　杭州：浙江大学出版社，1989.7　133 页，16 开　7.65 元

05566　手筋的发现
〔日〕石田芳夫著，赵建军、杨真译　北京：北京日报出版社，1989.7　168 页，32 开　2.10 元

05567　手筋小百科
日本棋院著，韩凤仑、张竹译　北京：华夏出版社，1989.10　174 页，32 开　（围棋小百科丛书）　2.20 元
本书精选了具有特色的手筋，并介绍了它们的基本应用法，剖析了手筋的威力和俗筋的不良后果等。

05568　兽行
〔日〕梶山季之著，马龙、迟滨译　沈阳：沈阳出版社，1989.4　390 页，32 开　4.40 元

05569　数理经济学引论
〔澳〕默·坎普、〔日〕木村吉男著，丁明超、唐海滨译　沈阳：东北工学院出版社，1989.4　34.4 页，32 开　8.50 元

05570　数学世界
〔苏〕A.丑·阿列克山德洛夫著，〔日〕远山启选编，王玲、谢宝东译　北京：春秋出版社，1989.10　115 页，32 开　（智能开发译丛/廖一帆主编）　1.90 元
本书是一本比较通俗的阐述数学理论的读物。内容有数学的本质特性，数学的产生和发展，数学发展的规律性等。

05571 数学与 BASIC

〔日〕细井勉著，齐红译 北京：春秋出版社，1989.10 230页，32开 （智能开发译丛/廖一帆主编） 3.00元

05572 数字卫星通信

〔日〕宫内一洋、野坂邦史著，仵克让译 西安：西安电子科技大学出版社，1989.8 267页，32开 （数字通信丛书） 1.75元

本书系统地论述了数字卫星通信的特点，发展历史和今后的发展动向，并详细阐述了构成国际、国内以及数字移动卫星通信系统时的各种技术问题。

05573 水产饵料生物学

〔日〕代田昭彦著，刘世英、雍文岳译 北京：农业出版社，1989.3 496页，16开 11.40元

本书内容主要涉及饵料生物的种类、培养、生活环境、营养价值；主要水产动物的食性及其摄饵生态；生产场和饵料生物的关系等。

05574 水稻优质米

〔日〕田中稔、宫板昭著，郭殿举等译 哈尔滨：黑龙江科学技术出版社，1989.11 64页，32开 1.15元

05575 水獭之谜

〔日〕椋鸠十著，李耀年、沈碧娟译 石家庄：河北教育出版社，1989.9 146页，32开 （小博士文库） 2.15元

05576 水下爆破

日本综合安全工业研究所编，宋学义等译校 长沙：中南工业大学出版社，1989.12 526页，32开 5.20元

本书详细阐述了水下爆破的基础理论、设计、施工及海洋环保等内容。

05577 水资源的保护：琵琶湖的环境问题

〔日〕吉良龙夫编，刘鸿亮、曹凤中译 北京：中国环境科学出版社，1989.10 234页，32开 2.80元

本书是关于日本琵琶湖环境保护的论文集，书中包括了不少日本湖泊问题及环境学家长期研究的成果。

05578 睡眠术：根据大脑生理学分析睡眠的机理

〔日〕长谷川和夫著，孙铁斋译 福州：海峡文艺出版社，1989.10 115页，图，大32开 1.95元

05579 私奔

〔日〕松本清张著，张荣等译 西安：华岳文艺出版社，1989.1 290页，32开 3.60元

05580 思路的开拓

〔日〕多湖辉著，朱濂译 长沙：湖南少年儿童出版社，1989.10 154页，32开 （中小学生智力开发丛书 2） 1.50元

05581 思维的逻辑

〔日〕泽田允茂著，郑春瑞译 北京：春秋出版社，1989.10 142页，32开 （智能开发译丛/廖一帆主编） 2.50元

05582 死活

日本棋院编，西丁译 成都：蜀蓉棋艺出版社，1989.2 221页，图，32开 （围棋实践技巧手册 4） 2.20元

本书分为角上的死活和边上的死活，一共收集141个基本死活型。

05583 死活小百科

日本棋院编，韩凤仑、张竹译 北京：华夏出版社，1989.10 191页，32开 （围棋小百科丛书） 2.40元

本书精选了角和边的141种基本型，分门别类编辑成系列。

05584 塑料成型加工技术

〔日〕广惠章利、本吉正信著，李美云、张晋纯译 北京：中国计量出版社，1989.12 282页，32开 6.00元

05585 塑料成型加工入门

〔日〕广惠章利、本吉正信著，李乔钧译 南京：江苏科学技术出版社，1989.5 171页，16开 3.80元

05586 塑料的涂装和印刷手册

日本材料技术研究协会编辑委员会编，党理真、王钧译 北京：国际文化出版公司，1989 448页，16开 9.00元

05587 塑料橡胶用新型添加剂

日本CMC编辑部编，吕世光译 北京：化学工业出版社，1989.12 663页，32开 10.00元

本书分概论、塑料用添加剂、橡胶用添加剂三部分。

05588 索尼公司——成功之路

〔日〕森田昭夫著，张仁坚等译 贵阳：贵州人

民出版社，1989.6　383页，32 开　4.20 元

05589　胎教和育婴
〔日〕高桥悦二郎著，卜国钧译　上海：上海科学技术文献出版社，1989.10　140 页，36 开　1.80 元
本书介绍有关婴儿自身具备的神奇"天赋"以及如何利用此种天赋养育好孩子的方法和原理。

05590　胎婴幼益智秘诀
〔日〕野末源一、稻垣武著，韩军译　南京：东南大学出版社，1989.5　207 页，36 开　2.35 元
本书从医学、生理学、遗传学、动物行为学等方面，研究如何生育一个头脑聪明的孩子，以及如何培养孩子的体力、情绪及性格等问题。

05591　太次郎的遭遇
〔日〕胜尾金弥著，萧岚译　武汉：湖北少年儿童出版社，1989.8　211 页，32 开　2.10 元

05592　太阳能电池
〔日〕辻高辉著，权荣硕、鲜于七星译　北京：机械工业出版社，1989.1　149 页，32 开　2.90 元
本书系统地介绍了太阳能电池的基本原理、设计方法、制造工艺、可靠性试验以及应用实例等。

05593　炭笔画技法
日本武藏野美术大学造型学院油画系研究室编，白鸽译　北京：北京工艺美术出版社，1989.5　128 页，16 开　（自学成画家译丛）8.00 元

05594　唐代的长安和洛阳（资料）
〔日〕平冈武夫主编　上海：上海古籍出版社，1989.11　1 册，大 32 开　（唐代研究指南 6）精装 15.85 元

05595　唐代的散文作品
〔日〕平冈武夫等编　影印本　上海：上海古籍出版社，1989.11　887 页，大 32 开　（唐代研究指南 10）精装 25.00 元
本书是有关唐代散文作品的索引，包括《唐代的散文作品》序说，唐代的散文作品——作者、篇目和版本，唐代的散文作品篇目补；取材于唐代的散文作品篇目的人名索引等内容。

05596　唐代的行政地理
〔日〕平冈武夫、市原亨吉编著　上海：上海古籍出版社，1989.11　381 页，大 32 开　（唐代研究指南 2）精装 18.50 元

05597　唐令拾遗
〔日〕仁井田升著，栗劲等编译　长春：长春出版社，1989.11　926 页，大 32 开　精装 35.00 元
本书共辑唐令 33 篇，内容涵盖唐代社会的各个方面。

05598　特种聚合物导论
〔日〕伊势典夫、田伏岩夫著，余鼎声等译　北京：化学工业出版社，1989.11　283 页，32 开　3.90 元

05599　提高棋艺的诀窍：定式的选择
〔日〕工藤纪夫著，杨晋华、张小弟译　北京：国际文化出版公司，1989.10　218 页，32 开　2.50 元

05600　体力测定法
〔日〕松浦义行著，高景麟等译　北京：人民体育出版社，1989.1　313 页，32 开　4.50 元

05601　体貌手形识病法
〔日〕渡边正著，魏中海编译　太原：山西科学教育出版社，1989.1　273 页，32 开　3.40 元
本书详细介绍了通过观察体型、面容、四肢形态、手形等特征诊断和预测疾病的方法，以及智能和身体健康状况的知识。

05602　天才的聚会
〔日〕多湖辉著，吴邦颖、刘玉华译　长沙：湖南少年儿童出版社，1989.10　146 页，32 开　（中小学生智力开发丛书 5）1.40 元

05603　田园的忧郁
〔日〕佐藤春夫著，吴树文等译　上海：上海译文出版社，1989.5　446 页，大 32 开　（日本文学丛书）精装 10.70 元，平装 6.75 元
本书共收中短篇小说 7 篇。

05604　田中角荣秘闻
〔日〕早坂茂三著，赵宝智、张学之译　北京：中国文联出版公司，1989.10　227 页，32 开　2.90 元
本书讲述田中角荣成为日本豪富的大政治家复杂的经历和独到的政见，以及他的处世哲学和最后辞职被起诉的悲惨结局。

05605 通向禅学之路

〔日〕铃木大拙著，葛兆光译　上海：上海古籍出版社，1989.11　117 页，大 32 开　（海外汉学丛书/王元化主编）　2.80 元

05606 通向明天的选择：日本粮食政策的未来选择与安定社会的设计

〔日〕岸根卓郎著，王冠明译　北京：中国商业出版社，1989.6　347 页，大 32 开　4.20 元

05607 通信光纤

〔日〕大越孝敬等著，刘时衡、梁民基译　北京：人民邮电出版社，1989.8　413 页，大 32 开　6.05 元

本书重点介绍通信光纤传输特性方面的理论。

05608 同归于尽：阴毒

〔日〕大薮春彦著，宋知译　大连：大连出版社，1989.5　297 页，32 开　3.90 元

05609 童话选

〔日〕安房直子等著，杨洪鉴等译　沈阳：辽宁少年儿童出版社，1989.6　337 页，32 开　（当代日本少年文学丛书）　3.10 元

本书收入《遥远的野蔷薇盛开的村庄》、《大大人与小小人》、《妖精的故事》、《塞托洛的大海》4 部童话。

05610 统计方法与质量管理

〔日〕久米均主编，涂其例译　广州：华南理工大学出版社，1989.1　192 页，大 32 开　1.60 元

木书介绍了使用统计方法查找产品缺陷的原因，以及消除缺陷、提高质量的对策。

05611 透镜设计技巧

〔日〕近藤文雄著，黄庚练、黄启新译　西安：西安交通大学出版社，1989.1　476 页，32 开　3.10 元

05612 图解电子计算机原理

日本电报电话公社编，蔡道法译　北京：人民邮电出版社，1989.12　284 页，16 开　7.40 元

05613 图解微型计算机基础知识

〔日〕吉本久泰著，杨逢春译　北京：新时代出版社，1989.7　152 页，大 32 开　3.15 元

本书从微型计算机的基础知识、结构和工作原理、程序等几个方面阐述了微机的结构、功能、数制、逻辑电路、数据的表示方法、CPU 和存储器的作用等内容。

05614 图解药剂学

〔日〕宫崎正三等编著，徐麟等译　北京：中国医药科技出版社，1989.12　252 页，16 开　精装 9.00 元

本书从原理出发阐述物理药剂学、生物药剂学、药物新制剂和临床药学等药剂学新进展的各个方面。

05615 推销员诀窍

〔日〕黑岩正幸著，张延爱译　北京：北京经济学院出版社，1989.3　160 页，32 开　2.10 元

本书是一本介绍推销人员如何卓有成效地进行产品推销活动的专著。

05616 瓦楞纸板原纸

日本纸业时代社编，王振声译　北京：轻工业出版社，1989.6　232 页，32 开　5.90 元

本书介绍瓦楞纸从原纸到纸板，直到制成瓦楞纸板箱的整个生产过程。

05617 外国学者论鸦片战争与林则徐（上）

〔日〕田中正俊等著，武汉大学历史系鸦片战争研究组编　福州：福建人民出版社，1989.8　260 页，大 32 开　（中国近代史译丛）　3.10 元

05618 外遇

〔日〕渡边淳一著，庄玮译　北京：中国广播电视出版社，1989.12　263 页，32 开　3.70 元

05619 微分·积分（下册）

〔日〕寺田文行著，刘占元译　北京：文化教育出版社，1989.12　415 页，32 开　（日本新高中数学研究丛书 12）　4.60 元

05620 微机教学

〔日〕香月和男著，王乐生、皇甫景山译　北京：高等教育出版社，1989.10　186 页，16 开　5.10 元

05621 微积分学辞典（问题解法）

〔日〕笹部贞市郎编，蒋声、庄亚栋译　上海：上海教育出版社，1989.2　1745 页，大 32 开　精装：26.00 元

05622 微计算机图形软件包及应用

〔日〕守川穰著、李兰友译　天津：天津科学技术出版社，1989.11　291 页，大 32 开　5.65 元

本书介绍用 BASIC 语言编成的 COOE 系统标准

图形软件包。

05623　微胶囊化工艺学
〔日〕绀户朝治著、阎世翔译　北京：轻工业出版社，1989.6　180页，32开　3.45元
本书分18章，从微胶囊技术的基本概念到多种的制备方法及其应用都做了系统的叙述，共介绍了13种微胶囊的制备方法。

05624　微生物化学分类的实验方法
〔日〕驹形和男编、方爽译　贵阳：贵州人民出版社，1989.4　459页，大32开　5.80元

05625　微型机控制：基础篇
日本松下电器制造技术研究所编著，吴守箴、张贵珍译　北京：机械工业出版社，1989.5　258页，大32开　（控制基础丛书　5　按程序方式学习）　7.40元

05626　微型计算机控制的机器人入门
〔日〕前川祯男、大野亲一编著，徐崇庶、胡玉雁译　北京：高等教育出版社，1989.6　165页，大32开　1.75元

05627　微型计算机控制的机器人：设计·制造·控制
〔日〕洞启二、堀尾惇也著，屈革译　北京：机械工业出版社，1989.11　99页，大32开　3.60元

05628　围棋变着定式新解
〔日〕坂田荣男著，赵隽欣译　北京：光明日报出版社，1989.5　370页，32开　4.30元
本书对棋坛上常见变着定式进行系统研究，详细介绍了各类定式的变化与功防要领，对于最近走出的新型定式，也做了得失的探索。

05629　围棋的打入与应对
〔日〕赵冶勋著，金爽、张竹译　北京：北京出版社，1989.11　252页，32开　3.70元

05630　围棋的星定式：对实战有用的90型
〔日〕赵治勋著，白小川译　成部：蜀蓉棋艺出版社，1989.3　190页，32开　2.15元
本书主要是站在让子棋和黑棋的立场上，搜集了星的常用定式。

05631　围棋的正着和俗手
〔日〕加藤正夫著，韩启姚译　上海：上海文化出版社，1989.2　158页，32开　1.40元

05632　围棋官子技巧
〔日〕大竹英雄著，金爽、张竹译　北京：北京出版社，1989.8　308页，32开　4.00元

05633　围棋官子妙手
〔日〕坂田荣男著，陈明川译　成都：蜀蓉棋艺出版社，1989.4　216页，32开　2.30元

05634　围棋角部攻防90型
〔日〕加藤正夫著，孔祥宏译　成都：蜀蓉棋艺出版社，1989.5　190页，图，32开　2.00元
本书收集了角部复杂而又困惑的形状，按形状编排顺序并进行解释。

05635　围棋名家名局自解
〔日〕加藤正夫等解说，韩凤仑译　北京：中国广播电视出版社，1989.10　364页，32开　5.10元

05636　围棋名局年鉴（日本1987年）
〔日〕小林光一等著，韩凤仑、张竹译　北京：华夏出版社，1989.9　207页，32开　2.85元

05637　围棋棋力自我测验
〔日〕武宫正树著，张邦固译　北京：科学出版社，1989.6　61页，64开　0.33元

05638　围棋杀手
〔日〕本因坊秀格著，山冈等编译　福州：福建科学技术出版社，1989.2　157页，32开　1.86元

05639　围棋升段测试
〔日〕藤泽秀行著，张金太、李树华译　郑州：河南人民出版社，1989.1　164页，32开　1.60元
本书是以入段的围棋爱好者为对象的中级读物，目的是培养读者在序盘、中盘在何处着眼、着手的感觉和积蓄终盘最基本的死活与收官的知识。

05640　围棋实战技巧手册（1）：布局
日本棋院编，杜维新译　成都：蜀蓉棋艺出版社，1989.4　222页，32开　2.50元

05641　围棋实战技巧手册（2）：星定式
日本棋院编，白小川译　成都：蜀蓉棋艺出版社，1989.3　222页，32开　2.50元

05642　围棋实战技巧手册（3）：分先定式
日本棋院编，邱季生译　成都：蜀蓉棋艺出版

社，1989.4　222页，32开　2.50元

05643　围棋实战技巧手册（4）：死活

日本棋院编，西丁译　成都：蜀蓉棋艺出版社，1989.2　222页，32开　2.20元

05644　围棋实战技巧手册（5）：官子

日本棋院编，李钢、李晓春译　成都：蜀蓉棋艺出版社，1989.8　218页，32开　2.50元

05645　围棋实战技巧手册（6）：模样攻防

日本棋院编，孔祥宏译　成都：蜀蓉棋艺出版社，1989.10　222页，32开　2.50元

05646　围棋实战技巧手册（7）：骗着破骗着

日本棋院编，翁子瑜、吴正龙译　成都：蜀蓉棋艺出版社，1989.10　222页，32开　2.50元

05647　围棋实战技巧手册（8）：手筋

日本棋院编，西丁译　成都：蜀蓉棋艺出版社，1989.8　222页，32开　2.50元

05648　围棋手筋大全

〔日〕藤泽秀行著，玄素、董华译　成都：蜀蓉棋艺出版社，1989.9　2册（503，505页），32开　9.40元

所谓手筋，是指使棋子发挥出最大效率的着手。本书即以此为大前提，按手筋的目的分门别类，从布局到收官，集中了围棋的基本下法。

05649　围棋死活大全

〔日〕赵治勋著，白小川译　成都：蜀蓉棋艺出版社，1989.5　2册（378，377页），图，32开　7.50元

本书从基本型到应用型，对死活问题做了系统的收集，并以辞典的形式做了归纳小结。

05650　围棋推理

〔日〕武宫正树等著，卢盛超等译　杭州：浙江人民出版社，1989.3　247页，32开　2.15元

05651　围棋业余段位试题

日本棋院编，邱季生译　成都：蜀蓉棋艺出版社，1989.6　168页，32开　1.90元

05652　围棋预见三手（布局篇）

〔日〕加藤正夫著，黄小牧、栾斌编译　南京：江苏科学技术出版社，1989.11　93页，32开　1.35元

05653　围棋中盘战略

〔日〕加藤正夫著，丁眢译　贵阳：贵州人民出版社，1989.12　170页，32开　2.20元

05654　围棋转败为胜法

〔日〕赵治勋著，张宏译　成都：蜀蓉棋艺出版社，1989.8　200页，32开　2.10元

05655　围棋作战构思

〔日〕加藤正夫等著，吴佩江译　北京：学苑出版社，1989.1　206页，32开　2.50元

05656　未来，属于中国：汤因比论中国传统文化

〔日〕山本新、秀村欣二编，杨栋梁、赵德宇译　西安：陕西人民出版社，1989.4　220页，32开　3.60元

本书由10位日本学者的论文构成，他们从不同的角度和层次评价了历史学家汤因比的中国观。

05657　文化人类学百科辞典

〔日〕祖父江孝男等主编，山东大学日本研究中心译　青岛：青岛出版社，1989.9　416页，32开　5.00元

05658　文化史学：理论与方法

〔日〕石田一良著，王勇译　杭州：浙江人民出版社，1989.12　302页，图，大32开（世界文化丛书/周谷城、田汝康主编）4.40元

05659　文化移动论

〔日〕西村真次著，李宝琩译　影印本　上海：上海文化出版社，1989.4　224页，32开　（东西方文化研究影印文库）3.85元

本书据商务印书馆1936年2月版影印。

05660　文人画与南北宗论文汇编

张连、〔日〕古原宏伸编　上海：上海书画出版社，1989.7　841页，大32开　精装19.00元，平装15.00元

本文集是明清以来中外学者评论中国山水画南北宗论文章的选编。

05661　我的佛教观

〔日〕池田大作著，潘桂明、业露华译　成都：四川人民出版社，1989.8　187页，插图，大32开　（宗教与世界丛书）　精装15.00元

本书概要阐述了作者的佛教观点。

05662 我的科长学
〔日〕石尾登著，侯庆轩、赵桂芳编译 深圳：海天出版社，1989.11 137页，32开 3.70元
本书重点介绍了管理者应具备的促成人际关系的能力。

05663 我的路：为遥远的过去干杯
〔日〕远藤实著，张爱平译 北京：高等教育出版社，1989.11 173页，肖像，32开 2.00元
本书是日本当代名作曲家、日中友好人士远藤实先生所写的回忆录。

05664 我的企业分家
〔日〕酒井邦恭、关山博著，黎肇星译 北京：企业管理出版社，1989.9 182页，32开 1.90元

05665 我的一百部电影
〔日〕吉永小百合著，徐亚平、梁雪雪译 上海：文汇出版社，1989.7 145页，照片，32开 1.90元

05666 我们的身体：通俗人体解剖生理学（日汉对照）
〔日〕西成甫著，赵中勤、郭叙义译 乌鲁木齐：新疆人民卫生出版社，1989.2 1册（105，82页），32开 2.90元

05667 我们是企管问题的专家
日本能率协会著，明日编译 厦门：鹭江出版社，1989.8 143页，32开 （成功人生丛书） 2.00元

05668 我们在中国干了些什么：原日本战犯改造回忆录
日本中国归还者联络会编，吴浩然、李锡弼译 北京：中国人民公安大学出版社，1989.5 214页，照片，32开 2.80元
本书是曾关押在抚顺、太原战犯管理所的1000多名日本战犯中的成员在中国监狱进行改造的真实写照。书中记述了日本兵在中国的土地上所犯下的不可饶恕的罪行。

05669 我是最会赚钱的人物
〔日〕藤田田著，小雨编译 厦门：鹭江出版社，1989.2 116页，32开 （成功人生丛书） 1.70元
本书介绍了日本麦当劳社长藤田田的成功经历。

05670 乌鸦面包店
〔日〕中川李枝子著，〔日〕大村百合子绘，实伟邦等译，舞晶等复制改画 天津：天津人民美术出版社，1989.8 4册，40开 袋装 2.10元
本书包括《乌鸦面包店》、《古力和古拉》、《长脖鹿的靴子》和《长耳朵侦探》4册。

05671 屋面防水层修补方法
〔日〕高山武、边见仁著，马俊、韩毓芬译 北京：中国建筑工业出版社，1989.8 138页，16开 4.00元

05672 无触点顺序控制
日本松下电器制造技术研究所编著，戎华洪译 北京：机械工业出版社，1989.1 219页，大32开 （控制基础丛书 按程序方式学习 2） 3.90元
本书主要讲述了与门、或门、触发器电路及与非门的变换；条件控制、顺序控制、优先控制和时间控制；实用电路、集成电路的特性和规格等问题。

05673 吴清源布局：黑、白下法（合订本）
〔日〕吴清源著，郑怀德译 成都：蜀蓉棋艺出版社，1989.3 246页，大32开 5.30元

05674 五分钟自我暗示法：开发自我深层意识的魔法
〔日〕山口彰著，达章译 西安：陕西人民出版社，1989.7 115页，32开 （现代人·文化·知识译丛） 2.05元

05675 武宫流围棋战术要诀：培养围棋的实力和全局观
〔日〕本因坊、武宫正树著，邱季生译 成都：四川科学技术出版社，1989.2 214页，32开 3.50元

05676 物理用数学
〔日〕和达三树著，刘春达译 北京：北京师范大学出版社，1989.5 295页，大32开 （理论物理基础系列教程 第十册）（高等学校教学用书） 2.30元

05677 物流基础
〔日〕阿保荣司著，黎志荣译 北京：人民交通出版社，1989.3 246页，大32开 5.05元
本书叙述了物流中的包装、运输、发送、保管、装卸、信息等物流的各分支系统，以及实用业务和经营管理等有关物流合理化的基础知识。

05678 西方艺术大观
〔日〕八代修次著，庄玮、格非译 北京：中国

广播电视出版社，1989.6　114页，32开　1.80元

本书介绍了伦敦、巴黎、罗马、佛罗伦萨、希腊等地的美术馆、教堂、寺院及个人藏画，分析了画家的经历、个性、绘画技法和艺术灵魂。

05679　西红柿优质高产新技术：连续摘新栽培法

〔日〕青木宏史著，段传德等译　北京：金盾出版社，1989.10　92页，32开　2.00元

05680　西洋名画故事

〔日〕山田邦祐著，宋红等译　北京：人民美术出版社，1989.6　232页，图，32开　3.35元

本书共介绍西洋自古至今名画78幅，作者对每幅画有详细的文字介绍，有的介绍画的故事，有的介绍背景材料，有的介绍了创作方法。

05681　细雪

〔日〕谷崎润一郎著，储元熹译　上海：上海译文出版社，1989.12　641页，大32开　（二十世纪外国文学丛书）　9.85元

05682　下一手（第三十八册：花形手筋集锦）

日本棋院编，述胜译　北京：国际文化出版公司，1989.10　97页，64开　0.55元

05683　下一手（第三十九册：序盘战的关键）

日本棋院编，述胜译　北京：国际文化出坂公司，1989.10　97页，64开　0.56元

05684　下一手（第三十六册：快乐篇）

日本棋院编，述胜译　北京：国际文化出版公司，1989.10　97页，64开　0，55元

05685　下一手（第三十七册：削消厚势和打入）

日本棋院编，述胜译　北京：国际文化出版公司，1989.10　97页，64开　0.55元

05686　下一手（第三十四册：中盘的攻防）

日本棋院编，思棋译　北京：国际文化出版公司，1989.3　97页，64开　3.55元

05687　下一手（第三十五册：打劫的妙味）

日本棋院编，刘月如译　北京：国际文化出版公司，1989.3　37页，64开　0.55元

05688　下一手（第四十册：围歼战）

日本棋院编，述胜译　北京：国际文化出版公司，1989.11　97页，64开　0.55元

05689　现代电影艺术

〔日〕岩崎昶著，张加贝译　北京：中国电影出版社，1989.4　108页，大32开　1.40元

本书主要论述了现代西欧电影发展的性质及状况，重新评价了电影蒙太奇理论，在一定程度上反映了西欧现代哲学思潮电影发展的趋势。

05690　现代交流调速

〔日〕上山直彦编著，吴铁坚译　北京：水利电力出版社，1989.7　347页，大32开　8.70元

05691　现代经营学

〔日〕高宫晋著，刘玉兰译　北京：中国经济出版社，1989.9　108页，32开　1.80元

本书从理论和实践上阐述了经营学的一系列问题，并以日本企业经营为实体，论述了经营活动的基本概念、活动方式以及现代经营学的新发展。

05692　现代科学技术与独创精神

〔日〕川上正光、本间三郎编，金秀红译　北京：科学普及出版社，1989.7　121页，32开　2.70元

本书介绍了第二次世界大战结束以来日本在科学技术的研究和应用上所取得的成就。

05693　现代林业经济论：林业经济研究入门

〔日〕铃木尚夫编著，陈陆圻等译　北京：中国林业出版社，1989.5　364页，大32开　5.95元

本书主要介绍日本当前林业经济研究的现状及问题，分林业经济基本理论、林业生产结构、木材价格及市场三部分。

05694　现代女性的心理

〔日〕永泽幸七著，徐晓风译　哈尔滨：黑龙江教育出版社，1989.10　145页，32开　2.00元

05695　现代日本汉方处方手册

日本厚生省药务局监修，顾旭平译　上海：上海中医学院出版社，1989.12　260页，32开　3.20元

本书精选了日本历代著名医家的用方经验。

05696　现代商业经济论

〔日〕森下二次也著，姚力鸣译　北京：中国商业出版社，1989.11　256页，32开　4.50元

本书分析了商业资本在资本主义经济运行过程

中的地位和作用，以及商业资本在现代垄断资本主义经济社会的职能变化。

05697　现代社会骗术面面观
〔日〕多湖辉著，林克编译　天津：渤海湾出版公司，1989.4　159页，32开　1.95元
本书在揭示多种骗术的同时，将传授反欺骗的80多种妙计。

05698　现代素描技法
〔日〕安达博文著，白鸽译　北京：北京工艺美术出版社，1989.6　128页，16开　（自学成画家译丛）　10.00元
本书对素描的基础进行了系统的讲解，对现代素描的方法，从材料、工具、画法等方面采用图文对照的方式进行了课程式的讲解。

05699　现代涂装指南
〔日〕石塚末丰等著，袁隐译　北京：中国计量出版社，1989.7　204页，彩图，16开　6.30元
本书主要介绍金属、木器、建筑涂装、使用机器和设备进行的涂装以及涂装色彩等。

05700　现代照相机和照相物镜技术
〔日〕小仓磐夫著，傅维乔等译　北京：机械工业出版社，1989.12　254页，16开　15.30元

05701　"现代宗教热"之谜
〔日〕小田晋著，公克、晨华译　北京：工人出版社，1989.5　174页，32开　2.10元
本书论述了风靡日本的第三次宗教狂热的方方面面。

05702　相对论
〔日〕中野董夫著，赵大明、阚甸嘉译　北京：北京师范大学出版社，1989.5　206页，大32开　（理论物理基础系列教程　第九册）　（高等学校教学用书）　1.70元

05703　想瘦就瘦的理想减肥法
〔日〕礒部明著，刘玉玲编译　北京：中国华侨出版公司，1989.12　44页，插图，32开　1.10元

05704　向量与矩阵
〔日〕早川康一著，张运钧译　北京：文化教育出版社，1989.6　288页，32开　（日本新高中数学研究丛书　7）　3.20元
本书主要介绍向量和矩阵的一些初步知识。还收有日本近年来的高考试题，并全部附有解答。

05705　项羽
〔日〕村松暎著，杨友庭、廖泉文译　西安：三秦出版社，1989.7　160页，图片，32开　（风云人物丛书/张玉良主编）　2.10元

05706　小矮人奇遇
〔日〕乾富子著，陈文辉译　上海：少年儿童出版社，1989.5　194页，32开　（外国儿童文学丛书）　2.45元
这是一本现实与幻想结合的童话小说。

05707　小叮当·机器猫
〔日〕藤子不二雄著，赵明湘、张南宁编译　北京：中国文联出版公司，1989.5　10册　32开　袋装11.00元
本书包括《潜地艇》、《秘密摄影机》、《超人野比》、《复印头脑》、《追踪飞弹》、《地震纸》、《人体切断机》、《超级盔甲》、《神枪手》和《吸血鬼》，共10册。

05708　小津安二郎的艺术
〔日〕佐藤忠男著，仰文渊等译　北京：中国电影出版社，1989.3　398页，照片，大32开　4.40元
小津安二郎是日本电影界名导演之一，他一生拍摄了53部影片。本书作者追述小津的个人经历，结合小津的作品，剖析了小津形成的社会、心理的原因。

05709　小林光一强盛的秘密
〔日〕加藤正夫等著，西丁译　成都：蜀蓉棋艺出版社，1989.11　153页，32开　1.70元

05710　小麦研究的回顾与展望
〔日〕木原均著，杨天章、刘庆法译　北京：农业出版社，1989.5　337页，32开　4.55元
本书内容包括：小麦近亲种属关系；多倍体小麦的进化与人工合成；染色体分析与染色体组分析；非整倍体的创造等。

05711　小茜茜：百百家的故事
〔日〕松谷美代子著，季颖译　重庆：重庆出版社，1989.3　103页，图，32开　0.84元

05712　小兔小鹿小熊历险记（日本童话）
尹驰译　哈尔滨：黑龙江人民出版社，1989.1　99页，32开　1.05元

05713　小学生100分：小学生自学功课指导
〔日〕石川勤著，肖雨、李树林译　深圳：海天出版社，1989.12　183页，32开　2.35元

05714　小学生学习辅导法

〔日〕多湖辉著，忴文编译　北京：中国国际广播出版社，1989.2　120页，32开　1.55元

本书系统地总结分析了家长辅导孩子学习时出现的各种问题，并提出了解决的方法。

05715　校长的创造性

〔日〕森隆夫著，黄晓颖等译　北京：春秋出版社，1989.10　204页，32开　（当代教育科学丛书/韩书田主编）　2.70元

本书论述教育改革中的一系列问题，包括教育改革的指导思想、创造性、思考力和表现力的培养、教育环境的社会化等。

05716　笑一笑请笑一笑

〔日〕那须田稔作，季颖译，沈苑苑绘　北京：中国少年儿童出版社，1989.7　27页，16开　1.40元

05717　新表面活性剂入门

〔日〕藤本武彦著，高仲江、顾德荣译　北京：化学工业出版社，1989.11　377页，32开　6.10元

05718　新材料技术及其应用

日本化学技术杂志MOL编辑部编，陈国权、池文俊译　北京：中国建筑工业出版社，1989.10　273页，32开　6.30元

本书共三部分，包括新型金属、陶瓷、高分子材料、电子材料及复合材料；按功能分类的新材料；新材料产业的概况。

05719　新女装（3）

北京：轻工业出版社；日本镰仓书房，1989.2　135页，16开　6.50元

05720　新任企业领导业务须知

日本能率协会编，赵毅、李颖译　北京：新华出版社，1989.10　136页，32开　1.45元

本书阐述了如何培养部下、提高利润、发挥组织活力、改善业务、解决问题的要诀等。

05721　新式服装编织

日本风工房等著，白贤玉编译　北京：北京体育学院出版社，1989.9　46页，16开　2.80元

05722　新文化产业论

〔日〕日下公人著，范作申译　北京：东方出版社，1989.7　162页，32开　（现代思想文化译丛）　2.40元

本书阐述了文化产业论的基本观点，内容包括新文化产业论，再论新文化产业论，曾经落后的欧洲文化，汽车文化论评，战后日本文化的标志，文化立国政策。

05723　新型合金材料

〔日〕金子秀夫著，胡本芙译　北京：宇航出版社，1989.12　166页，32开　2.60元

05724　新型无机硅化合物：基础与应用

〔日〕宇田川重和等编著，钱钧等译　北京：中国建筑工业出版社，1989.12　373页，大32开　10.80元

05725　新颖搭配服装裁剪

日本文化出版局编著　北京：新华出版社，1989.12　95页，大32开　2.95元

05726　信托

〔日〕川崎诚一著，刘丽京、许泽友译　北京：中国金融出版社，1989.7　165页，32开　（国际金融百科丛书）　2.00元

本书是一本介绍信托业务及其历史现状和今后发展方向的知识普及型小册子。

05727　信息常识77则：发给21世纪人的通行证

〔日〕日比野省三著，张国成译　北京：春秋出版社，1989.9　185页，32开　（智能开放译丛/廖一帆主编）　2.50元

05728　信息网络系统技术

〔日〕北原安定主编，冯昭奎等译　北京：人民邮电出版社，1989.7　229页，32开　3.00元

05729　刑事辩护实务

日本司法研修所编，王铁坡、秀义译　北京：中国政法大学出版社，1989.11　238页，32开　（国外律师制度丛书/鲁坚主编）　3.80元

05730　形形色色的诈骗

〔日〕飞田清弘著，余秀云、蒋晓虎译　北京：公安大学出版社，1989.8　156页，32开　2.10元

本书将诈骗犯归纳为13种，并列举了常见而具有代表性的案例，对犯罪动机、犯罪手段等构成诈骗案的要素进行了分析。

05731　性发展心理学

〔日〕福富护著，辰墨、本胜译　天津：天津人

民出版社，1989.3　186页，32开　2.75元
本书探讨性与人们生活的联系，阐述了两性分化、性差异、性道德、性教育等问题。

05732　凶手就是她
〔日〕和久峻三著，林怀秋译　郑州：黄河文艺出版社，1989.2　191页，32开　2.10元

05733　学海觅途
〔日〕梅原猛著，张琳译　北京：三联书店，1989.6　201页，照片，32开　（日本文化丛书）　3.25元
本书是作者的自传，他以拉家常口吻侃侃谈来，并毫无隐讳地讲述了自己从一个厌学的顽童成长为日本著名学者的整个历程。

05734　学习心理学：教与学的基础
〔日〕羽生义正主编，周国韬编译　长春：吉林教育出版社，1989.6　272页，32开　3.60元
本书主要讨论了教育实践中存在的学习问题。

05735　学校保健概论（1981年修订本）
〔日〕高石昌弘著，于仁兰、乔山译　北京：春秋出版社，1989.10　260页，32开　（当代教育科学译丛/韩书田主编）　3.40元

05736　血染金陵
〔日〕崛田善卫著，王之英、王小岐译　合肥：安徽文艺出版社，1989.4　191页，32开　2.00元

05737　血腥谋略
〔日〕海渡英祐著，毛旭红译　南京：江苏文艺出版社，1989.9　212页，32开　2.40元

05738　血型告诉了你什么？
〔日〕能见正比古著，秀雄、姜萝香译　北京：能源出版社，1989.1　250页，图，32开　3.00元
本书从遗传学的角度阐述了血型与人的性格、气质的关系、不同血型或相同的血型的人在工作、生活、恋爱上的关系，提出某些血型之间容易形成和谐的关系等。

05739　血型心理学
〔日〕铃木芳正著，石脑文、由于本译　北京：中国盲文出版社，1989.9　2册，10开　1.60元

05740　血型性格学
〔日〕铃木芳正著，于红雨等译　哈尔滨：黑龙

江人民出版社，1989.11　235页，32开　（血型·性格与人际关系丛书/王永丽主编）　3.00元

05741　血型与儿童教育
〔日〕铃木芳正著，默然译　福州：福建科学技术出版社，1989.7　175页，图，32开　1.75元
本书内容包括血型与气质；血型与教育；赏罚方式的利弊；血型与亲子关系；血型与兄弟关系；培养孩子的社会性；发挥孩子的优势七章。

05742　血型与夫妻关系：创造美满婚姻生活的诀窍
〔日〕铃木芳正著，祁庆国、王启发译　哈尔滨：黑龙江人民出版社，1989.11　165页，32开　（血型·性格与人际关系丛书/王永丽主编）　2.30元

05743　血型与婚姻之谜
〔日〕铃木芳正著，徐军宝译　北京：光明日报出版社，1989.10　145页，32开　2.20元

05744　血型与交际
〔日〕能见正比古著，高锡隆等译　南宁：广西科学技术出版社，1989.5　212页，32开　（血型与人丛书）　2.55元

05745　血型与男女交往
〔日〕铃木芳正著，一川译　哈尔滨：黑龙江人民出版社，1989.12　152页，32开　（血型·性格与人际关系丛书/王永丽主编）　2.10元

05746　血型与气质
〔日〕能见正比古著，亦文、洪钊译　南宁：广西科学技术出版社，1989.5　191页，32开　（血型与人丛书）　2.40元

05747　血型与人际关系
〔日〕能见正古比著，王树生译　北京：中国卓越出版公司，1989.5　206页，32开　3.00元
如果您想寻找一位情投意合的情侣；交一些知己的朋友；处理好工作和上下级关系；知道生活中许多难以解答的问题。本书除做出回答外，并会使您更具魅力。

05748　血液学研究检查法
〔日〕青木延雄、柴田昭著，孙素莲等译　北京：科学出版社，1989.8　529页，图，16开　精装34.80元，平装32.60元
本书介绍血液学检测的最新方法，内容涉及造血干细胞、造血因子、各系血细胞、出凝血、血液

遗传学，以及电镜在血液学研究中的应用等新技术、新方法。

05749　循环及呼吸功能测定正常值及预测式
〔日〕今井三喜等著，钱旭久译　合肥：安徽科学技术出版社，1989.6　231页，16开　4.40元

05750　亚洲诸社会的人类学比较研究
〔日〕中根千枝著，聂长林、聂莉莉译　哈尔滨：黑龙江教育出版社，1989.9　194页，大32开　（开放丛书·思想文化系列）　3.20元
本书论述了社会人类学的分析方法和研究特色。

05751　杨贵妃
〔日〕小尾郊一著，刘健英译　西安：三秦出版社，1989.10　172页，照片，32开　（风云人物丛书/张玉良主编）　2.10元

05752　业余棋手的十大恶手
〔日〕影山利郎著，刘镛生、刘月如译　北京：国际文化出版公司，1989.10　184页，32开　2.30元

05753　业余棋手实战中的坏棋选评
〔日〕影山利郎著，居伟钊编译　杭州：浙江大学出版社，1989.6　163页，32开　2.00元

05754　业余围棋手段级位自测
日本棋院编，张逅等译　北京：科学出版社，1989.5　196页，32开　2.95元

05755　夜总会的女招待
〔日〕松本清张著，管黔秋译　郑州：黄河文艺出版社，1989.2　220页，32开　2.45元

05756　疑难病新解
〔日〕木村繁著，牛建昭、王德福译　北京：科学普及出版社，1989.1　228页，图，32开　2.90元
本书介绍了世界上治疗常见病的最新医疗信息，从中可以掌握一些有关的病理知识及最新治疗方法。

05757　阴阳五行与日本民俗
〔日〕吉野裕子著，雷群明等译　上海：学林出版社，1989.10　203页，照片，大32开　精装5.20元

05758　音乐厅声学
〔日〕安藤四一著，戴根华译　北京：科学出版社，1989.5　192页，32开　6.60元
本书作者提出了对音质有重要影响的4个独立参数：总声能、声场早期反射的时延和混响（这三者又称为时间—单耳评价标准）、空间—双耳评价标准，并系统地论述了这四个参数的测试和评价，同时介绍并讨论了声传输，声模拟及电子技术等基本内容。

05759　音箱制作精选
〔日〕长冈铁男著，杨瑞文等编译　北京：电子工业出版社，1989.8　398页，16开　14.00元
本书收编了58种外形各异、性能优越的音箱制作资料，分别介绍了每种音箱的性能特点及适用场合，并给出材料清单，下料图和每一个制作步骤的详细图解及说明。

05760　银河列车999（1）
王振华译　北京：人民美术出版社，1989.4　46页，24开　0.85元
本书根据日本同名作品翻译、复制。

05761　银河列车999（2）
王振华译　北京：人民美术出版社，1989.4　46页，24开　0.85元

05762　银河列车999（3）
王振华译　北京：人民美术出版社，1989.4　46页，24开　0.85元

05763　印度佛教史概说
〔日〕佐佐木教悟等著，杨曾文、姚长春译　上海：复旦大学出版社，1989.10　150页，32开　2.30元

05764　印刷经营的思考与设想
〔日〕塚田益男著，万大鸥等译　北京：印刷工业出版社，1989.4　210页，大32开　精装：7.00元
本书介绍了日本战后印刷业经历的三次现代化改造计划过程，展示了日本印刷企业的经营与管理方法。

05765　英国的离婚、再婚和同居
〔日〕野野山久也著，杜大宁等编译　北京：新华出版社，1989.6　242页，32开　3.10元

05766　英语谚语用法入门
〔日〕岩田一男著，李炳炎、符家钦编译　北京：中国对外经济贸易出版社，1989.11　237页，40开　3.20元

05767 营养液栽培大全

〔日〕山崎肯哉著，刘步洲等译 北京：北京农业大学出版社，1989.10 250 页，大 32 开 4.90 元

05768 应急急救手册

〔日〕德田虎雄著，周景春、高天亮译 呼和浩特：内蒙古人民出版社，1989.6 144 页，图，32 开 1.50 元

本书列举了近 90 种事故和疾病的应急急救方法。

05769 幽默心理学：关于男人的心和女人的心

〔日〕白石浩一著，江河译 济南：山东教育出版社，1989.5 106 页，32 开 1.30 元

05770 幽默制胜术

〔日〕秋田实著，小刚译 北京：学苑出版社，1989.9 164 页，32 开 （人生智慧丛书）2.30 元

05771 犹太赚钱法

〔日〕藤田田著，李有宽译 广州：花城出版社，1989.5 175 页，32 开 2.80 元

本书是日本麦克唐纳公司总经理藤田田总结的商业经营管理经验。

05772 有趣的动物世界

〔日〕宇田川龙男著，阮婧编译 北京：中国广播电视出版社，1989.1 302 页，图，32 开 1.35 元

05773 有趣的幼儿手工玩具

〔日〕近藤铁之助著，月光译 北京：经济日报出版社，1989.5 139 页，图，大 32 开 2.30 元

05774 幼儿趣味折纸

〔日〕高滨利惠著，罗秋裕等编译 上海：上海交通大学出版社，1989.5 174 页，32 开 （简易折纸教本）3.25 元

05775 幼儿提问巧答

〔日〕松原达哉著，卫榕群、冷丽敏译 北京：煤炭工业出版社，1989.9 134 页，32 开 1.85 元

本书论述了人的幼儿期的重要性，介绍了从零岁到 6 岁孩子的智力发展特点，以及对幼儿提出问题的具体回答方法。

05776 幼儿折纸大全

〔日〕仲田安津子编，吴维江译 北京：农业出版社，1989.10 173 页，32 开 1.95 元

05777 余热回收利用系统实用手册（下册）

〔日〕一色尚次等著，王世康等译 北京：机械工业出版社，1989.1 447 页，16 开 13.00 元

本书阐述有关节能的基础理论，以日本各产业实际应用的余热回收利用系统为例，介绍各种系统和节能设备的基本原理、结构与评价方法，并探讨了今后余热利用方向。

05778 语言的圈套

〔日〕多湖辉著，刘华亨、陈琴译 哈尔滨：黑龙江教育出版社，1989.5 237 页，32 开 （开放丛书·思想文化系列）2.60 元

05779 欲海杀手

〔日〕滕木梓著，高松、陆荣译 沈阳：沈阳出版社，1989.3 396 页，32 开 4.00 元

本书包括《欲海杀手》、《古墓仇杀》（江户川乱步著）两部小说。《欲海杀手》描写了东京野方警察署警官关本敏彦孤身一人与黑社会暴力集团搏斗，为亲人复仇的故事。

05780 园艺设施结构安全标准（暂行标准）

日本设施园艺协会编，叶淑娟译 北京：农业出版社，1989.10 108 页，32 开 1.85 元

05781 园艺设施结构安全标准（暂行标准修订本）

日本设施园艺协会编，叶淑娟译 北京：农业出版社，1989.10 108 页，32 开 1.85 元

05782 宰相夫人的昭和史

〔日〕上坂冬子著，袁铁铮译 天津：天津人民出版社，1989.11 251 页，32 开 3.20 元

05783 则天武后

〔日〕泽田瑞穗著，李天送译 西安：三秦出版社，1989.8 204 页，32 开 （风云人物丛书/张玉良主编）2.30 元

05784 怎样帮助孩子做功课

〔日〕多湖辉著，陈泉荣译 北京：社会科学文献出版社，1989.1 119 页，32 开 （实用心理学丛书）1.90 元

05785 怎样猜度女人心

〔日〕岛田一男著，白泉五、白同元译 天津：渤海湾出版公司，1989.11 128 页，32 开 1.80 元

05786　怎样教出大人物

〔日〕伊藤隆二著，赵班译　福州：福建少年儿童出版社，1989.8　120 页，36 开　（实用教子丛书　第 1 辑）　1.50 元

本书以世界杰出人物儿童时期的生活习惯及学校成绩为论述的焦点，探讨了他们关键性的转变。

05787　怎样进行自我完善：能力与才干的自我发现

〔日〕山口彰著，史继晟、刘福丽译　北京：科学普及出版社，1989.10　184 页，32 开　（效率译丛）　3.10 元

本书以心理学观点和方法，剖析了人体心理结构，从而阐述了人的性格、气质在通过自我努力后是可以改变的。

05788　怎样培养自学能力：学校教育的新任务

〔日〕波多野谊多夫编著，熊琦、张小克译　北京：新华出版社，1989.7　154 页，32 开　1.70 元

本书论述了自学能力的重要性、自学的动机、自学必备的技能以及培养自学者的教育等内容。

05789　怎样使孩子高大健美

〔日〕大塚正八郎著，张力实、邹原译　北京：人民体育出版社，1989.12　155 页，32 开　2.80 元

05790　怎样使会议效率化

〔日〕野田孝著，王国文等译　北京：科学普及出版社，1989.6　151 页，32 开　（效率译丛）　3.20 元

本书介绍了会议的基本知识，各种企业会议的宗旨、方法、效果，各种会议的机能。

05791　怎样使你的性格讨人喜欢

〔日〕大西宪明著，吴大有、储忆钢译　北京：中国盲文出版社，1989.6　2 册，10 开　1.95 元

05792　战后日本政治舞台内幕（又名　政府、自民党、财界）

〔日〕宫板正行著，耕夫、王之顶译　北京：社会科学文献出版社，1989.9　718 页，32 开　2.95 元

本书主要揭露战后日本政治舞台上政府、自民党、财界三位一体的政治内幕。

05793　侦探破案集锦：你想做侦探吗？

〔日〕藤原宰太郎原著，秦江编译　北京：海潮出版社，1989.9　216 页，图，32 开　3.50 元

05794　枕边新语：夫妻生活与血型

〔日〕能见俊贤著，宏多等译　济南：山东文艺出版社，1989.7　197 页，32 开　2.60 元

05795　蒸汽疏水阀

〔日〕中井多喜雄著，李坤英译　北京：机械工业出版社，1989.4　426 页，32 开　8.00 元

05796　政治参与：微观政治学

〔日〕蒲岛郁夫著，解莉莉译　北京：经济日报出版社，1989.7　171 页，大 32 开　（现代政治学丛书　6/猪口孝主编）　4.50 元

本书主要对个人的政治行为进行分析。

05797　枝川注射疗法：体壁内脏相关论的临床应用

〔日〕枝川直义著，黄菊花、任竟学译　北京：北京科学技术出版社，1989.2　132 页，图，16 开　10.00 元

本书详细介绍了枝川直义医师独特的治疗疾病的方法及其临床应用经验。

05798　知识工程学入门

〔日〕上野晴树著，白玉成、罗梦珍译　西安：陕西人民教育出版社，1989.7　198 页，32 开　2.15 元

05799　知识工程学入门

〔日〕上野晴树著，李东译　北京：科学出版社，1989.1　222 页，32 开　4.80 元

本书主要介绍了知识工程学和专家系统的理论、概念，并介绍了产生式系统和框架系统两种主要的知识表现模型，讨论了关于专家系统的研制和发展等问题。

05800　职业与教育：职业指导论

〔日〕近藤大生等编著，宇欣、乔山译　北京：春秋出版社，1989.10　191 页，32 开　（当代教育科学译丛/韩书田主编）　2.60 元

05801　纸的抄造

日本纸浆造纸技术协会编，王燕生、周文鸾译　北京：轻工业出版社，1989.6　602 页，32 开　13.20 元

05802　质量管理小组活动（运用编）

〔日〕石原胜吉著，马惠林译　北京：冶金工业出版社，1989.10　286 页，大 32 开　（企业管理百问百答丛书　4）　6.50 元

05803　智能·什么是人工智能
〔日〕白井良朋著，廖湖声译　北京：春秋出版社，1989.10　186页，32开　（智能开发译丛/廖一帆主编）　2.50元
《智能》比较通俗地阐述了智能的各种形态及其发展，《什么是人工智能》阐释了人工智能的基本原理。

05804　智胜术
张福贵等编译　延吉：延边大学出版社，1989.9　209页，32开　2.60元
本书是根据日本中川昌彦的《智胜判断力》编译而成。它以判断力为视点，介绍了有关智胜术的基本原理与具体使用范例。

05805　中国大河之旅
〔日〕井上谦著，井上聪等译　上海：上海社会科学院出版社，1989.8　138页，32开　2.00元

05806　中国工人运动史
〔日〕中村三登志著，王玉平译　北京：工人出版社，1989.2　225页，32开　2.80元

05807　中国古典名言集
〔日〕诸桥辙次编，冯作民译述　长沙：岳麓书社，1989.2　558页，32开　精装5.95元

05808　中国皇妃秘传
〔日〕驹田信二著，林怀秋译　长沙：湖南大学出版社，1989.4　194页，32开　2.50元

05809　中国流围棋必胜法
〔日〕加藤正夫著，赵建军、杨真编译　北京：北京体育学院出版社，1989.11　212页，32开　3.50元

05810　中国女皇——武则天传奇
〔日〕原百代著，谭继山译　广州：新世纪出版社，1989.2　293页，32开　3.25元

05811　中国人和日本人
〔日〕松本一男著，王枝忠译　银川：宁夏人民出版社，1989.11　189页，32开　2.20元
本书从多角度探讨了中日两国在文化和国民性方面的异同。

05812　中国诗论史
〔日〕铃木虎雄著，许总译　南宁：广西人民出版社，1989.9　249页，大32开　（国外汉学名著译丛）　3.90元

05813　中国诗史
〔日〕吉川幸次郎著，〔日〕高桥和巳编，蔡靖泉等译　太原：山西人民出版社，1989.11　546页，32开　8.15元

05814　中国文学的对句艺术
〔日〕古田敬一著，李淼译　长春：吉林文史出版社，1989.7　330页，大32开　精装5.90元

05815　中国文学与日本文学
〔日〕铃木修次著，吉林大学日本研究所文学研究室译　福州：海峡文艺出版社，1989.4　205页，32开　2.15元

05816　中国文学中所表现的自然与自然观：以魏晋南北朝文学为中心
〔日〕小尾郊一著，邵毅平译　上海：上海古籍出版社，1989.11　417页，大32开　（海外汉学丛书/王元化主编）　7.40元

05817　中国语和近代日本
〔日〕安藤彦太郎著，张威忠译　济南：济南出版社，1989.3　153页，32开　2.30元
本书以日本的中国语教育为窗口，阐述了近代日中关系史的全貌和日本人对中国的认识。

05818　中年男子处世指南
〔日〕铃木健二著，林京、程文新译　北京：群众出版社，1989.9　154页，32开　2.00元
本书从学习、事业、家庭、人际关系等12个不同角度广泛而深刻地阐述了中年男子把握命运、完善自我的行为准则。

05819　中盘战略
〔日〕加藤正夫著，赵建军、杨真编译　北京：北京日报出版社，1989.7　168页，32开　2.10元

05820　中青年女性之友：健康妇女的更年期
〔日〕野末悦子著，叶桂蓉译　北京：煤炭工业出版社，1989.11　149页，32开　2.40元

05821　中小学生学习窍门175个：轻松用功法
〔日〕多湖辉著，林放译　北京：中国华侨出版公司，1989.12　192页，32开　2.25元

05822　重访中国（《在中国的奇遇》续篇）
〔日〕今村匡平著，王文浩、王丕迅译　南宁：广西人民出版社，1989.11　109页，32开　1.50元

05823　重庆大轰炸
〔日〕前田哲男著，李泓、黄莺译　成都：成都
科技大学出版社，1989.1　372 页，32 开
3.95 元

05824　诸葛亮
〔日〕林田慎之助著，李天送译　西安：三秦出
版社，1989.4　175 页，图片，32 开　（风云人
物丛书/张玉良主编）　2.10 元

05825　竹节里的小姑娘：日本民间故事
陈丁译　南宁：广西人民出版社，1989.3　24
页，24 开　（动画列车丛书）　0.95 元

05826　注射模具设计和应用
〔日〕叶屋臣一主编，〔日〕町田勉、富悭公夫
著，许鹤峰、叶淑静译　北京：轻工业出版社，
1989.11　268 页，16 开　10.50 元
本书主要介绍了优质注射成型模具的标准，模
具材料的选择，模具的基本结构，设计基准和典
型的模具加工工艺及实际应用的例子。

05827　注塑成型模具
〔日〕白石顺一郎著，许鹤峰译　北京：烃加工
出版社，1989.4　523 页，32 开　6.15 元

**05828　专利战争：日美企业之间围绕技术所有
权展开的殊死斗争**
〔日〕屿本久寿弥太编著，张国生译　北京：专
利文献出版社，1989.10　155 页，32 开
2.00 元
本书以日美经济摩擦和技术摩擦为主线，介绍
了专利制度在科学技术国际化时代中的作用，
在专利战争中可供选择的专利战略和战术。

05829　装饰·防护·功能性合金电镀
〔日〕榎本英彦、小见崇著，朱立群编译　北
京：航空工业出版社，1989.5　267 页，32 开
2.00 元
本书详细讨论了二元及多元合金电镀的工艺
技术。

05830　资本论辞典
〔日〕久留间鲛造等编，薛敬孝等译　天津：南
开大学出版社，1989.12　1244 页，大 32 开　精
装 16.50 元
本辞典由三部分组成：第一部分为名目辞条；第
二部分为人名辞条，第三部分为《资本论》的
结构、年表、创作史、各国版本介绍、典故解
释等。

05831　紫阳花少妇（日本最新推理小说精选）
日本推理小说作家协会编，尤之译　南宁：
广西人民出版社，1989.11　373 页，32 开
4.00 元

05832　自我催眠术
〔日〕平井富雄著，黄燕鹏译　兰州：甘肃少年
儿童出版社，1989.10　167 页，32 开　（人与世
界丛书）　2.20 元
本书介绍的自我催眠术，意在指导人们克服紧张
情绪，加强自律，正确调节自身生物节律。

05833　自学英语秘诀
〔日〕松本道弘著，文良等译　北京：旅游教育
出版社，1989.1　157 页，32 开　1.80 元
本书作者以亲身经历揭示自学英语成功的规律，
介绍成人在职自学英语达到听、说、读、写、译
全面发展的高级英语水平的方法和技巧。

05834　综合科学史
〔日〕友松芳郎主编，陈云奎译　北京：求实出
版社，1989.9　384 页，大 32 开　4.70 元
本书描述了自古希腊到近现代自然科学进步的
鲜明足迹，不仅展示了科学学科理论的发展脉
络，还描绘出科学各个发展阶段上的思想背景与
社会背景，并预示了科学发展的未来。

05835　纵向人际关系
〔日〕中根千枝著，文成峰、王处辉译　昆明：
云南人民出版社，1989.4　100 页，大 32 开
（社会学文库）　1.30 元

05836　走出欲海
〔日〕渡边淳一著，张玲玲译　哈尔滨：哈尔滨
出版社，1989.4　434 页，32 开　4.60 元

05837　最新纺织染实用手册
〔日〕小出铃雄著，韦炬明等译　北京：纺织工
业出版社，1989.12　308 页，32 开　3.75 元
本书介绍了原料、纺纱、织布、染色、整理及服
装缝制的技术数据，并提供了纺织品设计的方法
及质量检验和纺织厂公害的防止等资料。

05838　最新造纸技术的理论与实践
〔日〕石黑久三郎著，张尔聪译　北京：轻工业
出版社，1989.10　507 页，大 32 开　12.50 元

05839　做对好夫妻：你会处理夫妻关系吗？
〔日〕能户清司著，丁祖威译　海口：南海出版
公司，1989.4　235 页，32 开　3.10 元

本书分析了导致夫妻离异的原因，并对如何处理好夫妻关系、维持美满婚姻，提出了忠告。

05840　做与玩：趣味手工

日本游戏研究会编，〔日〕石川金太郎绘图，李庆忠等译　北京：中国广播电视出版社，1989.10　126 页，32 开　（中央电视台电视教育节目用书）　3.50 元

1990

05841　1988 年围棋新手·新型年鉴

〔日〕安倍吉辉著，金爽、张竹译　北京：华夏出版社，1990.9　208 页，32 开

—ISBN 7-80053-765-X：3.00 元

05842　77 把钥匙：开启日本文化的奥秘

〔日〕梅棹忠夫编，彭前旭、李名宏译　上海：上海文化出版社，1990.7　233 页，32 开

—ISBN 7-80511-367-X：3.25 元

05843　90’日本新潮夏装

永力等编译　成都：四川人民出版社，1990.4　80 页，16 开

—ISBN 7-220-00934-8：9.50 元

05844　C1 化学：创造未来的化学

日本催化学会编，陆世维译　北京：宇航出版社，1990.5　198 页，大 32 开

—ISBN 7-80034-191-7：3.80 元

C1 化学工业技术就是构想以 CO 和 H_2 作为基础原料来生产化学品和燃料的化学工业体系，本书介绍了 C1 化学的基本情况。

05845　C 语言程序设计方法

〔日〕河西朝雄著，刘峰译　长沙：湖南科学技术出版社，1990.12　219 页，32 开

—ISBN 7-5357-0887-0：3.50 元

05846　JIS 热处理技术

〔日〕大和久重雄著，栾淑芳译　北京：国防工业出版社，1990.2　170 页，32 开

—ISBN 7-118-00386-7：2.90 元

05847　OK！单身汉，照样快活：单身男子必读

〔日〕植田健嗣著，高士平译　北京：中国和平出版社，1990.3　112 页，32 开

—ISBN 7-80037-322-3：2.60 元

05848　Q 太郎（1）

〔日〕藤子不二雄著，陈玲等译　北京：中国戏剧出版社，1990.8　91 页，32 开

—ISBN 7-104-00201-4：1.20 元

05849　Q 太郎（2）

〔日〕藤子不二雄著，陈玲等译　北京：中国戏剧出版社，1990.8　93 页，32 开

—ISBN 7-104-00202-2：1.20 元

05850　Q 太郎（3）

〔日〕藤子不二雄著，陈玲等译　北京：中国戏剧出版社，1990.8　93 页，32 开

—ISBN 7-104-00203-0：1.20 元

05851　Q 太郎（4）

〔日〕藤子不二雄著，陈玲等译　北京：中国戏剧出版社，1990.8　93 页，32 开

—ISBN 7-104-00204-9：1.20 元

05852　Q 太郎（5）

〔日〕藤子不二雄著，陈玲等译　北京：中国戏剧出版社，1990.8　92 页，32 开

—ISBN 7-104-00205-7：1.20 元

05853　Q 太郎（6）

〔日〕藤子不二雄著，陈玲等译　北京：中国戏剧出版社，1990.8　92 页，32 开

—ISBN 7-104-00206-5：1.20 元

05854　Q 太郎（7）

〔日〕藤子不二雄著，陈玲等译　北京：中国戏剧出版社，1990.8　92 页，32 开

—ISBN 7-104-00207-3：1.20 元

05855　Q 太郎（8）

〔日〕藤子不二雄著，陈玲等译　北京：中国戏剧出版社，1990.8　92 页，32 开

—ISBN 7-104-00208-1：1.20 元

05856　Q 太郎（9）

〔日〕藤子不二雄著，陈玲等译　北京：中国戏剧出版社，1990.8　92 页，32 开

—ISBN 7-104-00209-X：1.20 元

05857　Q 太郎（10）
〔日〕藤子不二雄著，陈玲等译　北京：中国戏剧出版社，1990.8　92 页，32 开
—ISBN 7-104-00210-3：1.20 元

05858　Q 太郎：新版精选本
〔日〕藤子不二雄编绘　广州：新世纪出版社，1990.12　4 册，32 开　（卡通世界）
—ISBN 7-5405-0475-7：4.60 元

05859　"Z"字旗——决战对马
〔日〕户川幸夫著，顾龙保译　北京：海潮出版社，1990.7　311 页，大 32 开
—ISBN 7-80054-093-6：4.50 元
1904—1905 年的日俄战争是日俄两国为争夺东方霸主地位、掠夺中国和朝鲜而进行的一场帝国主义战争，这次战争分为陆地和海洋两个战场，本书主要介绍海战场。

05860　安全工程学
〔日〕青岛贤司著，中国有色金属工业总公司翻译组译　成都：成都科技大学出版社，1990.10　400 页，32 开　（安全技术管理丛书）
—ISBN 7-5616-0548-X：4.75 元

05861　安全工程学实验法
〔日〕福山郁生主编，丁瑞生等译　北京：北京理工大学出版社，1990.6　258 页，32 开
—ISBN 7-81013-329-2：1.90 元

05862　安全管理学
〔日〕青岛贤司著，中国有色金属工业总公司翻译组译　成都：成都科技大学出版社，1990.9　266 页，32 开　（安全技术管理丛书）
—ISBN 7-5616-0543-3：3.25 元

05863　安全教育学
〔日〕青岛贤司著，中国有色金属工业总公司翻译组译　成都：成都科技大学出版社，1990.9　294 页，32 开　（安全技术管理丛书）
—ISBN 7-5616-0547-1：3.65 元

05864　奥妙世界：日本十万个为什么精选
〔日〕宇田川龙男等著，吴绵季、肖伯慈编译　武汉：中国地质大学出版社，1990.8　176 页，24 开
—ISBN 7-5625-0417-2：2.95 元

05865　白狗为什么变黑
〔日〕芥川龙之介著，吴树文译，甘礼乐改编，郭伟星绘　上海：上海译文出版社，1990.1　23 页，24 开
—ISBN 7-5327-0848-9：1.15 元

05866　白手起家
〔日〕佐藤弘行著，一韦译　成都：四川人民出版社，1990.2　204 页，32 开　（生意经系列/黄小平主编）
—ISBN 7-220-00809-0：2.30 元
本书介绍了靠白手起家的著名企业家的成功经验。

05867　班组长质量管理必备
〔日〕尾关和夫等著，李燕、李津涛译　北京：企业管理出版社，1990.7　259 页，32 开
—ISBN 7-30001-126-7：3.40 元

05868　坂田荣男与精锐棋手的对局
〔日〕坂田荣男著，赵建军、杨真编译　北京：北京体育学院出版社，1990.4　191 页，32 开
—ISBN 7-81003-344-1：3.60 元

05869　板带轧制理论与实践
日本钢铁协会编，王国栋等译　北京：中国铁道出版社，1990.12　411 页，16 开
—ISBN 7-113-00914-X：11.75 元

05870　办公室和间接管理部门的全面质量管理：可使一切问题迎刃而解
〔日〕小林忠嗣著，王存恩、谭作成译　北京：机械工业出版社，1990.12　212 页，32 开
—ISBN 7-111-02679-9：3.70 元

05871　棒棒女郎
〔日〕水上勉著，于长江等译　北京：北京出版社。1990.4　562 页，大 32 开
—ISBN 7-200-008451：7.90 元

05872　保你在三周内减肥健美
〔日〕广池秋子著，李连鹏译　太原：山西科学教育出版社，1990.8　151 页，32 开
—ISBN 7-5377-0282-9：2.30 元

05873　"本田"经营之路：一种渗透着文化内涵的生产经营革新
〔美〕勒里·休克著，〔日〕崎谷哲夫日译，师震富等译　沈阳：辽宁大学出版社，1990.12　182 页，32 开
—ISBN 7-5610-1137-7：3.00 元

05874　比较现代化论
〔日〕武田清子等著，王炜等译　长春：吉林人

民出版社，1990.12 155 页，32 开 （日本文化
与现代化丛书）

—ISBN 7-206-00904-6：2.50 元

**05875 别了，地球 50 位幻想家的幻想 （七星杯
科学幻想征文获奖作品）**

张爱学、〔日〕还田宏主编 北京：军事译文出
版社，1990.1 122 页，36 开

—ISBN 7-80027-108-0：1.80 元

05876 波动信号处理

〔日〕青木由直著，尉迟颢颐编译 大连：大连
理工大学出版社，1990.12 328 页，32 开

—ISBN 7-5611-0365-4：2.25 元

05877 不可逆过程热力学导论

〔日〕妹尾学著，廖晓垣译 长沙：中南工业大
学出版社，1990.1 161 页，大 32 开

—ISBN 7-81020-275-8：1.50 元

05878 布局小百科

日本棋院著，韩凤仑、张竹译 北京：中国工人
出版社，1990.6 214 页，32 开

—ISBN 7-5008-0585-3：2.60 元

05879 布局要诀

〔日〕大竹英雄著，李中南、蒋胜煜译 北京：
人民体育出版社，1990.9 172 页，32 开 （围
棋中级丛书）

—ISBN 7-5009-0573-4：2.50 元

05880 布局指要

〔日〕林海峰著，王国兴译 北京：人民体育出
版社，1990.9 304 页，32 开 （围棋中级丛书）

—ISBN 7-5009-0486-X：4.00 元

05881 才能在于培养：名人童年纪实

〔日〕伊藤隆二著，宋韵声、沈迪中译 北京：
科学出版社，1990.2 120 页，32 开

—ISBN 7-03-001131-7：2.50 元

05882 蚕丝的形成和结构

〔日〕北条舒正主编，徐俊良等译 北京：农业
出版社，1990.12 386 页，32 开

—ISBN 7-109-01243-3：6.40 元

05883 超一流棋手名局详解 （普及本）

〔日〕小林光一等著，乐绍延、李锐锋编译 北
京：人民体育出版社，1990.9 584 页，32 开

—ISBN 7-5009-0489-4：7.50 元

05884 朝鲜战争

日本陆战史研究普及会编，高培等译 北京：
国防大学出版社，1990.8 3 册 （2106 页）
32 开

—ISBN 7-5626-0123-2：31.00 元

05885 成功的 100 法则

〔日〕青柳宏著，李文庚译 北京：国际文化出
版公司，1990.9 167 页，32 开 （实用心理学
丛书）

—ISBN 7-80049-5376：2.40 元

05886 城市道路规划与设计

〔日〕松下胜二等著，万国朝、杨付成译 北
京：中国建筑工业出版社，1990.10 430 页，
大 32 开

—ISBN 7-112-00467-5：10.70 元

05887 吃棋的手筋

〔日〕小林光一著，陈惠芳、黄玉雄译 成都：
蜀蓉棋艺出版社，1990.4 218 页，32 开 （围
棋中级丛书）

—ISBN 7-80548-239-X：2.80 元

05888 丑闻

〔日〕远藤周作著，孙耀等译 太原：北岳文艺
出版社，1990.3 244 页，32 开

—ISBN 7-5378-0310-2：3.50 元

05889 出奇制胜的妙手：围棋实战死活 192 题

〔日〕大平修三著，雷贞倜、梁静译 成都：蜀
蓉棋艺出版社，1990.4 200 页，32 开

—ISBN 7-80548-224-1：2.25 元

05890 处世禅言七十一

〔日〕赤根祥一著，叶坦等译 桂林：漓江出版
社，1990.9 243 页，32 开

—ISBN 7-5407-0552-3：2.80 元

05891 传递动力学

〔日〕国井大藏、古琦新太郎著，张克、张立平译
北京：烃加工出版社，1990.7 293 页，32 开

—ISBN 7-80043-088-X：3.90 元

本书介绍了传递过程的基本知识和物性参数，介
绍了流体力学的基本理论，讨论了层流场、边界
层和湍流场的传递动力学，还通过应用实例，介
绍了一些复合传递过程。

05892 传热学

〔日〕西川兼康、藤田恭伸著，孙业斌等译 北

京：兵器工业出版社，1990.10　366 页，16 开
（高等学校教材）
—ISBN 7-80038-216-8：4.70 元

05893　窗边的小姑娘
〔日〕黑柳彻子著，妮鲁番尔译　乌鲁木齐：新
疆人民出版社，1990.1　273 页，32 开
—ISBN 7-228-00932-0：2.00 元

**05894　创新·开拓·竞争：一个日本企业家的
手记**
〔日〕松下幸之助原著，周家骏缩编　合肥：安
徽科学技术出版社，1990.2　243 页，大 32 开
—ISBN 7-5337-0068-6：3.75 元
本书为《松下幸之助经营管理全集》的缩写本。

05895　春雪·天人五衰
〔日〕三岛由纪夫著，文洁若等译　北京：中国
友谊出版公司，1990.12　555 页，大 32 开
（日本文学名著选译丛书）
—ISBN 7-5057-0330-7：8.20 元

05896　磁记录的记录理论
〔日〕中村庆久著，程君实译　上海：上海交通
大学出版社，1990.3　167 页，大 32 开
—ISBN 7-313-00628-4：1.25 元

05897　磁盘 BASIC 入门：微型计算机使用指南
〔日〕户内顺一著，王玉珊译　北京：化学工业
出版社，1990.1　133 页，16 开
—ISBN 7-5025-0264-5：5.20 元

05898　聪明的傻爸爸：到了马的国家
〔日〕赤塚不二夫画，黄里译　北京：中国华侨
出版公司，1990.10　95 页，32 开
—ISBN 7-80074-294-6：1.40 元

05899　聪明的傻爸爸：什么都是一半
〔日〕赤塚不二夫画，黄里译　北京：中国华侨
出版公司，1990.10　96 页，32 开
—ISBN 7-800742954：1.40 元

05900　聪明的傻爸爸：讨厌的牙医生
〔日〕赤塚不二夫画，黄里译　北京：中国华侨
出版公司，1990.10　92 页，32 开
—ISBN 7-80074-2938：1.40 元

05901　聪明的傻爸爸：野马的伪装
〔日〕赤塚不二夫画，黄里译　北京：中国华侨
出版公司，1990.10　96 页，32 开

—ISBN 7-80074-296-2：1.40 元

05902　聪明的傻爸爸：捉强盗
〔日〕赤塚不二夫画，黄里译　北京：中国华侨
出版公司，1990.10　93 页，32 开
—ISBN 7-80074-300-4：1.40 元

05903　聪明的彦一：日本民间故事
陈丁译　南宁：接力出版社，1990.1　24 页，
24 开　（动画列车丛书）
—ISBN 7-80581-018-4：0.95 元

05904　从一无所有到巨万：八百伴百货的奇迹
〔日〕和田一夫著，陶力编译　北京：中国经济
出版社，1990.4　115 页，32 开
—ISBN 7-5017-0564-X：2.30 元

05905　从英才教育到创才教育
〔日〕小林由树子著，岩本宝林译　上海：上海
科学普及出版社，1990.6　253 页，32 开　（创
造学丛书/许立言主编）
—ISBN 7-5427-0275-0：3.50 元

05906　催眠法入门
〔日〕守部昭夫著，许金生译　上海：复旦大学
出版社，1990.3　154 页，32 开　（复旦小丛
书·人生智慧之辑）
—ISBN 7-309-00313-6：2.15 元

05907　错乱
〔日〕东勇幸著，姜范铬、黄玉今译　北京：国
际文化出版公司，1990.6　162 页，32 开　（人
生 ABC 丛书）
—ISBN 7-80049-526-4：2.20 元

05908　打劫进步法
〔日〕加藤正夫著，芮乃伟译　成都：蜀蓉棋
艺出版社，1990.6　219 页，32 开　（围棋中
级丛书）
—ISBN 7-80548-241-1：2.80 元

05909　打劫使您的棋力变强
〔日〕加藤正夫著，蒋丹宁译　北京：文化艺术
出版社，1990.8　222 页，32 开
—ISBN 7-5039-0648-0：3.40 元

05910　打入后的攻防
〔日〕武宫正树著，江铸久译　成都：蜀蓉棋
艺出版社，1990.11　218 页，32 开　（围棋
中级丛书）

—ISBN 7-8054-269-1：2.80 元

05911　打入与侵消的时机
〔日〕坂田荣男著，顾列平译　北京：人民体育
出版社，1990.9　227 页，32 开
—ISBN 7-5009-0464-9：3.10 元

05912　打通思路
〔日〕多湖辉编，东北朝鲜民族教育出版社教育
图书编辑室译　延吉：东北朝鲜民族教育出版
社，1990.1　144 页，32 开
—ISBN 7-5437-0617-2：0.90 元

05913　大岛渚的世界
〔日〕佐藤忠男著，张加贝译　北京：中国电影
出版社，1990.8　321 页，大 32 开
—ISBN 7-106-00345-X：3.50 元
本书是作者对大岛渚大部分重要作品所做的公
正、客观、细致的分析和评论。

05914　大规模集成电路工厂洁净技术
〔日〕铃木道夫等著，陈衡等译　北京：电子工
业出版社，1990.9　522 页，16 开
—ISBN 7-5053-0667-7：24.00 元

05915　大学出版的岁月
〔日〕石井和夫著，许耀明译　北京：北京大学
出版社，1990.8　226 页，照片，大 32 开
—ISBN 7-301-01208-3：3.50 元

05916　大学生常用数学微机计算
〔日〕平田光穗等著，孔蜀江、宋湘河译　长
沙：中南工业大学出版社，1990.2　230 页，
16 开
—ISBN 7-81020-296-0：3.00 元

05917　当代日语教程
子荣胜等编译　北京：北京大学出版社，
1990.7　441 页，大 32 开
—ISBN 7-301-00283-1：6.50 元

05918　道教（第一卷）
〔日〕福井康顺等监修，朱越利译　上海：上海
古籍出版社，1990.6　309 页，大 32 开　（海外
汉学丛书/王元化主编）
—ISBN 7-5325-0013-6：4.30 元

05919　道教观相导引术与健康
〔日〕早岛正雄著，郑言译　北京：华文出版
社，1990.9　225 页，32 开

—ISBN 7-5075-0069-1：2.80 元

05920　道路桥梁维修的设计与施工
〔日〕冈田郁生主编，〔日〕柳田和朗等著，李
泽生译　北京：人民交通出版社，1990.8　213
页，大 32 开
—ISBN 7-114-00828-7：5.05 元

05921　道魔大决斗
〔日〕山田风太郎著，樊学钢译　西安：陕西人
民出版社，1990.8　2 册（674 页），32 开
—ISBN 7-224-01293-9：7.05 元

05922　稻瘟病与抗病育种
〔日〕山崎义人、高坂淖尔编著，凌忠专、孙昌
其译　北京：农业出版社，1990.5　604 页，大
32 开
—ISBN 7-109-00193-8：12.35 元

05923　地基工程学：可靠性设计的理论和实际
〔日〕松尾稔著，万国朝等译　北京：人民交通
出版社，1990.2　325 页，16 开
—ISBN 7-114-00711-6：12.30 元

05924　地震事典
〔日〕宇津德治主编，李裕彻等译　北京：地震
出版社，1990.12　596 页，大 32 开
—ISBN 7-5028-0398-X：10.00 元

05925　帝王学：《贞观政要》的领导艺术
〔日〕山本七平著，周君铨译　北京：三联书
店，1990.9　134 页，32 开　（大众文库）
—ISBN 7-108-00311-2：2.75 元

05926　第三个女人：一部活生生的"罪与罚"
〔日〕夏树静子著，顽石译　海口：南海出版公
司，1990.7　229 页，32 开
—ISBN 7-80570-073-7：3.30 元

05927　第三条虹桥
〔日〕池田大作、〔苏〕A. A. 罗古诺夫著，卞立
强译　北京：中国国际广播出版社，1990.3
241 页，大 32 开
—ISBN 7-80035-467-9：3.60 元

05928　癫痫发作时的脑电图图谱
〔日〕和田丰治、八木和一著，吴立文、肖淮海
译　北京：中国医药科技出版社，1990.12　168
页，16 开
—ISBN 7-5067-0201-0（精装）：13.00 元

05929 典型构造分析

〔日〕植村武、水谷伸治郎著，邵济安编译　北京：地质出版社，1990.4　187页，大32开
—ISBN 7-116-00623-0：3.20元

05930 电气节能措施

日本节能中心编，高光润、王炳聚译　北京：中国计量出版社，1990.3　176页，32开
—ISBN 7-5026-0305-0：2.80元

05931 电气设备诊断技术及其自动化

〔日〕和田昱二等编著，张家元等译　北京：机械工业出版社，1990.7　275页，16开
—ISBN 7-111-01694-7：13.90元
本书系统地整理了有关电气设备自动诊断的文章共计37篇。其中包括了架空线路和地下线路的诊断，变电设备、旋转电机的诊断，绝缘老化的诊断和工厂与配电系统中谐波的联机诊断等内容。

05932 电梯与自动扶梯入门

〔日〕浜正太郎著，曾荣基译　广州：华南理工大学出版社，1990.10　105页，16开
—ISBN 7-5623-0179-4：5.50元

05933 淀粉科学手册

〔日〕二国二郎主编，王薇青等译　北京：轻工业出版社，1990.10　761页，大32开
—ISBN 7-5019-0605-X：21.00元

05934 钓鱼迷三平（1）

〔日〕矢口高雄编绘　北京：中国电影出版社，1990.11　116页，32开
—ISBN 7-106-00476-6：2.20元

05935 定式的魔术：对定式变着和骗着的剖析

〔日〕山部俊郎著，朱宝训、谯辛译　合肥：安徽科学技术出版社，1990.5　219页，32开（围棋魔术丛书　1）
—ISBN 7-5337-0436-4：3.25元

05936 定式的选择

〔日〕工藤纪夫著，江鸣久译　成都：蜀蓉棋艺出版社，1990.6　218页，32开（围棋中级丛书）
—ISBN 7-80548-238-1：2.80元

05937 定式后的下法

〔日〕加纳嘉德著，金爽、张竹译　北京：中国广播电视出版社，1990.11　198页，32开
—ISBN 7-5043-0369-0：3.25元

05938 东方神功

〔日〕广池秋子著，李连鹏译　太原：山西科学教育出版社，1990.5　179页，32开
—ISBN 7-5377-0252-7：4.80元

05939 东方艺术美学

牛枝慧编　北京：国际文化出版公司，1990.4　442页，大32开
—ISBN 7-80049-223-0：6.40元
本书为中国、日本、印度等国美学家有关东方各国文学、戏剧、书画、音乐、舞蹈的美学论文集。

05940 东京的早晨

〔日〕濑户内晴美著，金永彪译　延吉：延边人民出版社，1990.6　257页，32开
—ISBN 7-80508-408-4：3.30元

05941 东洋聊斋

〔日〕依田百川著，孙菊园、孙逊校译　长沙：湖南文艺出版社，1990.7　279页，32开
—ISBN 7-5404-0545-7：3.15元
本书原名《谭海》，是一部用汉文字写就的文言笔记小说。

05942 动物小说选

王敏主编　沈阳：辽宁少年儿童出版社，1990.3　302页，图，32开（当代日本少年文学丛书/王敏主编）
—ISBN 7-5315-0548-7：2.65元

05943 杜登日汉图解辞典

蓝若冰等译　北京：中国国际广播出版社，1990.2　753页，25开
—ISBN 7-80035-279-X（精装）：21.50元

05944 对外政策

〔日〕佐藤英夫著，王晓滨译　北京：经济日报出版社，1990.3　1册（126，18页），大32开（现代政治学丛书　20/〔日〕猪口孝主编）
—ISBN 7-80036-216-7：4.50元

05945 多梦年华：当代青年心理探幽

〔日〕武田彻等编，王国栋译　北京：知识出版社，1990.7　262页，32开
—ISBN 7-5015-0313-3：3.50元
本书内容包括青年期的意义、青年期发育过程、青年的价值观和人生观、青年与人际关系、青年

与社会等 7 个部分。

05946　儿童成长之路
〔日〕宇都宫襄治著，宋军、李玫译　北京：三联书店，1990.5　95 页，32 开　（大众文库）
—ISBN 7-108-00309-0：2.30 元

05947　儿童歌唱发声：怎样训练美好的童声
〔日〕品川三郎著，吕水深、缪装言译　上海：上海音乐出版社，1990.4　105 页，32 开
—ISBN 7-80553-212-5：1.35 元

05948　儿童科学思维方法的培养
〔日〕波多野完治、泷泽武久著，塞苏军译　北京：科学技术文献出版社，1990.12　182 页，32 开
—ISBN 7-5023-1312-5：2.65 元

05949　二〇五教室
〔日〕大石真著，安伟邦译　上海：少年儿童出版社，1990.8　143 页，32 开　（外国儿童文学丛书）
—ISBN 7-5324-0245-2：1.75 元

05950　发明的诀窍
〔日〕鹫田彰著，吴生绪、刘军译　西安：陕西人民教育出版社，1990.5　211 页，32 开
—ISBN 7-5419-1410-X：2.65 元

05951　发明专利经济学
〔日〕斋藤优编著，谢燮正等译　北京：专利文献出版社，1990.8　270 页，32 开
—ISBN 7-80011-037-0：3.60 元

05952　法国英国日本公司税
国家税务局税收科学研究所编译　大连：东北财经大学出版社，1990.9　482 页，大 32 开
—ISBN 7-81005-369-8：6.90 元

05953　法人资本主义
〔日〕奥村宏著，李建国等译　北京：三联书店，1990.5　194 页，32 开　（经济社会体制比较丛书）
—ISBN 7-108-00246-9：3.45 元

05954　放射性示踪技术及应用
〔英〕埃文斯（Evans，E. A.）、〔日〕村松光雄编，赵阿金等译　北京：原子能出版社，1990.7　320 页，16 开
—ISBN 7-5022-0249-8：20.10 元

05955　飞人（3）：发现潜艇
〔日〕藤子不二雄著，于也、于素秋编译　北京：科学普及出版社，1990.9　94 页，32 开
—ISBN 7-110-01734-6：1.50 元

05956　飞人（4）：我是明星
〔日〕藤子不二雄著，于也、吴学敏编译　北京：科学普及出版社，1990.9　92 页，32 开
—ISBN 7-110-01735-4：1.50 元

05957　分先定式精选
〔日〕高川秀格著，韩凤仑、张竹译　北京：世界图书出版公司，1990.6　175 页，32 开
—ISBN 7-5062-0649-8：3.80 元

05958　分先定式小百科
日本棋院著，韩凤仑、张竹译　北京：华夏出版社，1990.8　211 页，32 开　（围棋小百科丛书）
—ISBN 7-80053-762-5：3.10 元

05959　风流佛
〔日〕幸田露伴著，文洁若译　北京：人民文学出版社，1990.8　160 页，大 32 开　（日本文学丛书）
—ISBN 7-02-000252-8：2.90 元

05960　福建民俗研究
〔日〕铃木满男主编　杭州：浙江人民出版社，1990.12　189 页，大 32 开　（越系文化新探丛书/王勇主编）
—ISBN 7-213-00580-4：2.90 元

05961　福泽谕吉
〔日〕远山茂树著，翟新译　北京：中国社会科学出版社，1990.6　322 页，32 开　（外国著名思想家译丛/张晓明主编）
—ISBN 7-5004-3701-7：3.50 元

05962　附身恶魔
〔日〕江户川乱步著，朱述斌译　合肥：安徽文艺出版社，1990.6　206 页，32 开
—ISBN 7-5396-0358-5：2.75 元

05963　覆灭
〔日〕高木俊朗著，黄凤英等译　北京：农村读物出版社，1990.9　508 页，32 开
—ISBN 7-5048-0398-7：6.00 元
本书详细记述了日本陆海军中编组航空部队敢死队所发生事情的年、月、日，细致描述了人物的心理和各种场面，真实抄录了感人的日记、书

信和诗词。

05964 高分子表面的基础和应用
〔日〕筬义人编，徐德恒等译 北京：化学工业
出版社，1990.6 574 页，32 开
—ISBN 7-5025-0546-6：10.60 元

05965 高技术未来探索
〔日〕片方善治著，厉仁玉等译 上海：上海科
学技术文献出版社，1990.7 155 页，32 开
（同济大学图书馆丛书）
—ISBN 7-80513-609-2：2.80 元

05966 高野圣僧：泉镜花小说选
〔日〕泉镜花著，文洁若译 北京：人民文学
出版社，1990.9 224 页，大 32 开 （日本文
学丛书）
—ISBN 7-02-000505-5：3.65 元

05967 工厂配电设计施工手册
日本电气学会工厂配电常设专业委员会编，张
新等译 北京：机械工业出版社，1990.7 663
页，16 开
—ISBN 7-111-01727-7：19.00 元

05968 工科一般力学
〔日〕中川宪治著，庄立球、蒋鉴译 北京：高
等教育出版社，1990.6 272 页，大 32 开
—ISBN 7-04-002392-X：2.85 元

05969 公害防止技术：大气篇
日本公害防止技术和法规编委会编，陈振兴等
译 北京：化学工业出版社，1990.4 624 页，
大 32 开
—ISBN 7-5025-0261-0：13.50 元

05970 功能性高分子材料
〔日〕加藤顺主编，陈桂富、吴贵芬译 北凉：
烃加工出版社：1990.3 452 页，32 开
—ISBN 7-80043-067-7：5.90 元

05971 功能性金属材料
〔日〕伊藤邦夫等著，蒋正行、孟宪玲译
北京：科学出版社，1990.11 265 页，
32 开
—ISBN 7-03-001826-5：7.70 元

05972 攻防的感觉
〔日〕大竹英雄著，金爽、张竹译 北京：华夏
出版社，1990.10 200 页，32 开

—ISBN 7-80053-784-6：3.20 元

05973 古事记
〔日〕安万侣著，周作人译 北京：国际文化出
版公司，1990.12 199 页，32 开
—ISBN 7-80049-612-0：2.90 元
本书是由日本古代神话、英雄传说、民间故事、
地方歌谣及帝王家谱构成的一部光怪陆离的作
品。成书于 8 世纪初，记载了古代日本人民的风
俗习惯和精神面貌。

05974 怪物太郎：棒球比赛
〔日〕藤子不二雄著，王振华译 北京：人民美
术出版社，1990.4 87 页，32 开
—ISBN 7-102-00655-1：1.20 元

05975 怪物太郎：大怪兽
〔日〕藤子不二雄著，王振华译 北京：人民美
术出版社，1990.4 89 页，32 开
—ISBN 7-102-00680-2：1.20 元

05976 怪物太郎：非洲的旅行
〔日〕藤子不二雄著，王振华译 北京：人民美
术出版社，1990.4 91 页，32 开
—ISBN 7-102-00682-9：1.20 元

05977 怪物太郎：怪物部队
〔日〕藤子不二雄著，王振华译 北京：人民美
术出版社，1990.4 90 页，32 开
—ISBN 7-102-00683-7：1.20 元

05978 怪物太郎：怪物太郎来了
〔日〕藤子不二雄著，王振华译 北京：人民美
术出版社，1990.4 85 页，32 开
—ISBN 7-107-00654-3：1.20 元

05979 怪物太郎：怪星人
〔日〕藤子不二雄著，王振华译 北京：人民美
术出版社，1990.4 85 页，32 开
—ISBN 7-102-00656-X：1.20 元

05980 怪物太郎：会飞的章鱼
〔日〕藤子不二雄著，王振华译 北京：人民美
术出版社，1990.4 89 页，32 开
—ISBN 7-102-00685-3：1.20 元

05981 怪物太郎：请上魔法垫
〔日〕藤子不二雄著，王振华译 北京：人民美
术出版社，1990.4 90 页，32 开
—ISBN 7-102-00684-5：1.20 元

05982　怪物太郎：神秘的蝇人
〔日〕藤子不二雄著，王振华译　北京：人民美术出版社，1990.4　88 页，32 开
—ISBN 7-102-00681-0：1.20 元

05983　怪物太郎：雪孩儿
〔日〕藤子不二雄著，王振华译　北京：人民美术出版社，1990.4　92 页，32 开
—ISBN 7-102-00657-8：1.20 元

05984　官子的手筋
〔日〕坂田荣男著，林天择、亦逸编译　上海：上海科学技术文献出版社，1990.11　216 页，32 开　（日本新中级围棋丛书）
—ISBN 7-80513-559-2：2.40 元

05985　官子小百科
日本棋院著，韩凤仑、张竹译　北京：华夏出版社，1990.6　221 页，32 开　（围棋小百科丛书）
—ISBN 7-80053-729-3：2.65 元

05986　官子知识
〔日〕赵治勋著，于志琪、李中南编译　北京：人民体育出版社，1990.1　162 页，32 开　（围棋入段丛书　4）
—ISBN 7-5009-0401-0：2.30 元

05987　管教子女绝招
〔日〕多湖辉著，苏佳译　呼和浩特：内蒙古人民出版社，1990.11　148 页，32 开
—ISBN 7-204-01250-X：2.50 元

05988　管理秘诀 101 例
〔日〕村上元彦著，车平译　南宁：广西科学技术出版社，1990.11　222 页，32 开
—ISBN 7-80565-866-6：2.45 元

05989　光导波电子学
〔日〕柳井久義、牧本利夫编著，张伟贤译　北京：电子工业出版社，1990.2　408 页，16 开（高等学校教学用书）
—ISBN 7-5053-0715-0：5.30 元

05990　光缆施工与维护技术
〔日〕渡边高信等编著，赵灵基等译　北京：人民邮电出版社，1990.4　225 页，16 开
—ISBN 7-115-04102-4：6.30 元

05991　广播日语听力教材：中日友好交流节目
马秀兰编译　北京：中国广播电视出版社，1990.1　252 页，32 开　（广播电台日语广播讲座教材）
—ISBN 7-5043-0273-2：3.10 元

05992　归来的燕子：影视歌星陈美龄自述
〔日〕陈美龄著，逍遥译　北京：国际文化出版公司，1990.7　208 页，32 开
—ISBN 7-80049-302-4：2.75 元

05993　贵夫人号
〔日〕草野唯雄著，杨学勤译　乌鲁木齐：新疆人民出版社，1990.4　211 页，32 开
—ISBN 7-228-00989-4：2.50 元

05994　国际标准交谊舞指南
〔日〕笹木阳一著，张爱平、冯峰译　北京；中国工人出版社，1990.11　152 页，32 开
—ISBN 7-5008-0674-4：2.15 元

05995　国际金融实务
〔日〕泽木敬郎、石黑一宪主编，三井银行国际部著，许少强译　上海：上海翻译出版公司，1990.12　221 页，32 开　（国际金融丛书）
—ISBN 7-80514-104-5：3.00 元

05996　国际新潮发型设计 100 例
〔日〕大内十二郎著　北京：中国商业出版社，1990.9　1 册，16 开
—ISBN 7-5044-0570-1：16.00 元

05997　国家神道
〔日〕村上重良著，聂长振译　北京：商务印书馆，1990.9　184 页，大 32 开
—ISBN 7-100-00766-6：2.25 元
本书除扼要叙述了神道的形成、发展和演变及各种流派外，着重对国家神道在近代的出现、它的思想结构做了深入的阐述，并对统治阶级利用国家神道为侵略战争服务做了分析和批判。

05998　"海底战车"之谜
〔日〕桃井真著，胡立品、柳真译　北京：解放军出版社，1990.6　172 页，32 开
—ISBN 7-5065-1260-2：2.55 元

05999　海洋
〔日〕友田好文、高野健三著，李若钝、井传才译　北京：海洋出版社，1990.3　340 页，32 开
—ISBN 7-5027-0519-8：5.50 元

06000 海洋浮游动物生态学的研究方法
〔日〕大森信、池田勉著，陈青松、曹秀珍译
北京：农业出版社，1990.10 355 页，大 32 开
—ISBN 7-109-01148-8（精装）：10.70 元

06001 好恶心理学——改善人际关系的方法
〔日〕诧摩武俊著，公克、晨华译 北京：中国
盲文出版社，1990.3 1 册，10 开
—ISBN 7-5002-0352-7：1.30 元

06002 和刻本类书集成（第二辑：事物纪原·小学绀珠）
〔日〕长泽规矩也编 影印本 上海：上海古籍
出版社，1990.7 463 页，16 开
—ISBN 7-5325-0792-0（精装）：25.30 元

06003 和刻本类书集成（第六辑：唐诗金粉·词林合璧·锦字笺）
〔日〕长泽规矩也编 影印本 上海：上海古籍
出版社，1990.7 430 页，16 开
—ISBN 7-5325-0796-3（精装）：23.90 元

06004 和刻本类书集成（第三辑：书言故事大全·君臣故事·日记故事大全·金璧故事·劝惩故事）
〔日〕长泽规矩也编 影印本 上海：上海古籍
出版社，1960.7 450 页，16 开
—ISBN 7-5325-0793-9（精装）：24.70 元

06005 和刻本类书集成（第四辑：群书拾唾·故事雕龙·故事必读成语考·雅俗故事读本·艺林伐山故事·事物异名）
〔日〕长泽规矩也编 影印本 上海：上海古籍
出版社，1990.7 441 页，16 开
—ISBN 7-5325-0794-7（精装）：24.20 元

06006 和刻本类书集成（第五辑：卓氏藻林·古今类书纂要）
〔日〕长泽规矩也编 影印本 上海：上海古籍
出版社，1990.7 492 页，16 开
—ISBN 7-5325-0795-5（精装）：26.30 元

06007 和刻本类书集成（第一辑：岁华纪丽·书叙指南·事林广记）
〔日〕长泽规矩也编 影印本 上海：上海古籍
出版社，1990.7 467 页，16 开
—ISBN 7-5325-0791-2（精装）：25.40 元

06008 红花
〔日〕渡边淳一著，刘咏华等译 太原：北岳文
艺出版社，1990.9 352 页，32 开
—ISBN 7-5378-0420-6：5.30 元

06009 红色贵族春秋：西园寺公一回忆录
〔日〕西园寺公一口述，〔日〕南村志郎记录，
田家农等译 北京：中国和平出版社，1990.12
237 页，照片，大 32 开 （国际友人丛书 第 1 辑）
—ISBN 7-80037-401-7：5.30 元
本书是日本著名社会活动家西园寺公一对自己
一生传奇经历的回顾。

06010 洪秀全
〔日〕小岛晋治著，成之平、罗宇译 西安：三
秦出版社，1990.8 177 页，32 开 （风云人物
丛书/张玉良主编）
—ISBN 7-80546-153-8：2.10 元

06011 猴子和螃蟹：日本民间故事
徐寒梅译 南宁：接力出版社，1990.1 24 页，
24 开 （动画列车丛书）
—ISBN 7-80581-011-7：0.95 元

06012 厚味计算法
〔日〕安倍吉辉著，刘潇译 北京：中国奥林匹
克出版社，1990.7 187 页，32 开 （奥林匹克
围棋丛书 第 1 辑/蔡中主编）
—ISBN 7-80067-017-1：2.95 元

06013 华丽的侦探们
〔日〕赤川次郎著，李小青译 上海：上海译文
出版社，1990.9 203 页，32 开
—ISBN 7-5327-0960-4：2.70 元

06014 华侨商法的秘密
〔日〕南康文著，侯荔江译 成都：四川人民出
版社，1990.4 178 页，32 开 （生意经系列/黄
小平主编）
—ISBN 7-220-00775-2：2.30 元

06015 化工过程控制
〔日〕桦田荣一、中西英二著，陶林、陶兴文
译 北京：化学工业出版社，1990.6 262 页，
32 开
—ISBN 7-5025-0695-0：5.00 元

06016 化学传感器
〔日〕清山哲郎著，董万堂译 北京：化学工业
出版社，1990.4 98 页，32 开
—ISBN 7-5025-0529-6：2.00 元

06017 化学工程概论
日本化学工程协会编，陈松茂、楼益明译　上海：上海科技文献出版社，1990.3　261页，32开
—ISBN 7-80513-537-1：4.40元

06018 画动物
〔日〕清水胜著，王家斌、华梅编译　天津：天津人民美术出版社，1990.2　113页，16开
—ISBN 7-5305-0202-6：18.50元

06019 皇帝陛下的黑豹：特命武装检察官黑木豹介
〔日〕门田泰明著，黄克依译　济南：山东文艺出版社，1990.5　387页，32开
—ISBN 7-5329-0458-X：4.90元

06020 黄瓜的营养与生理障害
日本全农肥料农药部编著，张有山译　北京：北京科学技术出版社，1990.12　1册（35，33页），图，32开
—ISBN 7-5304-0869-0：5.20元

06021 黄金幻想
〔日〕鲇川信夫等著，郑民钦译　广州：花城出版社，1990.12　255页，32开　（现代散文诗名著译丛　第1辑）
—ISBN 7-5360-0779-5：3.60元

06022 黄金假面人
〔日〕江户川乱步著，武继平译　合肥：安徽文艺出版社，1990.6　232页，32开　（东洋神探小五郎探案集）
—ISBN 7-5396-0352-6：3.00元

06023 谎言的心理分析
〔日〕相场均著，王军、李茹译　北京：学苑出版社，1990.7　96页，32开
—ISBN 7-5077-0279-0：1.50元

06024 回天有术：企业振兴的奥秘
〔日〕立石一真著，齐东平译　北京：中国财政经济出版社，1990.4　192页，32开　（管理新思维丛书/李铁锤、陈重主编）
—ISBN 7-5005-0744-5：2.80元

06025 击败高手之策
〔日〕武宫正树著，韩凤仑译　成都：蜀蓉棋艺出版社，1990.10　174页，32开
—ISBN 7-80548-265-9：2.10元

06026 机构设计实用构思图册
〔日〕藤森洋三著，贺相译　北京：机械工业出版社，1990.8　164页，16开
—ISBN 7-111-02104-5：7.10元

06027 机器猫——小布娃娃
〔日〕藤子不二雄编绘，童笑重译　延吉：延边人民出版社，1990.4　96页，32开
—ISBN 7-80508-456-4：0.87元

06028 机器猫续集：地球制造法
张秀华、刘万秋等译，张强、安吾等复制　天津：天津人民美术出版社，1990.3　28页，32开
—ISBN 7-5305-3259-5：0.85元

06029 机器猫续集：地下国探险记
张秀华、刘万秋等译，增仁、建芬等复制·天津：天津人民美术出版社，1990.3　28页，32开
—ISBN 7-5305-3260-X：0.85元

06030 机器猫续集：反作用器
张秀华、刘万秋等译，跃阅、柱子等复制　天津：天津人民美术出版社，1990.3　28页，32开
—ISBN 7-5305-3262-6：0.85元

06031 机器猫续集：海底旅行
立新译，阿征、风岗等复制　天津：天津人民美术出版社，1990.3　28页，32开
—ISBN 7-5305-3261-8：0.85元

06032 机器猫续集：家里的游泳池是太平洋
立新等译，新民、惠芬等复制　天津：天津人民美术出版社，1990.3　28页，32开
—ISBN 7-5305-3263-4：0.85元

06033 机器猫续集：中彩票
立新等译，鹿泉、国珍等复制　天津：天津人民美术出版社，1990.3　28页，32开
—ISBN 7-5305-3264-2：0.85元

06034 机器猫——遥控大海战
〔日〕藤子不二雄编绘，蔡凤善重译　延吉：延边人民出版社，1990.5　96页，32开
—ISBN 7-80508-457-2：0.87元

06035 机械公式集
〔日〕大石正昭、稻见辰夫著，马殿举等译　北

京：轻工业出版社，1990.3 334 页，32 开
—ISBN 7-5019-0120-1：8.90 元

06036 鸡病防治
日本农林水产省家畜卫生试验场主编，孙长城
等译 沈阳：白山出版社，1990.2 109 页，图
53 页，32 开
—ISBN 7-80566-095-6：13.00 元

06037 基础汽车工程学下集
〔日〕近藤政市著，崔靖译 西安：陕西科学技
术出版社，1990.11 343 页，大 32 开
—ISBN 7-5369-0728-1：6.60 元

06038 基础物理学习提要与习题详解
〔日〕后藤宪一等编，张汝栋编译 济南：山东
教育出版社，1990.5 904 页，32 开
—ISBN 7-5328-0894-7：8.50 元

06039 激光物理导论
〔日〕霜田光一著，朱大勇、叶乃群译 成都：
电子科学大学出版社，1990.10 266 页，大
32 开
—ISBN 7-81016-264-0：3.90 元

**06040 计算机软件水平考试问题及解答：日本
1985—1989 年**
梁建湘等编译 北京：电子工业出版社，
1990.11 462 页，16 开
—ISBN 7-5053-1021-6：13.50 元

06041 加工中心的实用技术
日本东芝机械加工中心研究会著，阎太忱、刘昌
祺译 北京：机械工业出版社，1990.10 312.
页 32 开
—ISBN 7-111-02388-9：7.00 元

06042 加藤围棋教室（1）：序盘的构思
〔日〕加藤正夫著，郑虹、凯希译 成都：蜀蓉
棋艺出版社，1990.6 270 页，32 开
—ISBN 7-80548-242-X：3.00 元

06043 加藤围棋教室（2）：手筋和攻防
〔日〕加藤正夫著，栾斌译 成都：蜀蓉棋艺出
版社，1990.6 270 页，32 开
—ISBN 7-80548-243-8：3.00 元

06044 加藤围棋教室（3）：官子·角的死活
〔日〕加藤正夫著，郑虹、凯希译 成都：蜀蓉
棋艺出版社，1990.7 270 页，32 开

—ISBN 7-80548-244-6：3.00 元

06045 家庭关系的心理透视
〔日〕久世敏雄、长田雅喜著，李艳、苗登明
译 长春：吉林人民出版社，1990.4 165 页，
32 开
—ISBN 7-206-00735-X：2.20 元

06046 家庭科学洗衣法
日本家庭科学研究所编，张华宗译 北京：中国
广播电视出版社，1990.8 155 页，32 开
—ISBN 7-5043-0422-0：2.60 元

06047 家庭小儿推拿
〔日〕永谷义文著，汤一新、熊维美编译 成
都：四川科学技术出版社，1990.1 218 页，32
开 （家庭保健推拿丛书）
—ISBN 7-5364-1564-8：2.75 元

06048 简明出版百科词典
〔日〕布川角左卫门主编，申非、祖秉和译
北京：中国书籍出版社，1990.4 595 页，大
32 开
—ISBN 7-5068-0030-6 （精装）：12.30 元，
（平装）：9.80 元

06049 简明形势判断
〔日〕大竹英雄著，吴正龙、翁子瑜译 成都：
蜀蓉棋艺出版社，1990.12 218 页，32 开 （围
棋中级丛书）
—ISBN 7-80548-281-0：2.80 元

**06050 建筑和建筑设备的节能：设计、管理技
术的基础相应用**
〔日〕中原信生著，龙惟定等译 北京：中国建
筑工业出版社，1990.10 449 页，16 开
—ISBN 7-112-00350-2：18.45 元

06051 建筑卫生技术设备
萧正辉、高明远主编，〔日〕井上宇市等编著 北
京：中国建筑工业出版社，1990.5 467 页，16 开
—ISBN 7-112-00977-4：15.30 元

06052 建筑物抗震设计法
〔日〕大崎顺彦编著，毛春茂、刘忠译 北京：
冶金工业出版社，1990.8 601 页，大 32 开
—ISBN 7-5024-0610-7：13.80 元

06053 建筑消防实例
〔日〕冈田光正著，慕春暖译 天津：天津科学

技术出版社，1990.12 97页，16开 （建筑设计参考资料）

—ISBN 7-5308-0830-3：4.20元

06054 健康圣经：有病不求人

〔日〕石川恭三著，〔日〕山口三男绘，航山译 北京：光明日报出版社，1990.5 230页，32开

—ISBN 7-80014-872-6：3.25元

06055 健康体操

〔日〕竹腰美代子著，汪康乐译 兰州：甘肃少年儿童出版社，1990.6 176页，32开 （现代家庭丛书）

—ISBN 7-5422-0347-9：2.05元

06056 浆体与密封容器输送技术手册

日本浆体输送研究会编著，《浆体与密封容器输送技术手册》翻译组译 北京：冶金工业出版社，1990.4 787页，16开

—ISBN 7-5024-0497-X（精装）：29.40元

06057 交联剂手册

〔日〕山下晋三、金子東助编，纪奎江等译 北京：化学工业出版社，1990.7 642页，16开

—ISBN 7-5025-0188-6：23.40元

06058 角部的死活

〔日〕高木祥一著，黄良玉、陈凤译 成都：蜀蓉棋艺出版社，1990.11 209页，32开 （围棋中级丛书）

—ISBN 7-80548-282-9：2.80元

06059 角上的死活

〔日〕高木祥一著，亦浩、亦逸编译 上海：上海科学技术文献出版社，1990.3 218页，32开 （日本新中级围棋丛书）

—ISBN 7-80513-559-2：2.65元

06060 教师切莫使学生变为废品

〔日〕松泽光雄著，刘庆桂等译 长春：东北师范大学出版社，1990.6 130页，32开

—ISBN 7-5602-0414-7：2.00元

本书从正反两方面介绍了战后日本普通中学教育的经验教训，阐述了要想提高中学教育质量所应具备的条件。

06061 教师一日

〔日〕家本芳郎著，赵伟哲译 延吉：东北朝鲜民族教育出版社，1990.6 231页，32开

—ISBN 7-5437-0722-5：1.40元

06062 教子学习妙法

〔日〕多湖辉著，李炳生、陈菲菲译 兰州：甘肃少年儿童出版社，1990.5 243页，32开 （现代家庭丛书）

—ISBN 7-5422-0299-5：2.85元

06063 酵母解剖

〔日〕柳岛直彦等编，王岳五译 天津：南开大学出版社，1990.5 311页，大32开

—ISBN 7-310-00280-6：2.65元

06064 揭开癌症之谜的旅行

〔日〕平山雄著，马焕璞译 合肥：中国科学技术大学出版汁，1990.9 191页，32开

—ISBN 7-312-00061-4：4.70元

06065 金属的凝固：理论、实践及应用

〔日〕大野笃美著，邢建东译 北京：机械工业出版社，1990.8 151页，32开

—ISBN 7-111-02177-0：3.90元

06066 金属氢化物的性质与应用

〔日〕大角泰章著，吴永宽、苗艳秋译 北京：化学工业出版社，1990.9 428页，32开

—ISBN 7-5025-0751-5：7.80元

06067 近代国际经济要览（16世纪以来）

〔日〕宫崎犀一等编，陈小洪等译 北京：中国财政经济出版社，1990.5 439页，16开

—ISBN 7-5005-0680-5：14.50元

06068 晋入三段所必需的基本手筋100例

〔日〕大竹英雄著，刘健等编译 杭州：浙江大学出版社，1990.6 218页，32开 （围棋棋力速增丛书 5）

—ISBN 7-308-00532-1：2.85元

06069 经济政策学

〔日〕野尻武敏等著，魏杰等译 西安：陕西人民出版社，1990.2 267页，32开

—ISBN 7-224-01106-1：3.45元

06070 经营数学概论：科学的意思决定的基础

〔日〕臼井功著，何平译 大连：大连理工大学出版社，1990.12 240页，大32开

—ISBN 7-5611-0364-6：3.95元

06071 经营之神：松下幸之助的生涯

〔日〕井上宏生著，沈英甲、吕萍萍译 北京：中国青年出版社，1990.10 164页，32开

—ISBN 7-5006-0590-0：2.65 元

06072　精明的理财之道
〔日〕上原学、横光俊治著，张成学译　南京：江苏美术出版社，1990　143 页，32 开　（图解日本企业管理丛书　2）
—ISBN 7-5344-0131-3：2.55 元

06073　靖国神社
〔日〕大江志乃夫著，沈志平译　北京：世界知识出版社，1990.12　179 页，32 开
—ISBN 7-5012-0345-8：2.20 元

06074　静电复印技术基础与应用
日本电子写真学会编，岳佐军等译　武汉：武汉测绘科技大学出版社，1990.12　231 页，16 开（教学参考书）
—ISBN 7-81030-071-7：5.40 元

06075　巨霸小传
〔日〕矶山典辰著，高延军、高长缨译　上海：上海文化出版社，1990.7　114 页，32 开　（五角丛书　第十辑）
—ISBN 7-30511-391-2：1.15 元
本书为曾在历史上翻云覆雨、对世界产生过巨大影响的 15 位巨霸的"小传"。

06076　绝命谋杀
〔日〕松山良昭著，卢正平译　牡丹江：黑龙江朝鲜民族出版社，1990.5　321 页，32 开
—ISBN 7-5389-0267-8：3.30 元

06077　军事卫星：卫星间谍战和尖端装器
〔日〕坂田俊文著，秦荣斌译　北京：军事科学出版社，1990.9　95 页，32 开
—ISBN 7-80021-343-9：1.50 元

06078　抗生素
〔日〕米原弘著、方常福、王天哲译　北京：中国医药科技出版社，1990.9　459 页，32 开
—ISBN 7-5067-0159-6：8.00 元

06079　科学的魅力
〔日〕田中实、芦原伸之著，张学成、马冠英译　北京：科学普及出版社，1990.2　140 页，图，32 开
—ISBN 7-110-01035-X：3.50 元

06080　科学工作者留学、交流用英文书信选（第 2 集）
〔日〕阪口玄二、逢坂昭著，李桂兰译　北京：

世界图书出版公司，1990.11　355 页，大 32 开
—ISBN 7-5062-0792-3：5.90 元

06081　科学幻想小说选
〔日〕濑川昌男等著，吴辉等译　沈阳：辽宁少年儿童出版社，1990.8　316 页，32 开　（当代日本少年文学丛书/王敏主编）
—ISBN 7-5315-0590-8：2.90 元

06082　科学思维与科学认识：关于物理学结构的认识
刘奎林、〔日〕山本悟等著　哈尔滨：黑龙江科学技术出版社，1990.9　200 页，大 32 开
—ISBN 7-5388　1271-7：3.50 元

06083　可爱的童装：1990 春夏
日本镰仓书房编　北京：轻工业出版社，1990.4　98 页，16 开
—ISBN 7-5019-0810-9：5.30 元

06084　可爱的童装：1990 秋冬
日本镰仓书房编　北京：轻工业出版社，1990.9　98 页，16 开
—ISBN 7-5019-0893-1：6.00 元

06085　可爱的童装（第四辑）
日本镰仓书房编　北京：轻工业出版社，1990.1　50 页，图，16 开
—ISBN 7-5019-0791-9：2.60 元

06086　孔子·老子·释迦牟尼"三圣会谈"
〔日〕诸桥辙次著，蔡骥、翟新译　北京：中国广播电视出版社，1990.9　219 页，32 开　（中国学名著译丛/陈熙中主编）
—ISBN 7-5043-0533-2：3.50 元

06087　冷血孤星剑
〔日〕柴田炼三郎著，樊学钢译　西安：陕西人民出版社，1990.9　2 册，32 开
—ISBN 7-224-01269-6：5.75 元

06088　离散时间控制系统
〔日〕绪方胜彦著，刘君华等译　西安：西安交通大学出版社，1990.5　708 页，16 开　（外国教材精选）
—ISBN 7-5605-0229-6：9.05 元

06089　立法过程
〔日〕岩井奉信著，李薇译　北京：经济日报出版社，1990.12　1 册，大 32 开　（现代政治学

丛书　12/〔日〕猪口孝主编）
—ISBN 7-80036-308-2：4.50 元

06090　良渚文化玉器
浙江省文物考古研究所等编著　北京：文物
出版社，日本两木出版社，1990.2　235 页，
大 16 开
—ISBN 7-5010-0398-X（精装）：200.00 元

06091　灵肉探微神秘的东方身心观
〔日〕汤浅泰雄著，马超等编译　北京：中国友
谊出版公司，1990.4　202 页，32 开　（人体特
异功能译丛/张震寰主编）
—ISBN 7-5057-0245-9：3.00 元
什么是肉身？什么是灵魂？两者之间到底是什么
关系？本书从东方传统哲学、宗教和文化角度探
索了这些神秘的课题。

06092　灵通的信息网：计算机与办公室自动化
日本富士通 OA 著，沈吉译，任昌龙、任远制
图　南京：江苏美术出版社，1990　147 页，32
开　（图解日本企业管理丛书　4）
—ISBN 7-5344-0131-2：2.60 元

06093　流行的社会心理
〔日〕川本胜著，郭玉锦译　昆明：云南人民出
版社，1990.10　171 页，32 开　（当代应用心理
学丛书）
—ISBN 7-222-00487-4：2.45 元

06094　龙虎八天狗
〔日〕吉川英治著，樊学钢译　西安：陕西人民
出版社，1990.9　2 册，32 开
—ISBN 7-224-01270-X：6.90 元

06095　伦理学概论
〔日〕小仓志祥编，吴汇涛译　北京：中国社会
科学出版社，1990.5　211 页，大 32 开　（外国
伦理学名著译丛/罗国杰、郑文林主编）
—ISBN 7-5004-0482-4：3.60 元

06096　妈妈读
〔日〕若月俊一著，陈霞芬译　北京：华夏出版
社，1990.5　59 页，32 开
—ISBN 7-80053-722-6：1.35 元
本书叙述了孕妇在妊娠期间的卫生保健和营养，
以及婴儿的沐浴方法、步骤等。

06097　妈妈是最好的医生
〔日〕小池麒一郎著，冯宛兰等编译　长春：长

春出版社，1990.1　205 页，图，32 开
—ISBN 7-80573-084-9：2.90 元

**06098　马克思的经济学：价值和增长的双重
理论**
〔日〕森岛通夫著，袁镇岳等译　上海：上海人
民出版社，1990.4　225 页，大 32 开
—ISBN 7-208-00657-1：4.10 元

**06099　迈向 21 世纪的国土规划：城乡融合系统
设计**
〔日〕岸根卓郎著，高文琛译　北京：科学出版
社，1990.10　176 页，大 32 开
—ISBN 7-03-001954-7：7.70 元

06100　漫画解说原子能的秘密
〔日〕林乔雄著，宓培庆、顾汉文译　北京：原
子能出版社，1990.5　281 页，32 开
—ISBN 7-5022-0182-3：4.50 元

06101　美好家庭百事录
〔日〕田中伏子著，朱毅译　北京：轻工业出版
社　1990.10　153 页，32 开
—ISBN 7-5019-0886-9：3.10 元

06102　美术设计中的构成·色彩·图象技法
〔日〕寺门保夫等著，白鸽译　北京：北京工艺
美术出版社，1990.8　128 页，图，16 开　（自
学成画家译丛）
—ISBN 7-80526-038-9：16.00 元

06103　美术设计中的质感表现技法
〔日〕熊田勇著，粒子译　北京：北京工艺美术
出版社，1990.8　124 页，图，16 开　（自学成
画家译丛）
—ISBN 7-80526-037-0：16.00 元

06104　美苏谍报战在日本
〔日〕冈村贡著，王冬蔚等译　北京：群众出版
社，1990.4　161 页，32 开
—ISBN 7-5014-0476-3：2.35 元

06105　美学的方法
〔日〕今道友信主编，李心峰等译　北京：文化
艺术出版社，1990.6　342 页，大 32 开　（外国
文艺理论研究资料丛书/陆梅林、程代熙主编）
—ISBN 7-5039-0355-4：4.95 元

06106　门球基本技术和战术
〔日〕佐佐木秀利著，刘得新译　北京：人民体

育出版社，1990.8　107 页，32 开
—ISBN 7-5009-0581-5：1.60 元

06107　蒙古游牧社会
〔日〕后藤十三雄著，玛·巴特尔等译　呼和浩
特：内蒙古人民出版社，1990.10　403 页，大 32 开
—ISBN 7-204-01102-3：4.40 元

06108　梦幻智力测验题
〔日〕多湖辉著，陈禾译　北京：科学普及出版
社，1990.11　101 页，32 开　（智育小丛书　6）
—ISBN 7-110-01581-5：1.55 元

**06109　面向 21 世纪的日本农林水产业：研究方
向及目标**
日本农林水产技术会议事务局编，魏景芳等译　北
京：中国科学技术出版社，1990.11　125 页，32 开
—ISBN 7-5046-0301-5：3.00 元

**06110　命运的链条：记岩间典夫（莫宝清）坎
坷传奇的前半生**
〔日〕渡边一枝、俊然著，哈尔滨：北方文艺出
版社，1990.8　195 页，32 开
—ISBN 7-5317-0337-8：3.40 元

06111　魔芋科学
〔日〕冲增哲等编著，古明选译　成都：四川大
学出版社，1990.6　348 页，32 开
—ISBN 7-5614-0100-0：3.90 元

06112　末代皇弟——溥杰：昭和风云录
〔日〕船木繁著，战宪斌译　北京：中国卓越出
版公司，1990.3　243 页，照片，32 开
—ISBN 7-80071-176-5：4.95 元

06113　母亲暗示法
〔日〕多湖辉著，张秀华、刘万秋译　北京：文
化艺术出版社，1990.2　190 页，32 开　（做父
母的艺术丛书）
—ISBN 7-5039-0384-8：2.35 元
本书列举了 160 多个办法，告诉年轻的母亲怎样
能够既做一个好妈妈，又做一个好教师。

06114　男性社会女性时代
〔日〕菅原真理子著，叶淑惠译　北京：中国国
际广播出版社，1990.11　146 页，32 开
—ISBN 7-80035-685-2：2.60 元

06115　你有几段水平？围棋段位自我测定
〔日〕小林光一著，谢裕国编译　上海：上海文

化出版社，1990.3　225 页，大 32 开
—ISBN 7-80511-342-4：3.00 元

06116　年轻妈妈的高招：幼儿教育难题百解
〔日〕品川不二郎著，颜华译　北京：中国人口
出版社，1990.4　171 页，32 开
—ISBN 7-80079-009-6：2.20 元

**06117　农药的设计与开发指南 第一册：农药的
生物活性和作用机制及今后的农药**
〔日〕山本出、深见顺一主编，尚尔才等译
北京：化学工业出版社，1990.5　720 页，
32 开
—ISBN 7-5025-0386-2：13.15 元

06118　女性的悲剧（原名　W 的悲剧）
〔日〕夏树静子著，穆广菊译　北京：华夏出版
社，1990.6　213 页，32 开
—ISBN 7-80053-734-X：2.70 元

06119　女性的温柔和聪明
〔日〕崛寿子著，冯利译　北京：中国文联出版
公司，1990.2　216 页，32 开
—ISBN 7-5059-1172-4：3.15 元

06120　女性疾病与饮食疗法：饮食与美容
〔日〕落合敏著，何希泉等译　北京：中国工人
出版社，1990.6　134 页，32 开　（家庭卫生保
健丛书）
—ISBN 7-5008-0547-0：2.45 元

06121　女性着装配色指南
〔日〕高桥工直、洼川育由著，沈明林等译　北
京：中国商业出版社，1990.12　117 页，大
32 开
—ISBN 7-5044-0645-7：8.50 元

06122　女妖
〔日〕江户川乱步著，周晓华译　合肥：安徽文
艺出版社，1990.6　197 页，32 开　（东洋神探
小五郎探案集）
—ISBN 7-5396-0342-9：2.60 元

06123　女中学生心理
〔日〕加藤隆胜编，李连鹏译　太原：山西教育出
版社，1990.8　93 页，32 开　（学生心理丛书）
—ISBN 7-80578-184-2：1.30 元

06124　挪威的森林：告别处女世界
〔日〕村上春树著，钟宏杰、马述祯译　哈尔

滨：北方文艺出版社，1990.6 370 页，32 开
—ISBN 7-5317-0376-9：5.46 元

06125 挪威的森林
〔日〕村上春树著，林少华译 桂林：漓江出版
社 1989.7 337 页，32 开
—ISBN 7-5407-0460-8：3.95 元

06126 培养创造力：21 世纪的儿童教育
〔日〕住田幸次郎著，蔡林海等译 上海：同济
大学出版社，1990.5 145 页，32 开
—ISBN 7-5608-0565-5：2.50 元

06127 皮皮登彩虹
〔日〕松井纪子编绘，王敏译 南宁：接力出版
社，1990.2 31 页，24 开 （小妖精皮皮 一）
—ISBN 7-80581-028-1：1.00 元

06128 皮皮和星星
〔日〕松井纪子编绘，王敏译 南宁：接力出版
社，1990.2 32 页，24 开 （小妖精皮皮 三）
—ISBN 7-80581-030-3：1.00 元

06129 皮皮钻云朵
〔日〕松井纪子编绘，王敏译 南宁：接力出版
社，1990.2 32 页，24 开 （小妖精皮皮 二）
—ISBN 7-80581-029-X：1.00 元

06130 拼搏·开拓·成功：日本企业巨子精言百句
杨达民编译 北京：北京航空航天大学出版社，
1990.10 166 页，32 开
—ISBN 7-81012-199-5：2.60 元

06131 扑克魔术
〔日〕高木重朗著，贾继译 北京：华夏出版
社，1990.11 159 页，32 开
—ISBN 7-80053-833-8：3.80 元

06132 七月望乡叹
〔日〕五木宽之等著，吴树文译 上海：上海译
文出版社，1990.12 315 页，32 开
—ISBN 7-5327-0304-5：3.95 元

06133 奇妙的深海世界
〔日〕岛村英纪著，宋文瑞译 北京：地震出版
社，1990.10 113 页，32 开
—ISBN 7-5028-0368-8：2.50 元

06134 奇妙减肥法
〔日〕和田静郎著，徐艺峰译 延吉：延边人民

出版社，1990.5 169 页，32 开
—ISBN 7-80508-428-9：2.80 元

06135 棋力的检验
日本棋院编，柴治一等译 北京：人民体育出扳
社，1990.9 656 页，32 开 （围棋中级丛书）
—ISBN 7-5009-0492-4：8.50 元

06136 棋魔：藤泽秀行自传
〔日〕藤泽秀行著，庄玮译 北京：中国广播电
视出版社，1990.10 178 页，32 开
—ISBN 7-5043-0518-9：2.70 元
本书记述了日本围棋界最富个性的棋手藤泽秀
行的围棋生涯和生活历程。

06137 棋圣战激斗谱
日本读卖新闻社编，洪剑思、曹乾亨译 北京：
北京出版社，1990.10 166 页，32 开
—ISBN 7-200-01107-X：2.70 元

06138 棋圣争霸战名局细解
〔日〕藤泽秀行著，马小兵等译 北京：文化艺
术出版社，1990.3 2 册，616 页，32 开
—ISBN 7-503906146：8.30 元

06139 企业经营的诀窍：日本企业家谈用兵法经营
〔日〕大桥武夫著，肖楠等译 北京：军事科学
出版社，1990.1 161 页，大 32 开
—ISBN 7-80021-201-7：2.60 元

06140 企业经营的艺术：麦克南纳成功的秘密
〔日〕山口广太著，蔡大纲译 南京：江苏美术
出版社，1990 190 页，32 开 （图解日本企业
管理丛书 3）
—ISBN 7-5344-0131-3：2.80 元

06141 企业起死回生术
〔日〕佐藤贞治著，黎志荣译 北京：人民交通
出版社，1990.7 107 页，32 开
—ISBN 7-114-00901-1：2.35 元

06142 企业中层干部管理工作手册
日本职工教育研究会编，丛树松等编译 青
岛：青岛海洋大学出版社，1990.11 192 页，
32 开
—ISBN 7-81026-065-0：2.50 元

06143 气的思想：中国自然观和人的观念的发展
〔日〕小野泽精一等编著，李庆译 上海：上海

人民出版社，1990.7　544 页，大 32 开
—ISBN 7‐208‐00733‐0（精装）：13.10 元，
（平装）：8.70 元

06144　汽车保修与检测机具使用技巧
〔日〕杉浦乾著，于振洲等译　北京：人民交通
出版社，1990.3　505 页，大 32 开
—ISBN 7‐114‐00712‐4：10.10 元

06145　汽车的制造管理
〔日〕村松林太郎主编，韩德恩等译　北京：机
械工业出版社，1990.4　160 页，16 开
—ISBN 7‐111‐01428‐6：8.30 元

06146　汽车技术标准汇编
日本汽车认证制度协会编，长春汽车研究所试
验部译　长春：吉林科学技术出版社，1990.8
286 页，16 开
—ISBN 7‐5384‐0578‐X：7.10 元

06147　汽车设计
〔日〕小田柿浩三著，徐逢源译　北京：机械工
业出版社，1990.6　222 页，16 开
—ISBN 7‐111‐02394‐3：9.40 元

06148　千古奇谋三十六
〔日〕大桥武夫解说，陶光毅等译编　西安：三
秦出版社，1990.12　191 页，32 开
—ISBN 7‐80546‐291‐7：3.00 元

06149　签约要诀 88
〔日〕清水荣一著，涂锋、代明普译　成都：四
川人民出版社，1990.2　168 页，32 开　（生意
经系列/黄小平主编）
—ISBN 7‐220　00845‐7：2.20 元

**06150　青春长在友谊闪光：记活跃在喜马拉雅
的日本青年海外协力队员**
〔日〕小松征司著，姜素影、洪成男译　北京：
中国经济出版社，1990.7　200 页，照片，32 开
—ISBN 7‐5017‐0854‐1：5.80 元

06151　青春论
〔日〕右远俊郎著，张龙妹译　北京：中国工人
出版社，1990.6　203 页，32 开
—ISBN 7‐5008‐0599‐3：3.25 元

06152　青春期的烦恼
〔日〕侂摩武俊等著，所凯等译　长春：北方妇
女儿童出版社，1990.6　145 页，32 开

—ISBN 7‐5385‐0320‐X：2.00 元

06153　青春亡灵
〔日〕大薮春彦著，雅儿译　济南：山东文艺出
版社，1990.9　308 页，32 开
—ISBN 7‐5329‐0528‐4：4.50 元

06154　青春·心理·保健
〔日〕松本清一著，天津人口情报中心译　天
津：天津科学技术出版社，1990.1　242 页，大
32 开
—ISBN 7‐5308‐0568‐1：4.45 元

06155　青铜魔人
〔日〕江户川乱步著，夏子等译　长沙：湖南少
年儿童出版社，1990.11　158 页，32 开
—ISBN 7‐5358‐0439‐X：1.65 元

06156　轻松用功术：学生心理训练技巧
〔日〕多湖辉著，文途译　北京：世界图书出版
公司，1990.1　176 页，32 开
—ISBN 7‐5062‐0562‐9：3.30 元
本书作者运用心理学、生理学和辩证法的知识，
介绍了 175 个简明实用的学习窍门。

06157　请你破案：趣味推理智力自测 （2）
〔日〕藤原宰太郎著，赵经验、吴焕成译　北
京：中国人民公安大学出版社，1990.9　237
页，32 开
—ISBN 7‐81011‐242‐2：3.35 元

06158　全面质量管理总监：理论与应用 （下）
日本新版质量管理便览编辑委员会编，杨启善
译　北京：中国标准出版社，1990.5　679 页，
12 开
—ISBN 7‐5066‐0118‐4：21.60 元

06159　全身病与皮肤病
〔日〕今村贞夫、小川秀兴主编，陈祖培、张春
波编译　北京：科学技术文献出版社，1990.10
246 页，32 开
—ISBN 7‐5023‐1355‐9：5.00 元

06160　群魔
〔日〕松本清张著，金中译　长沙：湖南文艺出
版社，1990.3　505 页，32 开
—ISBN 7‐5404‐0515‐5：5.20 元

06161　染整工艺与管理
〔日〕堀川明主编，杨叔铭译　北京：纺织工业

出版社，1990.8　450 页，32 开

—ISBN 7-5064-0453-2：5.60 元

06162　让子棋指南

〔日〕武宫正树、小林光一著，金爽译　北京：

人民体育出版社，1990.9　691 页，32 开　（围

棋中级丛书）

—ISBN 7-5009-0539-4：7.40 元

06163　热门商品开发法：如何生产吸引消费者

的商品

〔日〕平岛廉久著，简鸿业编译　北京：世界图

书出版公司，1990.7　208 页，32 开　（企业人

动脑系列　51）

—ISBN 7-5062-0708-7：3.30 元

本书据台北市书泉出版社版重印。

06164　人际关系方程式：用公式开拓你的人生

〔日〕中松义郎著，李相哲、郭美兰译　桂林：

漓江出版社，1990.1　200 页，32 开

—ISBN 7-5407-0527-2：2.50 元

本书根据具体的问题，列出了企业、公司、夫

妇、父母与子女、朋友、邻里以及男女间的人际

关系方程式，以有利于协调和改善人际关系。

06165　人类文明启示录：几尔加美林（三幕剧）

〔日〕梅原猛著，卞立强译　北京：中国国际广

播出版社，1990.3　259 页，大 32 开

—ISBN 7-80035-318-4：3.95 元

06166　人生百态

〔日〕土井治著，黄雄美译　长沙：湖南文艺出

版社，1990.9　196 页，32 开

—ISBN 7-5404-0592-9：2.30 元

06167　人体速写技法

〔日〕西丸式人著，李柏青译　南宁：广西美术

出版社，1990.5　92 页，图，24 开

—ISBN 7-80582-038-4：4.40 元

06168　人为何是人：基于生理人类学的构想

〔日〕佐藤方彦著，高崇明、张爱琴译　北京：

北京大学出版社，1990.12　174 页，36 开

（人·科学·自然丛书/钟和主编）

—ISBN 7-301-01297-7：1.95 元

06169　日本超级围棋手名局解析

毛振国等编译　北京：中国经济出版社，

1990.4　511 页，32 开

—ISBN 7-5017-0550-X：5.65 元

06170　日本春秋装精选

张妙夫、骆大圭编　杭州：浙江文艺出版社，

1990.2　141 页，16 开

—ISBN 7-5339-0222-X：9.60 元

06171　日本的产业与企业：昭和经济历程

日本经济新闻社编，大连市信息中心译　大连：

大连海运学院出版社，1990.2　278 页，16 开

—ISBN 7-5632-0154-8：7.60 元

06172　日本的技术：未来 30 年的预测

日本第 4 次技术预测调查人员编著，张德春等编

译　北京：学术书刊出版社，1990.8　615 页，

16 开

—ISBN 7-80045-675-7：84.00 元

06173　日本的"星球大战"战略

〔日〕杉山彻宗著，胡立品、柳真译　北京：解

放军出版社，1990.2　167 页，32 开

—ISBN 7-5065-0889-3：3.15 元

06174　日本的幽灵

〔日〕诹访春雄著，黄强译　北京：中国大百科

全书出版社，1990.9　153 页，32 开

—ISBN 7-5000-5021-6

本书探讨了"幽灵"与"妖怪"的区别，日本

人的"他界观"与中国人的"他界观"交流情

况等问题。

06175　日本地方税法

吴炳昌译　北京：经济科学出版社，1990.11

862 页，32 开

—ISBN 7-5058-0356-5：10.20 元

06176　日本地图册

日本帝国书院编制　北京：中国地图出版社，

1990.6　287 页，32 开

—ISBN 7-5031-0610-7：7.50 元

06177　日本儿童最新棒针编织

〔日〕生芳博子等编著，任华、李文彬编译　北

京：北京科学技术出版社，1990.2　97 页，彩

图，16 开

—ISBN 7-5304-0587-X：7.50 元

06178　日本方言辞典

〔日〕谷本尚编，徐辅材等编译　北京：北京出

版社，1990.7　623 页，32 开

—ISBN 7-200-00439-1：9.10 元

本辞典收集方言约 15500 条。

06179　日本服装最新款式：冬
张芝、绿萍编译　成都：四川科学技术出版社，
1990.4　63页，彩照，16开
—ISBN 7-5364-1446-3：4.95元

06180　日本服装最新流行款式：夏（2）
张芝等编译　成都：四川科学技术出版社，
1990.7　106页，彩照，16开
—ISBN 7-5364-1358-0：8.00元

06181　日本国宪法精解
〔日〕宫泽俊义著，芦部信喜补订，董璠舆译
北京：中国民主法制出版社，1990.5　716页，
大32开
—ISBN 7-80078-017-1（精装）：12.00元

06182　日本检察讲义
日本法务省刑事局编，杨磊等译　北京：中国检
察出版社，1990.12　211页，32开　（外国检察
制度丛书/王桂五主编）
—ISBN 7-80086-013-2：4.20元

06183　日本检察厅法逐条解释
〔日〕伊藤荣树著，徐益初、林青译　北京：中
国检察出版社，1990.12　168页，32开　（外国
检察制度丛书/王桂五主编）
—ISBN 7-80036-012-4：3.30元

06184　日本剪纸手工游戏（第一辑）
〔日〕公文公主编，刘迅编译　天津：天津教育
出版社，1990.1　8张，16开
—ISBN 7-5309-0873-1：1.00元

06185　日本近代地学思想史
〔日〕上井正民著，张弛、何往译　北京：地质
出版社，1990.5　160页，大32开
—ISBN 7-116-00619-2：2.90元

06186　日本近代五人俳句选
〔日〕正冈子规等著，林林译　北京：外国文学
出版社，1990.12　162页，32开
—ISBN 7-5016-0088-0：2.30元

**06187　日本经济的结构和演变：战后40年日本
经济发展的轨迹**
〔日〕宫崎义一著，孙汉超等译　北京：中
国对外经济贸易出版社，1990.10　513页，
大32开
—ISBN 7-80004-116-2（精装）：11.00元

**06188　日本经济的结构和演变：战后40年日本
经济发展的轨迹**
〔日〕宫崎义一著，孙汉超等译　北京：中国对
外经济贸易出版社，1990.10　513页，大32开
—ISBN 7-80004-165-4：8.60元

06189　日本可以说"不"：新日美关系的对策
〔日〕石原慎太郎、盛田昭夫著，军事科学院外
国军事研究部译　北京：军事科学出版社，
1990.3　132页，大32开
—ISBN 7-80021-229-7：2.35元

06190　日本路面废料再生利用技术指南（草案）
日本道路协会编，王元勋、张文魁译　北京：人
民交通出版社，1990.5　88页，32开
—ISBN 7-114-00804-X：1.90元

06191　日本民间故事会
汤一平译　上海：上海翻译出版公司.1990.3
98页，32开
—ISBN 7-80514-516-4：1.00元

06192　日本摩托车维修保养大全
日本CBS索尼公司编著，国生保陆编译　北京：
北京出版社，1990.6　261页，16开
—ISBN 7-200-00915-6：5.00元

06193　日本女子最新流行时装　（第二集）
刘长祥编译　北京：中国商业出版社，1990.7
104页，16开
—ISBN 7-5044-0565-5：8.20元

06194　日本女子最新流行时装　（第三集）
刘长祥编译　北京：中国商业出版社，1990.12
80页，16开
—ISBN 7-5044-0695-3：8.00元

06195　日本女子最新流行时装　（第一集）
姚力鸣编译　北京：中国商业出版社，1990.6
118页，16开
—ISBN 7-5044-0533-7：6.95元

06196　日本企业领袖
〔日〕万成博著，袁方译　北京：中国人民大学
出版社，1990.5　203页，32开
—ISBN 7-300-00887-9：2.45元

06197　日本企业战略和结构
〔日〕小野丰广著，吕梦仙、戎积望译　北京：
冶金工业出版社，1990.8　324页，大32开

—ISBN 7-502407243：6.55 元

06198 日本人和中国人
〔日〕陈舜臣著，邱岭译 北京：文化艺术出版社，1990.6 126 页，32 开 （五色土丛书）
—ISBN 7-5039-0456-9：1.95 元

06199 日本十大产业的近期发展蓝图：世界领导谈本企业存在问题及发展规划
日本《经济学人》编辑部编，司香馥译 北京：中国经济出版社，1990.6 169 页，32 开
—ISBN 7-5017-0732-4：4.40 元

06200 日本时装 100
罗立纯、陈同斌编译 北京：农业出版社，1990.5 50 页，16 开
—ISBN 7-109-01729-X：4.95 元

06201 日本四季美食荟萃
高虹编译 北京：轻工业出版社，1990.12 148 页，32 开 （实用外国风味菜肴烹饪指南丛书：厨师实用手册/王仁兴、侯开宗主编）
—ISBN 7-5019-0921-0：3.80 元

06202 日本童话
〔日〕福永真由美著，张治正译 南京：江苏少年儿童出版社，1990.1 251 页，插图，32 开
—ISBN 7-5346-0378-1：2.50 元

06203 日本童话
王祖良编绘 武汉：湖北少年儿童出版社，1990.11 143 页，24 开 （童话王国画丛）
—ISBN 7-5353-0720-5：2.20 元

06204 日本童话
晏苏编 兰州：甘肃少年儿童出版社，1990.6 140 页，插图，48 开 （东方童话丛书）
—ISBN 7-5422-0357-6：1.45 元

06205 日本围棋大赛精选
廖渝生、洪艳编译 成都：蜀蓉棋艺出版社，1990.3 202 页，32 开
—ISBN 7-80548-229-2：2.30 元
本书选自日本最新围棋资料编译而成。

06206 日本围棋四百年激战风云录
〔日〕石田芳夫著，陈明川译 成都：蜀蓉棋艺出版社，1990.5 223 页，32 开
—ISBN 7-80548-237-3：2.60 元

06207 日本夏装精选
张妙夫编，汪幸尔译 杭州：浙江文艺出版社，1990.4 141 页，16 开
—ISBN 7-5339-0246-7：9.60 元

06208 日本现代财政学
〔日〕井手文雄著，陈秉良译 北京：中国财政经济出版社，1990.7 374 页，大 32 开
—ISBN 7-5005-0661-9：5.65 元

06209 日本箱尸案
〔日〕松本清张著，康明桂、石磅译 太原：北岳文艺出版社，1990.8 209 页，32 开
—ISBN 7-5378-0317-X：2.60 元

06210 日本潇洒女装
白锡尧编译 杭州：浙江人民出版社，1990.3 141 页，16 开
—ISBN 7-213-00500-6：9.50 元

06211 日本新皇后秘史
〔日〕河原敏明著，王捷、张炳安译 北京：军事译文出版社，1990.3 197 页，32 开
—ISBN 7-80027-102-1：2.50 元

06212 日本医疗医药企业年鉴 1990
北京：人民卫生出版社，日本株式会社日中社，1990.6 138 页，16 开
—ISBN 7-117-01382-6：6.40 元

06213 日本益智游戏选
沙舟等编译 天津：天津科技翻译出版公司，1990.8 175 页，32 开 （世界益智游戏译丛/印嘉祥主编）
—ISBN 7-5433-0142-3：2.45 元

06214 日本应该直言不讳：日美关系的新变化
〔日〕盛田昭夫、石原慎太郎著，孙晓燕、谢译 北京：中信出版社，1990.4 117 页，32 开
—ISBN 7-80073-012-3：2.50 元
本书对日美摩擦、日本企业的成功之道、美国社会和企业的弊端提出独到的见解。

06215 日本中老年时装
白锡尧编译 杭州：浙江人民出版社，1990.3 78 页，16 开
—ISBN 7-213-00502-2：6.50 元

06216 日汉图解辞典
公隆、兰利国等译 北京：中国国际广播出版

社, 1990.2　753 页, 32 开
—ISBN 7-80035-279-X (精装): 21.50 元
本书 1990 年 2 月第 1 版。

06217　日文书信大全 (日汉对照)
宁德辉等编译　长沙: 湖南科学技术出版社,
1990.2　263 页, 大 32 开
—ISBN 7-5357-0466-2 (精装): 6.75 元

06218　日英汉交通工程词典
日本高速公路调查会交通工程研究会著, 周庆
桐编译　北京: 中国建筑工业出版社, 1990.1
254 页, 32 开
—ISBN 7-112-00575-2 (精装): 8.10 元

06219　日语基本句型
〔日〕岛本基、中川良雄著, 崔玉华译　北京:
旅游教育出版社, 1990.6　175 页, 大 32 开
—ISBN 7-5637-0142-7: 2.70 元

06220　肉制品加工工艺及配方
〔日〕高坂和久著, 张向生译　北京: 轻工业出
版社, 1990.9　452 页, 32 开
—ISBN 7-5019-0803-6: 12.70 元

06221　如何"暗示"自己
〔日〕多湖辉著, 郭连友等译　南宁: 广西民族
出版社, 1990.8　163 页, 32 开
—ISBN 7-5363-0809-4: 2.20 元

**06222　如何成为一位优秀管理者: 现代管理者
的新使命**
〔日〕宫路三郎原著, 郑耀本编译　北京: 世界
图书出版公司, 1990.7　239 页, 32 开　(企业
人动脑系列 59)
—ISBN 7-5062-0741-7: 3.70 元
本书据台北书泉出版社版本重印。

06223　如何化阻力为助力: 化难为易十五法则
〔日〕桑名一央著, 尚砚译　厦门: 鹭江出版
社, 1990.6　142 页, 32 开　(开拓者丛书)
—ISBN 7-80533-308-4: 2.00 元

06224　如何回答孩子的问题
〔日〕松原达哉著, 赵小琳、刘蓓蓓译　武汉:
湖北教育出版社, 1990.8　143 页, 32 开
—ISBN 7-5351-0535-1: 1.55 元

06225　如何提高智力
〔日〕多湖辉著, 张本华、翟军译　郑州: 河南

科学技术出版社, 1990.10　382 页, 36 开
—ISBN 7-5349-0369-6: 5.00 元
本书从心理学角度由浅入深地详细论述了提高智力的
种种方法, 并列举有 450 则生动活泼的智力测验题。

06226　如何"推销"自己
〔日〕多湖辉著, 史夫、宾仁译　南宁: 广西民
族出版社, 1990.3　177 页, 32 开
—ISBN 7-5363-0526-5: 2.20 元

**06227　如何在竞争中立于不败之地: 迅速决断、
巧妙地动摇对手**
〔日〕藤田忠著, 徐蒨民译　北京: 机械工业出
版社, 1990.9　114 页, 32 开
—ISBN 7-111-02232-7: 2.90 元

06228　三光: 日本战犯侵华罪行自述
日本中国归还者联络会编, 李亚一译　北京: 世
界知识出版社, 1990.6　309 页, 32 开
—ISBN 7-5012-0300-8: 3.50 元

06229　三国志: 精美白话文大型连环画册
〔日〕园田光庆画, 〔日〕久保田千太郎配文,
续三义等译　北京: 国际文化出版公司,
1990.9　822 页, 16 开
—ISBN 7-80049-648-1: 30.00 元

06230　三国智慧的启示
〔日〕狩野直祯著, 杨耀禄、李星译　兰州: 兰
州大学出版社, 1990.5　130 页, 32 开
—ISBN 7-311-00341-5: 1.65 元

06231　三剑客
〔法〕大仲马原著, 〔日〕平田昭吾、高桥信也
编绘, 于继红译　上海: 上海人民美术出版社,
1990.3　22 页, 24 开
—ISBN 7-5322-0634-3: 0.95 元

06232　三只眼: 复活岛之行 (2)
〔日〕手塚治虫编绘, 陈晓逸等译　北京: 中国
电影出版社, 1990.6　82 页, 32 开
—ISBN 7-106-00416-2: 1.45 元

06233　三只眼: 复活岛之行 (3)
〔日〕手塚治虫编绘, 陈晓逸等译　北京: 中国
电影出版社, 1990.10　90 页, 32 开
—ISBN 7-106-00467-7: 1.50 元

06234　三只眼: 复活岛之行 (4)
〔日〕手塚治虫编绘, 陈晓逸等译　北京: 中国

电影出版社，1990.9　82 页，32 开
—ISBN 7-106-00469-3：1.45 元

06235　三醉人经纶问答
〔日〕中江兆民著，滕颖译　北京：商务印书
馆　1990.3　66 页，大 32 开
—ISBN 7-100-00337-5：1.15 元
本书是日本思想史上的名著，也是明治文学的
杰作。作者以三人问答的形式，试图弄清明治时
期日本政治上的基本问题。

06236　色彩技法
〔日〕深泽孝哉著，白鸽译　北京：北京工艺美术出
版社，1990.8　116 页，16 开　（自学成画家译丛）
—ISBN 7-80526-024-9：16.00 元

06237　色彩史话
〔日〕城一夫著，亚健、徐漠译　杭州：浙江人
民美术出版社，1990.5　169 页，大 32 开
—ISBN 7-5340-0186-2：2.80 元

06238　沙拉纪念日（日汉对照）
〔日〕俵万智著，〔日〕八尾昌里译　上海：百
家出版社，1990.3　268 页，32 开
—ISBN 7-80576-094-2（精装）：9.60 元，（平
装）：6.00 元

06239　《山海经》中的鬼神世界
〔日〕伊藤清司著，刘晔原译　北京：中国民间
文艺出版社，1990.3　163 页，大 32 开
—ISBN 7-5040-0231-3：3.00 元

06240　商业服务业 QC 小组活动
〔日〕池泽辰夫等著，郭瀛洲译　北京：中国财
政经济出版社，1990.1　212 页，32 开
—ISBN 7-5005-0729-1：2.60 元

**06241　商业、服务业经营战略：全面质量管理
战略篇**
〔日〕山口裕著，王存恩等译　北京：机械工业
出版社，1990.3　182 页，32 开
—ISBN 7-114-02207-6：3.60 元

06242　上海间谍战
〔日〕伴野朗著，金中译　南京：江苏古籍出版
社，1990.6　245 页，36 开
—ISBN 7-80519-176-X：3.50 元

06243　少女日记——生理的记录
〔日〕荻野博著，林湖译　济南：明天出版社，

1990.12　40 页，40 开
—ISBN 7-5332-1052-2，1.00 元

06244　少女小说选
〔日〕源氏鸡太、迁邦著，唐先蓉等译　沈阳：
辽宁少年儿童出版社，1990.3　294 页，32 开
（当代日本少年文学丛书/王敏主编）
—ISBN 7-5315-0601-7：2.65 元

06245　社会问题小说选
〔日〕三浦绫子等著，杨伟等译　沈阳：辽宁少
年儿童出版社，1990.4　307 页，图，32 开
（当代日本少年文学丛书/王敏主编）
—ISBN 7-5315-0616-5：2.75 元

06246　摄影 150 年
王德蓓编译　上海：上海画报出版社，1990.8　83
页，32 开　（未来摄影家小丛书/徐炳兴主编）
—ISBN 7-80530-011-9：1.40 元
本书是根据日本集英社出版的《世界摄影全集》
中的附录部分《世界摄影史年表》和日本讲谈
社出版的《摄影大百科事典》中的摄影年表进
行编译的。书中介绍了摄影自 1840 年以来所经
过的历程。

06247　摄影术语小辞典
〔日〕竹村嘉夫著，丁一编译　北京：中国摄影
出版社，1990.8　279 页，32 开
—ISBN 7-80007-055-7：4.55 元

06248　身边的化学现象：日本化学家的探索
〔日〕松本桓隆等著，吴祺译，鲁斯满江·阿特
汗维译　北京：中国科普出版社新疆维、哈分
社，1990.7　224 页，32 开
—ISBN 7-110-00699-9：1.37 元

06249　神秘韵狐狸：阴阳五行与狐崇拜
〔日〕吉野裕子著，井上聪等译　沈阳：辽宁教
育出版社，1990.1　165 页，32 开
—ISBN 7-5382-0971-9：2.20 元

06250　神奇的超导体
〔日〕片方善治著，沈电洪、王冀洪译　北京：
机械工业出版社，1990.9　109 页，32 开
—ISBN 7-111-01890-7：3.40 元

06251　神探十津川
〔日〕西村京太郎著，耀华译　西安：陕西人民
出版社，1990.2　300 页，32 开
—ISBN 7-224-01090-1：4.45 元

06252　生活文化的社会学
〔日〕松田义幸、中田裕久著，陈晖、程建林译　北京：东方出版社，1990　144 页，32 开（现代思想文化译丛）
—ISBN 7-5060-0095-4：2.25 元

06253　生物净化环境技术
〔日〕有马启、田村学造著，郭丽华、任玉岭译　北京：化学工业出版社，1990.10　362 页，32 开
—ISBN 7-5025-0703-5：6.70 元

06254　胜局的定形方法
〔日〕吴清源著，王小平、王音译　北京：奥林匹克出版社，1990.10　150 页，32 开
—ISBN 7-80067-215-8：3.70 元

06255　失爱
〔日〕加藤谛三著，倪雄健、刘宁华译　北京：国际文化出版公司。1990.6　139 页，32 开（人生 ABC 丛书）
—ISBN 7-80049-524-6：1.95 元

06256　失踪者的下落：日本短篇科学幻想小说选
〔日〕龟山龙树等著，吴晓枫译　上海：少年儿童出版社，1990.3　206 页，32 开
—ISBN 7-5324-0458-7：2.30 元

06257　十分钟的推销艺术
〔日〕井户健二著，吴江等译　北京：中国华侨出版公司，1990.9　146 页，32 开
—ISBN 7-80074-219-9：2.60 元

06258　什么是人体工程学
〔日〕小原二郎著，罗筼筼、樊美筼译　北京：三联书店，1990　226 页，图，32 开　（大众文库）
—ISBN 7-108-00313-9：4.20 元

06259　石油炼制技术便览（第 3 版）
〔日〕川濑义和等著，《石油炼制技术便览》翻译组译　北京：烃加工出版社，1990.7　748 页，16 开
—ISBN 7-80043-057-X：19.50 元

06260　实验设计法概论
〔日〕田口玄一著，中国兵器工业质量管理协会译　北京：兵器工业出版社，1990.3　114 页，32 开
—ISBN 7-30038-210-9：2.00 元

06261　实用电源电路设计手册
〔日〕户川治朗著，何伟仁译　北京：中国计量出版社，1990.7　220 页，32 开
—ISBN 7-5026-0331-X：4.50 元

06262　实用化妆品手册
日本化妆品科学研究会编，陆光崇等译　上海：上海翻译出版公司，1990.2　441 页，16 开
—ISBN 7-80514-570-9：10.30 元
本书介绍了化妆品的品种、功能、制法、配方及设备，对油脂、蜡、表面活性剂、色素、香料等主要原料以及特殊成分做了论述，对化妆品的物性、安全性、质量管理、分析检验做了讨论，并选编了多国的有关化妆品法规资料。

06263　实用建筑装修手册
〔日〕吉田辰夫等著，余荣汉等译　北京：中国建筑工业出版社，1990.10　475 页，16 开
—ISBN 7-112-01064-0：13.55 元

06264　实用康复保健操
〔日〕小野泰正、河野光信著，冯金梅等译　北京：军事译文出版社，1990.11　243 页，32 开
—ISBN 7-80027-104-8：3.50 元

06265　实用日语
刘金钊、李培建编译　大连：大连理工大学出版社，1990.9　641 页，32 开
—ISBN 7-5611-0303-4：7.90 元

06266　实用日语速成
沈叔建编译　上海：上海中医学院出版社，1990.6　304 页，32 开
—ISBN 7-81010-081-5：3.20 元

06267　实用手外科学
〔日〕津下健哉原著，李炳万主编译　长春：吉林人民出版社，1993.7　2 册（702，743 页），16 开
—ISBN 7-206-00818-8（精装）：83.50 元

06268　实用性格学
〔日〕白石浩一著，陈晓光、高飞译　北京：中国卓越出版公司.1990.2　179 页，32 开
—ISBN 7-80071-187-0：2.66 元

06269　食醋的健康功效
〔日〕泷野吉雄主编，赵清慧等译　哈尔滨：哈尔滨工业大学出版社，1990.5　95 页，32 开

—ISBN 7-5613-0259-9：1.50 元
本书内容包括醋的健康功效，醋对健康的作用，醋的基本知识，醋的最佳食用方法，以及我们喜欢醋和食醋的妙用等内容。

06270　史实觅真：人类正在求索的另一个宇宙
〔日〕井村宏次著，吴辉、陈少锐译　北京：中国友谊出版公司，1990.4　198 页，32 开　（人体特异功能译丛/张震寰主编）
—ISBN 7-5057-0243-2：3.00 元

06271　使大脑敏捷的速读法
〔日〕佐藤泰正著，王洪泰编译　北京：三联书店，1990.4　289 页，32 开　（大众文库）
—ISBN 7-108-00250-7：4.15 元

06272　世界经济当中的日本：后福特制时代
〔日〕伊藤诚著，陈建等译　北京：中国人民大学出版社，1990.5　211 页，32 开
—ISBN 7-300-00892-5：2.40 元
本书作者运用马克思主义观点和方法，从积累、危机、贸易、结构、技术、劳动、工资、生活等各个侧面，对日本和世界资本主义进行了深刻的剖析和批判。

06273　世界晶体管参数与代换手册（第八分册：日本晶体三极管代换）
家电维修丛书编译组编译　成都：电子科学技大学出版社，1990.5　262 页，16 开
—ISBN 7-81016-235-7：5.90 元

06274　世界晶体管参数与代换手册（第六分册：日本晶体三极管参数）
家电维修丛书编译组编译　成都：电子科技大学出版社，1990.7　403 页，16 开
—ISBN 7-81016-233-0：9.20 元

06275　世界精美装饰图集
〔日〕桑山弥三郎编，施小丽译　北京：中国连环画出版社，1990.12　160 页，16 开
—ISBN 7-5061-0309-5：6.15 元

06276　世界奇谜
〔日〕庄司浅水著，宋丽红译　太原：山西人民出版社，1990.12　168 页，32 开
—ISBN 7-203-01817-2：3.05 元

06277　世界十五大经济学
日本现代经济学研究会编著，王名、李庆华译　北京：求实出版社，1990.4　280 页，

32 开
—ISBN 7-80033-191-1：3.80 元

06278　世界推理小说大观
日本自由国民社编，冯朝阳等译　北京：群众出版社，1990.5　447 页，大 32 开
—ISBN 7-5014-0443-9：7.50 元

06279　世界系统
〔日〕田中明彦著，杨晶译　北京：经济日报出版社，1990.4　1 册（140，39 页），大 32 开（现代政治学丛书　19/〔日〕猪口孝主编）
—ISBN 7-80036-238-8：4.50 元
本书是现代政治学丛书的第 19 卷，系统地分析了其不变的特征和随时间推移而变化的模式。

06280　世界著名大侦探
〔日〕藤原宰太郎著，夏梓、林雨编译　长春：北方妇女儿童出版社，1990.3　150 页，32 开
—ISBN 7-5385-0577-6：2.00 元

06281　世界著名企业家——本田宗一郎
〔日〕上之乡利昭著，梁俐译　南宁：广西科学技术出版社，1990.9　237 页，32 开
—ISBN 7-80565-344-5：2.60 元

06282　世界自然农法
〔日〕来米速水编著，黄细喜、顾克礼译　北京：中国环境科学出版社，1990.12　93 页，32 开
—ISBN 7-80010-744-2：1.80 元

06283　市场缝隙战略：开拓市场十二大战术
〔日〕长岛总一郎著，侯庆轩、赵桂芳译　长春：长春出版社，1990.2　258 页，32 开
—ISBN 7-80573-065-2：3.60 元

06284　市场营销信息运用学
〔日〕小岛庸靖著，赵大生等译　北京：北京理工大学出版社，1990.10　176 页，32 开
—ISBN 7-81013-371-3：3.50 元

06285　适应的机理：寒冷生理学
〔日〕伊藤真次著，方爽译　北京：中国环境科学出版社，1990.6　198 页，32 开
—ISBN 7-80010-644-6：3.50 元

06286　适应控制系统理论与实际
〔法〕郎道（Landau，L. D.）、〔日〕富塚诚义著，俞安然、葛祖光译　上海：华东化工学院出

版社，1990.5　206 页，大 32 开
—ISBN 7-5628-0086-3：1.70 元

06287　手筋与妙手
〔日〕藤泽秀行著，王新民译　北京：人民体育出版社，1990.9　318 页，32 开　（围棋中级丛书）
—ISBN 7-5009-0538-6：4.30 元

06288　数据保护与加密计算机网络的安全性
〔日〕一松信主编，周保太译　重庆：西南师范大学出版社，1990.4　255 页，32 开
—ISBN 7-5621-0363-1：2.70 元

06289　数理地震学：地震学数理统计模型研究会成果报告
〔日〕斎藤正德等著，魏淳等译　北京：地震出版社，1990.3　126 页，16 开
—ISBN 7-5028-0294-0：5.00 元

06290　数学分析入门（第一卷第一分册）
〔日〕杉浦光夫著，文小西、于琛译　北京：高等教育出版社，1990.6　302 页，大 32 开
—ISBN 7-04-001993-0：2.35 元

06291　数字控制
日本松下电器制造技术研修所编著，郭景新、郭肇方译　北京：机械工业出版社，1990.12　285 页，大 32 开　（控制基础丛书　4：按程序方式学习）
—ISBN 7-111-02247-5：9.40 元

06292　数字通信终端
〔日〕松田亮一、渡边昭则著，谭淑贞译　西安：西安电子科技大学出版社，1990.12　324 页，32 开　（数字通信丛书）
—ISBN 7-5606-0080-8：2.15 元

06293　数字图像通信
〔日〕釜江尚彦、吹拔敬彦著，杨兵、梁家新译　西安：西安电子科技大学出版社，1990.10　271 页，32 开　（数字通信丛书）
—ISBN 7-5606-0091-3：1.80 元

06294　数字音响：基础理论和最新技术
〔日〕土井利忠、伊贺章著，袁橹林等译　北京：电子工业出版社，1990.1　445 页：32 开
—ISBN 7-5053-0566-2：6.30 元

06295　水质试验法
日本工业用水协会编，陈履安译　修订版　北

京：中国环境科学出版社，1990.4　724 页，大 32 开
—ISBN 7-80010-228-9：11.00 元

06296　顺应潮流的新管理者
〔日〕石黑一著，王为清编译　北京：世界图书出版公司，1990.7　216 页，32 开　（企业人动脑系列　56）管理者必备手册
—ISBN 7-5062-0713-3：3.30 元
本书据台北书泉出版社版重印。

06297　说服力：智取天下法则
〔日〕邑井操著，燕妮译　海口：南海出版公司　1990.7　230 页，32 开
—ISBN 7-80570-131-8：3.30 元

06298　说谎心理学
〔日〕相场均著，张建平等译　上海：复旦大学出版社，1990.12　195 页，32 开　（复旦小丛书·人生智慧之辑）
—ISBN 7-309-00565-1：2.70 元

06299　丝绸之路史研究
〔日〕长泽和俊著，钟美珠译　天津：天津古籍出版社，1990.6　662 页，大 32 开
—ISBN 7-80504-101-X：11.55 元

06300　死活妙机
〔日〕本因坊秀哉著，林天铎、亦逸编译　郑州：中州古籍出版社，1990.6　178 页，大 32 开
—ISBN 7-5348-0104-4：2.95 元

06301　四季雁书
〔日〕井上靖、池田大作著，仁章译　长春：吉林人民出版社，1990.1　181 页，大 32 开
—ISBN 7-206-00671-X（精装）：4.50 元

06302　松前重义：我的昭和史
〔日〕白井久也整理，李宗惠译　北京：中国人民大学出版社，1990.6　202 页，大 32 开
—ISBN 7-300-00888-7：2.70 元

06303　速效减肥法
〔日〕中村铲一原著，王家、白雁编译，柏子编著　北京：学苑出版社，1990.5　259 页，32 开
—ISBN 7-80060-987-1：3.50 元

06304　太空儿 UB（第六集）
〔日〕藤子不二雄著，王振华、陈曼译　海口：海南出版公司，1990.5　190 页，32 开

—ISBN 7-80570-191-1：2.40 元

06305　太空儿 UB（第四集）
〔日〕藤子不二雄著，王振华、陈曼译　海口：
南海出版公司，1990.5　188 页，32 开
—ISBN 7-80570189X：2.40 元

06306　太空儿 UB（第五集）
〔日〕藤子不二雄著，王振华、陈曼译　海口：
南海出版公司，1990.5　190 页，32 开
—ISBN 7-80570-190-3：2.40 元

06307　太阳电池及其应用
〔日〕桑野幸德著，钟伯强译，北京：科学出版
社　1990.2　189 页，32 开
—ISBN 7-03-001363-8：5.20 元

06308　碳——化学工业生产技术
〔日〕加藤顺等编著，金草等译　北京：化学工
业出版社，1990.11　667 页，16 开
—ISBN 7-5025-0733-7：29.35 元

06309　唐代的历
〔日〕平冈武夫编　上海：上海古籍出版社，
1990.9　381 页，大 32 开　（唐代研究指南　1）
—ISBN 7-5325-0042-X（精装）：8.20

06310　唐代的散文作家
〔日〕平冈武夫、今井清编　上海：上海古籍出
版社，1990.9　116 页，大 32 开　（唐代研究指
南　3）
—ISBN 7-5325-0047-0（精装）：12.25 元

06311　特效疗法 100 种：家庭必备
〔日〕小林三刚、佐藤久三著，高云岫、谢贵章
译　北京：煤炭工业出版社，1990.10　181 页，
32 开
—ISBN 7-5020-0437-8：2.70 元

06312　提高围棋死活技巧
〔日〕林海峰著，韩凤仑、张竹译　成都：蜀蓉
棋艺出版社，1990.6　186 页，32 开
—ISBN 7-80548-252-7：2.20 元

06313　体积力法：一种以叠加原理为基础的数值解析方法
〔日〕西谷弘信、陈玳珩著，杨槐堂、王景美
译　杭州：浙江大学出版社，1990.12　391 页，
大 32 开
—ISBN 7-308-00647-6：5.80 元

06314　听新闻学日语
〔日〕堀歌子等著，刘喜本等编译　北京：高等
教育出版社，1990.7　172 页，大 32 开　（中级
日语听力教材）
—ISBN 7-04-001654-0：1.45 元

06315　同位素海洋化学
〔美〕戈德堡、〔日〕堀部纯男、猿桥胜子编，
黄奕昔等译　北京：海洋出版社，1990.1　312
页，16 开
—ISBN 7-5027-0018-8：12.30 元

06316　投入产出分析入门
〔日〕新饭田宏著，林贤郁、齐舒畅译　北京：
中国统计出版社，1990.9　240 页，大 32 开
—ISBN 7-5037-0401-2：6.70 元

06317　图解传感器入门
〔日〕雨宫好文著，陈怀祥、诸静译　上海：上
海科学普及出版社，1990.11　149 页，大 32 开
—ISBN 7-5427-0211-4：3.75 元

06318　图解传热学
〔日〕北山直方著，翟贵立译　天津：天津大学
出版社，1990.10　243 页，32 开
—ISBN 7-5618-0195-5：3.75 元

06319　土木工程估算与工程进度管理
〔日〕佐用泰司、山本安一著，尹隆森译　北
京：人民交通出版社，1990.8　354 页，32 开
—ISBN 7-114-00848-1：6.60 元

06320　推理智力测验 100 题
〔日〕田中润司原著　北京：中国盲文出版社，
1990.2　2 册，10 开
—ISBN 7-5002-0337-3：2.45 元

06321　推销员宝典
日本实业出版社编，侯荔江编译　成都：四川人
民出版社，1990.2　212 页，32 开　（生意经系
列/黄小平主编）
—ISBN 7-220-00686-1：2.60 元
本书介绍了推销活动的基础知识和实战知识，收
集了作为社会生活的礼仪和超越困境的智慧，以
及使自己才识过人的方法等。

06322　外星人的秘密
〔日〕矢追纯一著，胡毓文、黄凤英译　北京：
中国卓越出版公司，1990.5　212 页，照片，
32 开

—ISBN 7-80071-198-6：3.20元

本书不是一部科幻小说，而是一部纪实性作品。书中披露了有关外星人和飞碟的种种秘闻，意在帮助读者寻找答案，启迪人们做更深层的思考。

06323 微电子学器件（1）数字器件和工艺
〔日〕菅野卓雄等著，杨沁清、韦琳译 北京：科学出版社，1990.11 312页，大32开 （微电子学讲座 1）
—ISBN 7-03-001835-4：12.40元

06324 微妙的人际关系
〔日〕桥口寿人、麻生琉璃著，钱志新等译 南京：江苏美术出版社，1990 135页，图，32开 （图解日本企业管理丛书 1）
—ISBN 7-5344-0131-3：2.50元
本书对人们社会日常生活的交往、人际关系的相处中的言论、举止、礼仪、风度等各个方面做了阐述。

06325 微型计算机数据传输基础与实践：RS232C·高级规程·远程技术
〔日〕宫崎诚一著，陆玉库、于翼译 北京：人民邮电出版社，1990.4 294页，大32开
—ISBN 7-115-03806-6：4.30元

06326 微型计算机硬件
〔日〕森下岩著，田友臣译 北京：科学出版社，1990.11 250页，大32开 （微电子学讲座 5）
—ISBN 7-03-001889-3：8.70元

06327 为残疾人及老年人的建筑安全设计
〔日〕野村欢编，北京市建筑设计院技术情报所摘译 北京：中国建筑工业出版社，1990.10 101页，16开
—ISBN 7-112-00432-2：4.30元

06328 为了展出你的作品：从小画到大画的基础技法
〔日〕小岛俊男著，粒子译 北京：北京工艺美术出版社，1990.12 127页，16开 （自学成画家译丛）
—ISBN 7-80526-025-7：14.00元

06329 为了自由的教育改革：从划一主义到多样化的选择
〔日〕香山健一著，刘晓民译 北京：高等教育出版社，1993.11 140页，大32开

—ISBN 7-04-003139-6：1.70元

06330 围棋必胜的秘密武器：武宫"宇宙流"
〔日〕武宫正树著，刘晓君译 北京：文化艺术出版社，1990.9 3册（222，222，222页），32开
—ISBN 7-5039-0647-2：9.90元

06331 围棋布局辞典
〔日〕林海峰著，陈宪辉译 北京：中国青年出版社，1990.9 2册（506，503页），大32开 （围棋辞典丛书）
—ISBN 7-5006-0741-5（精装）：24.00元

06332 围棋初级手筋
〔日〕加藤正夫著，吴佩江、付慧娅译 北京：海洋出版社，1990.12 191页，32开
—ISBN 7-5027-1010-8：3.20元
本书主要讲述围棋"手筋"的重要作用及其在实战中的应用。

06333 围棋初级死活
日本棋院编，吴佩江、付慧娅译 北京：文化艺术出版社，1990.5 191页，32开
—ISBN 7-5039-0600-6：3.20元

06334 围棋的大场与急场
〔日〕石田芳夫著，赵建军、杨真编译 北京：北京体育学院出版社，1990.8 198页，32开
—ISBN 7-81003-397-2：2.50元

06335 围棋的构想力
〔日〕安倍吉辉著，薛至诚编译 北京：人民体育出版社，1990.9 290页，32开
—ISBN 7-5009-0432-0：3.35元

06336 围棋定式辞典
〔日〕石田芳夫著，陈宪辉译 北京：中国青年出版社，1990.9 2册（506，505页），大32开 （围棋辞典丛书）
—ISBN 7-5006-0743-1（精装）：24.00元

06337 围棋攻防技巧
〔日〕加藤正夫著，西丁译 2版 成都：蜀蓉棋艺出版社，1990.1 184页，32开
—ISBN 7-80548-108-3：2.10元
本书1986年3月第1版。

06338 围棋简易形势判断法
〔日〕大竹英雄著，林益良、亦逸译 合肥：安

徽科学技术出版社，1990.12　218页，32开
—ISBN 7-5337-0022-6：3.30元

06339　围棋进攻的基本方法
〔日〕加藤正夫著，赵建军、杨真编译　北京：
北京体育学院出版社，1990.5　186页，32开
—ISBN 7-81003-342-5：2.40元

06340　围棋励精图治之策
〔日〕赵治勋著，韩凤仑、张凤荣译　北京：北
京出版社，1990.10　193页，32开
—ISBN 7-200-01046-4：3.15元

06341　围棋欺着集锦
日本棋院编，陈伟明译　北京：人民体育出版
社，1990.9　326页，32开　（围棋中级丛书）
—ISBN 7-5009-6522-X：4.30元
本书精选了围棋欺着30型。

06342　围棋棋力测验（二）
〔日〕藤泽秀行等编著，中国大学生围棋协会
译　成都：蜀蓉棋艺出版社，1990.7　250页，
32开
—ISBN 7-80548-260-0：2.80元

06343　围棋棋力测验（三）
〔日〕藤泽秀行等编著，中国大学生围棋协会
译　成都：蜀蓉棋艺出版社，1990.8　304页，
32开
—ISBN 7-80548-251-9：3.20元

06344　围棋棋力测验（一）
〔日〕藤泽秀行等编著，中国大学生围棋协会
译　成都：蜀蓉棋艺出版社，1990.6　250页，
32开
—ISBN 7-80548-247-0：2.80元

06345　围棋棋力快速自测法
日本棋院编，于志琪编译　北京：农村读物出版
社，1990.9　188页，32开
—ISBN 7-5048-1335-4：2.35元

06346　围棋棋力培养指南：初中级本
〔日〕藤泽秀行著，胡懋林、虞荒编译　合肥：
安徽科学技术出版社，1990.9　146页，32开
—ISBN 7-5337-0576-9：2.40元

06347　围棋棋力自测：从五级到初段
〔日〕武宫正树著，宋涛、洪洁译　北京：奥林
匹克出版社，1990.8　223页，32开　（奥林匹

克围棋丛书　第2辑/蔡中主编）
—ISBN 7-80067-119-4：3.50元

06348　围棋取胜技巧
〔日〕赵治勋著，邱群娴译　成都：蜀蓉棋艺出
版社，1990.6　200页，32开
—ISBN 7-80548-245-2：2.30元

06349　围棋让子谱
〔日〕加藤正夫著，王音译　北京：中国奥林匹
克出版社，1990.4　184页，32开　（奥林匹克
围棋丛书　第1辑/蔡中主编）
—ISBN 7-80067-018-X：3.10元

06350　围棋三手的算路
〔日〕加藤正夫著，黄小牧译　成都：蜀蓉棋艺
出版社，1990.6　186页，32开
—ISBN 7-80448-249-7：2.20元

06351　围棋升级水平测试
〔日〕藤泽秀行著，马巍译　北京：旅游教育出
版社，1990.7　161页，32开
—ISBN 7-5637-0133-8：2.20元

06352　围棋实战手筋
〔日〕坂田荣男著，张静译　成都：蜀蓉棋艺出
版社，1990.5　188页，32开
—ISBN 7-80648-248-3：2.20元

06353　围棋手筋辞典
〔日〕藤泽秀行著，吴仁译　北京：中国青年出
版社，1990.9　2册（506，505页），大32开
（围棋辞典丛书）
—ISBN 7-5006-0744-X（精装）：24.00元

06354　围棋死活辞典
〔日〕赵治勋著，吴仁译　北京：中国青年出版
社，1990.9　2册（378，377页），大32开
（围棋辞典丛书）
—ISBN 7-5006-0742-3（精装）：22.00元

06355　围棋新手新型新定式（二）
〔日〕安倍吉辉著，郭鹃译　成都：蜀蓉棋艺出
版社，1990.4　214页，32开
—ISBN 7-810548-232-2：2.40元

06356　围棋新手新型新定式（三）
〔日〕安倍吉辉解说，郑虹、凯希译　成都：蜀
蓉棋艺出版社，1990.6　207页，32开
—ISBN 7-80548-255-1：2.40元

06357　围棋新手新型新定式 （一）
〔日〕安倍吉辉著，章德辉译　成都：蜀蓉棋艺
出版社，1990.2　186 页，32 开
—ISBN 7-80548-230-6：2.20 元

06358　围棋形势判断基础
〔日〕石田芳夫著，西丁译　2 版　成都：蜀蓉
棋艺出版社，1990.3　186 页，32 开
—ISBN 7-80548-177-6：2.10 元
本书 1986 年 3 月第 1 版。

06359　围棋中盘技巧
〔日〕坂田荣男著，廖四鸣译　2 版　成都：蜀
蓉棋艺出版社，1990.12　186 页，32 开
—ISBN 7-80548-095-8：2.10 元
本书 1986 年 3 月第 1 版。

06360　委屈与烦恼
〔日〕加藤谛三著，房纯刚、陈育新译　上海：上
海人民出版社，1990.2　180页，32开　（青年译丛）
—ISBN 7-208-00768-3：2.20 元

06361　卫星摄影的秘密：星球大战内幕
〔日〕西尾元充著，李绿江译　北京：航空工业
出版社，1990.8　154 页，32 开
—ISBN 7-80046-295-1：3.00 元

06362　文化教育法：日本文教法规选译
满达人译　兰州：兰州大学出版社，1990.11
216 页，32 开
—ISBN 7-311-00370-9：2.80 元

06363　文心同雕集
〔日〕户田浩晓等著，曹顺庆编　成都：成都出
版社，1990.6　319 页，大 32 开　（庆贺杨明照
教授 80 寿辰专辑）
—ISBN 7-80575-044-0：4.95 元

06364　我的半生
〔日〕山口淑子著，李骥良等译　长春：吉林文
史出版社，1990.4　356 页，32 开
—ISBN 7-80528-229-3：4.30 元

06365　我的大学
〔日〕池田大作著，铭九等译　北京：北京大学
出版社，1990.3　2 册 （318，289 页），大 32 开
—ISBN 7-301-00120-7：20.00 元

06366　我的大学
〔日〕池田大作著，铭九等译　北京：北京大学

出版社，1990.3　2 册 （318，289 页），大 32 开
—ISBN 7-301-00121-5 （精装）：28.00 元

06367　污泥处理工程学
〔日〕平冈正胜、吉野善弥著，宋永平、林喆
译　上海：华东化工学院出版社，1990.11　246
页，大 32 开
—ISBN 7-5628-0088-X：2.00 元

06368　无师自通日本语口语
〔日〕水谷修、水谷信子著，陶振孝、靳平妥编
译　北京：外语教学与研究出版社，1990.6
456 页，大 32 开
—ISBN 7-5600-0594-2：6.10 元

06369　"无畏号"宇宙战舰 （上）
〔日〕藤川桂介著，冯啸、顾珊译，侯晓民等
绘　上海：上海人民美术出版社，1990.2　71
页，24 开
—ISBN 7-5322-0635-1：1.30 元

06370　"无畏号"宇宙战舰 （下）
〔日〕藤川桂介著，冯啸、顾珊译，淑荣等绘
上海：上海人民美术出版社，1990.2　71 页，
24 开
—ISBN 7-5322-0652-1：1.30 元

06371　吴清源回忆录
〔日〕吴清源著，李中南等译　北京，人民体育
出版社，1990.9　210 页，大 32 开　（体育名人
列传）
—ISBN 7-5009-0167-4：4.50 元

06372　吴清源自选百局 （上、下卷合订本）
〔日〕吴清源著，郭鹏、王元译　北京：中国电
影出版社，1990.2　486 页，大 32 开
—ISBN 7-106-00380-8：5.90 元

06373　五个痴情女子的故事
〔日〕井原西鹤著，王向远译　上海：上海译文
出版社，1990.9　331 页，大 32 开
—ISBN 7-5327-0756-3：4.90 元

06374　武宫流——大模样作战法
〔日〕武宫正树著，陈伟明、弈兴译　北京：人
民体育出版社，1990.9　292 页，32 开
—ISBN 7-5009-0450-9：3.90 元

06375　武宫流四连星大模样作战
〔日〕武宫正树著，刘健等编译　杭州：浙江大

学出版社，1990.6 218 页，32 开 （围棋棋力速增丛书 4）
—ISBN 7-308-00540-2：2.80 元

06376 武宫宇宙流必胜法
〔日〕武宫正树著，韩凤仑、张竹译 北京：中国工人出版社，1990.6 211 页，32 开
—ISBN 7-5008-0584-5：2.90 元

06377 武田信玄
〔日〕新田次郎著，林璋、林惟译 福州：海峡文艺出版社，1990.12 256 页，32 开
—ISBN 7-80534-303-9：3.00 元

06378 西安的历史回顾
雷丛云、杨阳编著,〔日〕长尾庄一郎译 北京：外文出版社，1990 327 页，32 开
—ISBN 7-119-00800-5：11.75 元

06379 西藏佛教史考
〔日〕矢崎正见著，石硕、张建世译 拉萨：西藏人民出版社，1990.6 146 页，32 开
—ISBN 7-223-00343-X：1.30 元

06380 西昆仑山崇测冰川图 （汉英对照）
中日联合西昆仑冰川考察队测制 西安：西安地图出版社，1990.5 1 张，2 开
—ISBN 7-80545-070-6

06381 系统构成技术
〔日〕加藤满左夫等著，刘福滋、党理真译 北京：科学出版社，1990.3 280 页，大 32 开（微电子学讲座 10）
—ISBN 7-03-001571-1：9.80 元

06382 瑕瑜互见：日美产业比较
〔日〕并木信义编，唱新、刁永祚译 北京：中国财政经济出版社，1990.4 279 页，32 开（管理新思维丛书）
—ISBN 7-5005-0892-1：4.90 元

06383 下三手的判断 （布局篇）
〔日〕加藤正夫著，赵建军、杨真编译 北京：北京体育学院出版社，1990.8 183 页，32 开（围棋初学者必读）
—ISBN 7-81003-396-4：2.40 元

06384 下三手的判断 （定式篇）
〔日〕加藤正夫著，赵建军、杨真译 北京：北京科学技术出版社，1990.9 180 页，32 开

—ISBN 7-5304-0779-1：2.50 元

06385 下三手的判断 （手筋篇）
〔日〕加藤正夫著，赵建军、杨真编译 北京：北京体育学院出版社，1990.11 185 页，32 开（围棋初学者必读）
—ISBN 7-81003-437：5：2.40 元

06386 下三手的判断 （中盘篇）
〔日〕加藤正夫著，赵建军、杨真编译 北京：北京体育学院出版社，1990.11 185 页，32 开 （围棋初学者必读）
—ISBN 7-81003-438-3：2.40 元

06387 下雪天真热
〔日〕岩村和朗著，高桥译，沈铣绘制 杭州：浙江少年儿童出版社，1990.3 24 页，24 开
—ISBN 7-5342-0505-0：0.90 元

06388 下一步看三步
〔日〕加藤正夫著，冯汉荣、许溪澜译 北京：人民体育出版社，1990.9 271 页，32 开 （围棋中级丛书）
—ISBN 7-5009-0488-6：3.60 元

06389 先急所后大场
〔日〕石田芳夫著，韩凤仑、金爽译 北京：华夏出版社，1990.12 210 页，32 开
—ISBN 7-80053-788-9：2.95 元

06390 先天畸形——早期诊断与出生后的处理
〔日〕铃木雅洲等著，杜明熹译 北京：中国医药科技出版社，1990.6 262 页，16 开
—ISBN 7-5067-0087-5：11.50 元

06391 现场的质量管理方法 （初级编）
〔日〕细谷克也著，刘惠文、杨学涵译 北京：冶金工业出版社，1990.2 255 页，大 32 开（企业管理百问百答丛书 3）
—ISBN 7-5024-0284-5：5.30 元
本书以问答的形式讲述了现场质量管理的基本方法，同时也介绍了现场运用各种质量管理方法的大量实例。

06392 现代化与教育
〔日〕永井道雄著，陈辉等译 长春：吉林人民出版社，1990.12 186 页，32 开 （日本文化与现代化丛书/加藤周一主编）
—ISBN 7-206-00963-8：3.00 元

06393　现代女装与配色
〔日〕高桥由美、涩川育由著，《现代女装与配色》编辑组编译　北京：中国商业出版社，1990.10　109 页，32 开
—ISBN 7-5044-0583-3：8.50 元

06394　现代日本警察
日本警察制度研究会编著，周壮等译　北京：群众出版社，1990.10　431 页，大 32 开　（世界警察史　2）
—ISBN 7-5014-0220-5：7.10 元

06395　现代日语 （附中译文）
日本亚细亚大学留学生专科编，丛爱丽、冀元译　北京：世界图书出版公司，1990.12　429 页，大 32 开
—ISBN 7-5062-0795-8：5.70 元

06396　现代围棋名局 31 例
〔日〕大竹英雄著，赵建军、杨真编译　北京：北京体育学院出版社，1990.9　2 册（158，149 页），32 开
—ISBN 7-81003-398-0：4.20 元

06397　现代行政法概论
〔日〕西冈等著，康树华译　兰州：甘肃人民出版社，1990.12　303 页，大 32 开
—ISBN 7-226-00610-3：3.80 元

06398　献给未婚男女
日本 PHP 研究所编，胡甦慧、赵敏如译　北京：国际文化出版公司，1990.1　168 页，32 开
—ISBN 7-80049-338-5：2.80 元

06399　香港旅行谋杀案
〔日〕斋藤荣著，雷音译　北京：文化艺术出版社　1990.8　296 页，32 开
—ISBN 7-5039-0637-5：3.60 元

06400　向地球冲击
〔日〕多湖辉编，张禹新编译　北京：科学普及出版社，1990.3　112 页，32 开　（智育小丛书　9）
—ISBN 7-110-01687-0：2.50 元

06401　向中老年发出健康黄牌警告
〔日〕吉川博通著，李之桂等编译　北京：中国经济出版社，1990.1　87 页，32 开
—ISBN 7-5017-0483-1：2.00 元

06402　项目贷款
〔日〕横井士郎著，徐凤江译　北京：中国展望出版社，1990.3　181 页，32 开
—ISBN 7-5050-0634-7：3.25 元

06403　小丁当：新版精选本
〔日〕藤子不二雄编绘　广州：新世纪出版社，1990　8 册，32 开　（卡通世界）
—ISBN 7-5405-0474-9：12.00 元

06404　小仙女吉姬
〔日〕角野荣子著，宫崎骏绘制　北京：中国戏剧出版社，1990.11　108 页，24 开
—ISBN 7-104-00259-6：3.90 元

06405　小熊布布 （日本童话：世界童话幼儿版）
鲁妮改编，广凯绘　北京：人民美术出版社，1990.4　15 页，24 开
—ISBN 7-102-00423-0：1.40 元

06406　心：日本佛教文化丛谈
〔日〕高田好胤著，张琳、成同社译　北京：三联书店，1990.3　143 页，32 开　（日本文化丛书）
—ISBN 7-108-00812-0：2.60 元
本书是日本佛教大师高田好胤的通俗论著，为日本的畅销书。

06407　新编食品杀菌工艺学
〔日〕芝崎勋著，许有成译　北京：农业出版社，1990.11　556 页，大 32 开
—ISBN 7-109-01541-6：10.95 元

06408　新潮发辫编梳
〔日〕三上峰绪著，刘鲁群编译　杭州：浙江摄影出版社，1990.4　136 页，彩图，16 开　（摩登丛书/应善昌主编）
—ISBN 7-80536-074-X：7.90 元
本书介绍了日本三上峰绪女士多年潜心研究的，被誉为"梦幻般的编梳"中数十种最新潮的编梳技法。

06409　新出土中国历代书法
〔日〕西林昭一著，陈滞冬译　成都：成都出版社　1990.12　215 页，大 32 开
—ISBN 7-80575-045-9：6.50 元

06410　新功能膜
〔日〕清水刚夫等著，李福绵、陈双基译　北京：北京大学出版社，1990.3　183 页，大 32 开

—ISBN 7-301-00957-7：3.10 元

06411　新活性污泥法
〔日〕桥本奖、须藤隆一编著，李至时等译
北京：学术书刊出版社，1990.2　267 页，
32 开
—ISBN 7-80045-625-0：9.95 元
本书是系统叙述活性污泥法处理污废水最新技
术的一本专著。

06412　新经营战略的理论：无形资产的作用
〔日〕伊丹敬之著，曾永寿等译　上海：上海社
会科学院出版社，1990.10　257 页，32 开
—ISBN 7-80515-579-8：3.00 元

06413　新女装（5）：春夏专辑　日本登丽美时装
清杰译　北京：轻工业出版社，日本：镰仓书
房，1990.2　136 页，彩照，16 开
—ISBN 7-5019-0800-1：6.90 元

06414　新女装（6）：秋冬专辑　日本登丽美时装
北京：中国轻工业出版社，日本：镰仓书房，
1990.10　236 页，彩照，16 开
—ISBN 7-5019-0874-5：6.90 元

06415　新炭素工业（上册）
〔日〕石川敏功、长冲通著，陆玉峻等译　哈尔
滨：哈尔滨工业大学出版社，1990.8　208 页，
32 开
—ISBN 7-5603-0281-5：6.05 元
本书在概述了炭素工业的历史、现状及未来后，
对炭素材料的基础理论，炭素制品的生产、性能
及用途做了详尽的阐述。

06416　新炭素工业（下册）
〔日〕石川敏功、长冲通著，陆玉峻等译　哈尔
滨：哈尔滨工业大学出版社，1990.8　278 页，
32 开
—ISBN 7-5603-0282-3：7.95 元

06417　星定式小百科
日本棋院编，韩凤仑、张竹译　北京：华夏出版
社，1990.7　210 页，32 开　（围棋小百科丛书）
—ISBN 7-80053-742-0：2.90 元

06418　性·爱
〔日〕田中敏明编著，王昭、高安译　北京：国
际文化出版公司，1990.7　156 页，32 开　（人
生 ABC 丛书）
—ISBN 7-80049-369-5：2.20 元

06419　雪野追杀
〔日〕森村诚一著，徐明中等译　石家庄：花山
文艺出版社，1990.9　259 页，32 开
—ISBN 7-80505-204-8：3.40 元

06420　艳妇的追逐
〔日〕赤川次郎著，于长敏等译　长春：时代文
艺出版社，1990.1　315 页，32 开
—ISBN 7-5387-0191-X：3.85 元

06421　养猪的技术进步与经营发展：猪饲养的技术结构与稳定经营的发展方向
〔日〕村田富夫著，张鼎超等译　北京：北京出
版社，1990.9　199 页，大 32 开
—ISBN 7-200-01217-3：3.15 元

06422　夭亡
〔日〕立原正秋著，宋再新译　济南：山东文艺
出版社，1990.8　395 页，32 开
—ISBN 7-5329-0205-6：4.60 元

06423　液晶电视显示技术
〔日〕金子英二著，刘维民、田辉译　南京：江
苏科学技术出版社，1990.7　338 页，32 开
—ISBN 7-5345-0985-8：5.70 元

06424　一分钟健康诊断
〔日〕石川恭三著，王彦良等译　天津：天津人
民出版社，1990.12　145 页，32 开
—ISBN 7-201-00631-2：2.30 元

06425　一分钟健身法
〔日〕铃木弘文等著，张来舜译　北京：人民体
育出版社，1990.2　78 页，32 开
—ISBN 7-5009-0411-8：1.20 元

06426　一天＝25 小时
〔日〕桑名一央著　北京：中国盲文出版社，
1990.2　1 册，10 开
—ISBN 7-5002-0421-3：1.25 元

06427　艺术理论
〔日〕竹内敏雄著，卞崇道等译　北京：中国人
民大学出版社，1990.7　263 页，32 开　（东方
美学译丛/牛枝惠、张潇华主编）
—ISBN 7-300-00877-1：2.90 元

06428　异国女刺客
〔日〕笹仓明著，王新民、谢五丹译　南京：译
林出版社，1990.11　246 页，32 开

—ISBN 7-80567-095-1：3.00 元

06429　易的占筮与义理

〔日〕金谷治著，于时化译　济南：齐鲁书社，
1990.11　173 页，32 开

—ISBN 7-5333-0174-9：3.40 元

06430　音乐与人生

〔日〕山松质文著，李志平编译　兰州：甘肃少
年儿童出版社，1990.7　96 页，32 开　（人与世
界丛书）

—ISBN 7-5422-0350-9：1.50 元

06431　音响技术知识入门

〔日〕出原真澄著，冯继志译　北京：人民邮电
出版社，1990.5　159 页，32 开

—ISBN 7-115-03979-8：2.00 元

06432　银河列车 999

〔日〕松本零士编绘，王振华、丁晓玉译，贺卓
等复制　北京：中国文联出版公司，1990.4　10
册，32 开

—ISBN 7-5059-1355-7（袋装）：15.00 元

06433　银行分支行长学

日本金融财政研究会编，赵荣等译　长春：吉林
大学出版社，1990.5　242 页，32 开

—ISBN 7-5601-0484-3：3.20 元

06434　隐私

〔日〕小此木启吾著，周顺连等译　北京：国际
文化出版公司，1990.6　137 页，32 开　（人生
ABC 丛书）

—ISBN 7-80049-527-2：1.95 元

06435　婴幼儿保健新知

〔日〕松田道雄著，齐东明、申光译　长春：吉
林科学技术出版社，1990.3　157 页，大 32 开

—ISBN 7-5384-0457-0：2.10 元

06436　婴幼儿智力开发指南

〔日〕国分义行、稻垣武原著，汪云霞、马跃山
编译　北京：北京理工大学出版社，1990.2
105 页，32 开

—ISBN 7-81013-326-8：1.60 元

**06437　迎接金色的晚年：献给四十岁以上的中
老年人**

〔日〕荒井保男著，庄庆德译　南京：东南大学
出版社，1990.7　143 页，32 开

—ISBN 7-81023-236-3：2.20 元

本书作者从医学、心理学两个方面说明老龄化与
老人所面临的各种问题。

06438　应力实验分析

〔日〕菅野昭等著，杨秉宪等译　北京：中国铁
道出版社，1990.3　260 页，大 32 开

—ISBN 7-113-00513-6：3.95 元

**06439　应用数学例题演习（三）：概率·统
计·矩阵篇**

〔日〕道胁义正等著，郑毓德等译　天津：南开
大学出版社，1990.6　456 页，大 32 开

—ISBN 7-310-00285-7：3.70 元

06440　用脑之术

〔日〕铃木健二著，赵修建译　北京：中国工人
出版社，1990.9　172 页，32 开　（星星丛书）

—ISBN 7-5008-0601-9：2.40 元

06441　优势取胜法

〔日〕藤泽秀行著，栾斌译　成都：蜀蓉棋艺出
版社，1990.5　218 页，32 开　（围棋中级丛书）

—ISBN 7-80548-240-3：2.80 元

06442　由大场到急场

〔日〕石田芳夫著，肖明、刘桦译　成都：蜀蓉
棋艺出版社，1990.10　218 页，32 开　（围棋中
级丛书）

—ISBN 7-80548-270-5：2.80 元

06443　犹太人生意经

〔日〕藤田田著，黄小平译　成都：四川人民出
版社，1990.2　168 页，32 开　（生意经系列/黄
小平主编）

—ISBN 7-220-00687-X：2.20 元

06444　有怪癖的白鼻马

〔日〕井上正治著，李京译　北京：中国和平出
版社，1990.3　24 页，16 开

—ISBN 7-80037-331-2：1.35 元

06445　有机电子理论解说：有机化学基础

〔日〕井本稔著，程能林等译　北京：化学工业
出版社，1990.9　362 页，32 开

—ISBN 7-5025-0661-6：6.80 元

06446　有机金属络合物化学

日本化学会编，张正之译　北京：化学工业出版
社，1990.4　374 页，大 32 开

—ISBN 7-5025-0407-9：8.25 元

06447　有马敲诗选
〔日〕有马敲著，郑民钦编译　北京：中国工人
出版社，1990.12　149 页，32 开
—ISBN 7-5008-0739-0：11.60 元

06448　幼儿教育咨询
〔日〕松原达哉著，张在浩译　北京：煤炭工业
出版社，1990.1　158 页，32 开
—ISBN 7-502-00350-9：2.15 元

06449　幼儿游戏 200 种
〔日〕近藤充夫著，胡学等译　延吉：延边人民
出版社，1990.4　153 页，32 开
—ISBN 7-80508-429-7：2.20 元

06450　鱼腥草酒健美法
〔日〕巴巴拉寺冈著，倪信兴等译　北京：科学
技术文献出版社，1990.7　96 页，32 开
—ISBN 7-5023-1224-2：2.15 元

06451　愉快的圣诞节
〔日〕长野博一著，李京译　北京：中国和平出
版社，1990.5　26 页，16 开
—ISBN 7-80037-330-4：1.40 元

06452　宇宙飞超人（上）（日本电视动画连环画）
陈明娟改编，林义君等绘　南宁：广西美术出版
社，1990.8　1 册，24 开
—ISBN 7-80582-072-4：1.00 元

06453　宇宙飞超人（下）（日本电视动画连环画）
陈明娟改编，梁盈禧等绘　南宁：广西美术出版
社，1990.8　1 册，24 开
—ISBN 7-80582-073-2：1.00 元

06454　"宇宙流"自述
〔日〕武宫正树著，张亚农译　北京：奥林匹克
出版社，1990.4　128 页，32 开　（奥林匹克围
棋丛书　第 1 辑/蔡中主编）
—ISBN 7-80067-015-5：2.80 元

06455　宇宙小战争：丁当长篇卡通故事
〔日〕藤子不二雄编绘　广州：新世纪出版社，
1990.12　2 册，32 开　（卡通世界）
—ISBN 7-5405-0472-2：2.65 元

06456　雨月物语
〔日〕上田秋成著，阎小妹译　北京：人民文学

出版社，1990.7　184 页，大 32 开　（日本文学
丛书）
—ISBN 7-02-000976-X：3.05 元

06457　雨月物语
〔日〕上田秋成著，阎小妹译　北京：人民文学
出版社，1990.7　184 页，大 32 开　（日本文学
丛书）
—ISBN 7-02-001092-X（精装）：5.85 元

06458　育儿百科（新版重译本）
〔日〕松田道雄著，李永连等译　2 版　北京：
人民卫生出版社，1990.2　950 页，照片，大
32 开
—ISBN 7-117-00815-6（精装）：14.00 元

06459　欲河中的罪恶
〔日〕松本清张著，王启元、金强译　北京：文
化艺术出版社，1990.2　294 页，32 开
—ISBN 7-5039-0571-9：3.40 元

06460　源氏物语
〔日〕紫式部著，丰子恺译　北京：人民文学出
版社，1980.12　2 册（1291 页），大 32 开　（世
界文学名著文库：珍藏本）
—ISBN 7-02-001683-9（精装）：38.30 元

06461　匀相催化与多相催化入门：未来的催化化学
〔日〕干鲷真信、市川胜著，陆世维译　北京：
宇航出版社，1990.2　203 页，大 32 开
—ISBN 7-80034-197-6：4.80 元

06462　运动机能学
〔日〕森优著，何佩玲等译　哈尔滨：黑龙江科
学技术出版社，1990.4　195 页，32 开
—ISBN 7-5388-1071-4：2.85 元

06463　运动员心理自我调控
〔日〕远藤俊郎著，张克仁编译　南京：南京出
版社，1990.3　60 页，32 开
—ISBN 7-80560-168-2：1.20 元

06464　栽桑养蚕新技术
日本农林水产省农蚕园艺局编，舒惠国、徐红玳
译　南昌：江西科学技术出版社，1990.4　181
页，32 开
—ISBN 7-5390-0283-2：2.10 元

06465　再创完美：技术开发与经营革新的较量
〔日〕石井威望编，李铁锤、宋琳译　北京：中

国财政经济出版社，1990.8 266 页，32 开
（管理新思维丛书/李铁锤、陈重主编）
—ISBN 7-5005-1034-9：3.45 元

06466 造园施工
〔日〕福富久夫等著，苏思普等译 哈尔滨：
东北林业大学出版社，1990.12 162 页，
32 开
—ISBN 7-81008-163-2：2.20 元

06467 噪声名词术语辞典
〔日〕守田荣等著，张云鹏译 北京：中国计量
出版社，1990.6 415 页，32 开
—ISBN 7-5026-0272-0：9.00 元

06468 怎样使孩子更聪明
〔日〕多湖辉著，徐刚等译 北京：中国人民大
学出版社，1990.3 199 页，32 开
—ISBN 7-300-00642-6：2.70 元

06469 怎样做一个讨人喜欢的人
〔日〕侘摩武俊著，林秋硕等编译 北京：学苑
出版社，1990，9 128 页，32 开
—ISBN 7-80060-509-4：1.90 元

06470 增强打入的实力
〔日〕赵治勋著，赵建军、杨真编译 北京：北
京体育学院出版社，1990.3 186 页，32 开
—ISBN 7-81003-343-3：3.20 元

06471 增强对抗骗着的能力
〔日〕石田芳夫著，赵建军、杨真译 北京：
北京科学技术出版社，1990.9 181 页，
32 开
—ISBN 7-5304-0697-3：2.50 元

06472 战后台湾经济分析
〔日〕刘进庆著，雷慧英译 厦门：厦门大学出
版社，1990.5 476 页，大 32 开
—ISBN 7-5615-0291-5：7.80 元

06473 战争·科学·人
〔日〕田中正俊著，韩一德译 哈尔滨：黑龙江
人民出版社，1990.7 86 页，大 32 开
—ISBN 7-207-01445-7：1.90 元

06474 这种干部请你辞职
〔日〕二见道夫著，徐信文译 北京：中国友谊
出版公司，1990.2 204 页，32 开
—ISBN 7-5057-0264-5：2.90 元

06475 振动理论
〔日〕大崎顺彦著，谢礼立等译 北京：地震出
版社，1990.10 250 页，16 开
—ISBN 7-5028-0273-8：9.00 元

06476 争风吃醋
〔日〕永井荷风著，李远喜译 桂林：漓江出版
社，1990.3 428 页，32 开 （外国文学名著）
—ISBN 7-5407-0533-7：4.55 元
本书包括《争风吃醋》、《暹东绮谈》、《梅雨前
后》、《雨潇潇》中长篇小说 4 篇。

06477 执白棋的秘诀
〔日〕坂田荣男著，王宛砾译 郑州：河南科学
技术出版社，1990.6 176 页，32 开
—ISBN 7-5349-0552-4：2.60 元

06478 只此一手 （序盘）
〔日〕藤泽秀行著，韩凤仑、张竹译 北京：华
夏出版社，1990.6 158 页，32 开
—ISBN 7-80053-719-6：2.15 元

06479 只此一手 （中盘）
〔日〕木谷实著，韩凤仑、张竹译 北京：华夏
出版社，1990.6 189 页，32 开
—ISBN 7-80053-732-3：2.35 元

**06480 质量工程学讲座 （1）：开发、设计阶段
的质量工程学**
〔日〕田口玄一著，中国兵器工业质量管理协会
译 北京：兵器工业出版社，1990.3 374 页，
32 开
—ISBN 7-80038-211-7：6.00 元

06481 中国版本目录学书籍解题
〔日〕长泽规矩也编著，梅宪华、郭宝林译 北
京：书目文献出版社，1990.6 271 页，32 开
—ISBN 7-5013-0794-6：4.55 元

06482 中国佛教文学
〔日〕加地哲定著，刘卫星译 北京：今日中国
出版社，1990.12 282 页，32 开 （宗教文化丛
书/王志远主编）
—ISBN 7-5072-0222-4：4.30 元

06483 中国抗日战争史
〔日〕石岛纪之著，郑玉纯、纪宏译 长春：吉
林教育出版社，1990.7 153 页，大 32 开 （外
国学者研究历史译丛 3）
—ISBN 7-5383-1075-4 （精装）：3.70 元

06484　中国流取胜之道：培养大局观和战斗力
〔日〕加藤正夫著，王少林译　成都：蜀蓉棋艺
出版社，1990.4　222页，32开
—ISBN 7-80548-231-4：2.60元

06485　中国秘密社会史
〔日〕平山周编著　影印本　石家庄：河北人民
出版社，1990.5　180页，32开　（民间秘密结
社与宗教丛书）
—ISBN 7-202-00640-5：3.30元

06486　中国诗歌原理
〔日〕松浦友久著，孙昌武、郑天刚译　沈阳：
辽宁教育出版社，1990.7　311页，大32开
—ISBN 7-5382-1087-3：4.50元

06487　中国志怪世界研究
〔日〕竹田晃著，孙中家译　哈尔滨：黑龙江人
民出版社，1990.5　141页，32开
—ISBN 7-207-01514-3：2.40元
本书选取中国人的"生死观念"作为核心，对
它们进行考察、分析，同时将中国人的"生死
观念"如何表现于故事和诗歌这类文学作品，
结合各个代表性作品加以论述。

06488　中盘战略
〔日〕加藤正夫著，李中南编译　北京：人民体
育出版社，1990.2　150页，32开　（围棋入段
丛书　3）
—ISBN 7-5009-0400-2：2.30元

06489　中日现代化·21世纪展望：中日青年学者论坛
李廷江、〔日〕国分良成主编　北京：中国社会
科学出版社，1990.6　229页，大32开
—ISBN 7-5004-0783-1：4.25元

06490　中小型酱油厂实用技术
〔日〕福崎幸藏著，宋刚等译　北京：轻工业出
版社，1990.10　264页，32开
—ISBN 7-5019-0189-9：5.80元

06491　中学生与家庭
〔日〕麦岛文夫等编，吴基松重译　延吉：延边
人民出版社，1990.5　152页，32开　（当代中
学生思考与研究丛书）
—ISBN 7-80508-445-9：1.40元

06492　中学生与朋友关系
〔日〕麦岛文夫等编，李龙海译　延吉：延边人
民出版社，1990.4　206页，32开　（当代中学

生思考与研究丛书）
—ISBN 7-80508-440-8：1.65元

06493　中学生与生活
〔日〕麦岛文夫等编，金光星重译　延吉：延边
人民出版社，1990.4　170页，32开　（当代中
学生思考与研究丛书）
—ISBN 7-80508-444-0：1.45元

06494　中学生与问题行为
〔日〕麦岛文夫等编，林昌盛重译　延吉：延边
人民出版社，1990.5　166页，32开　（当代中
学生思考与研究丛书）
—ISBN 7-80508-443-2：1.45元

06495　中学生与心理
〔日〕麦岛文夫等编，金得顺、李明根重译　延
吉：延边人民出版社，1990.4　202页，32开
（当代中学生思考与研究丛书）
—ISBN 7-80508-441-6：1.55元

06496　中学生与性教育
〔日〕麦岛文夫等编，李明根重译　延吉：延边
人民出版社，1990.4　173页，32开　（当代中
学生思考与研究丛书）
—ISBN 7-80508-446-7：1.45元

06497　中学生与学习
〔日〕麦岛文夫等编，秋英春重译　延吉：延边
人民出版社，1990.4　177页，32开　（当代中
学生思考与研究丛书）
—ISBN 7-80508-442-4：1.45元

06498　中医皮肤美容学
〔日〕佐藤好司著，于淞等主译　哈尔滨：哈尔
滨出版社，1990.11　524页，32开
—ISBN 7-80557-235-6：7.40元

06499　住友经营战略
〔日〕厚田昌范著，赵兴昌译　北京：科学技术
文献出版社，1990.4　201页，32开
—ISBN 7-5023-1268-4：2.80元

06500　著作权法50讲
〔日〕半田正文、纹谷畅男编，魏启学译　北
京：法律出版社，1990.7　407页，32开
—ISBN 7-5036-0477-8：5.90元

06501　抓住取胜良机
〔日〕坦桦纯著，李文庚译　北京：国际文化出版

公司，1990.10　188 页，32 开　（实用心理学丛书）
—ISBN 7-80049-616-3：2.20 元

06502　专利法概论
〔日〕吉藤幸朔著，宋永林、魏启学译　北京：
专利文献出版社，1990.6　766 页，32 开
—ISBN 7-80011-039-7：8.50 元

06503　转变中的日本企业
〔日〕中谷岩男著，许斌译　北京：企业管理出
版社，1990.10　124 页，32 开
—ISBN 7-80001-124-0：2.45 元

06504　桩的抗震设计
〔日〕矢作枢、和田克哉著，万世昌译　北京：
人民交通出版社，1990.5　135 页，大 32 开
—ISBN 7-114-00794-9：3.10 元

06505　装饰与人类文化
〔日〕海野弘著，陈进海编译　济南：山东美术
出版社，1990.2　227 页，图版，大 32 开
—ISBN 7-5330-0221-0：5.00 元

06506　追梦：一个女明星的自传
〔日〕吉永小百合著，莫邦富、楼志娟译　南
京：译林出版社，1990.4　136 页，32 开
—ISBN 7-80667-061-7：1.80 元

06507　自然医食与健康长寿
〔日〕森下敬一著，姚力译　北京：新华出版
社，1990.9　165 页，32 开
—ISBN 7-5011-0857-9：2.40 元

06508　自我暗示
〔日〕多湖辉著，澄子译　北京：中国卓越出版
公司，1990.5　142 页，图，32 开
—ISBN 7-80071-226-5：2.45 元
本书介绍了利用语言、环境、动作、顺序、态
度、意识转换等进行自我暗示的方法。

06509　自我暗示学：走出阴暗的低谷
〔日〕多湖秋著，刘秋岳译　厦门：鹭江出版
社，1990.6　155 页，32 开　（大众生活丛书）
—ISBN 7-80533-224-X：2.10 元
本书介绍了利用语言、环境、动作、顺序、态
度、对方观点和意识转换的自我暗示方法。

06510　自我健康诊断：22 个确认点
〔日〕石浜淳美、石滨贞著，张葆春、王振宇
译　北京：北京大学出版社，1990.12　182 页，

36 开　（人·科学·自然丛书/钟和主编）
—ISBN 7-301-01299-3：2.50 元

06511　自信心是如何培养的
〔日〕水井正明著，王玉荣、张松林译　北京：
地震出版社，1990.11　479 页，32 开
—ISBN 7-5028-0382-3：1.20 元
本书介绍了培养自信心的方法，产生自信心的主
客现条件以及战胜各种不安心理的事例。

06512　宗教与日本现代化
〔日〕村上重良著，张大柘译　北京：今日中国
出版社，1990.11　158 页，32 开　（宗教文化丛
书/王志远主编）
—ISBN 7-5072-0223-2：2.55 元

06513　租赁
〔日〕宫内義彦著，刘丽京译　北京：中国金融
出版社，1990.4　199 页，32 开　（国际金融百
科丛书）
—ISBN 7-5049-0518-6：2.25 元

06514　最佳柔道术
〔日〕猪熊功、佐藤宣践著，王成、郭仲和译
北京：人民体育出版社，1990.9　203 页，大
32 开
—ISBN 7-5009-0495-9：6.00 元

06515　最新 Q 太郎系列 （二）：骑士 Q 太郎
〔日〕藤子不二雄著，徐超译　北京：中国妇女
出版社，1990.5　85 页，32 开
—ISBN 7-80016-256-7：1.30 元

06516　最新 Q 太郎系列 （三）：犯人是谁
〔日〕藤子不二雄著，夏立新译　北京：中国妇
女出版社，1990.5　85 页，32 开
—ISBN 7-80016-256-7：1.30 元

06517　最新 Q 太郎系列 （四）：决斗取消
〔日〕藤子不二雄著，王树本译　北京：中国妇
女出版社，1990.5　85 页，32 开
—ISBN 7-80016-256-7：1.30 元

06518　最新 Q 太郎系列 （一）：好好狗
〔日〕藤子不二雄著，郎樱译　北京：中国妇女
出版社，1990.5　85 页，32 开
—ISBN 7-80016-256-7：1.30 元

06519　最新的国铁通信技术
日本铁道通信协会著，铁道部通信信号公司研究

设计院译　北京：中国铁道出版社，1990.7
235 页，16 开
—ISBN 7-113-00732-5：7.75 元

06520　最新精密陶瓷：从材料、制法到应用
〔日〕坂野久夫著，厉仁玉译　上海：同济大学
出版社，1990.11　187 页，大 32 开　（同济大
学图书馆丛书）
—ISBN 7-5608-0659-7：7.00 元

**06521　最新日本功率控制用晶体管及复合管
大全**
陈清山、陈燕科编译　长沙：中南工业大学出版
社，1990.1　527 页，16 开
—ISBN 7-81020-289-8（精装）：15.00 元

06522　最新日本晶体二极管及复合管大全
陈清山、陈燕科编译　长沙：中南工业大学出版
社，1990.5　446 页，16 开
—ISBN 7-81020-293-6（精装）：14.00 元

**06523　最新日本晶体管互换和日本管代换欧美
管手册**
陈清山编译　长沙：中南工业大学出版社，
1990.1　316 页，16 开　（附美英法西德荷兰著
名公司晶体管参数）
—ISBN 7-81020-274-X（精装）：17.00 元

**06524　最新日本晶体管及其复合管大全（日本
1989 年最新版）**
罗崇德等编译　长沙：湖南科学技术出版社，
1990.4　461 页，16 开
—ISBN 7-5357-0727-0（精装）：14.70 元

**06525　最新世界集成模数和数模转换器及接口
器手册（日本 1989 年最新版）**
陈清山、陈燕科编译　长沙：中南工业大学出版
社，1990.12　256 页，16 开
—ISBN 7-81020-312-6（精装）：18.00 元

06526　最新英、日、汉旅游饭店会话
张其会、张沛然编，〔日〕射场和行校订
北京：中国计量出版社，1990.2　187 页，
32 开
—ISBN 7-5026-0299-2：4.00 元

06527　最新针灸疗法
〔日〕前田昌司著，王旭、王超凡译　郑州：河
南科学技术出版社，1990.5　172 页，32 开
—ISBN 7-5349-0573-7：2.40 元

06528　最新中国流战法
〔日〕加藤正夫著，杨祖铭、王再清译　北京：
奥林匹克出版社，1990.8　215 页，32 开　（奥
林匹克围棋丛书　第 2 辑/蔡中主编）
—ISBN 7-80067-120-8：3.70 元

1991

06529　100 种心理欲求
〔日〕齐藤勇著，李文庚译　北京：国际文化出版公
司，1991.4　320 页，32 开　（实用心理学丛书）
—ISBN 7-80049-669-4：3.95 元
本书通过对 100 个具体实例的剖析，全面细致地
从日常生活的各个侧面叙述了人类各种喜怒哀
乐的生理和心理欲求。

06530　50 个为什么：心理学问答
〔日〕依田明著，李文庚译　北京：国际文化出
版公司，1991.1　193 页，32 开　（实用心理学
丛书）
—ISBN 7-80049-649-X：2.40 元
本书以问答的形式，回答了人们在生活工作、婚
姻、人际关系等多方面关于心理上的若干问题。

06531　80＝20 法则
〔日〕田中满著，谢洪俊译　上海：华东师范大
学出版社，1991.5　157 页，大 32 开
—ISBN 7-5617-0786-X：1.95 元

06532　90 年代日本与世界经济
〔日〕小林实著，毛良鸿等译　上海：上海翻译
出版公司，1991.8　179 页，大 32 开
—ISBN 7-80514-671-3：4.10 元
本书在剖析 20 世纪 80 年代世界社会、经济发展
变化的基础上，展望了 90 年代日本和世界经济
发展趋势以及值得注意的问题。

06533　ICJ 初级日语
日本对外日语教育振兴会、日语磁带编辑委员会
编，张生林等编译　北京：北京出版社，
1991.9　2 册（1170 页），大 32 开
—ISBN 7-200-01143-6：15.50 元

06534　阿琴
〔日〕水上勉著，张辉、扬子江译　福州：海峡
文艺出版社，1991.12　268 页，大 32 开
—ISBN 7-80534-415-9：3.95 元

06535　爱丽丝的惊奇历险记：智力游戏画册
〔日〕松原达哉编写，张艺译　北京：中国戏剧

出版社，1991.5　15 页，32 开
—ISBN 7-104-00310-X：3.90 元

06536　氨基酸工业大全：技术与市场
日本 CMC 编辑部编，张炳荣编译　北京：轻工业出版社，1991.4　164 页，32 开
—ISBN 7-5019-0963-6：4.50 元

06537　白发与脱发的产生及防治
〔日〕高桥由美子著，曲国斌、张义东译　北京：中国轻工业出版社，1991.10　144 页，32 开
—ISBN 7-5019-1086-3：3.95 元

06538　白居易
〔日〕花房英树著，王文亮、黄玮译　北京：社会科学文献出版社，1991.12　136 页，32 开
—ISBN 7-80050-230-9：2.80 元

06539　拜厄幼儿钢琴教程
〔日〕武田邦夫编著，王怡译　北京：人民音乐出版社，1991.12　2 册（155，136 页），8 开
—ISBN 7-103-00813-2：16.90 元

06540　半导体器件可靠性技术
〔日〕安食恒雄主编，周南生等译　西安：西安电子科技大学出版社，1991.12　352 页，大32 开
—ISBN 7-5606-0166-9：7.15 元

06541　伴读：父母让孩子用功的诀窍
〔日〕多湖辉著，双虹译　长春：东北师范大学出版社，1991.5　191 页，32 开
—ISBN 7-5602-0567-4：3.00 元
本书列举了近 150 种有关小学生"快乐"读书的方法。

06542　爆破术语手册
〔日〕木村真著，王中黔、刘殿中译　北京：煤炭工业出版社，1991.5　266 页，32 开
—ISBN 7-5020-0528-5：4.95 元

06543　北斗神拳第二辑（1）：杀向地狱
〔日〕武论尊原作，〔日〕原哲夫绘，陈军译　太原：山西人民出版社，1991.12　95 页，32 开
—ISBN 7-203-02103-3：1.90 元

06544　北斗神拳第二辑（2）：向恶魔挑战
〔日〕武论尊原作，〔日〕原哲夫绘，陈军译　太原：山西人民出版社，1991.12　94 页，32 开
—ISBN 7-203-02103-3：1.90 元

06545　北斗神拳第二辑（3）：战胜死神
〔日〕武论尊原作，〔日〕原哲夫绘，陈军译　太原：山西人民出版社，1991.12　92 页，32 开
—ISBN 7-203-02103-3：1.90 元

06546　北斗神拳第二辑（4）：南斗的勇士
〔日〕武论尊原作，〔日〕原哲夫绘，陈军译　太原：山西人民出版社，1991.12　95 页，32 开
—ISBN 7-203-02103-3：1.90 元

06547　北斗神拳第一辑（1）：内心的呐喊（连环画）
〔日〕武论尊原著，〔日〕原哲夫绘，陈军译　太原：山西人民出版社，1991.12　95 页，32 开
—ISBN 7-203-02103-3：1.90 元

06548　北斗神拳第一辑（2）：秘拳！残悔拳（连环画）
〔日〕武论尊原作，〔日〕原哲夫绘，陈军译　太原：山西人民出版社，1991.12　95 页，32 开
—ISBN 7-203-02103-3：1.90 元

06549　北斗神拳第一辑（3）：疯狂的杀人者
〔日〕武论尊原作，〔日〕原哲夫绘，陈军译　太原：山西人民出版社，1991.12　90 页，32 开
—ISBN 7-203-02103-3：1.90 元

06550　北斗神拳第一辑（4）：执着的火焰
〔日〕武论尊原著，〔日〕原哲夫绘，陈军译　太原：山西人民出版社，1991.12　95 页，32 开
—ISBN 7-203-02103-3：1.90 元

06551　北京历史漫步
〔日〕竹中宪一著，天津编译中心译　北京：中国文史出版社，1991.7　211 页，32 开
—ISBN 7-5034-0360-8：3.50 元
本书是外国人客观地考察、评论中国北京的古代风貌和社会风情的记录，是历史小品文。

06552　被绑架的少女　（中篇小说）
〔日〕赤川次郎著，展梁译　北京：群众出版社，1991.4　155 页，32 开
—ISBN 7-5014-0645-6：2.80 元

06553　被激怒的黑玫瑰
〔日〕镰田幸美著，蔡彩时译　北京：中国华侨出版公司，1991.6　207 页，32 开　（黑玫瑰系列杰作集　4）
—ISBN 7-80074-441-8：2.80 元

06554　比较血型学
〔日〕铃木正三等著，程光朝等译　北京：中国科学技术出版社，1991.5　647页，32开
—ISBN 7-5046-0225-6：12.00元

06555　变形车巡逻记
〔日〕中屿博和编，〔日〕大竹伸一绘，禹新译，永改编　北京：科学普及出版社，1991.5　31页，16开　（妈妈、保育员讲动物丛书　6）
—ISBN 7-110-01987-X：1.50元

06556　表层生活
〔日〕大冈玲著，兰明、郑民钦译　北京：作家出版社，1991.10　204页，32开　（作家参考丛书）
—ISBN 7-5063-0032-X：3.35元
本书由两部中篇《黄昏播种暴风雨》和《表层生活》组成。前者曾获1989年度三岛由纪夫文学奖，后者于1990年获第102届芥川文学奖。

06557　表扬与批评孩子的艺术
〔日〕木川达尔著，李庆祥等译　昆明：云南少年儿童出版社，1991.7　144页，插图，32开
—ISBN 7-5414-0381-4：1.85元
本书介绍了对于不同年龄、不同个性的孩子在不同的场合所采取的不同的表扬和批评方法。

06558　孛儿帖赤那
〔日〕井上靖著，努肉孜·玉山阿里译　乌鲁木齐：新疆人民出版社，1991.6　398页，32开
—ISBN 7-228-01725-0：2.60元

06559　财政赤字、通货膨胀与宏观经济监控研究
陈湛匀、〔日〕三好慎一郎著　上海：上海社会科学院出版社，1991.4　200页，32开
—ISBN 7-80515-640-9：3.00元

06560　彩色电视接收机修理技术
日本广播协会原编，家电修理技术丛书编委会编译　北京：改革出版社，1991.3　396页，大32开　（家电修理技术资格考核丛书　5）（中央电视台教育节目参考丛书）
—ISBN 7-80072-094-2：8.50元
本书对彩色接收机的原理、电器、调试及故障分析和修理技术做了通俗的解说。

06561　彩色电视接收机修理技术330问
日本广播协会原编，家电修理技术丛书编委会编译　北京：改革出版社，1991.3　407页，彩图，大32开　（家电修理技术资格考核丛书

6）（中央电视台教育节目参考丛书）
—ISBN 7-80072-095-0：8.50元

06562　仓库经营管理
〔日〕南川利雄著，罗洪群译　北京：人民交通出版社，1991.1　258页，32开
—ISBN 7-114-00928-3：6.85元

06563　禅海珍言
〔日〕秋月龙珉著，汪正求译　桂林：漓江出版社，1991.4　274页，32开
—ISBN 7-5407-0671-6：3.65元
本书收集了古今禅师的语录。

06564　超大规模集成电路设计（1）：逻辑与测试
〔日〕树下行三等著，裴武焕译　北京：科学出版社，1991.12　285页，大32开　（微电子学讲座　4）
—ISBN 7-03-002457-5：10.60元
本书介绍了集成电路设计中的逻辑设计与测试技术，其中包括布尔代数、逻辑设计、逻辑模拟、测试系统的生成及易测性设计。

06565　超微颗粒导论
〔日〕濑升等著，赵修建、张联盟译　武汉：武汉工业大学出版社，1991.6　214页，大32开
—ISBN 7-5629-0510-X：4.20元

06566　超越"坐蹭车"与一国繁荣主义
〔日〕猪口孝著，杨伯江译　北京：中国经济出版社，1991.4　118页，32开
—ISBN 7-5017-1118-6：2.50元

06567　成功者的奥秘
〔日〕保坂荣之介著，孙才仁译　北京：法律出版社，1991.11　154页，32开
—ISBN 7-5036-0910-9：2.80元
本书着重探讨了记忆力带给人们的成功之举。作者用大量的实例说明了增强记忆力是成功者的奥秘所在。

06568　城市经济学
〔日〕山田浩之著，魏浩光等译　大连：东北财经大学出版社，1991.5　257页，32开
—ISBN 7-81005-212-8：5.00元

06569　城市社区生活研究
王胜今、〔日〕早濑保子等著　长春：北方妇女儿童出版社，1991.10　405页，大32开

—ISBN 7-5385-0769-8 （精装）：6.60 元

06570 吃鱼健脑
〔日〕铃木平光著，叶桂蓉译 北京：农业出版
社，1991.12 129 页，32 开
—ISBN 7-109-02380-X：2.10 元
本书介绍鱼的营养价值为何为当今世界所瞩目，
DHA 的功能，吃鱼可以预防成人病和老年痴呆
症，介绍获取 DHA 的诀窍，海产品营养摄取
知识。

06571 丑闻
〔日〕远藤周作著，山林等译 哈尔滨：北方文
艺出版社，1991.6 219 页，32 开
—ISBN 7-5317-0552-4：3.40 元

06572 处世奇术：充实人生的要诀
〔日〕赤根祥道著，方智编译小组译 北京：中
国友谊出版公司，1991.5 192 页，32 开
—ISBN 7-5057-0400-1：3.30 元
本书将向您提供工作、生活、爱情、婚姻、知
识、财富等 12 个方面各 15 个智慧锦囊及行动
要诀。

06573 创造之门
〔日〕广中平佑著，郭友中、高明芝译 北京：
中国华侨出版公司，1991.8 237 页，照片，大
32 开
—ISBN 7-80074-389-6：4.70 元
本书作者广中平佑教授是荣获菲尔兹奖的杰出
数学家。本译本汇集了他的著作《生活与学习》
以及《可变思维与创造》的精彩章节。

06574 磁带录音机磁带录像机原理与维修
日本家电产品协会编，家电维修技术丛书编委
会编译 北京：改革出版社，1991.3 229 页，
大 32 开 （家电修理技术资格考核丛书 4）
—ISBN 7-80072-093-4：5.50 元
本书主要对磁带录音机和磁带录像机的原理、
结构、使用和保养，以及故障分析方法做了全面
介绍。

06575 次郎的故事
〔日〕下村湖人著，李建华、杨晶译 北京：中
国工人出版社，1991.11 225 页，32 开
—ISBN 7-5008-0876-3：3.15 元

06576 刺绣和贴花：献给孩子
日本雄鸡社编，费广洪编译 北京：中国文联出
版公司，1991.9 47 页，彩图，16 开

—ISBN 7-5059-1401-4：5.40 元
本书收入了动物、花卉、人物、生活用具等儿童
服装图案饰花。

06577 聪明的一休（1）
邵克勤等编，陈庆等画，东北朝鲜民族教育出版
社儿童图书编辑室译 延吉：东北朝鲜民族教育
出版社，1991.10 29 页，16 开 （电视动画故
事画丛）
—ISBN 7-5437-1006-4：1.20 元

06578 聪明的一休（2）
刘杨等编，张其明等画，东北朝鲜民族教育出版
社儿童图书编辑室译 延吉：东北朝鲜民族教育
出版社，1991.10 29 页，16 开 （电视动画故
事画丛）
—ISBN 7-5437-1007-2：1.20 元

06579 聪明的一休（3）
刘杨等编，张其明等画，东北朝鲜民族教育出版
社儿童图书编辑室译 延吉：东北朝鲜民族教育
出版社，1991.10 29 页，16 开 （电视动画故
事画丛）
—ISBN 7-5437-1008-0：1.20 元

06580 聪明的一休（4）
刘杨等编，张其明等画，东北朝鲜民族教育出版
社儿童图书编辑室译 延吉：东北朝鲜民族教育
出版社，1991.10 29 页，16 开 （电视动画故
事画丛）
—ISBN 7-5437-1009-9：1.20 元

06581 聪明的一休（5）
刘杨等编，张其明等画，东北朝鲜民族教育出版
社儿童图书编辑室译 延吉：东北朝鲜民族教育
出版社，1991.10 29 页，16 开 （电视动画故
事画丛）
—ISBN 7-5437-1010-2：1.20 元

**06582 打开智慧之窗：智力游戏系列题解（第
二集）**
〔日〕多湖辉著，李道荣等编译 合肥：安徽科
学技术出版社，1991.4 156 页，插图，32 开
—ISBN 7-5337-0594-7：2.20 元

**06583 打开智慧之窗：智力游戏系列题解（第
三、四集）**
〔日〕多湖辉著，李道荣等编译 合肥：安徽科
学技术出版社，1991.1 91 页，插图，32 开
—ISBN 7-5337-0596-4：2.95 元

06584　打开智慧之窗：智力游戏系列题解（第一集）
〔日〕多湖辉著，李道荣等编译　合肥：安徽科学技术出版社，1991.1　185 页，插图，32 开
—ISBN 7-5337-0593-9：2.50 元

06585　大冈信诗选
〔日〕大冈信著，兰明译　北京：三联书店，1991.6　221 页，32 开　（日本文化丛书）
—ISBN 7-108-00415-1：4.10 元
本书收入了当代日本著名诗人大冈信的诗作近百首。

06586　大平正芳
日本大平正芳财团编著，中日友好协会、中日关系史研究会编译　北京：中国青年出版社，1991.9　847 页，大 32 开
—ISBN 7-5006-0992-2：18.00 元

06587　大唐六典
（唐）李隆基撰，（唐）李林甫注，〔日〕广池千九郎校注，〔日〕内田智雄补订　影印本　西安：三秦出版社，1991.6　535 页，16 开
—ISBN 7-80546-326-3（精装）：32.00 元
本书正文备述盛唐职官建制、注文叙其沿革，内容兼及政治、经济、文物制度诸多方面。

06588　大战赌城
〔日〕镰田幸美著，那永华译　北京：中国华侨出版公司，1991.6　183 页，32 开　（黑玫瑰系列杰作集　1）
—ISBN 7-80074-438-8：2.50 元

06589　大侦探：两分钟破案
〔日〕藤原宰太郎著，剑雄编译　北京：中国检察出版社，1991.5　200 页，32 开
—ISBN 7-80086-028-0：2.60 元

06590　大竹围棋攻防诀窍
〔日〕大竹英雄著，薛至诚译　北京：北京体育学院出版社，1991.7　247 页，32 开
—ISBN 7-81003-537-1：3.30 元

06591　淡妆的男人
〔日〕松本清张著，槐之译　北京：文化艺术出版社，1991.3　204 页，32 开
—ISBN 7-5039-0803-3：2.70 元
本书收作者理推小说 7 篇。

06592　当代富强智慧录
〔日〕吉田正勇著，耀华、包丁编译　长春：吉林人民出版社，1991.7　162 页，32 开
—ISBN 7-206-01193-4：2.60 元
本书所涉及的是日本明治、大正、昭和时代的百位创业的杰出人物。

06593　岛国哀犬
〔日〕椋鸠十著，贡吉荣译　上海：少年儿童出版社，1991.2　88 页，图，32 开　（外国儿童文学丛书）
—ISBN 7-5324-0470-6：1.50 元

06594　地球的去向：人类将延续到何时
〔日〕今村光一著，许运堂、刘桂芳编译　沈阳：辽宁大学出版社，1991.11　157 页，32 开（21 世纪重大话题）
—ISBN 7-5610-1453-8：3.00 元
本书共分 7 部分，包括：不断发生的异常气象、被污染的地球的未来、爆炸的人口将向何处去等。

06595　地震前兆现象
〔日〕力武常次著，耿庆国主译　北京：地震出版社，1991.4　214 页，16 开
—ISBN 7-5028-0347-5：10.00 元

06596　电收尘器
〔日〕松本俊次著，王成霞译　上海：上海科学技术文献出版社，1991.5　140 页，32 开
—ISBN 7-80513-766-8：2.80 元

06597　电信技术标准用语辞典（日英汉名词对照）
日本电气通信关系技术用语标准化委员会编，裴古庵等译　北京：人民邮电出版社，1991.8　913 页，大 32 开
—ISBN 7-115-04259-4（精装）：24.00 元

06598　电影制作经验谈
〔日〕新藤兼人著，张加贝译　北京：中国电影出版社，1991.2　139 页，照片，大 32 开
—ISBN 7-106-00455-3：2.60 元
本书分为 3 章：电影的实际制作、高中生制作的影片、剧本范本。

06599　电子计算机概论
〔日〕川端亲雄著，于铁军译　北京：冶金工业出版社，1991.11　104 页，16 开　（高等学校教学用书）
—ISBN 7-5024-0899-1：1.85 元

06600　电子计算机在农林水产研究中的应用
〔日〕斋尾乾二郎等编，赵四强等译　北京：气

象出版社，1991.5　345 页，16 开
—ISBN 7-5029-0281-3：15.60 元

06601　定式中的妙手
〔日〕大竹英雄著，韩凤仑、张凤荣译　北京：
华夏出版社，1991.12　311 页，32 开
—ISBN 7-80053-970-9：4.65 元
本书作者精选了 129 个题，展示了围棋对弈中如
何运用各种有效技巧解决死活问题，以提高使
用定式的信心。

06602　东方的美学
〔日〕今道友信著，蒋寅等译　北京：三联书
店，1991.12　287 页，大 32 开　（现代外国文
艺理论译丛/王春元、钱中文主编）
—ISBN 7-108-00121-9：5.20 元
本书论述中国和日本的美学思想的系统整
体，从先秦诸子谈到清代的画论，涉及中国
文学、音乐、美术、书法的系统整体的美学
知识，对日本的美学史作者亦有全面详尽的
介绍。

06603　东西洋哲学与文化
〔日〕今道友信著，崔元和译　太原：山西人民
出版社，1991，4　287 页，大 32 开
—ISBN 7-203-02074-6：4.50 元
本书对东西传统文化的基本构架做了较为深刻
而切合实际的比较和审视。

06604　东瀛长寿术
〔日〕志贺贡著，孙道光等译　北京：科学普及
出版社，1991.7　147 页，32 开
—ISBN 7-110-01975-6：2.60 元

06605　冬天来了，小动物们怎么办？
〔日〕中屿博和编，〔日〕泷波明生绘，禹新译，
永芬改编　北京：科学普及出版社，1991.5　31
页，16 开　（妈妈、保育员讲动物丛书　8）
—ISBN 7-110-01989-6：1.50 元

06606　动机
〔日〕清水一行著，孙明德译　哈尔滨：黑龙江
人民出版社，1991.8　295 页，32 开
—ISBN 7-207-01743-8：4.30 元

06607　动物们，集合啦！
〔日〕中屿博和编，〔日〕中泽正人绘，禹新译，
永芬编　北京：科学普及出版社，1991.5　31
页，16 开　（妈妈、保育员讲动物丛书　1）
—ISBN 7-110-01982-9：1.50 元

06608　冻河
〔日〕五木宽之著，谭晶华译　南京：译林出版
社，1991.12　334 页，32 开
—ISBN 7-80567-136-2：4.60 元

06609　栋方志功版画集
〔日〕栋方志功绘，余启平等编　福州：福建美
术出版社，1991.6　219 页，照片，20 开
—ISBN 7-5393-0029-9：12.00 元

06610　独角仙的一生
〔日〕中屿博和编，〔日〕小林准治绘，禹新译，
永芬改编　北京：科学普及出版社，1991.5　31
页，16 开　（妈妈、保育员讲动物丛书　5）
—ISBN 7-110-01986-1：1.50 元

**06611　敦煌的光彩：池田大作与常书鸿对谈、
书信录**
高屹、张同道编译　北京：中国社会科学出版
社，1991.12　252 页，照片及图，32 开
—ISBN 7-5004-0942-7：4.25 元
本书编入了日本社会活动家池田大作赠我国著
名画家常书鸿先生的诗、致常先生的信和以常先
生为题材进行的演讲，也收进了常先生所写的关
于敦煌的部分文章。

06612　恶灵
〔日〕远藤周作著，郅颙译　济南：山东文艺出
版社，1991.11　286 页，32 开
—ISBN 7-5329-0682-5：4.50 元
小说描写主人公英子新寡，但她年轻、漂亮。才
华横溢的作家藤纲，见了她神魂为之颠倒；美术
界泰斗荻野与英子一见钟情；另一位多情的男子
受其魔力驱使，竟将情人掐死。

06613　儿童教育的探讨
〔日〕长谷川洋三著，李治中、李德森译　北
京：人民卫生出版社，1991.8　154 页，32 开
—ISBN 7-117-01586-1：3.90 元
本书介绍日本运用森田疗法进行儿童教育的观
点和方法。

06614　儿童饮食与健脑
〔日〕饭野节夫著，盛欣等译　北京：国际文化
出版公司，1991.5　140 页，32 开
—ISBN 7-80049-656-2：2.50 元

06615　儿童右脑智力开发
〔日〕品川嘉也著，宝山·特木尔译　呼和浩
特：内蒙古教育出版社，1991.11　294 页，

32 开
—ISBN 7-5311-1420-8：2.20 元

06616 二十一世纪的美容健康法
〔日〕秋野千佳子、大西多惠子著，杨生怀、王
喜绒编译 兰州：兰州大学出版社，1991.7
144 页，32 开
—ISBN 7-311-00401-2：2.60 元

06617 二十一世纪汽车社会
日本汽车研究所编著，刘秀娟译 长春：吉林科
学技术出版社，1991.11 152 页，图及照片，
32 开
—ISBN 7-5384-0801-0：2.95 元
本书从社会及技术观点对 21 世纪汽车应有的姿
态和人与车的关系进行了展望。预测了汽车与
其他交通工具的有机结合而得以高度利用的社
会即将到来的景象。

06618 发展中国家的工业化和出口鼓励政策
〔日〕山泽逸平、平田章编，李炳烈、何联华
译 青岛：青岛出版社，1991.5 271 页，大
32 开
—ISBN 7-5436-0554-6：5.80 元
本书对朝鲜、菲律宾、印度等发展中国家（地
区）实行工业化和经济外向型化过程中的政策
进行评述，并对出口导向、产业政策等发展外向
型经济问题进行了论述。

06619 繁霜之鬓
〔日〕向坊隆著，郭永江等译 大连：大连理工
大学出版社，1991.5 108 页，照片，32 开
—ISBN 7-5611-0428-6：3.00 元
向坊隆是日本著名学者、社会活动家，出生于中
国的大连。现为大连市荣誉市民、大连理工大学
名誉教授。本书为作者近年的讲演、访谈及随
笔集。

06620 犯罪构成要件理论
〔日〕小野清一郎著 北京：中国人民公安大学
出版社，1991.1 159 页，大 32 开 （世界法学
汉译名著）
—ISBN 7-81011-289-9：2.80 元
本书内容包括犯罪构成要件的概念及其理论机
能、构成要件中的规范要素和主观要素、构成要
件与行为论、构成要件与共犯等。

**06621 芳心破译术：如何理解并赢得女性 114
要诀**
〔日〕混元俊著，谢德辉译 上海：上海人民出

版社，1991.10 162 页，32 开 （青年译丛）
—ISBN 7-208-01248-2：2.05 元
本书介绍了女性心理和男女心理之异同。

06622 房屋抗震设计
〔日〕若林实著，成源华、朱君道译 上海：同
济大学出版社，1991.6 315 页，大 32 开
—ISBN 7-5608-0795-X：5.40 元

06623 飞机大王休斯
〔日〕大森实著，余若水、娄建华译 北京：中
国经济出版社，1991.6 192 页，32 开 （控制
美国的十大财阀）
—ISBN 7-5017-1193-3：3.00 元

06624 飞人（9）：东京旅行
〔日〕藤子不二雄著，于也等编译 北京：科学
普及出版社，1991.3 92 页，32 开
—ISBN 7-110-02050-9：1.50 元

06625 飞人（10）：火箭袭击
〔日〕藤子不二雄著，于也等编译 北京：科学
普及出版社，1991.5 95 页，32 开
—ISBN 7-110-02051-7：1.50 元

06626 飞人（11）：智擒盗贼
〔日〕藤子不二雄著，于也等编译 北京：科学
普及出版社，1991.4 93 页，32 开
—ISBN 7-110-02052-5：1.50 元

06627 飞人（12）：山地之战
〔日〕藤子不二雄著，于也等编译 北京：科学
普及出版社，1991.5 94 页，32 开
—ISBN 7-110-02053-3：1.50 元

06628 飞人（13）：大家风度
〔日〕藤子不二雄著，于也等编译 北京：科学
普及出版社，1991.5 91 页，32 开
—ISBN 7-110-02094-0：1.50 元

06629 飞人（14）：温泉危机
〔日〕藤子不二雄著，于也等编译 北京：科学
普及出版社，1991.5 93 页，32 开
—ISBN 7-110-02095-9：1.50 元

06630 飞舞吧，朱鹮
〔日〕国松俊英著，安伟邦、李国方译 石家
庄：河北教育出版社，1991.5 104 页，32 开
（小博士文库）
—ISBN 7-5434-0957-7：1.80 元

06631 飞行少女
三木编译，万强绘画 北京：中国电影出版社，
1991.6 2 册，24 开
—ISBN 7-106-00540-1：2.20 元

06632 非凡小 Q 仔 （1）
〔日〕藤子不二雄原著，陶柯等绘制 南宁：广
西美术出版社，1991.11 34 页，40 开 （风趣
幽默系列）
—ISBN 7-80582-230-1：1.25 元
本书据〔日〕藤子不二雄的连环画改编、绘制。

06633 非凡小 Q 仔 （2）
〔日〕藤子不二雄原著，陶柯等绘制 南宁：广
西美术出版社，1991.11 34 页，40 开 （风趣
幽默系列）
—ISBN 7-80582-231-X：1.25 元
本书据〔日〕藤子不二雄的连环画改编、绘制。

06634 非凡小 Q 仔 （3）
〔日〕藤子不二雄原著，陶柯等绘制 南宁：广
西美术出版社，1991.11 30 页，40 开 （风趣
幽默系列）
—ISBN 7-80582-232-8：1.25 元
本书根据〔日〕藤子不二雄的连环画改编、
绘制。

06635 非凡小 Q 仔 （4）
〔日〕藤子不二雄原著，陶柯等绘制 南宁：广
西美术出版社，1991.11 34 页，40 开 （风趣
幽默系列）
—ISBN 7-80582-233-6：1.25 元
本书据〔日〕藤子不二雄的连环画改编、绘制。

06636 非凡小 Q 仔 （5）
〔日〕藤子不二雄原著，陶柯等绘制 南宁：广
西美术出版社，1991.11 31 页，40 开 （风趣
幽默系列）
—ISBN 7-80582-234-4：1.25 元
本书据〔日〕藤子不二雄的连环画改编、绘制。

06637 非凡小 Q 仔 （6）
〔日〕藤子不二雄原著，陶柯等绘制 南宁：广
西美术出版社，1991.11 31 页，40 开 （风趣
幽默系列）
—ISBN 7-80582-235-2：1.25 元
本书据〔日〕藤子不二雄的连环画改编、绘制。

06638 非凡小 Q 仔 （7）
〔日〕藤子不二雄原著，陶柯等绘制 南宁：广

西美术出版社，1991.11 33 页，40 开 （风趣
幽默系列）
—ISBN 7-80582-236-0：1.25 元
本书据〔日〕藤子不二雄的连环画改编、绘制。

06639 非凡小 Q 仔 （8）
〔日〕藤子不二雄原著，陶柯等绘制 南宁：广
西美术出版社，1991.11 31 页，40 开 （风趣
幽默系列）
—ISBN 7-80582-237-9：1.25 元
本书据〔日〕藤子不二雄的连环画改编、绘制。

06640 分子的世界
日本分子科学研究振兴会编，顾宗宗、谈建荣
译 北京：化学工业出版社，1991.2 179 页，
32 开
—ISBN 7-5025-0545-8：4.15 元

06641 分子进化中性理论
〔日〕木村资生著，石绍业译 哈尔滨：东北林
业大学出版社，1991.8 524 页，32 开
—ISBN 7-81008-182-9：8.50 元
本书内容包括从拉马克到群体遗传学、中性突变
随机漂变假说、分子水平上的群体遗传学等。

06642 粉红色三角
〔日〕树纳子密著，黄文明、曾耿耿译 北京：
作家出版社，1991.6 5 册，32 开 （最新绘图
言情小说系列）
—ISBN 7-5063-0434-1：15.00 元

06643 粉体工程学
〔日〕川北公夫等著，罗秉江、郭新有译 武
汉：武汉工业大学出版社，1991.8 334 页，
16 开
—ISBN 7-5629-0498-7：13.00 元

06644 风害和防风措施
〔日〕真木太一著，钟思强译 北京：气象出版
社，1991.4 214 页，16 开
—ISBN 7-5029-0681-9：4.50 元

06645 风魔小次郎 （5）：圣剑传说
〔日〕车田正美著，许敏译 北京：中国连环画
出版社，1991.10 183 页，32 开 （超级圣斗
士：圣斗士姐妹篇）
—ISBN 7-5061-0469-5：3.65 元

06646 风魔小次郎 （6）：宇宙组合
〔日〕车田正美著，金花译 北京：中国连环画

出版社，1991.11 186页，32开 （超级圣斗士：圣斗士姐妹篇）
—ISBN 7-5061-0470-9：3.65元

06647 风魔小次郎（7）：圣剑战争
〔日〕车田正美著，金花译 北京：中国连环画出版社，1991.11 188页，32开
—ISBN 7-5061-0471-X：3.65元

06648 风魔小次郎（8）：四千年的梦
〔日〕车田正美著，金花译 北京：中国连环画出版社，1991.11 185页，32开 （超级圣斗士：圣斗士姐妹篇）
—ISBN 7-5061-0472-2：3.60元

06649 风魔小次郎（9）：风魔族的叛乱
〔日〕车田正美著，金花译 北京：中国连环画出版社，1991.11 192页，32开 （超级圣斗士：圣斗士姐妹篇）
—ISBN 7-5061-0473-3：3.65元

06650 风魔小次郎（10）：风之旗
〔日〕车田正美著，金花、杜颖译 北京：中国连环画出版社，1991.11 192页，32开 （超级圣斗士：圣斗士姐妹篇）
—ISBN 7-5061-0488-1：3.65元

06651 风魔小次郎第一卷
〔日〕车田正美著，益文编译 海口：海南摄影美术出版社，1991.11 5册，32开
—ISBN 7-80571-154-2：9.50元

06652 风魔小次郎卷二（1）：风林火山
〔日〕车田正美著，益文编译 海口：海南摄影美术出版社，1991.12 95页，32开
—ISBN 7-80571-155-0：1.90元

06653 风魔小次郎卷二（2）：呼唤战士之声
〔日〕车田正美著，益文编译 海口：海南摄影美术出版社，1991.12 95页，32开
—ISBN 7-80571-155-0：1.90元

06654 风魔小次郎卷二（3）：风魔家族殒落
〔日〕车田正美著，益文编译 海口：海南摄影美术出版社，1991.12 93页，32开
—ISBN 7-80571-155-0：1.90元

06655 风魔小次郎卷二（4）：皇帝的出现
〔日〕车田正美著，益文编译 海口：海南摄影美术出版社，1991.12 93页，32开

—ISBN 7-80571-155-0：1.90元

06656 风魔小次郎卷二（5）：圣剑的传说
〔日〕车田正美著，益文编译 海口：海南摄影美术出版社，1991.12 93页，32开
—ISBN 7-80571-155-0：1.90元

06657 风魔小次郎卷三（1）：大地裂开之时
〔日〕车田正美著，益文编译 海口：海南摄影美术出版社，1991.12 94页，32开
—ISBN 7-80571-156-9：1.90元

06658 风魔小次郎卷三（2）：被神选定的战士
〔日〕车田正美著，益文编译 海口：海南摄影美术出版社，1991.12 94页，32开
—ISBN 7-80571-156-9：1.90元

06659 风魔小次郎卷三（3）：冰的世界对火的世界
〔日〕车田正美著，益文编译 海口：海南摄影美术出版社，1991.12 95页，32开
—ISBN 7-80571-156-9：1.90

06660 风魔小次郎卷三（4）：圣剑战争
〔日〕车田正美著，益文编译 海口：海南摄影美术出版社，1991.12 95页，32开
—ISBN 7-80571-156-9：1.90元

06661 风魔小次郎卷三（5）：燃烧着的大门
〔日〕车田正美著，益文编译 海口：海南摄影美术出版社，1991.12 93页，32开
—ISBN 7-80571-156-9：1.90元

06662 风魔小次郎卷四（1）：四千年的梦
〔日〕车田正美著，益文编译 海口：海南摄影美术出版社，1991.12 93页，32开
—ISBN 7-80571-157-7：1.90元

06663 风魔小次郎卷四（2）：风魔的叛乱
〔日〕车田正美著，益文编译 海口：海南摄影美术出版社，1991.12 93页，32开
—ISBN 7-80571-157-7：1.90元

06664 风魔小次郎卷四（3）：从冥府到人间
〔日〕车田正美著，益文编译 海口：海南摄影美术出版社，1991.12 93页，32开
—ISBN 7-80571-157-7：1.90元

06665 风魔小次郎卷四（4）：死的关键言辞
〔日〕车田正美著，益文编译 海口：海南摄影

美术出版社，1991.12　95 页，32 开
—ISBN 7-80571-157-7：1.90 元

06666　风魔小次郎卷四（5）：风的旗帜
〔日〕车田正美著，益文编译　海口：海南摄影
美术出版社，1991.12　95 页，32 开
—ISBN 7-80571-1577：1.90 元

06667　风之谷
〔日〕宫崎骏著，明洁、覃白编译　乌鲁木齐：
新疆美术摄影出版社，1991.12　159 页，32 开
—ISBN 7-80547-077-4：5.00 元

06668　蜂王女
〔日〕大薮春彦著，范苓、李乔译　沈阳：春风
文艺出版社，1991.4　279 页，32 开
—ISBN 7-5313-0560-7：3.80 元

06669　佛门秘传除病健身法
〔日〕岩渊亮顺著，叶坦等译　北京：中国社会
科学出版社，1991.4　207 页，插图，32 开
（大众丛书）
—ISBN 7-5004-0915-X：3.80 元
本书列述了佛门除病健身的各类秘方 320 种，范
围涉及治病救疾、养生养颜、长寿秘诀等。

06670　福泽谕吉教育论著选
〔日〕福泽谕吉著，王桂主译　北京：人民教育
出版社，1991.8　191 页，照片，大 32 开　（外
国教育名著丛书）
—ISBN 7-107-10739-9（精装）：6.60 元
本书选译的是日本明治时期著名的教育家福泽
谕吉的一些教育代表作，它批判了日本封建主
义的教育思想和教育制度，热情地宣传了资本
主义的教育思想和教育制度。

06671　复仇的故事
〔日〕镰田幸美著，蔡彩时译　北京：中国华侨
出版公司，1991.6　191 页，32 开　（黑玫瑰系
列杰作集　3）
—ISBN 7-80074-440X：2.60 元

06672　肝脏肿瘤
〔日〕奥田邦雄、〔美〕伊莎克（Ishak，K.G.）
主编，杨榕等译　上海：上海科学技术出版社，
1991.7　413 页，图版，16 开
—ISBN 7-5323-2489-3（精装）：18.00 元

06673　钢铁大王卡内基
〔日〕大森实著，耿杰中、吴仪译　北京：中国

经济出版社，1991.6　171 页，32 开　（控制美
国的十大财阀）
—ISBN 7-5017-1189-5：3.00 元
本书展示了一个世界最大的钢铁公司拥有者卡
内基的形象。

06674　高龄化社会：40 岁开始探讨老年
〔日〕上野千鹤子著，公克、晓华编译　沈阳：
辽宁大学出版社，1991.11　194 页，32 开　（21
世纪重大话题）
—ISBN 7-5610-1460-0：3.50 元

06675　高效读书：绝招七十八
〔日〕多湖辉著，陆林编译　海口：三环出版
社，1991.11　183 页，32 开
—ISBN 7-80564-745-3：2.90 元
本书在日本、东南亚等地被公认为指导学生学
习、对付考试的最好的一本书。它为读者提供一
套行之有效的方法，可以达到事半功倍的读书
效果。

06676　哥儿
〔日〕夏目漱石著，尹钦文注释　上海：上海外
语教育出版社，1991.8　252 页，32 开　（日本
名著详释读物）
—ISBN 7-81009-011-9：4.00 元

06677　革命：宏观政治学
〔日〕中野实著，于小薇译　北京：经济日报出
版社，1991.4　1 册（206，28 页），大 32 开
（现代政治学丛书　4/〔日〕猪口孝主编，傅禄
永主编译）
—ISBN 7-80036-373-2：4.50 元
本书主要论述了以暴力为手段的急剧的政治权
力转移及随之而来的大规模体制变革。揭示了二
次大战后，各国政治结构的种种变化。

06678　各种动物是怎样寻找食物的
〔日〕中屿博和编，〔日〕泽田真理绘，禹新译
永芬改编　北京：科学普及出版社，1991.5　31
页，16 开　（妈妈、保育员讲动物丛书　4）
—ISBN 7-110-01985-3：1.50 元

06679　工程热力学简介及例题
〔日〕饭沼一男著，陶岚琴译　北京：国防工业
出版社，1991.12　464 页，16 开
—ISBN 7-11B-00652-1：10.50 元

06680　工艺文化
〔日〕柳宗悦著，徐艺乙译　北京：轻工业出版

社，1991.12 210 页，照片，32 开
—ISBN 7-5019-0614-9：11.10 元
本书对工艺文化的本质及其发展趋势进行阐述。探讨了工艺之美的目标，美与工艺的关系，工艺性为美的重要因素等问题。

06681 公共政策：政治过程
〔日〕药师寺泰藏著，张丹译 北京：经济日报出版社，1991.2 1 册（163，24 页），大 32 开（现代政治学丛书 10/〔日〕猪口孝主编，傅禄永主编译）
—ISBN 7-80036-334-1：4.50 元

06682 公害防止技术：振动篇
日本公害防止技术和法规编委会编，卢贤昭译北京：化学工业出版社，1991.9 226 页，大32 开
—ISBN 7-5025-0898-8：6.70 元

06683 功能性特种胶粘剂
〔日〕永田宏二等著，谢世杰等译 北京：化学工业出版社，1991.7 358 页，32 开
—ISBN 7-5025-0834-1：8.10 元

06684 攻心与反攻心：绝招八十六
〔日〕多湖辉著，陆林编译 海口：三环出版社，1991.5 157 页，32 开
—ISBN 7-8056-4581-7：2.80 元

06685 "勾魂摄魄"催眠术
〔日〕丹波哲郎著，肖长新编译 北京：中国医药科技出版社，1991.9 163 页，插图，32 开
—ISBN 7-5067-0443-9：2.70 元
本书内容包括何谓催眠术、怎样"催眠"、如何使用催眠语、催眠术和社会生活等。

06686 孤独的赌注
〔日〕五味川纯平著，竺祖慈等译 哈尔滨：黑龙江人民出版社，1991.9 563 页，32 开
—ISBN 7-207-01136-9：7.50 元

06687 孤身环球航行
〔日〕堀江谦一著，胡云高译 太原：北岳文艺出版社，1991.5 117 页，大 32 开 （少男少女探险大系列 5）
—ISBN 7-5378-0439-7：2.40 元

06688 古老心灵的回音：中国古典小说的文化——心理学阐释
胡邦炜、〔日〕冈崎由美著 成都：四川文艺出

版社，1991.3 345 页，照片，大 32 开
—ISBN 7-5411-0683-6（精装）：6.80 元

06689 怪物太郎：大怪神发怒
〔日〕藤子不二雄著，王振华、丁晓玉译 北京：人民美术出版社，1991.4 90 页，32 开
—ISBN 7-102-00844-9：1.20 元

06690 怪物太郎：地中怪物两兄弟
〔日〕藤子不二雄著，王振华、丁晓玉译 北京：人民美术出版社，1991.12 91 页，32 开
—ISBN 7-102-00985-2：1.20 元

06691 怪物太郎：肥皂泡中的世界
〔日〕藤子不二雄著，王振华、丁晓玉译 北京：人民美术出版社，1991.4 91 页，32 开
—ISBN 7-102-00911-9：1.20 元

06692 怪物太郎：怪兽西部片
〔日〕藤子不二雄著，王振华、丁晓玉译 北京：人民美术出版社，1991.4 92 页，32 开
—ISBN 7-102-00913-5：1.20 元

06693 怪物太郎：怪物同学会
〔日〕藤子不二雄著，王振华、丁晓玉译 北京：人民美术出版社，1991.12 91 页，32 开
—ISBN 7-102-00982-8：1.20 元

06694 怪物太郎：怪物音乐家
〔日〕藤子不二雄著，王振华、丁晓玉译 北京：人民美术出版社，1991.4 91 页，32 开
—ISBN 7-102-00912-7：1.20 元

06695 怪物太郎：黄金怪物
〔日〕藤子不二雄著，王振华、丁晓玉译 北京：人民美术出版社，1991.12 75 页，32 开
—ISBN 7-102-00983-6：1.00 元

06696 怪物太郎：猎取怪物猎人
〔日〕藤子不二雄著，王振华、丁晓玉译 北京：人民美术出版社，1991.12 91 页，32 开
—ISBN 7-102-00988-7：1.20 元

06697 怪物太郎：魔术镜
〔日〕藤子不二雄著，王振华、丁晓玉译 北京：人民美术出版社，1991.12 90 页，32 开
—ISBN 7-102-00980-1：1.20 元

06698 怪物太郎：木偶之家
〔日〕藤子不二雄著，王振华、丁晓玉译 北

京：人民美术出版社，1991.4　84 页，32 开
—ISBN 7-102-00882-1：1.20 元

06699　怪物太郎：撒旦帽子
〔日〕藤子不二雄著，王振华、丁晓玉译　北京：人民美术出版社，1991.4　91 页，32 开
—ISBN 7-102-00843-0：1.20 元

06700　怪物太郎：蛇人
〔日〕藤子不二雄著，王振华、丁晓玉译　北京：人民美术出版社，1991.4　92 页，32 开
—ISBN 7-102-00914-3：1.20 元

06701　怪物太郎：太平洋上的一匹怪兽
〔日〕藤子不二雄著，王振华、丁晓玉译　北京：人民美术出版社，1991.12　91 页，32 开
—ISBN 7-102-00979-8：1.20 元

06702　怪物太郎：秃鹰魔人
〔日〕藤子不二雄著，王振华、丁晓玉译　北京：人民美术出版社，1991.4　91 页，32 开
—ISBN 7-102-00880-5：1.20 元

06703　怪物太郎：玩具怪物
〔日〕藤子不二雄著，王振光、丁晓玉译　北京：人民美术出版社，1991.12　91 页，32 开
—ISBN 7-102-00981-X：1.20 元

06704　怪物太郎：小风神
〔日〕藤子不二雄著，王振华、丁晓玉译　北京：人民美术出版社，1991.4　91 页，32 开
—ISBN 7-102-00879-1：1.20 元

06705　怪物太郎：新年在怪物王国
〔日〕藤子不二雄著，王振华、丁晓玉译　北京：人民美术出版社，1991.12　91 页，32 开
—ISBN 7-102-00986-0：1.20 元

06706　怪物太郎：妖怪山
〔日〕藤子不二雄著，王振华、丁晓玉译　北京：人民美术出版社，1991.12　91 页，32 开
—ISBN 7-102-00984-4：1.20 元

06707　怪物太郎：摇摆乐四重唱
〔日〕藤子不二雄著，王振华、丁晓玉译　北京：人民美术出版社，1991.4　91 页，32 开
—ISBN 7-102-00915-1：1.20 元

06708　怪物太郎：再见了怪物太郎
〔日〕藤子不二雄著，王振华、丁晓玉译　北

京：人民美术出版社，1991.12　91 页，32 开
—ISBN 7-102-00987-9：1.20 元

06709　管理者革命：繁荣现代组织机构的必然选择
〔日〕自山义雄著，王森等译　北京：经济日报出版社，1991.7　160 页，大 32 开
—ISBN 7-80036-487-9：4.20 元

06710　光电子学入门
〔日〕稻场文男、永井淳主编，〔日〕后藤颢也著，林礼煌、侯印春译　北京：机械工业出版社，1991.1　261 页，32 开
—ISBN 7-111-02318-8：5.80 元
本书内容涉及发光和光电变换的机理、光波在光纤中的传播、光束的控制、激光光谱学等。

06711　光通信理论：量子论基础
〔日〕广田修著，程希望、苗正培译　西安：西安电子科技大学出版社，1991.12　247 页，32 开
—ISBN 7-5606-0169-3：4.45 元

06712　广播电视发射机
〔日〕高桥良主编，李英华等译　北京：中国国际广播出版社，1991.12　366 页，32 开　（广播电视技术丛书）
—ISBN 7-5078-0378-3：11.40 元
本书叙述了中波广播、调频广播、电视发射机和差转机的组成、原理、构造、设计计算、调整测试、检测控制系统、防害措施等。

06713　广告概论
〔日〕柏木重秋著，王建玉等译　北京：中国经济出版社，1991.4　291 页，大 32 开
—ISBN 7-5017-0925-4：4.80 元
本书包括广告的历史、广告设计、广告媒介、广告组织等 9 章。

06714　广告心理
〔日〕仁科贞文著，李兆田、任艺译　北京：中国友谊出版公司，1991.12　181 页，大 32 开（现代广告学名著丛书/唐忠朴主编）
—ISBN 7-5057-0151-7：6.80 元

06715　规划数学入门
〔日〕木下荣藏著，李殿元译　长沙：湖南科学技术出版社，1991.1　210 页，32 开
—ISBN 7-5357-0791-2：2.80 元

06716　滚动轴承的特性与实用技术
〔日〕冈本纯三、角田和雄著，杨鸿铨、张坤译　贵阳：贵州科技出版社，1991.1　223页，32开
—ISBN 7-80584-078-4：4.60元

06717　国际金融纲要
〔日〕小宫隆太郎著，何泽荣译　上海：复旦大学出版社，1991.7　77页，大32开
—ISBN 7-309-00718-2：1.80元

06718　国际经济摩擦
〔日〕川田侃著，方桂芝译　沈阳：辽宁人民出版社，1991.3　261页，32开
—ISBN 7-205-01821-8：3.50元

06719　国际精灵大集会：怪物王国的小精灵
〔日〕藤子不二雄著，平平编译　北京：中国文联出版公司，1991.2　94页，32开
—ISBN 7-5059-1421-9：1.30元

06720　国际日语水平考试：1—4级模拟试题
刘润生编译　天津：南开大学出版社，1991.11　468页，大32开
—ISBN 7-310-00423-0：8.30元

06721　国王耳朵的秘密
〔日〕平田昭和著，那永华译　沈阳：沈阳出版社，1991.12　47页，24开　（世界童话名作连环画系列）
—ISBN 7-80556-638-0：2.40元

06722　海盗岛之谜
〔日〕那须正干著，裴培译　太原：希望出版社，1991.6　148页，插图，32开
—ISBN 7-5379-0743-9：2.00元

06723　海上运输组织与实务基础
日本大阪商船三井船舶调查部编，蔡桂英译　北京：人民交通出版社，1991.7　172页，大32开
—ISBN 7-114-01174-1：7.00元
本书以日本航运业为背景，论述了日本海运的现状及其经营方式等内容。共分10章，分别介绍了班轮运输、不定期船运输、船舶保险与共同海损等知识。

06724　汉语史通考
〔日〕太田辰夫著，江蓝生、白维国译　重庆：重庆出版社，1991.5　352页，大32开

—ISBN 7-5366-1280-X：5.70元

06725　汉字的文化史
〔日〕藤枝晃著，翟德芳、孙晓林译　北京：知识出版社，1991.12　242页，32开
—ISBN 7-5015-0336-2：3.70元

06726　核磁共振的基础与原理
〔日〕北丸龙三著，朱清仁等译　合肥：中国科学技术大学出版社，1991.4　270页，大32开
—ISBN 7-312-00247-1：5.50元

06727　痕量金属测定样品预处理方法
〔日〕三岛昌夫著，王广增等译　北京：中国医药科技出版社，1991.11　213页，32开
—ISBN 7-5067-0365-3：3.50元
本书介绍了痕量金属测定样品预处理方法的基础理论，对食品、底质和生物样品的预处理方法做了详细的阐述。

06728　虹的悲剧
〔日〕皆川博子著，海晓等译　北京：群众出版社，1991.4　227页，32开
—ISBN 7-5014-0646-4：3.20元

06729　后霸权体制与日本的选择
〔日〕猪口邦子著，杨伯江译　北京：时事出版社，1991.4　134页，大32开　（现代国际关系译丛　21）
—ISBN 7-80009-127-9：2.60元
本书分析了霸权体制的形成和帝国轮流称霸的规律，指出由于美国的衰落，世界将出现后霸权体制，因而日本不应走以经济大国为跳板走向政治大国与军事大国的道路。

06730　后现代建筑佳作图集
〔日〕市川政宪等著，胡惠琴译　天津：天津大学出版社，1991　122页，彩图，16开　（人·建筑·艺术丛书）
—ISBN 7-5618-0077-0（精装）：14.80元
本书主要以1986年在日本东京国立近代美术馆举办的展览内容为主，介绍了5个建筑集团和3位著名建筑师的设计构思方案。

06731　狐狸节
王敏、杨伟选编　长沙：湖南少年儿童出版社，1991.1　250页，大32开　（外国当代优秀儿童文学作品精选：日本部分）
—ISBN 7-5358-0616-3（精装）：4.40元，（平装）：2.40元

06732　花木整形修剪
〔日〕船越亮二著，陈树国等编译　郑州：河南科学技术出版社，1991.12　164 页，32 开
—ISBN 7-5349-0980-5：2.80 元

06733　华尔街大佬摩根
〔日〕大森实著，张春林、叶为民译　北京：中国经济出版社，1991.6　191 页，32 开　（控制美国的十大财阀）
—ISBN 7-5017-1186-0：3.00 元
本书展示了摩根以"发迹"开始，描述了"病床上的新娘"、"摩根的家谱"等生活经历，及其奋斗成功的历史事实。

06734　化工装置工程手册
〔日〕玉置明善、玉置正和编，大庆石油化工设计院科学技术协会译　北京：兵器工业出版社，1991.12　1035 页，16 开
—ISBN 7-80038-318-0：48.00 元
本书从技术开发、基础设计、采购、检验、施工直至试运转的全过程，对化工装置的技术和管理两方面做了全面阐述。

06735　化学公式手册
〔日〕妹尾学编，李学芬、曹镛译　北京：科学出版社，1991.1　486 页，32 开
—ISBN 7-03-000136-2（精装）：11.50 元

06736　环境音乐美学
〔日〕服部正等著，司有仑等译　北京：中国人民大学出版社，1991.6　140 页，大 32 开
—ISBN 7-300-01116-0：2.35 元
本书介绍了日、英、美诸国实施环境音乐的状况，论证了环境音乐对改善劳动环境、提高劳动生产率的功能和作用。

06737　环球之谜：世界奇遇奇闻奇事
〔日〕黑沼健著，沈英甲、吕萍萍译　北京：海潮出版社，1991.3　181 页，36 开　（奥秘小丛书）
—ISBN 7-80054-022-7：2.75 元

06738　皇后泪：婉容自白
〔日〕入江曜子著，陈喜儒译　长春：吉林人民出版社，1991.4　320 页，32 开
—ISBN 7-206-01080-6：4.60 元

06739　混凝土结构设计规范及解说
日本土木学会著，刘全德、杨德滋译　成都：西南交通大学出版社，1991.1　163 页，16 开
—ISBN 7-81022-216-3：4.65 元

06740　混凝土早期快速试验方法集
日本建筑学会编，周慧麟、余永祯译　北京：中国建筑工业出版社，1991.9　192 页，32 开
—ISBN 7-112-01300-3：3.95 元

06741　混凝土质量管理入门
〔日〕尾板芳夫著，任子明译　北京：中国建筑工业出版社，1991.3　390 页，32 开
—ISBN 7-112-00807-7：7.65 元

06742　活着·思考·知识：明天的哲学
〔日〕中村雄二郎著，魏常海、孙宝印编译　沈阳：辽宁大学出版社，1991.11　168 页，32 开（21 世纪重大话题）
—ISBN 7-5610-1451-1：3.00 元

06743　活着思考知识：明天的哲学
〔日〕中村雄二郎著，魏常海、孙宝印编译　沈阳：辽宁大学出版社，1991.11　168 页，32 开（21 世纪重大话题）
—ISBN 7-5610-1451-1：3.00 元
本书内容包括哲学的现在、感觉与想象的作用、各种各样的知识、共同社会与历史等。

06744　火山灰地
〔日〕久保荣著，孙维善译　北京：中国戏剧出版社，1991，10　291 页，照片及剧照，大 32 开　（日本戏剧研究丛书/孙维善主编）
—ISBN 7-104-00387-8（精装）：12.50 元，（平装）：6.50 元
剧本描绘了日本旧的生产关系如何阻碍新的农业技术在火山灰地这一特殊地区的使用与发展，反映了当时日本的社会面貌和种种矛盾。

06745　获得优秀照片的途径：摄影创作 30 讲
〔日〕佐藤正治著，石守贵译　北京：中国摄影出版社，1991.6　204 页，照片，32 开　（国际摄影译丛）
—ISBN 7-80007-062-X：3.80 元
本书内容包括标准镜头、立幅摄影构图、动态和静态描写要点，以及在不同的季节、时间、不同背景的摄影方式等。

06746　机器猫（1）
叶子译文、绘图　兰州：甘肃少年儿童出版社，1991.4　40 页，16 开
—ISBN 7-5422-0506-4：1.80 元

06747　机器猫（2）
叶子译文、绘图　兰州：甘肃少年儿童出版社，

1991.4 40 页，16 开
—ISBN 7-5422-0507-2：1.80 元

06748 机器猫（3）
叶子译文、绘图 兰州：甘肃少年儿童出版社，
1991.4 40 页，16 开
—ISBN 7-5422-0508-0：1.80 元

06749 机器猫（4）
叶子译文、绘图 兰州：甘肃少年儿童出版社，
1991.4 40 页，16 开
—ISBN 7-5422-0509-9：1.80 元

06750 机器猫（5）
叶子译文、绘图 兰州：甘肃少年儿童出版社，
1991.4 40 页，16 开
—ISBN 7-5422-0510-2：1.80 元

06751 机械电子学
〔日〕石井威望等著，卢伯英等译 北京：科学
出版社，1991.1 274 页，大 32 开 （微电子学
讲座 11）
—ISBN 7-03-002008-1：9.50 元
本书介绍了以机器人为中心的机械电子学基础
知识，其中包括传感器的基本知识，计算机控制
的算法和程序等，并在此基础上，定义了功能
集，构成机器人系统。

06752 基因操作技术
〔日〕村松正寔编著，罗红等译 广州：中山大
学出版社，1991.12 287 页，32 开
—ISBN 7-306-00374-7：5.90 元

06753 加藤流布局构思
〔日〕加藤正夫著，韩凤仑等译 北京：北京体
育学院出版社，1991.4 260 页，32 开 （加藤
流围棋系列丛书 1）
—ISBN 7-81003-444-8：3.60 元
本书的特点是从正反两方面分析，所举实例
为近年来日本棋界最高水平实战之精华，是
围棋爱好者和有段棋手提高技艺之最佳
助手。

06754 加藤流攻防手筋
〔日〕加藤正夫著，金爽、张竹译 北京：北京
体育学院出版社，1991.4 260 页，32 开
—ISBN 7-81003-445-6：3.60 元

06755 加藤流官子、角的死活
〔日〕加藤正夫著，金爽、张竹译 北京：北京

体育学院出版社，1991.4 251 页，32 开
—ISBN 7-81003-446-4：3.50 元

06756 加藤正夫名局精解
〔日〕加藤正夫著，郑虹、郑凯希译 成都：蜀
蓉棋艺出版社，1991.6 192 页，32 开
—ISBN 7-80548-306-X：2.30 元

06757 家电修理技术基础
日本家电产品协会原编，家电修理技术丛书编委
会编译 北京：改革出版社，1991.3 182 页，大
32 开 （家电修理技术资格考核丛书 1）

06758 家教心理术
〔日〕多湖辉著，夏钢、邱佩嫚译 南宁：广西
民族出版社，1991.10 138 页，32 开
—ISBN 7-5363-1198-2：2.00 元

06759 家用电器设备修理技术
日本家电产品协会原编，家电修理技术丛书编委
会编译 北京：改革出版社，1991.3 310 页，
大 32 开 （家电修理技术资格考核丛书 2）
（中央电视台教育节目参考用书）
—ISBN 7-80072-091-X：6.50 元

06760 家用电器设备修理技术 200 问
日本家电产品协会原编，家电修理技术丛书编委
会编译 北京：改革出版社，1991.3 180 页，
大 32 开 （家电修理技术资格考核丛书 3）
（中央电视台教育节目参考用书）
—ISBN 7-80072-092-6：4.50 元
本书以问答形式对家用电器设备修理技术进
行了具体讲解，并按电工电路基础、电子电
路基础、电热设备、制冷设备、电动设备、
测量仪器、安全知识等进行分类，介绍有代
表性的家用电器设备的基础知识和修理技术，
包括电热设备的电饭锅、电暖炉、电动设备、
洗衣机等。

06761 简易按摩健美法
唐羚、〔日〕藤井建著 北京：中国华侨出版
社，1991.11 112 页，32 开
—ISBN 7-80074-573-2：2.40 元
本书介绍了按摩健美法近百种。

06762 见机行事：巧妙地和上级相处
〔日〕邑井操著，砚云编译 北京：中国城市出
版社，1991.4 134 页，32 开 （人生哲理丛书
第 3 辑）
—ISBN 7-5074-0452-8：1.90 元

06763　建筑画着色技巧

〔日〕辻田博编，许顺法译　北京：中国建筑工业出版社，1991.8　108 页，16 开

—ISBN 7-112-01383-6：19.80 元

06764　健康饮食小百科

〔日〕宗象申子著，刘敏等译　北京：中国轻工业出版社，1991.5　127 页，32 开

—ISBN 7-5019-0989-X：3.20 元

本书就老年人、儿童和中年人易患的各种疾病，从饮食治疗角度，进行了详尽说明，并列举了几十种食物的食用方法，指导读者科学饮食。

06765　交际日语

〔日〕今井干夫著，诸在明等编译　北京：北京出版社，1991.2　2 册，1094 页，大 32 开

—ISBN 7-200-00196-1：15.40 元

06766　教育学文集（第 23 卷：日本教育改革）

瞿葆奎主编，钟启泉选编　北京：人民教育出版社，1991.10　700 页，大 32 开

—ISBN 7-107-10585-X（精装）：12.95 元，（平装）：10.25 元

06767　教子爱学要诀

〔日〕品川不二郎著，王萍、田树梓译　北京：科学技术文献出版社，1991.6　107 页，32 开

—ISBN 7-5023-1440-7：1.80 元

06768　揭开宇宙的神秘面纱：阿波罗号宇航船

〔日〕日下富男著，吴德利、马俊青译　太原：北岳文艺出版社，1991.5　121 页，大 32 开（少男少女探险大系列　2）

—ISBN 7-5378-0438-9：2.40 元

06769　姐妹花

〔日〕石坂洋次郎著，兹心、小迎译　福州：海峡文艺出版社，1991.12　297 页，32 开

—ISBN 7-80534-406-X：3.40 元

06770　金融大王贾尼尼

〔日〕大森实著，杨则瑞、王根生译　北京：中国经济出版社，1991.6　181 39 页，32 开（控制美国的十大财阀）

—ISBN 7-5017-1191-7：3.00 元

06771　金属间化合物

〔日〕山口正治、马越佐吉著，丁树深译　北京：科学出版社，1991.12　186 页，大 32 开

—ISBN 7-03-002447-8：7.40 元

06772　金属氧化物及其催化作用

〔日〕清山哲郎著，黄敏明译　合肥：中国科技大学出版社，1991.4　286 页，大 32 开

—ISBN 7-312-00210-2：6.00 元

06773　近代文学研究法

〔日〕长谷川泉著，孟庆枢、谷学谦译　长春：时代文艺出版社，1991.7　175 页，32 开

—ISBN 7-5387-0358-6：3.00 元

06774　经济常识 300 题

〔日〕坂本俊造著，徐风燕译　北京：石油工业出版社，1991.11　303 页，图，32 开

—ISBN 7-5021-0459-3：2.50 元

本书从 20 世纪 80 年代世界经济的广泛领域中选出 300 例世界公认的最新经济问题，进行阐述和解说。

06775　经济统计论

〔日〕三潴信邦、关弥三郎著，张南译　北京：北京经济学院出版社，1991.10　378 页，32 开

—ISBN 7-5638-0295-9：5.85 元

06776　经营之神：松下幸之助传

〔日〕松下幸之助著，安晓青、朱秋云译　北京：中国卓越出版公司，1991.5　167 页，大 32 开

—ISBN 7-80071-020-3：3.60 元

本书记录了松下幸之助艰辛的创业历程，揭示了他那独特的无日不在创新的经营秘方。

06777　镜子里的王国

〔日〕平田昭和著，那永华译　沈阳：沈阳出版社，1991.12　47 页，24 开（世界童话名作连环画系列）

—ISBN 7-80556-638-0：2.40 元

06778　决定胜负的急所

〔日〕石田章著，洪源译　北京：人民体育出版社，1991.12　237 页，32 开

—ISBN 7-5009-0722-2：3.20 元

本书是《序盘的急所》的续编，着重讲解决定一局棋胜负的关键之招。

06779　决胜千里：无国境时代的企业经营战略

〔日〕上野明著，李铁锤译　北京：中国经济出版社，1991.11　180 页，32 开（管理新思维丛书）

—ISBN 7-5017-1477-0：3.90 元

06780　爵士吉它独奏曲 13 首
〔日〕大国舒光改编，朱映岚选编　西安：陕西
人民出版社，1991.11　22 页，8 开
—ISBN 7-224-01784-1：3.40 元

06781　军火大王杜邦
〔日〕大森实著，卫靖华、张建平译　北京：中
国经济出版社，1991.6　1 册（190，39 页），32
开　（控制美国的十大财阀）
—ISBN 7-5017-1192-5：3.00 元

06782　看漫画学词语
〔日〕柴田武编，〔日〕森久保秋子绘，吴晓薇
译　北京：中国文联出版公司，1991.10　180
页，32 开
—ISBN 7-5059-1502-9：2.70 元

06783　可爱的童装：1991 春夏
日本镰仓书房编　北京：轻工业出版社，1991
3.98 页，彩图，16 开
—ISBN 7-5119-1010-3：6.00 元

06784　可爱的童装：1991 秋冬
日本镰仓书房编　北京：中国轻工业出版社，
1991.10　98 页，16 开
—ISBN 7-5019-1102-9：6.00 元

06785　克制自我的生活态度
〔日〕冈本常男著，潘金生等译　北京：北京大
学出版社，1991.3　170 页，大 32 开　（北京大
学日本研究丛书）
—ISBN 7-301-00137-1（精装）：9.50 元

06786　克制自我的生活态度
〔日〕冈本常男著，潘金生等译　北京：北京大
学出版社，1991.8　172 页，32 开　（北京大学
日本研究丛书）
—ISBN 7-301-01607-7：2.90 元

06787　空手道：日本现代徒手搏击术
〔日〕中山正敏、津山克典著，张亚东译　北
京：北京体育学院出版社，1991.1　186 页，32
开　（亚洲搏击术精选）
—ISBN 7-81003-422-7：2.90 元

06788　孔子
〔日〕井上靖著，玉玉玲等译　沈阳：春风文艺
出版社，1991.5　256 页，32 开

—ISBN 7-5313-0575-5：4.80 元
本书是一部人物传记小说。

06789　叩开健康之门：怎样锻炼才真正有益健康
〔日〕池上晴夫著，武恩莲译　北京：人民体育
出版社，1991.8　192 页，32 开
—ISBN 7-5009-0692-7：3.20 元

06790　快乐的王子
〔日〕平田昭和著，那永华译　沈阳：沈阳出版
社，1991.12　47 页，24 开　（世界童话名作连
环画系列）
—ISBN 7-80556-638-0：2.40 元

06791　老年医疗保健学
〔日〕福武直、原泽道美著，王双生等主编译
沈阳：沈阳出版社，1991.12　300 页，16 开
（实用医疗与保健丛书）
—ISBN 7-80556-747-6（精装）：20.00 元，
（平装）：16.00 元
本书分老化与老化的控制、老年病的预防和对策
以及老年人的保健与医疗 3 部分，阐述了老年医
疗与保健的有关问题。

06792　老鼠新娘
〔日〕平田昭和著，那永华译　沈阳：沈阳出版
社，1991.12　47 页，24 开　（世界童话名作连
环画系列）
—ISBN 7-80556-638-0：2.40 元

06793　冷冻鱼糜
〔日〕新井健一、山本常治著，万建荣、洪玉菁
译　上海：上海科学技术出版社，1991.5　264
页，32 开
—ISBN 7-5323-2318-8（精装）：7.00 元

06794　离婚法社会学
〔日〕利谷信义等编，陈明侠、许继华译　北
京：北京大学出版社，1991.7　299 页，大 32 开
—ISBN 7-301-01558-5：6.00 元
本书探讨了各国离婚法律制度的现代变化，
指出了必须反对轻率离婚和制定保护婚姻当
事人及儿童合法权益的法律原则的必要性和
迫切性。

06795　李白歌诗索引
〔日〕花房英树编　上海：上海古籍出版社，
1991.1　500 页，大 32 开　（唐代研究指南　8/
平冈武夫主编）
—ISBN 7-5325-0046-2（精装）：19.25 元

06796　李退溪和主敬哲学
〔日〕高桥进著，王根生等译　延吉：延边人民
出版社，1991.7　258 页，大 32 开
—ISBN 7-80508-674-5（精装）：7.45 元
本书精辟阐述朝鲜朱子学集大成者——李退溪
的主敬哲学的形成发展过程，思想体系特点及
其影响等。

06797　历史文化城镇保护
日本观光资源保护财团编，路秉杰译　北
京：中国建筑工业出版社，1991.12　272
页，16 开
—ISBN 7-112-01283-X：11.75 元

06798　脸上的红月亮：日本反战爱情小说集
〔日〕野间宏等著，于雷译　沈阳：春风文艺出
版社，1991.8　297 页，大 32 开
—ISBN 7-5313-0618-2：5.40 元

06799　量子力学（1）
〔日〕汤川秀树主编，阎寒梅、张邦固译　北
京：科学出版社，1991.5　692 页，大 32 开
—ISBN 7-03-001936-9：26.40 元
本书是著名日本物理学家、诺贝尔物理奖获得
者汤川秀树主编的《现代物理学基础》中的第
三卷。内容包括量子力学基础、量子力学的简单
应用以及场的量子论初步等。

06800　林海峰名局细解
〔日〕林海峰著，宋子彬、刘开会译　武汉：湖
北科学技术出版社，1991.7　196 页，32 开
—ISBN 7-5352-0697-2：2.80 元

06801　林业机械手册
〔日〕山胁三平主编，郭殿福、裴克译　北京：
中国林业出版社，1991.5　528 页，16 开
—ISBN 7-5038-0325-8（精装）：26.00 元
本书介绍了采伐机械、集材绞盘机、拖拉机及其
他集运材机械和装载机械等内容。

06802　灵魂·自然·死亡：宗教与科学的接点
〔日〕河合隼雄著，公克、晓华编译　沈阳，辽
宁大学出版社，1991.11　177 页，32 开　（21
世纪重大话题）
—ISBN 7-5610-1452-X：3.20 元

06803　零的焦点
〔日〕松本清张著，刘庆纶译　北京：中国青年
出版社，1991.5　258 页，32 开
—ISBN 7-5006-0858-6：3.50 元

06804　乱世四姐妹
〔日〕谷崎润一郎著，孙日明等译　南宁：广西
民族出版社，1991.3　518 页，32 开
—ISBN 7-5363-1147-8：6.50 元

06805　裸女人体速写技法
日本视觉艺术设计研究所编　合肥：安徽美术出
版社，1991.11　139 页，16 开
—ISBN 7-5398-0228-6：28.00 元

06806　妈妈，为什么？答 3、4、5 岁幼儿的提问 230 例
〔日〕松原达哉著，黄爱民译　上海：上海人民
美术出版社，1991.3　230. 页，大 32 开　（动
画大王画库）
—ISBN 7-5322-0775-7：7.00 元

06807　漫画图解世界发明发现大典
〔日〕饭野贞雄、中川彻编著，陈志江、闫海防
译　北京：光明日报出版社，1991.5，269 页，
32 开
—ISBN 7-80091-078-4（精装）：14.50 元，
（平装）：9.50 元

06808　漫画中国的历史（10）：新中国的诞生·孙文与辛亥革命
日本集英社原著，王民修编修　北京：国际文化
出版公司，1991.9　157 页，32 开　（小博士学
习漫画系列）
—ISBN 7-80049-459-4：3.60 元

06809　漫画中国的历史（1）：大黄河与万里长城·古代文明与秦始皇
日本集英社原著，王民修编修　北京：国际文化
出版公司，1991.9　157 页，32 开　（小博士学
习漫画系列）
—ISBN 7-80049-459-4：3.60 元

06810　漫画中国的历史（2）：项羽与刘邦之战·大汉天威
日本集英社原著，王民修编修　北京：国际文化
出版公司，1991.9　157 页，32 开　（小博士学
习漫画系列）
—ISBN 7-80049-459-4：3.60 元

06811　漫画中国的历史（3）：三国志中的英雄·战乱中的三国时代
日本集英社原著，王民修编修　北京：国际文化
出版公司，1991.9　157 页，32 开　（小博士学
习漫画系列）

—ISBN 7-80049-459-4：3.60 元

06812　漫画中国的历史（4）：结合南北的大运河·南北朝与隋的统一

日本集英社原著，王民修编修　北京：国际文化出版公司，1991.9　157 页，32 开　（小博士学习漫画系列）

—ISBN 7-80049-459-4：3.60 元

06813　漫画中国的历史（5）：长安与丝路·大唐帝国与东西的交流

日本集英社原著，王民修编修　北京：国际文化出版公司，1991.9　157 页，32 开　（小博士学习漫画系列）

—ISBN 7-80049-459-4：3.60 元

06814　漫画中国的历史（6）：中国的文艺复兴·花团锦簇的宋文化

日本集英社原著，王民修编修　北京：国际文化出版公司，1991.9　157 页，32 开　（小博士学习漫画系列）

—ISBN 7-80049-459-4：3.60 元

06815　漫画中国的历史（7）：成吉思汗与蒙古大帝国·元朝的统治

日本集英社原著，王民修编修　北京：国际文化出版公司，1991.9　157 页，32 开　（小博士学习漫画系列）

—ISBN 7-80049-459-4：3.60 元

06816　漫画中国的历史（8）：中国的大航海时代·朱元璋与明朝

日本集英社原著，王民修编修　北京：国际文化出版公司，1991.9　157 页，32 开　（小博士学习漫画系列）

—ISBN 7-80049-459-4：3.60 元

06817　漫画中国的历史（9）：鸦片战争与动乱的中国·清朝的兴亡

日本集英社原著，王民修编修　北京：国际文化出版公司，1991.9　157 页，32 开　（小博士学习漫画系列）

—ISBN 7-80049-459-4：3.60 元

06818　漫话·漫画世界文化史

〔日〕山本洋幸著，日本漫画研究会绘制,杨凌、廖国一译　成都：四川民族出版社，1991.3　271 页，32 开

—ISBN 7-5409-0586-7：5.80 元

06819　美的流韵：91 年日本夏·秋女装精选

郝春、尹彦译编　成都：四川人民出版社，1991.5　48 页，16 开

—ISBN 7-220-01343-4：9.00 元

06820　美智子妃：从平民到皇妃

〔日〕河原敏明著，钟玉秀、赵永福译　天津：百花文艺出版社，1991.1　204 页，32 开　（红帆船译丛）

—ISBN 7-5306-0602-6：2.80 元

本书作者系日本宫廷记者，系统地记述了平民出身的正田美智子与明仁皇太子结婚 30 多年来的宫廷生活及点滴改革。

06821　魅力人生爽快学

〔日〕榎本胜起著，马小兵译　郑州：河南人民出版社，1991.6　128 页，32 开　（"轻松系列"小品）

—ISBN 7-215-01430-4：2.15 元

06822　魅力术

〔日〕多湖辉著，抒忧编译　海口：海南摄影美术出版社，1991.1　182 页，32 开　（美与社会丛书）

—ISBN 7-80571-066-X：2.70 元

本书介绍了人们如何把自己表现得很好，并让别人欣赏自己魅力的方法，内容有：如何表现老练的魅力、热忱的魅力、诚实的魅力以及亲切、开朗的魅力等。

06823　猛兽世界万花筒

〔日〕小原著，宋城译　贵阳：贵州人民出版社，1991.6　207 页，32 开

—ISBN 7-221-02166-X：3.00 元

06824　蒙古中央部落察哈尔史料

〔日〕和田清、森川哲雄著，索特诺穆卓玛绰译　呼和浩特：内蒙古人民出版社，1991.1　432 页，32 开

—ISBN 7-204-00969-X：3.40 元

06825　迷宫：26 岁

日本公文教育研究会原著，晓瑛等编译　沈阳：辽宁美术出版社，1991.1　76 页，16 开　（幼儿智力丛书）

—ISBN 7-5314-0768-X：4.90 元

06826　秘门螳螂拳

〔日〕松田隆智编著，周钧、王克编译　北京：北京体育学院出版社，1991.1　238 页，32 开

（秘门绝技丛书）

—ISBN 7-81003-468-5：3.40 元

06827　面对西方的挑战：日本经济成功之道

〔日〕吉元国生著，黄钢译　北京：中国城市出版社，1991.4　153 页，32 开

—ISBN 7-5074-0562-1：2.70 元

06828　明治的文化

〔日〕色川大吉著，郑民钦译　长春：吉林人民出版社，1991.4　236 页，32 开　（日本文化与现代化丛书／〔日〕加藤周一等主编）

—ISBN 7-206-01092-X：3.90 元

06829　模糊工程学：新世纪思维方法

〔日〕寺野寿郎著，刘金材、李强编译　沈阳：辽宁大学出版社，1991.11　180 页，32 开　（21 世纪重大话题）

—ISBN 7-5610-1459-7：3.20 元

06830　模糊系统理论及应用

〔日〕寺野寿郎等编，刘维仲等译　天津：天津大学出版社，1991.6　264 页，大 32 开

—ISBN 7-5618-0228-5：5.25 元

06831　磨砺成材：我的实践经营之道

〔日〕井植薰著，李宁、王钊译　太原：山西科学教育出版社，1991.4　183 页，32 开

—ISBN 7-5377-0319-1：2.70 元

06832　魔鼓

〔日〕平田昭和著，那永华译　沈阳：沈阳出版社，1991.12　47 页，24 开　（世界童话名作连环画系列）

—ISBN 7-80556-638-0：2.40 元

06833　魔鬼的盛宴：侵华日军 731 部队罪证纪实（第二部）

〔日〕森村诚一著，关成和、徐明恳译　哈尔滨：黑龙江人民出版社，1991.9　256 页，32 开

—ISBN 7-207-02097-4：3.85 元

06834　魔鬼的盛宴：侵华日军 731 部队罪证纪实（第三部）

〔日〕森村诚一著，关成和、徐明恳译　哈尔滨：黑龙江人民出版社，1991.10　240 页，32 开

—ISBN 7-207-02098-8：3.65 元

译者徐明恳封面题为徐明恳、版权页题为徐明勋

06835　魔鬼的盛宴：侵华日军 731 部队罪证纪实（第一部）

〔日〕森村诚一著，关成和、徐明勋译　哈尔滨：黑龙江人民出版社，1991.10　284 页，32 开

—ISBN 7-207-02096-1：4.25 元

本书是作者根据侵华日军 731 部队旧址现场的调查以及被害者的证词写成的。

06836　魔海幽灵船

〔日〕西村京太郎著，李世光译　北京：群众出版社，1991.6　283 页，32 开

—ISBN 7-5014-0610-3：4.40 元

06837　母源病：错误的育儿方法

〔日〕久德重盛著，周逸之、张宇清译　长沙：湖南科学技术出版社，1991.9　203 页，32 开

—ISBN 7-5357-0898-6：2.70 元

06838　木材工业手册（二）

日本农林水产省林业试验场编，张勤丽等译　北京：中国林业出版社，1991.12　473 页，大 32 开

—ISBN 7-5038-0619-2：10.00 元

06839　男中学生心理

〔日〕加藤隆胜编，李连鹏译　太原：山西教育出版社，1991.6　90 页，36 开　（学生心理丛书）

—ISBN 7-80578-185-0：1.30 元

本书重点考察了男中学生在自我形成过程中的心理特征。

06840　男中学生心理学

〔日〕加藤隆胜著，刘宏多、余港昌译　北京：中国青年出版社，1991.5　131 页，大 32 开

—ISBN 7-5006-0838-1：2.40 元

06841　南极气象学

日本国立极地研究所编，解思梅等译　北京：海洋出版社，1991.11　265 页，16 开　（国家南极考察委员会办公室资助项目）

—ISBN 7-5027-14774：15.00 元

本书阐述了日本南极科学研究以来直至 1987 年在南极气象学方面考察和研究的成果。

06842　能力开发：灵活运用磁带 100 例

〔日〕山田鹰夫编著，陈禾译　北京：科学普及出版社，1991.4　117 页，32 开　（自我开发丛书 1）

—ISBN 7-110-01703-6：2.20 元

06843　你理解自己的孩子吗：家庭教育与儿童心理
〔日〕品川不二郎著，罗传伟编译　北京：中国少年儿童出版社，1991.12　104 页，32 开
—ISBN 7-5007-1373-8：1.55 元

06844　农村振兴和小城镇问题：中日学者共同研究
朱通华、〔日〕宇野重昭主编，费孝通等著　南京：江苏人民出版社，1991.4　376 页，大 32 开
—ISBN 7-214-00688-X（精装）：10.00 元

06845　农药的设计与开发指南（第二册：农药的代谢降解与毒理）
〔日〕山本出、深见顺一主编，韩熹莱、李一范译　北京：化学工业出版社，1991.3　477 页，32 开
—ISBN 7-5025-0335-8：10.30 元

06846　农药实验法：杀菌剂篇
〔日〕深见顺一等编，李树正等译　北京：农业出版社，1991.10　376 页，16 开
—ISBN 7-109-01728-1：15.40 元
本书系统地介绍了世界各国有关农用杀菌剂实验方法的研究现状。

06847　农业机械手册
日本农业机械学会编，吴关昌等译　北京：机械工业出版社，1991.9　1065 页，16 开
—ISBN 7-111-02643-8（精装）：45.00 元

06848　农业气象术语解释（中、日、英）
日本农业气象学会编著，刘新安等译　北京：气象出版社，1991.10　512 页，32 开
—ISBN 7-5029-0604-5：11.50 元
本书收集传统农业气象方面的专业术语解释及天文、天气气候、辐射与能量收支、土壤物理、环境设施、气象仪器、观测等术语解释 2600 余条。

06849　女神的圣斗士　海洋大战卷（1）　不死鸟！凤凰回来了
〔日〕车田正美著，益文编译　海口：海南摄影美术出版社，1991.8　111 页，32 开
—ISBN 7-80571-096-1：1.90 元

06850　女神的圣斗士　海洋大战卷（2）　警惕！幕后的操纵者
〔日〕车田正美著，益文编译　海口：海南摄影

美术出版社，1991.8　110 页，32 开
—ISBN 7-80571-096-1：1.90 元

06851　女神的圣斗士　海洋大战卷（3）　罪恶！海龙的野心
〔日〕车田正美著，益文编译　海口：海南摄影美术出版社，1991.8　109 页，32 开
—ISBN 7-80571-096-1：1.90 元

06852　女神的圣斗士　海洋大战卷（4）　崩溃！生命之柱
〔日〕车田正美著，益文编译　海口：海南摄影美术出版社，1991.8　108 页，32 开
—ISBN 7-80571-096-1：1.90 元

06853　女神的圣斗士　海洋大战卷（5）　封禁！雅典娜宝壶
〔日〕车田正美著，益文编译　海口：海南摄影美术出版社，1991.8　109 页，32 开
—ISBN 7-80571-096-1：1.90 元

06854　女神的圣斗士　冥王哈迪斯卷（1）　背叛！黄金圣斗士
〔日〕车田正美著，益友编译　海口：海南摄影美术出版社，1991.9　101 页，32 开
—ISBN 7-80571-128-3：1.90 元

06855　女神的圣斗士　冥王哈迪斯卷（2）　奇妙！返老还童术
〔日〕车田正美著，益文编译　海口：海南摄影美术出版社，1991.9　111 页，32 开
—ISBN 7-80571-128-3：1.90 元

06856　女神的圣斗士　冥王哈迪斯卷（3）　巨蝶！地妖星巴比隆
〔日〕车田正美著，益文编译　海口：海南摄影美术出版社，1991.9　111 页，32 开
—ISBN 7-80571-1283：1.90 元

06857　女神的圣斗士　冥王哈迪斯卷（4）　毁灭！沙罗双校园
〔日〕车田正美著，益文编译　海口：海南摄影美术出版社，1991.9　111 页，32 开
—ISBN 7-80571-128-3：1.90 元

06858　女神的圣斗士　冥王哈迪斯卷（5）　复活！女神的圣衣
〔日〕车田正美著，益文编译　海口：海南摄影美术出版社，1991.9　111 页，32 开
—ISBN 7-80571-128-3：1.90 元

06859 女神的圣斗士 女神的胜利卷（1） 突破！叹息的墙壁
〔日〕车田正美著，益文编译 海口：海南摄影美术出版社，1991.10 110页，32开
—ISBN 7-80571-140-2：1.90元

06860 女神的圣斗士 女神的胜利卷（2） 通道！地狱与极乐净土
〔日〕车田正美著，益文编译 海口：海南摄影美术出版社，1991.10 110页，32开
—ISBN 7-80571-140-2：1.90元

06861 女神的圣斗士 女神的胜利卷（3） 潘多啦！灰色的回忆
〔日〕车田正美著，益文编译 海口：海南摄影美术出版社，1991.10 110页，32开
—ISBN 7-80571-140-2：1.90元

06862 女神的圣斗士 女神的胜利卷（4） 圣衣！海皇的援军
〔日〕车田正美著，益文编译 海口：海南摄影美术出版社，1991.10 110页，32开
—ISBN 7-80571-140-2：1.90元

06863 女神的圣斗士 女神的胜利卷（5） 大决战！哈迪斯神殿
〔日〕车田正美著，益文编译 海口：海南摄影美术出版社，1991.10 110页，32开
—ISBN 7-80571-140-2：1.90元

06864 女夏装的穿着艺术：日本女夏装新款及时髦搭配
靳力等编译 沈阳：辽宁人民出版社，1991.5 96页，16开
—ISBN 7-205-01788-2：9.00元

06865 女刑警
〔日〕五味康祐著，倪雄健等译 北京：群众出版社，1991.4 495页，32开
—ISBN 7-5014-0648-0：6.50元

06866 女性说话艺术
〔日〕酒井美意子著，唐勤、叶向东译 北京：科学普及出版社，1991.6 110页，32开
—ISBN 7-110-01897-0：2.00元
本书作者以心理学家敏锐的观察，深入女性生活，向读者娓娓道来一个东方女性说话艺术的迷人世界。

06867 女子大学的流莺
〔日〕大薮春彦著，意天译 北京：群众出版社，1991.10 236页，32开
—ISBN 7-5014-0681-2：3.60元

06868 螃蟹开的蛋糕店
〔日〕谷真介著，马妍编译 南宁：接力出版社，1991.4 1册，24开 （外国动物故事）
—ISBN 7-80581-269-1：0.95元

06869 培养下一代的美人：下代体型塑造由你
〔日〕大关早苗编著，张欣、刘元编译 北京：北京体育学院出版社，1991.4 165页，图，32开 （康乐旅伴丛书）
—ISBN 7-81003-474-X：2.75元
本书内容包括：东方人的体形弱点及如何改正，下一代美人的三大条件，一位具有30年经验的美容师提出的忠告，日常生活中塑造婴儿形体的种种方法，实施方法的基本原则，婴儿美容体操等。

06870 脾脏病理学
〔日〕中川定明等著 北京：世界图书出版公司，1991.12 345页，照片，大32开
—ISBN 7-5062-1190-4（精装）：16.40元
本书是中国病理学专家合作同撰写的专著，详细地论述了各种脾脏疾病的病理学改变。

06871 漂沙与流沙的水力学
〔日〕井口正男著，张忍顺译 北京：海洋出版社，1991.6 307页，32开
—ISBN 7-5027-0093-5：6.40元

06872 苹果的最优矮化栽培
〔日〕永田正夫著，蒋康众、蔡传书译 合肥：安徽科学技术出版社，1991.8 155页，32开
—ISBN 7-5337-0645-5：2.70元

06873 破断层
〔日〕广河隆一著，范小秦译 南京：译林出版社，1991.7 257页，大32开
—ISBN 7-80567-117-6：5.00元

06874 扑克牌趣味打法三十种
〔日〕冈田康颜编著，王辛、张立波译 北京：中国华侨出版公司，1991.3 154页，64开
—ISBN 7-80074-184-2：4.00元

06875 扑克游戏大全
〔日〕中山千夏编著，肖怡、乐和编译 北京：中国文联出版公司，1991.9 187页，插图，32开

—ISBN 7-5059-14707：2.75 元
本书介绍了情侣游戏、家庭游戏、个人玩的游戏，及用扑克牌"算算"爱情、命运等游戏。

06876 七龙珠 贝吉塔和那巴卷（1） 贝吉塔的游戏
〔日〕鸟山明著，益文编译 海口：海南摄影美术出版社，1991.12 111 页，32 开
—ISBN 7-80571-158-5：1.90 元

06877 七龙珠 贝吉塔和那巴卷（2） 悟空回来了
〔日〕鸟山明著，益文编译 海口：海南摄影美术出版社，1991.12 111 页，32 开
—ISBN 7-80571-158-5：1.90 元

06878 七龙珠 贝吉塔和那巴卷（3） 两个赛亚人的决斗
〔日〕鸟山明著，益文编译 海口：海南摄影美术出版社，1991.12 110 页，32 开
—ISBN 7-80571-158-5：1.90 元

06879 七龙珠 贝吉塔和那巴卷（4） 元气弹的功能
〔日〕鸟山明著，益文编译 海口：海南摄影美术出版社，1991.12 111 页，32 开
—ISBN 7-80571-158-5：1.90 元

06880 七龙珠 贝吉塔和那巴卷（5） 目标那美克星
〔日〕鸟山明著，益文编译 海口：海南摄影美术出版社，1991.12 111 页，32 开
—ISBN 7-80571-158-5：1.90 元

06881 七龙珠 大魔王之谜卷（1） 大魔王恢复青春
〔日〕鸟山明著，益文编译 海口：海南摄影美术出版社，1991.9 111 页，32 开
—ISBN 7-80571-130-5：1.90 元

06882 七龙珠 大魔王之谜卷（2） 超神水的力量
〔日〕鸟山明著，益文编译 海口：海南摄影美术出版社，1991.9 111 页，32 开
—ISBN 7-80571-130-5：1.90 元

06883 七龙珠 大魔王之谜卷（3） 打败大魔王
〔日〕鸟山明著，益文编译 海口：海南摄影美术出版社，1991.9 111 页，32 开

—ISBN 7-80571-130-5：1.90 元

06884 七龙珠 大魔王之谜卷（4） 大魔王与神仙
〔日〕鸟山明著，益文编译 海口：海南摄影美术出版社，1991.9 111 页，32 开
—ISBN 7-80571-130-5：1.90 元

06885 七龙珠 大魔王之谜卷（5） 小悟空结婚
〔日〕鸟山明著，益文编译 海口：海南摄影美术出版社，1991.9 111 页，32 开
—ISBN 7-80571-130-5：1.90 元

06886 七龙珠 外星赛亚人卷 1—5
〔日〕鸟山明著，益文编译 海口：海南摄影美术出版社，1991.11 5 册，32 开
—ISBN 7-80571-131-3：9.50 元
本书包括"神仙的魔封波"等 5 册。

06887 奇妙的自我心理暗示
〔日〕多湖辉著，刘秋岳译 北京：世界图书出版公司，1991.6 163 页，32 开
—ISBN 7-5062-0951-9：5.70 元
本书以 7 个方面的 128 个问题，展示奇妙的自我心理暗示世界。

06888 棋力速增特训指南
〔日〕林海峰著，陈翠仁等编译 南昌：江西科学技术出版社，1991.10 192 页，32 开
—ISBN 7-5390-0472-X：3.20 元
本书内容包括布局应对要领、中盘作战技巧和互先定式实战运用 3 部分。

06889 企业不败的奥秘：优秀企业成功要素探源
〔日〕上野明著，唱新、陈重译 北京：企业管理出版社，1991.1 144 页，32 开 （管理新视野丛书/周培玉主编）
—ISBN 7-80001-123-2：2.75 元

06890 企业文化论
〔日〕梅泽正著，吴晓林、刘迪译 贵阳：贵州人民出版社，1991.5 198 页，32 开
—ISBN 7-221021430：2.60 元

06891 气候异常与环境破坏
〔日〕朝仓正著，周力译 北京：气象出版社，1991.12 164 页，32 开
—ISBN 7-5029-0775-0：3.25 元

本书对日本及世界上近年来较为突出的灾害年及其特征，以及对各行各业的影响和灾难做了详尽的叙述。

06892　气体中颗粒的分离
〔日〕小川明著，周世辉、刘隽人译　北京：化学工业出版社，1991.7　396页，大32开
—ISBN 7-5025-0899-6：10.50元

06893　汽车大王福特
〔日〕大森实著，耿杰中、万俟华译　北京：中国经济出版社，1991.6　176页，32开　（控制美国的十大财阀）
—ISBN 7-50171-188-7：3.00元
本书展示了福特的生活经历，以及奋斗成功的历史事实。

06894　汽车附件及辅助装置
〔日〕斋藤孟主编，张荣禧译　北京：机械工业出版社，1991.10　502页，32开
—ISBN 7-111-00577-5：13.40元

06895　潜在心理诱导术：如何说服及鼓动别人
〔日〕多湖辉著，简学军、冯键译　南宁：广西民族出版社，1991.10　135页，32开
—ISBN 7-5363-1206-7：2.00元

06896　强盗的苦恼
〔日〕星新一著，周萌选编　兰州：敦煌文艺出版社，1991.5　335页，32开　（世界大师幽默小品书架）
—ISBN 7-80587-047-0：3.85元
本书选收日本当代作家星新一（原名星亲一）的幽默作品61篇。

06897　侵华日军战犯手记
日本中国归还者联络会编，张惠才等译　北京：中共党史出版社，1991.12　320页，32开
—ISBN 7-80023-461-4：4.30元
本书是当年侵华日军在中国实行"三光"政策所犯罪行的纪实。作者都是当年的战犯。

06898　秦汉法制史研究
〔日〕大庭修著，林剑鸣等译　上海：上海人民出版社，1991.3　583页，大32开
—ISBN 7-208-00737-3：10.75元

06899　青春的舞步
〔日〕村上春树著，林少华译　南京：译林出版社，1991.3　475页，32开　（外国名人新作丛书）

—ISBN 7-80567-111-7：5.70元

06900　情窦初开
〔日〕室生犀星著，顾盘明译　桂林：漓江出版社，1991.8　310页，32开
—ISBN 7-5407-0742-X：3.95元
本书描写了17岁的"我"由少年向青年转变这一多愁善感时期的美妙而又混沌的内心世界。

06901　全球方略：多国籍企业结构的动态优化
〔日〕山田荣作著，陈重、唱新译　北京：中国经济出版社，1991.1　279页，32开　（管理新思维丛书）
—ISBN 7-5017-1476-2：4.75元

06902　全球海上遇险和安全系统（GMDSS）
〔日〕庄司和民、饭岛幸人著，杨守仁等译　大连：大连海运学院出版社，1991.3　216页，大32开
—ISBN 7-5632-0279-X：5.20元

06903　拳击入门
〔日〕藤野敏彦著，王英兰、卢成群译　北京：人民体育出版社，1991.5　140页，32开
—ISBN 7-5009-0695-1：4.60元

06904　拳击入门
〔日〕藤野敏彦著，王英兰、卢成群译　北京：人民体育出版社，1991.9　140页，32开
—ISBN 7-5009-0696-X：2.80元

06905　燃烧的青春：依田纪基对局精选
〔日〕依田纪基著，方放译　成都：蜀蓉棋艺出版社，1991.11　185页，32开
—ISBN 7-80548-283-7：2.20元

06906　人类首次登上月球：三个宇航员的故事
〔日〕村野贤哉著，刘涤尘、马俊青译　太原：北岳文艺出版社，1991.5　119页，大32开（少男少女探险大系列　4）
—ISBN 7-5378-0441-9：2.30元

06907　人身保险市场论
日本生命保险协会编，王祝平编译　北京：中国金融出版社，1991.1　309页，图表，大32开
—ISBN 7-5049-0627-1：6.40元
本书介绍人身保险与市场销售；人身保险市场销售的历史、现状、展望的市场战略；人身保险的临近行业——简易保险、人身共济事业、财产保险、财产形成制度等。

06908　人生架桥

〔日〕水上勉著，张利等译　杭州：浙江文艺出版社，1991.10　333页，大32开

—ISBN 7-5339-0322-6：4.70元

06909　人是最有趣的

〔日〕涉谷昌三著，金惠娟等译　沈阳：沈阳出版社，1991.5　181页，32开

—ISBN 7-80556-574-0：3.10元

本书解释了发生于人们生活中的180种有趣的心理现象，是一本心理小百科。

06910　人为什么成为人：达尔文进化论质疑

〔日〕浅间一男著，宋成有、刘甚秋编译　沈阳：辽宁大学出版社，1991.11　192页，32开（21世纪重大话题）

—ISBN 7-5610-1454-6：3.50元

06911　日本123：日本国情漫画集

〔日〕佐藤三平作，李宗惠编译　北京：中国人民大学出版社，1991.6　123页，32开

—ISBN 7-300-01037-7：2.15元

本书通过对一个日本小职员——富士三太郎生活的描绘，向人们介绍了日本人日常生活中的酸甜苦辣。

06912　日本91女夏装

苹子等编译　沈阳：辽宁人民出版社，1991.4　134页，16开

—ISBN 7-205-01769-6：10.40元

06913　日本创新性折纸

〔日〕川井丰秋著，王銮波编译　成都：四川少年儿童出版社，1991.5　130页，彩图，32开

—ISBN 7-5365-0595-1：3.52元

06914　日本道路土工土质调查指南

日本道路协会编，胡明义等译　北京：人民交通出版社，1991.1　247页，32开

—ISBN 7-114-00938-0：5.95元

本书全面总结了日本数十年来在土质调查方面经验，介绍了土质调查计划制定、已有资料的搜集与利用、现场踏勘工作内容等问题。

06915　日本的大学

〔日〕永井道雄著，郭雯霞译　太原：山西高校联合出版社，1991.12　183页，32开

—ISBN 7-81032-111-0：2.80元

本书通过日、美、苏的大学教育的横向对比及日本各类大学发展的纵向研究，指出了日本大学存在的许多需要改革的现实问题。

06916　日本的近代化——与中国的比较

〔日〕依田憙家著，卞立强译　北京：中国国际广播出版社，1991.6　140页，大32开

—ISBN 7-5078-0087-3：3.50元

本书从政治、经济、文化诸方面论述了日本在第二次世界大战前后曾经出现过两次近代化迅速发展的原因，并着重比较了中日两国近代化进程中的差异。

06917　日本的思想

〔日〕丸山真男著，宋益民、吴晓林译　长春：吉林人民出版社，1991.12　132页，32开（日本文化与现代化丛书）

—ISBN 7-206-01315-5：2.80

06918　日本的修史与史学

〔日〕坂本太郎著，沈仁安、林铁森译，北京大学日本研究中心编　北京：北京大学出版社，1991.2　263页，大32开（北京大学日本研究丛书）

—ISBN 7-301-01402-3：4.70元

本书简述了从古代、中世、近世到近代修史的历史和传统，对当时史学机构、代表性史学家、著作和史学观念以及史学家用什么眼光眺望历史，做了介绍和评析。

06919　日本的政治文化

〔日〕石田雄著，章秀楣译　长春：吉林人民出版社，1991.12　153页，32开（日本文化与现代化丛书）

—ISBN 7-206-01365-1：2.60元

06920　日本的自我

〔日〕南博著，王维平译　长春：吉林人民出版社，1991.12　164页，32开（日本文化与现代化丛书）

—ISBN 7-206-01349-X：2.70元

06921　日本丰田汽车维修手册：底盘·电气·车身篇

顾小安编译　北京：中国物资出版社，1991.4　962页，16开（汽车车型及汽车配件目录丛书）

—ISBN 7-5047-0277-3：30.00元

06922　日本高等教育的改革动向

〔日〕关正夫著，陈武元译　厦门：厦门大学出版社，1991.9　172页，大32开

—ISBN 7-5615-0445-4：3.00元

06923　日本关东军覆灭记
〔日〕岛田俊彦著，李汝松译　沈阳：辽宁教育
出版社，1991.7　134 页，大 32 开
—ISBN 7-5382-1225-6：2.50 元
本书记述了从 1905 年诞生，到太平洋战争
结束前，驻扎在中国东北的日本关东军的
历史。

06924　日本官僚制研究
〔日〕秦郁彦著，梁鸿飞、王健译　北京：三
联书店，1991.12　369 页，32 开　（新知文
库 60）
—ISBN 7-108-00274-4：6.25 元
本书研究了日本从明治初年以来百多年间官
僚制的历史，并从高等文官考试、历次行政
改革、官僚培养所（东京大学）等方面做了
专题研讨。

06925　日本国有财产之法律、制度与现状
〔日〕大塚芳司著，黄仲阳编译　北京：经济科
学出版社，1991.12　352 页，32 开
—ISBN 7-5085-0412-X：4.60 元

06926　日本和歌俳句赏析
〔日〕大冈信选著，郑民钦选译　南京：译林
出版社，1991.12　338 页，36 开　（和歌俳
句丛书）
—ISBN 7-80567-141-9：5.50 元

06927　日本家庭幽默画精选
〔日〕长谷川町子著，刘畅、山琦诚久编译　北
京：中国国际广播出版社，1991.6　2 册（220，
220 页），32 开
—ISBN 7-5078-0137-3：6.80 元

06928　日本剪纸手工游戏（第二辑）
〔日〕公文公主编，刘迅编译　天津：天津教育
出版社，1991.1　8 张，16 开
—ISBN 7-5309-1099-X（袋装）：1.00 元

06929　日本剪纸手工游戏（第三辑）
〔日〕公文公主编，刘迅编译　天津：天津教育
出版社，1991.1　8 张，16 开
—ISBN 7-5309-1100-7（袋装）：1.00 元

06930　日本近现代抒情诗选
李芒、兰明编译　南京：译林出版社，1991.8
307 页，36 开
—ISBN 7-80567-125-7：4.50 元

06931　日本经济的腾飞经验与借鉴
〔日〕伊藤正则著　北京：中国计划出版社，
1991.9　183 页，32 开
—ISBN 7-80058-200-0：3.50 元
本书是伊藤正则先生在国家计委举行的报告会
上的讲演稿。

**06932　日本科技白皮书：走向国际化的日本科
学技术（1987 年版）**
日本科学技术厅编，项丽芳、金小青译　北京：
科学技术文献出版社，1991.2　333 页，16 开
—ISBN 7-5023-1339-7：16.60 元

06933　日本狂言选
周作人译　北京：国际文化出版公司，1991.1
187 页，32 开
—ISBN 7-80049-610-4：3.20 元

06934　日本流行服饰：秋之韵
李仁芝主编，日本美丽出版社、日本日中服装株
式会社供稿　上海：上海人民出版社，1991.9
119 页，大 16 开　（现代家庭消费指南书系）
—ISBN 7-208-01256-3：10.00 元

06935　日本美国最新集成稳压器及互换手册
陈清山、陈燕科编译　长沙：中南工业大学出版
社，1991.1　420 页，16 开
—ISBN 7-81020-326-6（精装）：14.50 元

06936　日本民间故事选（日汉对照）
高烈夫译注　北京：商务印书馆，1991.10　155
页，32 开
—ISBN 7-100-00347-4：1.45 元

06937　日本民间故事
张会文译　北京：科学普及出版社，1991.2
136 页，32 开　（青少年英汉读物）
—ISBN 7-110-02154-8：2.20 元

06938　日本民事审判程序
〔日〕羽鸟高秋等著，朱兴有译　西安：陕西人
民出版社，1991.5　117 页，32 开
—ISBN 7-224-01870-8：2.30 元
著者原题：丹·芬尼奥·汉德森

06939　日本农协
〔日〕山口正彦等著，董传河编译　北京：科学
普及出版社，1991.4　144 页，32 开
—ISBN 7-110-01834-2：2.90 元
本书介绍了"日本农协"（日本农业协同组合）

的组织形式、管理方式及合作关系、经济组织问题等。

06940　日本女子最新流行时装（第四集）
刘长祥、唐莉编译　北京：中国商业出版社，1991.4　111 页，16 开
—ISBN 7-5044-0772-0：9.50 元

06941　日本棋道精萃（第一册）
蔚明、黄超英译　广州：花城出版社，1991.3　144 页，64 开
—ISBN 7-5360-0832-5：1.30 元

06942　日本人的法意识
〔日〕川岛武宜著，胡毓文、黄凤英译　长春：吉林人民出版社，1991.8　126 页，32 开　（日本文化与现代化丛书/〔日〕加藤周一等主编）
—ISBN 7-206-01177-2：2.50 元
书名页译者误题为：毓胡文

06943　日本人的心理
〔日〕南博著，刘延州译　上海：文汇出版社，1991.8　149 页，32 开
—ISBN 7-80531-148-X：3.80 元

06944　日本人心目中的周恩来
日本纪念周恩来出版发行委员会编，刘守序等译　北京：中共中央党校出版社，1991.8　357 页，照片，大 32 开
—ISBN 7-5035-0447-1：6.10 元
本书是日本里文出版社为纪念周恩来总理逝世 15 周年而发行的一部大型回忆录。

06945　日本人与日本文化
〔日〕井上靖等著，周世荣译　北京：中国社会科学出版社，1991.2　167 页，32 开
—ISBN 7-5004-0834-X：2.60 元
本书从宗教意识、群体意识、审美心理等方面扼要地叙述了日本人的精神世界，同时还从文化史的角度具体论述了日本文化的历史渊源以及历史上的日本与现代日本的关系，最后就日本人的法律意识、独创性、家族关系诸问题进行了探讨。

06946　日本时装精选
张沐华编，汪幸尔译　杭州：浙江文艺出版社，1991.3　141 页，16 开
—ISBN 7-5339-0334-X：9.60 元

06947　日本水资源开发利用与保护
吴国昌、林春水编译　北京：中国环境科学出版社，1991.10　190 页，32 开
—ISBN 7-80093-071-8：3.50 元

06948　日本童话精选
孙幼军译　南昌：二十一世纪出版社，1991.3　206 页，32 开　（红领巾书架·中外童话精选丛书/熊向东主编）
—ISBN 7-5391-0499-6：2.50 元

06949　日本童装 570（上）
彭景荣编译　郑州：河南科学技术出版社，1991.1　112 页，16 开
—ISBN 7-5349-0719-5：9.85 元

06950　日本童装 570（下）
彭景荣编译　郑州：河南科学技术出版社，1991.1　112 页，16 开
—ISBN 7-5349-0720-9：9.85 元

06951　日本童装编织新款
沙莎等编译　长沙：湖南美术出版社，1991.11　40 页，彩图，16 开
—ISBN 7-5356-0491-9：6.20 元

06952　日本推销员秘诀百条
〔日〕二见道夫著，杨延梓、宋维炳译　北京：北京出版社，1991.4　174 页，32 开
—ISBN 7-200-01192-4：2.65 元
本书分析比较了推销员成功与失败原因，结合企业、商业的具体情况，从中总结出百条推销秘诀。

06953　日本文化的杂种性
〔日〕加藤周一著，杨铁婴译　长春：吉林人民出版社，1991.3　231 页，32 开
—ISBN 7-206-01051-2：3.80 元

06954　日本夏秋编织服
雨佳主编，《日本夏秋编织服》编写组编　北京：农村读物出版社，1991.10　106 页，彩图，16 开
—ISBN 7-5048-1702-3：7.50 元

06955　日本现代建筑画选：室内编
俞善庆等编译　北京：中国建筑工业出版社，1991.8　104 页，16 开　（建筑绘画系列丛书）
—ISBN 7-112-01384-4：19.80 元

06956   日本现代建筑画选：室外编
俞善庆等编译   北京：中国建筑工业出版社，
1991.8   104 页，16 开   （建筑绘画系列丛书）
—ISBN 7-112-01385-2：19.80 元

06957   日本现代毛衣编织最新款式精选大全（上）
胡平原等编译   天津：天津科技翻译出版公司，
1991.11   163 页，彩照，16 开
—ISBN 7-5433-0275-6：9.80 元

06958   日本现代毛衣编织最新款式精选大全（下）
胡平原等编译   天津：天津科技翻译出版公司，
1991.11   173 页，彩图，16 开
—ISBN 7-5433-0277-2：9.80 元

06959   日本现代毛衣编织最新款式精选大全（中）
胡平原等编译   天津：天津科技翻译出版公司，
1991.11   174 页，16 开
—ISBN 7-5433-0276-4：9.80 元

06960   日本潇洒女装系列：春秋装·编织
白锡尧编译   杭州：浙江人民出版社，1991.1
118 页，16 开
—ISBN 7-213-00616-9：7.80 元

06961   日本潇洒女装系列：冬装
白锡尧编译   杭州：浙江人民出版社，1991.9
77 页，16 开
—ISBN 7-213-00710-6：6.50 元

06962   日本潇洒女装系列：夏装
白锡尧编译   杭州：浙江人民出版社，1991.1
77 页，16 开
—ISBN 7-213-00615-0：6.00 元

06963   日本小猴王：攻破雷特军总部
〔日〕鸟山明著，黄京译   北京：中国华侨出版
公司，1991.6   173 页，32 开
—ISBN 7-80074-454-X：2.70 元

06964   日本小猴王：妖魔国大冒险
〔日〕鸟山明著，黄京译   北京：中国华侨出版
公司，1991.6   191 页，32 开
—ISBN 7-80074-455-8：2.70 元

06965   日本学前教育
李永连编   北京：人民教育出版社，1991.2
285 页，大 32 开
—ISBN 7-107-10702-X：3.30 元
本书介绍了近代日本学前教育制度的形成与发展，战后日本学前教育的体系化及其迅速发展。

06966   日本学者中国词学论文集
王水照、〔日〕保刈佳昭编选，邵毅平等译
上海：上海古籍出版社，1991.5   444 页，大
32 开
—ISBN 7-5325-0846-3：6.20 元
本书收入关于中国词学研究论文 24 篇，比较全面、集中地反映日本学者的词学研究成果。

06967   日本语言学校就学指南
日本日本语教育振兴协会编，魏品三等编译   上海：上海译文出版社，1991.7   279 页，大 32 开
—ISBN 7-5327-1042-4：3.90 元

06968   日本战后教育的回顾与反思
〔日〕石井透著，王符、于兵译   广州：暨南大学出版社，1991.7   215 页，32 开
—ISBN 7-81029-050-9：3.80 元

06969   日本筑波大学教授著名心理学家谈望子成龙的奥秘
〔日〕松原达哉著，唐亦工编译   西安：未来出版社，1991.12   90 页，32 开
—ISBN 7-5417-0454-7：1.20

06970   日本专利判例精选
〔日〕鸿常夫著，张遵逵等译   北京：专利文献出版社，1991.4   359 页，32 开
—ISBN 7-80011-057-5：4.80 元
本书是日文版《日本专利判例百选》第 2 版的精编中译本。

06971   日本最新流行儿童智力游戏 74 法
〔日〕山口啄也著，晓瑛等编译   沈阳：沈阳出版社，1991.5   163 页，32 开
—ISBN 7-80556-582-1：2.10 元

06972   日本最新男士毛衣
紫静译，小晏编   北京：北京出版社，1991.2
1 册，16 开
—ISBN 7-200-01157-6：7.50 元

06973   日本最新手疗健身法
〔日〕竹之内珍佐夫著，邵丹译   北京：科学普及出版社，1991.7   150 页，32 开   （神奇医术译丛）

—ISBN 7-110-01821-0：2.60 元

06974 日产（NISSAN 尼桑）轿车和旅行车使用、检查、保养及维修（底盘部分）
陈如旦等编译 北京：科学技术文献出版社，1991，11 415 页，16 开
—ISBN 7-5023-1493-8：11.50 元

06975 日产（NISSAN 尼桑）轿车和旅行车使用、检查、保养及修理（电器设备部分）
林春阳等编译 北京：科学技术文献出版社，1991.11 291 页，16 开
—ISBN 7-5023-1494-6：11.00 元

06976 日产（NISSAN 尼桑）轿车和旅行车使用、检查、保养及修理（发动机部分）
余力等编译 北京：科学技术文献出版社，1991.11 311 页，16 开
—ISBN 7-5023-1492-X：11.50 元

06977 日产乘用车维修手册：发动机篇
周宏湖编译 北京：中国物资出版社，1991.7 200 页，16 开 （汽车车型及汽车配件目录丛书）
—ISBN 7-5047-0311-7：7.20 元

06978 日美欧比较电影史：外国电影对日本电影的影响
〔日〕山本喜久男著，郭二民等译 北京：中国电影出版社，1991.8 708 页，剧照，大 32 开
—ISBN 7-106-00460-X：11.70 元
本书是用历史比较方法进行电影研究的成功尝试。主要论述从电影开创之初到 1940 年，日本电影在欧美电影的影响下发展、独立的过程。

06979 日语常用近义词辨异
谷茂萃等编译 沈阳：辽宁科学技术出版社，1991.10 343 页，32 开
—ISBN 7-5381-1145-X：6.20 元
本书收常用词语 1100 余条，详细介绍其词类、词义、文体等异同及用法。

06980 日语会话百日通
王志国编译 北京：北京出版社，1991.10 266 页，32 开
—ISBN 7-200-01260-2：4.15 元

06981 日语拟声调拟态词辞典
〔日〕浅野鹤子编著，〔日〕金田一春彦解说，〔日〕濑户口津子等译 北京：北京出版社，1991.1 492 页，32 开

—ISBN 7-200-00289-5（精装）：10.10 元

06982 日中两国近代化比较研究
〔日〕依田憙家著，卞立强译 北京：北京大学出版社，1991.7 220 页，大 32 开 （北京大学日本研究丛书/北京大学日本中心主编）
—ISBN 7-301-01477-5：4.80 元

06983 肉食制品的日本农林规格
吴文华译 南京：东南大学出版社，1991.7 280 页，32 开
—ISBN 7-81023-511-7：5.00 元

06984 如何培养实战能力
〔日〕坂田荣男著，薛至诚、姜小平编译 北京：国际文化出版公司，1991.1 320 页，32 开 （国棋高级指导 1）
—ISBN 7-80049-586-8：4.50 元
本书以大量精选的实战对局为素材，讲解了实战中的布局运用、定式选择、攻守时机等等问题。

06985 如何养成职业棋手的感觉
〔日〕坂田荣男著，薛至诚、姜小平译 北京：国际文化出版公司，1991.1 308 页，32 开 （国棋高级指导 2）
—ISBN 7-80049-600-7：4.40 元

06986 如何"征服"对方
〔日〕多辉湖著，逆飞译 南宁：广西民族出版社，1991.4 169 页，32 开 （多湖辉处世心理术丛书）
—ISBN 7-5363-1051-X：2.20 元

06987 入段布局方法：入段布局二十五型
〔日〕大竹英雄著，马骋平、马方译 北京：世界图书出版公司，1991.10 173 页，32 开
—ISBN 7-5062-1148-3：3.50 元
本书按照围棋的布局规律将纷繁复杂的布局方法归纳为十三类，作为布局的骨骼。在此基础上，演变出有二十五种变化的派生型布局法。

06988 三只眼（2）：复活岛之行
〔日〕手塚治虫编绘，陈晓逸等译 北京：中国电影出版社，1991.4 82 页，32 开 （手塚治虫漫画全集）
—ISBN 7-106-00416-2：1.45 元

06989 三只眼（5）
〔日〕手塚治虫编绘，冷璋、刘含义译 北京：

中国电影出版社，1991.6 86 页，32 开 （手塚治虫漫画全集）

—ISBN 7-106-00514-2：2.00 元

06990 三只眼 （6）

〔日〕手塚治虫编绘，关静、丁丁译 北京：中国电影出版社，1991.6 72 页，32 开 （手塚治虫漫画全集）

—ISBN 7-106-00533-9：1.95 元

06991 三只眼 （7）

〔日〕手塚治虫编绘，吴茵波等译 北京：中国电影出版社，1991.6 62 页，32 开 （手塚治虫漫画全集）

—ISBN 7-106-00534-7：1.90 元

06992 色彩销售学

〔日〕伊吹卓著，陈禾译 北京：科学普及出版社，1991.2 150 页，大 32 开 （新知识丛书）

—ISBN 7-110-01716-8：2.80 元

本书分 6 章：如何把握住销售商品的色彩，红、蓝、白、黑四大畅销色的销售市场，色彩战略的基本知识，有关颜色和性格的市场销售学，环境风土与色彩销售学。

06993 色彩战略

〔日〕小林重顺原著，吴十洲译 北京：中国商业出版社，1991.9 159 页，32 开

—ISBN 7-5044-0947-2：4.15 元

本书从色彩心理学、商品心理学的角度来探讨感性化时代的市场开发与生活方式。

06994 "杀手杰克"百年案

〔日〕赤川次郎著，钟理译 北京：文化艺术出版社，1991.4 173 页，32 开

—ISBN 7-5039-0834-3：2.80 元

06995 山口百惠自传

〔日〕山口百惠著，宋丽红、王晨译 2 版 北京：中国电影出版社，1991.10 182 页，照片，32 开

—ISBN 7-106-00648-3：3.20 元

本书是日本著名电影演员和歌星山口百惠的自叙传。

06996 山头火俳句集

〔日〕种田山头火著，李芒编译 杭州：浙江文艺出版社，1991.9 156 页，照片，32 开

—ISBN 7-5330-0321-8：2.50 元

06997 商品学读本

〔日〕水野良象著，吴广清、渊杰译 北京：中国商业出版社，1991.12 202 页，32 开 （教学参考书）

—ISBN 7-5044-1058-6：4.60 元

06998 设备现场修复技术

日本设备维修协会编，谭志豪、易秉钺译 北京：中国石化出版社，1991.6 203 页，16 开

—ISBN 7-80043-128-2：6.30 元

06999 设计概论

〔日〕大智浩、佐口七朗编，张福昌译 杭州：浙江人民美术出版社，1991.5 194 页，插图，大 32 开

—ISBN 7-5340-0284-2：3.90 元

本书重点论述了设计的含义、艺术、哲学、设计与传统、与环境等方面内容。

07000 社会阶层与政治：微观政治学

〔日〕今田高俊著，赵华敏译 北京：经济日报出版社，1991.6 158 页，大 32 开 （现代政治学丛书 7/〔日〕猪口孝主编，傅禄永主编译）

—ISBN 7-80036-421-6：4.50 元

本书旨在把地位、收入、权力、尊卑等不平等是如何产生的这一问题作为政治现象来探讨。

07001 社会与宗教

〔日〕池田大作、〔英〕威尔逊著，梁鸿飞、王健译 成都：四川人民出版社，1991.10 484 页，大 32 开 （宗教与世界丛书/何光沪主编）

—ISBN 7-220-01475-9（精装）：28.00 元

07002 社交心理学

〔日〕齐藤勇编，张仁信、吕铁生译 沈阳：辽宁人民出版社，1991.10 276 页，大 32 开

—ISBN 7-205-0532-9：5.80 元

07003 身体的科学：探索疾病与健康的奥秘

〔日〕高桥长雄著，胡青、蒋豫浙译 北京：北京大学出版社，1991.12 226 页，32 开 （人·科学·自然丛书/钟和主编）

—ISBN 7-301-01710-3：2.95 元

本书介绍通俗的医学知识，包括心脏、呼吸、血液、免疫等方面，共 100 余篇文章。

07004 身体腾空特异功能修持秘法

〔日〕麻原彰晃等著，朴飘等编译 北京：北京体育学院出版社，1991.4 341 页，32 开

—ISBN 7-81003-469-3：4.80 元

07005　神奇的智力开发法
〔日〕原崎勇次著，刘立文、赵卓译　北京：北
京广播学院出版社，1991.5　199 页，32 开
—ISBN 7-81004-233-5：3.00 元
本书以心理学为中心，阐述了智能开发，和困难
举动的改观等内容。

07006　神奇疲劳消除术：举手投足疲劳尽除
〔日〕小林正雄编著，郑明等编译　北京：北京
体育学院出版社，1991.4　160 页，32 开　（康
乐旅伴丛书）
—ISBN 7-81003-471-5：2.60 元

07007　生产管理实用方法
〔日〕甲斐章人著，刘占昌、郭素娟译　沈阳：
辽宁大学出版社，1991.12　160 页，32 开
—ISBN 7-5610-0502-4：1.80 元

07008　生活·爱情·幽默：桑瓦利先生
〔日〕铃木义司作，洪佩奇选编　南京：译林出
版社，1991.5　154 页，32 开　（世界系列连环
漫画名著丛书）
—ISBN 7-80567-114-1（精装）：6.30 元，（平
装）：4.30 元

07009　生活在野生王国的女性
〔日〕泰·代露伊丝著，赵景扬、马俊青译　太
原：北岳文艺出版社，1991.5　109 页，图，大
32 开　（少男少女探险大系列　6）
—ISBN 7-5378-0443-5：2.10 元
本书记叙了作者在非洲肯尼亚野生动物园观光
旅游的见闻。

07010　生物工程名词解释
〔日〕广川秀夫、丸内棣著，胡宝华译　北京：
化学工业出版社，1991.9　169 页，32 开
—ISBN 7-5025-0911-9：3.85 元

07011　狮子星座
〔日〕藤雪夫、藤桂子著，崔淑雯译　济南：山
东文艺出版社，1991.9　288 页，32 开
—ISBN 7-5329-0710-4：4.10 元

07012　石油大王洛克菲勒
〔日〕大森实著，崔向荣、谢立平译　北京：中
国经济出版社，1991.6　168 页，32 开　（控制
美国的十大财阀）
—ISBN 7-5017-1187-9：3.00 元

本书展示了洛克菲勒，以"天赐商才"开始，
描述了"失踪"、"伊利湖畔"、"初出茅庐"、
"南北战争前夕"等生活经历，以及奋斗成功的
历史事实。

07013　石油圈闭的地质模型
〔日〕真柄钦次著，童晓光、贾承造译　武汉：
中国地质大学出版社，1991.5　201 页，16 开
—ISBN 7-5625-0610-8：6.95 元

07014　实践先于理论：日本企业文化
王丹丹、纪廷许编译　北京：新华出版社，1991.5　246
页，32 开　（企业文化丛书/杨宗兰、荣德邻主编）
—ISBN 7-5011-0919-2：3.90 元
本书论述了日本企业文化建设培育过程、基本特
点、考察方法及社会背景，并分析了日本企业文
化的发展趋势。

07015　实验伦理学大系
〔日〕丸山敏雄著，丘成、朱彤译　北京：社会
科学文献出版社，1991.10　276 页，32 开
—ISBN 7-80050-215-5：3.95 元
实验伦理学是把实验运用于伦理实践方面的学
问，它明确揭示了那些人们实践时一定获得幸福
的道德项目，并一一加以实验。

07016　实用人体工程学
〔日〕小原二郎著，康明瑶、段有瑞译　上海：
复旦大学出版社，1991.8　227 页，32 开　（复
旦小丛书：人生智慧之辑）
—ISBN 7-300-00568-6：3.90 元

07017　实用手筋一百题：突破三段障碍
〔日〕大竹英雄著，毛振国译　北京：北京科学
技术出版社，1991.3　217 页，32 开
—ISBN 7-5034-0809-7：3.30 元

07018　实战妙手筋
〔日〕安倍吉辉著，金爽、张竹译　北京：华夏
出版社，1991.12　204 页，32 开
—ISBN 7-80053-945-8：3.60 元

07019　世界各国的广播电视
日本广播协会编，中国国际广播电台研究室编译
北京：中国广播电视出版社，1991.11　631 页，
大 32 开
—ISBN7-5043-0061-6：11.00 元
本书介绍了世界上 169 个独立国家和实体的广播
电视事业概貌，重点介绍了部分发达国家广播电
视的历史和现状。

07020　世界历史五千年故事连环画库
〔日〕手塚治虫原著，孙爱梅等译　北京：学苑
出版社，1991.3　6册，大32开
—ISBN7-80060-890-5：37.20元

07021　世界名人成才之路
〔日〕伊藤隆二著，包达什·哈达朝鲁译　呼和
浩特：内蒙古教育出版社，1991.8　276页，
32开
—ISBN7-5311-1261-2：2.25元

07022　世界童话名著
〔日〕小出正吾编，黄抚山、阎海防译　北京：
科学普及出版社，1991.6　171页，插图，32
开　（小学生童话丛书　二年级）
—ISBN7-110-01596-3：2.60元

07023　世界童话名著
〔日〕小出正吾编，王喜民、阎海防译　北京：
科学普及出版社，1991.6　198页，插图，32
开　（小学生童话丛书　三年级）
—ISBN7-110-01970-5：2.80元

07024　世界营救作战：鲜为人知的特种部队
〔日〕上井宽著，郝如庆、卢群才译　北京：军
事译文出版社，1991.4　292页，32开
—ISBN7-80027-113-7：3.80元
本书再现了美、法、西德等国鲜为人知的特种部
队在反劫机、反恐怖、反暴力和营救人质作战中
的实态和动向。

07025　世界著名包装设计作品选
〔日〕八尾武郎著，王野、王军编译　长春：吉林
科学技术出版社，1991.2　190页，彩照，大16开
—ISBN7-5384-5070-X（精装）：45.00元
本书精选了美国、法国、日本3国400余幅有代
表性的包装作品设计。

07026　世界著名漫画选：小穗（1）
〔日〕植田正志著，王凤田译　南京：江苏少年
儿童出版社，1991.1　92页，24开
—ISBN7-5346-0709-4：2.00元

07027　事半功倍：怎样花小力气获高效率
〔日〕黑川康正著，晓屏编译　北京：中国妇女出
版社，1991.6　142页，32开　（生活哲理丛书）
—ISBN7-80016-575-2：2.30元

07028　视觉艺术的社会心理
〔日〕中川作一著，许平等译　上海：上海人民

美术出版社，1991.6　265页，大32开　（二十
世纪西方美术理论译丛/沈揆一主编）
—ISBN7-5322-0607-6：5.90元

07029　释放人体超能术
〔日〕中岗俊哉著，林立平等译　广州：广东旅
游出版社，1991.10　92页，32开
—ISBN7-80521-266-X：1.90元
本书内容包括：令人惊诧的"特异功能"、人体潜
在的"五种超能力"和唤醒潜在超能力的方法。

07030　释迦健身秘术
〔日〕岩渊亮顺著，玉茂庆译　北京：北京农业
大学出版社，1991.3　113页，32开
—ISBN7-81002-228-8：3.00元
封面题名：健身秘术

07031　手掌按摩健身法
〔日〕竹之内珍佐夫著，孙道光等译　北京：农
村读物出版社，1991.7　123页，32开
—ISBN7-5048-1514-4：3.90元

**07032　数据保护和加密研究：计算机网络的安
全性**
〔日〕一松信主编，史科译　北京：科学出版
社，1991.11　218页，大32开
—ISBN7-03-002385-4：6.40元
本书介绍了数据保护与密码的关系、利用软件加
密的基本技术，最后结合实例讲解了密码应用方
面的有关事宜。

07033　数字通信网传输工程设计
〔日〕寺西升、北村隆共著，戴末央等译　北
京：中国铁道出版社，1991.5　299页，大32开
—ISBN7-113-00930-0：5.85元

07034　数字无线通信
〔日〕室谷正芳、山本平一著，仵克让译　西
安：西安电子科技大学出版社，1991.10　275
页，32开　（数字通信丛书）
—ISBN7-5606-0136-7：3.75元

07035　数字信号处理的应用
〔日〕井上伸雄主编，孙祺荫译　北京：科学出
版社，1991.5　333页，大32开
—ISBN7-03-002141-X：10.40元

07036　谁是大侦探：怪物王国的小精灵
〔日〕藤子不二雄著，晓南编译　北京：中国文
联出版公司，1991.2　94页，32开

—ISBN7-5059-1420-0：1.30 元

07037　水处理药剂手册

日本栗田工业水处理药剂手册编委会编，章振珙译　北京：中国石化出版社，1991.8　402页，照片，16 开

—ISBN7-80043-118-5：15，00 元

本书介绍锅炉水、空调用水、供水和废水水处理系统及其药剂，对其他特殊水处理药剂以及化学清洗、水质分析等技术也做了阐述。

07038　水稻直播栽培

〔日〕宫板昭编著，黄细喜、顾克礼译　南京：东南大学出版社，1991.5　114 页，32 开

—ISBN7-81023-473-1：2.60 元

本书综合了水稻直播栽培的基本知识，介绍了日本直播、旱撒播等方面的经验。

07039　丝网印刷技术手册

日本新版丝网印刷技术手册编辑委员会编，郑德海等译　北京：印刷工业出版社，1991.10　318 页，大 32 开

—ISBN7-80000-074-5：7.50 元

本书介绍了丝网印刷的最新实用技术，详细论述了丝网印刷的制版、印刷、材料及设备的技术性能和工艺原理。

07040　死亡旅行

〔日〕西村京太郎著，郝玉珍等译　北京：群众出版社，1991.2　252 页，32 开

—ISBN7-5014-0558-1：3.80 元

07041　塑料加工原理及实用技术

日本高分子学会编，吴培熙、夏巨敏译　北京：中国轻工业出版社，1991.10　511 页，大 32 开

—ISBN7-5019-1119-3：13.80 元

07042　塑料制品设计

〔日〕里见英一著，杨玉伟、段予忠译　北京：中国石化出版社，1991.8　305 页，32 开

ISBN7-80043-129-0：4.80 元

07043　索尼经营绝招

〔日〕盛田昭夫著，武继平译　桂林：漓江出版社，1991.6　303 页，32 开

—ISBN7-5407-0707-0：3.70 元

07044　台球技巧与规则

〔日〕住吉大海著，岳赢编译　哈尔滨：黑龙江科学技术出版社，1991.6　90 页，图，32 开

—ISBN7-5388-1568-6：1.65 元

07045　太空儿 UB（1）

〔日〕藤子不二雄著，王振华、陈曼译　2 版　海口：南海出版公司，1991.4　188 页，32 开

—ISBN7-80570-093-1：2.90 元

本书 1990 年 5 月第 1 版。

07046　太空儿 UB（2）

〔日〕藤子不二雄著，王振华、陈曼译　2 版　海口：南海出版公司，1991.4　191 页，32 开

—ISBN7-80570-094-X：2.90 元

07047　太空儿 UB（3）

〔日〕藤子不二雄著，王振华、陈曼译　2 版　海口：南海出版公司，1991.4　191 页，32 开

—ISBN7-80570-121-0：2.90 元

07048　太空儿 UB（4）

〔日〕藤子不二雄著，王振华、陈曼译　2 版　海口：南海出版公司，1991.4　188 页，32 开

—ISBN7-80570-189-X：2.90 元

本书 1990 年 5 月第 1 版。

07049　太空儿 UB（5）

〔日〕藤子不二雄著，王振华、陈曼译　2 版　海口：南海出版公司，1991.4　189 页，32 开

—ISBN7-80570-190-3：2.90 元

本书 1990 年 5 月第 1 版。

07050　太空儿 UB（6）

〔日〕藤子不二雄著，王振华、陈曼译　2 版　海口：南海出版公司，1991.4　190 页，32 开

—ISBN7-80570-190-3：2.90 元

本书 1990 年 5 月第 1 版。

07051　太空儿 UB（7）

〔日〕藤子不二雄著，王振华译　海口：南海出版公司，1991.4　188 页，32 开

—ISBN7-80570-427-9：2.90 元

07052　太空儿 UB（8）

〔日〕藤子不二雄著，王振华译　海口：南海出版公司，1991.4　158 页，32 开

—ISBN7-80570-428-7：2.90 元

07053　太空儿 UB（9）

〔日〕藤子不二雄著，王振华译　海口：南海出版公司，1991.4　188 页，32 开

—ISBN7-80570-429-5：2.90 元

07054　太空人：怪物王国的小精灵
〔日〕藤子不二雄著，晓柯编译　北京：中国文联出版公司，1991.2　94页，32开
—ISBN7-5059-1419-7：1.30元

07055　汤姆·索亚历险记
〔日〕平田昭和著，那永华译　沈阳：沈阳出版社，1991.12　47页，24开　（世界童话名作连环画系列）
—ISBN7-80556-638-0：2.40元

07056　唐代的长安与洛阳索引
〔日〕平冈武夫、今井清编　上海：上海古籍出版社，1991.1　179页，大32开　（唐代研究指南　5/〔日〕平冈武夫主编）
—ISBN7-5325-0044-6（精装）：13.45元
本索引内容包括唐代的长安、洛阳的公私建筑物，即个人的住宅、店铺、旅馆、宫殿、祠庙等。

07057　唐代的诗篇
〔日〕平冈武夫等著　影印本　上海：上海古籍出版社，1991.1　2册　1822页，大32开　（唐代研究指南　11、12/〔日〕平冈武夫主编）
—ISBN7-5325-0048-9（精装）：45.00元

07058　唐代的诗人
〔日〕平冈武夫、市原亨吉编　影印本　上海：上海古籍出版社，1991.1　178页，大32开（唐代研究指南　4/〔日〕平冈武夫主编）
—ISBN7-5325-0045-4（精装）：10.50元

07059　唐代诏敕目录
〔日〕池田温编　影印本　西安：三秦出版社，1991.5　615页，16开
—ISBN7-80546-328-X（精装）：32.00元
本目录根据有关文献搜集的唐代颁布的诏书，按年代顺序编排，较全面地体现唐代诏令的概况。

07060　淘气鬼：日本最新儿童启智画册
张沭沅等译、张沭沅编绘　海口：南海出版公司，1991.4　3册　122页，16开
—ISBN7-80570-326-4：4.95元

07061　天皇梦：裕仁皇室秘史
〔日〕高桥岭、铃木邦彦著，正平等译　长春：吉林人民出版社，1991.5　230页，32开
—ISBN7-206-01124-1：3.50元

07062　天皇秘闻
〔日〕高桥岭、铃木邦彦著，包容译　北京：群众出版社，1991.4　195页，32开
—ISBN7-5014-0500-9：4.00元
本书揭示了日本皇室近几十年的内幕，可从中了解许多鲜为人知的秘闻。

07063　挑战！第5条街
〔日〕镰田幸美著，那永华译　合众复制　北京：中国华侨出版公司，1991.6　183页，32开　（黑玫瑰系列杰作集　2）
—ISBN7-80074-439-6：2.50元

07064　条形码应用入门
日本合作、流通系统开发中心著，梁展中、李振明编译　北京：电子工业出版社，1991.3　77页，32开
—ISBN7-5053-1249-9：1.50元

07065　调适身心·神奇记忆：创造奇迹的快乐学习法
〔日〕藤本宪幸著，晓满编译　北京：中国经济出版社，1991.1　195页，32开
—ISBN7-5017-0883-5：2.90元
本书对重要穴位的刺激，调适身心与情绪等进行了多方位阐述。

07066　跳！跳！跳！
〔日〕村上春树著，冯建新、洪虹译　桂林：漓江出版社，1991.6　368页，32开
—ISBN7-5407-0696-1：4.50元
本书为长篇小说《挪威的森林》姊妹篇。

07067　铁臂阿童木（二）
〔日〕手塚治虫编绘，刘冬梅、包勤立译　北京：中国连环画出版社，1991.12　73页，32开
—ISBN7-5061-0374-5：1.40元

07068　铁臂阿童木（三）
〔日〕手塚治虫编绘，刘冬梅、包勤立译　北京：中国连环画出版社，1991.12　71页，32开
—ISBN7-5061-0375-3：1.40元

07069　铁臂阿童木（四）
〔日〕手塚治虫编绘，刘冬梅、包勤立译　北京：中国连环画出版社，1991.12　75页，32开
—ISBN7-5061-0376-1：1.40元

07070　铁臂阿童木（五）
〔日〕手塚治虫编绘，刘冬梅、包勤立译　北京：中国连环画出版社，1991.12　85页，32开
—ISBN7-5G61-0377-X：1.40元

07071　铁臂阿童木（一）
〔日〕手塚治虫编绘，刘冬梅、包勤立译　北京：中国连环画出版社，1991.12　74页，32开
—ISBN7-5061-0373-7：1.40元

07072　铁路大王斯坦福
〔日〕大森实著，王锦华、李建新译　北京：中国经济出版社，1991.6　173页，32开　（控制美国的十大财阀）
—ISBN7-5017-1190-9：3.00元

07073　痛苦与悲伤的结晶
〔日〕加藤瞳著，〔日〕木下贵雄译　哈尔滨：北方文艺出版社，1991.12　121页，32开
—ISBN7-5317-0594-X：2.55元
本书作者是日本的一位残疾女青年，本书内容是作者描写自己战胜病魔的苦难历程。

07074　投票行动：微观政治学
〔日〕三宅一郎著，冯建新译　北京：经济日报出版社，1991.1　1册（210，34页），大32开（现代政治学丛书　5/〔日〕猪口孝主编，傅禄永主编译）
—ISBN7-80036-309-0：4.50元
本书主要论述了选民在选举中对候选人、政党、政策做出的选择活动。其内容仅限于民主主义政治体制中的秘密选举和自由选举的投票行动。

07075　土光敏夫传：一个经营家的生涯
日本东京书店编辑部编，阙文祥、陈俊杰译　天津：天津人民出版社，1991.3　172页，32开
—ISBN7-201-00015-2：2.90元

07076　土压系列盾构施工法
〔日〕佐佐木道雄著，李堃译　上海：上海交通大学出版社，1991.6　128页，大32开
—ISBN7-313-00892-9：4.15元

07077　外分泌腺
〔日〕西山明德等著，曾汉英译　青岛：青岛出版社，1991.11　388页，32开
—ISBN7-5436-0576-7：5.00元

07078　外国君主辞典
〔日〕三浦一郎主编，《外国君主辞典》翻译组译　北京：中国广播电视出版社，1991.2　311页，32开
—ISBN7-5043-0585-5（精装）：8.00元
本书收词范围涉及从古代到近现代世界各个国家和地区（日本除外）；翻译时删去了有关中国君主的词条，故名《外国君主辞典》。

07079　玩玩乐乐学围棋：老描噜咪的趣味围棋入门（连环画）
〔日〕赤冢不二夫著，金丹实、刘晓峰译　大连：大连出版社，1991.7　176页，32开
—ISBN7-80555-470-6：2.95元

07080　围棋布局指南
〔日〕石仑升著，赵建军、杨真编译　北京：北京体育学院出版社，1991.4　183页，32开
—ISBN7-81003-435-9：2.50元
本书是一部专为学棋者掌握布局知识和作战方法而写的实用基础教材。

07081　围棋初段实战手筋
〔日〕曲励起著，王小平译　成都：蜀蓉棋艺出版社，1991.4　189页，32开
—ISBN7-80548-301-9：2.30元

07082　围棋初级棋理
〔日〕大竹英雄著，马骋平译　北京：文化艺术出版社，1991.6　190页，32开
—ISBN7-5039-0858-0：3.20元

07083　围棋大辞典：基本手筋
〔日〕藤泽秀行著，于志琪等编译　北京：农村读物出版社，1991.6　981页，32开
—ISBN7-5048-0528-9：12.50元

07084　围棋的大局观
〔日〕大竹英雄著，余爽、张竹译　北京：华夏出版社，1991.5　212页，32开
—ISBN7-80053-851-6：3.30元

07085　围棋的基本技术与运用
〔日〕大竹英雄著，李淑敏、杨真编译　北京：北京体育学院出版社，1991.7　182页，32开
—ISBN7-81003-496-0：2.80元

07086　围棋定式的构思
〔日〕大竹英雄著，金涛、冯荣译　北京：北京出版社，1991.3　211页，32开　（围棋系列丛书）
—ISBN7-200-01186-X：3.20元

07087　围棋定式的快速理解
〔日〕大竹英雄著，刘庆华、杨真编译　北京：北京体育学院出版社，1991.12　167页，32开
—ISBN7-81003-527-4：2.70元
本书分别从角的周围、夹的定式、小目的定式、高

目的定式、目外的定式等方面系统地阐述了快速理解定式的诀窍，以及选择与运用定式的基本原则。

07088　围棋定式速记法
〔日〕林海峰著，刘庆华、杨真编译　北京：北京体育学院出版社，1991.6　213 页，32 开
—ISBN7-81003-495-2：2.90 元
本书为初学围棋者的入门读物。

07089　围棋定式指南
〔日〕小林觉著，赵建军、杨真编译　北京：北京体育学院出版社，1991.4　181 页，32 开
—ISBN7-81003-434-0：2.50 元
书名页作者为：石仑升。

07090　围棋高级手筋 100 例
〔日〕大竹英雄著，吴佩江、付慧娅译　郑州：河南科学技术出版社，1991.9　219 页，大 32 开
—ISBN7-5349-0858-2：3.40 元
本书收录了实战中经常出现的基本手筋 100 例。

07091　围棋攻防战略
〔日〕加藤正夫著，薛至诚译　北京：北京体育学院出版社，1991.7　163 页，32 开
—ISBN7-81003-536-3：2.30 元

07092　围棋厚势百科：简单易懂的模样和势力
〔日〕石田芳夫著，畅其、何川编译　北京：北京体育学院出版社，1991.12　191 页，32 开
—ISBN7-81003-526-6：3.00 元

07093　围棋名局细解：1990 年
〔日〕小林光一等著，韩凤仑、张凤荣编译　北京：华夏出版社，1991，11　208 页，32 开
—ISBN7-80053-942-3：3.65 元

07094　围棋目外高目三三定式 90 型
〔日〕赵治勋著，陈明川译　成都：蜀蓉棋艺出版社，1991.5　183 页，32 开
—ISBN7-80548-294-2：2.20 元
本书收录了目外、高目、三三的基本定式 90 型。

07095　围棋骗着入门
〔日〕坂田荣男著，刘庆华、杨真编译　北京：北京体育学院出版社，1991.7　212 页，32 开
—ISBN7-81003-494-4：2.80 元

07096　围棋七日通：每日一章七天就会
〔日〕高鸟正著，韦莲、周钧编译　北京：北京体育学院出版社，1991.4　163 页，32 开
—ISBN7-81003-448-0：2.60 元
木书深入浅出地讲解，让读者在七天内掌握围棋的全部入门技巧。诸如如何制造活棋，以及掌握攻杀的气数、打劫的技巧、如何处理地域中对方的棋子等。

07097　围棋棋力培养指南：高级本
〔日〕藤泽秀行著，郭俊等编译　合肥：安徽科学技术出版社，1991.8　210 页，32 开
—ISBN7-5337-0644-7：3.20 元

07098　围棋入段基本手筋
〔日〕大竹英雄著，吴佩江、傅慧娅译　天津：天津大学出版社，1991.12　162 页，32 开
—ISBN7-5618-0275-7：2.40 元

07099　围棋入门教室
〔日〕石田芳夫著，马骋平译　北京：文化艺术出版社，1991.5　179 页，32 开
—ISBN7-5039-0855-6：3.20 元
本书是日本著名九段棋士石田芳夫为初学围棋者，尤其是中、小学生所撰写的一部入门教材。

07100　围棋升段捷径（特选）三分钟问题集
〔日〕赵治勋著，杨晋华、张小弟译　成都：蜀蓉棋艺出版社，1991.1　232 页，32 开
—ISBN7-80518-284-5：3.00 元

07101　围棋实战指南
〔日〕藤泽秀行著，孟秋、刘琳译　成都：蜀蓉棋艺出版社，1991.2　500 页，32 开
—ISBN7-80548-285-3：5.50 元

07102　围棋提高不求人
〔日〕大平修三著，周钧、韦莲编译　北京：北京体育学院出版社，1991.4　301 页，32 开
—ISBN7-81003-117-2，4.25 元

07103　围棋围空法
日本棋院编，洪剑思、曹乾亨译　哈尔滨：黑龙江人民出版社，1991.8　152 页，32 开
—ISBN7-307-01567-4：3.00 元

07104　围棋小目定式 90 型
〔日〕赵治勋著，陈明川译　成部：蜀蓉棋艺出版社，1991，4　183 页，32 开
—ISBN7-80518-309-4：2.20 元

07105　围棋新手的对策
〔日〕吴清源著，蒋丹宁译　北京：文化艺术出

版社，1991.5 160页，32开

—ISBN7-5039-0854-8：3.00元

本书从当今日本棋坛中有代表的新手12例。加以详细剖析，并做了解答。

07106 围棋新手新型精选：1989、1990

〔日〕安倍吉辉著，金爽、张竹译 北京：华夏川版社，1991.1 210页，32开

—ISBN7-80053-829-X：3.50元

本书分"星"、"三·三"、"高目·目外"、小目·小飞挂、小目·一洞高挂4章。

07107 围棋一周入门

〔日〕加藤正夫监修，孙晓宏等译 沈阳：春风文艺出版社，1991.5 161页，32开

—ISBN7-5313-0438-4：2.50元

07108 纬书与中国神秘思想

〔日〕安居香山著，田人隆译 石家庄：河北人民出版社，1991.6 179页，大32开

—ISBN7-202-00978-1：3.55元

本书通俗地解说了什么是纬书，以及它在中国思想史研究中所占的地位。

07109 喂，你有肚脐吗？

〔日〕中屿博和编，〔日〕栗原彻绘，禹新译，永芬改编 北京：科学普及出版社，1991.5 31页 16开 （妈妈、保育员讲动物丛书 2）

—ISBN7-110-01983-7：1.50元

07110 文学序说

〔日〕桑原武夫著，孙歌译 北京：三联书店，1991.12 191页，大32开 （现代外国文艺理论译丛第三辑 4/王春元、钱中文主编）

—ISBN7-108-00114-4：4.10元

本书探讨了文学本源、文学批评、文学价值论、文学的社会效用等问题。

07111 我的女神们：重新认识女人

〔日〕渡边淳一著，王发辉、肖干译 海口：南海出版公司，1991.7 171页，32开

—ISBN7-80570-425-2：2.65元

07112 无机和配位化合物的红外和拉曼光谱

〔日〕中本一雄著，黄德如、汪仁庆译 北京：化学工业出版社，1991.2 564页，大32开

—ISBN7-5025-0617-9：12.30元

本书主要介绍了正则振动的基本理论，并选用典型例子分别介绍了红外和拉曼光谱在无机化合物、配位化合物和有机金属化合物及生物无机化合物方面的应用。

07113 吴清源布局精选

〔日〕吴清源著，赵建军、杨真编译 北京：北京体育学院出版社，1991.12 2册 400页，32开

—ISBN7-81003-528-2：6.20元

本书系从作者30年的讲座中精选出的最有特色和实用价值的布局方法。

07114 吴清源围棋高级死活集

〔日〕吴清源著，张维炽译 成都：蜀蓉棋艺出版社，1991.5 214页，32开

—ISBN7-80548-304-3：2.70元

07115 五分钟社交演讲术

〔日〕诸星龙著，林楠编译 西安：陕西旅游出版社，1991.12 138页，32开

—ISBN7-5418-0391-X：2.80元

本书内容分为：无处不用的五分钟演讲术，可以改变你一生的五分钟演讲术，打动人心的演讲技巧，自我评分等。

07116 五秒入睡法：倒头就睡精力充沛

〔日〕松藤英多编著，周克钧、张欣编译 北京：北京体育学院出版社，1991.4 161页，图，32开 （康乐旅伴丛书）

—ISBN7-81003-472-3：2.65元

本书内容包括：失眠会造成人生的脱节，失眠原因种种，睡眠的方式有哪些，为什么五秒能入睡的方法，短时间也能睡熟的方法，夜里熟睡早晨清醒的秘诀。

07117 五十岁之后的自我开发：充实人生、增长才干的九个篇章

〔日〕上田敏晶著，孙贺春译 北京：经济日报出版社，1991.4 225页，32开

—ISBN7-80036-347-3：2.50元

本书用具体的范例告诉读者：50岁之后如何科学地自我完善，扩展生活视野，珍惜生存的自我价值。

07118 五台山的寺院：寻求日中佛教交流之源

〔日〕二桥进著，胡成喜、贺焕亮译 太原：山西人民出版社，1991.1 90页，32开

—ISBN7-203-01793-1：1.65元

07119 五体书法字典

日本书法会编辑部编 长春：吉林文史出版社，1991.4 615页，32开

—ISBN7-80528-377-X：10.00 元

本书原名《五体字类》，共收 4478 字，以常用的楷、行、草为主，以篆、隶为副，篆书取自徐铉的《汉文》，隶书取自顾南原的《隶辨》。

07120 武藏野夫人
〔日〕大冈升平著，陈访泽、刘小珊译 桂林：漓江出版社，1991.7 246 页，32 开
—ISBN7-5407-0698-8：2.95 元

07121 舞吧，舞吧，舞吧
〔日〕村上春树著，张孔群译 天津：百花文艺出版社，1991.1 500 页，32 开
—ISBN7-5306-0640-9：5.65 元

07122 西方造园变迁史：从伊甸园到天然公园
〔日〕针之谷钟吉著，邹洪灿译 北京：中国建筑工业出版社，1991.11 378 页，照片及图，16 开
—ISBN7-112-01153-1：16.55 元
本书系统论述了欧美造园文化发展之来龙去脉。内容包括古代、中世纪、意大利文化复兴、法国勒·诺特尔式、英国规划式、美国近现代等不同时期不同风格的造园演变。

07123 西洋著名园林
〔日〕针之谷钟吉著，章敬三编译 上海：上海文化出版社，1991.5 404 页，大 32 开
—ISBN7-80511-392-0：7.45 元

07124 西洋著名园林
〔日〕针之谷钟吉著，章敬三编译 上海：上海文化出版社，1991.5 404 页，大 32 开
—ISBN7-80511-393-9（精装）：13.10 元

07125 喜欢和讨厌的心理学
〔日〕诧摩武俊著，李均洋译 西安：陕西人民出版社，1991.3 155 页，32 开
—ISBN7-224-01459-1：2.45 元

07126 细胞膜
〔日〕小川和朗、中根一穗主编，朴英杰等译 广州：中山大学出版社，1991.3 205 页，16 开 （组织细胞化学技术）
—ISBN7-306-00415-8：12.00 元

07127 侠探寒羽良（11）：误入虎口
〔日〕北条司原著，曼华编译 海口：海南摄影美术出版社，1991.12 107 页，32 开
—ISBN7-80571-160-7：2.20 元

07128 侠探寒羽良（12）：灰姑娘的梦想
〔日〕北条司原著，曼华编译 海口：海南摄影美术出版社，1991.12 111 页，32 开
—ISBN7-80571-160-7：2.20 元

07129 侠探寒羽良（13）：海怪的委托
〔日〕北条司原著，曼华编译 海口：海南摄影美术出版社，1991.12 110 页，32 开
—ISBN7-80571-160-7：2.20 元

07130 侠探寒羽良（14）：新来的女邻居
〔日〕北条司原著，曼华编译 海口：海南摄影美术出版社，1991.12 110 页，32 开
—ISBN7-80571-160-7：2.20 元

07131 侠探寒羽良（15）：绑架公主
〔日〕北条司原著，曼华编译 海口：海南摄影美术出版社，1991.12 111 页，32 开
—ISBN7-80571-160-7：2.20 元

07132 侠探寒羽良卷二
〔日〕北条司原著，曼华编译 海口：海南摄影美术出版社，1991.11 5 册，32 开
—ISBN7-80571-136-4：11.00 元
本卷包括《赌场愁云》等 5 册。

07133 侠探寒羽良卷一（1）：漂亮的搭档
〔日〕北条司原著，曼华编译 海口：海南摄影美术出版社，1991.10 112 页，32 开
—ISBN7-80571-135-6：2.20 元

07134 侠探寒羽良卷一（2）：将军的圈套
〔日〕北条司原著，曼华编译 海口：海南摄影美术出版社，1991.10 109 页，32 开
—ISBN7-80571-135-6：2.20 元

07135 侠探寒羽良卷一（3）：赤脚的女明星
〔日〕北条司原著，曼华编译 海口：海南摄影美术出版社，1991.10 110 页，32 开
—ISBN7-80571-135-6：2.20 元

07136 侠探寒羽良卷一（4）：钟声和命运
〔日〕北条司原著，曼华编译 海口：海南摄影美术出版社，1991.10 111 页，32 开
—ISBN7-80571-135-6：2.20 元

07137 侠探寒羽良卷一（5）：恐怖的追击
〔日〕北条司原著，曼华编译 海口：海南摄影美术出版社，1991.10 109 页，32 开
—ISBN7-80571-135-6：2.20 元

07138　下三手的判断：让子棋篇
〔日〕加藤正夫著，赵建军、畅真编译　北京：
北京体育学院出版社，1991.1　184 页，32 开
（围棋初学者必读）
—ISBN7-81003-439-1：2.40 元

07139　下三手的判断：死活篇
〔日〕加藤正夫著，赵建军、杨真编译　北京：
北京体育学院出版社，1991.1　185 页，32 开
（围棋初学者必读）
—ISBN7-81003-436-7：2.40 元

07140　现场尸体勘验
〔日〕冈田义明著，郑世贤编译　长春：吉林人
民出版社，1991.6　191 页，图，32 开
—ISBN7-206-01164-0：3.00 元
本书就常见的窒息死、损伤死、烧死等 3 大类 9
种死亡症状、特点，形成死亡条件和判别方法，
以及自为和他为的区别都做了比较详细的叙述。

07141　现代出版学
〔日〕清水英夫著，沈洵澧、乐惟清译　北京：
中国书籍出版社，1991.5　262 页，32 开　（出
版知识译丛）
—ISBN7-5068-0048-9：4.00 元
本书对出版学的研究对象与方法、日本的出版
文化及世界各国出版业的状况做了一系列的
探索。

07142　现代饭店经营基础理论
〔日〕冈本伸之著，崔南新译　北京：中国旅游
出版社，1991.11　117 页，32 开
—ISBN7-5032-0353-6：2.20 元

**07143　现代控制工程学：动态系统的分析和
控制**
〔日〕嘉纳秀明著，曹广益、刘国亭编译　上
海：上海交通大学出版社，1991.2　276 页，
32 开
—ISBN7-313-00735-3：1.80 元

07144　现代逻辑方法论
〔日〕永井成男主编，李树琦、蔡春英译　成
都：四川教育出版社，1991.4　356 页，大 32 开
—ISBN7-5408-1355-5（精装）：6.90 元
本书侧重对现代逻辑中的命题逻辑、谓词逻辑
和模态逻辑做横断面的方法论研究。

07145　现代日本金融论
〔日〕铃木淑夫著，徐笑波等译　上海：三联书

店上海分店，1991.1　299 页，大 32 开　（当代
经济学系列丛书　当代经济学译库）
—ISBN7-5426-0438-4：7.70 元
本书是对日本经济高速增长时期的货币金融机
制的理论分析和学术性总结。

07146　现代日本语教程
〔日〕水谷修、水谷信子著，沈厚铸、刘秀媛编
译　北京：人民教育出版社，1991.2　458 页，
大 32 开
—ISBN7-107-10743-7：6.75 元

07147　现代日本语教程
〔日〕水谷修、水谷信子著，沈厚铸、刘秀媛编
译　北京：人民教育出版社，1991.2　458 页，
大 32 开
—ISBN7-107-10744-7（精装）：9.35 元

07148　现代日语（口语练习分册）
日本亚细亚大学留学生专科编，丛爱丽、冀元
译　北京：世界图书出版公司，1991.8　283
页，16 开
—ISBN7-5062-1120-3：19.80 元

07149　现代中小企业的活力与新生
〔日〕太田一郎著，关春荣、张煦春译　西安：
西安电子科技大学出版社，1991.9　277 页，
32 开
—ISBN7-5606-0161-8：3.85 元

07150　详解日语句子结构
日本上智大学编，戴辅中等编译　北京：北京出
版社，1991.2　2 册　1052 页，大 32 开
—ISBN7-200-01185-1：15.90 元

07151　详解日语语法
〔日〕铃木康之著，〔日〕佐伯梅友监修，周壮译
北京：北京出版社，1991.12　171 页，32 开
—ISBN7-200-00593-2：2.40 元

07152　向太空挑战：齐柏林飞艇
〔日〕长泽和俊著，赵景扬、马俊青译　太原：
北岳文艺出版社，1991.5　144 页，大 32 开
（少男少女探险大系列　7）
—ISBN7-5378-0445-1：2.80 元

07153　潇洒的恶魔
〔日〕大薮春彦著，海滨译　哈尔滨：北方文艺
出版社，1991.5　420 页，32 开
—ISBN7-5317-0377-7：5.96 元

07154　小白龙传奇：一个日本浪人在中国大陆的经历

〔日〕朽木寒三著，袁韶莹等译　长春：吉林文史出版社，1991.2　364 页，32 开

—ISBN7-80528-388-5：5.50 元

本书用传记体裁形式叙述了日本浪人小白龙投身胡匪，在侵华日军的支持下，为日本帝国主义充当间谍的活动。

07155　小凤蝶的隐身术

〔日〕中屿博和编，〔日〕川上洋一绘，禹新译，永改编　北京：科学普及出版社，1991.5　31 页，16 开　（妈妈、保育员讲动物丛书　7）

—ISBN7-110-01988-8：1.50 元

07156　小集团经营

〔日〕篠田雄次郎著，朱永新等译　杭州：浙江大学出版社，1991.10　173 页，照片，32 开

—ISBN7-808-00866-5：2.90 元

07157　小林光一围棋必胜讲座（1）　序盘编：掌握主动权的方法

〔日〕小林光一著，吴佩江、傅慧娅译　北京：团结出版社，1991.6　259 页，32 开

—ISBN7-80061-454-9：3.65 元

07158　小林光一围棋必胜讲座（1）　序盘编：掌握主动权之法

〔日〕小林光一著，宋培学、刘晓君译　北京：中国广播电视出版社，1991.4　255 页，32 开

—ISBN7-5043-0802-1：4.00 元

全书共 3 卷，本卷研究的重点是布局。

07159　小林光一围棋必胜讲座（2）　中盘编：关键之着的研究

〔日〕小林光一著，吴佩江、傅慧娅译　北京：团结出版社，1991.6　259 页，32 开

—ISBN7-80061-455-7：3.50 元

07160　小林光一围棋必胜讲座（2）　中盘编：决策之研究

〔日〕小林光一著，宋培学、刘晓君译　北京：中国广播电视出版社，1991.4　255 页，32 开

—ISBN7-5043-0803-X：4.00 元

本卷主要是对中盘战中关键时刻的决策方法进行研究。

07161　小林光一围棋必胜讲座（3）　终盘编：赢棋的判定法

〔日〕小林光一著，吴佩江、傅慧娅译　北京：团结出版社，1991.6　263 页，32 开

—ISBN7-80061-456-5：3.50 元

07162　小林光一围棋必胜讲座（3）　终盘编：赢棋之道

〔日〕小林光一著，宋培学、刘晓君译　北京：中国广播电视出版社，1991.4　254 页，32 开

—ISBN7-5043-0804-8：3.95 元

本卷以终盘战为焦点对每一局棋终局前的最精彩、最高潮之处进行了详解及研究。

07163　小说神髓

〔日〕坪内逍遥著，刘振瀛译　北京：人民文学出版社，1991.7　152 页，大 32 开　（日本文学丛书）

—ISBN7-02-001237-X：2.60 元

07164　小天线

〔日〕富吉莫特（Fujimoto, K.）等著，俱新德、肖良勇译　北京：国防工业出版社，1991.12　157 页，16 开

—ISBN7-118-00922-9：8.35 元

书名原为：*Small Antennas*

本书介绍小天线理论和技术，以及具体的分析和设计方法。

07165　小学生科学智力测验 120 题

〔日〕折井雅子著，徐志田、崔肃京译　长春：北方妇女儿童出版社，1991.6　115 页，插图，32 开

—ISBN7-5385-0724-8：1.75 元

本书采用智力测验的形式，向小学生提出"叶了的气孔在哪里？""大象鼻子里有骨头吗？""人为什么不能喝海水？"等 120 个有趣的科学智力测验题。

07166　小鹦鹉游览动物们的家

〔日〕中屿博和编，〔日〕谷口高司绘，禹新译，永芳改编　北京：科学普及出版社，1991.5　31 页，16 开　（妈妈、保育员讲动物丛书　3）

—ISBN7-110-01984-5：1.50 元

07167　心理谋略

〔日〕多湖辉著，逆非译　南宁：广西民族出版社，1991.4　235 页，插图，32 开　（多湖辉处世心理术丛书　4）

—ISBN7-5363-1149-4：2.75 元

本书探讨了人类心理活动及其规律。

07168　新 QC 七种工具

〔日〕水野滋主编，刘纯礼、金一译　北京：机

械工业出版社，1991.6 236页，32开
—ISBN7-111-02888-0：4.20元
本书介绍了关连图法、KJ法、系统图法、矩阵图法、矩阵数据解析法、PDPC法、箭头图法的具体内容及其在质量管理中的应用。

07169 新编化学选择题解
日本第一学习社编辑部编，陈琼译 南宁：广西教育出版社，1991.1 510页，32开
—ISBN7-5435-1172-X：4.80元

07170 新法律学辞典
〔日〕我妻荣编辑，马军等译 北京：中国政法大学出版社，1991.6 1019页，16开
—ISBN7-5620-0331-9（精装）：58.00元
本书收辞目万余条，内容包括法学各部门、法学流派和法学家，以及法制史、外国法等。

07171 新疆维吾尔自治区博物馆
新疆维吾尔自治区博物馆编 北京：文物出版社；日本：株式会社讲谈社，1991.12 237页，8开 （中国博物馆丛书 第9卷）
—ISBN7-5010-0381-5（精装）：250.00元

07172 新立体裁剪技巧
〔日〕小池千枝著，姜立、王东辉编译 沈阳：沈阳出版社，1991.10 164页，16开
—ISBN7-80556-702-6：11.50元

07173 新女装（7） 日本登丽美时装：春夏专辑
北京：中国轻工业出版社；日本：镰仓书房，1991.4 136页，彩图，16开
—ISBN7-5019-1005-7：6.90元

07174 新女装（8） 日本登丽美时装：秋冬专辑
北京：中国轻工业出版社，日本：镰仓书房，1991.10 136页，16开
—ISBN7-5019-1101-0：7.90元

07175 新日本语（二）
王二贵编译，孙风翔注释 2版 太原：山西教育出版社，1991.5 982页，大32开
—ISBN7-80578-086-2：9.65元

07176 新日本语（三）
王仁贵编译，孙风翔注释 2版 太原：山西教育出版社，1991.5 592页，图，大32开
—ISBN7-80578-087-0：6.30元

07177 新日本语（一）
王二贵编译，孙风翔注释 2版 太原：山西教育出版社，1991.3 685页，大32开
—ISBN7-80578-085-4：7.00元

07178 新型土壤管理
〔日〕西尾道德等编著，黄细喜、顾克礼译 南京：东南大学出版社，1991.5 109页，32开
—ISBN7-81023-470-6：2.20元

07179 星星被袭记：怪物王国的小精灵
〔日〕藤子不二雄著，晓晨编译 北京：中国文联出版公司，1991.2 94页，32开
—ISBN7-5059-1422-7：1.30元

07180 刑法的根基与哲学
〔日〕西原春夫著，顾肖荣等译 上海：三联书店上海分店，1991.5 124页，32开
—ISBN7-5426-0462-7：1.80元

07181 刑法学词典
〔日〕木村龟二主编，顾肖荣等译 上海：上海翻译出版公司，1991.3 779页，32开
—ISBN7-80514-534-2（精装）：17.50元

07182 性格变态与精神崩溃
〔日〕木村骏著，晓星译 上海：上海人民出版社，1991.4 164页，32开 （青年译丛）
—ISBN7-208-01034-X：2.05元
本书作者积三十年的心理研究和精神分析的实践经验，列举了大量具体的临床病例，揭示了"性格破产"会产生的社会与精神方面的原因及其危害性等。

07183 修锯与制材
日本专家组、傅朝臣编 哈尔滨：黑龙江科学技术出版社，1991.9 356页，32开
—ISBN7-5388-1648-8：5.50元

07184 序盘的急所
〔日〕石田章著，洪源译 北京：人民体育出版社，1991.8 111页，32开
—ISBN7-5009-0474-6：2.10元

07185 学学作战的棋理
〔日〕坂田荣男著，薛至诚、姜小平编译 北京：国际文化出版公司，1991.2 301页，32开 （围棋高级指导 3）
—ISBN7-80049-601-5：4.30元

07186　血手印案件

〔日〕森村诚一著，末金玉译　北京：群众出版社，1991.9　328页，32开

—ISBN7-5014-0659-6：4.80元

07187　亚洲流通革命和日本经商方法

日本流通新闻编，陈晋译　北京：中国商业出版社，1991.11　197页，32开

—ISBN7-5044-1334-8：3.90元

本书介绍了有关流通理论和世界流通领域的潮流，描述了日本企业在东南亚及中国的经营战略。

07188　野性的诀别

〔日〕大薮春彦著，林绿波等译　北京：群众出版社，1991.4　230页，32开

—ISBN7-5014-0647-2：3.50元

07189　业余棋手的通病

〔日〕影山利郎著，袁曦、黄焰译　太原：山西人民出版社，1991.6　194页，24开

—ISBN7-203-01905-5：6.60元

本书介绍了业余棋手学习围棋的有关知识。

07190　业余围棋手的布局盲点

〔日〕三王裕孝著，丁茜译　重庆：重庆出版社，1991.1　185页，32开

—ISBN7-5366-1371-7：2.10元

07191　液晶的最新技术：物性·材料·应用

〔日〕松本正一、角田市良著，王殿福、孙红军译　北京：化学工业出版社，1991.10　342页，32开

—ISBN7-5025-0892-9：7.50元

本书介绍了液晶的物性、液晶材料以及液晶在电子显示器件、传感器、光电元件等方面的应用。

07192　液晶电视：液晶显示的原理和应用

〔日〕金子英二著，王新久、田建民译　北京：电子工业出版社，1991.3　307页，大32开

—ISBN7-5053-1213-8：6.00元

07193　一分钟健身法：奇妙的瑜伽术

〔日〕藤本宪幸著，王茂庆译　北京：解放军出版社，1991.12　135页，插图，32开

—ISBN7-5065-1816-3：2.85元

本书介绍了治疗现代社会人们常见生理和精神疾病的瑜珈妙功和"瑜伽食品"。

07194　一个女人的面影

〔日〕有岛武郎著，张正立等译　福州：海峡文艺出版社，1991.11　401页，大32开

—ISBN7-80534-416-7：5.85元

07195　一句话可以使孩子奋起，一句话也可以使其消沉

〔日〕铃木博著，吕晓伟译　哈尔滨：黑龙江教育出版社，1991.8　116页，32开

—ISBN7-5316-1450-2：1.80元

本书改变迄今流行的教育孩子的传统方式，提出教育子女从自己开始才是捷径，并采取"性格测定表"诊断性格的心理学分析方式，将家长分为几种类型，并阐明其对于女的不同影响。

07196　一休和尚

〔日〕伊达常雄编，尼鲁帕尔·艾山译　乌鲁木齐：新疆人民出版社，1991.8　109页，32开

—ISBN7-228-01286-X：0.80元

07197　疑惑

〔日〕芥川龙之介著，吴树文译　上海：上海译文出版社，1991.1　270页，照片，32开

—ISBN7-5327-0409-2：3.75元

本书作者是日本大正时期新思潮流派的代表作家。本书是作者的短篇小说选集。

07198　音乐美学

〔日〕野村良雄著，金文达、张前译　北京：人民音乐出版社，1991.1　168页，大32开

—ISBN7-103-00687-3：3.25元

本书概述了西方音乐美学思想的历史与现状，以及各主要流派代表人物的音乐美学观。

07199　银河绿洲之旅

〔日〕多湖辉著，张力实译　北京：科学普及出版社，1991.4　87页，32开　（智育小丛书　10）

—ISBN7-110-01714-1：1.60元

07200　英美语惯用法辞典

〔日〕井上羲昌编著，吴拓、杨应鹏译　长沙：湖南师范大学出版社，1991.12　1580，57页，大32开

—ISBN7-81031-117-4（精装）：30.00元

07201　英语反义词辞典

〔日〕上山政义、山本克已著，李炳炎编译　西安：陕西人民出版社，1991.1　478页，64开

—ISBN7-224-01464-8（精装）：3.95元

07202　婴幼儿发展事典

〔日〕黑田实郎主编，李季湄编译　成都：四川

辞书出版社，1991.5　723 页，32 开
—ISBN7-80543-160-4（精装）：9.50 元
本书是对儿童卫生保健机构、教育机构、文
化机构以及儿童发展的各机构的实际工作的
指南。

07203　盈亏平衡点的求法及应用
〔日〕雄野实夫著，韩枫、吴云珠译　哈尔滨：
黑龙江科学技术出版社，1991.8　211 页，32 开
—ISBN7-5388-1599-6：3.20 元

07204　硬笔书法字典
〔日〕石川芳云编，铁军译　大连：大连出版
社，1991.4　252 页，32 开
—ISBN7-80555-436-6：5.60 元
本书汉字分楷书、行书、草书三种字体，每种字
体都严格遵守标准的书法风格。

**07205　应用 BASIC 语言的有限元素法及边界元
素法**
〔日〕神谷纪生著，杨恩德等译　沈阳：沈阳出
版社，1991.5　213 页，大 32 开
—ISBN7-80556-651-8：5.00 元

07206　拥抱家族
〔日〕小岛信夫等著，龚志明等译　哈尔滨：黑
龙江人民出版社，1991.12　234 页，大 32 开
（日本文学流派代表丛书/李芒主编）
—ISBN7-207-02104-6：4.25 元

07207　幽灵列车
〔日〕赤川次郎著，静波译　海口：南海出版公
司，1991.4　255 页，32 开
—ISBN7-80570-159-8：3.90 元
本书收入作者的 5 个短篇小说。

07208　幽默的语言艺术
〔日〕相川浩著，济生、国粮译　北京：北京语
言学院出版社，1991.6　147 页，32 开
—ISBN7-5619-0116-X：2.20 元

07209　有助于实战的围棋脱先技巧
〔日〕林海峰著，王宛砾译　郑州：河南科学技
术出版社，1991.9　121 页，32 开
—ISBN7-5349-0805-1：2.10 元

07210　鱼类细胞遗传学
〔日〕小岛吉雄著，林义浩编译　广州：广东科
技出版社，1991.4　295 页，大 32 开
—ISBN7-5359-0554-4：10.00 元

07211　宇都宫德马文集
〔日〕宇都宫德马著，任清玉等译　北京：北京
大学出版社，1991.8　336 页，照片，大 32 开
（北京大学日本研究丛书/北京大学日本研究中
心编）
—ISBN7-301-01677-8（精装）：15.00 元

07212　宇宙流的大作战
〔日〕武宫正树著，陈安齐、王保国译　成都：
蜀蓉棋艺出版社，1991.5　222 页，32 开　（武
宫围棋世界）
—ISBN7-80548-299-3：3.00 元

07213　宇宙流的基本知识
〔日〕武宫正树著，陈安齐、王保国译　成都：
蜀蓉棋艺出版社，1991.5　222 页，32 开　（武
宫围棋世界）
—ISBN7-80548-296-9：3.00 元

07214　宇宙流的杰作选
〔日〕武宫正树著，陈安齐、王保国译　成都：
蜀蓉棋艺出版社，1991.5　222 页，32 开　（武
宫围棋世界）
—ISBN7-80548-300-0：3.00 元

07215　宇宙流入门
〔日〕武宫正树著，曹少刚译　合肥：黄山书
社，1991.12　216 页，32 开　（围棋初级丛书）
—ISBN7-80535-275-5：2.70 元

**07216　原始部落探险记：新几内亚食人部落
寻踪**
〔日〕本多胜一著，袁扬译　太原：北岳文艺出
版社，1991.5　123 页，插图，大 32 开　（少男
少女探险大系列　3）
—ISBN7-5378-0440-0：2.50 元

**07217　原始社会：社会的形成，进化的方向，
发展的阶段，以及关于国家成立和家庭形成的
假设**
〔日〕丰增秀俊著，叶渭渠、唐月梅译　北
京：中国文联出版公司，1991.5　86 页，大
32 开
—ISBN7-5059-0587-9（精装）：8.00 元

**07218　怎样使你的头脑变得聪明：增强记忆力
提高创造力的右脑刺激法**
〔日〕品川嘉也著，王守华等译　济南：山东大
学出版社，1991.4　158 页，插图，32 开
—ISBN7-5607-0457-3：2.10 元

07219　怎样提高记忆力
〔日〕高木重朗著，史继晟译　北京：中国盲文出版社，1991.6　1册，8开　（效率译丛）
—ISBN7-5002-0535-X；1.30元

07220　怎样提高判断能力
〔日〕镰田胜著，朱成浩译　北京：中国盲文出版社，1991　1册，8开　（效率译丛）
—ISBN7-5002-0554-6；1.15元

07221　怎样提高预见能力
〔日〕高桥宪行著，王瑞林、冯士琴译　北京：中国盲文出版社，1991.6　1册，8开　（效率译丛）
—ISBN7-5002-0538-4；1.30元

07222　怎样学下围棋
〔日〕加藤正夫著，李淑敏、杨真编译　北京：北京体育学院出版社，1991.6　208页，32开
—ISBN7-81003-493-6；2.70元

07223　怎样做个好妻子
〔日〕山鬼阳之助著，陵沅编译　杭州：浙江文艺出版社，1991.12　322页，32开
—ISBN7-5339-0429-X；3.80元

07224　债券评级
〔日〕黑泽义孝著，梁建华等译　北京：中国金融出版社，1991.7　258页，图表，32开
—ISBN7-5049-0723-5；4.20元
本书内容包括债券评级的概念及必要性；美国的债券评级制度；加拿大、英国、澳大利亚等国的评级制度；评级方法，重点介绍美国和日本部分评级机构的评级方法。

07225　债券知识与实务
日本大和证券株式会社编著，大连市信息中心译　北京：中国财政经济出版社，1991.8　469页，大32开
—ISBN7-5005-1575-8；9.90元

07226　战犯的自白
于雷编著，纯厚译　沈阳：春风文艺出版社，1991.8　210页，照片，大32开
—ISBN7-5313-0611-5；4.20元
本书收集了25名日本侵华官兵对他们在华罪行的自白。附录还展示了我党的政策把战犯由魔鬼变成人的巨大力量。

07227　战后日本经济政治史
〔日〕正村公宏著，上海社会科学院世界经济研究所日本经济研究室译　上海：上海人民出版社，1991.1　883页，大32开
—ISBN7-208-01044-7（精装）：17.90元

07228　战争时期日本精神史
〔日〕鹤见俊辅著，高海宽、张义素译　长春：吉林人民出版社，1991.3　165页，32开　（日本文化与现代化丛书）
—ISBN7-206-01052-0；2.70元

07229　战争与和平：国际政治
〔日〕猪口邦子著，刘岳译　北京：经济日报出版社，1991.8　223页，大32开　（现代政治学丛书　17/〔日〕猪口孝主编，傅禄永主编译）
—ISBN7-80036-424-0；4.50元
本书系统地论述了国家与战争的历史关系、战争与世界经济循环的关系及战争与大国兴衰潮流的关系；分析了引发战争的主要因素和人们为了防止战争而进行的种种尝试。

07230　赵治勋的下一手
〔日〕赵治勋著，余爽、张凤荣译　北京：世界图书出版公司，1991.2　222页，32开
—ISBN7-5062-0813-X；3.90元
本书介绍了手筋、定式、布局、死活和实战等100个问题。

07231　真诚的迷惘：谎言心理分析
〔日〕仲村祥一、井上俊编，文成峰、韩立蕻译　北京：知识出版社，1991.8　242页，32开　（日常生活心理学丛书）
—ISBN7-5015-0435-0；3.25元
本书分析揭示了谎言的实质、动能、产生的根源及其他与社会利个人的密切关系。这是一本学术价值较高的专著，又是一本通俗易懂的读物。

07232　政党
〔日〕冈泽宪芙著，耿小曼译　北京：经济日报出版社，1991.12　1册（189，24页），大32开　（现代政治学丛书　13/〔日〕猪口孝主编，博禄永主编译）
—ISBN7-80036-523-9；4.50元
本书对肩负统治任务的政党、议会中的政党、选举中的政党、公民生活中的政党、政党组织的运营以及国际政治中政党等进行了研究和归纳、整理。

07233　植被恢复技术指南
〔日〕山寺喜成等著，姚洪林译　呼和浩特：内蒙古大学出版社，1991.1　133页，32开

—ISBN7-81015-209-2：2.30 元

07234 只此一手（第十八册：手筋"空中变"）
中国大学生围棋协会编译 上海：上海外语教育
出版社，1991.9 127 页，64 开 （围棋丛刊）
—ISBN7-81009-616-8：0.70 元

07235 只此一手（第十六册：实战手筋集）
中国大学生围棋协会编译 上海：上海外语教育
出版社，1991.9 127 页，64 开 （围棋丛刊）
—ISBN7-81009-614-1：0.70 元

07236 只此一手（第十七册：鬼手）
中国大学生围棋协会编译 上海：上海外语教育
出版社，1991.9 127 页，64 开 （围棋丛刊）
—ISBN7-81009-615-X：0.70 元

07237 只此一手（第十三册：互先布局）
中国大学生围棋协会编译 上海：上海外语教育
出版社，1991.9 127 页，64 开 （围棋丛刊）
—ISBN7-81009-611-7：0.70 元

07238 只此一手（第十四册：定式的选择和后续）
中国大学生围棋协会编译 上海：上海外语教育
出版社，1991.9 127 页，64 开 （围棋丛刊）
—ISBN7-81009-612-5：0.70 元

07239 只此一手（第十五册：作战的范型）
中国大学生围棋协会编译 上海：上海外语教育
出版社，1991.9 127 页，64 开 （围棋丛刊）
—ISBN7-81009-613-3：0.70 元

**07240 纸加工技术（上册：基础篇·设备篇·
药品篇）**
日本纸业时代社编，张运展等译 北京：中国轻
工业出版社，1991.11 669 页，大 32 开
—ISBN7-5019-1047-2：23.50 元

**07241 纸加工技术（下册：材料篇·制品篇·
试验篇）**
日本纸业时代社编，潘福池等译 北京：轻工业
出版社，1991.5 554 页，大 32 开
—ISBN7-5019-0851-6：15.90 元

07242 中国的服务经济
〔日〕立石昌广著 北京：中国广播电视出版
社，1991.9 224 页，32 开
—ISBN7-5043-1393-9：4.35 元
本书研究论述了服务劳动、服务经济部门的
经济地位和意义，对中国经济进行了具体的

实证分析，探讨了中国服务经济的发展方向
和前景。

07243 中国的经济发展——与日本的比较
〔日〕南亮进著，景文学等译 北京：经济管理
出版社，1991.7 303 页，大 32 开
—ISBN7-80025-424-0：5.80 元

07244 中国古代民俗
〔日〕白川静著，王巍译 沈阳：春风文艺出版
社，1991.12 211 页，32 开
—ISBN7-5131-0615-8：3.50 元

07245 中国经济思想史论
〔日〕桑田幸三著，沈佩林等译 北京：北京大
学出版社，1991.7 238 页，大 32 开
—ISBN7-301-01525-9（精装）：8.50 元，（平
装）：4.50 元
本书作者通过对生产、流通、货币、财政、通商
等 8 方面的论述，概括了中国古代到近代的经济
思想。

07246 "中国流"作战详解
〔日〕加藤正夫著，韩凤仑、张竹译 北京：世
界图书出版公司，1991.1 222 页，32 开
—ISBN7-5062-0812-1：3.90 元

07247 中国民俗文化
〔日〕直江广治著，王建朗等译 上海：上海古
籍出版社，1991.2 214 页，32 开 （文化春秋
丛书）
—ISBN7-5325-0855-2：2.85 元

07248 中国五千年历史奇趣录
〔日〕冈本隆三著，袁日新译 长沙：湖南出版
社，1991.12 198 页，32 开
—ISBN7-5438-0239-2：2.60 元

07249 中国饮食传入日本史
〔日〕田中静一著，霍风、伊永文译 哈尔滨：
黑龙江人民出版社，1991.2 197 页，32 开
—ISBN7-207-01578-X：4.20 元

**07250 中枢神经系统疾病手法治疗指南：姿
势·运动异常及其治疗**
〔日〕中村隆一编，赵树华译 长春：吉林科学
技术出版社，1991.11 136 页，16 开
—ISBN7-5384-0907-6：5.10 元
本书阐述了人体生理和病理的各种反射的机理，
介绍了中枢神经系统疾病的 PT 治疗手法。

07251　中学教育心理学
〔日〕小林利宣著，杨宗义等译　成都：四川辞书出版社，1991.8　270 页，32 开
—ISBN7-30543-096-9：3.50 元
本书分析了中学生从初中到高中各个年龄段的生理、心理特点，从而提出了一整套崭新的教育理论。

07252　中学平面几何
〔日〕桥本纯次等编，杨树标译　长春：吉林教育出版社，1991.2　148 页，32 开
—ISBN7-5383-1201-3：2.50 元

07253　中医方剂病证图解
〔日〕高山宏世原著，赵蕴坤等编译　太原：山西科学技术出版社，1991.8　312 页，大 32 开
—ISBN7-5377-0414-7：4.70 元
本书对 126 首中医常用方剂进行了解说，把方剂之"证"与形象化的人体图相结合。

07254　周游世界大冒险：航海探险家麦哲伦
〔日〕长泽和俊著，胡云高等译　太原：北岳文艺出版社，1991.5　112 页，大 32 开　（少男少女探险大系列　8）
—ISBN7-5370-0444-3：2.20 元

07255　装置材料的寿命预测入门：极值统计在腐蚀中的应用
日本腐食防食协会编，陈家福等译　大连：大连理工大学出版社，1991.10　281 页，大 32 开
—ISBN7-5611-0383-2：4.90 元
本书从概率论的角度阐述了装置材料寿命预测的思想方法、腐蚀数据的微机处理程序等。

07256　资产重估：法的解说与实例
〔日〕明里长太郎监修，日本国税厅法人税科编，赵亚江译　北京：北京科学技术出版社，1991.12　233 页，大 32 开
—ISBN7-5304-1003-2：5.50 元

07257　资源物理学
〔日〕槌田敦著，朴昌根译　上海：华东化工学院出版社，1991.8　199 页，32 开
—ISBN7-5628-0163-0：6.00 元

07258　子夜悲歌
〔日〕森村诚一著，高文汉译　济南：山东文艺出版社，1991.9　316 页，32 开
—ISBN7-5329-0714-7：4.40 元
本书是日本的畅销书，小说通过某公司总经理被杀害，揭示了人与人的奇特关系，整个故事扣人心弦、紧张惊险。

07259　自我暗示术
〔日〕千叶康则著，张洁梅编译　广州：广东旅游出版社，1991.5　114 页，32 开
—ISBN7-80521-267-8：1.90 元

07260　自我测病指南
〔日〕吉川博通著，葛薇、何平译　北京：北京出版社，1991.3　181 页，32 开
—ISBN7-200-00976-8：2.40 元

07261　自我开发 101 题
〔日〕板上肇原著，李道荣、周一平编译　上海：华东师范大学出版社，1991.9　127 页，32 开
—ISBN7-5617-0661-8：2.00 元
本书对如何进行自我开发和自我开发中遇到一系列问题，进行了探讨和论述。

07262　自我开发的 100 种法则
〔日〕镰田胜著，李文庚译　北京：国际文化出版公司，1991.3　208 页，32 开　（实用心理学丛书）
—ISBN7-80049-682-1：2.70 元
本书阐述了做人的哲理和自我完善的法则。

07263　字宝：书法技法
〔日〕天石东村编，吴末译　北京：三联书店，1991.10　123 页，16 开
—ISBN7-108-00430-5：6.00 元
本书是一部软体字帖。以唐代著名书法家虞世南书写的孔子庙堂碑的文字为效法对象。全书共分五个部分：碑拓、九宫格帖、基本笔画示意和讲解、基本笔法、基本造型。

07264　走路的科学
〔日〕藤原健固著，张婉行、顾红编译　天津：天津人民出版社，1991.2　77 页，32 开
—ISBN7-201-00609-0：1.10 元
本书阐述了走路对健身益脑的作用、坚持走路对防治高血压、心脏病、糖尿病、腰痛等多种病症的好处等。

07265　走向海底世界
〔日〕工藤昌南著，赵景扬、马俊青译　太原：北岳文艺出版社，1991.5　128 页，插图，大 32 开　（少男少女探险大系列　1）
—ISBN7-5378-0442-7：2.50 元

07266　最后一个太监（长篇纪实文学）
〔日〕凌海成、余斌华著，李洁、孙明德译　长春：吉林文史出版社，1991.11　392页，大32开
—ISBN7-80528-483-0：6.60元

07267　最新癌化学治疗手册
〔日〕齐藤达雄等编，沈明、石远凯译　北京：科学普及出版社，1991.4　248页，大32开
—ISBN7-110-01808-3：6.50元
本书分别阐述了37种癌症，以表格形式简明扼要地介绍了各种肿瘤化学治疗方案，包括病名、病理诊断、药名、效果、主要副作用、给药中断原因、摘要和参考文献8个项目。

07268　最新世界 TTL 数字集成电路及互换手册（日本 1989 年最新版）
陈清山、刘炬伟编译　长沙：中南工业大学出版社，1991.7　487页，16开
—ISBN7-81020-369-X（精装）：15.50元
本书介绍了世界主要工业国 TTL，高速 CMOS 和可编程陈列逻辑等数字电路的参数、引脚和外形尺寸图等内容。

1992

07269　90 年代的能源：向环境制约挑战
〔日〕铃木笃之，加纳时男著；夏占友，郭莉译．北京：对外贸易教育出版社，1992.12.　144页；20cm
ISBN7-81000-501-4；￥3.50

07270　BASIC 图象处理程序 150 例
〔日〕盐野充著；王东升等译．合肥：中国科学技术大学出版社，1992.2.　401页；20cm
ISBN7-312-00302-8；￥6.70

07271　阿拉蕾卷二（1）：恶魔的女儿
〔日〕鸟山明原著；周颖编译．海口：海南摄影美术出版社，1992.9.　95页；19cm　（科幻幽默连续剧画）
ISBN7-80571-343-X；￥2.00

07272　阿拉蕾卷二（2）：来自宇宙的侵略者
〔日〕鸟山明原著；周颖编译．海口：海南摄影美术出版社，1992.9.　95页；19cm　（科幻幽默连续剧画）
ISBN7-80571-343-X；￥2.00

07273　阿拉蕾卷二（3）：怪盗集团
〔日〕鸟山明原著；周颖编译．海口：海南摄影影美术出版社，1992.9.　95页；19cm　（科幻幽默连续剧画）
ISBN7-80571-343-X；￥2.00

07274　阿拉蕾卷二（4）：企鹅大奖赛
〔日〕鸟山明原著；周颖编译．海口：海南摄影美术出版社，1992.9.　95页；19cm　（科幻幽默连续剧画）
ISBN7-80571-343-X；￥2.00

07275　阿拉蕾卷二（5）：企鹅村大决战
〔日〕鸟山明原著；周颖编译．海口：海南摄影美术出版社，1992.9.　95页；19cm　（科幻幽默连续剧画）
ISBN7-80571-343-X；￥2.00

07276　阿拉蕾卷三
〔日〕鸟山明著；周颖编译．海口：海南摄影美术出版社，1992.10.　5册；19cm　（科幻幽默连续剧画）
ISBN7-80571-377-4；￥10.00

07277　阿拉蕾卷四
〔日〕鸟山明原著；周颖编译．海口：海南摄影美术出版社，1992.11.　6册；19cm　（科幻幽默连续剧画）
ISBN7-80571-381-2；￥12.00

07278　阿拉蕾卷一
〔日〕鸟山明原著；周颖编译．海口：海南摄影美术出版社，1992.8.　5册；19cm　（科幻幽默连续剧画）
ISBN7-80571-305-7；￥10.00
本套书为七龙珠姊妹篇。本卷包括5册：《阿拉蕾诞生》、《超天才博士的野心》、《地球的危机》、《未来的模样》、《冒失鬼阿拉蕾》。

07279　阿信的童年
〔日〕宗美智子绘；陈耐轩译．成都：四川少年儿童出版社，1992.2.　2册（175+185）页；19cm
ISBN7-5365-0808-5；￥4.70

07280　癌症自然疗法：现代奇迹加藤式疗法的真相
〔日〕加藤清著，吴荣炎译．北京：世界图书出版公司，1992.8.　206页；20cm（创意新知文库　17）
ISBN7-5062-1379-6；￥5.20

07281　爱的潮骚
〔日〕三岛由纪夫著；杨槐译．北京：大众文

艺出版社，1992.3. 433 页；19cm
ISBN7-80094-038-1；￥7.80

07282 白衣的变态
〔日〕渡边淳一著；金中，董亚君译. 哈尔滨：
黑龙江人民出版社，1992.5. 455 页；19cm
ISBN7-207-02278-6；￥6.65

07283 百变恶魔
〔日〕桂正和原著；肖平，杨金萍编译. 长春：
东北师范大学出版社；吉林美术出版社，
1992.4. 1 册；19cm（变形飞人 6）
ISBN7-5602-0758-8；￥1.80

07284 坂田荣男对局集：56 冠征战记
〔日〕坂田荣男著；肖明，文刃译. 成都：蜀
蓉棋艺出版社，1992.5. 760 页；20cm
ISBN7-80548-352-3；￥17.50

07285 包你生意兴隆：商店结构与店员销售技巧图解
〔日〕马渕哲，南条惠著；祝大鸣，金玉子译. 北
京：光明日报出版社，1992.1. 206 页：插图；19cm
ISBN7-80091-128-4；￥3.50

07286 宝宝爱吃系列画册：吃肉长力气
〔日〕加古里子编；赵玉鸣译. 北京：科学普
及出版社，1992.10. 32 页；26cm
ISBN7-110-02442-3；￥2.20

07287 宝宝爱吃系列画册：连小动物都爱吃的食物——水果
〔日〕加古里子编；于建民译. 北京：科学普
及出版社，1992.10. 32 页；26cm
ISBN7-110-02441-5；￥2.20

07288 宝宝爱吃系列画册：面条之花是什么颜色的？
〔日〕加古里子编；赵玉强译. 北京：科学普
及出版社，1992.10. 32 页；26cm
ISBN7-110-02440-7；￥2.20

07289 宝宝爱吃系列画册：请吃米饭请吃糕点
〔日〕加古里子编；赵玉强译. 北京：科学普
及出版社，1992.10. 32 页；26cm
ISBN7-110-02438-5；￥2.20

07290 宝宝爱吃系列画册：世界各地的小朋友都爱吃面包
〔日〕加古里子编；赵玉强译. 北京：科学普

及出版社，1992.10. 32 页；26cm
ISBN7-110-02439-3；￥2.20

07291 宝宝爱吃系列画册：蔬菜奥林匹克运动会
〔日〕加古里子编；于建民译. 北京：科学普
及出版社，1992.10. 32 页；26cm
ISBN7-110-02443-1；￥2.20

07292 宝宝爱吃系列画册：有趣的糕点制作
〔日〕加古里子编；于建民译. 北京：科学普
及出版社，1992.10. 32 页；26cm
ISBN7-110-02444-X；￥2.20

07293 宝宝爱吃系列画册：鱼肉真鲜美
〔日〕加古里子编；赵天罡译. 北京：科学普
及出版社，1992.10. 31 页；26cm
ISBN7-110-02445-8；￥2.20

07294 宝石手册
〔日〕近山晶著；王曼君等译. 北京：地质出
版社，1992.6. 275 页；17cm
ISBN7-116-01077-7；￥6.30

07295 北斗神拳第三辑（1）：死战之旅
〔日〕武论尊著；陈军译；〔日〕原哲夫画.
太原：山西人民出版社，1992.1. 95 页；19cm
ISBN7-203-02103-3；￥1.90

07296 北斗神拳第三辑（2）：怒拳四连弹
〔日〕武论尊著；陈军译；〔日〕原哲夫画.
太原：山西人民出版社，1992.1. 95 页；19cm
ISBN7-203-02103-3；￥1.90

07297 北斗神拳第三辑（3）：招灾之星
〔日〕武论尊著；陈军译；〔日〕原哲夫画.
太原：山西人民出版社，1992.1. 95 页；19cm
ISBN7-203-02103-3；￥1.90

07298 北斗神拳第三辑（4）：假面具的后面
〔日〕武论尊著；陈军译；〔日〕原哲夫画.
太原：山西人民出版社，1992.1. 95 页；19cm
ISBN7-203-02103-3；￥1.90

07299 北斗神拳第四辑（1）：没有墓碑的坟墓
〔日〕武论尊著；陈军译；〔日〕原哲夫画.
太原：山西人民出版社，1992.1. 95 页；19cm
ISBN7-203-02103-3；￥1.90

07300　北斗神拳第四辑（2）：代价沉重的睹局
〔日〕武论尊著；陈军译；〔日〕原哲夫画．
太原：山西人民出版社，1992.1．　95 页；19cm
ISBN7-203-02103-3；￥1.90

07301　北斗神拳第四辑（4）：恐怖的脚步声
〔日〕武论尊著；陈军译；〔日〕原哲夫画．
太原：山西人民出版社，1992.1．　95 页；19cm
ISBN7-203-02103-3；￥1.90

07302　奔放：超级棋手的精髓（武宫二连星杰作选）
〔日〕武宫正树著；马世英译．　北京：北京科学技术出版社，1992.6．　228 页；20cm
ISBN7-5304-0907-7；￥4.70

07303　泵装置手册
日本《泵装置手册》编委会编；张树荫，子富禄译．　北京：机械工业出版社，1992.4．　257
页；26cm
ISBN7-111-02863-5；￥12.50

07304　变频调速器使用手册
日本三菱电机株式会社编；许振茂等译．　北京：兵器工业出版社，1992.2．　514 页；20cm
ISBN7-80038-483-7；￥15.50

07305　不作为犯的理论
〔日〕日高义博著，王树平译．　北京：中国人民公安大学出版社，1992.4．　201 页；20cm
ISBN7-81011-408-5；￥3.75
本书分析了不作为犯的存在结构和价值结构，论证了不作为犯与作为犯的等价值性以及不作为犯故意内容的实质，提出了完善不作为犯立法的建议。

07306　布朗运动论
〔日〕飞田武幸原著；蔡聪明译著．　台北：晓园出版社；北京：世界图书出版公司，1992.2．
408 页；20cm
ISBN7-5062-1152-1；￥9.00
本书阐述了布朗运动的特性及其最近的研究成果。主要目次为：基础知识、布朗运动、随机分布、Wiener 运动的泛函、旋转群、复的白噪声、单直群及其应用、布朗运动的微积算法。

07307　步行健康法
〔日〕阿久津邦男著；何季仲译．　兰州：甘肃科学技术出版社，1992.2．　126 页；19cm
（生活·健康知识丛书　鲁汉等主编）
ISBN7-5424-0360-5；￥2.10

07308　财阀二世的野欲
〔日〕梶山季元著；金永彪译．　长春：时代文艺出版社，1992.8．　328 页；19cm
ISBN7-5387-0477-9；￥5.20

07309　菜花能否移植：比较文学的俳句论
〔日〕佐藤和夫著；林璋译．　南京：译林出版社，1992.4．　174 页；17cm　（和歌俳句丛书李芒主编）
ISBN7-80567-156-7；￥3.20
本书收集了叙述外国接受日本俳句的过去和现状的文章，以及将俳句与外国的诗进行比较的文章。

07310　柴油机燃油喷射
〔日〕藤泽英也，川合静男著；徐家龙编译．
北京：机械工业出版社，1992.5．　222
页；20cm
ISBN7-111-03339-6；￥7.30
本书内容包括燃油喷射概说、燃油喷射装置的原理、高喷油压力和高喷油率化、燃油喷射装置的结构、柴油机的电控喷油系统、外围设备等。

07311　禅与人生
〔日〕左藤幸治著；赵德宇译．　天津：南开大学出版社，1992.8．　111 页；19cm
ISBN7-310-00547-3；￥2.30

07312　超导高技术的突破口
〔日〕太刀川恭治，户叶一正著；林华译．　北京：化学工业出版社，1992.5．　145 页；图；19cm
ISBN7-5025-0999-2；￥3.60
本书介绍了超导研究的目的、意义和作用，超导电现象的基本原理特征，两种类型的超导体，超导材料的性质、种类、制法和应用等。

07313　超感觉瑜珈入门
〔日〕小泽直子著；吴佩江，陈立夏译．　长春：吉林科学技术出版社，1992.9．　112
页；19cm

ISBN7-5384-1041-4；￥2.60

07314　超级刺客
〔日〕桂正和原著；肖平，杨金萍编译．长春：东北师范大学出版社；吉林美术出版社，1992.4.　1册；19cm　（变形飞人　3）
ISBN7-5602-0758-8；￥1.80

07315　超级服务秘诀：服务创利技巧及实用图解
〔日〕山口弘明著；司徒空编译．北京：中国华侨出版社，1992.3.　213页；19cm　（商业服务业必读）
编译者封面题名：司德空
ISBN7-80074-530-9；￥3.65
本书以漫画的形式讲解示范，阐述了做好超级服务的要诀。

07316　超时空都市
〔日〕桂正和原著；肖平，杨金萍编译．长春：东北师范大学出版社；吉林美术出版社，1992.4.　1册；19cm　（变形飞人　1）
ISBN7-5602-0758-8；￥1.80

07317　乘胜追击：喜十郎卷（1）
〔日〕冈田鲷原著．成都：四川民族出版社，1992.6.　96页；19cm
ISBN7-5409-0870-X；￥1.98

07318　吃出来的现代儿童病
〔日〕正木健雄等著；沈志平编译．北京：知识出版社，1992.8.　135页；19cm
ISBN7-5015-0826-7；￥2.90
本书分析了目前儿童体质下降以及儿童成人病大量增加的原因，提出了一系列科学的简易饮食方法。

07319　出征成功：喜十郎卷（2）
〔日〕冈田鲷原著．成都：四川民族出版社，1992.6.　96页；19cm
ISBN7-5409-0872-6；￥1.98

07320　初夜失踪的新娘
〔日〕笹泽左保著；西辉，祥泉译．北京：群众出版社，1992.9.　297页；19cm
ISBN7-5014-0946-3；￥4.80

07321　初中生心理
〔日〕波多野勤子著；任建民译．郑州：河南科学技术出版社，1992.2.　297页；18cm

ISBN7-5349-0370-X；￥4.00

07322　处刑军团
〔日〕大薮春彦著．北京：民族出版社，1992.9.　261页；19cm
ISBN7-105-01718-X；￥4.80

07323　传感器应用
日本自动化技术编辑部编；张旦华，肖盛怡译．北京：中国计量出版社，1992.8.　439页；19cm
ISBN7-5026-0539-8；￥10.50

07324　船舶控制系统工程
〔日〕广田突著；黎明森，涂光莹译．大连：大连海运学院出版社，1992.8.　209页；26cm
ISBN7-5632-0346-X；￥3.60
本书主要介绍自动控制理论在船舶领域的应用。

07325　船舶与海洋构造物动力学
〔日〕元良诚三主编；〔日〕小山健夫等著；苏兴翘等译．天津：天津大学出版社，1992.9.　255页；26cm　（高等学校教材）
ISBN7-5618-0401-6；￥4.70
本书内容分为：浮体静力学、船舶在波浪中运动、浮动式海洋构造的运动等，共6章。

07326　创业·挑战·成功：井深大传
〔日〕中川靖造著；刘金才等译．北京：中国经济出版社，1992.1.　214页；19cm
ISBN7-5017-1321-9；￥4.50
本书介绍了日本索尼公司的创始人井深大的生平事迹。

07327　创造技法实用手册
〔日〕高桥诚著；田云，邵永华译．长沙：湖南科学技术出版社，1992.5.　499页；19cm
ISBN7-5357-0947-8；￥7.00

07328　春琴抄
〔日〕谷崎润一郎著；吴树文等译．上海：上海译文出版社，1992.1.　279页；20cm　（日本文学丛书　辛未艾主编）
ISBN7-5327-0651-6；￥9.80

07329　纯粹伦理原论
〔日〕丸山敏雄著；王英，刘李胜译．北京：社会科学文献出版社，1992.5.　296页；19cm
ISBN7-80050-275-9；￥5.80

07330 聪明的一休（二）
苗秀等编文． 厦门：鹭江出版社，1992.3.
94 页；26cm （日本儿童系列动画片连环画）
ISBN7-80533-568-0；￥6.00

07331 聪明的一休（三）
方华等编文． 厦门：鹭江出版社，1992.4.
94 页；26cm （日本儿童系列动画片连环画）
ISBN7-80533-619-9；￥6.00

07332 聪明的一休（四）
方华贤等编文． 厦门：鹭江出版社，1992.5.
94 页；26cm （日本儿童系列动画片连环画）
ISBN7-80533-633-4；￥6.00

07333 聪明的一休（一）
华旋等编文． 厦门：鹭江出版社，1992.3.
94 页；26cm （日本儿童系列动画片连环画）
ISBN7-80533-489-7；￥6.00

07334 大坝及水库管理
日本大坝管理调查委员会编；谷云青等译． 北
京：水利电力出版社，1992.12. 375 页；26cm
ISBN7-120-01764-0；￥14.90

07335 大脑之谜：至此所能解答的大脑世界
〔日〕久保田兢等编著；赵华敏译． 北京：北
京大学出版社，1992.6. 209 页；18cm （人·
科学·自然丛书 钟和主编）
ISBN7-301-01709-X；￥3.15
本书从人们感兴趣的有关脑的众多的最基本的
问题中挑选了 104 例，根据现有的脑研究最新水
平做了解答。

07336 大气污染浓度预测技术手册
日本通商产业省工业立地局编；王茂新等译．
北京：气象出版社，1992.3. 283 页；26cm
ISBN7-5029-0837-4；￥14.20

07337 大学生心理
〔日〕关峋一等著；李连鹏译． 太原：山西教
育出版社，1992.2. 287 页；19cm
ISBN7-80578-651-8；￥3.50

07338 大战外星人
〔日〕桂正和原著；肖平，杨金萍编译． 长春：
东北师范大学出版社；吉林美术出版社，
1992.4. 1册；19cm （变形飞人 2）
ISBN7-5602-0758-8；￥1.80

07339 代理妻杀人案
〔日〕山村美纱著；杨冠东译． 北京：群众出
版社，1992.8. 323 页；19cm
ISBN7-5014-0885-8；￥5.20
本书包括《死者在空中消失》（〔日〕赤川次郎
著；李小青译）。

07340 当代林木育种
〔日〕户田良吉著；黄铨等译． 北京：中国林
业出版社，1992.1. 199 页；19cm
ISBN7-5038-0766-0；￥5.00
本书叙述了林木育种的原理、方法、技术。

07341 当代日本哲学家
卞崇道，〔日〕加藤尚武编． 北京：社会科学
文献出版社，1992.8. 336 页；20cm
ISBN7-80050-288-0；￥6.90
本书介绍了 1990 年在日本哲学各分支学科中有
影响的 32 位知名学者，并对其学术生涯和主要
理论观点，进行了客观评价。

07342 道教（第二卷）
〔日〕福井康顺等监修；朱越利等译． 上海：
上海古籍出版社，1992.11. 335 页；20cm
（海外汉学丛书 王元化主编）
ISBN7-5325-1207-X；￥4.90

07343 道教（第三卷）
〔日〕福井康顺等监修；朱越利等译． 上海：
上海古籍出版社，1992.11. 270 页；20cm
（海外汉学丛书 王元化主编）
ISBN7-5325-1241-X；￥5.60

07344 地球在变暖
〔日〕田中正之著；石广玉，李昌明译． 北京：
气象出版社，1992.4. 132 页，19cm
ISBN7-5029-0831-5；￥2.80

07345 地狱的使者
〔日〕大薮春彦著；陈军，章达译． 呼和浩特：
内蒙古人民出版社，1992.8. 237 页；19cm
ISBN7-204-01951-2；￥3.95

07346 地狱谷
〔日〕三浦绫子著；李佳羽，苏克新译． 济南：
山东文艺出版社，1992.4. 424 页；19cm
ISBN7-5329-0827-5；￥6.55

07347　电气设备设计计算手册
日本电气设备设计计算手册编委会编；谢小平
等译．北京：国防工业出版社，1992.8.　703
页；26cm
ISBN7-118-00883-4；￥36.70

07348　东北水稻旱育苗稀植高产技术
〔日〕原正市著；张矢等译．哈尔滨：黑龙江
科学技术出版社，1992.3.　206页；19cm
ISBN7-5388-1769-7；￥2.95

07349　东海有蓬莱：徐福传奇
〔日〕田中博著；〔日〕里美画；包容译．太
原：北岳文艺出版社，1992.7.　368页；19cm
ISBN7-5378-0725-6；￥8.00

07350　东京，没有谋杀
〔日〕斋藤荣著；吴彤，周乡译．北京：中国
文联出版公司，1992.6.　245页；19cm
ISBN7-5059-1440-5；￥3.45

07351　东西方艺术精神的传统和交流
〔日〕山本正男著；牛枝惠译．北京：中国人
民大学出版社，1992.4.　236页；19cm（东方
美学译丛　牛枝惠，张潇华主编）
ISBN7-300-01340-6；￥4.50
本书介绍了日本明治时期的美学思想，对日本
传统的艺术形式、菲诺罗萨的艺术观及其对东
西方艺术的对比进行了分析。

07352　东亚近代史
〔日〕加藤佑三著；蒋丰译．北京：中国社会
科学出版社，1992.8.　163页；19cm（加藤佑
三史学著作选　2）
ISBN7-5004-1137-5；￥3.50

07353　动物趣味小知识
〔日〕宇田川龙男著；王野汉译；格桑益西，格
纬藏译．拉萨：西藏人民出版社，1992.6.
92页；19cm
ISBN7-223-00443-6；￥0.75

07354　毒蜘蛛行动
〔日〕西村寿行著；高福新译．呼和浩特：内
蒙古人民出版社，1992.9.　278页；19cm
ISBN7-204-01955-5；￥4.95

07355　独臂中锋
〔日〕松山善三著；王启元，金强译．北京：
华夏出版社，1992.4.　200页；19cm

ISBN7-80053-381-6；￥3.25

07356　读书记忆术
〔日〕多湖辉著；康乎译．兰州：甘肃科学技
术出版社，1992.2.　108页；19cm（生活·健
康知识丛书　鲁汉等主编）
ISBN7-5424-0361-3；￥1.90

07357　对癌症有效的中药方剂
〔日〕陈瑞东著；黄泰康译．北京：中国医药
科技出版社，1992.5.　106页；19cm
ISBN7-5067-0599-0；￥3.60

07358　对手心理战
〔日〕多湖辉著；陆林编译．长沙：国防科技
大学出版社，1992.8.　152页；19cm
ISBN7-81024-223-7；￥2.98
本书介绍了进行面对面心理战的多种方法，分析
了见面双方的心理状况。

07359　恶臭的仪器分析
〔日〕加藤龙夫等著；董福来等译．北京：中
国环境科学出版社，1992.3.　385页；19cm
ISBN7-80010-898-8；￥7.00

07360　儿童折纸
〔日〕K.库拉夫特二房著；刘志茵译文．石
家庄：河北美术出版社，1992.7.　143
页；19cm
ISBN7-5310-0436-4；￥3.30

07361　二十等爵制
〔日〕西屿定生著；武尚清译．北京：国际文
化出版公司，1992.8.　411页；19cm
ISBN7-80049-132-3；￥13.00
本书对二十等爵制的产生、形成、发展及演变，
在秦汉历史中的作用和意义做了阐述。

07362　发展的难题：亚洲与拉丁美洲的比较
〔日〕纳谷诚二等编著；陈家海等译．上海：
三联书店上海分店，1992.8.　373页；20cm
书名原为 *Lessons in Development：A Comparative
Study of Asia and Latin America*
ISBN7-5426-0595-X；￥13.00
本书共收15篇论文，对亚洲和拉丁美洲的国家
和地区的经济趋势、贸易政策、地区合作、多边
贸易谈判等进行了分析、比较。

07363　反败为胜：怎样突破人生逆境
〔日〕多湖辉著；君藏编译．海口：海南出版

社，1992.2. 128页；19cm
版权页译者名为：君葳
ISBN7-80590-047-7；￥2.20

07364 犯罪社会心理学
〔日〕安倍淳吉著；罗大华等译． 北京；群众
出版社，1992.12. 273页；20cm
ISBN7-5014-0457-9；￥5.90

07365 防灾工程学中的地震学
〔日〕笠原庆一著；郑斯华，庄灿涛译． 北京：
地震出版社，1992.12. 198页；20cm
ISBN7-5028-0596-6；￥4.50

07366 飞车党女王
〔日〕森村诚一著；李庆祥等译． 北京：群众
出版社，1992.6. 92页；26cm
ISBN7-5014-0893-9；￥2.95

07367 飞架太平洋的虹桥
〔日〕池田大作著；陈大功，覃和平译． 长沙：
湖南少年儿童出版社，1992.10. 77页；20cm
ISBN7-5358-0770-4（精装）；￥4.30

07368 非晶态电镀方法及应用
〔日〕渡边彻等编著；于维平，李荻译． 北京：
北京航空航天大学出版社，1992.6. 252
页；20cm
ISBN7-81012-355-6；￥6.00
本书着重介绍了非晶态合金电镀的基本理论及
发展现状，包括"各类非晶态合金镀层的形成
机理与典型工艺"等4部分。

07369 分析哲学：语言分析的逻辑基础
〔日〕永井成男著；李树琦译． 北京：中国社
会科学出版社，1992.3. 383页；20cm
ISBN7-5004-0990-7；￥7.30
本书阐述了西方分析哲学中的分析性问题、分
析悖论问题、哲学命题、分析命题和综合命
题等。

07370 疯狂之恋
〔日〕西村京太郎著；祖秉和译． 北京：群众
出版社，1992.8. 190页；19cm
ISBN7-5014-0936-6；￥3.30

07371 福泽谕吉与日本近代化
〔日〕丸山真男著；区建英译． 上海：学林出
版社，1992.10. 227页；照片；20cm
ISBN7-80510-753-4（精装）；￥9.55

本书收论文10余篇，对日本思想家福泽渝吉的
政治思想及其对日本近代思想发展的影响做了
探讨。

**07372 改善鸡的饲养管理，提高鸡的生产性
能（二）**
〔日〕坂井田节著；李金璋，陈斌译． 北京：
北京农业大学出版社，1992.7. 312页；20cm
ISBN7-81002-376-4；￥5.25

**07373 改善鸡的饲养管理，提高鸡的生产性
能（一）**
〔日〕坂井田节著；李金璋，陈斌译． 北京：
北京农业大学出版社，1992.7. 330页；20cm
ISBN7-81002-375-6；￥5.50
本书内容包括大雏期限制饲养与生长和性成熟
成鸡期的光照管理与产蛋成绩等。

07374 敢死队
〔日〕大薮春彦著；群侠译． 广州：花城出版
社，1992.9. 261页；19cm
ISBN7-5360-1359-0；￥4.70

07375 钢—混凝土组合结构设计手册
〔日〕池田尚治等著；李先瑞等编译． 北京：
地震出版社，1992.9. 288页；26cm
ISBN7-5028-0767-5；￥20.00

07376 高分子络合物的电子功能
〔日〕土田英俊等编；方世壁等译校． 北京：
北京大学出版社，1992.5. 304页；20cm
ISBN7-301-01843-6；￥6.80
书中通过高分子络合物的导电功能、高分子超离
子导体、电子转移反应、多核络合物与混合原子
价、非线性光学材料等11章内容，阐述了高分
子材料的电子功能。

07377 高强度低合金钢的控制轧制与控制冷却
〔日〕田村今男等著；王国栋等译． 北京：冶
金工业出版社，1992.6. 276页；20cm
ISBN7-5024-1082-1；￥9.90
本书叙述了金属在热变形过程中组织的演变规
律和特点，介绍金属在未再结晶区变形中发生的
应变积累等。

07378 高强钢焊接实践
〔日〕稻垣道夫，田中甚吉著；郭希烈，张文铖
译． 北京：机械工业出版社，1992.5. 241
页；19cm
ISBN7-111-02933-X；￥6.80

07379 高速公路安全驾驶 **60** 要点
〔日〕七宫大著；张玉栋等译． 北京：人民交通出版社，1992.8. 198 页；19cm
ISBN7-114-01455-4；￥5.90

07380 各种节能型电气装置性能与使用方法
日本电气与管理编辑部编；解焕民等译． 北京：机械工业出版社，1992.8. 360 页；19cm
ISBN7-111-03163-6；￥15.00
本书介绍了常用节能型电气装置的性能与使用方法。其中包括电动机、变压器、照明设备、空调设备、电梯和焊接装置等。

07381 公害犯罪
〔日〕藤木英雄著；丛选功等译． 北京：中国政法大学出版社，1992.3. 163 页；19cm
ISBN7-5620-0497-8；￥3.20

07382 公元二十八世纪太空斗士第一卷 **（1）**：茫茫长夜
〔日〕田中芳树著；肖良编译． 南宁：广西民族出版社；接力出版社，1992.2. 112 页；19cm.（日本最新连环画）
ISBN7-5363-1571-6；￥3.20

07383 公元二十八世纪太空斗士第一卷 **（2）**：阿斯塔星域会战
〔日〕田中芳树著；肖良编译． 南宁：广西民族出版社；接力出版社，1992.2. 112 页；19cm.（日本最新连环画）
ISBN7-5363-1571-6；￥3.20

07384 公元二十八世纪太空斗士第一卷 **（3）**：第十三舰队诞生
〔日〕田中芳树著；肖良编译． 南宁：广西民族出版社；接力出版社，1992.2. 112 页；19cm.（日本最新连环画）
ISBN7-5363-1571-6；￥3.20

07385 公元二十八世纪太空斗士第一卷 **（4）**：帝国的夕阳余辉
〔日〕田中芳树著；肖良编译． 南宁：广西民族出版社；接力出版社，1992.2. 112 页；19cm.（日本最新连环画）
ISBN7-5363-1571-6；￥3.20

07386 股票制度的规范运作：日本股票制度法律实务
〔日〕藤原详二，中西敏和执笔；日本东洋信托银行证券代行部编；毛延年等译． 太原：山西高校联合出版社，1992.7. 279 页；20cm
ISBN7-81032-299-0；￥6.15

07387 骨关节 **X** 线摄影和读片法
〔日〕堀尾重治著；程家文，尹康元译． 上海：同济大学出版社，1992.9. 207 页；26cm
ISBN7-5608-1108-6（精装）；￥12.70

07388 固体离子学
〔日〕工藤彻一，笛木和雄著；董治长译． 北京：北京工业大学出版社，1992.5. 223 页；19cm
ISBN7-5639-0172-8；￥2.30
本书论述了离子晶体缺陷、扩散和电导，各种离子导体材料和混合导电材料，全固态电池、传感器、电化学元器件、光器件和光刻技术等。

07389 怪医秦博士 **（6）**
〔日〕手冢治虫著；齐生编译． 海口：海南摄影美术出版社，1992.5. 102 页；19cm
ISBN7-80571-225-5；￥2.00

07390 怪医秦博士 **（7）**
〔日〕手冢治虫著；齐生编译． 海口：海南摄影美术出版社，1992.5. 94 页；19cm
ISBN7-80571-225-5；￥2.00

07391 怪医秦博士 **（8）**
〔日〕手冢治虫著；齐生编译． 海口：海南摄影美术出版社，1992.5. 92 页；19cm
ISBN7-80571-225-5；￥2.00

07392 怪医秦博士 **（9）**
〔日〕手冢治虫著；齐生编译． 海口：海南摄影美术出版社，1992.5. 90 页；19cm
ISBN7-80571-225-5；￥2.00

07393 怪医秦博士 **（10）**
〔日〕手冢治虫著；齐生编译． 海口：海南摄影美术出版社，1992.5. 94 页；19cm
ISBN7-80571-225-5；￥2.00

07394 怪医秦博士第三卷 **（1）**
〔日〕手冢治虫原著；齐生编译． 海口：海南摄影美术出版社，1992.5. 98 页；19cm
ISBN7-80571-275-1；￥2.00

07395 怪医秦博士第三卷 **（2）**
〔日〕手冢治虫原著；齐生编译． 海口：海南摄影美术出版社，1992.5. 92 页；19cm

ISBN7-80571-275-1；￥2.00

07396 怪医秦博士第三卷（3）
〔日〕手冢治虫原著；齐生编译．海口：海南
摄影美术出版社，1992.5.　100页；19cm
ISBN7-80571-275-1；￥2.00

07397 怪医秦博士第三卷（4）
〔日〕手冢治虫原著，齐生编译．海口：海南
摄影美术出版社，1992.5.　90页；19cm
ISBN7-80571-275-1；￥2.00

07398 怪医秦博士第三卷（5）
〔日〕手冢治虫原著，齐生编译．海口：海南
摄影美术出版社，1992.5.　92页；19cm
ISBN7-80571-275-1；￥2.00

07399 怪医秦博士第四卷（1）
〔日〕手冢治虫原著，齐生编译．海口：海南
摄影美术出版社，1992.9.　99页；19cm
ISBN7-80571-330-8；￥2.00

07400 怪医秦博士第四卷（2）
〔日〕手冢治虫原著；齐生编译．海口：海南
摄影美术出版社，1992.9.　95页；19cm
ISBN7-80571-330-8；￥2.00

07401 怪医秦博士第四卷（3）
〔日〕手冢治虫原著；齐生编译．海口：海南
摄影美术出版社，1992.9.　92页；19cm
ISBN7-80571-330-8；￥2.00

07402 怪医秦博士第四卷（4）
〔日〕手冢治虫原著；齐生编译．海口：海南
摄影美术出版社，1992.9.　95页；19cm
ISBN7-80571-330-8；￥2.00

07403 怪医秦博士第四卷（5）
〔日〕手冢治虫原著；齐生编译．海口：海南
摄影美术出版社，1992.9.　95页；19cm
ISBN7-80571-330-8；￥2.00

07404 怪医秦博士第一卷（2）
〔日〕手冢治虫原著；齐生编译．海口：海南
摄影美术出版社，1992.3.　94页；19cm　（系
列画书）
ISBN7-80571-198-4；￥2.00

07405 怪医秦博士第一卷（3）
〔日〕手冢治虫原著；齐生编译．海口：海南

摄影美术出版社，1992.3.　102页；19cm　（系
列画书）
ISBN7-80571-198-4；￥2.00

07406 怪医秦博士第一卷（4）
〔日〕手冢治虫原著；齐生编译．海口：海南
摄影美术出版社，1992.3.　93页；19cm　（系
列画书）
ISBN7-80571-198-4；￥2.00

07407 怪医秦博士第一卷（5）
〔日〕手冢治虫原著；齐生编译．海口：海南
摄影美术出版社，1992.3.　100页；19cm　（系
列画书）
ISBN7-80571-198-4；￥2.00

07408 怪医秦博士第一卷（上）
〔日〕手冢治虫原著；齐生编译．海口：海南
摄影美术出版社，1992.3.　94页；19cm　（系
列画书）
ISBN7-80571-198-4；￥2.00

07409 关东军秘史
〔日〕楳本舍三著；高书全，袁韶莹译．上海：
上海译文出版社，1992.1.　302页；19cm
ISBN7-5327-0705-9；￥2.90

07410 管理者是企业的核心：搞活大型企业回忆录
〔日〕相原满寿美著；那宝魁，那宝玉译．北
京：冶金工业出版社，1992.12.　137页；19cm
ISBN7-5024-1091-0；￥4.40

07411 鬼面谋杀案
〔日〕高木彬光著；向陵，柏叶译．北京：群
众出版社，1992.8.　191页；19cm
ISBN7-5014-0800-9；￥3.40

07412 国际经营的战略行动
〔日〕林升一著；狄小光等译．上海：复旦大
学出版社，1992.4.　201页；20cm
本书以日益加剧的企业竞争为背景，具体分析了
日、美同类企业的摩擦与冲突。双方采取的不同
办法，取得的不同效果，从而阐明了研究国际经
营战略对于企业生存发展的重要性，并探讨了企
业的成长机制问题。
ISBN7-309-00805-7；￥5.00

07413 国家公务员制度
〔日〕佐藤达夫著；方振邦等译．北京：中国

人事出版社，1992.9. 261 页；19cm
ISBN7-80076-288-2；￥7.00

07414 国家神道
〔日〕村上重良著；聂长振译. 北京：商务印
书馆，1992.9. 184 页；20cm （日本丛书 第
1 辑）
ISBN7-100-01300-3；￥3.10
本书叙述了神道的形成、发展和演变及各种流
派，阐述了国家神道在近代的出现，它的思想和
结构、作用和影响。

07415 国外建筑师法
智益春，赵明耀编译. 北京：中国建筑工业出
版社，1992.2. 649 页；20cm
ISBN7-112-01586-3；￥15.60
本书介绍了英国、法国、德国、美国、日本、韩
国六国具有不同特点的建筑师（士）法及其施
行规则。

07416 国王和肥皂泡泡
〔日〕横田稔著；刘小苹译；贺小伟注音. 杭
州：浙江少年儿童出版社，1992.6. 1 册；
20cm （注意读物·奇怪的国王丛书）
ISBN7-5342-1000-3；￥1.30

07417 海底王国的诱惑
〔日〕工藤昌男著；王健宜，魏建平译. 天津：
新蕾出版社，1992.7. 127 页；19cm （智慧树
科学文艺丛书）
ISBN7-5307-0918-6；￥1.80

07418 海誓山盟
〔日〕詹姆斯·三木著；张景宏，宁殿弼译. 西
安：陕西人民出版社，1992.7. 459 页；19cm
ISBN7-224-00570-3；￥7.50

**07419 汉方临床治验精粹：日本矢数道明先生
著作选**
〔日〕矢数道明著；侯召棠编译. 北京：中国
中医药出版社，1992.11. 341 页；20cm
ISBN7-80089-117-8（精装）；￥12.00

07420 汉诗写作浅谈 （日汉对照）
王骊著；〔日〕南条纯子译. 北京：北京大学
出版社，1992.1. 159 页；19cm
ISBN7-301-01534-8；￥3.80

07421 好风长吟
〔日〕村上春树著；林少华译. 桂林：漓江出

版社，1992.8. 302 页；19cm
ISBN7-5407-0923-9；￥5.40

07422 和气生财
〔日〕铃木康著；刘箴等译. 南宁：广西人民
出版社，1992.2. 220 页；19cm
ISBN7-219-02014-7；￥3.95

07423 黑道情仇
〔日〕森村诚一著；顾培军译. 北京：群众出
版社，1992.4. 90 页；26cm
ISBN7-5014-0856-4；￥2.95

07424 黑龙
〔日〕森咏著；辛超译. 西安：陕西人民出版
社，1992.7. 244 页；19cm
ISBN7-224-00764-1；￥3.90

07425 黑血的证明
〔日〕森村诚一著；祖秉和译. 北京：群众出
版社，1992.5. 259 页；19cm
ISBN7-5014-0862-9；￥4.30

07426 黑战
〔日〕柘植久庆，松井茂著；接培柱，谢朝晖
译. 北京：法律出版社，1992.12. 333
页；18cm
ISBN7-5036-1240-1；￥5.40

07427 横渡太平洋
〔日〕堀江谦一著；钰棠译. 沈阳：沈阳出版
社，1992.4. 166 页；19cm
ISBN7-80556-814-6；￥1.80

07428 湖底的光芒
〔日〕松本清张著；龚志明译. 南京：译林出
版社，1992.8. 278 页；19cm. （当代外国流
行小说名篇丛书）
ISBN7-80567-224-5；￥5.50

07429 花冈事件记闻
〔日〕野添宪治著；张友栋等译. 保定：河北
大学出版社，1992.12. 222 页：照片；20cm.
（日本强掳华工研究与翻译丛书）
ISBN7-81028-099-6；￥5.00

07430 环境监测仪器分析
〔日〕酒井馨，坂田著；丛选功等译. 北京：
中国标准出版社，1992.9. 379 页；20cm
ISBN7-5066-0666-6；￥10.80

本书介绍了日本目前普遍采用的环境监测仪器的构造、工作原理、采样方法、预处理、标准物质的制备及总量控制等。

07431　环宇大战

〔日〕士郎正宗原著；吴影改编．海口：海南摄影美术出版社，1992.11．2册（170页）；19cm

ISBN7-80571-256-5；￥3.60

07432　荒诞大劫持

〔日〕西村京太郎著；张苏亚译．北京：群众出版社，1992.8．252页；19cm

ISBN7-5014-0896-3；￥4.30

07433　会伸缩的鼻子

〔日〕横田稔著；刘小苹译；颜家珍注音．杭州：浙江少年儿童出版社，1992.6．1册；20cm.（注音读物·奇怪的国王丛书）

ISBN7-5342-0999-4；￥1.30

07434　机器猫第八卷（1）

〔日〕藤子·F.不二雄著；宝钟编译．南宁：广西民族出版社；接力出版社，1992.7．97页；19cm

ISBN7-5363-1720-4；￥1.98

07435　机器猫第八卷（2）

〔日〕藤子·F.不二雄著；宝钟编译．南宁：广西民族出版社；接力出版社，1992.7．97页；19cm

ISBN7-5363-1720-4；￥1.98

07436　机器猫第八卷（3）

〔日〕藤子·F.不二雄著；宝钟编译．南宁：广西民族出版社；接力出版社，1992.7．92页；19cm

ISBN7-5363-1720-4；￥1.98

07437　机器猫第八卷（4）

〔日〕藤子·F.不二雄著；宝钟编译．南宁：广西民族出版社；接力出版社，1992.7．100页；19cm

ISBN7-5363-1720-4；￥1.98

07438　机器猫第二卷（1）

〔日〕藤子·F.不二雄著；亚强编译．南宁：广西民族出版社；接力出版社，1992.5．96页；19cm

ISBN7-5363-1696-8；￥1.98

07439　机器猫第二卷（2）

〔日〕藤子·F.不二雄著；亚强编译．南宁：广西民族出版社；接力出版社，1992.5．99页；19cm

ISBN7-5363-1696-8；￥1.98

07440　机器猫第二卷（3）

〔日〕藤子·F.不二雄著；亚强编译．南宁：广西民族出版社；接力出版社，1992.5．97页；19cm

ISBN7-5363-1696-8；￥1.98

07441　机器猫第二卷（4）

〔日〕藤子·F.不二雄著；亚强编译．南宁：广西民族出版社；接力出版社，1992.5．97页；19cm

ISBN7-5363-1696-8；￥1.98

07442　机器猫第九卷（1）

〔日〕藤子·F.不二雄著；宝钟编译．南宁：广西民族出版社；接力出版社，1992.7．95页；19cm

ISBN7-5363-1720-4；￥1.98

07443　机器猫第九卷（2）

〔日〕藤子·F.不二雄著；宝钟编译．南宁：广西民族出版社；接力出版社，1992.7．98页；19cm

ISBN7-5363-1720-4；￥1.98

07444　机器猫第九卷（3）

〔日〕藤子·F.不二雄著；宝钟编译．南宁：广西民族出版社；接力出版社，1992.7．101页；19cm

ISBN7-5363-1720-1；￥1.98

07445　机器猫第九卷（4）

〔日〕藤子·F.不二雄著；宝钟编译．南宁：广西民族出版社；接力出版社，1992.7．95页；19cm

ISBN7-5363-1720-4；￥1.98

07446　机器猫第六卷（1）

〔日〕藤子·F.不二雄著；宝钟编译．南宁：广西民族出版社；接力出版社，1992.7．87页；19cm

ISBN7-5363-1720-4；￥1.98

07447　机器猫第六卷（2）

〔日〕藤子·F.不二雄著；宝钟编译．南宁：

广西民族出版社；接力出版社，1992.7. 90
页；19cm
ISBN7-5363-1720-4；￥1.98

07448 机器猫第六卷（3）
〔日〕藤子·F. 不二雄著；宝钟编译. 南宁：
广西民族出版社；接力出版社，1992.7. 102
页；19cm
ISBN7-5363-1720-4；￥1.98

07449 机器猫第六卷（4）
〔日〕藤子·F. 不二雄著；宝钟编译. 南宁：
广西民族出版社；接力出版社，1992.7. 91
页；19cm
ISBN7-5363-1720-4；￥1.98

07450 机器猫第七卷（1）
〔日〕藤子·F. 下二雄著；宝钟编译. 南宁：
广西民族出版社；接力出版社，1992.7. 102
页；19cm
ISBN7-5363-1720-4；￥1.98

07451 机器猫第七卷（2）
〔日〕藤子·F. 不二雄著；宝钟编译. 南宁：
广西民族出版社；接力出版社，1992.7. 92
页；19cm
ISBN7-5363-1720-4；￥1.98

07452 机器猫第七卷（3）
〔日〕藤子·F. 不二雄著；宝钟编译. 南宁：
广西民族出版社；接力出版社，1992.7. 101
页；19cm
ISBN7-5363-1720-4；￥1.98

07453 机器猫第七卷（4）
〔日〕藤子·F. 不二雄著；宝钟编译. 南宁：
广西民族出版社；接力出版社，1992.7. 92
页；19cm
ISBN7-5363-1720-4；￥1.98

07454 机器猫第三卷（1）
〔日〕藤子·F. 不二雄著；亚强编译. 南宁：
广西民族出版社；接力出版社，1992.5. 94
页；19cm
ISBN7-5363-1697-6；￥1.98

07455 机器猫第三卷（2）
〔日〕藤子·F. 不二雄著；亚强编译. 南宁：
广西民族出版社；接力出版社，1992.5. 99
页；19cm

ISBN7-5363-1697-6；￥1.98

07456 机器猫第三卷（3）
〔日〕藤子·F. 不二雄著；阿洪编译. 南宁：
广西民族出版社；接力出版社，1992.5. 89
页；19cm
ISBN7-5363-1697-6；￥1.98

07457 机器猫第三卷（4）
〔日〕藤子·F. 不二雄著；阿洪编译. 南宁：
广西民族出版社；接力出版社，1992.5. 93
页；19cm
ISBN7-5363-1697-6；￥1.98

07458 机器猫第十八卷第1集
〔日〕藤子·F. 不二雄著；宝钟编译. 南宁：
广西民族出版社；接力出版社，1992.8. 93
页；19cm
ISBN7-5363-1801-4；￥1.98

07459 机器猫第十八卷第2集
〔日〕藤子·F. 不二雄著；宝钟编译. 南宁：
广西民族出版社；接力出版社，1992.8. 102
页；19cm
ISBN7-5363-1801-4；￥1.98

07460 机器猫第十八卷第3集
〔日〕藤子·F. 不二雄著；宝钟编译. 南宁：
广西民族出版社；接力出版社，1992.8. 95
页；19cm
ISBN7-5363-1801-4；￥1.98

07461 机器猫第十八卷第4集
〔日〕藤子·F. 不二雄著；宝钟编译. 南宁：
广西民族出版社；接力出版社，1992.8. 101
页；19cm
ISBN7-5363-1801-4；￥1.98

07462 机器猫第十二卷第1集
〔日〕藤子·F. 不二雄著；宝钟编译. 南宁：
广西民族出版社；接力出版社，1992.7. 91
页；19cm
ISBN7-5363-1721-2；￥1.98

07463 机器猫第十二卷第2集
〔日〕藤子·F. 不二雄著；宝钟编译. 南宁：
广西民族出版社；接力出版社，1992.7. 104
页；19cm
ISBN7-5363-1721-2；￥1.98

07464 机器猫第十二卷第3集
〔日〕藤子·F. 不二雄著；宝钟编译. 南宁：

广西民族出版社；接力出版社，1992.7. 95
页；19cm
ISBN7-5363-1721-2；￥1.98

07465 机器猫第十二卷第4集
〔日〕藤子·F.不二雄著；宝钟编译. 南宁：
广西民族出版社；接力出版社，1992.7. 98
页；19cm
ISBN7-5363-1721-2；￥1.98

07466 机器猫第十九卷第1集
〔日〕藤子·F.不二雄著；宝钟编译. 南宁：
广西民族出版社；接力出版社，1992.8. 95
页；19cm
ISBN7-5363-1802-2；￥1.98

07467 机器猫第十九卷第2集
〔日〕藤子·F.不二雄著；宝钟编译. 南宁：
广西民族出版社；接力出版社，1992.8. 97
页；19cm
ISBN7-5363-1802-2；￥1.98

07468 机器猫第十九卷第3集
〔日〕藤子·F.不二雄著；宝钟编译. 南宁：
广西民族出版社；接力出版社，1992.8. 99
页；19cm
ISBN7-5363-1802-2；￥1.98

07469 机器猫第十九卷第4集
〔日〕藤子·F.不二雄著；宝钟编译. 南宁：
广西民族出版社；接力出版社，1992.8. 95
页；19cm
ISBN7-5363-1802-2；￥1.98

07470 机器猫第十卷（1）
〔日〕藤子·F.不二雄著；宝钟编译. 南宁：
广西民族出版社；接力出版社，1992.7 97
页；19cm
ISBN7-5363-1720-4；￥1.98

07471 机器猫第十卷（2）
〔日〕藤子·F.不二雄著；宝钟编译. 南宁：
广西民族出版社；接力出版社，1992.7. 93
页；19cm
ISBN7-5363-1720-4；￥1.98

07472 机器猫第十卷（3）
〔日〕藤子·F.不二雄著；宝钟编译. 南宁：
广西民族出版社；接力出版社，1992.7. 103
页；19cm

ISBN7-5363-1720-4；￥1.98

07473 机器猫第十卷（4）
〔日〕藤子·F.不二雄著；宝钟编译. 南宁：
广西民族出版社；接力出版社，1992.7. 93
页；19cm
ISBN7-5363-1720-4；￥1.98

07474 机器猫第十六卷第1集
〔日〕藤子·F.不二雄著；宝钟编译. 南宁：
广西民族出版社；接力出版社，1992.8. 93
页；19cm
ISBN7-5363-1799-9；￥1.98

07475 机器猫第十六卷第2集
〔日〕藤子·F.不二雄著；宝钟编译. 南宁：
广西民族出版社；接力出版社，1992.8. 103
页；19cm
ISBN7-5363-1799-9；￥1.98

07476 机器猫第十六卷第3集
〔日〕藤子·F.不二雄著；宝钟编译. 南宁：
广西民族出版社；接力出版社，1992.8. 93
页；19cm
ISBN7-5363-1799-9；￥1.98

07477 机器猫第十六卷第4集
〔日〕藤子·F.不二雄著；宝钟编译. 南宁：
广西民族出版社；接力出版社，1992.8. 101
页；19cm
ISBN7-5363-1799-9；￥1.98

07478 机器猫第十七卷（1）
〔日〕藤子·F.不二雄著；宝钟编译. 南宁：
广西民族出版社；接力出版社，1992.8. 99
页；19cm
ISBN7-5363-1800-6；￥1.98

07479 机器猫第十七卷（2）
〔日〕藤子·F.不二雄著；宝钟编译. 南宁：
广西民族出版社；接力出版社，1992.8. 97
页；19cm
ISBN7-5363-1800-6；￥1.98

07480 机器猫第十七卷（3）
〔日〕藤子·F.不二雄著；宝钟编译. 南宁：
广西民族出版社；接力出版社，1992.8. 101
页；19cm
ISBN7-5363-1800-6；￥1.98

07481 机器猫第十七卷 (4)
〔日〕藤子·F.不二雄著;宝钟编译. 南宁:
广西民族出版社;接力出版社,1992.8. 93
页;19cm
ISBN7-5363-1800-6;￥1.98

07482 机器猫第十三卷第 1 集
〔日〕藤子·F.不二雄著;宝钟编译. 南宁:
广西民族出版社;接力出版社,1992.7. 95
页;19cm
ISBN7-5363-1722-0;￥1.98

07483 机器猫第十三卷第 2 集
〔日〕藤子·F.不二雄著;宝钟编译. 南宁:
广西民族出版社;接力出版社,1992.7. 99
页;19cm
ISBN7-5363-1722-0;￥1.98

07484 机器猫第十三卷第 3 集
〔日〕藤子·F.不二雄著;宝钟编译. 南宁:
广西民族出版社;接力出版社,1992.7. 89
页;19cm
ISBN7-5363-1722-0;￥1.98

07485 机器猫第十三卷第 4 集
〔日〕藤子·F.不二雄著;宝钟编译. 南宁:
广西民族出版社;接力出版社,1992.7. 106
页;19cm
ISBN7-5363-1722-0;￥1.98

07486 机器猫第十四卷第 1 集
〔日〕藤子·F.不二雄著;宝钟编译. 南宁:
广西民族出版社;接力出版社,1992.7. 94
页;19cm
ISBN7-5363-1815-4;￥1.98

07487 机器猫第十四卷第 2 集
〔日〕藤子·F.不二雄著;宝钟编译. 南宁:
广西民族出版社;接力出版社,1992.7. 101
页;19cm
ISBN7-5363-1815-4;￥1.98

07488 机器猫第十四卷第 3 集
〔日〕藤子·F.不二雄著;宝钟编译. 南宁:
广西民族出版社;接力出版社,1992.7. 93
页;19cm
ISBN7-5363-1815-4;￥1.98

07489 机器猫第十四卷第 4 集
〔日〕藤子·F.不二雄著;宝钟编译. 南宁:
广西民族出版社;接力出版社,1992.7. 104
页;19cm
ISBN7-5363-1815-4;￥1.98

07490 机器猫第十五卷第 1 集
〔日〕藤子·F.不二雄著;宝钟编译. 南宁:
广西民族出版社;接力出版社,1992.7. 95
页;19cm
ISBN7-5363-1816-2;￥1.98

07491 机器猫第十五卷第 2 集
〔日〕藤子·F.不二雄著;宝钟编译. 南宁:
广西民族出版社;接力出版社,1992.7. 101
页;19cm
ISBN7-5363-1816-2;￥1.98

07492 机器猫第十五卷第 3 集
〔日〕藤子·F.不二雄著;宝钟编译. 南宁:
广西民族出版社;接力出版社,1992.7. 90
页;19cm
ISBN7-5363-1816-2;￥1.98

07493 机器猫第十五卷第 4 集
〔日〕藤子·F.不二雄著;宝钟编译. 南宁:
广西民族出版社;接力出版社,1992.7. 106
页;19cm
ISBN7-5363-1816-2;￥1.98

07494 机器猫第十一卷 (1)
〔日〕藤子·F.不二雄著;宝钟编译. 南宁:
广西民族出版社;接力出版社,1992.7. 111
页;19cm
ISBN7-5363-1720-4;￥1.98

07495 机器猫第十一卷 (2)
〔日〕藤子·F.不二雄著;宝钟编译. 南宁:
广西民族出版社;接力出版社,1992.7. 85
页;19cm
ISBN7-5363-1720-4;￥1.98

07496 机器猫第十一卷 (3)
〔日〕藤子·F.不二雄著;宝钟编译. 南宁:
广西民族出版社;接力出版社,1992.7. 95
页;19cm
ISBN7-5363-1720-4;￥1.98

07497 机器猫第十一卷 (4)
〔日〕藤子·F.不二雄著;宝钟编译. 南宁:
广西民族出版社;接力出版社,1992.7. 101
页;19cm
ISBN7-5363-1720-4;￥1.98

07498　机器猫第四卷（1）
〔日〕藤子·F.不二雄著；阿洪编译．南宁：
广西民族出版社；接力出版社，1992.5. 95
页；19cm
ISBN7-5363-1698-4；￥1.98

07499　机器猫第四卷（2）
〔日〕藤子·F.不二雄著；阿洪编译．南宁：
广西民族出版社；接力出版社，1992.5. 101
页；19cm
ISBN7-5363-1698-4；￥1.98

07500　机器猫第四卷（3）
〔日〕藤子·F.不二雄著；阿洪编译．南宁：
广西民族出版社；接力出版社，1992.5. 99
页；19cm
ISBN7-5363-1698-4；￥1.98

07501　机器猫第四卷（4）
〔日〕藤子·F.不二雄著；阿洪编译．南宁：
广西民族出版社；接力出版社，1992.5. 95
页；19cm
ISBN7-5363-1698-4；￥1.98

07502　机器猫第五卷（1）
〔日〕藤子·F.不二雄著；阿洪编译．南宁：
广西民族出版社，接力出版社，1992.5. 99
页；19cm
ISBN7-5363-1699-2；￥1.98

07503　机器猫第五卷（2）
〔日〕藤子·F.不二雄著；阿洪编译．南宁：
广西民族出版社；接力出版社，1992.5. 95
页；19cm
ISBN7-5363-1699-2；￥1.98

07504　机器猫第五卷（3）
〔日〕藤子·F.不二雄著；阿洪编译．南宁：
广西民族出版社；接力出版社，1992.5. 97
页；19cm
ISBN7-5363-1699-2；￥1.98

07505　机器猫第五卷（4）
〔日〕藤子·F.不二雄著；阿洪编译．南宁：
广西民族出版社；接力出版社，1992.5. 96
页；19cm
ISBN7-5363-1699-2；￥1.98

07506　机器猫第一卷（1）
〔日〕藤子·F.不二雄著；亚强编译．南宁：
广西民族出版社；接力出版社，1992.2. 95
页；19cm
ISBN7-5363-1645-3；￥1.98

07507　机器猫第一卷（2）
〔日〕藤子·F.不二雄著；亚强编译．南宁：
广西民族出版社；接力出版社，1992.2. 100
页；19cm
ISBN7-5363-1645-3；￥1.98

07508　机器猫第一卷（3）
〔日〕藤子·F.不二雄著；亚强编译．南宁：
广西民族出版社；接力出版社，1992.2. 98
页；19cm
ISBN7-5363-1645-3；￥1.98

07509　机器猫第一卷（4）
〔日〕藤子·F.不二雄著；亚强编译．南宁：
广西民族出版社；接力出版社，1992.2. 97
页；19cm
ISBN7-5363-1645-3；￥1.98

07510　机器猫和白犬王子
〔日〕藤子·F.不二雄原作；周颖译．深圳：
海天出版社，1992.9. 5册（48，56，48，55，
56页）；19cm. （5集彩色科幻探险连环画）
ISBN7-80542-536-1；￥13.80

**07511　基础化学实验大全Ⅴ：仪器分析和化学
分析**
〔日〕赤堀四郎，木村健二郎主编；吴祺译． 北
京：科学普及出版社，1992.8. 262页；19cm
ISBN7-110-02339-7；￥8.20
本书介绍部分化学分析内容，涉及仪器分析各方
面，比色、层析、离子交换、电导、电解、电
位、极谱等。

07512　吉川英治——作家与作品
〔日〕池田大作著；石观海译． 武汉：武汉大
学出版社，1992.6. 233页：照片；20cm
（"创价与中国"丛书）
ISBN7-307-01277-4（精装）

07513　寄语二十一世纪
〔日〕冈崎嘉平太著；陈耐轩，骆力龙译． 北
京：人民出版社，1992.1. 362页；20cm
ISBN7-01-001131-1（精装）；￥12.45

07514　寄语可爱的日本和中国
〔日〕中田庆雄著． 上海：复旦大学出版社，

1992.10. 239 页：照片；20cm
ISBN7-309-00944-4 （精装）；￥13.00

07515 加藤正夫名局精解 （2）
〔日〕加藤正夫著；郑虹，郑凯希译． 成都：
蜀蓉棋艺出版社，1992.5. 192 页；19cm
ISBN7-80548-367-1；￥2.95

07516 家庭摄像与编辑
〔日〕青木寿一郎著；戴璨之，郭来舜译． 北
京：中国电影出版社，1992.2. 187 页；
19cm. （家用摄录像·音响小丛书 1）
ISBN7-106-00558-4；￥3.50

07517 家用录像机的活用技巧
〔日〕青木寿一郎著；李直，李长嘉译． 北京：
中国电影出版社，1992.12. 182 页；19cm.
（家用摄录像·音响小丛书 3）
ISBN7-106-00696-3；￥3.20

07518 假面骑士 （第二册：丽娜之死）
〔日〕车田正美著；阿连编译． 海口：海南摄
影美术出版社，1992.6. 96 页；19cm
ISBN7-80571-216-6；￥1.90

07519 假面骑士 （第六册：幻影少年）
〔日〕车田正美著；阿连编译． 海口：海南摄
影美术出版社，1992.6. 96 页；19cm
ISBN7-80571-216-6；￥1.90

07520 假面骑士 （第三册：电波女神）
〔日〕车田正美著；阿连编译． 海口：海南摄
影美术出版社，1992.6. 96 页；19cm
ISBN7-80571-216-6；￥1.90

07521 假面骑士 （第四册：紧急行动）
〔日〕车田正美著；阿连编译． 海口：海南摄
影美术出版社，1992.6. 96 页；19cm
ISBN7-80571-216-6；￥1.90

07522 假面骑士 （第五册：骑士扬威）
〔日〕车田正美著；阿连编译． 海口：海南摄
影美术出版社，1992.6. 96 页；19cm
ISBN7-80571-216-6；￥1.90

07523 假面骑士 （第一册：死亡约会）
〔日〕车田正美著；阿连编译． 海口：海南摄
影美术出版社，1992.6. 96 页；19cm
ISBN7-80571-216-6；￥1.90

07524 价值连城的经营秘诀
〔日〕松下幸之助著；徐海波，王秋明编译．
北京：科学技术文献出版社，1992.6. 166
页；19cm
ISBN7-5023-1662-0；￥3.00

07525 建筑施工安全检查及要点
日本建筑业劳动安全管理委员会编；本书翻译组
译． 北京：中国建筑工业出版社，1992.9.
274 页；26cm
ISBN7-112-01656-8；￥8.90

07526 剑魁桃太郎 （第二卷：神剑斗赤石）
〔日〕宫下明野著；梁俐等译． 南宁：接力出
版社，1992.12. 83 页；19cm
ISBN7-80581-500-3；￥1.80

07527 剑魁桃太郎 （第三卷：海岛大磨难）
〔日〕宫下明野著；梁俐等译． 南宁：接力出
版社，1992.12. 83 页；19cm
ISBN7-80581-501-1；￥1.80

07528 剑魁桃太郎 （第四卷：神勇擂台）
〔日〕宫下明野著；梁俐等译． 南宁：接力出
版社，1992.12. 119 页；19cm
ISBN7-80581-502-X；￥1.80

07529 剑魁桃太郎 （第五卷：英雄本色）
〔日〕宫下明野著；梁俐等译． 南宁：接力出
版社，1992.12. 123 页；19cm
ISBN7-80581-503-8；￥1.80

07530 剑魁桃太郎 （第一卷：闯入黑地狱）
〔日〕宫下明野著；梁俐等译． 南宁：接力出
版社，1992.12. 102 页；19cm
ISBN7-80581-499-6；￥1.80

07531 胶原蛋白实验方法
〔日〕永井裕，藤本大三郎编著；刘平译． 上
海：上海中医学院出版社，1992.10. 268
页；20cm
ISBN7-81010-162-5；￥7.50
本书内容包括胶原蛋白的提取与精制、胶原的分
析、免疫学的实验方法、胶原代谢的研究方
法等。

07532 结构的弹塑性稳定内力
〔日〕笹川和郎著；王松涛，魏钢译． 北京：
中国建筑工业出版社，1992.9. 232 页；20cm
ISBN7-112-01679-7；￥4.85

07533 界面电现象：原理、测量和应用

〔日〕北原文雄，渡边昌著；邓彤，赵学范译．北京：北京大学出版社，1992.3． 411页；20cm

ISBN7-301-01915-7；￥8.50

本书阐述了水与非水体系界面电现象的基本原理；测量界面电现象和胶体稳定性的实验技术；界面电现象在矿业、药物、纺织等领域的工业应用。

07534 金阁寺·潮骚

〔日〕三岛由纪夫著；林少华译． 广州：花城出版社，1992.9． 340页；19cm． （世界文学名著新译丛书）

ISBN7-5360-1217-9；￥5.50

07535 近代日本思想史（第三卷）

日本近代日本思想史研究会著；那庚辰译． 北京：商务印书馆，1992.8． 194页；20cm．（日本丛书 第一辑）

ISBN7-100-01270-8；￥3.70

本卷论述了大正十年代到第二次世界大战结束时期，日本马克思主义的动向和发展，昭和年代的"现代主义"思潮，日本法西斯思想等。

07536 近代日中关系史研究指南

〔日〕山根幸夫等编著；曹志勃等编译． 哈尔滨：哈尔滨船舶工程学院出版社，1992.8． 470页；20cm

ISBN7-81007-294-3；￥9.40

07537 经济工程学入门

〔日〕中村善太郎著；柳汗工，张景星译． 北京：中国石化出版社，1992.9． 127页；19cm

ISBN7-80043-283-1；￥3.20

07538 经营革新的艺术

〔日〕立石一真著；王保祥译． 北京：北京大学出版社，1992.7． 258页；20cm． （北京大学日本研究丛书）

ISBN7-301-01873-8；￥9.30

07539 经营信息管理

〔日〕工藤市兵卫等著；凌国良译． 南京：东南大学出版社，1992.5． 304页；20cm

ISBN7-81023-610-5；￥6.30

07540 经营者365金言：松下经营体验哲学的精华

〔日〕松下幸之助著；潘祖铭译． 北京：世界图书出版公司北京分公司，1992.8． 185页；19cm

ISBN7-5062-1352-4；￥4.90

07541 决胜局欣赏：专业·业余名局精选（1）

〔日〕林海峰著；宋培学，郭春海译． 北京：中国广播电视出版社，1992.10． 187页；19cm

ISBN7-5043-2089-7；￥5.40

07542 决胜局欣赏：专业·业余名局精选（2）

〔日〕林海峰著；宋培学，郭春海译． 北京：中国广播电视出版社，1992.10． 187页；19cm

ISBN7-5043-2090-0；￥5.40

07543 开心哭泣开心泪

〔日〕吉本芭娜娜著；林少华等译． 桂林：漓江出版社，1992.2． 404页；19cm

ISBN7-5407-0836-X；￥5.50

07544 科学增长身高的要诀

〔日〕川畑爱义著；常然编译． 2版． 北京：北京体育学院出版社，1992.6． 120页；19cm

ISBN7-81003-656-4；￥2.50

本书内容包括如何增长身高、增长身高的运动、增长身高的营养、增长身高的生活方式。

07545 克敌制胜的定式变着

〔日〕高木祥一著；刘柏，金健译． 北京：中国广播电视出版社，1992.9． 214页；19cm．（围棋提高丛书）

ISBN7-5043-1763-2；￥5.20

07546 克制自我的生活态度

〔日〕冈本常男著；潘金生等译． 2版． 北京：北京大学出版社，1992.8． 170页；20cm． （北京大学日本研究丛书）

ISBN7-301-00137-1；￥6.95

本书1991年初版。

07547 空中都市008

〔日〕小松左京著；京明译． 合肥：安徽少年儿童出版社，1992.2． 172页；19cm． （世界科幻名著文库 叶永烈主编）

ISBN7-5397-0974-X；￥2.90

07548 孔子

〔日〕井上靖原著；林音等译． 西安：三秦出版社，1992.8． 238页；19cm

ISBN7-80546-445-6；￥3.50

07549 恐怖的种子人

〔日〕桂正和原著；肖平，杨金萍编译． 长春：
东北师范大学出版社；吉林美术出版社，
1992.4. 1册；19cm. （变形飞人 4）
ISBN7-5602-0758-8；￥1.80

07550 骷髅的证词：棉兰老岛死里逃生记

〔日〕荻原长一著；胡毓文，黄凤英译． 上海：
上海译文出版社，1992.4. 272页；20cm
ISBN7-5327-1278-8；￥6.10

07551 跨越栅栏

〔日〕多湖辉著；朱正明编译． 成都：四川文
艺出版社，1992.8. 170页；19cm. （智力开
发系列 1）
ISBN7-5411-0474-4；￥2.90

07552 快眠的奥秘

〔日〕长谷川和夫著；刘秋岳译． 甘肃：甘肃
科学技术出版社，1992.2. 125页；19cm.
（生活·健康知识丛书 鲁汉等主编）
ISBN7-5424-0364-8；￥2.00
本书内容包括快眠与情绪、快眠与短长、快眠与
声音、快眠与饮食、快眠与觉醒等。

07553 老年医疗保健学

〔日〕福武直等著；王双生等编译． 沈阳：沈
阳出版社，1992.4. 300页；26cm. （实用医
疗与保健丛书）
ISBN7-80556-747-6；￥20.00

07554 老鼠摔跤

盛欣等编译． 北京：中国妇女出版社，1992.3.
43页；13×13cm. （日本儿童画库精选 1）
ISBN7-80016-682-1；￥1.20

07555 狸子菩萨

〔日〕冈雷翁著；孟慧娅译． 北京：文津出版
社，1992.10. 49页；19cm
ISBN7-80554-151-5；￥1.30

07556 联想记忆工程

〔日〕中野馨，卫作人著． 北京：国防工业出
版社，1992.5. 269页；19cm
ISBN7-118-00860-5；￥7.90

07557 恋曲7200秒（1）

〔日〕川地由加利著；益文编译． 成都：四川
美术出版社，1992.1. 106页；19cm
ISBN7-5410-0713-7；￥2.00

07558 恋曲7200秒（2）

〔日〕川地由加利著；益文编译． 成都：四川
美术出版社，1992.1. 104页；19cm
ISBN7-5410-0713-7；￥2.00

07559 恋曲7200秒（3）

〔日〕川地由加利著；益文编译． 成都：四川
美术出版社，1992.1. 102页；19cm
ISBN7-5410-0713-7；￥2.00

07560 恋曲7200秒（4）

〔日〕川地由加利著；益文编译． 成都：四川
美术出版社，1992.1. 103页；19cm
ISBN7-5410-0713-7；￥2.00

07561 恋曲7200秒（5）

〔日〕川地由加利著；益文编译． 成都：四川
美术出版社，1992.1. 104页；19cm
ISBN7-5410-0713-7；￥2.00

07562 灵枢中的紫藤花

〔日〕山村美纱著；徐斌译． 北京：军事译文
出版社，1992.4. 191页；19cm
ISBN7-80027-201-X；￥3.10

07563 龙子太郎

〔日〕松谷美代子著；蒲元华改编；郑绪梁等绘
画．昆明：云南少年儿童出版社，1992.10. 70
页；19cm. （世界儿童文学名著精选连环画）
ISBN7-5414-0702-X；￥2.40

07564 鲁迅评传

〔日〕横松宗著；王海龙译． 沈阳：辽宁大学
出版社，1992.5. 235页；20cm
ISBN7-5610-1611-5（精装）；￥10.00

07565 绿魔街

〔日〕简井康成著；陈立宏译． 福州：福建少
年儿童出版社，1992.2. 185页；18cm. （世
界科幻小说精品丛书 第三辑 陈渊主编）
ISBN7-5395-0728-4；￥2.50

07566 猫眼三姐妹（6）：日记中的情报

〔日〕北条司原著；曼华编译． 海口：海南摄
影美术出版社，1992.5. 95页；19cm
ISBN7-80571-224-7；￥2.00

07567 猫眼三姐妹（7）：雪天来客

〔日〕北条司原著；曼华编译． 海口：海南摄
影美术出版社，1992.5. 95页；19cm
ISBN7-80571-224-7；￥2.00

07568　猫眼三姐妹（8）：强中自有强中手
〔日〕北条司原著；曼华编译．海口：海南摄影美术出版社，1992.5.　94页；19cm
ISBN7-80571-224-7；￥2.00

07569　猫眼三姐妹（9）：猫被警察咬伤
〔日〕北条司原著；曼华编译．海口：海南摄影美术出版社，1992.5.　95页；19cm
ISBN7-80571-224-7；￥2.00

07570　猫眼三姐妹（10）：爱的烦恼
〔日〕北条司原著；曼华编译．海口：海南摄影美术出版社，1992.5.　95页；19cm
ISBN7-80571-224-7；￥2.00

07571　猫眼三姐妹第三卷（1）：红色情书
〔日〕北条司画；曼华编译．海口：海南摄影美术出版社，1992.6.　95页；19cm
ISBN7-80571-274-3；￥2.00

07572　猫眼三姐妹第三卷（2）：不入虎穴，焉得虎子
〔日〕北条司画；曼华编译．海口：海南摄影美术出版社，1992.6.　92页；19cm
ISBN7-80571-274-3；￥2.00

07573　猫眼三姐妹第三卷（3）：让风送我一程
〔日〕北条司画；曼华编译．海口：海南摄影美术出版社，1992.6.　90页；19cm
ISBN7-80571-274-3；￥2.00

07574　猫眼三姐妹第三卷（4）：梦一样的使者
〔日〕北条司画；曼华编译．海口：海南摄影美术出版社，1992.6.　91页；19cm
ISBN7-80571-274-3；￥2.00

07575　猫眼三姐妹第三卷（5）：超级女赌神
〔日〕北条司画；曼华编译．海口：海南摄影美术出版社，1992.6.　94页；19cm
ISBN7-80571-274-3；￥2.00

07576　猫眼三姐妹第四卷
〔日〕北条司原著；曼华编译．海口：海南摄影美术出版社，1992.8.　5册；19cm
ISBN7-80571-329-4；￥10.00
本卷包括5册：《油船探秘》、《婚礼上的意外》、《白雪女王的传说》、《来自离南岛的邀请》、《超短裙的风波》。

07577　猫眼三姐妹第五卷（1）：猫眼特搜小组
〔日〕北条司原著；曼华编译．海口：海南摄影美术出版社，1992.9.　94页；19cm
ISBN7-80571-344-8；￥2.00

07578　猫眼三姐妹第五卷（2）：疯狂的男子宿舍
〔日〕北条司原著；曼华编译．海口：海南摄影美术出版社，1992.9.　94页；19cm
ISBN7-80571-344-8；￥2.00

07579　猫眼三姐妹第五卷（3）：爱情的拳击赛
〔日〕北条司原著；曼华编译．海口：海南摄影美术出版社，1992.9.　94页；19cm
ISBN7-80571-344-8；￥2.00

07580　猫眼三姐妹第五卷（4）：危险的错觉
〔日〕北条司原著；曼华编译．海口：海南摄影美术出版社，1992.9.　92页；19cm
ISBN7-80571-344-8；￥2.00

07581　猫眼三姐妹第五卷（5）：爱心只给你
〔日〕北条司原著；曼华编译．海口：海南摄影美术出版社，1992.9.　95页；19cm
ISBN7-80571-344-8；￥2.00

07582　猫眼三姐妹第一卷（2）：新来的女警察
〔日〕北条司原著；曼华编译．海口：海南摄影美术出版社，1992.3.　95页；19cm
ISBN7-80571-199-2；￥2.00

07583　猫眼三姐妹第一卷（3）：绅士怪盗
〔日〕北条司原著；曼华编译．海口：海南摄影美术出版社，1992.3.　88页；19cm
ISBN7-80571-199-2；￥2.00

07584　猫眼三姐妹第一卷（4）：父亲的肖像画
〔日〕北条司原著；曼华编译．海口：海南摄影美术出版社，1992.3.　91页；19cm
ISBN7-80571-199-2；￥2.00

07585　猫眼三姐妹第一卷（5）：狗的圈套
〔日〕北条司原著；曼华编译．海口：海南摄影美术出版社，1992.3.　92页；19cm
ISBN7-80571-199-2；￥2.00

07586　猫眼三姐妹卷六
〔日〕北条司原著；曼华编译．海口：海南摄影美术出版社，1992.11.　5册；19cm
ISBN7-80571-380-4；￥10.00
本卷包括：《追捕持枪凶犯》、《超越时间的爱》、《警察的西服》、《飞来的新娘》、《黑暗的诱惑》5册。

07587　煤的润湿性研究及其应用

〔日〕村田逞诠著；朱春笙，龚祯祥译．　北京：煤炭工业出版社，1992.10.　213页；19cm
ISBN7-5020-0709-1；￥8.00
书中阐述了煤的润湿性测定原理及测定方法，煤的润湿性与煤质和造粒性的关系等。

07588　美的抗争

〔日〕源氏鸡太著；刘涤尘，赵景扬译．　哈尔滨：黑龙江人民出版社，1992.9.　350页；19cm
ISBN7-207-02570-X；￥6.20

07589　美国海军陆战队

〔日〕稻垣治著；王萍等译．　北京：海潮出版社，1992.2.　200页；19cm
ISBN7-80054-292-0；￥3.80

07590　迷失的爱

〔日〕渡边淳一著；陈岩译．　哈尔滨：黑龙江人民出版社，1992.9.　350页；19cm
ISBN7-207-02568-8；￥6.20

07591　藐视挑战

〔日〕多湖辉著；朱正明编译．　成都：四川文艺出版社，1992.8.　156页；19cm.　（智力开发系列　2）
ISBN7-5411-0475-2；￥2.65

07592　妙手·急所

〔日〕加藤正夫著；金涛，冯荣编译．　北京：北京体育学院出版社，1992.7.　154页；19cm
ISBN7-81003-595-9；￥2.95

07593　妙手筋

〔日〕濑越宪作著；金涛，冯荣编译．　北京：北京体育学院出版社，1992.7.　154页，19cm
ISBN7-81003-597-5；￥2.95

07594　名家书法字典

〔日〕水岛修三编．　北京：中国青年出版社，1992.6.　559页；20cm
ISBN7-5006-1139-0（精装）；￥18.50
本书收集了我国自汉朝至清朝历代书法家的墨迹及100多种著名碑帖的字体。

07595　名局妙手（上）

〔日〕藤泽秀行著；韩凤伦，廖国珍编译．　北京：科学普及出版社，1992.10.　198页；19cm
ISBN7-110-02516-0；￥4.70

07596　名局妙手（下）

〔日〕藤泽秀行著；韩凤伦，廖国珍编译．　北京：科学普及出版社，1992.10.　198页；19cm
ISBN7-110-025179；￥4.70

07597　名人名局自解（1990年度）

〔日〕坂田荣男等解说；金爽等编译．　北京：北京体育学院出版社，1992.4.　343页；19cm
ISBN7-81003-57-X；￥4.90

07598　名人战谱全集（1990年第15期）

日本朝日新闻社原著；韩凤仑等编译．　北京：北京体育学院出版社，1992.4.　210页；19cm
ISBN7-81003-571-1；￥3.55

07599　魔界战魂

〔日〕寺泽武一著；吴影改编．　海口：海南摄影美术出版社，1992.8.　6册；19cm
ISBN7-80571-255-7；￥11.40

07600　魔妖山庄

〔日〕西村寿行著；陈凡，含笑译．　呼和浩特：内蒙古人民出版社，1992.8.　201页；19cm
ISBN7-204-01953-9；￥3.80

07601　男坂（1）：最后的硬汉卷

〔日〕车田正美原著．　成都：四川美术出版社，1992.4.　94页；19cm
ISBN7-5410-0727-7；￥1.90

07602　男坂（2）：战无不胜！斗吉登场卷

〔日〕车田正美原著．　成都：四川美术出版社，1992.4.　95页；19cm
ISBN7-5410-0727-7；￥1.90

07603　男坂（3）：男坂同盟誓言卷

〔日〕车田正美原著．　成都：四川美术出版社，1992.4.　95页；19cm
ISBN7-5410-0727-7；￥1.90

07604　男坂（4）：决战！不知火海岸卷

〔日〕车田正美原著．　成都：四川美术出版社，1992.4.　95页；19cm
ISBN7-5410-0727-7；￥1.90

07605　男坂（5）：昭和白虎队卷

〔日〕车田正美原著．　成都：四川美术出版社，1992.4.　95页；19cm
ISBN7-5410-0727-7；￥1.90

07606　男坂（6）：奥羽联合卷

〔日〕车田正美原著．　成都：四川美术出版社，1992.4.　95页；19cm

ISBN7-5410-0727-7；¥1.90

07607　男校魁首（八）：勇敢者的胜利之卷
〔日〕宫下明野著．南宁：广西美术出版社，
1992.6.　93页；19cm
ISBN7-80582-330-8；¥1.90

07608　男校魁首（二）：生死比武之卷
〔日〕宫下明野著．南宁：广西美术出版社，
1992.6.　94页；19cm
ISBN7-80582-324-3；¥1.90

07609　男校魁首（六）：惊风大回杀之卷
〔日〕宫下明野著．南宁：广西美术出版社，
1992.6.　94页；19cm
ISBN7-80582-328-6；¥1.90

07610　男校魁首（七）：虎丸斗智之卷
〔日〕宫下明野著．南宁：广西美术出版社，
1992.6.　94页；19cm
ISBN7-80582-329-4；¥1.90

07611　男校魁首（三）：大海岛巡回之卷
〔日〕宫下明野著．南宁：广西美术出版社，
1992.6.　94页；19cm
ISBN7-80582-325-1；¥1.90

07612　男校魁首（四）：美国的挑战之卷
〔日〕宫下明野著．南宁：广西美术出版社，
1992.6.　94页；19cm
ISBN7-80582-326-X；¥1.90

07613　男校魁首（五）：生与死的恐怖之卷
〔日〕宫下明野著．南宁：广西美术出版社，
1992.6.　94页；19cm
ISBN7-80582-327-8；¥1.90

07614　男校魁首（一）：向地狱进军之卷
〔日〕宫下明野著．南宁：广西美术出版社，
1992.6.　94页；19cm
ISBN7-80582-323-5；¥1.90

07615　南极海洋学
日本国立极地研究所编；解思梅，范晓莉译．
北京：海洋出版社，1992.7.　126页；26cm
ISBN7-5027-2245-9；¥9.50

07616　南极勇犬
〔日〕藤原一生著；杨洪鉴译．南宁：接力出
版社，1992.6.　139页；19cm.　（探险丛书·
动物篇）
ISBN7-80581-422-8；¥2.00

07617　南总里见八犬传（二）
〔日〕曲亭马琴著；李树果译．天津：南开大
学出版社，1992.2.　431页；20cm.　（日本古
典文学名著）
ISBN7-310-00453-1（精装）；¥13.50
ISBN7-310-00453-1；¥6.90

07618　南总里见八犬传（三）
〔日〕曲亭马琴著；李树果译．天津：南开大
学出版社，1992.10.　554页；20cm.　（日本古
典文学名著）
ISBN7-310-00530-9（精装）；¥15.50
ISBN7-310-00530-9；¥8.60

07619　南总里见八犬传（四）
〔日〕曲亭马琴著；李树果译．天津：南开大
学出版社，1992.10.　629页；20cm.　（日本古
典文学名著）
ISBN7-310-00542-2（精装）；¥17.00

07620　南总里见八犬传（一）
〔日〕曲亭马琴著；李树果译．天津：南开大
学出版社，1992.2.　507页；20cm.　（日本古
典文学名著）
ISBN7-310-00450-7（精装）；¥15.00
ISBN7-310-00450-7；¥8.00

07621　尼罗河女儿第二卷（1）
〔日〕细川知荣子原著．海口：海南摄影美术
出版社，1992.8.　110页；19cm
ISBN7-80571-299-9；¥2.30

07622　尼罗河女儿第二卷（2）
〔日〕细川知荣子原著．海口：海南摄影美术
出版社，1992.8.　110页；19cm
ISBN7-80571-299-9；¥2.30

07623　尼罗河女儿第二卷（3）
〔日〕细川知荣子原著．海口：海南摄影美术
出版社，1992.8.　110页；19cm
ISBN7-80571-299-9；¥2.30

07624　尼罗河女儿第二卷（4）
〔日〕细川知荣子原著．海口：海南摄影美术
出版社，1992.8.　110页；19cm
ISBN7-80571-299-9；¥2.30

07625　尼罗河女儿第二卷（5）
〔日〕细川知荣子原著．海口：海南摄影美术
出版社，1992.8.　110页；19cm
ISBN7-80571-299-9；¥2.30

07626　尼罗河女儿第三卷
〔日〕细川知荣子原著．海口：海南摄影美术
出版社，1992.11.　5 册；19cm
ISBN7-80571-312-7；￥10.00

07627　尼罗河女儿第一卷（1）
〔日〕细川知荣子著．海口：海南摄影美术出
版社，1992.7.　110 页；19cm
ISBN7-80571-299-9；￥2.30

07628　尼罗河女儿第一卷（2）
〔日〕细川知荣子著．海口：海南摄影美术出
版社，1992.7.　110 页；19cm
ISBN7-80571-299-9；￥2.30

07629　尼罗河女儿第一卷（3）
〔日〕细川知荣子著．海口：海南摄影美术出
版社，1992.7.　110 页；19cm
ISBN7-80571-299-9；￥2.30

07630　尼罗河女儿第一卷（4）
〔日〕细川知荣子著．海口：海南摄影美术出
版社，1992.7.　110 页；19cm
ISBN7-80571-299-9；￥2.30

07631　尼罗河女儿第一卷（5）
〔日〕细川知荣子著．海口：海南摄影美术出
版社，1992.7.　110 页；19cm
ISBN7-80571-299-9；￥2.30

07632　您了解自己的孩子吗？
〔日〕依田明著；孙贺春，马桂珍译．北京：
世界图书出版公司，1992.2.　161 页；19cm
ISBN7-5062-1244-7；￥5.80

07633　凝结水回收与利用
〔日〕高田敏则，平正登著．李坤英译．北京：
机械工业出版社，1992.3.　138 页；19cm
ISBN7-111-02932-1；￥3.50

**07634　怒涛：超级棋手的精髓（赵治勋胜
局选）**
〔日〕赵治勋著；王宛砾译．北京：北京科学
技术出版社，1992.6.　241 页；20cm
ISBN7-5304-0905-0；￥5.00

07635　女演员之梦
〔日〕长谷川敬著；二月星，华明译．济南：
山东友谊书社，1992.8.　176 页；19cm
ISBN7-80551-482-8；￥3.20

07636　欧式家常点心制作

〔日〕今田美奈子著；林孝彰编译．上海：上
海译文出版社，1992.11.　196 页；19cm
ISBN7-5327-1275-3；￥4.60

07637　"潘朵拉匣子"的奥秘
〔日〕横沟正史著；张岚，杜渐译．长春：时
代文艺出版社，1992.9.　185 页；19cm
ISBN7-5387-0500-7；￥3.30
本书内容包括《潘朵拉匣子的奥秘》、《小岛疑
云》两篇小说。

07638　螃蟹大战坏猴子
盛欣 等编译．北京：中国妇女出版社，
1992.3.　44 页；13×13cm.　（日本儿童画库精
选 3）
ISBN7-80016-584-8；￥1.20

**07639　七龙珠：超级赛亚人卷（1）真假孙
悟空**
〔日〕鸟山明著；益文编译．海口：海南摄影
美术出版社，1992.1.　110 页；19cm
ISBN7-80571-179-8；￥1.90

07640　七龙珠：超级赛亚人卷（2）三个愿望
〔日〕鸟山明著；益文编译．海口：海南摄影
美术出版社，1992.1.　110 页；19cm
ISBN7-80571-179-8，￥1.90

**07641　七龙珠：超级赛亚人卷（4）贝吉塔
之死**
〔日〕鸟山明著；益文编译．海口：海南摄影
美术出版社，1992.1.　109 页；19cm
ISBN7-80571-179-8；￥1.90

**07642　七龙珠：超级赛亚人卷（5）20 倍界
王拳**
〔日〕鸟山明著；益文编译．海口：海南摄影
美术出版社，1992.1.　111 页；19cm
ISBN7-80571-179-8；￥1.90

**07643　七龙珠：超级赛亚人卷（3）得意的弗
利萨**
〔日〕鸟山明著；益文编译．海口：海南摄影
美术出版社，1992.1.　110 页；19cm
ISBN7-80571-179-8；￥1.90

07644　七龙珠：未来人造人卷
〔日〕鸟山明著；益文编译．海口：海南摄影
美术出版社，1992.7.　5 册；19cm
ISBN7-80571-308-1；￥9.50

07645　七龙珠：战斗在那美克星卷（1）那美

克星人

〔日〕鸟山明著；益文编译．海口：海南摄影
美术出版社，1992.1． 111 页；19cm
ISBN7-80571-159-3；￥1.90

**07646 七龙珠：战斗在那美克星卷（5）那美
克星的龙珠**

〔日〕鸟山明著；益文编译．海口：海南摄影
美术出版社，1992.1． 111 页；19cm
ISBN7-80571-159-3；￥1.90

07647 七笑拳（10）：格斗演艺会

〔日〕高桥留美子著．北京：大众文艺出版社，
1992.6． 95 页；19cm
ISBN7-80094-068-3；￥2.20

07648 七笑拳（11）：夜市之战

〔日〕高桥留美子著．北京：大众文艺出版社，
1992.6． 95 页；19cm
ISBN7-80094-068-3；￥2.20

07649 七笑拳（12）：不死身少年

〔日〕高桥留美子著．北京：大众文艺出版社，
1992.6． 95 页；19cm
ISBN7-80094-068-3；￥2.20

07650 七笑拳（13）：姻缘成立

〔日〕高桥留美子著．北京：大众文艺出版社，
1992.6． 95 页；19cm
ISBN7-80094-068-3；￥2.20

07651 七笑拳（14）：邪恶复活

〔日〕高桥留美子著．北京：大众文艺出版社，
1992.6． 95 页；19cm
ISBN7-80094-068-3；￥2.20

07652 七笑拳（15）：右京的真相

〔日〕高桥留美子著．北京：大众文艺出版社，
1992.6． 96 页；19cm
ISBN7-80094-068-3；￥2.20

07653 七笑拳（16）：乱马鸭子计划

〔日〕高桥留美子著．北京：大众文艺出版社，
1992.6． 96 页；19cm
ISBN7-80094-068-3；￥2.20

07654 七笑拳（17）：迷路的良芷

〔日〕高桥留美子著．北京：大众文艺出版社，
1992.6． 95 页；19cm
ISBN7-80094-068-3；￥2.20

07655 七笑拳（18）：神龙飞天

〔日〕高桥留美子著．北京：大众文艺出版社，
1992.6． 95 页；19cm
ISBN7-80094-068-3；￥2.20

07656 七笑拳（19）：雪耻之战

〔日〕高桥留美子著．北京：大众文艺出版社，
1992.6． 95 页；19cm
ISBN7-80094-068-3；￥2.20

07657 七笑拳（1）：乱马的秘密

〔日〕高桥留美子著．北京：大众文艺出版社，
1992.6． 95 页；19cm
ISBN7-80094-068-3；￥2.20

07658 七笑拳（20）：神秘的拳印

〔日〕高桥留美子著．北京：大众文艺出版社，
1992.6． 95 页；19cm
ISBN7-80094-068-3；￥2.20

07659 七笑拳（2）：立刻见分晓

〔日〕高桥留美子著．北京：大众文艺出版社，
1992.6． 95 页；19cm
ISBN7-80094-068-3；￥2.20

07660 七笑拳（3）：追杀乱马

〔日〕高桥留美子著．北京：大众文艺出版社，
1992.6． 95 页；19cm
ISBN7-80094-068-3；￥2.20

07661 七笑拳（4）：良牙变身

〔日〕高桥留美子著．北京：大众文艺出版社，
1992.6． 95 页；19cm
ISBN7-80094-068-3；￥2.20

07662 七笑拳（5）：双女打擂台

〔日〕高桥留美子著．北京：大众文艺出版社，
1992.6． 95 页；19cm
ISBN7-80094-068-3；￥2.20

07663 七笑拳（6）：冰上格斗

〔日〕高桥留美子著．北京：大众文艺出版社，
1992.6． 95 页；19cm
ISBN7-80094-068-3；￥2.20

07664 七笑拳（7）：背水一战

〔日〕高桥留美子著．北京：大众文艺出版社，
1992.6． 95 页；19cm
ISBN7-80094-068-3；￥2.20

07665　七笑拳（8）：死之吻
〔日〕高桥留美子著．北京：大众文艺出版社，
1992.6.　95页；19cm
ISBN7-80094-068-3；￥2.20

07666　七笑拳（9）：猫拳之乱
〔日〕高桥留美子著．北京：大众文艺出版社，
1992.6.　95页；19cm
ISBN7-80094-068-3；￥2.20

07667　奇妙的冒险（1）：不死的怪物
〔日〕荒木飞吕彦编绘；钱孟珊译．北京：长
城出版社，1992.2.　99页；19cm
ISBN7-80017-190-6；￥1.90

07668　奇妙的冒险（2）：难以忘怀的面孔
〔日〕荒木飞吕彦编绘；钱孟珊译．北京：长
城出版社，1992.2.　81页；19cm
ISBN7-80017-197-3；￥1.90

07669　奇妙的冒险（3）：心爱的艾丽娜
〔日〕荒木飞吕彦编绘；钱孟珊译．北京：长
城出版社，1992.2.　79页；19cm
ISBN7-80017-198-1；￥1.90

07670　奇妙的冒险（4）：不能输掉的战斗
〔日〕荒木飞吕彦编绘；钱孟珊译．北京：长
城出版社，1992.2.　106页；19cm
ISBN7-80017-199-X；￥1.90

07671　棋子的方向
〔日〕尾原武雄著；王剑坤，庄逸兴译．成都：
蜀蓉棋艺出版社，1992.5.　248页；19cm
ISBN7-80548-390-6；￥5.40

07672　企业的劳动经济学
〔日〕藤井得三著；蔡向文，鲁学艺译．北京：
机械工业出版社，1992.11.　125页；19cm
ISBN7-111-01713-7；￥4.40

07673　企业活力和企业家精神
〔日〕上野明等著；王伟军等译．上海：上海
翻译出版公司，1992.4.　265页；19cm.　（创
业者丛书）
ISBN7-80514-010-3；￥3.90
本书阐述了世界各国优秀企业在经营战略、市
场营销观念、产品占位策略、技术开发能力、企
业内部竞争等方面有创新的实践经验。

07674　企业教育培训的方法
〔日〕山田博夫著．邵扬道等译．北京：机械
工业出版社，1992.6.　133页；19cm
ISBN7-111-03136-9；￥4.10

07675　企业人事评价：厂长经理的智囊
〔日〕弥富贤之著；王中楼等译．西安：陕西
师范大学出版社，1992.4.　283页；19cm
ISBN7-5613-0596-6；￥6.50

07676　启发思维100例
〔日〕中村义作著；杨振享等译．石家庄：河
北教育出版社，1992.2.　148页；19cm
ISBN7-5434-1725-1；￥1.85

07677　千田是也传
〔日〕千田是也著；丛林春译．北京：中国戏
剧出版社，1992.5.　525页；20cm.　（外国戏
剧名人传记丛书）
ISBN7-104-00048-8；￥9.15

07678　巧解死活
〔日〕坂田荣男著；金爽，晓舟编译．北京：
北京体育学院出版社，1992.7.　168页；19cm
ISBN7-81003-596-7；￥3.25

07679　巧克力战争
〔日〕大石真著；陶法义，赵琪译．杭州：浙
江少年儿童出版社，1992.3.　84页；19cm.
（幽默儿童文学名著译丛）
ISBN7-5342-0799-8；￥1.30

07680　轻松用功术
〔日〕多湖辉著；李荧台译．兰州：甘肃科学
技术出版社，1992.2.　161页；19cm.　（生
活·健康知识丛书　鲁汉等主编）
ISBN7-5424-0363-X；￥2.55

07681　情的锁链上卷
〔日〕山崎丰子著；严忠译．南宁：广西民族
出版社，1992.4.4　87页；19cm
ISBN7-5365-1629-1；￥6.50

07682　情的锁链下卷
〔日〕山崎丰子著；严忠等译．南宁：广西民
族出版社，1992.4.　471页；19cm
ISBN7-5363-1629-1；￥6.30

07683　情窦初开
〔日〕赤川次郎著；辛超译．广州：花城出版

社，1992.2. 167 页；19cm
ISBN7-5360-1100-8；￥2.35

07684 情断死亡链
〔日〕西村京太郎著；杨军译． 北京：群众出
版社，1992.9. 214 页；19cm
ISBN7-5014-0866-1；￥3.90

07685 请你破案：趣味推理智力自测（4）
〔日〕藤原宰太郎著；赵经验，吴焕成译． 北
京：中国人民公安大学出版社，1992.5. 226
页；19cm
ISBN7-81011-440-9；￥4.00

07686 趣味难题游戏、百科智力猜谜入门
〔日〕冈田康彦著；蒋晓霞，蒋云译． 北京：
中国电影出版社，1992.6. 96 页；19cm
ISBN7-106-00598-3；￥2.80

07687 拳王
〔日〕松田隆智著；〔日〕藤原芳秀画；蔡彩时，
黄定军编译． 海口：南海出版公司，1992.1.
2 册（97，97 页）；19cm
ISBN7-80570-695-6；￥3.80

07688 人生寄语：池田大作箴言集
〔日〕池田大作著；程郁译． 上海：上海社会
科学院出版社，1992.11. 175 页；20cm. （名
人名著译丛）
ISBN7-80515-787-1；￥3.50

07689 人生经营名言集
〔日〕田边升一著；苏林岗等译． 桂林：漓江
出版社，1992.7. 219 页；19cm
ISBN7-5407-0892-0；￥3.65

07690 人与恶：东西方恶论面面观
〔日〕河野真等著；王永昌译． 北京：中国人
民大学出版社，1992.12. 226 页；19cm
ISBN7-300-01484-4；￥4.10

07691 人与森林：森林调节环境的作用
〔日〕只木良也，吉良龙夫编；唐广仪等译． 北
京：中国林业出版社，1992.2. 288 页；19cm
ISBN7-5038-0767-9；￥5.00

07692 人证
〔日〕森村诚一著；王智新译． 南京：译林出版
社，1992.2. 311 页；18cm. （当代外国流行小
说名篇丛书）

ISBN7-80567-198-2；￥4.50

07693 日本茶道文化概论
〔日〕千宗室审订，滕军著． 北京：东方出版
社，1992.11. 358 页；20cm
ISBN7-5060-0289-2（精装）；￥15.00
本书介绍了日本茶道的历史、内容、道具、建筑、
礼法、思想、美学。

07694 日本沉没
〔日〕小松左京著；洪水平改编；孙联生绘图.
北京：中国少年儿童出版社，1992.1. 56 页；
26cm. （世界著名科幻小说画集）
ISBN7-5007-1428-9；￥3.45

07695 日本出版流通及其体制
〔日〕村上信明著；刘秀媛，陈宝贵译． 北京：
中国书籍出版社，1992.12. 323 页；19cm
ISBN7-5068-0071-3；￥6.80

07696 日本出版流通图鉴
〔日〕村上信明著；祖秉和译． 北京：中国书籍
出版社，1992.12. 405 页；19cm. （出版知识
译丛）
ISBN7-5068-0770-5；￥8.80
本书介绍了日本现行图书出版流通体制，并着重
讲述了日本正常发行渠道以外的发行渠道。

07697 日本的经济发展（修订版）
〔日〕南亮进著；毕志恒，关权译． 北京：经济
管理出版社，1992.12. 305 页；20cm
ISBN7-80025-675-8；￥8.50

07698 日本的企业经营与政府管理
杜义等译． 北京：中国物价出版社，1992.9.
492 页；26cm
ISBN7-80070-127-1；￥24.50

07699 日本的企业制度与政府宏观调控
〔日〕小宫隆太郎著；李建勇，刘锡良译． 成
都：西南财经大学出版社，1992.6. 227
页；20cm
ISBN7-81017-449-5；￥4.00
本书作者论述了日本产业政策的制定与实施过
程，讨论了两次石油危机期间，日本政府在运用
宏观调控手段方面的经验与教训。

07700 日本公司指南
〔日〕楷木望著；宋英杰编译． 长春：吉林科学
技术出版社，1992.4. 123 页；19cm

ISBN7-5384-0948-3；￥2.20

07701 日本还要说"不"：日美间的根本问题
〔日〕石原慎太郎等著；军事科学院外国军事研究部译．北京：军事科学出版社，1992.1. 139页；20cm
ISBN7-80021-394-3；￥2.80
本书从政治、经济、军事各个角度论述了日美关系的不平等状态，认为日本应修改宪法实现"精神自立"，在经济中应在世界起领导作用。

07702 日本计算机水平考试指南（高级）
日本信息处理开发协会信息处理研究中心编．上海：上海科学技术文献出版社，1992.3. 223页；20cm．（计算机应用软件人员水平考试参考丛书）
ISBN7-80513-928-8；￥4.60

07703 日本坚决说"不"：战后日美关系的总结
〔日〕石原慎太郎，江藤淳著；军事科学院外国军事研究部译．北京：军事科学出版社，1992.1. 119页；20cm
ISBN7-80021-395-1；￥2.50

07704 日本流行服饰：春之媚
日本美丽出版社，日中时装株式会社供稿．上海：上海人民出版社，1992.2. 109页；29cm．（现代家庭消费指南书系）
ISBN7-208-01432-9；￥10.00

07705 日本民间故事精选
〔日〕大川悦生著；李克宁译．济南：山东文艺出版社，1992.6. 198页；18cm
ISBN7-5329-0876-3；￥2.70

07706 日本汽车维修技术：柴油发动机篇
侯家驹译．长春：吉林科学技术出版社，1992.3. 122页；26cm
ISBN7-5384-0950-5；￥5.00

07707 日本汽车维修技术：汽油发动机篇
韩德恩，周凯发译．长春：吉林科学技术出版社，1992.3. 161页；26cm
ISBN7-5384-0964-5；￥5.50

07708 日本首相宫泽喜一
于闺娴译著．北京：时事出版社，1992.12. 382页：照片；20cm
ISBN7-80049-148-1（精装）；￥14.20
本书介绍日本首相宫泽喜一从政的历史。

07709 日本税制与税理士制度
国家税务局税收科学研究所译．北京：中国财政经济出版社，1992.5. 429页；20cm．（外国税收著作翻译丛书 6）
ISBN7-5005-2526-5；￥11.00

07710 日本天皇投降内幕
〔日〕加濑英明著；吴景林译．哈尔滨：黑龙江人民出版社，1992.1. 310页；19cm
ISBN7-207-02105-4；￥4.60
本书叙述了昭和天皇和皇宫内为维护国体，决定投降的经过，采取的军队解散，神道特权取消，取消皇族、华族等重大变革。

07711 日本围棋大赛精选（2）
廖渝生，洪艳编译．成都：蜀蓉棋艺出版社，1992.5. 298页；19cm
ISBN7-80548-331-0；￥3.90

07712 日本围棋名著：《玄览》、《珍珑》及其他
〔日〕赤星因彻等著；成恩元译．成都：蜀蓉棋艺出版社，1992.5. 192页；19cm
ISBN7-80548-382-5；￥3.00

07713 日本文化史
〔日〕家永三郎著；刘绩生译．北京：商务印书馆，1992.11. 210页；20cm．（日本丛书 第一辑 4）
ISBN7-100-013771；￥4.00
本书论述了自原始社会到封建社会的日本文化。

07714 日本文化特征
〔日〕加藤周一等著；唐月梅等译．长春：吉林人民出版社，1992.8. 157页；19cm．（日本文化与现代化丛书）
ISBN7-206-01576-X；￥3.00

07715 日本文化与日本人性格的形成
〔日〕源了圆著；郭连友，漆红译．北京：北京出版社，1992.3. 208页；20cm
ISBN7-200-01705-1（精装）；￥8.70

07716 日本现代社会现象99例
〔日〕镰田慧著；王军，丁源发译．哈尔滨：黑龙江教育出版社，1992.2. 160页；19cm
ISBN7-5316-2215-7；￥3.10

07717 日本新天皇
〔日〕吉刚伸弥著；石观海译．沈阳：春风文艺出版社，1992.8. 236页；19cm

ISBN7-5313-0870-3；￥4.50

07718　日本：形象与灵魂（日汉对照）
杨政华，乔莹洁译．南宁：广西教育出版社，
1992.9.　291页；19cm
ISBN7-5435-194-7；￥5.40

07719　日本学者研究中国史论著选译（第八卷：法律制度）
刘俊文主编；姚荣涛，徐世虹译．北京：中华
书局，1992.7.　546页；20cm
ISBN7-101-00976-X（精装）；￥23.05

07720　日本学者研究中国史论著选译（第十卷：科学技术）
刘俊文主编；杜石然等译．北京：中华书局，
1992.7.　331页；20cm
ISBN7-101-00999-9（精装）；￥16.60

07721　日本学者研究中国史论著选译（第四卷：六朝隋唐）
刘俊文主编；夏日新等译．北京：中华书局，
1992.7.　720页；20cm
ISBN7-101-00972-7（精装）；￥28.55

07722　日本学者研究中国史论著选译（第一卷：通论）
刘俊文主编；黄约瑟译．北京：中华书局，
1992.7.　242页；20cm
ISBN7-101-009980（精装）；￥14.30

07723　日本医疗医药企业年鉴（1992）
北京：中国人民卫生出版社；日本国株式会社日
中社，1992.11.　127页；26cm
ISBN7-117-01835-6：￥6.40

07724　日本语听说教程（日语能力测试专集）
汪正志，李素萍编译．大连：大连理工大学出
版社，1992.9.　395页；19cm
ISBN7-5611-0690-4；￥7.50

07725　日本增高身材的科学作法
〔日〕川畑爱义著；申健，王明发译．天津：天
津科技翻译出版公司，1992.7.　125页；19cm
ISBN7-5433-0310-8；￥3.00

07726　日本政治
〔日〕京极纯一著；杨晶，李建华译．北京：国
际文化出版公司，1992.10.　336页：照片；20cm
ISBN7-80049-671-6；￥5.90

本书内容包括政治结构、制度，政治参与，秩序
的思想、内容，权力的运用等。

07727　日本中国语教育史研究
〔日〕六角恒广著；王顺洪译．北京：北京语
言学院出版社，1992.10.　299页；20cm
ISBN7-5619-0178-X；￥4.50

07728　日本纵横
刘正民编译．上海：上海文化出版社，
1992.8.　295页：彩照；19cm
ISBN7-80511-556-7；￥5.00
本书从国际比较的角度，介绍了日本的地理、历
史、文化、政治、外交、经济、社会和日本人的
生活习惯、价值观等。

07729　日本最新脚疗健身法
〔日〕竹之内珍佐夫著；邵丹译．北京：科学
普及出版社，1992.7.　136页：图；19cm.
（神奇医术译丛）
ISBN7-110-02415-6；￥2.80

07730　日本最新流行编织（女士秋冬专辑）
梅建编译．南宁：广西民族出版社，1992.8.
113页：彩照；26cm
ISBN7-5363-1865-0；￥14.50

07731　日汉建筑图解辞典
〔日〕桥场信雄著；白玉美，杨谷生译．北京：
中国建筑工业出版社，1992.9.　494页；20cm
ISBN7-112-01678-9（精装）；￥12.35
本书介绍了各式日本建筑中涉及的构造及词汇，
包括土方工程、木工程、茶室、神社、庭院等。

07732　日华"和平工作"秘史
〔日〕西义显著；任常毅译．南京：江苏古籍
出版社，1992.8.　297页；18cm.　（民国春秋
丛书）
ISBN7-80519-411-4；￥5.00

07733　日语新闻听力教程
〔日〕堀歌子等编著；修刚，刘润生编译．天
津：南开大学出版社，1992.1.　274页；20cm
ISBN7-310-00436-1；￥7.50

07734　日元的崛起
〔日〕宫崎义一著；安邦富译．北京：中国金
融出版社，1992.11.　250页；18cm
ISBN7-5049-0876-2；￥4.50
本书从日元与美元的发展历史及日美两国资金

结构入手，对两国各个部门的资金流向和汇率变动的原因做了分析。

07735　日中佛教友好二千年史
〔日〕道端良秀著；徐明，何燕生译．北京：商务印书馆，1992.6.　222页；肖像；20cm
ISBN7-100-01359-3；￥3.85

07736　日中文化比较论
〔日〕尾藤正英等著；王家骅译．杭州：浙江人民出版社，1992.2.　326页；20cm.　（比较文化丛书）
ISBN7-213-00239-2；￥4.40

07737　肉制品加工手册
〔日〕天野庆之等著；金辅建，薛茜编译．北京：中国轻工业出版社，1992.2.　570页；20cm
ISBN7-5019-1122-3（精装）；￥21.80

07738　乳及乳制品加工工艺
〔日〕安藤功一等著；嘎尔迪等编译．呼和浩特：内蒙古人民出版社，1992.2.　285页；26cm
ISBN7-204-00932-0；￥7.60

07739　入唐求法巡礼行记校注
〔日〕释园仁著；〔日〕小野胜年校注；白化文等修订校注．石家庄：花山文艺出版社，1992.9.　（590，79）页；20cm
ISBN7-80505-653-6；￥15.00

07740　软件基础知识
〔日〕矢田光治著；赵仲儒译．北京：科学技术文献川版社，1992.7.　158页；19cm
ISBN7-5023-1659-0；￥10.00

07741　三藏法师：行万里路取千卷经
〔日〕中野美代子著；韩升，翁君聪译．西安：三秦出版社，1992.6.　177页；19cm.　（风云人物丛书　张玉良主编）
ISBN7-80546-151-1；￥2.90

07742　三段定式精选
〔日〕大竹英雄著；金爽，健民编译．北京：北京体育学院出版社，1992.4.　213页；19cm
ISBN7-81003-570-3；￥3.70

07743　三角案件
〔日〕大冈升平著；施元辉等译．福州：海峡

文艺出版社，1992.8.　417页；19cm
ISBN7-80534-478-7；￥5.10

07744　三十年代上海
〔日〕尾崎秀树著；赖育芳译．南京：译林出版社，1992.5.　129页；照片；19cm
ISBN7-80567-159-1；￥3.70
本书为作者20世纪30年代在上海与鲁迅、史沫特莱，夏衍等中外进步文人的交往及其一系列社会活动。

07745　三只眼（8）
〔日〕手塚治虫编绘；冷璋等译．北京：中国电影出版社，1992.6.　104页；19cm.　（手塚治虫漫画全集）
ISBN7-106-00535-5；￥2.70

07746　三只眼（10）
〔日〕手塚治虫编绘；关静，丁丁等译．北京：中国电影出版社，1992.6.　92页；19cm.　（手塚治虫漫画全集）
ISBN7-106-00576-2；￥2.45

07747　三只眼（11）
〔日〕手塚治虫编绘；夏林等译．北京：中国电影出版社，1992.6.　97页；19cm.　（手塚治虫漫画全集）
ISBN7-106-00581-9；￥2.60

07748　三只眼（9）
〔日〕手塚治虫编绘；刘含义等译．北京：中国电影出版社，1992.6.　88页；19cm.　（手塚治虫漫画全集）
ISBN7-106-00536-3；￥2.35

07749　涩泽荣一传
〔日〕幸田露伴著；余炳跃译．上海：学林出版社，1992.10.　188页；照片；19cm
ISBN7-80510-784-X；￥10.00

07750　森林的防雾、防潮、防止飞沙的机能
〔日〕石川政幸著；赵萍舒等译．海口：南海出版公司，1992.8.　71页；20cm
ISBN7-80570-683-2；￥5.20

07751　森林与水的科学
〔日〕中野秀章等著；赵萍舒，卢爱华译．海口：南海出版公司，1992.9.　112页；20cm

ISBN7-80570-684-0；￥6.50

07752　山本一家
〔日〕八尾昌里著．北京：北京语言学院出版
社，1992.6.　101 页；19cm
ISBN7-5619-065-8；￥2.00

07753　山西抗日民族统一战线和民众动员
〔日〕内田知行著；田西如译．北京：中共党
史出版社，1992.9.　119 页；20cm
ISBN7-80023-540-3；￥3.50

07754　伤寒六经病变（中日对照）
杨育周著；〔日〕森雄材，安井广迪译．北京：
人民卫生出版社，1992.2　589 页；26cm
ISBN7-117-01635-3（精装）；￥40.00
本书作者运用枢机的概念解释全文，以此为
《伤寒论》六经辩证体系的纲，全书分《伤寒六
经病变概论》和《伤寒论解析》两篇。

07755　少儿体育游戏 165 法
〔日〕朝仓努等著；孙柏枫译．长春：东北师
范大学出版社，1992.7.　179 页；20cm
ISBN7-5602-0816-9；￥3.50

07756　少年侦探团
〔日〕江户川乱步著；吴侃译．成都：四川少
年儿童出版社，1992.5.　117 页；20cm
ISBN7-5365-0830-1；￥1.86
本书为《二十张脸谱的怪盗》的续集。

07757　神赐的宴会
〔日〕森村诚一著；崤桑，方晓译．长春：时
代文艺出版社，1992.6.　388 页；19cm
ISBN7-5387-0530-9；￥5.90

**07758　神话与理性：19 世纪末至 20 世纪初欧
洲的知识界**
〔日〕上山安敏著；孙传钊译．上海：上海人
民出版社，1992.2.　297 页；20cm
ISBN7-208-01291-1；￥5.60

07759　神经质的实质与治疗：精神生活的康复
〔日〕森田正马著；臧修智译．北京：人民卫
生出版社，1992.5.　179 页；19cm
ISBN7-117-01744-9；￥4.55
森田心理疗法是日本特有的一种疗法，主要用
于神经质的治疗和心理卫生指导，本书阐述了
它的原理与治疗实施方案。

07760　神秘的女郎
〔日〕大薮春彦著；陈军译．呼和浩特：内蒙
古人民出版社，1992.8.　275 页；19cm
ISBN7-204-01952-0；￥4.60

07761　神秘的日本文化心理
武继平编译．重庆：重庆出版社，1992.8.
294 页；20cm
ISBN7-5366-1849-2；￥4.85

07762　"神秘号"列车失踪之谜
〔日〕西村京太郎著；杨军译．北京：群众出
版社，1992.5.　296 页；19cm
ISBN7-5014-0880-7；￥5.00

07763　神犬阿银：白色的对手
〔日〕高桥吉广编绘；唐晖译．北京：长城出
版社，1992.1.　105 页；19cm
ISBN7-80017-186-8；￥1.90

07764　神犬阿银：出征的早晨
〔日〕高桥吉广编绘；唐晖译．北京：长城出
版社，1992.1.　95 页；19cm
ISBN7-80017-187-6；￥1.90

07765　神犬阿银：红毛军团的出现
〔日〕高桥吉广编绘；唐晖译．北京：长城出
版社，1992.1.　105 页；19cm
ISBN7-80017-188-4；￥1.90

07766　神犬阿银：两雄的相会
〔日〕高桥吉广编绘；唐晖译．北京：长城出
版社，1992.1.　89 页；19cm
ISBN7-80017-189-2；￥1.90

07767　生活·爱情·幽默：草包阿姨
〔日〕植田正志作；洪佩奇，韦兴邦选编．南
京：译林出版社，1992.9.　189 页；21×19cm.
（世界系列连环漫画名著丛书）
ISBN7-80567-220-2；￥7.00

07768　生活的花束
〔日〕池田大作著；吴瑞钧等译．北京：国
际文化出版公司，1992.9.　142 页：照
片；20cm
ISBN7-80049-171-4；￥3.50
本书作者结合日本妇女的思想和生活实际，以及
日本在经济高速发展过程中出现的社会问题，就
子女教育、人生修养、家庭、婚姻等问题进行了
论述和探讨。

07769　生物陶瓷
〔日〕山口乔等编著；窦筠等译．北京：化学工业出版社，1992.2.　111 页：图；19cm.（陶瓷科学丛书）
ISBN7-5025-0825-2；￥3.40
本书介绍了生物陶瓷的基础理论及其在医学及生物化学中的应用。

07770　圣经常识
〔日〕山本七平著；天津编译中心译．北京：东方出版社，1992.9.　264 页；19cm
ISBN7-5060-0249-3；￥4.00

07771　圣狼约克
〔日〕佐藤晴美著．呼和浩特：内蒙古人民出版社，1992.5.　3 册；19cm
ISBN7-204-01820-6；￥8.40

07772　圣战　卷二（上）：六星群岚篇
〔日〕大川七濑著；张艺译．呼和浩特：内蒙古人民出版社，1992.4.　96 页；19cm
ISBN7-204-01787-0；￥1.90

07773　圣战　卷二（下）：六星群岚篇
〔日〕大川七濑著；张艺译．呼和浩特：内蒙古人民出版社，1992.4.　96 页；19cm
ISBN7-204-01787-0；￥1.90

07774　圣战　卷三（上）：迦陵频伽歌姬篇
〔日〕大川七濑著；张艺译．呼和浩特：内蒙古人民出版社，1992.4.　96 页；19cm
ISBN7-204-01787-0；￥1.90

07775　圣战　卷三（下）：迦陵频伽歌姬篇
〔日〕大川七濑著；张艺译．呼和浩特：内蒙古人民出版社，1992.4.　80 页；19cm
ISBN7-204-01787-0；￥1.55

07776　圣战　卷四（上）：冰城火焱篇
〔日〕大川七濑著；张艺译．呼和浩特：内蒙古人民出版社，1992.4.　96 页；19cm
ISBN7-204-01787-0；￥1.90

07777　圣战　卷四（下）：冰城火焱篇
〔日〕大川七濑著；张艺译．呼和浩特：内蒙古人民出版社，1992.4.　95 页；19cm
ISBN7-204-01787-0；￥1.90

07778　圣战　卷一（上）：阿修罗复活篇
〔日〕大川七濑著；张艺译．呼和浩特：内蒙古人民出版社，1992.4.　96 页；19cm
ISBN7-204-01787-0；￥1.90

07779　圣战　卷一（下）：阿修罗复活篇
〔日〕大川七濑著；张艺译．呼和浩特：内蒙古人民出版社，1992.4.　96 页；19cm
ISBN7-204-01787-0；￥1.90

07780　湿原苦恋
〔日〕加贺乙彦著；包容译．太原：北岳文艺出版社，1992.1.　2 册（846 页）；20cm.（东方文学丛书）
ISBN7-5378-0613-6；￥15.50

07781　时间漂流记
〔日〕那须正干，高千穗著；沈健文等译．福州：福建少年儿童出版社，1992.2.　288 页；18cm.（世界科幻小说精品丛书　第四辑　陈渊主编）
ISBN7-5395-0770-5；￥3.50

07782　实用电子自旋共振简明教程
〔日〕石津和彦等著；王者福，穆运转译．天津：南开大学出版社，1992.2.　337 页；20cm（生命科学专业适用）
ISBN7-310-00503-1；￥14.50
本书论述电子自旋共振（ESR）的基本原理、测谱的实际过程及其在医学、生物学和食品化学方面的应用，讨论谱线与结构的关系。

07783　实用激光加工
〔日〕浜崎正信著；陈敬之译．北京：机械工业出版社，1992.2.　198 页；19cm
ISBN7-111-01426-X；￥6.50
本书侧重介绍了材料加工中常用的 CO_2 激光器和 YAG 激光器，并对表面处理、切割、焊接、打孔和钎焊等激光加工的特性、工艺技术做了介绍。

07784　实用食品卫生
〔日〕河端俊治等编著；张洪祥等译．北京：北京大学出版社，1992.8.　875 页：图；26cm
ISBN7-301-01800-2；￥50.00
本书介绍了食品的安全性、食物中毒的种类和原因、寄生虫、化学物质对健康的危害及食品设施与卫生管理等。

07785　实用中医内科手册
吴涛，〔日〕佐佐木好夫编著．南昌：江西科学技术出版社，1992.5.　350 页；19cm

ISBN7-5390-0522-X；￥5.60

07786　实战的魔术
〔日〕山部俊郎著；郭俊等译．合肥：安徽科学技术出版社，1992.1.　220页；19cm.　（围棋魔术丛书　2）
ISBN7-5337-0657-2；￥3.40

07787　食品包装技术
〔日〕芝奇勋，横山理雄著；王庆兰译．长沙：湖南科学技术出版社，1992.4.　365页；19cm
ISBN7-5357-0777-7；￥6.30
本书阐述了食品包装的基础知识，介绍了当今日本等世界各国食品包装所采用的包装机械、包装生产线、材料及包装方法等。

07788　食品流通技术指南
日本食品流通系统协会编；中日食品流通开发委员会译．北京：中国商业出版社，1992.10.709页；26cm
ISBN7-5044-1458-1（精装）；￥39.80

07789　食品营养成分表
〔日〕香川绫主编；刘海燕，郑德中译．北京：中国轻工业出版社，1992.6.　223页；20cm
ISBN7-5019-1187-8；￥8.20

07790　世界地图邮票：趣闻与欣赏收集与研究
〔日〕高木实著；简光沂编译．广州：广东省地图出版社，1992.5.　166页；19cm
ISBN7-80522-188-X；￥5.80

07791　世界尽头与冷酷仙境
〔日〕村上春树著；林少华译．桂林：漓江出版社，1992.8.　475页；19cm
ISBN7-5407-0922-2；￥7.50

07792　世界名犬研究与欣赏
〔日〕中岛真理编著；卢盛超等编译．昆明：云南大学出版社，1992.5.　132页；26cm
ISBN7-81025-191-0；￥49.50

07793　世界名人圆桌赛
〔日〕多湖辉著；朱正明编译．成都：四川文艺出版社，1992.8.　174页；19cm.　（智力开发系列　5）
ISBN7-5411-0478-7；￥2.95

07794　世界与日本
〔日〕永井道雄著；李凭译．太原：北岳文艺

出版社，1992.6.　175页；19cm
ISBN7-5378-0858-9；￥2.50

07795　事在人为：解决问题的能力
〔日〕高冈正著；张志平，孙国君译．北京：科学技术文献出版社，1992.7.　112页；19cm
ISBN7-5023-1560-8；￥2.80

07796　手筋的魔术
〔日〕山部俊郎著；删振楣等译．合肥：安徽科学技术出版社，1992.1.　218页；19cm.（围棋魔术丛书　3）
ISBN7-5337-0684-6；￥3.40

07797　手摇管风琴
〔日〕横田稔著；刘小苹译；贺小伟注音．杭州：浙江少年儿童出版社，1992.6.　1册；20cm.　（注音读物·奇怪的国王丛书）
ISBN7-5342-0998-6；￥1.30

07798　书桌中的秘密
〔日〕河野贵子著；蒋渝译．上海：少年儿童出版社，1992.5.　107页；19cm.　（外国儿童文学丛书）
ISBN7-5324-1444-2；￥1.40

07799　蔬菜电热育苗与栽培
〔日〕渡部一郎，板木利隆著；汪士尚等译．北京：中国科学技术出版社，1992.8.　245页：插照片；19cm
ISBN7-5046-0765-7；￥6.00
本书结合10余种典型蔬菜的实例，就电热温床为基础的容器育苗、嫁接育苗、营养液育苗及利用，热泵的夜间冷处理育苗等现代育苗与栽培技术进行了介绍。

07800　曙光：中日文化交流纪念文集
日本文化研究会编．沈阳：辽宁教育出版社，1992.7.　210页；20cm
ISBN7-5382-1756-8；￥5.00

07801　水产食品学
〔日〕须山等编著；吴光红等译．上海：上海科学技术出版社，1992.4.　437页；19cm
ISBN7-5323-2582-2（精装）；￥12.00

07802　水浒词汇研究（虚词部分）
〔日〕香坂顺一著；〔日〕植田均译．北京：文津出版社，1992.1.　458页；20cm
ISBN7-80554-095-0；￥7.60

07803　司朗博士（卷 1：大显神通）
〔日〕鸟山明原著．成都：四川美术出版社，
1992. 3．94 页；19cm
ISBN7-5410-0721-8；￥1.90

07804　司朗博士（卷 2：时间飞行器）
〔日〕鸟山明原著．成都：四川美术出版社，
1992. 3．91 页；19cm
ISBN7-5410-0721-8；￥1.90

07805　司朗博士（卷 3：突击！阿莱之卷）
〔日〕鸟山明原著．成都：四川美术出版社，
1992. 3．93 页；19cm
ISBN7-5410-0721-8；￥1.90

07806　司朗博士（卷 4：变形砰砰枪）
〔日〕鸟山明原著．成都：四川美术出版社，
1992. 3．95 页；19cm
ISBN7-5410-0721-8；￥1.90

07807　司朗博士（卷 5：地球 SOS）
〔日〕鸟山明原著．成都：四川美术出版社，
1992. 3．93 页；19cm
ISBN7-5410-0721-8；￥1.90

07808　死活的魔术
〔日〕山部俊郎著；蒯振楣等译．合肥：安徽
科 学 技 术 出 版 社，1992. 3．218 页；19cm.
（围棋魔术丛书　4）
ISBN7-5337-0685-4；￥3.50

07809　死活妙手 179
〔日〕桥本太郎著；韩凤仑，包建民编译．北
京：科学普及出版社，1992. 1．180 页；19cm
ISBN7-110-02027-4；￥3.00

07810　死亡座位
〔日〕森村诚一著；徐鲁扬等译．南京：译林
出版社，1992. 7．255 页；19cm
ISBN7-80567-173-7；￥4.00

07811　四十八岁的抵抗
〔日〕石川达三著；刘德慧译．哈尔滨：黑龙
江人民出版社，1992. 9．267 页；19cm
ISBN7-207-02569-6；￥5.50

07812　宋四家书法字典
〔日〕东南光编．北京：中国青年出版社，
1992. 6．827 页；20cm
ISBN7-5006-1137-4（精装）；￥24.00

本书分类整理了宋朝蔡襄、苏轼、黄庭坚、米芾
的真迹及其刻本。

07813　塑料成型加工入门
〔日〕森隆著；陈星、王梦译．北京：中国石
化出版社，1992. 8．143 页；19cm
ISBN7-80043-346-7；￥2.90
本书介绍了塑料成型加工的基本方法及选择方
案，各种塑料成型材料的特点、性能及用途等。

07814　隧道用语辞典
日本土木学会编；邹崇富，师乃夫译．成都：
西南交通大学出版社，1992. 9．198 页；26cm
ISBN7-81022-537-5；￥20.00
本书共收集词语 1500 余条，并附有英、德、法
语对译词。每词阐明了其基本定义、概念、部分
重要词加了解说。

07815　孙悟空科学考察记
〔日〕舟木嘉浩著；赵燕南译；〔日〕关口高广
绘画．北京：中国连环画出版社，1992. 7．47
页；26cm
ISBN7-5061-0545-4；￥1.80

07816　孙子兵法奥秘深探：孙子兵法结构研究
〔日〕滕塚邻，森西洲著；王前等译．长春：
吉林科学技术出版社，1992. 8．250 页；19cm
ISBN7-5384-1103-8；￥5.00

07817　探索催化剂的奥秘
〔日〕大西孝治著；蔡天锡等译．北京：化学
工业出版社，1992. 3．196 页；19cm
ISBN7-5025-0925-9；￥4.80
本书是日本化学会编"新化学"丛书之一，介
绍了催化剂在工厂及日常生活中的作用、催化化
学、催化反应、催化剂的研究等。

07818　汤岛之恋
〔日〕泉镜花著；文洁若译．厦门：鹭江出版
社，1992. 8．216 页；19cm
ISBN7-80533-163-4；￥3.00

07819　唐代均田制研究选译
〔日〕铃木俊等著；姜镇庆等译．兰州：甘肃
教育出版社，1992. 10．444 页；20cm.（敦煌
吐鲁番学研究译丛）
ISBN7-5423-0023-7；￥6.70

07820　唐诗语汇意象论
〔日〕松浦友久著；陈植锷，王晓平译．北京：

中华书局，1992.5. 203 页；20cm
ISBN7-101-00820-8；￥5.30

07821 逃亡
〔日〕田中光二著；萨塔尔·阿布都拉译． 乌
鲁木齐：新疆人民出版社，1992.8. 293 页；
19 cm
ISBN7-228-02185-1；￥2.75

07822 藤泽秀行对局集
〔日〕藤泽秀行著；芮乃伟，江铸久译． 成都：
蜀蓉棋艺出版社，1992.5. 758 页；20cm
ISBN7-80548-386-8；￥17.50

07823 天边来的小女孩
〔日〕畑中弘子著；王键宜，魏建平译． 天津：
新蕾出版社，1992.7. 109 页；19cm．（智慧
树科学文艺丛书）
ISBN7-5307-1010-9；￥2.00

07824 天皇和日本投降
日本读卖新闻社编；蔡德金等编译． 北京：档
案出版社，1992.5. 273 页；20cm
ISBN7-80019-333-0；￥5.90

07825 天使之谜
〔日〕西村京太郎著；杨国华，黄来顺译． 北
京：群众出版社，1992.9. 307 页；19cm
ISBN7-5014-0899-8；￥5.20

07826 铁甲战士（1）
〔日〕高屋良树著；李振洪等译编． 南宁：广
西美术出版社，1992.7. 192 页；19cm
ISBN7-80582-345-6；￥3.60

07827 铁甲战士（2）
〔日〕高屋良树著；李振洪等译编． 南宁：广
西美术出版社，1992.7. 192 页；19cm
ISBN7-80582-351-0；￥3.60

07828 铁甲战士（3）
〔日〕高屋良树著；李振洪等译编． 南宁：广
西美术出版社，1992.7. 192 页；19cm
ISBN7-80582-352-9；￥3.60

07829 通向神童的诀窍
〔日〕中松义郎著；马庆田译． 北京：北京科
学技术出版社，1992.3. 101 页；19cm
ISBN7-5304-0867-4；￥1.90

07830 通向信息社会之路：中日学者谈理想与现实
李春宝，〔日〕横井宽主编． 北京：新时代出
版社，1992.12. 195 页；20cm
ISBN7-5042-0144-8；￥6.65

07831 图解汽车修理全书
日本汽车修理指导研究会编著；于振洲译． 天
津：天津科学技术出版社，1992.6. 351
页；20cm
ISBN7-5308-1037-5；￥6.30

07832 图解妊娠与分娩大全
〔日〕冈本茂久著；王沫译． 广州：中山大学
出版社，1992.5. 202 页：插图；20cm
ISBN7-306-001605-3；￥4.50

07833 图解数学趣味题典
〔日〕桦旦纯著；高雅真，徐桂秀译． 哈尔
滨：黑龙江教育出版社，1992.12. 168
页；19cm
ISBN7-5316-1801-X；￥2.50
本书搜集了世界各国不同时期的趣味数学难题，
适合于中、小学生及数学爱好者阅读。

07834 外国人在日本的生活与法律指南
日本法律援助协会编写；段匡编译． 上海：上
海科学普及出版社，1992.10. 208 页；19cm
ISBN7-5427-0551-2；￥7.80

07835 外星人尸体之谜："MIB"谋略
〔日〕矢追纯一著；卢溧环等译． 北京：中国
广播电视出版社，1992.9. 214 页；19cm
ISBN7-5043-1784-5；￥4.05

07836 玩具与科学
〔日〕酒井高男著；王孝培，何大均编译． 重
庆：重庆大学出版社，1992.6. 162 页；19cm
ISBN7-5624-0491-7；￥3.00

07837 万叶集精选
钱稻孙译． 北京：中国友谊出版公司，
1992.1. 281 页；20cm
ISBN7-5057-0201-7；￥6.80

07838 卐旗下的未解之谜
〔日〕落合信彦著；张俊炜等译． 上海：上海
人民出版社，1992.4. 163 页；19cm．（外国
政坛内幕系列）
ISBN7-208-01376-4；￥2.70

07839　王羲之书法字典

〔日〕杭迫柏树编．北京：中国青年出版社，1992.6.　636页；20cm

ISBN7-5006-1138-2（精装）；￥20.00

本书所录以我国东晋书法家王羲之墨迹为主，同时收有与之同时代的有关书法。

07840　微观规制经济学

〔日〕植草益著；朱绍文等译．北京：中国发展出版社，1992.1.　322页；20cm

ISBN7-80087-086-3；￥6.00

本书分析了西方发达国家及日本行政部门对大型公用企业、事业单位进行经济管理的理论与实践，阐述了新兴的"规制经济学"。

07841　微型计算机与人工智能

〔日〕相原恒博编著；王玉昆，李方编译．重庆：重庆大学出版社，1992.9.　194页；20cm

ISBN7-5624-0580-8；￥5.85

07842　为友谊架桥四十年：岛田政雄回忆录

〔日〕岛田政雄著；田家农，李兆田译．北京：新华出版社，1992.5.　203页；照片；20cm.　（国际友人丛书　第三辑　爱泼斯坦，高梁主编）

ISBN7-5011-1628-8；￥5.50

本书忆述了作者为反对日本军国主义的经历和战后与郭沫若、茅盾等人的友谊。

07843　围棋布局的创新

〔日〕大竹英雄著；吴茂欣译．成都：蜀蓉棋艺出版社，1992.5.　222页；19cm

ISBN7-80548-357-4；￥3.10

07844　围棋大局观

〔日〕大竹英雄著；吴正龙，翁子瑜译．成都：蜀蓉棋艺出版社，1992.5.　218页；19cm

ISBN7-80548-366-3；￥3.30

07845　围棋定式的构想

〔日〕大竹英雄著；孔祥宏译．成都：蜀蓉棋艺出版社，1992.5.　222页；19cm

ISBN7-80548-360-4；￥3.10

07846　围棋攻防的感觉

〔日〕大竹英雄著；马再明译．成都：蜀蓉棋艺出版社，1992.5.　218页；19cm

ISBN7-80548-365-5；￥3.10

07847　围棋计算法

〔日〕坂田荣男著；薛至诚，姜小平编译．北京：人民体育出版社，1992.5.　407页；19cm.　（围棋中级丛书）

ISBN7-5009-0760-5；￥5.30

07848　围棋目外定式

〔日〕坂田荣男著；王景云译．成都：蜀蓉棋艺出版社，1992.5.　222页；19cm

ISBN7-80548-388-4；￥3.30

07849　围棋棋形的效率

〔日〕林海峰著；赵牧译．成都：蜀蓉棋艺出版社，1992.5.　218页；19cm

ISBN7-80548-384-1；￥5.40

07850　围棋手筋魔术

〔日〕山部俊郎著；王元等译．成都：蜀蓉棋艺出版社，1992.5.　219页；19cm

ISBN7-80548-383-3；￥4.80

07851　围棋小目布局

〔日〕林海峰著；韩凤仑，张凤荣译．北京：北京出版社，1992.1.　735页；20cm.　（围棋系列丛书）

ISBN7-200-01395-1；￥11.35

07852　围棋新手新型新定式（4）

〔日〕安倍吉辉解说；郭鹃译．成都：蜀蓉棋艺出版社，1992.4.　215页；19cm

ISBN7-80548-321-3；￥2.90

07853　围棋新思维：宇宙流大作战

〔日〕武宫正树著；张毓生等编译．天津：南开大学出版社，1992.4.　358页；19cm

ISBN7-310-00403-5；￥5.45

07854　围棋星布局

〔日〕林海峰著；韩凤仑，张凤荣译．北京：北京出版社，1992.5.　686页；20cm.　（围棋系列丛书）

ISBN7-200-01172-X；￥10.60

07855　围棋战略：高中国流

〔日〕羽根泰正著；徐高春等编译．杭州：浙江人民出版社，1992.3.　217页；19cm

ISBN7-213-00672-X；￥3.45

07856　围棋整体构思的威力

〔日〕武宫正树著；程晓文译．成都：蜀蓉棋

艺出版社，1992.5. 173 页；19cm
ISBN7-80548-339-6；￥2.60

07857　围棋中盘战问题集
〔日〕桥本昌二著；薛至诚译．成都：蜀蓉棋
艺出版社，1992.5. 184 页；19cm
ISBN7-80548-368-X；￥2.70

07858　未来机械设计
〔日〕伊藤广著；徐风燕译．北京：人民交
通出版社，1992.9. 287 页；26cm
ISBN7-114-01479-1；￥16.00

07859　文化初级日本语
日本文化外国语专门学校著；邱鸿康等编译．北
京：北京语言学院出版社，1992.2. 421 页；26cm
ISBN7-5619-0145-3；￥11.50

07860　文化人类学事典
〔日〕祖父江孝男等编著；乔继堂等译．西安：
陕西人民出版社，1992.3. 411 页；20cm.
（世界文化艺术译丛）
ISBN7-224-017949；￥8.80
本书介绍了文化人类学的缘起和当前不尽相同
的理论分支，对处于人类文明不同阶段的各种
文化形态做了解释和阐述。

07861　文明论：文明兴衰的法则
〔日〕岸根卓郎著；王冠明等译．北京：北京
大学出版社，1992.4. 220 页；20cm.　（北京
大学日本研究丛书）
ISBN7-301-01801-0（精装）；￥11.00

07862　文心雕龙研究
〔日〕户田浩晓著；曹旭译．上海：上海古籍
出版社，1992.6. 296 页；20cm
ISBN7-5325-1200-6（精装）；￥8.10
ISBN7-5325-1266-X；￥4.95
本书根据作者 1942—1985 年发表的研究《文心
雕龙》的论文汇编而成。分为文心雕龙的成立
及其研究史，文心雕龙的文学论，文心雕龙诸
本，文心雕龙校勘四编。

07863　我的工运之路
〔日〕岩井章著；尤祖德等译．北京：中国工
人出版社，1992.8. 315 页；19cm
ISBN7-5008-1143-8；￥11.00

07864　我的经营之道
〔日〕和田加津著；杨晶，李健华译．北京：

中国发展出版社，1992.4. 245 页；19cm
ISBN7-80087-084-7；￥5.00
本书是传记小说，记叙了作者从经营小百货店发
展成为当今日本商业巨头八百伴国际集团公司
的成功之路。

07865　我和三洋——成功源于探索
〔日〕井植薰原著；陈浩然编译．上海：上海
人民出版社，1992.11. 298 页；20cm
ISBN7-208-01519-8；￥6.90

07866　我是猫
〔日〕夏目漱石著；胡雪，由其译；奇华改写；
北京：中国少年儿童出版社，1992.10.　178
页；19cm.　（世界文学名著少年文库）
ISBN7-5007-1522-6；￥2.30

07867　吴昌硕书法字典
〔日〕松清秀仙编．北京：中国青年出版社，
1992.6. 635 页；20cm
ISBN7-5006-1320-2（精装）；￥21.00

07868　物流经营论
〔日〕市来清也著；邬跃主译．北京：中国物
资出版社，1992.8. 316 页；19cm
ISBN7-5047-0671-X；￥6.00

07869　西班牙无敌舰队
〔日〕石岛晴夫著；简光沂译．北京：海洋出
版社，1992.9. 293 页；19cm
ISBN7-5027-0094-3；￥6.50
本书描写了 16 世纪英国与西班牙为争夺殖民地
和海上霸权进行的一场著名的海战全过程。

07870　西伯利亚纪实
〔日〕穗苅甲子男著；流石译．石家庄：花山
文艺出版社，1992.12. 211 页；19cm
ISBN7-80505-750-8；￥5.00

**07871　西洋绘画名作选集：日本东京富士美术
馆所藏（十六至二十世纪）**
河北省美术家协会编．石家庄：河北美术出版
社，1992.9. 90 页；彩图；26cm
ISBN7-5310-0522-0；￥59.00
本画册收集了日本东京富士美术馆藏品从文艺
复兴（十五世纪）至二十世纪约 70 幅绘画
名作。

07872　西周史略
〔日〕白川静著；袁林译．西安：三秦出版社，

1992.5.　150 页；20cm
ISBN7-80546-194-5；￥2.50

07873　洗涤剂通论
〔日〕阿部芳郎著；张金廷，张锦德译．　北京：
中国轻工业出版社，1992.8.　336 页；20cm
ISBN7-5019-1234-3；￥11.90

07874　侠探寒羽良
〔日〕北条司著；曼华编译．　海口：海南摄影
美术出版社，1992.5.　5 册；19cm
ISBN7-80571-197-6；￥11.00
本套书包括不断的情丝等五篇故事。

**07875　侠探寒羽良　第七卷第二集总（32）：
奇怪的两个人**
〔日〕北条司原著；曼华编译．　海口：海南摄
影美术出版社，1992.9.　112 页；19cm
ISBN7-80571-342-1；￥2.20

**07876　侠探寒羽良　第七卷第三集总（33）：
洒泪的项链**
〔日〕北条司原著；曼华编译．　海口：海南摄
影美术出版社，1992.9.　112 页；19cm
ISBN7-80571-342-1；￥2.20

**07877　侠探寒羽良　第七卷第四集总（34）：
从地狱回来的人**
〔日〕北条司原著；曼华编译．　海口：海南摄
影美术出版社，1992.9.　113 页；19cm
ISBN7-80571-342-1；￥2.20

**07878　侠探寒羽良　第七卷第五集总（35）：
别了，城市猎人**
〔日〕北条司原著；曼华编译．　海口：海南摄
影美术出版社，1992.9.　115 页；19cm
ISBN7-80571-342-1；￥2.20

**07879　侠探寒羽良　第七卷第一集总（31）：
惊人的逃亡**
〔日〕北条司原著；曼华编译．　海口：海南摄
影美术出版社，1992.9.　112 页；19cm
ISBN7-80571-342-1；￥2.20

07880　侠探寒羽良　卷四
〔日〕北条司著；曼华编译．　海口：海南摄影
美术出版社，1992.1.　5 册；19cm
ISBN7-80571-161-5；￥11.00
本辑包括《情人是城市猎人》、《公墓惊艳》、《海
怪的爱情》、《悲哀天始》和《戒指的秘梦》5 册。

07881　侠探寒羽良　卷五
〔日〕北条司著；曼华编译．　海口：海南摄影
美术出版社，1992.3.　5 册；19cm
ISBN7-80571-196-8；￥11.00
本辑包括《求婚狂想曲》、《无敌女探的诞生》、
《含泪的生日》、《恐怖的飞行》和《幽灵的委
托》5 册。

07882　仙鹤报恩
盛欣等编译．　北京：中国妇女出版社，1992.3.
42 页；13×13cm.　（日本儿童画库精选　2）
ISBN7-80016-683-X；￥1.20

07883　现代父母教子：绝招七十三
〔日〕多湖辉著；陆林编译．　武汉：武汉工业
大学出版社，1992.6.　175 页；19cm
ISBN7-5629-0604-1；￥2.90

07884　现代交换系统工程
〔日〕秋丸春夫，池田博昌著；杜光东译．　西
安：西安电子科技大学出版社，1992.8.　291
页；20cm
ISBN7-5606-0217-7；￥6.50

07885　现代企业经营法则 100 条
〔日〕上野一郎著；鲁仁，马九杰编译．　北京：
中国经济出版社，1992.2.　165 页；19cm.
（企业人最佳经营实务用书）
ISBN7-5017-1672-2；￥3.00

07886　现代人机工程学概论
〔日〕浅居喜代治编著；刘高送译．　北京：科
学出版社，1992.3.　362 页；19cm
ISBN7-03-002659-4；￥10.40

07887　现代日本企业认证标准化手册
罗宏远等编译．　成都：成都科技大学出版社，
1992.3.　375 页；19cm
ISBN7-5616-1030-0；￥7.50

07888　现代围棋定式
〔日〕小林觉著；洪艳译．　成都：四川民族出
版社，1992.3.　192 页；19cm
ISBN7-5409-0715-0；￥3.50

07889　现代自然科学技术在考古学中的应用
日本第三次"大学与科学"公开学术研讨会组
织委员会编；韩钊等译．　西安：西北大学出版
社，1992.8.　154 页；26cm
ISBN7-5604-0360-3；￥8.00

07890 线性规划与运筹学
〔日〕竹之内修著；尚文斗译．北京：人民教育出版社，1992.7. 170页；19cm．（日本新高中数学研究丛书 15）
ISBN7-107-10919-7；￥1.90

07891 香具耶公主
盛欣等编译．北京：中国妇女出版社，1992.3. 42页；13×13cm．（日本儿童画库精选 5）
ISBN7-80016-686-4；￥1.20

07892 详解日语口语教程
〔日〕油谷惠子，刘锦明著．北京：华语教学出版社，1992. 203页；19cm
ISBN7-80052-245-8；￥4.50

07893 相貌·性格·人际关系
〔日〕大西宪明著；殷钧祥译；孙毅编．延吉：延边大学出版社，1992.4. 207页；19cm
ISBN7-5634-0395-7；￥3.80
本书论述了相貌与性格的关系，性格的各种类型、特征，人际关系和性格的关系及如何改造人的性格等。

07894 向坂正男文集
〔日〕向坂正男著；张云方主编；中日经济知识交流会译．北京：中国青年出版社，1992.6. 424页；照片；20cm
ISBN7-5006-1194-3（精装）；￥18.00
ISBN7-5006-1194-3；￥12.00

07895 小谷老师和苍蝇博士
〔日〕灰谷健次郎著；王智新译．北京：中国和平出版社，1992.11. 233页；19cm
ISBN7-80037-725-3；￥4.40
本部长篇小说记述了生活在垃圾处理所内的孩子们的生动感人的故事。

07896 小耗子迷路系列故事（1）：奇妙的游乐园：3—4岁
〔日〕古川日出夫编画．北京：中国电影出版社，1992.6. 32页；14×16cm．（提高孩子能力开发孩子智力丛书）
ISBN7-106-00622-X；￥1.50

07897 小耗子迷路系列故事（2）：怪兽岛：4—5岁
〔日〕古川日出夫编画．北京：中国电影出版社，1992.6. 32页；14×16cm．（提高孩子能力开发孩子智力丛书）

ISBN7-106-00624-8；￥1.50

07898 小耗子迷路系列故事（3）：时机：5—6岁
〔日〕古川日出夫编画．北京：中国电影出版社，1992.6. 32页；14×16cm．（提高孩子能力开发孩子智力丛书）
ISBN7-106-00624-6；￥1.50

07899 小林光一围棋必胜讲座
〔日〕小林光一著；王谊译．成都：蜀蓉棋艺出版社，1992.5. 721页；19cm
ISBN7-80548-361-2；￥9.70

07900 小穗（1）：见义勇为
〔日〕植田正志著；李哲译．北京：中国少年儿童出版社，1992.6. 127页；19cm
ISBN7-5007-1490-4；￥2.20

07901 小穗（2）：急中生智
〔日〕植田正志著；李哲译．北京：中国少年儿童出版社，1992.6. 127页；19cm
ISBN7-5007-1489-0；￥2.20

07902 小穗（3）：助人为乐
〔日〕植田正志著；李哲译．北京：中国少年儿童出版社，1992.6. 127页；19cm
ISBN7-5007-1443-2；￥2.20

07903 小小神通大百科（上卷）
〔日〕藤子不二雄著；曼华编译．海口：海南摄影美术出版社，1992.8. 5册；19cm
ISBN7-80571-276-2；￥10.00

07904 小小神通大百科（下卷）
〔日〕藤子不二雄著；曼华编译．海口：海南摄影美术出版社，1992.10. 5册；19cm
ISBN7-80571-345-6；￥10.00

07905 小学生心理
〔日〕高野清纯，高野英夫著；李连鹏译．太原：山西教育出版社，1992.2. 500页；19cm
ISBN7-80578-650-X；￥5.60

07906 新固体酸和碱及其催化作用
〔日〕田部浩三等著；郑禄彬等译．北京：化学工业出版社，1992.11. 399页；20cm
ISBN7-5025-1068-0；￥11.20
本书对近二十年来固体酸碱研究的成果和进展

进行了总结和评价，系统阐述了固体酸和碱的基本知识、化学原理及催化作用。

07907　新女装（9）：日本登丽美时装春夏专辑
北京：中国轻工业出版社；日本：镰仓书房，1992.4.　128页；26cm
ISBN7-5019-1191-6；￥7.90

07908　新人类战士——赛博
〔日〕三井隆一著；童心译．　北京：群众出版社，1992.5.　4册；19cm
ISBN7-5014-0892-0；￥7.60

07909　新式家用电器
〔日〕松男三男编；买买提明·阿西木译．　乌鲁木齐：中国科普出版社新疆维、哈分社，1992.1.　191页；19cm
ISBN7-110-01383-9；￥2.08

07910　行动转变性格：森田式精神健康法
〔日〕长谷川洋三著；李治中等译．　北京：人民卫生出版社，1992.6.　147页；19cm
ISBN7-117-01757-0；￥4.35
本书运用森田疗法对神经症患者的心理素质、性格展开了剖析，并讲述了怎样正确认识情感的活动规律，如何对待长期的预感不安、预感恐怖的心理冲突。

07911　形状记忆合金
〔日〕舟久保熙康编；千东范译．　北京：机械工业出版社，1992.9.　217页：照片；20cm
ISBN7-111-00767-0（精装）；￥9.90
本书论述了形状记忆合金呈现奇异的形状记忆效应和超弹性现象的材料科学基础理论，叙述了钛镍记忆合金和铜基记忆合金的机械性能，阐述了记忆合金件的设计原理和形状记忆处理方法等。

07912　凶水疑案
〔日〕森村诚一著；千秋译．　北京：群众出版社，1992.3.　94页；26cm
ISBN7-5014-0840-8；￥2.95

07913　凶险人生
〔日〕森村诚一著；曹春生译．　北京：群众出版社，1992.9.　222页；19cm
ISBN7-5014-0874-2；￥4.00

07914　修身养性快眠术
〔日〕井上昌次郎著；刘玉玲编译．　北京：北京科学技术出版社，1992.10.　89页；19cm

ISBN7-5304-1158-6；￥2.00
本书提供了科学的睡眠知识，有效的睡眠方法，快速的睡眠技术等。

07915　秀行的创造：定式与定式之后
〔日〕藤泽秀行著；卢盛超等编译．　杭州：浙江人民出版社，1992.3.　199页；19cm
ISBN7-213-00658-4；￥3.20

07916　秀行围棋大局观
〔日〕藤泽秀行著；唐腾，马林译．　成都：蜀蓉棋艺出版社，1992.5.　562页；19cm
ISBN7-80548-387-6；￥12.50

07917　悬索理论及其应用
〔日〕堀高夫，村山茂明著；张育民等编译．　北京：中国林业出版社，1992.5.　279页；19cm
ISBN7-5038-0915-9；￥5.50

07918　旋转机械的平衡
〔日〕三轮修三，下村玄著；朱晓农译．　北京：机械工业出版社，1992.7.　285页；19cm
ISBN7-111-03060-5；￥6.50
本书内容包括机械平衡的力学、平衡机、平衡、现场平衡和有关标准。

07919　漩涡中的人
〔日〕森村诚一著；韩贞全译．　济南：山东文艺出版社，1992.4.　380页；19cm
ISBN7-5329-0828-3；￥5.90

07920　血海迷舟
〔日〕笹泽左保著；吴晓玲，刘满贵译．　北京：群众出版社，1992.9.　194页；19cm
ISBN7-5014-0865-3；￥3.60

07921　血腥的罪恶
〔日〕西村寿行著；芦江华译．　呼和浩特：内蒙古人民出版社，1992.9.　262页；19cm
ISBN7-204-01956-3；￥4.80

07922　寻找飞龙王（10）：绝命剑显神威
〔日〕三条陆著；桐琐子编译．　北京：国际文化出版公司，1992.8.　100页；19cm.　（日本获奖少儿读物）
ISBN7-80049-898-0；￥1.90

07923　寻找飞龙王（1）：身陷咒语圈
〔日〕三条陆著；桐琐子编译．　北京：国际文

化出版公司，1992.8. 103 页；19cm. （日本获奖少儿读物）

ISBN7-80049-898-0；￥1.90

07924　寻找飞龙王（2）：大魔教士授奇功

〔日〕三条陆著；桐琐子编译． 北京：国际文化出版公司，1992.8. 84 页；19cm. （日本获奖少儿读物）

ISBN7-80049-898-0；￥1.90

07925　寻找飞龙王（3）：魔王设圈套

〔日〕三条陆著；桐琐子编译． 北京：国际文化出版公司，1992.8. 101 页；19cm. （日本获奖少儿读物）

ISBN7-80049-898-0；￥1.90

07926　寻找飞龙王（4）：岩弹袭孤岛

〔日〕三条陆著；桐琐子编译． 北京：国际文化出版公司，1992.8. 98 页；19cm. （日本获奖少儿读物）

ISBN7-80049-898-0；￥1.90

07927　寻找飞龙王（5）：神力魔弹枪

〔日〕三条陆著；桐琐子编译． 北京：国际文化出版公司，1992.8. 105 页；19cm. （日本获奖少儿读物）

ISBN7-80049-898-0；￥1.90

07928　寻找飞龙王（6）：智探鬼岩城

〔日〕三条陆著；桐琐子编译． 北京：国际文化出版公司，1992.8. 82 页；19cm. （日本获奖少儿读物）

ISBN7-80049-898-0；￥1.90

07929　寻找飞龙王（7）：怒发火龙神力

〔日〕三条陆著；桐琐子编译． 北京：国际文化出版公司，1992.8. 98 页；19cm. （日本获奖少儿读物）

ISBN7-80049-898-0；￥1.90

07930　寻找飞龙王（8）：龙骑将的真面目

〔日〕三条陆著；桐琐子编译． 北京：国际文化出版公司，1992.8. 79 页；19cm. （日本获奖少儿读物）

ISBN7-80049-898-0；￥1.90

07931　寻找飞龙王（9）：大战魔王军

〔日〕三条陆著；桐琐子编译． 北京：国际文化出版公司，1992.8. 99 页；19cm. （日本获奖少儿读物）

ISBN7-80049-898-0；￥1.90

07932　妖怪学

〔日〕井上圆了著；蔡元培译． 影印本． 上海：上海文艺出版社，1992.3. 198 页；19cm. （民俗、民间文学影印资料　58）

ISBN7-5321-0894-5；￥3.35

据上海商务印书馆 1920 年版影印。

07933　药毒物检验手册

日本法医学会著；范垂昌，刘俊亭译． 北京：群众出版社，1992.12. 119 页；13cm

ISBN7-5014-0805-X；￥2.00

本书介绍了日本药毒物检验标准化方法。内容包括：基本事项、难发挥性物质、无机及金属毒物等。

07934　液晶器件手册

日本学术振兴会第 142 委员会编；黄锡珉等译． 北京：航空工业出版社，1992.8. 817 页：图；20cm

ISBN7-80046-503-9；￥35.00

07935　液压与气动的数字控制及应用

〔日〕田中裕久著；阴正锡等译． 重庆：重庆大学出版社，1992.7. 202 页；19cm

封面译者误题为阳正锡。

ISBN7-5624-0587-5；￥5.50

本书论述液压、气动元件采用微机进行数字控制的几种方法，液压控制阀、液压伺服机构和气动控制的基本理论以及应用实例。

07936　一代女杰：史沫特莱传

〔日〕石垣绫子著；陈志江等译． 北京：光明日报出版社，1992.10. 371 页；19cm

ISBN7-80091-211-6；￥5.75

07937　一个日籍老兵的回忆

〔日〕武村泰太郎著；姜鹤译． 哈尔滨：黑龙江人民出版社，1992.5. 125 页；照片；19cm

ISBN7-207-02175-5；￥2.50

本书作者回忆了他在中国解放战争年代，志愿投身中国人民的革命队伍的经历。

07938　伊斯兰思想历程：凯拉姆·神秘主义·哲学

〔日〕井筒俊彦著；秦惠彬译． 北京：今日中国出版社，1992.2. 272 页；19cm. （宗教文化丛书　王志远主编）

封面题名：伊斯兰教思想历程

ISBN7-5072-0327-1；￥7.00

07939 佚存丛书
〔日〕林衡辑．影印本．扬州：江苏广陵古籍刻印社，1992.12. 10册；19cm
据民国年间上海涵芬楼刊本影印。
（精装）；￥220.00

07940 阴翳礼赞：日本和西洋文化随笔
〔日〕谷崎润一郎著；丘仕俊译．北京：生活·读书·新知三联书店，1992.6. 133页；19cm.（日本文化丛书）
ISBN7-108-00498-4；￥4.80

07941 银河大决战（2）：太空帝国的诞生
果田等复制．南宁：广西美术出版社，1992.1. 111页；19cm
ISBN7-80582-273-5；￥2.10

07942 银河大决战（4）：阿斯塔之战
守坚等复制．南宁：广西美术出版社，1992.1. 111页；19cm
ISBN7-80582-275-2；￥2.10

07943 银河英雄（4）
〔日〕田中芳树原著；吴影改编．海口：海南摄影美术出版社，1992.9. 4册；19cm
ISBN7-80571-249-2；￥7.60

07944 婴幼儿健身操
〔日〕高口保明著；刘雷，金峰译．北京：世界知识出版社，1992.9. 168页；19cm
ISBN7-5012-0519-1；￥3.40

07945 樱花岛国余话
〔日〕张宗植著．北京：作家出版社，1992.5. 262页；18cm
ISBN7-5063-0512-7（精装）；￥7.50
ISBN7-5063-0502-X；￥4.00
本书描述了日本从战后的经济衰败，逐渐过渡到经济列强地位的过程。

07946 樱花烂漫：松本澄江俳句选集
〔日〕松本澄江著；李芒译注．南京：译林出版社，1992.7. 238页；18cm.（和歌俳句丛书）
ISBN7-80567-169-9（精装）

07947 荧屏之战
〔日〕多湖辉著；朱正明等编译．成都：四川文艺出版社，1992.8. 140页；19cm.（智力开发系列 4）
ISBN7-5411-0477-9；￥2.45

07948 影片剪辑基础知识
〔日〕佐佐木彻雄著；隋锡忠译．北京：中国电影出版社，1992.2. 235页：照片；20cm
ISBN7-106-00549-5；￥4.30
书介绍了剪辑所需设备和使用方法，并论述了影片剪接的基础操作技能。

07949 勇敢的白兔
盛欣等编译．北京：中国妇女出版社，1992.3. 42页；13×13cm.（日本儿童画库精选 4）
ISBN7-80016-685-6；￥1.20

07950 幽灵座
〔日〕横沟正史著；刘殿举，王成彦译．北京：军事译文出版社，1992.2. 268页；19cm
ISBN7-80027-172-2；￥4.30

07951 有色金属冶炼技术与节能
日本有色冶炼技术及能源研究委员会编；金锡根等译．北京：冶金工业出版社，1992.2. 309页；20cm
ISBN7-5024-0874-6；￥7.30
本书介绍了日本有色金属领域的工艺技术和能源利用方面的研究开发以及现有企业的技术改造。

07952 诱骗：微型科幻小说集
〔日〕星新一著；李有宽等译．合肥：安徽少年儿童出版社，1992.4. 222页；19cm.（世界科幻名著文库 叶永烈主编）
ISBN7-5397-0777-1；￥3.00

07953 愉快学习小学数学
〔日〕大顺贺康宏等编著；曹龙编译．上海：上海科学普及出版社，1992.10. 160页；19cm
ISBN7-5427-0651-9；￥3.20

07954 与外星人的密约
〔日〕矢追纯一著；卢溧环等译．北京：中国广播电视出版社，1992.7. 147页；19cm
ISBN7-5043-1778-0；￥3.05

07955 宇宙的生命科学
〔日〕实藤远著；李小青译．上海：上海中医学院出版社，1992.12. 163页；20cm
ISBN7-81010-171-4；￥4.85

本书涉及多学科，介绍了大量古代、现代对宇宙起源、生命起源的认识。

07956　宇宙猫
〔日〕藤子不二雄编绘．北京：兵器工业出版社，1992.7.　4册；19cm　（机器猫的姉妹篇）
ISBN7-80038-519-1；￥12.00

07957　语境研究论文集
〔日〕西槙光正编．北京：北京语言学院出版社，1992.11.　583页；20cm
ISBN7-5619-0179-8；￥11.00

07958　语言致胜：绝招九十九
〔日〕多湖辉著；陆林编译．长沙：国防科技大学出版社，1992.11.　181页；19cm
ISBN7-81024-221-0；￥2.95

07959　育儿须知
〔日〕内藤寿七郎著；李华武，许健鹏译．北京：中国医药科技出版社，1992.9.　223页；19cm.　（最新育儿系列丛书）
ISBN7-5067-0643-1；￥4.80

07960　育儿原理：为了培养心灵温暖的孩子
〔日〕内藤寿七郎著；顾振申译．北京：中国少年儿童出版社，1992.9.　410页：彩照；20cm
ISBN7-5007-1689-3（精装）；￥11.70
本书内容分为育儿的思想准备、母乳、婴儿的家教、关于俯卧睡等8章。著者介绍了多年来指导年轻父母的育儿方法育儿经验。

07961　运动损伤胶布固定技术
〔日〕青山一夫监修；〔日〕山本郁荣编；沈杨译．修订版．北京：海洋出版社，1992.9.　223页：照片；26cm
ISBN7-5027-3405-8；￥16.50

07962　在社会环境下的图书出版
〔日〕箕轮成男著；杨贵山译．长沙：湖南教育出版社，1992.8.　123页；20cm
ISBN7-5355-1450-2（精装）；￥4.00
本书论述了出版开发问题的社会、经济、文化诸侧面的关系。

07963　怎样培育出聪明的孩子
〔日〕野上淳著；王石敏译．呼和浩特：内蒙古人民出版社，1992.5.　167页；19cm
ISBN7-204-01755-2；￥2.60

07964　怎样提高领导艺术
〔日〕镰田胜著；李则文，李玉莲汉译；哈得尔·吾守尔·哈斯也提·阿不都热合满维译．乌鲁木齐：新疆科技卫生出版社，1992.4.　370页；19cm
ISBN7-5372-0149-8；￥4.45

07965　战后日本物价变动与物价政策
复旦大学日本研究中心编．上海：复旦大学出版社，1992.6.　257页；20cm
ISBN7-309-00801-4；￥4.80
本书是中日学者论述日本经济发展与物价变动关系，日本政府对物价的指导和管理，产业结构及金融成本对物价影响等内容的论文集。

07966　战略三国志
〔日〕城野宏著；林怀秋译．长沙：湖南文艺出版社，1992.12.　549页；20cm
ISBN7-5404-1002-7；￥9.20

07967　张学良：西安事变主角的命运
〔日〕松本一男著；吴常春译．北京：中国青年出版社，1992.5.　257页：照片；19cm
ISBN7-5006-1140-4；￥4.10
本书叙述了张学良将军1989年以前的经历，并做了夹叙夹议的评论。

07968　浙江民俗研究
中日越系文化联合考察团撰；〔日〕铃木满男主编．杭州：浙江人民出版社，1992.8.　265页；20cm.　（越系文化新探丛书　王勇主编）
ISBN7-213-00812-9；￥3.80

07969　真假美红
〔日〕桂正和原著；肖平，杨金萍编译．长春：东北师范大学出版社：吉林美术出版社，1992.4.　1册；19cm.　（变形飞人　5）
ISBN7-5602-0758-8；￥1.80

07970　正义之士
〔日〕小林久三著；曲建文，陈桦译．北京：军事译文出版社，1992.6.　297页；19cm
ISBN7-80027-194-3；￥4.90

07971　知识产权100点
〔日〕小野昌延原著；李可亮，马庆田译．北京：专利文献出版社，1992.10.　247页；19cm
ISBN7-80011-094-X；￥5.50

07972　执着：超级棋手的精髓（小林光一杰作选）

〔日〕小林光一著；宋培学译．　北京：北京科学技术出版社，1992.6.　251页；19cm
ISBN7-5304-0904-2；￥5.10

07973　制造阶段的质量工程学
〔日〕田口玄一著；缨以德译．　北京：兵器工业出版社，1992.2.　272页；19cm.　（质量工程学丛书）
ISBN7-80038-430-6；￥6.00

07974　质问术：社会交际应酬手册
〔日〕福田健著；邱建设等编译．　武汉：武汉工业大学出版社，1992.11.　196页；19cm
ISBN7-5692-0647-5；￥3.30

07975　智力测试：2岁
〔日〕村山贞雄著；洪汶淇，刘树人编译．　哈尔滨：哈尔滨出版社，1992.8.　64页；26cm.（幼儿智力开发系列丛书）
ISBN7-80557-559-2；￥3.80

07976　智力测试：3岁
〔日〕村山贞雄著；洪汶淇，刘树人编译．　哈尔滨：哈尔滨出版社，1992.8.　64页；26cm.（幼儿智力开发系列丛书）
ISBN7-80557-559-2；￥3.80

07977　智力测试：4岁
〔日〕村山贞雄著；洪汶淇，刘树人编译．　哈尔滨：哈尔滨出版社，1992.8.　64页；26cm.（幼儿智力开发系列丛书）
ISBN7-80557-559-2；￥3.80

07978　智力测试：5岁
〔日〕村山贞雄著；洪汶淇，刘树人编译．　哈尔滨：哈尔滨出版社，1992.8.　64页；26cm.（幼儿智力开发系列丛书）
ISBN7-80557-559-2；￥3.80

07979　智力测试：6岁
〔日〕村山贞雄著；洪汶淇，刘树人编译．　哈尔滨：哈尔滨出版社，1992.8.　64页；26cm.（幼儿智力开发系列丛书）
ISBN7-80557-559-2；￥3.80

07980　中国的宗族与戏剧
〔日〕田仲一成著；钱杭，任余白译．　上海：上海古籍出版社，1992.8.　438页；20cm.（海外汉学丛书　王元化主编）
ISBN7-5325-1020-4；￥6.45

07981　中国工业化与产业技术进步
〔日〕丸山伸郎著；高志前等译．　北京：中国人民大学出版社，1992.6.　244页；20cm
ISBN7-300-01378-3；￥4.60
本书通过中日、中苏、中美关系的对比，从宏观的技术进步角度，研究了中国的工业化和经济发展战略及产业技术进步的作用。

07982　中国古农书考
〔日〕天野元之助著；彭世奖，林广信译．　北京：农业出版社，1992.7.　400页；20cm
ISBN7-109-02151-3；￥13.60
全书共考证了三百余种古农书，这对于中国经济史、农业史、目录学和版本学的研究均有重要参考价值。

07983　中国人的思维模式
〔日〕中野美代子著；北雪译．　北京：中国广播电视出版社，1992.2.　203页；19cm.　（中国学名著译丛　陈熙中，张品兴主编）
ISBN7-5043-1330-0；￥3.70
本书通过对中国文学中的小说研究，透视了中国人的思维模式，探究了中国文化的深层观念结构。

07984　中国文学研究译丛
〔日〕青木正儿等著；汪馥泉译．　影印本．上海：上海文艺出版社，1992.9.　279页；19cm.　（民俗民间文学影印资料　93）
ISBN7-5321-0979-8；￥4.20
本书据北新书局1930年版影印。

07985　中国小说世界
〔日〕内田道夫编；李庆译．　上海：上海古籍出版社，1992.7.　367页；20cm.　（海外汉学丛书　王元化主编）
ISBN7-5325-1158-8；￥5.55
本书以时代为顺序，勾勒了中国小说流派的变迁大势，对中国小说史上有重要影响的作品，从主要情节、艺术特色以及作品情况等方面，做了概括的评价。

07986　中国语的文法
〔日〕池泽肇著；王兴阁校．　沈阳：辽宁教育出版社，1992.11.　180页；19cm
ISBN7-5382-1529-8；￥3.70

07987　中日会计统计制度的比较
张以宽，〔日〕西村明编．　北京：中国商业出版社，1992.12.　201页；19cm
ISBN7-5044-1542-1；￥12.00

07988 中日经济及其比较研究
〔日〕柚木学,池元吉编. 长春:吉林大学出版社,1992.6. 341页;20cm
ISBN7-5601-1163-7;￥5.90
本书包括经济体制与经济政策、经济成长理论与实践、企业组织与企业经营3部分内容。

07989 中日拉孟决战揭秘:异国的鬼
〔日〕品野实著;伍金贵,喻芳译. 北京:群众出版社,1992.4. 338页;19cm
ISBN7-5014-0855-6;￥4.98

07990 中日战争与文学:中日现代文学的比较研究
〔日〕山田敬三,吕元明主编. 长春:东北师范大学出版社,1992.8. 536页:照片;20cm
ISBN7-5602-0654-9(精装);￥18.00

07991 中学生100分:中学功课学习方法
〔日〕石川勤著;肖雨等编译. 深圳:海天出版社,1992.4. 380页;19cm
ISBN7-80542-378-4;￥6.00

07992 周游世界
〔日〕多湖辉著;朱正明编译. 成都:四川文艺出版社,1992.8. 162页;19cm. (智力开发系列 3)
ISBN7-5411-0476-0;￥2.75

07993 追踪神秘的宇宙人
〔日〕矢追纯一原著;胡尔平编译. 北京:北京科学技术出版社,1992.6. 141页;19cm
ISBN7-5304-1007-5;￥2.90

07994 卓越成功80招:三分钟成功的决窍
〔日〕松田幸夫著;尹庭渊,谨明译. 成都:四川文艺出版社,1992.4. 168页;19cm. (家庭生活丛书)
ISBN7-5411-0803-0;￥2.30
本书从人际关系、心理关系,针对人们的性格弱点、心理弱点,介绍了80余种战胜自我的成功术。

07995 《资本论》百题论争
〔日〕佐藤金三郎等编;刘焱等译. 济南:山东人民出版社,1992.6. 3册;20cm. (《资本论》研究译丛)
ISBN7-209-01376-8;￥31.00

07996 《资本论》的方法
〔日〕见田石介著;沈佩林译. 济南:山东人民出版社,1992.7. 305页;20cm. (《资本论》研究译丛)
ISBN7-209-01172-2;￥5.90

07997 《资本论》与现代
〔日〕不破哲三著;于俊文等译. 济南:山东人民出版社,1992.6. 118页;20cm. (《资本论》研究译丛)
ISBN7-209-01170-6;￥3.00
本书介绍了日共中央运用《资本论》理论分析当今世界的经济形势及对《资本论》的研究情况。

07998 自我诊断
〔日〕石川恭三著;盛树立,方人译. 济南:山东科学技术出版社,1992.5. 87页;19cm. (一分钟系列丛书)
ISBN7-5331-1031-5;￥2.00

07999 走向21世纪的人与哲学:寻求新的人性
〔日〕池田大作,〔德〕狄尔鲍拉夫著;宋成有等译. 北京:北京大学出版社,1992.9. 356页;20cm. (北京大学日本研究丛书)
ISBN7-301-01970-X(精装);￥21.50
ISBN7-301-01969-6;￥5.90
本书论述了日、德两国的历史联系,分析了传统生活与现代化的关系,比较了东西方人道主义的异同,探讨了佛教与基督教及教育问题等。

08000 走向疯狂的复仇者
〔日〕大薮春彦著;梁明译. 呼和浩特:内蒙古人民出版社,1992.7. 253页;19cm
ISBN7-204-01941-8;￥4.48

08001 租赁知识
〔日〕宫内义彦著;庄建鹰,李虹译. 福州:福建人民出版社,1992.4. 138页;19cm
ISBN7-211-01894-1;￥1.95

08002 最佳记忆术
〔日〕品川嘉也著;于永海译. 沈阳:辽宁人民出版社,1992.1. 168页;19cm
ISBN7-205-02013-1;￥3.60
本书按右脑理论,介绍多种记忆方法。

08003 最新材料力学
〔日〕关谷壮等著;陈和译. 上海:同济大学出版社,1992.12. 229页;20cm
ISBN7-5608-0965-0;￥5.60

08004 最新国际金融工具

日本银行研修社编；佟郁祥译． 北京：中国金
融出版社，1992.10. 377 页；20cm
ISBN7-5049-0880-0；￥7.65
本书包罗了从最新国际金融工具的结构和应用
方法到业务手续和会计处理方法等内容。

08005 最新日本晶体管及互换型号大全
陈清山等编译． 长沙：中南工业大学出版社，
1992.7. 1 册；26cm
ISBN7-81020-161-0（精装）；￥22.00

08006 最新日本时装精选：女装（1992—1993）
俞可，牟白治编译． 南宁：广西美术出版社，
1992.6. 95 页：图；26cm
ISBN7-80582-017-1；￥9.90

08007 最新药物制剂技术及应用
日本株式会社医药杂志社编辑部编；安书麟等
译． 北京：中国医药科技出版社，1992.10.
451 页；26cm
ISBN7-5067-0594-X；￥18.00

08008 最新中学数学图画记忆法
〔日〕津田荣等著；廖国一，黄志勇译． 南宁：
广西美术出版社，1992.10. 191 页；19cm
ISBN7-80582-485-1；￥6.00

08009 作曲技法的演进
〔日〕属启成著；陈文甲译． 北京：人民音乐
出版社，1992.9. 355 页；20cm
ISBN7-103-01103-6；￥9.30

1993

08010 2000 年的世界日本：经济预测 100 例
〔日〕关口米夫编；谈春兰译． 上海：上海社
会科学院出版社，1993.10. 205 页；20cm
ISBN7-80515-803-7；￥12.00

08011 21 世纪银行战略
日立研究所日立公司企业系统开发中心编；陈
耀东等译． 北京：中国金融出版社，1993.5.
162 页；20cm
ISBN7-5049-1071-6；￥5.20

08012 UNIX 入门
〔日〕羽山博著；金茂忠译． 北京：北京航空
航天大学出版社，1993.11. 215 页；20cm.
（UNIX 学习丛书 1）
ISBN7-81012-412-9；￥6.50

**08013 安藤昌益·现代·中国：中日安藤昌益
学术讨论会文集**
王守华，李彩华编． 济南：山东人民出版社，
1993.7. 317 页；20cm
ISBN7-209-01281-8；￥6.55
安藤昌益（1703—1762），18 世纪日本唯物主义
哲学家、农民思想家，本书选编 1992 年"中日
安藤昌益学术讨论会"论文 400 余篇。

08014 班级社会学
〔日〕片冈德雄著；贺晓星译． 北京：北京教
育出版社，1993.5. 230 页；19cm
ISBN7-5303-0442-9；￥4.30

08015 棒球手册
〔日〕四津浩平著；梁友德译． 北京：北京体
育学院出版社，1993.4. 90 页；20cm
ISBN7-81003-766-8；￥2.80

08016 保险入门：实用保险概要（漫画本）
〔日〕山野井良民主编；〔日〕小杉明绘；惠获生，
胡永昌译． 上海：上海译文出版社，1993.11.
254 页；19cm. （市场经济入门丛书）
ISBN7-5327-1512-4（精装）：￥7.60

**08017 本田赢得市场的奥秘：独特的经营管理
思想**
赵民，陈学强编译． 天津：天津科技翻译出版
公司，1993.4. 155 页；19cm
ISBN7-5433-0375-2：￥3.20

08018 玻璃兔子
〔日〕高木敏子著；彭克巽，徐小英译． 北京：
清华大学出版社，1993.5. 116 页；19cm
ISBN7-302-01279-2：￥3.80

08019 伯爵千金 第一卷（1）
〔日〕细川知荣子编绘． 海口：海南摄影美术
出版社，1993.11. 95 页；19cm
ISBN7-80571-451-7：￥2.20

08020 伯爵千金 第一卷（2）
〔日〕细川知荣子编绘． 海口：海南摄影美术
出版社，1993.11. 95 页；19cm
ISBN7-80571-451-7：￥2.20

08021 伯爵千金 第一卷（3）
〔日〕细川知荣子编绘． 海口：海南摄影美术
出版社，1993.11. 94 页；19cm
ISBN7-80571-451-7：￥2.20

08022 伯爵千金　第一卷（4）
〔日〕细川知荣子编绘．海口：海南摄影美术
出版社，1993.11.　94页；19cm
ISBN7-80571-451-7：￥2.20

08023 伯爵千金　第一卷（5）
〔日〕细川知荣子编绘．海口：海南摄影美术
出版社，1993.11.　94页；19cm
ISBN7-80571-451-7：￥2.20

**08024 不动产入门：不动产交易的注意事项
（漫画本）**
〔日〕岩田可治主编；〔日〕高桥正行绘；〔日〕
朝比奈冬来撰文；王前译．上海：上海译文出
版社，1993.11.　253页；19cm.（市场经济入
门丛书）
ISBN7-5327-1510-8（精装）：￥7.60

**08025 残疾儿童发育诊断：献给残疾儿童教师、
家长及康复工作者**
〔日〕西村章次著；唐佳宁，陈辉红译．成都：
四川教育出版社，1993.7.　244页；20cm
书名原为 *A Developmental Diagnosis in the Treatment
of Handicapped Individuals*
ISBN7-5408-2274-0（精装）：￥12.50

**08026 产品销售入门：决定企业未来的诀窍
（漫画本）**
日本产业能率大学产品销售研究组主编；〔日〕
田丸洋介绘；王颐译．上海：上海译文出版
社，1993.8.　254页；19cm.（市场经济入门
丛书）
ISBN7-5327-1515-9（精装）：￥7.60

08027 长谷川泉日本文学论著选：川端康成论
〔日〕长谷川泉著；孟庆枢译．长春：时代文
艺出版社，1993.6.　597页；20cm
ISBN7-5387-0653-4（精装）

08028 超级小飞童（全集）
〔日〕藤子不二雄绘．武汉：湖北美术出版社，
1993.12.　1册；17×19cm
ISBN7-5394-0140-0：￥9.80

**08029 成本核算入门：材料费、劳务费、经费
的核算和记帐（漫画本）**
〔日〕氏井岩主编；〔日〕田村良介绘；〔日〕
山本邦一文；刘光耀译．上海：上海译文出版
社，1993.11.　254页；19cm.（市场经济入门
丛书）

ISBN7-5327-1514-0（精装）：￥7.60

**08030 出版千凡录：从本乡和茶之水纵观出
版界**
〔日〕中平千三郎著；张贵来，曾贫译．北京：
北京大学出版社，1993.7.　249页；20cm
ISBN7-301-02320-02：￥10.00

08031 初级汉语课本（汉、日文对照本）
尹润芎等编；〔日〕白泽龙郎，卫榕群译．北
京：北京师范大学出版社，1993.1.　379页；
20cm（对外汉语教学教材）
ISBN7-303-01127-7：￥8.50

08032 川端康成散文选
〔日〕川端康成著；海翔选编．北京：中国世
界语出版社，1993.8.　134页；19cm.（世界
文学精品丛书　王洪，韦海英主编）
ISBN7-5052-0136-0：￥3.90

08033 川端康成作品精粹
〔日〕川端康成著；高慧琴选编．石家庄：河
北教育出版社，1993.7.　534页；20cm.（世
界文学博览　第二辑　巫宁坤主编）
ISBN7-5434-1735-9：￥9.50

08034 醋·健康·美容
〔日〕泷野吉雄著；刘华亭译．北京：世界图
书出版公司北京分公司，1993.2.　92页；19cm
ISBN7-5062-1475-X：￥3.50

08035 催眠诱导的技法
〔日〕多湖辉等著；汪卫东，马晓北译．
北京：航空工业出版社，1993.12.　121
页；19cm
ISBN7-80016-759-7：￥6.50

08036 错误的健康常识
〔日〕千叶健一郎著．哈尔滨：哈尔滨工业大
学出版社，1993.1.　127页；19cm.（健康饮
食丛书）
ISBN7-5603-0484-2：￥3.00

08037 大蒜的新药效：从癌症到脚癣
〔日〕永进胜次著；沙草，莫洲译．西安：西
北大学出版社，1993.1.　178页；19cm
ISBN7-5604-0415-4：￥3.20

**08038 第一届中日机械零件国际学术研讨会论
文集（第二卷）**

郭可谦，〔日〕塚本尚久著．　北京：万国学术
出版社，1993．　485—975 页；26cm
ISBN7-80003-290-6（精装）：￥325.00

08039　第一届中日机械零件国际学术研讨会论文集（第一卷）
郭可谦，〔日〕塚本尚久著．　北京：万同学术
出版社，1993．　481 页；26cm
ISBN7-80003-290-6（精装）：￥325.00

08040　第一神拳（1）：职业拳击手
〔日〕森川让次著；宓晓明编译．　海口：南海
出版公司，1993.10．　160 页；18×12cm
ISBN7-5442-0134-1：￥4.00

08041　第一神拳（2）：魔鬼营的计划
〔日〕森川让次著；宓晓明编译．　海口：南海
出版公司，1993.10．　160 页；18×12cm
ISBN7-5442-0134-1：￥4.00

08042　第一神拳（3）：闪电自拳
〔日〕森川让次著；宓晓明编译．　海口：南海
出版公司，1993.10．　160 页；18×12cm
ISBN7-5442-0134-1：￥4.00

08043　第一神拳（4）：9 的悬念
〔日〕森川让次著；宓晓明编译．　海口：南海
出版公司，1993.10．　160 页；18×12cm
ISBN7-5442-0134-1：￥4.00

08044　第一神拳（5）：第一种子手
〔日〕森川让次著；宓晓明编译．　海口：南海
出版公司，1993.10．　160 页；18×12cm
ISBN7-5442-0134-1：￥4.00

08045　第一神拳（6）：危险的诱惑
〔日〕森川让次著；宓晓明编译．　海口：南海
出版公司，1993.10．　160 页；19cm
ISBN7-5442-0134-1：￥4.00

08046　第一神拳（7）：散弹枪的威胁
〔日〕森川让次著；宓晓明编译．　海口：南海
出版公司，1993.10．　160 页；19cm
ISBN7-5442-0134-1：￥4.00

08047　第一神拳（8）：凌厉的攻击
〔日〕森川让次著；宓晓明编译．　海门：南海
出版公司，1993.10．　160 页；19cm
ISBN7-5442-0134-1：￥4.00

08048　第一神拳（9）：新人王决赛
〔日〕森川让次著；宓晓明编译．　海口：南海
出版公司，1993.10．　160 页；19cm
ISBN7-5442-0134-1：￥4.00

08049　第一神拳（10）：厉害的超级博士
〔日〕森川让次著；宓晓明编译．　海口：南海
出版公司，1993.10．　160 页；19cm
ISBN7-5442-0134-1：￥4.00

08050　第一神拳（11）：令人害怕的拳头
〔日〕森川让次著；宓晓明编译．　海口：南海
出版公司，1993.10．　160 页；19cm
ISBN7-5442-0134-1：￥4.00

08051　第一神拳（12）：超强杀手拳
〔日〕森川让次著；宓晓明编译．　海口：南海
出版公司，1993.10．　160 页；19cm
ISBN7-5442-0134-1：￥4.00

08052　电力半导体变流电路
日本电气学会电力半导体变流方式调研专门委
员会编；王兆安，张良金译．　北京：机械工业
出版社，1993.1．　370 页；20cm
ISBN7-111-03348-5：￥13.00

08053　东方的发现：面向 21 世纪的健康与美
〔日〕三锅泰彦著；黄春春，张永和译．　广州：
中山大学出版社，1993.11．　130 页；19cm
ISBN7-306-00811-0：￥5.80

08054　东京爱的故事（二）
〔日〕柴门文编绘．　海口：海南摄影美术出版
社，1993.11．　201 页；19cm
ISBN7-80571-609-9：￥4.98

08055　东京爱的故事（三）
〔日〕柴门文编绘．　海口：海南摄影美术出版
社，1993.11．　202 页；19cm
ISBN7-80571-609-9：￥4.98

08056　东京爱的故事（四）
〔日〕柴门文编绘．　海口：海南摄影美术出版
社，1993.11．　225 页；19cm
ISBN7-80571-609-9：￥4.98

08057　东京爱的故事（一）
〔日〕柴门文编绘．　海口：海南摄影美术出版
社，1993.11．　232 页；19cm
ISBN7-80571-609-9：￥4.98

08058　东京资金市场
〔日〕森田达郎，原信编；周晓方译．　郑州：
河南人民出版社，1993.6.　395页；19cm
ISBN7-215-02561-6：￥9.95

08059　东洋厚黑学
〔日〕冈本学著；乐笑声，张春林译．　武汉：
中国地质大学出版社，1993.6.　273页；19cm.
（厚黑学系列）
ISBN7-5652-0800-3：￥4.80

08060　东洋奇迹：日本经济奥秘剖析
日本经济新闻社编；王革凡等译．　北京：经济
日报出版社，1993.9.　598页；20cm
ISBN7-80036-602-2：￥14.80

08061　动物的生态
〔日〕小原秀雄著；乌兰等译．　赤峰：内蒙古
科学技术出版社，1993.6.　203页；19cm
ISBN7-5380-0201-4：￥2.00

08062　短时熟睡法
〔日〕藤本宪幸著；杜军，谷雨译．　北京：北
京出版社，1993.3.　179页；18cm
ISBN7-200-01567-9：￥2.90
本书从生物学、生理学角度，阐述了饮食心情、
疾病、环境、季节、运动等与睡眠的关系，熟睡
的技巧，治疗失眠的秘诀。

08063　二战期间日本外交内幕
〔日〕法眼晋作著；袁靖等译．　北京：中国文
史出版社，1993.5.　148页；19cm
ISBN7-5034-0566-X：￥3.60

08064　发现自我与改变自我
〔日〕前田耕作著；张哲夫译．　北京：世界图书
出版公司北京分公司，1993.6.　127页；19cm
ISBN7-5062-1541-1：￥4.80

08065　反应性化学物质与爆炸物品的安全
〔日〕吉田忠雄，田村昌三编著；刘荣海，孙业
斌译．　北京：兵器工业出版社，1993.9.　402
页；26cm.　（普通高等教育兵工类规划教材）
ISBN7-80038-613-9：￥12.30

08066　芳迹难觅：日本爱情小说选译
黄若冰主编．　北京：北京师范大学出版社，
1993.4.　186页；19cm
ISBN7-303-02648-7：￥3.45

08067　夫妻幽默趣谈
〔日〕森田幸子编著；易玲莉译．　桂林：漓江
出版社，1993.8.　220页；19cm
ISBN7-5407-1212-0：￥4.50

08068　福翁百话：福泽谕吉随笔集
〔日〕福泽谕吉著；唐沄等译．　上海：三联书
店上海分店，1993.1.　327页；19cm.　（猫头
鹰文库·世界贤哲名著选译　第五辑　姚鹏
主编）
ISBN7-5426-0586-0：￥8.50

08069　福星小子（珍藏本）
〔日〕高桥留美子绘编．　南宁：广西民族出版
社，1993.　96页；19cm
ISBN7-5363-2352-2：￥2.20

08070　钢琴指导法及琴童心理分析
〔日〕大野桂著；栾秉奇，栾丽译．　太原：希
望出版社，1993.6.　135页；19cm
ISBN7-5379-1226-2：￥3.65

08071　高强度低合金钢的控制轧制与控制冷却
〔日〕田村今男等著；王国栋等译．　北京：冶
金工业出版社，1993.6.　276页；20cm
书名原为 *Thermomechanical Processing of High
Strength Iron Alloy Steels*
ISBN7-5024-1082-1：￥9.90

08072　高温陶瓷材料相图读解
〔日〕山口明良著；姜校发等译．　沈阳：东北
大学出版社，1993.11.　127页；26cm
ISBN7-81006-682-X：￥12.00

08073　歌：跨海的金桥
〔日〕龟田升著；王凌，乔炎编译．　沈阳：辽
宁大学出版社，1993.12.　183页：照片；21cm
ISBN7-5610-2220-4：￥9.50

08074　功能性丙烯酸树脂
〔日〕大森英三著；张育川等译．　北京：化学
工业出版社，1993.12.　612页；19cm
ISBN7-5025-1148-2：￥23.00

08075　沟口健二的世界
〔日〕佐藤忠男著；陈笃忱，陈梅译．　北京：
中国电影出版社，1993.5.　260页；20cm.
（电影大师创作系列）
ISBN7-106-00795-1：￥4.30
沟口健二，日本早期著名导演之一。本书介绍了

他的艺术生涯，并对其作品进行了研究。

08076 股票入门：股票投资取胜要诀（漫画本）
〔日〕三原淳雄主编；〔日〕住田京绘；吴寄南译．上海：上海译文出版社，1993.11. 251页；19cm.（市场经济入门丛书）
ISBN7-5327-1517-5（精装）：￥7.60

08077 规划制订入门：简洁明了的规划制订方法（漫画本）
〔日〕和田创主编；〔日〕田村澄与绘；徐宝妹译．上海：上海译文出版社，1993.11. 254页；19cm.（市场经济入门丛书）
ISBN7-5327-1518-3（精装）：￥7.60

08078 鬼才松永：松永安左卫门传
〔日〕宇佐美省吾著；蒋道鼎等译．北京：中国国际广播出版社，1993.5. 314页：图；20cm
ISBN7-5078-0897-1：￥8.00

08079 汉译日精编教程
〔日〕山本哲也等编著．沈阳：辽宁科学技术出版社，1993.9. 412页；20cm+练习题解答范例1册 46页；20cm
ISBN7-5381-1732-6：￥27.00

08080 汉字书体字典
〔日〕竹堂等编．南宁：广西民族出版社，1993.11. 940页；20cm
ISBN7-5363-2711-0：￥36.00

08081 宏观经济学与日本经济
〔日〕黑坂佳央，浜田宏一著；全慊幸等译．上海：上海人民出版社，1993.6. 247页；20cm
ISBN7-208-01650-X：￥8.00

08082 花骸
〔日〕森村诚一著；马兴国译．新1版．南昌：百花洲文艺出版社，1993.1. 344页；19cm
ISBN7-80579-329-8：￥5.30

08083 化学史话
〔日〕紫藤贞昭著；孙晓云，孙绍荣译．石家庄：河北教育出版社，1993.12. 223页；19cm.（科学史丛书 2）
ISBN7-5434-1583-6：￥3.60

08084 画说性——少年成长的喜悦（1）：生命是什么
〔日〕山本直英著；〔日〕木原千春绘；戴娓娓译．广州：广东教育出版社，1993.11. 36页；20×21cm.（健康生活系列 1）
ISBN7-5406-2519-8（精装）

08085 画说性——少年成长的喜悦（2）：从小孩到大人
〔日〕高柳美知子著；〔日〕木原千春绘；戴娓娓译．广州：广东教育出版社，1993.11. 36页；20×21cm.（健康生活系列 1）
ISBN7-5406-2520-1（精装）

08086 画说性——少年成长的喜悦（3）：从恋爱到成家
〔日〕山本直英著；〔日〕木原千春绘；戴娓娓译．广州：广东教育出版社，1993.11. 36页；20×21cm.（健康生活系列 1）
ISBN7-5406-2521-X（精装）

08087 画说性——少年成长的喜悦（4）：大人为什么要做这种事
〔日〕高柳美知子著；〔日〕木原千春绘；戴娓娓译．广州：广东教育出版社，1993.11. 36页；20×21cm.（健康生活系列 1）
ISBN7-5406-2522-8（精装）

08088 画说性——少年成长的喜悦（5）：你不能不知道
〔日〕安达倭雅子著；〔日〕木原千春绘；戴娓娓译．广州：广东教育出版社，1993.11. 58页；20×21cm.（健康生活系列 1）
ISBN7-5406-2523-6（精装）

08089 黄仲涵财团：东南亚第一个企业帝国
〔日〕吉原久仁夫主编；周南京译．北京：中国华侨出版社，1993.11. 334页：照片；20cm
书名原为 *Oei Tiongham Concern*：*The First Empire of Southeast Asia*
ISBN7-80074-587-4：￥8.70

08090 婚败
〔日〕石川达三著；金中，章吾一译．重庆：重庆出版社，1993.10. 330页；19cm
ISBN7-5366-2354-2：￥4.50

08091 机器猫（第八卷）
〔日〕藤子·F.不二雄原著；季颖等译编．北京：人民美术出版社，1993.3. 189页；19cm

ISBN7-102-01176-8：￥2.50

08092　机器猫（第二卷）
〔日〕藤子・F. 不二雄原著；丁晓玉等译编.
北京：人民美术出版社，1993.3.　191
页；19cm
ISBN7-102-01170-9：￥2.50

08093　机器猫（第九卷）
〔日〕藤子・F. 不二雄原著；季颖等译编. 北
京：人民美术出版社，1993.3.　189 页；19cm
ISBN7-102-01177-6：￥2.50

08094　机器猫（第六卷）
〔日〕藤子・F. 不二雄原著；盛祖信，王振华译
编.　北京：人民美术出版社，1993.3.　191
页；19cm
ISBN7-102-01174-1：￥2.50

08095　机器猫（第七卷）
〔日〕藤子・F. 不二雄原著；季颖等译编.　北
京：人民美术出版社，1993.3.　191 页；19cm
ISBN7-102-01175-X：￥2.50

08096　机器猫（第三卷）
〔日〕藤子・F. 不二雄原著；丁晓玉等译编.　北
京：人民美术出版社，1993.3.　191 页；19cm
ISBN7-102-01171-7：￥2.50

08097　机器猫（第十卷）
〔日〕藤子・F. 不二雄原著；朱青，盛祖信译
编.　北京：人民美术出版社，1993.3.　188
页；19cm
ISBN7-102-01178-4：￥2.50

08098　机器猫（第四卷）
〔日〕藤子・F. 不二雄原著；王振华，于利译编.
北京：人民美术出版社，1993.3.　191 页；19cm
ISBN7-102-01172-5：￥2.50

08099　机器猫（第五卷）
〔日〕藤子・F. 不二雄原著；盛祖信译编.　北
京：人民美术出版社，1993.3.　189 页；19cm
ISBN7-102-01173-3：￥2.50

08100　机器猫（第一卷）
〔日〕藤子・F. 不二雄原著；辰化等译编.　北
京：人民美术出版社，1993.3.　190 页；19cm
ISBN7-102-01169-5：￥2.50

08101　机器猫教算术：乘除法・四则混合运算
〔日〕小林敢治郎著；宋雪禹译.　北京：北京
科学技术出版社，1993.1.　223 页；19cm
ISBN7-5304-1146-2：￥4.50

08102　机器猫教算术：加法・减法
〔日〕小林敢治郎著；宋雪禹译.　北京：北京
科学技术出版社，1993.3.　223 页；19cm
ISBN7-5304-1145-4：￥4.50

08103　机械加工振动分析
〔日〕星铁太郎著；师汉民等译.　武汉：华中
理工大学出版社，1993.1.　249 页；20cm
ISBN7-5609-0703-2：￥5.50

08104　家用录像机的娱乐方法
〔日〕青木寿一郎著；李直，李长嘉译.　北京：
中国电影出版社，1993.4.　229 页；19cm.
（家用摄录像音响小丛书）
ISBN7-106-00787-0：￥3.80

08105　家用录像机技术
〔日〕横山克哉等著；康天雄，韩友梅译.　北
京：中国电影出版社，1993.1.　254 页；20cm
ISBN7-106-00698-X：￥4.60

08106　健康百科
〔日〕山本晴义主编；郑健元译.　北京：世界
图书出版公司北京分公司，1993.2.　160
页；19cm
ISBN7-5062-1427-X：￥5.90

08107　教育的效果
〔日〕市川昭午著；李守福等译.　南昌：江西
教育出版社，1993.10.　261 页；20cm.　（当代
世界教育名著译丛　顾明远主编）
ISBN7-5392-1109-1（精装）：￥6.00

08108　经济工程学基础：决策用经济性分析
〔日〕千住镇雄，伏见多美雄著；王经涛等译.
北京：中国石化出版社，1993.12.　264
页；19cm
ISBN7-80043-301-3：￥7.60

08109　经贸初级汉语口语（汉、日文对照）
黄为之编著；〔日〕中井丰译.　北京：对外贸
易教育出版社，1993.12.　433 页；20cm
ISBN7-81000-543-X：￥14.90

08110　经营概论讲义

〔日〕长秀明著；李明玉译．长春：东北师范大学出版社，1993.12.　524页；20cm.（内部发行）

ISBN7-5602-1312-X：￥4.50

08111　精神动力疗法

〔日〕伊丹仁朗著；张文先，陶冶编译．北京：文津出版社，1993.4.　114页：照片；19cm

ISBN7-80554-191-4：￥2.65

08112　竞争·出奇·制胜："阿信"后代与八佰伴

〔日〕篠原勋，小泽清著；〔日〕西村公克，赵晓华译．北京：企业管理出版社，1993.10.　193页：图；20cm

ISBN7-80001-255-7：￥5.30

08113　静斗士——翔第一翔：翼的记忆

〔日〕车田正美著．银川：宁夏人民出版社，1993.　163页；19cm

ISBN7-227-01069-4：￥4.60

08114　绝不能娶这种女人

〔日〕樱井秀勋著；李霜华，厉兵译．兰州：甘肃人民出版社，1993.3.　194页；19cm

ISBN7-226-01080-1：￥4.95

本书介绍了20世纪90年代日本女性的恋爱观、婚姻观、家庭观、幸福观等。

08115　军妓

〔日〕千田夏光著；林怀秋，夏文秀译．2版．长沙：湖南出版社，1993.3.　292页；19cm

ISBN7-5438-0475-1：￥4.95

08116　看图学算：数与加法

〔日〕多湖辉编著；增丁，兰英译．贵阳：贵州人民出版社，1993.3.　73页；26cm

ISBN7-221-02731-5：￥2.80

08117　看图学算：数与钟表

〔日〕多湖辉编著；增丁，兰英译．贵阳：贵州人民出版社，1993.3.　65页；26cm

ISBN7-221-02731-5：￥2.80

08118　科技日语

〔日〕金田数正编著．杭州：浙江大学出版社，1993.11.　154页；20cm

ISBN7-308-01283-2：￥8.80

08119　可爱的童装：1993春夏

中国轻工业出版社，日本镰仓书房编．北京：中国轻工业出版社；日本：镰仓书房，1993.4.　98页；26cm

ISBN7-5019-1391-9：￥7.50

08120　可爱的童装：1993秋冬

中国轻工业出版社，日本镰仓书房编．北京：中国轻工业出版社，1993.8.　98页：图；26cm

ISBN7-5019-1514-8：￥7.50

08121　空手道六周通

〔日〕金泽弘和著；黄凌海，刘高鹏编译．北京：人民体育出版社，1993.6.　251页，19cm.（体育爱好者丛书　江声、丛明礼主编）

ISBN7-5009-0813-X：￥4.80

08122　冷战以后

〔日〕中曾根康弘等著；吴寄南等译．上海：三联书店上海分店，1993.7.　176页；20cm

ISBN7-5426-0651-4：￥5.50

08123　力学15讲

〔日〕江尻有乡著；朱为群译．广州：中山大学出版社，1993.7.　162页；26cm

ISBN7-306-00643-6：￥6.20

08124　恋爱的方法

〔日〕卷正平著；于耀明译．西安：陕西人民出版社，1993.7.　171页；19cm

ISBN7-224-02980-7：￥3.40

08125　鲁迅《野草》全释

〔日〕片山智行著；李冬木译．长春：吉林大学出版社，1993.7.　155页；20cm

ISBN7-5601-1384-2（精装）：￥4.00

ISBN7-5601-1384-2：￥2.80

08126　乱马1/2　卷八（1）：潘斯特流星脚

〔日〕高桥留美子原著；周颖编译．海口：海南摄影美术出版社，1993.　94页；19cm.（日本大型系列画书）

又名《七笑拳》。

ISBN7-80571-519-X：￥2.20

08127　乱马1/2　卷八（2）：西瓜地里的战斗

〔日〕高桥留美子原著；周颖编译．海口：海南摄影美术出版社，1993.　94页；19cm.（日本大型系列画书）

又名《七笑拳》。

ISBN7-80571-519-X：￥2.20

08128　乱马1/2　卷八（3）：温泉街的恶梦
〔日〕高桥留美子原著；周颖编译．海口：海南摄影美术出版社，1993．94页；19cm．（日本大型系列画书）
又名《七笑拳》。
ISBN7-80571-519-X：￥2.20

08129　乱马1/2　卷八（4）：决斗——狮子对猛虎
〔日〕高桥留美子原著；周颖编译．海口：海南摄影美术出版社，1993．94页；19cm．（日本大型系列画书）
又名《七笑拳》。
ISBN7-80571-519-X：￥2.20

08130　乱马1/2　卷八（5）：除夕夜的咒语
〔日〕高桥留美子原著；周颖编译．海口：海南摄影美术出版社，1993．94页；19cm．（日本大型系列画书）
又名《七笑拳》。
ISBN7-80571-519-X：￥2.20

08131　乱马1/2　卷二（1）：可爱的夏洛特
〔日〕高桥留美子原著；周颖编译．海口：海南摄影美术出版社，1993．94页；19cm．（日本大型系列画书）
ISBN7-80574-285-9：￥2.20

08132　乱马1/2　卷二（2）：愤怒的良牙
〔日〕高桥留美子原著；周颖编译．海口：海南摄影美术出版社，1993．96页；19cm．（日本大型系列画书）
ISBN7-80571-285-9：￥2.20

08133　乱马1/2　卷二（3）：小茜与珊璞
〔日〕高桥留美子原著；周颖编译．海口：海南摄影美术出版社，1993．94页；19cm．（日本大型系列画书）
ISBN7-80571-285-9：￥2.20

08134　乱马1/2　卷二（4）：猫地狱之行
〔日〕高桥留美子原著；周颖编译．海口：海南摄影美术出版社，1993．94页；19cm．（日本大型系列画书）
ISBN7-80571-285-9：￥2.20

08135　乱马1/2　卷二（5）：沐丝袭来
〔日〕高桥留美子原著；周颖编译．海口：海

南摄影美术出版社，1993．92页；19cm．（日本大型系列画书）
ISBN7-80571-285-9：￥2.20

08136　乱马1/2　卷九（1）：地狱的摇篮
〔日〕高桥留美子原著；周颖编译．海口：海南摄影美术出版社，1993．94页；19cm．（日本大型系列画书）
又名《七笑拳》。
ISBN7-80571-519-X：￥2.20

08137　乱马1/2　卷九（2）：胜利女神
〔日〕高桥留美子原著；周颖编译．海口：海南摄影美术出版社，1993．94页；19cm．（日本大型系列画书）
又名《七笑拳》。
ISBN7-80571-520-3：￥2.20

08138　乱马1/2　卷九（3）：男子汉的誓言
〔日〕高桥留美子原著；周颖编译．海口：海南摄影美术出版社，1993．94页；19cm．（日本大型系列画书）
又名《七笑拳》。
ISBN7-80571-520-3：￥2.20

08139　乱马1/2　卷九（4）：反转宝珠
〔日〕高桥留美子原著；周颖编译．海口：海南摄影美术出版社，1993．94页；19cm．（日本大型系列画书）
又名《七笑拳》。
ISBN7-80571-520-3：￥2.20

08140　乱马1/2　卷九（5）：黑色秘密武器
〔日〕高桥留美子原著；周颖编译．海口：海南摄影美术出版社，1993．94页；19cm．（日本大型系列画书）
又名《七笑拳》。
ISBN7-80571-520-3：￥2.20

08141　乱马1/2　卷七（1）：最后的选择
〔日〕高桥留美子原著；周颖编译．海口：海南摄影美术出版社，1993．94页；19cm．（日本大型系列画书）
ISBN7-80571-290-5：￥2.20

08142　乱马1/2　卷七（2）：奇怪的上流宴会
〔日〕高桥留美子原著；周颖编译．海口：海南摄影美术出版社，1993．94页；19cm．（日本大型系列画书）
ISBN7-80571-290-5：￥2.20

08143　乱马 1/2　卷七（3）：餐桌上的决斗
〔日〕高桥留美子原著；周颖编译．　海口：海南摄影美术出版社，1993．94 页；19cm．（日本大型系列画书）
ISBN7-80571-290-5：￥2.20

08144　乱马 1/2　卷七（4）：爱与复仇的迷宫
〔日〕高桥留美子原著；周颖编译．　海口：海南摄影美术出版社，1993．91 页；19cm．（日本大型系列画书）
ISBN7-80571-290-5：￥2.20

08145　乱马 1/2　卷七（5）：咒泉乡来的恶魔
〔日〕高桥留美子原著；周颖编译．　海口：海南摄影美术出版社，1993．94 页；19cm．（日本大型系列画书）
ISBN7-80571-290-5：￥2.20

08146　乱马 1/2　卷三（1）：爆破点穴
〔日〕高桥留美子原著；周颖编译．　海口：海南摄影美术出版社，1993．94 页；19cm．（日本大型系列画书）
又名《七笑拳》。
ISBN7-80571-287-5：￥2.20

08147　乱马 1/2　卷三（2）：爆破点穴
〔日〕高桥留美子原著；周颖编译．　海口：海南摄影美术出版社，1993．94 页；19cm．（日本大型系列画书）
又名《七笑拳》。
ISBN7-80571-287-5：￥2.20

08148　乱马 1/2　卷三（3）：邪恶复活
〔日〕高桥留美子原著；周颖编译．　海口：海南摄影美术出版社，1993．94 页；19cm．（日本大型系列画书）
又名《七笑拳》。
ISBN7-80571-287-5：￥2.20

08149　乱马 1/2　卷三（4）：八宝齐大怒
〔日〕高桥留美子原著；周颖编译．　海口：海南摄影美术出版社，1993．94 页；19cm．（日本大型系列画书）
又名《七笑拳》。
ISBN7-80571-287-5：￥2.20

08150　乱马 1/2　卷三（5）：男溺泉风波
〔日〕高桥留美子原著；周颖编译．　海口：海南摄影美术出版社，1993．94 页；19cm．（日本大型系列画书）
又名《七笑拳》。
ISBN7-80571-287-5：￥2.20

08151　乱马 1/2　卷十（1）：决一死战
〔日〕高桥留美子原著；周颖编译．　海口：海南摄影美术出版社，1993．94 页；19cm
又译名《七笑拳》。
ISBN7-80571-577-7：￥2.20

08152　乱马 1/2　卷十（2）：失去的秘宝
〔日〕高桥留美子原著；周颖编译．　海口：海南摄影美术出版社，1993．94 页；19cm
又译名《七笑拳》。
ISBN7-80571-577-7：￥2.20

08153　乱马 1/2　卷十（3）：止水桶的悲剧
〔日〕高桥留美子原著；周颖编译．　海口：海南摄影美术出版社，1993．96 页；19cm
又译名《七笑拳》。
ISBN7-80571-577-7：￥2.20

08154　乱马 1/2　卷十（4）：新来的女老师
〔日〕高桥留美子原著；周颖编译．　海口：海南摄影美术出版社，1993．94 页；19cm
又译名《七笑拳》。
ISBN7-80571-577-7：￥2.20

08155　乱马 1/2　卷十（5）：八宝还击炮
〔日〕高桥留美子原著；周颖编译．　海口：海南摄影美术出版社，1993．94 页；19cm
又译名《七笑拳》。
ISBN7-80571-577-7：￥2.20

08156　乱马 1/2　卷四（1）：朱丽叶的把戏
〔日〕高桥留美子原著；周颖编译．　海口：海南摄影美术出版社，1993．94 页；19cm．（日本大型系列画书）
又名《七笑拳》。
ISBN7-80571-288-3：￥2.20

08157　乱马 1/2　卷四（2）：黑玫瑰的圈套
〔日〕高桥留美子原著；周颖编译．　海口：海南摄影美术出版社，1993．94 页；19cm．（日本大型系列画书）
又名《七笑拳》。
ISBN7-80871-288-3：￥2.20

08158　乱马 1/2　卷四（3）：右京的真面目
〔日〕高桥留美子原著；周颖编译．　海口：海南摄影美术出版社，1993．94 页；19cm．（日本大型系列画书）
又名《七笑拳》。
ISBN7-80571-288-3：￥2.20

08159 乱马 1/2 卷四（4）：捉摸下定
〔日〕高桥留美子原著；周颖编译．海口：海
南摄影美术出版社，1993．94 页；19cm.（日
本大型系列画书）
又名《七笑拳》。
ISBN7-80571-288-3：￥2.20

08160 乱马 1/2 卷四（5）：鸭子计划
〔日〕高桥留美子原著；周颖编译．海口：海
南摄影美术出版社，1993．94 页；19cm.（日
本大型系列画书）
又名《七笑拳》。
ISBN7-80571-287-5：￥2.20

08161 乱马 1/2 卷五（1）：八宝大华轮
〔日〕高桥留美子原著；周颖编译．海口：海
南摄影美术出版社，1993．92 页；19cm.（日
本大型系列画书）
ISBN7-80571-480-0：￥2.20

08162 乱马 1/2 卷五（2）：珊璞的包子
〔日〕高桥留美子原著；周颖编译．海口：海
南摄影美术出版社，1993．93 页；19cm.（日
本大型系列画书）
ISBN7-80571-480-0：￥2.20

08163 乱马 1/2 卷五（3）：校长回来了
〔日〕高桥留美子原著；周颖编译．海口：海
南摄影美术出版社，1993．92 页；19cm.（日
本大型系列画书）
ISBN7-80571-480-0：￥2.20

08164 乱马 1/2 卷五（4）：丘比特的圈套
〔日〕高桥留美子原著；周颖编译．海口：海
南摄影美术出版社，1993．94 页；19cm.（日
本大型系列画书）
ISBN7-80571-480-0：￥2.20

08165 乱马 1/2 卷五（5）：螺旋地狱
〔日〕高桥留美子原著；周颖编译．海口：海
南摄影美术出版社，1993．92 页；19cm.（日
本大型系列画书）
ISBN7-80571-480-0：￥2.20

08166 乱马 1/2 卷一（1）：乱马的秘密
〔日〕高桥留美子原著；周颖编译．海口：海
南摄影美术出版社，1993．95 页；19cm.（日
本大型系列画书）
ISBN7-80571-500-9：￥2.20

08167 乱马 1/2 卷一（2）：九能和乱马
〔日〕高桥留美子原著；周颖编译．海口：海
南摄影美术出版社，1993．95 页；19cm.（日
本大型系列画书）
ISBN7-80571-500-9：￥2.20

08168 乱马 1/2 卷一（3）：追踪乱马的男孩
〔日〕高桥留美子原著；周颖编译．海口：海
南摄影美术出版社，1993．94 页；19cm.（日
本大型系列画书）
ISBN7-80574-500-9：￥2.20

08169 乱马 1/2 卷一（4）：仇恨的种子
〔日〕高桥留美子原著；周颖编译．海口：海
南摄影美术出版社，1993．96 页；19cm.（日
本大型系列画书）
ISBN7-80571-500-9：￥2.20

08170 乱马 1/2 卷一（5）：体操热战
〔日〕高桥留美子原著；周颖编译．海口：海
南摄影美术出版社，1993．94 页；19cm.（日
本大型系列画书）
ISBN7-80571-500-9：￥2.20

08171 马克思《资本论》研究
〔日〕冈本博之等主编；刘焱等译．济南：山
东人民出版社，1993.12．551 页；20cm.
（《资本论》研究译丛）
ISBN7-209-01370-9：￥12.00

08172 蚂蚁王国历险记
孙树林译．2 版．大连：大连出版社，
1993.3．342 页；19cm
ISBN7-80555-599-0：￥5.50

08173 "满洲国"的终结
〔日〕高奇达之助著；沙福恒等译．北京：国
际文化出版公司，1993.2．194 页；19cm
ISBN7-80049-924-3：￥5.50

08174 猫眼三姐妹 第七卷（1）：甜蜜的私语
〔日〕北条司原著；曼华编译．海口：海南摄
影美术出版社；1993.2．95 页；19cm
ISBN7-80571-442-8：￥2.00

08175 猫眼三姐妹 第七卷（2）：你只能看我
〔日〕北条司原著；曼华编译．海口：海南摄
影美术出版社，1993.2．93 页；19cm
ISBN7-80571-442-8：￥2.00

08176　猫眼三姐妹　第七卷（3）：爱神的觉醒
〔日〕北条司原著；曼华编译．海口：海南摄影美术出版社，1993. 2.　95 页．19cm
ISBN7-80571-442-8：￥2.00

08177　猫眼三姐妹　第七卷（4）：最后的回合
〔日〕北条司原著；曼华编译．海口：海南摄影美术出版社，1993. 2.　95 页；19cm
ISBN7-80571-442-8：￥2.00

08178　猫眼三姐妹　第七卷（5）：再爱一次
〔日〕北条司原著；曼华编译．海口：海南摄影美术出版社，1993. 2.　95 页；19cm
ISBN7-80571-442-8：￥2.00

08179　毛泽东：人类智慧的遗产
〔日〕野村浩一著；张惠才，张占斌译．长春：时代文艺出版社，1993. 3.　300 页；20cm
ISBN7-5387-0600-8：￥6.20
本书研究了毛泽东思想的个性、相貌、本质、扩展及部分著作，并记述了毛泽东的政治活动与思想发展轨迹。

08180　瞑想的科学：向新的精神世界飞翔
〔日〕石川中著；石军译．北京：北京大学出版社，1993. 12.　102 页；19cm.　（人·科学·自然丛书　钟和主编）
ISBN7-301-02311-1：￥2.75

08181　魔幻星
〔日〕星新一著；孙建和，庄志霞译．北京：中国国际广播出版社，1993. 4.　139 页；19cm
ISBN7-5078-0600-6：￥3.00

08182　魔兽战士　卷一（1）
〔日〕蛭田达也著．乌鲁木齐：新疆青少年出版社，1993. 12.　87 页；19cm.　（日本最新畅销系列画书）
ISBN7-5371-1284-3：￥2.30

08183　魔兽战士　卷一（2）
〔日〕蛭田达也著．乌鲁木齐：新疆青少年出版社，1993. 12.　87 页；19cm.　（日本最新畅销系列画书）
ISBN7-5371-1284-3：￥2.30

08184　魔兽战士　卷一（3）
〔日〕蛭田达也著．乌鲁木齐：新疆青少年出版社，1993. 12.　87 页；19cm.　（日本最新畅销系列画书）
ISBN7-5371-1284-3：￥2.30

08185　魔兽战士　卷一（4）
〔日〕蛭田达也著．乌鲁木齐：新疆青少年出版社，1993. 12.　87 页；19cm.　（日本最新畅销系列画书）
ISBN7-5371-1284-3：￥2.30

08186　南总里见八犬传（四）
〔日〕曲亭马琴著；李树果译．天津：南开大学出版社，1993.　629 页；20cm.　（日本古典文学名著）
ISBN7-310-00542-2

08187　尼罗河女儿　第八卷（2）
〔日〕细川知荣子著；邱湘军编译．海口：海南摄影美术出版社，1993.　93 页；19cm
ISBN7-80571-462-2：￥2.20

08188　尼罗河女儿　第八卷（3）
〔日〕细川知荣子著；邱湘军编译．海口：海南摄影美术出版社，1993.　93 页；19cm
ISBN7-80571-462-2：￥2.20

08189　尼罗河女儿　第八卷（4）
〔日〕细川知荣子著；邱湘军编译．海口：海南摄影美术出版社，1993.　93 页；19cm
ISBN7-80571-462-2：￥2.20

08190　尼罗河女儿　第八卷（5）
〔日〕细川知荣子著；邱湘军编译．海口：海南摄影美术出版社，1993.　93 页；19cm
ISBN7-80571-462-2：￥2.20

08191　尼罗河女儿　第九卷（1）
〔日〕细川知荣子著；邱湘军编译．海口：海南摄影美术出版社，1993.　94 页；19cm
ISBN7-80571-463-0：￥2.20

08192　尼罗河女儿　第九卷（2）
〔日〕细川知荣子著；邱湘军编译．海口：海南摄影美术出版社，1993.　93 页；19cm
ISBN7-80571-463-0：￥2.20

08193　尼罗河女儿　第九卷（3）
〔日〕细川知荣子著；邱湘军编译．海口：海南摄影美术出版社，1993.　94 页；19cm
ISBN7-80571-463-0：￥2.20

08194　尼罗河女儿　第九卷（4）
〔日〕细川知荣子著；邱湘军编译．海口：海南摄影美术出版社，1993.　93 页；19cm

ISBN7-80571-463-0：￥2.20

08195 尼罗河女儿 第九卷（5）
〔日〕细川知荣子著；邱湘军编译．海口：海
南摄影美术出版社，1993． 93 页；19cm
ISBN7-80571-463-0：￥2.20

08196 尼罗河女儿 第六卷（1）
〔日〕细川知荣子著；邱湘军编译．海口：海
南摄影美术出版社，1993． 94 页；19cm
ISBN7-80571-334-0：￥2.20

08197 尼罗河女儿 第六卷（2）
〔日〕细川知荣子著；邱湘军编译．海口：海
南摄影美术出版社，1993． 94 页；19cm
ISBN7-80571-334-0：￥2.20

08198 尼罗河女儿 第六卷（3）
〔日〕细川知荣子著；邱湘军编译．海口：海
南摄影美术出版社，1993． 94 页；19cm
ISBN7-80571-334-0：￥2.20

08199 尼罗河女儿 第六卷（4）
〔日〕细川知荣子著；邱湘军编译．海口：海
南摄影美术出版社，1993． 94 页；19cm
ISBN7-80571-334-0：￥2.20

08200 尼罗河女儿 第六卷（5）
〔日〕细川知荣子著；邱湘军编译．海口：海
南摄影美术出版社，1993． 94 页；19cm
ISBN7-80571-334-0：￥2.20

08201 尼罗河女儿 第七卷（1）
〔日〕细川知荣子著；邱湘军编译．海口：海
南摄影美术出版社，1993． 94 页；19cm
ISBN7-80571-334-0：￥2.20

08202 尼罗河女儿 第七卷（2）
〔日〕细川知荣子著；邱湘军编译．海口：海
南摄影美术出版社，1993． 93 页；19cm
ISBN7-80571-461-4：￥2.20

08203 尼罗河女儿 第七卷（3）
〔日〕细川知荣子著；邱湘军编译．海口：海
南摄影美术出版社，1993． 94 页；19cm
ISBN7-80571-461-4：￥2.20

08204 尼罗河女儿 第七卷（4）
〔日〕细川知荣子著；邱湘军编译．海口：海
南摄影美术出版社，1993． 94 页；19cm

ISBN7-80571-461-4：￥2.20

08205 尼罗河女儿 第七卷（5）
〔日〕细川知荣子著；邱湘军编译．海口：海
南摄影美术出版社，1993． 94 页；19cm
ISBN7-80571-461-4：￥2.20

08206 尼罗河女儿 第十二卷（1）
〔日〕细川知荣子著；邱湘军编译．海口：海
南摄影美术出版社，1993． 92 页；19cm
ISBN7-80571-464-9：￥2.20

08207 尼罗河女儿 第十二卷（2）
〔日〕细川知荣子著；邱湘军编译．海口：海
南摄影美术出版社，1993． 94 页；19cm
ISBN7-80571-464-9：￥2.20

08208 尼罗河女儿 第十二卷（3）
〔日〕细川知荣子著；邱湘军编译．海口：海
南摄影美术出版社，1993． 93 页；19cm
ISBN7-80571-464-9：￥2.20

08209 尼罗河女儿 第十二卷（4）
〔日〕细川知荣子著；邱湘军编译．海口：海
南摄影美术出版社，1993． 92 页；19cm
ISBN7-80571-464-9：￥2.20

08210 尼罗河女儿 第十卷（1）
〔日〕细川知荣子著；邱湘军编译．海口：海
南摄影美术出版社，1993． 94 页；19cm
ISBN7-80571-464-9：￥2.20

08211 尼罗河女儿 第十卷（2）
〔日〕细川知荣子著；邱湘军编译．海口：海
南摄影美术出版社，1993． 93 页；19cm
ISBN7-80571-464-9：￥2.20

08212 尼罗河女儿 第十卷（3）
〔日〕细川知荣子著；邱湘军编译．海口：海
南摄影美术出版社，1993． 94 页；19cm
ISBN7-80571-464-9：￥2.20

08213 尼罗河女儿 第十卷（4）
〔日〕细川知荣子著；邱湘军编译．海口：海
南摄影美术出版社，1993． 93 页；19cm
ISBN7-80571-464-9：￥2.20

08214 尼罗河女儿 第十卷（5）
〔日〕细川知荣子著；邱湘军编译．海口：海
南摄影美术出版社，1993． 95 页；19cm

ISBN7-80571-464-9：￥2.20

08215 尼罗河女儿 第十一卷（1）
〔日〕细川知荣子著；邱湘军编译. 海口：海南摄影美术出版社，1993. 93 页；19cm
ISBN7-80571-464-9：￥2.20

08216 尼罗河女儿 第十一卷（2）
〔日〕细川知荣子著；邱湘军编译. 海口：海南摄影美术出版社，1993. 93 页；19cm
ISBN7-80571-464-9：￥2.20

08217 尼罗河女儿 第十一卷（3）
〔日〕细川知荣子著；邱湘军编译. 海口：海南摄影美术出版社，1993. 93 页；19cm
ISBN7-80571-464-9：￥2.20

08218 尼罗河女儿 第十一卷（4）
〔日〕细川知荣子著；邱湘军编译. 海口：海南摄影美术出版社，1993. 95 页；19cm
ISBN7-80571-464-9：￥2.20

08219 尼罗河女儿 第十一卷（5）
〔日〕细川知荣子著；邱湘军编译. 海口：海南摄影美术出版社，1993. 92 页；19cm
ISBN7-80571-464-9：￥2.20

08220 尼罗河女儿 第五卷（1）
〔日〕细川知荣子著；邱湘军编译. 海口：海南摄影美术出版社，1993. 94 页；19cm
ISBN7-80571-333-2：￥2.20

08221 尼罗河女儿 第五卷（2）
〔日〕细川知荣子著；邱湘军编译. 海口：海南摄影美术出版社，1993. 94 页；19cm
ISBN7-80571-333-2：￥2.20

08222 尼罗河女儿 第五卷（3）
〔日〕细川知荣子著；邱湘军编译. 海口：海南摄影美术出版社，1993. 94 页；19cm
ISBN7-80571-333-2：￥2.20

08223 尼罗河女儿 第五卷（4）
〔日〕细川知荣子著；邱湘军编译. 海口：海南摄影美术出版社，1993. 94 页；19cm
ISBN7-80571-333-2：￥2.20

08224 尼罗河女儿 第五卷（5）
〔日〕细川知荣子著；邱湘军编译. 海口：海南摄影美术出版社，1993. 94 页；19cm

ISBN7-80571-333-2：￥2.20

08225 尿疗治百病
〔日〕中尾良一著；李平，齐东明译. 长春：吉林科学技术出版社，1993.4. 165 页；19cm. （家庭白皮书系列）
ISBN7-5384-1081-3：￥3.20
本书内容包括尿疗法能治疗诸多疾病，尿疗法的预防、治疗作用，尿疗实践报告等。

08226 农业发展：国际前景
〔日〕早见雄次郎，〔美〕拉坦（Ruttan, V. W.）著；吴伟东 等译. 北京：商务印书馆，1993.9. 395 页；20cm
书名原为 *Agricultural Development：An International Perspective*
ISBN7-100-01258-9：￥8.30

08227 女惑
〔日〕胜目梓著；王欣，董进宪译. 石家庄：河北人民出版社，1993.8. 202 页；19cm
ISBN7-202-01365-7：￥4.98

08228 泡影·越前竹偶
〔日〕水上勉著；柯森耀，吴树文译. 上海：上海译文出版社，1993.5. 387 页；20cm. （日本文学丛书 辛未艾主编）
ISBN7-5327-0721-0：￥8.10

08229 企业振兴之路：改革创新的思维法则 50 条
〔日〕日比野省三著；吴宏武，王维译. 北京：北京科学技术出版社，1993.5. 144 页；19cm
ISBN7-5304-1312-0：￥3.60

08230 汽车的传动装置
日本汽车工程全节编辑委员会著；韩德恩译. 北京：机械工业出版社，1993.12. 303 页；26cm
ISBN7-111-03491-0：￥22.00

08231 青藏高原冰川气候与环境：1989 年中日青藏高原冰川考察研究
姚檀栋，〔日〕上田丰等著. 北京：科学出版社，1993.1. 146 页；26cm
ISBN7-03-003791-X：￥9.00

08232 青春悲歌
〔日〕石川达三著；罗兴典译. 哈尔滨：黑龙江人民出版社，1993.9. 263 页；19cm

ISBN7-207-00760-4：￥4.90

08233　情债血案
〔日〕森村诚一著；要塞等译．北京：群众出版社，1993.2.　252页；19cm
ISBN7-5014-0945-5：￥4.20

08234　趣味儿童折纸大全（第二集）
臧臧译．南宁：广西民族出版社，1993.10.　325页；19cm
ISBN7-5363-2285-2：￥4.50

08235　趣味儿童折纸大全（第一集）
〔日〕夏本宣吉著；臧臧译．南宁：广西民族出版社，1993.5.　160页；19cm
ISBN7-5363-2285-2：￥4.50

08236　趣味推理：一分钟破案（第二集）
〔日〕藤野宰太郎著；赵经验，吴焕成译．北京：警官教育出版社，1993.9.　164页；19cm
ISBN7-81027-313-2：￥3.20

08237　趣味推理：一分钟破案（第三集）
〔日〕浅野八郎著；赵经验，吴焕成译．北京：警官教育出版社，1993.9.　160页；19cm
ISBN7-81027-314-2：￥3.20

08238　拳王（第六集）
〔日〕松田隆智作；〔日〕藤原芳秀绘；蔡彩时，黄建军编译．海口：南海出版公司，1993.7.　2册；19cm
ISBN7-80570-905-X：￥4.40

08239　拳王（第四集）
〔日〕松田隆智作；〔日〕藤原芳秀绘；蔡彩时，黄建军编译．海口：南海出版公司，1993.7.　2册；19cm
ISBN7-80570-845-2：￥4.40

08240　拳王（第五集）
〔日〕松田隆智作；〔日〕藤原芳秀绘；蔡彩时，黄建军编译．海口：南海出版公司，1993.7.　2册；19cm
ISBN7-80570-904-1：￥4.40

08241　劝学篇：梅原猛学术自传
〔日〕梅原猛著；卞立强，李力译．上海：上海外语教育出版社，1993.10.　178页；20cm
ISBN7-81009-893-4（精装）：￥10.00

08242　人的尊严、价值及自我实现
〔日〕岩崎允胤主编；刘奔译．北京：当代中国出版社，1993.12.　214页；20cm
ISBN7-80092-200-6：￥8.50

08243　人生谈义
〔日〕松下幸之助著；刘秀芬，薛光辉译．大连：大连出版社，1993.8.　198页；19cm
ISBN7-80555-796-9：￥4.80

08244　人体的奥秘：新发现！罕见的发现!! 大发现!!!
〔日〕QOARK编著；周莲编译．北京：北京大学出版社，1993.12.　179页；19cm.　（人·科学·自然丛书　钟和主编）
ISBN7-301-02346-4：￥3.85

08245　日本保健按摩
〔日〕松田悦夫著；张铭编著．南昌：江西科学技术出版社，1993.10.　151页；20cm
ISBN7-5390-0685-4：￥4.80

08246　日本的公害教训：不考虑环境的经济带来的不经济后果
日本环境厅地球环境经济研究会编著；张坤民，王伟译．北京：中国环境科学出版社，1993.9.　94页；19cm
ISBN7-80093-454-3：￥4.00

08247　日本帝国主义的本质及其对中国的侵略
〔日〕依田喜家著；卞立强等译．北京：中国国际广播出版社，1993.5.　331页；20cm
ISBN7-80035-580-2：￥8.70

08248　日本古典美学
〔日〕安田武，多田道太郎编；曹允迪译．北京：中国人民大学出版社，1993.5.　238页；19cm.　（东方美学译丛）
ISBN7-300-01548-4：￥4.70

08249　日本国青年奥林匹克技能竞赛大会技能竞赛试题（第30届）
劳动部培训司组织编译．长沙：湖南科学技术出版社，1993.2.　150页；26cm.　（国际青年奥林匹克技能竞赛资料）
ISBN7-5357-1194-4：￥6.50

08250　日本汉语语法研究史
〔日〕牛岛德次著；甄岳刚编译．北京：北京语言学院出版社，1993.8.　156页；20cm.

（国外汉语研究丛书　吕必松主编）
ISBN7-5619-0294-8：¥3.80

08251　日本合气道
〔日〕植芝吉祥丸著；袁镇澜编译．北京：人
民体育出版社，1993.6.　237 页；19cm.　（国
际搏击丛书）
ISBN7-5009-0815-6：¥5.60

08252　日本剑道
〔日〕中鸹直二著；袁镇澜等编译．北京：人
民体育出版社，1993.6.　277 页；19cm.　（国
际搏击丛书）
ISBN7-5009-0812-1：¥6.80

08253　日本近、现代汉语研究论文选
〔日〕大河内康宪主编；靳卫卫审校．北京：
北京语言学院出版社，1993.10.　448 页；
20cm.　（国外汉语研究丛书　吕必松主编）
ISBN7-5619-0367-7：¥11.50
本书展示了日本第三代汉语学者有关近现代汉
语语法和词汇研究的成果，全书共有文章 25 篇。

08254　日本流行服饰：'93 春潮
李仁芝主编；日本美丽出版社，日中时装株式会
社供稿．上海：上海人民出版社，1993.4.
99 页；彩图；21×26cm.　（现代家庭消费指南
书系）
ISBN7-208-01630-5：¥13.50

08255　日本流行服饰：夏之梦
李仁芝主编．上海：上海人民出版社，1993.6.
98 页；26cm.　（现代家庭消费指南书系）
ISBN7-208-01670-4：¥15.00

08256　日本农业保护政策探
〔日〕速水佑次郎著；朱钢，蔡昉译．北京：
中国物价出版社，1993.10.　134 页；20cm
ISBN7-80070-293-6：¥5.00

08257　日本女装造型基础
〔日〕杉井淳美著；常树雄，常红译．天津：
天津人民美术出版社，1993.12.　179 页；26cm
ISBN7-5305-0337-5：¥11.80

08258　日本人的灵魂：世界中的日本宗教
〔日〕梅原猛著；卞立强，李力译．北京：文
化艺术出版社，1993.7.　146 页；19cm
ISBN7-5039-1195-6：¥4.00

08259　日本人与富裕梦
〔日〕晖峻淑子著；刘荣，金铃译．北京：社
会科学文献出版社，1993.10.　191 页；19cm
ISBN7-80050-442-5：¥3.90

08260　日本式经营的整体构造
〔日〕丸山惠也著；刘永鸽译．太原：山西经
济出版社，1993.5.　225 页；20cm
ISBN7-80577-577-X：¥8.00

08261　日本童话故事
王德琴译．济南：山东美术出版社，1993.6.
10 册；15×13cm.　（日本童话画库　第二辑）
ISBN7-5330-0580-5：¥8.00

08262　日本现代经济发展史
〔日〕竹内宏著；吴京英译．北京：中信出版
社，1993.5.　338 页；19cm
ISBN7-80073-058-1：¥10.80

08263　日本幼儿毛衣：0—3 岁
静雨编译．杭州：浙江科学技术出版社，
1993.8.　72 页；26cm.　（主妇之友·生活
丛书）
ISBN7-5341-0575-7：¥12.00

08264　日本幼儿毛衣：3—7 岁
静雨编译．杭州：浙江科学技术出版社，
1993.9.　66 页；26cm.　（主妇之友·生活
丛书）
ISBN7-5341-0578-1：¥10.00

08265　日本与中国近代教育
董守义，袁间琨编译．济南：山东教育出版
社，1993.8.　224 页；20cm
ISBN7-5328-1830-0：¥5.50

08266　日本战后名诗百家集
罗兴典译注．福州：海峡文艺出版社，
1993.1.　327 页；20cm
ISBN7-80534-526-0：¥7.00

08267　日语　（第二册）
东北朝鲜民族教育出版社外语编辑室，日本国际
交流基金日本语国际中心编．延吉：东北朝鲜
民族教育出版社，1993.2.　145 页；20cm.
（义务教育初中课本）
ISBN7-5437-1449-3：¥1.25

08268　日语（第三册）
东北朝鲜民族教育出版社外语编辑室编．延吉：
东北朝鲜民族教育出版社，1993.8．122 页；
20cm．（义务教育初级中学教科书：实验本）
ISBN7-5437-1559-7：￥1.10

08269　溶剂手册
〔日〕浅原照三等编；邵俊杰等译．北京：科
学出版社，1993.12．658 页；26cm
ISBN7-03-002669-1（精装）：￥54.00

08270　肉类加工企业的卫生管理
〔日〕冢田武著；金辅建译．北京：中国轻工
业出版社，1993.8．157 页；19cm
ISBN7-5019-1444-3：￥10.90

08271　肉制品生产技术问答
〔日〕小泽总一郎等著；薛茜，金辅建译．北
京：中国轻工业出版社，1993.10．132
页；19cm
ISBN7-5019-1434-6：￥8.80

08272　三国志（1）：桃园结义
〔日〕横山光辉著；益文译．北京：中国华侨
出版社，1993．206 页；20cm
ISBN7-80074-890-1：￥5.00

08273　三国志（2）：黄巾贼退治
〔日〕横山光辉著；益文译．北京：中国华侨
出版社，1993．206 页；20cm
ISBN7-80074-890-1：￥5.00

08274　三国志（3）：汉室风云
〔日〕横山光辉著；益文译．北京：中国华侨
出版社，1993．199 页；20cm
ISBN7-80074-890-1：￥5.00

08275　三国志（4）：乱世奸雄
〔日〕横山光辉著；益文译．北京：中国华侨
出版社，1993．204 页；20cm
ISBN7-80074-890-1：￥5.00

08276　山西古迹志
〔日〕水野清一，日比野丈夫著；孙安邦等译．
太原：山西古籍出版社，1993.5．277 页：
图；20cm
ISBN7-80598-001-2（精装）：￥12.50

08277　上海故事
〔日〕横光利一著；滕忠汉等译．沈阳：辽宁

教育出版社，1993.11．220 页；19cm
ISBN7-5382-2564-1：￥5.80

08278　少年狂侠　第一集第八卷
〔日〕蛭田达也著；雷鸣编译．海口：海南摄
影美术出版社，1993.12．95 页；19cm
ISBN7-80571-646-3：￥2.20

08279　少年狂侠　第一集第二卷
〔日〕蛭田达也著；雷鸣编译．海口：海南摄
影美术出版社，1993.12．95 页；19cm
ISBN7-80571-646-3：￥2.20

08280　少年狂侠　第一集第九卷
〔日〕蛭田达也著；雷鸣编译．海口：海南摄
影美术出版社，1993.12．95 页；19cm
ISBN7-80571-646-3：￥2.20

08281　少年狂侠　第一集第六卷
〔日〕蛭田达也著；雷鸣编译．海口：海南摄
影美术出版社，1993.12．95 页；19cm
ISBN7-80571-646-3：￥2.20

08282　少年狂侠　第一集第七卷
〔日〕蛭田达也著；雷鸣编译．海口：海南摄
影美术出版社，1993.12．95 页；19cm
ISBN7-80571-646-3：￥2.20

08283　少年狂侠　第一集第三卷
〔日〕蛭田达也著；雷鸣编译．海口：海南摄
影美术出版社，1993.12．95 页；19cm
ISBN7-80571-646-3：￥2.20

08284　少年狂侠　第一集第十卷
〔日〕蛭田达也著；雷鸣编译．海口：海南摄
影美术出版社，1993.12．95 页；19cm
ISBN7-80571-646-3：￥2.20

08285　少年狂侠　第一集第四卷
〔日〕蛭田达也著；雷鸣编译．海口：海南摄
影美术出版社，1993.12．95 页；19cm
ISBN7-80571-646-3：￥2.20

08286　少年狂侠　第一集第五卷
〔日〕蛭田达也著；雷鸣编译．海口：海南摄
影美术出版社，1993.12．95 页；19cm
ISBN7-80571-646-3：￥2.20

08287　少年狂侠　第一集第一卷
〔日〕蛭田达也著；雷鸣编译．海口：海南摄

影美术出版社，1993.12. 95 页；19cm
ISBN7-80571-646-3：￥2.20

08288　神奇的少食健康法
〔日〕甲田光雄著；李刘坤编译．北京：北京
科学技术出版社，1993.1. 304 页；19cm
ISBN7-5304-1184-5：￥5.60

**08289　生活·爱情·幽默：长谷川町子漫画全
集（一）**
〔日〕长谷川町子绘；洪佩奇，韦兴邦编；竺陵
南，王新民译．南京：译林出版社，1993.9.
264 页；26cm. （世界幽默大师丛书·世界系列
连环漫画名著丛书）
ISBN7-80567-262-8：￥12.50

08290　生活统计的基础知识
〔日〕大泽清二著；季成叶译．北京：北京医
科大学、中国协和医科大学联合出版社，
1993.5. 189 页；20cm
ISBN7-81034-221-5：￥7.65

08291　实用 UNIX
〔日〕羽山博著；许光汉译．北京：北京航空
航天大学出版社，1993.11. 338 页；20cm.
（UNIX 学习丛书 2）
ISBN7-81012-429-3：￥9.50

08292　实用女装新配色
〔日〕千村典生著；阎芹译．重庆：重庆出版
社，1993.12. 18 页：图；26cm
ISBN7-5366-2446-8（精装）：￥12.00

08293　实用热力学及其在高温陶瓷中的应用
〔日〕山口明良总编；张文杰译．武汉：武汉
工业大学出版社，1993.2. 185 页；26cm
ISBN7-5629-0719-6：￥11.80

08294　使男人成功的女人
〔日〕高坂美藤著；张宝山，张明编译．重
庆：西南师范大学出版社，1993.7. 137
页；19cm
ISBN7-5621-0882-X：￥2.98

08295　世界名著中的小主人公
〔日〕鸟越信著；姜群星，刘迎译．广州：新
世纪出版社，1993.10. 157 页；20cm
ISBN7-5405-0796-9：￥5.00

08296　世界最新集成运算放大器及其互换手

册·续集：日、美、德、荷兰、法和韩国型号及
其互换
〔日〕山田茂宏等编著；陈清山等编译．长沙：
中南工业大学出版社，1993.9. 473，358，175
页；20cm. （世界最新电子元器件工具丛书）
ISBN7-81020-583-8（精装）：￥28.00

08297　事故预防心理学
〔日〕正田亘等编著；金会庆等译．上海：上
海交通大学出版社，1993.5. 277 页；20cm.
（交通安全心理学丛书）
ISBN7-313-01171-7：￥9.25

08298　手筋的预见和应用
〔日〕加藤正夫著；王波，王音译．北京：奥
林匹克出版社，1993. 184 页；19cm
ISBN7-80067-214-X：￥4.20

08299　数字控制
〔日〕古田胜久著；周彦等译．哈尔滨：黑龙
江科学技术出版社，1993.10. 259 页；20cm
ISBN7-5388-2343-3：￥9.50

08300　税款入门：税款百事通（漫画本）
〔日〕成田一正主编；〔日〕川村忠道绘；〔日〕
初田创文；柯森耀译．上海：上海译文出版
社，1993.11. 254 页；19cm. （市场经济入门
丛书）
ISBN7-5327-1511-6（精装）：￥7.60

08301　说古道今赤子心——张学良访谈录
〔日〕长井晓等著；王智新译．北京：华文出
版社，1993.2. 160 页；19cm
ISBN7-5075-0134-5：￥4.20

08302　死亡陷阱
〔日〕森村诚一著；黄柏，吴非译．西安：陕
西人民出版社，1993.2. 391 页；19cm
ISBN7-224-02641-7：￥6.20

08303　四维世界：从超空间到相对论
〔日〕都筑卓司著；周莲，石军译．北京：北京
大学出版社，1993.12. 174 页；19cm. （人·
科学·自然丛书 钟和主编）
ISBN7-301-02345-6：￥3.85

08304　松下经营秘诀 359
〔日〕松下幸之助著；余文忠，余锦秀编译．南
宁：广西人民出版社，1993.12. 207 页；19cm
ISBN7-219-02712-5：￥3.90

08305　孙子研究在日本
〔日〕佐藤坚司著；高殿芳等译．北京：军事
科学出版社，1993.2．　172页；20cm
ISBN7-80021-565-2：￥3.50

08306　胎教：孕妇与胎儿的直接对话
〔日〕关日昭一著；吉泽升译．哈尔滨：黑龙
江人民出版社，1993.7．　164页；26cm
ISBN7-207-02488-6：￥12.00

08307　图解新化学
〔日〕野村祐次郎，小林正光著；吕立人，步莹
译．上海：上海教育出版社，1993.3．　323
页；20cm
ISBN7-5320-2390-7：￥6.85

08308　微型计算机图形处理入门
〔日〕矶本征雄等编著．上海：上海科学技术
文献出版社，1993.12．　101页；20cm
ISBN7-5439-0272-9：￥3.50

08309　围棋布局与定式入门
〔日〕赵治勋著；邓飞译．2版．长沙：湖南
出版社，1993.2．　222页；19cm．　（围棋入门
小套书）
ISBN7-5438-0482-4：￥4.05

08310　唯物辩证法问题的再探讨：第二次中日
唯物辩证法研讨会论文集
北京大学哲学系，日本大阪经济法科大学哲学
教研室编．北京：人民出版社，1993.3．　327
页；20cm
ISBN7-01-001291-1：￥6.60

08311　我不哭泣
〔日〕岛仓功著；邹小丽等译．重庆：重庆出
版社，1993.3．　105页；19cm
ISBN7-5366-2174-4：￥1.95

08312　我的释尊观
〔日〕池田大作著；潘桂明译．成都：四川人
民出版社，1993.5．　214页；20cm．　（宗教与
世界丛书　何光沪主编）
ISBN7-220-02078-3（精装）：￥15.00
ISBN7-220-02078-3：￥4.90

08313　我是猫
〔日〕夏目漱石著；于雷译．南京：译林出版
社，1993.7．　379页；20cm．　（世界文学名著
少年文库）

ISBN7-80567-229-6：￥8.00

08314　武士道
〔日〕新渡户稻造著；张俊彦译．北京：商务
印书馆，1993.2．　109页；20cm．　（日本丛书
第一辑）
ISBN7-100-01269-4：￥3.00
本书用对比的形式阐述和评论日本的传统武士
道及其道德伦理思想。

08315　西方服饰史
〔日〕原田二郎，丹野郁著；康明瑶，陈秉璋
译．太原：山西人民出版社，1993.3．　326页；
20cm
ISBN7-203-01892-X：￥14.50

08316　西田几多郎
〔日〕中村雄二郎著；卞崇道，刘文柱译．北
京：三联书店，1993.9．　182页；19cm．　（新
知文库　87）
ISBN7-108-00630-8：￥6.55

08317　西学东渐与中日文化交流
〔日〕增田涉著；由其民，周启乾译．天津：
天津社会科学院出版社，1993．　12，261
页；20cm
ISBN7-80563-399-5：￥8.50

08318　稀土的最新应用技术
〔日〕盐川二朗主编；翟羽伸，喻忠厚译．
北京：化学工业出版社，1993.8．　265
页；20cm
ISBN7-5025-1106-7：￥8.00
本书着重介绍了稀土元素在各种功能材料中的
应用情况，如磁性元件、永磁材料、稀土荧光材
料、电子发射材料等。

08319　仙鹤
〔日〕坪田让治著；张纪平绘．合肥：安徽少
年儿童出版社，1993.6．　1册；26cm．　（外国
童话精品）
ISBN7-5397-0951-0：￥2.20

08320　现代流通政策和课题
〔日〕铃木武编；王哲，陈晋译．北京：中国
商业出版社，1993.3．　250页；19cm．　（日本
流通产业丛书）
ISBN7-5044-1550-2：￥7.80

08321 现代植物病理学实验指南
〔日〕狮山慈孝等编；陈海如等译．昆明：云南科技出版社，1993.1. 164 页；26cm
ISBN7-5416-0401-1：￥4.55

08322 现代中国经济：日中的比较分析
〔日〕小宫隆太郎著；北京大学现代日本研究班译．北京：商务印书馆，1993.9. 232 页；20cm
ISBN7-100-01598-7：￥5.20

08323 现代中小企业经营术
〔日〕小川英次著；史世民译．北京：改革出版社，1993.12. 213 页；19cm
ISBN7-80072-516-2：￥6.00

08324 消化系血管外科操作手技
〔日〕三岛好雄等著；官布扎布编译．呼和浩特：内蒙古教育出版社，1993.8. 116 页；19cm
ISBN7-5311-2112-3：￥3.50

08325 销售鬼才
〔日〕田中道信著；孙晓燕译．北京：中国青年出版社，1993.7. 148 页；18cm
ISBN7-5006-1315-6：￥3.70

08326 协调·美·个性：今村莉莉服饰艺术
〔日〕今村莉莉著．北京：中国轻工业出版社，1993.11. 80 页；26cm
ISBN7-5019-1529-6：￥16.80

08327 新编机器猫小叮当第二集（1—4）
〔日〕藤子不二雄著．北京：北京科学技术出版社，1993.10. 4 册；20cm
ISBN7-5304-1502-6：￥26.00

08328 新编机器猫小叮当：小叮当长篇大冒险故事第二集（1）：大雄的恐龙传奇
〔日〕藤子不二雄著．北京：北京科学技术出版社，1993.7. 95 页；19cm
ISBN7-5304-1407-0：￥2.95

08329 新编机器猫小叮当：小叮当长篇大冒险故事第二集（2）：大雄的恐龙传奇
〔日〕藤子不二雄著．北京：北京科学技术出版社，1993.7. 103 页；19cm
ISBN7-5304-1407-0：￥2.95

08330 新编机器猫小叮当：小叮当长篇大冒险故事第三集（1）：恐龙骑士
〔日〕藤子不二雄著．北京：北京科学技术出版社，1993.7. 95 页；19cm
ISBN7-5304-1407-0：￥2.95

08331 新编机器猫小叮当：小叮当长篇大冒险故事第三集（2）：恐龙骑士
〔日〕藤子不二雄著．北京：北京科学技术出版社，1993.7. 97 页；19cm
ISBN7-5304-1407-0：￥2.95

08332 新编机器猫小叮当：小叮当长篇大冒险故事第四集（1）：海底鬼岩城
〔日〕藤子不二雄著．北京：北京科学技术出版社，1993.7. 94 页；19cm
ISBN7-5304-1407-0：￥2.95

08333 新编机器猫小叮当：小叮当长篇大冒险故事第四集（2）：海底鬼岩城
〔日〕藤子不二雄著．北京：北京科学技术出版社，1993.7. 95 页；19cm
ISBN7-5304-1407-0：￥2.95

08334 新编机器猫小叮当：小叮当长篇大冒险故事第一集（1）：太古大魔境
〔日〕藤子不二雄著．北京：北京科学技术出版社，1993.7. 95 页；19cm
ISBN7-5304-1407-0：￥2.95

08335 新编机器猫小叮当：小叮当长篇大冒险故事第一集（2）：太古大魔境
〔日〕藤子不二雄著．北京：北京科学技术出版社，1993.7. 103 页；19cm
ISBN7-5304-1407-0：￥2.95

08336 新疆民族史研究
〔日〕佐口透著；章莹译．乌鲁木齐：新疆人民出版社，1993.12. 407 页；20cm
ISBN7-228-02815-5：￥10.50

08337 新手的追求
〔日〕安倍吉辉编著；白小川译．北京：奥林匹克出版社，1993. 218 页；19cm
ISBN7-80067-217-4：￥5.00

08338 信息检索与数据库
〔日〕中原启一，三次卫主编；张在浩译．北京：煤炭工业出版社，1993.12. 357 页；20cm
ISBN7-5020-0783-0：￥15.00

08339 烟熏食品
〔日〕太田静行著；吴光红，涂梦漠译．上海：上海科学技术出版社，1993.2. 300 页；19cm

ISBN7-5323-3017-6（精装）：￥10.00

08340　咬合诱导
〔日〕中田稔著；邓辉等译．北京：北京医科大学、中国协和医科大学联合出版社，1993.12.　96页；26cm
ISBN7-81034-319-X（精装）：￥29.00
ISBN7-81034-318-1：￥23.00

08341　医心方
〔日〕丹波康赖撰；翟双庆等校注．北京：华夏出版社，1993.7.　513页；26cm
ISBN7-5080-0042-0（精装）：￥36.00

08342　以正史为中心的宋元版本研究
〔日〕尾崎康著；陈捷译．北京：北京大学出版社，1993.7.　115页；20cm
ISBN7-301-02288-3：￥4.80
本书内容包括：北宋版研究、南宋版研究、元版研究等3章。

08343　义务教育初级中学教科书日语（第二册）
东北朝鲜民族教育出版社外语编辑室，日本国际交通基金日本语国际中心编．延吉：东北朝鲜民族教育出版社，1993.12.　160页；20cm.（供朝鲜族初中生学习日语用）

08344　银行往来入门：利用银行发展经营的诀窍（漫画本）
〔日〕加藤浩康主编，〔日〕狩野一矢绘；皮细庚译．上海：上海译文出版社，1993.11.　254页；19cm.（市场经济入门丛书）
ISBN7-5327-1509-4（精装）：￥7.60

08345　饮食与癌症
〔日〕广谷光一郎著；王凤桐，齐书莹译．北京：中国林业出版社，1993.4.　132页；19cm
ISBN7-5038-1019-X：￥3.00
本书介绍了饮食方式同癌症的关系及如何预防和治疗癌症。

08346　应用力学基础
〔日〕杉山吉彦，铃木丰彦著；王元淳，刘岳元译．上海：上海科学技术文献出版社，1993.6.　264页；19cm
ISBN7-5439-0117-X：￥9.00

08347　有价证券入门：票据、支票、股票、债券（漫画本）
〔日〕多比罗诚主编；〔日〕广冈球志绘；梁传宝译．上海：上海译文出版社，1993.11.　254页；19cm.（市场经济入门丛书）
ISBN7-5327-1516-7（精装）：￥7.60

08348　育儿百科
〔日〕松田道雄著；李永连等译．2版．北京：人民卫生出版社，1993.7.　950页；20cm
ISBN7-117-00815-6（精装）：￥14.00
本书1983年10月第1版。

08349　怎样当好小老板：小公司经理的艺术
〔日〕小林正博著；崔士彦等译．北京：中国经济出版社，1993.2.　139页；19cm
ISBN7-5017-1879-2：￥3.50

08350　怎样欣赏俳句
〔日〕鹰羽狩行著；郑民钦译．南京：译林出版社，1993.10.　182页；19cm.（和歌俳句丛书　李芒主编）
ISBN7-80567-253-9：￥7.00

08351　战火中的孩子
任大霖主编；〔日〕长谷川潮主编．上海：少年儿童出版社，1993.4.　658页；20cm
ISBN7-5324-2103-1（精装）：￥17.90

08352　张学良访谈录
日本广播协会采写；周季华，蒋立峰译．呼和浩特：内蒙古人民出版社，1993.2.　159页；19cm
ISBN7-204-01904-0：￥3.55

08353　真实的旅途
〔日〕有马敲著；罗兴典，周昌辉译．沈阳：春风文艺出版社，1993.12.　166页；19cm
ISBN7-5313-1282-4（精装）：￥16.50

08354　中国的神话传说与古小说
〔日〕小南一郎著；孙昌武译．北京：中华书局，1993.6.　395页；20cm
ISBN7-101-00814-3（精装）：￥16.50

08355　中国古代的"家"与国家
〔日〕尾形勇著；张鹤泉译．长春：吉林文史出版社，1993.8.　317页；20cm
ISBN7-80528-657-4（精装）：￥12.00

08356　中国近代建筑总览（北京篇）
汪坦，〔日〕藤森照信主编；王世仁等分篇主编．北京：中国建筑工业出版社，1993.12.
252页；28cm．（中国国家自然科学基金委员会、建设部科技发展司联合资助项目）
ISBN7-112-02102-2：￥11.80

08357　中国近代建筑总览（昆明篇）
汪坦，〔日〕藤森照信主编；蒋高宸等分篇主编．北京：中国建筑工业出版社，1993.11.
70页：图；26cm
ISBN7-112-02044-1：￥6.10

08358　中国近代建筑总览（庐山篇）
汪坦，〔日〕藤森照信主编；彭开福等分篇主编．北京：中国建筑工业出版社，1993.11.
58页：图；26cm
ISBN7-112-02046-8：￥5.20

08359　中国近代建筑总览（厦门篇）
汪坦，〔日〕藤森照信主编；郭湖生等分篇主编．北京：中国建筑工业出版社，1993.12.
95页；28cm．（中国国家自然科学基金委员会、建设部科技发展司资助项目）
ISBN7-112-02101-4：￥8.05

08360　中国近代建筑总览（重庆篇）
汪坦，〔日〕藤森照信主编；杨嵩林等分篇主编．北京：中国建筑工业出版社，1993.11.
72页：图；26cm
ISBN7-112-02045-X：￥6.25

08361　中级汉语课本（汉、日文对照）
尹润芗等编；〔日〕白泽龙郎，卫榕群译．北京：北京师范大学出版社，1993.1.　485页；20cm．（对外汉语教学教材）
ISBN7-303-01128-5：￥10.80

08362　中日实践伦理学讨论会实录
陈瑛，〔日〕丸本征雄编．北京：社会科学文献出版社，1993.3.　448页；20cm
ISBN7-80050-303-8：￥9.80

08363　中日友好千家诗
王元明，增田朋洲主编．上海：学林出版社，1993.10.　1095页；20cm
ISBN7-80510-786-6（精装）

08364　中亚探险
〔日〕橘瑞超著；柳洪亮译．乌鲁木齐：新疆人民出版社，1993.12.　166页：图；19cm
ISBN7-228-02806-6：￥6.80

08365　中药组合图解
〔日〕寺师睦宗原著；赵蕴坤编译．太原：山西科学技术出版社，1993.1.　114页；20cm
ISBN7-5377-0636-0：￥2.50

08366　装苑：东京女装（1993初夏）
金铃等编译．上海：上海科学技术出版社，1993.6.　118页；26cm
ISBN7-5323-3306-X：￥12.00

08367　装苑：东京女装（1993秋·冬）
《上海服饰》编辑部编译．上海：上海科学技术出版社，1993.10.　118页：图；26cm
ISBN7-5323-3348-5：￥12.00

08368　装苑：东京女装（1993夏·秋）
《上海服饰》编辑部编译．上海：上海科学技术出版社，1993.8.　118页；26cm
ISBN7-5323-3347-7：￥12.00

08369　资金周转入门：高明的资金筹措和运用（漫画本）
〔日〕柴野直一主编；〔日〕池田圭一绘；沈询洋译．上海：上海译文出版社，1993.11.　253页；19cm．（市场经济入门丛书）
ISBN7-5327-1513-2：￥7.60

08370　最难遵守的规定：取材于日本小学品德课本
季颖译编；缪惟绘；石琳芝注音．北京：中国少年儿童出版社，1993.8.　29页；19cm．（汉语拼音读物）
ISBN7-5007-1830-6：￥1.20

08371　最新日英汉图解服饰辞典
〔日〕杉野芳子编著；姜申，马林译．北京：中国轻工业出版社；日本：镰仓书房，1993.7.　443页；20cm
ISBN7-5019-1100-2（精装）：￥28.00

1994

08372　白色巨塔
〔日〕山崎丰子著；李成起等译．南京：译林出版社，1994.9.　2册（726页）；20cm．（日本文学名著丛书）
ISBN7-80567-347-0：￥25.00

08373　NPS 的奇迹：企业转败为胜的"新生产方式"
〔日〕筱原勋著；〔日〕西村公克，赵晓华译．
北京：中国经济出版社，1994.3.　210 页；19cm
ISBN7-5017-2776-7：￥5.90

08374　包装技术手册
日本包装技术协会编；蔡少龄，范文高等译．　北京：机械工业出版社，1994.5.　1385 页；26cm
ISBN7-111-03370-1（精装）：￥120.00

08375　豹笼觅踪
〔日〕山本惠三著；杨军（逸博）译．　北京：群众出版社，1994.12.　279 页；19cm
ISBN7-5014-1214-6：￥7.50

08376　北斗神拳（46）
〔日〕武论尊原著；〔日〕原哲夫绘；晓罡译．
银川：宁夏人民出版社，1994.　1 册；19cm
ISBN7-227-01250-6：￥2.30

08377　北斗神拳（47）
〔日〕武论尊原著；〔日〕原哲夫绘；晓罡译．
银川：宁夏人民出版社，1994.　1 册；19cm
ISBN7-227-01250-6：￥2.30

08378　北斗神拳（48）
〔日〕武论尊原著；〔日〕原哲夫绘；晓罡译．
银川：宁夏人民出版社，1994.　1 册；19cm
ISBN7-227-01250-6：￥2.30

08379　北斗神拳（49）
〔日〕武论尊原著；〔日〕原哲夫绘；晓罡译．
银川：宁夏人民出版社，1994.　1 册；19cm
ISBN7-227-01250-6：￥2.30

08380　北斗神拳（50）
〔日〕武论尊原著；〔日〕原哲夫绘；晓罡译．
银川：宁夏人民出版社，1994.　1 册；19cm
ISBN7-227-01250-6：￥2.30

08381　北条司短篇集（3）：樱花盛开时
〔日〕北条司原著；周颖译．　银川：宁夏人民出版社，1994.　1 册；19cm
ISBN7-227-01316-2：￥2.30

08382　孛儿帖赤那（维吾尔文）
〔日〕井上靖著；阿不都瓦·里木克依提译．
乌鲁木齐：新疆人民出版社，1994.6.　331 页；20cm

ISBN7-228-02655-1：￥4.30

08383　伯爵千金　第五卷（1）
〔日〕细川知荣子编绘；刘建军，黄海武译．
海口：海南摄影美术出版社，1994.5.　96 页；19cm
ISBN7-80571-451-7：￥2.30

08384　伯爵千金　第五卷（2）
〔日〕细川知荣子编绘；刘建军，黄海武译．
海口：海南摄影美术出版社，1994.5.　96 页；19cm
ISBN7-80571-451-7：￥2.30

08385　伯爵千金　第五卷（3）
〔日〕细川知荣子编绘；刘建军，黄海武译．
海口：海南摄影美术出版社，1994.5.　96 页；19cm
ISBN7-80571-451-7：￥2.30

08386　伯爵千金　第五卷（4）
〔日〕细川知荣子编绘；刘建军，黄海武译．
海口：海南摄影美术出版社，1994.5.　96 页；19cm
ISBN7-80571-451-7：￥2.30

08387　伯爵千金　第五卷（5）
〔日〕细川知荣子编绘；刘建军，黄海武译．
海口：海南摄影美术出版社，1994.5.　114 页；19cm
ISBN7-80571-451-7：￥2.30

08388　材料变态：开发新材料入门
〔日〕中江秀雄著；吴炳荣等译．　上海：上海科学技术文献出版社，1994.7.　164 页；19cm
ISBN7-5439-0409-8：￥6.25

08389　彩色鱼拓制作法
〔日〕松永正津著；桑涛译．　北京：人民体育出版社，1994.1.　104 页；20cm.　（钓鱼入门丛书　党伯杰主编）
ISBN7-5009-1031-2：￥28.00

08390　苍之封印
〔日〕筱原干绘．　南宁：广西民族出版社，1994.6.　5 册；19cm
ISBN7-5363-2798-6：￥11.50

08391　禅海珍言
〔日〕秋月龙珉著；汪正求译．　2 版．　桂林：

漓江出版社，1994.8.　261 页；19cm
ISBN7-5407-0671-6：￥6.85

08392　长谷川泉诗集
〔日〕长谷川泉著；郑民钦译．北京：国际文
化出版公司，1994.2.　101 页；19cm
ISBN7-80105-060-6：￥5.00

08393　超人怪兽大战
〔日〕冈崎甫雄著；木木译．北京：华语教学
出版社，1994.3.　71 页；26cm.　（奥托曼系列
丛书）　（日本电视连环画）
ISBN7-80052-393-1（精装）：￥12.80

08394　橙路
〔日〕松本泉编绘；邹宁译．北京：中华工商
联合出版社，1994.9.　18 册；19cm　（卡通
画）
ISBN7-80100-101-X：￥81.00

08395　吃茶与健康：茶的防癌治病作用
〔日〕小国伊太郎著；乔思杰，张鉴哲主译．
郑州：中原农民出版社，1994.2.　116
页；19cm
ISBN7-80538-630-7：￥4.10

08396　春琴抄
〔日〕谷崎润一郎等著．北京：华复出版社，
1994.4.　272 页；20cm.（世界婚恋小说丛书·
日本卷下　蔡茂友主编）
ISBN7-5080-0357-8：￥6.80

**08397　从国有企业到境外上市公司——理论与
实务**
〔日〕德地立人主编；日本大和证券株式会社，
日本株式会社大和总研编著．北京：中国社会
科学出版社，1994.12.　290 页；20cm
ISBN7-5004-1647-4：￥15.00

08398　从 45 岁开始预防衰老
〔日〕若月俊一，刘洪兰主编；郭茜茹等编．
北京：人民卫生出版社，1994.4.　294
页；19cm
ISBN7-117-02023-7：￥9.55

08399　大栗子，我的第二故乡
〔日〕和田纪久惠著；周维权译．上海：上海
人民出版社，1994.2.　217 页；19cm
ISBN7-208-01713-1：￥12.50

08400　当代日本教育思想
〔日〕堀尾辉久著；王智新等译．太原：山西
教育出版社，1994.9.　386 页；20cm.　（当代
日本教育丛书　朱永新，王智新主编）
ISBN7-5440-0424-4：￥10.80

08401　等离子体与成膜基础
〔日〕小沼光晴著；张光华编译．北京：国防
工业出版社，1994.6.　238 页；19cm
ISBN7-118-01141-X：￥11.40

08402　地球内部奥秘趣谈
〔日〕岛村英纪著；吴兵，郑斯华译．北京：
地震出版社，1994.8.　185 页；19cm
ISBN7-5028-0769-1：￥5.50

08403　地狱之花
〔日〕永井荷风著；谭晶华，郭洁敏译．上海：
上海译文出版社，1994.7.　884 页；20cm.（日
本文学丛书　辛未艾主编）
ISBN7-5327-0789-X：￥12.50

08404　电力系统稳定性问题与对策
日本电力系统稳定性专门委员会编；蒋建民译．
北京：水利电力出版社，1994.12.　324
页；26cm
ISBN7-120-02301-2：￥21.60

08405　东亚产业圈
〔日〕小林实著；中国亚洲太平洋地区经济研究
所译．上海：上海人民出版社，1994.1.　241
页；20cm
ISBN7-208-01719-0：￥9.15

08406　东亚企业经营
〔日〕原口俊著；苏勇编著．上海：复旦大学
出版社，1994.3.　331 页；20cm.　（亚东经济
国际学会研究丛书　2）
ISBN7-309-01294-1（精装）：￥25.00

08407　法律家眼中的日本古代一千五百年史
〔日〕山中顺雅著，曹章棋译．北京：中国
社会科学出版社，1994.5.　316 页：
图；20cm
ISBN7-5004-1439-0：￥16.00

08408　犯罪者处遇
〔日〕森下忠著；白绿铉等译．北京：中国纺
织出版社，1994.5.　194 页；19cm
ISBN7-5064-1085-0：￥8.60

08409　分析化学手册第六分册：热分析
刘振海，〔日〕畠山立子主编．　北京：化学工
业出版社，1994.5.　397页；26cm
ISBN7-5025-1247-0（精装）：￥29.50

08410　福星小子（22）
〔日〕高桥留美子原著；禾菱编译．　银川：宁
夏人民出版社，1994.　94页；19cm
ISBN7-227-01293-X：￥2.30

08411　福星小子（23）
〔日〕高桥留美子原著；禾菱编译．　银川：宁
夏人民出版社，1994.　94页；19cm
ISBN7-227-01293-X：￥2.20

08412　福星小子（24）
〔日〕高桥留美子原著；禾菱编译．　银川：宁
夏人民出版社，1994.　94页；19cm
ISBN7-227-01293-X：￥2.20

08413　福星小子（26）
〔日〕高桥留美子原著；禾菱编译．　银川：宁
夏人民出版社，1994.　94页；19cm
ISBN7-227-01293-X：￥2.20

08414　福星小子（31）
〔日〕高桥留美子原著；禾菱编译．　银川：宁
夏人民出版社，1994.　94页；19cm
ISBN7-227-01293-X：￥2.20

08415　福星小子（32）
〔日〕高桥留美子原著；禾菱编译．　银川：宁
夏人民出版社，1994.　94页；19cm
ISBN7-227-01293-X：￥2.20

08416　福星小子（33）
〔日〕高桥留美子原著；禾菱编译．　银川：宁
夏人民出版社，1994.　94页；19cm
ISBN7-227-01293-X：￥2.20

08417　福星小子（34）
〔日〕高桥留美子原著；禾菱编译．　银川：宁
夏人民出版社，1994.　95页；19cm
ISBN7-227-01293-X：￥2.20

08418　福星小子（35）
〔日〕高桥留美子原著；禾菱编译．　银川：宁
夏人民出版社，1994.　94页；19cm
ISBN7-227-01293-X：￥2.20

08419　福星小子（36）
〔日〕高桥留美子原著；禾菱编译．　银川：宁
夏人民出版社，1994.　95页；19cm
ISBN7-227-01293-X：￥2.20

08420　干渴的大地
〔日〕早水恒著；江燕玲等译．　西安：陕西人
民出版社，1994.1.　261页；20cm
ISBN7-224-03374-X：￥5.90

08421　弓月奇谈：近代能乐·歌舞伎集
〔日〕三岛由纪夫著；申非，许金龙译．　北京：
作家出版社，1994.12.　355页；20cm.　（三岛
由纪夫文学系列　叶渭渠主编）
ISBN7-5063-0852-5：￥13.00

08422　公司发展与干部意识
〔日〕氏家康二著；朱东平译．　上海：立信会
计出版社，1994.12.　145页；19cm
ISBN7-5429-0265-2：￥10.00

08423　宫泽贤治童话选
〔日〕宫泽贤治著；腾瑞译．　北京：光明日报
出版社，1994.10.　171页；19cm
ISBN7-80091-620-0（精装）：￥13.00

08424　管理者的思维技巧：应变与对策
〔日〕饭久保广嗣著；陈绮绮等译．　上海：
上海科学普及出版社，1994.5.　162
页；19cm
ISBN7-5427-0888-0：￥8.20

08425　国际美容造形（第1辑）
毕淑敏，〔日〕出羽健主编．　上海：上海科学
普及出版社，1994.12.　118页；29cm
ISBN7-5427-0919-4：￥28.00

08426　孩子与美术：教与学
〔日〕东山明著；王晓平，夏河译．　北京：中
国林业出版社，1994.10.　198页；20cm
ISBN7-5038-1345-8：￥8.80

08427　好色一代男
〔日〕井原西鹤著；王启元，李正伦译．　济南：
山东文艺出版社，1994.12.　501页：插图；
20cm.　（日本古典文学名著）
本书包括《好色一代男》、《好色一代女》、《好
色五人女》。
ISBN7-5329-1142-X：￥18.80

08428　好色一代女
〔日〕井原西鹤著；刘丕坤，张鼎衡译．　南京：译林出版社，1994.8.　313页；20cm.　（日本文学名著丛书）
ISBN7-80567-342-X：￥11.80

08429　化工管道的设计与施工
〔日〕玉置明善，玉置正和编；艾长庚译．北京：冶金工业出版社，1994.6.　224页；19cm.　（上海宝钢五冶分指挥部机电公司技术丛书）
ISBN7-5024-1438-X：￥8.00

08430　机器猫（第21卷）
〔日〕藤子·F.不二雄原著；李波等译．北京：人民美术出版社，1994.3.　191页；18cm
ISBN7-102-01277-2：￥2.50

08431　机器猫（第22卷）
〔日〕藤子·F.不二雄原著；张淑清译．北京：人民美术出版社，1994.4.　191页；18cm
ISBN7-102-01278-0：￥2.50

08432　机器猫（第23卷）
〔日〕藤子·F.不二雄原著；朱维维等译．北京：人民美术出版社，1994.1.　190页；18cm
ISBN7-102-01279-9：￥2.50

08433　机器猫（第24卷）
〔日〕藤子·F.不二雄原著；刘培等译．北京：人民美术出版社，1994.3.　188页；18cm
ISBN7-102-01280-2：￥2.50

08434　机器猫（第25卷）
〔日〕藤子·F.不二雄原著；季颖等译．北京：人民美术出版社，1994.3.　189页；18cm
ISBN7-102-01281-0：￥2.50

08435　机器猫（第26卷）
〔日〕藤子·F.不二雄原著；韦小严等译．北京：人民美术出版社，1994.4.　189页；18cm
ISBN7-102-01282-9：￥2.50

08436　机器猫（第27卷）
〔日〕藤子·F.不二雄原著；王振华等译．北京：人民美术出版社，1994.3.　191页；18cm
ISBN7-102-01283-7：￥2.50

08437　机器猫（第28卷）
〔日〕藤子·F.不二雄原著；丁晓玉等译．北京：人民美术出版社，1994.3.　190页；18cm
ISBN7-102-01284-5：￥2.50

08438　机器猫（第29卷）
〔日〕藤子·F.不二雄原著；丁一等译．北京：人民美术出版社，1994.3.　191页；18cm
ISBN7-102-01285-3：￥2.50

08439　机器猫（第30卷）
〔日〕藤子·F.不二雄原著；于胜利等译．北京：人民美术出版社，1994.3.　190页；18cm
ISBN7-102-01286-1：￥2.50

08440　机器猫（第31卷）
〔日〕藤子·F.不二雄原著；王振华等译．北京；人民美术出版社，1994.4.　191页；18cm
ISBN7-102-01329-9：￥2.50

08441　机器猫（第32卷）
〔日〕藤子·F.不二雄原著；丁晓玉等译．北京：人民美术出版社，1994.4.　189页；18cm
ISBN7-102-01330-2：￥2.50

08442　机器猫（第33卷）
〔日〕藤子·F.不二雄原著；丁一等译．北京：人民美术出版社，1994.4.　191页；18cm
ISBN7-102-01331-0：￥2.50

08443　机器猫（第34卷）
〔日〕藤子·F.不二雄原著；王振华等译．北京：人民美术出版社，1994.4.　189页；18cm
ISBN7-102-01332-9：￥2.50

08444　机器猫（第35卷）
〔日〕藤子·F.不二雄原著；王振华等译．北京：人民美术出版社，1994.4.　190页；18cm
ISBN7-102-01333-7：￥2.50

08445　机器猫（第36卷）
〔日〕藤子·F.不二雄原著；晓玉等译．北京：人民美术出版社，1994.4.　191页；18cm
ISBN7-102-01334-5：￥2.50

08446　机器猫（第37卷）
〔日〕藤子·F.不二雄原著；丁一等译．北京：人民美术出版社，1994.4.　187页；18cm
ISBN7-102-01335-3：￥2.50

08447 机器猫（第 38 卷）
〔日〕藤子・F. 不二雄原著；于胜利等译．北京：人民美术出版社，1994.4. 189 页；18cm
ISBN7-102-01336-1：¥2.50

08448 机器猫（第 39 卷）
〔日〕藤子・F. 不二雄原著；王振华等译．北京：人民美术出版社，1994.4. 191 页；18cm
ISBN7-102-01337-X：¥2.50

08449 机器猫（第 40 卷）
〔日〕藤子・F. 不二雄原著；丁晓玉等译．北京：人民美术出版社，1994.4. 190 页；18cm
ISBN7-102-01338-8：¥2.50

08450 机器猫（第 41 卷）
〔日〕藤子・F. 不二雄原著；丁一等译．北京：人民美术出版社，1994.4. 191 页；18cm
ISBN7-102-01339-6：¥2.50

08451 机器猫（第 42 卷）
〔日〕藤子・F. 不二雄原著；于胜利等译．北京：人民美术出版社，1994.4. 191 页；18cm
ISBN7-102-01340-X：¥2.50

08452 机器猫（第 43 卷）
〔日〕藤子・F. 不二雄原著；王振华等译．北京：人民美术出版社，1994.4. 190 页；18cm
ISBN7-102-01341-8：¥2.50

08453 机器猫智斗神探亨特：怪波之迷
〔日〕巴豪太郎编文；〔日〕新桥中村绘．昆明：云南科技出版社，1994.6. 58 页；17×19cm.（超级机器猫故事系列）
ISBN7-5416-0559-X：¥3.88

08454 价格之战
〔日〕城山三郎著；孙日明，曾小华译．南宁：广西教育出版社，1994.10. 279 页；19cm
ISBN7-5435-2162-8：¥6.60

08455 交通工程学
〔日〕饭田恭敬编著；邵春福等译．北京：人民交通出版社，1994.10. 360 页；20cm
ISBN7-114-01866-5（精装）：¥32.00

08456 金融一百题
日本经济新闻社编；张今贵等译．上海：上海远东出版社，1994.12. 259 页；19×12cm.（经贸百题系列）
ISBN7-80514-320-X：¥8.00

08457 近代在华日人顾问资料目录
〔日〕卫藤沈吉，李廷江编著．北京：中华书局，1994.1. 532 页；20cm
ISBN7-101-00995-6（精装）：¥19.50

08458 经济模型分析
〔日〕缲生正男，森本好则著；钟茂初译．天津：南开大学出版社，1994.9. 303 页；20cm
ISBN7-310-00722-0：¥12.50

08459 经济学说史的模型分析
〔日〕田井正著；凌经球译．北京：当代中国出版社，1994.10. 178 页；20cm
ISBN7-80092-269-3：¥8.50

08460 惊奇的小宇宙——人体
〔日〕引野真二著；刘壮华，沈晴莺译．杭州：浙江少年儿童出版社，1994.12. 3 册；19cm
ISBN7-5342-1280-4：¥21.00

08461 景气一百题
日本经济新闻社编；刘正运等译．上海：上海远东出版社，1994.12. 255 页；19×12cm.（经贸百题系列）
ISBN7-80514-363-3：¥8.00

08462 纠纷的解决与审判制度
〔日〕棚濑孝雄著；王亚新译．北京：中国政法大学出版社，1994.4. 329 页；20cm.（当代法学名著译丛 季卫东主编）
ISBN7-5620-1303-9：¥14.50

08463 救国十人团运动研究
〔日〕小野信尔著；殷叙彝，张允侯译．北京：中央编译出版社，1994.5. 136 页；20cm
ISBN7-80109-009-8：¥6.20

08464 居里夫人：为科学真理而生的女性
〔日〕松冈洋子著；王欣，刘桂欣译．石家庄：河北科学技术出版社，1994.8. 241 页；19cm
ISBN7-5375-1445-3：¥5.80

08465 聚酰胺树脂手册
〔日〕福本修编；施祖培等译．北京：中国石化出版社，1994.4. 663 页；19cm
ISBN7-80043-370-6：¥18.50

08466 军国烟花："随军慰安妇"庆子的经历
〔日〕千田夏光著；林怀秋，夏文秀译．广州：花城出版社，1994. 222 页；19cm

ISBN7-5360-1485-6：￥4.95

08467　看日本人怎样"筑长城"：日本现代麻将花样打法
〔日〕天野大三，青山敬著；曹兴译．北京：人民体育出版社，1994.1.　178页；19cm
ISBN7-5009-1055-X：￥5.80

08468　科学哲学
〔日〕竹尾治一郎编著；桂起权，王建译．上海：上海译文出版社，1994.2.　235页；20cm．（大学参考用书）
ISBN7-5327-1274-5：￥6.40

08469　空海情
〔日〕神奥山著；方经民，郑丽芸译．上海：学林出版社，1994.12.　185页；19cm
ISBN7-80616-039-6：￥9.50

08470　腊笔王国童话
〔日〕福永令三著；孟英，李景芳译．南宁：接力出版社，1994.4.　593页；20cm．（接力童话世界）
ISBN7-80581-735-9：￥9.50

08471　篮球飞人（21）
〔日〕井上雄彦著；张威译．北京：人民体育出版社，1994.12.　182页；19cm
ISBN7-5009-1161-0：￥4.50

08472　冷漠中的安息（日汉对照）
〔日〕德永直著；李思敬译注．上海：上海译文出版社，1994.4.　123页；19×12cm
ISBN7-5327-1319-9：￥2.50

08473　历史的见证：日军忏悔录
日本中国归还者联络会编；袁秋白等译．北京：解放军出版社，1994.12.　243页；20cm．（中国抗日战争史料丛书）
ISBN7-5065-2567-4：￥11.00

08474　龙之谜（19）
〔日〕三条陆著；〔日〕稻田浩司漫画；刘宁译．银川：宁夏人民出版社，1994.　94页；19cm
ISBN7-227-01308-1：￥2.30

08475　龙之谜（20）
〔日〕三条陆著；〔日〕稻田浩司漫画；刘宁译．银川：宁夏人民出版社，1994.　94页；19cm
ISBN7-227-01308-1：￥2.30

08476　龙之谜（21）
〔日〕三条陆著；〔日〕稻田浩司漫画；刘宁译．银川：宁夏人民出版社，1994.　94页；19cm
ISBN7-227-01308-1：￥2.30

08477　龙之谜（22）
〔日〕三条陆著；〔日〕稻田浩司漫画；刘宁译．银川：宁夏人民出版社，1994.　94页；19cm
ISBN7-227-01308-1：￥2.30

08478　龙之谜（23）
〔日〕三条陆著；〔日〕稻田浩司漫画；刘宁译．银川：宁夏人民出版社，1994.　95页；19cm
ISBN7-227-01308-1：￥2.30

08479　龙之谜（24）
〔日〕三条陆著；〔日〕稻田浩司漫画；刘宁译．银川：宁夏人民出版社，1994.　94页；19cm
ISBN7-227-01308-1：￥2.30

08480　龙之谜（25）
〔日〕三条陆著；〔日〕稻田浩司漫画；刘宁译．银川：宁夏人民出版社，1994.　95页；19cm
ISBN7-227-01308-1：￥2.30

08481　龙之谜（26）
〔日〕三条陆著；〔日〕稻田浩司漫画；刘宁译．银川：宁夏人民出版社，1994.　92页；19cm
ISBN7-227-01308-1：￥2.30

08482　龙之谜（45）
〔日〕三条陆著；〔日〕稻田浩司漫画；刘宁译．银川：宁夏人民出版社，1994.　92页；19cm
ISBN7-227-01308-1：￥2.30

08483　龙之谜（46）：达伊大冒险
〔日〕崛雄二主编；〔日〕三条陆原作；〔日〕稻田浩司绘；王振山译．银川：宁夏人民出版社，1994.　91页；19cm
ISBN7-227-01308-1：￥2.30

08484　马骁的艺术：中国艺术专辑
〔日〕马骁绘．北京：人民美术出版社，1994.　1册；29×22cm
ISBN7-102-01368-X：￥0.00

08485　猫怪麦克（1）
张敏，许静译．南宁：广西美术出版社，1994.9.　108页；19cm
ISBN7-80582-723-0：￥3.98

08486 猫怪麦克（2）：魂斗作品
张敏，许静译．南宁：广西美术出版社，
1994.9． 108页；19cm
ISBN7-80582-724-9：￥3.98

08487 美容保养常识
〔日〕伊藤雄康著；钟东明译．北京：机械工
业出版社，1994.10． 184页；19cm
ISBN7-111-04393-6：￥12.00

08488 美少女战士 卷二（1）
〔日〕武内直子编绘．南宁：广西民族出版社，
1994.7． 94页；19cm
ISBN7-5363-2808-7：￥2.30

08489 美少女战士 卷二（2）
〔日〕武内直子编绘．南宁：广西民族出版社，
1994.7． 96页；19cm
ISBN7-5363-2808-7：￥2.30

08490 美少女战士 卷二（3）
〔日〕武内直子编绘．南宁：广西民族出版社，
1994.7． 95页；19cm
ISBN7-5363-2808-7：￥2.30

08491 美少女战士 卷二（4）
〔日〕武内直子编绘．南宁：广西民族出版社，
1994.7． 95页；19cm
ISBN7-5363-2808-7：￥2.30

08492 美少女战士 卷二（5）
〔日〕武内直子编绘．南宁：广西民族出版社，
1994.7． 95页；19cm
ISBN7-5363-2808-7：￥2.30

08493 美少女战士 卷一（1）
〔日〕武内直子编绘．南宁：广西民族出版社，
1994.6． 95页；19cm
ISBN7-5363-2796-X：￥2.30

08494 美少女战士 卷一（2）
〔日〕武内直子编绘．南宁：广西民族出版社，
1994.6． 95页；19cm
ISBN7-5363-2796-X：￥2.30

08495 美少女战士 卷一（4）
〔日〕武内直子编绘．南宁：广西民族出版社，
1994.6． 95页；19cm
ISBN7-5363-2796-X：￥2.30

08496 美少女战士 卷一（5）
〔日〕武内直子编绘．南宁：广西民族出版社，
1994.6． 91页；19cm
ISBN7-5363-2796-X：￥2.30

08497 弥生的日轮
〔日〕饭野孝宥著．北京：光明日报出版社，
1994.10． 266页；彩照；19cm
ISBN7-80091-624-3（精装）：￥14.00

08498 蘑菇栽培法：高新生产技术的应用
中国食用菌协会主编；〔日〕桥本一哉著；黄年
来译．北京：中国农业出版社，1994.9． 270
页；20cm．（当代食用菌技术丛书）
ISBN7-109-03394-5：￥8.25

08499 魔神英雄坛
〔日〕矢立肇原著．济南：山东美术出版社，
1994.6． 17×19cm
ISBN7-5330-0811-1：￥40.00

08500 魔兽战士（1）
〔日〕村形顺子著；〔日〕木村知生绘；张婉茹
译．北京：中国华侨出版社，1994.6． 190
页；19cm
ISBN7-80074-924-X：￥3.80

08501 魔兽战士（2）
〔日〕村形顺子著；〔日〕木村知生绘；张婉茹
译．北京：中国华侨出版社，1994.6． 198
页；19cm
ISBN7-80074-924-X：￥3.80

08502 魔兽战士（3）
〔日〕村形顺子著；〔日〕木村知生绘；张婉茹
译．北京：中国华侨出版社，1994.6． 202
页；19cm
ISBN7-80074-924-X：￥3.80

08503 魔兽战士（4）
〔日〕村形顺子著；〔日〕木村知生绘；张婉茹
译．北京：中国华侨出版社，1994.6． 195
页；19cm
ISBN7-80074-924-X：￥3.80

08504 魔兽战士（5）
〔日〕村形顺子著；〔日〕木村知生绘；张婉茹
译．北京：中国华侨出版社，1994.6． 191
页；19cm

ISBN7-80074-924-X：￥3.80

08505　魔兽战士（6）
〔日〕村形顺子著；〔日〕木村知生绘；张婉茹
译．北京：中国华侨出版社，1994.6.　204
页；19cm
ISBN7-80074-924-X：￥3.80

08506　魔兽战士（7）
〔日〕村形顺子著；〔日〕木村知生绘；张婉茹
译．北京：中国华侨出版社，1994.6.　197
页；19cm
ISBN7-80074-924-X：￥3.80

08507　母亲的初恋
〔日〕川端康成等著．北京：华夏出版社，
1994.4.　259页；20cm.　（世界婚恋小说丛
书·日本卷上　蔡茂友主编）
ISBN7-5080-0356-X：￥6.80

08508　母乳与母爱：中日专家谈
中日育儿研究会，中国关心下一代工作委员会
专家委员会编．北京：石油工业出版社，
1994.5.　154页；26cm
ISBN7-5021-1244-8：￥16.80

08509　南京大虐杀（日文）
徐志耕著；秋子译．北京：外文出版社，
1994.　462页；19cm
ISBN7-119-01500-1：￥18.95

08510　脑卒中康复
〔日〕中村隆一编；朱裕祥译．上海：华东师
范大学出版社，1994.5.　287页；26cm
ISBN7-5617-1109-3（精装）：￥38.00

08511　尼罗河女儿：续卷（1）
〔日〕细川知荣子编绘．海口：海南摄影美术
出版社，1994.　96页；19cm
ISBN7-80571-300-6：￥2.30

08512　尼罗河女儿：续卷（2）
〔日〕细川知荣子编绘．海口：海南摄影美术
出版社，1994.　96页；19cm
ISBN7-80571-300-6：￥2.30

08513　尼罗河女儿：续卷（3）
〔日〕细川知荣子编绘．海口：海南摄影美术
出版社，1994.　96页；19cm
ISBN7-80571-300-6：￥2.30

08514　尼罗河女儿：续卷（4）
〔日〕细川知荣子编绘．海口：海南摄影美术
出版社，1994.　96页；19cm
ISBN7-80571-300-6：￥2.30

08515　尼罗河女儿：续卷（5）
〔日〕细川知荣子编绘．海口：海南摄影美术
出版社，1994.　95页；19cm
ISBN7-80571-300-6：￥2.30

08516　尼罗河女儿：续卷（6）
〔日〕细川知荣子编绘．海口：海南摄影美术
出版社，1994.　95页；19cm
ISBN7-80571-300-6：￥2.30

08517　泥石流、滑坡、陡坡崩坍防治工程手册
〔日〕矢野义男等著；周顺行，李良义译．南
京：河海大学出版社，1994.10.　275页；19cm
ISBN7-5630-0145-X：￥7.80

08518　农药实验法：杀虫剂篇
〔日〕深见顺一等编；章元寿译．北京：中国
农业出版社，1994.2.　379页；26cm
ISBN7-109-02840-2：￥20.60

08519　破坏王
〔日〕村田秀雄编著；刃森尊绘．北京：中国
社会出版社，1994.3.　12册；19cm.　（漫画
系列）
ISBN7-80088-495-3：￥29.40

08520　破碎的山河
〔日〕石川达三著；金中译．南京：译林出版
社，1994.7.　410页；20cm
ISBN7-80567-336-5：￥10.80

08521　期货交易技术分析
〔日〕高田弘法著；周祖香译．上海：上海教
育出版社，1994.4.　297页：图；20cm
ISBN7-5320-3634-0：￥11.30

08522　屈赋与日本公元前史
〔日〕大宫真人著；任大海，宋力译．海口：
海南出版社，1994.8.　240页；20cm
ISBN7-80590-738-2（精装）：￥12.80

08523　热门少年（1）
〔日〕鸟山明等著．沈阳：沈阳出版社，
1994.7.　80页；26cm.　（全新型漫画丛书
系列）

ISBN7-5441-0219-X：￥3.40

08524　热门少年（2）
〔日〕鸟山明等著．沈阳：沈阳出版社，1994.7.　80页：图；26cm.（全新型漫画丛书系列）
ISBN7-5441-0219-X：￥3.40

08525　热门少年（3）
〔日〕鸟山明等著．沈阳：沈阳出版社，1994.7.　80页：图；26cm.（全新型漫画丛书系列）
ISBN7-5441-0219-X：￥3.40

08526　热门少年（4）
〔日〕鸟山明等著．沈阳：沈阳出版社，1994.7.　80页：图；26cm.（全新型漫画丛书系列）
ISBN7-5441-0219-X：￥3.40

08527　热门少年（5）
〔日〕鸟山明等著．沈阳：沈阳出版社，1994.7.　80页：图；26cm.（全新型漫画丛书系列）
ISBN7-5441-0219-X：￥3.40

08528　热门少年（6）
〔日〕鸟山明等著．沈阳：沈阳出版社，1994.7.　80页：图；26cm.（全新型漫画丛书系列）
ISBN7-5441-0219-X：￥3.40

08529　热门少年（7）
〔日〕鸟山明等著．沈阳：沈阳出版社，1994.7.　80页：图；26cm.（全新型漫画丛书系列）
ISBN7-5441-0219-X：￥3.40

08530　人鱼传说（5）
〔日〕高桥留美子著；周颖译．银川：宁夏人民出版社，1994.　95页；19cm
ISBN7-227-01315-4：￥2.30

08531　人鱼传说（6）
〔日〕高桥留美子著；周颖译．银川：宁夏人民出版社，1994.　94页；19cm
ISBN7-227-01315-4：￥2.30

08532　日本的农协
日本全国农业协同组合中央会著；王建强译．

太原：山西高校联合出版社，1994.1.　88页；19cm
ISBN7-81032-604-X：￥3.20

08533　日本古典和歌百人一首
〔日〕藤原定家辑；李濯凡译注．北京：首都师范大学出版社，1994.2.　112页；19cm
ISBN7-81039-110-0：￥3.00

08534　日本国铁路最新信号技术
中国铁道学会自动化委员会编译．北京：中国铁道出版社，1994.5.　279页；26cm
ISBN7-113-01511-5：￥15.00

08535　日本会计法规
李玉环译．北京：中国财政经济出版社，1994.4.　240页；20cm.（会计准则丛书）
ISBN7-5005-2389-0：￥7.50

08536　日本经济中的信息、激励与谈判
〔日〕青木昌彦著；朱泱，汪同三译．北京：商务印书馆，1994.10.　332页；20cm
ISBN7-100-01447-6：￥8.50

08537　日本民间验方：健康靠自己
日本农山渔村文化协会编；温禾译．北京：中国农业科技出版社，1994.5.　176页；19cm
ISBN7-80026-658-3：￥6.00

08538　日本农业的经营问题：现状与发展逻辑
〔日〕七户长生著；俞炳强译．北京：中国农业出版社，1994.12.　268页；20cm
ISBN7-109-03487-9：￥20.00

08539　日本企业管理论
〔日〕三户公著；李爱文译．北京：企业管理出版社，1994.1.　181页；19cm
ISBN7-80001-335-9：￥4.80

08540　日本人与中国人
〔日〕西条正著．重庆：重庆出版社，1994.4.　179页；19cm
ISBN7-5366-2839-0（精装）：￥5.50

08541　日本商法
王书江，殷建平译．北京：煤炭工业出版社，1994.3.　763页；20cm
ISBN7-5020-0954-X：￥19.80

08542 日本时装精选

朱丽编译． 济南：山东友谊出版社，1994.3.

111 页：彩图；26cm

ISBN7-80551-616-2：￥14.80

08543 日本通商产业政策史第 2 卷第 I 期：战后复兴时期 （1）

日本通商产业政策史编纂委员会编；《日本通商产业政策史》编译委员会译． 北京：中国青年出版社；1994.6. 460 页；26cm

ISBN7-5006-1421-7 （精装）：￥47.00

08544 日本通商产业政策史第 4 卷第 I 期：战后复兴时期 （3）

日本通商产业政策史编纂委员会编；《日本通商产业政策史》编译委员会译． 北京：中国青年出版社，1994.6. 407 页；26cm

ISBN7-5006-1451-9 （精装）：￥43.10

08545 日本通商产业政策史第 5 卷第 I 期：奠定基础时期

日本通商产业政策史编纂委员会编；《日本通商产业政策史》编译委员会译． 北京：中国青年出版社，1994.6. 441 页；26cm

ISBN7-5006-1420-9 （精装）：￥45.50

08546 日本通商产业政策史第 6 卷第 I 期：奠定基础时期 （2）

日本通商产业省通商产业政策史编纂委员会编；《日本通商产业政策史》编译委员会译． 北京：中国青年出版社，1994.6. 606 页；26cm

ISBN7-5006-1411-X （精装）：￥58.40

08547 日本通商产业政策史第 9 卷第 III 期：高速增长时期 （2）

日本通商产业政策史编纂委员会编；《日本通商产业政策史》编译委员会译． 北京：中国青年出版社，1994.12. 452 页；26cm

ISBN7-5006-1542-6 （精装）：￥0.00

08548 日本通商产业政策史第 10 卷第 II 期：高速增长时期 （3）

日本通商产业省通商产业政策史编纂委员会编；《日本通商产业政策史》编译委员会译． 北京：中国青年出版社，1994.12. 529 页；26cm

ISBN7-5006-1617-1 （精装）：￥0.00

08549 日本优秀童话精选

夏青译． 北京：人民体育出版社，1994.9.

105 页；19cm

ISBN7-5009-1095-9：￥3.50

08550 日本最新儿童棒针衫

拉萨：西藏人民出版社，1994. 144 页；26cm

ISBN7-223-00740-0：￥15.80

08551 日美企业经营比较研究

周林娟编译． 上海：上海远东出版社，1994.3.

165 页；19cm. （世界现代化研究丛书）

ISBN7-80514-978-X：￥8.50

08552 日中两国近代化中经济论之比较

〔日〕依田憙家著；叶坦，蒋松岩译． 北京：中国社会科学出版社，1994.4. 144 页；20cm. （经济文化丛书 喻锫丹，沈华嵩主编）

ISBN7-5004-1414-5 （精装）：￥8.80

08553 森林生长论：森林生长计测与模型

〔日〕南云秀次郎等著；郑一兵等译． 北京：中国林业出版社，1994.11. 250 页；19cm

08554 商品交易常识：期货投机成功的关键

〔日〕森川直司著；韩冬梅，吴小丁译． 长春：吉林大学出版社，1994.10. 150 页；19cm

ISBN7-5601-1629-9：￥3.80

08555 商务圣经：《论语》与算盘

〔日〕涩泽荣一著；宋文，永庆译． 北京：九州图书出版社，1994.10. 225 页；20cm. （日本企业之父经典名著）

ISBN7-80114-014-1：￥7.20

08556 社会心理学入门：日本诊断

邓桂荣译． 广州：广东人民出版社，1994.5.

139 页；19×12cm

ISBN7-218-01453-1：￥3.50

08557 生存的技巧：摆脱危难的方法

〔日〕柘植久庆著；费冰译． 北京：群言出版社，1994.12. 134 页；19cm

ISBN7-80080-072-5：￥5.00

08558 圣传 第二卷 （1）

〔日〕大川七濑绘． 海口：海南摄影美术出版社，1994.6. 92 页；19cm. （男孩子丛书）

ISBN7-80571-765-6：￥2.50

08559 圣传 第二卷 （2）

〔日〕大川七濑绘． 海口：海南摄影美术出版社，1994.6. 94 页；19cm. （男孩子丛书）

ISBN7-80571-765-6：¥2.50

08560　圣传　第二卷（3）
〔日〕大川七濑绘．　海口：海南摄影美术出版
社，1994.6.　94页；19cm．（男孩子丛书）
ISBN7-80571-765-6：¥2.50

08561　圣传　第二卷（4）
〔日〕大川七濑绘．　海口：海南摄影美术出版
社，1994.6.　92页；19cm．（男孩子丛书）
ISBN7-80571-765-6：¥2.50

08562　圣传　第三卷（1）
〔日〕大川七濑绘．　海口：海南摄影美术出版
社，1994.　95页；19cm．（男孩子丛书）
ISBN7-80571-765-6：¥2.50

08563　圣传　第三卷（2）
〔日〕大川七濑绘．　海口：海南摄影美术出版
社，1994.　95页；19cm．（男孩子丛书）
ISBN7-80571-765-6：¥2.50

08564　圣传　第三卷（3）
〔日〕大川七濑绘．　海口：海南摄影美术出版
社，1994.　95页；19cm．（男孩子丛书）
ISBN7-80571-765-6：¥2.50

08565　圣传　第三卷（4）
〔日〕大川七濑绘．　海口：海南摄影美术出版
社，1994.　94页；19cm．（男孩子丛书）
ISBN7-80571-765-6：¥2.50

08566　圣传　第四卷（1）
〔日〕大川七濑绘．　海口：海南摄影美术出版
社，1994.　94页；19cm．（男孩子丛书）
ISBN7-80571-765-6：¥2.50

08567　圣传　第四卷（2）
〔日〕大川七濑绘．　海口：海南摄影美术出版
社，1994.　94页；19cm．（男孩子丛书）
ISBN7-80571-765-6：¥2.50

08568　圣传　第四卷（3）
〔日〕大川七濑绘．　海口：海南摄影美术出版
社，1994.　94页；19cm．（男孩子丛书）
ISBN7-80571-765-6：¥2.50

08569　圣传　第四卷（4）
〔日〕大川七濑绘．　海口：海南摄影美术出版
社，1994.　93页；19cm．（男孩子丛书）

ISBN7-80571-765-6：¥2.50

08570　圣传　第一卷
〔日〕大川七濑绘．　海口：海南摄影美术出版
社，1994.5.　4册（94，93，94，91页）；
19cm．（男孩子丛书）
ISBN7-80571-765-6：¥10.00

08571　圣传（15）
〔日〕CLAMP著；小舟译．　银川：宁夏人民出
版社，1994.　95页；19cm
ISBN7-227-01319-7：¥2.50

08572　圣传（16）
〔日〕CLAMP著；小舟译．　银川：宁夏人民出
版社，1994.　85页；19cm
ISBN7-227-01319-7：¥2.50

08573　实用英语词源辞典
〔日〕小川芳男编；孟传良等译．　北京：高等
教育出版社，1994.9.　690页；19cm
本书与日本笛藤出版图书有限公司合作出版．
ISBN7-04-004888-4：¥19.80

08574　世界钢铁工业和钢铁企业
〔日〕户田弘元著；那宝魁等译．　北京：冶金
工业出版社，1994.10.　294页；20cm
ISBN7-5024-1573-7：¥10.00

08575　世界经贸一百题
日本经济新闻社编；李国亭等译．　上海：上海
远东出版社，1994.12.　249页；19×12cm．
（经贸百题系列）
ISBN7-80514-469-9：¥7.80

08576　市场经济的发展机制
〔日〕盐泽由讲稿；纪玉山编．　长春：吉林大
学出版社，1994.4.　256页；20cm
ISBN7-5601-1524-1：¥5.00

08577　市场一百题
日本经济新闻社编；唐敦挚，黄忠明译．　上
海：上海远东出版社，1994.12.　236页；19×
12cm．（经贸百题系列）
ISBN7-80514-615-2：¥7.40

08578　蔬菜与防癌
〔日〕加美山茂利，东畑朝子著；张作义等译．
北京：中国农业科技出版社，1994.5.　112
页；19cm

ISBN7-80026-616-8：￥4.50

08579 水产利用化学
〔日〕鸿巢章二，桥本周久编；郭晓风，邹胜祥译．北京：中国农业出版社，1994.11. 435页；20cm
ISBN7-109-03679-0：￥15.00

08580 顺应自然的生存哲学：日本企业家人生体验述说
〔日〕风本常男著；潘金生，潘钧译．北京：北京大学出版社，1994.6. 1册；20cm.（北京大学日本研究丛书 北京大学日本研究中心编）
ISBN7-301-2569-6：￥6.75

08581 思想汇报
残雪著；〔日〕近藤直子评论．长沙：湖南文艺出版社，1994.11. 274页：插图；20cm
ISBN7-5404-1292-5：￥8.50

08582 四季潇洒：日本新潮套装集锦
李仁芝主编；日本美丽出版社，日中时装株式会社供稿．上海：上海人民出版社，1994.8. 105页；26cm
ISBN7-208-01789-1：￥18.80

08583 叹异抄
〔日〕唯圆房著；毛丹青译注．北京：文津出版社，1994.4. 51页；19cm
ISBN7-80554-229-5（精装）：￥12.00

08584 调期业务
〔日〕小林靖弘，清水正俊著；董维俭，王雅范译．北京：中国金融出版社，1994.12. 159页；19cm
ISBN7-5049-1317-0：￥8.00

08585 铁臂阿童木（5）
〔日〕手塚治虫著；庆子译．银川：宁夏人民出版社，1994. 95页；19cm
ISBN7-227-01317-0：￥2.30

08586 铁臂阿童木（7）
〔日〕手塚治虫编绘；刘宁译．银川：宁夏人民出版社，1994. 94页；19cm
ISBN7-227-01317-0：￥2.30

08587 铁臂阿童木（8）
〔日〕手塚治虫编绘；刘宁译．银川：宁夏人民出版社，1994. 91页；19cm
ISBN7-227-01317-0：￥2.30

ISBN7-227-01317-0：￥2.30

08588 铁与火花：多田野益雄的生涯及他的事业
〔日〕多田野弘著；张利，晓明译．杭州：浙江文艺出版社，1994.7. 202页：图；20cm
ISBN7-5339-0704-3：￥6.60

08589 图解摩托车维修手册（1）
计明编译．上海：上海科学技术文献出版社，1994.8. 185页；26cm.（日本本田公司提供技术资料）
ISBN7-5439-0419-5：￥14.80

08590 图解妊娠与生产
〔日〕谢国权著；谢文丽译．北京：机械工业出版社，1994.10. 207页；19cm
ISBN7-111-04392-8：￥12.00

08591 图解室内装饰材料：选择与使用
〔日〕小宫容一著；冯乃谦译．北京：科学出版社，1994.9. 112页；26cm.（OHM科学丛书）
ISBN7-03-003774-X：￥20.00

08592 图解室内装饰设计方法
〔日〕小宫容一著；阮志大，王炜钰译．北京：科学出版社，1994.9. 131页；26cm.（OHM科学丛书）
本书与日本OHM社共同出版．
ISBN7-03-003775-8：￥21.00

08593 图解室内装饰设计图：读图与绘图
〔日〕尾上孝一著；史其信译．北京：科学出版社，1994.9. 105页；26cm.（OHM科学丛书）
ISBN7-03-003773-1：￥20.00

08594 图解室内装饰设计基础与技巧
〔日〕楢崎雄之著；冯乃谦译．北京：科学出版社，1994.9. 200页；26cm.（OHM科学丛书）
本书与日本OHM社共同出版．
ISBN7-03-003783-9：￥24.00

08595 图解穴位特效指压
〔日〕芹泽尺胜助著；黄少廷编译．北京：世界图书出版公司，1994.4. 245页；20cm
ISBN7-5062-2384-8：￥6.50

08596 图解血气分析

〔日〕工藤翔二著；贺正一，刘凤奎编译．北京：北京科学技术出版社，1994.8. 120页；26cm

ISBN7-5304-1619-7：￥10.10

08597 土木工程结构抗震设计

日本土木工程学会地震工程委员会编；徐植信等译．上海：同济大学出版社，1994.1. 228页；26cm

ISBN7-5608-1246-5：￥18.00

08598 推动经济的 2010 年的技术预测 101 项

日本经济计划厅综合计划局编，陈定方，陶德馨译．北京：中国铁道出版社，1994.1. 211页；20cm

ISBN7-113-01731-2：￥11.50

08599 外汇一百题

日本经济新闻社编；邓久贵等译．上海：上海远东出版社，1994.12. 246页；19×12cm.（经贸百题系列）

ISBN7-80514-325-0：￥7.80

08600 外贸写作

赵洪琴，吕文珍编；杨雪（英）译；邱鸿康（日）译．北京：北京语言学院出版社，1994. 329页；20cm

ISBN7-5619-0270-0：￥14.00

08601 未来世纪历险记 OK！阿丽莎第一卷（银河女霸王卷）第二集：恐怖中战斗

〔日〕山仁友和绘；王志冲编译．上海：上海远东出版社，1994.12. 92页；19cm.（当代世界科幻名著）

ISBN 7-80514-498-2：￥3.00

08602 未来世纪历险记 OK！阿丽莎第一卷（银河女霸王卷）第三集：女霸王魔盒

〔日〕山仁友和绘；王志冲编译．上海：上海远东出版社，1994.12. 92页；19cm.（当代世界科幻名著）

ISBN 7-80514-498-2：￥3.00

08603 未来世纪历险记 OK！阿丽莎第一卷（银河女霸王卷）第一集：外星王太妃

〔日〕山仁友和绘；王志冲编译．上海：上海远东出版社，1994.11. 92页；19cm.（当代世界科幻名著）

ISBN 7-80514-498-2：￥3.00

08604 我是猫

〔日〕夏目漱石著；刘振瀛译．上海：上海译文出版社，1994.12. 467页；20cm

ISBN 7-5327-1504-3：￥14.10

08605 我是猫（全译本）

〔日〕夏目漱石著；于雷译．南京：译林出版社，1994.5. 306页；19cm

ISBN 7-80567-310-1：￥6.40

08606 西方摄影艺术流派及其大师们

〔日〕重森弘淹著；吕琳，陶新中译编．北京：中国摄影出版社，1994.8. 259页；20cm

ISBN 7-80007-130-8：￥10.80

08607 现代草莓栽培技术

〔日〕木村雅行等著；尹林译．北京：中国农业科技出版社，1994.5. 101页；19cm

ISBN 7-80026-650-8：￥2.80

08608 现代日本社会病理：生活与文化的哲学

〔日〕种村完司等著；卞崇道等译．济南：山东大学出版社，1994.6. 194页；19cm

ISBN 7-5607-1311-4：￥4.50

08609 小丁当机器猫益智系列：趣味实验趣味英语电子迷城趣味数学

〔日〕藤子·F. 不二雄著．广州：广州出版社，1994.6. 4册（81，97，94，82页）；19cm

ISBN 7-80592-130-X：￥11.20

08610 小学生的身心健康：保健室给母亲们的建议

〔日〕坂本玄子著；林聚家等译．北京：中国农业科技出版社，1994.10. 153页；19cm

ISBN 7-80026-695-8：￥5.20

08611 新编初级日语

谷学谦，李永夏编译．长春：吉林教育出版社，1994.12. 2册（763页）；26cm

ISBN 7-5383-2484-4：￥39.00

08612 新潮毛衣巧编织：春秋装

王宁编译．北京：华龄出版社，1994.2. 84页；26cm

ISBN 7-80082-468-3：￥12.80

08613 新潮毛衣巧编织：冬装

王宁编译．北京：华龄出版社，1994.2. 94页；26cm

ISBN 7-80082-469-1：¥13.50

08614　新女装（13）：日本登丽美时装·春夏专辑
北京：中国轻工业出版社，1994.2.　136页：图；26cm
ISBN 7-5019-1591-1：¥11.00

08615　新女装（14）：日本登丽美时装·秋冬专辑
日本镰仓书房，中国轻工出版社编．　北京：中国轻工业出版社，1994.9.　136页；26cm
ISBN 7-5019-1712-4：¥11.00

08616　新书道字典：书源普及版
〔日〕藤原鹤来编．　南宁：广西美术出版社，1994.3.　1067页；19cm
ISBN 7-80582-700-1（精装）：¥39.00

08617　旋风勇士
〔日〕东前正美原著；辰辰等编绘．　贵阳：贵州科技出版社，1994.6.　2册（91，91页）；19cm
ISBN 7-80584-332-5：¥4.60

08618　寻求光明：斋藤百合的一生
〔日〕粟津喜代著；周祺译．　上海：上海译文出版社，1994.2.　158页；19cm
ISBN 7-5327-1524-8：¥3.90

08619　一根稻草的革命
〔日〕福冈正信著；樊建明，于荣胜译．　北京：北京大学出版社，1994.10.　302页；20cm.（北京大学日本研究丛书）
ISBN 7-301-02592-0（精装）：¥27.00

08620　亿万人瑜伽：强身治病良方
〔日〕番场一雄著．阎海译．　北京：人民体育出版社，1994.9.　147页；19cm
ISBN 7-5009-1113-0：¥4.80

08621　艺术插花精品集：日本华道
〔日〕竹内林书著．　上海：上海文化出版社，1994.11.　122页；26cm
ISBN 7-80511-720-9（精装）：¥45.00

08622　银行一百题
日本经济新闻社编；朱伟国，郭蓉蓉译．　上海：上海远东出版社，1994.12.　260页；19×12cm.（经贸百题系列）

ISBN 7-80514-614-4：¥8.00

08623　银河铁道之夜
〔日〕宫泽贤治著；胡美华，傅克昌译．　西安：西北大学出版社，1994.7.　239页；18cm
ISBN 7-5604-0775-7：¥5.00

08624　营销分析技术
〔日〕森田松太郎著；王金献译．　郑州：河南人民出版社，1994.11.　182页；20cm
ISBN 7-215-03047-4：¥9.00

08625　幽游白书
〔日〕富坚义博著．　北京：中国社会出版社，1994.3.　12册；19cm
ISBN 7-80088-494-5：¥29.40

08626　应用数学例题演习（4）
〔日〕道胁义正等著；郑毓德，陈文英译．　天津：南开大学出版社，1994.1.　559页；20cm
ISBN 7-310-00556-2：¥11.50

08627　幽游白书（第1集）
〔日〕富坚义博著；碧波编译．　银川：宁夏少年儿童出版社，1994.8.　1册；19cm
ISBN 7-80620-000-2：¥2.30

08628　幽游白书（第2集）
〔日〕富坚义博著；碧波编译．　银川：宁夏少年儿童出版社，1994.8.　1册；19cm
ISBN 7-80620-000-2：¥2.30

08629　幽游白书（第3集）
〔日〕富坚义博著；碧波编译．　银川：宁夏少年儿童出版社，1994.8.　1册；19cm
ISBN 7-80620-000-2：¥2.30

08630　幽游白书（第4集）
〔日〕富坚义博著；碧波编译．　银川：宁夏少年儿童出版社，1994.8.　1册；19cm
ISBN 7-80620-000-2：¥2.30

08631　幽游白书（第5集）
〔日〕富坚义博著；碧波编译．　银川：宁夏少年儿童出版社，1994.8.　1册；19cm
ISBN 7-80620-000-2：¥2.30

08632　幽游白书（第6集）
〔日〕富坚义博著；碧波编译．　银川：宁夏少年儿童出版社，1994.8.　1册；19cm

ISBN 7-80620-000-2：￥2.30

08633　幽游白书（第7集）
〔日〕富坚义博著；碧波编译．　银川：宁夏少
年儿童出版社，1994.8.　1册；19cm
ISBN 7-80620-000-2：￥2.30

08634　幽游白书（第8集）
〔日〕富坚义博著；碧波编译．　银川：宁夏少
年儿童出版社，1994.8.　1册；19cm
ISBN 7-80620-000-2：￥2.30

08635　幽游白书（第9集）
〔日〕富坚义博著；碧波编译．　银川：宁夏少
年儿童出版社，1994.8.　1册；19cm
ISBN 7-80620-000-2：￥2.30

08636　幽游白书（第10集）
〔日〕富坚义博著；碧波编译．　银川：宁夏少
年儿童出版社，1994.8.　1册；19cm
ISBN 7-80620-000-2：￥2.30

08637　幽游白书（第11集）
〔日〕富坚义博著；碧波编译．　银川：宁夏少
年儿童出版社，1994.8.　1册；19cm
ISBN 7-80620-000-2：￥2.30

08638　幽游白书（第12集）
〔日〕富坚义博著；碧波编译．　银川：宁夏少
年儿童出版社，1994.8.　1册；19cm
ISBN 7-80620-000-2：￥2.30

08639　幽游白书（第13集）
〔日〕富坚义博著；碧波编译．　银川：宁夏少
年儿童出版社，1994.8.　1册；19cm
ISBN 7-80620-000-2：￥2.30

08640　幽游白书（第15集）
〔日〕富坚义博著；碧波编译．　银川：宁夏少
年儿童出版社，1994.8.　1册；19cm
ISBN 7-80620-000-2：￥2.30

08641　幽游白书（第16集）
〔日〕富坚义博著；碧波编译．　银川：宁夏少
年儿童出版社，1994.8.　1册；19cm
ISBN 7-80620-000-2：￥2.30

08642　幽游白书（第17集）
〔日〕富坚义博著；碧波编译．　银川：宁夏少
年儿童出版社，1994.8.　1册；19cm

ISBN 7-80620-000-2：￥2.30

08643　幽游白书（第18集）
〔日〕富坚义博著；碧波编译．　银川：宁夏少
年儿童出版社，1994.8.　1册；19cm
ISBN 7-80620-000-2：￥2.30

08644　幽游白书（第19集）
〔日〕富坚义博著；碧波编译．　银川：宁夏少
年儿童出版社，1994.8.　1册；19cm
ISBN 7-80620-000-2：￥2.30

08645　幽游白书（第20集）
〔日〕富坚义博著；碧波编译．　银川：宁夏少
年儿童出版社，1994.8.　1册；19cm
ISBN 7-80620-000-2：￥2.30

08646　幽游白书（第21集）
〔日〕富坚义博著；碧波编译．　银川：宁夏少
年儿童出版社，1994.8.　1册；19cm
ISBN 7-80620-000-2：￥2.30

08647　幽游白书（第22集）
〔日〕富坚义博著；碧波编译．　银川：宁夏少
年儿童出版社，1994.8.　1册；19cm
ISBN 7-80620-000-2：￥2.30

08648　幽游白书（第24集）
〔日〕富坚义博著；碧波编译．　银川：宁夏少
年儿童出版社，1994.8.　1册；19cm
ISBN 7-80620-000-2：￥2.30

08649　幽游白书（第25集）
〔日〕富坚义博著；碧波编译．　银川：宁夏少
年儿童出版社，1994.8.　1册；19cm
ISBN 7-80620-000-2：￥2.30

08650　幽游白书（第26集）
〔日〕富坚义博著；碧波编译．　银川：宁夏少
年儿童出版社，1994.8.　1册；19cm
ISBN 7-80620-000-2：￥2.30

08651　悠悠长江行：前日军战俘重访旧地纪实
〔日〕木下博民著；夏文宝译．　合肥：安徽人
民出版社，1994.8.　264页；20cm
ISBN 7-212-01151-7：￥6.30

08652　宇宙英雄艾斯·奥特曼
丁维胤改编；日本兹普拉亚动画制作有限公司绘．
上海：百家出版社，1994.　5册；17×19cm．（连

环画系列丛书）（日本科幻电视连续剧）
ISBN 7-80576-403-4：￥19.00

08653　宇宙英雄艾斯·奥特曼
丁维胤改编；日本兹普拉亚动画制作有限公司
绘．　上海：百家出版社，1994.　5 册；17×
19cm．（连环画系列丛书）（日本科幻电视连
续剧）
ISBN 7-80576-416-6：￥19.00

08654　月光花
〔日〕获野目樱著．　上海：学林出版社，
1994.12.　72 页；20cm
ISBN 7-80616-060-4：￥17.00

08655　在极光下
〔日〕户川幸夫原著；李国方译．　2 版．石家
庄：河北教育出版社，1994.11.　89 页；
19cm．（小博士文库）
ISBN 7-5434-0542-3：￥2.20

**08656　战后日本企业家群像：我的"经济同友
会"史**
〔日〕山下静一著；王振锁译．　天津：天津大
学出版社，1994.1.　169 页；20cm
ISBN 7-5618-0599-3（精装）：￥15.00

08657　正确的美肤与护肤
〔日〕大门一夫著；谢文丽译．　北京：机械工
业出版社，1994.10.　189 页；19cm
ISBN 7-111-04391-X：￥12.00

08658　中国禅学思想史
〔日〕忽滑谷快天著；朱谦之译．　上海：上海
古籍出版社，1994.5.　890 页；20cm
ISBN 7-5325-1499-4（精装）：￥29.20

**08659　中国黄土高原治山技术培训项目合作研
究论文集**
贺庆棠，〔日〕远藤泰造主编．　北京：中国林
业出版社，1994.3.　317 页；26cm
ISBN 7-5038-1285-0：￥25.00

08660　中国人口问题
〔日〕若林敬子著；周建明译．　北京：中国人
民大学出版社，1994.10.　226 页；20cm
ISBN 7-300-01995-1：￥7.50

08661　中国史研究入门
〔日〕山根幸夫编；田人隆等译．　北京：社会科

学文献出版社，1994.1.　2 册（896 页）；20cm
ISBN 7-80050-417-4：￥19.80

08662　中国水稻旱育稀植栽培技术指南
〔日〕原正市著；支西君，赵爱生译．　北京：
中国农业出版社，1994.8.　76 页；19cm
ISBN 7-109-03518-2：￥3.50

08663　中日社会文化发展比较研究
〔日〕中树哲夫，唐元虎主编．　上海：上海交
通大学出版社，1994.8.　164 页；19cm
ISBN 7-313-01365-5：￥6.90

08664　终生教育的里程：日本女性与国际会议
〔日〕野村佳子著；修刚，张晓希译．　天津：
南开大学出版社，1994.6.　208 页；19cm
ISBN 7-310-00675-5：￥17.60

08665　重复控制
〔日〕中野道雄等著；吴敏译．　长沙：中南工
业大学出版社，1994.12.　168 页；19cm
ISBN 7-81020-724-5：￥6.00

08666　周恩来的决断：日中邦交正常化的来龙去脉
日本 NHK 采访组著；肖红译．　北京：中国青
年出版社，1994.8.　171 页；19cm
ISBN 7-5006-1676-7：￥5.80

08667　紫眸少女
〔日〕小原千绘．　海口：海南摄影美术出版社，
1994.5.　4 册（95，94，95，95 页）；19cm
ISBN 7-80571-724-9：￥9.20

08668　紫眸少女　第二卷（1）
〔日〕小原千绘．　海口：海南摄影美术出版社，
1994.7.　94 页；19m.（女孩子丛书）
ISBN 7-80571-724-9：￥2.30

08669　紫眸少女　第二卷（2）
〔日〕小原千绘．　海口：海南摄影美术出版社，
1994.7.　95 页；19cm.（女孩子丛书）
ISBN 7-80571-724-9：￥2.30

08670　紫眸少女　第二卷（3）
〔日〕小原千绘．　海口：海南摄影美术出版社，
1994.7.　94 页；19m.（女孩子丛书）
ISBN 7-80571-724-9：￥2.30

08671　紫眸少女　第二卷（4）
〔日〕小原千绘．　海口：海南摄影美术出版社，

1994.7. 93 页；19cm. （女孩子丛书）
ISBN 7-80571-724-9：￥2.30

08672 紫眸少女 第三卷（1）
〔日〕小原千绘． 海口：海南摄影美术出版社，
1994. 94 页，19cm. （女孩子丛书）
ISBN 7-80571-724-9：￥2.30

08673 紫眸少女 第三卷（2）
〔日〕小原千绘． 海口：海南摄影美术出版社，
1994. 93 页；19cm. （女孩子丛书）
ISBN 7-80571-724-9：￥2.30

08674 紫眸少女 第三卷（3）
〔日〕小原千绘． 海口：海南摄影美术出版社，
1994. 93 页；19cm. （女孩子丛书）
ISBN 7-80571-724-9：￥2.30

08675 紫眸少女 第三卷（4）
〔日〕小原千绘． 海口：海南摄影美术出版社，
1994. 94 页；19cm. （女孩子丛书）
ISBN 7-80571-724-9：￥2.30

08676 紫眸少女 第四卷
〔日〕小原千绘著． 海口：海南摄影美术出版
社，1994.8. 4 册；19cm. （好孩子丛书）
ISBN 7-80571-724-9：￥9.20

08677 纵横四海（1）：令人恐惧的挑战
〔日〕蛭田达也著；桐琐子编译． 北京：华龄
出版社，1994.6. 94 页；19cm
（卡通画）
ISBN 7-80082-477-2：￥2.30

08678 纵横四海（2）：激烈的战斗开始了
〔日〕蛭田达也著；桐琐子编译． 北京：华龄
出版社，1994.6. 94 页；19cm
（卡通画）
ISBN 7-80082-477-2：￥2.30

08679 纵横四海（3）：绝处逢生
〔日〕蛭田达也著；桐琐子编译． 北京：华龄
出版社，1994.6. 94 页；19cm
（卡通画）
ISBN 7-80082-477-2：￥2.30

08680 纵横四海（4）：大战前夜
〔日〕蛭田达也著；桐琐子编译． 北京：华龄
出版社，1994.6. 94 页；19cm
（卡通画）

ISBN 7-80082-477-2：￥2.30

08681 纵横四海（5）：谁是真凶手
〔日〕蛭田达也著；桐琐子编译． 北京：华龄
出版社，1994.6. 94 页；19cm
（卡通画）
ISBN 7-80082-477-2：￥2.30

08682 纵横四海（6）：鹿斗身怀绝技
〔日〕蛭田达也著；桐琐子编译． 北京：华龄
出版社，1994.6. 94 页；19cm
（卡通画）
ISBN 7-80082-477-2：￥2.30

08683 纵横四海（7）：众星捧月
〔日〕蛭田达也著，桐琐子编译． 北京：华龄
出版社，1994.6. 94 页；19cm
（卡通画）
ISBN 7-80082-477-2：￥2.30

08684 纵横四海（8）：初露锋芒
〔日〕蛭田达也著；桐琐子编译． 北京：华龄
出版社，1994.6. 94 页；19cm
（卡通画）
ISBN 7-80082-477-2：￥2.30

08685 纵横四海（9）：难以猜测的谜
〔日〕蛭田达也著；桐琐子编译． 北京：华龄
出版社，1994.6. 94 页；19cm
（卡通画）
ISBN 7-80082-477-2：￥2.30

08686 纵横四海（10）：赛场上的奋力拼搏
〔日〕蛭田达也著；桐琐子编译． 北京：华龄
出版社，1994.6. 94 页；19cm
ISBN 7-80082-477-2：￥2.30

08687 纵横四海（11）：惊心动魄的决斗
〔日〕蛭田达也著；桐琐子编译． 北京：华龄
出版社，1994.6. 94 页；19cm
ISBN 7-80082-477-2：￥2.30

08688 纵横四海（12）：剑次露绝技
〔日〕蛭田达也著；桐琐子编译． 北京：华龄
出版社，1994.6. 94 页；19cm
ISBN 7-80082-477-2：￥2.30

08689 纵横四海（13）：鹿死谁手
〔日〕蛭田达也著；桐琐子编译． 北京：华龄
出版社，1994.6. 94 页；19cm

ISBN 7-80082-477-2：¥2.30

ISBN 7-227-01070-8：¥4.60

08690　纵横四海（14）：功太郎被绑架了
〔日〕蛭田达也著；桐琐子编译．北京：华龄出版社，1994.6.　94 页；19cm
ISBN 7-80082-477-2：¥2.30

08700　足球小将（第18卷）
〔日〕高桥阳一著；高士平，于晓慧译．银川：宁夏人民出版社，1994.　178 页；19cm
ISBN 7-227-01070-8：¥4.60

08691　纵横四海（15）：幽人会的毁灭
〔日〕蛭田达也著；桐琐子编译．北京：华龄出版社，1994.6.　94 页；19cm
ISBN 7-80082-477-2：¥2.30

08701　足球小将（第19卷）
〔日〕高桥阳一著；高士平，于晓慧译．银川：宁夏人民出版社，1994.　196 页；19cm
ISBN 7-227-01070-8：¥4.60

08692　纵横四海（16）：神力无比的桃太郎
〔日〕蛭田达也著；桐琐子编译．北京：华龄出版社，1994.6.　94 页；19cm
ISBN 7-80082-477-2：¥2.30

08702　足球小将（第20卷）
〔日〕高桥阳一著；高士平，于晓慧译．银川：宁夏人民出版社，1994.　197 页；19cm
ISBN 7-227-01070-8：¥4.60

08693　纵横四海（17）：坚强不屈——先锋战
〔日〕蛭田达也著；桐琐子编译．北京：华龄出版社，1994.6.　94 页；19cm
ISBN 7-80082-477-2：¥2.30

08703　足球小将（第21卷）
〔日〕高桥阳一著；高士平，于晓慧译．银川：宁夏人民出版社，1994.　1 册；19cm
ISBN 7-227-01070-8：¥4.60

08694　纵横四海（18）：天光寺雷霆大怒
〔日〕蛭田达也著；桐琐子编译．北京：华龄出版社，1994.6.　94 页；19cm
ISBN 7-80082-477-2：¥2.30

08704　足球小将（第22卷）
〔日〕高桥阳一著；高士平，于晓慧译．银川：宁夏人民出版社，1994.　1 册；19cm
ISBN 7-227-01070-8：¥4.60

08695　纵横四海（19）：最后的血战
〔日〕蛭田达也著；桐琐子编译．北京：华龄出版社，1994.6.　94 页；19cm
ISBN 7-80082-477-2：¥2.30

08705　足球小将（第23卷）
〔日〕高桥阳一著；高士平，于晓慧译．银川：宁夏人民出版社，1994.　1 册；19cm
ISBN 7-227-01070-8：¥4.60

08696　纵横四海（20）：南海大冒险
〔日〕蛭田达也著；桐琐子编译．北京：华龄出版社，1994.6.　94 页；19cm
ISBN 7-80082-477-2：¥2.30

08706　足球小将（第24卷）
〔日〕高桥阳一著；高士平，于晓慧译．银川：宁夏人民出版社，1994.　1 册；19cm
ISBN 7-227-01070-8：¥4.60

08697　纵向社会的人际关系
〔日〕中根千枝著；陈成译．北京：商务印书馆，1994.6.　101 页；20cm.　（日本丛书）
ISBN 7-100-01666-5：¥4.10

08707　足球小将（第25卷）
〔日〕高桥阳一著；高士平，于晓慧译．银川：宁夏人民出版社，1994.　1 册；19cm
ISBN 7-227-01070-8：¥4.60

08698　足球小将（第16卷）
〔日〕高桥阳一著；高士平，于晓慧译．银川：宁夏人民出版社，1994.　197 页；19cm
ISBN 7-227-01070-8：¥4.60

08708　足球小将（第26卷）
〔日〕高桥阳一著；高士平，于晓慧译．银川：宁夏人民出版社，1994.　1 册；19cm
ISBN 7-227-01070-8，¥4.60

08699　足球小将（第17卷）
〔日〕高桥阳一著；高士平，于晓慧译．银川：宁夏人民出版社，1994.　189 页；19cm

08709　足球小将（第30卷）
〔日〕高桥阳一著；刘淑静译．银川；宁夏人民出版社，1994.　1 册；19cm

ISBN 7-227-01070-8：￥4.60

08710　足球小将（第 32 卷）
〔日〕高桥阳一著；刘淑静译．银川：宁夏人
民出版社，1994． 1 册；19cm
ISBN 7-227-01070-8：￥4.60

08711　足球小将（第 33 卷）
〔日〕高桥阳一著；刘淑静译．银川：宁夏人
民出版社，1994． 194 页；19cm
ISBN 7-227-01070-8：￥4.60

08712　足球小将（第 34 卷）
〔日〕高桥阳一著；吴宁译．银川：宁夏人民
出版社，1994． 1 册；19cm
ISBN 7-227-01070-8：￥4.60

08713　足球小将（第 35 卷）
〔日〕高桥阳一著；宋煜译．银川：宁夏人民
出版社，1994． 189 页；19cm
ISBN 7-227-01070-8：￥4.60

08714　足球小将（第 36 卷）
〔日〕高桥阳一著；高士平，于晓慧译．银川；
宁夏人民出版社，1994． 182 页；19cm
ISBN 7-227-01070-8：￥4.60

**08715　最新机器猫——野比历险（1）：沙漠
奇遇**
〔日〕藤子·F.不二雄原作．武汉：长江文艺
出版社，1994.7． 120 页；19cm
ISBN 7-5354-1103-7：￥5.40

**08716　最新机器猫——野比历险（2）：巴格达
盗贼**
〔日〕藤子·F.不二雄原作．武汉：长江文艺
出版社，1994.7． 121—222 页；19cm
ISBN 7-5354-1103-7：￥5.40

08717　最新机器猫——野比历险（3）：飞行岛
〔日〕藤子·F.不二雄原作．武汉：长江文艺
出版社，1994.7． 114 页；19cm
ISBN 7-5354-1103-7：￥5.40

**08718　最新机器猫——野比历险（4）：迷宫
大战**
〔日〕藤子·F.不二雄原作．武汉：长江文艺
出版社，1994.7． 117—222 页；19cm
ISBN 7-5354-1103-7：￥5.40

1995

08719　C++程序设计
〔日〕山下浩等著；李建译．北京：科学出版社，
1995.1． 383 页；26cm．（OHM 科学丛书）
ISBN 7-03-003779-0：￥28.00

08720　HOW：1995 年夏
郝铭鉴，〔日〕佐山重三主编；*HOW* 编委会
编．上海：上海文化出版社，1995． 144
页；29cm
ISBN 7-80511-799-3：￥18.00

08721　HOW：秋日风采
郝铭鉴，〔日〕佐山重三主编．上海：上海文
化出版社，1995． 144 页：彩照；29cm
ISBN 7-80511-822-1：￥18.00

08722　JARL 业余无线电手册
日本业余无线电联盟著；徐坚等编译．北京：
人民邮电出版社，1995.8． 411 页；26cm
ISBN 7-115-05804-0：￥38.0

08723　OK！阿丽莎第二卷：神秘的紫球
〔俄〕布雷乔夫原著；王志冲编译；〔日〕山仁
友和绘．上海：上海远东出版社，1995.10.
284 页；19cm
著者原题：季尔·布雷乔夫
ISBN 7-80613-109-4：￥12.00

08724　OK！阿丽莎第一卷：银河女霸王
〔俄〕布雷乔夫原著；王志冲编译；〔日〕山仁
友和绘．上海：上海远东出版社，1995.10.
92 页；19cm
ISBN 7-80613-115-9：￥12.00

08725　'95 中国日本现代水墨画交流作品集
中国美术家协会中国画艺术委员会，日本国际墨
绘协会编．北京：荣宝斋出版社，1995.6.
219 页；29cm
ISBN 7-5003-0313-0：￥0.00

08726　阿波罗之杯：散文随笔集
〔日〕三岛由纪夫著；申非等译．北京：作家
出版社，1995.10． 380 页；20cm．（三岛由纪
夫文学系列）

ISBN 7-5063-0873-8：￥16.30

08727　爱的饥渴·午后曳航
〔日〕三岛由纪夫著；唐月梅，许金龙译．北京：作家出版社，1995.3．344页；20cm.（三岛由纪夫文学系列）
ISBN 7-5063-0872-X：￥13.20

08728　八百半百货公司经营之道
〔日〕和田一夫著；游枝译．北京：外文出版社，1995．111页；19cm
ISBN 7-119-00153-1：￥4.20

08729　白露公主（组曲）
〔日〕矢野義明作曲．北京：人民音乐出版社，1995.8．59页；30cm
据日本龙吟社1993年8月初版译出。
ISBN 7-103-01314-4：￥11.80

08730　百病生菜食防治法
〔日〕甲田光雄编著；李刘坤译．北京：中国医药科技出版社，1995.2．294页；19cm
ISBN 7-5067-1131-1：￥9.80

08731　保健科技会话
〔日〕曾野桐子，计钢编著．武汉：华中理工大学出版社，1995.1．212页；19cm.（日汉对照实用会话集锦）
ISBN 7-5609-1082-3：￥5.10

08732　奔马："丰饶之海"四部曲之二
〔日〕三岛由纪夫著；许金龙译．北京：作家出版社，1995.8．385页；20cm.（三岛由纪夫文学系列）
ISBN 7-5063-0874-6：￥16.60

08733　鼻孔的故事
〔日〕柳生弦一郎编绘．北京：中国少年儿童出版社，1995.5．28页；21×18cm
ISBN 7-5007-2518-3：￥4.20

08734　宾馆交通会话
计钢，〔日〕曾野桐子著．武汉：华中理工大学出版社，1995.1．161页；19cm.（日汉对照实用会话集锦）
ISBN 7-5609-1003-3：￥4.00

08735　玻璃杯
〔日〕谷川俊太郎编；〔日〕今村昌昭摄．北京：中国少年儿童出版社，1995.5．23页；21×18cm

ISBN 7-5007-2505-1：￥3.80

08736　彩虹梦
〔日〕森村诚一著；文洁若译．天津：百花文艺出版社，1995.11．292页；20cm.（域外小说新译丛书）
ISBN 7-5306-1004-X：￥11.00

08737　长谷川泉日本文学论著选：森鸥外论考
〔日〕长谷川泉著；谷学谦译．长春：时代文艺出版社，1995.6．451页；20cm
ISBN 7-5387-0895-2（精装）：￥19.80

08738　超长篇机器猫哆啦A梦（4）
〔日〕藤子·F.不二雄编绘．长春：吉林美术出版社，1995.8．207页；18cm
ISBN 7-5386-0504-5：￥5.95

08739　超级折纸
〔日〕茶谷正洋著；顾林，殷雨译．北京：群言出版社，1995.5．95页；26cm
ISBN 7-80080-160-8：￥16.50

08740　超级折纸（遗迹篇）
〔日〕茶谷正洋著；顾林，殷雨译．北京：群言出版社，1995.5．93页；26cm
ISBN 7-80080-161-6：￥16.50

08741　成功之路：日本企业家在中国
〔日〕正木义也著；王屏，陶冶译．北京：经济科学出版社，1995.11．151页；19cm
ISBN 7-5058-0887-7：￥6.00

08742　赤松唯俳句选集
〔日〕赤松唯著；李芒译注．南京：译林出版社，1995.9．100页；19cm.（和歌俳句丛书李芒主编）
ISBN 7-80567-422-1：￥8.00

08743　创造才是生命
〔日〕清水正夫编著；李玉，王保祥译．北京：中国摄影出版社，1995.1．80页；22cm
ISBN 7-80007-122-7（精装）：￥40.00

08744　春雪："丰饶之海"四部曲之一
〔日〕三岛由纪夫著；唐月梅译．北京：作家出版社，1995.6．381页；20cm.（三岛由纪夫文学系列）
ISBN 7-5063-0854-1：￥14.20

08745 从模仿到创造：处于转折点的日本技术
〔日〕饭沼和正著；张可喜译． 太原：山西科
学技术出版社，1995.1． 223页；19cm
ISBN 7-5377-1061-9：￥7.00

08746 大家来大便
〔日〕五味太郎编绘． 北京：中国少年儿童出
版社，1995.5． 28页；21×19cm． （中国少年
儿童出版社精选世界优秀科学图画书）
ISBN 7-5007-2507-8：￥4.20

08747 大平正芳的政治遗产
日本大平正芳纪念财团编著；李德安等编译．
北京：中央文献出版社，1995.5． 728页；
20cm
ISBN 7-5073-0261-X：￥35.00

08748 大学日语：预备级（Ⅱ）
顾明耀，田忠魁主编；〔日〕泉原省二等编．
北京：高等教育出版社，1995.7． 247页；
20cm （高等学校教材）
ISBN 7-04-005301-2．￥7.95

08749 当代日本社会百面观
〔日〕镰田慧著；赵平，〔日〕阿部治平译．北
京：商务印书馆，1995.10． 133页；20cm
ISBN 7-100-01506-5：￥6.00

08750 地球环境手册
〔日〕不破敬一郎主编；全浩等译． 北京：中
国环境科学出版社，1995.8． 603页：彩
图；20cm
ISBN 7-80093-851-4（精装）：￥50.00

08751 电化学测定方法
〔日〕藤屿昭等著；陈震，姚建年译． 北京：
北京大学出版社，1995.5． 453页；20cm
ISBN 7-301-02812-1：￥19.95

08752 定时妊娠法
〔日〕市川茂孝著；季生译． 海口：海南出版
社，1995.1． 174页；19cm
ISBN 7-80590-990-3：￥6.00

08753 冬虹
〔日〕津村节子著；时卫国译． 北京：中国文
联出版公司，1995.9． 256页；20cm
ISBN 7-5059-2296-3：￥9.80

08754 儿童创造力培养
〔日〕住田幸次郎著；徐建荣，宋以久译． 南
京：江苏教育出版社，1995.5． 123页；19cm
ISBN 7-5343-1710-X：￥2.45

08755 放屁
〔日〕长新太编绘． 北京：中国少年儿童出版
社，1995.5． 27页；21×18cm
ISBN 7-5007-2509-4：￥4.20

08756 福星小子：笑的漫画（25）
〔日〕高桥留美子编绘． 银川：宁夏人民出版
社，1995． 96页；19cm
ISBN 7-227-01293-X：Y2.20

08757 复合材料入门
〔日〕大谷杉郎著；纪桂荣译． 北京：冶金工
业出版社，1995.12． 180页；20cm
ISBN 7-5024-1790-7：￥10.00

08758 个人的体验
〔日〕大江健三郎著；王中忱译． 北京：光明
日报出版社，1995.5． 327页；20cm． （大江
健三郎作品集 叶渭渠主编）
ISBN 7-80091-698-7：￥14.80

08759 个人的体验
〔日〕大江健三郎著；王琢译． 北京：中国文
联出版公司，1995.6． 328页；20cm
ISBN 7-5059-2263-7：￥13.80

08760 工具
〔日〕加古里子编绘． 北京：中国少年儿童出
版社，1995.5． 23页；21×18cm
ISBN 7-5007-1510-8：￥3.80

08761 骨头
〔日〕堀内诚一编绘． 北京：中国少年儿童出
版社，1995.5． 24页；21×18cm
ISBN 7-5007-2508-6：￥3.80

08762 光构成（光构成作品评介）
〔日〕朝仓直巳，陈小清编著． 南宁：广西美
术出版社，1995.3． 64页；26cm
ISBN 7-80582-745-1：￥28.80

08763 广岛札记
〔日〕大江健三郎著；刘光宇等译． 北京：光
明日报出版社，1995.5． 363页；20cm． （大

江健三郎作品集　叶渭渠主编）
ISBN 7-80091-699-5：￥15.80

08764　国际海上运输货物保险实务
〔日〕加藤修著；周学业，王秀芬译．　大连：
大连海事大学出版社，1995.10.　379页；20cm
ISBN 7-5632-0805-4：￥16.50

08765　国际合作经济论文集锦
丁声俊，〔日〕横川洋主编．　北京：中国商业
出版社，1995.8.　386页；20cm
ISBN 7-5044-2975-9：￥22.50

08766　国际美容造形（第3辑）
毕淑敏，〔日〕出羽健一主编．　上海：上海科
学普及出版社，1995.　119页：彩图；29×21cm
ISBN 7-5427-0995-X：￥28.00

08767　国际美容造形（第4辑）
毕淑敏，〔日〕山本晃之主编．　上海：上海科
学普及出版社，1995.12.　119页：彩照；29cm
ISBN 7-5427-0998-4：￥28.00

08768　海外直接投资论
〔日〕原正行著；封小云译．　广州：暨南大学
出版社，1995.7.　251页；20cm
ISBN 7-81029-396-6：￥18.00

08769　韩国禅教史
〔日〕忽滑谷快天著；朱谦之译．　北京：中国
社会科学出版社，1995.3.　490页；20cm
ISBN 7-5004-1515-X：￥18.00

08770　好：冬日神韵（1996年冬）
郝铭鉴，〔日〕佐山重三主编．　上海：上海文
化出版社，1995.　144页；29cm
ISBN 7-80511-837-X：￥18.00

08771　黑白旅路
〔日〕夏树静子著；黄来顺译．　广州：花城出
版社，1995.5.　316页；20cm
ISBN 7-5360-2054-6：￥10.80

08772　化学和生物技术专利说明书的撰写与阅读
〔日〕渡边睦雄著；冯剑波译．　北京：专利文
献出版社，1995.7.　346页；20cm
ISBN 7-80011-172-5：￥18.00

08773　化学史传
〔日〕山冈望著；廖正衡等译．　北京：商务印

书馆，1995.8.　545页：照片；20cm
据东京内田老鹤圃新社1979年版译出。
ISBN 7-100-00905-7：￥21.20

08774　环境保护型企业论
日本环境厅地球环境经济研究会编著；张坤民，
欧阳讷译．　北京：中国环境科学出版社，
1995.8.　160页；19cm
ISBN 7-8D093-813-1：￥6.90

08775　基本死活辞典
〔日〕江场弘树著；田振译．　北京：人民体育
出版社，1995.7.　250页；19cm
ISBN 7-5009-1143-2：￥7.70

08776　甲龙传说（1）：日本幻想漫画
〔日〕隅田博之原著；丁健，佩瑾译．　北京：
人民美术出版社，1995.4.　204页；18cm.
（小刺猬漫画屋）
ISBN 7-102-01468-6：￥4.80

08777　甲龙传说（2）：日本幻想漫画
〔日〕隅田博之原著；刘林，李威译．　北京：
人民美术出版社，1995.4.　206页；18cm.
（小刺猬漫画屋）
ISBN 7-102-01469-4：￥4.80

08778　甲龙传说（3）：日本幻想漫画
〔日〕隅田博之原著；辰华，晓玉译．　北京：
人民美术出版社，1995.4.　203页；18cm.
（小刺猬漫画屋）
ISBN 7-102-01470-8：￥4.80

08779　甲龙传说（4）：日本幻想漫画
〔日〕隅田博之原著；国英，岳元译．　北京：
人民美术出版社，1995.4.　206页；18cm.
（小刺猬漫画屋）
ISBN 7-102-01471-6：￥4.80

08780　假面自白·潮骚
〔日〕三岛由纪夫著；唐月梅，许金龙译．　北
京：作家出版社，1995.5.　337页；20cm.
（三岛由纪夫文学系列）
ISBN 7-5063-0856-8：￥12.60

08781　交通工程评估和可行性研究
日本土木学会编；杜照南等译．　海口：南海出
版公司，1995.4.　151页；19cm
ISBN 7-80570-662-X：￥6.80

08782 焦虑不安与自我调节
〔日〕青木熏久著；王向群译． 北京：人民卫生出版社，1995.4. 133页；19cm
ISBN 7-117-02231-0：￥6.20

08783 脚丫子的故事
〔日〕柳生弦一郎编绘． 北京：中国少年儿童出版社，1995.5. 28页；21×18cm
ISBN 7-5007-2514-0：￥4.20

08784 节奏的美学：日中诗歌论
〔日〕松浦友久著；石观海等译． 沈阳：辽宁大学出版社，1995.11. 265页；20cm
ISBN 7-5610-3076-2（精装）：￥15.80

08785 津门旧恨：侵华日军在天津的暴行
〔日〕厂濑龟松主编． 天津：天津社会科学院出版社，1995.5. 315页：照片；20cm. （历史不能忘记丛书）
ISBN 7-80563-526-9：￥15.00

08786 经济政策的理论基础
〔日〕长谷川启之著；梁小民，刘甦朝译． 北京：中国计划出版社，1995.9. 312页；20cm
ISBN 7-80058-392-9：￥14.00

08787 井上有一书法
〔日〕井上有一书；李建华，杨晶译． 天津：天津人民美术出版社，1995.9. 120页；25×26cm
ISBN 7-5305-0537-8：￥97.00

08788 可亲的同学，可爱的中国：一个日本少女眼中的朝鲜战争
〔日〕法村香音子著；张世俊译． 沈阳：辽宁大学出版社，1995.12. 195页：照片；19cm
ISBN 7-5610-3096-7：￥10.80

08789 快乐健身法
〔日〕滨田靖一著；赵振平译． 北京：人民体育出版社，1995.11. 195页；19cm. （全民健身指南丛书）
ISBN 7-5009-1202-1：￥7.50

08790 垃圾哪里去了？
〔日〕中野弘隆编绘． 北京：中国少年儿童出版社，1995.5. 28页；21×18cm
ISBN 7-5007-2512-4：￥4.20

08791 蜡笔王国童话（2）
〔日〕福永令三著；孟英，李景芳译． 南宁：接力出版社，1995.12. 670页；20cm. （接力童话世界）
ISBN 7-80581-963-7（精装）：￥33.50

08792 历史观·真理观·价值观：中日"唯物史观和价值观的统一"研讨会论文集
陈筠泉，〔日〕岩崎允胤主编． 北京：北京出版社，1995.2. 192页；20cm
ISBN 7-200-02444-9：￥5.40

08793 良知之遭：探求永生的哲学
〔日〕矢崎胜彦著；日本将来世代国际财团生命文化研究所，中国社会科学研究所组织翻译． 北京：三联书店，1995.5. 168页；20cm. （将来世代文库）
ISBN 7-108-00793-2：￥8.00

08794 靓女历险记
〔日〕斋藤荣著；徐锦峰等译． 北京：人民体育出版社，1995.2. 170页；19cm
ISBN 7-5009-1119-X：￥6.00

08795 琉球王府秘传武术
〔日〕松尾兼德左近著；许福海，郭蒲君译． 北京：人民体育出版社，1995.6. 190页：图；26cm
ISBN 7-5009-1134-3：￥28.00

08796 鲁迅、创造社与日本文学：中日近现代比较文学初探
〔日〕伊藤虎丸著；孙猛等译． 北京：北京大学出版社，1995.2. 356页；20cm
ISBN 7-301-02691-9（精装）

08797 旅游导游会话
计钢，〔日〕曾野桐子著． 武汉：华中理工大学出版社，1995.1. 564页；19cm. （日汉对照实用会话集锦）
ISBN 7-5609-1030-0：￥12.80

08798 蚂蚁
〔日〕小林勇编绘． 北京：中国少年儿童出版社，1995.5. 24页；21×18cm
ISBN 7-5007-2516-7：￥3.80

08799 漫画技巧入门
吴辉，〔日〕村中志津枝著． 广州：广东高等教育出版社，1995.10. 62页；26cm （少男少

女漫画教室)
ISBN 7-5361-1764-7：¥16.00

08800 贸易洽谈会话
计钢，〔日〕曾野桐子著． 武汉：华中理工大
学出版社，1995.1． 219 页；19cm． （日汉对
照实用会话集锦）
ISBN 7-5609-1029-7：¥5.30

08801 梦断巴蜀：竹川藤太郎和他的《重庆日报》
〔日〕加藤雅彦著；向蜀珍等译． 成都：四川
人民出版社，1995.8． 270 页；19cm
ISBN 7-220-02971-3：¥9.80

08802 民法和环境法的诸问题
王家福，〔日〕加藤一郎主编． 北京：中国人
民大学出版社，1995.12． 413 页；20cm
ISBN 7-300-02158-1：¥15.00

08803 摩登吸血鬼 (第二册)
〔日〕手塚治虫著． 拉萨：西藏人民出版社，
1995.5． 95 页；19cm． (怪奇漫画)
ISBN 7-223-00742-7：¥2.80

08804 摩登吸血鬼 (第六册)
〔日〕手塚治虫著． 拉萨：西藏人民出版社，
1995.5． 95 页；19cm． (怪奇漫画)
ISBN 7-223-00742-7：¥2.80

08805 摩登吸血鬼 (第三册)
〔日〕手塚治虫著． 拉萨：西藏人民出版社，
1995.5． 96 页；19cm． (怪奇漫画)
ISBN 7-223-00742-7：¥2.80

08806 摩登吸血鬼 (第四册)
〔日〕手塚治虫著． 拉萨：西藏人民出版社，
1995.5． 95 页；19cm． (怪奇漫画)
ISBN 7-223-00742-7：¥2.80

08807 摩登吸血鬼 (第五册)
〔日〕手塚治虫著． 拉萨：西藏人民出版社，
1995.5． 95 页；19cm． (怪奇漫画)
ISBN 7-223-00742-7：¥2.80

08808 摩登吸血鬼 (第一册)
〔日〕手塚治虫著． 拉萨：西藏人民出版社，
1995.5． 96 页；19cm． (怪奇漫画)
ISBN 7-223-00742-7：¥2.80

08809 摩托车发动机图解
〔日〕辻司编著；刘若南，刘茵译． 长春：吉
林科学技术出版社；香港：香港万里机构出版有
限公司，1995.1． 286 页；21cm． （现代汽车、
摩托车图解丛书）
ISBN 7-5384-1452-5：¥14.80

08810 摩托车构造图解
〔日〕出射忠明著；耿存喜译． 长春：吉林科
学技术出版社，1995.1． 189 页；20cm． （现
代汽车、摩托车图解丛书 3）
ISBN 7-5384-1453-3：¥10.70

08811 摩托车驾驶技术图解
〔日〕村井真，辻司著；顾时光译． 长春：吉
林科学技术出版社；香港：香港万里机构出版有
限公司，1995.1． 195 页；21cm． （现代汽车、
摩托车图解丛书）
ISBN 7-5384-1451-7：¥10.60

08812 男人成功的黄金律
〔日〕新将命著；王在琦译． 成都：四川人民
出版社，1995.6． 156 页；19cm
ISBN 7-220-02785-0：¥8.80

08813 女人 40 岁以后：心理、生理与生活
〔日〕铃木雅子著；顾克礼译． 上海：上海科
学普及出版社，1995.2． 124 页；19cm
ISBN 7-5427-0947-X；¥5.00

08814 排队论与计算机系统设计
〔日〕吉冈良雄等著． 西安：陕西科学技术出
版社，1995.11． 158 页；20cm
ISBN 7-5369-2420-8 (精装)：¥10.80

08815 破产法 (新版)
〔日〕伊藤真著；刘荣军，鲍荣振译． 北京：
中国社会科学出版社，1995.5． 338 页；20cm
ISBN 7-5004-1736-5 (精装)：¥15.00

08816 蒲公英
〔日〕平山和子编绘． 北京：中国少年儿童出
版社，1995.5． 24 页；21×18cm
ISBN 7-5007-2504-3：¥3.80

08817 奇妙的尾巴
〔日〕川田健编；薮内正幸绘． 北京：中国少
年儿童出版社，1995.5． 23 页；21×18cm
ISBN 7-5007-2506-X：¥3.80

08818 "气"的奥秘
〔日〕佐佐木茂美著；许运堂，刘桂芳译． 北
京：中国工人出版社，1995.2． 167 页；19cm
ISBN 7-5008-1751-7：￥6.00

08819 汽车车身底盘图解
日本 GP 企画室编；宋桔桔，董国良译．
长春：吉林科学技术出版社；香港：香港万里机构
出版有限公司，1995.1． 221 页；21cm.（现代汽
车、摩托车图解丛书）
ISBN 7-5384-1455-X：￥11.90

08820 汽车发动机图解
日本 GP 企画室编；刘若南，潘力本译． 长春：
吉林科学技术出版社；香港：香港万里机构出版
有限公司，1995.1． 228 页；21cm.（现代汽
车、摩托车图解丛书）
ISBN 7-5384-1454-1：￥12.10

08821 汽车构造图解
〔日〕出射忠明著；郝长文等译． 长春：吉林
科学技术出版社，1995.1． 225 页；20cm.
（现代汽车、摩托车图解丛书）
ISBN 7-5384-1456-8：￥12.50

08822 汽车制动防抱装置（ABS）构造与原理
日本 ABS 株式会社编；李朝禄，刘荣华译． 北
京：机械工业出版社，1995.9． 172 页；19cm
ISBN 7-111-04613-7：￥7.00

08823 巧克力战争
〔日〕大石真著；沈振明译． 上海：少年儿童
出版社，1995.2． 101 页；19cm.（故事大王
丛书 第八辑）
ISBN 7-5324-2675-0：￥2.60

08824 雀巢咖啡称霸世界的秘诀
〔日〕田中重弘著；陈郁然译． 北京：外文出
版社，1995． 150 页；19cm
ISBN 7-119-01537-0：￥5.20

08825 人本经济学：经济学应有的科学状态
〔日〕山本二三丸著；王处辉译． 北京：东方
出版社，1995.8． 163 页；20cm
ISBN 7-5060-0665-0：￥8.80

08826 人鬼的角逐
刘丹华，〔日〕土屋芳雄著． 沈阳：辽宁教育
出版社，1995.8． 242 页；19cm

ISBN 7-5382-4059-4：￥8.80

08827 人生箴言
〔日〕池田大作著；卞立强译． 北京：中国文
联出版公司，1995.5． 245 页；19cm
ISBN 7-5059-2248-3：￥8.60

08828 人生箴言
〔日〕池田大作著；卞立强译． 北京：中国文
联出版公司，1995.8． 227 页；20cm
ISBN 7-5059-2248-3（精装）：￥39.80

08829 人体动作尺寸图集
〔日〕小原二郎编；张福昌译． 济南：山东美
术出版社，1995.10． 143 页；26cm.（设计家
丛书）
ISBN 7-5330-0922-3：￥26.00

08830 "人"与"鬼"的纠葛：鲁迅小说论析
〔日〕丸尾常喜著；秦弓译． 北京：人民文学
出版社，1995.12． 319 页；20cm
ISBN 7-02-002238-3：￥16.30

08831 日本白居易研究论文选
马歌东译． 西安：三秦出版社，1995.12． 291
页；20cm
ISBN 7-80546-955-5：￥20.00

08832 日本报刊选读（中日文对照）
苏琦编译． 北京：旅游教育出版社，1995.2.
267 页；19cm
ISBN 7-5637-0547-3：￥7.90

08833 日本城市建设动向与政策
王殿武编译． 沈阳：白山出版社，1995.10.
164 页；19cm
ISBN 7-80566-446-3：￥10.00

08834 日本的金融政策
〔日〕铃木淑夫著；张云方等译． 北京：中国
发展出版社，1995.2． 152 页；19cm.（发展
文库 马洪，孙尚清主编）
ISBN 7-80087-184-3：￥5.40

08835 日本的经济发展与对外经济关系
〔日〕市村真一著；色文等译． 北京：北京大
学出版社，1995.5． 278 页；20cm
ISBN 7-301-02726-5：￥14.50

08836 日本的新闻法律制度
日本新闻协会修订；甄西译． 修订版． 北京：
中共中央党校出版社，1995.2. 88 页；19cm
ISBN 7-5035-1040-4：￥3.00

08837 日本的篆刻：闲章名品选
〔日〕高畑常信编；徐梦嘉译评． 杭州：西泠
印社，1995.8. 225 页；20cm
ISBN 7-80517-155-6：￥18.00

**08838 日本的资本主义：以战败为契机的战后
经济发展**
〔日〕都留重人著；复旦大学日本研究中心译．
上海：复旦大学出版社，1995.6. 286 页；20cm
ISBN 7-309-01514-2：￥18.00

08839 日本等工业化国家的税制
〔日〕尾崎护著；日本法制学会日中财政问题调
查会译． 北京：中国税务出版社，1995.11.
188 页；20cm
ISBN 7-80117-013-X：￥12.00

08840 日本多媒体高速公路战略
〔日〕石井孝利著；刘岳元等译． 上海：上海
交通大学出版社，1995.11. 129 页；20cm
ISBN 7-313-01567-4：￥13.50

08841 日本改造计划
〔日〕小泽一郎著；冯正虎，王少普译． 上海：
上海远东出版社，1995.3. 181 页；20cm
ISBN 7-80514-410-9：￥15.00

08842 日本国教育及文化法规要览
中华人民共和国国家教育委员会政策法规司组
织编译． 长春：吉林教育出版社，1995.5.
1341 页；26cm
ISBN 7-5383-2523-9（精装）：￥148.00

08843 日本破产法
〔日〕石川明著；何勤华，周桂秋译． 上海：
上海社会科学院出版社，1995.9. 309
页；20cm
ISBN 7-80618-095-8：￥14.80

08844 日本世情（日汉对照）
〔日〕佐佐木瑞枝著；陈泽军，赵军民编译．
北京：外语教学与研究出版社，1995.9. 331
页；20cm
ISBN 7-5600-0953-0：￥11.80

**08845 日本室内设计与装修（1）：设计潮流
（汉、英文对照）**
〔日〕内田繁等著；孙日明译． 南宁：广西美
术出版社；日本株式会社六耀社，1995.9. 245
页；30cm
ISBN 7-80582-876-8（精装）
全套书共 4 册，总定价：1280.00 元

**08846 日本室内设计与装修（2）：餐馆·酒
吧·俱乐部（汉、英文对照）**
〔日〕内田繁等著；孙日明译． 南宁：广西美
术出版社；日本株式会社六耀社，1995.9. 245
页；30cm
ISBN 7-80582-877-6（精装）
全套书共 4 册，总定价：1280.00 元

**08847 日本室内设计与装修（3）：商店·展厅
类（汉、英文对照）**
〔日〕内田繁等著；孙日明译． 南宁：广西美
术出版社；日本株式会社六耀社，1995.9. 245
页；30cm
ISBN 7-80582-878-4（精装）
全套书共 4 册，总定价：1280.00 元

**08848 日本室内设计与装修（4）：宾馆·写字
楼·公寓（汉、英文对照）**
〔日〕内田繁等著；孙日明译． 南宁：广西美术出
版社；日本株式会社六耀社，1995.9. 245 页；30cm
ISBN 7-80582-879-2（精装）
全套书共 4 册，总定价：1280.00 元

08849 日本通商产业政策史第 3 卷
日本通商产业政策史编纂委员会编；马兴国等
译． 北京：中国青年出版社，1995.12. 658
页；26cm
ISBN 7-5006-1934-0（精装）

**08850 日本通商产业政策史第 7 卷第 II 期：奠
定基础时期（3）**
日本通商产业省通商产业政策史编纂委员会编；
《日本通商产业政策史》编译委员会译． 北京：
中国青年出版社，1995.6. 487 页；26cm
ISBN 7-5006-1839-5（精装）

**08851 日本通商产业政策史第 8 卷第 III 期：高
速增长时期（1）**
日本通商产业政策史编纂委员会编；朱福来等
译． 北京：中国青年出版社，1995.6. 408
页；26cm
ISBN 7-5006-1726-7（精装）

08852 日本通商产业政策史第 11 卷第 III 期：高速增长时期（4）
日本通商产业省通商产业政策史编纂委员会编；《日本通商产业政策史》编译委员会译．北京：中国青年出版社，1995.6． 524 页；26cm
ISBN 7-5006-1840-9（精装）

08853 日本通商产业政策史第 12 卷第 IV 期：多样化时期（1）
日本通商产业省通商产业政策史编纂委员会编；《日本通商产业政策史》编译委员会译．北京：中国青年出版社，1995.11． 454 页；26cm
ISBN 7-5006-1927-8（精装）

08854 日本文学史序说
〔日〕加藤周一著；叶渭渠，唐月梅译．北京：开明出版社，1995.9． 2 册；20cm
ISBN 7-80077-092-3：￥50.00

08855 日本现代文章鉴赏
〔日〕长谷川泉著；林璋译．南京：译林出版社，1995.4． 174 页；19cm
ISBN 7-80567-383-7：￥8.00

08856 日本学研究（4）
严安生，〔日〕竹内实主编；北京日本学研究中心编．北京：外语教学与研究出版社，1995.9． 311 页；26cm
ISBN 7-5600-1031-8：￥25.00

08857 日本语教育的研究
〔日〕今井喜昭著．北京：对外贸易教育出版社，1995.7． 157 页；20cm
ISBN 7-81000-756-4：￥9.50

08858 日本资本主义精神
〔日〕山本七平著；莽景石译．北京：三联书店，1995.6． 215 页；19cm．（新知文库 53）
ISBN 7-108-00760-6：￥7.80

08859 日英中经济贸易用语大词典
〔日〕中村正编．北京：世界图书出版公司北京公司，1995.9． 958 页；20cm
据日本东方书店出版重印。
ISBN 7-5062-2592-1（精装）：￥49.00

08860 日语能力测试试题集（1991—1994）
日本财团法人等编著．上海：上海外语教育出版社，1995.10． 629 页；26cm
ISBN 7-81046-077-3：￥40.00

08861 日语能力考试模拟题（1 级）
〔日〕中川良雄编．上海：上海外语教育出版社，1995.1． 231 页；20cm
ISBN 7-81009-950-7：￥6.00

08862 日语能力考试模拟题（2 级）
〔日〕中川良雄编．上海：上海外语教育出版社，1995.1． 188 页；20cm
ISBN 7-81009-951-5：￥5.30

08863 日语能力考试模拟题（3 级）
〔日〕中川良雄编．上海：上海外语教育出版社，1995.1． 101 页；20cm
ISBN 7-81009-952-3：￥3.30

08864 日语能力考试模拟题（4 级）
〔日〕中川良雄编．上海：上海外语教育出版社，1995.1． 109 页；20cm
ISBN 7-81009-953-1：￥3.50

08865 三色猫怪谈
〔日〕赤川次郎著；宋明清译．哈尔滨：黑龙江人民出版社，1995.9． 272 页；19cm
ISBN 7-207-03289-7：￥10.80

08866 三色猫狂死曲
〔日〕赤川次郎著；吕慧珍译．哈尔滨：黑龙江人民出版社，1995.9． 261 页；19cm
ISBN 7-207-09286-2：￥10.60

08867 三色猫探案
〔日〕赤川次郎著；陆仁译．哈尔滨：黑龙江人民出版社，1995.9． 262 页；19cm
ISBN 7-2137-03285-4：￥10.80

08868 森田疗法与新森田疗法
〔日〕大原浩一，大原健士郎著；崔玉华，方明昭译．北京：人民卫生出版社，1995.3． 145 页；19cm
ISBN 7-117-02203-5：￥5.60

08869 商品广告摄影
〔日〕薄久夫著；杨伟华等译．北京：中国摄影出版社，1995.1． 176 页；26cm
ISBN 7-80007-143-X：￥21.70

08870 商务信函实例事典
〔日〕东乡实著；滑本忠等译．天津：天津大学出版社，1995.4． 1023 页；20cm
ISBN 7-5618-0734-1（精装）：￥42.00

08871 生产企业的经营

〔日〕小野桂之介，根来龙之著；周东晖等译．
修订版．南京：南京大学出版社，1995.7.
170 页；20cm
ISBN 7-305-02851-7：￥10.00

08872 生育宝典

〔日〕雨森良彦监修；于进江，刘峰等译．济南：
山东友谊出版社，1995.8. 314 页：图；26cm
ISBN 7-80551-709-6：￥36.00

08873 世阿弥

〔日〕山崎正和著；王冬兰译．深圳：海天出
版社，1995.12. 136 页；19cm
ISBN 7-80615-333-0：￥9.00

08874 手和手指头

〔日〕堀内诚一编绘．北京：中国少年儿童出
版社，1995.5. 24 页；21×18cm
ISBN 7-5007-2515-9：￥3.80

08875 数字卫星通信入门

〔日〕中谷清一郎，正村达郎编著；陈爱萍译．
北京：人民邮电出版社，1995.8. 129
页；19cm
ISBN 7-115-05668-4：￥6.00

08876 数字移动通信入门

〔日〕田中良一著；李伟屏译．北京：人民邮
电出版社，1995.10. 145 页；19cm
ISBN 7-115-05796-6：￥6.50

08877 死者的奢华（中短篇小说集）

〔日〕大江健三郎著；斯海等译．北京：光明
日报出版社，1995.5. 377 页；20cm. （大江
健三郎作品集 叶渭渠主编）
ISBN 7-80091-696-0：￥15.80

08878 四轮驱动汽车构造图解

〔日〕庄野欣司著；刘茵，潘力本译．长春：
吉林科学技术出版社；香港：香港万单机构出版
有限公司，1995.1. 199 页；21cm. （现代汽
车、摩托车图解丛书）
ISBN 7-5384-1457-6：￥10.60

08879 算算看

〔日〕松井纪子编绘．北京：中国少年儿童出
版社，1995.5. 23 页；21×18cm
ISBN 7-5007-2522-1：￥3.80

08880 唐宋词研究

〔日〕青山宏著；程郁缀译．北京：北京大学
出版社，1995.1. 384 页；20cm
ISBN 7-301-02725-7：￥13.50

**08881 滔滔的松花江：一位日本少女在中国的
亲身经历**

〔日〕内藤玲子著；刘述森译．上海：少年儿
童出版社，1995.7. 151 页；19cm
ISBN 7-5324-2716-1：￥5.40

08882 天人五衰："丰饶之海"四部曲之四

〔日〕三岛由纪夫著；林少华译．北京：作家
出版社，1995.5. 259 页；20cm. （三岛由纪
夫文学系列）
ISBN 7-5063-0857-6：￥10.20

08883 铁臂阿童木 （第6集）

〔日〕手塚治虫编绘；刘宁译．银川：宁夏人
民出版社，1995. 96 页；19cm
ISBN 7-227-01317-0：￥2.30

08884 通信新媒体

日本新媒体研究会编；杨忠明，雷永山译．北
京：人民邮电出版社，1995.4. 109 页；19cm
ISBN 7-115-05631-5：￥5.00

08885 偷袭珍珠港前的365天

〔日〕实松让著；史人译．上海：上海译文出
版社。1995.10. 421 页；19cm
据日本光人社 1971 年第四版译出。
ISBN 7-5327-1751-8（精装）：￥19.70

08886 图解MSDOS入门

〔日〕茅野昌明著；彭斌编译．北京：科学出
版社，1995.2. 170 页；26cm. （OHM科学
丛书）
ISBN 7-03-003778-2：￥22.00

08887 图解日语外来语词典

〔日〕吉泽典男编；〔日〕大泽泰夫绘．郑州：
河南人民出版社，1995.1. 693，120 页；19cm
ISBN 7-215-00734-0（精装）：￥32.00

08888 万里风

〔日〕中村龙夫著；周良儒译．杭州：浙江文
艺出版社，1995.5. 174 页：照片；19cm
ISBN 7-5339-0836-8：￥13.00

08889　万延元年的足球队
〔日〕大江健三郎著；于长敏，王新新译．北京：光明日报出版社，1995.5. 359页；20cm.（大江健二郎作品集　叶渭渠主编）
ISBN 7-80091-695-2：￥14.80

08890　我
〔日〕谷川俊太郎编；〔日〕长新太绘．北京：中国少年儿童出版社，1995.5. 28页；21×18cm
ISBN 7-5007-2520-5：￥4.20

08891　我们的头脑
〔日〕高桥悠治编文；柳生弦一郎绘．北京：中国少年儿童出版社，1995.5. 28页；21×19cm.（中国少年儿童出版社精选世界优秀科学图画书）
ISBN 7-5007-2511-6：￥4.20

08892　我们觉醒的一代
〔日〕野本雄子著；罗兴典译．南京：译林出版社，1995.4. 101页；19cm
ISBN 7-80567-385-3（精装）：￥12.00

08893　无脸十字架
〔日〕赤川次郎著；宋明清译．哈尔滨：黑龙江人民出版社，1995.9. 295页；19cm
ISBN 7-207-03284-6：￥11.80

08894　勿忘血写的历史
〔日〕本多胜一等著；晓光等译．北京：中国青年出版社，1995.8. 157页；19cm
ISBN 7-5006-1996-0：￥6.80

08895　现代电化学
〔日〕小泽昭弥主编；吴继勋等译．北京：化学工业出版社，1995.9. 332页；19cm
ISBN 7-5025-1495-3：￥14.70

08896　现代日本企业制度
〔日〕今井贤一，小宫隆太郎主编；陈晋等译．北京：经济科学出版社，1995.3. 433页；20cm.（日本市场经济丛书）
ISBN 7-5058-0787-0：￥16.50

08897　现代日语语法
〔日〕益冈隆志，田窪行则著；梁传宝译．上海：上海外语教育出版社，1995.6. 287页；20cm

ISBN 7-81009-988-4：￥8.00

08898　现代水利论
〔日〕志村博康著；刘福林译．北京：水利电力出版社，1995.6. 331页；19cm
ISBN 7-120-02250-4：￥15.00

08899　向世界播种文明的种子：冈松庆久先生通信集
贾蕙萱，李玉编译．北京：北京大学出版社，1995.5. 302页；20cm
ISBN 7-301-02780-X（精装）

08900　小本经营术
〔日〕邱永汉著；周全华译．呼和浩特：内蒙古人民出版社，1995.3. 123页；19cm
ISBN 7-204-02590-3：￥4.20

08901　小偷物语
〔日〕赤川次郎著；宋明清译．哈尔滨：黑龙江人民出版社，1995.9. 265页；19cm
ISBN 7-207-03287-0：￥10.60

08902　晓寺："丰饶之海"四部曲之三
〔日〕三岛由纪夫著；刘光宇，徐秉洁译．北京：作家出版社，1995.10. 318页；20cm.（三岛由纪夫文学系列）
ISBN 7-5063-0875-4：￥13.70

08903　新编日语语法与会话基础（日汉对照）
〔日〕横山皖一著．长春：吉林大学出版社，1995.10. 222页；19cm
ISBN 7-5601-1816-X：￥9.00

08904　血的故事
〔日〕堀内诚一编绘．北京：中国少年儿童出版社，1995.5. 24页；21×18cm
ISBN 7-5007-2513-2：￥3.80

08905　牙齿的故事
〔日〕加古单子编绘．北京：中国少年儿童出版社，1995.5. 23页；21×18cm
ISBN 7-5007-2524-8：￥3.80

08906　研究和开发漫谈：献给青年科技工作者
〔日〕杉田清著；那宝魁，那宝玉译．北京：冶金工业出版社，1995.8. 114页；19cm
ISBN 7-5024-1738-9：￥8.00

08907 眼睛的故事

〔日〕堀内诚一编绘． 北京：中国少年儿童出版社，1995.5. 28 页；21×18cm

ISBN 7-5007-2517-5：￥4.20

08908 燕赵悲歌：侵华日军在河北省的暴行

〔日〕广濑龟松主编． 天津：天津社会科学院出版社，1995.5. 386 页：照片；20cm. （历史不能忘记丛书）

ISBN 7-80563-525-0：￥19.00

08909 野性的叫声

〔日〕椋鸠十著；安伟邦译． 石家庄：河北少年儿童出版社，1995.4. 126 页；19cm. （椋鸠十动物故事）

ISBN 7-5376-1272-2：￥2.20

08910 夜叉鸦

〔日〕荻野真著． 呼和浩特：内蒙古人民出版社，1995.3. 2 册；19cm

ISBN 7-204-02753-1：￥6.80

08911 艺术娱乐会话

计钢，〔日〕曾野桐子著． 武汉：华中理工大学出版社，1995.1. 199 页；19cm. （日汉对照实用会话集锦）

ISBN 7-5609-1010-6：￥4.80

08912 用纸杯做玩具

〔日〕吉田公篪编绘． 北京：中国少年儿童出版社，1995.5. 28 页；21×18cm

ISBN 7-5007-2521-3：￥4.20

08913 幽灵同好会

〔日〕赤川次郎著；宋明清译． 哈尔滨：黑龙江人民出版社，1995.9. 236 页；19cm

ISBN 7-207-03288-9：￥9.60

08914 幽游白书（第 23 集）

〔日〕富义博编绘． 银川：宁夏少年儿童出版社，1995. 88 页；19cm

ISBN 7-80620-000-2：￥2.30

08915 游泳

〔日〕中野弘隆编绘． 北京：中国少年儿童出版社，1995.5. 28 页；21×19cm. （中国少年儿童出版社精选世界优秀科学图画书）

ISBN 7-5007-2519-1：￥4.20

08916 雨靴里的麻雀

〔日〕横内襄编绘． 北京：中国少年儿童出版社，1995.5. 28 页；21×18cm

ISBN 7-5007-2525-6：￥4.20

08917 孕产妇生活全书

日本红十字会医疗中心产科编著；陆小左等译． 天津：天津科学技术出版社，1995.12. 337 页：彩图；20cm

ISBN 7-5308-1942-9：￥12.80

08918 怎样避开商海中的陷阱：商法活用

日本 LEC·东京法思株式会社编著． 上海：复旦大学出版社，1995.6. 225 页；20cm. （企业、市场与法系列·走向规范：市场经济经营管理技法丛书）

ISBN 7-309-01524-X：￥8.80

08919 怎样避免在金融交易中陷于被动：金融法活用

日本 LEC·东京法思株式会社编著． 上海：复旦大学出版社，1995.5. 188 页；20cm. （企业、市场与法系列·走向规范：市场经济经营管理技法丛书）

ISBN 7-309-01525-8：￥8.00

08920 怎样进行积极的商务交际

日本 LEC·东京法思株式会社编著． 上海：复旦大学出版社，1995.6. 194 页；20cm. （企业、市场与法系列·走向规范：市场经济经营管理技法丛书）

ISBN 7-309-01522-3：￥8.00

08921 怎样经营零售店铺

日本 LEC·东京法思株式会社编著． 上海：复旦大学出版社，1995.6. 179 页；20cm. （企业、市场与法系列·走向规范：市场经济经营管理技法丛书）

ISBN 7-309-01521-5：￥8.00

08922 怎样开发和管理人力资源

日本 LEC·东京法思株式会社编著． 上海：复旦大学出版社，1995.5. 250 页；20cm（企业、市场与法系列·走向规范：市场经济经营管理技法丛书）

ISBN 7-309-01523-1：￥9.00

08923 怎样开发商品

日本 LEC·东京法思株式会社编著． 上海：复旦大学出版社，1995.5. 204 页；20cm. （企业、市场与法系列·走向规范：市场经济经营管

理技法丛书）

ISBN 7-309-01520-7：￥8.00

08924　怎样使你的孩子聪明：儿童脑映像开发论

〔日〕中田光男著；张碧清监修；骆为龙等译．北京：中国文联出版公司，1995.11.　214 页；19cm

ISBN 7-5059-2347-1：￥10.00

08925　着凉

〔日〕毛利子来编；〔日〕堀内诚一绘．北京：中国少年儿童出版社，1995.5.　28 页；21×18cm

ISBN 7-5007-2523-X：￥4.20

08926　真光元的神力

〔日〕堀洋八郎著；刘绥成译．北京：中国国际广播出版社，1995.8.　144 页；彩图；20cm

ISBN 7-5078-1256-1：￥9.00

08927　质量经营

〔日〕久米均著；马林译．上海：上海科学技术出版社，1995.4.　219 页；20cm

ISBN 7-5323-3765-0：￥10.80

08928　智水仁山：中日诗歌自然意象对谈录

王晓平，〔日〕中西进著．北京：中华书局，1995.11.　313 页；20cm

ISBN 7-101-01394-5：￥16.00

08929　中国插花·日本花道（汉日对照）

〔日〕山本玉岭，蔡仲娟主编．上海：上海科学技术文献出版社，1995.12.　113 页；彩照；26cm

ISBN 7-5439-0736-4：￥55.00

08930　中国的思想

〔日〕沟口雄三著；赵士林译．北京：中国社会科学出版社，1995.12.　130 页；20cm

ISBN 7-5004-1779-9：￥7.00

08931　中国近代建筑总览（大连篇）

汪坦，〔日〕藤森照信总主编；眭庆曦等主编．北京：中国建筑工业出版社，1995.12.　130 页；28cm

ISBN 7-112-02607-5：￥25.00

08932　中国近代建筑总览（沈阳篇）

汪坦，〔日〕藤森照信总主编；陈伯超等主编．北京：中国建筑工业出版社，1995.12.　129 页；28cm

ISBN 7-012-02608-3：￥25.00

08933　中国文学史

〔日〕前野直彬主编；骆玉明等译．上海：上海古籍出版社，1995.4.　309 页；20cm

ISBN 7-5325-1786-1：￥11.90

08934　中国——向高速经济增长挑战

〔日〕小林实，吴敬琏编著；孔凡静，孔军译．北京：中国计划出版社，1995.4.　264 页；19cm

ISBN 7-80058-375-9：￥9.80

08935　中国中世语法史研究

〔日〕志村良治著；江蓝生，白维国译．北京：中华书局，1995.9.　457 页；20cm

ISBN 7-101-01221-3：￥19.00

08936　中国走向开放经济的万里长征

〔日〕深作喜一郎，〔英〕华大伟著；吴明远译．北京：改革出版社，1995.5.　137 页；20cm

ISBN 7-80072-669-X：￥8.00

08937　'94 中日《市场经济与文化》学术研讨会论文集（中、日文对照）

〔日〕伊东光晴等著；'94 中日"市场经济与文化"学术研讨会论文集编委会编．北京：中国经济出版社，1995.10.　227 页；26cm

ISBN 7-5017-3515-8（精装）：￥80.00

08938　中日文化论丛 1993

杭州大学日本文化研究中心，日本神奈川大学人文学研究所编．杭州：杭州大学出版社，1995.2.　210 页；20cm

ISBN 7-81035-736-0：￥8.00

08939　中英日现代化学用语辞典

〔日〕田村三郎编．北京：中国轻工业出版社；东京：日本东方书店，1995.9.　549 页；20cm

ISBN 7-5019-1836-8（精装）：￥40.00

08940　篆隶万象名义

〔日〕释空海编．北京：中华书局，1995.10.　402 页；26cm

ISBN 7-101-01339-2（精装）：￥60.00

08941　追求效率的赢家

〔日〕黑川康正著；吴穗祯译．北京：外文出版社，1995.　163 页；19cm

ISBN 7-119-01381-5：¥4.80

1996

08942　90年代日本建筑设计实例精选
日本《近代建筑》杂志社供稿．　哈尔滨：黑龙江科学技术出版社，1996.4．　2册；29cm
ISBN 7-5388-2880-X：¥220.00

08943　癌症自然疗法：现代奇迹加藤式疗法的真相
〔日〕加藤清著；吴荣炎译．　北京：世界图书出版公司北京公司，1996.4．　144页；20cm
ISBN 7-5062-2612-X：¥6.90

08944　巴金的世界：两个日本人论巴金
〔日〕山口守，坂井洋史著．　北京：东方出版社，1996.1．　362页；20cm
ISBN 7-5060-0714-2：¥19.00

08945　报酬管理：工资与动力
〔日〕宫坂纯一著；赵兴昌，刘建国译．　北京：中国经济出版社，1996.8．　276页；20cm
ISBN 7-5017-3489-5：¥13.50

08946　北海道野生鼠类研究
〔日〕太田嘉四夫编著；李晓慧等译．　北京：中国林业出版社，1996.3．　387页；20cm
ISBN 7-5038-1629-5：¥26.00

08947　茶花女
〔法〕小仲马原著；臧藏译；〔日〕渡边雅子改编、绘画．　南宁：接力出版社，1996.10．　259页；19cm．　（漫画世界文学名著　5）
ISBN 7-80631-030-4：¥15.00

08948　禅是无的宗教：更幽轩法语
〔日〕福岛庆道著；高立译．　石家庄：河北教育出版社，1996.11．　157页；20cm
ISBN 7-5434-2710-9：¥7.30

08949　从挫折中积极奋起的企业家——稻盛和夫
〔日〕针木康雄著；金莱译．　北京：新华出版社，1996.1．　198页；20cm．　（世界大企业家传记　6）
ISBN 7-5011-3052-3：¥11.00

08950　打好日语基础
日本国际学友会日本语学校原著；林朝彰编

译．　合肥：安徽科学技术出版社；台湾大行出版社，1996.8．　349页；20cm
ISBN 7533714157：¥12.00

08951　大脑聪明操（1）：你想聪明吗？请来猜谜吧！
〔日〕多湖辉著；乔莹洁译．　南宁：广西人民出版社，1996.1．　184页；19cm
ISBN 7-219-03045-2：¥7.80

08952　大脑聪明操（2）：再向百万人的大脑挑战
〔日〕多湖辉著；曾小华译．　南宁：广西人民出版社，1996.1．　184页；19cm
ISBN 7-219-03046-0：¥7.80

08953　大脑聪明操（3）：让谜伴你游世界
〔日〕多湖辉著；陈蜀阳译．　南宁：广西人民出版社，1996.1．　203页；19cm
ISBN 7-219-03047-9：¥7.80

08954　大脑聪明操（4）：电视形式智力题
〔日〕多湖辉著；唐承红译．　南宁：广西人民出版社，1996.1．　192页；19cm
ISBN 7-219-03048-7：¥7.80

08955　大脑聪明操（5）：参加天才大聚会吧！
〔日〕多湖辉著；朱洁译．　南宁：广西人民出版社，1996.1．　186页；19cm
ISBN 7-219-03049-5：¥7.80

08956　大脑聪明操（6）：时间机器大冒险
〔日〕多湖辉著；杨政华译．　南宁：广西人民出版社，1996.1．　188页；19cm
ISBN 7-219-03050-9：¥7.80

08957　大脑聪明操（7）：进入大脑密林冒险
〔日〕多湖辉著；黄萍译．　南宁：广西人民出版社，1996.1．　174页；19cm
ISBN 7-219-03051-7：¥7.80

08958　大脑聪明操（8）：幻想与冒险之谜
〔日〕多湖辉著；杨政华译．　南宁：广西人民出版社，1996.1．　182页；19cm
ISBN 7-219-03052-5：¥7.80

08959　大脑聪明操（9）：惊人的地球大冒险
〔日〕多湖辉著；曾小华译．　南宁：广西人民出版社，1996.1．　186页；19cm
ISBN 7-219-03053-3：¥7.80

08960 大脑聪明操（10）：欢迎到银河探险旅行

〔日〕多湖辉著；韩慧译．南宁：广西人民出版社，1996.1． 184页；19cm

ISBN 7-219-03054-1：￥7.80

08961 大脑聪明操（11）：趣味超级棒球式智力

〔日〕多湖辉著；黄萍译．南宁：广西人民出版社，1996.1． 196页；19cm

ISBN 7-219-03055-X：￥7.80

08962 大脑聪明操（12）：欢迎加入大脑耐久性拉力赛

〔日〕多湖辉著；朱洁译．南宁：广西人民出版社，1996.1． 188页；19cm

ISBN 7-219-03056-8：￥7.80

08963 大脑聪明操（13）：开始猜谜·奥林匹克

〔日〕多湖辉著；韩慧译．南宁：广西人民出版社，1996.1． 190页；19cm

ISBN 7-219-03057-6：￥7.80

08964 大脑聪明操（14）：世界之谜探险

〔日〕多湖辉著；乔莹洁译．南宁：广西人民出版社，1996.1． 182页；19cm

ISBN 7-219-03058-4：￥7.80

08965 大脑聪明操（15）：挑战！大脑世界杯

〔日〕多湖辉著；陈蜀阳译．南宁：广西人民出版社，1996.1． 180页；19cm

ISBN 7-219-03059-2：￥7.80

08966 大脑聪明操（16）：前进！超常思维的勇士

〔日〕多湖辉著；唐承红译．南宁：广西人民出版社，1996.1． 190页；19cm

ISBN 7-219-03060-6：￥7.80

08967 戴震的哲学：唯物主义和道德价值

〔日〕村濑裕也著；王守华等译．济南：山东人民出版社，1996.3． 336页；20cm

ISBN 7-209-01733-X：￥18.00

08968 单片微控制器应用技术手册：MN1500系列

日本松下公司编；刘仁普等译．北京：机械工业出版社，1996.8． 294页；26cm

ISBN 7-111-05344-3：￥45.00

08969 道教文化探秘丛书

〔日〕窪德忠著；萧坤华译．成都：四川人民出版社，1996.9． 3册；19cm

ISBN 7-220-03415-6：￥22.50

08970 东芝经营之王：土光敏夫经营传奇

〔日〕浩一郎著．兰州：甘肃人民出版社，1996.4． 324页；20cm

ISBN 7-226-01631-1：￥16.80

08971 动物的奥秘

〔日〕今泉忠明主编；〔日〕大石容子绘；阿强译．南宁：广西民族出版社，1996.4． 139页；19cm．（学研漫画·奥秘丛书）

ISBN 7-5363-3150-9：￥7.20

08972 读心术：现代科学产生的新式武器

〔日〕多湖辉著；林小利译．北京：中国青年出版社，1996.12． 224页；19cm．（脑力开发小丛书）

ISBN 7-5006-2377-1：￥8.40

08973 发动机的浪漫

〔日〕铃本孝著；赵淑琴译．北京：北京理工大学出版社，1996.7． 358页；20cm

ISBN 7-81045-143-X：￥22.00

08974 发明、发现的奥秘

〔日〕大森实，矢部一郎主编；阿强译．南宁：广西民族出版社，1996.4． 143页；19cm．（学研漫画·奥秘丛书）

ISBN 7-5363-3148-7：￥7.20

08975 发向未来的讯息

〔日〕下羽友卫等编著；吴鹏等译．北京：人民出版社，1996.11． 157页；20cm

ISBN 7-01-002391-3：￥8.50

08976 范蠡外传

〔日〕村石利夫著；苍溪译．上海：上海文艺出版社，1996.7． 174页；19cm

ISBN 7-5321-1483-X：￥9.30

08977 非药物治疗法

〔日〕渡边正著；高娃编译．呼和浩特：内蒙古人民出版社，1996.1． 181页；19cm

ISBN 7-204-02775-2：￥8.00

08978 佛法·西与东

〔日〕池田大作著；王健译．成都：四川人民

出版社，1996.3. 169 页；20cm. （宗教与世
界丛书）
ISBN 7-220-02892-X（精装）：￥25.00

08979 服装样板设计技术
〔日〕森郁子著；范树林等译. 北京：中国轻
工业出版社，1996.4. 2 册；29cm
ISBN 7-5019-1913-5：￥60.00

08980 橄榄球技术图解
日本棒球杂志社编；何阳译. 北京：人民体育
出版社，1996.11. 238 页；20cm
ISBN 7-5009-1371-0：￥10.00

08981 高级日语习题系列丛书（1）：动词
〔日〕落合太郎著；陆静华译注. 上海：上海
外语教育出版社，1996.10. 347 页；20cm
ISBN 7-81046-108-7：￥15.00

**08982 革新的企业战略：NTT 数据通信价值创
造者运动的开展和秘策**
〔日〕藤田史郎编著；苏德昌译. 上海：复旦
大学出版社，1996.9. 136 页；26cm
ISBN 7-309-01785-4：￥22.00

08983 工程管理系统开发的重要性
〔日〕沓泽虔太郎著；东大阿尔派软件股份有限
公司译. 沈阳：辽宁科学技术出版社，
1996.3. 94 页；29cm
ISBN 7-5381-2328-8：￥30.00

08984 共生的理想：现代交往与共生、共同的思想
〔日〕尾关周二著；卞崇道等译. 北京：中央
编译出版社，1996.9. 188 页；20cm
ISBN 7-80109-131-0：￥9.20

08985 狗的奥秘
〔日〕大野淳一主编；〔日〕林夏介绘；阿强
译. 南宁：广西民族出版社，1996.4. 141
页；19cm. （学研漫画·奥秘丛书）
ISBN 7-5363-3143-6：￥7.20

**08986 古代东亚哲学与科技文化：山田庆儿论
文集**
〔日〕山田庆儿著. 沈阳：辽宁教育出版社，
1996.3. 364 页；20cm
ISBN 7-5382-4290-2（精装）：￥20.00

08987 股份制向何处去：法人资本主义的命运
〔日〕奥村宏著；张承耀译. 北京：中国计划

出版社，1996.6. 222 页；19cm
ISBN 7-80058-462-3.：￥12.00

**08988 光学玻璃与激光玻璃开发：一个玻璃研
究者的历程**
〔日〕泉谷彻郎著；杨淑清译. 北京：兵器工
业出版社，1996.9. 259 页；20cm
ISBN 7-80038-973-1：￥15.50

08989 好恶心理学
〔日〕诧摩武俊著；漆平编译. 石家庄：河北
人民出版社，1996.12. 123 页；20cm
ISBN 7-202-01981-7：￥7.00

08990 好色一代男
〔日〕井原西鹤著；王启元、李正伦译. 桂林：
漓江出版社，1996.9. 213 页：插图；19cm.
（日本古典文学名著）
ISBN 7-5407-1943-5：￥10.00

08991 好色一代女
〔日〕井元西鹤著；王启元、李正伦译. 桂林：
漓江出版社，1996.9. 240 页；19cm. （日本
古典文学名著）
ISBN 7-5407-1944-3：￥10.50

08992 红与黑
〔法〕司汤达著；孙日明译；〔日〕里中满智子
编绘. 南宁：接力出版社，1996.10. 263 页；
20cm （漫画世界文学名著 1）
ISBN 7-80631-035-5：￥15.00

08993 狐狸宽吉变成人以后
〔日〕田岛伸二著；荆锦译. 长沙：湖南少年
儿童出版社，1996.11. 88 页；20cm
ISBN 7-5358-1208-2：￥4.00

08994 机器人技术手册
日本机器人学会编；宗光华等译. 北京：科学
出版社，1996.10. 777 页；26cm
ISBN 7-03-004635-8（精装）：￥115.00

08995 基础逻辑学
〔日〕近藤洋逸，好并英司著；王欣，赵淑荣
译. 沈阳：东北大学出版社，1996.9. 218
页；19cm
ISBN 7-81054-105-6：￥18.90

08996 疾病的奥秘
〔日〕国分义行主编；〔日〕楠高治绘；阿强

译．南宁：广西民族出版社，1996.4. 143
页；19cm.（学研漫画·奥秘丛书）
ISBN 7-5363-3151-7：￥7.20

08997 计算机控制系统入门：6 算子的应用
〔日〕金井喜美雄，堀宪之著；张平译．北京：
北京航空航天大学出版社，1996.1. 160
页；20cm
ISBN 7-81012-621-0：￥7.30

08998 记忆术：心理学发现的 20 种记忆妙法
〔日〕南博著；宋金明译．北京：中国青年出版
社，1996.12. 204 页；19cm.（脑力开发小丛书）
ISBN 7-5006-2378-X：￥8.00

**08999 技术开发论：日本的技术开发机制与
政策**
〔日〕斋藤优著；王月辉译．北京：科学技术
文献出版社，1996.9. 225 页；20cm
ISBN 7-5023-2649-9：￥13.50

09000 简明康复医学
〔日〕江藤文夫著；许健鹏等译．北京：中国
医药科技出版社，1996.8. 157 页；19cm
ISBN 7-5067-0189-8：￥12.00

**09001 蒋介石的美国顾问：欧文·拉铁摩尔回
忆录**
〔日〕矶野富士子整理；吴心伯译．上海：复
旦大学出版社，1996.6. 269 页；20cm.（中
美关系研究丛书 14 汪熙主编）
ISBN 7-309-01602-5：￥16.00

09002 矫形器学
〔日〕加仓井周一编；孙国风译．2 版．北
京：华夏出版社，1996.11. 179 页；26cm
ISBN 7-5080-1067-1：￥18.00

09003 教学论原理
〔日〕左藤正夫著；钟启泉译．北京：人民教
育出版社，1996.8. 361 页；20cm
ISBN 7-107-11596-0：￥14.00

09004 经营人生的智慧
〔日〕松下幸之助著；任柏良，陆虹主编；魏宏
伟等编．延吉：延边大学出版社，1996.10.
2 册；20cm

09005 经营之圣：稻盛和夫论《新经营·新日本》
日本将来世代国际财团生命文化研究所编译．北

京：国际文化出版公司，1996.1. 255 页；20cm
ISBN 7-80105-383-4：￥14.80

09006 绝望的逃走：萩原朔太郎随笔选
〔日〕萩原朔太郎著；于君译．北京：群言出
版社，1996.1. 257 页；19cm
ISBN 7-80080-172-1：￥9.50

09007 卡门
〔法〕梅里美著；臧藏译；〔日〕伊万里寿美子
编绘．南宁：接力出版社，1996.10. 262 页；
20cm.（漫画世界文学名著 4）
ISBN 7-80631-036-3：￥15.00

09008 科乐的科学疑问箱
〔日〕佐佐木宗雄主编；〔日〕内山安二绘；阿
强译．南宁：广西民族出版社，1996.4. 159
页；19cm.（学研漫画·奥秘丛书）
ISBN 7-5363-3144-4：￥7.20

09009 科学工作者留学、交流用英文书信选
〔日〕逢坂昭，阪口玄二著；钟美玲，李佳英译
注．北京：世界图书出版公司，1996.10. 460
页；20cm
ISBN 7-5062-2804-1：￥28.00

09010 科学小百科全书
〔日〕佐佐木宗雄主编；〔日〕内山安二绘；阿
强译；南宁：广西民族出版社，1996.4. 191
页；19cm.（学研漫画·奥秘丛书）
ISBN 7-5363-3149-5：￥8.80

09011 恐龙的奥秘
〔日〕小畠郁生主编；阿强译．南宁：广西民
族出版社，1996.4. 141 页；19cm.（学研漫
画·奥秘丛书）
ISBN 7-5363-3147-9：￥7.20

09012 控制世界的帝王学——盛田昭夫
〔日〕针木康雄著；陈重民译．北京：新华出
版社，1996.1. 218 页；20cm.（世界大企业
家传记 4）
ISBN 7-5011-3051-5：￥11.00

09013 哭泣的女人
〔日〕安部公房等著；卢春生等译．海口：海
南国际新闻出版中心，1996.3. 309 页；
20cm.（世界微型小说传世精品·情感婚恋系
列 张贤亮主编）
ISBN 7-80609-330-3：￥14.80

09014　昆虫的奥秘

〔日〕须田孙七主编；〔日〕林夏介绘；阿强译．南宁：广西民族出版社，1996.4.　159页；19cm.（学研漫画・奥秘丛书）

ISBN 7-5363-3153-3：￥7.20

09015　垃圾与地球

〔日〕八太昭道著；夏雨译．北京：中国环境科学出版社，1996.7.　141页；19cm

ISBN 7-80093-942-1：￥8.80

09016　蜡笔王国童话（3）

〔日〕福永令三著；孟英，李景芳译．南宁：接力出版社，1996.2.　558页；20cm.（接力童话世界）

ISBN 7-80581-977-7（精装）：￥28.50

09017　来自古手川祐子的问候

日本美丽社编．北京：大众文艺出版社，1996.1.　97页；彩图；26cm.（东京之花编织系列）

ISBN 7-80094-170-1：￥22.00

09018　来自山本阳子的问候

日本美丽社编．北京：大众文艺出版社，1996.1.　97页；彩图；26cm.（东京之花编织系列）

ISBN 7-80094-174-4：￥22.00

09019　来自泽口靖子的问候

日本美丽社编．北京：大众文艺出版社，1996.1.　97页；彩图；26cm.（东京之花编织系列）

ISBN 7-80094-172-8：￥22.00

09020　历史的真相：制造"三光"的日本侵华士兵忏悔录

日本中国归还者联络会编；殷占堂等译．南宁：广西人民出版社，1996.1.　180页；19cm

ISBN 7-219-03079-7：￥6.50

09021　龙珠（第二部）

〔日〕鸟山明绘．沈阳：辽宁民族出版社，1996.12.　2册；19cm

ISBN 7-80527-629-3：￥13.00

09022　芦荟治疗百例

〔日〕添田百枝，薬科茂著；黄海鸥译．上海：上海科学普及出版社，1996.1.　220页；彩图；19cm

ISBN 7-5427-1032-X：￥15.00

09023　鲁迅挚友内山完造的肖像

〔日〕吉田旷二著；〔日〕村尾沙耶佳，李恒伟译．北京：新华出版社，1996.9.　214页：照片；20cm

ISBN 7-5011-3242-9：￥12.80

09024　论语与算盘：人生・道德・财富

〔日〕涩泽荣一著；王中江译．北京：中国青年出版社，1996.12.　214页：照片；20cm.（开卷有益丛书）

ISBN 7-5006-2179-5：￥11.30

09025　罗密欧与朱丽叶

〔英〕莎士比亚原著；孙日明译；〔日〕五十岚优美子改编、绘画．南宁：接力出版社，1996.10.　265页；19cm.（漫画世界文学名著　2）

ISBN 7-80631-031-2：￥15.00

09026　妈妈育儿必备：日本内藤博士谈育儿

日本内藤育儿纪念会，日本阿普丽佳育儿研究会主编；〔日〕内藤寿七郎著；顾振申译．北京：中国少年儿童出版社，1996.12.　254页；20cm

ISBN 7-5007-3295-3：￥18.00

09027　马来西亚企业集团的形成与改组

〔日〕原不二夫编；刘晓民译．厦门：厦门大学出版社，1996.4.　176页；20cm.（华侨华人研究丛书）

ISBN 7-5615-1151-5：￥7.00

09028　猫咪图案女毛衫

〔日〕松田京子著；王淑琴等译．北京：金盾出版社，1996.6.　92页：彩图；26cm

ISBN 7-5082-0288-0：￥16.00

09029　没有锚的船

〔日〕加贺乙彦著；包容译．太原：北岳文艺出版社，1996.11.　669页；20cm

ISBN 7-5378-1640-9：￥28.80

09030　美智子皇后与雅子皇太子妃：迈向新的旅程

〔日〕渡边绿著；戴玲等译．南昌：百花洲文艺出版社，1996.1.　194页：照片；19cm

ISBN 7-80579-690-4：￥13.60

09031　逆转经营：日本企业生存之道

日本日经产业新闻编；曾志愚，陈蜀阳译．南

宁：广西人民出版社，1996.6. 254 页；19cm
ISBN 7-219-03295-1：￥10.00

09032 农业保护的政治经济学：国际透视中的东亚经验
〔澳〕安德森（Anderson，K.），〔日〕速水佑次郎著.
天津：天津人民出版社，1996.6. 234 页；20cm
ISBN 7-201-02553-8：￥8.50

09033 挪威的森林（村上春树精品集）
〔日〕村上春树著；林少华译. 桂林：漓江出版社，1996.7. 337 页；19cm
ISBN 7-5407-0460-8：￥12.00

09034 期待着您的夸奖
〔日〕高仓健著；叶红译. 广州：广州出版社，1996.1. 120 页；19cm
ISBN 7-80592-316-7：￥10.80

09035 奇特的癌症防治法
〔日〕甲田光雄著；李刘坤编译. 北京：中国中医药出版社，1996.7. 256 页；19cm
ISBN 7-80089-519-X：￥10.00

09036 青春悲歌
〔日〕石川达三著；金中译. 郑州：河南人民出版社，1996.11. 228 页；19cm
ISBN 7-215-02733-3：￥7.50

09037 青春的舞步（村上春树精品集）
〔日〕村上春树著；林少华译. 桂林：漓江出版社，1996.8. 472 页；19cm
ISBN 7-5407-1987-7：￥14.00

09038 求实的教育
〔日〕麻津男著；邱国宁等译. 上海：上海科学技术文献出版社，1996.11. 194 页；22cm
ISBN 7-5439-0933-2：￥18.80

09039 热情而稳定的经营者——堤义明
〔日〕针木康雄著；陈重民译. 北京：新华出版社，1996.1. 193 页；20cm.（世界大企业家传记 7）
ISBN 7-5011-3054-X：￥11.00

09040 人体潜能探索
〔日〕桥本健著；李小青，〔日〕田口裕辅译.
上海：上海中医药大学出版社，1996.8. 219 页；20cm
ISBN 7-81010-318-0：￥19.00

09041 日本的证券投资基金：理论与实务
〔日〕日尾民明主编；大和证券投资信托委托公司商品企画部编著；姚力编译. 北京：经济日报出版社，1996.8. 260 页；20cm
ISBN 7-80127-189-0：￥18.00

09042 日本近代史
〔日〕安冈昭男著；林和生，李心纯译. 北京：中国社会科学出版社，1996.11. 460 页；20cm
ISBN 7-5004-1946-5：￥23.00

09043 日本流行童装 121
日本美丽出版社，日中时装株式会社供稿. 上海：中国纺织大学出版社，1996.4. 110 页：彩图；26×20cm
ISBN 7-81038-081-8：￥19.00

09044 日本民法：亲属法
〔日〕我妻荣，有泉亨著；夏玉芝译. 北京：工商出版社，1996.11. 161 页；19cm
ISBN 7-80012-244-1：￥10.00

09045 日本青春女装
日本美丽出版社，日中时装株式会社供稿. 上海：中国纺织大学出版社，1996.4. 103 页：彩图；26cm
ISBN 7-81038-082-6：￥19.00

09046 日本人视野中的中国学
〔日〕沟口雄三著；李沟平等译. 北京：中国人民大学出版社，1996.9. 213 页；20cm
ISBN 7-300-02211-1：￥9.00

09047 日本社会语言学
〔日〕真田信治著；胡士云等译. 北京：中国书籍出版社，1996.8. 122 页；20cm
ISBN 7-5068-0594-4：￥6.00

09048 日本市场的营销战略
〔日〕水口健次著；徐长文，金伯生译. 北京：中国对外经济贸易出版社，1996.8. 125 页；19cm
ISBN 7-80004-493-9：￥6.00

09049 日本通商产业政策史第 13 卷第Ⅳ期：多样化时期（2）
日本通商产业省通商产业政策史编纂委员会著；《日本通商产业政策史》编译委员会译. 北京：中国青年出版社，1996.8. 462 页；26cm

ISBN 7-5006-2110-8

09050 日本通商产业政策史第 14 卷第 Ⅳ 期：多样化时期（3）
日本通商产业省通商产业政策史编纂委员会编；《日本通商产业政策史》编译委员会译．北京：中国青年出版社，1996.6． 390 页；26cm
ISBN 7-5006-2111-6

09051 日本通商产业政策史第 15 卷第 Ⅳ 期：多样化时期（4）
日本通商产业省通商产业政策史编纂委员会著；《日本通商产业政策史》编译委员会译．北京：中国青年出版社，1996.12． 494 页；26cm
ISBN 7-5006-2112-4

09052 日本通商产业政策史第 16 卷年表统计
日本通商产业省通商产业政策史编纂委员会编；《日本通商产业政策史》编译委员会译．北京：中国青年出版社，1996.3． 548 页；26cm
ISBN 7-5006-1841-7

09053 日本童话 100 篇
陈剑编；王轩彦译．桂林：广西师范大学出版社，1996.4． 165 页；19cm．（幼儿园小书架丛书）
ISBN 7-5633-2185-3：￥4.50

09054 日本医家伤寒论注解辑要
郭秀梅，〔日〕冈田研吉编．北京：人民卫生出版社，1996.6． 511 页；20cm
ISBN 7-117-02350-3：￥34.90

09055 日本之窗丛书：如何理解日本人
何萍主编；《日本之窗》编辑部编．上海：学林出版社，1996.5． 120 页：彩照；29cm
ISBN 7-80616-240-2：￥25.00

09056 日语课外阅读精编（上）：伊索寓言
〔日〕庄野晴己等编著．北京：世界图书出版公司北京公司，1996.12． 285 页；20cm
ISBN 7-5062-2937-4：￥14.00

09057 日语课外阅读精编（下）：交际会话
〔日〕庄野晴己等编著．北京：世界图书出版公司北京公司，1996.12． 386 页；20cm
ISBN 7-5062-2938-2：￥19.00

09058 瑞丽服饰美容（5）
日本主妇之友社供稿；《瑞丽服饰美容》编译组编译．北京：中国轻工业出版社，1996.10． 88 页；28cm．（世界时装与服饰丛书）
ISBN 7-5019-1882-1：￥15.80

09059 莎乐美
〔英〕王尔德原作；陈蜀阳译；〔日〕牧美也子改编、绘画．南宁：接力出版社，1996.10． 265 页；

09060 "傻瓜"相机选购与使用技巧
〔日〕石谷一雄编著．太原：山西科学技术出版社，1996.9． 199 页：彩照；19cm．（现代摄影实用技艺丛书）
ISBN 7-5377-1238-7：￥12.00

09061 商战神风：称霸全球的松下、丰田、本田三大商战英雄
〔日〕清平真子编著．北京：国际文化出版公司，1996.3． 428 页；20cm．（20 世纪商战经典）
ISBN 7-80105-449-0：￥19.80

09062 神经衰弱和强迫观念的根治法
〔日〕森田正马著；臧修智译．北京：人民卫生出版社，1996.12． 265 页；19cm
ISBN 7-117-02486-0：￥11.90

09063 FoxPro2.5 生成器原理与应用
瓮正科，〔日〕易西泽郎编著．成都：电子科技大学出版社，1996.12． 323 页；26cm
ISBN 7-81043-566-3：￥21.00

09064 生活日语
日本文化厅授权．上海：上海教育出版社，1996.5． 313 页；26cm
ISBN 7-5320-4844-6：￥25.00

09065 生物计算机：日本的下一代计算机
〔日〕神沼二真，松本元著；顾仲梅，甘云祥译．北京：国防工业出版社，1996.6． 222 页；20cm
ISBN 7-118-01555-5：￥10.00

09066 声发射（AE）技术的应用
〔日〕胜山邦久编著；冯夏庭译．北京：冶金工业出版社，1996.12． 372 页；26cm
ISBN 7-5024-2068-1（精装）：￥50.00

09067　十胜山之恋
〔日〕三浦绫子著；文洁若译．天津：百花文艺出版社，1996.2.　674 页；20cm.　（域外小说新译丛书）
ISBN 7-5306-2142-4：￥28.00

09068　时尚发型 258 式
〔日〕小林美千枝编著；梁仪译．南宁：接力出版社，1996.11.　168 页；26cm
ISBN 7-80631-020-7：￥58.00

09069　实用临床神经眼科
〔日〕藤野贞等编著．福州：福建科学技术出版社，1996.10.　162 页；26cm
ISBN 7-5335-1060-7：￥21.30

09070　实在而执着的经营者——丰田英二
〔日〕针木康雄著；应允译．北京：新华出版社，1996.1.　197 页；20cm.　（世界大企业家传记　3）
ISBN 7-5011-3053-1：￥11.00

09071　食品卫生检验手册（增补 1）
日本食品卫生协会编；中华人民共和国进出口商品检验局《食品卫生检验手册》编辑委员会译．天津：天津科技翻译出版公司，1996.1.　368 页；26cm
ISBN 7-5433-0865-7：￥80.00

09072　世界尽头与冷酷仙境（村上春树精品集）
〔日〕村上春树著；林少华译．桂林：漓江出版社，1996.7.　475 页；19cm
ISBN 7-5407-0922-7：￥15.50

09073　世界珠算通典
李培业，〔日〕铃木久男主编．西安：陕西人民出版社，1996.8.　1072 页；26cm
ISBN 7-224-04008-8（精装）：￥198.00

09074　市场经济与社会主义
〔日〕伊藤诚著；尚晶晶主译．北京：中共中央党校出版社，1996.3.　214 页；20cm
ISBN 7-5035-1368-3：￥9.60

09075　视频信号处理用 IC 手册
〔日〕高远还著；庞振泰等译．北京：清华大学出版社，1996.11.　473 页；19×26cm.　（半导体器件手册）
ISBN 7-302-02306-9：￥49.00

09076　数字传输入门
〔日〕山下孚编著；温向明，卢志鸿译．北京：人民邮电出版社，1996.5.　231 页；19cm
ISBN 7-115-06051-7：￥11.00

09077　水产经济学
〔日〕清光照夫，岩崎寿男著；王强华，李艺民译．北京：海洋出版社，1996.6.　322 页；19cm
ISBN 7-5027-3948-3：￥22.00

09078　水下考古学入门
〔日〕小江庆雄著；王军译．北京：文物出版社，1996.8.　164 页；20cm.　（外国考古学译丛）
ISBN 7-5010-0896-5：￥15.00

09079　说茶
〔日〕冈仓天心著；张唤民译．天津：百花文艺出版社，1996.12.　112 页：彩图；19cm
ISBN 7-5306-2309-5：￥8.20

09080　松下经营之道全书
〔日〕松下著；章石主编．北京：中国商业出版社，1996.12.　2 册（921 页）；23cm
ISBN 7-5044-3333-0：￥39.70

09081　苏门答腊的郁达夫
〔日〕铃木正夫著；李振声译．上海：上海远东出版社，1996.6.　256 页；20cm.　（火凤凰文库）
ISBN 7-80613-219-8：￥16.50

09082　台湾经济发展的成就与问题：新兴工业化经济群体的典例分析
〔日〕隅谷三喜男等著；汪慕恒，陈大冰译．厦门：厦门大学出版社，1996.7.　419 页；20cm
ISBN 7-5615-1175-2：￥15.00

09083　特殊教育的展望：面向 21 世纪
〔日〕山口薰，金子健著；刘富庚等译．大连：辽宁师范大学出版社，1996.5.　202 页；20cm
ISBN 7-81042-133-6：￥14.00

09084　藤木俱子俳句·随笔集
〔日〕藤木俱子著；李芒，李丹明译．北京：中国社会出版社，1996.3.　224 页；20cm

ISBN 7-80088-786-3 （精装）：￥30.00

09085 天气 100 问的奥秘
〔日〕清水教高主编；阿强译． 南宁：广西民族出版社，1996.4． 143 页；19cm． （学研漫画·奥秘丛书）
ISBN 7-5363-3146-0：￥7.20

09086 田吉彦向您致意
日本美丽社编． 北京：大众文艺出版社，1996.1． 97 页；彩图；26cm． （东京之花编织系列）
ISBN 7-80094-171-X：￥22.00

09087 图解店铺的规划与设计
〔日〕崎雄之著；冯乃谦译． 北京：科学出版社，1996.2． 180 页；26cm． （OHM 科学丛书）
ISBN 7-03-004706-0：￥28.00

09088 图解设计表示图法入门
〔日〕定松修三，定松润子；陆化普等译．北京：科学出版社，1996.2． 156 页；26cm． （OHM 科学丛书）
ISBN 7-03-004705-2：￥28.00

09089 图解数字音响技术
〔日〕中岛平太郎编著；袁橹林译． 北京：科学出版社，1996.1． 227；20cm． （OHM 科学丛书）
ISBN 7-03-004676-5：￥22.00

09090 图解 CD 制激光数字唱片系统
〔日〕中岛平太郎，小川博司著；袁橹林译．北京：科学出版社，1996.1． 277 页；20cm． （OHM 科学丛书）
ISBN 7-03-004677-3：￥24.00

09091 危机管理的经营之神——松下幸之助
〔日〕针木康雄著；毕晓白译． 北京：新华出版社，1996.1． 208 页；20cm． （世界大企业家传记 1）
ISBN 7-5011-3050-7：￥11.00

09092 伟大的技师本田宗郎
〔日〕针木康雄著；任川海，梁怡鸣译． 北京：新华出版社，1996.1． 182 页；20cm． （世界大企业家传记 2）
ISBN 7-5011-3049-3：￥11.00

09093 我的读书观
〔日〕龟井胜一郎著；刘瑞芝译． 桂林：漓江出版社，1996.1． 161 页；20cm．
ISBN 7-5107-1903-6：￥8.00

09094 西洋音乐名作故事
〔日〕志鸟荣八郎著；包容译． 北京：人民音乐出版社，1996.6． 511 页：照片；19cm
ISBN 7-103-01382-9：￥23.30

09095 现代日本经济论：从战败到步出"经济大国"
〔日〕井村喜代子著；季爱琴，王建钢译． 北京：首都师范大学出版社，1996.8． 452 页；20cm
ISBN 7-81039-719-2：￥30.00

09096 现代社会主义问题
〔日〕伊藤诚著；鲁永学译． 北京：社会科学文献出版社，1996.4． 151 页；20cm
ISBN 7-80050-682-7：￥9.00

09097 现代时间序列分析方法及其实用计算机程序
〔日〕北川源四郎著；姜兴起等译． 大连：大连海事大学出版社，1996.8． 413 页；20cm
ISBN 7-5632-0976-X：￥30.00

09098 心向消费者的独特流通商法——中内功
〔日〕针木康雄著；陈健，陈重生译． 北京：新华出版社，1996.1． 190 页；20cm． （世界大企业家传记 5）
ISBN 7-5011-3055-8：￥11.00

09099 新订北宋符合泉志
〔日〕小川浩著；车新亭译． 北京：中华书局，1996.5． 174 页；26cm． （中国钱币丛书甲种本 3 戴志强主编）
ISBN 7-101-01531-X （精装）：￥59.00

09100 新化妆品学
〔日〕光井武夫主编；张宝旭译． 北京：中国轻工业出版社，1996.4． 464 页；26cm
ISBN 7-5019-1804-X （精装）：￥90.00

09101 新型广告
〔日〕小林太三郎主编；谭琦译． 北京：中国电影出版社，1996.9． 265 页；20cm
ISBN 7-106-01121-5：￥16.80

09102　行政指导：政府与企业的关系
〔日〕新藤宗幸著；韩冬雪，吴小丁译．长春：
长春出版社，1996.4.　134 页；19cm
ISBN 7-80604-425-6：¥6.80

09103　熊彼特经济学
〔日〕金指基著；林俊男，金全民编译．北京：
北京大学出版社，1996.8.　209 页；20cm
ISBN 7-301-03120-3：¥14.50

09104　徐福集团东渡与古代日本
〔日〕壹岐一郎著．天津：天津人民出版社，
1996.10.　225 页；20cm
ISBN 7-201-02793-X：¥14.80

09105　学研漫画事典丛书
〔日〕水谷章三主编；毛青兰等译．南宁：广
西民族出版社，1996.10.　10 册；19cm
ISBN 7-5363-3211-4：¥69.80

09106　雪国·古都·千只鹤
〔日〕川端康成著；叶渭渠，唐月梅译．南京：
译林出版社，1996.4.　359 页；20cm.　（世界
文学名著·现当代系列）
ISBN 7-80567-495-7（精装）：¥19.00
ISBN 7-80567-494-9：¥12.50

09107　雪娘
〔日〕丰田正子著；陈喜儒译．南京：译林出
版社，1996.12.　283 页；20cm
ISBN 7-80567-623-2：¥10.80

09108　血型与输血检查
〔日〕大久保康人著；李慧文等编译．北京：
中国科学技术出版社，1996.10.　180 页；20cm
ISBN 7-5046-2191-9：¥15.00

09109　养猪大成（第三版）
〔日〕笹崎龙雄著；北京农业大学畜牧系养猪教
研室等译．北京：中国农业出版社，1996.5.
477 页；26cm
ISBN 7-109-00277-2：¥40.00

09110　一千零一夜
乔莹洁译；〔日〕伊藤结花理改编、绘画．南
宁：接力出版社，1996.10.　263 页；19cm.
（漫画世界文学名著　9）
ISBN 7-80631-034-7：¥15.00

09111　医方考绳愆
（明）吴昆撰；〔日〕北山友松子绳愆．影印
本．北京：中国科学技术出版社，1995.6.　2
册；26cm.　（海内外珍藏中医珍善孤本选粹
吴子钧主编）
ISBN 7-5046-1372-X（精装）：¥480.00

09112　医心方
〔日〕丹波赖康撰；高文铸等校注．北京：华
夏出版社，1996.7.　821 页；26cm
ISBN 7-5080-0698-4（精装）：¥98.00

09113　义理与人情
〔日〕源了圆著；李树果，王健宜译．天津：
天津人民出版社，1996.12.　161 页；20cm.
（南开日本研究丛书　武安隆主编）
ISBN 7-201-02546-5：¥9.80

09114　音乐美的构成
〔日〕渡边护著；张前译．北京：人民音乐出
版社，1996.4.　278 页；20cm
ISBN 7-103-01397-7：¥18.00

09115　有毒动物的奥秘
〔日〕大野正男主编；阿强译；〔日〕木村研
绘．南宁：广西民族出版社，1996.4.　141
页；19cm.　（学研漫画·奥秘丛书）
ISBN 7-5363-3142-8：¥7.20

09116　诱降汪精卫秘录
〔日〕犬养健编著；任常毅译．南京：江苏古
籍出版社，1996.10.　259 页；19cm.　（民国春
秋丛书）
ISBN 7-80519-820-9：¥9.40

09117　鱼的奥秘
〔日〕末广恭雄，朝比奈洁主编；〔日〕伊东章
夫绘；阿强译．南宁：广西民族出版社，
1996.4.　143 页；19cm.　（学研漫画·奥
秘丛书）
ISBN 7-5363-3152-5：¥7.20

09118　雨月奇谈
〔日〕上田秋成著；申非译．北京：农村读物
出版社，1996.5.　98 页；19cm.　（日本古典名
著·怪异小说）
ISBN 7-5048-2634-0：¥7.80

09119　育儿宝典
〔日〕高桥悦二郎著；于进江等译．济南：山

东友谊出版社，1996.8. 370页；26cm.
ISBN 7-80551-836-X：￥55.00

09120 运
〔日〕横内祐一郎著；谢卫平译. 北京：中国
三峡出版社，1996.9. 121页；19cm
ISBN 7-80099-098-2：￥9.18

09121 战后世界经济的转换
〔日〕久保新一著；张五新等译. 天津：南开
大学出版社，1996.4. 323页；20cm
ISBN 7-310-00914-2：￥12.80

**09122 昭和、平成皇太子妃：美智子皇后和雅
子皇太子妃**
〔日〕河原敏明著；吴继红译. 北京：华夏出
版社，1996.12. 125页；19cm
ISBN 7-5080-1118-X：￥12.80

09123 中国近代建筑总览（济南篇）
汪坦，〔日〕藤森照信主编；张润武等分主编.
北京：中国建筑工业出版社，1996.2. 79
页；28cm
ISBN 7-112-02657-1：￥16.00

09124 中国文章论
〔日〕佐藤一郎著；赵善嘉译. 上海：上海古
籍出版社，1996.6. 306页；20cm. （海外汉
学丛书 王元化主编）
ISBN 7-5325-1994-5：￥17.00

09125 中国新文学图志
〔日〕中井政喜，张中良著. 北京：人民文学
出版社，1996.8. 2册（661页）；20cm
ISBN 7-02-002283-9：￥52.00

09126 中日对照生活会话
〔日〕角田实，加藤晴子著. 广州：世界图书
出版公司广东公司，1996.9. 198页；20cm
ISBN 7-5062-2986-2：￥11.00

09127 中日合作东亚经济白皮书
黄范章，〔日〕弘中喜捷主编. 北京：中国计
划出版社，1996.8. 374页；20cm
ISBN 7-80058-494-1：￥18.00

**09128 中日会计审计制度比较：日本的会计与
审计制度**
石人瑾，〔日〕根本光明主编. 上海：立信会
计出版社，1996.2. 247页；20cm

ISBN 7-5429-0341-1：Y12.00

09129 中日流通业比较
冯昭奎，〔日〕小山周三主编. 北京：中国社
会科学出版社，1996.7. 649页；20cm
ISBN 7-5004-1882-5：￥29.00

09130 中日文化交流史大系（1）：历史卷
周良，〔日〕中西进主编；王晓秋，〔日〕大庭
修分主编. 杭州：浙江人民出版社，
1996.12. 385页；20cm
ISBN 7-213-01170-7（精装）：￥26.00

09131 中日文化交流史大系（2）：法制卷
周良，〔日〕中西进主编；刘俊文，〔日〕池田
温分主编. 杭州：浙江人民出版社，
1996.12. 310页；20cm
ISBN 7-213-01295-9（精装）：￥22.00

09132 中日文化交流史大系（3）：思想卷
周良，〔日〕中西进主编；严绍，〔日〕源了圆
分主编. 杭州：浙江人民出版社，1996.12.
457页；20cm
ISBN 7-213-01296-7（精装）：￥29.00

09133 中日文化交流史大系（4）：宗教卷
周良，〔日〕中西进主编；杨曾文，〔日〕源了
圆分主编. 杭州：浙江人民出版社，
1996.12. 392页；20cm
ISBN 7-213-01297-5（精装）：￥26.00

09134 中日文化交流史大系（5）：民俗卷
周良，〔日〕中西进主编；马兴国，〔日〕宫田
登分主编. 杭州：浙江人民出版社，
1996.11. 451页；20cm
ISBN 7-213-01172-3（精装）：￥29.00

09135 中日文化交流史大系（6）：文学卷
周良，〔日〕中西进主编；严绍，〔日〕中西进
分主编. 杭州：浙江人民出版社，1996.11.
437页；20cm
ISBN 7-213-01159-3（精装）：￥27.00

09136 中日文化交流史大系（7）：艺术卷
周良，〔日〕中西进主编；王勇，〔日〕上原昭
一分主编. 杭州：浙江人民出版社，
1996.12. 363页；20cm
ISBN 7-213-01299-1（精装）：￥27.00

09137　中日文化交流史大系（8）：科技卷
周良，〔日〕中西进主编；李廷举，〔日〕吉田
忠分主编．杭州：浙江人民出版社，
1996.12．393页；20cm
ISBN 7-213-01298-3（精装）：￥26.00

09138　中日文化交流史大系（9）：典籍卷
周良，〔日〕中西进主编；王勇，〔日〕大庭修
分主编．杭州：浙江人民出版社，1996.12.
405页；20cm
ISBN 7-213-01171-5（精装）：￥26.50

09139　中日文化交流史大系（10）：人物卷
周良，〔日〕中西进主编；王勇，〔日〕中西进
分主编．杭州：浙江人民出版社，1996.12.
399页；20cm
ISBN 7-213-01300-9（精装）：￥26.50

09140　中日文化论丛（1994）
杭州大学日本文化研究所，神奈川大学人文学
研究所编．杭州：杭州大学出版社，1996.1.
225页；20cm
ISBN 7-81035-852-9：￥10.00

09141　中日文化论丛（1995）
杭州大学日本文化研究所，神奈川大学人文学
研究所编．杭州：杭州大学出版社，
1996.12．234页；20cm
ISBN 7-81035-737-9：￥10.00

09142　自我暗示术：用潜意识的奇功开发脑力
〔日〕千叶康则著；朱福来译．北京：中国青
年出版社，1996.12．236页；19cm.（脑力开
发小丛书）
ISBN 7-5006-2380-1：￥8.80

09143　自我催眠术：消除心理疾病的自我疗法
〔日〕平井富雄著；张克云译．北京：中国青
年出版社，1996.12．205页；19cm.（脑力开
发小丛书）
ISBN 7-5006-2379-8：￥8.00

09144　罪与罚
〔苏〕陀思妥耶夫斯基著；杨政华译；〔日〕汐
见朝子编绘．南宁：接力出版社，1996.10.
263页；20cm.（漫画世界文学名著　6）
ISBN 7-80631-028-2：￥15.00

1997

09145　9月0日大冒险
〔日〕佐藤牧子著；胡以男，宫笑译．济

南：明天出版社，1997.10．149页；
19cm.（漂流瓶丛书·外国少年小说精品
译丛　刘海栖主编）
ISBN 7-5332-2811-1：￥6.70元

**09146　1937—1945日本在中国沦陷区的经济
掠夺**
〔日〕浅田乔二等著；袁愈佺译．上海：复旦
大学出版社，1997.12．385页；20cm
ISBN 7-309-01913-X：￥20.00元

09147　CMOS器件手册
〔日〕相田泰志著；庞振泰等译．北京：清华
大学出版社，1997.01．433页；19×26cm.
（半导体器件手册）
ISBN 7-302-02451-0：￥45.00元

09148　HOW：1997年春：明媚春光
郝铭鉴，〔日〕佐山重三主编．上海：上海文化
出版社，1997．144页；彩照；29cm
ISBN 7-80511-903-1：￥20.00元

09149　HOW：1997年夏：七彩夏景
郝铭鉴，〔日〕佐山重三主编．上海：上海文
化出版社，1997．138页；彩照；29cm
ISBN 7-80511-909-0：￥20.00元

09150　HOW：碧丽秋色
郝铭鉴，〔日〕佐山重三主编．上海：上海文
化出版社，1997.10．144页；彩照；29cm
ISBN 7-80511-925-2：￥20.00元

09151　HOW：九七新干线
郝铭鉴，〔日〕佐山重三主编．上海：上海文
化出版社，1997.8．142页；29cm
ISBN 7-80511-919-8：￥20.00元

09152　M的悲剧C的悲剧
〔日〕夏树静子著；黄来顺译．广州：花城出
版社，1997.8．524页；20cm
ISBN 7-5360-2443-6：￥22.80元

09153　uPD78014，78104y列：8位单片微控制器
日本电气（NEC）公司编；周端等译．北京：
电子工业出版社，1997.12．333页；26cm.
（NEC单片机扩户手册）
ISBN 7-5053-4485-4：￥114.00元

09154　奥上锦堂篆刻作品集
〔日〕奥上锦堂篆刻．北京：北京大学出版社，

1997.10. 120页；26cm
ISBN 7-301-03561-6：￥25.00元

09155 D-A转换器手册
〔日〕宫崎仁著；庞振泰等译．北京：清华大学出版社，1997.04. 287页；18×26cm.（半导体器件手册）
ISBN 7-302-02538-X：￥29.80元

09156 巴金译文全集（第七集）
〔日〕秋田雨雀等著；巴金译．北京：人民文学出版社，1997.06. 473页；20cm
ISBN 7-02-002369-X（精装）：￥26.90元

09157 把握人心的秘诀
〔日〕本明宽著；顾克礼，唐正元译．南京：江苏人民出版社，1997.08. 127页；19cm.（现代生活心理译丛）
ISBN 7-214-01970-1：￥8.00元

09158 白话语汇研究
〔日〕香坂顺一著；江蓝生，白维国译．北京：中华书局，1997.03. 445页；20cm
ISBN 7-101-01542-5：￥22.00元

09159 白雪皇后
〔日〕若谷和子改编；永田萌绘．南宁：接力出版社，1997.12. 29页；29cm.（安徒生经典童话彩图本）
ISBN 7-80631-216-1（精装）：￥20.00元

09160 被侵华日军强掳到日本做劳工：刘连仁穴居十三年
〔日〕野添宪治著；张友栋，白若愚译．石家庄：河北教育出版社，1997.7. 187页；19cm
ISBN 7-5434-2953-5：￥7.50元

09161 播种
〔日〕冈松庆久原著；王小祎改编；葛闽丰绘．西安：未来出版社，1997.03. 237页；21×19cm
ISBN 7-5417-1342-2：￥18.00元

09162 禅是无的宗教：更幽轩法语集
〔日〕福岛庆道著；高立译．北京：宗教文化出版社，1997.04. 202页；20cm
ISBN 7-80123-017-5：￥12.00元

09163 沉浮
〔日〕清水一行著；李长明译．北京：外国文

学出版社，1997.6. 226页；19cm
ISBN 7-5016-0144-5：￥11.00元

09164 成功的考试技巧
〔日〕多湖辉著；韩秀英译．北京：商务印书馆国际有限公司，1997.12. 223页；17cm.（心理透视丛书）
ISBN 7-80103-144-X：￥15.00元

09165 成熟美：女士服饰搭配实例
日本美丽出版社，日中时装株式会社供稿．上海：中国纺织大学出版社，1997.08. 91页：彩照；26×21cm
ISBN 7-81038-115-6：￥20.00元

09166 初次见面的心理战术
〔日〕多湖辉著；韩秀英译．北京：商务印书馆国际有限公司，1997.12. 207页；17cm.（心理透视丛书）
ISBN 7-80103-143-1：￥15.00元

09167 传给坂田君一个好球
〔日〕糸贺美贺子著；张红云译．济南：明天出版社，1997.10. 114页；19cm.（漂流瓶丛书·外国少年小说精品译丛 刘海栖主编）
ISBN 7-5332-2812-X：￥5.70元

09168 从无字处读生意经
〔日〕松下幸之助著；孟薇译．北京：中国青年出版社，1997.10. 223页；15×10cm.（松下幸之助演讲精萃 9）
ISBN 7-5006-2613-4：￥6.30元

09169 大地的呼声：反对战争追求和平的人生轨迹
〔日〕小川武满著；步平等译．哈尔滨：黑龙江人民出版社，1997.12. 152页；20cm
ISBN 7-207-03866-6：￥30.00元

09170 大东亚战争的总结
日本历史研究委员会编；东英译．北京：新华出版社，1997.12. 636页；20cm.（国际问题参考译丛）

09171 大家说日语：吴小姐的日本之行
〔日〕川口义一主编．北京：外语教学与研究出版社，1997.04. 2册；26cm+附《日语初步》
ISBN 7-5600-1251-5：￥31.80元

09172　地下空间利用
〔日〕稲田善纪著；张存罩译．上海：上海科
学技术出版社，1997.07.　148页；20cm
ISBN 7-5323-3812-6：￥13.00元

09173　电力系统规划与运行
〔日〕田村康男著；提兆旭，曹长征译．北京：
科学出版社，1997.07.　309页；20cm.　（OHM
科学丛书）
ISBN 7-03-006041-5：￥24.00元

09174　电力与工业用半导体器件手册
〔日〕小岛高人著；庞振泰等译．北京：清华
大学出版社，1997.05.　494页；19×26cm　（半
导体器件手册）
ISBN 7-302-02539-8：￥48.00元

09175　电路基础
〔日〕饭高成男著；张建荣译．北京：科学出
版社，1997.12.　223页；20cm.　（OHM科学
丛书·图解电子电路系列　1）
ISBN 7-03-006213-2：￥15.00元

09176　钓鱼岛：历史与主权
〔日〕井上清著；贾俊琪，于伟译．北京：中
国社会科学出版社，1997.02.　151页：彩
图；20cm
ISBN 7-5004-2042-0：￥15.00元

**09177　东北亚考古学研究：中日合作研究报
告书**
郭大顺，〔日〕秋山进午主编．北京：文物出
版社，1997.08.　344页；26cm
ISBN 7-5010-0945-7

09178　东山魁夷散文精选
〔日〕东山魁夷著；陈德文译．北京：人民日
报出版社，1997.02.　321页；20cm.　（名人名
家书系）
ISBN 7-80002-892-5：￥14.00元

**09179　东亚新时代的日本经济：超越"全套
型"产业结构**
〔日〕关满博著；陈生保，张青平译．上
海：上海译文出版社，1997.06.　134
页；20cm
据日本中央公论社1993年版译出。
ISBN 7-5327-1971-5：￥9.40元

09180　动物折纸
〔日〕桃谷好英，桃谷英树编；阎萍译．天津：
天津人民美术出版社，1997.05.　63页；23×
19cm.　（巧手乐园）
ISBN 7-5305-0660-9：￥14.00元

09181　儿童口腔保健与治疗
〔日〕木村光孝著；石广香，葛立宏编译．北
京：北京医科大学、中国协和医科大学联合出版
社，1997.10.　221页；20cm
ISBN 7-81034-741-1：￥12.80元

09182　儿童生活趣味百科
日本株式会社小学馆著；廖瑞平等译．杭
州：浙江教育出版社，1997.11.　207
页；26cm
ISBN 7-5338-2842-9（精装）：￥100.00元

**09183　法律多元：从日本法律文化迈向一般
理论**
〔日〕千叶正士著；强世功等译．北京：中国
政法大学出版社，1997.11.　300页；20cm.
（法律文化研究中心文丛　梁治平主编）
ISBN 7-5620-1626-7：￥16.00元

09184　法律进化论：法源论
〔日〕穗积陈重著；黄尊三等译．北京：中国
政法大学出版社，1997.12.　465页；20cm.
（二十世纪中华法学文丛　7）
ISBN 7-5620-1635-6：￥17.00元

09185　佛法与宇宙
〔日〕池田大作等著；卞立强等译．北京：经
济日报出版社，1997.05.　424页；20cm.　（东
方文化集成　季羡林主编）
ISBN 7-80127-177-7（精装）：￥135.00元

09186　概说·古典日语语法
〔日〕铃木康之主编；彭广陆编译．长春：吉
林教育出版社，1997.08.　202页；20cm
ISBN 7-5383-3243-X：￥12.00元

09187　感悟浮生
〔日〕堀秀彦著；小竹编译．2版．海口：海
南出版社，1997.02.　263页；20cm
ISBN 7-80590-478-2：￥13.80元

09188　高岛易断：易经活解活断800例
〔日〕高岛吞象著；（清）王治本译；孙正治点

校．北京：书目文献出版社，1997.02．2 册
（867 页）；20cm
ISBN 7-5013-1336-9；￥39.80 元

09189　哥儿
〔日〕夏目漱石著；包寰，包罗译．2 版．太原：北岳文艺出版社，1997.1．155 页；19cm.（世界著名中篇小说精品系列）
据日本角川书店 1989 年 3 月版译出。
ISBN 7-5378-1328-0；￥6.30 元

09190　革命浪人：滔天与孙文
〔日〕三好彻著；任余白译．上海：学林出版社，1997.11．371 页；20cm
ISBN 7-80616-353-0；￥18.00 元

09191　个人的体验
〔日〕大江健三郎著；杨炳辰，王新新译．桂林：漓江出版社，1997.12．684 页；20cm.（获诺贝尔文学奖人家丛书　刘硕良主编）
ISBN 7-5407-2189-8；￥27.00 元

09192　个人的体验
〔日〕大江健三郎著；杨炳辰，王新新译．桂林：漓江出版社，1997.12．684 页；20cm.（获诺贝尔文学奖人家丛书　刘硕良主编）
ISBN 7-5407-2189-8（精装）：￥32.00 元

09193　各国（地区）的税务代理制度
〔日〕田中治主编；姜莉，刘曙野译．北京：中国税务出版社，1997.08．287 页；20cm
ISBN 7-80117-042-3；￥19.00 元

09194　关于爱和美的哲学思考
〔日〕今道友信著；王永丽，周浙平译．北京：三联书店，1997.08．334 页；19cm.（文化生活译丛）
ISBN 7-108-01044-5；￥15.60 元

09195　贯通：华歌尔的创业精神
〔日〕塚本幸一著；于永达等译．北京：中国经济出版社，1997.09．191 页；20cm
ISBN 7-5017-4081-X（精装）：￥25.00 元

09196　光电显示器件手册
〔日〕奥下博昭等著；庞振泰等译．北京：清华大学出版社，1997.08．244 页；19×26cm.（半导体器件手册）
ISBN 7-302-02539-8；￥48.00 元

09197　海的女儿
〔日〕若谷和子改编；永田萌绘．南宁：接力出版社，1997.12．29 页；29cm.（安徒生经典童话彩图本）
ISBN 7-80631-218-8（精装）：￥20.00 元

09198　好孩子折纸手工
〔日〕坂田英昭著；李森方译．2 版．北京：农村读物出版社，1997.06．88 页；13×15cm
ISBN 7-5048-0658-7；￥3.80 元

09199　核设施去污技术
〔日〕石榑显吉等编；左民等译．北京：原子能出版社，1997.09．379 页；26cm
ISBN 7-5022-1192-6；￥40.00 元

09200　胡雪岩外传：宦海
〔日〕大桥式羽，张春帆著；张苌校注．北京：京华出版社，1997.9．206 页；20cm.（中国历史风云人物传记丛书）
ISBN 7-80600-217-0；￥10.00 元

09201　花猫侦探（1）
〔日〕松下知良原著；崔鋆译．长春：吉林美术出版社，1997．57 页；29cm
ISBN 7-5386-0615-7；￥16.00 元

09202　花猫侦探（2）
〔日〕松下知良原著；崔鋆译．长春：吉林美术出版社，1997．64 页；29cm
ISBN 7-5386-0616-5；￥18.00 元

09203　花猫侦探（3）
〔日〕松下知良原著；崔鋆译．长春：吉林美术出版社，1997．102 页；29cm
ISBN 7-5386-0617-3；￥28.00 元

09204　花猫侦探（4）
〔日〕松下知良原著；崔鋆译．长春：吉林美术出版社，1997．86 页；29cm
ISBN 7-5386-0618-1；￥23.00 元

09205　还你清白：三十四年冤案昭雪记（日本著名律师相马达雄成功辩护案例）
〔日〕堀田宗路著；张爱平，冯峰译．北京：法律出版社，1997.02．375 页；20cm
ISBN 7-5036-2049-8；￥16.00 元

09206　环境材料
〔日〕山本良一编著；王天民译．北京：化学

工业出版社，1997.08. 131 页；26cm
ISBN 7-5025-1817-7：￥17.00 元

09207　活动折纸
〔日〕布施知子编；宋永红，杜小军译. 天津：
天津人民美术出版社，1997.05. 62 页；23×
19cm.（巧手乐园）
ISBN 7-5305-0661-7：￥14.00 元

09208　计算机 X 线摄影
祁吉，〔日〕高野正雄主编；陈凯等编. 北京：
人民卫生出版社，1997.04. 99 页；26cm
ISBN 7-117-02687-1（精装）：￥28.00 元

09209　建筑图解辞典（上卷）
日本建筑资料研究社；朱首明等译. 北京：中
国建筑工业出版社，1997.03. 318 页；30cm
ISBN 7-112-02942-2（精装）：￥66.00 元

09210　建筑图解辞典（下卷）
日本建筑资料研究社编；刘茂榆等译. 北京：
中国建筑工业出版社，1997.03. 290 页；29cm
ISBN 7-112-02944-9（精装）：￥56.00 元

09211　建筑图解辞典（中卷）
日本建筑资料研究社编；高履泰，白玉美译.
北京：中国建筑工业出版社，1997.03. 439
页；30cm
ISBN 7-112-02943-0（精装）：￥78.00 元

09212　建筑物隔震防振与控振
〔日〕武田寿一主编；纪晓惠等译. 北京：中
国建筑工业出版社，1997.04. 234 页；20cm
ISBN 7-112-03071-4：￥13.00 元

09213　江户时代日中秘话
〔日〕大庭修著；徐世虹译. 北京：中华书局，
1997.07. 191 页；20cm
ISBN 7-101-01547-6：￥10.00 元

09214　阶梯日本语
〔日〕石川惠子等著；易友人编译. 北京：中
国人民大学出版社，1997.05. 351 页；20cm
ISBN 7-300-02287-1：￥18.00 元

09215　金融衍生商品风险管理入门
〔日〕高岛胜平著；中国工商银行，大和证券株
式会社译. 北京：中国金融出版社，
1997.06. 105 页；20cm
ISBN 7-5049-1794-X：￥18.00 元

09216　金属——烤瓷桥
〔日〕田村胜美等编；陈吉华译. 西安：陕西
科学技术出版社，1997.08. 178 页；26cm
ISBN 7-5369-2732-0（精装）：￥93.00 元

09217　金字招牌生意经
〔日〕松下幸之助著. 延吉：延边大学出版社，
1997.02. 455 页；20cm.（松下幸之助人生智
慧丛书　任柏良主编）
ISBN 7-5634-0860-6：￥19.80 元

09218　经济人类学
〔日〕栗本慎一郎著；王名等译. 北京：商务
印书馆，1997.12. 188 页；20cm
据日本东洋经济新报社1979年版译出。
ISBN 7-100-02054-9：￥9.10 元

09219　经营如千里江堤
〔日〕松下幸之助著；杨浔译. 北京：中国青
年出版社，1997.10. 213 页；15×10cm.（松
下幸之助演讲精萃　2）
ISBN 7-5006-2621-5：￥6.00 元

09220　经营之奥秘：日本历史名人启示录
〔日〕童门冬二著；吴树文译. 北京：三联书店，
1997.05. 156 页；20cm.（经营智慧丛书）
ISBN 7-108-01004-6：￥8.60 元

09221　精兵简政：经营新挑战
日本经济新闻社编；铁鹰译. 北京：三联书店，
1997.10. 146 页；20cm.（经营智慧丛书）
ISBN 7-108-01063-1：￥9.20 元

09222　开店立业 100 选：小本经营取财之道
日本新商务研究会编；杨廷梓译. 北京：中国
林业出版社，1997.07. 162 页；19cm
ISBN 7-5038-1866-2：￥8.00 元

09223　昆虫折纸
〔日〕桃谷好英编；晁春莲译. 天津：天津人
民美术出版社，1997.05. 63 页；23×19cm.
（巧手乐园）
ISBN 7-5305-0658-7：￥14.00 元

09224　篮球技战术阶梯式训练法（图解）
〔日〕李宇载著；许博，许广林译. 北京：人
民体育出版社，1997.08. 223 页；20cm
ISBN 7-5009-1512-8：￥23.60 元

09225 老年心理学

〔日〕长谷川和夫，霜山德尔主编；车文博等译．2 版．哈尔滨：黑龙江人民出版社，1997.06．408 页；20cm．（中外心理学丛书）
ISBN 7-207-03748-1：￥16.80 元

09226 林业经营原理

〔日〕平田种男著；于政中译．北京：中国林业出版社，1997.11．179 页；19cm
ISBN 7-5038-1759-3：￥12.00 元

09227 芦荟——守护健康的万能药草

〔日〕肥田和夫，山内慎一著；黄小周，黄砚君译．广州：花城出版社，1997.11．164 页；20cm
ISBN 7-5360-2649-8：￥15.80 元

09228 鲁迅比较研究

〔日〕藤井省三著；陈福康编译．上海：上海外语教育出版社，1997.03．279 页；20cm
ISBN 7-81046-197-4：￥16.00 元

09229 路人都是顾客

〔日〕松下幸之助著；孟薇译．北京：中国青年出版社，1997.10．229 页；15×10cm．（松下幸之助演讲精萃 5）
ISBN 7-5006-2619-3：￥6.30 元

09230 脉冲电路

〔日〕菅谷光雄，中村征寿著；何希才译．北京：科学出版社，1997.12．221 页；20cm．（OHM 科学丛书·图解电子电路系列 4）
ISBN 7-03-006214-0：￥14.00 元

09231 美学的将来

〔日〕今道友信编；樊锦鑫等译．南宁：广西教育出版社，1997.02．272 页；20cm
据日本东京大学 1985 年版译出。
ISBN 7-5435-2485-6：￥14.00 元

09232 模拟电路 (2)

〔日〕柄本治利，真真田胜久著；张建荣译．北京：科学出版社，1997.12．221 页；20cm．（OHM 科学丛书·图解电子电路系列 3）
ISBN 7-03-006216-7：￥14.00 元

09233 膜物理化学

〔日〕中垣正幸著；严忠等译．北京：科学出版社，1997.09．175 页；20cm．（物理化学译

丛 第二辑）
ISBN 7-03-006014-8（精装）：￥12.00 元

09234 魔鬼出租车

〔日〕龙子，典群编；刘展国绘．上海：少年儿童出版社，1997.03．215 页；20cm．（世界名著金库·科幻小说卷）
ISBN 7-5324-3095-2：￥11.70 元

09235 脑内革命第一卷：重新认识、开发、利用你的大脑

〔日〕春山茂雄著；郑民钦译．北京：中国对外翻译出版公司，1997.05．200 页；19cm
ISBN 7-5001-0473-1：￥12.00 元

09236 诺贝尔奖并非是梦：99 位诺贝尔科学奖获得者逸事点评

〔日〕石田寅夫著；戚戈平，李晓武译．杭州：浙江科学技术出版社，1997.11．307 页；20cm
ISBN 7-5341-1107-2：￥13.50 元

09237 破戒：家

〔日〕岛崎藤村著；柯毅文等译．北京：人民文学出版社，1997.5．640 页；20cm．（世界文学名著文库）
ISBN 7-02-002321-5（精装）：￥38.00 元

09238 奇鸟行状录

〔日〕村上春树著；林少华译．南京：译林出版社，1997.9．654 页；20cm．（当代外国流行小说名篇丛书）
ISBN 7-80567-707-7：￥24.50

09239 企业倒闭：原因和对策

〔日〕安田龙平著；张碧清译．北京：世界知识出版社，1997.10．139 页；20cm
ISBN 7-5012-0895-6：￥7.00 元

09240 企业，我的第二个家

〔日〕松下幸之助著；王安勤译．北京：中国青年出版社，1997.10．197 页；15×10cm．（松下幸之助演讲精萃 4）
ISBN 7-5006-2620-7：￥5.70 元

09241 企业主义——日本经济发展力量的源泉

〔日〕松木厚治著；程玲珠等译．北京：企业管理出版社，1997.03．264 页；19cm
ISBN 7-80001-738-9：￥25.00 元

09242 强者快半拍的奥秘：着眼力的魅力
〔日〕伊吹卓著．海口：海南出版社，1997.07.
335 页；20cm.（人生智慧实战丛书）
ISBN 7-80617-902-X：￥18.00 元

09243 青春：堕落篇
〔日〕五木宽之著；张向东，孟宪宝译．长春：
时代文艺出版社，1997.1.375 页；20cm.
（五木宽之长河系列）
ISBN 7-5387-1054-X：￥16.80 元

09244 青春：放浪篇
〔日〕五木宽之著；于畅泳等译．长春：时代
文艺出版社，1997.1.371 页；20cm.（五木
宽之长河系列）
ISBN 7-5387-1053-1：￥16.80 元

09245 青春：自立篇
〔日〕五木宽之著；陈云哲，徐明真译．长春：
时代文艺出版社，1997.1 373 页；20cm.（五
木宽之长河系列）
ISBN 7-5387-1052-3：￥16.80 元

09246 轻松快捷的学习技巧
〔日〕多湖辉著；韩秀英译．北京：商务印书
馆国际有限公司，1997.12.197 页；17cm.
（心理透视丛书）
ISBN 7-80103-142-3：￥15.00 元

09247 轻松无悔度人生
〔日〕藤原东演著；刘凯峰译．长春：时代文
艺出版社，1997.10.353 页；19cm
ISBN 7-5387-1171-6：￥15.80 元

09248 清贫思想
〔日〕中野孝次著；邵宇达译．上海：三联书
店上海分店，1997.8.250 页；20cm
ISBN 7-5426-1073-2：￥11.80 元

09249 人性的迷宫
〔日〕多湖辉著；韩秀英译．北京：商务印书
馆国际有限公司，1997.12.193 页；17cm.
（心理透视丛书）
ISBN 7-80103-145-8：￥11.50 元

09250 人羊：大江健三郎作品集
〔日〕大江健三郎著；叶渭渠编．杭州：浙江
文艺出版社，1997.6.359 页；19cm
ISBN 7-5339-0953-4：￥12.00 元

09251 人羊：大江健三郎作品集
〔日〕大江健三郎著；叶渭渠编．杭州：浙江
文艺出版社，1997.6.359 页；20cm.（外国
文学名著精品 李文俊主编）
ISBN 7-5339-0952-6（精装）：￥19.30 元

09252 日本大学总览
〔日〕远藤誉编著．北京：高等教育出版社，
1997.01.745 页；26cm
ISBN 7-04-006117-1（精装）：￥99.00 元

09253 日本大众现象透析
〔日〕辻村明著；王少锋译．北京：中国国际
广播出版社，1997.03.182 页；19cm
ISBN 7-5078-1494-7：￥10.00 元

09254 日本当代百名建筑师作品选
〔日〕布野修司，京都大学亚洲都市建筑研究会
主编．北京：中国建筑工业出版社，1997.01.
219 页；25×26cm
ISBN 7-112-02945-7（精装）：￥185.00 元

09255 日本的行政改革
〔日〕增岛俊之著；熊达云等译．天津：
天津社会科学院出版社，1997.12.251
页；20cm
ISBN 7-80563-669-9：￥18.00 元

09256 日本近代思想家福泽谕吉
〔日〕丸山真男著；区建英译．2 版．北
京：世界知识出版社，1997.03.238
页；20cm
ISBN 7-5012-0875-1：￥11.00 元

09257 日本经济的腾飞：发展历程和经验教训
〔日〕大谷健著；日本国际交流研究所编；曲维
译．上海：上海译文出版社，1997.8.198
页；20cm
ISBN 7-5327-1992-8：￥8.20 元

09258 日本经济论：20 世纪体系和日本经济
〔日〕桥本寿朗著；复旦大学日本研究中心译．
上海：上海财经大学出版社，1997.4.325 页；
20cm.（日本研究丛书）
ISBN 7-81049-110-5：￥23.00 元

09259 日本经济史（1）：经济社会的成立（17—18 世纪）
〔日〕速水融，宫本又郎编；厉以平等译．北
京：三联书店，1997.11.334 页；20cm

ISBN 7-108-01098-4（精装）：￥30.00 元

09260 日本经济史（2）：近代成长的胎动
〔日〕新保博，斋藤修编；李瑞等译．北京：
三联书店，1997.11．341 页；20cm
ISBN 7-108-01099-2（精装）：￥29.00 元

09261 日本经济史（3）：开港与维新
〔日〕梅村又次，山本有造编；李星，杨耀
录译．北京：三联书店，1997.11．352 页；
20cm
ISBN 7-108-01100-X（精装）：￥30.00 元

09262 日本经济史（6）：双重结构
〔日〕中村隆英等著；许向东等译．北京：三
联书店，1997.9．397 页；20cm
ISBN 7-108-01012-7（精装）：￥33.00 元

09263 日本经济史（8）：高速增长
〔日〕安场保吉，猪木武德编；连湘译．北京：
三联书店，1997.11．327 页；20cm
ISBN 7-108-01083-6（精装）：￥28.00 元

**09264 日本经济与财政政策：凯恩斯政策的
忠告**
〔日〕星川顺一著；朱东平译．上海：立信会
计出版社，1997.6．262 页；20cm
ISBN 7-5429-0470-1：￥14.50 元

09265 日本经营概说
〔日〕宫坂纯一著；赵兴昌译．北京：企业管
理出版社，1997.8．316 页；20cm
ISBN 7-80001-729-X：￥16.80 元

09266 日本科学技术政策史
日本科学技术政策史研究会编著；邱华盛等
译．北京：中国科学技术出版社，1997.04．
254 页；26cm
ISBN 7-5046-2214-1：￥30.00 元

09267 日本企业革新与二十一世纪战略
〔日〕丹羽哲夫著；吴永宽等译．北京：三联
书店，1997.6．232 页；20cm．（经营智慧
丛书）
ISBN 7-108-01017-8：￥12.00 元

09268 日本侵华大写真
王晓华等编译．汕头：汕头大学出版社，
1997.01．227 页；照片；33×26cm
ISBN 7-81036-217-8（精装）：￥280.00 元

09269 日本日常风俗之谜
〔日〕樋口清之著；范闽仙，邱岭译．上海：
上海译文出版社，1997.04．172 页；19cm
ISBN 7-5327-1808-5：￥7.30 元

09270 日本儒学思想史
〔日〕三宅正彦著；陈化北译注．济南：山东
大学出版社，1997.09．216 页；20cm
ISBN 7-5607-1836-1：￥9.80 元

09271 日本（上）
〔日〕大森和夫等著；大连：大连出版社，
1997.12．387 页；20cm （大学用日本语
教材）
ISBN 7-80612-469-1：￥16.00 元

09272 日本市场经济与流通
朱绍文，〔日〕生野重夫主编．北京：经济科
学出版社，1997.1．252 页；20cm．（日本市
场经济丛书）
ISBN 7-5058-1060-X：￥12.10 元

09273 日本通商产业政策史第 1 卷：总论
日本通商产业省通商产业政策史编纂委员会编；
《日本通商产业政策史》编译委员会译．北京：
中国青年出版社，1997.2．538 页；26cm
ISBN 7-5006-2207-4

09274 日本通商产业政策史第 17 卷：资料
日本通商产业省通商产业政策史编纂委员会编；
《日本通商产业政策史》编译委员会译．北京：
中国青年出版社，1997.9．486 页；26cm
ISBN 7-5006-2469-7

09275 日本文化史研究
〔日〕内藤湖南著；储元熹，卞铁坚译．北京：
商务印书馆，1997.12．281 页；20cm
据日本弘文堂 1930 年版译出。
ISBN 7-100-01911-7：￥13.40 元

09276 日本现代主义的比较文学研究
〔日〕千叶宣一著；叶渭渠编选，唐月梅等译．
北京：中国社会科学出版社，1997.12．326
页：20cm
ISBN 7-5004-2160-5：￥21.00 元

09277 日本政治史
〔日〕升味准之辅著；董果良译．北京：商务
印书馆，1997.12．4 册（1278 页）；20cm
ISBN 7-100-01970-2：￥55.60 元

09278 日籍华人：我的人生旅途
〔日〕龙升著．北京：国际文化出版公司，
1997.02．470页；20cm
ISBN 7-80105-127-0：￥21.80元

09279 日英汉 ISDN 小辞典
日本 ISDN 用语研究会编；郑维强译．北京：
人民邮电出版社，1997.02．180页；19cm
ISBN 7-115-06381-8：￥10.00元

09280 日英汉环境科学词汇
日本北九州国际技术协力协会，KIPA 环境协力
中心编．北京：中国环境科学出版社，
1997.08．994页；20cm
ISBN 7-80135-292-0（精装）：￥79.00元

09281 日语的语气和人称
〔日〕仁田义雄著；曹大峰等译．北京：北京
大学出版社，1997.03．273页；20cm
ISBN 7-301-03095-9：￥14.00元

09282 日语动词时和体自学指南
〔日〕砂川有里子著．上海：上海译文出版社，
1997.11．99页；26cm
ISBN 7-5327-0653-2：￥8.90元

09283 日语发音基础学习
〔日〕次木一郎，皇锦鸢编著．北京：世界图
书出版公司北京公司，1997.07．83页；20cm
ISBN 7-5062-3367-3：￥6.00元

09284 日中两国现代化比较研究
〔日〕依田憙家著；卞立强等译．北京：北京
大学出版社，1997.09．344页；20cm.（世界
现代化进程研究丛书 罗荣渠主编）
ISBN 7-301-03-2466：￥20.00元

09285 三菱单片机应用指南
日本三菱电机株式会社选编；复旦大学计算机
科学系编译．上海：复旦大学出版社，
1997.11．172页；26cm
ISBN 7-309-01960-1：￥20.00元

09286 商场就是战场
〔日〕松下幸之助著；刘建民译．北京：中国
青年出版社，1997.10．207页；15×10cm.
（松下幸之助演讲精萃 1）
ISBN 7-5006-2618-5：￥6.00元

09287 商品，我的女儿
〔日〕松下幸之助著；刘晓明译．北京：中国
青年出版社，1997.10．224页；15×10cm.
（松下幸之助演讲精萃 7）
ISBN 7-5006-2615-0：￥6.30元

09288 生活日本语
人民教育出版社，日本株式会社旺文社编．
北京：人民教育出版社，1997.06．259
页；14cm
ISBN 7-107-11861-7：￥5.60元

09289 生活中的自我表现
〔日〕多湖辉著；韩秀英译．北京：商务印书
馆国际有限公司，1997.12．220页；17cm.
（心理透视丛书）
ISBN 7-80103-141-5：￥15.00元

09290 实践！成功经理之路
〔日〕原清著；刘伟，刘飞译．大连：大连海
事大学出版社，1997.06．124页；20cm
ISBN 7-5632-1094-6：￥10.00元

09291 世代相传的布游戏：绉绸手工艺
〔日〕井上重义著；阎瑜译．天津：天津
人民美术出版社，1997.08．143页：彩
图；26cm
本书由日本 NHK 出版公司于1994年出版。
ISBN 7-5305-0695-1：￥36.00元

09292 世界城市环境雕塑（美国卷）
〔日〕樋口正一郎著；李东译．北京：中国建
筑工业出版社，1997.06．198页；30cm
ISBN 7-112-03232-6：￥195.00元

09293 世界城市环境雕塑（欧洲卷）
〔日〕樋口正一郎著；魏德辉译．北京：中国
建筑工业出版社，1997.06．199页；30cm
ISBN 7-112-03231-8：￥195.00元

09294 世界城市环境雕塑（日本卷）
〔日〕樋口正一郎著；高履泰译．北京：中国
建筑工业出版社，1997.06．1张；30cm
ISBN 7-112-03233-4：￥190.00元

09295 世界经济大视野
日本经济新闻社编；雅思译．北京：商务印书
馆国际有限公司，1997.09．218页；20cm.
（经济管理系列丛书）
ISBN 7-80103-137-7：￥18.00元

09296　市场经济国家解决劳资冲突的对策

〔日〕哈纳米，〔比〕布兰佩因主编；佘云霞等译．北京：中国方正出版社，1997.07.　296页；20cm

ISBN 7-80107-165-4：￥15.50元

09297　数学教育与计算机

〔日〕冈森博和编著；孙瑞清等译．北京：北京大学出版社，1997.01.　454页；20cm

ISBN 7-301-03344-3：￥25.00元

09298　数字电路

〔日〕伊藤恭史著；韦琳，潘桂堂译．北京：科学出版社，1997.12.　229页；20cm.　（OHM科学丛书·图解电子电路系列　5）

ISBN 7-03-006215-9：￥16.00元

09299　水的分配·水权·水价：美国和日本的例子

〔美〕特林克（Teerink, J. R.），〔日〕中岛编著；刘春生等译．南京：河海大学出版社，1997.11.　91页；20cm

ISBN 7-5630-1167-6：￥12.00元

09300　水质及其控制

〔日〕米科海诺主编；王敦春等译．北京：中国水利水电出版社，1997.07.　203页；26cm

ISBN 7-80124-495-8：￥20.00元

09301　丝绸之路：我所走过的丝绸之路

〔日〕醍醐钦治著；曲凯等译．北京：社会科学文献出版社，1997.08.　360页；17×11cm

ISBN 7-80050-908-7：￥23.00元

09302　思考老年：设计晚年生活

〔日〕京极高宣著；〔日〕大下健一绘；冯瑗译．北京：社会科学文献出版社，1997.02.　149页；20cm

据日本中央法规出版社1990年版译出

ISBN 7-80050-833-1：￥8.00元

09303　松下幸之助自传

〔日〕松下幸之助著．延吉：延边大学出版社，1997.02.　415页；20cm.　（松下幸之助人生智慧丛书　任柏良主编）

ISBN 7-5634-0903-3：￥19.80元

09304　酸雨

〔日〕石弘之著；张坤民，周北海译．北京：中国环境科学出版社，1997.10.　198页；19cm

ISBN 7-80135-388-9：￥13.50元

09305　孙子兵法新校

〔日〕服部千春著．沈阳：白山出版社，1997.10.　475页；20cm

ISBN 7-80566-553-2（精装）：￥70.00元

09306　缩影

〔日〕德田秋声著；力生译．上海：上海译文出版社，1997.8.　199页；20cm.　（20世纪外国文学丛书）

ISBN 7-5327-2047-0：￥11.00元

09307　田汉在日本

刘平，〔日〕小谷一郎编．北京：人民文学出版社，1997.12.　558页：照片；20cm

ISBN 7-02-002365-7：￥23.00元

09308　头脑体操（A）：数列训练

〔日〕小泽理佳编；高玉君译．成都：四川大学出版社，1997.01.　127页；19cm

ISBN 7-5614-1535-4：￥6.80元

09309　图解MRP五步实用手册

〔日〕平野裕之，大冢雅久著；陈敏，钱伟译．上海：上海科学普及出版社，1997.11.　188页；20cm

ISBN 7-5427-1357-4：￥28.00元

09310　图解汽车驾驶指南

〔日〕日下部保雄著；陈万言译．长春：吉林科学技术出版社；香港万里机构出版有限公司，1997.01.　143页；21cm.　（现代汽车·摩托车图解丛书）

ISBN 7-5384-1662-5：￥11.50元

09311　图解食品加工

〔日〕西山隆造，安乐丰满著；梁燕译．北京：科学出版社，1997.12.　161页；20cm.　（OHM科学丛书）

ISBN 7-03-006217-5：￥12.00元

09312　土地经济学

〔日〕野口悠纪雄著；汪斌译．北京：商务印书馆，1997.12.　177页；20cm

据日本经济新闻社1989年版译出。

ISBN 7-100-02080-8：￥9.70元

09313　万叶集与中国文学

〔日〕辰已正明著；石观海译．武汉：武汉出

版社，1997.4． 492 页；20cm
ISBN 7-5430-1528-5（精装）：￥28.00 元

09314　网球技术图解
日本棒球杂志社编；何阳译． 北京：人民体育
出版社，1997.08． 172 页；20cm
ISBN 7-5009-1425-3：￥9.00 元

09315　望乡：底层女性史序章
〔日〕山崎朋子著；陈晖等译． 北京：作家出
版社，1997.10． 313 页：照片；20cm
ISBN 7-5063-1253-0：￥17.50 元

09316　微机外设 LSI 手册
日本 CQ 出版社著；庞振泰等译． 北京：清华
大学出版社，1997.01． 405 页；19×26cm.
（半导体器件手册）
ISBN 7-302-02423-5：￥42.00 元

09317　为自己投资
〔日〕松下幸之助著；田鸣译． 北京：中国青
年出版社，1997.10． 210 页；15×10cm.　（松
下幸之助演讲精萃　8）
ISBN 7-5006-2614-2：￥6.30 元

09318　文选索引
〔日〕斯波六郎编；李庆译． 上海：上海古籍
出版社，1997.02． 3 册（1975 页）；20cm.
（唐代研究指南特集）
ISBN 7-5325-2144-3（精装）：￥180.00 元

09319　我的姐姐
〔日〕丘修三著；韩贞全，胡灿新译． 济南：
明天出版社，1997.10． 150 页；19cm.（漂流
瓶丛书·外国少年小说精品译丛　刘海栖主编）
ISBN 7-5332-2814-6：￥6.60 元

09320　我的人生理念
〔日〕松下幸之助著． 延吉：延边大学出版社，
1997.02． 613 页；20cm.　（松下幸之助人生智
慧丛书　任柏良主编）
ISBN 7-5634-0861-4：￥24.80 元

09321　我的图画书论
〔日〕松居直著；季颖译． 长沙：湖南少年儿
童出版社，1997.7． 202 页；20cm
ISBN 7-5358-1310-0：￥7.60 元

09322　我是猫
〔日〕夏目漱石著；尤炳圻，胡雪译． 北京：

人民文学出版社，1997.5． 443 页；20cm.
（世界文学名著文库）
ISBN 7-02-0023588-4（精装）：￥31.00 元

09323　五子连珠必胜法
〔日〕新井华石著；张书译． 北京：人民体育
出版社，1997.10． 184 页；19cm

09324　先秦阴阳五行
〔日〕井上聪著． 武汉：湖北教育出版社，
1997.07． 243 页；20cm.　（中国传统文化专题
研究丛书）
ISBN 7-5351-1674-4：￥12.30 元

09325　现代人文地理学
〔日〕坂本英夫，浜谷正人编著；杨慧敏等译．
呼和浩特：内蒙古教育出版社，1997.06． 255
页；20cm
ISBN 7-5311-2448-3：￥8.20 元

09326　详解商业秘密管理
日本新企业法务研究会编；张玉瑞译． 北京：
金城出版社，1997.09． 273 页；20cm
ISBN 7-80084-177-4：￥13.80 元

09327　象的失踪
〔日〕村上春树著；林少华译． 桂林：漓江出
版社，1997.5． 386 页；19cm.　（村上春树精
品集）
ISBN 7-5407-2087-5：￥13.80 元

09328　小林宏剧作选
〔日〕小林宏著；于黛琴译． 北京：新华出版
社，1997.7． 180 页；20cm
ISBN 7-5011-3621-1：￥18.00 元

09329　心血管影像技术基础
〔日〕太田昭夫著；孙喜琢等编译． 北京：中
国中医药出版社，1997.03． 349 页；19cm
ISBN 7-80089-622-6：￥22.00 元

09330　新日本语（1）
王二贵编译；孙凤翔注释． 3 版． 太原：山
西人民出版社，1997.03． 785 页；20cm
ISBN 7-203-03546-8：￥29.00 元

09331　新日本语（2）
王二贵编译；孙凤翔注释． 3 版． 太原：山
西人民出版社，1997.03． 1161 页；20cm
ISBN 7-203-03547-6：￥39.00 元

09332　新日本语（3）
王二贵编译；孙凤翔注释．3 版．太原：山西人民出版社，1997.03.　631 页；20cm
ISBN 7-203-03548-4：￥22.00 元

09333　3165 型卡钳式多功能功率表
日本日置电机株式会社编；洪德才等译．北京：原子能出版社，1997.12.　117 页；26cm
ISBN 7-5022-1787-8：￥18.00 元

09334　熊井启的电影：从《望乡》到《爱》
〔日〕熊井启著；俞虹，〔日〕森川和代译．北京：中国电影出版社，1997.08.　281 页；剧照；20cm.　（电影大师创作系列）
ISBN 7-106-01242-4：￥15.20 元

09335　雪国
〔日〕川端康成著；尚永清译解．北京：商务印书馆，1997.10.　368 页；19cm.　（日语注释读物）
ISBN 7-100-01941-9：￥13.40 元

09336　雪女之惑：日本当代作家阿刀田高短篇小说选
〔日〕阿刀田高著；李燕妮译．北京：中国友谊出版公司，1997.11.　228 页；20cm
ISBN 7-5057-1342-6：￥18.00 元

09337　血证：甲午战争亲历记
〔日〕龟井兹明著；高永学，孙常信译．北京：中央民族大学出版社，1997.02.　316 页；20cm.　（甲午国耻丛书　关捷主编）
ISBN 7-81001-826-4：￥11.00 元

09338　寻羊冒险记
〔日〕村上春树著；林少华译．桂林：漓江出版社，1997.5.　321 页；19cm　（村上春树精品集）
ISBN 7-5407-2088-3：￥11.00 元

09339　亚洲的财阀和企业
〔日〕井上隆一郎编；宋金义等译．北京：三联书店，1997.03.　446 页；19cm
ISBN 7-108-00992-7：￥17.80 元

09340　亚洲各国民歌
〔日〕关鼎著；赵佳梓译．上海：上海音乐出版社，1997.11.　382 页；20cm
ISBN 7-80553-408-X：￥16.80 元

09341　亚洲经济发展和社会类型
〔日〕长谷川启之著；郑树清等译．上海：文汇出版社，1997.01.　306 页；20cm
ISBN 7-80531-413-6：￥18.00 元

09342　亚洲石油化学工业（1995 年版）
日本重化学工业通信社编；姚国欣等译．北京：中国石化出版社，1997.06.　372 页；26cm
ISBN 7-80043-667-5：￥35.00 元

09343　野菊之家
〔日〕儿岛美津子著；赖幸译．合肥：安徽大学出版社，1997.8.　191 页；19cm
ISBN 7-81052-067-9：￥9.00 元

09344　野天鹅
〔日〕若谷和子改编；永田萌绘．南宁：接力出版社，1997.12.　29 页；29cm.　（安徒生经典童话彩图本）
ISBN 7-80631-213-7：￥20.00 元

09345　医心方：白话精译（珍藏本）
〔日〕丹波康赖撰；熊建国，倪泰一主译；陈沂，唐春生选译．呼和浩特：内蒙古人民出版社，1997.12.　664 页；20cm
ISBN 7-204-03928-9：￥28.00 元

09346　医院信息系统论
〔日〕守屋政平著；王笑频译．沈阳：辽宁科学技术出版社，1997.10.　145 页；20cm
ISBN 7-5381-2702-X：￥20.00 元

09347　移动天线系统手册
〔日〕藤本共荣，〔美〕詹姆斯（James，J.R.）著；杨可忠，井淑华译．北京：人民邮电出版社，1997.01.　598 页；20cm
ISBN 7-115-06408-3（精装）：￥34.00 元

09348　婴幼儿智能开发百科
〔日〕松原达哉著；宋维炳等译．北京：中国妇女出版社，1997.08.　119 页；26cm
ISBN 7-80131-125-6：￥18.00 元

09349　永井荷风散文选
〔日〕永井荷风著；陈德文译．天津：百花文艺出版社，1997.8.　308 页；20cm.　（外国名家散文丛书　第五辑　郑法清，谢大光主编）
ISBN 7-5306-2410-5：￥14.50 元

09350　用瓦楞纸制作的舰船
〔日〕内藤英治著；秋雅译．天津：天津人民美术出版社，日本诚文堂新光社，1997.05.　52

页；24×19cm. （巧手乐园）
ISBN 7-5305-0666-8：￥10.80 元

09351 用瓦楞纸制作的昆虫
〔日〕内藤英治著；秋雅译. 天津：天津人民
美术出版社，日本诚文堂新光社，1997.05. 52
页；24×19cm. （巧手乐园）
（附原大图样）
ISBN 7-5305-0663-3：￥10.80 元

09352 用瓦楞纸制作的鸟
〔日〕内藤英治著；宋永红，杜小军译. 天津：
天津人民美术出版社，日本诚文堂新光社，
1997.05. 52 页；24×19cm. （巧手乐园）
（附原大图样）
ISBN 7-5305-0665-X：￥10.80 元

09353 用瓦楞纸制作的远古动物
〔日〕内藤英治著；黄平江译. 天津：天津人民
美术出版社，日本诚文堂新光社，1997.05. 52
页；24×19cm. （巧手乐园）
（附原大图样）
ISBN 7-5305-0662-5：￥10.80 元

09354 有机合成醛·酮·醌
日本化学会编；程志明等译. 上海：上海科学
技术文献出版社，1997.04. 508 页；19cm
（实验化学讲座）
ISBN 7-5439-0911-1：￥34.00 元

09355 鱼类折纸
〔日〕桃谷好英著；阎萍译. 天津：天津人民
美术出版社，1997.05. 58 页；23×19cm. （巧
手乐园）
ISBN 7-5305-0659-5：￥13.20 元

09356 宇宙英雄杰克·奥特曼
上海：百家出版社，1997. 5 册；17×19cm.
（日本科幻电视连续剧宇宙英雄连环画系列丛书）
据兹普拉动画制作有限公司提供的同名连续剧改编。
ISBN 7-80576-403-4：￥19.00 元

09357 早期教育与能力培养
〔日〕铃木镇一著；刘孟洲，张锁柱译. 石家
庄：河北人民出版社，1997.08. 191 页；
20cm. （汉译世界教育名著丛书）
ISBN 7-202-02142-0：￥10.40 元

09358 怎样筹办公司活动
日本 LEC·东京法思株式会社编著. 上海：复

旦大学出版社，1997.11. 173 页；20cm. （走
向规范：市场经济经营管理技法丛书 反町胜夫
主编）
ISBN 7-309-01907-5：￥9.00 元

09359 怎样筹措和运行资金
日本 LEC·东京法思株式会社编著. 上海：复
旦大学出版社，1997.11. 324 页；20cm. （走
向规范：市场经济经营管理技法丛书 反町胜夫
主编）
ISBN 7-309-01911-3：￥16.00 元

09360 怎样进行经营分析
日本 LEC·东京法思株式会社编著. 上海：复
旦大学出版社，1997.11. 155 页；20cm. （走
向规范：市场经济经营管理技法丛书 反町胜夫
主编）
ISBN 7-309-01912-1：￥8.50 元

09361 怎样进行市场调查
日本 LEC·东京法思株式会社编著. 上海：复
旦大学出版社，1997.11. 304 页；20cm. （走
向规范：市场经济经营管理技法丛书 反町胜夫
主编）
ISBN 7-309-01908-3：￥14.00 元

09362 怎样进行形象宣传
日本 LEC·东京法思株式会社编著. 上海：复
旦大学出版社，1997.11. 254 页；20cm. （走
向规范：市场经济经营管理技法丛书 反町胜夫
主编）
ISBN 7-309-01905-9：￥12.00 元

09363 怎样进行营销管理
日本 LEC·东京法思株式会社编著. 上海：复
旦大学出版社，1997.11. 155 页；20cm. （走
向规范：市场经济经营管理技法丛书 反町胜夫
主编）
ISBN 7-309-01910-5：￥8.50 元

09364 怎样提高营业技术
日本 LEC·东京法思株式会社编著. 上海：复
旦大学出版社，1997.11. 143 页；20cm. （走
向规范：市场经济经营管理技法丛书 反町胜夫
主编）
ISBN 7-309-01909-1：￥8.00 元

09365 怎样应付大众传媒
日本 LEC·东京法思株式会社编著. 上海：复
旦大学出版社，1997.01. 159 页；20cm. （走

向规范：市场经济经营管理技法丛书　反町胜夫主编）
ISBN 7-309-01906-7：￥8.50 元

09366　展望二十一世纪：汤因比与池田大作对话录
〔英〕汤因比，〔日〕池田大作著；苟春生等译．2 版．北京：国际文化出版公司，1997.09.　419 页；20cm
ISBN 7-80105-581-0：￥19.50 元

09367　战争废墟上的少年时代：我是战灾流浪儿
〔日〕吉冈源治著；王松林译．北京：中国文联出版公司，1997.7.　206 页；19cm
ISBN 7-5059-2568-7：￥12.90 元

09368　掌上的智谋经营
〔日〕松下幸之助著；刘晓明译．北京：中国青年出版社，1997.10.　201 页；15×10cm.（松下幸之助演讲精萃　6）
ISBN 7-5006-2616-9：￥6.30 元

09369　职员是动手操作的社长
〔日〕松下幸之助著；刘志光，黄丽群译．北京：中国青年出版社，1997.10.　216 页；15×10cm.（松下幸之助演讲精萃　10）
ISBN 7-5006-2612-6：￥6.30 元

09370　中国的大警告
〔日〕本泽二郎著；袁蕴华等译．北京：中国社会科学出版社，1997.01.　305 页；20cm
ISBN 7-5004-2043-9：￥18.00 元

09371　中国古代文化研究：君臣观、道家思想与文学
〔日〕清宫刚著．北京：九州图书出版社，1997.11.　249 页；20cm
ISBN 7-80114-215-2：￥20.00 元

09372　中国古代文化与日本：伊藤清司学术论文自选集
〔日〕伊藤清司著；张正军译．昆明：云南大学出版社，1997.12.　586 页；20cm
ISBN 7-81025-794-3：￥32.00 元

09373　中国近代白话短篇小说研究
〔日〕小野四平著；施小炜等译．上海：上海古籍出版社，1997.10.　272 页；20cm.（海外汉学丛书　王元化主编）
ISBN 7-5325-2250-4：￥14.40 元

09374　中国前近代思想的演变
〔日〕沟口雄三著；索介然，龚颖译．北京：中华书局，1997.10.　488 页；20cm
ISBN 7-101-01586-7：￥24.00 元

09375　中国前近代思想之曲折与展开
〔日〕沟口雄三著；陈耀文译．上海：上海人民出版社，1997.08.　349 页；20cm
ISBN 7-208-02399-9：￥18.00 元

09376　中国游吟俳句集：宇咲冬男暨"明天"志友作品精选
〔日〕宇咲冬男等著；李芒译．南京：译林出版社，1997.1.　143 页；19cm.（和歌俳句丛书　李芒主编）
ISBN 7-80567-4647-X：￥10.00 元

09377　中日经济论丛（1994—1996）
杭州大学东亚经济研究所，日本神奈川大学经济贸易研究所编．杭州：杭州大学出版社，1997.10.　178 页；20cm
ISBN 7-81035-179-6：￥9.00 元

09378　中日文化论丛（1996）
杭州大学日本文化研究所，日本神奈川大学人文学研究所编．杭州：杭州大学出版社，1997.12.　305 页；20cm
ISBN 7-81035-470-1：￥10.00 元

09379　追求成功的热情
〔日〕稻盛和夫著；廖月娟译．北京：时事出版社，1997.01.　177 页；20cm.（富国人生管理系列丛书）
ISBN 7-80009-386-7：￥10.00 元

09380　走出情绪低谷
〔日〕多湖辉著；韩秀英译．北京：商务印书馆国际有限公司，1997.12.　165 页；17cm.（心理透视丛书）
ISBN 7-80103-146-6：￥10.00 元

09381　走向 21 世纪的教师教育：第三届中日教师教育研究国际研讨会论文集
中国高等师范教育研究会，日本教师教育学会著．北京：北京教育出版社，1997.07.　203 页；20cm
ISBN 7-5303-1171-9

09382　组织病理学图谱
〔日〕饭岛宗一等主编；在日中国人病理同学会

译．上海：上海画报出版社，1997.08. 481
页；26cm
ISBN 7-80530-207-3（精装）：￥200.00元

09383 最感人的文明先驱
〔日〕长泽和俊主编；赵建平译． 长春：吉林
摄影出版社，1997.07. 124页；20cm. （漫画
人类史上的伟大业绩 6）
ISBN 7-80606-165-7：￥8.00元

09384 最豪迈的世界探险
〔日〕长泽和俊主编；赵建平译． 长春：吉林
摄影出版社，1997.7. 124页；20cm. （漫画
人类史上的伟大业绩 1）
ISBN 7-80606-135-5：￥8.00元

09385 最难解的历史谜题
〔日〕长泽和俊主编；赵建平译． 长春：吉林
摄影出版社，1997.7. 124页；20cm. （漫画
人类史上的伟大业绩 3）
ISBN 7-80606-162-2：￥8.00元

09386 最奇妙的大千奇闻
〔日〕长泽和俊主编；赵建平译． 长春：吉林
摄影出版社，1997.7. 124页；20cm. （漫画
人类史上的伟大业绩 4）
ISBN 7-80606-163-0：￥8.00元

09387 最新男子健美入门
〔日〕窪田登著；赵振平译． 北京：人民体育
出版社，1997.02. 184页；19cm
ISBN 7-5009-1347-8：￥8.50元

09388 最新日本财务会计
〔日〕櫻井久胜著；吴德林译． 北京：当代中
国出版社，1997.02. 369页；20cm
ISBN 7-80092-590-0：￥28.00元

09389 最新日中英电子电工学技术
日本熊本工业大学，中国高等教育出版社编．
北京：高等教育出版社，1997.06. 1295页；
17×10cm
ISBN 7-04-005901-0（精装）

09390 最勇敢的自然开拓
〔日〕长泽和俊主编；赵建平译． 长春：吉林
摄影出版社，1997.7. 124页；20cm. （漫画
人类史上的伟大业绩 2）
ISBN 7-80606-161-4：￥8.00元

09391 最真诚的爱心奉献
〔日〕长泽和俊主编；赵建平译． 长春：吉林
摄影出版社，1997.7. 124页；20cm. （漫画
人类史上的伟大业绩 8）
ISBN 7-80606-166-5：￥8.00元

09392 最震撼的科学发现
〔日〕长泽和俊主编；赵建平译． 长春：吉林
摄影出版社，1997.7. 124页；20cm. （漫画
人类史上的伟大业绩 5）
ISBN 7-80606-164-9：￥8.00元

09393 最重大的创造发明
〔日〕长泽和俊主编；赵建平译． 长春：吉林
摄影出版社，1997 7. 124页；20cm. （漫画
人类史上的伟大业绩 7）
ISBN 7-80606-167-3：￥8.00元

09394 罪与罚：现代美国犯罪面面观
〔日〕枝川公一著；宁燕平等译． 海口：海南
出版社，1997.08. 26cm
ISBN 7-80617-416-8：￥35.00元

09395 做有心计的经营者
〔日〕松下幸之助著；周继平译． 北京：中国
青年出版社，1997.10. 209页；15×10cm. （松
下幸之助演讲精萃 3）
ISBN 7-5006-2617-7：￥6.00元

1998

09396 6月19日的新娘
〔日〕乃南朝著；祖秉和，包容译． 北京：群
众出版社，1998.1. 305页；19cm. （日本推
理小说文库）
ISBN 7-5014-1689-3：￥15.00元

09397 2000年创业致富术
日本协和中小企业经营研究所编；廖兆阳译．
北京：外文出版社，1998. 242页；19cm
ISBN 7-119-02139-7：￥12.80元

09398 1998年的日本与世界经济
日本三和综合研究所著；上海社会科学院信息研
究所译． 上海：上海人民出版社，1998.03.
325页；20cm
ISBN 7-208-02820-6：￥22.00元

09399 15秒轻松胶带减肥法
〔日〕石桥辉美著． 呼和浩特：内蒙古人民出

版社，1998.04. 149 页；19cm
ISBN 7-204-04111-9：￥19.80 元

09400　50 个为什么
〔日〕依田明著；李文庚译. 2 版. 北京：国际文化出版公司，1998.06. 205 页；20cm.（实用心理学丛书）
ISBN 7-80049-649-X：￥17.00 元

09401　0—18 个月孩子的婴儿游戏：社戏中开发智力潜能
〔日〕石田芳虹著. 北京：中国人口出版社；香港：科文出版有限公司，1998.10. 183 页；20cm.（科文健康文库·西方家庭养育良策丛书）
ISBN 7-80079-513-6：￥15.00 元

09402　NEC 半导体器件选用指南
日本电气（NEC）公司编；张晋民等译. 北京：电子工业出版社，1998.03. 26cm
ISBN 7-5053-4987-2：￥54.00 元

09403　1999：大地情（国画挂历）
日本怡文阁供稿. 天津：天津杨柳青画社，1998. 1 册；75×52cm
ISBN 7-80503-404-4：￥27.50 元

09404　艾斯·奥特曼大全
〔日〕梅崎浩志绘；小龙译. 北京：人民日报出版社，1998.06. 1 册；26cm
ISBN 7-80002-982-4：￥21.80 元

09405　爱车百科事典
〔日〕森宏著；刘若南等译. 长春：吉林科学技术出版社，1998.06. 317 页；21cm.（现代汽车、摩托车图解丛书）
ISBN 7-5384-1736-2：￥25.00 元

09406　爱的眼神·阿童木的心："培育温暖心灵的运动"与三个男子汉
〔日〕朝野富三著；顾振申等译. 北京：中国少年儿童出版社，1998.9. 179 页：彩图；20cm
ISBN 7-5007-4500-1：￥12.90 元

09407　爱是恣意夺取：有岛武郎文艺思想选辑
〔日〕有岛武郎著；刘立善译注. 沈阳：辽宁大学出版社，1998.08. 290 页；20cm
ISBN 7-5610-3586-1（精装）：￥50.00 元

09408　奥特曼大全
〔日〕梅崎浩志绘；小龙译. 北京：人民日报

出版社，1998.06. 1 册；26cm
ISBN 7-80002-981-6：￥23.80 元

09409　奥特曼和大怪兽的秘密武器
〔日〕梅崎浩志绘；小龙译. 北京：人民日报出版社，1998.06. 1 册；26cm
ISBN 7-80002-983-2：￥21.80 元

09410　澳大利亚
日本大宝石出版社编；傅颖译. 北京：中国旅游出版社，1998.10. 630 页；20cm.（走遍全球）
ISBN 7-50321-448-1：￥78.00 元

09411　办公室日语
〔日〕高见泽孟著；上海朝日文化商务培训中心编译. 上海：立信会计出版社，1998.01. 141 页；26cm
ISBN 7-54290-536-8：￥13.40 元

09412　棒球技术图解
日本棒球杂志社编；何阳译. 北京：人民体育出版社，1998.03. 262 页；20cm
ISBN 7-5009-1670-1：￥12.00 元

09413　北京门礅
〔日〕岩本公夫著. 北京：北京语言学院出版社，1998.12. 48 页；26cm
ISBN 7-5619-0679-X：￥38.00 元

09414　贝多芬及其独创性研究
〔日〕龙本裕造著；赵斌译. 北京：世界知识出版社，1998.03. 87 页；19cm
ISBN 7-5012-0979-0：￥5.00 元

09415　泵站工程技术手册
日本农业土木事业协会编著；丘传听等译. 北京：中国农业出版社，1998.12. 742 页；26cm
ISBN 7-109-05383-0（精装）：￥130.00 元

09416　标量波理论与科学革命
〔日〕实藤远著；李小青译. 上海：上海中医药大学出版社，1998.03. 200 页；19cm
ISBN 7-81010-388-1：￥31.90 元

09417　材料评价的高分辨电子显微方法
〔日〕进藤大辅，平贺贤二著；刘安生译. 北京：冶金工业出版社，1998.08. 186 页；26cm
ISBN 7-5024-2111-4：￥20.00 元

09418 茶花女
〔法〕小仲马原著；〔日〕吉村正一郎（日）
译，王振孙（中）译．长春：吉林大学出版
社，1998.06. 315 页；20cm. （日汉对照世界
名著丛书）
ISBN 7-5601-2127-6：￥14.00 元

**09419 产业科学技术的动向与课题：面向全球
技术共生**
日本通商产业省编；高志前等译．北京：中国
环境科学出版社，1998.09. 338 页；20cm
ISBN 7-80135-586-5：￥19.80 元

09420 超声波马达理论与应用
〔日〕上羽贞行，富川义郎著；杨志刚，郑学伦
译．上海：上海科学技术出版社，1998.12.
289 页；20cm
ISBN 7-5323-4751-6（精装）：￥21.40 元

09421 超学习法
〔日〕野口悠纪雄著；陈系美译．北京：中国
友谊出版公司，1998.03. 434 页；20cm
ISBN 7-5057-1419-8：￥24.00 元

09422 超越三部曲
〔日〕矢崎胜彦著；日本将来世代国际财团生命
文化研究所编译．西安：陕西师范大学出版
社，1998.06. 317 页；20cm
ISBN 7-5613-1813-8：￥19.80 元

09423 成功的 100 法则
〔日〕青宏柳著；李文庚译．2 版．北京：国
际文化出版公司，1998.06. 267 页；20cm.
（实用心理学丛书）
ISBN 7-80049-587-6：￥17.00 元

09424 成功一直线
〔日〕夏目志郎著；林文藻译．北京：中国社
会出版社，1998.10. 162 页；彩照；20cm.
（积极人性系列）
ISBN 7-80146-104-5：￥16.00 元

09425 成吉思汗传
〔日〕井上靖著；陈德文译．合肥：安徽文艺
出版社，1998.06. 255 页；19cm
ISBN 7-5396-1682-2：￥9.80 元

09426 痴呆患者的看护
日本东京都老人综合研究所著；徐健，门乃婷
译．北京：中国人口出版社；香港：科文出版

有限公司，1998.04. 128 页；19cm. （科文医
学文库·中老年健康译丛）
ISBN 7-80079-434-2：￥7.00 元

09427 出国英语
日本 ALC 出版社编．北京：外文出版社，
1998. 309 页；17cm. （迷你惯用句系列丛书）
ISBN 7-119-02113-3：￥12.80 元

09428 川端康成作品：美的存在与发现
〔日〕川端康成著；叶渭渠等译．桂林：漓江
出版社，1998.02. 493 页；20cm
ISBN 7-5407-2224-X：￥20.00 元

09429 春秋霸主：重耳恩仇记
〔日〕宫城谷昌光著；东正德译．上海：上海
文化出版社，1998.12. 662 页；20cm
ISBN 7-80511-988-0：￥25.00 元

09430 大冈升平小说集
〔日〕大冈升平著；尚侠等译．北京：作家出
版社，1998.2. 2 册；20cm
ISBN 7-5063-1389-8：￥32.50 元

09431 第三个女人
〔日〕夏树静子著；祖秉和译．北京：群众出
版社，1998.1. 260 页；19cm. （日本推理小
说文库）
ISBN 7-5014-1535-8：￥13.00 元

09432 电脑时代的理性：新时代的哲学
〔日〕大窪德行等编著；李树琦译．北京：中
国社会科学出版社，1998.04. 247 页；20cm
ISBN 7-5004-2239-3：￥13.50 元

09433 丁谓研究
〔日〕池泽滋子著．成都：巴蜀书社，
1998.04. 348 页；20cm
ISBN 7-80523-874-X：￥17.00 元

09434 顶尖企业经营策略
日经 *Business* 出版社编；陈秋月译．北京：外
文出版社，1998.01. 192 页；19cm
ISBN 7-119-02140-0：￥11.80 元

**09435 东北亚——21 世纪的新天地：东北亚经
济白皮书**
日本财团法人环日本海经济研究所著；国务院发
展研究中心发展预测部译．北京：中国财政经
济出版社，1998.04. 282 页；26cm

ISBN 7-5005-3542-2：￥40.00 元

09436　东洋文论：日本现代中国文学论
吴俊编译．　杭州：浙江人民出版社，1998.08.
588 页；20cm
ISBN 7-213-01627-X（精装）：￥37.00 元

09437　东瀛奇葩：日本历史上的杰出女性
〔日〕松下孝子著；叶绮译．　北京：中国社会
科学出版社，1998.02.　229 页；19cm
ISBN 7-5004-2231-8：￥15.00 元

09438　风吹的时候
〔日〕西野象山著；郭望春译．　长春：吉林人
民出版社，1998.3.　174 页；20cm
ISBN 7-206-02888-8：￥9.00 元

09439　风之门
〔日〕夏树静子著；樊松坪，洪成浸译．　北京：
群众出版社，1998.1.　253 页；19cm.　（日本
推理小说文库）
ISBN 7-5014-1662-1：￥13.00 元

09440　父母与孩子间的趣味遗传学
〔日〕有泉基水著；周忠蜀等译．　北京：人民
卫生出版社，1998.10.　142 页；19cm
ISBN 7-117-03085-2：￥6.00 元

09441　复仇的牙
〔日〕乃南朝著；郑民钦译．　北京：群众出版
社，1998.1.　382 页；19cm.　（日本推理小说
文库）
ISBN 7-5014-1688-5：￥19.00 元

09442　感想与风景：横光利一随笔集
〔日〕横光利一著；李振声译．　海口：南海出
版公司，1998.2.　297 页；19cm.　（小经典丛
书　第一辑）
ISBN 7-5442-1075-8：￥15.00 元

09443　钢骨钢筋混凝土结构计算标准及解说
日本建筑学会著；冯乃谦等译．　北京：原子能
出版社，1998.01.　323 页；26cm
ISBN 7-5022-1488-7：￥60.00 元

09444　高技术污染
〔日〕吉田文和著；张坤民，周北海译．　北京：
中国环境科学出版社，1998.05.　161 页；
19cm.　（岩波新书译丛）
ISBN 7-80135-507-5：￥7.20 元

09445　高人一等
〔日〕夏目志郎著；林文藻译．　北京：中国社
会出版社，1998.10.　162 页：彩照；20cm.
（积极人性系列）
ISBN 7-80146-104-5：￥16.00 元

09446　公司英语
日本 ALC 出版社编．　北京：外文出版社，
1998.　295 页；17cm.　（迷你惯用句系列
丛书）
ISBN 7-119-02111-7：￥12.80 元

09447　古都
〔日〕川端康成著；高慧勤译．　北京：人民日
报出版社，1998.1.　196 页；20cm.　（青岛文
丛·少男少女名著读本）
ISBN 7-80002-915-8：￥11.80 元

09448　管理者必读：日本现代企业管理
〔日〕山本坚司著；应骥译．　成都：四川教育
出版社，1998.03.　175 页；19cm
ISBN 7-5408-3156-1：￥5.20 元

09449　光接入网技术
〔日〕山下一郎等著；杨明君，许秀英译．　北
京：科学出版社，1998.10.　171 页；20cm.
（OHM 科学丛书）
ISBN 7-03-006768-1：￥12.00 元

09450　韩素音的月亮
〔日〕茅野裕城子著；王中忱等译．　北京：作
家出版社，1998.12.　156 页；20cm
ISBN 7-5063-1587-4：￥11.00 元

09451　汉族的民俗宗教：社会人类学的研究
〔日〕渡边欣雄著；周星译．　天津：天津人民
出版社，1998.02.　327 页；20cm.　（社会学人
类学论丛　第 9 卷）
ISBN 7-201-03001-9：￥21.00 元

09452　和大地在一起：住井末儿童文学作品选
〔日〕住井末著；王永全，淀川德译．　长春：
吉林大学出版社，1998.5.　113 页；19cm
ISBN 7-5601-2114-4：￥7.00 元

09453　河边小镇的故事
〔日〕川端康成著；于荣胜译．　桂林：漓江出
版社，1998.1.　420 页；20cm
ISBN 7-5407-2196-0：￥18.00 元

09454 黑色春秋：夏姬情史
〔日〕宫城谷昌光著；孙智龄译．上海：上海
文化出版社，1998.12． 418 页；20cm
ISBN 7-80511-979-1：￥17.50 元

09455 话说日本
胡光远等译．北京：世界图书出版公司，
1998.02． 420 页；19cm
ISBN 7-5062-3633-8：￥20.00 元

09456 会话中的说服技巧
〔日〕夏目志郎著．北京：中国社会出版社，
1998.10． 260 页；20cm．（潇洒致富）
ISBN 7-80146-104-5：￥19.00 元

09457 获得幸福
〔日〕栗原英彰，祢津弘美著；张帆，白清译．
成都：四川文艺出版社，1998.10． 177 页；
20cm．（美的生活丛书）
ISBN 7-5411-1725-0：￥8.00 元

**09458 机械设计实践：日本式机械设计的构思
和设计方法**
〔日〕村洋太郎著；王启义等译．北京：机械
工业出版社，1998.09． 292 页；26cm
ISBN 7-111-06377-5：￥36.00 元

09459 积极人生 XYZ
〔日〕夏目志郎著；王素萍译．北京：中国社
会出版社，1998.10． 162 页；彩照；20cm．
（积极人性系列）
ISBN 7-80146-104-5：￥16.00 元

09460 家庭筐栽蔬菜入门
〔日〕增田繁著；张孝安译．北京：中国农业
科技出版社，1998.08． 212 页；19cm．（日本
农业科普丛书）
ISBN 7-80119-436-5：￥9.80 元

09461 简爱
〔英〕勃朗特原著；〔日〕远藤寿子（日）译；
黄源深（中）译．长春：吉林大学出版社，
1998.06． 2 册；20cm．（日汉对照世界名著
丛书）
ISBN 7-5601-2125-X：￥34.00 元

09462 健康的生活与运动
日本东京都老人综合研究所著；张太山译．北
京：中国人口出版社；香港：科文出版有限公
司，1998.04． 100 页；19cm．（科文医学文

库·中老年健康译丛）
ISBN 7-80079-425-3：￥6.50 元

09463 江户时代中国典籍流播日本之研究
〔日〕大庭修著；戚印平等译．杭州：杭州大
学出版社，1998.03． 620 页；20cm．（日本文
化研究丛书）
ISBN 7-81035-485-X：￥36.00 元

09464 解梦大师
〔日〕浅野八郎著；陈贵芬译．沈阳：辽宁画
报出版社，1998.01． 151 页；20cm．（生活大
师系列丛书）
ISBN 7-80601-226-5：￥10.80 元

09465 芥川龙之介短篇小说选
〔日〕芥川龙之介著；聂双武译．长沙：湖南
文艺出版社，1998.12． 410 页；20cm．（世界
短篇小说精华）
ISBN 7-5404-1963-6（精装）：￥19.50 元

09466 金阁寺·潮骚
〔日〕三岛由纪夫著；唐月梅译．南京：译林
出版社，1998.10． 318 页；20cm．（译林世界
文学名著·古典系列）
ISBN 7-80567-861-8：￥14.00 元

09467 经济数学入门
〔日〕奥口孝二等著；陶立新译．北京：中国
财政经济出版社，1998.09． 264 页；19cm
ISBN 7-5005-3669-0：￥17.00 元

09468 经营感觉
〔日〕野田武辉著；英子译．北京：时事出版
社，1998.04． 162 页；20cm
ISBN 7-80009-508-8：￥10.80 元
ISBN 7-220-04031-8（精装）：￥28.00 元
据日本第三文明社 1975 年版译出。

09469 看一眼就会的瑜伽
〔日〕番场一雄著；阎海译．北京：人民体育
出版社，1998.12． 141 页；19cm
ISBN 7-5009-1674-4：￥12.00 元

09470 康复技术全书
〔日〕服部一郎等著；周天健译．海口：海南
出版社，1998.10． 981 页；26cm
ISBN 7-80617-047-2（精装）：￥186.00 元

09471 孔子传
〔日〕井上靖著；郑民钦译．合肥：安徽文艺

出版社，1998.06. 206 页；19cm
ISBN 7-5396-1683-0：￥8.00 元

09472　跨世纪的思维方式：打破现状思维的七项原则
陈颖健，〔日〕日比野省三著. 北京：北京科学技术出版社，1998.03. 169 页；20cm
ISBN 7-5023-3031-3：￥9.00 元

09473　来自死亡谷的女人
〔日〕夏树静子著；杨军译. 北京：群众出版社，1998.1. 344 页；19cm.（日本推理小说文库）
ISBN 7-5014-1599-4：￥15.00 元

09474　老年生活的软着陆
日本东京都老人综合研究所著；彭俐俐译. 北京：中国人口出版社；香港：科文出版有限公司，1998.04. 115 页；19cm.（科文医学文库·中老年健康译丛）
ISBN 7-80079-433-4：￥7.00 元

09475　老年性痴呆
日本东京都老人综合研究所著；史岩，李睿娟译. 北京：中国人口出版社；香港：科文出版有限公司，1998.04. 141 页；19cm.（科文医学文库·中老年健康译丛）
ISBN 7-80079-440-7：￥7.00 元

09476　雷神鸟
〔日〕立松和平著；徐前，黄华珍译. 北京：作家出版社，1998.4. 278 页；20cm.（作家参考丛书·立松和平文集　陈喜儒主编）
ISBN 7-5063-1441-X：￥12.00 元

09477　立松和平文集（2）：走投无路·自行车·远雷
陈喜儒主编；〔日〕立松和平著；龚志明，竺祖慈译. 北京：作家出版社，1998.4. 292 页；20cm.（作家参考丛书）
ISBN 7-5063-1442-8：￥13.00 元

09478　林家驹书画作品集
日本春光苑汉方研修会，深圳市美术家协会编. 兰州：甘肃人民美术出版社，1998.05. 38 页；25×26cm
ISBN 7-80588-230-4：￥42.00 元

09479　柳永论稿：词的源流与创新
〔日〕宇野直人著；张海鸥，羊昭红译. 上海：上海古籍出版社，1998.12. 330 页；20cm.

（海外汉学丛书　王元化主编）
ISBN 7-5325-2482-5：￥17.80 元

09480　旅华抒怀
〔日〕绪方义勋著. 上海：上海古籍出版社，1998.12. 286 页；20cm
ISBN 7-5325-2532-5：￥21.00 元

09481　乱世奇才：伊尹传奇
〔日〕宫城谷昌光著；东正德译. 上海：上海文化出版社，1998.12. 524 页；20cm.（中外人物传奇书系）
ISBN 7-80511-980-5：￥21.00 元

09482　罗生门
〔日〕芥川龙之介著；楼适夷等译. 南京：译林出版社，1998.10. 353 页；20cm.（译林世界文学名著·古典系列）
ISBN 7-80567-857-X：￥14.50 元

09483　罗生门
〔日〕芥川龙之介著；楼适夷等译. 南京：译林出版社，1998.10. 353 页；20cm.（世界文学名著·古典系列）
ISBN 7-80567-856-1（精装）：￥19.00 元

09484　梅林尽头：青春流亡记
〔日〕佐野正太郎著；王奕红译. 南京：译林出版社，1998.11. 254 页；19cm
ISBN 7-80567-872-3：￥12.80 元

09485　魔女的孩子莫奇
〔日〕井上夕香著；王晓葵译. 济南：明天出版社，1998.2. 86 页；19cm.（漂流瓶丛书·外国童话精品译丛）
ISBN 7-5332-2925-8：￥5.00 元

09486　末代皇弟溥杰传
〔日〕船木繁著；战宪斌译. 北京：民族出版社，1998.08. 199 页；照片；20cm
ISBN 7-105-03216-2：￥14.95 元

09487　目击
〔日〕夏树静子著；王光民译. 北京：群众出版社，1998.1. 406 页；19cm.（日本推理小说文库）
ISBN 7-5014-1636-2：￥19.00 元

09488　男人这东西
〔日〕渡边淳一著；炳坤，郑成译. 北京：文

化艺术出版社，1998.09. 284 页；20cm
ISBN 7-5039-1808-X：￥15.00 元

09489 脑肿瘤临床与管理
〔日〕河本圭司原著；韩富，王鲁宁译. 北京：
人民军医出版社，1998.02. 156 页；26cm
ISBN 7-80020-722-6（精装）：￥68.00 元

09490 挪威的森林（村上春树精品集）
〔日〕村上春树著；林少华译. 2 版. 桂林：
漓江出版社，1998.9. 374 页；20cm
ISBN 7-5407-0460-8：￥18.80 元

09491 破产信号：企业债权管理常识
〔日〕本田开著；黄仲阳译. 北京：中国财政
经济出版社，1998.11. 253 页；20cm
ISBN 7-5005-3904-5：￥18.00 元

09492 奇特的断食疗法
〔日〕甲田光雄著；李刘坤编译. 北京：中国
中医药出版社，1998.02. 340 页；20cm
ISBN 7-80089-809-1：￥15.00 元

09493 奇异的杜仲茶健康法
〔日〕高桥周七著；苏印泉译. 北京：中国林
业出版社，1998.10. 179 页；19cm
ISBN 7-5038-1854-9：￥8.50 元

09494 汽车的运动和操纵
〔日〕安部正人著；陈辛波译. 北京：机械工
业出版社，1998.10. 217 页；20cm
ISBN 7-111-06610-3：￥12.00 元

09495 汽车紧急修护手册
〔日〕北岛久和著；林丽绢译. 成都：西南财
经大学出版社，1998.11. 220 页；20cm
ISBN 7-81055-408-5：￥13.80 元

09496 汽车维修保养图解
〔日〕森宏，米田茂著；刘若南等译. 长春：
吉林科学技术出版社，1998.06. 313 页；
21cm.（现代汽车、摩托车图解丛书 10）
ISBN 7-5384-1735-4：￥25.00 元

09497 桥梁造型
〔日〕伊藤学著；刘健新，和丕壮译. 北京：
人民交通出版社，1998.09. 93 页；22×15cm
ISBN 7-114-03045-2：￥25.00 元

09498 青春的证明
〔日〕森村诚一著；邵延丰，丁国桢译. 海口：
三环出版社；海南出版社，1998.6. 328 页；
20cm.（森村诚一推理小说精典）
ISBN 7-80564-685-6：￥18.60 元

09499 趣味英语
日本 ALC 出版社编. 北京：外文出版社，
1998. 295 页；17cm.（迷你惯用句系列丛书）
ISBN 7-119-02114-1：￥12.80 元

09500 人为什么得癌：远离癌症的忠告
〔日〕黑木登志夫著；钱君译. 北京：中国人
口出版社；香港：科文出版有限公司，
1998.10. 238 页；20cm.（科文健康文库·癌
知识系列）
ISBN 7-80079-515-2：￥15.50 元

09501 人性的证明
〔日〕森村诚一著；邵延丰等译. 海口：三环
出版社；海南出版社，1998.6. 369 页；
20cm.（森村诚一推理小说精典）
ISBN 7-80564-687-2：￥19.60 元

09502 日本纺织工业的未来
日本通商产业省生活产业局编；晏雄编译. 上
海：中国纺织大学出版社，1998.09. 269
页；20cm
ISBN 7-81038-186-5：￥20.00 元

09503 日本街头广告
〔日〕铃木让二供稿；方振兴撰文. 上海：
上海人民美术出版社，1998.03. 126 页；
19×22cm
ISBN 7-5322-1828-7：￥39.00 元

09504 日本经济史（4）：产业化的时代（上）
〔日〕西川俊作，阿部武司编；杨宁一，曹杰
译. 北京：三联书店，1998.02. 424
页；20cm
ISBN 7-108-01101-8（精装）：￥36.00 元

09505 日本经济史（5）：产业化的时代（下）
〔日〕西川俊作，山本有造编；裴有洪，连湘
译. 北京：三联书店，1998.02. 373
页；20cm
ISBN 7-108-01102-6（精装）：￥32.00 元

09506 日本企业的海外经营之道
〔日〕小林规威著；陈多友译. 广州：花城出

版社，1998.12. 495 页；20cm
ISBN 7-5360-2745-1：￥28.00 元

09507 日本企业的海外战略
〔日〕石井昌司著；林青华译. 广州：花城出版社，1998.12. 387 页；20cm
ISBN 7-5360-2776-1：￥23.00 元

09508 日本散文百家
陈德文选译. 北京：人民日报出版社，1998.3. 610 页；20cm
ISBN 7-80002-936-0：￥33.50 元

09509 日本 （下）
〔日〕大森和夫等著. 大连：大连出版社，1998.12. 460 页；20cm （大学用日本语教材）
ISBN 7-80612-547-7：￥20.00 元

09510 日本艺术家随笔
贾开京编. 上海：东方出版中心，1998.7. 320 页；19cm
ISBN 7-80627-297-6：￥12.00 元

09511 日本语能力测试试题与答案 （1995—1996）
日本国际教育协会，日本国际交流基金编著. 大连：大连理工大学出版社，1998.08. 324 页；26cm
ISBN 7-5611-1440-0：￥25.00 元

09512 日本中小学生的烦恼
〔日〕田畑元春，水野善亲著；阎瑞译. 成都：四川大学出版社，1998.06. 140 页；19cm
ISBN 7-5614-1746-2：￥9.00 元

09513 日本主银行体制及其与发展中国家经济转轨中的相关性研究
〔日〕青木昌彦，〔美〕帕特里克主编；张橹等译. 北京：中国金融出版社，1998.03. 758 页；20cm
ISBN 7-5049-1819-9：￥48.00 元

09514 日语发音声调辞典
日本广播出版协会编；马治译. 哈尔滨：哈尔滨工业大学出版社，1998.07. 248 页；19cm
ISBN 7-5603-1320-5：￥12.00 元

09515 日语学习例解活用辞典 （日、英、汉对照）
〔日〕广濑正宜，庄司香久子编；苏民育等译. 北京：北京大学出版社，1998.08. 1125 页；19cm

ISBN 7-301-03337-0 （精装）：￥45.00 元

09516 日语语法精要
〔日〕寺村秀夫著；张文译. 北京：商务印书馆，1998.10. 282 页；20cm
ISBN 7-100-02172-3：￥14.80 元

09517 日中恢复邦交秘话：池田大作与日中友好
〔日〕池田大作著；卞立强编译. 北京：经济日报出版社，1998.08. 142 页；21cm
ISBN 7-80127-445-8：￥45.00 元

09518 如何思考致富
〔日〕夏目志郎著. 北京：中国社会出版社，1998.10. 162 页；彩照；20cm. （潇洒致富）
ISBN 7-80146-104-6：￥16.00 元

09519 丧失
〔日〕夏树静子著；杨军译. 北京：群众出版社，1998.1. 358 页；19cm. （日本推理小说文库）
ISBN 7-5014-1596-X：￥15.00 元

09520 砂器
〔日〕松本清张著；张明德等译. 北京：群众出版社，1998.9. 466 页；20cm. （世界惊险侦探名著文库）
ISBN 7-5014-1780-6：￥22.00 元

09521 山西大观
日本山冈师团编；山西省史志研究院编译. 太原：山西古籍出版社，1998.05. 1117 页；26cm
ISBN 7-80598-234-1 （精装）：￥160.00 元

09522 杉谷隆志中国百景画集
〔日〕杉谷隆志绘. 上海：上海人民出版社，1998.06. 103 页；29cm
ISBN 7-208-02885-0 （精装）：￥70.00 元

09523 少年维特的烦恼
〔德〕歌德原著；〔日〕竹山道雄 （日〕译，韩耀成 （中）译. 长春：吉林大学出版社，1998.06. 172 页；20cm. （日汉对照世界名著丛书）
ISBN 7-5601-2126-8：￥8.00 元

09524 少女开眼
〔日〕川端康成著；贾玉芹等译. 桂林：漓江

出版社，1998.1. 471页；20cm

ISBN 7-5407-2145-6：￥20.00元

09525 社会福利基础理论

〔日〕一番濑康子著；沈洁，赵军译. 武汉：华中师范大学出版社，1998.06. 169页；20cm

ISBN 7-5622-1887-0：￥9.00元

09526 社交英语

日本 ALC 出版社编. 北京：外文出版社，1998. 258页；17cm. （迷你惯用句系列丛书）

ISBN 7-119-02112-5：￥12.80元

09527 生为女人

〔日〕川端康成著；朱春育译. 桂林：漓江出版社，1998.1. 403页；20cm. （川端康成作品 叶渭渠主编）

ISBN 7-5407-2146-4：￥18.00元

09528 失禁的原因及对策

日本东京都老人综合研究所著；马建新，郑东辉译. 北京：中国人口出版社；香港：科文出版有限公司，1998.04. 108页；19cm. （科文医学文库·中老年健康译丛）

ISBN 7-80079-435-0：￥6.50元

09529 失乐园

〔日〕渡边淳一著；谭玲译. 北京：文化艺术出版社，1998.4. 402页；20cm

ISBN 7-5039-1749-0：￥19.80元

09530 失乐园

〔日〕渡边淳一著；竺家荣译. 珠海：珠海出版社，1998.5. 352页；20cm

ISBN 7-80607-418-X：￥20.00元

09531 诗学与文化符号学：从语言学透视

〔日〕池上嘉彦著；林璋译. 南京：译林出版社，1998.02. 286页；20cm. （译林学论丛书）

ISBN 7-80567-774-3：￥15.00元

09532 实践经营哲学

〔日〕松下幸之助著；滕颖编译. 2版. 北京：中国社会科学出版社，1998.08. 201页；20cm

ISBN 7-5004-0532-4：￥16.50元

09533 食物治病科学常识

〔日〕木下勤，陈木森著. 北京：台海出版社，

1998.02. 126页；20cm

ISBN 7-80141-024-6：￥8.40元

09534 世界传世名著故事：人·动物

〔日〕平田昭吾著；崔维燕译. 北京：中国少年儿童出版社，1998.11. 240页；17×19cm. （新动画大世界全集）

ISBN 7-5007-4506-0（精装）：￥23.00元

09535 世界传世名著故事：真情·谎言

〔日〕平田昭吾著；崔维燕译. 北京：中国少年儿童出版社，1998.11. 240页；17×19cm. （新动画大世界全集）

ISBN 7-5007-4505-2（精装）：￥23.00元

09536 数字同步传输 SDH 系统

〔日〕河西宏之等著；杨明君等译. 北京：科学出版社，1998.10. 145页；20cm. （OHM科学丛书）

ISBN 7-03-006767-3：￥12.00元

09537 谁搞垮了八佰伴

〔日〕加藤矿著；东方之星翻译部译. 海口：海南国际新闻出版中心，1998.03. 201页；20cm

ISBN 7-80609-616-7：￥15.00元

09538 丝路探险记

〔日〕大谷光瑞等著；章莹译. 乌鲁木齐：新疆人民出版社，1998.10. 314页；20cm

ISBN 7-228-04842-3：￥15.80元

09539 思考致富

〔日〕夏目志郎著. 北京：中国社会出版社，1998.10. 162页：彩照；20cm. （积极人性系列）

ISBN 7-80146-104-5：￥16.00元

09540 四季英语

日本 ALC 出版社编. 北京：外文出版社，1998. 296页；18cm. （迷你惯用句系列丛书）

ISBN 7-119-02198-2：￥12.80元

09541 松下幸之助一日一训

日本 PHP 研究所编；洪瑶楹译. 哈尔滨：黑龙江人民出版社，1998.02. 418页；20cm. （祝你成功系列）

ISBN 7-207-03954-9：￥18.50元

09542 松原式初中生高效率学习法

〔日〕松原达哉著；杨廷梓译. 北京：中国大

地出版社，1998.01. 186 页；19cm
ISBN 7-80097-200-3：￥9.00 元元

09543　松原式小学生高效率学习法
〔日〕松原达哉著；杨廷梓译. 北京：中国大
地出版社，1998.01. 375 页；19cm
ISBN 7-80097-199-6：￥16.00 元

09544　孙正义：数字化时代的英雄
〔日〕板垣英宪著；郭振乾译. 海口：海南出
版社，1998.08. 205 页；20cm
ISBN 7-80645-125-0：￥12.80 元

09545　太平天国
〔日〕陈舜臣著；姚巧梅译. 北京：中国友谊
出版公司，1998.08. 2 册（830 页）；20cm
ISBN 7-5057-1366-3：￥42.00 元

**09546　探索一个灿烂的世纪：金庸、池田大作
对话录**
金庸，〔日〕池田大作著. 北京：北京大学出
版社，1998.12. 332 页；20cm
ISBN 7-301-03891-7：￥20.00 元

09547　特拉称雄记：霸王龙的故事
〔日〕平茂太郎编绘. 上海：上海科学普及出
版社，1998.05. 47 页；28cm. （恐龙世界）
ISBN 7-5427-1429-5：￥18.00 元

09548　天授之子
〔日〕川端康成著；李正伦等译. 桂林：漓江
出版社，1998.01. 633 页；20cm
ISBN 7-5407-2188-X：￥26.00 元

09549　铁幕名相：晏子世家
〔日〕宫城谷昌光著；黄玉燕译. 上海：上海
文化出版社，1998.12. 727 页；20cm
ISBN 7-80511-978-3：￥27.50 元

09550　头脑革命
〔日〕中松义郎著；李博，邵峰晶译. 青岛：
青岛出版社，1998.08. 147 页；20cm
ISBN 7-5436-1927-X：￥8.00 元

09551　图解鼻过敏症百疗百治
〔日〕藤田洋祐主编；邹元植，周正译. 长春：
吉 林 科 学 技 术 出 版 社，1998.06. 97 页；
21cm. （图解家庭白皮书系列 9）
ISBN 7-5384-1986-1：￥6.90 元

09552　图解便秘百疗百治
〔日〕平塚秀雄主编；周英华译. 长春：吉林
科学技术出版社，1998.02. 101 页；21cm.
（图解家庭白皮书系列 3）
ISBN 7-5384-1917-9：￥6.90 元

09553　图解耳鼻咽喉科学
〔日〕林满保著；钟杰夫等译. 北京：海洋出
版社，1998.12. 285 页；20cm
ISBN 7-5027-4585-8：￥30.00 元

09554　图解肥胖症百疗百治
〔日〕铃木正成主编；董春玲等译. 长春：吉
林科学技术出版社，1998.02. 98 页；21cm.
（图解家庭白皮书系列 7）
ISBN 7-5384-1923-3：￥6.90 元

09555　图解感冒百疗百治
〔日〕江川充主编；杨海滨等译. 长春：吉林
科学技术出版社，1998.06. 101 页；20cm.
（图解家庭白皮书系列 18）
ISBN 7-5384-1981-0：￥6.90 元

09556　图解隔震结构入门
日本免震构造协会著；叶列平译. 北京：科学
出版社，1998.03. 168 页；26cm. （OHM 科
学丛书）
ISBN 7-03-006237-X：￥25.00 元

09557　图解更年期综合征百疗百治
〔日〕菅井正朝主编；张大光，潘昕译. 长春：
吉 林 科 学 技 术 出 版 社，1998.05. 98 页；
21cm. （图解家庭白皮书系列 12）
ISBN 7-5384-1983-7：￥6.90 元

09558　图解寒证百疗百治
〔日〕菅井正朝主编；商雨虹，张哲译. 长春：
吉 林 科 学 技 术 出 版 社，1998.05. 99 页；
21cm. （图解家庭白皮书系列 5）
ISBN 7-5384-1973-X：￥6.90 元

09559　图解肩酸痛百疗百治
〔日〕荻岛秀男主编；文在根译. 长春：吉林
科学技术出版社，1998.02. 98 页；21cm.
（图解家庭白皮书系列 2）
ISBN 7-5384-1919-5：￥6.90 元

09560　图解紧张精神疲劳百疗百治
〔日〕山本晴义主编；邹元植译. 长春：吉林
科学技术出版社，1998.02. 91 页；21cm.

（图解家庭白皮书系列　14）
ISBN 7-5384-1921-7：￥6.90 元

09561　图解录音技法入门
〔日〕若林骏介著；何希才等译．北京：科学
出版社，1998.08．211 页；26cm．（OHM 科
学丛书）
ISBN 7-03-006311-2：￥28.00 元

09562　图解疲劳、精力减退百疗百治
〔日〕石滨淳美主编；曹锦丹译．长春：吉林
科学技术出版社，1998.06．85 页；21cm.
（图解家庭白皮书系列　16）
ISBN 7-5384-1982-9：￥6.90 元

09563　图解失眠百疗百治
〔日〕佐佐木三男主编；关建昌等译．长春：
吉林科学技术出版社，1998.05．102 页；
21cm．（图解家庭白皮书系列　19）
ISBN 7-5384-1974-8：￥6.90 元

09564　图解室内照明
〔日〕小泉实著；邱更岩，李文林译．北京：
科学出版社，1998.04．159 页；26cm．（OHM
科学丛书）
ISBN 7-03-006218-3：￥32.00 元

09565　图解头痛百疗百治
〔日〕滨口胜彦主编；顾时光，张希平译．长
春：吉林科学技术出版社，1998.06．100 页；
21cm．（图解家庭白皮书系列　4）
ISBN 7-5384-1985-3：￥6.90 元

09566　图解脱发百疗百治
〔日〕德田安章主编；张大光，潘昕译．长春：
吉林科学技术出版社，1998.06．98 页；
21cm．（图解家庭白皮书系列　11）
ISBN 7-5384-1984-5：￥6.90 元

09567　图解胃病泻泄百疗百治
〔日〕荻岛秀男主编；张晓春，曹晓杰译．长
春：吉林科学技术出版社，1998.05．98 页；
21cm．（图解家庭白皮书系列　15）
ISBN 7-5384-1971-3：￥6.90 元

09568　图解颜面斑皱百疗百治
〔日〕早川律子主编；杨舒译．长春：吉林科
学技术出版社，1998.02．99 页；21cm．（图
解家庭白皮书系列　13）
ISBN 7-5384-1934-9：￥6.90 元

09569　图解眼疲劳、视力减退百疗百治
〔日〕高山东洋主编；苏姬子译．长春：吉林
科学技术出版社，1998.02．98 页；21cm.
（图解家庭白皮书系列　6）
ISBN 7-5384-1924-1：￥6.90 元

09570　图解腰痛百疗百治
〔日〕青木虎吉主编；曹锦丹译．长春：吉林
科学技术出版社，1998.02．101 页；21cm.
（图解家庭白皮书系列　1）
ISBN 7-5384-1920-9：￥6.90 元

09571　图解腰膝足痛百疗百治
〔日〕铃木实主编；张玉国，安文译．长春：
吉林科学技术出版社，1998.02．98 页；
21cm．（图解家庭白皮书系列　8）
ISBN 7-5384-1916-0：￥6.90 元

09572　图解植物神经功能紊乱百疗百治
〔日〕关谷透主编；孝延龄译．长春：吉林科
学技术出版社，1998.02．91 页；21cm．（图
解家庭白皮书系列　17）
ISBN 7-5384-1922-5：￥6.90 元

09573　图解痔疮百疗百治
〔日〕内田好司主编；周英华译．长春：吉林
科学技术出版社，1998.05．98 页；21cm.
（图解家庭白皮书系列　10）
ISBN 7-5384-1975-6：￥6.90 元

09574　围棋布局与定式入门
〔日〕赵治勋著；邓飞译．2 版．长沙：湖南
出版社，1998.03．222 页；19cm．（围棋入门
小套书）
ISBN 7-5438-0482-4：￥6.00 元

09575　围棋七日入门
〔日〕高鸟正著；邓飞，杨亚雄译．2 版．长
沙：湖南出版社，1998.03．149 页；19cm.
（围棋入门小套书）
ISBN 7-5438-0051-9：￥5.40 元

09576　文化服装讲座（1）：原理篇
日本文化服装学院编；范树林，文家琴编译．
北京：中国轻工业出版社，1998.07．105 页；
26cm．（高等职业技术教育服装专业使用教材）
ISBN 7-5019-2197-0（精装）：￥28.00 元

09577　文化服装讲座（2）：基础篇
日本文化服装学院编；范树林编译．北京：中

国轻工业出版社，1998.08. 192页；26cm.
（高等职业技术教育服装专业使用教材）
ISBN 7-5019-2219-5（精装）：￥26.00元

09578　文化服装讲座（3）：西装篇
日本文化服装学院编；范树林等编译. 北京：
中国轻工业出版社，1998.08. 148页；26cm.
（高等职业技术教育服装专业使用教材）
ISBN 7-5019-2225-X（精装）：￥28.00元

09579　文化服装讲座（4）：茄克·大衣篇
日本文化学院编；范树林编译. 北京：中国轻
工业出版社，1998.09. 115页；26cm.（高等
职业技术教育服装专业使用教材）
ISBN 7-5019-2241-1（精装）：￥20.00元

09580　文化服装讲座（5）：童装·礼服篇
日本文化服装学院编；郝瑞闽编译. 北京：中
国轻工业出版社，1998.10. 191页；26cm.
（高等职业技术教育服装专业使用教材）
ISBN 7-5019-2251-9（精装）：￥26.00元

09581　文化服装讲座（6）：产业篇
日本文化服装学院编；范树林编译. 北京：中
国轻工业出版社，1998.09. 145页；26cm.
（高等职业技术教育服装专业使用教材）
ISBN 7-5019-2255-1（精装）：￥28.00元

09582　我的创业之路（朝鲜文）
〔日〕松下幸之助著. 牡丹江：黑龙江朝鲜民
族出版社，1998.12. 225页；20cm
ISBN 7-5389-0803-X：￥11.80元

09583　无论是谁都能掌握的水稻栽培技术
〔日〕山口正笃著；林聚家译. 北京：中国农
业科技出版社，1998.08. 118页；19cm.（日
本农业科普丛书）
ISBN 7-80119-437-3：￥10.00元

09584　西夏文字解读
〔日〕西田龙雄著；陈健玲译著主编；那楚格，
陈健玲译. 银川：宁夏人民出版社，
1998.12. 178页；20cm
ISBN 7-227-01920-9：￥18.80元

09585　现代汽车小百科
〔日〕胁森宏著；刘若南等译. 长春：吉林科
学技术出版社，1998.06. 357页；21cm.（现
代汽车、摩托车图解丛书 9）
ISBN 7-5384-1734-6：￥25.00元

09586　现代日本的阶层差别及其固定化
〔日〕渡边雅男著；陆泽军译. 北京：中央编
译出版社，1998.01. 437页；20cm
ISBN 7-80109-215-5：￥22.40元

09587　现代日语
〔日〕吉田弥寿夫主编；上海外语电化教学馆
译. 上海：上海译文出版社，1998.05. 462
页；20cm
ISBN 7-5327-2155-8：￥17.00元

09588　现代社会理论
〔日〕见田宗介著；厉以平等译. 北京：国际
文化出版公司，1998.10. 192页；19cm
ISBN 7-80105-670-1：￥16.00元

09589　向成功挑战
〔日〕夏目志郎著；张承华译. 北京：中国社
会出版社，1998.10. 162页：彩照；20cm.
（积极人性系列）
ISBN 7-80146-104-5：￥16.00元

09590　向嫉妒挑战
〔日〕富田隆著；洪筠译. 沈阳：辽宁画报出
版社，1998.01. 184页；20cm.（生活大师系
列丛书）
ISBN 7-80601-223-0：￥10.80元

09591　向魅力挑战
〔日〕齐藤勇著；洪雅慧译. 沈阳：辽宁画报
出版社，1998.12. 207页；20cm.（生活大师
系列丛书）
ISBN 7-80601-224-9：￥12.80元

09592　向说服挑战
〔日〕富田隆著；林怡君译. 沈阳：辽宁画报
出版社，1998.01. 174页；20cm.（生活大师
系列丛书）
ISBN 7-80601-222-2：￥10.80元

09593　向诱惑挑战
〔日〕富田隆著；刘成芃译. 沈阳：辽宁画报
出版社，1998.01. 236页；20cm.（生活大师
系列丛书）
ISBN 7-80601-221-4：￥13.80元

09594　消费社会批判
〔日〕堤清二著；朱绍文等译校. 北京：经济
科学出版社，1998.06. 183页；19cm
ISBN 7-5058-1401-X：￥13.00元

09595 小布隆冒险记：雷龙的故事
〔日〕松冈达英编绘． 上海：上海科学普及出版社，1998.05.   47 页；28cm. （恐龙世界）
ISBN 7-5427-1430-9：￥18.00 元

09596 校园英语
日本 ALC 出版社编． 北京：外文出版社，1998.   283 页；17cm. （迷你惯用句系列丛书）
ISBN 7-119-02110-9：￥12.80 元

09597 校注蒙古民谣：汉蒙对照
〔日〕服部龙太郎著；毕力根达（汉）译，乌云格日勒（蒙）译． 通辽：内蒙古少年儿童出版社，1998.04.   82 页；19cm
ISBN 7-5312-0900-4：￥12.80 元

09598 心灵交响诗：日本池田大作摄影集
赵琼译． 北京：世界图书出版公司，1998.07.   32 页；26cm
ISBN 7-5062-2677-4（精装）：￥280.00 元

09599 心灵软件：自我成功技巧
〔美〕那德勒，〔日〕日比野省三著；李保华等译． 北京：光明日报出版社，1998.06.   333 页；20cm
著者原题：杰拉德·那德勒
ISBN 7-80145-019-1：￥22.80 元

09600 心灵四季
〔日〕池田大作著；吴瑞钧，王云涛译． 北京：时事出版社，1998.09.   162 页；20cm
ISBN 7-80009-332-8（精装）：￥14.00 元

09601 心情法则
〔日〕富田隆著；钟尚志译． 沈阳：辽宁画报出版社，1998.01.   199 页；20cm. （生活大师系列丛书）
ISBN 7-80601-227-3：￥11.80 元

09602 心脏病、高血压早知道
〔日〕三船顺一郎著；金慕箴译． 北京：中国社会出版社，1998.09.   153 页；20cm
ISBN 7-80146-099-5：￥9.00 元

09603 新编高级日本语会话
〔日〕松下孝子，叶绮著． 北京：清华大学出版社，1998.04.   190 页；20cm
ISBN 7-302-02758-7：￥10.00 元

09604 新动画大世界：非凡的男孩
〔日〕平田昭吾著；崔维燕译． 北京：中国少年儿童出版社，1998.08.   238 页；17×19cm. （世界传世名著故事）
ISBN 7-5007-4285-1（精装）：￥23.00 元

09605 新动画大世界：可爱的男孩
〔日〕平田昭吾著；崔维燕译． 北京：中国少年儿童出版社，1998.08.   238 页；17×19cm. （世界传世名著故事）
ISBN 7-5007-4284-3（精装）：￥23.00 元

09606 新动画大世界：梦幻、奇境
〔日〕平田昭吾著；崔维燕译． 北京：中国少年儿童出版社，1998.08.   238 页；17×19cm. （世界传世名著故事）
ISBN 7-5007-4282-5（精装）：￥23.00 元

09607 新动画大世界：魔法、仙术
〔日〕平田昭吾著；崔维燕译． 北京：中国少年儿童出版社，1998.08.   238 页；17×19cm. （世界传世名著故事）
ISBN 7-5007-4281-9（精装）：￥23.00 元

09608 新动画大世界：探宝、历险
〔日〕平田昭吾著；崔维燕译． 北京：中国少年儿童出版社，1998.08.   238 页；17×19cm. （世界传世名著故事）
ISBN 7-5007-4282-7（精装）：￥23.00 元

09609 新动画大世界：王子、公主
〔日〕平田昭吾著；崔维燕译． 北京：中国少年儿童出版社，1998.08.   238 页；17×19cm. （世界传世名著故事）
ISBN 7-5007-4280-0（精装）：￥23.00 元

09610 新日语基础教程（1）教师用书
日本财团法人海外技术者研修协会编著． 北京：外语教学与研究出版社，1998.09.   173 页；26cm
ISBN 7-5600-1486-0：￥12.90 元

09611 新日语基础教程（2）教师用书
日本财团法人海外技术者研修协会编著． 北京：外语教学与研究出版社，1998.09.   191 页；26cm
ISBN 7-5600-1487-9：￥13.90 元

09612 新日语基础教程（1）
日本财团法人海外技术者研修协会编著． 北京：外语教学与研究出版社，1998.09.   240 页；26cm
ISBN 7-5600-1484-4：￥18.90 元

09613 新日语基础教程 (2)
日本财团法人海外技术者研修协会编著. 北京：外语教学与研究出版社，1998.09. 293页；26cm
ISBN 7-5600-1485-2：¥21.90 元

09614 新时代人才战略
〔日〕江幡良平著；陈郁然译. 北京：外文出版社，1998. 248页；19cm
ISBN 7-119-02141-9：¥12.80 元

09615 行销冠军
〔日〕夏目志郎著. 北京：中国社会出版社，1998.10. 162页：彩照；20cm. （积极人性系列）
ISBN 7-80146-104-5：¥16.00 元

09616 幸福的早餐
〔日〕乃南朝著；刘建民译. 北京：群众出版社，1998.1. 270页；19cm. （日本推理小说文库）
ISBN 7-5014-1683-4：¥13.00 元

09617 性的启示录·穷愁潦倒
〔日〕立松和平著. 北京：作家出版社，1998.4. 366页；20cm. （作家参考丛书·立松和平文集 陈喜儒主编）
ISBN 7-5063-1443-6：¥15.00 元

09618 续·我的佛教观
〔日〕池田大作著；卞立强译. 成都：四川人民出版社，1998.04. 228页；20cm. （宗教世界丛书）
ISBN 7-200-04031-8/B·165：¥12.00 元

09619 雪国
〔日〕川端康成著；叶渭渠，唐月梅译. 北京：外国文学出版社，1998.10. 425页；20cm. （二十世纪外国文学丛书）
ISBN 7-5016-0153-4：¥18.50 元

09620 雪国·古都
〔日〕川端康成著；叶渭渠，唐月梅译. 桂林：漓江出版社，1998.4. 438页；20cm. （川端康成作品 叶渭渠主编）
ISBN 7-5407-2202-9：¥20.00 元

09621 雪国·伊豆舞女
〔日〕川端康成原著；叶渭渠译. 长春：吉林大学出版社，1998.06. 188页；20cm. （日汉对照世界名著丛书）
ISBN 7-5601-2133-0：¥8.50 元

09622 杨贵妃传
〔日〕井上靖著；林怀秋译. 合肥：安徽文艺出版社，1998.06. 202页；19cm
ISBN 7-5396-1684-9：¥7.80 元

09623 野性的证明
〔日〕森村诚一著；何培忠等译. 海口：三环出版社；海南出版社，1998.6. 387页；20cm. （森村诚一推理小说精典）
ISBN 7-80564-686-4：¥19.80 元

09624 一个日本人眼中的中国
〔日〕池上正治著；王文，陈刚译. 武汉：武汉出版社，1998.08. 284页；20cm
ISBN 7-5430-1825-X：¥18.00 元

09625 医生的艰难选择
〔日〕松本文六编著；李兆晖译. 北京：北京医科大学、中国协和医科大学联合出版社，1998.09. 247页；20cm
ISBN 7-81034-880-9：¥18.00 元

09626 医心方
〔日〕丹波康赖撰；王大鹏等校. 上海：上海科学技术出版社，1998.12. 1335页；20cm
ISBN 7-5323-4394-4 （精装）：¥85.00 元

09627 婴幼儿智力开发指南
〔日〕松原达哉著；杨廷梓译. 北京：中国大地出版社，1998.11. 426页；20cm
ISBN 7-80097-273-7：¥22.00 元

09628 营销之神：佳能成功的秘密
〔美〕克拉尔，〔日〕泷川精一著；赵永芬译. 上海：上海译文出版社，1998.07. 123页；20cm. （海外企业家丛书）
著者原题：路易斯·克拉尔
据美国约翰·威利父子出版公司 1994 年版译出。
ISBN 7-5327-2072-1：¥9.80 元

09629 宇宙的意志
〔日〕岸根卓郎著；何鉴等译. 北京：国际文化出版公司，1998.07. 464页；20cm
ISBN 7-80105-659-0：¥28.00 元

09630 育儿百科：新版重译本
〔日〕松田道雄著；李永连等译. 2版. 北京：人民卫生出版社，1998.02. 950页；20cm
ISBN 7-117-00815-6 （精装）：¥40.50 元

09631　载货汽车设计
〔日〕武田信之著；方泳龙译．北京：人民交通出版社，1998.05．　213 页；20cm
ISBN 7-114-02784-2：￥18.00 元

09632　再婚的女人
〔日〕川端康成著；叶渭渠等译．桂林：漓江出版社，1998.1．　468 页；20cm
ISBN 7-5407-2186-3：￥20.00 元

09633　早期教育和天才
〔日〕木村久一著；河北大学日研所译．石家庄：河北人民出版社，1998.08．　168 页；20cm．（汉译世界教育名著丛书）
ISBN 7-202-02-3556：￥8.20 元

09634　怎样才能健康长寿
日本东京都老人综合研究所著；马建新，郑东辉译．北京：中国人口出版社；香港：科文出版有限公司，1998.04．　111 页；19cm．（科文医学文库·中老年健康译丛）
ISBN 7-80079-430-X：7.00 元

09635　怎样种好网纹和无网纹甜瓜
〔日〕濑古龙雄等著；尹林译．北京：中国农业科技出版社，1998.09．　168 页；19cm．（日本农业科普丛书）
ISBN 7-80119-435-7：￥8.50 元

09636　增强自信
〔日〕夏目志郎著；张承华译．北京：中国社会出版社，1998.10．　162 页：彩照；20cm．（积极人性系列）
ISBN 7-80146-104-5：￥16.00 元

09637　战国巨星：孟尝君传
〔日〕宫城谷昌光著；萧志强译．上海：上海文化出版社，1998.12．　2 册（963 页）；20cm
ISBN 7-80511-991-0：￥36.00 元

09638　战后日中关系五十年（1945—1994 年）
〔日〕岛田政雄著；田家农译著．南昌：江西教育出版社，1998.06．　535 页；20cm．（国际友人丛书）
ISBN 7-5392-2841-5（精装）：￥25.00 元

09639　战争新娘
〔日〕有吉佐和子著；南敬铭，郭东昉译．呼和浩特：远方出版社，1998.03．　306 页；20cm

ISBN 7-80595-370-8：￥16.80 元

09640　照叶树林文化之路：自不丹、云南至日本
〔日〕佐佐木高明著；刘愚山译．昆明：云南大学出版社，1998.12．　185 页；20cm
ISBN 7-81025-972-5：￥12.00 元

09641　折焚柴记
〔日〕新井白石著；周一良译．北京：北京大学出版社，1998.11．　215 页；20cm
ISBN 7-301-03898-4：￥12.00 元

09642　征服癌基因：人类与癌的最后一战
〔日〕黑木登志夫著；钱佳译．北京：中国人口出版社；香港：科文出版有限公司，1998.10．　131 页；20cm．（科文健康文库·癌知识系列）
ISBN 7-80079-515-2：￥9.00 元

09643　直流电弧炉的电弧现象
〔日〕南条敏夫著；乔兴武译．北京：冶金工业出版社，1998.03．　254 页；20cm
ISBN 7-5024-2110-6：￥20.00 元

09644　中国古代笑话（汉英对照）
〔日〕谷口伊兵卫，卢德平选译．北京：中国人民大学出版社，1998.07．　495 页；20cm
ISBN 7-300-02561-7：￥40.00 元

09645　中国经济主体行为方式比较研究
周彦文，〔日〕藤村俊郎主编．武汉：湖北人民出版社，1998.10．　324 页；20cm
ISBN 7-216-02423-0：￥12.00 元

09646　中国农业的结构与变动
〔日〕田岛俊雄著；李毅，杨林译．北京：经济科学出版社，1998.04．　396 页；20cm
ISBN 7-5058-1354-4：￥19.00 元

09647　中国人的机智：以《世说新语》为中心
〔日〕井波律子著；李庆，张荣湄译．上海：学林出版社，1998.04．　161 页；20cm
ISBN 7-80616-457-X：￥8.50 元

09648　中国书法史
〔日〕赵田但马，宇野雪村著；瀛生，吴绪彬译．北京：人民美术出版社，1998.09．　2 册；20cm

ISBN 7-102-01105-9：￥46.80 元

09649　中老年白内障

日本东京都老人综合研究所著；田月娥译．北京：中国人口出版社；香港：科文出版有限公司，1998.04．104 页；19cm．（科文医学文库·中老年健康译丛）

ISBN 7-80079-429-6：￥6.50 元

09650　中老年骨质疏松

日本东京都老人综合研究所著；陈欣，姜海燕译．北京：中国人口出版社；香港：科文出版有限公司，1998.04．169 页；19cm．（科文医学文库·中老年健康译丛）

ISBN 7-80079-431-8：￥7.00 元

09651　中老年健康与饮食

日本东京都老人综合研究所著；张健译．北京：中国人口出版社；香港：科文出版有限公司，1998.04．118 页；19cm．（科文医学文库·中老年健康译丛）

ISBN 7-80079-432-6：￥7.00 元

09652　中老年免疫力变化

日本东京都老人综合研究所著；孙伟译．北京：中国人口出版社；香港：科文出版有限公司，1998.04．107 页；19cm．（科文医学文库·中老年健康译丛）

ISBN 7-80079-439-3：￥6.50 元

09653　中老年人脑的变化

日本东京都老人综合研究所著；左萍萍译．北京：中国人口出版社；香港：科文出版有限公司，1998.04．95 页；19cm．（科文医学文库·中老年健康译丛）

ISBN 7-80079-438-5：￥6.50 元

09654　中老年人血压变化

日本东京都老人综合研究所著；蔡克强译．北京：中国人口出版社；香港：科文出版有限公司，1998.04．119 页；19cm．（科文医学文库·中老年健康译丛）

ISBN 7-80079-437-7：￥7.00 元

09655　中老年人怎样用药

日本东京都老人综合研究所著；贾佑民译．北京：中国人口出版社；香港：科文出版有限公司，1998.04．98 页；19cm．（科文医学文库·中老年健康译丛）

ISBN 7-80079-427-X：￥6.50 元

09656　中老年糖尿病

日本东京都老人综合研究所著；陈践，张艺译．北京：中国人口出版社；香港：科文出版有限公司，1998.04．121 页；19cm．（科文医学文库·中老年健康译丛）

ISBN 7-80079-426-1：￥7.00 元

09657　中老年牙齿与健康

日本东京都老人综合研究所著；贾坤基译．北京：中国人口出版社；香港：科文出版有限公司，1998.04．101 页；19cm．（科文医学文库·中老年健康译丛）

ISBN 7-80079-436-9：￥6.50 元

09658　中老年肿瘤

日本东京都老人综合研究所著；周正，徐东译．北京：中国人口出版社；香港：科文出版有限公司，1998.04．107 页；19cm．（科文医学文库·中老年健康译丛）

ISBN 7-80079-428-8：￥6.50 元

09659　中日对照商务书信大全

〔日〕藤本恒等编著．北京：世界图书出版公司，1998.01．627 页；20cm

ISBN 7-5062-2565-4：￥39.00 元

09660　中日粮食经济和技术问题探讨

丁声俊，〔日〕横川洋主编．北京：中国农业出版社，1998.11．346 页；20cm

ISBN 7-109-05579-5：￥28.00 元

09661　中日水稻旱育稀植技术协作十六年

〔日〕原正市著；王善本译．北京：中国农业出版社，1998.07．64 页；19cm

ISBN 7-109-05351-2：￥12.00 元

09662　中日文化交流的伟大使者：朱舜水研究

张立文，〔日〕町田三郎主编．北京：人民出版社，1998.12．275 页；20cm

ISBN 7-01-002764-1：￥13.40 元

09663　中日硬笔书法精品集

王正良，〔日〕石川芳云主编．杭州：浙江科学技术出版社，1998.12．236 页；26cm

ISBN 7-5341-1189-7：￥20.00 元

09664　中医耳鼻咽喉科治疗手册

〔日〕泽木修二编著；周莉新译．成都：四川科学技术出版社，1998.01．179 页；19cm

ISBN 7-5364-3605-X：￥13.00 元

09665 100 种心理欲求
〔日〕齐藤勇著；李文庚译．2版．北京：国际文化出版公司，1998.06. 326 页；20cm.（实用心理学丛书）
ISBN 7-80049-669-4：￥17.00 元

09666 抓住取胜良机
〔日〕坦桦纯著；李文庚译．2版．北京：国际文化出版公司，1998.06. 264 页；20cm.（实用心理学丛书）
ISBN 7-80049-616-3：￥17.00 元

09667 自然与人生
〔日〕德富芦花著；陈德文译．北京：人民日报出版社，1998.1. 177 页；20cm.（青岛文丛·少男少女名著读本）
ISBN 7-80002-915-8：￥11.50 元

09668 自然与人生
〔日〕德富芦花著；周平译．上海：上海文化出版社，1998.12. 290 页；21cm.（第一推荐丛书）
ISBN 7-80511-981-3：￥15.00 元

09669 自我开发的 100 法则
〔日〕镰田胜著；李文庚译．2版．北京：国际文化出版公司，1998.06. 256 页；20cm.（实用心理学丛书）
ISBN 7-80049-682-1：￥17.00 元

09670 综合业务数字网（ISDN）图解读本
〔日〕池田佳和等著；张克强等译．北京：电子工业出版社，1998.01. 244 页；26cm
ISBN 7-5053-3546-4：￥20.00 元

09671 最新电控汽油喷射
〔日〕藤泽英也等著；林学东译．北京：北京理工大学出版社，1998.04. 210 页；20cm
ISBN 7-81045-345-9：￥11.50 元

09672 最新青年处世交际指南：社交篇
日本桑马克出版编辑部编；岩哲，一晨译．北京：中国人民大学出版社，1998.01. 246 页；20cm
ISBN 7-300-02540-4：￥19.50 元

09673 最新治癌全书：癌的早期发现与治疗
〔日〕小川一诚，田口铁男主编．北京：中国人口出版社，1998.10. 563 页；20cm.（科文健康文库·癌知识系列）

ISBN 7-80079-515-2：￥38.00 元

09674 坐禅如斯
〔日〕井上希道编著；日本将来世代国际财团生命文化研究所编译．西安：陕西师范大学出版社，1998.06. 540 页；20cm
ISBN 7-5613-1812-X：￥36.00 元

1999

09675 366 天朱古力占卜
〔日〕森村田武编著；高小玟译．北京：文化艺术出版社，1999.06. 209 页；20cm
ISBN 7-5039-1866-7：￥15.80 元

09676 30 岁人要做的 50 件事
〔日〕中谷彰宏著；苏遐译．上海：三联书店上海分店，1999.12. 124 页；19×12cm
ISBN 7-5426-1308-1：￥10.00 元

09677 20 岁人要做的 50 件事
〔日〕中谷彰宏著；朱莉莉译．上海：三联书店上海分店，1999.12. 137 页；19×12cm
ISBN 7-5426-1311-1：￥10.00 元

09678 21 世纪少年儿童科学百科
日本 21 世纪少年儿童百科科学馆编；李利珍等译．杭州：浙江教育出版社，1999.05. 255 页；26cm
ISBN 7-5338-3326-0（精装）：￥68.00 元

09679 2025 年的科学技术：日本第 6 次技术预测调查报告
日本科学技术厅等编；辽宁省科学技术委员会，辽宁省科技情报研究所编译．沈阳：东北大学出版社，1999.12. 500 页；30×21cm
ISBN 7-81054-433-0：￥380.00 元

09680 A·B·C 入门
〔日〕五岛正一郎主编；张若楠译．沈阳：辽宁画报出版社，1999.03. 31 页；29cm.（二十世纪幼儿百科）
ISBN 7-80601-297-4：￥17.80 元

09681 阿尔卑斯山的少女
〔日〕平田昭吾改编；林林，郭丽译．北京：中国电影出版社，1999.06. 1 册；17×18cm.（彩图世界经典童话故事 1）
ISBN 7-106-01462-1：￥12.80 元

09682　癌症的中医施治
〔日〕左藤昭彦著；袁志强译．北京：长虹出版社，1999.03.　155页；19cm.　（中医与食疗丛书）
ISBN 7-80063-037-4：￥12.80元

09683　爱如是
〔日〕渡边淳一著；虽弓译．北京：文化艺术出版社，1999.01.　324页；20cm.　（渡边淳一作品）
ISBN 7-5039-1811-X：￥16.00元

09684　安重根为何刺杀伊藤博文
〔日〕中野泰雄著；安重哲译．哈尔滨：黑龙江人民出版社，1999.03.　276页；20cm
ISBN 7-207-04354-6：￥23.80元

09685　白发鬼
〔日〕江户川乱步著；刘辉译．珠海：珠海出版社，1999.09.　381页；20cm.　（乱步惊险侦探小说集　朱书民主编）
ISBN 7-80607-598-4：￥20.00元

09686　白雪公主
〔德〕格林著；〔日〕照沼真理惠改编；〔日〕柳川茂编；〔日〕野田道子绘，盛欣译．北京：农村读物出版社，1999.05.　48页；12×12cm.（世界优秀动画片画册荟萃　4）
ISBN 7-5048-2973-0：￥3.00元

09687　白雪公主
〔日〕平田昭吾改编；〔日〕高桥信也绘；林林译．北京：中国电影出版社，1999.06.　92页；17×18cm.　（彩图世界经典童话故事　9）
ISBN 7-106-01460-5：￥12.80元

09688　百病之源：便秘自我疗法
〔日〕坂元一久著；杨智译．北京：农村读物出版社，1999.07.　167页；19cm.　（保健丛书）
ISBN 7-5048-2939-0：￥7.80元

09689　宝石的传说
〔日〕深见东州著；胡莉萍译．杭州：中国美术学院出版社，1999.12.　95页；19cm.　（传说系列）
ISBN 7-81019-773-8：￥23.00元

09690　本田兵法
〔日〕片山修著；杨军译．北京：华夏出版社，

1999.09.　243页；20cm.　（世界500强企业发展丛书　成思危主编）
ISBN 7-5080-1942-3：￥17.80元

09691　比较法
〔日〕大本雅夫著；范愉译．北京：法律出版社，1999.04.　386页；20cm.　（早稻田大学日本法学丛书）
ISBN 7-5036-2760-3：￥30.00元

09692　彼得·潘的故事
〔英〕巴里著；〔日〕照沼真理惠改编；〔日〕柿沼美浩编；〔日〕清水义治绘，盛欣译．北京：农村读物出版社，1999.05.　1册；12×12cm.　（世界优秀动画片画册荟萃）
ISBN 7-5048-2995-1（精装）：￥8.00元

09693　彼得·潘的故事
〔英〕巴里著；〔日〕照沼真理惠改编；〔日〕柿沼美浩编；〔日〕清水义治绘，盛欣译．北京：农村读物出版社，1999.05.　48页；12×12cm.　（世界优秀动画片画册荟萃　12）
ISBN 7-5048-2981-1：￥3.00元

09694　变动中的民主
〔日〕猪口孝等编；林猛等译．长春：吉林人民出版社，1999.12.　309页；20cm.　（人文译丛）
ISBN 7-206-03405-5：￥15.60元

09695　变动中的世界政治：当代国际关系理论沉思录
〔日〕星野昭吉编著；刘小林等译．北京：新华出版社，1999.04.　474页；20cm.　（国际问题参考译丛）
ISBN 7-5011-4396-X：￥28.80元

09696　表现自我：摆脱认知枷锁与世界深度交流
〔日〕海保博之著；李毓昭译．成都：西南财经大学出版社，1999.05.　172页；20cm.　（人生智慧经营系列丛书）
ISBN 7-81055-468-9：￥15.80元

09697　不良少年三岁起
〔日〕相部和男著；陈秋月译．北京：外文出版社，1999.01.　180页；20cm.　（新教养系列）
ISBN 7-119-02337-3：￥10.00元

09698　不愉快的果实
〔日〕林真理子著；中原鸣子译．珠海：珠海出版社，1999.07．247页；20cm
ISBN 7-80607-573-9：￥15.00元

09699　布莱门的乐队
〔日〕平田昭吾改编；〔日〕高桥信也绘；林林译．北京：中国电影出版社，1999.06．1册；17×18cm.（彩图世界经典童话故事　1）
ISBN 7-106-01452-4：￥12.80元

09700　彩色染发
〔日〕山口波砂夫著；林发明等译．沈阳：辽宁科学技术出版社，1999.03．79页；28cm
ISBN 7-5381-2905-7：￥48.00元

09701　策划：运筹帷幄101招
〔日〕中谷彰宏著；王军译．北京：知识出版社，1999.01．214页；19cm.（商务人生讲座）
ISBN 7-5015-1908-0：￥9.00元

09702　肠体操便秘畅通术
〔日〕安池忠夫著；林静芬译．成都：四川辞书出版社，1999.02．172页；21cm.（精致生活丛书）
ISBN 7-80543-728-9：￥15.00元

09703　常用简明日语词典
〔日〕佐竹秀雄，三省堂编修所编．上海：上海外语教育出版社，1999.09．855页；15×8cm
ISBN 7-81046-559-7：￥25.00元

09704　超长机器猫哆啦A梦（19）：大雄的宇宙漂流记
日本藤子．F.不二创作公司著；上海碧日译．长春：吉林美术出版社，1999.12．185页；19cm
ISBN 7-5386-0952-0：￥5.95元

09705　车的颜色是天空的颜色
〔日〕阿万纪美子著；彭懿译．南昌：21世纪出版社，1999.08．176页；20cm.（大幻想文学·日本小说）
ISBN 7-5391-1483-5：￥9.00元

09706　沉潜的瀑布
〔日〕三岛由纪夫著；竺家荣译．北京：中国文联出版社，1999.10．395页；20cm.（三岛由纪夫作品集　叶渭渠，唐月梅主编）

ISBN 7-5059-3394-9：￥23.00元

09707　成功的职场穿着术
〔日〕SHIROH等著；胡慧文译．沈阳：辽宁人民出版社，1999.01．124页；21cm.（MEN'STALK　1）
ISBN 7-205-04443-X：￥18.00元

09708　成功：屡战屡胜101招
〔日〕中谷彰宏著；齐东明译．北京：知识出版社，1999.01．212页；19cm.（商务人生讲座）
ISBN 7-5015-1909-9：￥9.00元

09709　成年之前要做的50件事
〔日〕中谷彰宏著；郭海良译．上海：三联书店上海分店，1999.12．143页；19×12cm
ISBN 7-5426-1313-8：￥10.00元

09710　成为领导者的33条铁则
〔日〕镰田胜著；房颖，宿久高译．北京：知识出版社，1999.01．208页；19cm.（人生铁则丛书）
ISBN 7-5015-1890-4：￥10.00元

09711　成长的原理
〔日〕上原春男著；倪洪敏，杨树明译．北京：京华出版社，1999.03．200页；20cm
ISBN 7-80600-358-4：￥11.60元

09712　赤脚中冈元的故事
〔日〕中启治原著；周正编译．长春：东北师范大学出版社，1999.07．48页；19cm.（英文阅读快车丛书）
ISBN 7-5602-2344-3：￥2.80元

09713　丑小鸭
〔丹麦〕安徒生著；〔日〕照沼真理惠改编；〔日〕柳川茂编；〔日〕大坂竹志绘；崔维燕译．北京：农村读物出版社，1999.05．48页；12×12cm.（世界优秀动画片画册荟萃　7）
ISBN 7-5048-2976-5：￥3.00元

09714　丑小鸭
〔日〕平田昭吾改编；林林译．北京：中国电影出版社，1999.06．92页；17×18cm.（彩图世界经典童话故事　7）
ISBN 7-106-01458-3：￥12.80元

09715　出自积淤的水中：以贝劳音乐文化为实例的音乐学新论

〔日〕山口修著；纪太平等译．北京：中国社会科学出版社，1999.09．286页；20cm
ISBN 7-5004-2553-8：¥25.00元

09716　川端康成散文

〔日〕川端康成著；叶渭渠译．北京：中国广播电视出版社，1999.04．2册（440，556）；20cm．（世界文化名人文库）
ISBN 7-5043-3211-9：¥48.00元

09717　川端康成小说经典

〔日〕川端康成著；叶渭渠，唐月梅译．北京：人民文学出版社，1999.07．3册（569，543，502页）；20cm
ISBN 7-02-002301-0：¥66.60元

09718　穿长筒靴的猫

〔日〕平田昭吾改编；李国勇，朱迎春译．北京：中国电影出版社，1999.06．1册；17×18cm．（彩图世界经典童话故事　7）
ISBN 7-106-01468-0：¥12.80元

09719　穿长靴的猫

〔法〕贝洛著；〔日〕照沼真理惠改编；〔日〕柳川茂编；〔日〕清水义治绘，盛欣译．北京：农村读物出版社，1999.05．48页；12×12cm．（世界优秀动画片画册荟萃　1）
ISBN 7-5048-2970-6：¥3.00元

09720　传感器入门

〔日〕雨宫好文著；洪淳赫译．北京：科学出版社，1999.12．196页；20cm
ISBN 7-03-008094-7：¥16.50元

09721　传统中国的内发性发展

〔日〕三石善吉著；余项科译．北京：中央编译出版社，1999.04．216页；20cm．（发现中国丛书）
ISBN 7-80109-220-1：¥15.00元

09722　创业第一步

〔日〕池之上直隆，宫光南著；刘安彭译．郑州：黄河水利出版社，1999.04．145页；20cm．（助你腾飞丛书）
ISBN 7-80621-302-3：¥8.80元

09723　创意思路

〔日〕深川英雄著；谭琦译．北京：中国电影出版社，1999.03．155页；20cm
ISBN 7-106-01409-5：¥26.00元

09724　创造奇迹：企业家的精神历程

〔日〕树木由子著；沈边译．北京：中国轻工业出版社，1999.01．283页；20cm．（把握未来丛书）
ISBN 7-5019-2402-3：¥20.00元

09725　创作漫画故事技法

〔日〕菅本顺一著；伍典译．南宁：接力出版社，1999.09．141页；26cm．（漫画绘制技法速成）
ISBN 7-80631-495-4：¥29.80元

09726　春雪

〔日〕三岛由纪夫著；唐月梅译．北京：中国文联出版社，1999.10．368页；20cm．（三岛由纪夫作品集　叶渭渠，唐月梅主编）
ISBN 7-5059-3395-7：¥21.00元

09727　纯白的夜

〔日〕三岛由纪夫著；汪正球，王建新译．北京：中国文联出版社，1999.10．420页；20cm．（三岛由纪夫作品集　叶渭渠，唐月梅主编）
ISBN 7-5059-3396-5：¥24.00元

09728　从我开始：培育开创性的公司风气

〔日〕西田通弘著；刘晓清译．杭州：浙江人民出版社，1999.10．137页；20cm
ISBN 7-213-01709-8：¥9.50元

09729　聪明的一休

〔日〕平田昭吾改编；龚诚，梁好译．北京：中国电影出版社，1999.06．1册；17×18cm．（彩图世界经典童话故事　9）
ISBN 7-106-01470-2：¥12.80元

09730　粗粒料的现场压实

日本土质工学会编；郭熙灵，文丹译．北京：中国水利水电出版社，1999.05．269页；26cm
ISBN 7-80124-994-1：¥29.00元

09731　大鼻子矮怪物

〔德〕豪夫原著；刘成，周详改编．西安：未来出版社，1999.08．58页；21×19cm．（世界

名著卡通画丛）
ISBN 7-5417-1976-5：￥5.40 元

09732　大海獠牙
〔日〕水上勉著；李长声译．北京：群众出版
社，1999.01.　232 页；19cm.　（日本推理小说
文库）
ISBN 7-5014-1890-X：￥11.00 元

09733　大灰狼和七只小羊
〔德〕格林著；〔日〕照沼真理惠改编；〔日〕
福岛宏志编；〔日〕大坂竹志绘；崔维燕译．
北京：农村读物出版社，1999.05.　1 册；12×
12cm.　（世界优秀动画片画册荟萃）
ISBN 7-5048-2991-9（精装）：￥8.00 元

09734　大灰狼和七只小羊
〔德〕格林著；〔日〕照沼真理惠改编；〔日〕
福岛宏志编；〔日〕大坂竹志绘；崔维燕译．
北京：农村读物出版社，1999.05.　48 页；12×
12cm.　（世界优秀动画片画册荟萃　10）
ISBN 7-5048-2979-X：￥3.00 元

09735　大学时代要见的 50 个人
〔日〕中谷彰宏著；倪挺刚译．上海：三联书
店上海分店，1999.12.　112 页；19×12cm
ISBN 7-5426-1307-3：￥10.00 元

09736　导盲犬玛雅
〔日〕冈村嗣著；刘莘译．南宁：广西教育出
版社，1999.09.　79 页；20cm.　（日本儿童文
学作品）
ISBN 7-5435-2898-3：￥4.50 元

09737　捣蛋鬼阿实
〔日〕井口直子著；高巍译；〔日〕田代千津子
绘．南宁：广西教育出版社，1999.09.　80
页；20cm.　（日本儿童文学作品）
ISBN 7-5435-2897-5：￥4.50 元

09738　地底下的魔术
〔日〕江户川乱步著；叶荣鼎译．上海：少年
儿童出版社，1999.12.　163 页；19cm
ISBN 7-5324-3995-X：￥7.30 元

09739　地球大探险
〔日〕藤子·F.不二雄著；〔日〕斋藤春夫绘；
韦瑜译．南宁：接力出版社，1999.09.　127
页；20cm.　（机器猫哆啦 A 梦神奇探险系

列　3）
ISBN 7-80631-578-0：￥7.80 元

09740　地球发怒了
〔日〕小山勇著；商增杰译；〔日〕末崎茂树
绘．南宁：广西教育出版社，1999.09.　114
页；20cm.　（日本儿童文学作品）
ISBN 7-5435-2896-7：￥6.60 元

09741　地图大探险
〔日〕藤子·F.不二雄著；〔日〕斋藤春夫绘；
杨政华译．南宁：接力出版社，1999.09.　127
页；20cm.　（机器猫哆啦 A 梦神奇探险系
列　12）
ISBN 7-80631-551-9：￥7.80 元

09742　地狱变
〔日〕芥川龙之介著；楼适夷等译．北京：解
放军文艺出版社，1999.01.　223 页；19cm.
（世界小说名家名篇名译·大众丛书　2）
ISBN 7-5033-1011-1：￥8.00 元

09743　第五福龙号
〔日〕庄子信原著；周正编译．长春：东北师
范大学出版社，1999.07.　34 页；19cm.　（英
文阅读快车丛书）
ISBN 7-5602-2344-3：￥2.80 元

09744　调动内幕
〔日〕高杉良著；孙猛译．北京：文化艺术出
版社，1999.01.　263 页；20cm
ISBN 7-5039-1857-8：￥13.50 元

09745　定式纵横
〔日〕藤泽秀行著；孔祥明译．成都：蜀蓉棋
艺出版社，1999.12.　208 页；19cm.　（秀行的
世界）
ISBN 7-80548-650-6：￥10.00 元

09746　东史郎日记
〔日〕东史郎著；张国仁等译．南京：江苏教
育出版社，1999.08.　298 页；20cm
ISBN 7-5343-3481-0（精装）：￥25.00 元

09747　动物
〔日〕成岛悦雄主编；王现强译．沈阳：辽宁
画报出版社，1999.03.　31 页；29cm.　（二十
一世纪幼儿百科）
ISBN 7-80601-293-1：￥17.80 元

09748 动物的传说
〔日〕深见东州著；朱卫民，谢咏译. 杭州：
中国美术学院出版社，1999.12. 95页：彩图；
19cm. （传说系列）
ISBN 7-81019-773-8：￥23.00元

09749 动物的脸谱
〔日〕养老孟司主编；赵月译. 沈阳：辽宁画
报出版社，1999.03. 31页；29cm. （二十一
世纪幼儿百科）
ISBN 7-80601-302-4：￥17.80元

09750 独耳大鹿
〔日〕椋鸠十著；叶荣鼎译. 上海：少年儿童
出版社，1999.04. 157页；18cm. （椋鸠十动
物故事）
ISBN 7-5324-3752-3：￥6.20元

09751 杜松·枫树
〔日〕群境介著；李东杰等译. 北京：世界图
书出版公司，1999.06. 251页；20cm. （图解
微型盆景栽培系列）
ISBN 7-5062-4181-1：￥15.00元

09752 短篇故事精选
〔日〕堀田由之助原编著；刘巧萌编译. 长春：
东北师范大学出版社，1999.07. 49页；
19cm. （英文阅读快车丛书）
ISBN 7-5602-2344-3：￥2.80元

09753 对顾客要做的50件事
〔日〕中谷彰宏著；麦华译. 上海：三联书店
上海分店，1999.12. 127页；19×12cm
ISBN 7-5426-1305-7：￥10.00元

09754 发明创造大探险
〔日〕藤子·F.不二雄著；〔日〕斋藤春夫绘；
黄天来译. 南宁：接力出版社，1999.09. 127
页；20cm. （机器猫哆啦A梦神奇探险系
列 14）
ISBN 7-80631-579-9：￥7.80元

09755 发型修护技巧
日本主妇之友社供稿；《发型修护技巧》编译组
编译. 北京：中国轻工业出版社，1999.04.
155页；15cm. （瑞丽袖珍丛书）
ISBN 7-5019-2483-X：￥12.80元

09756 反字篆刻字典
〔日〕牛窪悟十著；窦金兰译. 天津：天津人

民美术出版社，1999.07. 304页；23×16cm
ISBN 7-5305-1004-5（精装）：￥27.00元

**09757 防止全球变暖：改变20世纪型的经济
体系**
〔日〕佐和隆光著；任文译. 北京：中国环境
科学出版社，1999.11. 148页；20cm. （岩波
新书选译者）
ISBN 7-80135-686-1：￥9.80元

09758 防治高血压家常菜
〔日〕藤井润著；台湾主妇之友出版社译. 天
津：天津科技翻译出版公司，1999.09. 157
页；20cm. （健康厨房）
ISBN 7-5433-1141-0：￥19.50元

09759 防治痛风病家常菜
〔日〕山中寿著；台湾主妇之友出版社译. 天
津：天津科技翻译出版公司，1999.09. 157
页；20cm. （健康厨房）
ISBN 7-5433-1143-7：￥19.50元

09760 飞翔吧，千羽鹤
〔日〕阿原成光等原著；邹元植编译. 长春：
东北师范大学出版社，1999.07. 51页；
19cm. （英文阅读快车丛书）
ISBN 7-5602-2344-3：￥2.80元

09761 非连续杀人事件
〔日〕坂口安吾著；逆飞译. 北京：群众出版
社，1999.01. 277页；19cm. （日本推理小说
文库）
ISBN 7-5014-1892-6：￥13.00元

09762 分离的科学与技术
〔日〕大矢晴彦著；张瑾译. 北京：中国轻工
业出版社，1999.08. 269页；20cm
ISBN 7-5019-2520-8：￥20.00元

09763 丰田方式
〔日〕片山修著；陈锐译. 北京：华夏出版社，
1999.09. 270页；20cm. （世界500强企业发
展丛书 成思危主编）
ISBN 7-5080-1955-5：￥18.80元

09764 风的旱冰鞋
〔日〕安房直子著；彭懿译. 南昌：21世纪出
版社，1999.08. 121页；20cm. （大幻想文
学·日本小说）

ISBN 7-5391-1477-0：￥6.40 元

09765　风景建筑小品设计图集
〔日〕丰田幸夫著；黎雪梅译．　北京：中国建筑工业出版社，1999.06.　183 页：照片；26cm
ISBN 7-112-03719-0：￥68.00 元

09766　风景摄影技法
〔日〕三轮薰著．　长春：吉林科学技术出版社，1999.01.　175 页；21×15cm.　（图解摄影技法译法译丛）
ISBN 7-5384-2052-5：￥31.00 元

09767　风姿花传
〔日〕世阿弥著；王冬兰译．　北京：中国社会科学出版社，1999.04.　1 册；19×17cm
ISBN 7-5004-2423-X：￥32.00 元

09768　弗兰德的狗
〔日〕平田昭吾改编；〔日〕高桥信也绘；胡莉萍，龚诚译．　北京：中国电影出版社，1999.06.　1 册；17×18cm.　（彩图世界经典童话故事 3）
ISBN 7-106-01464-8：￥12.80 元

09769　钙质与防骨质疏松
〔日〕小池五郎等著；沙百艳译．　北京：中国轻工业出版社，1999.09.　115 页；20cm.　（健康饮食）
ISBN 7-5019-2648-4：￥15.00 元

09770　高分子金属络合物
〔日〕土田英俊等著；张志奇，张举贤译．　北京：北京大学出版社，1999.06.　353 页；20cm.　（北京大学化学科学译丛 1）
ISBN 7-301-04117-9：￥20.00 元

09771　高速列车
〔日〕宫胁俊三主编；李彦兵译．　沈阳：辽宁画报出版社，1999.03.　31 页；29cm.　（二十一世纪幼儿百科）
ISBN 7-80601-299-0：￥17.80 元

09772　高效整理法
〔日〕壶阪龙哉著；郑民钦译．　郑州：黄河水利出版社，1999.04.　191 页；20cm.　（助你腾飞丛书）
ISBN 7-80621-304-X：￥11.80 元

09773　割掉舌头底麻雀
〔日〕平田昭吾改编；林林译．　北京：中国电影出版社，1999.06.　1 册；17×18cm.　（彩图世界经典童话故事 8）
ISBN 7-106-01459-1：￥12.80 元

09774　阁楼的秘密
〔日〕松谷美代子著；彭懿译．　南昌：21 世纪出版社，1999.08.　160 页；20cm.　（大幻想文学·日本小说）
ISBN 7-5391-1481-9：￥8.30 元

09775　隔墙有眼
〔日〕松本清张著；金中，章吾一译．　北京：群众出版社，1999.01.　266 页；20cm.　（世界侦探惊险名著文库）
ISBN 7-5014-1848-9：￥13.00 元

09776　葛饰北斋作品
〔日〕葛饰北斋绘．　天津：天津人民美术出版社，1999.07.　1 册；29cm.　（浮世绘名家精选）
ISBN 7-5305-0993-4：￥20.00 元

09777　个性化企业的时代
〔日〕中西元男著；王超鹰译．　上海：上海辞书出版社，1999.12.　196 页；19cm
ISBN 7-5326-0639-2：￥15.10 元

09778　工业固体废物
〔日〕高杉晋吾著；周北海译．　北京：中国环境科学出版社，1999.08.　140 页；20cm.　（岩波新书选译者）
ISBN 7-80135-758-2：￥8.80 元

09779　公司里学不到的 50 件事
〔日〕中谷彰宏著；吴颖斐译．　上海：三联书店上海分店，1999.12.　140 页；19×12cm
ISBN 7-5426-1314-6：￥10.00 元

09780　公司内务管理精要
日本 LEC·东京法思株式会社编著．　上海：复旦大学出版社，1999.12.　285 页；20cm.　（经营管理精要丛书 〔日〕反町胜夫主编）
ISBN 7-309-02298-X：￥14.00 元

09781　功能汽车
〔日〕高岛镇雄主编；徐莹译．　沈阳：辽宁画报出版社，1999.03.　31 页；29cm.　（二十一

世纪幼儿百科）
ISBN 7-80601-295-8：￥17.80 元

09782　沟通高手乐在聊天
〔日〕中川昌彦著；胡先译．　北京：新华出版社，1999.10.　264 页；20cm
ISBN 7-5011-4613-6：￥15.00 元

09783　狗
〔日〕增井光子主编；朱洪丽，王博译．沈阳：辽宁画报出版社，1999.03.　31 页；29cm.（二十一世纪幼儿百科）
ISBN 7-80601-303-2：￥17.80 元

09784　古代大探险
〔日〕藤子·F. 不二雄著；〔日〕斋藤春夫绘；黄天来译．南宁：接力出版社，1999.09.　127 页；20cm.　　（机器猫哆啦 A 梦神奇探险系列 7）
ISBN 7-80631-574-8：￥7.80 元

09785　骨质疏松症病因、治疗、管理
〔日〕冈野一年著；朱贤译．　北京：人民卫生出版社，1999.10.　147 页；20cm
ISBN 7-117-03338-X：￥9.50 元

09786　怪奇四十面相
〔日〕江户川乱步著；叶荣鼎译．上海：少年儿童出版社，1999.12.　139 页；18×13cm
ISBN 7-5324-3994-1：￥7.30 元

09787　怪人二十面相
〔日〕江户川乱步著；叶荣鼎译．上海：少年儿童出版社，1999.12.　191 页；18×13cm
ISBN 7-5324-3992-5：￥7.30 元

09788　关系：左右逢源 101 招
〔日〕中谷彰宏著；于舟译．　北京：知识出版社，1999.01.　214 页；19cm.　（商务人生讲座）
ISBN 7-5015-1906-4：￥9.00 元

09789　观赏植物的传说
〔日〕深见东州著；胡莉萍译．　杭州：中国美术学院出版社，1999.12.　111 页；彩图；19cm.（传说系列）
ISBN 7-81019-773-8：￥23.00 元

09790　广告方案
〔日〕原鸿一郎，石田胜寿著；谭琦译．　北京：

中国电影出版社，1999.11.　165 页；20cm
ISBN 7-106-01476-1：￥16.00 元

09791　广告精要Ⅱ：创意与制作
日本 LEC·东京法思株式会社编著．　上海：复旦大学出版社，1999.11.　211 页；20cm.（经营管理精要丛书）
ISBN 7-309-02300-5：￥12.00 元

09792　广告文稿策略：策划、创意与表现
〔日〕植条则夫著；俞纯麟，俞振伟译．　上海：复旦大学出版社，1999.04.　360 页；20cm
ISBN 7-309-02204-1：￥16.00 元

09793　鬼卵
〔日〕西本鸡介编著；纳·乌力吉巴图译．通辽：内蒙古少年儿童出版社，1999.08.　191 页；17×19cm
ISBN 7-5312-1030-4：￥15.00 元

09794　国际流行餐厅厨房与店面设计
〔日〕竹谷稔宏，伊藤芳规著；郑春瑞译．　北京：国际文化出版公司，1999.06.　166 页；29×21cm
ISBN 7-80105-708-2：￥38.00 元

09795　国际日语水平考试汉字·词汇应试问题集（1 级）
〔日〕白寄等编著．　天津：南开大学出版社，1999.03.　203 页；26cm
ISBN 7-310-01223-2：￥21.00 元

09796　国际日语水平考试听解应试问题集（1 级、2 级）
〔日〕筒井由美子等编著．　天津：南开大学出版社，1999.03.　134 页；26cm
ISBN 7-310-01225-9：￥16.00 元

09797　海的女儿
〔丹〕安徒生著；〔日〕照沼真理惠改编；〔日〕柳川茂编；〔日〕大坂竹志绘；盛欣译．　北京：农村读物出版社，1999.05.　1 册；12×12cm.（世界优秀动画片画册荟萃）
ISBN 7-5048-2994-3（精装）：￥8.00 元

09798　海的女儿
〔丹麦〕安徒生著；〔日〕照沼真理惠改编；〔日〕柳川茂编；〔日〕宫尾岳绘；盛欣译．北京：农村读物出版社，1999.05.　48 页；12×12cm.（世界优秀动画片画册荟萃　8）

ISBN 7-5048-2977-3：￥3.00 元

09799 海底大探险

〔日〕藤子·F.不二雄著；〔日〕斋藤春夫绘；柏叙译．南宁：接力出版社，1999.09. 127 页；20cm.（机器猫哆啦 A 梦神奇探险系列 15）

ISBN 7-80631-575-6：￥7.80 元

09800 海底下的铁人鱼

〔日〕江户川乱步著；叶荣鼎译．上海：少年儿童出版社，1999.12. 146 页；18×13cm

ISBN 7-5324-3997-6：￥7.30 元

09801 海景摄影技法

〔日〕加藤庸二著．长春：吉林科学技术出版社，1999.01. 175 页；21×15cm.（图解摄影技法译法译丛）

ISBN 7-5384-2049-5：￥31.50 元

09802 海伦·凯勒

〔日〕平田昭吾改编；林林译．北京：中国电影出版社，1999.06. 1 册；17×18cm.（彩图世界经典童话故事 5）

ISBN 7-106-01466-4：￥12.80 元

09803 汉日定语比较研究

〔日〕山田留里子著．北京：北京大学出版社，1999.11. 153 页；20cm

ISBN 7-301-04296-5：￥15.00 元

09804 合欢鸟

〔日〕黑泽明著．延吉：延边人民出版社，1999.12. 3 册；19cm.（黑泽明动感作品集第三辑）

ISBN 7-80648-342-X：￥25.80 元

09805 合欢树预测地震

〔日〕鸟山英雄著；苏丛柏等编译．北京：地震出版社，1999.06. 131 页；19cm

ISBN 7-5028-1676-3：￥10.00 元元

09806 合同·担保管理精要

日本 LEC·东京法思株式会社编著．上海：复旦大学出版社，1999.11. 257 页；20cm.（经营管理精要丛书）

ISBN 7-309-02297-1：￥14.00 元

09807 何谓朋友

〔日〕赤冢不二夫等著；郝玉珍译．南宁：广西教育出版社，1999.09. 75 页；20cm.（青

少年哲学丛书）

ISBN 7-5435-2868-1：￥4.00 元

09808 河流土工手册

日本国土开发技术研究中心著；袁中群，翟家瑞译．郑州：黄河水利出版社，1999.10. 261 页；20cm

ISBN 7-80621-348-1：￥32.00 元

09809 黑玫瑰的七个魔法

〔日〕末吉晓子著；韩小龙译．南昌：21 世纪出版社，1999.08. 176 页；20cm.（大幻想文学·日本小说）

ISBN 7-5391-1478-9：￥9.00 元

09810 黑钱风波：现代都市财经小说

〔日〕高杉良著；曲维译．北京：文化艺术出版社，1999.01. 249 页；20cm

ISBN 7-5039-1858-6：￥13.00 元

09811 亨塞尔和格蕾特尔

〔德〕格林著；〔日〕照沼真理惠改编；〔日〕柳川茂编；〔日〕宫尾岳绘；盛欣译．北京：农村读物出版社，1999.05. 48 页；12×12cm.（世界优秀动画片画册荟萃 3）

ISBN 7-5048-2972-2：￥3.00 元

09812 红舞鞋

〔丹麦〕安徒生著；〔日〕照沼真理惠改编；〔日〕福岛宏之编；〔日〕杉本幸子绘；崔维燕译．北京：农村读物出版社，1999.05. 48 页；12×12cm.（世界优秀动画片画册荟萃 14）

ISBN 7-5048-2983-8：￥3.00 元

09813 洪水与美国：密西西比河的洪泛区管理（1993 年密西西比河大洪水的思考）

日本国土开发技术研究中心，美国河川研究会编著；张万宗等译．郑州：黄河水利出版社，1999.11. 256 页；26cm

ISBN 7-80621-358-9：￥45.00 元

09814 厚黑侠

〔日〕黑泽明著．延吉：延边人民出版社，1999.09. 3 册（706 页）；19cm.（黑泽明动感作品集 第一辑）

ISBN 7-80648-310-1：￥25.80 元

09815 胡萝卜素与防癌

〔日〕小池五郎等著；滑本忠译．北京：中国

轻工业出版社，1999.09. 118 页；20cm. （健康饮食）

ISBN 7-5019-2652-2：￥15.00 元

09816 花的传说

〔日〕深见东州著；胡莉萍译. 杭州：中国美术学院出版社，1999.12. 93 页；19cm. （传说系列）

ISBN 7-81019-773-8：￥23.00 元

09817 花风景摄影技法

〔日〕麻贺进著. 长春：吉林科学技术出版社，1999.01. 175 页；21×15cm. （图解摄影技法译法译丛）

ISBN 7-5384-1992-6：￥33.00 元

09818 花卉摄影技法

〔日〕平野隆久著. 长春：吉林科学技术出版社，1999.01. 191 页；21×15cm. （图解摄影技法译法译丛）

ISBN 7-5384-1994-2：￥33.50 元

09819 环境法

〔日〕原田尚彦著；于敏译. 北京：法律出版社，1999.04. 199 页；20cm

ISBN 7-5036-2763-8：￥18.00 元

09820 环境论：人类最终的选择

〔日〕岸根卓郎著；何鉴译. 南京：南京大学出版社，1999.09. 452 页；20cm

ISBN 7-305-03414-2（精装）：￥25.00 元

09821 环境社会学

〔日〕饭岛伸子著；包智明译. 北京：社会科学文献出版社，1999.01. 130 页；20cm

ISBN 7-80149-074-6：￥10.00 元

09822 环游日本学日语

〔日〕高津正照等编；景煌译. 北京：外语教学与研究出版社，1999.12. 180 页；20cm

ISBN 7-5600-1713-4：￥7.90 元

09823 患者，请不要硬和癌症作斗争

〔日〕近藤诚著；尤立平、梁永宜译. 北京：华夏出版社，1999.01. 281 页；15cm. （华夏迷你文库）

ISBN 7-5080-1519-3：￥14.00 元

09824 黄金法则50条

〔日〕野村正树著；郑民钦译. 郑州：黄河水

利出版社，1999.04. 160 页；20cm. （助你腾飞丛书）

ISBN 7-80621-303-1：￥8.80 元

09825 黄金假面人

〔日〕江户川乱步著；武继平译. 珠海：珠海出版社，1999.09. 419 页；20cm. （乱步惊险侦探小说集 朱书民主编）

ISBN 7-80607-598-4：￥20.00 元

09826 灰姑娘

〔法〕贝洛著；〔日〕照沼真理惠改编；〔日〕柿沼美浩编；〔日〕别府千鹤子绘；崔维燕译. 北京：农村读物出版社，1999.05. 48 页；12×12cm. （世界优秀动画片画册荟萃 2）

ISBN 7-5048-2971-4：￥3.00 元

09827 回忆中的小安姑娘

〔日〕和田登原著；邹娅编译. 长春：东北师范大学出版社，1999.07. 63 页；19cm. （英文阅读快车丛书）

ISBN 7-5602-2344-3：￥2.80 元

09828 魂归阿寒

〔日〕渡边淳一著；窦文等译. 南京：译林出版社，1999.08. 274 页；20cm. （当代外国流行小说名著丛书）

ISBN 7-80567-960-6：￥12.50 元

09829 活用时间的33条铁则

〔日〕中岛孝志著；吴桐、宿久高译. 北京：知识出版社，1999.01. 219 页；19cm. （人生铁则丛书）

ISBN 7-5015-1891-2：￥12.00 元

09830 获得成功的33个铁则

〔日〕畠山芳雄著；李燕、宿久高译. 北京：知识出版社，1999.01. 219 页；19cm. （人生铁则丛书）

ISBN 7-5015-1885-8：￥11.00 元

09831 激发活力：技术与市场的全面开发

〔日〕柳田邦男著；甘峰等译. 杭州：浙江人民出版社，1999.10. 261 页；20cm

ISBN 7-213-01711-X：￥14.50 元

09832 激发自身活力

〔日〕多湖辉著；王彦花译. 北京：商务印书馆国际有限公司，1999.01. 230 页；17cm. （心理透视丛书）

ISBN 7-80103-167-9：¥12.50 元

09833　记忆力的科学
〔日〕小田亚著；陈苏译． 北京：华夏出版社，
1999.01. 174 页；15cm
ISBN 7-5080-1693-9：¥9.00 元

09834　技术分析精解：正确把握行情的方法
〔日〕林康史著；方爱乡等译． 大连：东北财
经大学出版社，1999.09. 223 页；20cm．（实
战投资经典丛书）
ISBN 7-81044-602-9：¥18.00 元

09835　佳能理念
〔日〕岩渊明男著；杨廷梓，郑春瑞译． 北京：
华夏出版社，1999.09. 199 页；20cm．（世界
500 强企业发展丛书　成思危主编）
ISBN 7-5080-1952-0：¥14.80 元

09836　价格教养从小开始
〔日〕繁多进著；萧照芳译． 北京：外文出版
社，1999.01. 158 页；20cm．（新教养系列）
ISBN 7-119-0233-57：¥10.00 元

09837　肩膀上的秘书
〔日〕星新一著；郭富光，于雷主编． 沈阳：
春风文艺出版社，1999.04. 396 页；20cm
ISBN 7-5313-2075-4：¥18.00 元

09838　减肥秘方药膳粥
〔日〕吉屋和江著；金虎村译． 北京：长虹出
版社，1999.03. 167 页；19cm．（中医与食疗
丛书）
ISBN 7-80063-034-X：¥12.80 元

09839　简明图解五子棋
〔日〕坂田吾朗著；一心，芳菲译． 北京：人
民体育出版社，1999.04. 267 页；20cm．（五
子棋系列丛书）
ISBN 7-5009-1673-6：¥16.00 元

09840　简易日语
〔日〕古田博司著；赵顺文编译． 长沙：湖南
出版社，1999.06. 231 页；20cm　（体系日语
会话教材）
ISBN 7-5438-1986-4：¥10.50 元

09841　建筑工程监理要点集
〔日〕伊泽阳一编著；滕征本等译． 北京：中
国建筑工业出版社，1999.08. 383 页；

29×21cm
ISBN 7-112-03787-5：¥54.00 元

09842　建筑图集：城市办公建筑
日本建筑家协会编；刘茂榆译． 北京：中国建
筑工业出版社，1999.05. 117 页；30cm
ISBN 7-112-03716-8：¥26.00 元

09843　建筑图集：城市旅馆建筑
日本建筑家协会编；魏德辉译． 北京：中国建
筑工业出版社，1999.05. 127 页；30cm
ISBN 7-112-03746-8：¥28.00 元

09844　剑霸
〔日〕黑泽明著． 延吉：延边人民出版社，
1999.09. 3 册（739 页）；19cm．（黑泽明动
感作品集　第一辑）
ISBN 7-80648-310-1：¥25.80 元

09845　健康避孕 ABC
〔日〕加藤俊治著；仲彭军译． 济南：山东科
学技术出版社，1999.10. 100 页；19cm
ISBN 7-5331-2587-8：¥7.00 元

09846　健康心理测验
〔日〕稻田太作著；智慧大学译． 天津：天津
科技翻译出版公司，1999.09. 178 页；20cm
ISBN 7-5433-1157-7：¥9.00 元

09847　健康饮水法
〔日〕河野友美等著；张孝安译． 北京：农村
读物出版社，1999.10. 141 页；19cm．（保健
丛书）
ISBN 7-5048-3069-0：¥7.60 元

09848　渐进日语
〔日〕古田博司著；赵顺文编译． 长沙：湖南
出版社，1999.06. 233 页；20cm　（体系日语
会话教材）
ISBN 7-5438-1987-2：¥10.50 元

09849　降低胆固醇的家常菜
〔日〕石川恭三著；台湾主妇之友出版社译．
天津：天津科技翻译出版公司，1999.09. 159
页；20cm．（健康厨房）
ISBN 7-5433-1142-9：¥19.50 元

09850　交通工具
〔日〕山田迪生主编；杨雪飞译． 沈阳：辽宁
画报出版社，1999.03. 31 页；29cm．（二十

一世纪幼儿百科）

ISBN 7-80601-300-8：￥17.80 元

09851　交通工具大探险

〔日〕藤子·F. 不二雄著；〔日〕斋藤春夫绘；陈蜀阳译. 南宁：接力出版社，1999.09.　127 页；20cm.　（机器猫哆啦 A 梦神奇探险系列　8）

ISBN 7-80631-580-2：￥7.80 元

09852　脚底健康法

〔日〕石塚忠雄著；林芸译. 天津：天津科技翻译出版公司，1999.07.　163 页；20cm.　（健康之友丛书）

ISBN 7-5433-1111-9：￥8.80 元

09853　教养从心开始

〔日〕繁多进著；林真美译. 北京：外文出版社，1999.01.　154 页；20cm.　（新教养系列）

ISBN 7-119-02339-X：￥10.00 元

09854　杰克与豆蔓

〔日〕平田昭吾改编；〔日〕井上智绘；陈佳，林林译. 北京：中国电影出版社，1999.06.　1 册；17×18cm.　（彩图世界经典童话故事　2）

ISBN 7-106-01453-2：￥12.80 元

09855　杰克与豆蔓

〔英〕斯道布兹著；〔日〕照沼真理惠改编；〔日〕柳川茂编；〔日〕间上绊绘；盛欣译. 北京：农村读物出版社，1999.05.　1 册；12×12cm.　（世界优秀动画片画册荟萃）

ISBN 7-5048-2990-0（精装）：￥8.00 元

09856　杰克与豆蔓

〔英〕斯道布兹著；〔日〕照沼真理惠改编；〔日〕苅川茂编；〔日〕间上绊绘；盛欣译. 北京：农村读物出版社，1999.05.　48 页；12×12cm.　（世界优秀动画片画册荟萃　18）

ISBN 7-5048-2987-0：￥3.00 元

09857　结婚之前要做的 50 件事

〔日〕中谷彰宏著；林思吟译. 上海：三联书店上海分店，1999.12.　111 页；19×12cm

ISBN 7-5426-1306-5：￥10.00 元

09858　金榜题名的艺术

〔日〕诹访耕一等编著；小室久译. 北京：中

国城市出版社，1999.12.　3 册；20cm.　（育子系列丛书）

ISBN 7-5074-1190-7：￥37.80 元

09859　金牧师和美国梦

〔日〕新川右好等原著；周正，裴锡灿编译. 长春：东北师范大学出版社，1999.07.　38 页；19cm.　（英文阅读快车丛书）

ISBN 7-5602-2344-3：￥2.80 元

09860　金融大海啸：日本经济的重创

〔日〕吉田和男著；范作申译.　北京：三联书店，1999.12.　210 页；19cm

ISBN 7-108-01304-5：￥11.50 元

09861　金融衍生产品风险管理：资产负债管理最新技术

日本大和证券业务开发部编著；周金城等译. 北京：中国金融出版社，1999.02.　335 页；20cm

ISBN 7-5049-2054-1：￥28.00 元

09862　金田一探案集：八墓村

〔日〕横沟正史著；刘红译.　珠海：珠海出版社，1999.05.　304 页；20cm

ISBN 7-80607-545-3：￥15.00 元

09863　金田一探案集：恶魔吹着笛子来

〔日〕横沟正史著；伟峥译.　珠海：珠海出版社，1999.05.　299 页；20cm

ISBN 7-80607-545-3：￥15.00 元

09864　金田一探案集：女王蜂

〔日〕横沟正史著；第五贤德译.　珠海：珠海出版社，1999.05.　302 页；20cm

ISBN 7-80607-545-3：￥15.00 元

09865　金田一探案集：狱门岛

〔日〕横沟正史著；赵剑峰译.　珠海：珠海出版社，1999.05.　266 页；20cm

ISBN 7-80607-545-3：￥15.00 元

09866　金童令主

〔日〕黑泽明著. 延吉：延边人民出版社，1999.09.　3 册；19cm.　（黑泽明动感作品集第二辑）

ISBN 7-80648-341-1：￥28.50 元

09867　金字招牌：称雄世界的德国商品

〔日〕田中重弘著；邱文凯译.　杭州：浙江人

民出版社，1999.10. 169 页；20cm
ISBN 7-213-01710-1：￥10.50 元

09868 近代日本的中国认识：走向亚洲的航踪
〔日〕野村浩一著；张学锋译. 北京：中央编
译出版社，1999.04. 300 页；20cm
ISBN 7-80109-221-X：￥18.80 元

09869 近代中国的国际契机：朝贡贸易体系与近代亚洲经济圈
〔日〕滨下武志著；朱荫贵，欧阳菲译. 北京：
中国社会科学出版社，1999.01. 402 页；
19cm.（中国近代史研究译丛 王庆成，虞和
平主编）
ISBN 7-5004-2379-9：￥18.00 元

09870 禁色
〔日〕三岛由纪夫著；杨丙辰译. 北京：中国
文联出版社，1999.01. 420 页；20cm.（三岛
由纪夫作品集 叶渭渠主编）
ISBN 7-5059-3397-7：￥21.50 元

09871 经济活动与法：确保市场活动中的自由与法制
〔日〕来生新著；齐虹丽译. 昆明：云南大学
出版社，1999.08. 138 页；20cm
ISBN 7-81068-078-1：￥12.00 元

09872 经济体制的比较制度分析
〔日〕青木昌彦，奥野正宽编著；魏加宁等译.
北京：中国发展出版社，1999.01. 323 页；
20cm.（发展文库 鲁志强主编）
ISBN 7-80087-264-5：￥19.50 元

09873 经营赤信号
〔日〕田边升一著；郑励志，周林涓，柯明贤
译. 上海：上海远东出版社，1999.12. 302
页；20cm
ISBN 7-80613-764-5：￥14.00 元

09874 经营伦理理论与实践：经营价值四原理体系的导入与发展
〔日〕水谷雅一著；李长明，连奇方译. 北京：
经济管理出版社，1999.01. 189 页；20cm
ISBN 7-80118-737-7：￥12.00 元

09875 经营秘传：一个经营者的谈话
〔日〕江口克彦著；郎惠男译. 北京：企业管
理出版社，1999.01. 115 页；19cm
ISBN 7-80147-126-1：￥9.80 元

09876 荆轲刺秦王
〔日〕荒俣宏著；任屹霞等译. 北京：中国青
年出版社，1999.07. 254 页；20cm
ISBN 7-5006-3467-6：￥16.00 元

09877 精选河邨一郎诗集
王述坤编著. 沈阳：春风文艺出版社，
1999.09. 178 页；20cm
ISBN 7-5313-2156-4：￥15.00 元

09878 镜子之家
〔日〕三岛由纪夫著；杨伟译. 北京：中国文
联出版公司，1999.01. 445 页；20cm.（三岛
由纪夫作品集 叶渭渠主编）
ISBN 7-5059-3294-2：￥22.60 元

09879 橘瑞超西行记
〔日〕橘瑞超著；柳洪亮译. 乌鲁木齐：新疆
人民出版社，1999.02. 280 页；20cm.（西域
探险考察大系）
ISBN 7-228-04706-0（精装）：￥32.00 元

09880 开往巴黎的杀人列车
〔日〕西村京太郎著；张丽颖等译. 北京：群
众出版社，1999.01. 232 页；19cm.（日本推
理小说文库）
ISBN 7-5014-1788-1：￥12.00 元

09881 开运化妆术
〔日〕寺田法子著. 北京：世界图书出版公司，
1999.09. 161 页；20cm.（创意女性系列）
ISBN 7-5062-4328-8：￥12.80 元

09882 看图速记英语词汇集：学习生活用语新突破
日本PHP研究所编；〔日〕藁谷久三监修. 北
京：外文出版社，1999.07. 191 页；18×11cm
ISBN 7-119-02451-5：￥16.00 元

09883 康嘎楚称格桑选集
〔日〕康嘎楚称格桑著. 北京：中国藏学出版
社，1999.01. 892 页；20cm
ISBN 7-80057-332-X（精装）：￥32.00 元

09884 抗生素——生产的科学
〔日〕龟田邦明，八木泽守正编著；王南金译.
北京：中国医药科技出版社，1999.01. 223
页；20cm
ISBN 7-5067-1860-X：￥18.00 元

09885　可亲的恶魔

〔日〕星新一著；郭富光，于雷主编．沈阳：
春风文艺出版社，1999.04. 381 页；20cm

ISBN 7-5313-2076-2：￥17.00 元

09886　恐龙

〔日〕小富郁生主编；于晖译．沈阳：辽宁画
报出版社，1999.03. 31 页；29cm. （二十一
世纪幼儿百科）

ISBN 7-80601-298-2：￥17.80 元

09887　恐龙大探险

〔日〕藤子·F.不二雄著；〔日〕斋藤春夫绘；
乔莹洁译．南宁：接力出版社，1999.09. 123
页；20cm. （机器猫哆啦 A 梦神奇探险系
列　1）

ISBN 7-80631-549-7：￥7.80 元

09888　酷哥娇娇妹

〔日〕黑泽明著．延吉：延边人民出版社，
1999.09. 3 册；19cm. （黑泽明动感作品集
第二辑）

ISBN 7-80648-341-1：￥28.50 元

09889　快乐怀孕 10 个月

〔日〕高山中夫著；萧晓萍译．成都：四川辞
书出版社，1999.09. 206 页；20cm. （精致生
活丛书）

ISBN 7-80543-817-X：￥20.00 元

09890　快速记忆技巧

〔日〕多湖辉著；王彦花译．北京：商务印书
馆国际有限公司，1999.01. 201 页；17cm.
（心理透视丛书）

ISBN 7-80103-166-0：￥10.80 元

09891　快愈力：意识改造健康法

〔日〕筱原佳年著；李宁等译．北京：华夏出
版社，1999.01. 165 页；15cm. （华夏迷你
文库）

ISBN 7-5080-1517-7：￥9.00 元

09892　昆虫

〔日〕日高敏隆主编；纪泉译．沈阳：辽宁画
报出版社，1999.03. 31 页；29cm. （二十一
世纪幼儿百科）

ISBN 7-80601-292-3：￥17.80 元

09893　昆虫大探险

〔日〕藤子·F.不二雄著；〔日〕斋藤春夫绘；

唐承红译．南宁：接力出版社，1999.09. 127
页；20cm. （机器猫哆啦 A 梦神奇探险系
列　4）

ISBN 7-80631-591-8：￥7.80 元

09894　老鼠出嫁

〔日〕平田昭吾改编；〔日〕高田由美子绘；林
林译．北京：中国电影出版社，1999.06. 1
册；17×18cm. （彩图世界经典童话故事　3）

ISBN 7-106-01454-0：￥12.80 元

09895　冷战后国际关系理论的变化与发展

〔日〕星野昭吉，刘小林主编．北京：北京师
范大学出版社，1999.03. 333 页；20cm

ISBN 7-303-03309-2：￥15.00 元

09896　黎明：住井末儿童文学作品选

〔日〕住井末著；王永全，淀川德译．长春：
吉林大学出版社，1999.07. 161 页；19cm

ISBN 7-5601-2114-4：￥7.00 元

09897　利玛窦传

〔日〕平川祐弘著；刘岸伟，徐一平译．北京：
光明日报出版社，1999.01. 343 页；20cm

ISBN 7-80145-088-4：￥18.00 元

09898　莉娜·玛丽亚

〔日〕白石子原著；周正编译．长春：东北师
范大学出版社，1999.07. 35 页；19cm. （英
文阅读快车丛书）

ISBN 7-5602-2344-3：￥2.80 元

09899　恋都

〔日〕三岛由纪夫著；唐月梅，林青华译．北京：
中国文联出版社，1999.10. 339 页；20cm. （三
岛由纪夫作品集　叶渭渠，唐月梅主编）

ISBN 7-5059-3397-3：￥20.00 元

09900　粮食经济：未来 21 世纪的政策

〔日〕岸根卓郎著；何鉴译．南京：南京大学
出版社，1999.09. 284 页；20cm

ISBN 7-305-03416-9：￥25.00 元

09901　两个日本汉学家的中国纪行

〔日〕内藤湖南，青木正儿著；王青译．北京：
光明日报出版社，1999.09. 138 页；20cm

ISBN 7-80145-191-0：￥10.00 元

09902　两岁读书不是梦：开发幼儿的学习潜能

〔日〕公文公著；何日华译．北京：外文出版

社，1999.01. 172 页；20cm. （新教养系列）
ISBN 7-119-02336-5：￥10.00 元

09903 列车 23 点 25 分到札幌
〔日〕西村京太郎著；祖秉和译. 北京：群众
出版社，1999.01. 255 页；19cm. （日本推理
小说文库）
ISBN 7-5014-1786-5：￥12.00 元

09904 铃木春信作品
〔日〕铃木春信绘. 天津：天津人民美术出版
社，1999.07. 1 册；29cm. （浮世绘名家
精选）
ISBN 7-5305-0994-2：￥20.00 元

09905 菱川师宣、一立斋广重作品
〔日〕菱川师宣，一立斋广重绘. 天津：天津
人民美术出版社，1999.07. 1 册；29cm. （浮
世绘名家精选）
ISBN 7-5305-0991-8：￥24.00 元

09906 龙回九天
〔日〕黑泽明著. 延吉：延边人民出版社，
1999.12. 3 册；19cm. （黑泽明动感作品集
第三辑）
ISBN 7-80648-342-X：￥25.80 元

09907 旅环
〔日〕东山魁夷著；陈德文译. 桂林：漓江出
版社，1999.08. 143 页；20cm. （东册魁夷
美文）
ISBN 7-5407-2434-X：￥20.00 元

09908 罗生门
〔日〕芥川龙之介著；文洁若等译. 北京：外
国文学出版社，1999.02. 349 页；20cm. （二
十世纪外国文学丛书）
ISBN 7-5016-0160-7：￥15.50 元

09909 玛亚历险记
〔德〕邦塞尔斯著；〔日〕照沼真理惠改编；
〔日〕茆川茂编；〔日〕中村光子绘；盛欣
译. 北京：农村读物出版社，1999.05.
48 页；12×12cm. （世界优秀动画片画册
荟萃 17）
ISBN 7-5048-2986-2：￥3.00 元

09910 卖火柴的小女孩
〔日〕平田昭吾改编；熊勇，朱迎春译. 北京：
中国电影出版社，1999.06. 92 页；17×18cm.

（彩图世界经典童话故事 10）
ISBN 7-106-01471-0：￥12.80 元

09911 漫画绘画基础技法
日本 KsArt 设计制作室编著. 南宁：接力出版
社，1999.09. 126 页；26cm. （漫画绘制技法
速成）
ISBN 7-80631-494-6：￥29.00 元

09912 漫画着色基础技法
日本漫画技法研究会编著；林岭译. 南宁：接
力出版社，1999.09. 115 页；26cm. （漫画绘
制技法速成）
ISBN 7-80631-496-2：￥32.00 元

09913 美肤圣经
〔日〕马野永子著. 北京：世界图书出版公司，
1999.09. 161 页；20cm. （创意女性系列）
ISBN 7-5062-4329-6：￥12.80 元

09914 美国
日本大宝石出版社编；卢玉亚译. 北京：中国
旅游出版社，1999.01. 667 页；20cm. （走遍
全球）
ISBN 7-5032-1447-3：￥80.00 元

09915 美好的旅行
〔日〕川端康成著；杨伟译. 北京：中国文联
出版社，1999.03. 401 页；20cm. （川端康成
少男少女小说集）
ISBN 7-5059-3296-9：￥22.00 元

09916 美少女战士原画集 （1）
〔日〕武内直子绘；黄天来译. 南宁：接力出
版社，1999.11. 65 页；26cm
ISBN 7-80631-570-5：￥28.00 元

09917 美少女战士原画集 （2）
〔日〕武内直子绘；黄天来译. 南宁：接力出
版社，1999.11. 65 页；26cm
ISBN 7-80631-570-5：￥28.00 元

09918 美少女战士原画集 （3）
〔日〕武内直子绘；黄天来译. 南宁：接力出
版社，1999.11. 70 页；26cm
ISBN 7-80631-570-5：￥28.00 元

09919 美少女战士原画集 （4）
〔日〕武内直子绘；黄天来译. 南宁：接力出
版社，1999.11. 71 页；26cm

ISBN 7-80631-571-3：￥28.00 元

09920　美少女战士原画集（5）
〔日〕武内直子绘；黄天来译．南宁：接力出版社，1999.11.　67 页；26cm
ISBN 7-80631-570-5：￥28.00 元

09921　门背后的秘密
〔日〕三田村信行著；韩小龙译．南昌：21 世纪出版社，1999.08.　110 页；20cm.　（大幻想文学・日本小说）
ISBN 7-5391-1479-7：￥6.00 元

09922　秘密朋友
〔日〕柳谷圭子著；郝玉珍译；丸山明子绘．南宁：广西教育出版社，1999.09.　57 页；20cm.　（日本儿童文学作品）
ISBN 7-5435-2893-2：￥3.50 元

09923　面对死亡
〔日〕高柳和江著；王原等译．北京：中国青年出版社，1999.01.　253 页；19cm
ISBN 7-5006-3233-9：￥13.80 元

09924　名家书法字典
〔日〕水岛修三编．北京：中国青年出版社，1999.01.　559 页；20cm
ISBN 7-5006-1139-0（精装）：￥31.60 元

09925　名犬莱西
〔日〕平田昭吾改编；郭丽，林林译．北京：中国电影出版社，1999.06.　92 页；17×18cm.（彩图世界经典童话故事　10）
ISBN 7-106-01461-3：￥12.80 元

09926　明日货币：电子理财的时代
〔日〕岩崎才雄，佐藤元则著；沈边译．北京：中国轻工业出版社，1999.01.　248 页；20cm.（把握未来丛书）
ISBN 7-5019-2403-1：￥20.00 元

09927　魔法博士
〔日〕江户川乱步著；叶荣鼎译．上海：少年儿童出版社，1999.12.　144 页；19cm
ISBN 7-5324-4003-6：￥7.30 元

09928　母爱促进身心健康
〔日〕多湖辉主编；张碧清等译．北京：商务印书馆国际有限公司，1999.10.　256 页；17×

9cm.　（儿童心理教育系列）
ISBN 7-80103-191-1：￥12.00 元

09929　母原病
〔日〕久德重盛著；王钊，李宁译．北京：华夏出版社，1999.01.　178 页；15cm.　（华夏迷你文库）
ISBN 7-5080-1622-X：￥9.00 元

09930　拇指姑娘
〔丹麦〕安徒生著；〔日〕照沼真理惠改编；〔日〕柳川茂编；〔日〕越田美喜绘；崔维燕译．北京：农村读物出版社，1999.05.　48 页；12×12cm.　（世界优秀动画片画册荟萃　6）
ISBN 7-5048-2975-7：￥3.00 元

09931　木偶奇遇记
〔意〕科罗狄著；〔日〕照沼真理惠改编；〔日〕柿沼美浩编；〔日〕清水义治绘；崔维燕译．北京：农村读物出版社，1999.05.　48 页；12×12cm.　（世界优秀动画片画册荟萃　11）
ISBN 7-5048-2980-3：￥3.00 元

09932　牧鹰少年
〔日〕黑泽明著．延吉：延边人民出版社，1999.12.　3 册（745 页）；19cm.　（黑泽明动感作品集　第一辑）
ISBN 7-80648-310-1：￥25.80 元

09933　男女心理法则：错综复杂的异性关系，独具一格的恋爱论
〔日〕小田晋著；王澄译．北京：华夏出版社，1999.01.　202 页；15cm.　（华夏迷你文库）
ISBN 7-5080-1661-0：￥10.00 元

09934　男女心理分析
〔日〕白石浩一著；智慧大学译．天津：天津科技翻译出版公司，1999.09.　203 页；20cm.（心理俱乐部丛书）
ISBN 7-5433-1158-5：￥9.80 元

09935　你是否适合吃禁果：迷惘时候的心理诊断
〔日〕原雄二郎著；林青华译．广州：羊城晚报出版社，1999.12.　155 页；20cm
ISBN 7-80651-004-4：￥15.00 元

09936　鸟居清长作品
〔日〕鸟居清长绘．天津：天津人民美术出版

社，1999.07. 1册；29cm. （浮世绘名家精选）

ISBN 7-5305-0992-6：￥20.00元

09937 农用与环保微生物

〔日〕比嘉照夫著；杨中艺等译． 北京：世界图书出版公司，1999.11. 157页；19cm

ISBN 7-5062-4316-4：￥18.00元

09938 女妖

〔日〕江户川乱步著；周晓华译． 珠海：珠海出版社，1999.09. 414页；20cm. （乱步惊险侦探小说集　朱书民主编）

ISBN 7-80607-598-4：￥20.00元

09939 挪威的森林

〔日〕村上春树著；林少华译． 2版． 桂林：漓江出版社，1999.06. 374页；20cm. （村上春树精品集）

ISBN 7-5407-0460-8（精装）：￥22.00元

09940 挪威的森林

〔日〕村上春树著；林少华译． 2版． 桂林：漓江出版社，1999.06. 374页；20cm. （村上春树精品集）

ISBN 7-5407-0460-8：￥18.80元

09941 泡与沫

〔日〕渡边淳一著；芳子译． 北京：文化艺术出版社，1999.08.20cm. （渡边淳一作品）

ISBN 7-5039-1812-8：￥19.80元

09942 培养孩子学习兴趣方法谈

〔日〕多湖辉著；欧文东，胡澎译． 北京：商务印书馆国际有限公司，1999.08. 178页；17×9cm. （儿童心理教育系列）

ISBN 7-80103-183-0：￥10.00元

09943 苹果地里的特别列车

〔日〕柏叶幸子著；韩小龙译． 南昌：21世纪出版社，1999.08. 198页；20cm. （大幻想文学·日本小说）

ISBN 7-5391-1482-7：￥10.20元

09944 破戒

〔日〕岛崎藤村著；吴桐，陈云哲译． 海口：海南国际新闻出版中心，1999.08. 260页；20cm. （外国文学名著大系）

ISBN 7-80609-801-1（精装）：￥18.80元

09945 七星步

〔日〕黑泽明著． 延吉：延边人民出版社，1999.12. 3册；19cm. （黑泽明动感作品集第二辑）

ISBN 7-80648-341-1：￥28.50元

09946 欺骗心理术

〔日〕多湖辉著；王彦花译． 北京：商务印书馆国际有限公司，1999.01. 201页；17cm. （心理透视丛书）

ISBN 7-80103-165-2：￥10.80元

09947 奇克的冒险

〔日〕景山民夫原著；邹元植编译． 长春：东北师范大学出版社，1999.07. 52页；19cm. （英文阅读快车丛书）

ISBN 7-5602-2344-3：￥2.80元

09948 奇妙的身体

〔日〕山田真主编；何川译． 沈阳：辽宁画报出版社，1999.03. 31页；29cm. （二十一世纪幼儿百科）

ISBN 7-80601-301-6：￥17.80元

09949 奇异世界大探险

〔日〕藤子·F. 不二雄著；〔日〕斋藤春夫绘；陈蜀阳译． 南宁：接力出版社，1999.09. 127页；20cm. （机器猫哆啦A梦神奇探险系列 10）

ISBN 7-80631-581-0：￥7.80元

09950 企业危机预警：中小企业倒闭内幕探秘

〔日〕野田武辉著；陈建等译． 北京：时事出版社，1999.06. 157页；20cm

ISBN 7-80009-536-3：￥10.00元

09951 汽车

〔日〕高鸟镇雄主编；高娜译． 沈阳：辽宁画报出版社，1999.03. 31页；29cm. （二十一世纪幼儿百科）

ISBN 7-80601-306-7：￥17.80元

09952 桥本宇太郎围棋世界

〔日〕志智嘉九郎著；李中南译． 成都：蜀蓉棋艺出版社，1999.07. 313页；20cm

ISBN 7-80548-606-9：￥13.80元

09953 怯场族自信开发手册

〔日〕福岛一雄著；胡先译． 北京：新华出版

社，1999.10. 188 页；20cm
ISBN 7-5011-4611-X：￥12.80 元

09954 青春之门
〔日〕五木宽之著；李永江等译. 长春：时代
文艺出版社，1999.01. 3 册；20cm
本书包括：《再起篇》、《挑战篇》、《望乡篇》。
ISBN 7-5387-1322-0：￥50.80 元

09955 青鸟
〔日〕平田昭吾改编；林林译. 北京：中国电
影出版社，1999.06. 1 册；17×18cm. （彩图
世界经典童话故事 5）
ISBN 7-106-01456-7：￥12.80 元

09956 青铜魔人
〔日〕江户川乱步著；叶荣鼎译. 上海：少年
儿童出版社，1999.12. 149 页；19cm
ISBN 7-5324-3993-3：￥7.30 元

09957 晴天，有时下猪
〔日〕矢玉四郎著；彭懿译. 南昌：21世纪出
版社，1999.08. 175 页；20cm. （大幻想文
学·日本小说）
ISBN 7-5391-1474-6：￥9.00 元

09958 秋残
〔日〕渡边淳一著；王庆跃，秦岳译. 珠海：
珠海出版社，1999.04. 313 页；20cm
ISBN 7-8060-7547-X：￥18.00 元

09959 祛寒治百病
〔日〕进藤义晴著；杨晓鸥译. 北京：农村读
物出版社，1999.07. 132 页；19cm. （保健
丛书）
ISBN 7-5048-2938-2：￥7.20 元

09960 趣味科学仿生大图鉴（1）
〔日〕渡边政隆主编；陈蜀阳，黄萍译. 南宁：
接力出版社，1999.08. 107 页；29×21cm.
（机械与生物问与答）
ISBN 7-80631-491-1：￥28.00 元

09961 趣味科学仿生大图鉴（2）
〔日〕渡边政隆主编；唐承红，杨尚东译. 南
宁：接力出版社，1999.08. 107 页；29×
21cm. （机械与生物问与答）
ISBN 7-80631-492-X：￥28.00 元

09962 趣味科学仿生大图鉴（3）
〔日〕渡边政隆主编；乔莹洁，韩慧译. 南宁：
接力出版社，1999.08. 107 页；29×21cm.
（机械与生物问与答）
ISBN 7-80631-493-8：￥28.00 元

09963 趣味科学园：日本孩子的疑问
日本高知大学科学技术咨询室；李涛，陈素萍
编译. 青岛：青岛海洋大学出版社，
1999.09. 240 页；20cm
ISBN 7-81067-103-0：￥12.00 元

09964 趣味折纸游戏
〔日〕奥田光雄著；台湾日贩编译. 杭州：浙
江科学技术出版社，1999.12. 98 页；26cm.
（折纸艺术系列）
ISBN 7-5341-1356-3：￥25.00 元

09965 热塑性塑料及其注塑
〔日〕羽田武荣著；郭翠英译. 北京：化学工
业出版社，1999.01. 91 页；19cm
ISBN 7-5025-2294-8：￥7.00 元

09966 人际交往的 33 条铁则
〔日〕中岛孝志著；李燕，宿久高译. 北京：
知识出版社，1999.01. 211 页；19cm. （人生
铁则丛书）
ISBN 7-5015-1889-0：￥11.00 元

09967 人生四季之美
〔日〕野原重明著；高淑玲译. 北京：三联书
店，1999.01. 122 页；20cm. （心理励志）
ISBN 7-108-01239-1：￥7.80 元

09968 人体大探险
〔日〕藤子·F.不二雄著；〔日〕斋藤春夫绘；
韩慧译. 南宁：接力出版社，1999.09. 127
页；20cm. （机器猫哆啦A梦神奇探险系
列 6）
ISBN 7-80631-564-0：￥7.80 元

09969 人为什么活着
〔日〕大林宣彦等著；杨艳艳译. 南宁：广西
教育出版社，1999.09. 94 页；20cm. （青少
年哲学丛书）
ISBN 7-5435-2870-3：￥4.00 元

09970 人物大探险
〔日〕藤子·F.不二雄著；〔日〕斋藤春夫绘；唐
承红译. 南宁：接力出版社，1999.09. 127 页；

20cm. （机器猫哆啦 A 梦神奇探险系列 11）
ISBN 7-80631-544-6：￥7.80 元

09971 人物摄影技法
〔日〕荒木英仁著. 长春：吉林科学技术出版
社，1999.01. 175 页；21×15cm. （图解摄影
技法译法译丛）
ISBN 7-5384-2050-9：￥31.00 元

09972 人鱼公主
〔日〕平田昭吾改编；〔日〕高桥信也绘；林林
译. 北京：中国电影出版社，1999.06. 92
页；17×18cm. （彩图世界经典童话故事 4）
ISBN 7-106-01455-9：￥12.80 元

09973 "认真"的崩溃：新日本人论
〔日〕千石保著；何培忠译. 北京：商务印书
馆，1999.05. 235 页；20cm
ISBN 7-100-02616-4：￥12.00 元

09974 日本彩色商标与企业识别（6）
日本 G 社编. 北京：中国青年出版社，
1999.01. 386 页；20cm
ISBN 7-5006-1933-2：￥116.00 元

09975 日本的战争责任
〔日〕若泰雄著；赵自瑞等译. 北京：社会科
学文献出版社，1999.09. 451 页；20cm
ISBN 7-80149-196-3：￥28.00 元

09976 日本电话磁卡欣赏
张家伟编. 上海：上海人民美术出版社，
1999.10. 168 页；20×19cm
ISBN 7-5322-2234-9：￥38.00 元

09977 日本读音大词典
日本国际联谊出版公司编著. 北京：北京大学
出版社，1999.12. 1251 页；20cm
ISBN 7-301-04323-6：￥88.00 元

09978 日本交通磁卡欣赏
张家伟编. 上海：上海人民美术出版社，
1999.09. 152 页；20×19cm
ISBN 7-5322-2192-X：￥38.00 元

09979 日本金融败战
〔日〕竹内宏著；彭晋璋译. 北京：中国发展
出版社，1999.07. 176 页；20cm. （发展译丛
鲁志强主编）
ISBN 7-80087-393-5：￥12.50 元

09980 日本九大保险冠军业务员
全日本寿险行销人员协会编著；郑明德译. 长
春：长春出版社，1999.10. 228 页；20cm
ISBN 7-80604-6658：￥29.00 元

09981 日本科学史
〔日〕杉本勋编；郑彭年译. 北京：商务印书
馆，1999.05. 534 页；20cm
ISBN 7-100-02567-2：￥23.60 元

09982 日本新保守主义
〔日〕浅井基文著；刘建平译. 北京：新华出
版社，1999.01. 239 页；20cm. （国际问题参
考译丛）
ISBN 7-5011-4306-4：￥14.00 元

09983 日美青年见解的异同
〔日〕虮山瀚一等原著；邹元植编译. 长春：
东 北 师 范 大 学 出 版 社，1999.07. 51 页；
19cm. （英文阅读快车丛书）
ISBN 7-5602-2344-3：￥2.80 元

09984 日语能力测验出题倾向对策：1 级听力
〔日〕矶边公子，香取文子著. 北京：外语教
学与研究出版社，1999.06. 118 页；26cm
ISBN 7-5600-1575-1：￥9.90 元

09985 日语能力测验出题倾向对策：2 级汉字
〔日〕松冈龙美编著. 北京：外语教学与研究
出版社，1999.06. 367 页；20cm
ISBN 7-5600-1574-3：￥15.90 元

09986 日语能力测验出题倾向对策：2 级听力
〔日〕矶边公子，香取文子著. 北京：外语教
学与研究出版社，1999.06. 128 页；26cm
ISBN 7-5600-1576-X：￥9.90 元

**09987 日语能力测验考前题库：文字·词汇：
1 级**
〔日〕铃川佳世子，香取文子著. 北京：外语
教学与研究出版社，1999.06. 114 页；26cm
ISBN 7-5600-1589-1：￥9.90 元

**09988 日语能力测验考前题库：文字·词汇：
2 级**
〔日〕铃川佳世子，香取文子著. 北京：外语
教学与研究出版社，1999.06. 100 页；26cm
ISBN 7-5600-1590-5：￥8.90 元

09989 日语能力测验考前题库：语法 1 级
〔日〕比田井牧子，香取文子著. 北京：外语

教学与研究出版社，1999.12. 107 页；26cm
附模拟试题答案
ISBN 7-5600-1572-7：￥9.90 元

09990 日语能力测验考前题库：语法 2 级
〔日〕比田井牧子，谷田昌夫著． 北京：外语
教学与研究出版社，1999.06. 105 页；26cm
ISBN 7-5600-1573-5：￥9.90 元

09991 如何导正孩子的坏习惯
〔日〕繁多进著；萧照芳译． 北京：外文出版
社，1999.01. 146 页；20cm. （新教养系列）
ISBN 7-119-02341-1：￥10.00 元

09992 如何开发孩子的能力
〔日〕多湖辉著；郭德玉、邢羿译． 北京：商
务印书馆国际有限公司，1999.08. 175 页；
17×9cm. （儿童心理教育系列）
ISBN 7-80103-178-4：￥9.00 元

09993 如何了解全身健康检查?
〔日〕秦葭哉著；天津科技翻译出版公司译．
天津：天津科技翻译出版公司，1999.01. 144
页；20cm. （健康之友丛书 3）
ISBN 7-5433-1091-0：￥7.50 元

09994 如何提升孩子的注意力
〔日〕清水骁著；林宜和译． 北京：外文出版
社，1999.01. 160 页；20cm. （新教养系列）
ISBN 7-119-02345-4：￥10.00 元

09995 瑞丽服饰美容（15）
《瑞丽服饰美容》编译组编译． 北京：中国轻
工业出版社，1999.03. 96 页；26cm
ISBN 7-5019-2372-8：￥18.80 元

09996 瑞丽服饰美容（17）
李春娅主编． 北京：中国轻工业出版社，
1999.07. 96 页；29cm
ISBN 7-5019-2374-4：￥18.80 元

09997 瑞丽服饰美容（18）
日本主妇之友社供稿；李春娅主编． 北京：中
国轻工业出版社，1999.03. 93 页；28cm
ISBN 7-5019-2375-2：￥18.80 元

09998 瑞丽服饰美容（19）
李春娅主编． 北京：中国轻工业出版社，
1999.11. 100 页；28×21cm
ISBN 7-5019-2469-4：￥18.80 元

09999 瑞丽可爱先锋（1）
安娜主编． 北京：中国轻工业出版社，
1999.03. 74 页；29cm
ISBN 7-5019-2376-0：￥16.00 元

10000 瑞丽可爱先锋（2）
中国轻工业出版社编． 北京：中国轻工业出版
社，1999.06. 85 页；26cm
ISBN 7-5019-2512-7：￥16.00 元

10001 瑞丽可爱先锋（3）
日本主妇之友社供稿；安娜主编． 北京：中国
轻工业出版社，1999.09. 84 页；29cm
ISBN 7-5019-2513-5：￥16.00 元

10002 瑞丽可爱先锋（4）
安娜主编． 北京：中国轻工业出版社，
1999.11. 85 页；29×21cm
ISBN 7-5019-2514-3：￥16.00 元

**10003 三十岁发达：30 多岁的人应经历的 50
件事**
〔日〕中岛孝志著；天津编译中心译． 北京：
中国青年出版社，1999.04. 189 页；19cm
ISBN 7-5006-3434-X：￥8.30 元

10004 三只小猪
〔英〕雅克布斯著；〔日〕照沼真理惠改编；
〔日〕福鸟宏之编；〔日〕大坂竹志绘；崔维燕
译． 北京：农村读物出版社，1999.05. 1 册；
12×12cm. （世界优秀动画片画册荟萃）
ISBN 7-5048-2993-5（精装）：￥8.00 元

10005 三只小猪
〔英〕雅克布斯著；〔日〕照沼真理惠改编；
〔日〕福岛宏之编；〔日〕大坂竹志绘；崔维燕
译． 北京：农村读物出版社，1999.05. 48
页；12×12cm. （世界优秀动画片画册荟萃 5）
ISBN 7-5048-2974-9：￥3.00 元

10006 山岳摄影技法
〔日〕中西俊明著． 长春：吉林科学技术出版
社，1999.01. 175 页；21×15cm. （图解摄影
技法译法译丛）
ISBN 7-5384-1993-4：￥33.50 元

10007 膳食纤维与防成人病
〔日〕小池五郎等著；阎福林等译． 北京：中
国轻工业出版社，1999.09. 121 页；20cm.
（健康饮食）
ISBN 7-5019-2650-6：￥15.00 元

10008　商战隐情：现代都市财经小说
〔日〕高杉良著；龙翔译．　北京：文化艺术出版社，1999.01．　285 页；20cm
ISBN 7-5039-1856-X：￥14.50 元

10009　赏心悦目：家居设计配色事典
〔日〕保田孝等编著；孙永生，杨在敏译．　广州：广州出版社，1999.04．　143 页；30×21cm
ISBN 7-80592-932-7（精装）：￥73.00 元

10010　少儿体操图解
日本白杨出版社编；孙守正译．　北京：人民体育出版社，1999.12．　55 页；26cm　（小学生运动手册）
ISBN 7-5009-1884-4（精装）：￥25.00 元

10011　少儿田径图解
日本白杨出版社编；李鸿江，孙守正译．　北京：人民体育出版社，1999.05．　55 页；26cm．　（小学生运动手册）
ISBN 7-5009-1604-3（精装）：￥19.00 元

10012　少儿游泳图解
日本白杨出版社编；李鸿江译．　北京：人民体育出版社，1999.05．　55 页；26cm．　（小学生运动手册）
ISBN 7-5009-1745-7（精装）：￥19.00 元

10013　少年侦探团
〔日〕江户川乱步著；叶荣鼎译．　上海：少年儿童出版社，1999.12．　175 页；18×13cm
ISBN 7-5324-4002-8：￥7.30 元

10014　少女的港湾
〔日〕川端康成著；杨伟译．　北京：中国文联出版社，1999.03．　444 页；20cm．　（川端康成少男少女小说集）
ISBN 7-5059-3295-0：￥22.60 元

10015　少女漫画绘画技法
日本漫画技法研究会编著；伍典译．　南宁：接力出版社，1999.09．　132 页；26cm．　（漫画绘制技法速成）
ISBN 7-80631-497-0：￥29.50 元

10016　蛇山的爱子
〔日〕古田足日著；朱自强译．　南昌：21 世纪出版社，1999.08．　185 页；20cm．　（大幻想文学·日本小说）
ISBN 7-5391-1480-0：￥9.40 元

10017　深层说服术
〔日〕多湖辉著；王彦花译．　北京：商务印书馆国际有限公司，1999.01．　194 页；17cm．（心理透视丛书）
ISBN 7-80103-168-7：￥10.80 元

10018　神秘生物大探险
〔日〕藤子·F. 不二雄著；〔日〕斋藤春夫绘；黄萍译．　南宁：接力出版社，1999.09．　127 页；20cm．（机器猫哆啦 A 梦神奇探险系列　9）
ISBN 7-80631-550-0：￥7.80 元

10019　神奇的中药使你更聪明
〔日〕根本幸夫编著；崔永译．　北京：长虹出版社，1999.03．　130 页；19cm．（中医与食疗丛书）
ISBN 7-80063-038-2：￥10.80 元

10020　生产管理概要
日本 LEC·东京法思株式会社编著．　上海：复旦大学出版社，1999.11．　445 页；20cm．　（经营管理精要丛书）
ISBN 7-309-02303-X：￥19.00 元

10021　生活日语
〔日〕古田博司著；赵顺文编译．　长沙：湖南出版社，1999.06．　188 页；20cm　（体系日语会话教材）
ISBN 7-5438-1988-0：￥9.50 元

10022　生命的暗号：人体基因密码译解
〔日〕村上和雄著；李平译．　北京：中国人民大学出版社，1999.11．　173 页；20cm
ISBN 7-300-03344-X：￥13.00 元

10023　生男育女可以自己决定吗？
〔日〕杉山四郎著；天津科技翻译出版公司译．　天津：天津科技翻译出版公司，1999.01．　178 页；20cm．　（健康之友丛书　4）
ISBN 7-5433-1095-3：￥9.50 元

10024　生物大探险
〔日〕藤子·F. 不二雄著；〔日〕斋藤春夫绘；乔莹洁译．　南宁：接力出版社，1999.09．　127 页；20cm．　（机器猫哆啦 A 梦神奇探险系列　2）
ISBN 7-80631-608-6：￥7.80 元

10025　生物链
〔日〕伊藤政显著；台湾光复书局编辑部译．

北京：海豚出版社，1999.12. 55 页；26cm.
（自然科学探索）
ISBN 7-80138-174-2：￥12.00 元

10026　诗僧苏曼殊
〔日〕中园英助著；甄西译. 太原：山西教育
出版社，1999.01. 313 页；20cm
ISBN 7-5440-1654-4：￥18.50 元

10027　时间：事半功倍 101 招
〔日〕中谷彰宏著；李金河译. 北京：知识出
版社，1999.01. 212 页；19cm. （商务人生
讲座）
ISBN 7-5015-1907-2：￥9.00 元

10028　实用创意游戏
〔日〕奥田光雄著；台湾日贩编译. 杭州：浙
江科学技术出版社，1999.12. 89 页；26cm.
（折纸艺术系列）
ISBN 7-5341-1356-3：￥25.00 元

10029　实用日语
〔日〕古田博司著；赵顺文编译. 长沙：湖南
出版社，1999.06. 196 页；20cm （体系日语
会话教材）
ISBN 7-5438-1989-9：￥9.50 元

10030　实用系结大全
〔日〕武内元代编；王铁桥，张文静译. 郑州：
河南科学技术出版社，1999.07. 351 页；19cm
ISBN 7-5349-2367-0：￥29.00 元

10031　实战空手
〔日〕川崎照朝著；徐广林译. 北京：北京体
育大学出版社，1999.06. 255 页；20cm
ISBN 7-81051-417-2：￥20.00 元

10032　使孩子聪明的心理战术
〔日〕多湖辉著；张碧清译. 北京：商务印书
馆国际有限公司，1999.08. 187 页；17×9cm.
（儿童心理教育系列）
ISBN 7-80103-178-4：￥9.00 元

10033　世界尽头与冷酷仙境
〔日〕村上春树著；林少华译. 桂林：漓江出
版社，1999.09. 468 页；20cm. （村上春树精
品集）
ISBN 7-5407-0922-7：￥22.00 元

10034　世界空间设计
〔日〕森山和彦编著；许东亮等译. 北京：中
国建筑工业出版社，1999.12. 689 页；26cm
ISBN 7-112-04045-0：￥62.00 元

10035　世界同时通货紧缩
〔日〕山田伸二著；黄仲阳，王洪贵译. 北京：
中 国 财 政 经 济 出 版 社，1999.06. 216 页；
20cm. （世界经济评析丛书）
ISBN 7-5005-4169-4：￥15.00 元

10036　瘦身美肤健康浴
〔日〕谷津三雄著；陈素铃译. 北京：世界图
书出版公司，1999.09. 126 页；26cm
ISBN 7-5062-4325-3：￥21.80 元

10037　暑假奇遇
〔日〕盐泽千绘著；胡澎，欧文东译. 南宁：
广西教育出版社，1999.09. 120 页；20cm.
（日本儿童文学作品）
ISBN 7-5435-2895-9：￥6.80 元

10038　蜀国飘流记
〔日〕川口孝夫著；张建国，段小丁译. 成都：
四川人民出版社，1999.10. 165 页；20cm.
（四川国际友城丛书　3）
ISBN 7-220-04699-5：￥18.80 元

10039　数学 1.2.3
〔日〕野田一郎主编；何易译. 沈阳：辽宁画
报出版社，1999.03. 31 页；29cm. （二十一
世纪幼儿百科）
ISBN 7-80601-296-6：￥17.80 元

10040　水景摄影技法
〔日〕加藤庸二著. 长春：吉林科学技术出版
社，1999.01. 175 页；21×15cm. （图解摄影
技法译丛）
ISBN 7-5384-2051-7：￥31.50 元

10041　水墨画的世界
〔日〕东山魁夷著；林青华译. 桂林：漓江出
版社，1999.08. 100 页；20cm. （东册魁夷美文）
ISBN 7-5407-2433-1：￥18.00 元

10042　睡美人
〔日〕平田昭吾改编；林林译. 北京：中国电
影出版社，1999.06. 92 页；17×18cm. （彩图
世界经典童话故事　6）
ISBN 7-106-01457-5：￥12.80 元

10043　四万人的目击者
〔日〕有马赖义著；林青华译．北京：群众出版社，1999.01.　279页；19cm.（日本推理小说文库）
ISBN 7-5014-1891-8：￥13.00元

10044　宋四家书法字典
〔日〕东南光编．北京：中国青年出版社，1999.01.　826页；20cm
ISBN 7-5006-1137-4（精装）：￥43.00元

10045　宋元明诗概说
〔日〕吉川幸次郎著；李庆等译．郑州：中州古籍出版社，1999.04.　294页；20cm
ISBN 7-5348-0131-1：￥12.00元

10046　速成日语
〔日〕古田博司著；赵顺文编译．长沙：湖南出版社，1999.06.　322页；20cm（体系日语会话教材）
ISBN 7-5438-1999-6：￥14.50元

10047　孙悟空
吴承恩著；〔日〕照沼真理惠改编；〔日〕茆川茂编；〔日〕清水义治绘；盛欣译．北京：农村读物出版社，1999.05.　48页；12×12cm.（世界优秀动画片画册荟萃　16）
ISBN 7-5048-2985-4：￥3.00元

10048　索尼法则
〔日〕片山修著；桂雪琴译．北京：华夏出版社，1999.09.　219页；20cm.（世界500强企业发展丛书　成思危主编）
ISBN 7-5080-1948-2：￥14.80元

10049　索尼源流
日本索尼传媒中心编．北京：华夏出版社，1999.09.　603页；20cm.（世界500强企业发展丛书　成思危主编）
ISBN 7-5080-1943-1：￥39.80元

10050　谈判：化敌为友
〔日〕中谷彰宏著；滕新华译．北京：知识出版社，1999.01.　212页；19cm.（商务人生讲座）
ISBN 7-5015-1904-8：￥9.00元

10051　唐研究论文选集
〔日〕池田温著；孙晓林等译．北京：中国社会科学出版社，1999.12.　519页；20cm.（唐研究基金会丛书）

ISBN 7-5004-2481-7：￥33.00元

10052　唐招提寺之路
〔日〕东山魁夷著；林少华译．桂林：漓江出版社，1999.08.　174页；20cm.（东册魁夷美文）
ISBN 7-5407-2435-8：￥18.00元

10053　特快卧铺列车杀人案
〔日〕西村京太郎著；祖秉和译．北京：群众出版社，1999.01.　301页；19cm.（日本推理小说文库）
ISBN 7-5014-1893-4：￥15.00元

10054　体弱儿童的中医治疗
〔日〕细川喜代治著；金春苑译．北京：长虹出版社，1999.03.　142页；19cm.（中医与食疗丛书）
ISBN 7-80063-036-6：￥11.80元

10055　天鹅湖
〔俄〕贝戈切夫·盖尔茨著；〔日〕照沼真理惠改编；〔日〕柳川茂编；〔日〕小杉原俊绘；崔维燕译．北京：农村读物出版社，1999.05.　1册；12×12cm.（世界优秀动画片画册荟萃）
ISBN 7-5048-2998-6（精装）：￥8.00元

10056　天鹅湖
〔俄〕贝戈切夫·盖尔茨著；〔日〕照沼真理惠改编；〔日〕茆川茂编；〔日〕小杉原俊绘；崔维燕译．北京：农村读物出版社，1999.05.　48页；12×12cm.（世界优秀动画片画册荟萃15）
ISBN 7-5048-2984-6：￥3.00元

10057　天鹅湖
〔日〕平田昭吾改编；林林，陈佳译．北京：中国电影出版社，1999.06.　1册；17×18cm.（彩图世界经典童话故事　4）
ISBN 7-106-01465-6：￥12.80元

10058　天鹅王子
〔日〕平田昭吾改编；〔日〕高桥信也绘；林林译．北京：中国电影出版社，1999.06.　92页；17×18cm.（彩图世界经典童话故事　8）
ISBN 7-106-01469-9：￥12.80元

10059　天皇的官僚：日本右派真相
〔日〕本泽二郎著；雷慧英等译．北京：中国社会科学出版社，1999.07.　199页；20cm
ISBN 7-5004-2429-9：￥14.00元

10060　铁质与防贫血
〔日〕小池五郎等著；雷鸣，勾艳军译．　北京：
中国轻工业出版社，1999.09．　115 页；20cm.
（健康饮食）
ISBN 7-5019-2653-0：￥15.00 元

10061　听说日语
吴鲁鄂，〔日〕庄昌宪主编．　武汉：武汉大学
出版社，1999.11．　572 页；19cm
ISBN 7-307-02762-3：￥18.50 元

10062　同女性交往的 33 条铁则
〔日〕樱井秀勋著；吴桐，宿久高译．　北京：
知识出版社，1999.01．　263 页；19cm.　（人生
铁则丛书）
ISBN 7-5015-1887-4：￥13.00 元

10063　彤管流芳
〔日〕黑泽明著．　延吉：延边人民出版社，
1999.12．　3 册（747 页）；19cm.　（黑泽明动
感作品集　第一辑）
ISBN 7-80648-310-1：￥25.80 元

10064　头脑心理测验
〔日〕稻田太作著；智慧大学译．　天津：天津
科技翻译出版公司，1999.09．　180 页；20cm
ISBN 7-5433-1156-9：￥9.50 元

10065　透视他人的 33 条铁则
〔日〕本田有明著；张哲，宿久高译．　北京：
知识出版社，1999.01．　246 页；19cm.　（人生
铁则丛书）
ISBN 7-5015-1884-X：￥13.00 元

10066　图解 101 条经营法则
〔日〕船井幸雄主编；程鹿峰译．　北京：华夏
出版社，1999.03．　259 页；13cm.　（华夏健康
文化生活文库）
ISBN 7-5080-1735-8：￥10.00 元

10067　图解 B-ISDN 宽带综合业务数字网
〔日〕立川敬二，石川宏编；金文雄，强增福
译．　北京：科学出版社，1999.10．　231
页；26cm
ISBN 7-03-007448-3：￥28.00 元

10068　图解 Excel97
〔日〕开形库之助著；许丽译．　北京：科学出
版社，1999.08．　159 页；24×19cm.　（科龙图
解电脑系列丛书）

ISBN 7-03-007543-9：￥29.00 元

10069　图解 Windows98
〔日〕小野滕彦著；彭斌译．　北京：科学出版
社，1999.08．　244 页；24×19cm.　（科龙图解
电脑系列丛书）
ISBN 7-03-007546-3：￥39.00 元

10070　图解 Excel97 图表制作
〔日〕渡边八一著；许丽译．　北京：科学出版
社，1999.08．　173 页；24×19cm.　（科龙图解
电脑系列丛书）
ISBN 7-03-007544-7：￥29.00 元

10071　图解录音制作入门
〔日〕相泽昭八郎等著；何希才等译．　北京：
科学出版社，1999.09．　118 页；26cm.　（OHM
科学丛书）
ISBN 7-03-007447-5：￥16.00 元

10072　图解微型盆景栽培：黑松·真柏
〔日〕群境介著；李东杰等译．　北京：世界图
书出版公司，1999.06．　1 册；20cm
ISBN 7-5062-4178-1：￥15.00 元

**10073　图解微型盆景栽培：落霜红·山苹果·
梅花·樱花**
〔日〕群境介著；李东杰等译．　北京：世界图
书出版公司，1999.06．　1 册；20cm
ISBN 7-5062-4180-3：￥15.00 元

**10074　图解微型盆景栽培：木瓜·长寿梅·
榉树**
〔日〕群境介著；李东杰等译．　北京：世界图
书出版公司，1999.06．　1 册；20cm
ISBN 7-5062-4182-X：￥15.00 元

**10075　图解微型盆景栽培：山红叶·杜鹃·映
山红**
〔日〕群境介著；李东杰等译．　北京：世界图
书出版公司，1999.06．　1 册；20cm
ISBN 7-5062-4179-X：￥15.00 元

10076　图解五子棋入门
〔日〕坂田吾朗著；张书译．　北京：人民体育
出版社，1999.03．　415 页；19cm.　（日本五子
棋入门丛书）
ISBN 7-5009-1647-7：￥20.00 元

10077　图解新商品开发指南
〔日〕铃木维男著；倪心一，张玉佳译．　北京：

科学出版社，1999.10. 173 页；20cm. （OHM
科学丛书）
ISBN 7-03-007332-0：￥12.00 元

10078 图解做操治腰痛
〔日〕金井圣德编著；杨晓鸥译. 北京：农村
读物出版社，1999.07. 200 页；19cm. （保健
丛书）
ISBN 7-5048-2936-6：￥9.60 元

10079 拓展思维妙法
〔日〕多湖辉著；韩秀英译. 北京：商务印书
馆国际有限公司，1999.01. 185 页；17cm.
（心理透视丛书）
ISBN 7-80103-1644：￥9.80 元

10080 挽歌
〔日〕原田康子著；金中，章吾一译. 天津：
百花文艺出版社，1999.01. 275 页；20cm
ISBN 7-5306-2768-6：￥14.50 元

10081 王羲之书法字典
〔日〕杭迫柏树编. 北京：中国青年出版社，
1999.01. 635 页；20cm
ISBN 7-5006-1138-2（精装）：￥34.80 元

10082 网球技巧图解
〔日〕丸山薫著；修翠华等译. 北京：北京体
育大学出版社，1999.06. 223 页；20cm
ISBN 7-81051-416-4：￥23.60 元

10083 威胁人类存亡的定时炸弹：环境荷尔蒙
〔日〕出云谕明著. 深圳：海天出版社，
1999.04. 215 页；20cm. （人与自然丛书 胡
经之主编）
ISBN 7-80654-968-1：￥13.00 元

10084 为何不分手
〔日〕渡边淳一著；方斗译. 北京：文化艺术
出版社，1999.01. 323 页；20cm. （渡边淳一
作品）
ISBN 7-5039-1813-6：￥16.00 元

10085 为何而学
〔日〕佐藤忠男著；昕风译. 南宁：广西教育
出版社，1999.09. 83 页；20cm. （青少年哲
学丛书）
ISBN 7-5435-2872-X：￥4.00 元

10086 为了独立要做的 50 件事
〔日〕中谷彰宏著；倪雁译. 上海：三联书店

上海分店，1999.12. 125 页；19×12cm
ISBN 7-5426-1310-3：￥10.00 元

10087 为什么会有嫉妒心
〔日〕赤行雄等著；王超伟译. 南宁：广西教
育出版社，1999.09. 65 页；20cm. （青少年
哲学丛书）
ISBN 7-5435-2873-8：￥4.00 元

10088 维生素 C 与美容健康
〔日〕小池五郎等著；朱晓辉译. 北京：中国
轻工业出版社，1999.09. 115 页；20cm. （健
康饮食）
ISBN 7-5019-2651-4：￥15.00 元

10089 维生素 E 与防衰老
〔日〕小池五郎等著；刘肖云译. 北京：中国
轻工业出版社，1999.09. 115 页；20cm. （健
康饮食）
ISBN 7-5019-2649-2：￥15.00 元

10090 未来十年令人惊奇的新发现
〔日〕船井幸雄著；李志颖，宿久高译. 北京：
知识出版社，1999.01. 154 页；19cm. （未来
十年的发现）
ISBN 7-5015-1881-5：￥10.00 元

10091 未来十年令人愉快的新发现
〔日〕船井幸雄著；李志颖，宿久高译. 北京：
知识出版社，1999.01. 170 页；19cm. （未来
十年的发现）
ISBN 7-5015-1883-1：￥10.00 元

10092 未来十年生活方式的发现
〔日〕船井幸雄著；于畅泳，宿久高译. 北京：
知识出版社，1999.01. 192 页；19cm. （未来
十年的发现）
ISBN 7-5015-1880-7：￥11.00 元

10093 未来十年真品的新发现
〔日〕船井幸雄著；高镝，宿文高译. 北京：
知识出版社，1999.01. 158 页；19cm. （未来
十年的发现）
ISBN 7-5015-1882-3：￥10.00 元

10094 温柔一剑
〔日〕黑泽明著. 延吉：延边人民出版社，
1999.12. 3 册；19cm. （黑泽明动感作品集
第三辑）
ISBN 7-80648-342-X：￥25.80 元

10095　我的窗

〔日〕东山魁夷著；李正伦等译．桂林：漓江出版社，1999.08.　196页；20cm．（东山魁夷美文）
ISBN 7-5407-2431-5：￥18.00元

10096　我的教育论：真·善·美的三位一体化教育

〔日〕岸根卓郎著；何鉴译．南京：南京大学出版社，1999.09.　296页；20cm
ISBN 7-305-03417-7（精装）：￥25.00元

10097　我的留学记

〔日〕吉川幸次郎著；钱婉约译．北京：光明日报出版社，1999.09.　223页；20cm
ISBN 7-80145-154-6：￥15.00元

10098　我的天台观

〔日〕池田大作著；卞立强译．成都：四川人民出版社，1999.03.　227页；20cm．（宗教与世界丛书　何光沪主编）

10099　我，两个都喜欢

〔日〕早野美智代著；玉津译；小松恭子绘．南宁：广西教育出版社，1999.09.　89页；20cm．（日本儿童文学作品）
ISBN 7-5435-2894-0：￥5.30元

10100　我们的地球：让我们都来关心环境问题

〔日〕浦野广平著；傅二林译．北京：科学出版社，1999.10.　148页；19cm．（生活与科学文库）
ISBN 7-03-007831-4：￥7.00元

10101　我是谁

〔日〕有森裕子著；高增杰译．南宁：广西教育出版社，1999.09.　89页；20cm．（青少年哲学丛书）
ISBN 7-5435-2874-6：￥4.00元

10102　我眼中的父母

〔日〕新井满等著；张青松译．南宁：广西教育出版社，1999.09.　76页；19cm．（青少年哲学丛书）
ISBN 7-5435-2869-X：￥4.00元

10103　我游历的河山

〔日〕东山魁夷著；郑民钦译．桂林：漓江出版社，1999.08.　116页；20cm．（东册魁夷美文）
ISBN 7-5407-2430-7：￥15.00元

10104　无悔人生的33条铁则

〔日〕樱井秀勋著；房颖，宿久高译．北京：知识出版社，1999.01.　328页；19cm．（人生铁则丛书）
ISBN 7-5015-1886-6：￥12.00元

10105　无影灯

〔日〕渡边淳一著；郝玉金等译．南京：译林出版社，1999.09.　405页；20cm．（当代外国流行小说名篇丛书）
ISBN 7-80567-945-2：￥16.50元

10106　五项主义：质量管理实践

〔日〕古畑友三著；陆从容译．上海：上海人民出版社，1999.05.　223页；20cm
ISBN 7-208-03174-6：￥16.00元

10107　五子棋初步

〔日〕坂田吾朗著；张书译．北京：人民体育出版社，1999.03.　394页；19cm．（日本五子棋入门丛书）
ISBN 7-5009-1601-9：￥19.80元

10108　舞！舞！舞！

〔日〕村上春树著；林少华译．2版．桂林：漓江出版社，1999.03.　437页；20cm．（村上春树精品集）
据日本讲谈社1990年版译出。
ISBN 7-5407-19877：￥21.00元

10109　物流管理

〔日〕菊池康也著；丁立言译．北京：清华大学出版社，1999.12.　125页；23×19cm（企业物流管理培训教材系列·中国物资流通协会推荐用书）
ISBN 7-302-03743-4：￥16.00元

10110　物权的变动与对抗问题

〔日〕铃木禄弥著；渠涛译．北京：社会科学文献出版社，1999.08.　186页；20cm．（日本法学著作译丛）
ISBN 7-80149-181-5：￥11.80元

10111　西域之佛教

〔日〕羽溪了谛著；贺昌群译．北京：商务印书馆，1999.11.　256页；20cm．（宗教文人丛书）
ISBN 7-100-02670-9：￥14.00元

10112　喜多川歌麿作品

〔日〕喜多川歌麿绘．天津：天津人民美术出

版社，1999.07. 1册；29cm. （浮世绘名家精选）
ISBN 7-5305-0995-0：￥24.00元

10113 戏剧舞台上的日本美学观
〔日〕河竹登志夫著；丛林春译． 北京：中国社会科学出版社，1999.04. 1册；19×17cm.
ISBN 7-104-00858-6：￥18.00元

10114 侠姐
〔日〕黑泽明著． 延吉：延边人民出版社，1999.12. 3册；19cm. （黑泽明动感作品集第二辑）
ISBN 7-80648-341-1：￥28.50元

10115 仙鹤报恩
〔日〕平田昭吾改编；林林译． 北京：中国电影出版社，1999.06. 1册；17×18cm. （彩图世界经典童话故事 6）
ISBN 7-106-01467-2：￥12.80元

10116 现代日语敬语常识100例
〔日〕菊地康人著；蔡逸达译． 上海：上海译文出版社，1999.12. 277页；19cm
ISBN 7-5327-2310-0：￥13.50元

10117 现代透视图着色技法
〔日〕山城义彦著；袁逸倩，洪再生译． 北京：中国建筑工业出版社，1999.05. 139页；29cm
ISBN 7-112-03747-6：￥75.00元

10118 线绳翻花大全
〔日〕武内元代编；王铁桥，张文静译． 郑州：河南科学技术出版社，1999.07. 351页；19cm
ISBN 7-5349-2365-4：￥29.00元

10119 香水宝典
〔日〕德田胜彦著． 北京：世界图书出版公司，1999.09. 154页；20cm. （创意女性系列）
ISBN 7-5062-4327-X：￥13.80元

10120 香水使用秘诀
日本主妇之友社供稿；《香水使用秘诀》编译组编译． 北京：中国轻工业出版社，1999.04. 126页；15cm. （瑞丽袖珍丛书）
ISBN 7-5019-2484-8（精装）：￥12.80元

10121 象的失踪
〔日〕村上春树著；林少华译． 2版． 桂林：漓江出版社，1999.01. 432页；20cm. （村上春树精品集）

ISBN 7-5407-2087-5：￥22.00元

10122 消失的野犬
〔日〕椋鸠十著；叶荣鼎译． 上海：少年儿童出版社，1999.04. 149页；18cm. （椋鸠十动物故事）
ISBN 7-5324-3753-1：￥6.20元

10123 消失的油轮
〔日〕西村京太郎著；包容译． 北京：群众出版社，1999.01. 352页；19cm. （日本推理小说文库）
ISBN 7-5014-1809-8：￥16.00元

10124 小红帽
〔德〕格林著；〔日〕照沼真理惠改编；〔日〕柿沼美浩编；〔日〕山崎爱子绘；崔维燕译． 北京：农村读物出版社，1999.05. 48页；12×12cm. （世界优秀动画片画册荟萃 9）
ISBN 7-5048-2978-1：￥3.00元

10125 小蜜蜂玛亚
〔日〕平田昭吾改编；郭丽，陈佳译． 北京：中国电影出版社，1999.06. 92页；17×18cm. （彩图世界经典童话故事 2）
ISBN 7-106-01463-X：￥12.80元

10126 小企业发展靠经理：经理事务83问
〔日〕古川英夫著；何文君，王健译． 成都：西南财经大学出版社，1999.05. 221页；20cm. （中小企业经营管理系列）
ISBN 7-81055-473-5：￥17.60元

10127 小企业经营术
〔日〕西三树男，浅见健次著；郑民钦译． 郑州：黄河水利出版社，1999.04. 168页；20cm. （助你腾飞丛书）
ISBN 7-80621-305-8：￥8.80元

10128 小企业能干大事：拾遗补缺、抢占先机的经营策略
〔日〕菊池英雄著；毛代锦译． 成都：西南财经大学出版社，1999.10. 244页；20cm. （中小企业经营管理系列）
ISBN 7-81055-552-9：￥19.80元

10129 小生意的赚钱术：以小博大、滴水穿石的经营之道
〔日〕百百由纪男著；肖坤华译． 成都：西南财经大学出版社，1999.05. 220页；20cm. （中小企业经营管理系列）

ISBN 7-81055-475-1：￥16.80 元

10130 小悟空
吴承恩著；〔日〕照沼真理惠改编；〔日〕柳川茂编；〔日〕清水义治绘；盛欣译．北京：农村读物出版社，1999.05. 1 册；12×12cm.（世界优秀动画片画册荟萃）
ISBN 7-5048-2992-7（精装）：￥8.00 元

10131 小仙人与鞋匠
〔法〕贝洛著；〔日〕照沼真理惠改编；〔日〕柳川茂编；〔日〕宫尾岳绘；盛欣译．北京：农村读物出版社，1999.05. 48 页；12×12cm.（世界优秀动画片画册荟萃 13）
ISBN 7-5048-2982-X：￥3.00 元

10132 小仙人与鞋匠
〔法〕贝洛著；〔日〕照沼真理惠改编；〔日〕柳川茂编；〔日〕宫尾岳绘；盛欣译．北京：农村读物出版社，1999.05. 1 册；12×12cm.（世界优秀动画片画册荟萃）
ISBN 7-5048-2996-X（精装）：￥8.00 元

10133 小住宅室内设计
日本积水住宅股份公司东京设计部编；群舟译．北京：中国建筑工业出版社，1999.05. 150 页；26cm
ISBN 7-112-03716-6：￥66.00 元

10134 斜阳
〔日〕太宰治著；杨伟等译．济南：山东文艺出版社，1999.01. 283 页；20cm.（长颈鹿丛书·外国优秀小说选萃 吕同六，林达主编）
ISBN 7-5329-1619-7：￥11.90 元

10135 谢米尔与潜水艇
〔日〕齐藤洋著；韩小龙译．南昌：21 世纪出版社，1999.08. 184 页；20cm.（大幻想文学·日本小说）
ISBN 7-5391-1475-4：￥9.40 元

10136 蟹壳的魔力健康法
〔日〕松永亮著；陈兆丽译．北京：海洋出版社，1999.04. 120 页；20cm.（北京市社会科学院中日关系研究中心丛书 杨正光主编）
ISBN 7-5027-4748-6：￥10.00 元

10137 心
〔日〕夏目漱石著；于畅泳译．海口：海南国际新闻出版中心，1999.08. 243 页；20cm.（外国文学名著大系）

ISBN 7-80609-791-0：￥18.00 元

10138 心灵的饥渴
〔日〕三岛由纪夫著；杨炳辰译．北京：中国文联出版公司，1999.01. 327 页；20cm.（三岛由纪夫作品集 叶渭渠主编）
ISBN 7-5059-3293-4：￥18.00 元

10139 新动画大世界全集：飞禽·猛兽
〔日〕平田昭吾著；崔维燕译．北京：中国少年儿童出版社，1999.03. 238 页；17×18cm.（世界传世名著故事）
ISBN 7-5007-4507-9（精装）：￥23.00 元

10140 新动画大世界全集：童话·故事（二）
〔日〕平田昭吾著；崔维燕译．北京：中国少年儿童出版社，1999.03. 238 页；17×18cm.（世界传世名著故事）
ISBN 7-5007-4512-5：￥23.00 元

10141 新动画大世界全集：童话·故事（一）
〔日〕平田昭吾著；崔维燕译．北京：中国少年儿童出版社，1999.03. 236 页；17×18cm.（世界传世名著故事）
ISBN 7-5007-4511-7（精装）：￥23.00 元

10142 新动画大世界全集：仙子·女孩
〔日〕平田昭吾著；崔维燕译．北京：中国少年儿童出版社，1999.03. 238 页；17×18cm.（世界传世名著故事）
ISBN 7-5007-4508-7（精装）：￥23.00 元

10143 新动画大世界全集：伊索寓言（二）
〔日〕平田昭吾著；崔维燕译．北京：中国少年儿童出版社，1999.03. 238 页；17×18cm.（世界传世名著故事）
ISBN 7-5007-4510-9（精装）：￥23.00 元

10144 新动画大世界全集：伊索寓言（一）
〔日〕平田昭吾著；崔维燕译．北京：中国少年儿童出版社，1999.03. 238 页；17×18cm.（世界传世名著故事）
ISBN 7-5007-4509-5（精装）：￥23.00 元

10145 新华字典：汉语拼音版
〔日〕伊井健一郎等主编．太原：山西教育出版社，1999.08. 1002 页；20cm
ISBN 7-5440-0941-6（精装）：￥50.00 元

10146 新日语基础教程（1）
日本财团法人海外技术者研修协会编著．北

京：外语教学与研究出版社，1999.01. 342
页；26cm
ISBN 7-5600-1570-0：￥24.90 元

10147 新日语基础教程（2）
日本财团法人海外技术者研修协会编著. 北
京：外语教学与研究出版社，1999.01. 275
页；26cm
ISBN 7-5600-1571-9：￥21.90 元

10148 新世纪日语外来语大辞典
张禄贤主编；赵慧欣等编著. 大连：大连理工
大学出版社，1999.12. 954 页；20cm
ISBN 7-5611-1711-6（精装）：￥58.00 元

10149 新现代视觉设计：内藤久干作品集
〔日〕内藤久干著. 南宁：广西美术出版社，
1999.01. 201 页；29cm
ISBN 7-80625-626-1：￥178.00 元

10150 信息：点石成金 101 招
〔日〕中谷彰宏著；李维建译. 北京：知识出
版社，1999.01. 212 页；19cm.（商务人生
讲座）
ISBN 7-5015-1903-X：￥9.00 元

10151 信息力：打开未来之窗领略信息魔力
〔日〕长谷川庆太郎著；沈边译. 北京：中国
轻工业出版社，1999.01. 188 页；20cm.（把
握未来丛书）
ISBN 7-5019-2401-5：￥18.00 元

10152 行销之神原一平
〔日〕原一平著；郑明德译. 长春：长春出版
社，1999.03. 4 册；20cm.（保险行销丛书）
ISBN 7-80604-819-7（函装）：￥188.00 元

10153 行政法
〔日〕盐野宏著；杨建顺译. 北京：法律出版
社，1999.04. 867 页；20cm.（日本法学
丛书）
ISBN 7-5036-2773-5：￥52.00 元

10154 性的人·我们的时代
〔日〕大江健三郎著；郑民钦译. 南京：译林
出版社，1999.01. 260 页；20cm.（译林世界
文学名著·现当代系列）
ISBN 7-80567-889-8：￥13.00 元

10155 秀行的创造：从布局到中盘
〔日〕藤泽秀行著；孔祥明译. 成都：蜀蓉棋

艺出版社，1999.07. 208 页；19cm
ISBN 7-80548-613-1：￥9.50 元

10156 秀行的创造：定式以后
〔日〕藤泽秀行著；孔祥明译. 成都：蜀蓉棋
艺出版社，1999.07. 208 页；19cm
ISBN 7-80548-608-5：￥9.50 元

10157 秀行的创造：攻与守
〔日〕藤泽秀行著；孔祥明译. 成都：蜀蓉棋
艺出版社，1999.09. 208 页；19cm
ISBN 7-80548-619-0：￥9.50 元

10158 秀行的创造：棋形
〔日〕藤泽秀行著；孔祥明译. 成都：蜀蓉棋
艺出版社，1999.09. 208 页；19cm
ISBN 7-80548-620-4：￥9.50 元

10159 秀行的创造：全局要点
〔日〕藤泽秀行著；孔祥明译. 成都：蜀蓉棋
艺出版社，1999.08. 208 页；19cm
ISBN 7-80548-621-2：￥9.50 元

10160 秀行的创造：作战构图
〔日〕藤泽秀行著；孔祥明译. 成都：蜀蓉棋
艺出版社，1999.08. 208 页；19cm
ISBN 7-80548-618-2：￥9.50 元

10161 虚幻之城：现代都市财经小说
〔日〕高杉良著；陈多友译. 北京：文化艺术
出版社，1999.01. 280 页；20cm
ISBN 7-5039-1855-1：￥14.50 元

10162 学习百科图鉴：动物
〔日〕小森厚原著；郑若霖译. 长春：吉林美
术出版社，1999.10. 228 页；27cm
ISBN 7-5386-0627-0（精装）：￥69.80 元

10163 学习百科图鉴：宇宙
〔日〕富田弘一郎原著；史东阳译. 长春：吉
林美术出版社，1999.10. 206 页；27cm
ISBN 7-5386-0630-0（精装）：￥68.00 元

10164 学习百科图鉴：植物
〔日〕本田正次著；黄棘译. 长春：吉林美术
出版社，1999.10. 213 页；27cm
ISBN 7-5386-0628-9（精装）：￥69.00 元

10165 学校里老师不教的 50 件事
〔日〕中谷彰宏著；柔然译. 上海：三联书店
上海分店，1999.12. 125 页；19×12cm

ISBN 7-5426-1312-X：￥10.00 元

10166 雪国·古都
〔日〕川端康成著；高慧片译 . 沈阳：沈阳出版社，1999.09. 291 页；20cm. （影响世界的百部书 申慧辉，韩永言主编）
ISBN 7-5441-1179-2：￥13.20 元

10167 血色旗
〔日〕黑泽明著 . 延吉：延边人民出版社，1999.12. 3 册；19cm. （黑泽明动感作品集第三辑）
ISBN 7-80648-342-X：￥25.80 元

10168 血液学病例彩色图解
〔日〕三好勇夫著；矫燕译 . 天津：天津科技翻译出版公司，1999.08. 186 页；19×26cm
ISBN 7-5433-1103-8（精装）：￥110.00 元

10169 寻羊冒险记
〔日〕村上春树著；林少华译 . 2 版 . 桂林：漓江出版社，1999.01. 317 页；19cm. （村上春树精品集）
ISBN 7-5407-2088-3：￥18.00 元

10170 研究与开发（R&D）活动的运营与定量评价：新商品的开发手段
〔日〕长广仁藏著；中田庆雄译 . 上海：复旦大学出版社，1999.03. 205 页；26cm
ISBN 7-309-02195-9：￥28.00 元

10171 雁来红
〔日〕渡边淳一著；丁国旗，秦创译 . 北京：文化艺术出版社，1999.03. 545 页；20cm. （渡边淳一作品）
ISBN 7-5039-1870-5：￥24.80 元

10172 雁王
〔日〕椋鸠十著；叶荣鼎译 . 上海：少年儿童出版社，1999.04. 156 页；18cm. （椋鸠十动物故事）
ISBN 7-5324-3754-X：￥6.20 元

10173 夜潜梦
〔日〕渡边淳一著；周金强，王启元译 . 北京：文化艺术出版社，1999.01. 245 页；20cm. （渡边淳一作品）
ISBN 7-5039-1810-1：￥12.60 元

10174 夜行列车杀人事件
〔日〕西村京太郎著；杨军译 . 北京：群众出版社，1999.01. 354 页；19cm. （日本推理小说文库）
ISBN 7-5014-1810-1：￥15.00 元

10175 一号街的幽灵猫
〔日〕本暮正夫著；彭懿译 . 南昌：21 世纪出版社，1999.08. 161 页；20cm. （大幻想文学·日本小说）
ISBN 7-5391-1476-2：￥8.30 元

10176 一片雪
〔日〕渡边淳一著；高珊等译 . 北京：文化艺术出版社，1999.01. 476 页；20cm. （渡边淳一作品）
ISBN 7-5039-1814-4：￥23.80 元

10177 伊索寓言
〔日〕荻原敬一原著；邹元植编译 . 长春：东北师范大学出版社，1999.07. 57 页；19cm. （英文阅读快车丛书）
ISBN 7-5602-2344-3：￥2.80 元

10178 伊索寓言（2）
〔古希腊〕伊索著；〔日〕照沼真理惠编；〔日〕清水义治绘；盛欣译 . 北京：农村读物出版社，1999.05. 1 册；12×12cm. （世界优秀动画片画册荟萃）
ISBN 7-5048-2999-4（精装）：￥8.00 元

10179 伊索寓言（2）
〔古希腊〕伊索著；〔日〕照沼真理惠编；〔日〕神户光等绘；盛欣译 . 北京：农村读物出版社，1999.05. 48 页；12×12cm. （世界优秀动画片画册荟萃 20）
ISBN 7-5048-2989-7：￥3.00 元

10180 伊索寓言（1）
〔古希腊〕伊索著；〔日〕照沼真理惠改编；〔日〕阿谷秀夫编；〔日〕神户光等绘；崔维燕译 . 北京：农村读物出版社，1999.05. 48 页；12×12cm. （世界优秀动画片画册荟萃 19）
ISBN 7-5048-2988-9：￥3.00 元

10181 意大利
日本大宝石出版社编；戴沣伶等译 . 北京：中国旅游出版社，1999.01. 441 页；20cm. （走

遍全球）
ISBN 7-5032-1445-7：￥65.00 元

10182　因素分析法
〔日〕芝佑顺著；曹亦薇译．北京：人民教育
出版社，1999.06．196 页；20cm
ISBN 7-107-12702-0：￥12.60 元

10183　音乐之声
〔日〕山本证原作；邹元植编译．长春：东北
师范大学出版社，1999.07．60 页；19cm.
（英文阅读快车丛书）
ISBN 7-5602-2344-3：￥2.80 元

10184　饮酒的心理学：消遣的酒、高明的饮酒方法
〔日〕中村希明著；苏钟浦，刘铁聪译．北京：
科学出版社，1999.12．248 页；20cm．（生活
与科学文库）
ISBN 7-03-007527-7：￥7.00 元

10185　英日汉—日英汉词典
〔日〕金田富士彦编．北京：中国对外翻译出
版公司，1999.01．500 页；16×9cm
ISBN 7-5001-0507-X：￥25.00 元

10186　樱花树下
〔日〕渡边淳一著；朱书民，胡晓丁译．珠海：
珠海出版社，1999.08．412 页；20cm
ISBN 7-80607-583-6：￥20.00 元

10187　营销精要Ⅰ：开发与管理
日本 LEC·东京法思株式会社编著．上海：复
旦大学出版社，1999.11．272 页；20cm．（经
营管理精要丛书）
ISBN 7-309-02302-1：￥13.80 元

10188　营销精要Ⅱ：政策与实施
日本 LEC·东京法思株式会社编著．上海：复
旦大学出版社，1999.11．201 页；20cm．（经
营管理精要丛书）
ISBN 7-309-02304-8：￥11.00 元

10189　永井荷风选集
〔日〕永井荷风著；陈薇译．北京：作家出版
社，1999.03．320 页；19cm
ISBN 7-5063-1633-1：￥15.00 元

10190　永远的忏悔：归还日本战犯的后半生
日本中国归还者联合会编著；周维宏编译．北

京：解放军出版社，1999.02．402 页；20cm.
（共和国改造战犯纪实丛书　李云平主编）
ISBN 7-5065-3650-1：￥23.00 元

10191　勇敢把话说出来
〔日〕石原加受子著；李慈茵译．北京：新华
出版社，1999.10．194 页；20cm
ISBN 7-5011-4612-8：￥12.80 元

10192　勇气凛凛
〔日〕高杉良著；徐鲁杨译．南京：译林出版
社，1999.12．221 页；20cm．（当代外国流行
小说名著丛书）
ISBN 7-80567-995-9：￥11.50 元

10193　游泳技巧图解
〔日〕吉村丰，高桥雄介著；边静等译．北京：
北京体育大学出版社，1999.06．223 页；20cm
ISBN 7-81051-415-6：￥23.60 元

10194　有其父必有其子
〔日〕相部和男著；刘涤明译．北京：外文出
版社，1999.01．181 页；20cm．（新教养
系列）
ISBN 7-1190-2338-1：￥10.00 元

10195　有钱就有幸福吗
〔日〕小中阳太郎等著；赵瑾译．南宁：广西
教育出版社，1999.09．76 页；20cm．（青少
年哲学丛书）
ISBN 7-5435-2871-1：￥4.00 元

10196　幼儿的发展和教育
〔日〕藤永保著；周念丽译．石家庄：河北人
民出版社，1999.09．131 页；20cm．（汉译世
界教育名著丛书）
ISBN 7-202-02574-4：￥6.80 元

10197　与风景对话
〔日〕东山魁夷著；唐月梅译．桂林：漓江出
版社，1999.08．192 页；20cm．（东册魁夷
美文）
ISBN 7-5407-2432-3：￥18.00 元

10198　宇宙大探险
〔日〕藤子·F.不二雄著；〔日〕斋藤春夫绘；
韩慧译．南宁：接力出版社，1999.09．127
页；20cm．（机器猫哆啦 A 梦神奇探险系
列 6）
ISBN 7-80631-616-7：￥7.80 元

10199 宇宙怪人
〔日〕江户川乱步著；叶荣鼎译．上海：少年儿童出版社，1999.12. 146 页；19cm
ISBN 7-5324-3996-8：￥7.30 元

10200 浴火重生：全面革新与企业转型
〔日〕柳田邦男著；张雅丽，周国谦译．杭州：浙江人民出版社，1999.10. 280 页；20cm
ISBN 7-213-01708-X：15.50 元

10201 预防艾滋病
〔日〕北泽杏子著；井上正治绘；李京编译．西安：陕西人民教育出版社，1999.08. 39 页；20cm
ISBN 7-5419-7611-3：￥3.50 元

10202 缘系千里
〔日〕福永法原著；友子译．西安：陕西人民出版社，1999.08. 163 页；20cm
ISBN 7-224-05152-7：￥12.00 元

10203 源氏物语
〔日〕紫式部著；戴霞编．上海：上海文艺出版社，1999.06. 52 页；14×10cm. （世界文学精粹随身读丛书 第 2 辑 江曾培等主编）
ISBN 7-5321-1698-0：￥2.00 元

10204 源氏物语交响乐
〔日〕野岛芳明著；姚继中译．重庆：重庆大学出版社，1999.05. 220 页；20cm
ISBN 7-5624-1934-5：￥16.80 元

10205 越过"沉默"的春天
〔日〕安藤富雄原著；周正，尹朝编译．长春：东北师范大学出版社，1999.07. 57 页；19cm. （英文阅读快车丛书）
ISBN 7-5602-2344-3：￥2.80 元

10206 再创辉煌：重建有魅力日本
〔日〕丰田章一郎著；王振锁译．天津：天津大学出版社，1999.01. 233 页；20cm
ISBN 7-5618-1132-2：￥12.00 元

10207 造型的诞生
〔日〕杉浦康平著；李建华，杨晶译．北京：中国青年出版社，1999.07. 285 页；20cm
ISBN 7-5006-3498-6：￥68.00 元

10208 责备孩子的方略
〔日〕多湖辉著；闵曾瑜译．北京：商务印书馆国际有限公司，1999.08. 181 页；17×9cm. （儿童心理教育系列）
ISBN 7-80103-182-2：￥10.00 元

10209 怎样吃最健康
〔日〕增尾清著；张莉华等译．北京：农村读物出版社，1999.08. 153 页；19cm. （保健丛书）
ISBN 7-5048-2960-9：￥8.20 元

10210 怎样教孩子学好钢琴
〔日〕太田惠子著；张湘南译．郑州：河南文艺出版社，1999.02. 170 页；20cm
ISBN 7-80623-140-4（精装）：￥26.60 元

10211 怎样扩大销售：过剩时代做生意的良方
〔日〕三宅寿雄著；刘建军译．成都：西南财经大学出版社，1999.07. 174 页；20cm. （中小企业经营管理系列）
ISBN 7-81055-498-0：￥15.80 元

10212 怎样染指甲
〔日〕中村次男著；孙华强等译．济南：山东科学技术出版社，1999.05. 63 页：彩图；20cm
ISBN 7-5331-2442-1：￥23.00 元

10213 债权在近代法中的优越地位
〔日〕我妻荣著；王书法等译．北京：中国大百科全书出版社，1999.09. 429 页；20cm. （外国法律文库）
ISBN 7-5000-6176-5：￥19.35 元

10214 照片摄影技法
〔日〕安藤博著．长春：吉林科学技术出版社，1999.01. 175 页；21×15cm. （图解摄影技法译法译丛）
ISBN 7-5384-2053-3：￥31.50 元

10215 折纸
〔日〕笠原邦彦主编；胡博杰译．沈阳：辽宁画报出版社，1999.03. 31 页；29cm. （二十一世纪幼儿百科）
ISBN 7-80601-305-9：￥17.80 元

10216 折纸动物园
〔日〕奥田光雄著；台湾日贩编译．杭州：浙江科学技术出版社，1999.12. 82 页；26cm. （折纸艺术系列）
ISBN 7-5341-1356-3：￥25.00 元

10217 拯救地球的 133 种办法
〔日〕羽生康二等原著；邹元植编译．长春：
东北师范大学出版社，1999.07. 55 页；
19cm．（英文阅读快车丛书）
ISBN 7-5602-2344-3：￥2.80 元

10218 正确生活方式的 33 条铁则
〔日〕坂上肇著；李燕，宿久高译．北京：知
识出版社，1999.01. 214 页；19cm．（人生铁
则丛书）
ISBN 7-5015-1888-2：￥11.00 元

10219 知识价值革命
〔日〕堺屋太一著；金泰相译．沈阳：沈阳出
版社，1999.08. 234 页；20cm．（影响世界的
百部书 申慧辉，韩永言主编）
ISBN 7-5441-1184-9：￥9.50 元

10220 植物大探险
〔日〕藤子·F. 不二雄著；〔日〕斋藤春夫绘；
唐承红译．南宁：接力出版社，1999.09. 127
页；20cm． （机器猫哆啦 A 梦神奇探险系列
13）
ISBN 7-80631-598-5：￥7.80 元

10221 治疗高血压中医最有效
〔日〕中村实郎著；张春吉译．北京：长虹出
版社，1999.03. 159 页；19cm．（中医与食疗
丛书）
ISBN 7-80063-035-8：￥13.10 元

10222 智能开发，从手开始
〔日〕一色八郎著；岭月译．北京：外文出版
社，1999.01. 245 页；20cm．（新教养系列）
ISBN 7-119-02340-3：￥12.00 元

10223 中国"21"1998
日本爱知大学现代中国学会编．北京：中国社
会科学出版社，1999.05. 452 页；20cm
ISBN 7-5004-2445-0：￥27.00 元

10224 中国的自传文学
〔日〕川合康三著；蔡毅译．北京：中央编译
出版社，1999.04. 215 页；20cm．（发现中国
丛书）
ISBN 7-80109-243-0：￥15.00 元

10225 中国抗日漫画史：中国十五年的抗日漫画运动
〔日〕森哲郎编著；于钦德，鲍文雄译．济南：
山东画报出版社，1999.09. 232 页；20cm
ISBN 7-80603-382-3：￥15.50 元

10226 中国文明记
〔日〕宇野哲人著；张学锋译．北京：光明日
报出版社，1999.09. 218 页；20cm
ISBN 7-80145-155-4：￥15.00 元

10227 中国现阶段经济分析：来自日本的观察与评价
〔日〕佐佐木信彰主编．长春：吉林人民出版
社，1999.02. 270 页；20cm
ISBN 7-206-03150-1：￥14.00 元

10228 中日交流标准日本语（初级）
人民教育出版社，日本光村图书出版株式会社
编．北京：人民教育出版社，1999.12. 2 册
（407，432 页）；20cm
ISBN 7-107-10865-4：￥28.80 元

10229 终点站杀人案
〔日〕西村京太郎著；徐宪成译．北京：群众
出版社，1999.01. 335 页；19cm．（日本推理
小说文库）
ISBN 7-5014-1894-2：￥15.00 元

10230 钟表和时间
〔日〕栗岩英雄主编；胡宝山译．沈阳：辽宁
画报出版社，1999.03. 31 页；29cm．（二十
一世纪幼儿百科）
ISBN 7-80601-294-X：￥17.80 元

10231 自成性自测验
〔日〕白石浩一著；智慧大学译．天津：天津
科技翻译出版公司，1999.09. 216 页；20cm．
（心理俱乐部丛书）
ISBN 7-5433-1159-3：￥10.00 元

10232 自己动手学烹饪：儿童篇
〔日〕高桥敦子编著；〔日〕青木广惠绘；郭金
梅译．北京：中国轻工业出版社，1999.09.
128 页；26cm
ISBN 7-5019-2661-1：￥25.00 元

10233 自我暗示
〔日〕多湖辉著；韩秀英译．北京：商务印书
馆国际有限公司，1999.01. 196 页；17cm．
（心理透视丛书）
ISBN 7-80103-172-5：￥10.80 元

10234　自我：自强自立 101 招
〔日〕中谷彰宏著；张小秋，王新民译．　北京：
知识出版社，1999.01.　212 页；19cm．（商务
人生讲座）
ISBN 7-5015-1905-6：￥9.00 元

10235　白雪公主
〔德〕格林著；〔日〕照沼真理惠改编；〔日〕
柳川茂编；〔日〕野田道子绘；盛欣译．　北京：
农村读物出版社，1999.05.　1 册；12×12cm．
（世界优秀动画片画册荟萃）
ISBN 7-5048-2997-8（精装）：￥8.00 元

10236　走尽的桥
〔日〕三岛由纪夫著；唐月梅译．　北京：中国
文联出版社，1999.10.　377 页；20cm．（三岛
由纪夫作品集　叶渭渠，唐月梅主编）
ISBN 7-5059-3393-0：￥22.00 元

10237　足球实战指导图解
〔日〕藤田一郎著；齐铁慧译．　北京：人民体
育出版社，1999.01.　127 页；26cm
ISBN 7-5009-1600-0：￥19.80 元

10238　最佳日本包装设计（第 1 卷）
〔日〕河村博编集．　北京：世界图书出版公司，
1999.10.　390 页；30×21cm
ISBN 7-5062-4378-4（精装）：￥260.00 元

10239　最佳日本包装设计（第 2 卷）
〔日〕河村博编集．　北京：世界图书出版公司，
1999.10.　411 页；30×21cm
ISBN 7-5062-4379-2：￥260.00 元

**10240　最新版日语能力测验出题倾向对策（1
级）**
〔日〕松冈龙美编著．　北京：外语教学与研究
出版社，1999.06.　219 页；20cm
ISBN 7-5600-1565-4：￥9.90 元

**10241　最新版日语能力测验出题倾向对策（1、
2 级）文字词汇**
〔日〕松冈龙美编著；尤文桂译．　北京：外语
教学与研究出版社，1999.10.　251 页；20cm
ISBN 7-5600-1618-9：￥11.90 元

10242　最新日语外来语分类辞典
日本讲谈社编．　北京：北京大学出版社，
1999.03.　765 页；20cm
ISBN 7-301-04043-1（精装）：￥45.00 元

10243　最新日语外来语·略语辞典
岸本重陈主编．　北京：世界图书出版公司，
1999.09.　831 页；19cm
ISBN 7-5062-4196-X（精装）：￥43.00 元

10244　最新网络通信协议手册
日本通信协议手册编委会编；陆玉库等译．　北
京：电子工业出版社，1999.03.　520 页；26cm
ISBN 7-5053-4710-1：￥58.00 元

10245　做个最有型的女人
〔日〕KEIKOCOOCH 著；胡慧文译．　沈阳：辽
宁人民出版社，1999.01.　175 页；20cm．（女
性 DIY　4）
ISBN 7-205-04441-3：￥22.00 元

附　录

书名索引

C

K

X

著译者索引

H

麦华	522	梅棹忠夫	241，297	绵拔邦彦	206
麦偶曾	109，231	楳本舍三	116，160，389	绵贯阳	154，179
满达人	141，326	美多勉	111	苗登明	308
满久崇詹	104	美童春彦	184	苗琦	78，107
曼华	372，398，399，416，	美问敬之	98	苗淑新	183，186
	417，433，434	妹尾学	189，299，348	苗秀	385
曼坚	24	门仓诀	25	苗艳秋	111，124，309
莽景石	471	门马直卫	174	苗振国	267
莽永彬	80	门乃婷	503	苗振华	58
毛春茂	308	门泰一	59	苗正培	346
毛代锦	543	门田安弘	137	闵绍楷	258
毛丹青	211，456	门田和纪	100	闵馨	197
毛凤忠	140	门田泰明	218，254，307	闵曾瑜	548
毛礼钟	174	门田武治	51	敏纳	154
毛利秀明	216	萌芳	254	名和太郎	191
毛利子来	475	萌子	7	名取真	72
毛良鸿	107，194，335	猛子	83	明道	235
毛培坤	210	孟传良	131，194，455	明华	252
毛启豪	164	孟德政	159	明洁	344
毛青兰	485	孟繁超	54	明里长太郎	380
毛希同	24	孟广润	126	明日	287
毛旭红	291	孟会亚	64	明如镜	163
毛延年	388	孟慧娅	120，206，218，225，	明石和彦	50
毛振国	315，365		235，398	明石一	138
毛正中	128，172	孟令国	118，160	明韬	241
茅诚司	43	孟起	119	鸣泷良之助	219
茅野昌明	472	孟庆赋	118	鸣田永生	89
茅野健	178，244	孟庆枢	77，350，425	铭九	326
茅野裕城子	504	孟庆文	156	缪端生	3
茅沼保次	166	孟秋	370	缪光桢	138
茆川茂	528，531，539	孟薇	488，492	缪光祯	94
茂木晃	97	孟宪	201	缪裴言	303
茂木清夫	169	孟宪宝	493	缪世才	126
茂木勇	71	孟宪凡	126	缪惟	444
茂野邦彦	186，197，214	孟宪楷	190	末川博	9
茂在寅男	43	孟宪玲	304	末广恭雄	485
眉村卓	90	孟宪文	184	末吉晓子	525
梅村魁	53	孟宪忠	159	末金玉	376
梅村又次	494	孟英	467，480	末木刚博	122
梅根悟	172	孟瑜	251，262，269	末崎茂树	521
梅建	407	孟昭赫	113	末绍英	94
梅里美	479	梦乙	248	末松安晴	64
梅崎芳美	46	弥富贤之	404	末松玄六	251
梅崎浩志	502	弥永昌吉	19，43	末武国弘	180，190
梅韬	1，5，7，11，16	祢津弘美	505	莫邦富	72，181，231，334
梅田博道	243	米谷茂	96	莫测	180
梅田克彦	196	米科海诺	496	莫伽	116
梅田政夫	81	米庆余	70	莫锡荣	234
梅宪华	332	米山高范	76	莫洲	425
梅湘	267	米山国藏	172	默·坎普	281
梅野昌	97	米田茂	507	默然	291
梅颖	267	米原弘著	310	牟白治	424
梅原猛	291，315，437，438	糸贺美贺子	488	牟传文	80
梅泽正	357	宓培庆	311	牟敦庚	108
梅泽庄亮	92	宓晓明	426	牟鸿彝	5

R

修刚 407，460	徐广林 538	徐小英 424
朽木寒三 374	徐桂秀 413	徐晓风 288
秀臣 50	徐国伟 146，169，197，230	徐笑波 373
秀村欣二 286	徐海 255	徐效民 98
秀丰 34，45	徐海波 396	徐信文 332
秀付欣二 250	徐寒梅 263，306	徐秀芝 247
秀雄 291	徐红玑 331	徐亚平 287
秀义 290	徐回祥 183	徐耀庭 229
须贺雅夫 88	徐汲平 47	徐一平 530
须山 411	徐家龙 383	徐义鸣 249
须藤俊男 16，76	徐甲申 151，244，251	徐艺峰 313
须藤隆一 235，329	徐坚 463	徐艺乙 344
须藤秀治 37	徐建年 261	徐益初 316
须藤雅夫 194	徐建荣 465	徐莹 523
须藤彰司 271	徐健 503	徐永超 75
须田晓次 12	徐锦峰 467	徐永祥 85
须田教明 50	徐景达 205	徐振环 149
须田孙七 480	徐敬业 27	徐震春 63，81，118
须田信英 49，101	徐军宝 291	徐正凡 173
须一平 170	徐君佩 122	徐植信 457
须永寿夫 60	徐君文 94	徐志耕 452
胥跃昆 131	徐俊良 299	徐志田 374
虚静 270	徐奎哲 97	徐志伟 46
徐宝娟 101	徐立非 106，141	徐中权 86
徐宝妹 428	徐麟 284	徐忠权 68
徐斌 398	徐鲁扬 166，412	徐子亮 174
徐冰 157	徐鲁杨 224，547	许斌 334
徐秉洁 182，473	徐梦嘉 470	许博 491
徐炳亭 142	徐明 408	许昌昆 126
徐伯兴 129	徐明淮 173	许德海 50
徐伯銮 28，99	徐明恳 354	许东亮 538
徐昌华 208	徐明勋 104，123，167	许凤璋 188
徐长文 481	徐明真 493	许福海 467
徐超 334	徐明中 329	许光汉 440
徐承沼 156	徐鸣 145	许广林 491
徐澄圻 90	徐漠 319	许国佶 18
徐崇庶 183，203，285	徐培 154，188	许鹤峰 296
徐崇志 220	徐前 96，143，159，506	许红 271
徐春举 43	徐蒲民 318	许厚庄 128
徐德 51	徐亲民 137	许慧姿 143
徐德恒 304	徐清发 148，191	许极燉 277
徐德兴 139	徐少舟 208	许继华 351
徐殿儒 90	徐世虹 123，246，407，491	许健鹏 421，479
徐殿祥 213	徐曙 138	许金龙 212，224，447，464，466
徐东 516	徐树斌 39	许金生 300
徐东安 209	徐思绵 121	许景文 17，159
徐恩义 212	徐廷弼 106	许静 450，451
徐方启 192	徐同晏 81	许菊心 82
徐风燕 350，415	徐维福 186	许立言 248
徐逢源 314	徐伟 85	许丽 540
徐凤江 328	徐文焕 99	许梅 146
徐福元 62，238	徐文群 211	许敏 342
徐辅材 332	徐文韬 206	许明镐 90，140，193
徐刚 332	徐锡龄 87	许品章 147
徐高春 414	徐宪成 152，549	许平 366

Y

许秋明　48，49
许树萄　254
许顺法　350
许泰烈　98
许婉英　183
许溪澜　327
许向东　494
许秀英　504
许学龙　93
许逊　172
许雁　266
许耀明　301
许泳峰　105
许友群　167，252
许有成　328
许玉文　141
许跃明　216
许云祥　219
许运堂　339，469
许泽友　290
许昭荣　278
许真　87
许振凯　257
许振茂　94，160，383
许征帆　33
许中天　271
许总　295
绪方邦安　89
绪方胜彦　37，310
绪方兴助　136
绪方义勋　506
绪力博丸　104
续三义　318
玄仁实　227
玄素　202，286
薛德炯　3
薛德榕　35，41，49，113
薛殿会　152，181
薛凤德　58，213
薛光辉　437
薛国梁　224
薛洪钧　234
薛慧英　280
薛敬孝　296
薛培增　67
薛茜　408，439
薛廷耀　9
薛至诚　175，188，200，202，227，241，324，339，363，370，375，414，415
学鼎　148
雪华朝　111
雪舟　9
荀春生　155，256，500

Y.Mushiake　17
押川雄孝　75
雅儿　314
雅飞　48
雅克布斯　536
雅思　495
亚光　245
亚健　319
亚强　391，392，395
亚岩　95
闫海防　352
严安生　149，471
严登丰　108
严风扬　88
严立贤　192
严日俊　108
严珊琴　274
严绍　486
严寿鹤　76，112，162
严鸢飞　80，82
严忠　404，492
岩坂良以　14
岩本宝林　300
岩本公夫　502
岩本顺二郎　142
岩本薰　67
岩本洋　79，118
岩仓博光　112
岩仓义男　28
岩村和朗　327
岩村联　18
岩村忍　259
岩丹宽　221
岩间滋　57
岩井聪　115
岩井奉信　310
岩井章　415
岩堀安三　88
岩堀长庆　20
岩濑荣一　17
岩崎　437
岩崎才雄　532
岩崎昶　22，68，117，288
岩崎京子　92
岩崎千寻　96
岩崎寿男　483
岩崎秀夫　87
岩崎训明　53，101
岩崎英二郎　136
岩崎允胤　122，467
岩田光信　51

岩田恒　10
岩田敬治　103
岩田可治　425
岩田一男　236，292
岩田义一　20
岩渊亮顺　344，366
岩渊明男　527
岩原皓一　76
岩泽健吉　165
岩哲　517
岩佐嘉亲　33
岩佐氏寿　1
岩佐哲夫　235
盐川二朗　246，441
盐谷温　14
盐见弘　84，88，103，188，192，223，234
盐崎义弘　111
盐田潮　251
盐野充　381
盐野宏　545
盐泽千绘　538
盐泽由　455
盐泽由典　127
阎邦正　64
阎伯纬　10
阎昌龄　23
阎福林　536
阎国来　109
阎海　132，248，458，505
阎海防　366
阎海科　142
阎寒梅　352
阎静先　22，25
阎明　180
阎佩珩　198
阎萍　489，499
阎芹　440
阎瑞　250，508
阎盛慈　180
阎石　127
阎世翔　285
阎太忧　182，308
阎泰公　95，174
阎小妹　331
阎新华　231
阎瑜　495
阎宗林　137
颜秉海　108
颜华　9，261，312
颜家珍　391
颜建设　108
颜金锐　109
颜景镐　82，170，230
颜延超　153